20
23

DIREITO E TRANSFORMAÇÃO SOCIAL

COORDENADORES

Anderson **SCHREIBER**

Marco Aurélio **BEZERRA DE MELO**

Adriana **Ramos de Mello** • Alexandre **Junqueira Gomide** • Aluisio **Gonçalves de Castro Mendes** • Ana **Frazão** • Ana Luiza **Maia Nevares** • Anderson **Schreiber** • André Gustavo **Corrêa de Andrade** • André Luís **Machado de Castro** • Andrea Issa **Avila Vieiralves Martins** • Augusto **Werneck** • Bruno **Dubeux** • Carlos **Maroja** • Carlos Nelson **Konder** • Carlos Vinicius **Ribeiro Ferreira** • Chiara **Spadaccini de Teffé** • Christiane **Serra Ferreira** • Cristina **Gaulia** • Daniel **Sarmento** • Danielle **Tavares Peçanha** • Denise **Levy Tredler** • Eduardo **Chow de Martino Tostes** • Elisa **Costa Cruz** • Fábio **Amado** • Fábio **Zambitte Ibrahim** • Fabíola **Albuquerque Lobo** • Fernanda **Guerra** • Flávio **Ahmed** • Guilherme **Calmon Nogueira da Gama** • Guilherme **Magalhães Martins** • Guilherme **Peña de Moraes** • Gustavo **Tepedino** • Heloisa **Carpena** • Heloisa Helena **Barboza** • J. M. Leoni **Lopes de Oliveira** • João Gabriel **Madeira Pontes** • José Guilherme **Vasi Werner** • José Luiz **de Moura Faleiros Júnior** • José Roberto **de Castro Neves** • Joyceane **Bezerra de Menezes** • Julia **Mendes Luz** • Luciano **Oliveira Mattos de Souza** • Luiz Claudio **Guimarães** • Luiz Edson **Fachin** • Luiz Roberto **Ayoub** • Marcela **Santana Lobo** • Marco Aurélio **Bezerra de Melo** • Marcos Alcino **de Azevedo Torres** • Marcos **Catalan** • Marcus Eduardo **de Carvalho Dantas** • Maria **Aglaé Tedesco Vilardo** • Marina **Bertinatto** • Mário Luiz **Delgado** • Micaela **Dominguez Dutra** • Milena **Donato Oliva** • Pablo **Renteria** • Patricia **Ribeiro Serra Vieira** • Paulo **Lobo** • Rachel **Delmás Leoni** • Rafael **Mansur** • Rafael **Viola** • Roberto **Dalledone Machado Filho** • Rosângela Maria **de Azevedo Gomes** • Sergio **Cavalieri Filho** • Thiago **Ferreira Cardoso Neves** • Vanderson **Maçullo Braga Filho** • Vinícius **Rangel Marques** • Vitor **Almeida** • Wallace **Corbo**

Dados Internacionais de Catalogação na Publicação (CIP) de acordo com ISBD

D598

Direito e transformação social / coordenado por Anderson Schreiber, Marco Aurélio Bezerra de Melo. - 11. ed. - Indaiatuba, SP : Editora Foco, 2023.

720 p. ; 17cm x 24cm.

Inclui bibliografia e índice.a

ISBN: 978-65-5515-750-5

1. Direito. 2. Transformação social. I. Schreiber, Anderson. II. Melo, Marco Aurélio Bezerra de. III. Título.

2023-590 CDD 340 CDU 34

Elaborado por Vagner Rodolfo da Silva - CRB-8/9410

Índices para Catálogo Sistemático:

1. Direito 340
2. Direito 34

DIREITO E TRANSFORMAÇÃO SOCIAL

COORDENADORES

Anderson **SCHREIBER**

Marco Aurélio **BEZERRA DE MELO**

Adriana **Ramos de Mello** • Alexandre **Junqueira Gomide** • Aluisio **Gonçalves de Castro Mendes** • Ana **Frazão** • Ana Luiza **Maia Nevares** • Anderson **Schreiber** • André Gustavo **Corrêa de Andrade** • André Luís **Machado de Castro** • Andrea Issa **Avila Vieiralves Martins** • Augusto **Werneck** • Bruno **Dubeux** • Carlos **Maroja** • Carlos Nelson **Konder** • Carlos Vinicius **Ribeiro Ferreira** • Chiara **Spadaccini de Teffé** • Christiane **Serra Ferreira** • Cristina **Gaulia** • Daniel **Sarmento** • Danielle **Tavares Peçanha** • Denise **Levy Tredler** • Eduardo **Chow de Martino Tostes** • Elisa **Costa Cruz** • Fábio **Amado** • Fábio **Zambitte Ibrahim** • Fabíola **Albuquerque Lobo** • Fernanda **Guerra** • Flávio **Ahmed** • Guilherme **Calmon Nogueira da Gama** • Guilherme **Magalhães Martins** • Guilherme **Peña de Moraes** • Gustavo **Tepedino** • Heloisa **Carpena** • Heloisa Helena **Barboza** • J. M. Leoni **Lopes de Oliveira** • João Gabriel **Madeira Pontes** • José Guilherme **Vasi Werner** • José Luiz **de Moura Faleiros Júnior** • José Roberto **de Castro Neves** • Joyceane **Bezerra de Menezes** • Julia **Mendes Luz** • Luciano **Oliveira Mattos de Souza** • Luiz Claudio **Guimarães** • Luiz Edson **Fachin** • Luiz Roberto **Ayoub** • Marcela **Santana Lobo** • Marco Aurélio **Bezerra de Melo** • Marcos Alcino **de Azevedo Torres** • Marcos **Catalan** • Marcus Eduardo **de Carvalho Dantas** • Maria **Aglaé Tedesco Vilardo** • Marina **Bertinatto** • Mário Luiz **Delgado** • Micaela **Dominguez Dutra** • Milena **Donato Oliva** • Pablo **Renteria** • Patricia **Ribeiro Serra Vieira** • Paulo **Lobo** • Rachel **Delmás Leoni** • Rafael **Mansur** • Rafael **Viola** • Roberto **Dalledone Machado Filho** • Rosângela Maria **de Azevedo Gomes** • Sergio **Cavalieri Filho** • Thiago **Ferreira Cardoso Neves** • Vanderson **Maçullo Braga Filho** • Vinícius **Rangel Marques** • Vitor **Almeida** • Wallace **Corbo**

2023 © Editora Foco
Coordenadores: Anderson Schreiber e Marco Aurélio Bezerra de Melo
Autores: Adriana Ramos de Mello, Alexandre Junqueira Gomide, Aluisio Gonçalves de Castro Mendes, Ana Frazão, Ana Luiza Maia Nevares, Anderson Schreiber, André Gustavo Corrêa de Andrade, André Luís Machado de Castro, Andrea Issa Avila Vieiralves Martins, Augusto Werneck, Bruno Dubeux, Carlos Maroja, Carlos Nelson Konder, Carlos Vinicius Ribeiro Ferreira, Chiara Spadaccini de Teffé, Christiane Serra Ferreira, Cristina Gaulia, Daniel Sarmento, Danielle Tavares Peçanha, Denise Levy Tredler, Eduardo Chow de Martino Tostes, Elisa Costa Cruz, Fábio Amado, Fábio Zambitte Ibrahim, Fabíola Albuquerque Lobo, Fernanda Guerra, Flávio Ahmed, Guilherme Calmon Nogueira da Gama, Guilherme Magalhães Martins, Guilherme Peña de Moraes, Gustavo Tepedino, Heloisa Carpena, Heloisa Helena Barboza, J. M. Leoni Lopes de Oliveira, João Gabriel Madeira Pontes, José Guilherme Vasi Werner, José Luiz de Moura Faleiros Júnior, José Roberto de Castro Neves, Joyceane Bezerra de Menezes, Julia Mendes Luz, Luciano Oliveira Mattos de Souza, Luiz Claudio Guimarães, Luiz Edson Fachin, Luiz Roberto Ayoub, Marcela Santana Lobo, Marco Aurélio Bezerra de Melo, Marcos Alcino de Azevedo Torres, Marcos Catalan, Marcus Eduardo de Carvalho Dantas, Maria Aglaé Tedesco Vilardo, Marina Bertinatto, Mário Luiz Delgado, Micaela Dominguez Dutra, Milena Donato Oliva, Pablo Renteria, Patricia Ribeiro Serra Vieira, Paulo Lobo, Rachel Delmás Leoni, Rafael Mansur, Rafael Viola, Roberto Dalledone Machado Filho, Rosângela Maria de Azevedo Gomes, Sergio Cavalieri Filho, Thiago Ferreira Cardoso Neves, Vanderson Maçullo Braga Filho, Vinícius Rangel Marques, Vitor Almeida, Wallace Corbo
Diretor Acadêmico: Leonardo Pereira
Editor: Roberta Densa
Assistente Editorial: Paula Morishita
Revisora Sênior: Georgia Renata Dias
Imagem de Capa: Miguel Afa
Capa Criação: Leonardo Hermano
Diagramação: Ladislau Lima e Aparecida Lima
Impressão miolo e capa: Forma Certa Gráfica Digital

NOTAS DA EDITORA:

Atualizações e erratas: A presente obra é vendida como está, atualizada até a data do seu fechamento, informação que consta na página II do livro. Havendo a publicação de legislação de suma relevância, a editora, de forma discricionária, se empenhará em disponibilizar atualização futura.

Erratas: A Editora se compromete a disponibilizar no site www.editorafoco.com.br, na seção Atualizações, eventuais erratas por razões de erros técnicos ou de conteúdo. Solicitamos, outrossim, que o leitor faça a gentileza de colaborar com a perfeição da obra, comunicando eventual erro encontrado por meio de mensagem para contato@editorafoco.com.br. O acesso será disponibilizado durante a vigência da edição da obra.

Impresso no Brasil (04.2023) – Data de Fechamento (04.2023)

2023
Todos os direitos reservados à
Editora Foco Jurídico Ltda.
Rua Antonio Brunetti, 593 – Jd. Morada do Sol
CEP 13348-533 – Indaiatuba – SP

E-mail: contato@editorafoco.com.br
www.editorafoco.com.br

NOTA DOS COORDENADORES

O Direito, como se sabe, não é mero conformador social. A produção de normas jurídicas e sua aplicação cotidiana pelas instituições são elementos capazes de transformar profundamente a sociedade. No Brasil, empregar o Direito para promover transformação social é tarefa tão urgente quanto necessária. Este livro nasce da singela tentativa de reunir autores comprometidos com essa transformação, de modo a conjugar experiências e propostas para a construção de um país mais igualitário e mais digno. Os direitos autorais incidentes sobre a obra foram integralmente cedidos a entidades beneficentes. A comunidade jurídica pode fazer bem mais do que está fazendo para superar as agruras inerentes à dura realidade brasileira. Há um longo caminho a percorrer. Esperamos que este livro possa ser, ao menos, um primeiro passo.

Os Coordenadores registram seu penhorado agradecimento a Rafael Mansur, Mestre em Direito Civil pela UERJ, e à toda equipe da Editora Foco pelo inestimável auxílio na organização e produção da presente obra. Os Coordenadores agradecem, ainda, ao artista carioca Miguel Afa, que autorizou gratuitamente o uso da sua obra "*Para o adulto tijolo, para uma criança lego*" na capa deste livro. Nascido no Complexo do Alemão, Miguel Afa retratou o uso lúdico de tijolos deixados por seu avô, Sarapuy Austin, que trabalhou por anos como mestre de obras no Tribunal de Justiça do Rio de Janeiro. A imagem não poderia ser mais adequada a um livro que pretende tratar da necessidade de construção de uma realidade mais justa e solidária para as futuras gerações no Brasil.

Anderson Schreiber e Marco Aurélio Bezerra de Melo

PREFÁCIO

A transformação da realidade social brasileira apresenta-se como um tema complexo que exige o envolvimento dos diversos setores que a compõem. Mas, quando unimos estes elementos com a vontade de fazer diferença, caminhamos a passos firmes e constantes para construir uma sociedade mais justa e igualitária.

Esta obra coletiva chega as suas mãos com esse propósito, caro leitor. Trata-se de um verdadeiro guia para o emprego do Direito nas necessárias ações transformadoras. Organizada pelo professor Anderson Schreiber e pelo professor e desembargador Marco Aurélio Bezerra de Mello, ela brinda a comunidade jurídica com textos voltados a contribuir para o debate, a produção do conhecimento e concretização desse imenso desafio que bate a nossa porta.

Atentos às mudanças e transformações no mundo em que vivem e tendo em mente que o Direito só tem razão de existir quando aplicado ao aperfeiçoamento da vida em sociedade, os autores desenvolvem seu trabalho em torno de oito eixos temáticos: o papel das instituições jurídicas; a igualdade substancial e o Direito antidiscriminatório; o Direito fundamental à moradia e proteção do meio ambiente; o Direito das famílias e proteção das crianças e idosos; a proteção dos contratantes vulneráveis; trabalho, mercado e tributação; as inovações trazidas pela tecnologia e a administração da Justiça.

Na famosa estrutura tripartite do Estado, delegou-se ao Judiciário a função de julgar o comportamento dos homens, o que significa solucionar conflitos a fim de manter a paz social. Antes enclausurado, fechado em livros, como se assim fosse possível manter a imparcialidade, ele experimentou nos últimos decênios formidável transformação pela qual se moldou aos novos rumos da sociedade: livre, justa e solidária, com a promoção do "bem de todos, sem preconceitos de origem, raça, sexo, cor, idade e quaisquer formas de discriminação", como exige o artigo 3º da Constituição da República.

Nesta toada imposta por novos ventos, o Poder Judiciário passou a ocupar relevante papel social até chegar ao momento presente, de efetiva integração com a sociedade, no que se convenciona chamar de ativismo judicial, a meu sentir concentrado em duas vertentes.

A primeira, efeito da condição de julgar, consiste na prolação de decisões que, se em outros tempos era restrita a interferir nas relações pessoais públicas e privadas, atualmente refletem a ingerência significativa na atuação dos demais Poderes, especialmente o Executivo, mas com o escopo de preservar a aplicação das normas e evitar as interferências e os abusos.

Neste ponto, a atuação do Estado-Juiz deriva em geral da inércia dos entes públicos em cumprir os mandamentos constitucionais e legais, especialmente nos segmentos da saúde e educação. Os Tribunais estão abarrotados de processos em que a população reclama dentre outras providências, hospital e escola, internação e creche, nos quais a falta de aplicação de política social pelo administrador público impele o julgador a resolver o conflito fazendo às vezes do Executivo.

Evidentemente a medida judicial neste caso é temerária, sob a ótica global, pois resolve um determinado conflito, sem a análise do largo espectro que apenas o administrador consegue perceber. Embora se observe eventuais abusos por consequência da dificuldade em se ter ciência de todos os efeitos que o comando judicial há de produzir no corpo social, tais decisões desnudam a urgente necessidade em aplacar as mazelas enfrentadas pelas pessoas.

Jamais se pode perder de vista a formação humanista do Juiz, estudioso das relações sociais, que o levam a tentar melhorar a situação de quem o procura em busca de Justiça e reconhecimento de seus direitos.

Ainda sob esta vertente, existe o Judiciário inovador, definidor de novas políticas sociais, por mais paradoxal que possa soar, ao reconhecer as deficiências das leis, aplicar princípios e justiça por analogia, até que sobrevenha a norma por atuação parlamentar.

Corolário do fato de ser o Judiciário o único poder ao qual não é permitido deixar de receber e decidir problemas sociais, aflora a segunda vertente do ativismo judicial, caracterizada pela firme atuação no sentido de reduzir a desigualdade social.

Estreitar os laços com a sociedade é de primordial importância a fim de o Judiciário ser visto como instituição humanizada, partícipe do grupo social, atenta aos problemas do Estado e às demandas das pessoas e entendedor das complexidades de todas as relações.

O Plano Estratégico que orienta a caminhada do Poder Judiciário do Estado do Rio de Janeiro de 2021 a 2026 não deixa dúvidas. Entre os objetivos estão a garantia dos direitos fundamentais, o fortalecimento da relação institucional com a sociedade, a agilidade e a produtividade na prestação jurisdicional, o enfrentamento à corrupção e à improbidade administrativa, a promoção da sustentabilidade e o aperfeiçoamento da justiça criminal.

Contempla-se, ainda, um crescente investimento na área de TI e de proteção de dados, bem como o aperfeiçoamento da gestão de pessoas. Diversos objetivos estão alinhados ao cumprimento de metas estabelecidas pelo Conselho Nacional de Justiça e ao Prêmio CNJ de Qualidade, como é o caso do fortalecimento da Política Judiciária de Enfrentamento à Violência Contra a Mulher e o desenvolvimento de Plataforma de Resolução de Conflitos.

Assim como os ilustres organizadores e autores desta obra, cremos não haver mais espaço para uma Justiça que viva com os olhos vendados para as realidades sociais.

Trata-se, sem dúvida, de uma leitura obrigatória para todos os que se interessam por tais temáticas.

Nossos cumprimentos aos envolvidos em sua realização. Estou certo de que esta publicação muito contribuirá para o aprimoramento da Justiça brasileira, para o fomento da cultura da pacificação e para a construção de um Judiciário cada vez mais democrático, célere e eficiente, premissa de uma sociedade livre, justa, solidária e pacífica preconizada na Constituição de 1988. Boa leitura!

Henrique Carlos de Andrade Figueira

Presidente do Tribunal de Justiça do Estado do Rio de Janeiro no biênio 2021/2022

SUMÁRIO

PARTE II
IGUALDADE SUBSTANCIAL E DIREITO ANTIDISCRIMINATÓRIO

PARTE III
DIREITO FUNDAMENTAL À MORADIA E PROTEÇÃO DO MEIO AMBIENTE

PARTE IV
DIREITO DAS FAMÍLIAS E PROTEÇÃO DAS CRIANÇAS E IDOSOS

PARTE V
PROTEÇÃO DOS CONTRATANTES VULNERÁVEIS

PARTE VI
TRABALHO, MERCADO E TRIBUTAÇÃO

PARTE VII
TECNOLOGIA E TRANSFORMAÇÃO SOCIAL

PARTE VIII
ADMINISTRAÇÃO DA JUSTIÇA E TRANSFORMAÇÃO SOCIAL

PARTE I
INSTITUIÇÕES JURÍDICAS E TRANSFORMAÇÃO SOCIAL

O DIREITO COMO EDUCADOR

José Roberto de Castro Neves

Doutor em Direito Civil pela Universidade do Estado do Rio de Janeiro (UERJ). Mestre em Direito pela Universidade de Cambridge, Inglaterra. Professor de Direito Civil da Pontifícia Universidade Católica (PUC-Rio) e da Fundação Getúlio Vargas (FGV-Rio). Advogado.

A finalidade do direito é permitir a vida social. Se a humanidade conseguisse viver em harmonia sem necessidade de regras, não haveria juízes, muito menos advogados. Mas a realidade é outra: a civilização apenas começa quando o Homem se organiza, estabelecendo regras que vão reger a vida em coletividade. A partir daí, como reconheceu Jhering, é luta: "A paz é o fim que o direito tem em vista, a luta é o meio de que se serve para o conseguir."

Nos primórdios, num Estado primitivo, todas as regras sociais compunham uma só espécie. Regras morais, éticas, religiosas, ou mesmo de etiqueta integravam, misturadas, um grupo único de comando social. A autoridade política, jurídica e religiosa se confundia. O *Decálogo*, apresentado por Moisés ao seu povo, trazia regras de diversas naturezas, como não mentir, mão matar, não cometer adultério. Veja-se, por exemplo, que o *Corão*, no versículo 5:1, proclama: "Ó vós que credes! Cumpri todos os contratos." Regras religiosas e deveres legais – como o de observar os contratos – caminhavam juntos.

Mais organizados, os Estados, ainda na antiguidade, foram capazes de distinguir, ainda que de forma rudimentar, as regras de natureza jurídica das demais. Estas eram determinações mais objetivas, consideradas relevantes para essa estruturação da sociedade.

As regras jurídicas, como rapidamente se verificou, oferecem um critério para a solução de eventuais conflitos entre membros da comunidade, mas, também, possuem uma propriedade profilática. Isso porque, ao indicar qual o modelo de comportamento que deve ser seguido ou reprimir certa conduta, as pessoas tendem, até mesmo pelo receio de uma sanção, a seguir o padrão estabelecido em lei.

Permita-se um exemplo singelo. Há uma regra, uma imposição inclusive moral, segundo a qual não se deve matar ninguém. Esse preceito é muito antigo. Em algum momento da história, num passado remoto, o Estado estabeleceu uma regra nesse sentido, proibindo, de forma expressa, que alguém tirasse a vida de outrem, sob pena de o infrator receber uma pena. O mero fato de haver uma determinação estatal nesse sentido é suficiente para que, se alguém pensar em matar outra pessoa, o desejo de cometer a violência seja contido. O direito, nesse momento, educa.

Bem vistas as coisas, as vantagens de um sólido ordenamento jurídico se revelam mais pela sua atividade em potência do que pelas sanções concretas que aplica de fato.

Enquanto um caso é julgado por descumprimento de um contrato, outras milhares de situações jamais chegam a criar um problema social, pois as partes desses muitos contratos, ainda que tivessem vontade de não respeitar as obrigações assumidas, preferem seguir a lei, comportando-se em conformidade com o direito.

Comumente, uma pessoa de boa-fé procura um profissional de direito para indagar se sua conduta está conforme a lei. A maioria dos cidadãos deseja agir corretamente – e as normas jurídicas servem como paradigma dessa correção.

Conceitualmente, as regras jurídicas devem espelhar um anseio da sociedade que regulam. Por vezes, contudo, o legislador se antecipa, estabelecendo um padrão de comportamento desejável socialmente, embora não fosse praticado. Nesses casos, a educação promovida pelo direito pode, ainda, ocorrer de outra forma, igualmente potente.

Com efeito, o direito, em determinados momentos, apresenta um conceito, valioso do ponto de vista moral, ético ou filosófico, mas que a sociedade, embora o reconheça, ainda não o concretizou plenamente. O direito, nessas ocasiões, funciona como um farol que ilumina o futuro, indicando um caminho mais saudável a ser adotado pela comunidade que ele regula.

Kant alertou: "O homem não é nada além do que a educação faz dele." Comumente, ouvimos: "educação é tudo". É mesmo. Pois o direito também atua como educador.

Em 1776, um grupo, formado principalmente por advogados que viviam no norte do continente americano, desejava liberta-se da Inglaterra, que os colonizava, para formar uma nova nação. Redigiram um documento, liderados pelo advogado Thomas Jefferson, que serviria como marco fundamental daquele país. Era a Declaração de Independência dos Estados Unidos. No que é possivelmente a sua mais marcante passagem, são pontuados os pilares daquela comunidade:

> Consideramos estas verdades como autoevidentes, que todos os homens são criados iguais, que são dotados pelo Criador de certos direitos inalienáveis, que entre estes são vida, liberdade e busca da felicidade.

Naquela época, admitia-se, ainda, a escravidão nas colônias americanas. Portanto, o conceito de que "os homens são criados iguais" não se harmonizava com a realidade de exploração própria do modelo escravocrata. Tratava-se de uma contradição.

O jovem país nascia assentado num lindo princípio, mas a prática era outra. Interesses econômicos, notadamente dos estados sulistas que dependiam do trabalho escravo nas suas plantações de algodão e tabaco, eram traduzidos em forças políticas, refratárias à emancipação dos escravos.

Essa incoerência teve impactos dramáticos para a história norte-americana. Como se sabe, quando a Constituição Americana foi redigida, em 1787, alguns anos após a independência dos Estados Unidos, o tema da escravidão acabou ficando fora do texto. Havia, na ocasião, uma divergência política incontornável. A odiosa escravidão seguiu como uma contradição viva aos princípios (ditos) fundamentais.

Em 1857, o tema foi levado à Suprema Corte daquele país, para que se reconhecesse que o conceito de que "todos os homens são criados iguais" se aplicava também aos escravizados. Numa das passagens mais tristes da Suprema Corte norte-americana, o juiz Roger Taney entendeu que os escravos – pessoas "importadas" da África – não eram cidadãos e, logo, não poderiam reclamar a proteção da Constituição. O juiz Taney chegou a justificar sua conclusão a partir da ilação de que Thomas Jefferson, ao redigir a Constituição, não havia levado em consideração os africanos...

Diante dessa decisão, Abraham Lincoln, um advogado que viria, em 1861, a ser presidente dos Estados Unidos, questionou: "Qual seria, então, o valor das palavras de Jefferson? Seriam 'estas verdades' simplesmente mentiras?". O ativista negro Frederick Douglass, também indignado com a posição da Suprema Corte, que a qualificou como "uma abominação chocante e vil", registrou, contudo, que, embora fosse possível fechar os olhos do Judiciário, não seria possível tapar os olhos de todo o mundo diante da injustiça da escravidão. Ele estava certo.

Foi necessária uma sangrenta guerra civil para pôr fim ao tema. Finalmente, em 1865, foi promulgada a XIII Emenda à Constituição americana, abolindo a escravidão.

A Declaração de Independência norte-americana teve um indiscutível papel positivo para extinguir a escravidão. Com a sua redação, toda a sociedade americana foi forçada a discutir a "igualdade" dos Homens. Qual o significado disso? Um documento jurídico oferecia princípios e, dessa forma, educava. Naquele momento, o texto jurídico estava à frente de seu tempo. Funcionou como um guia.

Esses textos jurídicos "educativos" nos remetem a Miguel Reale, que, na sua *Filosofia do Direito*, ensina a propriedade de se questionar: "Por que o juiz deve apoiar-se na lei? Quais as razões lógicas e morais que levam o juiz a não se revoltar contra a lei (...)? Por que a lei obriga?". Essa crítica da experiência jurídica, ao mesmo tempo em que fortalece o direito, pois o justifica, permite verificar se o direito se movimenta na melhor direção.

Montesquieu, em *O espírito das leis*, fala das "leis da educação", indicando o papel dela em cada tipo de governo – nas monarquias, nos modelos déspotas e nos moderados. Ao tratar da educação nos governos despóticos, conclui que "a extrema obediência [às leis] supõe ignorância naquele que obedece; supõe-na também naquele que ordena; ele não precisa deliberar, duvidar ou raciocinar; só precisa querer." Logo em seguida, Montesquieu arremata: "Assim, a educação é ali por assim dizer nula." Interessante notar que a norma que educa pressupõe esse diálogo entre o legislador e toda a comunidade para quem a regra se dirige.

Muitos judeus usam a quipá em suas cabeças. Alguns, o tempo todo. Outros, apenas em ocasiões solenes. Trata-se de uma regra imposta pelo *Talmude* – a coletânea de livros sagrados dos judeus. Qual o fundamento dessa norma? Procura-se ensinar que todos devem ser humildes, reconhecendo que há algo superior. A quipá não é um adereço, mas uma demonstração de fé.

Apenas quem compreender o propósito dessa regra poderá exercitar a humildade, que é seu fim. Para aqueles que não se atentam ao simbolismo, o quipá é apenas um pequeno chapéu. Dito de outra forma, sem entender os motivos da lei, ela se enfraquece.

Ao receber uma norma, o povo, de alguma forma, avalia sua oportunidade e promove uma peculiar espécie de "julgamento" acerca de seu valor. Não raro, o Estado, por meio de leis, apresenta metas, que apenas serão atingidas com a colaboração da sociedade. O artigo 3º da Constituição Federal brasileira, ao arrolar os objetivos fundamentais da República, coloca, em primeiro lugar, a construção de uma sociedade livre, justa e solidária. Esse fim apenas se concretiza com a contribuição de todos, o que se dá, em primeiro lugar, por meio do reconhecimento, pela população, da importância da liberdade, da justiça e da solidariedade. A lei quer educar.

Quando elaborada a Constituição brasileira de 1988, a chamada "Constituição cidadã", era fácil reconhecer que a população brasileira, na sua maioria, não compreendia o sentido de cidadania.

Ao pertencer a uma sociedade, o indivíduo fica sujeito a uma série de deveres e, de outro lado, torna-se titular de um grupo de direitos. Entre essas prerrogativas, encontra-se a de ser aceito, com suas diferenças e particularidades, além de buscar intervir nos destinos daquela comunidade. O cidadão merece respeito e deve respeito.

Pelas peculiaridades da nossa história, não passamos por uma experiência revolucionária, como por exemplo, ocorreu na França, com a promulgação da Declaração dos Direitos do Homem e do Cidadão, na qual garantias fundamentais eram expostas em movimentos de grande participação popular. Esses princípios foram introjetados no corpo social. No Brasil, infelizmente, o caminho foi outro. As conquistas da civilização não foram discutidas de forma ampla por todas as camadas do povo. Os direitos do cidadão eram, portanto, ignorados pela maioria.

Numa sociedade de massa, na qual consumir é uma necessidade, o cidadão se confunde com o consumidor. Os direitos de cidadania, forçosamente, passam pelos direitos do consumidor. Entretanto, no Brasil de 1988, observava-se que as pessoas não tinham consciência da sua prerrogativa de reagir aos abusos sofridos pelos consumidores. Havia dificuldades práticas de o consumidor reclamar.

O fim da década de oitenta foi especialmente turbulento para a economia nacional. A população convivia com uma inflação lancinante. Acredita-se que o analfabetismo no Brasil de então era de 20% da população adulta. Um percentual lastimosamente elevado. Como se referiu, vigorava, para a gente de uma forma geral, a ausência de educação no que se refere aos direitos da cidadania. Se os membros de uma sociedade desconhecem o conceito de cidadania, eles deixam de compreender seus direitos básicos. Sem reação, as injustiças se perpetuam e se agravam.

A Constituição de 1988 determinou, no artigo 48 das suas Disposições Transitórias, que "O Congresso Nacional, dentro de cento e vinte dias da promulgação da

Constituição, elaborará código de defesa do consumidor." Do melhor ponto de vista técnico, seria mais adequado que se regulamentasse a relação de consumo. O legislador constitucional, entretanto, foi adiante, indicando que, *a priori*, a norma deveria oferecer uma visão "parcial", que, no seu próprio título, já declararia seu propósito de amparar o consumidor.

Em 11 de setembro de 1990 – um pouco atrasado dos 120 dias determinados nas Disposições Transitórias –, foi publicada a Lei 8.078, conhecida como Código de Defesa do Consumidor.

Antes dela, no Brasil, o consumidor não recebia o adequado respeito. Ele era considerado apenas um número. Fornecedores e prestadores de serviço não eram, em regra, responsabilizados. Diante de um defeito de um produto ou da má prestação de um serviço, o consumir não sabia sequer como poderia reclamar. Contudo, com o advento dessa norma, promoveu-se uma revolução cultural. O consumidor passou a compreender que tinha direitos, prerrogativas. Poderia reclamar diante de um produto defeituoso ou de um serviço mal prestado. A prova do defeito ficou facilitada, ora porque irrelevante, ora pela inversão do ônus probatório. Foram estabelecidas regras mais precisas acerca da publicidade, inibindo as propagandas enganosas. A lei instruiu o consumidor: ele merecia respeito.

Com o tempo, o consumidor ganhou consciência de suas prerrogativas e passou a ser mais exigente. Também o prestador de serviço e o fornecedor tiveram que adotar condutas mais dignas e respeitosas. O mercado inteiro amadureceu. A mudança não foi apenas na forma de atuar, mas na própria mentalidade, com o reconhecimento das vantagens de relações mais sadias.

A lei educou (e ainda educa) a população.

Da mesma forma como ocorreu com a escravidão nos Estados Unidos, a orientação fornecida pelo texto legal não acarreta uma ruptura absoluta e imediata com o passado. Afinal, a lei não tem poderes mágicos.

Em pesquisa feita em 2013 pela FGV-Direito, dos então 90 milhões de processos judiciais em curso no Brasil, cerca de 40 milhões se relacionavam a demandas de consumidores contra instituições financeiras ou empresas de telefonia. Segundo essa mesma fonte, entre 2002 e 2012, houve um aumento de 940% de representatividade desse tipo de demanda. Já nos Juizados Especiais do Rio de Janeiro, segundo o IPEA, em estudo também datado de 2013, aproximadamente 93% dos casos se relacionam a reclamações de consumidores.

Esses números assustadores demonstram, de pronto, dois fatos: em primeiro lugar, os consumidores ainda são vítimas de abusos e incorreções promovidas pelos fornecedores e prestadores de serviço. Além disso, fica claro que os consumidores aprenderam a reclamar seus direitos.

Infelizmente, essa profusão de processos deixa o Judiciário assoberbado. Espera-se que esses números superlativos sejam provisórios – já existem alguns dados que confirmam a tendência de queda dessas ações. Oxalá haja a diminuição expressiva das demandas de consumo, como reflexo da mudança de cultura, tanto dos consumidores quanto dos fornecedores e prestadores de serviço. Uma mudança de consciência que nasce com o direito.

O Código do Consumidor ainda positivou outro tema na legislação brasileira responsável por uma silenciosa e fundamental transformação. No artigo 4º da referida norma, ao falar da Política Nacional das Relações de Consumo, são estabelecidos diversos princípios. O inciso III do artigo arrola entre eles a "harmonização dos interesses dos participantes das relações de consumo e compatibilização da proteção do consumidor com a necessidade de desenvolvimento econômico e tecnológico, de modo a viabilizar os princípios nos quais se funda a ordem econômica (art. 170, da Constituição Federal), sempre com base na boa-fé e equilíbrio nas relações entre consumidores e fornecedores". Dessa forma, ainda que timidamente, inclui-se o princípio da boa-fé objetiva de forma concreta no ordenamento jurídico nacional.

Parece difícil de acreditar, mas, até os anos 90, pouco se falava de boa-fé objetiva. O advento do Código do Consumidor e do Código Civil de 2002, que expressamente a distinguiu ("Art. 422. Os contratantes são obrigados a guardar, assim na conclusão do contrato, como em sua execução, os princípios de probidade e boa-fé"), criaram um espaço para que toda a sociedade discutisse esse conceito.

Como se sabe, a boa-fé objetiva representa um avanço na análise da conduta humana. Para identificar a correção de uma pessoa no âmbito de suas relações, afere-se objetivamente como ela agiu, deixando-se de apreciar os aspectos psicológicos. Deixa-se de cogitar "as melhores intenções" para apreciar o que foi materialmente feito.

Trata-se de uma guinada do direito para privilegiar o comportamento ético. Esse enfoque da análise do fato protege a parte que materialmente agiu de forma correta.

À medida em que a doutrina e os tribunais passaram a privilegiar a boa-fé objetiva, os advogados orientam seus clientes a sempre agir de forma leal e transparente nas suas relações, na medida em que isso será considerado favoravelmente, caso, em algum momento, queiram disputar seu direito. Verifica-se um efeito positivo, pois se percebem as vantagens de se atuar de forma correta – e a embotada história de "levar vantagem em tudo" passa a ser mal vista.

O direito, mais uma vez, educa.

Ronald Dworkin, no seu seminal *O império do direito*, critica, ao fim de seu trabalho, a ideia antiga, reverenciada por alguns "juristas saudosistas", de que o direito se autopurifica, corrigindo-se ao longo do tempo. O direito, como fenômeno vivo, sempre caminha. Mas ele não cai do céu, nem tampouco é obra do acaso. Se, nesse caminho, ele corrói ou aprimora a sociedade, a culpa é nossa.

O direito é uma criação humana. Condenado à imperfeição, mas, ao mesmo tempo, abençoado pela inteligência e sensibilidade de quem o concebeu. Se o direito fica aquém dos valores protegidos pela sociedade – ou se revela retrógrado, como no caso do juiz da Suprema Corte americana que, em 1857, deixou de proteger os escravos –, o direito se apequena e carrega com ele, numa torrente maligna, toda comunidade que visa a regular. Se, de outro lado, o direito antecipa, indicando princípios ou normas programáticas, conceitos valiosos para a sociedade, ele cumpre uma de suas mais dignas funções, instruindo e elevando a sociedade, para construir, assim, um mundo melhor. Uma extraordinária ferramenta de transformação social.

A TRANSFORMAÇÃO SOCIAL COMO FUNÇÃO DAS FACULDADES DE DIREITO

Heloisa Helena Barboza

Doutora em Direito pela UERJ e Doutora em Ciências pela ENSP/FIOCRUZ. Diretora da Faculdade de Direito da UERJ. Professora Titular de Direito Civil da Faculdade de Direito da Universidade do Estado do Rio de Janeiro (UERJ). Procuradora de Justiça do Estado do Rio de Janeiro (aposentada). Advogada.

1. INTRODUÇÃO

O ensino jurídico no Brasil, de há muito, compete às Faculdades de Direito, sob regulamentação governamental. Em princípio, devem essas instituições atender os objetivos previstos pelas autoridades encarregadas de sua disciplina. Tais objetivos, em razão de sua origem, são fortemente influenciados e acabam por refletir o viés político e cultural da época de sua concepção, sofrendo em consequência alterações importantes ao longo dos anos. Embora para o senso comum caiba às Faculdades de Direito formar advogados, impõe-se destacar que a elas compete a formação original dos atores do cenário jurídico nacional, dentre os quais vale lembrar, os membros da Magistratura, do Ministério Público, das Defensorias Públicas, das Procuradorias dos Estados, os ocupantes de diversos cargos da administração pública, os professores e pesquisadores da área jurídica, e não raro representantes políticos. Considerado o indiscutível poder de interferência desses atores na vida das pessoas e em todas as situações sociais, constata-se que as Faculdades de Direito participam e promovem ativamente a transformação social, em particular quando se tornaram constantes e crescentes a juridicização e a judicialização de diferentes questões sociais.

A tarefa de ensinar o Direito é cada vez mais complexa em um mundo globalizado e num país marcado pela pluralidade e diversidade socioeconômicas. Acresçam-se a estas características o estonteante crescimento e implantação voraz dos avanços tecnológicos e biotecnocientíficos, que se propõem a melhorar a qualidade de vida das pessoas, mas acabam por aprofundar o abismo entre as camadas sociais, que beira o sistema de castas. Não há exagero na última afirmativa, quando se considera: i. o número de pessoas que vivem em situação de extrema pobreza no Brasil,[1] cujos totais foram agravados pela

1. De acordo com o art. 20, do Decreto 10.852, de 08.11.2021, o Programa Auxílio Brasil, instituído pela Medida Provisória 1.061/2021, atenderá às famílias em situação de I – extrema pobreza, caracterizada pela renda familiar mensal *per capita* no valor de até R$ 100,00 (cem reais), denominada "linha de extrema pobreza"; e II – pobreza, caracterizada pela renda familiar mensal *per capita* no valor entre R$ 100,01 (cem reais e um

pandemia de COVID-19, atenuados, mas longe de serem resolvidos, pelos auxílios e bolsas governamentais;[2] e ii. a alta probabilidade de essas pessoas permaneceram nessa situação em razão da falta de programas político-administrativos efetivos que propiciem o mínimo existencial para que haja a emancipação social e o resgate da dignidade dessas populações.

Cabe lembrar que o mínimo existencial não se confunde com um "mínimo vital", na medida em que deve garantir um mínimo de qualidade de vida, que permita a preservação da dignidade e o exercício da "liberdade no plano individual (perante si mesmo) e social (perante a comunidade onde se encontra inserido)", em uma perspectiva dinâmica.[3] No mesmo sentido, esclarece Ingo Wolfang Sarlet, que a garantia efetiva de uma existência digna, abrange mais do que a garantia da mera sobrevivência física, compreendendo o mínimo vital vinculado ao direito à vida, além do limite da pobreza absoluta. Segundo o autor, uma vida "sem alternativas não corresponde às exigências da dignidade humana, a vida humana não pode ser reduzida à mera existência".[4]

Diante desse quadro, procura o presente trabalho, a partir de pesquisa bibliográfica e dentro de seus estreitos limites, traçar um perfil do ensino jurídico no Brasil, suas raízes históricas e seu desenvolvimento ao longo dos diferentes panoramas político-sociais. Diante desse quadro é possível identificar algumas das funções cometidas às Faculdades de Direito e sua influência no processo de transformação social.

2. NOTAS SOBRE O ENSINO JURÍDICO NO BRASIL

O ensino jurídico no Brasil teve início após a independência e a outorga da Constituição Imperial de 1824. Nos termos da Lei de 11 de agosto de 1827,[5] foi determinada a criação de cursos de ciências jurídicas e sociais, um na cidade de São Paulo, e outro na de Olinda, para que "neles no espaço de cinco anos, e em nove cadeiras", fossem ensinadas as matérias ali previstas. As escolas eram vocacionadas, respectivamente, para a vida

centavo) e R$ 200,00 (duzentos reais), denominada "linha de pobreza". Disponível em: http://www.planalto.gov.br/ccivil_03/_Ato2019-2022/2021/Decreto/D10852.htm#art92. Acesso em: 16 jan. 2022.

2. Segundo noticiado pela Agência Brasil, em setembro de 2020, o número de brasileiros viviam abaixo da linha de pobreza caiu para 9,8 milhões, em razão do aumento do valor do auxílio emergencial. Com a suspensão do auxílio no primeiro trimestre de 2021 e embora concedida a bolsa família, 34,3 milhões de pessoas, ou seja, 16,1% da população se encontrava na categoria de pobres. Ver sobre o assunto https://agenciabrasil.ebc.com.br/direitos-humanos/noticia/2021-09/fgv-mais-pobres-sofrem-maior-impacto-na-pandemia. Acesso em: 16 jan. 2022.
3. ISMAIL Filho. Salomão. *Mínimo existencial: um conceito dinâmico em prol da dignidade humana*. Disponível em: https://www.conjur.com.br/2016-dez-05/mp-debate-minimo-existencial-conceito-dinamico-prol-dignidade-humana#:~:text=79%2D80).,comunidade%20onde%20se%20encontra%20inserido). Acesso em: 20 mar. 2022.
4. SARLET, Ingo Wolfang e ZOCKUN, Carolina Zancaner. Notas sobre o mínimo existencial e sua interpretação pelo STF no âmbito do controle judicial das políticas públicas com base nos direitos sociais. In *Revista de Investigações Constitucionais*, Curitiba, v. 3, n. 2, p. 15-141, maio/ago. 2016.
5. Disponível em: http://www.planalto.gov.br/ccivil_03/leis/lim/LIM.-11-08-1827.htm#:~:text=LIM%2D11%2D08%2D1827&text=LEI%20DE%2011%20DE%20AGOSTO%20DE%201827.&text=Cr%C3%AAa%20dous%20Cursos%20de%20sciencias,um%20na%20cidade%20de%20S. Acesso em: 20 fev. 2022.

política nacional e para a formação da magistratura, destinadas, portanto, a preparação das "futuras elites administrativas do Estado Imperial".[6]

Essa orientação se manteve após a Proclamação da República, mas os cursos passaram a formar também bacharéis em direito, advogados para a "militância forense". Centradas no ensino do Direito e na figura do Professor, as escolas de Direito mantiveram por mais de um século um perfil profissionalizante, razão pela qual se afastaram dos demais cursos superiores brasileiros, que desenvolviam atividades de natureza acadêmico-científica.[7]

O conteúdo dos currículos jurídicos, desde seu surgimento, tinha como "eixo central reproduzir o conhecimento oficial". A progressiva convivência com outras áreas do saber, em particular com a de humanidades, acabou por gerar duas vertentes bem definidas: uma manteve "os discursos do Estado", representado pelo ensino do Códigos; a outra, expressando "o discurso crítico positivo", atrelada à formação ao conhecimento interdisciplinar e social. Neste cenário, o ensino do Direito Romano representava a prevalência de um ou outro modelo pedagógico adotado pelas escolas.[8] Indispensável registrar que Rui Barbosa, já em 1878, sugeria a inserção da Sociologia, como matéria obrigatória na formação dos bacharéis, por questionar o conhecimento exclusivamente dogmático e positivista, defendendo que o advogado "deveria ter uma perspectiva mais aberta, mais interpretativa e voltada para a realidade das circunstâncias da convivência social." Desde então passou-se a discutir o conteúdo da formação dos bacharéis em Direito.[9]

A Sociologia somente foi integrada ao ensino jurídico com a Reforma Curricular de 1972, embora em 1931 a denominada Reforma Francisco Campos tenha procurado "adequar a formação jurídica à industrialização e urbanização de um Brasil emergente." Iniciou-se, desde então, a substituição do ensino de natureza prevalentemente "romanesca", por uma concepção pedagógica mais científica, que prioriza o ensino e discussão do Direito numa perspectiva "racionalista moderna, em detrimento da concepção naturalista e divina até então prevalente nas escolas jurídicas." O debate epistemológico que assim se instaurou e permanece incluso diz respeito a ser ou não o Direito uma ciência sob a concepção científica moderna.[10]

Constata-se que, desde sua instituição, o ensino do Direito está sob a mão do Estado, tanto no setor público, como no privado, e acaba por refletir os regimes políticos que o orientam. Nesse sentido vale lembrar a Carta de 1967, cuja redação sobre a matéria traduzia o espírito então existente, que atribuía competência à União para "estabelecer planos nacionais de educação e de saúde" (art. 8º, XIV) e legislar sobre diretrizes e bases

6. MELLO, Cleyso de Moraes. MARTINS, Vanderlei. *Ensino jurídico*. Rio de Janeiro: Processo, 2019, p. 24.
7. MELLO, Cleyso de Moraes. MARTINS, Vanderlei. *Ensino jurídico*. Rio de Janeiro: Processo, 2019, p. 24.
8. BASTOS, Aurélio Wander. O ensino jurídico no Brasil e suas personalidades históricas. *170 anos de cursos jurídicos no Brasil*. Brasília, Conselho Federal da OAB, 1997. P. 35-55.
9. BASTOS, Aurélio Wander. O ensino jurídico no Brasil e suas personalidades históricas. *170 anos de cursos jurídicos no Brasil*. Brasília, Conselho Federal da OAB, 1997. P. 35-55.
10. MELLO, Cleyso de Moraes. MARTINS, Vanderlei. *Ensino jurídico*. Rio de Janeiro: Processo, 2019, p. 25.

da educação nacional; (art. 8º, XVII, q). A Emenda Constitucional 1, de 1969,[11] ao editar o novo texto da Constituição Federal de 1967, deu nova redação ao citado inciso XIV, do art. 8º, para cometer à União competência para" estabelecer e executar planos nacionais de educação e de saúde, bem como planos regionais de desenvolvimento".

Outro é o panorama que se desvela após o processo de redemocratização do Brasil. De acordo com o art. 22, inciso XXIV, da Constituição da República (CR) de 1988, compete privativamente à União legislar sobre diretrizes e bases da educação nacional, tendo os Estados e o Distrito Federal competência concorrente para legislar sobre educação, cultura, ensino, desporto, ciência, tecnologia, pesquisa, desenvolvimento e inovação, conforme inciso IX, do art. 24, da CR. A Educação abrange os processos formativos que se desenvolvem na vida familiar, na convivência humana, no trabalho, nas instituições de ensino e pesquisa, nos movimentos sociais e organizações da sociedade civil e nas manifestações culturais, de acordo com o disposto no art. 1º, a Lei de Diretrizes e Bases da Educação Nacional 9.394, de 20 de dezembro de 1996.

Nessa linha, as diretrizes curriculares assumem papel de todo importante. Como esclareceram em 2000 os Consultores *ad hoc*, da Comissão de Especialistas de Ensino de Direito – CEED, do Ministério da Educação, as diretrizes curriculares na área do Direito se beneficiaram de sua experiência histórica, datando de 1994 sua concepção didático-pedagógica mais relevante. Essas diretrizes se integram ao processo de construção de qualidade dos cursos de Direito, que teve como marco, na década de noventa, a instalação da citada Comissão em parceria com a Comissão de Ensino Jurídico do Conselho Federal da Ordem dos Advogados do Brasil (OAB). As diretrizes curriculares têm o objetivo de "fornecer as linhas gerais para os cursos jurídicos estruturarem seus projetos pedagógicos de forma autônoma e criativa, segundo suas vocações, demandas sociais". Não constituem, portanto, "prescrições fechadas e imutáveis," mas parâmetros que a partir dos quais os cursos criarão seus currículos, de modo a romper a concepção de conteúdos com "saberes justapostos ou superpostos e que não passam de repetição do já pensado".[12]

Sucessivos pareceres e resoluções da Câmara de Educação Superior (CES), do Conselho Nacional de Educação (CNE) vem estabelecendo, desde então, as diretrizes curriculares do curso de graduação em direito. A Resolução CNE/CES n. 5, de 17 de dezembro de 2018, alterada pela Resolução n. 2, de 19 de abril de 2021, instituiu as Di-

11. A referida Emenda Constitucional foi promulgada pelos Ministros da Marinha de Guerra, do Exército e da Aeronáutica Militar, no uso "das atribuições que lhes confere o artigo 3º do Ato Institucional 16, de 14 de outubro de 1969, combinado com o § 1º do artigo 2º do Ato Institucional 5, de 13 de dezembro de 1968, considerando "que nos termos do Ato Complementar 38, de 13 de dezembro de 1968, foi decretado, a partir dessa data, o recesso do Congresso Nacional; que, decretado o recesso parlamentar, o Poder Executivo Federal fica autorizado a legislar sobre todas as matérias, conforme o disposto no § 1º do artigo 2º do Ato Institucional 5, de 13 de dezembro de 1968;" e "que a elaboração de emendas a Constituição, compreendida no processo legislativo (artigo 49, I), está na atribuição do Poder Executivo Federal".
Disponível em: http://www.planalto.gov.br/ccivil_03/constituicao/Emendas/Emc_anterior1988/emc01-69.htm.
12. Parecer disponível em: http://portal.mec.gov.br/sesu/arquivos/pdf/dir_dire.pdf. Acesso em: 20.01.2022.

retrizes Curriculares Nacionais do curso de graduação em Direito, bacharelado, a serem observadas pelas Instituições de Educação Superior (IES), ora vigentes. De acordo com o § 1º, do artigo 2º, dessa última Resolução, no Projeto Pedagógico do Curso (PPC) deverão constar, dentre outros, os seguintes elementos estruturais: a) concepção do seu planejamento estratégico, especificando a missão, a visão e os valores pretendidos pelo curso; b) concepção e objetivos gerais do curso, contextualizados com relação às suas inserções institucional, política, geográfica e social.[13]

A Resolução 5/2018 encontra-se em fase de implantação pelas IES. O prazo obrigatório original de implantação de no máximo até dois anos, para os alunos ingressantes a partir de 18 de dezembro de 2018, veio a ser acrescido de mais um ano, em razão da pandemia de Covid-19.[14] O momento é, portanto, de todo oportuno para se refletir sobre os elementos estruturais do PPC acima destacados, que permitirão o exercício efetivo das funções que cabem ao ensino do Direito.

3. FUNÇÕES DAS FACULDADES DE DIREITO E TRANSFORMAÇÃO SOCIAL

As faculdades de direito são instituições de ensino superior criadas pela iniciativa pública ou privada, que têm como atividade principal o ensino jurídico. A liberdade de iniciativa privada está condicionada ao atendimento das seguintes condições: a) cumprimento das normas gerais da educação nacional; e b) autorização e avaliação de qualidade pelo Poder Público, consoante o artigo 209, da Constituição da República (CR).

No Brasil, o ensino é regido por princípios previstos e assegurados pelo artigo 206, da CR , dentro os quais merecem ser aqui citados: a) igualdade de condições para o acesso e permanência na escola; b) liberdade de aprender, ensinar, pesquisar e divulgar o pensamento, a arte e o saber; c) pluralismo de ideias e de concepções pedagógicas, e coexistência de instituições públicas e privadas de ensino; d) gratuidade do ensino público em estabelecimentos oficiais; e) gestão democrática do ensino público, na forma da lei; e f) garantia de padrão de qualidade. Encontra-se nesse artigo assentado o princípio da denominada liberdade de cátedra, como se vê das alíneas a e b. Este princípio é essencial para que as faculdades possam cumprir suas funções, num estado democrático de direito.

Cabe indagar, nessa linha, que funções têm as faculdades de direito. A resposta imediata, dada pelo senso comum, é evidente: ensinar Direito ou a "Ciência Jurídica", expressão que é objeto de questionamento, como de início observado. Norberto Bobbio, ao tratar da análise funcional do direito, observa as dificuldades advindas do "emprego de um termo multi-uso(*sic*) como 'função' (acerca do qual já foram gastos rios de tinta)". Valeu-se o autor do uso corrente nas teorias funcionalistas, que têm origem nas ciências biológicas, e fazem a analogia entre a sociedade humana e o organismo animal,

---

13. As Resoluções CNE/CES 5/2018 e 2/2019 assim como todas as demais que as antecederam encontram-se disponíveis em: http://portal.mec.gov.br/escola-de-gestores-da-educacao-basica/323-secretarias-112877938/orgaos-vinculados-82187207/12991-diretrizes-curriculares-cursos-de-graduacao. Acesso em: 20 mar. 2022.
14. Resolução CNE/CES 1, de 29.12.2020. Disponível em: https://www.in.gov.br/en/web/dou/-/resolucao-cne/ces-n-1-de-29-de-dezembro-de-2020-296893578. Acesso em: 20 mar. 2022.

para entender "função" como "a prestação continuada que um determinado órgão dá à conservação e ao desenvolvimento, conforme um ritmo de nascimento, crescimento e morte, do organismo inteiro, isto é, considerado como um todo." Não obstante, na sequência de sua análise, Bobbio apresenta várias dificuldades que derivam desse entendimento, quando se questiona sobre a função do Direito em resposta à pergunta "Função em relação a que?".[15] Considerando, ainda, que estarão sempre presentes dois polos em qualquer teoria social, a sociedade e os indivíduos, a qual deles se referirá a resposta? Entende Norberto Bobbio que provavelmente a ambos.

Parece razoável aplicar-se esse entendimento de Norberto Bobbio quando se busca identificar as funções das faculdades de direito, que não devem ser confundidas com as funções do Direito, a despeito da ínsita proximidade entre ambas as análises. A distinção fica clara quando se trata das instituições públicas, comprometidas com ensino jurídico gratuito e de qualidade, que atenda os já citados princípios constitucionais na consecução dos elementos estruturais do seu Projeto Pedagógico do Curso (PPC), em especial dos pertinentes à sua missão e aos valores pretendidos pelo curso, sempre consideradas as inserções institucional, política, geográfica e social.

Têm as faculdades direito, portanto, em seus três segmentos (ensino, pesquisa e extensão) funções junto à sociedade e aos indivíduos que a integram como alunos, docentes, técnicos, servidores administrativos e população regional. Embora de todo importante, a análise funcional dessas instituições de ensino em seu todo extrapola os estreitos limites do presente trabalho.

Indispensável, porém, que sejam mencionadas as políticas de ações afirmativas desenvolvidas no âmbito das faculdades de direito, em particular das que integram Universidades públicas, dentre as quais é bom exemplo o sistema de cotas para acesso ao ensino superior, adotado pioneiramente pela Universidade do Estado do Rio de Janeiro-UERJ, que é aplicável ao ingresso e permanência de estudantes, negros, pardos, indígenas, quilombolas, alunos oriundos da rede pública de ensino, pessoas com deficiência, filhos de policiais civis e militares, bombeiros militares e inspetores de segurança e administração penitenciária, mortos ou incapacitados em razão do serviço, desde que carentes.[16]

Tais ações promovem não apenas o acesso a uma formação acadêmica pública e de qualidade, em nível de graduação e de pós-graduação, como também propiciam a permanência dos alunos na faculdade durante os cursos, através da concessão de bolsas, e sua inserção no mercado de trabalho. Através desse processo os estudantes contribuem para a difícil transição que se faz necessária para romper as desigualdades secularmente instituídas em nosso país, na medida em que passam a integrar, ao longo do tempo, as novas elites dirigentes do país, especialmente quando se trata de profissionais do Direito, em razão dos papeis sociais que lhes são destinados.

15. BOBBIO, Norberto. *Da estrutura à função*: novos estudos de teoria do direito. São Paulo: Manole, 2007, p. 103.
16. Sobre o assunto ver: https://www.uerj.br/inclusao-e-permanencia/sistema-de-cotas/. Acesso em: 25 jan. 2022.

Nestes termos, constata-se que as faculdades de direito, para além das atuações que lhes são tradicionais, contribuem, efetivamente, para a transformação social, que é, como se constata, uma de suas funções, em especial quando têm natureza de instituição pública de ensino.

4. DESAFIOS POSTOS AO ENSINO JURÍDICO

As tarefas atribuídas às faculdades de direito ganham complexidade crescente e acelerada, na medida em que acompanham o desenvolvimento social. O ensino jurídico, além da observação e estudo das constantes modificações das relações sociais, tem enfrentado uma série de questionamentos advindos especialmente dos avanços biotecnocientíficos.

Situações inusitadas apresentam problemas não cogitados pela legislação existente, exigindo árduo trabalho de interpretação por parte dos doutrinadores e tribunais. Processos até então regidos pelas "leis naturais", tidos como imutáveis ou intangíveis, como a reprodução e a morte humanas, passaram a sofrer profundas interferências da ciência médica. Tornaram-se fatos comuns a criação de embriões humanos em laboratórios, popularmente conhecidos como "bebês de proveta", e a gestação por uma mulher em substituição àquela que será juridicamente a mãe da criança, designada pelo senso comum "barriga de aluguel". Tais procedimentos, não raro, são realizados para possibilitar a procriação por casais de mesmo sexo.

Na mesma linha, ocorre, há algum tempo, o que parecia impossível: a troca que sexo; ainda que não haja alteração genômica, as modificações corporais permitem a transformação de um homem em uma mulher e vice-versa, por vezes com filhos preexistentes. Causa espanto a figura do "homem grávido", situação já verificada em diferentes países e que surge quando um homem transexual, isto é, em que uma pessoa, nascida mulher tenha se submetido ao denominado processo transexualizador, sob orientação médica, para ter a conformação física masculina, mas sem haver a retirada do útero, vem a realizar a gestação em lugar de sua esposa ou companheira, que se encontre impossibilitada engravidar.[17]

A simples menção a esses resultados do atuar médico permite vislumbrar as profundas consequências jurídicas dessas ações, as quais implodem especialmente as relações familiares, visto que alterados os papeis do homem e/ou da mulher na parentalidade. Intrincadas questões decorrem também das situações jurídicas surgidas para realização desses procedimentos, as quais assumem natureza dúplice,[18] por envolver a um só tempo efeitos existenciais e patrimoniais. Destaque-se que nenhuma das situações mencionadas

17. Ver exemplo em: https://istoe.com.br/papai-esta-muito-ansioso-diz-homem-trans-gravido/. Acesso em: 08 abr. 2022.
18. Sobre o assunto ver TEIXEIRA, Ana Carolina Brochado e KONDER, Carlos Nelson. Situações jurídicas dúplices: controvérsias na nebulosa fronteira entre patrimonialidade e extrapatrimonialidade. In: TEPEDINO, Gustavo e FACHIN, Luiz Edson (Org.). *Diálogos sobre direito civil.* Rio de Janeiro: Renovar, 2012, v. III, p. 3-23.

tem regulamentação jurídica formal específica, sendo a normativa existente insuficiente para tratá-las, por notória inadequação dos pressupostos fáticos que a inspiraram.

A terminalidade da existência humana também sofre interferências do saber médico, o qual através de diferentes recursos retarda a morte ou permite o seu gerenciamento pela própria pessoa, através de diretivas antecipadas de vontade, salvo para fins de eutanásia que é criminalizada. O transplante de órgãos para tais fins já são antigos, datando de 1997 a lei que regulamenta essa matéria.[19] Contudo, novos questionamentos sobre o "fim da vida" estão postos pelo advento da internet, a qual, além de ter alterado a relação tempo-espaço, pois em jogo a finitude humana, visto que a morte biológica não necessariamente põe fim à "vida virtual" ali existente.

As questões acima citadas, verdadeiros desafios, não obstante estejam inseridas no cotidiano social, não tem regulamentação legal específica, como assinalado, e constituem, sem dúvida, farto e rico material de estudo e pesquisa que já se encontram em desenvolvimento nas faculdades de direito. Os trabalhos acadêmicos muito poderão contribuir para a normatização que se espera.

Observe-se que todos os temas mencionados envolvem profundas indagações éticas, que não podem ser preteridas. Cabe, portanto, também às faculdades de direito, orientar e capacitar seus alunos, futuros profissionais do direito, não só nos aspectos técnico-jurídicos, mas principalmente éticos, atentas aos valores buscados pelo PPC.

A formação discente constitui, sem dúvida, uma das missões mais árduas das faculdades de direito, em razão de sua inegável importância para a transformação social. A cada momento novos desafios são postos a essa missão, alguns de natureza bastante complexa e sensível. Vale como exemplo, para especial reflexão, o que tem se denominado *lawfare*.[20] No Brasil, a expressão *lawfare* foi popularizada pela defesa do ex-presidente Luiz Inácio Lula da Silva (PT), ao rebater as denúncias dos procuradores do Ministério Público Federal que atuavam na operação conhecida como "Lava Jato". Segundo os advogados Waleska Teixeira Martins e Cristiano Zanin Martins, os quais defenderam o ex-presidente Luiz Inácio Lula da Silva nos processos judiciais em que era réu, o termo designa "o uso perverso das leis e dos procedimentos jurídicos para fins de perseguição política, com táticas e características específicas". Há em tal caso um uso "obtuso" da lei.[21]

Como já se observou, "o termo *lawfare* tem sido utilizado como sinônimo de judicialização da política, fenômeno que, embora real, com ele não se confunde. *Lawfare*

19. Lei 9.434, de 24.02.1997. Dispõe sobre a remoção de órgãos, tecidos e partes do corpo humano para fins de transplante e tratamento.

20. *Lawfare* é um neologismo em língua Inglesa criado a partir da junção dos vocábulos *law* e *warfare*. o conceito original de *lawfare* tem sido frequentemente atualizado, de modo a se compreender a sua extensão. O conceito é objeto de investigação para a Ciência Política, o Direito e as Ciências Sociais, inclusive as Ciências da Comunicação, que coloca em xeque um dos pilares da democracia: a independência dos juízes.

    GUIMARÃES, Anibal. *Lawfare: golpes de Estado em nome da Lei*. Prelo. Ver também sobre o assunto: http://biblio.unvm.edu.ar/opac_css/doc_num.php?explnum_id=2840. Acesso em: 25 jan. 2022.

21. Ver: https://www.cnnbrasil.com.br/politica/entenda-o-que-e-lawfare-o-uso-estrategico-do-sistema-judicial/. Acesso em: 30 jan. 2022.

e ativismo judicial não são a mesma coisa, mas se comunicam sob inúmeras formas".[22] Já se afirmou, também, que "*lawfare*, isto é, o uso da lei como arma de guerra, é a mais nova característica de combate do século XXI".[23] O tema não é meramente especulativo, visto já ter sido objeto de apreciação pelo Supremo Tribunal Federal.[24]

Trata-se, sem dúvida, de matéria polêmica, de grande complexidade, como bem vem demonstrando o desdobramento dos processos judiciais que envolvem o ex-presidente Luiz Inácio Lula da Silva. O tema exige exame circunstanciado, que não é objeto deste trabalho, mas constitui um bom exemplo para demonstrar o quão difícil é a formação discente, num ambiente que assegure o debate democrático e o respeito ao pluralismo de ideias, indispensáveis para que transformação social possa ser promovida em plena consonância com os princípios fundamentais do Estado Democrático de Direito.

5. CONSIDERAÇÕES FINAIS

Todos os que se graduam em Direito devem ter sólida formação humanística, postura reflexiva e visão crítica sobre sua capacitação técnico-jurídica, fundamentadas por uma consistente orientação ética. Estes são os requisitos básicos, se não mínimos, para que possam atuar sempre em busca da Justiça e do cumprimento do compromisso de servir igualmente todos os seres humanos, conforme juramento feito quando da outorga do grau de Bacharel em Direito.

Como assinalado, as Faculdades de Direito têm contemporaneamente a transformação social como uma de suas funções, em particular quando são instituições públicas, tendo em vista sua efetiva participação na formação de todos que atuam nas mais diferentes áreas jurídicas, existentes nos mais diversos setores da sociedade. Tal função sinaliza, sem dúvida, um dos caminhos para ao menos reduzir o alarmante abismo que distancia as camadas sociais, de modo a assegurar a todos o mínimo existencial, essencial para preservação de sua dignidade.

---

22. Segundo GUIMARÃES, Anibal, "Ativismo judicial consiste na extrapolação da competência do Poder Judiciário, ao invadir as funções das demais esferas do poder e decidir sobre temas que não lhes são legalmente atribuídos. Deste modo, os magistrados se tornam protagonistas da sistemática governamental. Especificamente, o *lawfare* ocorre quando juízes ativistas constroem esse cenário de "guerra contra um inimigo" em processos, e revestem-se da "instrumentalização das leis" para atingi-lo. Prelo.
23. DUNLAP, JR. Charles. *Law And Military Interventions*: Preserving Humanitarian Values in 21st Century Conflicts. Humanitarian Challenges in Military Intervention, Conference. Carr Center for Human Rights, Policy Kennedy School of Government, Harvard University, Washington, D.C., 29.11.2001. Disponível em: https://people.duke.edu/~pfeaver/dunlap.pdf. Acesso em: 22 dez. 2021.
24. STF: Ag. Reg. no Habeas Corpus 172032 – RJ, Rel. Min. Gilmar Mendes, Jul: 23.08.2019; Ag. Reg. no HC 175035 AgR/SP, Rel. Min. Gilmar Mendes, Jul: 06.12.2019.

O PAPEL DO JUIZ NA TRANSFORMAÇÃO SOCIAL – REPENSANDO A QUESTÃO DO ACESSO À JUSTIÇA

Cristina Gaulia

Doutora em Direito pela UVA – Universidade Veiga de Almeida, tendo defendido a tese "A Experiência da Justiça Itinerante – O espaço de encontro da magistratura com a população brasileira". Mestra pela UNESA – Universidade Estácio de Sá com a dissertação "Juizados Especiais Cíveis – O espaço do cidadão no Poder Judiciário". É desembargadora junto à 5ª CC/TJRJ e a Diretora-Geral da EMERJ – Escola da Magistratura do Estado do Rio de Janeiro (biênio 2021/2023).

"Os estudiosos do direito, como o próprio sistema judiciário, encontram-se afastados das preocupações reais da maioria da população".[1]

1. INTRODUÇÃO

Nenhum artigo sobre acesso à Justiça pode começar sem que se revisite o trabalho de Mauro Cappelletti.

Inúmeras vezes citado, interpretado e comentado, o ensaio "Acesso à Justiça", introdução à ampla pesquisa encetada pelo jurista e acadêmico italiano, com a colaboração do professor estadunidense Bryant Garth, e que tomou o nome de "Projeto de Florença", tornou-se pedra angular para a compreensão dos obstáculos ao pleno acesso à justiça, rompendo com a "crença tradicional da confiabilidade de nossas instituições jurídicas" e tomando como premissa um inovador ideário, para "tornar efetivos – e não meramente simbólicos – os direitos do cidadão comum", recusando-se a "aceitar como imutáveis quaisquer dos procedimentos e instituições que caracterizam nossa engrenagem de justiça".[2]

A pesquisa, publicada em 1975, mobilizou pesquisadores e estudiosos do tema do acesso à justiça e das demais ciências sociais de vários países do então chamado primeiro mundo, e de alguns países da América Latina.[3]

1. CAPPELLETTI, Mauro; GARTH, Bryant. *Acesso à Justiça*. Porto Alegre: Fabris, 1988, p. 10.
2. CAPPELLETTI, Mauro; GARTH, Bryant. *Acesso à Justiça*. Porto Alegre: Fabris, 1988, p. 8.
3. Eliane Junqueira aponta que chamou "a atenção a ausência do Brasil no Florence Project, enquanto outros países da América Latina (como Chile, Colômbia, México e Uruguai) se fizeram representar, relatando suas experiências no campo do acesso à justiça" (JUNQUEIRA, Eliane Botelho. Acesso à Justiça: um olhar retrospectivo. *Revista Estudos Históricos*. Rio de Janeiro, n. 18, 1996/2, p. 2).

A partir de Cappelletti deixa-se de lado a tradição da hermenêutica de manuais, meramente lógico-formal do processo civil, inaugurando-se um movimento de compreensão sensível de que "a titularidade de direitos é destituída de sentido, na ausência de mecanismos para sua efetiva reivindicação".[4]

E esse norteador é importante principalmente no Brasil, país de desigualdades sociais e econômicas abissais,[5] em que a Constituição estabeleceu no inciso XXXV do art. 5º[6] um princípio constitucional de acesso à justiça como direito fundamental, mas no qual milhares de pessoas ainda ficam à margem do sistema de justiça.

A garantia de um acesso amplo à justiça por todos e todas, igualitário e sem obstáculos, passa a ser portanto uma questão necessariamente inerente à prestação jurisdicional propriamente dita, assumindo uma dimensão valorativa preliminar, um pressuposto à jurisdição justa, do qual os magistrados não se podem mais alijar, pena de descumprirem o princípio da vedação do *non liquet*.[7]

Essa necessária visão ampliada do papel dos juízes, começa antes mesmo que lhes cheguem às mãos os requerimentos das partes e traz consigo uma mandatória revisão da posição tradicional de inércia destes servidores públicos qualificados. E essa nova realidade impõe outros deveres e obrigações que se coadunem com a terceira onda cappellettiana: o novo enfoque de acesso à justiça, que pretende garantir a justiça e o acesso a esta, não só por meio das vias alternativas de solução dos conflitos, mas também disponibilizando meios alternativos de acesso ao próprio Judiciário.

As "ondas renovatórias do acesso à justiça" foram portanto de magnitude surpreendente em um momento da história do direito em que não existiam as facilidades da tecnologia da informação moderna, e não se ousava pensar fora dos rígidos ditames processuais assentados.

Cappelletti e Garth apontaram então as barreiras que se opunham ao acesso igualitário de todos à justiça, bem como algumas sugestões de soluções práticas a serem im-

---

4. CAPPELLETTI, Mauro; GARTH, Bryant. *Acesso à Justiça*. Porto Alegre: Fabris, 1988, p. 11.
5. "José Bonifácio afirmou em representação enviada à Assembleia Constituinte de 1823, que a escravidão era câncer que corroía nossa vida cívica e impedia a construção da nação. A desigualdade é a escravidão de hoje, o novo câncer que impede a constituição de uma sociedade democrática. A escravidão foi abolida 65 anos após a advertência de José Bonifácio. A precária democracia de hoje não sobreviveria a espera tão longa para extirpar o câncer da desigualdade" (CARVALHO, José Murilo de. *Cidadania no Brasil*: o longo caminho. 11. ed. Rio de Janeiro: Civilização Brasileira, 2008, p. 229). A percepção de Bonifácio, trazida por José Murilo de Carvalho é extremamente atual, e foi pertinentemente estudada pelo sociólogo Pedro Ferreira de Souza que pesquisou a história da desigualdade de renda no Brasil pela observação da concentração dos mais ricos no topo da pirâmide econômica, concluindo não haver no âmbito internacional "exemplos de países que tenham partido do nível de concentração no topo registrado por aqui – próximo a 25% para o centésimo mais rico – e tenham avançado de forma lenta e segura, sem sobressaltos, tragédias ou quebras institucionais, para o patamar observado na maior parte dos países ricos e mesmo em desenvolvimento, em torno de 10%". (SOUZA, Pedro H. G. Ferreira de. *Uma história da desigualdade*: a concentração de renda entre os ricos no Brasil, 1926-2013. São Paulo: Hucitec: Anpocs, 2018, p. 280).
6. Constituição Federal da República Federativa do Brasil, 05.10.1988. Art. 5º inciso XXXV: a lei não excluirá da apreciação do Poder Judiciário lesão ou ameaça a direito.
7. LINDB – Decreto-Lei 4.657, de 04.09.1942 com atualização da Lei 12.376, de 30.12.2010. Art. 4º: Quando a lei for omissa, o juiz decidirá o caso de acordo com a analogia, os costumes e os princípios gerais de direito.

plementadas, com as nuances diferenciais locais, para que os impedimentos estruturais da falta de acesso real à justiça, fossem tornados claros aos atores integrantes do sistema judiciário e pudessem ser de vez afastados.

Na primeira onda cappellettiana, a ideia central foi a de "afastar a 'pobreza no sentido legal' – a incapacidade que muitas pessoas têm de utilizar plenamente a justiça e suas instituições",[8] oferecendo não só a gratuidade de custos e custas, como advogados públicos disponíveis aos que não podem pagar.

Já a representação de direitos coletivos, como forma de eficiência da jurisdição e alargamento de garantias, integra o segundo grande movimento do trabalho encetado por Cappelletti e Garth na medida em que:

> Centrando seu foco de preocupação especificamente nos interesses difusos, esta segunda onda de reformas forçou a reflexão sobre noções tradicionais muito básicas do processo civil e sobre o papel dos tribunais. Sem dúvida, uma verdadeira 'revolução' está-se desenvolvendo dentro do processo civil. (...) A visão individualista do devido processo judicial está cedendo lugar rapidamente, ou melhor, está se fundindo com uma concepção social, coletiva.[9]

E ao expor o último movimento renovatório para um melhor, mais adequado e inclusivo acesso à justiça, o jurista italiano expõe que o "enfoque do acesso à justiça" deverá ser um "esforço criativo mundial", e que esta onda "tem um número imenso de implicações", podendo mesmo dizer-se "que ele exige nada menos que o estudo crítico e reforma de todo o aparelho judicial".[10]

Equivocam-se os simplistas que pretendem reduzir a terceira onda delineada por Cappelletti, somente às fórmulas alternativas de resolução de conflitos, aos meios amigáveis, dialogais, pré ou intraprocessuais. Sublinha-se até, e inclusive, para que as ADR's (Alternative Dispute Resolutions)[11] possam ser verdadeiramente disponibilizadas para todos, ser preciso que os condutores desse processo alternativo sejam ativos, comprometidos e humanizados com relação às dificuldades dos cidadãos de menor capacidade sócio-financeira-educacional.

Nesse caminho um verdadeiro, amplo, contínuo e eficaz acesso à justiça, em um cada vez mais largo mundo de desigualdades e no qual, dia após dia, a riqueza se concentra no topo da pirâmide social e a base se alarga para incluir novos pobres, novos excluídos, invisíveis sociais de todo gênero, os indocumentados e os não cidadãos, refugiados, asilados e imigrantes, fica claro que uma garantia, mínima que seja, dos interesses desta população, demanda uma transformação visceral do papel do juiz.

Esse "novo juiz" deve ter por conseguinte um papel ativo de equalizador das pessoas em litígio.

---

8. CAPPELLETTI, Mauro; GARTH, Bryant. *Acesso à Justiça*. Porto Alegre: Fabris, 1988, p. 9.
9. CAPPELLETTI, Mauro; GARTH, Bryant. *Acesso à Justiça*. Porto Alegre: Fabris, 1988, p. 49-51.
10. CAPPELLETTI, Mauro; GARTH, Bryant. *Acesso à Justiça*. Porto Alegre: Fabris, 1988, p. 75.
11. Os meios alternativos de resolução de controvérsias, principalmente a mediação e a conciliação, foram hoje dificultados pelas ODR – Online Dispute Resolutions que, antes de incluir, excluem mais uma vez todos aqueles que integram a pobreza estrutural no Brasil, e a nova ignorância digital.

Cabe ainda nesse patamar trazer à baila as considerações do jurista australiano Kim Economides que, tendo também participado da pesquisa de Mauro Cappelletti, aponta para uma quarta onda renovatória do acesso à justiça, ao visualizar a necessidade de uma complementação das três ondas cappellettianas e forçar a reflexão mais profunda sobre a incompreensão dos integrantes do sistema de justiça, sobre os problemas, conflitos e lutas, que vivem as pessoas que buscam acesso à justiça, reconhecendo que muitas vezes as próprias pessoas desconhecem seus direitos.

Economides aponta que uma real eficácia do acesso à justiça, demandaria a necessidade de humanização e sensibilização dos profissionais do direito, especificamente daqueles que ele identifica como "pleiteadores", advogados, defensores e outros players intermediários, pois a incompreensão por parte destes, do que efetivamente buscam garantir as pessoas atendidas, e malgrado a modernização do sistema operacional de acesso, criaria a sensação descrita por Mangabeira Unger[12] de "estar-se rodeado de injustiça, ao mesmo tempo em que não se sabe onde a justiça está".

A insuficiência do atual ensino jurídico universitário na preparação dos novos bacharéis, estes que criados para o conflito e o combate por meio do direito não logram enxergar "o valor e [d]o potencial da lei em termos de seu poder de transformar as relações sociais e melhorar a condição humana", está presente no norteador que concretiza a quarta onda para a ampliação do acesso à justiça.[13]

Nesse sentido o professor australiano propõe uma revolução epistemológica do ensino do direito na formação dos profissionais jurídicos, nas universidades e, principalmente, nas escolas judiciárias, buscando uma visão renovada sobre "os postulados, conclusões e métodos da ciência jurídica".[14]

A extensão da proposta de Economides por certo resvala certeira no preparo da magistratura brasileira, propondo um paradigma absolutamente inovador para as escolas judiciárias, vez que de nada servirá um advogado sensibilizado e consciente do que busca a pessoa que o mesmo representa, se o juiz que julga a demanda estiver roboticamente voltado aos formalismos e à processualística de sempre, e se não se apercebe que o enfoque do acesso à justiça requer interpretação das leis com base nos direitos humanos, bem como que, em determinados momentos da prestação jurisdicional,

> É manifesto o caráter acentuadamente criativo da atividade judiciária de interpretação e de atuação da legislação e dos direitos sociais. Deve reiterar-se, é certo, que a diferença em relação ao papel mais tradicional dos juízes é apenas de grau e não de conteúdo: mais uma vez impõe-se repetir que, em alguma medida, toda interpretação é criativa, e que sempre se mostra um mínimo de discricionariedade na atividade jurisdicional. Mas, obviamente, nessas novas áreas abertas à atividade dos juízes

12. Apud ECONOMIDES, Kim. *Lendo as ondas do "Movimento de Acesso à Justiça"*: epistemologia *versus* metodologia?, p. 74. Disponível em: encurtador.com.br/tHK78.
13. ECONOMIDES, Kim. *Lendo as ondas do "Movimento de Acesso à Justiça"*: epistemologia *versus* metodologia?, p. 76. Disponível em: encurtador.com.br/tHK78.
14. BRAGA, Lúcio. *A quarta onda de acesso à justiça*: você a percebe? Disponível em: https://www.revistacapital-juridico.com.br/post/a-quarta-onda-de-acesso-%C3%A0-justi%C3%A7a-voc%C3%AA-a-percebe.com.br. Acesso em: 20 jan. 2022.

haverá em regra espaço para mais elevado grau de discricionariedade e, assim, de criatividade, pela simples razão de que quanto mais vaga a lei e mais imprecisos os elementos do direito, mais amplo se torna também o espaço deixado à discricionariedade nas decisões judiciárias.[15]

Na quarta onda do acesso à justiça se incluem, não somente, as respostas às múltiplas perplexidades que as pessoas têm com relação ao sistema de justiça que não parece compreendê-las,[16] mas também está refletida a mudança paradigmática necessária para responder à tormentosa "pergunta da atualidade: os profissionais do direito serão substituídos por robôs? Sim, serão substituídos aqueles que não souberem se humanizar".[17]

O presente artigo apresentará duas situações, frequentes na realidade do Brasil do século XXI, que demonstram como o idioma falado por Cappelletti, Garth e Economides é singularmente contemporâneo.

2. ACESSO À JUSTIÇA – O AVANÇO IMPLACÁVEL DAS INJUSTIÇAS

Para que se entendam melhor os obstáculos a um efetivo e concreto acesso à justiça é preciso, antes de tudo, conhecer melhor a modernidade líquida, na linguagem de Zygmunt Bauman,[18] que é fluida, imprevisível, mutável, veloz e imprecisa, bem assim as novas singularidades humanas (e humanitárias!) dos homens e mulheres que integram as diversas minorias, sociais.[19]

---

15. CAPPELLETTI, Mauro *Juízes Legisladores?* Porto Alegre: Sérgio Antônio Fabris Editor, 1993, reimp. 1999, p. 42.
16. José Saramago, na Introdução ao livro "Terra", do fotógrafo Sebastião Salgado, bem retrata que a Justiça e o Direito não conhecem a população brasileira. No relato, poeticamente dramático, refere que "Deus arrependeu-se dos males que havia feito e permitido, a um ponto tal que, num arrebato de contrição, quis mudar o seu nome para outro mais humano. Falando à multidão anunciou: "A partir de hoje chamar-me-eis Justiça". E a multidão respondeu-lhe: "Justiça, já nós a temos e não nos atende." Disse Deus: "Sendo assim, tomarei o nome de Direito". E a multidão tornou a responder-lhe: "Direito, já nós o temos, e não nos conhece". E Deus: "Nesse caso, ficarei com o nome de Caridade, que é um nome bonito". Disse a multidão: "Não necessitamos caridade, o que queremos é uma Justiça que se cumpra e um Direito que nos respeite" (SARAMAGO, José. In: SALGADO, Sebastião. *Introdução ao livro Terra*. Companhia das Letras, 1997, p. 10-11).
17. BRAGA, Lúcio. *A quarta onda de acesso à justiça*: você a percebe? Disponível em: https://www.revistacapitaljuridico.com.br/post/a-quarta-onda-de-acesso-%C3%A0-justi%C3%A7a-voc%C3%AA-a-percebe.com.br. Acesso em: 20 jan. 2022.
18. Segundo o filósofo polonês, após a queda do muro de Berlim, a antiga solidez racional dos modelos de construção das sociedades, governos e sistemas, deu lugar às incertezas, imprecisões, e liquidez das convicções, por mais antagônico que os termos possam parecer. Diz Bauman: "Em certo sentido, os sólidos suprimem o tempo; para os líquidos, ao contrário, o tempo é o que importa. Ao descrever os sólidos, podemos ignorar inteiramente o tempo, ao descrever os fluidos, deixar o tempo de fora seria um grave erro [...] Essas são razões para considerar "fluidez" ou "liquidez" como metáforas adequadas quando queremos captar a natureza da presente fase, *nova* de muitas maneiras, na história da humanidade". O espírito da modernidade portanto, como refere o grande pensador dos séculos XX e XXI, só pode ser alcançado "derretendo os sólidos" e essa intenção, clama "por sua vez pela 'profanação do sagrado': pelo repúdio e destronamento do passado, e, antes e acima de tudo, da 'tradição' – isto é, o sedimento ou resíduo do passado na presente..." (BAUMAN, 2021, p. 8-9).
19. "As minorias são reconhecidas como os excluídos, discriminados, os desiguais em etnia, sexualidade, linguagem, e religiosidade na sociedade" (MACHADO, José Ronaldo de Freitas. Direitos humanos: síntese histórica dos direitos das minorias. *Revista Científica Multidisciplinar Núcleo do Conhecimento*. ano 06. ed. 04, v. 03, p. 135. Disponível em: https://www.nucleodoconhecimento.com.br. Acesso em: 02 jan. 2022).

Através de recortes, feitos no mundo em que convivem inúmeras realidades, por meio de vivências e experiências mesmo que pontuais e episódicas, ou eventuais pesquisas e estudos mais aprofundados, a verdadeira necessidade das pessoas, a maioria invisibilizada aos olhos da sociedade e do Judiciário, emerge, e se essas pessoas se tornam vítimas reais das injustiças que as desigualam, exsurgem procedimentos específicos que lhes propiciam um acesso de fato à justiça.[20]

Como bem posto por Marc Galanter:[21]

> A justiça não é mais, se é que algum dia foi, estável e determinada, mas sim fluida, em movimento e instável. Ultrapassamos o ajuizamento (e defesa) de ações e voltamos a nomear e acusar, modificar percepções de danos, modificar atribuições de responsabilidade pelos danos e oferecer meios de reparação. Em longo prazo, as novas formas de ver e compreender os problemas e recursos constituem a fonte e motor ocultos de nosso senso de justiça em expansão.

Não sem razão o professor estadunidense aponta ser "a busca pela justiça (é) orientada pela produção da injustiça",[22] havendo diante das complexidades do mundo contemporâneo, uma expansão constante dos problemas, conflitos e novas necessidades de uma multiplicidade diversificada de pessoas, que está em contínua ampliação.

Dessa interlocução constante nasce uma demanda cada vez maior, de entenderem os juízes, e demais atores do sistema judiciário, o quanto desconhecem e quão essencial é o seu papel nesse mundo novo cuja tônica é a exclusão.

Boaventura de Sousa Santos acrescenta um dado de sensibilização, para a percepção desses fatores desconhecidos por aqueles cuja função é facilitar e garantir o acesso à justiça, ensinando que até nas exclusões sociais é preciso aprender a diferenciar:

> A desigualdade e a exclusão são dois sistemas de pertença hierarquizada. No sistema de desigualdade, a pertença dá-se pela integração subordinada enquanto que no sistema de exclusão a pertença se dá pela exclusão. A desigualdade implica um sistema hierárquico de integração social. Quem está em baixo está dentro e a sua presença é indispensável. Ao contrário, a exclusão assenta num sistema igualmente hierárquico mas denominado pelo princípio da exclusão: pertence-se pela forma como se é excluído. Quem está em baixo está fora. Estes dois sistemas de hierarquização social, assim for-

---

20. Cita-se como exemplo desse descortinamento da realidade, a experiência da juíza Sandra Silvestre, do TJRO, designada para atuar na reestruturação do Poder Judiciário do Timor Leste, país asiático que se tornou independente a partir de um referendo popular supervisionado pela ONU, em 30.08.1999. A magistrada foi selecionada para atuar na ex-colônia portuguesa, como juíza internacional da ONU, e relata em entrevista à AMAGIS – Associação de Magistrados Mineiros (2015): "Viver e trabalhar em Timor me transformou profundamente como juíza, principalmente como ser humano. Foi um divisor de águas, retornei da missão uma juíza mais preocupada com questões humanitárias e muito mais comprometida com as causas sociais, entendendo ser essa função inerente à condição do juiz na sociedade moderna" (AMAGIS – Associação de Magistrados Mineiros. *Juíza atua na reconstrução do Judiciário do Timor-Leste*. 2015, p. 1-6. Disponível em: https://amagis.com.br/posts/juiza-atua-na-reconstrucao-do-judiciario-do-timor-leste. Acesso em: 26 fev. 2022).
21. GALANTER, Marc. Acesso à justiça em um mundo com capacidade social em expansão. In: FERRAZ, Leslie Shérida (Coord.). *Repensando o acesso à justiça no Brasil*: estudos internacionais, Aracaju: Evocata, 2016. v. 2, Institutos Inovadores, p. 27.
22. GALANTER, Marc. Acesso à justiça em um mundo com capacidade social em expansão. In: FERRAZ, Leslie Shérida (Coord.). *Repensando o acesso à justiça no Brasil*: estudos internacionais, Aracaju: Evocata, 2016. v. 2, Institutos Inovadores, p. 28.

mulados, são tipos ideais, pois que, na prática, os grupos sociais inserem-se simultaneamente nos dois sistemas em combinações complexas.[23]

Desse modo temos vários níveis de acessos e não acessos à justiça, em verdade várias hipóteses em que não há qualquer acesso à justiça, e a cada um corresponde uma determinada forma de desigualdade e/ou exclusão.

E tais categorias não são facilmente conhecíveis ou enxergadas.

Para que o sejam é portanto indispensável que se promova, em primeiro lugar, uma constante interlocução do direito fundamental de acesso à justiça "com seu primo transnacional o movimento pelos Direitos Humanos".[24]

Em segundo lugar é preciso criar programas de "alfabetização jurídica",[25]-[26] de modo a que os tribunais e seus componentes, reconheçam os desiguais e excluídos em suas singularidades, tornando-se "mais amigáveis e eficientes para os usuários, acima de tudo, para oferecer representação legal (adequada!)[27] aos não representados".[28]

A agenda convencional do acesso à justiça deve estar assim constantemente em movimento, para adequar-se aos desafios da contemporaneidade líquida.

E para tal, há de haver um avanço na capacidade dos integrantes do sistema judiciário de enxergarem as injustiças que permeiam o sistema de exclusões e desigualdades percebendo-lhes as singularidades, as diferenças, as maiores ou menores facilidades ou dificuldades, afastando as preconcepções de que determinadas demandas seriam fraudulentas, inverdadeiras ou "frívolas", no dizer de Galanter.[29]

23. SANTOS, Boaventura de Sousa. *A construção multicultural da igualdade e da diferença. Centro de Estudos Sociais* – Oficina do CES. Publicação seriada n. 135, jan. 1999, p. 2.
24. GALANTER, Marc. Acesso à justiça em um mundo com capacidade social em expansão. In: FERRAZ, Leslie Shérida (Coord.). *Repensando o acesso à justiça no Brasil*: estudos internacionais, Aracaju: Evocata, 2016. v. 2, Institutos Inovadores, p. 22.
25. O TJRJ manteve durante 15 anos o Programa Justiça Cidadã em que juízes, promotores, defensores, advogados e servidores, davam aulas sobre direito, cidadania e organização judiciária à lideranças comunitárias que se tornavam multiplicadoras das informações. A pandemia de Covid-19 levou à descontinuação parcial do projeto em sua formulação original, mantendo-se minimamente encontros quinzenais *online*, pelo Instagram do TJRJ em que os integrantes do Poder Judiciário e parceiros, mantiveram o sistema de informação. Já agora, em 2022, a EMERJ – Escola da Magistratura do Estado do Rio de Janeiro, acaba de assinar um convênio com a Rádio Roquette Pinto (94.1 FM), para a realização dos podcasts chamados "Roteiros do Direito", em que os magistrados levarão respostas às dúvidas e conflitos da sociedade, em todos os níveis de hierarquização social, como referido por Boaventura de Sousa Santos, para a mídia de rádio, ampliando também dessa forma o acesso à justiça.
26. GALANTER, Marc. Acesso à justiça em um mundo com capacidade social em expansão. In: FERRAZ, Leslie Shérida (Coord.). *Repensando o acesso à justiça no Brasil*: estudos internacionais, Aracaju: Evocata, 2016. v. 2, Institutos Inovadores, p. 25.
27. O adendo "adequada" não está no texto original do Prof. Galanter, mas nos pareceu relevante, pois também a eficiência da representação legal pode variar no âmbito das desigualdades, invisibilidades e exclusões.
28. Idem, ibidem.
29. "Uma demanda frívola é aquela que está claramente fora dos limites das reivindicações reconhecidas de acordo com a teoria existente. Mas a fronteira em movimento sugere que muitas dessas reivindicações, atualmente consideradas inconcebíveis, estarão eventualmente localizadas dentro dos limites das reivindicações reconhecidas" (GALANTER, Marc. Acesso à justiça em um mundo com capacidade social em expansão. In: FERRAZ, Leslie Shérida (Coord.). *Repensando o acesso à justiça no Brasil*: estudos internacionais, Aracaju: Evocata, 2016. v. 2, Institutos Inovadores, p. 30).

Sublinhe-se ademais que esta sensibilização dos juízes para a realidade da população brasileira (seus jurisdicionados!), requer que esta categoria de servidores públicos qualificados esteja ciente, de que no Brasil a subcidadania gravita por todo os lados por falta ou pela precariedade dos serviços públicos e de assistência social dos Poderes Executivos.

A concretização efetiva do direito de acesso à justiça requer uma magistratura sagaz e consciente, de modo a perceber que sua imobilidade, passividade e neutralidade não lhe confere mais o lugar próprio de maestros da produção da justiça, relegando-os a personagens facilmente substituíveis pelos algoritmos tecnológicos.

3. A ANGÚSTIA DA MATERNIDADE DE MULHERES EM SITUAÇÃO DE PRISÃO

Quando se pensa transformação social e um melhor acesso à justiça, é necessário um recorte social para que se possa melhor definir os obstáculos a esse acesso pelas diversas minorias e grupos de exclusão social, ou seja, não se deve "jogar todas as dificuldades dos diversos grupos excluídos, dentro de um mesmo saco".

Como refere Daniel Sarmento,[30] "o Brasil tem níveis de desigualdade absurdos e inaceitáveis" e "nem mesmo a igualdade formal, que se alicerça na compreensão de que as pessoas devem ter os mesmos direitos chegou a ser plenamente absorvida pela nossa cultura".

E é a desigualdade o signo que marca as minorias no Brasil, como ainda uma vez bem observa Sarmento:

> No campo da igualdade perante a lei, existe amplo contingente de pessoas que simplesmente não conseguem exercer na prática, os direitos garantidos pela ordem jurídica. São os presos, os favelados, a população de rua, entre outros grupos de excluídos. Eles normalmente não se beneficiam das normas jurídicas vigentes, como se estivessem fora do contrato social. Relacionam-se com o Estado sobretudo pelo contato com seu aparelho repressivo-punitivo: execuções sumárias; os favelados 'esculachados' pela polícia em suas operações; as pessoas que lotam as nossas 'masmorras medievais'.[31]

A ideia de minorias portanto, não é "quantitativa", como pensam alguns, residindo no fato de que um certo contingente de pessoas, identificadas pela cor de suas peles, pelo gênero, pela fé que professam e/ou pelos locais em que vivem nas cidades ou nos campos, estão excluídas, de forma perversamente desigual, do acesso pleno à justiça e da efetiva garantia de seus direitos fundamentais.

Jesse Souza identifica essas exclusões sociais e subcidadãs como sendo um signo da "ralé brasileira", uma nova classe social do Brasil contemporâneo eis que,

---

30. SARMENTO, Daniel. O princípio republicano nos 30 anos da Constituição de 88: por uma República inclusiva. In: BARROSO, Luís Roberto; MELLO, Patrícia Perrone Campos (Coord.). *A República que ainda não foi*: trinta anos da Constituição de 1988 na visão da Escola de Direito Constitucional da UERJ. Belo Horizonte: Fórum, 2018, p. 269-270.
31. SARMENTO, Daniel. O princípio republicano nos 30 anos da Constituição de 88: por uma República inclusiva. In: BARROSO, Luís Roberto; MELLO, Patrícia Perrone Campos (Coord.). *A República que ainda não foi*: trinta anos da Constituição de 1988 na visão da Escola de Direito Constitucional da UERJ. Belo Horizonte: Fórum, 2018, p. 270.

> O processo de modernização brasileiro constitui não apenas as novas classes sociais modernas que se apropriam diferencialmente dos capitais culturais e econômicos. Ele constitui também uma classe inteira de indivíduos, não só sem capital cultural nem econômico em qualquer medida significativa, mas desprovida, *esse é o aspecto fundamental*, das pré-condições sociais, morais e culturais que permitem essa apropriação. É essa classe social que designamos neste livro de "ralé" estrutural, não para "ofender" essas pessoas já tão sofridas e humilhadas, mas para chamar a atenção provocativamente para nosso maior conflito social e político: o abandono social e político, 'consentido por toda a sociedade', de toda uma classe de indivíduos 'precarizados' que se reproduz há gerações enquanto tal.[32]

Um claro exemplo de subcidadania de uma minoria invisibilizada ocorre na realidade das mães presas no sistema penitenciário nacional.

O IPEA, em 2018, fez amplo levantamento de dados sobre as condições e possibilidades de exercício adequado da maternidade por mulheres em situação de prisão.[33]

A pesquisa revelou que essas mulheres são

> jovem, de baixa renda, em geral mãe, presa provisória suspeita de crime relacionado ao tráfico de drogas ou contra o patrimônio; e, em menor proporção, condenadas por crimes dessa natureza.[34]

Este é um perfil majoritário, em todo o sistema prisional no Brasil, nele incluindo-se "as grávidas e puérperas que estão encarceradas nas unidades femininas".[35]

As mulheres encarceradas que são mães, perfazem um grupo populacional que se pode designar como uma minoria subcidadã, já que, e apesar da conclusão do IPEA de que há algumas unidades prisionais mais garantidoras de direitos que outras, seus direitos fundamentais, mesmo de acordo com a legislação específica (LEP – Lei de Execução Penal[36]), não são garantidos em sua plenitude.

Ademais, e esse dado importa sobremodo, não têm essas mulheres acesso à justiça, dependendo as mesmas, para seus variados problemas pessoais, familiares, previdenciários e outros, de uma presença maior ou menor da Defensoria Pública que atende o sistema, da visita eventual dos juízes com competência para as execuções penais e/ou a presença, ainda mais rara, de organismos internacionais, esta gerada por denúncias de fatos de repercussão internacional.

---

32. SOUZA, Jessé. *A ralé brasileira*: quem é e como vive. 3. ed. São Paulo: Editora Contracorrente, 2018, p. 27.
33. O estudo chamou-se "Dar à luz na sombra" e fez parte do projeto maior do IPEA, "Pensando o Direito", da Secretaria de Assuntos Legislativos do Ministério da Justiça que "com um enfoque empírico e interdisciplinar, sobre temas de grande impacto público e social", visou contribuir para a ampliação e o aperfeiçoamento da participação no debate sobre políticas públicas, permitindo uma melhor tomada de decisões pela Administração Pública (BRASIL. Ministério da Justiça. Secretaria de Assuntos Legislativos. Série Pensando o Direito, 51. *Dar à luz na sombra: condições atuais e possibilidades futuras para o exercício da maternidade por mulheres em situação de prisão*. Brasília: Ministério da Justiça, IPEA, 2015, p. 8).
34. BRASIL. Ministério da Justiça. Secretaria de Assuntos Legislativos. Série Pensando o Direito, 51. *Dar à luz na sombra: condições atuais e possibilidades futuras para o exercício da maternidade por mulheres em situação de prisão*. Brasília: Ministério da Justiça, IPEA, 2015, p. 15.
35. Idem, ibidem.
36. A Lei 7.210, de 11.07.1984, é a LEP – Lei de Execução Penal.

No entanto, há um subgrupo decorrente desta minoria desassistida, que jaz no plano da invisibilidade: os filhos e filhas, crianças e adolescentes dessas mães em situação de prisão.

A pesquisa do IPEA relata:

> Especialmente o aprisionamento feminino traz uma questão importantíssima, que deve ser preocupação central das gestoras do sistema e idealizadoras de políticas prisionais: a população invisível que habita o nosso sistema prisional, as filhas e filhos de presas que vivem nas mais diversas e adversas condições nas prisões brasileiras. A sobrevivência, com dignidade, de uma criança depende de alimentação, cuidados, assistência material e afetiva. Para tanto, é necessário, com a máxima urgência, elaborar e implementar políticas que tratem da permanência do bebê com a mãe, que privilegiem o desencarceramento e, em caso de manutenção da prisão que esta convivência se dê em ambiente confortável e salubre para ambas as partes, com recursos e suporte para a garantia dos direitos dessas mulheres e crianças.[37]-[38]

Para conhecer melhor tal problemática, o Tribunal de Justiça do Estado do Rio de Janeiro, desde 2004, mantem o programa Justiça Itinerante,[39] um serviço de atendimento à populações vulneráveis, em que os magistrados com a cooperação do Ministério Público, da Defensoria Pública e de Servidores da Justiça, trabalham comprometidos com a ideia de permitir, de fato, um amplo e concreto acesso das populações excluídas à justiça, deslocando-se a equipe judiciária aos locais onde se encontram essas pessoas em estado de vulneração de seus direitos fundamentais.

O programa do TJRJ, amplia-se a cada nova situação identificada em que ocorrem as exclusões crescendo em várias direções, e em meados de 2018, uma de suas pautas foi designada como "A Justiça Itinerante vai ao Presídio".

Houve à ocasião uma visita da equipe de juízes, que incluiu juízes da Justiça Federal, à Unidade Prisional Talavera Bruce, que integra o sistema penitenciário de Bangu no

37. BRASIL. Ministério da Justiça. Secretaria de Assuntos Legislativos. Série Pensando o Direito, 51. *Dar à luz na sombra: condições atuais e possibilidades futuras para o exercício da maternidade por mulheres em situação de prisão*. Brasília: Ministério da Justiça, IPEA, 2015, p. 16.
38. Na matéria publicada pela Revista Época (2022), sobre a violação dos direitos dos filhos de mães encarceradas no Brasil, é possível enxergar a dramaticidade da situação das crianças brasileiras que já nascem presas, e que passam os primeiros meses nos cárceres, são posteriormente entregues a alguém no exterior, e passam a vivenciar a incompreensível "ausência de suas mães". A reportagem aponta que os sintomas de separação se manifestam nas crianças. Um dos exemplos aponta para a maternidade da presa Jaquelina: "Midiã, quando saiu da cadeia com poucos meses, não aceitava mais ser amamentada. O irmão dela Adryan, estava aprendendo a falar quando a mãe foi presa pela segunda vez. Simplesmente parou no meio do caminho. Com 3 anos, ele se expressa mais com acenos de cabeça do que com palavras. Na primeira visita à mãe, colocou o braço no rosto para tapar os olhos – e nada o fez mudar de ideia. "Não me deu um abraço. Fui tentar pegar e ele bateu em mim. Não quis ficar comigo de jeito nenhum" (VARELLA, Gabriela, MOURA, Marcelo, AMORIM, Daniela. No Brasil, filhos de mães encarceradas já nascem, com direitos violados. *Revista Época*, 2022, p. 6. Disponível em: https://epoca.oglobo.glogo.com. Acesso em: 26 fev. 2022). Esses e inúmeros outros traumas acompanharão as crianças por toda a vida, e inúmeras vezes, a família que recebe a criança da mãe encarcerada interrompe as visitas "por considerá-las muito dolorosas" (*Época*, 2022, p. 5).
39. A respeito confira-se "A experiência da Justiça Itinerante: o espaço de encontro da magistratura com a população brasileira" (GAULIA, 2020) que correspondeu à tese de doutoramento da autora do presente artigo.

Rio de Janeiro, onde o grupo conheceu a UMI – Unidade Materno Infantil,[40] onde as mulheres que ingressam no presídio grávidas dão à luz e, podem cuidar de seus filhos recém natos por seis meses.

A equipe da Justiça Itinerante do TJRJ começou então um trabalho de levantamento junto à mães em situação de prisão, tanto na UMI como no próprio contingente carcerário maior, que visou obter informações sobre a situação dos recém nascidos após o período de seis meses, bem como a situação dos outros filhos e filhas das detentas que viveriam extramuros.

A regularização da guarda dessas crianças e adolescentes tornou-se uma clara e angustiante realidade para os magistrados e colaboradores.

O número de filhos e filhas que ainda não são maiores de idade, deixados com avós, irmãs/irmãos, filhos mais velhos e mesmo vizinhas ou amigas, de maneira informal é estarrecedor, e coíbe a plenitude dos direitos fundamentais dessa minoria absolutamente desconhecida das políticas públicas e do Judiciário, restando portanto invisibilizada, o que gera um caminho de sofrimento e degradação humana.

A ideia da guarda compartilhada, expandindo as normas do Código Civil, plasmadas com nova redação da Lei 13.058, de 22 de dezembro de 2014,[41] é então pensada também nesse âmbito: por analogia aos critérios da Lei, uma guarda compartilhada entre a mãe custodiada e a pessoa que detém a guarda de fato dessa criança ou adolescente, enquanto a mãe integrar o sistema prisional.

Uma variação dessa ideia, com concessão de guardas provisórias pelo período de detenção das mães em situação de prisão, começou a ser praticado.

Essa nova formulação jurídica de guarda compartilhada, usando os magistrados como fundamentos os arts. 4º e 5º da LINDB,[42] no ambiente de uma Justiça que ao movimentar-se deixa os prédios dos fóruns e vai aos presídios, possibilitando às mulheres-mães em situação de prisão que, por meio de um processo judicial formal, regularizem a guarda de seus filhos, vem exatamente nos trilhos do que Cappelletti, Economides e Sousa Santos referem, como sendo a onda do novo, inclusivo e verdadeiro acesso à justiça.

---

40. "A unidade disponibilizada pela Secretaria de Estado de Administração Penitenciária – SEAP tem berçários, sala de amamentação e brinquedoteca, com atendimento de equipe multidisciplinar com psicóloga, assistente social, pediatras e enfermeiras" (GOVERNO DO ESTADO DO RIO DE JANEIRO, Administração Penitenciária. *Unidade Materno Infantil-Atendimento humanizado a internas e seus bebês*. 28.09.2019, notícia, Facebook. Acesso em: 02 jan. 2022). A UMI não afasta a situação das "crianças encarceradas", mas Procura de certa forma amenizar a indignidade nos primeiros meses de vida dessas crianças.

41. Lei 13.058, de 22 de dezembro de 2014 – Altera os arts. 1583, 1584, 1585 e 1634 da Lei 10406, de 10 de janeiro de 2002 (Código Civil), para estabelecer o significado da expressão "guarda compartilhada" e dispor sobre a sua aplicação.

42. LINDB – Decreto-Lei 4.657, de 04.09.1942 com atualização da Lei 12.376, de 30.12.2010.

Art. 4º Quando a lei for omissa, o juiz decidirá o caso de acordo com a analogia, os costumes e os princípios gerais de direito. Art. 5º Na aplicação da lei, o juiz atenderá aos fins sociais a que ela se dirige e às exigências do bem comum.

Um acesso à justiça que gera transformação social e ajuda na visualização de como se pode, de fato, simplificar e modernizar conceitos e institutos jurídicos, fortalecendo cidadania e tornando visíveis minorias até então abandonadas à própria sorte.

4. REQUALIFICAÇÃO E RECONHECIMENTO DE PESSOAS TRANS – O DIREITO DE ANDAR DE CABEÇA ERGUIDA

O preconceito prejudica a saúde e o bem-estar de todas as pessoas inseridas em grupos minoritários discriminados na sociedade civil.

Essa discriminação atinge de forma mais contundente a comunidade LGBTQIA+, e dentro desta minoria, sobremodo, as pessoas trans.

O preconceito agride a dignidade e a autoestima, desrespeita o outro, humilhando, constrangendo e submetendo.

Não há saída digna possível para aquela pessoa que, tendo sido registrada com nome masculino, é ridicularizada e submetida à zombaria, violência e exclusão, por apresentar-se como efetivamente se identifica: uma pessoa do gênero feminino. Do mesmo modo, por certo, se a situação é inversa.

E para melhor compreendermos a questão que envolve a diversidade de gêneros e a necessidade de que têm as pessoas trans de um acesso amplo e adequado à justiça, inclusive para que o sistema de justiça não gere mais humilhações e situações vexatórias, deve-se começar pela diferenciação dos conceitos e denominações.

Importa sublinhar, quando se pretende fazer uma reflexão crítica construtiva, mas que conduza a verdadeiras mudanças no *status quo* da contínua desigualdade social, que um processo de conscientização coletiva (aqui um processo de conscientização coletiva institucional da magistratura), não é, no dizer de Grada Kilomba[43] "de forma alguma um percurso moral, mas um percurso de responsabilização". E caminhando ao longo desse processo, o que se almeja é fortalecer, no coletivo envolvido, a noção de "responsabilidade de criar novas configurações de poder e de conhecimento".

Não se pode deixar de iniciar portanto, pela força e ideias contidas nas palavras, pelos conceitos que revelam uma multiplicidade de pessoas diversas e que querem ser vistas como indivíduos iguais em direitos, mas diferentes enquanto membros do grupo social.

De plano deve-se apontar que "identidade de gênero", não é uma ideologia, uma posição política e nem mesmo de orientação sexual, mas significa "a forma como a pessoa se vê, seja mulher, homem ou outra denominação dentro do espectro do gênero".[44]

---

43. KILOMBA, Grada. *Memórias da plantação* – Episódios de racismo cotidiano. Rio de Janeiro: Cobogó, 2019, p. 11.
44. ELISE, Jacqueline. *Travesti, trans, drag, identidade de gênero e mais*: entenda a diferença. Da Universa. 29.01.2019, p. 2. Disponível em: https://www.uol.com.br/universa/noticias/redacao/2019/01/29glossario-entenda. Acesso em: 11 fev. 2022.

No campo dessa identificação, "pessoas cujo sexo biológico, ou seja, os genitais, estão de acordo com a forma como elas se veem são consideradas *cisgênero*".[45]

A identificação como transgênero por conseguinte, se opõe à cisgênero, e qualifica as pessoas que, ao contrário do que apontariam seus genitais, percebem-se como sendo do gênero oposto, devendo-se ainda nesse jaez apontar que há pessoas não binárias, que são "pessoas que sentem que sua identidade de gênero está fora ou entre as identidades masculina e feminina".[46]

Necessário diferenciar ainda os termos transgênero, transexual e travesti, identidades e autoidentificações de determinadas pessoas do movimento LGBTQIA+,[47] que são usualmente confundidas na abordagem da temática das pessoas trans.

O que se busca sempre é singularizar as pessoas pertencentes a grupos minoritários e, como já referido, distinguir e visualizar inclusive as minorias dentro das minorias.

O termo transgênero é um conceito guarda chuva e se refere às pessoas que se identificam como pessoas trans, significando que "um homem transgênero é alguém que foi identificado como mulher ao nascer e, ao longo da vida, passou a se reconhecer como homem",[48] e ao mesmo tempo, o termo pode aplicar-se a "alguém nascido como homem [que] descobriu com o passar do tempo que, na verdade, é uma mulher".[49]

A utilização da palavra transexual, hoje francamente em desuso, foi corrente em tempo passado para identificar as pessoas trans que se submetiam à cirurgia e/ou e tratamentos hormonais intensos, estes que hoje são considerados uma opção da pessoa trans mas nunca uma condição obrigatória para a alteração de seu nome e gênero, sua identidade, na seara documental e de relações familiares e sociais.

Já a palavra travesti é uma denominação dada a uma identidade de pessoa trans exclusivamente feminina, e se refere a pessoas do sexo masculino que se vestem como mulheres vivenciando essa identidade sem transmutar-se fisicamente em mulheres, sendo o termo usado quase com exclusividade no Brasil.

Segundo Gabriela Almeida,[50] não se deve confundir a identidade de gênero com a orientação sexual das pessoas trans pois estas

45. Idem, ibidem.
46. JORGE, Marcos do Amaral. *Estudo pioneiro na América Latina mapeia adultos transgêneros e não binários no Brasil*. Portal da UNESP, www2.unesp.br 17.11.2021. Acesso em: 13 fev. 2022.
47. "LGBTQIA+ é o movimento político e social que defende a diversidade e busca mais representatividade e direitos para essa população. O seu nome demonstra a sua luta por mais igualdade e respeito à diversidade. Cada letra representa um grupo de pessoas". Assim estão representados nas siglas: Lésbicas, Gays, Bissexuais, Transgêneros, Queer, Intersexo, Assexual e (+)" outras identidades de gênero e orientações sexuais que não se encaixam no padrão cis-heteronormativo, mas que não aparecem em destaque antes do símbolo" (FUNDO BRASIL. *Significado da sigla LGBTQIA+*. Disponível em: https:/wwwfundobrasil.org.br.blog Acesso em: 13 fev. 2022).
48. ELISE, Jacqueline. *Travesti, trans, drag, identidade de gênero e mais*: entenda a diferença. Da Universa. 29.01.2019, p. 3. Disponível em: https://www.uol.com.br/universa/noticias/redacao/2019/01/29glossario-entenda. Acesso em: 11 fev. 2022.
49. Idem, ibidem.
50. Gabriela Almeida (O Povo, 2021).

"também tem orientações sexuais, ou seja, uma mulher trans ou uma travesti pode ser heterossexual, bissexual, lésbica ou pansexual. Um homem trans, ou transmasculine, pode ser heterossexual, bissexual, gay ou pansexual".

Uma última palavra sobre a identidade não binária que se aplica a "pessoas que não se identificam como homens, tampouco como mulheres, não se expressam através de um gênero, seja o masculino ou o feminino".[51]

Necessário expor que, embora já tenhamos no cenário jurídico a decisão do STF na ADI 4275-1/600,[52] em que por 11 votos a favor o Supremo autorizou que toda e qualquer pessoa trans, mesmo sem alteração física por cirurgia, pudesse obter a requalificação de nome e gênero diretamente nos cartórios de registro civil, inclusive sem a necessidade de apresentação de atestados ou laudos médicos, em verdade a grande maioria das pessoas transgêneras não logram obter esse resultado efetivo.

Indispensável portanto a decisão judicial.

Mesmo após a regulamentação pelo CNJ – Conselho Nacional de Justiça, no Provimento 73/2018, que "dispõe sobre a averbação da alteração do prenome e do gênero nos assentos de nascimento e casamento de pessoa transgênero no Registro Civil das Pessoas Naturais (RCPN)",[53] ainda é longa e difícil a busca por uma efetiva igualdade material com que se visa a segurança de aplicação do direito formal no caso concreto.

Para tanto é preciso um olhar mais uma vez diferenciado da magistratura, primeiro de molde a identificar essa população e suas necessidades e, em segundo plano, para materializar, através de decisões judiciais, os direitos desgarantidos.

A partir de 2018 o Tribunal de Justiça do Estado do Rio de Janeiro instalou um ônibus da Justiça Itinerante na sede da Fundação Oswaldo Cruz no Rio de Janeiro, visando o atendimento às favelas da Maré, Manguinhos e Jacarezinho.

O atendimento à população trans se iniciou imediatamente, surgindo a partir da demanda espontânea encaminhada pelos pesquisadores e equipe de saúde do Instituto Nacional de Infectologia da Fiocruz, que já trabalhavam com o atendimento médico a essas pessoas.

---

51. MONOGRAFIAS BRASIL ESCOLA. *Transgênero*: a busca pela igualdade formal e material no direito brasileiro, p. 6. Disponível em: https://m.monografias.brasilescola.uol.com.br/amp/transgeneros. Acesso em: 20 fev. 2022.
52. ADI 4275-1/600, 1º.03.2018: Ementa: Direito constitucional e registral. Pessoa transgênero. Alteração do prenome e do sexo no registro civil. Possibilidade. Direito ao nome, ao reconhecimento da personalidade jurídica, à liberdade pessoal, à honra e à dignidade. Inexigibilidade de cirurgia de transgenitalização ou da realização de tratamentos hormonais ou patologizantes. 1. O direito à igualdade sem discriminações abrange a identidade ou expressão de gênero. 2. A identidade de gênero é manifestação da própria personalidade da pessoa humana e, como tal, cabe ao Estado apenas o papel de reconhecê-la, nunca de constituí-la. 3. A pessoa transgênero que comprove sua identidade de gênero dissonante daquela que lhe foi designada ao nascer por autoidentificação firmada em declaração escrita desta sua vontade dispõe do direito fundamental subjetivo à alteração do prenome e da classificação de gênero no registro civil pela via administrativa ou judicial, independentemente de procedimento cirúrgico e laudos de terceiros, por se tratar de tema relativo ao direito fundamental ao livre desenvolvimento da personalidade. 4. Ação direta julgada procedente. Relator: Ministro Marco Aurélio. Julgamento: 1º.03.2018.
53. CNJ – Provimento 73, de 28.06.2018 – Art. 2º Toda pessoa maior de 18 anos completos habilitada à prática de todos os atos da vida civil poderá requerer ao ofício do RCPN a alteração e a averbação do prenome e do gênero, a fim de adequá-los à identidade autopercebida.

Sob essa ótica, implementar os direitos humanos principalmente no plano da dignidade é uma perspectiva emancipatória inerente à prestação jurisdicional.

Necessário enxergar que dentro da proteção geral, genérica e abstrata da lei, há uma proteção específica e especial que pode garantir de fato a condição de dignidade humana às pessoas que buscam a justiça com seus pedidos de socorro.

Importa mais uma vez ressaltar que minorias são integradas por pessoas intrinsecamente precarizadas em sua dignidade, em sua humanidade, desgarantidas e relegadas a categorias sociais desiguais e excluídas.

Para atingir o desiderato de uma transformação social pela via do direito, temos que perceber como as pessoas são tratadas em seus espaços e territórios, e buscar transformar exclusões, e situações de risco e indignidades em proteção efetiva.

Para atingir essa proposta é preciso um Estado responsivo, uma Magistratura responsiva, capaz de responder de forma protagonista e diferenciada, a depender dos diversos contextos em que é levada a atuar, buscando sempre uma efetividade substantiva de suas prestações.

No plano dos direitos humanos o pleno acesso à justiça servirá para integrar a margem e o centro, tornando a periferia humana parte verdadeiramente integrante do corpo principal.

Só então a magistratura estará atuando de maneira a, plenamente, contribuir para uma democrática transformação social.

O PAPEL DA ADVOCACIA PÚBLICA NA TRANSFORMAÇÃO SOCIAL

Bruno Dubeux

Procurador Geral do Estado do Rio de Janeiro.

As Procuradorias de Estado e do Distrito Federal, assim como as Procuradorias de Municípios e a Advocacia Geral da União exercem importante papel na transformação da realidade social brasileira. Todas estas entidades, que desempenham a chamada Advocacia Pública, defendem o interesse público em juízo, mas também participam direta e indiretamente da concepção e da aplicação de políticas públicas voltadas a atender às necessidades fundamentais da população brasileira.

O exemplo da Procuradoria Geral do Estado do Rio de Janeiro é emblemático: a instituição caracteriza-se por uma longa trajetória de defesa de interesses sociais, bastando recordar, entre outros exemplos notórios, o conhecido Núcleo de Terras, liderado pelo saudoso Procurador do Estado Miguel Baldez. Tal projeto mostrou-se imprescindível para garantir acesso à terra, ao trabalho e à moradia da população fluminense, sendo, tempos depois, albergado no seio da Defensoria Pública do Estado do Rio de Janeiro, instituição-irmã da Procuradoria Geral do Estado.

Também na Procuradoria Geral do Estado do Rio de Janeiro nasceu o primeiro projeto de lei voltado à implementação de uma política de cotas para ingresso nas Universidades públicas no Brasil. A iniciativa, capitaneada por um bravo conjunto de Procuradores do Estado liderado por Augusto Werneck, converteu-se na Lei Estadual 4.151/2003 e, sucessivamente, na Lei Estadual 5.346/2008. Após o término do prazo inicial de dez anos de vigência da lei, foi a própria Procuradoria Geral do Estado que formou um Grupo de Trabalho[1] responsável por coletar e apresentar à Assembleia Legislativa os resultados concretos do decênio de vigência da política de cotas. E foi também Procuradoria Geral do Estado quem, com base nestes dados, solicitou à Assembleia Legislativa a extensão do prazo de vigência da lei por mais dez anos, o que acabou resultando na Lei Estadual 8.121/2018.

Mais recentemente, a Procuradoria Geral do Estado criou uma Comissão Especial para Combate ao Racismo Estrutural e Institucional (CECREI) – além

1. O Grupo de Trabalho que redigiu o Projeto de Lei substitutivo da Lei Estadual 5.346, de 11 de dezembro de 2008, foi formado pelos Procuradores do Estado Augusto Werneck, Flávio Willeman e Roberta Monnerat. Mais informações sobre as atividades do Grupo de Trabalho e da Comissão de Avaliação da Lei de Cotas formada na PGE-RJ estão disponíveis em: "*Estado propõe renovar Lei de Cotas e permite aumento da reserva de vagas nas universidades*". Disponível em: www.pge.rj.gov.br. Acesso em: 15 jun. 2018.

de uma Comissão de Promoção à Igualdade de Gênero[2] –, que, desenvolveu, sob a liderança, primeiro, da ex-Procuradora-Geral do Estado Lucia Lea Guimarães Tavares e, depois, de Procuradora do Estado Ana Alice de Oliveira, um trabalho brilhante que foi submetido à Assembleia Legislativa do Estado do Rio de Janeiro e resultou na aprovação da Lei Estadual 9.852/2022, que estendeu a política de cotas em concursos públicos do Estado, prevista originariamente na Lei Estadual 6.067/2011, por mais 60 (sessenta) anos. Com isso, consolidou-se definitivamente no Rio de Janeiro este importante exemplo de ação afirmativa como uma política de Estado, e não apenas de Governo.

A Procuradoria Geral do Estado do Rio de Janeiro foi também a entidade responsável por sugerir ao então Governador do Estado a propositura da Arguição de Descumprimento de Preceito Fundamental 132/RJ, pleiteando o reconhecimento jurídico pleno das uniões homoafetivas. A memorável sustentação oral no âmbito do Supremo Tribunal Federal foi realizada pelo então Procurador do Estado Luis Roberto Barroso, que destacou que "a história da civilização é a história da superação dos preconceitos e a cada momento histórico as pessoas têm que escolher de que lado vão ficar da história, se vão avançar o processo social e incluir todos ou se vão parar o processo social e cultivar o preconceito". Nossa Suprema Corte, então, estabeleceu, naquele julgamento emblemático, que a disciplina da união estável se aplica, também, às uniões homoafetivas, uma vez que a referência constitucional à união estável como consórcio "entre o homem e a mulher" deve ser interpretada historicamente, não podendo tal trecho ser empregado para excluir outras formas de entidades familiares.[3]

Além dessas importantes iniciativas, a Procuradoria Geral do Estado do Rio de Janeiro atua na preservação de recursos com destinação especial para as áreas mais relevantes das despesas públicas, como Saúde e Educação. Tem sido, assim, na batalha jurídica empreendida para conservar um sistema de distribuição de royalties do petróleo que não apenas ofereça uma garantia justa de compensação aos Estados e Municípios que sofrem os ônus da exploração de petróleo, mas também que assegure a destinação adequada destas verbas, seja em prol da prevenção de danos ao meio ambiente, seja em prol do desenvolvimento social, especialmente por meio de investimentos em Saúde e Educação.

A Procuradoria Geral do Estado do Rio de Janeiro tem também intensificado o investimento de recursos próprios em atividades educacionais e culturais, voltadas à população fluminense, como se vê da reabertura do histórico edifício do Antigo Convento do Carmo, convertido em Centro Cultural, no qual se realizam eventos de acesso gratuito e universal destinados ao aprendizado e ao debate de temas de inte-

2. Comissão Especial para Combate ao Racismo Estrutural e Institucional (CECREI) foi criada em 27 de janeiro de 2021 por meio da Resolução PGE 4.660. A Comissão de Promoção à Igualdade de Gênero, por sua vez, foi criada em 16 de abril de 2021 por meio da Resolução PGE 4.694.
3. STF, Tribunal Pleno, ADPF 132, Rel. Min. Ayres Brito, j. 05.05.2011. Registre-se que a ação proposta pelo Estado do Rio de Janeiro foi somada a outra, proposta pela Procuradoria Geral da República em igual sentido: STF, Tribunal Pleno, ADI 4.277, Rel. Min. Ayres Brito, j. 05.05.2011.

resse social, como a História do Rio de Janeiro, a proteção dos Direitos Humanos nas Cortes Internacionais, o desenvolvimento da cultura, da música e das artes em nossa cidade e em nosso Estado.

Muito mais ainda pode ser feito, mas são passos importantes que merecem registro e que ilustram como a Advocacia Pública pode e deve atuar cada vez mais intensamente na transformação da realidade social em que se insere.

A CONVERGÊNCIA ENTRE MINISTÉRIO PÚBLICO E TRANSFORMAÇÃO SOCIAL

Luciano Oliveira Mattos de Souza

Procurador-Geral de Justiça do Ministério Público do Estado do Rio de Janeiro. Vice--Presidente do Conselho Nacional de Procuradores-Gerais para a Região Sudeste.

Sumário: 1. Introdução – 2. O Ministério Público enquanto guardião dos direitos fundamentais – 3. O Ministério Público na efetivação dos direitos de segunda, terceira e quarta geração – 4. Análise conclusiva.

1. INTRODUÇÃO

Ao analisarmos o destacado papel outorgado ao Ministério Público brasileiro pela Carta Magna de 1988, no qual ressaltamos a importante função de defensor e propagador do conjunto de direitos e garantias individuais e coletivas, podemos concluir que, no contexto atual, a Instituição tem o seu papel maximizado. A exemplo das desigualdades, que têm crescido em proporção geométrica, em razão de fenômenos mundiais, crises pandêmicas e econômicas, conflitos armados, alterações climáticas, desastres naturais etc., também o pouco apreço pela juridicidade nos leva a reconhecer que os ideais que iluminaram nossos constituintes continuam refletindo o dever sempre renovado de o Ministério Público buscar, até o limite de suas forças, a plena eficácia da ordem constitucional, que lhe reconheceu um nível de autonomia nunca antes visto em nossa realidade.

Em um contexto de mudança social, no qual o Ministério Público encontra-se inserido como protetor dos direitos fundamentais e portador de ferramentas capazes de conduzir a sociedade à sedimentação da concepção de que a democracia está instrumentalmente conectada à dignidade humana e à cidadania plena, serão abordados os instrumentos à disposição da Instituição para que a balança da realidade social se mantenha equilibrada em prol do Estado Democrático de Direito, das prerrogativas inerentes à pessoa humana, como a dignidade e a igualdade, bem como o fomento à sustentabilidade, para que gerações futuras possam fruir das mesmas prerrogativas.

2. O MINISTÉRIO PÚBLICO ENQUANTO GUARDIÃO DOS DIREITOS FUNDAMENTAIS

Como previsto na Constituição da República de 1988, o Ministério Público é instituição permanente, essencial à função jurisdicional do Estado, incumbindo-lhe a defesa da ordem jurídica, do regime democrático e dos direitos sociais e individuais indisponíveis. Não é difícil, a partir do primado constitucional, identificar que a Instituição é uma guardiã dos direitos fundamentais, tendo ainda o dever de velar pelos fundamentos e valores da Estado Democrático de Direito. Nesse sentido, a essência do Ministério Público é a de defender e empoderar, como Instituição essencial à justiça, os direitos e valores inerentes a toda a sociedade e, em especial, zelar por aqueles que, pelas mais variadas razões, se encontrem em posição de fragilidade social.

Dentro do seu papel pragmático e contextualizado numa sociedade que vivencia no cotidiano desigualdades das mais diversas ordens, é palpável a descrença de que o Ministério Público, nessa conjuntura, possa contribuir favoravelmente para a transformação de uma realidade que permanece estável há gerações. Mas, ao contrário do que pode parecer a um olhar menos analítico, a atuação do Ministério Público, na tutela dos direitos fundamentais, tem alargado as condições de cidadania para os sujeitos de direitos, tanto do ponto de vista constitucional, do qual emerge sua função elementar, quanto do ponto de vista orgânico, quando busca se estruturar para o desenvolvimento de ações diretamente voltadas àqueles que buscam a Instituição como meio de alcançar o "mínimo existencial".

Nesse sentido, os chamados direitos de primeira dimensão, também conhecidos como direitos de liberdade, compreendidos como direitos civis e políticos, vinculados intrinsicamente ao ser humano e oponíveis ao Estado, são objeto de tutela pelo Ministério Público. No que diz respeito a esses direitos, os quais, por sua natureza, exigem a abstenção do Estado, de modo a preservar uma parcela incólume da esfera jurídica individual, a Constituição de 1988 possibilitou aos membros da Instituição a atuação como agentes da vontade política transformadora, de modo a efetivar o projeto constitucional da democracia em desenvolvimento.[1]

Bom frisar que a atuação do Ministério Público contribui com o papel do Poder Judiciário na consecução do ideal de justiça. O *facere* institucional concretiza a subjetividade, expõe as diferenças culturais e colmata as lacunas que separam indivíduos de uma mesma comunidade, por meio de sua atuação judicial e extrajudicial na defesa e promoção dos direitos e dos interesses individuais e coletivos. Nesse movimento de concretização, a Instituição tem procurado priorizar o modelo resolutivo, em detrimento do demandista, com ênfase para a consensualidade.

Acerca dos modelos resolutivos, Emerson Garcia[2] observa que:

> (...) a doutrina especializada tem preconizado as vantagens do modelo resolutivo em relação ao demandista. O primeiro valoriza a solução do problema em menor tempo e com menor custo, privilegiando a consensualidade e evitando, até o limite do possível, sua submissão aos órgãos jurisdicionais.

---

1. Na teoria de Amartya Sen, a promoção do desenvolvimento precisa incluir um grande número de prestações em áreas diversas, como saúde, educação, meio ambiente, segurança, entre outras. Essas prestações têm como finalidade eliminar privações que vão além da privação de renda. Vide: SEN, Amartya. Desenvolvimento como liberdade. São Paulo: Companhia das Letras, 2000. In: MARTINS, Julia Cadaval. Constituição, economia e desenvolvimento. *Revista da Academia Brasileira de Direito Constitucional*. Curitiba, n. 1, ago-dez. p. 97-110, 2009.
2. GARCIA, Emerson. *Ministério Público*: organização, atribuições e regime jurídico. 6. ed. São Paulo: Saraiva, 2017, p. 599.

O modelo resolutivo é especialmente centrado nos instrumentos de atuação extrajudicial disponibilizados ao Ministério Público, merecendo realce (1) o termo de ajustamento de conduta e (2) a recomendação. Apresentando uma instrumentalidade ao quadrado, pois figuram como instrumentos de delineamento dos referidos instrumentos, tem-se o inquérito civil e a audiência pública, permitindo a colheita dos elementos probatórios necessários ao juízo valorativo a ser realizado pelo Ministério Público.

E não é demais lembrar que a atuação ampla do Ministério Público não se limita a tais importantes instrumentos, podendo ser alcançados os objetos resolutivos com as inúmeras possibilidades de atuação negociada, a partir do diálogo institucional com os poderes públicos e com a sociedade. Veja, por exemplo em uma questão ambiental, que durante uma investigação civil é possível a imediata paralisação de uma atividade lesiva com a mera comunicação preliminar ao agente poluidor da inconformidade de sua conduta.

Assim também o é com a tutela dos direitos da criança e do adolescente, do idoso, da pessoa com deficiência, da mulher como vítima do machismo, da intolerância, da vanguarda em defesa das comunidades LGBT etc. Com isso, busca-se alcançar a concretização da própria dignidade humana. Afinal, como bem sintetiza José Afonso da Silva[3] (2019):

> Dignidade da pessoa humana é um valor supremo que atrai o conteúdo de todos os direitos fundamentais do homem, desde o direito à vida. – Concebido como referência constitucional unificadora de todos os direitos fundamentais [observam Gomes Canotilho e Vital Moreira], o conceito de dignidade da pessoa humana obriga a uma densificação valorativa que tenha em conta o seu amplo sentido normativo-constitucional e não uma ideia qualquer apriorística do homem, não podendo reduzir-se o sentido da dignidade humana à defesa dos direitos pessoais tradicionais, esquecendo-a nos casos de direitos sociais, ou invocá-la para construir teoria do núcleo da personalidade individual, ignorando-a quando se trate de garantir as bases da existência humana. Daí decorre que a ordem econômica há de ter por fim assegurar a todos existência digna (art. 170), a ordem social visará a realização da justiça social (art. 193), a educação, o desenvolvimento da pessoa e seu preparo para o exercício da cidadania (art. 250) etc., não como meros enunciados formais, mas como indicadores do conteúdo normativo eficaz da dignidade da pessoa humana.

O Ministério Público, em busca da transformação social equitativa e cidadã, tem inexoravelmente contribuído para que a pessoa possa ser efetivamente reconhecida como sujeito de direito, com predicados e em processo de desenvolvimento e não pelo simples fato de existir. Desde o Século XVII, no alvorecer do iluminismo, a construção da identidade da pessoa humana já era concebida não só pelo fato de existir, mas, sobretudo, a partir do modo como deve viver.

John Locke, como ressaltado por Rogério Tabet de Almeida,[4] categorizou o conceito de pessoa como "o ser pensante, dotado de razão e reflexão, que pode reconhecer-se a

3. SILVA, José Afonso da. *Curso de direito constitucional positivo*. 42. ed. São Paulo: Malheiros, 2019, p. 107.
4. DE ALMEIDA, Rogério Tabet. Evolução histórica do conceito de pessoa – enquanto categoria ontológica. Disponível em: http://faa.edu.br/revistas/docs/RID/2013/RID_2013_16.pdf. In: LEITE, Gisele. *Conceito de pessoa*: na trajetória da filosófica e jurídica. Jornal JUDID. Acesso em: 06 abr. 2022.

si mesmo, agora, como o mesmo eu que era antes; e que essa ação passada foi executada pelo mesmo eu que reflete, agora sobre ela, no presente".

Na atual conjuntura histórica, em que os processos de globalização econômica, política e cultural se intensificam, a atuação do Ministério Público vem se ampliando em uma rede cada vez mais complexa na produção jurídica. Alterações significativas nos métodos de atuação do Ministério Público foram sendo incorporadas ao cotidiano institucional em defesa e na concretização dos direitos fundamentais.

Problemas antes de reduzida magnitude foram sendo incorporados e materializados no cotidiano jurídico institucional do Ministério Público, sendo reconhecido o seu enorme potencial lesivo em relação ao direito à vida, à segurança, à justiça, à propriedade privada, à liberdade de pensamento, ao voto, à expressão, à crença. A Instituição também incorporou estruturas para abrigar outros anseios sociais e fomentar mudanças de paradigma, a exemplo da participação política, da estruturação de coordenadorias de promoção da dignidade humana, da promoção dos direitos das vítimas, de direitos humanos das minorias, na desinstitucionalização de pacientes psiquiátricos e na proteção das pessoas com deficiência.

No âmbito criminal, o Ministério Público vem atuando pontualmente para atender aos anseios da população e aos ideais de harmônica convivência social. A identificação e a punição de agentes públicos desonestos, com a reintegração ao erário público de vultosos recursos desviados, têm contribuído para a compreensão de um fenômeno deturpador da própria cidadania, a corrupção no ambiente estatal. Ao atuar em defesa da sociedade no âmbito do combate à corrupção orgânica do Estado, o Ministério Público avança nos princípios da organização social. De igual forma ao combater o abuso de autoridade, em especial o policial. Nesse sentido, também no campo sociológico, a missão constitucional do Ministério Público suplanta sua própria exegese normativa, para servir à sociedade como agente educador da cidadania.

A tomada de consciência política pode ser entendida também como um processo jurisdicional, fomentado pelas investigações do Ministério Público, que deixou para trás sua condição de agente secundário do Estado, para alçar seu "voo de águia",[5] como instrumento especializado da moralidade política, da democracia plural, dos direitos de cidadania, dos direitos humanos e do dever de cumprimento da lei.

Note-se que, ao contribuir para a formação da consciência política e para os valores inerentes à vida em comunidade, de modo que o cidadão, na sua individualidade, consiga compreender o contexto histórico-político a partir da sua própria intervenção, por certo o Ministério Público está trilhando o caminho delineado na Constituição.

5. No livro de Leonardo Boff, "A Águia e a Galinha – Uma metáfora da condição humana", são evocadas as dimensões profundas do espírito, indispensáveis para o processo de realização humana: o sentimento da autoestima, a capacidade de dar a volta por cima nas dificuldades quase insuperáveis, a criatividade diante de situações de opressão coletiva que ameaçam o horizonte da esperança. Para o autor, compreender, é essencialmente conhecer o lugar social de quem olha.

Além disso, ao largo do que possa ser compreendido materialmente sobre o papel institucional do Ministério Público, na atual conjuntura social, é certo afirmar que a partir de sua contribuição a favor dos direitos de primeira e de segunda geração, se tem fomentado mudanças importantes na realidade social, a exemplo do manejo da ação civil pública em defesa da criança e do adolescente e do portador de necessidades especiais, como na luta contra a discriminação racial, religiosa, étnica, sexual e o feminicídio.

A projeção pontual da atuação do Ministério Público, que tem criado sistemas específicos de proteção aos direitos fundamentais, pode ser ainda estabelecida, diante de iniciativas contra a propagação de notícias falsas, como se verifica em campanhas realizadas pelo Centro de Apoio Operacional das Promotorias Eleitorais do Ministério Público do Estado do Rio de Janeiro, com a participação da Coordenadoria de Comunicação Social. A ação tem por base a divulgação de histórias em quadrinhos e vídeos explicativos, cujo objetivo é o de aprimorar a capacidade do cidadão na identificação de notícias falsas ou com conteúdo duvidoso, bem como o de inibir o compartilhamento de *fake news*. A campanha reforça ainda a importância de os eleitores reportarem casos de *fake news* às autoridades competentes.

3. O MINISTÉRIO PÚBLICO NA EFETIVAÇÃO DOS DIREITOS DE SEGUNDA, TERCEIRA E QUARTA GERAÇÃO

É de notório conhecimento que a efetivação de um direito fundamental não recai unicamente sobre sua previsão legal. A concretização do direito pressupõe instrumentos materiais para viabilizá-lo. Enquanto direcionada à salvaguarda dos direitos fundamentais, o Ministério Público é detentor de importantes instrumentos para promover o respeito e a concretização dos direitos básicos da sociedade.

No que diz respeito aos direitos de segunda geração, o Estado passa a ter responsabilidade para a concretização de um ideal de vida digno na sociedade.

À exemplo dos direitos sociais, econômicos e culturais, próprios de determinado momento social e histórico, a atuação do Ministério Público não raro o coloca em posição de antagonismo com próprio Estado. Essa atuação busca zelar pelo desenvolvimento da sociedade, com a implementação de políticas públicas concretizadoras dos direitos sociais, como trabalho, educação, moradia, assistência social, saúde, lazer, segurança, proteção ao trabalho e organização sindical.

Portanto, a intervenção do Ministério Público na defesa dos direitos sociais é direcionada à consolidação de uma sociedade constitucionalmente organizada e defensora do bem comum. Essa atuação requer uma defesa proativa, já que a atuação visivelmente confrontará as condições políticas e os influxos inerentes ao poder público e suas políticas públicas. Nessa seara, atuar em face do Estado, para que este se disponha a criar e a executar as políticas públicas idealizadas e os objetivos sociais almejadas, fez com que a Instituição fosse superando seu modelo demandista, para um ativista integrativo, pois, frente às novas perspectivas sociais, a atuação ministerial contempla a orientação e a fiscalização, além de atuar em prol de mais transparência, participação social e uma gestão democrática do dever público.

O posicionamento do Supremo Tribunal Federal acerca das obrigações da Administração Pública no implemento de políticas públicas ficou evidente no Recurso Extraordinário 592581/RS,[6] no qual ficou estabelecido ser lícito ao Judiciário impor à Administração Pública a obrigação de fazer, consistente na promoção de medidas ou na execução de obras emergenciais em unidades prisionais. No julgamento do mérito do tema, com repercussão geral reconhecida, o Tribunal Pleno assentou a seguinte tese:

> É lícito ao Judiciário impor à Administração Pública obrigação de fazer, consistente na promoção de medidas ou na execução de obras emergenciais em estabelecimentos prisionais para dar efetividade ao postulado da dignidade da pessoa humana e assegurar aos detentos o respeito à sua integridade física e moral, nos termos do que preceitua o art. 5º, XLIX, da Constituição Federal, não sendo oponível à decisão o argumento da reserva do possível nem o princípio da separação dos poderes.[7]

Para a saudosa professora Ada Pelegrini Grinover,[8] quando o Poder Judiciário é convocado para exercer o controle de uma política pública, está exercendo o controle constitucional, verificando se o artigo 3º da Constituição está, ou não, sendo cumprido. O dispositivo prevê que, entre os objetivos fundamentais do Estado brasileiro, está o de construir uma sociedade livre, justa e solidária.

A assertiva acima é de fundamental importância na medida que as políticas públicas são os meios utilizados pelo poder público para garantir o desenvolvimento social, erradicar a pobreza, reduzir as desigualdades e promover o bem social.

Dentro do processo de afirmação dos direitos fundamentais, o Supremo Tribunal Federal[9] compreende que "a questão do direito ao meio ambiente ecologicamente equilibrado, correspondente a direito de terceira geração, é derivado do princípio da solidariedade". Para a Corte Suprema, a integridade do meio ambiente constitui prerrogativa jurídica de titularidade coletiva, refletindo, dentro do processo de afirmação dos direitos humanos, que significa um poder atribuído não ao indivíduo identificado em sua singularidade, mas à própria coletividade social. Enquanto os direitos de primeira geração (direitos civis e políticos) compreendem as liberdades clássicas, negativas ou formais, os direitos de segunda geração (direitos econômicos, sociais e culturais), se identificam com as liberdades positivas, reais ou concretas. Por outro lado, os direitos de terceira geração, que materializam poderes de titularidade coletiva atribuídos genericamente a todas as formações sociais, consagram o princípio da solidariedade

6. STF. RE 592.581/RS. Plenário. Rel. Ministro Ricardo Lewandowski. j. em 13.08.2015, DJe 01.02.2016.
7. RE 592581. Ausente, justificadamente, o Ministro Teori Zavascki. Falaram, pelo Ministério Público Federal, o Dr. Rodrigo Janot Monteiro de Barros, Procurador-Geral da República; pelo Estado do Rio Grande do Sul, o Dr. Luís Carlos Kothe Hagemann, e, pela União, a Dra. Grace Maria Fernandes Mendonça, Secretária-Geral de Contencioso da Advocacia-Geral da União. Presidiu o julgamento o Ministro Ricardo Lewandowski. Plenário, 13.08.2015).
8. GRINOVER, Ada Pellegrini. Inversão indevida do mecanismo da execução coletiva. *3º Congresso LFG de Estudos de Casos Jurídicos*. São Paulo. 7 a 8 de agosto. 2009.
9. STF. RE 654833 AC. Plenário. Relator Ministro Alexandre de Moraes. Sessão Virtual de 10.04.2020 a 17.04.2020.

e constituem um momento importante no processo de desenvolvimento, expansão e reconhecimento dos direitos humanos

O sociólogo Boaventura de Sousa Santos,[10] ao tratar do problema das desigualdades sociais, indica que

> não podem ser entendidas exclusivamente na perspectiva do direito de receber determinados bens e serviços. Seria preciso contemplar também o que chamamos direitos de integração, que são aqueles que permitem que os indivíduos sejam cidadãos activos, com pleno direito de viver em sociedade, envolvidos no seu processo político-democrático.

O próprio controle externo da atividade policial é uma importante área de atuação do Ministério Público, que envolve uma especificidade socialmente relevante. Para além de reconhecer a importância do exercício do controle externo da atividade policial como pressuposto para a persecução penal eficiente e para a concretização do direito fundamental à segurança, o Ministério Público é chamado a velar pela prestação eficaz dos serviços públicos, como verdadeiro *ombudsman* (art. 129, II, da Constituição Federal).[11]

No que diz respeito aos instrumentos de atuação do Ministério Público, o inquérito civil e a ação civil pública estão diretamente vinculados à esfera de atuação ministerial na garantia dos direitos difusos e coletivos, dentre eles a proteção do patrimônio público e social, na defesa do consumidor, do meio ambiente, na defesa das pessoas com deficiência física, com especial ênfase à reparação dos danos sociais provocados por desastres tecnológicos, como o rompimento de barragens de rejeitos de mineração, como se deu no fatídico Caso Brumadinho, em Minas Gerais.

O Ministério Público do Estado do Rio de Janeiro, por meio da atuação integrada e colaborativa de diversas estruturas, desde o dia das fortes chuvas que atingiram o Município de Petrópolis (15.02.2022), passou a adotar uma série de medidas na área do meio ambiente, voltadas principalmente para a prevenção de novos desastres e recuperação de danos já ocorridos. As ações foram fruto da conjunção de esforços do Centro de Apoio Operacional das Promotorias de Justiça de Tutela Coletiva de Defesa do Meio Ambiente e da Ordem Urbanística, e também da Cidadania, do Grupo Temático Temporário para Garantia de Segurança Hídrica, do Grupo de Apoio Técnico Especializado (GATE/MPRJ) e da Coordenação-Geral da Promoção da Dignidade da Pessoa Humana, entre outros setores da Instituição. A criação de uma rede de integração, na atuação do Ministério Público frente aos desastres naturais, tem por objetivo apoiar a atuação local da Instituição e garantir o pronto atendimento à sociedade afetada e as vítimas do desastre.

10. Boaventura de Sousa Santos. Políticas para quem? *Revista Angolana de Sociologia* [Online], 10 | 2012, posto online no dia 20 novembro 2013, consultado no dia 05 abril 2022. URL: ttp://journals.openedition.org/ras/297;DOI: https://doi.org/10.4000/ras.297.
11. XXI Congresso Nacional do Ministério Público. AMPERJ. Rio de Janeiro. 2015.

Entre outras ações, a promoção de articulação do Ministério Público com órgãos municipais e estaduais, são também medidas proativas de enfrentamento em prol da recomposição ambiental e social, sem olvidar a importância da ação civil pública.[12]

O termo de ajustamento de conduta (TAC) também é instrumento operacional do trabalho do Ministério Público, firmado para a adoção de medidas e ações a serem adotadas consensualmente.

Nas hipóteses acima, a atuação do Ministério Público alavanca parcerias e métodos mais eficazes para a apuração dos danos de maior impacto no ambiente coletivo, criando, especialmente, forças tarefas para atuar nesse âmbito, com operações *in loco*, no diálogo com a comunidade, na intervenção direta junto aos poderes públicos, com a expedição de recomendações e a realização de fiscalizações, e, no âmbito jurisdicional, com a intervenção criminal e cível.

Ainda acerca do denominado dano social, para melhor ilustrar a concepção hodierna, sua conceituação assim foi tratada por Antônio Junqueira Azevedo:[13]

> [...] os danos sociais, por sua vez, são lesões à sociedade, no seu nível de vida, tanto por rebaixamento de seu patrimônio moral – principalmente a respeito da segurança – quanto por diminuição na qualidade de vida. Os danos socais são causa, pois, de indenização punitiva por dolo ou culpa grave, especialmente, repetimos, se atos que reduzem as condições coletivas de segurança, e de indenização dissuasória, se ato sem geral da pessoa jurídica, que trazem diminuição do índice de qualidade de vida da população.

Em caso de desastres tecnológicos, originados por atividades humanas com alto potencial de dano social, como usinas nucleares, barragens de mineração e grandes construções, que causem danos coletivos, haverá sempre um órgão ministerial, na via extrajudicial ou judicial, buscando a reparação do dano.

Um exemplar modelo da efetividade da atuação do Ministério Público foi incluído em proposta de enunciado apresentada no XXIII Congresso Nacional do Ministério Público, realizado em Goiânia, em 2019, pelo Promotor de Justiça mineiro Guilherme de Sá Meneghin,[14] com o seguinte teor: "O Ministério Público deve promover a reparação dos danos sociais decorrentes de desastres tecnológicos, velando para que as medidas reparatórias favoreçam os atingidos pelo evento".

Durante a V Jornada de Direito Civil do CJF/STJ,[15] foi aprovado o Enunciado 455, segundo o qual "a expressão 'dano' no art. 944 do Código Civil abrange não só os danos

12. No caso do desastre natural provocado pelas fortes chuvas no Município de Petrópolis/RJ, foi ajuizada ainda a Ação Civil Pública 0019522-81.2020.8.19.0042), com o objetivo de promover a recuperação e reparação ambiental da Cidade.
13. XXIII Congresso Nacional do Ministério Público. Ministério Público e a defesa dos direitos fundamentais: foco na efetividade. 2019. In: MENEGHIN, Guilherme de Sá. *O papel do Ministério Público na reparação dos danos sociais provocados por desastres tecnológicos*, p. 143.
14. MENEGHIN, Guilherme de Sá. O papel do Ministério Público na reparação dos danos sociais provocados por desastres tecnológicos. *Anais do XXIII Congresso Nacional do Ministério Público*. Ministério Público e a defesa dos direitos fundamentais: foco na efetividade. Goiás, 2019.
15. Disponível em: https://www.cjf.jus.br/cjf/corregedoria-da-justica-federal/centro-de-estudos-judiciarios-1/publicacoes-1/jornadas-cej/vjornadadireitocivil2012.pdf. Acesso em: 02 mar. 2022.

individuais, materiais ou imateriais, mas também os danos sociais, difusos, coletivos e individuais homogêneos a serem reclamados pelos legitimados para propor ações coletivas".

Na atuação do Ministério Público na tutela dos direitos de segunda geração, são inúmeros os resultados alcançados a partir da especialização dos órgãos de execução. No âmbito do Estado do Rio de Janeiro, por exemplo, foram criadas estruturas internas para atender as especificidades desses direitos, entre elas os Centros de Apoio criminal, cível e da pessoa com deficiência, da infância e juventude, da violência doméstica e familiar contra a mulher, de educação, cidadania, consumidor e contribuinte, meio ambiente e ordem urbanística, investigação penal, saúde, execução penal, eleitoral, idoso.

Também foram estabelecidas estratégias administrativas de suporte à atuação ministerial coordenada e não individual, com a criação de um novo modelo de atuação coletiva especializada, que contemplou não somente grupos de atuação, como GAECO, de combate ao crime organizado, e o GAESF, para apurar sonegação fiscal e ilícitos contra a ordem tributária, mas também inúmeras Forças-Tarefas, Grupos Temáticos Temporários e Grupos de Acervo.

No âmbito cível, foi instituída a Comissão Permanente Multidisciplinar de Erradicação do Sub-registro Civil de Nascimento e Ampliação do Acesso à Documentação Básica, fruto da participação de membros do Ministério Público, como convidados, em reuniões do "Comitê Gestor Estadual de Políticas de Erradicação do Sub-registro Civil de Nascimento e Ampliação do Acesso à Documentação Básica" e de seus respectivos Grupos de Trabalho, que deu origem aos seguintes Grupos de Trabalho no âmbito do Comitê: I) Educação; II) Saúde (Unidades Interligadas); III) Pessoas Idosas, Pessoas com Transtorno Mental e Pessoas com Deficiência; IV) Óbitos e Desaparecidos; V) População de Rua; VI) Sistema Penitenciário; VII) Documentação; VIII) Municípios e IX) Capacitação.

Como se constata, o agir institucional, na atualidade, é voltado aos atuais anseios e às necessidades sociais.

Por fim, ainda é essencial a proteção dos denominados direitos fundamentais de quarta geração, que podem ser compreendidos como os direitos à democracia, à informação e ao pluralismo. A imposição de reconhecimento e garantia por parte do Estado dos direitos de quarta geração, emerge das normas constitucionais que devem interagir diurnamente com a realidade, também devendo contar com uma atuação proativa do Ministério Público.

4. ANÁLISE CONCLUSIVA

É no contexto constitucional de interação entre norma, pessoa, realidade e projeção de direitos que nasce a essência do Ministério Público como Instituição voltada à defesa do sujeito de direitos nas suas feições humana, social e jurídica.

O atuar ministerial na defesa da cidadania e da dignidade da pessoa humana sempre será o da proatividade e o do ativismo, porque constitucionalmente voltado aos direitos humanos e à defesa do Estado Democrático de Direito.

IMPLEMENTAÇÃO DA AUTONOMIA DA DEFENSORIA PÚBLICA: UM PROCESSO POLÍTICO, SOCIAL E JURÍDICO

André Luís Machado de Castro

Mestre em Direito Civil pela Universidade do Estado do Rio de Janeiro e Defensor Público no Estado do Rio de Janeiro. Foi Defensor Público-Geral do Estado, presidente da Associação Nacional e Defensoras e Defensores Públicos (ANADEP), Coordenador--Geral da Associação Interamericana de Defensorias Públicas (AIDEF) e presidente da Associação de Defensoras e Defensores Públicos do Estado do Rio de Janeiro (ADPERJ).

1. INTRODUÇÃO

Na madrugada do dia 07 de abril de 2018, uma operação da polícia fluminense, em busca de dois conhecidos dirigentes da milícia, irrompeu a tiros em um show que acontecia no bairro carioca de Santa Cruz. Embora os foragidos não tenham sido capturados, foi efetuada a prisão "em flagrante" de 159 homens (todas as mulheres foram liberadas), apontados como integrantes da milícia local, além da apreensão de 13 fuzis e 15 pistolas. A operação ocorria poucos meses após a decretação da intervenção federal na segurança pública do Estado, sob o comando do Exército, e foi apresentada como sua grande conquista, recebendo elogios públicos do Presidente da República e do Ministro da Segurança Pública. A repercussão nos meios de comunicação foi enorme, comemorando o que se acreditava ser uma grande vitória contra o crime organizado.

Imediatamente conduzidos à audiência de custódia, os presos foram ouvidos de uma forma diferente da usual: por videoconferência, em grupos de 20 pessoas por vez. Ao final, todos foram mantidos presos.

Entretanto, os defensores públicos que entrevistaram os presos logo perceberam que havia algo de errado naquela narrativa. Na sua imensa maioria, eles não tinham antecedentes criminais, possuíam empregos fixos e estavam no show acompanhados de suas esposas ou namoradas, que logo acorreram ao local, levando os documentos que comprovavam seus depoimentos. Em meio a professores, motoristas e chapeiros, havia até um palhaço de circo, que trabalhava na Europa e estava de férias com a família.

Quando essa versão começou a ser contada pela Defensoria Púbica, a repercussão foi a pior possível. Desde os ataques à instituição nas redes sociais, passando pelo descrédito dado nas primeiras matérias jornalísticas, até a virulenta reação política.

Persistindo na defesa dos presos e inflexível à pressão para se fazer uma mera defesa formal, os defensores públicos seguiram recolhendo provas, conversando com os familiares e com a imprensa, que também começou a perceber as contradições e falhas daquela operação policial, inclusive a inexistência de investigação prévia sobre a grande maioria dos presos.

Ao cabo de algumas semanas, os pontos levantados pela Defensoria Pública já encontravam amplo respaldo nas provas. Até o final daquele mês, 137 pessoas já tinham sido soltas. Pouco tempo depois, o Ministério Público denunciou apenas 18 pessoas. Todas foram absolvidas em primeira instância.

Essa é uma das muitas histórias que exemplificam a importância da atuação independente da Defensoria Pública. Para assegurá-la, foi necessário um amplo processo de mobilização social e política, juntamente com vários litígios jurídicos, buscando consagrar a efetiva garantia da autonomia constitucional.

Esse artigo tratará desse processo de conquista, consolidação e defesa da autonomia da Defensoria Pública, levando em conta que, diante das possibilidades de avanços e retrocessos sociais, consiste em um processo que sempre estará em curso.

2. PANORAMA INTERNACIONAL

Diante da maior complexidade social, surge a necessidade de novos arranjos na organização do Estado, com vistas à defesa e o aprimoramento do regime democrático, não apenas do ponto de vista político-eleitoral, mas também econômico e social. Na doutrina contemporânea, argumenta-se que a tradicional enumeração de Montesquieu sobre os três, e apenas três Poderes, já não mais identifica o conjunto completo e desejável ao desenho do Estado de Direito. Nesse contexto, surgem as "Instituições para a Proteção da Democracia",[1] identificadas como órgãos que fortalecem o modelo constitucional-democrático. Dentre as funções que vêm ganhando relevo nesse novo cenário, os mais importantes organismos internacionais têm destacado a essencialidade da assistência jurídica e recomendado a criação de órgãos públicos independentes para a prestação desse serviço. Afinal, a negação do acesso à justiça aos vulneráveis é um fator de tensão e esgarçamento do tecido social, além de gerar perdas econômicas para o Estado, como já apontado pela OCDE: "uma estimativa conservadora coloca os custos anuais com problemas legais em uma faixa que vai de 0,5% a 3% do PIB na maioria dos países",[2] concluído que "Justiça atrasada para alguns é crescimento sustentável negado para todos".[3]

1. TUSHNET, Mark. *The New Fourth Branch.* Institutions for Protecting Constitutional Democracy. Cambridge: Cambridge University Press, 2021, p. 3.
2. Organização para a Cooperação e o Desenvolvimento Econômico – OCDE. *Building a Business Case for Access to Justice.* An OECD White Paper in collaboration with the World Justice Project. 2019. Disponível em: https://www.oecd.org/gov/building-a-business-case-for-access-to-justice.pdf Acesso em 06.04.2022.
3. Organização para a Cooperação e o Desenvolvimento Econômico – OCDE. *Equal Access to Justice for Inclusive Growth: Putting People at the Centre.* Paris: OECD Publishing, 2019. Disponível em: https://doi.org/10.1787/597f5b7f-en. Acesso em: 06 abr. 2022.

Seguindo esse entendimento, a Assembleia Geral da Organização dos Estados Americanos (OEA) aprovou, em 2011, sua primeira Resolução sobre "O papel dos Defensores Públicos Oficiais",[4] recomendando "aos Estados membros que já disponham do serviço de assistência jurídica gratuita que adotem medidas que garantam que os defensores públicos oficiais gozem de independência e autonomia funcional", além de incentivar os demais Estados "que considerem a possibilidade de criá-la em seus ordenamentos jurídicos". Em 2014, uma nova resolução foi aprovada[5] sob o título "Rumo à autonomia e ao fortalecimento da Defensoria Pública Oficial para garantir o acesso à justiça", desta vez recomendando aos Estados membros que assegurem "a autonomia e o fortalecimento da Defensoria Pública, como garantia do acesso à justiça", assim como "adotem ação tendente a que os defensores públicos tenham orçamento adequado e gozem de independência, autonomia funcional, financeira e/ou orçamentária e técnica". Outras resoluções semelhantes foram aprovadas nos anos seguintes.

Em 2012, foi a vez da Assembleia Geral de a Organização das Nações Unidas (ONU) aprovar um dos mais importantes documentos internacionais sobre o assunto: a Resolução 67/187, denominada "Princípios e Diretrizes das Nações Unidas sobre Acesso à Assistência Jurídica nos Sistemas de Justiça Criminais". O documento destaca a relevância da independência dos órgãos de assistência jurídica nas áreas criminal e cível: "Os Estados devem garantir que os prestadores de assistência jurídica sejam capazes de exercer suas funções de forma eficiente, livre e independente".[6] A resolução também estabelece uma diretriz específica voltada para o "financiamento do sistema nacional de assistência jurídica", na qual reconhece que "os Estados deverão, sempre que necessário, tomar medidas orçamentárias adequadas e específicas para os serviços de assistência jurídica, que são compatíveis com as suas necessidades, proporcionando mecanismos de financiamento específicos e sustentáveis para o sistema nacional de assistência jurídica".[7]

O tema voltou à pauta da Assembleia Geral da ONU, que, em 2015, aprovou a Agenda 2030,[8] traçando os Objetivos de Desenvolvimento Sustentável (ODS), dentre os quais: "garantir a igualdade de acesso à justiça para todos" (Objetivo 16.3).

4. OEA. Resolução AG/RES. 2656 (XLI-0/11): Garantias de Acesso à Justiça: O papel dos Defensores Públicos Oficiais, aprovada na quarta sessão plenária, realizada em 7 de junho de 2011.
5. OEA. Resolução AG/RES. 2891 – XLIV-O/14, aprovada pela segunda plenária, em 14 de junho de 2016.
6. ONU. Resolução 67/187, adotada pela 67ª sessão da Assembleia Geral das Nações Unidas, em 20 de dezembro de 2012: "Princípio 12. Independência e proteção dos provedores de assistência jurídica. 36. Os Estados devem garantir que os prestadores de assistência jurídica sejam capazes de exercer suas funções de forma eficiente, livre e independente. Em particular, os Estados devem garantir que os provedores de assistência jurídica sejam capazes de desempenhar todas as suas funções profissionais sem intimidação, impedimento, assédio ou interferência imprópria; sejam capazes de viajar, consultar e se encontrar com seus clientes com liberdade e total confidencialidade dentro de seu próprio país e no exterior, e para ter amplo acesso à acusação e outros documentos relevantes; não sofram, e não sejam ameaçados com processos ou sanções administrativas, econômicas ou outras para qualquer ação tomada de acordo com seus deveres profissionais e éticos".
7. ONU. Resolução 67/187, adotada pela 67ª sessão da Assembleia Geral das Nações Unidas, em 20 de dezembro de 2012: Diretriz 12. Financiamento do sistema nacional de assistência jurídica, item 60.
8. ONU. Resolução A/RES/70/1, adotada pela Assembleia Geral da ONU, em 25 de setembro de 2015.

As normativas emanadas por organismos internacionais que o Brasil integra têm exercido impacto nas decisões legislativas e na jurisprudência interna.[9] A atribuição de autonomia ao órgão oficial responsável pela assistência jurídica vem ganhando progressivo reconhecimento internacional, sendo considerada uma condição *sine qua non* para o efetivo desempenho dessa função, com foco no melhor interesse do usuário do serviço (*people-centred*) e na mais efetiva proteção dos direitos das pessoas em situação de vulnerabilidade, tradicionalmente alijadas do acesso à justiça ou do direito a uma defesa adequada. Na prática, porém, ainda se está percorrendo um longo caminho para que essas recomendações se tornem realidade em todo o mundo. E o Brasil, neste aspecto, tem logrado importantes conquistas.

3. PODER CONSTITUINTE ORIGINÁRIO: OPÇÃO PELA AUTONOMIA

A Constituição de 1988 é um marco na criação da Defensoria Pública brasileira, tal como hoje a conhecemos. Sua autonomia, entretanto, vem sendo construída e implementada ao longo do tempo e foi substancialmente robustecida por quatro Emendas Constitucionais, aprovadas entre 2004 e 2014,[10] seguidas pelas alterações nas leis orgânicas da Defensoria Pública e pela jurisprudência, em especial do Supremo Tribunal Federal.

Com relação à assistência jurídica, o texto aprovado em 1988 teve como pilares o direito fundamental insculpido no inciso LXXIV do art. 5º[11] (assistência integral e gratuita, prestada pelo Estado) e a criação de uma instituição pública exclusivamente voltada para a prestação desse serviço, dotada de independência funcional em relação ao Poder Executivo para o livre exercício de suas funções, inclusive podendo atuar contra o próprio poder público.

Essa opção da Assembleia Nacional Constituinte brasileira era influenciada também por um debate interno e internacional mais amplo, na busca por garantias mais efetivas para os direitos civis e políticos, após 20 anos de ditadura militar, e para os diretos econômicos e sociais, em meio à profunda crise econômica da década de 80 e seus efeitos dramáticos, sobretudo nos países periféricos, agravando ainda mais as desigualdades sociais.

Os principais debates sobre a organização da Defensoria Pública foram travados na Subcomissão do Poder Judiciário e do Ministério Público – que integrava a Comissão

9. Entre os vários exemplos, vale citar o voto da Ministra Rosa Weber na ADI 5296 MC/DF: "A concessão de autonomia às Defensorias Públicas da União, dos Estados e do Distrito Federal encontra respaldo nas melhores práticas recomendadas pela comunidade jurídica internacional e não se mostra incompatível, em si, com a ordem constitucional. Ampara-se em sua própria teleologia, enquanto tendente ao aperfeiçoamento do sistema democrático e à concretização dos direitos fundamentais do amplo acesso à Justiça (art. 5º, XXXV) e da prestação de assistência jurídica aos hipossuficientes (art. 5º, LXXIV)".
10. EC 45/2004 (Reforma do Judiciário e autonomia da Defensoria Pública dos Estados), EC 69/2012 (Autonomia da Defensoria Pública do DF), EC 74/2013 (Autonomia da Defensoria Pública da União), EC 80/2014.
11. Art. 5º, inciso LXXIV da CF: "o Estado prestará assistência jurídica integral e gratuita aos que comprovarem insuficiência de recursos".

de Organização dos Poderes e Sistema de Governo.[12] Uma das importantes inovações aprovadas pela subcomissão foi a criação de um capítulo específico para as "Funções Essenciais à Justiça", separados do demais capítulos que tratavam dos Poderes Legislativo, Executivo e Judiciário. Essas "Funções Essenciais à Justiça", a saber, Ministério Público, Defensoria Pública, Advocacia-Geral da União e advocacia, eram as únicas que não se colocavam topograficamente subordinadas à estrutura de nenhum dos três poderes.

Além da topografia constitucional, a redação original do art. 134 já vinculava expressamente a Defensoria Pública ao direito fundamental à assistência jurídica, previsto no inciso LXXIV do art. 5º, tornando a própria instituição um direito fundamental[13] e, por consequência, uma cláusula pétrea (art. 60, § 4º da CF), protegida também pelo princípio implícito do não retrocesso. Para assegurar a efetividade na prestação da assistência jurídica integral e gratuita aos necessitados, em todos os graus, a Constituição de 1988 criou uma instituição organizada em cargos de carreira, com ingresso mediante concurso público de provas e títulos e garantia de inamovibilidade, assemelhando-se à previsão para magistrados e membros do Ministério Público.[14] Esse desenho constitucional já indicava, de forma implícita, a autonomia da Defensoria Pública.[15]

Pouco depois da promulgação da Constituição Federal, foi aprovado o diploma que regulamentou o art. 134 da CF: a Lei Complementar 80, de 1994 – Lei Orgânica Nacional da Defensoria Pública, responsável por organizar a Defensoria Pública da União e traçar as normas gerais para a organização da Defensoria Pública nos Estados, dando lhes maior uniformidade. Embora a redação original da LC 80/94 não usasse a expressão "autonomia", muitas das previsões nela contidas eram típicas de uma instituição autônoma e não subordinada ao Poder Executivo.

Sobre esse tema, o STF proferiu uma decisão paradigmática, consolidando o entendimento de que a não observância pelos Estados aos ditames da LC 80/94 constituía verdadeira inconstitucionalidade. A ADI 2.903-7/PB, a primeira ADI ajuizada pela Associação Nacional de Defensoras e Defensores Públicos, foi ajuizada em 2003, impug-

---

12. MOREIRA, Thiago de Miranda Queiroz. *A constitucionalização da Defensoria Pública*: disputas por espaço no sistema de justiça. Opinião Pública, v. 23, n. 3. Campinas/SP: Universidade Estadual de Campinas, 2017, p. 647-681.
13. No julgamento da ADI 6852, o Ministro Luis Edson Fachin destacou que a Defensoria Pública "corrobora para a efetivação dos direitos fundamentais dos necessitados, permitindo seu acesso à justiça". Segundo o Ministro, a Defensoria Pública deve ser considerada um direito em si, titularizado pelas pessoas que necessitam da assistência jurídica gratuita: "Reconhecer a atuação da Defensoria Pública como um direito que corrobora para o exercício de direitos é reconhecer sua importância para um sistema constitucional democrático em que todas as pessoas, principalmente aquelas que se encontram à margem da sociedade, possam usufruir do catálogo de direitos e liberdades previsto na Constituição Federal". ADI 6852, Relator Min. Edson Fachin, Tribunal Pleno, julgado em 21.02.2022. Por 10 votos a um, os ministros declararam constitucional o "poder atribuído às Defensoria Públicas de requisitar de qualquer autoridade pública e de seus agentes, certidões, exames, perícias, vistorias, diligências, processos, documentos, informações, esclarecimentos e demais providências necessárias ao exercício de suas atribuições".
14. Art. 134 da CF: A Defensoria Pública é instituição essencial à função jurisdicional do Estado, incumbindo-lhe a orientação jurídica e a defesa, em todos os graus, dos necessitados, na forma do art. 5º, LXXIV.
15. Sobre o tema: ALVES, Cleber Francisco. *Justiça para todos*! Assistência Jurídica Gratuita nos Estados Unidos, na França e no Brasil. Rio de Janeiro: Lúmen Juris, 2006, p. 309.

nando uma alteração da Lei Orgânica da Defensoria Pública da Paraíba que permitiu ao Governador do Estado nomear alguém de fora da carreira para o cargo de Defensor Público-Geral. A medida buscava criar uma subordinação total da Administração Superior da Defensoria Pública ao Poder Executivo, tratando-a como uma Secretaria de Estado.

A Suprema Corte entendeu ter havido violação direta ao antigo parágrafo único do art. 134 (atual § 1º), ao determinar que "Lei complementar organizará a Defensoria Pública da União e do Distrito Federal e dos Territórios e prescreverá normas gerais para sua organização nos Estados". Uma vez que a LC 80/94 já havia sido editada e previa expressamente que o Defensor Público-Geral deveria ser um integrante da carreira, a lei paraibana, ao dispor em sentido contrário, usurpava a competência legislativa da União, havendo, portanto, vício de inconstitucionalidade formal.

Outro ponto relevante da decisão foi a interpretação constitucional dada ao trecho da norma que equiparava o cargo de Defensor Público-Geral ao de Secretário de Estado. De acordo com o relator, Ministro Celso de Mello, o cargo de Defensor Público-Geral não se amolda às características de um Secretário de Estado, por violação às normas gerais previstas na LC 80/94. Examinando a matéria na sua perspectiva histórica, é pertinente destacar que, até muito recentemente (senão ainda hoje), era muito presente no imaginário de dirigentes políticos a ideia de que a Defensoria Pública seria uma secretaria de Estado, política e administrativamente subordinada ao Poder Executivo.[16]

Noutra decisão, o Supremo Tribunal Federal se manifestou de forma ainda mais explícita sobre a autonomia da Defensoria Pública à luz do texto original da Constituição Federal. No julgamento da ADI 5296-MC, o Ministro Dias Toffoli afirmou expressamente a natureza "extrapoder" das instituições que integram as Funções Essenciais à Justiça. De acordo com o Ministro:

por disposição da Constituição, o Ministério Público, a Advocacia Pública e a Defensoria Pública são instituições que não integram, em minha leitura do texto constitucional, a estrutura de nenhum dos três Poderes. Como funções essenciais à Justiça,

16. Sobre o papel da Defensoria Pública enquanto órgão de Estado essencial para o funcionamento da justiça e sobre os limites e densificação normativa da instituição: "Defensoria Pública – Relevância – Instituição permanente essencial à função jurisdicional do Estado – O Defensor Público como agente de concretização do acesso dos necessitados à ordem jurídica. – A Defensoria Pública, enquanto instituição permanente essencial à função jurisdicional do Estado, qualifica-se como instrumento de concretização dos direitos e das liberdades de que são titulares as pessoas carentes e necessitadas. É por essa razão que a Defensoria Pública não pode (e não deve) ser tratada de modo inconsequente pelo Poder Público, pois a proteção jurisdicional de milhões de pessoas – carentes e desassistidas –, que sofrem inaceitável processo de exclusão jurídica e social, depende da adequada organização e da inefetiva institucionalização desse órgão de Estado. – De nada valerão os direitos e de nenhum significado revestir-se-ão as liberdades, se os fundamentos em que eles se apoiam – além de desrespeitados pelo Poder Público ou transgredidos pelos particulares – também deixarem de contar com o suporte e o apoio de um aparato institucional, como aquele proporcionado pela Defensoria Pública, cuja função precípua, por efeito de sua própria vocação constitucional (CF, art. 134), consiste em dar efetividade e expressão concreta, inclusive mediante acesso do lesado à jurisdição do Estado, a esses mesmos direitos, quando titularizados por pessoas necessitadas, que são as reais destinatárias tanto da norma inscrita do art. 5º, LXXIV, quanto do preceito consubstanciado no art. 134, ambos da Constituição da República" (ADI 2.903, Rel. Min. Celso de Mello, DJe 19.09.2008).

estão separadas tanto do Legislativo, quanto do Executivo, quanto do Judiciário. Formam, em verdade, um complexo orgânico de Instituições Constitucionais ou Instituições Primárias do Estado Democrático de Direito.

Essa ADI havia sido proposta pela União, impugnando a EC 74/2013,[17] que estendeu às Defensorias Públicas da União e do Distrito Federal a autonomia já conferida às Defensorias Públicas dos Estados, pela EC 45/2004. O argumento central da União era a inconstitucionalidade formal da emenda constitucional por vício de iniciativa, uma vez resultante de proposta parlamentar - a PEC 207/2012 -, com alegada usurpação, pelo Poder Legislativo, da reserva de iniciativa do Poder Executivo para deflagar proposição legislativa relativa ao regime jurídico de servidores públicos da União. O plenário do STF rejeitou a suposta reserva de iniciativa do Presidente de República para a EC 74/2013. Os ministros também debateram largamente a questão de fundo, relacionada à autonomia da Defensoria Pública, pois havia uma preocupação de alguns julgadores com a possibilidade de órgãos públicos, tipicamente integrantes do Poder Executivo, virem a adquirir autonomia por meio da aprovação de propostas de emenda constitucional que já estavam em tramitação no Congresso Nacional.

O STF, contudo, destacou as muitas peculiaridades da Defensoria Pública, merecendo atenção o voto do Ministro Luis Edson Fachin:

O Poder Legislativo não violou a Constituição, deu-lhe, em verdade, pleno cumprimento, pois garantiu a independência de um órgão que sempre deveria ter tido. A corroborar a interpretação que se deve dar à função desempenhada pela Defensoria, cumpre registrar que a Assembleia Geral da Organização dos Estados Americanos fez aprovar, recentemente, a Resolução 2821 (AG/RES. 2891 - XLIV-O/14), que recomenda aos Estados garantir a autonomia e o fortalecimento da Defensoria Pública, como garantia do acesso à justiça. Em seu art. 5º, a resolução reitera aos Estados Membros que já contam com o serviço de assistência jurídica gratuita que "adotem ação tendente a que os defensores públicos tenham orçamento adequado e gozem de independência, autonomia funcional, financeira e/ou orçamentária e técnica". (...) Por fim, a autonomia funcional garante a atuação com plena liberdade no exercício de incumbências essenciais, à luz dos limites impostos pelo ordenamento jurídico, ao passo que a autonomia administrativa atribui liberdade gerencial em relação à própria organicidade e aos agentes públicos. A breve digressão sobre a relevância da autonomia da Defensoria Pública se faz necessária para apartá-la das outras funções essenciais à justiça. O tema aqui tem imprescindível especificidade. Distinção que se justifica exatamente pelos fins em pauta.

Mesmo diante do entendimento de que o texto original da Constituição de 1988 já estabelecia que a Defensoria Pública não estava subordinada ao Poder Executivo, é certo que, na prática, nossa tradição positivista exigia uma redação mais analítica e detalhista para dar concretude à autonomia. Assim, o grande marco para a efetiva conquista da

17. ADI 5296 MC, Relatora Min. Rosa Weber, Tribunal Pleno, j. 18.05.2016. A medida cautelar foi indeferida.

autonomia da Defensoria Pública é, sem dúvida, a Emenda Constitucional 45/2004, a chamada Reforma Constitucional do Poder Judiciário.

4. EC. 45/2004: REFORMA DO JUDICIÁRIO

Em 1992, o Deputado Federal Hélio Bicudo apresentou a Proposta de Emenda Constitucional (PEC) 96, para "introduzir modificações na estrutura do Poder Judiciário".[18] O texto original guarda muito pouca relação com o que foi aprovado em 2004 e previa, por exemplo, mandado de nove anos para os ministros do STF, sem recondução. Sobre a Defensoria Pública, entretanto, nada dispunha. A PEC 96 tramitou por oito anos na Câmara dos Deputados e, em 2000, foi aprovado o substitutivo da relatora, Deputada Federal Zulaiê Cobra, no qual foi inserida a autonomia da Defensoria Pública, o repasse dos duodécimos e a obrigatoriedade da instalação da Defensoria Pública no prazo de 180 dias, pelos entes federativos que ainda não o haviam feito.[19] No entanto, foi apresentada uma emenda supressiva, em razão da resistência do Governo Federal.[20]

Ao cabo das discussões, o texto final aprovado no segundo turno de votação modificava o § 2º do art. 134 para constar apenas as "Defensorias Públicas dos Estados" – excluindo a autonomia da Defensoria Púbica da União – e suprimia o art. 41 da PEC, que tratava da obrigatoriedade de instalação no prazo de 180 dias.[21] Esse texto mutilado foi aprovado pela Câmara dos Deputados e encaminhado ao Senado Federal. A ausência da menção expressa à autonomia da Defensoria Pública da União

18. Diário do Congresso Nacional (Seção I), 1º de maio de 1992, p. 7847-7853.
19. "Art. 41. É acrescentado o § 2º ao art. 134, renumerando-se o seu parágrafo único para § 2º: Art. 134, § 2º À Defensoria Pública são asseguradas autonomia funcional e administrativa, e a iniciativa de sua proposta orçamentária dentro dos limites estabelecidos na lei de diretrizes orçamentárias e subordinação ao disposto no art. 99, § 2º." "Art. 42. Até a entrada em vigor da Lei Complementar. a que se refere o art. 165, § 2º, os recursos correspondentes às dotações orçamentárias, compreendidos os créditos suplementares e especiais, destinados aos órgãos dos Poderes Legislativo e Judiciário, do Ministério Público e da Defensoria Pública, ser-lhes-ão entregues até o dia 20 de cada mês, na forma de duodécimos." Art. 44. A União, inclusive o Distrito Federal e nos Territórios, e os Estados instalarão suas Defensorias Públicas, onde não houver, no prazo máximo de cento e oitenta dias, a contar da promulgação desta Emenda." Diário da Câmara dos Deputados, 20 de janeiro de 2000, p. 02616.
20. O Deputado Federal e Defensor Público fluminense aposentado Iédio Rosa se manifestou no plenário da Câmara dos Deputados em defesa do substitutivo aprovado pela Comissão Especial: O Sr. Iédio Rosa (PMDB – RJ. Pronuncia o seguinte discurso.) – Sr. Presidente, Sras. e Srs. Deputados, mais uma vez assomo a esta tribuna para tecer considerações sobre a Defensoria Pública (...). Tal dispositivo foi inserido no relatório pelo então Relator Aloysio Nunes Ferreira e mantido pela Relatora Deputada Zulaiê Cobra, ambos do PSDB, após discussão dos membros dos partidos. A questão da autonomia não foi contestada na Comissão por qualquer de seus membros. Houve unanimidade à sua concessão. Não imaginava. consequentemente, colegas Parlamentares, ser surpreendido, quando da votação do substitutivo da Relatora, por uma emenda de autoria do próprio PSDB, que visa a suprimir a autonomia concedida, sob a argumentação de que tal fato consistiria na criação do quarto poder. Poucas vezes uma inverdade magoou-me tanto. Como Defensor Público aposentado e interessado na sua institucionalização em todo o território nacional, considero que somente a autonomia financeira pode permitir que o carente, o pobre e o excluído possam dispor de meios de ingressar na Justiça para, em igualdade de condições com o poder econômico dos poderosos, lutar por seus direitos assegurados por lei. Diário da Câmara dos Deputados. 3 de fevereiro de 2000, p. 05852 e p. 05898-05899.
21. Diário da Câmara dos Deputados, 8 de junho de 2000, p. 30914.

foi um grave erro e uma inconstitucionalidade,[22] somente vindo a ser corrigida pela aprovação da EC 74/2013.

Com a aprovação na Câmara dos Deputados, a PEC 96 foi remetida ao Senado, onde sofreu diversas alterações,[23] de modo que, como regra, o texto aprovado deveria retornar à Câmara dos Deputados para nova apreciação. Os senadores, então, decidiram aplicar uma solução ainda considerada inovadora à época e entendida como um exemplo da mutação constitucional na aplicação do § 2º do art. 60 da CF: em acordo com o Governo Federal e a Câmara dos Deputados, foi pactuado o chamado "fatiamento da PEC",[24] ou seja, a matéria aprovada pelo Senado que estivesse em conformidade com o § 2º do art. 60 da CF, seria encaminhada para promulgação. O restante, com todas as emendas aprovadas, retornaria à Câmara.[25] Dentre os pontos considerados prioritários pelo Governo Federal, estava a autonomia da Defensorias Pública, "desvinculando do Executivo essas carreiras que prestam assistência judiciária gratuita".[26] Com isso, a EC 45 foi promulgada em dezembro de 2004,[27] ao passo que toda a extensa parte restante foi encaminhada à Câmara dos Deputados (PEC 358/2005), onde recebeu novas alterações e até hoje aguarda pela votação em plenário.

A EC. 45/2004, portanto, foi o marco fundamental da incorporação expressa da autonomia da Defensoria Pública ao texto constitucional, consagrando suas três di-

22. ADI 4282 e ADI 5296. Plenário, j. 04.11.2020. Ver SARMENTO, Daniel. Autonomia da DPU e Limites ao Poder de Reforma da Constituição. Disponível em: https://www.conjur.com.br/dl/parecer-daniel-sarmento-autonomia.pdf. Acesso em: 06 fev. 2022.
23. No Senado, a proposta de emenda à Constituição foi numerada como PEC 29, de 2000.
24. O "fatiamento de PEC" foi utilizado pela primeira vez na PEC da Reforma da Previdência, que resultou na aprovação da EC 20/1998. O STF, no julgamento da ADI 2031, já havia declarado a constitucionalidade da promulgação por "fatiamento de PEC", se a parte suprimida não provocar alteração material no texto. Caso contrário, a matéria deve retornar à outra Casa para nova revisão. Com relação EC 45/2004, a Associação Nacional dos Membros do Ministério Público – CONAMP ajuizou a ADI 3.472-MC, sendo deferida a medida cautelar para suspender a eficácia de parte o § 1º do art. 5º, que tratava de regra de transição para indicação dos membros do CNMP. Nesse caso, o STF entendeu que houve violação ao § 2º do art. 60 da CF, com alteração material do texto por uma das Casas Legislativas.
25. "O sr. Presidente (José Sarney. PMDB – AP) – A Presidência comunica ao Plenário que dividirá em duas votações a conclusão do Parecer 451, de 2004-CCJ, devendo ser apreciada inicialmente a primeira parte da referida emenda, cujo texto é destinado à promulgação; e, em seguida, será votada a segunda parte da Emenda 240, de 2004-CCJ, cujo texto destina-se à Câmara dos Deputados." (Ata do Plenário do Senado Federal, de 07.07.2004. Diário do Senado Federal, 8 de julho de 2004, p. 21395).
26. "No que se refere à mudança constitucional, alguns temas são considerados prioritários para o governo: a criação de um órgão de controle externo, destinado a fiscalizar as atividades do Poder Judiciário; a federalização dos crimes contra os direitos humanos, transferindo a competência de julgar crimes dessa natureza da justiça estadual para a federal; a quarentena do ingresso e de saída dos magistrados, proibindo-se pessoas que ocuparam altos postos no Executivo de serem nomeados para os tribunais e, por outro lado, de magistrados aposentados atuarem como advogados nos tribunais dos quais saíram durante três anos; a súmula impeditiva de recursos; uniformização dos critérios de concursos para juiz e promotor no país, eliminando, assim, distorções hoje existentes entre as unidades da federação; e autonomia das defensorias públicas, desvinculando do Executivo essas carreiras que prestam assistência judiciária gratuita". SADEK, Maria Tereza Aina. *Poder Judiciário*: perspectivas de reforma. Opinião Pública, v. 10, n 1, p. 1-62. Campinas/SP: Universidade Estadual de Campinas, 2004.
27. Em 2003, de forma pioneira, a Assembleia Legislativa do Estado do Rio de Janeiro aprovou a Emenda à Constituição do Estado 37, que assegurava à Defensoria Pública a autonomia funcional e administrativa e a iniciativa de sua proposta orçamentária.

mensões: (a) *autonomia funcional*, que é "a plena liberdade de atuação no exercício de suas funções institucionais, à luz dos limites impostos pelo ordenamento jurídico";[28] (b) *autonomia administrativa*, que são as medidas de autogoverno e autogestão dos recursos humanos e materiais, como nomeação e aposentação de pessoal, fixação e implementação das regras de distribuição do pessoal pelos órgãos, gestão da folha de pagamento etc. *(c) autonomia financeira e orçamentária,* que engloba (c.1) *iniciativa da proposta orçamentária,* que deverá ser encaminhada ao Poder Executivo para consolidação e envio ao Poder Legislativo, no bojo do Projeto de Lei Orçamentária Anual, (c.2) *repasse orçamentário por meio de duodécimos* e (c.3) *gestão própria na aplicação dos recursos financeiros.* A quarta dimensão, a iniciativa legislativa, ainda teria que aguardar a aprovação da EC 80, em 2014.

Logo após a aprovação da EC 45/2004, os três Poderes celebraram o chamado "Pacto de Estado em favor de um Judiciário mais rápido e republicano", listando onze tópicos da pauta legislativa prioritária,[29] para adequação à Reforma Constitucional recém-aprovada, incluindo a Defensoria Pública e o acesso à justiça. Na época, de acordo com o Diagnóstico da Defensoria Pública no Brasil,[30] nos Estados de São Paulo, Paraná, Goiás, Rio Grande do Norte, Santa Catarina e Amapá a instituição era inexistente.

Nesse contexto, em 2009, o Congresso Nacional aprovou a Lei Complementar 132, que reformulou substancialmente a Lei Orgânica Nacional da Defensoria Pública (LC 80/1994), com especial ênfase para a regulamentação da autonomia da Defensoria Pública. A alteração no art. 1º da LC 80/1994 redefiniu o papel da instituição: "A Defensoria Pública é instituição permanente, essencial à função jurisdicional do Estado, incumbindo-lhe, como *expressão e instrumento do regime democrático*, fundamentalmente, a orientação jurídica, a *promoção dos direitos humanos* e a defesa, em todos os graus, judicial e extrajudicial, dos *direitos individuais e coletivos*, de forma integral e gratuita, aos necessitados, assim considerados na forma do inciso LXXIV do art. 5º da Constituição Federal".

A participação da sociedade nas instituições do sistema de justiça era um debate aceso à época e, com a conquista da autonomia expressa na EC 45/2004, a LC 132/2009 criou, entre outros instrumentos, a Ouvidoria-Geral externa das Defensorias Públicas

28. ROGER, Franklyn; ESTEVES, Diogo. *Princípios Institucionais da Defensoria Pública*. 2. ed. Rio de Janeiro: Forense, 2017, p. 87.
29. 1. Implementação da reforma constitucional do Judiciário; 2. Reforma do sistema recursal e dos procedimentos; 3. Defensoria Pública e acesso à justiça, 4. Juizados especiais e justiça itinerante; 5. Execução fiscal, 6. Precatórios; 7. Graves violações contra os direitos humanos; 8. Informatização; 9. Produção de dados e indicadores estatísticos; 10. Coerência entre a atuação administrativa e as orientações jurisprudenciais já pacificadas; 11. Incentivo à aplicação das penas alternativas. (Exposição de Motivos 204, de 15 de dezembro de 2004).
30. Estudo Diagnóstico: Defensoria Púbica no Brasil. Ministério da Justiça. 2004. Disponível em: https://bibliotecadigital.seplan.planejamento.gov.br/bitstream/handle/iditem/192/Diag_defensoria.pdf?sequence=3&isAllowed=y. Acesso em: 04 abr. 2022.

dos Estados, para auxiliar na promoção da qualidade dos serviços prestados[31] e inserir a representação social dentro da estrutura da instituição, uma novidade que sofreu considerável resistência interna para ser implantada.

5. A EMENDA CONSTITUCIONAL 45/2004 NA JURISPRUDÊNCIA BRASILEIRA

Até hoje, a concretização da autonomia da Defensoria Pública ainda constitui um intricando processo político-administrativo e, por vezes, judicial. Diante dos muitos casos de violação à autonomia e dos consequentes processos judiciais para sua proteção, formou-se uma sólida jurisprudência sobre o tema, cujo exame em profundidade foge ao escopo deste trabalho, que se limitará a abordar alguns casos paradigmáticos.

No final de 2016, em meio à grave crise financeira que colocou o Estado do Rio de Janeiro em Regime de Recuperação Fiscal,[32] a Defensoria Pública fluminense encaminhou para publicação no Diário Oficial o edital de abertura de concurso público para o cargo inicial de defensor público, assim como o fez o Ministério Público no Estado, na mesma época. O Governo do Estado, que comanda da Imprensa Oficial (IOERJ), vetou a publicação do edital da Defensoria Pública, alegando que a Lei de Responsabilidade Fiscal não previa um limite próprio para as despesas de pessoal da Defensoria Pública, como ocorre com o Ministério Público e o Poder Judiciário.[33] Desta forma, a Defensoria estaria dentro do limite do Poder Executivo, de 49% da receita corrente líquida. A abertura do concurso e a consequente nomeação de novos defensores públicos poderia subtrair do Poder Executivo e gestão plena de seu percentual, com a possibilidade de prover seus próprios cargos vagos.[34]

O tema resultou na impetração de Mandado de Segurança, sustentando que a Lei Orçamentária para o ano seguinte já havia sido aprovada, prevendo dotação compatível com a nomeação dos novos defensores públicos, inexistindo também qualquer impedimento na Lei de Diretrizes Orçamentárias. Assim, tendo em vista a autonomia orçamentária da Defensoria e a obrigatoriedade do repasse em duodécimos (art. 168 da CF), aqueles recursos já estavam reservados na Lei Orçamentária para as despesas de pessoal da Defensoria Pública e, logo, não poderiam ser usados pelo Poder Executivo, que não tem o poder de remanejar ou contingenciar os recursos da Defensoria Pública que, ao prover os seus cargos dentro dos limites fixados na Lei de Diretrizes Orçamentária e na Lei Orçamentária Anual, estava exercendo sua autonomia orçamentária e financei-

31. Seção III-A, introduzida pela LC 132/2009. Novas e relevantes funções institucionais foram acrescentadas, como convocar audiências públicas, participar dos conselhos afetos às suas funções institucionais e representar aos sistemas internacionais de proteção dos direitos humanos, postulando perante seus órgãos (alterações ao art. 4º da LC 80/1994).
32. Lei Complementar 158/2016.
33. Lei Complementar 101/2000, art. 20, II.
34. Logo após a aprovação da Lei Complementar 132/09, foi apresentado um projeto de lei complementar (PLP 114/2011) para alterar a Lei de Responsabilidade Fiscal, adequando-a à autonomia financeira da Defensoria Pública e fixando um limite de 2% para as despesas de pessoal, destacado do Poder Executivo. O referido projeto de lei foi aprovado pelo Congresso Nacional no final de 2012, porém foi vetado pela Presidenta da República e até hoje aguarda a apreciação do veto.

ra. Foi nesse sentido a decisão do Tribunal de Justiça do Estado do Rio de Janeiro, que concedeu a segurança à Defensoria Pública.[35-36]

Importante caso também relacionado à autonomia administrativa e financeira-orçamentária foi decidido pela Suprema Corte, que julgou inconstitucional a lei paulista que obrigava a Defensoria Pública a celebrar convênio com a OAB para contratar advogados dativos (ADI 4.163/SP). O voto do relator, Ministro Cezar Peluso, enfatizou que "é dever constitucional do Estado oferecer assistência jurídica gratuita aos que não disponham de meios para contratação de advogado, tendo sido a Defensoria Pública eleita, pela Carta Magna, como o único órgão estatal predestinado ao exercício ordinário dessa competência", portanto, "qualquer política pública que desvie pessoas ou verbas para outra entidade, com o mesmo objetivo, em prejuízo da Defensoria, insulta a Constituição da República".[37]

Além da questão constitucional, deve-se destacar que a atuação da Defensoria Pública se distingue, ontologicamente, do modelo tradicional de assistência judiciária individual. Daí suas atribuições previstas na LC 80/94, tais como: promover a mediação, a conciliação, primando pela resolução extrajudicial de conflitos (artigo 4º, II); atendimento interdisciplinar (artigo 4º, IV); convocação de conferências e audiências públicas (artigo 4º, XXII); orientação jurídica e educação em direitos (artigo 4º, I e III); postulação perante os sistemas internacionais de proteção dos direitos humanos (artigo 4º, IV); participação na gestão de políticas públicas, com assento nos conselhos temáticos municipal, estadual e federal (artigo 4º, XX) e atuação judicial coletiva da (artigo 4º, VII).

Um revés nesse entendimento foi verificado no julgamento da ADPF 279, em que o STF entendeu legitima a prestação do serviço de assistência jurídica pelo município de

35. "Não se pode perder de vista que todo o panorama trazido pelos impetrados tem, aparentemente, como pano de fundo (não ostensivamente), afastar a autonomia funcional, administrativa e financeira da Defensoria Pública do Estado, na medida em que, a uma, o Poder Executivo se imbuiu da atividade fiscalizatória e sancionadora de um órgão autônomo, através do exercício indevido da autotutela, isto é, agindo de forma omissiva, não permitindo a publicação de seus atos no Diário Oficial do Estado; a duas, porque não apresentou um único fundamento jurídico razoável justificador da aludida omissão; a três, porque o duodécimo tem de ser repassado improrrogavelmente até o dia 20 de cada mês, nos limites orçamentários respectivos, como já decidiu o Ministro Ricardo Lewandowsky, não cabendo ao Executivo interferir na administração e destinação de tais recursos, internamente, providência que incumbe, no caso em comento, ao Defensor Público Geral, seu gestor" (TJRJ. Rel. Des. Mauro Dickstein, MS 004031-34.2018.8.19.0000, julg. em 20.03.2018).

36. Em 2018, a Assembleia Legislativa do Estado do Rio de Janeiro aprovou a Lei Complementar 181, criando o Diário Oficial Eletrônico da Defensoria Pública, onde hoje são publicados todos os atos da instituição.

37. "O § 2º do artigo 14 da Lei Complementar 98/99 autoriza se firme convênio com entidade pública que desempenhe as funções da Defensoria, quando esta ainda não exista na unidade da federação. Velhíssima jurisprudência desta Suprema Corte já definiu que tal função é exclusiva da Defensoria, donde ser admissível exercício por outro órgão somente onde essa não tenha sido ainda criada (STF, RE 135.328/SP, Tribunal Pleno, Rel. Min. Marco Aurélio, j. 29.06.1994). [...] É dever constitucional do Estado oferecer assistência jurídica gratuita aos que não disponham de meios para contratação de advogado, tendo sido a Defensoria Pública eleita, pela Carta Magna, como o único órgão estatal predestinado ao exercício ordinário dessa competência. Daí, qualquer política pública que desvie pessoas ou verbas para outra entidade, com o mesmo objetivo, em prejuízo da Defensoria, insulta a Constituição da República. Não pode o Estado de São Paulo, sob o pálio de convênios firmados para responder a situações temporárias, furtar-se ao dever jurídico-constitucional de institucionalização plena e de respeito absoluto à autonomia da Defensoria Pública. Em suma, é inconstitucional o artigo 234 da Lei Complementar 988/2006".

Diadema (SP). Em arguta análise da decisão, o Professor José Augusto Garcia de Sousa destaca, entre outros pontos, que:

> O grande problema da Defensoria Pública constitucional – sejam as defensorias estaduais, seja a Defensoria Pública da União – é orçamentário, ainda mais em um tempo de grave crise fiscal. Nesse contexto, qual o passe de mágica que asseguraria às assistências jurídicas municipais as verbas que faltam à Defensoria constitucional? Os milhares e milhares de demandas propostas em face de municípios envolvendo saúde pública e vagas em creches demonstram, com eloquência, a quantas anda a (baixa) capacidade de prestação de serviços essenciais por parte desses entes. Com a ADPF 279, pode agravar-se o aperto dos orçamentos municipais, nestes ingressando, ainda por cima, despesas desprovidas de maior racionalidade. Afinal, o Supremo eximiu-se de dar qualquer balizamento aos assistentes municipais, que ficam livres para bater cabeça com defensores estaduais e federais, executando o mesmo serviço já cometido a outro agente público.[38]

Como visto, a questão orçamentária é de crucial importância para uma atuação independente, seja dos Poderes ou dos órgãos autônomos. Não há autonomia quando se tem o pires na mão. Tampouco, quando o orçamento aprovado pode deixar de ser repassado ao órgão, por ato discricionário do Poder Executivo, que é do dono do caixa, como responsável pela arrecadação tributária. Para evitar que isso ocorra, existe a previsão constitucional da iniciativa da proposta orçamentária e o repasse dos duodécimos.

A iniciativa da proposta orçamentária deve funcionar da seguinte forma: o Poder Executivo envia aos demais Poderes e órgãos autônomos as informações sobre as estimativas das receitas para o ano seguinte, especialmente da receita corrente líquida, que é a receita dos Estados, descontados os repasses aos Municípios e as contribuições previdenciárias dos servidores; observando as estimativas de receita, a Lei de Diretrizes Orçamentárias e as demais leis orçamentárias, os Poderes e os órgãos autônomos encaminham ao Poder Executivo sua proposta de orçamento para consolidação na Proposta de Lei Orçamentária Anual, a ser enviada ao Poder Legislativo.

Ao consolidar as propostas orçamentárias que lhe foram encaminhadas, o Poder Executivo, como regra, não poderá alterá-las. O Governo "só está constitucionalmente autorizado a promover ajustes nas propostas enviadas pelos demais Poderes e órgãos autônomos, para fins de consolidação, quando as despesas projetadas estiverem em desacordo com os limites estipulados na lei de diretrizes orçamentárias".[39] Essa decisão do STF foi adotada na análise de um caso em que o Governo do Estado do Rio Grande do Norte encaminhou à Assembleia Legislativa Projeto de Lei Orçamentária Anual com redução unilateral da proposta enviada pela Defensoria Pública. Inconformada, a Defensoria Pública acabou por fazer um encaminhamento direto da sua proposta orçamentária à Assembleia Legislativa, uma vez que compete a ela apreciar e decidir sobre o orçamento anual. Ao deferir em parte a liminar na ADPF 428, a Ministra Rosa Weber determinou

38. SOUSA, José Augusto Garcia. Reflexões críticas sobre o julgamento da assistência jurídica municipal Decisão do STF apoiou-se em premissas inconsistentes e deixou sem resposta questões cruciais. *Jota*. Disponível em: https://www.jota.info/opiniao-e-analise/artigos/defensoria-publica-reflexoes-criticas-julgamento-assistencia-juridica-municipal-12122021. Acesso em: 06 fev. 2021.
39. ADPF 428 MC/RN, Rel. Min. Rosa Weber. j. 28.04.2017.

que a Assembleia Legislativa potiguar examinasse livremente a proposta encaminhada diretamente pela Defensoria Pública. Casos como esse, vale ressaltar, já se repetiram.

Outro tema importante foi levantado na ADPF 504/MT, na qual o Estado do Mato Grosso buscou justificar o contingenciamento do orçamento da Defensoria Pública alegando "motivo externo à escolha de atuação governamental, consistente na frustração de receita experimentada ao longo do ano de 2017". Contudo, o corte orçamentário não teria atingido os demais Poderes, revelando-se uma medida discricionária do Poder Executivo. O voto da relatora expôs com didatismo e precisão os fundamentos da proteção à autonomia financeira da Defensoria Pública:

> A razão subjacente para o reconhecimento normativo de preceito fundamental ao art. 168 da Constituição Federal reside em dois argumentos. O primeiro consiste no fato da obrigação veiculada neste texto constitucional ser o elemento estruturante para o adequado desempenho e funcionamento da instituição da Defensoria Pública. Órgão essencial para o projeto de uma efetiva administração da justiça, bem como para a realização da força normativa constitucional do acesso à justiça para cidadãos desprovidos de recursos financeiros suficientes. Em outras palavras, a obrigação constitucional do repasse dos duodécimos é a garantia primária para a constituição independente da Defensoria Pública, o art. 168, nessa perspectiva, é garantia para a efetividade do art. 5º, inciso LXXIV, e art. 134, da Constituição Federal. O segundo argumento é referente à tutela da relação independente e harmônica entre os Poderes constituídos da República, como previsto no art. 2º da Constituição. O repasse obrigatório da verba do duodécimo configura garantia primária, mais uma vez, para a existência dessa relação, de modo a conferir autonomia real aos poderes e órgãos essenciais para o adequado desenho institucional do Estado de Direito.[40]

Portanto, uma vez aprovado o orçamento, este deve ser repassado em doze parcelas mensais, os chamados duodécimos, sendo vedado o corte por ato discricionário do Poder Executivo. Nas palavras da Ministra Rosa Weber, o "desenho de autonomia financeira é voltado para a proteção da interferência indevida do Chefe do Poder Executivo em outros Poderes e órgãos (ou instituições) de Estado. Desse modo, o argumento de contingenciamento de gastos públicos não pode ser usado como instrumento de barganha política contra outros poderes e instituições, sob pena de deturpação e captura do Estado de Direito".[41]

De tão recorrentes os casos sobre violação à autonomia orçamentária da Defensoria Pública, que o STF, no julgamento da ADPF 339/PI, terminou por fixar a seguinte tese:

> É dever constitucional do Poder Executivo o repasse, sob a forma de duodécimos e até o dia 20 de cada mês (art. 168 da CRFB/88), da integralidade dos recursos orçamentários destinados a outros

40. No julgamento da ADPF 504/MC – MT, o Ministro Gilmar Mendes acrescentou que, em um cenário de crise fiscal, com efetiva frustração de receita para arcar com as despesas previstas na Lei Orçamentária, é possível o contingenciamento, desde que realizado na forma prevista na Lei de Responsabilidade Fiscal e na Lei de Diretrizes Orçamentárias do ente federativo, que estabelecem que os Poderes e os órgãos autônomos promoverão, por ato próprio, as limitações de gastos nos montantes necessários, ou seja, caberá a eles escolher onde cortar seus gastos, na mesma proporção para todos. Se, nos trinta dias subsequentes, os Poderes e a instituições autônomas não promoverem a limitação de gastos, o Poder Executivo é autorizado a fazê-lo, segundo os critérios fixados pela lei de diretrizes orçamentárias (LRF, art. 9º e § 3º). ADPF 504/MC – MT. Voto-Vogal Min. Gilmar Mendes. Plenário, j. 20.10.2020.
41. ADPF 504/MC – MT, Rel. Min. Rosa Weber. Plenário, j. 20.10.2020.

Poderes e órgãos constitucionalmente autônomos, como o Ministério Público e a Defensoria Pública, conforme previsão da respectiva Lei Orçamentária Anual.[42]

Ainda enfatizando essa garantia constitucional, em 2021, o Plenário do STF julgou a ADPF 405/RJ, proposta pelo Poder Executivo do Estado do Rio de Janeiro, impugnando o "conjunto de decisões do Egrégio Tribunal de Justiça do Estado do Rio de Janeiro e do Egrégio Tribunal Regional do Trabalho da 1ª Região, em Primeira e Segunda Instâncias, que resultaram em bloqueio, arresto, penhora, sequestro e liberação de valores das contas administradas pelo Poder Executivo". O STF julgou parcialmente procedente o pedido do Governador do Rio de Janeiro, ressalvando, contudo, que a medida não era extensível aos repasses de verbas constitucionalmente previstas, citando a aplicação do mínimo constitucional de recursos em políticas públicas de saúde e educação (arts. 198, § 2º, II, e 212 da CF), o repasse aos Municípios das receitas tributárias que lhes competem constitucionalmente (art. 159, §§ 3º e 4º, da CF) e o repasse das dotações orçamentárias dos Poderes Legislativo e Judiciário, do Ministério Público e da Defensoria Pública, em duodécimos, como determina o art. 168 da CF.[43]-[44]

6. A EMENDA CONSTITUCIONAL 80/2014

Como já examinado, o substitutivo aprovado em 2000 pela Câmara dos Deputados, na PEC da Reforma do Judiciário, previa a obrigatoriedade da implantação da Defensoria Pública pela União e pelos Estados no prazo de 180 dias. O dispositivo foi suprimido na votação em plenário. Passados mais de 10 anos, quatro Estados ainda não haviam cumprido sua obrigação. Em 2013, ao ensejo dos 25 anos de promulgação da Constituição Federal, a Associação Nacional das Defensoras e Defensores Públicos e o Instituto de Pesquisa Econômica Aplicada (Ipea) lançaram o Mapa da Defensoria Pública no Brasil, revelando "a falta de defensores públicos em 72% das comarcas brasileiras, ou seja, a Defensoria Pública só está presente em 754 das 2.680 comarcas distribuídas em todo o país"[45] e apontando a premente necessidade de criação de novos cargos de defensor público. Além disso, a Defensoria Pública ainda inexistia nos Estados de Santa Catarina – criada no final de 2013, por força de decisão do Supremo Tribunal Federal[46] – e do

42. ADPF 339/PI. Rel. Min. Luiz Fux. Plenário. Plenário, j. 18.05.2016.
43. ADPF 405/RJ, Rel. Min. Rosa Weber. Plenário, j. 21.06.2021.
44. Ainda sobre o tema: "À D.P. é garantida a autonomia administrativa e financeira e isso se justifica pela nobre tarefa que lhe é confiada, especialmente quando se trata da garantia e efetivação dos direitos fundamentais." (TJRJ. Órgão Especial. MS 0016267-86.2016.8.19.0000. Relator: Des. Caetano E. da Fonseca Costa. Março de 2016).
45. MOURA, Tatiana Whately *et al. Mapa da Defensoria Pública no Brasil*. Brasília: ANADEP; Ipea, 2013. Disponível em: https://www.ipea.gov.br/sites/mapadefensoria. Acesso em: 06 mar. 2022.
46. ADI 4270/SC e ADI 3892, sob a relatoria do Ministro Joaquim Barbosa declarando a inconstitucionalidade do modelo de convênio entre o estado de Santa Catarina e a OAB-SC e determinando a criação da Defensoria Pública catarinense em 9 meses: "Não se pode ignorar, também, que, enquanto o Defensor Público integrante de carreira específica dedica-se exclusivamente ao atendimento da população que necessita dos serviços de assistência, o advogado privado convertido em defensor dativo certamente prioriza, por uma questão de limitação da jornada de trabalho, os seus clientes que podem oferecer uma remuneração maior do que aquela que é repassada pelo Estado, a qual observa a tabela de remuneração básica dos serviços de advogado. Essas

Amapá – que somente seria instalada em 2019. O estudo ganhou razoável repercussão nos meios de comunicação e resultou na apresentação da Proposta de Emenda à Constituição 247/2013,[47] que acabou por ser aprovada em 2014: a Emenda Constitucional 80.

Durante a tramitação no Congresso Nacional, a matéria ficou conhecida como a "PEC das Comarcas", uma vez que seu objetivo primordial era obrigar os Estados e a União a prover todas as unidades jurisdicionais com defensores públicos no prazo de oito anos.[48] Para viabilizar esse objetivo, foi prevista a iniciativa legislativa para criação de cargos e outras matérias atinentes à organização da instituição. Daí a introdução do § 4º ao art. 134, dispondo que se aplica, no que couber, o disposto no art. 93 e no inciso II do art. 96 desta Constituição Federal. A EC 80/2014 também criou uma seção própria para a Defensoria Pública, separando-a da Advocacia. Essa mudança, registre-se, foi levada em consideração pelo Ministro Gilmar Mendes, relator da ADI 4636, que votou pela não obrigatoriedade da inscrição de Defensores Públicos na OAB, sendo acompanhado por oito ministros.[49]

Foi também de grande importância a alteração no *caput* do art. 134, incorporando a redação dada pela LC 132/09 e consolidando a natureza da Defensoria Pública como instituição permanente, instrumento do regime democrático e consagrando seu papel para a promoção dos direitos humanos, inclusive no plano da defesa coletiva.[50]

---

observações sugerem que a questão da criação de um serviço de assistência judiciária não pode ser vista apenas sob o ângulo estatístico e muito menos da perspectiva da mera economia de recursos. Veja-se, a título de exemplo, o fato de que a defensoria dativa organizada pelo Estado de Santa Catarina com apoio da seção local da OAB não está preparada e tampouco possui competência para atuar na defesa de direitos coletivos, difusos ou individuais homogêneos dos hipossuficientes e dos consumidores, atribuição que hoje se encontra plenamente reconhecida à defensoria pública (incs. VII e VIII do artigo 4º da LC 80/94, na redação da LC 132/09). Note-se, também, que a ênfase do modelo catarinense na assistência jurídica prestada sob o ângulo do apoio ao litígio judicial deixa de lado todos os esforços que vem sendo empreendidos por várias organizações no sentido de consolidar a cultura da resolução extrajudicial de disputas. A Defensoria Pública como instituição do Estado encontra-se apta para atuar nessa frente, linha de ação essencial para reduzir a quantidade de processos e tornar mais ágil o funcionamento da justiça (inc. II do artigo 4º da LC 80/94, na redação da LC 132/09)". Tribunal Pleno, j. 14.03.2012.

47. De autoria dos Deputados Federais Mauro Benevides (PMDB/CE), Alessandro Molon (PT/RJ) e Andre Moura (PSC/SE).
48. EC 80/2014: "Art. 2º O Ato das Disposições Constitucionais Transitórias passa a vigorar acrescido do seguinte art. 98: Art. 98. O número de defensores públicos na unidade jurisdicional será proporcional à efetiva demanda pelo serviço da Defensoria Pública e à respectiva população. § 1º No prazo de 8 (oito) anos, a União, os Estados e o Distrito Federal deverão contar com defensores públicos em todas as unidades jurisdicionais, observado o disposto no caput deste artigo. § 2º Durante o decurso do prazo previsto no § 1º deste artigo, a lotação dos defensores públicos ocorrerá, prioritariamente, atendendo as regiões com maiores índices de exclusão social e adensamento populacional."
49. "Decisão: Após os votos dos Ministros Gilmar Mendes (Relator), Marco Aurélio, Edson Fachin, Ricardo Lewandowski, Rosa Weber, Luiz Fux, Celso de Mello, Alexandre de Moraes e Roberto Barroso, que julgavam improcedente a ação direta de inconstitucionalidade e conferiam, ainda, interpretação conforme à Constituição ao art. 3º, § 1º, da Lei 8.906/1994, declarando-se inconstitucional qualquer interpretação que resulte no condicionamento da capacidade postulatória dos membros da Defensoria Pública à inscrição dos Defensores Públicos na Ordem dos Advogados do Brasil, pediu vista dos autos o Ministro Dias Toffoli (Presidente)". ADI 4636/DF, Relator Min. Gilmar Mendes, Tribunal Pleno. Julgamento em 04.11.2021.
50. EC 80/2014: "Art. 134. A Defensoria Pública é instituição permanente, essencial à função jurisdicional do Estado, incumbindo-lhe, como expressão e instrumento do regime democrático, fundamentalmente, a orientação jurídica, a promoção dos direitos humanos e a defesa, em todos os graus, judicial e extrajudicial, dos direitos

Em apertado resumo sobre a iniciativa legislativa da Defensoria Pública, conclui-se que: (a) para leis complementares sobre organização da Defensoria Pública, a iniciativa legislativa é concorrente entre o Chefe do Poder Executivo e o Defensor Público-Geral (art. 134, § 1º e 4º c/c art. 93 e art. 61, § 1º, II, "d"); (b) para leis que tratem de criação e extinção de seus cargos e serviços auxiliares, a política remuneratória e os respectivos planos de carreira, a iniciativa legislativa é privativa do Defensor Público-Geral (art. 134, § 4º c/c art. 96, II).[51]

No dia 04 de junho de 2022, serão completados os oito anos previstos na EC 80 para a implantação da Defensoria Pública em todas as unidades jurisdicionais. A meta não será atingida nesse prazo. Porém, a autonomia e a iniciativa legislativa permitiram avanços. Em 2013, das 2.680 comarcas brasileiras, a Defensoria Pública estava instalada em apenas 754 (38%).[52] Já em 2022, das 2.628 comarcas, a taxa de instalação subiu para 44,2%, com a presença da instituição em 1.162 unidades jurisdicionais,[53] colocando o Brasil mais próximo do Objetivo 16.3 da Agenda 2023 das Nações Unidas.

7. CONCLUSÃO

O modelo público de assistência jurídica consagrado pela Assembleia Nacional Constituinte, a aprovação de quatro (repita-se, quatro) emendas constitucionais fortalecendo substancialmente a Defensoria Pública e até mesmo as decisões judiciais que asseguram a eficácia concreta dessas normas são resultados de processos políticos, sociais e jurídicos, no qual a sociedade sempre desempenhou um papel de grande relevo. Os avanços alcançados, contudo, não asseguram que retrocessos ou desmontes dessa relevante política pública não possam vir a ocorrer. Aliás, não se pode fechar os olhos ao fato de que instituições mais antigas e constitucionalmente consolidadas vêm experimentados sérios abalos, por vezes, com o obsequioso silêncio de seus representantes.

Assim, a defesa do modelo de constitucionalismo social, da independência dos Poderes e das "instituições para a proteção da democracia" é uma tarefa permanente.

A história ensina que, para cada nova proposição legislativa que tramitava no Congresso Nacional, sempre foi decisivo o apoio dado por entidades da sociedade civil. A credibilidade social da instituição, seja no plano nacional ou, sobretudo, no âmbito local, sempre foi um termo de referência para os parlamentares, influenciando seus posicionamentos.[54]

---

individuais e coletivos, de forma integral e gratuita, aos necessitados, na forma do inciso LXXIV do art. 5º desta Constituição Federal".

51. A propósito: ROGER, Franklyn; ESTEVES, Diogo. *Princípios Institucionais da Defensoria Pública*. 2. ed. Rio de Janeiro: Forense, 2017, p 110-128.
52. MOURA, Tatiana Whately *et al*. *Mapa da Defensoria Pública no Brasil*. Brasília: ANADEP; Ipea, 2013. Disponível em: https://www.ipea.gov.br/sites/mapadefensoria. Acesso em: 04 mar. 2022.
53. Pesquisa Nacional da Defensoria Pública 2021. Brasília: CNCG; CONDEGE; DPU. Disponível em: https://pesquisanacionaldefensoria.com.br/. Acesso em: 04 abr. 2022.
54. A Defensoria Pública foi considerada a instituição do sistema de justiça mais conhecida e confiável, segundo pesquisa da FGV/AMB. Estudo da Imagem do Judiciário Brasileiro. AMB, FGV e IPESPE. 2009, p. 94. Dispo-

e ativismo judicial não são a mesma coisa, mas se comunicam sob inúmeras formas"[72]. Já se afirmou, também, que "lawfare", isto é, o uso da lei como arma de guerra, é a mais nova característica de combate do século XXI.[73] O tema não é inteiramente especulativo, visto já ter sido objeto de apreciação pelo Supremo Tribunal Federal.[74]

Trata-se, sem dúvida, de matéria polêmica, de grande complexidade, como bem vem demonstrando o desdobramento dos processos judiciais que envolvem o ex-presidente Luiz Inácio Lula da Silva. O tema exige exame circunstanciado, que não é objeto deste trabalho, mas constitui um bom exemplo para demonstrar o quão difícil é a formação discente num ambiente que assegure o debate democrático e o respeito ao pluralismo de ideias, indispensáveis para que a transformação social possa ser promovida em plena consonância com os princípios fundamentais do Estado Democrático de Direito.

5 CONSIDERAÇÕES FINAIS

Todos os que se graduam em Direito devem ter sólida formação humanística, postura reflexiva e visão crítica sobre sua capacitação técnico-jurídica, fundamentadas por uma consistente formação ética. Estes são os requisitos básicos, se não mínimos, para que possam atuar, sempre em busca da justiça e do cumprimento do compromisso de servir igualmente todos os seres humanos, conforme juramento feito quando da outorga do grau de Bacharel em Direito.

Com tais atributos, as Faculdades de Direito têm contemporaneamente a transformação social como uma de suas funções, em particular quando são instituições públicas, tendo em vista sua efetiva participação na formação de todos que atuam nas mais diferentes áreas jurídicas, existentes nos mais diversos setores da sociedade. Tal missão encaliza, sem dúvida, um dos caminhos para ao menos reduzir o alarmante abismo que distancia as camadas sociais, de modo a assegurar a todos o mínimo existencial, essencial para preservação de sua dignidade.

---

72. Segundo GUIMARÃES, Sandro. "Ativismo judicial [illegible] consistente exemplificação [illegible] tendência [illegible] Poder Judiciário [illegible] invadir as funções das demais esferas de poder [illegible] Desse modo, os magistrados se tornam [illegible] política [illegible] guerra [illegible] utilização das leis para atingir-se o Poder [illegible]
73. DUNLAP JR, Charles. Law and Military Interventions: Preserving Humanitarian Values in 21st Century Conflicts. Humanitarian Challenges in Military Intervention Conference. Carr Center for Human Rights Policy, Kennedy School of Government, Harvard University, Washington, D.C. Nov. 29, 2001. Disponível em: https://people.duke.edu/~pfeaver/dunlap.pdf. Acesso em: 22 dez. 2021.
74. STF. Ag. Reg. no Habeas Corpus 172.712 – RJ. Rel. Min. Gilmar Mendes. Jul. 23.08.2019; Ag. Reg. no HC 175.035 – RJ. STF. Rel. Min. Gilmar Mendes. Jul. 06.12.2019.

Apurou-se uma unanimidade: as dificuldades, e demora, na troca de nome e gênero junto aos cartórios de registro civil, diante das múltiplas exigências e inúmeros deslocamentos e gastos para cumpri-las.

Os magistrados da Justiça Itinerante da Fiocruz, afastando as exigências burocráticas e de certidões e atestados, e dando cumprimento à decisão do Supremo Tribunal Federal e ao Provimento do CNJ, em conjunto com a Defensoria Pública e Ministério Público, adotaram um procedimento, formalizado em processo judicial de jurisdição voluntária, passando a determinar ao RCPN competente a alteração das certidões, após ouvir pessoalmente as pessoas trans e não binárias que lhes demandam a requalificação de nome e gênero, de maneira rápida e eficiente, a partir da documentação básica e protocolo interno de atendimento pela Fiocruz.

A sentença serve de mandado ao registro civil, inclusive para modificações registrais em outros estados da federação.

Toda a documentação pessoal e os atos processuais ficam arquivados no sistema informatizado do TJRJ.

Juntamente com o Núcleo de Diversidade da Defensoria Pública do Estado do Rio de Janeiro (NUDIVERSIS), os juízes têm tido a oportunidade de participar de ações coletivas de requalificação de pessoas trans e não binárias, numa verdadeira demonstração de como a jurisdição pode transformar vidas, a partir de uma interpretação do direito e da Constituição Federal que oferece condições reais e concretas de garantia da igualdade de todos e todas perante a lei.

Apenas exemplificando de forma bem realista como o diverso atrai o preconceito e cria regras perversas que desigualam as pessoas, durante a pandemia de Covid-19, um dos juízes que atendia na Justiça Itinerante da Fiocruz, passou a fazer audiências no prédio do fórum central da cidade do Rio de Janeiro, e foram inúmeras as vezes em que, pessoalmente, teve que descer até a entrada do edifício onde funciona o Tribunal de Justiça, para autorizar a entrada de pessoas trans para a realização dos atos processuais já que a segurança da Corte vedava-lhes o acesso.

A necessidade de um verdadeiro *habeas-corpus* oral para permitir um acesso ao Judiciário por aqueles que não se enquadram no modelo de pertinência tradicional aos espaços judiciários, bem demonstra os obstáculos aferidos por Cappelletti e a complexidade da contemporaneidade líquida, cujo primeiro signo é a exclusão.

5. CONCLUSÃO

Há um "entendimento convencional, pouquíssimo analisado e frequentemente aceito de forma acrítica, a respeito do que significa para o Estado privar alguém de sua liberdade sem o 'devido processo legal'", diz Laurence Tribe.[54]

54. TRIBE apud SUIAMA, Sergio Gardenghi. Em busca de um modelo autodeterminativo para o Direito de transgêneros. In: RIOS, Roger Raupp et al (Coord.). *Homossexualidade e direitos sexuais*: reflexões a partir da decisão do STF. Porto Alegre: Sulina, 2011, p. 197.

A missão institucional do Ministério Público estará sempre um passo à frente em prol da sociedade. É dessa essência constitucional que cada membro da instituição, na particularidade da sua autonomia funcional, encontra-se mergulhado. As boas práticas institucionais estarão sempre voltadas à eficiência, de modo a cada vez mais legitimar o papel do Ministério Público consagrado pela Constituição de 1988, tal qual o pensamento de Bonavides[16] de que

> [u]ma democracia não se constrói com fome, miséria, ignorância, analfabetismo e exclusão. A democracia só é um processo ou procedimento justo de participação política se existir uma justiça distributiva no plano dos bens sociais. A juridicidade, a sociabilidade e a democracia pressupõem, assim, uma base jusfundamental incontornável, que começa nos direitos fundamentais da pessoa e acaba nos direitos sociais.

16. BONAVIDES, Paulo. *Teoria constitucional da democracia participativa*. Por um direito constitucional de luta e resistência. Por uma nova hermenêutica. Por uma repolitização da legitimidade. 3. ed. São Paulo: Malheiros Editores, 2008. p. 61.

A meta constitucional de atender a todas as unidades jurisdicionais não será atingida no prazo determinado, mas, diante das ferramentas constitucionais disponíveis, torna-se cada vez mais necessária a proatividade dos gestores da Defensoria Pública, que detém significativo poder gerencial e deve fazê-lo valer.

A autonomia, portanto, é uma garantia ao efetivo exercício dos direitos fundamentais da população vulnerável e, desta forma, uma proteção jurídica cujos principais titulares são os usuários de seus serviços, assim como o conjunto da sociedade, buscando assegurar igualdade de acesso à justiça para todos.

Na relação dialética entre a norma e o fato social, vale sempre lembrar as lições de Konrad Hesse, para quem "o significado da ordenação jurídica da realidade (...) somente pode ser apreciado se ambas – ordenação e realidade – forem consideradas em sua relação, em seu inseparável contexto, e no condicionamento recíproco".[55] A atuação independente da Defensoria Pública muitas vezes esbarra nos interesses das forças políticas hegemônicas e, para não ser suplantada, deve encontrar respaldo na legitimidade social, conquistada pelo fiel comprometimento com sua missão constitucional.

---

nível em: https://www.amb.com.br/wp-content/uploads/2020/04/ESTUDO_DA_IMAGEM_DO_JUDICIARIO_BRASILEIRO_COMPLETO.pdf. Acesso em: 07 abr. 2022.

55. HESSE, Konrad. *A força normativa da Constituição*. Porto Alegre: S.A. Fabris, 1991, p. 13-14.

A PARTICIPAÇÃO POPULAR COMO REQUISITO DE VALIDADE DA ELABORAÇÃO DE PLANOS DIRETORES. BREVES REFLEXÕES

Augusto Werneck

Mestre em Teoria do Estado e Direito Constitucional pela PUC-RIO. Professor de Direito Administrativo da PUC-RIO. Membro efetivo do IAB. Procurador do Estado do Rio de Janeiro. Ex- Secretário Municipal de Administração da Cidade do Rio de Janeiro. Ex-Secretário Municipal de Trabalho e Emprego da Cidade do Rio de Janeiro. Ex-Secretário de Estado de Administração.

"Passo o poder ao general Antônio de Spínola para que não caia na rua".[1] Trata-se do desabafo ácido de um professor de direito administrativo, que perderia o posto de ditador mas preservaria a essência conservadora representada pela ideia de que a rua – ou seja, o espaço do povo – não é o lugar do poder, nem espaço apropriado para a sua legitimação. Em 25 de abril de 1974, Marcello Caetano, antagonista e alvo da Revolução dos Cravos, observara exatamente o contrário, e este fato – o exercício direto do poder derrubara a ditadura; nas décadas seguintes, a perplexidade do catedrático seria potencializada pela institucionalização de instrumentos típicos da democracia direta, condicionando juízos de valor outrora privativos da "autoridade", previstos na Constituição e que foram reconhecidos no direito administrativo.

As modificações havidas na interpretação das fontes de direito administrativo, em matéria de participação democrática, dariam assim uma conotação irônica ao desaforo do administrativista português: o direito administrativo também estava caindo na rua.

A perspectiva científica que se pode extrair do estrilar de Marcello Caetano e sua presença quase descabida em uma publicação desta natureza se observa em uma das mais notáveis representações da dificuldade – mais ideológica que teórica de lidar o direito administrativo com a soberania popular e o poder constituinte, categorias que de fato lhe antecedem e deveriam ser sua primeira explicação. O desaforo de Marcello Caetano está associado ao mote de Otto Mayer:

"A Administração fica, a Constituição passa", muito bem utilizado para a crítica do direito administrativo brasileiro por Gilberto Bercovici.[2]

1. A cena se eternizou pela câmera de Maria de Medeiros, diretora do filme "Capitães de Abril" (2000), descrevendo desde a exigência insólita de ser deposto por um general até o momento exato em que a frase – verdadeira – foi pronunciada.
2. A máxima do administrativista alemão foi objeto de interessante abordagem feita por Gilberto Bercovici, em análise sobre a dissensão entre o direito administrativo e o direito constitucional nos regimes ditatoriais brasileiros no século XX. Cf. BERCOVICI, Gilberto. O direito constitucional passa, o direito administrativo permanece: a persistência da estrutura administrativa de 1967. In: TELLES, Edson e SAFATLE, Vladimir (Org.). *O que resta da ditadura*: a exceção brasileira. São Paulo: Ed. Boitempo, 2010. p. 77 a 91.

É visível que a renovação epistemológica do direito administrativo em nossos dias já reconhece a participação popular como um valor indispensável ao cumprimento das finalidades da administração pública. Dito "reconhecimento" implica todavia uma breve reflexão, nos limites deste ensaio, sobre as relações entre democracia e função administrativa.

A latitude da discussão proposta, que como se advertiu, ultrapassa em muito os limites deste artigo, exige um debate prévio sobre poder constituinte e soberania popular, dicotomia assinalada com muita agudeza por Juan Ramon Capella,[3] ao discorrer com impressionante visão prospectiva, a obra é de 1995, sobre a erosão das soberanias, inclusive a soberania nacional, com a ressalva das consequências dessa "erosão" o poder constituinte.

Por isso é que soberania popular e poder constituinte são conceitos distintos sem serem todavia opostos e podem ser complementados pela proposição de potência constitucional, elaborada por Antônio Negri.[4] Com relevo para o momento em que rejeita que o poder constituinte seja uma "blitz extemporânea" da vontade popular, compreensão que dá suporte às práticas de democracia direta a serem discutidas, objeto maior deste trabalho.

Neste ponto, é do maior interesse a definição do filósofo italiano quando alude à potência multitudinária, com inspiração em Espinoza, limitando entretanto sua identificação aos eventos precedentes ao exercício do poder constituinte; deve ser assinalado que a contradição do poder constituinte com a soberania popular não é uma consequência obrigatória, crítica empreendida pelo próprio Bercovici,[5] quando repele qualquer oposição entre os conceitos, que são, sem dúvida, complementares.

A pertinência entre a afirmação do poder constituinte e o exercício da soberania popular direta ou indiretamente pode ser apreciada claramente em relação à competência constitucional em geral, para definir a origem legítima do poder,[6] e em relação às funções do Estado como resulta da interpretação do princípio constitucional da "separação de poderes".[7] Neste caso, o reparo mais comum à expressão "poderes do Estado" concerne justamente à impossibilidade de estabelecer uma tripartição de algo que é em verdade indivisível, posto que emana exclusivamente do povo: o poder.[8] A soberania popular

3. "Como é sabido, uma das condições do caráter democrático do processo de tomada de decisões é que estas possam ser revisáveis e não afetem sujeitos excluídos do processo mesmo". In: CAPELLA, Juan Ramón.. *Cidadãos servos.* Porto Alegre: Sérgio Antônio Fabris Editor, 1998. p. 127-128.
4. NEGRI, Antonio. *Poder Constituinte.* Trad. Adriano Pilatti. Rio de Janeiro: DP&A Editora, 2002. p. 446.
5. "O poder constituinte não é oposto à soberania, pelo contrário, é a sua manifestação máxima. Sem soberania, o conceito de poder constituinte de Negri perde a base material de sustentação e se torna algo etéreo, metafísico". *Soberania e Constituição.* São Paulo: Ed. Quartier Latin, 2013. p. 34.
6. A crítica pioneira de Miguel Seabra Fagundes ao uso indevido de "poder" em lugar de "órgão" ou "função" vem de 1941, na primeira edição da obra seminal O Controle dos Atos Administrativos pelo Poder Judiciário.
7. Sobre a precedência e demais possibilidades de interpretação de princípios constitucionais ver os tópicos acerca da relação entre estes e as regras na Constituição, na formulação de Canotilho acerca da "função nomogenética e da função sistêmica" dessas normas. Ver CANOTILHO, J. J. Gomes. *Direito Constitucional.* 5. ed. Coimbra: Ed. Almedina, 1991. p. 175 e ss.
8. Ver BERCOVICI, Gilberto. Idem, p. 35.

é precedente, em consequência, à independência e harmonia dos "poderes", e informa seu conteúdo, seja na versão da titularidade das funções respectivas por representantes eleitos, ou para instituir na atividade legislativa, administrativa e até jurisdicional atos, incidentes ou procedimentos de participação popular e assim relacionados à prática democrática direta.

O valor alusivo à participação democrática é claramente identificável no sistema de normas constitucionais regedoras dos critérios de observação do princípio fundamental da soberania popular para especializar-se em princípio setorial aplicável aos processos administrativos, em geral, seja, traduzido num sistema de normas regedoras de procedimentos e ritos de participação popular na função administrativa. Este ensaio evidentemente não se propõe a esgotar o assunto, mas discutir as consequências da superação do modelo de democracia indireta por meio de representantes exclusivos do poder popular, que passa a conviver com as formas de democracia participativa, com o exercício de competências legislativas e executivas diretamente pelo povo. Na perspectiva da titularidade da função administrativa, é notável a carga axiológica proveniente da soberania popular, permeada pela separação de poderes, pela federação e finalmente na administração pública, conforme caracterizada no artigo 37, da Constituição de 1988.

Um pequeno recorte da recente instituição de ritos de participação popular – audiências e consultas públicas, em especial – introduzidos na legislação como pressupostos de atos administrativos, incidentes em procedimentos administrativos, ou requisito de juridicidade para a elaboração de determinadas leis de iniciativa do Poder Executivo, mostra um cenário articulado desde a Constituição Federal, ao destacar a democracia direta como fonte de poder e a possibilidade jurídica de exercício de atos participativos nas diferentes esferas de governo. Por isso é que se deve sublinhar a relevância constitucional da matéria o que explica, aliás, a relação sistêmica entre democracia e administração, duas categorias constitucionais que dialogam neste artigo.

A definição constitucional de participação popular se reporta à legitimidade do exercício do poder, com a introdução da democracia direta ao lado da democracia representativa, na redefinição do princípio da soberania popular, objeto do enunciado clássico do artigo 1º, parágrafo único, da Constituição Federal. Identifica-se nesse pressuposto um critério jurídico que se comunica com o princípio da independência e harmonia dos poderes, repercutindo em atos típicos das funções legislativa, administrativa e jurisdicional. Neste trabalho, ao examinar hipóteses relacionadas com a participação popular em atos da competência do Executivo e do Legislativo – a elaboração de Planos Diretores – o que se pretende é suscitar a discussão sobre a influência dos instrumentos de controle democrático na concretização dos princípios constitucionais da administração pública, com relevo para o exame de eficiência e do subjacente juízo de conveniência e oportunidade, seja em caráter meramente instrutivo, ou com teor deliberativo.[9]

9. Trata-se de tema parcialmente abordado pelo autor em artigo publicado no volume 57 da Revista da Procuradoria Geral do Estado com o título "Função Social da Cidade. Plano Diretor e Favelas. Regulação Setorial nas Comunidades Populares e a Gestão Democrática das Cidades".

A consequência teórica do reconhecimento do princípio democrático na dogmática do direito administrativo, transmitido pela Constituição, respeita à formulação de requisitos procedimentais que não são fruto da atribuição reservada a determinado órgão ou entidade, um ato administrativo em sentido formal; são atos administrativos cuja materialidade reside na oitiva ou na cientificação efetiva da população interessada. A definição jurídica dos instrumentos de participação popular em procedimentos administrativos é uma tarefa que deve considerar antes da relação entre formalidade e finalidade, uma especulação recorrente no direito administrativo, a presença de valores constitucionais que se concretizam cada vez que um rito participativo previsto em lei é efetivado pelo poder público.[10] Quando convoca uma série de audiências públicas para elaboração ou revisão de um Plano Diretor, para utilizar exemplo correlacionado com o tema deste artigo, o Poder Executivo Municipal cumpre diretamente a Constituição Federal.

Não se pode enxergar, por isto, a existência de ritos de democracia direta na Administração Pública como uma espécie de fenômeno, surgido na esfera exclusivamente legal ou infralegal; ao revés, a profundidade da questão jurídica envolvida exige uma explicação constitucional, para revelar quando, como e onde é necessária a convocação de atos que proporcionem a intervenção dos cidadãos independentemente da atuação de representantes eleitos que são os chefes do Poder Executivo, titulares da função administrativa, na forma do presidencialismo adotado nas três esferas de governo, por conta do princípio da simetria. O governante, em nosso sistema, é um representante e, nessa qualidade, pode requerer a presença dos cidadãos para informá-los de medidas ou providências de seu interesse; outra possibilidade é a convocação para apresentar propostas e críticas a projetos governamentais; finalmente, é possível convocar cidadãos ou suas representações coletivas para deliberar sobre assuntos da competência do Executivo.[11]

A experiência brasileira relativa à previsão de atos de cunho participativo, designados como requisitos de validade de procedimentos administrativos, inicia-se, de fato, em época imediatamente anterior à promulgação da Constituição Federal, em 1988, com a edição da Resolução CONAMA 01, de 1987, que tornou compulsória a convocação de audiência pública previamente aos licenciamentos ambientais. O sistema da Constituição de 1988, a seguir, ensejaria a proliferação desses pressupostos democráticos de juridicidade de atos e procedimentos administrativos, associando publicidade e eficiência ao critério democrático, de maior abstração e por isto precedente aos outros valores, como já se reportou.

Os ritos previstos em normas gerais disciplinadoras de direitos relativos à função social da propriedade e ao planejamento urbano, com a elaboração participativa do Projeto de Lei que institui o Plano Diretor nos Municípios, na forma do artigo 40, do

10. Sobre audiências públicas, inclusive em modo virtual, pode ser consultado o Parecer Conjunto 01/21 – AHWM/FMG, da Procuradoria Geral do Estado, elaborado em conjunto com o eminente Procurador do Estado e administrativista Flávio Amaral Garcia.
11. BRASIL, Lei 9.784/99, artigos 31, 32, 33 e 49-B, este último cuidando da participação dos interessados no procedimento previsto na tomada de "decisões administrativas coordenadas".

Estatuto da Cidade,[12] destinam-se a concretizar o princípio constitucional setorial da função social da cidade, do artigo 182, da Constituição Federal. Outra modalidade instituída especificamente são as audiências e consultas públicas, disciplinadas como incidentes do processo administrativo nos artigos 31 a 34, da Lei 9784/99; tal dispositivo generalizou a aplicação dos institutos de participação que já haviam sido objeto de regra anterior constante na antiga Lei 8.666/93, que exigia, em seu artigo 39, a realização de audiências públicas *para as licitações c de valor estimado superior ao limite previsto em seu art. 23, I, c, alusivo às concorrências, o que corresponderia a 150 (cento e cinquenta) milhões de reais.*[13]

A partir desses marcos normativos, regras análogas foram inseridas em diversas leis regedoras de serviços públicos e servem de modelo a ser apreciado nesta abordagem que não tem intenção de ser absoluta nem exauriente; neste caso, a tendência geral à previsão de instrumentos de participação na contratação e na execução de serviços públicos é especificada no contexto da legislação sobre concessão de serviços públicos, notadamente nas modalidades contempladas na Lei 11.079/02, e na Lei Nacional de Saneamento,[14] alterada recentemente. O exemplo a ser relatado – acerca da elaboração de planos diretores participativos – para os fins deste trabalho, é o que se reputa mais relevante, ao menos para servir de parâmetro idôneo de discussão, seja pela capilaridade que o dever de instituir essas leis acarreta, seja pela reprodução do princípio de participação popular e o respaldo que lhe conferem a doutrina e a jurisprudência, do Supremo Tribunal Federal e dos Tribunais de Justiça.

As premissas inspiradoras de um "princípio constitucional de participação popular", presente em nossa Constituição Federal repetem uma tendência do constitucionalismo de fins do século XX e proporcionariam a institucionalização desses instrumentos na legislação e de tal modo se estabeleceu o inevitável reconhecimento de tal princípio e dos institutos correlatos no direito administrativo brasileiro.

Sob a ótica do direito positivo, o primeiro registro histórico quanto à previsão de audiência ou consulta pública, adveio da edição da Resolução CONAMA 01/86, anteriormente, como se pode observar, à promulgação da Constituição Federal, e antecipando de certo modo a previsão de institutos de democracia direta que seriam preconizados na ordem constitucional vigente a partir de 05 de outubro de 1988. Trata-se de época em que vicejavam diversas experiências de gestão a partir de procedimentos de democratização das decisões administrativas, especialmente os "orçamentos participativos" e os núcleos de regularização fundiária, inspirados nos núcleos de terras e de loteamentos,

12. BRASIL. Lei 10.257 de 10 de Julho de 2001 – Estatuto da Cidade.
13. BRASIL. Lei 8.666 de 21 junho de 1993. Regulamenta o art. 37, inciso XXI, da Constituição Federal, institui normas para licitações e contratos da Administração Pública e dá outras providências. A vigente Lei 14.133/21 estabelece em seu artigo 21 e respectivo parágrafo único a previsão de audiência pública e consulta pública nas licitações, sem limite de valor, nem obrigatoriedade de realização, ponto em que talvez se possa verificar um retrocesso.
14. Brasil. Lei 11.079, de 30 de dezembro de 2004 e Lei 11.445, de 5 de janeiro de 2007.

nas Procuradorias Gerais do Estado e do Município do Rio de Janeiro, implantados sob a liderança do inesquecível Procurador do Estado Miguel Baldez.[15]

É possível reconhecer que tais exemplos pioneiros de organização, em nível local ou regional, de instâncias participativas com legitimidade política e competência legal para interferir no planejamento e na execução de políticas públicas, acabaram por estimular a edição de leis contemplando o princípio de participação popular nos procedimentos administrativos. A participação, ao lado da tese inovadora sobre a consensualidade nas relações jurídicas de direito administrativo,[16] veio a suprir a insuficiência do conceito clássico de imperatividade como atributo do ato administrativo para compor as novas e complexas relações jurídicas protagonizadas pelo Estado-Administração, já no final do século passado.

O sistema da Constituição de 1988, a seguir, ensejaria a proliferação desses pressupostos democráticos de juridicidade de atos e procedimentos administrativos, associando publicidade e eficiência ao critério democrático, de maior abstração e por isto precedente aos outros valores, como já se reportou.

Recapitulando, observou-se a introdução do princípio em normas gerais acerca de licitação – o artigo 39, da antiga Lei 8.666/93 – e da Lei 9784/99 – Lei de Processo Administrativo Federal – que introduziu a audiência pública e a consulta pública,[17] como instrumentos de participação para garantir a imparcialidade, a moralidade e a eficiência das decisões e assim passaram tais atos a integrar o conceito de "devido processo legal" no procedimento administrativo. Em 2001, passa a viger a Lei 10.521, denominado Estatuto da Cidade, norma geral de direito urbanístico requerida pelo artigo 182 da Constituição Federal, cujo regime jurídico tornava evidente o caráter obrigatório dos planos diretores municipais; com efeito, seus princípios, diretrizes e regras deveriam definir a função social da cidade, a partir de um pressuposto: o planejamento urbano submetido à gestão democrática.

A partir desses marcos normativos, regras análogas foram inseridas em diversas leis regedoras de serviços públicos e servem de modelos a serem apreciados nesta abordagem que não tem intenção de ser absoluta nem exauriente; neste caso, a tendência geral à previsão de instrumentos de participação na contratação e na execução de serviços

---

15. Para ilustrar, veja-se a dissertação de mestrado de CORRÊA DO LAGO, Luciana. *Movimentos dos Loteamentos do Rio de Janeiro*. IPPUR/UFRJ. 1990.
16. A consensualidade e a participação são objeto de interessante abordagem do publicista português Paulo Otero, quando propõe: "O protagonismo conferido aos diferentes grupos de interesses, fazendo-os participantes do processo de decisão pública e conferindo-lhes uma intervenção negocial que transforma a própria obediência às medidas do poder político num objeto da negociação, coloca o Estado e a sociedade no mesmo nível". *Legalidade e administração pública*. O sentido da vinculação administrativa à juridicidade. Coimbra. Almedina. 2011. p. 141.
17. Lei 9784/99 – art. 31 – Quando a matéria do processo envolver assunto de interesse geral, o órgão competente poderá, mediante despacho motivado, abrir período de consulta pública para manifestação de terceiros, antes da decisão do pedido, se não houver prejuízo para parte"; art. 32 – Antes da tomada de decisão, a juízo da autoridade, diante da relevância da questão, poderá ser realizada audiência pública para debates sobre a matéria do processo.

públicos é especificada no contexto da legislação sobre concessão de serviços públicos, notadamente nas modalidades contempladas na Lei 11.079/02, e na Lei Nacional de Saneamento,[18] alterada recentemente. O exemplo a ser relatado – acerca da elaboração de planos diretores participativos – para os fins deste trabalho, é o que se reputa mais relevante, ao menos para servir de parâmetro idôneo de discussão, seja pela capilaridade que o dever de instituir essas leis acarreta, seja pela reprodução do princípio de participação popular e o respaldo que lhe conferem a doutrina e a jurisprudência, do Supremo Tribunal Federal e dos Tribunais de Justiça.

Esses pressupostos constitucionais condicionariam a elaboração dos planos diretores, como documentos jurídicos essenciais para a construção de um conceito dinâmico de função social da cidade, plasmado em um requisito inafastável, de cunho procedimental, assinalado pelo vetor de *gestão democrática.* O Plano, editado nos termos do art. 182, parágrafos 1º e 2º, da Constituição Federal, é obrigatório para municípios com mais de 20.000 (vinte mil) habitantes.[19] São disposições informadas pelo direito constitucional de moradia e se relacionam especificamente com o teor dos incisos XII e XIII do artigo 29, da Constituição Federal, que traçam os contornos da participação popular na administração e no planejamento dos municípios.[20]

Dialoga o princípio constitucional da função social da cidade, ou da propriedade urbana, com outras disposições da mesma natureza, com destaque para os princípios constitucionais da publicidade e da eficiência[21] o que acarreta a pertinência de que trata o princípio da unidade da Constituição[22] e exige a interpretação sistemática das normas, repletas de conteúdos comuns ou correlatos. Mais que isso é de ser observada a originalidade de um princípio constitucional cujo conteúdo pode ser objeto da deliberação de milhares de municípios, com características geográficas, culturais, sociais e econômicas diversas, sofrendo em comum os efeitos próximos ou remotos da urbanização radical que atravessaria o século XX, no Brasil, e que permanece em curso neste 2022. São milhares de cidades que exercem a competência constitucional para definir a função social da cidade, o que implica reinstituir o mercado imobiliário[23] e portanto disciplinar um dos maiores negócios da economia capitalista, representado pelo parcelamento e pela criação de solo urbano.

18. Lei 11.445, de 5 de janeiro de 2007, modificada pela Lei 14.026/2020.
19. Segundo o artigo 41 da Lei 10.257 de 10 de julho de 2001.
20. BRASIL Constituição (1988). Constituição da República Federativa do Brasil. Brasília, DF: Senado Federal: Centro Gráfico, 1988. Artigo 29.
    XII – cooperação das associações representativas no planejamento municipal;(Renumerado do inciso X, pela Emenda Constitucional 1 de 1992).
    XIII – iniciativa popular de projetos de lei de interesse específico do Município, da cidade ou de bairros, através de manifestação de, pelo menos, cinco por cento do eleitorado; (Renumerado do inciso XI, pela Emenda Constitucional 1 de 1992).
21. Idem. Artigo 37.
22. "Assim, abre-se espaço para uma interpretação e atuação mais dissociada e independente em que se perde de vista a relação das partes com o todo", observação aguda de Rosângela Cavallazzi e Flávio Bertoldo. *Desafios da Cidade Standard.* Cidade Standard...op. cit., p. 98.
23. MAZZONI, Pierandrea. *La Proprietá Procedimento.* Milano: Dott. A. Giuffré. Editore, 1975, p. 51 a 59.

Nesse viés, note-se que o requisito é registrado especificamente no elenco do art. 29, em seu inciso IX, que reitera a exigência de participação compulsória da comunidade e de suas entidades representativas na elaboração das leis de planejamento urbano e, como é curial, nas disposições extravagantes, especialmente quando se trata do Plano Diretor, norma que afirma com exclusividade o significado da função social da propriedade urbana e os critérios para dar eficácia e efetividade ao valor constitucional no âmbito específico do território municipal.[24]

Logo, toda a legislação municipal que redefine[25] e aplica o conceito constitucional de *função social da Cidade* está submetida ao postulado da gestão democrática e da participação popular na elaboração dos Projetos de Lei a serem remetidos à Câmara de Vereadores pelo Chefe do Executivo. A iniciativa reservada vai ser exercida sob esta condição de validade especial, derivada do sistema constitucional regente da propriedade urbana. A hipótese remete, em suma, a um procedimento de colaboração da comunidade organizada com o Executivo, que apura a vontade popular e a traduz na proposta de Plano Diretor e das leis que vierem a modificá-lo, interpretá-lo ou suprir suas eventuais lacunas.

Constata-se, no ensejo da elaboração do projeto de lei de um Plano Diretor, o seu caráter participativo e a demanda de atividade tipicamente administrativa para organizar as formas de participação, isto, como foi antes abordado, em sintonia com a carga axiológica proveniente dos princípios constitucionais da publicidade e da eficiência da administração pública. Esta proposição reconhece uma relação precisa entre a natureza instrumental da publicidade para os ritos de participação e concretização do princípio pela transparência conferida pelo processo em si.

No caso do princípio da eficiência, seu conteúdo finalístico aponta para a elaboração da materialidade da norma, o que todavia implica um procedimento adequado, a partir do pressuposto da participação popular. Diz respeito à metodologia que resulte na mais ampla participação, em quantidade de cidadãos e qualidade de informações. Vale dizer que a "boa elaboração" corresponde não a um produto – o que seria viável nas formas tecnocráticas de planejamento – mas a idoneidade do procedimento e a congruência entre a vontade popular e o texto do projeto de lei. Tal interpretação pode ser invocada do ensinamento lúcido de Marianna Montebello Willeman, fundamentado na teoria democracia contestatória de Philippe Pettit, quando propõe: "...Assim, além do momento eleitoral, é necessário garantir canais institucionais para que os cidadãos possam permanentemente questionar a ação governamental".[26]

Não se trata de aderir à teoria republicanista como um todo, mas apontar que nela se encontra uma fonte confiável, do ponto de vista científico, para cogitar de estruturas organizacionais e regramentos conducentes à máxima e mais adequada participação

24. CAVALLAZZI, Rosângela Lunardelli. Op. cit., p. 96.
25. No sentido de adaptar o conceito abstrato da Constituição às características locais.
26. WILLEMAN, Marianna Montebello. *Accontability democracia e o desenho institucional dos Tribunais de Contas no Brasil.* Belo Horizonte: Forum, 2017. p. 76.

popular. Daí a relevância da expressão "canais institucionais", para ilustrar o resultado do diálogo entre o direito constitucional, o direito administrativo e o direito urbanístico. Para complementar o raciocínio, já no campo do direito urbanístico, registre-se a lição de Rosângela Cavallazzi, alvitrando um sistema aberto para que os canais institucionais se diversifiquem na exata medida da diversidade nacional: "No campo do Direito, as chaves de solução buscam superar a matriz moderna que administra demandas individuais e singulares. Nessa perspectiva, um sistema fechado, abstrato e pretensamente abrangente sobre todas as situações não atende às demandas da sociedade contemporânea, repleta de interesses e valores múltiplos e plurais".[27]

Nesse esforço hermenêutico, a Constituição Federal enseja a concretização do princípio da função social da propriedade urbana em mais de 1600 municípios brasileiros, representando aproximadamente 85% da população do Brasil.[28]

A participação da sociedade na elaboração de políticas públicas, em que pese ser cada vez mais intensamente praticada, a partir dos permissivos constitucionais aplicáveis desde 1988. não deixa de refletir ainda determinados "vícios de origem" da democracia brasileira, como a artificialidade da democracia liberal e do liberalismo em si, assinalado por Raymundo Faoro, e o claro antagonismo entre a administração dita patrimonialista e qualquer hipótese ou modelo de participação popular, no ensejo da previsão constitucional e legal de instrumentos de democracia direta.

Os interesses coletivos relacionados à cidade, que são aferidos na elaboração dos planos diretores, revelam uma nítida consequência do processo de urbanização no Brasil: a implantação e a prestação de serviços públicos se deu em primeiro lugar nas áreas valorizadas, para ricos e para a classe média, todos brancos; o sistema excluía ou postergava a oferta dos mesmos serviços públicos, para os moradores de favelas e loteamentos irregulares, pobres e negros.

Raymundo Faoro, em diálogo erudito com Machado de Assis, assinalou o modo conceitual da referência à "instituição", feita pelo Conselheiro Aires, segundo o personagem, na literatura e no direito, o registro da escravidão – ou a *instituição* – permaneceria entre nós, apesar da abolição. A lógica da discriminação social e racial no desenvolvimento de políticas públicas e na regulamentação dos direitos dos usuários confirma a existência de um *racismo estrutural* que permeia a sociedade brasileira e, que impõe cogitar do risco possível da reprodução desses critérios de exclusão – direta ou velada – nos procedimentos de participação popular e gerar o fenômeno descrito por Habermas, de *consenso forjado*.[29]

27. CAVALLAZI, R. L & BERTOLDO, F. S. Desafios da Cidade Standard. In: CAALLAZZI, Rosangela Lunardelli; FAUTH, Gabriela (Coord.); Marcelo da Rocha Lima Diego, Denise Barcellos Pinheiro Machado (Trad.). *Cidades standar e novas vulnerabilidades*. Rio de Janeiro: PROURB, 2018. p. 89.
28. Estimativas da população residente no Brasil e unidades da federação com data de referência em 1º de julho de 2021. Disponível em: https://www.ibge.gov.br/estatisticas/sociais/populacao/9103-estimativas-de-populacao.html?=&t=resultados. Acesso em: 10 abr. 2022.
29. FAORO, Raymundo. *Machado de Assis*: a pirâmide e o trapézio. 4. ed. São Paulo. Ed. Globo. 2001. p. 38-39.

Seriam exemplos do vício de consenso as deliberações em que não se alcança o quórum; neste caso, normalmente itens da maior singeleza quais a divulgação, o local e o horário, podem ensejar o clássico "uso indevido da regra de competência", se a publicidade atinge apenas a elite daquele município, se o local é distante dos bairros onde moram os trabalhadores, ou se o horário é incompatível com as obrigações laborais impostas aos mais pobres.

A participação popular não pode ser assim desnaturada jurídica e politicamente por práticas discriminatórias, pelas modalidades de desigualdade estrutural reconhecidas no artigo 3º, III e IV, da Constituição Federal, ao estabelecer a redução da desigualdade social e regional como objetivo fundamental da República. Tal disposição reescreve a isonomia, porque se recusa a reproduzir a verdadeira contrafação que implica o conceito bastante difundido de "igualdade formal". Esta advertência se comunica com a exigência de que os procedimentos de participação popular devam obedecer critérios que deem prioridade à convocação, esclarecimento e presença para deliberar justamente dos excluídos, vulneráveis, integrantes de grupos socialmente discriminados..., ou seja motivações calcadas na busca da redução das desigualdades, de modo a permitir o maior quórum possível.

As políticas de redução da desigualdade, por seu turno, devam incorporar ritos de participação popular, na sua elaboração, em um movimento dialético, para assegurar que a elaboração desses programas governamentais tenha a prévia audiência de seus destinatários, o que trará a garantia de eficiência e efetividade para as ações previstas.

Outro tema que está a requerer debate mais aprofundado se dá na hipótese das audiências públicas virtuais, ritualística que se revelou da maior utilidade nos momentos trágicos da pandemia de Covid-19, em 2020 e 2021. A realização de audiências públicas *online devem ser praticadas sempre que sirvam para suprir – caso da pandemia – ou ampliar a publicidade das audiências ou consultas.*[30] *A audiência real, mesmo que possa ser quase perfeitamente imitada na transmissão por computador, tem as vantagens inerentes à presença de homens e mulheres em um recinto e, dependendo da audiência, a intimidação legítima feita a partir de uma grande ou pequena multidão.* De certo modo, pode-se dizer que o medo em potencial sentido pelas autoridades diante da soberania popular serve para recomendar a chamada "audiência presencial" e assim distinguir as modalidades e impor caráter subsidiário às chamadas "audiências virtuais", especialmente no que toca à elaboração de planos diretores, ao definir-se a função social da cidade.

A ordem de grandeza de centenas de milhões de interessados em potencial nos processos de participação popular instituídos para elaboração ou revisão de planos diretores indica a importância singular da experiência, repetida desde 2006. Interessante é ressaltar que a gestão democrática da cidade não se detém na elaboração do plano diretor, porque poderá ainda reproduzir em decorrência de sua aprovação novas instituições de representação da sociedade, na esteira do artigo 29, VIII, da Constituição Federal e mais uma vez submetido aos princípios constitucionais da publicidade e da eficiência,

30. O Supremo Tribunal Federal, no auge da pandemia, julgou válidas as audiências em modo virtual, como se pode conferir na STP 469 MC/RJ – Presidente Ministro Dias Toffoli.

estes em especial, dado que é impossível política e juridicamente formular e executar políticas de planejamento urbano sem cogitar dos princípios de direito administrativo inscritos na Constituição.

Esta interpretação, a par de assentada na teoria do direito urbanístico, foi admitida integralmente pelo Supremo Tribunal Federal e pelos Tribunais de Justiça, o que traduz circunstância de muito relevo para a perfeita compreensão da aplicabilidade do princípio da participação popular a relações jurídicas de direito urbanístico e de direito administrativo., como se observa em entendimentos do Supremo Tribunal Federal, normalmente em sede de controle difuso, ou em razão de recurso extraordinário suscitado por decisão de Tribunal de Justiça, hipótese que vem à luz justamente no exercício do controle de constitucionalidade de leis e atos normativos municipais, que é privativa dos Tribunais de Justiça.

Por isso se considerar relevante para a breve discussão que ora se trava, o estudo de julgamento proferido pelo Supremo Tribunal Federal, no qual confirmou decisão do TJSP acerca da inafastabilidade do procedimento participativo na elaboração ou na alteração do Plano Diretor e explicitamente excluiu as ações participativas no curso da elaboração – seminários, audiências e consultas públicas – do sistema hierárquico tradicional do Poder Executivo, além de consagrar o caráter exclusivo e insubstituível da manifestação direta da cidadania, para julgar inconstitucional a manifestação alternativa de órgão da administração municipal colegiado. Veja-se o *leading case* sobre participação popular na elaboração de planos diretores, com o voto condutor da Ministra Carmen Lúcia:

> RE 718326 / SP – São Paulo – Recurso Extraordinário – Relator(a): Min. Cármen Lúcia – Julgamento: 06.11.2012 – Publicação DJe-225 Divulg 14.11.2012 – Public 16.11.2012 – Partes RECTE.(S): Ministério Público do Estado de São Paulo. PROC.(A/S)(ES): Procurador Geral De Justiça Do Estado De São Paulo – RECDO.(A/S): Prefeito Municipal De Mogi Mirim – PROC.(A/S)(ES): Procurador-Geral do Município de Mogi Mirim – INTDO.(A/S): Presidente da Câmara Municipal de Mogi Mirim – ADV.(A/S): sem representação nos autos – Decisão: Recurso Extraordinário. Processual civil. Plano diretor do município: alteração. Participação popular. Súmula 279 do supremo tribunal federal. Recurso ao qual se nega seguimento. Relatório 1. Recurso extraordinário interposto com base nas alíneas b e c do inc. III do art. 102 da Constituição da República contra julgado do Tribunal de Justiça de São Paulo, que decidiu:"Ação direta de inconstitucionalidade – Lei municipal que altera substancialmente a lei que dispõe sobre o Plano Diretor do Município – Necessidade de ser o processo legislativo – tanto o referente à elaboração da Lei do Plano Diretor como daquela que a altera – integrado por estudos técnicos e manifestação das entidades comunitárias, fato que não ocorreu – Audiência do Conselho Municipal de Política Urbana que não supre a exigência da participação popular, caracterizadora de uma democracia participativa – Ação procedente"(fl. 145). (...) Apreciada a matéria trazida na espécie, Decido. 3. Razão jurídica não assiste ao Recorrente. Registre-se, inicialmente, que a controvérsia posta nestes autos não guarda pertinência com a questão constitucional trazida no Recurso Extraordinário 607.940-RG, Relator o Ministro Ayres Britto, cuja repercussão geral foi reconhecida por este Supremo Tribunal. Naqueles autos, a discussão versa sobre a obrigatoriedade do plano diretor como instrumento necessário à política de ordenamento urbano, o que não se dá na espécie vertente, no qual se trata da verificação em concreto do cumprimento do requisito da gestão democrática para alteração do plano diretor, com a participação popular e de associações representativas. 4. O Desembargador Relator do caso no Órgão Especial do Tribunal de Justiça de São Paulo observou: "Eis a precípua determinação da lei, que é a questão central envolvida na ação direta de inconstitucionalidade em apreço: gestão democrática da cidade por meio da população e de associações representativas. Não basta, portanto, ouvir o Conselho Municipal de Política Urbana para atendimento do ditame constitu-

cional e legal da participação popular. A composição do citado órgão (fls. 58/59) em absoluto autoriza vislumbrar a participação popular. Relatou o Prefeito Municipal que a lei que instituiu o Plano Diretor de Mogi Mirim foi objeto de apreciação popular. Não se observa, contudo, essa participação das Atas de Audiência Pública (fls. 109/114), que foram juntadas, diga-se de passagem, pelo Presidente da Câmara Municipal. Seria preciso, para demonstrá-la, um mínimo de informação a respeito de quem foram efetivamente os participantes da audiência, quem representavam, que associações estavam presentes. A propósito, como posto na inicial, 'não se pode falar em participação das entidades comunitárias o estudo da alteração aprovada pela lei em situação em que o Prefeito Municipal informa à Procuradoria-Geral de Justiça que houve participação popular, pois sua origem se deu por solicitações de empresas que queriam regularizar suas instalações ou se instalarem ao longo das rodovias estaduais e ou municipais'. Ademais, mencionadas Atas referem-se a audiências públicas 'para discussão do Projeto de Lei Complementar 08/2006, que dispõe sobre o Plano Diretor de Desenvolvimento de Mogi Mirim'. Ora, o diploma legal que dispõe sobre dito Plano Diretor é a Lei Complementar 210/2007. A lei sob foco altera a Lei Complementar 210/2007. Assim, dada a sua natureza, vista a importância da modificação que procedia, deveria, também, é intuitivo, ter sido precedida de discussão com a representação da população de Mogi Mirim. Mas, além da ausência de demonstração da participação popular no debate acerca das alterações de lei do Plano Diretor da cidade, também não restou comprovado que estudos técnicos foram realizados para sua elaboração. Como afirmado por este Órgão Especial, 'em matéria de extrema relevância, como esta que envolve a ocupação racional das cidades – urbanismo – exige-se que qualquer alteração normativa seja precedida de estudos técnicos profundos detalhados, com a especificação dos benefícios e prejuízos que possam advir dessa iniciativa, só se justificando mudanças quando estas efetivamente atendam ao interesse coletivo – e principalmente, sejam voltadas à garantia da qualidade de vida da população, cuja participação no processo de planejamento municipal é absolutamente indispensável (CF, arts. 29, inciso XII, e 182, CE, art. 180, inciso II)' (ADIN 0408539 41.2010.8.26.0000). Realmente, é trabalhoso planejar o desenvolvimento urbano. É custosa a elaboração de lei que institui o plano diretor da cidade. Porém, é preciso a realização desse esforço, com a efetiva participação da população, sem o que as cidades brasileiras continuarão a se desenvolver de forma desordenada, tornando-se incapazes de cumprir seu desiderato, que é o de nos permitir nelas viver e buscar a felicidade (...).

O tema de repercussão geral a que se refere o aresto impõe a pertinência e a compatibilidade entre os Planos Diretores e as leis que deem concreção às suas diretrizes, na forma e no conteúdo. Quando se trata, nesse contexto, de planos diretores ou de sua revisão em municípios situados no Estado do Rio de Janeiro, aplicam-se as disposições atinentes à política urbana na Constituição Estadual de 1989, as quais requerem a mesma relação de congruência, obediente ao primado da participação popular, em procedimento prévio condicionado de iniciativa exclusiva do Executivo.

Tal hipótese de controle exercido partir da Constituição do Estado revelou-se na Representação por Inconstitucionalidade julgada recentemente pelo Órgão Especial do Tribunal de Justiça do Estado do Rio de Janeiro, sendo declarada a inconstitucionalidade da LC 162/2016, do Município do Rio de Janeiro, por descumprir os requisitos de validade indicados: não observou o critério participativo e foi proposta por parlamentar. Sendo assim, insurgiu-se exatamente contra os artigos 231, *caput* e § 4º, e 236 da Constituição Estadual.[31] Ressalte-se que o entendimento do Tribunal repisou o fundamento de aresto

31. Representação por inconstitucionalidade 0002178-63.2013.8.19.0000 – Representante: Exmo. Sr. Procurador Geral de Justiça do Estado do Rio de Janeiro – Representado: exmo. Sr. Prefeito do município de Cabo Frio – Representado: Câmara Municipal do município de Cabo Frio – Relator: des. Antonio Eduardo F. Duarte.

anterior, *leading case* quanto à aplicação do art. 231, § 4º, da Constituição Estadual, no

---

Acórdão: "Representação por inconstitucionalidade. Lei N.364/2011 do município me Cabo Frio. Violação ao princípio da participação democrática da elaboração e implementação de leis sobre uso e ocupação do solo. Arts. 231, § 4º; 236; 359, *caput*, todos da Constituição do Estado do Rio de Janeiro. Procedência da representação. Na elaboração e execução de planejamento urbano deverá ser assegurada a participação democrática, conforme previsto os artigos 231, § 4º; 236; 359, todos da Constituição Estadual do Rio de Janeiro. Órgão Especial Representação por Inconstitucionalidade n002178-63.2013.8.19.0000 2 A não participação popular tanto na elaboração quanto na implementação da Lei n.364/2011 do Município de Cabo Frio impõe-se o reconhecimento de sua inconstitucionalidade, por violação aos artigos 231, § 4º; 236; 359, todos da Constituição Estadual do Rio de Janeiro. Diante de todo esse quadro, sem dúvida procede a presente Representação por Inconstitucionalidade, uma vez que evidente se mostram os vícios atribuídos aos dispositivos em questão e que lhes retiram a validade." Vistos, relatados e discutidos estes autos da Representação por Inconstitucionalidade 0002178- 63.2013.8.19.0000, em que é representante o Exmo. sr. Procurador Geral de Justiça do Estado do Rio de Janeiro, sendo representados o Exmo. Sr. Prefeito do município de Cabo Frio e a Câmara Municipal do município me Cabo Frio, acordam os Desembargadores que compõem o Órgão Especial do Tribunal de Justiça do Estado do Rio de Janeiro, por unanimidade, na sessão do dia 29/06/2015, rejeitadas as preliminares, no mérito, em julgar procedente a Representação, nos termos do voto do Relator, vencido, em parte, o eminente Des. Nagib Slaibi Filho que julgava procedente o pedido atribuindo efeitos ex nunc. Cuida a presente hipótese de Representação por Inconstitucionalidade oferecida pelo Exmo. Sr. Procurador Geral de Justiça do Estado do Rio De Janeiro, em face da Lei Municipal 2.364/2011. Órgão Especial Representação por Inconstitucionalidade n002178-63.2013.8.19.0000 3 Alega que o diploma municipal em questão introduziu alteração na sistemática de ocupação do solo urbano do Município de Cabo Frio. De acordo com a Constituição Estadual, toda sistemática de uso e ocupação do solo urbano rende homenagem à democracia participativa, daí a exigência de que seja garantida a participação popular nas fases de elaboração e implementação das respectivas leis de regência. Considerando que no processo legislativo conducente à edição da lei impugnada, que dispõe sobre o modo de ocupação do solo urbano, não foi utilizado qualquer instrumento de participação popular, em especial com a realização de audiências públicas, tendo sido violadas as normas dos arts. 231, § 4º; 236; e 359, caput, todas da Constituição Estadual. Informações prestadas pela Câmara Municipal do Município de Cabo frio, às fls. 23/32. Manifestação da Procuradoria Geral do Estado (fls. 44/46). Informações prestadas pelo Exmo. Sr. Prefeito do Município de Cabo Frio (fls. 75/80), esclarecendo que a municipalidade expediu decreto declarando a recusa em cumprir a Lei n.364/2011, objeto da presente representação. A ilustrada Procuradoria-Geral de Justiça (fls. 59/67 e fls. 113), opinou pela procedência do pedido. É o relatório. Inicialmente, impõe-se a apreciação e rejeição das preliminares arguidas, de ausência de impugnação específica e impossibilidade de controle concentrado por inconstitucionalidade reflexa. Nos exatos termos do bem lançado parecer da douta Procuradoria, que ora é adotado nos termos do permissivo regimental, "a lei impugnada tem conteúdo autônomo, geral e Órgão Especial Representação por Inconstitucionalidade n002178-63.2013.8.19.0000 4 abstrato, de forma que o invocado vício de inobservância da participação popular na edição e implementação da lei tem como parâmetro direto de validade a própria Constituição do Estado do Rio de Janeiro." Outrossim, "a petição inicial da presente Representação por Inconstitucionalidade indica expressamente os dispositivos impugnados e elucidam os fundamentos que justificam a declaração de inconstitucionalidade da totalidade da integralidade dos atos normativos impugnados." No mérito, não assiste razão ao Município-representado. A lei impugnada tem a seguinte redação: "Prefeitura da Cidade de Cabo Frio Região dos Lagos – Estado do Rio de Janeiro – Gabinete do Prefeito – Lei N.364, de 2 de junho de 2011 – Estende à área localizada na Zona Especial 1 (ZES-1) que menciona, integrante da zona urbana do 1º Distrito do Município, os parâmetros de ocupação de lotes e gabaritos de altura adotados na Zona Residencial 2 (ZR-2). O Prefeito do município me Cabo Frio – Faço saber que a Câmara Municipal aprovou e eu sanciono a seguinte Lei: Art. 1º Ficam estendidos à área localizada na zona urbana do 1º Distrito de Cabo Frio, identificada na Lei 116, de 16 de novembro de 1979 (Lei de Zoneamento), como Zona Especial 1 (ZES-1), especificamente delimitada pela Rua Almirante Barroso (lado do oceano), Avenida do Contorno (lado do Órgão Especial Representação por Inconstitucionalidade n002178-63.2013.8.19.0000 5 oceano), servidão de passagem ao lado da Duna Boa Vista e o seguimento de reta imaginário, com 130,90 m (cento e trinta metros e noventa centímetros) que vai desde o final da mesma servidão até a Rua Almirante Barroso, totalizando uma área de 10.854,30m² (dez mil, oitocentos e cinquenta e quatro metros e trinta centímetros quadrados), os parâmetros de ocupação de lote e gabaritos de altura adotados na Zona Residencial 2 (ZR-2). Parágrafo único. A área de que trata o caput será destinada exclusivamente à construção de complexo hoteleiro. Art. 2º Os parâmetros de ocupação dos lotes e os gabaritos de altura mencionados no art. 1º desta Lei, estão descritos e definidos na Lei n16/1979 (Lei de Zoneamento) Art. 3º O último pavimento

qual se estabelece que a efetiva participação popular é exigível inclusive para as leis que alterem ou que regulem o Plano Diretor.[32]

Por isso é que se pode reputar firme a jurisprudência no considerar inconstitucionais as alterações legislativas feitas aos Planos Diretores em que não se tenha observado o mesmo critério participativo exigido pela lei a ser alterada na elaboração do novo Projeto de Lei, na linha interpretativa preconizada pelo Supremo Tribunal Federal. Percebe-se nos pronunciamentos judiciais um consenso acerca da existência de um princípio de participação popular que não se aplica exclusivamente à disciplina urbanística; de fato, a participação popular realiza objetivamente o conteúdo dos princípios da publicidade

---

(cobertura) terá sua área construída limitada ao máximo de 50% (cinquenta por cento) do pavimento tipo inferior. Art. 4º Esta lei entra em vigor na data de sua publicação, revogadas as disposições em contrário. Cabo Frio, 2 de junho de 2011." Considerando que no processo legislativo de edição da lei impugnada não houve nenhuma espécie de participação popular, em especial com a realização de audiências públicas, vislumbra-se a ofensa ao princípio da participação popular inscrito nos artigos 231, § 4º, 234, III, 236 e 359 da Constituição Estadual. Dispõem os referidos artigos: Órgão Especial Representação por Inconstitucionalidade 002178-63.2013.8.19.0000 6 "Art. 231 – O plano diretor, aprovado pela Câmara Municipal, obrigatório para as áreas urbanas de mais de vinte mil habitantes, é o instrumento básico da política de desenvolvimento e expansão urbana. (...) § 4º É garantida a participação popular, através de entidades representativas, nas fases de elaboração e implementação do plano diretor, em conselhos municipais a serem definidos em lei. Art. 234 – No estabelecimento de diretrizes e normas relativas ao desenvolvimento urbano, o Estado e os Municípios assegurarão: (...) III – participação ativa das entidades representativas no estudo, encaminhamento e resolução dos problemas, planos, programas e projetos que lhes sejam concernentes; Art. 236 – A lei municipal, na elaboração de cujo projeto as entidades representativas locais participarão, disporá sobre o zoneamento, o zoneamento, o parcelamento do solo, seu uso e sua ocupação, as construções e edificações, a proteção ao meio ambiente, o licenciamento a fiscalização e os parâmetros urbanísticos básicos objeto do plano diretor. Art. 359 – Na elaboração e na execução da política de desenvolvimento urbano e seus instrumentos legais, o Município observará o disposto nos artigos 182 e 183, da Constituição da República, de modo a promover e assegurar a gestão democrática e participativa da cidade e condições de vida urbana digna." Órgão Especial Representação por Inconstitucionalidade 002178-63.2013.8.19.0000 7. Os dispositivos mencionados têm como escopo assegurar a efetiva participação popular, através de entidades representativas interessadas, na elaboração e implementação de normas que tratem do planejamento urbano e do parcelamento do solo, seu uso e sua ocupação. A jurisprudência deste E. Órgão Especial já decidiu em vários momentos no sentido de decretar a nulidade da norma elaborada sem a indispensável consulta à sociedade.

32. Direta de Inconstitucionalidade 0040830-08.2020.8.19.0000 – Representante: Procurador Geral do Estado do Rio de Janeiro Representado: Câmara Municipal do Rio de Janeiro. Legislação: Artigo 1º da Lei Complementar 162/16 do Município do Rio de Janeiro. Relator: Des. Adolpho Andrade Mello.

    Acórdão: Representação por inconstitucionalidade. Lei municipal restritiva do uso de imóvel estadual. Possibilidade da aferição da inconstitucionalidade de norma de efeito concreto. Invasão da esfera de atribuições do poder executivo estadual. Necessária participação popular no planejamento urbanístico – Inconstitucionalidade forma e material configuradas. Violação à autonomia federativa. Procedência – Representação por inconstitucionalidade com a qual pretende o Procurador Geral do Estado do Rio de Janeiro haver a declaração, com eficácia *ex tunc* e efeito erga omnes, da inconstitucionalidade formal e material do artigo 1º da Lei Complementar 62/16, do Município do Rio de Janeiro, que restringiu o uso do terreno ocupado pelo 23º Batalhão da Polícia Militar, no bairro do Leblon, ao abrigo de instalações do serviço público ou a áreas de convivência e lazer para a população, em caso de desativação da unidade de segurança pública. Possibilidade da fiscalização da constitucionalidade das leis e dos atos normativos pelo órgão competente para tanto, sempre que houver um tema ou uma controvérsia constitucional suscitada em abstrato, independente do caráter geral ou específico, concreto ou abstrato de seu objeto. Ato impugnado que, ao dispor sobre a gestão do patrimônio imobiliário do Estado, impondo a maneira de sua utilização, acabou por invadir a esfera de atribuições do Poder Executivo Estadual. Modificação do Plano Diretor que depende da participação popular através de entidades representativas locais, conforme se depreende da leitura da Constituição Estadual, o que no caso não ocorreu. Violação à autonomia federativa por interferência na gestão do patrimônio público estadual. Procedência da representação.

e da eficiência, pelo protagonismo do povo na seleção das opções mais adequadas, seja a elaboração de um Projeto de Lei, ou um edital de concorrência pública de uma concessão, ou um licenciamento ambiental de grande impacto. Nesse sentido, vai ser observada (a participação popular) como requisito de validade de decisões administrativas e fará ser reconhecida a soberania popular na teoria do direito administrativo e as consequentes modificações dogmáticas que tal reconhecimento implicaria. A introdução, por exemplo, de caráter deliberativo nas decisões manifestadas em audiências e consultas seria um passo gigantesco para tornar definitivo um "direito administrativo da participação popular".

Essencial é constatar que a interferência direta dos interessados é uma garantia de cumprimento efetivo da Constituição pela Administração, com o exercício da democracia direta a sociedade concede ao direito uma "potência coletiva de pensamentos, afetos e movimentos", em definição de Jacques Rancière.[33] Ou seja, a inversão da máxima venenosa de Otto Mayer e ao menos em certa escala o poder caído e saído da rua, para desespero do professor Marcello Caetano.

33. RANCIÈRE, Jacques. *O ódio à democracia*. São Paulo: Ed. Boitempo, 2014. p. 121.

Parte II
IGUALDADE SUBSTANCIAL E DIREITO ANTIDISCRIMINATÓRIO

FUNDAMENTOS E RESSIGNIFICAÇÃO DO DIREITO ANTIDISCRIMINATÓRIO

Anderson Schreiber

Doutor em Direito Privado Comparado pela *Università degli Studi del Molise* (Itália). Mestre em Direito Civil pela UERJ. Coordenador da Clínica de Responsabilidade Civil da Faculdade de Direito da UERJ (UERJ resp). Professor Titular de Direito Civil da UERJ. Professor permanente do Programa de Pós-graduação em Direito da UERJ. Professor da Fundação Getúlio Vargas (FGV). Procurador do Estado do Rio de Janeiro. Procurador-Chefe do Centro de Estudos Jurídicos da Procuradoria Geral do Estado do Rio de Janeiro. Membro da Academia Internacional de Direito Comparado.

1. INTRODUÇÃO

A Constituição da República enuncia repetidamente seu compromisso com o direito à igualdade. Referida já no preâmbulo constitucional,[1] a igualdade é mencionada por duas vezes no *caput* do artigo 5º da Constituição,[2] sendo reafirmada logo no inciso I do mesmo dispositivo, especificamente em relação à questão de gênero.[3] O Constituinte elege, ainda, como objetivo fundamental da República Federativa do Brasil a redução das "desigualdades sociais e regionais" (art. 3º, III) e a promoção do "bem de todos, sem preconceitos de origem, raça, sexo, cor, idade e quaisquer outras formas de discriminação" (art. 3º, IV). O texto de nossa Constituição determina, ademais, que "a lei punirá qualquer discriminação atentatória dos direitos e liberdades fundamentais" (art. 5º, XLI), reprime o racismo como crime imprescritível e inafiançável (art. 5º, XLII) e veda

1. "Nós, representantes do povo brasileiro, reunidos em Assembleia Nacional Constituinte para instituir um Estado Democrático, destinado a assegurar o exercício dos direitos sociais e individuais, a liberdade, a segurança, o bem-estar, o desenvolvimento, a igualdade e a justiça como valores supremos de uma sociedade fraterna, pluralista e sem preconceitos, fundada na harmonia social e comprometida, na ordem interna e internacional, com a solução pacífica das controvérsias, promulgamos, sob a proteção de Deus, a seguinte Constituição da República Federativa do Brasil."
2. "Art. 5º Todos são *iguais* perante a lei, sem distinção de qualquer natureza, garantindo-se aos brasileiros e aos estrangeiros residentes no País a inviolabilidade do direito à vida, à liberdade, *à igualdade*, à segurança e à propriedade, nos termos seguintes: (...)" (grifou-se).
3. "Art. 5º (...) I – homens e mulheres são iguais em direitos e obrigações, nos termos desta Constituição".

expressamente a "diferença de salários, de exercício de funções e de critério de admissão por motivo de sexo, idade, cor ou estado civil" (art. 7º, XXX).

Nada obstante o robusto arcabouço constitucional de vedação à discriminação, ao qual se somaram uma série de normas infraconstitucionais posteriores,[4] os múltiplos preconceitos que infestam nossa sociedade seguem fazendo vítimas cotidianamente e mantendo amplas parcelas da população como reféns de diferentes formas de exclusão e violência, individuais e institucionais.[5]

Foi nesse contexto que se desenvolveu, entre nós, um novo campo de estudo, que tem sido designado como *Direito Antidiscriminatório*.[6] Em geral, este Direito Antidiscriminatório tem sido conceituado como o "*campo jurídico composto por uma série de normas que pretendem reduzir ou eliminar disparidades significativas entre grupos*".[7] O Direito Antidiscriminatório seria, assim, um conjunto de normas jurídicas voltadas à redução da desigualdade ou, ainda, uma "área de conhecimento" voltada ao estudo destes preceitos normativos e de sua aplicação.[8]

---

4. Ver item 2.3, infra.
5. Ver reportagem intitulada *Brasil é nono país mais desigual do mundo* (G1, 12.11.2020). A título meramente exemplificativo, ver a matéria *Desigualdade piora em 2021 e rendimento do 1% mais rico é 38,4 vezes o dos 50% mais pobres, diz IBGE*, publicada pelo jornal *Valor Econômico* em 10 de junho de 2022. Ver, também, *Filhos de famílias pobres têm só 2,5% de chance de chegar ao topo no Brasil*, reportagem publicada pela *Folha de S. Paulo*, em 10 de outubro de 2022.
6. Vale conferir, na doutrina estrangeira, BAGENSTOS, Samuel R. The structural turn and the limits of antidiscrimination law. *California Law Review*, v. 94, n. 1, p. 1-48, 1996; BALK, Jack M.; SIEGEL, Reva. The American civil rights tradition: antidiscrimination or antisubordination? *University of Miami Law Review*, v. 58, n. 1, p. 24-32, 2003; FREEMAN, Alan David. Legitimizing racial discrimination through antidiscrimination law: a critical review of the Supreme Court doctrine. *Minnesota Law Review*, v. 62, n. 4, p. 1049-1119, 1977; GREEN, Tristin. A structural approach as antidiscrimination mandate: locating employer wrong. *Vanderbilt Law Review*, v. 60, n. 3, p. 849-904, 2007; KHAITAN, Tarunabh. *A theory of antidiscrimination law*. Oxford: Oxford University Press, 2015; KOPPELMAN, Andrew. *Antidiscrimination law and social equality*. Nova Haven: Yale University Press, 1998; ROCAFORT, Piza. *Igualdad de derechos y no discriminación*. São José de Costa Rica: Universidad Autônoma de Centro America, 1997; THOMPSON, Neil. *Anti-discriminatory practice*. Londres: Palgrave, 2016; WADE, Cheryl. Effective compliance with antidiscrimination law: corporate personhood, purpose and social responsibility. *Washington & Lee Law Review*, v. 74, n. 4, p. 1192-1200, 2017. Na doutrina italiana, GUARRIELLO, Fausta. Il nuovo diritto antidiscriminatorio. *Giornale di diritto del lavoro e di relazioni industriali*, fascicolo 3/4. Milano: Franco Angeli, 2003; BARBERA, Marzia. Eguaglianza e differenza nella nuova stagione del diritto antidiscriminatorio comunitario. *Giornale di diritto del lavoro e di relazioni industriali*, fascicolo 3/4. Milano: Franco Angeli, 2003, p. 1000-1023; IZZI, Daniela. *Eguaglianza e differenze nei rapporti di lavoro*. Il diritto antidiscriminatorio tra genere e fattori di rischio emergenti. Jovene, 2005; MARINO, Donato. *Il diritto antidiscriminatorio nella giurisprudenza delle Corti*. Lavoro e diritto, v. 35, n. 2, 2021, p. 399-416. No Brasil, entre outros autores pioneiros nesta valorosa iniciativa, ver RIOS, Roger Raupp. *Direito da antidiscriminação*: discriminação direta, indireta e ações afirmativas. Porto Alegre: Livraria do Advogado, 2008; MOREIRA, Adilson José. *Tratado de Direito Antidiscriminatório*. São Paulo: Contracorrente, 2020; e SILVA, Jorge Cesa Ferreira da. *Antidiscriminação e Contrato*: a integração entre proteção e autonomia. São Paulo: Ed. RT, 2020, p. 29-68.
7. MOREIRA, Adilson José. *Tratado de Direito Antidiscriminatório*. São Paulo: Contracorrente, 2020, p. 50.
8. Na linha da definição proposta por RIOS, Roger Raupp; LEIVAS, Paulo Gilberto Cogo; SCHÄFER, Gilberto. Direito da antidiscriminação e direitos de minorias: perspectivas e modelos de proteção individual e coletivo. *Revista direitos fundamentais & democracia*, v. 22, n. 1, p. 131, 2017, em que se entende por "'Direito da Antidiscriminação', a área do conhecimento e da prática jurídica relativa às normas, institutos, conceitos e princípios, relativos ao direito de igualdade como mandamento proibitivo de discriminação, aí incluídos os instrumentos normativos, nacionais e internacionais."

A proposta do presente artigo é conferir grau mais abrangente à noção de Direito Antidiscriminatório, compreendendo-o não como conjunto de normas já existentes ou o estudo de sua aplicação, mas sim como uma metodologia de releitura do Direito Público e do Direito Privado à luz da necessidade prioritária de concretização da igualdade substancial. Nesta perspectiva, o Direito Antidiscriminatório não é um novo ramo do Direito, nem uma nova área de conhecimento, mas um modo de reinterpretar as normas que compõem todos os ramos jurídicos em busca da mais efetiva promoção da igualdade substancial. Para tanto, examinarei a seguir os fundamentos metodológicos desta abordagem e, sucessivamente, alguns exemplos de sua aplicação.

2. FUNDAMENTOS DO DIREITO ANTIDISCRIMINATÓRIO

Os fundamentos do Direito Antidiscriminatório podem ser sintetizados da seguinte forma: (1) o problema fundamental da sociedade brasileira é a desigualdade, em suas mais diversas formas; (2) o Direito desempenhou historicamente e ainda desempenha um papel relevante no mascaramento desta verdade evidente; (3) a Constituição brasileira, todavia, compromete-se expressamente com o valor fundamental da igualdade substancial; (4) não há dignidade da pessoa humana sem igualdade substancial; (5) o Direito não possui apenas a função de vedar condutas antijurídicas (como a discriminação racial), mas possui também uma função promocional; (6) é dever do intérprete perseguir permanentemente a função promocional do Direito na interpretação e aplicação das normas jurídicas.

Cada um destes seis fundamentos merece exame em separado.

2.1 O problema fundamental da desigualdade

Vivemos em um dos países mais desiguais do mundo. A desigualdade racial e de gênero, além de suas expressões morais, simbólicas e estruturais, continuam a assumir, entre nós, a forma de violência física cotidiana, brutal e mortífera.[9] Outras formas de desigualdade também se contabilizam em mortes como a desigualdade religiosa[10] e econômica, cuja expressão mais dramática se tem na falta de moradia (da chamada "população de rua") e no alastramento da fome, que se abate atualmente sobre mais de 30 milhões de brasileiros.[11]

---

9. De acordo com o *Anuário Brasileiro de Segurança Pública 2022*, elaborado pelo Fórum Brasileiro de Segurança Pública, "*ao* menos uma pessoa ligou, por minuto, em 2021, para o 190 denunciando agressões decorrente da violência doméstica". Além disso, "os dados indicam que uma mulher é vítima de feminicídio a cada 7 horas, o que significa dizer que, ao menos 3 mulheres morrem por dia no Brasil por serem mulheres" (Fórum Brasileiro de Segurança Pública, *Anuário Brasileiro de Segurança Pública 2022*, disponível em: forumsegurança.org.br, p. 6 e p. 15).
10. Confira-se, exemplificativamente, a reportagem *Intolerância religiosa: casos aumentaram 11,7% em 1 ano* (*O Globo*, 16.04.2022). Na mesma direção, conquanto limitadamente ao Estado do Rio de Janeiro, ver a reportagem *RJ teve mais de 1,3 mil crimes que podem estar ligados à intolerância religiosa* (*CNN Brasil*, 21.01.2021).
11. Hoje, "cerca de 33,1 milhões de brasileiros vivem em situação de fome, 14 milhões a mais que em 2020. Quadro é equivalente ao da década de 1990." (Fome no Brasil: número de brasileiros sem ter o que comer quase dobra em 2 anos de pandemia, reportagem publicada no *G1*, 8.6.2022). Notícia intitulada *Brasil volta ao Mapa da*

Todos os índices humanitários demonstram, ano a ano, quão intensamente desigual é o Brasil. E, em que pese esta ser uma verdade indisfarçável, o discurso público brasileiro tem sido, desde sempre, avesso à discussão do tema. Para ficar apenas nas últimas décadas, o debate público foi dominado, nos anos 1980 e 1990, pela discussão relativa à superação da inflação, à privatização das companhias estatais e ao crescimento econômico do país; na primeira década do século atual, pelos grandes projetos de infraestrutura, pelo Pré-sal e pelas chamadas reformas nacionais (reforma da previdência, reforma trabalhista etc.) que permitiram ao Brasil "voltar a crescer"; e, mais recentemente, pelo combate a inimigos imaginários extraídos de uma pauta conservadora de extrema direita, como a chamada "*decadência*" dos costumes, a "ideologia de gênero" nas escolas e a suposta falta de credibilidade do sistema eleitoral.

Independentemente dos posicionamentos partidários, a verdade é que o tema do combate à desigualdade jamais assumiu protagonismo, ou mesmo independência, no debate público brasileiro. Mesmo quando houve projetos pontuais ligados à superação das desigualdades, tais projetos assumiam a roupagem de programas emergenciais e assistencialistas, sendo tratados como ações pontuais que se faziam necessárias, e não como efetivas e duradouras políticas públicas. E, mesmo nestas ações pontuais, o envolvimento das classes economicamente mais favorecidas – o que inclui no Brasil a classe média – mostrou-se frequentemente marginal.

Pior: o tema da superação da desigualdade sempre apareceu no debate público brasileiro como um *posterius* em relação ao crescimento econômico e ao desenvolvimento industrial. Na linguagem adotada pelos sucessivos dirigentes da nação, é sempre preciso que o país cresça economicamente *para* se superar a desigualdade – afirmação que transmite a ideia de que a superação da desigualdade não seria possível nas atuais condições econômicas do país.

Tal ideia é falsa mesmo em uma perspectiva puramente econômica: o Brasil já é dotado, há muito, das condições econômicas necessárias para superar o problema da desigualdade.[12] O retorno ao crescimento econômico não é um antecedente necessário à concretização da igualdade substancial. A própria construção do discurso econômico brasileiro, que cunhou expressões como "milagre econômico", reforça a ideia de espera, como se a igualdade substancial não pudesse ser ainda atingida. Bem ao contrário, a igualdade substancial não apenas pode ser alcançada, como constitui uma necessidade urgente, que deveria ser a prioridade nacional.

Fome (*TV Senado*, 13.8.2022) registra que "são 61 milhões de brasileiros que encontraram dificuldade de se alimentar. Entre 2019 e 2021, 15 milhões passaram fome. Três em cada 10 brasileiros não têm certeza se vão fazer a próxima refeição".

12. Em recente estudo sobre a evolução da desigualdade no mundo pós-pandêmico, o grupo *World Inequality Lab*, capitaneado por célebres economistas como Thomas Piketty, apontou que a preservação da desigualdade no Brasil, como em outros países, é fruto de uma abordagem política, e não de uma efetiva inviabilidade econômica de sua superação (*World Inequality Report*, 2022).

2.2 As máscaras do Direito: crítica à igualdade formal

Não é apenas o discurso econômico que mascara esta verdade evidente. O Direito desempenhou historicamente e ainda desempenha, de forma diuturna, um papel decisivo no ocultamento ou mitigação da urgência de se enfrentar o problema fundamental da desigualdade. É emblemática a construção do conceito de "igualdade formal" – já chamada de "fantasia jurídica da igualdade" –, que não apenas isenta a coletividade da busca pela concretização de uma igualdade verdadeira, mas produz uma artificial impressão de elevação das minorias, que, em verdade, apenas ratifica sua exposição às violências dos poderes da maioria, sob o manto da dispensa à proteção estatal.[13]

O que a igualdade formal nos diz, em última análise, é que, se todos são iguais perante a lei, a lei não deve proteger a ninguém mais do que a todos os demais, o que representa, na prática, a antítese de tudo aquilo que a igualdade representa. A igualdade é um valor que se explica unicamente para proteger os desiguais. Ser desigual substancialmente é ser necessariamente desigual aos olhos da lei.

Ao contrário do que se ensina ainda hoje nas Faculdades de Direito, a igualdade formal e a igualdade substancial não são duas espécies ou faces da igualdade. A igualdade formal é "contrafação da igualdade substancial".[14] Um sistema jurídico construído sobre a suposta *conquista* da igualdade formal e sobre a *promessa* da igualdade substancial nunca poderá, por definição, concretizar esta última.

Esta "opção jurídica", que encontra razão de ser no ideário das elites dominantes do Brasil-República, é bem documentada historicamente.[15] Nesta direção, um observador mais crítico poderia mesmo afirmar que o problema da desigualdade no Brasil não é um problema, mas um projeto.[16]

---

13. Luis Alberto Warat, *A Fantasia Jurídica da Igualdade:* Democracia e Direitos Humanos numa Pragmática da Singularidade. *Revista Sequência*, n. 24, p. 40, set/1992: "Esquece-se, com isto, que a igualdade jurídica e formal deixa o indivíduo totalmente indefeso frente à fria lei do intercâmbio econômico e frente à proteção, sem controle nem participação, das instituições governamentais. A tendência que surge é a de indivíduos preocupados por buscar seu bem-estar material em vez de estarem preocupados como os assuntos políticos da comunidade".
14. Cito, sem responsabilidade de cátedra, Augusto Werneck, aula inaugural da 4ª Turma do Curso do Programa de Acesso e Inclusão Social da Procuradoria Geral do Estado do Rio de Janeiro, outubro de 2022. Disponível no canal TV-PGE no YouTube.
15. GOMES, Orlando. Raízes históricas e sociológicas do Código Civil brasileiro. In: GOMES, Orlando. *Direito Privado*: novos aspectos. Rio de Janeiro: F. Bastos, 1961, p. 93: "No período de elaboração do Código Civil, o divórcio entre a elite letrada e a massa inculta perdurava quase inalterado. A despeito de sua ilustração, a aristocracia de anel representava e racionalizava os interesses básicos de uma sociedade ainda patriarcal, que não perdera o seu teor privatista, nem se libertara da estreiteza do arcabouço econômico, apesar do seu sistema de produção ter sido golpeado fundamente em 1888. Natural que o Código refletisse as aspirações dessa elite". Ver, na mesma direção, FACHIN, Luiz Edson. *Direito civil:* sentidos, transformações e fim. Rio de Janeiro: Renovar, 2015, p. 14-15: "O Direito Privado, em tal moldura, acaba por se nuclear na 'liberdade' dos sujeitos exercida sobre suas propriedades. Embora, na realidade fática, o direito restrinja suas garantias – e, mais especificamente, o Direito Privado, sua disciplina jurídica – aos proprietários de bens, a legitimação do status quo é oferecida pelo discurso de igualdade, que por evidente se coloca apenas no âmbito formal. O patrimonialismo do espaço privado – que, nessa fase, não cogita como valor maior a dignidade da pessoa humana – acabou por se refletir nas codificações do século XIX e início do século XX."
16. Parafraseando Darcy Ribeiro sobre a crise da educação no Brasil: "A crise da educação no Brasil não é uma crise; é um projeto" (cerimônia de abertura da reunião anual da SBPC, realizada na Pontifícia Universidade Católica de São Paulo, em julho de 1977).

O certo é que a questão da desigualdade – que consiste no problema fundamental da sociedade brasileira – não se exprime, como se vê, em um problema meramente social ou econômico, mas também em um problema jurídico, na medida em que contamos com um Direito que não promove a igualdade substancial, mas permanece passivamente à espera de que tal igualdade seja alcançada por outras vias, quando não mascara a urgente necessidade de sua concretização.

2.3 O compromisso constitucional com a igualdade substancial

A Constituição da República compromete-se expressamente com a concretização da igualdade substancial. Como já visto, a igualdade é mencionada de modo obsessivo pelo Constituinte, desde o preâmbulo do texto constitucional, com sucessivas normas voltadas à eliminação das desigualdades, da discriminação e do preconceito, como se vê nos já mencionados artigo 3º, III e IV, artigo 5º, *caput* e diversos incisos, artigo 7º, XXX, e assim por diante.

As referidas normas constitucionais, dotadas de aplicabilidade imediata, foram, nas últimas décadas, complementadas por normas infraconstitucionais inspiradas no mesmo compromisso, como se pode ver, exemplificativamente, o Estatuto do Idoso (Lei 10.741/2003), o Estatuto da Igualdade Racial (Lei 12.288/2010) e o Estatuto da Pessoa com Deficiência (Lei 13.146/2015).

Não faltam, portanto, normas jurídicas quer no próprio texto constitucional, quer por derivação das diretrizes constitucionais, voltadas à concretização da igualdade substancial. Ainda assim, o Brasil continua apresentando índices espantosos de desigualdade, sob suas diferentes formas, e exibindo, dia após dia, um preconceito odioso e violento contra as minorias em geral. Há algumas razões metodológicas para isso.

2.4 Dignidade humana e igualdade substancial

Desde a redemocratização, a produção jurídica brasileira abeberou-se intensamente na produção europeia do pós-Guerra – momento histórico em que diversas nações europeias decidiram editar Constituições novas, capazes de refletir seu comprometimento com a proteção da dignidade humana.[17] A Constituição brasileira de 1988 exprime este compromisso com a dignidade humana já no seu artigo 1º, que lista os "fundamentos" da República. Esta norma tem sido apontada por muitos autores como o valor mais relevante da Carta Constitucional ou o seu valor-síntese,[18] o que reflete de certo modo

17. Como já destacado em outra sede: "Por razões evidentes, tal necessidade foi sentida de modo mais imediato naqueles países cujos regimes autoritários restaram derrotados no conflito mundial. A Constituição italiana foi promulgada em 1947 e a Constituição alemã foi promulgada em 1949. Em países onde o autoritarismo perdurou, as novas Constituições só viriam algumas décadas mais tarde, como foi o caso da Constituição portuguesa de 1976 e a Constituição espanhola de 1978, frutos da derrubada dos regimes salazarista e franquista, respectivamente" (SCHREIBER, Anderson. Direito Civil e Constituição. In: SCHREIBER, Anderson. *Direito Civil e Constituição*. São Paulo: Atlas, 2013, p. 7-11).

18. Nessa direção, Paulo Bonavides chega a afirmar que "nenhum outro princípio é mais valioso para compendiar a unidade material da Constituição" (BONAVIDES, Paulo. Prefácio. In: SARLET, Ingo. *Dignidade da pessoa humana e direitos fundamentais na Constituição Federal de 1988*. Belo Horizonte: Livraria do Advogado, 2001, p. 21).

a abordagem adotada na Europa e, especialmente, em organismos internacionais, como a Organização das Nações Unidas.[19] Neste contexto, tem se reservado à igualdade um papel mais instrumental ou parcelar, como um dos componentes ou vetores da dignidade humana.

Quer nos trabalhos doutrinários, quer na nossa produção jurisprudencial a referência à dignidade humana assume uma posição paradigmática e um destaque superior à busca pela igualdade substancial. O certo, todavia, é que não há dignidade da pessoa humana sem igualdade substancial. O reconhecimento do valor intrínseco do ser humano – ou seja, do "valor próprio que identifica o ser humano como tal"[20] – exige, por definição, o reconhecimento e a afirmação de uma igualdade material. A vida digna não pode ser alcançada em uma realidade marcada por diferenças materiais tão profundas como a ausência de moradia ou alimentação (fome) ou, ainda, por uma prática permanente de violência física ou moral contra minorias de diferentes naturezas (étnicas, religiosas etc.). Falar em dignidade humana neste contexto soa, evidentemente, artificioso.

Em países como o Brasil, a posição de primazia no discurso jurídico talvez devesse se situar mais intensamente sobre os meios de concretização urgente da igualdade substancial, refletindo o reiterado compromisso do Constituinte brasileiro com a redução das desigualdades de toda espécie e com a vedação à discriminação e ao preconceito. Embora as noções sejam, a rigor, complementares, a elevação discursiva da dignidade humana a valor superior ou valor-síntese do qual a igualdade substancial é componente talvez acabe por ajudar, inconsciente e involuntariamente, a uma redução da dimensão (*rectius*: tamanho) do problema da desigualdade na sociedade brasileira, com consequências metodológicas.

Seja como for, o certo é que toda a profícua produção em torno da dignidade humana, mesmo quando não se manifeste expressamente sobre a questão da igualdade, dela não se pode dissociar, nem no plano discursivo, nem muito menos no plano concreto.

2.5 A função promocional do Direito: indo além da proibição à discriminação

Uma das razões metodológicas que talvez ajude a explicar por que o explícito e reiterado compromisso da Constituição com a igualdade substancial ainda se mantém em estado latente é a tradicional restrição do Direito a uma perspectiva meramente repressora. O problema da desigualdade, frequentemente, é tratado entre nós como o problema da repressão à discriminação, aqui entendida como "qualquer distinção, exclusão, restrição ou preferência que tenha o propósito ou o efeito de anular ou prejudicar o reconhecimento, gozo ou exercício em pé de igualdade de direitos humanos

19. Em 1948, a Declaração Universal dos Direitos Humanos, aprovada pela Assembleia Geral das Nações Unidas, afirmou expressamente que "o reconhecimento da dignidade inerente a todos os membros da família humana e de seus direitos iguais e inalienáveis é o fundamento da liberdade, da justiça e da paz no mundo".

20. SARLET, Ingo Wolfgang. *Dignidade da pessoa humana e direitos fundamentais na Constituição Federal de 1988.* Porto Alegre: Livraria do Advogado, 2001, p. 38-39.

e liberdades fundamentais nos campos econômico, social, cultural ou em qualquer campo da vida pública".[21]

Embora a palavra "discriminação" seja polissêmica – encontrando, mesmo na linguagem comum, um sentido neutro, como sinônimo de "distinção" ou "diferenciação", e um sentido pejorativo, como sinônimo de "distinção injusta" ou "preconceituosa"[22] –, a discriminação que o Direito combate e reprime é aquela atrelada à redução do reconhecimento, gozo ou exercício de direitos por razões ilegítimas como raça, gênero, credo e assim por diante.[23]

Tomada nesse sentido, a discriminação pode decorrer tanto do emprego direto dos critérios ilegítimos de distinção (*discriminação direta*) quanto da utilização de critérios aparentemente neutros, mas cuja incidência em determinado contexto fático conduza à produção de efeitos discriminatórios (*discriminação indireta*).[24]

A vedação e efetiva repressão à discriminação é um passo importante para a concretização da igualdade substancial, mas não há aí uma equivalência. Em outras palavras, a busca da igualdade substancial não equivale simplesmente, nem se reduz à vedação de condutas antijurídicas (como a injúria racial, por exemplo). Entender uma coisa pela outra acaba por deixar absolutamente de lado um papel muito importante do Direito, que consiste na sua função promocional.

Na célebre lição de Norberto Bobbio:

> Entendo por 'função promocional' a ação que o direito desenvolve pelo instrumento das 'sanções positivas', isto é, por mecanismos genericamente compreendidos pelo nome de 'incentivos', os quais visam não a impedir atos socialmente indesejáveis, fim precípuo das penas, multas, indenizações, reparações, restituições, ressarcimentos etc., mas, sim, a 'promover' a realização de atos socialmente desejáveis. Essa função não é nova. Mas é nova a extensão que ela teve e continua a ter no Estado contemporâneo (...).[25]

---

21. RIOS, Roger Raupp. *Direito da Antidiscriminação*: discriminação direta, indireta e ações afirmativas. Porto Alegre: Livraria do Advogado, 2008, p. 20.
22. Um cuidadoso estudo dos significados, comuns e técnicos, assumidos pela palavra "discriminação" pode ser encontrado no primeiro capítulo da obra de Jorge Cesa Ferreira da SILVA. *Antidiscriminação e Contrato*: a integração entre proteção e autonomia. São Paulo: Ed. RT, 2020, p. 29-68.
23. É este também o sentido adotado para o termo "discriminação" em tratados internacionais, como a Convenção Internacional sobre a Eliminação de todas as Formas de Discriminação Racial: "Artigo I 1. Nesta Convenção, a expressão "discriminação racial" significará qualquer distinção, exclusão restrição ou preferência baseadas em raça, cor, descendência ou origem nacional ou étnica que tem por objetivo ou efeito anular ou restringir o reconhecimento, gozo ou exercício num mesmo plano, (em igualdade de condição), de direitos humanos e liberdades fundamentais no domínio político econômico, social, cultural ou em qualquer outro domínio de vida pública". Na mesma direção, confira-se o disposto na Convenção Internacional sobre os Direitos das Pessoas com Deficiência: "*Artigo 2. Definições. Para os propósitos da presente Convenção: (...)* 'Discriminação por motivo de deficiência' significa qualquer diferenciação, exclusão ou restrição baseada em deficiência, com o propósito ou efeito de impedir ou impossibilitar o reconhecimento, o desfrute ou o exercício, em igualdade de oportunidades com as demais pessoas, de todos os direitos humanos e liberdades fundamentais nos âmbitos político, econômico, social, cultural, civil ou qualquer outro."
24. O tema é examinado com profundidade por Wallace CORBO, *Discriminação indireta*: conceito, fundamentos e uma proposta de enfrentamento à luz da Constituição de 1988. Rio de Janeiro: Lumen Juris, 2017, passim, especialmente p. 176-210.
25. BOBBIO, Norberto. *Da Estrutura à Função*: novos estudos de teoria do direito. Barueri: Manole, 2007, p. XII.

A função promocional do Direito revela-se especialmente importante na concretização da igualdade substancial. Isso porque "igualdade, na ordem constitucional brasileira, não se resume à proibição de exclusão. Igualdade é também a obrigação de inclusão. E para incluir os historicamente excluídos (...) há que se atuar ativamente nas relações sociais. Não basta a postura estática do Estado, que se abstenha de discriminar no presente, mas nada faça para remediar os resultados de uma exclusão multissecular".[26]

Tomando-se como exemplo a discriminação racial, se é certo que a repressão criminal ao racismo (Constituição, art. 5º, LXII, e Lei 7.716/1989) desempenhou e ainda desempenha um papel muito importante na sociedade brasileira, também é correto afirmar que as ações afirmativas, como se vê no acesso à Universidade pública, vêm se mostrando imprescindíveis para a busca da igualdade substancial. Em outras palavras: a repressão à discriminação, seja qual for a sua espécie, representa um passo importante, mas está longe de conduzir, por si só, a uma efetiva redução da desigualdade, que depende das condições materiais para exercício de uma igual autonomia, o que não se alcança por mera proibição de condutas jurídicas preconceituosas.

Ao Direito compete fornecer os meios para a efetiva promoção da igualdade substancial na realidade brasileira e isso se alcança não apenas a partir da proibição de comportamentos antijurídicos (condutas negativas), mas, principalmente, por meio da imposição e incentivo a condutas positivas que se mostrem aptas a alcançar a redução das desigualdades.

2.6 Dever antidiscriminatório do intérprete

Quando se afirma que o Direito deve fornecer os meios para a concretização do compromisso constitucional com a igualdade substancial não se está a afirmar que o intérprete deve permanecer à espera do legislador. Seguramente, o Poder Legislativo desempenha um papel fundamental na edição de normas jurídicas que imponham condutas e ações voltadas à realização da igualdade substancial, mas os intérpretes (assim entendidos magistrados, advogados, defensores públicos, procuradores, professores etc.) desempenham um papel igualmente importante na obtenção deste resultado.

Não raro, é a interpretação de normas jurídicas que desvela o sentido antidiscriminatório que sua aplicação pode assumir. O Direito positivo é fruto de um processo histórico e cultural caracterizado pelo preconceito atávico e indisfarçável da sociedade brasileira contra a população negra, as mulheres, os adeptos das religiões de africanas, os nordestinos, as pessoas com deficiência, a população LGBTQIA+, e assim sucessivamente. Ignorar que esse componente de discriminação sistêmica contra certos grupos sociais influenciou,[27] mais ou menos abertamente, a produção de normas jurídicas

26. SARMENTO, Daniel. A igualdade étnico-racial no direito constitucional brasileiro: discriminação "de facto", teoria do impacto desproporcional e ação afirmativa. *Livres e Iguais*: estudos de direito constitucional. Rio de Janeiro: Lumen Juris, 2006, p. 162.

27. "De uma maneira ampla, pode-se dizer que os grupos protegidos se assemelham por sofrerem restrições sociais permanentes, difusas e substanciais. São permanentes por se verificarem de modo constante ao longo da história

ainda hoje em vigor é negar a obviedade ululante. E, se esse componente esteve ou está ainda presente de alguma forma nos trabalhos legislativos, constitui dever do intérprete, em atendimento ao compromisso constitucional, expurgar as normas jurídicas deste conteúdo preconceituoso e discriminatório por meio da interpretação, identificando meios de promoção da igualdade substancial.

O viés anti-igualitário de normas infraconstitucionais é, a propósito, não apenas um dado histórico, mas também uma das possíveis explicações de por quê mais de três décadas de vigência do expresso e reiterado compromisso da Constituição com a superação da discriminação e do preconceito não foram suficientes para que o Brasil superasse, de modo minimamente satisfatório, a odiosa desigualdade que o caracteriza como nação.

O compromisso constitucional, em plano declaratório, não se traduz em postura promocional ativa da comunidade jurídica nacional, adiando continuamente a adoção das condutas necessárias à superação da desigualdade e à extirpação do preconceito. Daí a urgência de se atribuir ao Direito um efetivo papel antidiscriminatório, que não foi alcançado pela mera existência de normas jurídicas pontuais na Constituição, nem tampouco pela edição de estatutos ou leis isoladas, que, conquanto muito úteis, não lograram reservar à matéria uma abrangência sistemática, nem imprimir uma alteração metodológica na forma de interpretação e aplicação do Direito brasileiro.

E é precisamente por isso que o Direito Antidiscriminatório não deve ser entendido como mais um ramo ou setor do Direito, nem como uma área nova de conhecimento, mas sim como a atitude metodológica que permite, por meio da interpretação e aplicação das normas jurídicas de qualquer ramo do Direito, promover a concretização da igualdade substancial, com a qual se comprometeu explícita e reiteradamente a nossa Constituição. Tal metodologia impõe a funcionalização dos instrumentos jurídicos à realização da igualdade substancial, em sede interpretativa-aplicativa, permitindo a obtenção de resultados concretos que não são assegurados por um olhar pretensamente "neutro" da ordem jurídica.

3. APLICAÇÃO DO DIREITO ANTIDISCRIMINATÓRIO

A aplicação de uma genuína metodologia antidiscriminatória na interpretação e aplicação das normas jurídicas pode ser alcançada por diferentes caminhos. O primeiro deles consiste na identificação e expurgação de viés discriminatório inerente às normas jurídicas ou aos resultados concretos da sua incidência. Foi o que ocorreu, por exemplo, no célebre precedente do Supremo Tribunal Federal acerca da interpretação do artigo 1.723 do Código Civil, segundo o qual "é reconhecida como entidade familiar a união

e por tenderem a seguir existindo, ao menos no futuro próximo. São difusas porque não se limitam a uma dada esfera particular da vida social, mas abrangem os mais diversos setores e aspectos da vida, simultaneamente, envolvendo, muitas vezes, restrições de acesso à educação de qualidade, a bons empregos, à saúde e a bons equipamentos urbanos, bem como exposição a maiores índices de violência etc. Por fim, são substanciais porque perpassam os limites de meros inconvenientes" (SILVA, Jorge Cesa Ferreira da. *Antidiscriminação e Contrato*: a integração entre proteção e autonomia. São Paulo: Ed. RT, 2020, p. 97).

estável entre o homem e a mulher". O dispositivo da codificação civil reproduzia, em larga medida, o disposto no artigo 226, § 3º, da própria Constituição de 1988, que alude, no mesmo sentido, à união "entre o homem e a mulher". Em 2008, o Estado do Rio de Janeiro ajuizou arguição de descumprimento de preceito fundamental pleiteando o pleno reconhecimento das uniões homoafetivas (ADPF 132/RJ). Na mesma direção, a Procuradoria Geral da República propôs ação direta de inconstitucionalidade (ADI 4.277/DF), em que pleiteou interpretação conforme a Constituição para que a disciplina jurídica da união estável fosse integralmente aplicada às uniões homoafetivas. Em julgamento histórico, o Supremo Tribunal Federal entendeu que a referência normativa à união estável "entre o homem e a mulher" deve ser interpretada historicamente, como uma pretensão de inclusão do Constituinte de 1988 em relação às milhares de famílias que viviam sob o manto da ilegitimidade, não podendo ser tal trecho interpretado no sentido de excluir outras formas de arranjos familiares, como as uniões homoafetivas, que atraem o mesmo reconhecimento jurídico. Em outras palavras: nossa Suprema Corte acabou por expurgar do artigo 1.723 do Código Civil – e, registre-se, do artigo 226, § 3º, da própria Constituição de 1988 – um viés discriminatório.

Além desta forma de proceder, o intérprete pode se valer de diferentes instrumentos jurídicos para a concretização da igualdade substancial na solução de conflitos, dentre os quais (a) instrumentos jurídicos tradicionais, revisitados em nova perspectiva funcional, e (b) instrumentos jurídicos especialmente desenhados para aquele fim.

Como exemplos do primeiro grupo, tem-se o manejo da responsabilidade civil, que pode ser facilmente empregada na imposição do dever de reparação de danos decorrentes da discriminação e exercer, neste sentido, um papel mais amplo de desincentivo (*deterrence*) às condutas preconceituosas. Com efeito, o particular que causa dano a outrem ao submetê-lo a tratamento discriminatório fica obrigado a reparar o referido dano, por força dos artigos 186 e 927 do Código Civil.[28] A propositura de ações coletivas de indenização diante de práticas que exprimam preconceito estrutural, como a não contratação de mulheres por determinados setores de mercado, podem facilmente desestimular a preservação da discriminação e abrir novas frentes para a igualdade substancial. O mesmo vale para *ações cominatórias*, propostas no afã de fazer cessar práticas discriminatórias (Código de Processo Civil, art. 497), sem prejuízo do direito à reparação.[29]

28. "Art. 186. Aquele que, por ação ou omissão voluntária, negligência ou imprudência, violar direito e causar dano a outrem, ainda que exclusivamente moral, comete ato ilícito. (...) Art. 927. Aquele que, por ato ilícito (arts. 186 e 187), causar dano a outrem, fica obrigado a repará-lo".

29. "Art. 497. Na ação que tenha por objeto a prestação de fazer ou de não fazer, o juiz, se procedente o pedido, concederá a tutela específica ou determinará providências que assegurem a obtenção de tutela pelo resultado prático equivalente. Parágrafo único. Para a concessão da tutela específica destinada a inibir a prática, a reiteração ou a continuação de um ilícito, ou a sua remoção, é irrelevante a *demonstração da* ocorrência de dano ou da existência de culpa ou dolo". Em sede doutrinária, esclarece Luiz Guilherme Marinoni: "Se o direito material, para evitar o dano, proíbe uma conduta, é evidente que a sua violação deve abrir ensejo a uma ação processual a ela ajustada. Ora, essa ação somente pode ser de remoção de ilícito, uma vez que o direito material, nesse caso, apenas pode ser reavivado com a remoção do efeito concretos do ato contrário ao direito" (MARINONI, Luiz Guilherme. *Técnica Processual e Tutela dos Direitos*. 6. ed. São Paulo: Ed. RT, 2019, p. 186).

De modo similar, a *responsabilidade penal* pode ser manejada para combater e prevenir o preconceito, quer por meio da aplicação de normas específicas,[30] quer por meio de construções ampliativas do crime de racismo, como foi feito pelo STF no tocante à criminalização de "*condutas homofóbicas e transfóbicas, reais ou supostas, que envolvem aversão odiosa à orientação sexual ou à identidade de gênero de alguém*", ao menos até que sobrevenha lei emanada do Congresso Nacional (ADO 26)[31] – cabendo registrar a existência de construções críticas à ampliação do direito punitivo nesta seara.[32]

Ainda nesta mesma direção, a *responsabilidade administrativa* também pode ser invocada no tocante às ações governamentais, que exibam, em sua concepção ou em sua implementação prática, viés discriminatório, sem prejuízo de outras responsabilidades em que possam igualmente incorrer os agentes públicos.[33]

Ao lado dos instrumentos jurídicos tradicionais, que podem ser refuncionalizados ao atendimento da igualdade substancial, situam-se aqueles outros especialmente desenhados para este fim. Merecem destaque neste particular as *ações afirmativas*, entendidas como o "conjunto de políticas públicas e privadas de caráter compulsório, facultativo ou voluntário, concebidas com vistas ao combate à discriminação racial, de gênero e de origem nacional, bem como para corrigir os efeitos presentes da discriminação praticada no passado, tendo por objetivo a concretização do ideal de efetiva igualdade de acesso a bens fundamentais como a educação e o emprego".[34]

As ações afirmativas atendem à função promocional do Direito Antidiscriminatório, impondo a adoção de práticas pluralistas, aptas a romper com estruturas

---

30. Pode-se mencionar, exemplificativamente, a tipificação dos crimes de feminicídio (Código Penal, art. 121, § 2º, VI), de injúria qualificada por preconceito (Código Penal, art. 140, § 3º) e dos diversos crimes resultantes de preconceito por raça, cor, etnia, religião ou nacionalidade tipificados na Lei 7.716/1989.
31. Merece destaque, ainda, a histórica decisão proferida pelo Supremo Tribunal Federal no âmbito da Ação Direta de Inconstitucionalidade por Omissão 26, na qual se concluiu que, "até que sobrevenha lei emanada do Congresso Nacional destinada a implementar os mandados de criminalização definidos nos incisos XLI e XLII do art. 5º da Constituição da República, as condutas homofóbicas e transfóbicas, reais ou supostas, que envolvem aversão odiosa à orientação sexual ou à identidade de gênero de alguém, por traduzirem expressões de racismo, compreendido este em sua dimensão social, ajustam-se, por identidade de razão e mediante adequação típica, aos preceitos primários de incriminação definidos na Lei 7.716, de 08/01/1989, constituindo, também, na hipótese de homicídio doloso, circunstância que o qualifica, por configurar motivo torpe (Código Penal, art. 121, § 2º, I, in fine)" (STF, Tribunal Pleno, ADO 26, Rel. Min. Celso de Mello, j. 13.06.2019).
32. Ver, sobre o tema, DIMOULIS, Dimitri. *Direito de Igualdade*: antidiscriminação, minorias sociais, remédios constitucionais. São Paulo: Almedina, 2021, p. 248: "(...) pesquisas jurisprudenciais constatam a limitadíssima eficácia social da norma (Lei 7.716/1989), encontrando os tribunais formas para não constatar a ocorrência de atos racistas. Isso pode ser criticado como comprovação de uma postura conservadora dos tribunais. A norma, no entanto, não deixa de desenvolver efeitos simbólicos, permitindo a sensibilização da opinião pública, por mais que o direito penal não seja o instrumento mais adequado para promover debates de conscientização".
33. Confira-se, na esfera federal, a Lei 8.112/1990: "Art. 121. O servidor responde civil, penal e administrativamente pelo exercício irregular de suas atribuições. (...) Art. 124. A responsabilidade civil-administrativa resulta de ato omissivo ou comissivo praticado no desempenho do cargo ou função".
34. BARBOSA GOMES, Joaquim B. *Ação Afirmativa & Princípio Constitucional da Igualdade*: o Direito como instrumento de transformação social. A experiência dos EUA. Rio de Janeiro: Renovar, 2001, p. 40. O Estatuto da Igualdade Racial, por sua vez, assim define a ação afirmativa: "Art. 1º (...) Parágrafo único. Para efeito deste Estatuto, considera-se: (...) VI – ações afirmativas: os programas e medidas especiais adotados pelo Estado e pela iniciativa privada para a correção das desigualdades raciais e para a promoção da igualdade de oportunidades".

discriminatórias introjetadas na sociedade brasileira.[35] Embora se tenha verificado, no passado, acesa polêmica acerca da sua constitucionalidade, o Supremo Tribunal Federal veio a reconhecer, em 2012, que "não contraria – ao contrário, prestigia – o princípio da igualdade material, previsto no caput do art. 5º da Carta da República, a possibilidade de o Estado lançar mão seja de políticas de cunho universalista, que abrangem um número indeterminados de indivíduos, mediante ações de natureza estrutural, seja de ações afirmativas, que atingem grupos sociais determinados, de maneira pontual, atribuindo a estes certas vantagens, por um tempo limitado, de modo a permitir-lhes a superação de desigualdades decorrentes de situações históricas particulares".[36]

Ao lado das ações afirmativas, merece registro o chamado *direito à adaptação razoável*. A Convenção Internacional sobre os Direitos das Pessoas com Deficiência define *adaptação razoável* como "as modificações e os ajustes necessários e adequados que não acarretem ônus desproporcional ou indevido, quando requeridos em cada caso, a fim de assegurar que as pessoas com deficiência possam gozar ou exercer, em igualdade de oportunidades com as demais pessoas, todos os direitos humanos e liberdades fundamentais" (art. 2º).

Embora desenhado originariamente para a inclusão das pessoas com deficiência, o direito à adaptação razoável consiste em instrumento apto a tutelar diversos outros grupos marginalizados, sempre que a discriminação em foco possa ser minorada pela acomodação de necessidades particulares de determinada minoria.[37] Fala-se em adaptação razoável, por exemplo, em casos envolvendo a adoção de "horários mais flexíveis em relação à mãe em período de lactação, respeito a datas sagradas de religiões minoritárias em escolas e assim sucessivamente".[38]

Como se vê, não se está aqui diante de uma política de inclusão abrangente, mas sim de medidas de caráter mais pontual, exigíveis diretamente por indivíduos ou grupos afetados, mas, tal como ocorre nas ações afirmativas, seu propósito consiste em superar o quadro de discriminação estrutural que caracteriza a realidade do nosso país.[39]

---

35. "Os partidários das Ações Afirmativas justificam sua adoção com o argumento de que esse tipo de política social seria apta a atingir uma série de objetivos que restariam normalmente inalcançados caso a estratégia de combate à discriminação se limitasse à adoção, no campo normativo, de regras meramente proibitivas de discriminação. Numa palavra, não basta proibir, é preciso também promover, tornando rotineira a observância dos princípios da diversidade e do pluralismo, de tal sorte que venha a operar-se uma transformação no comportamento e na mentalidade dos membros da sociedade, cujos 'mores' são fortemente condicionados pela tradição, pelos costumes, pela história" (BARBOSA GOMES, Joaquim B. *Ação Afirmativa & Princípio Constitucional da Igualdade*: o Direito como instrumento de transformação social. A experiência dos EUA. Rio de Janeiro: Renovar, 2001, p. 44).
36. STF, Tribunal Pleno, ADPF 186, Rel. Min. Ricardo Lewandowski, j. 26.04.2012.
37. BELMONTE, Alexandre Agra. O direito fundamental à adaptação razoável em casos de discriminação de minorias nas relações de trabalho. In: ADAMOVICH, Eduardo von; ZERNIKOW, Marcel (Ed.). *Philosophical and Sociological Reflections on Labour Law in Times of Crisis*. Cambridge Scholars Publishing, 2022, p. 217.
38. SILVA, Jorge Cesa Ferreira da. *Antidiscriminação e Contrato*: a integração entre proteção e autonomia. São Paulo: Ed. RT, 2020, p. 130.
39. CORBO, Wallace. *Discriminação Indireta*: conceito, fundamentos e uma proposta de enfrentamento à luz da Constituição de 1988. Rio de Janeiro: Lumen Juris, 2017, p. 244-246.

Também em relação à adaptação razoável já se manifestou o Supremo Tribunal Federal, ao analisar a constitucionalidade de Decreto 9.546/2018, que excluía a previsão de adaptação das provas físicas para candidatos com deficiência a cargos e empregos públicos na Administração Pública Federal, concluindo ser inconstitucional "a interpretação que exclui o direito de candidatos com deficiência à adaptação razoável em provas físicas de concursos públicos".[40]

Vistos alguns dos instrumentos disponíveis para uma abordagem metodológica de cunho antidiscriminatório, convém examinar alguns exemplos de sua aplicação no combate à desigualdade em suas diferentes expressões.

3.1 Desigualdade racial: política de cotas e outros instrumentos

O mais bem-sucedido exemplo de ação afirmativa na sociedade brasileira consiste, indiscutivelmente, na política de cotas para acesso às Universidades públicas. Revelou-se pioneira, nessa seara, a experiência observada no ensino superior do Rio de Janeiro, onde a Lei Estadual 3.708/2001 destinou 40% das vagas das Universidade do Estado do Rio de Janeiro (UERJ) e da Universidade Estadual do Norte Fluminense (UENF) para candidatos autodeclarados negros e pardos,[41] sendo sucedida, pouco tempo depois, pela Lei Estadual 4.151/2003, que passou a beneficiar estudantes oriundos da rede pública de ensino, negros, com deficiência e integrantes de minorias étnicas.

No final do ano de 2003, a UERJ realizou o primeiro vestibular do país destinado a efetivamente implementar o sistema de cotas.[42] Desde então, o arcabouço normativo da política de cotas estadual passou por sucessivos aperfeiçoamentos,[43] estando atualmente em vigor a Lei 8.121/2018, que contempla estudantes "negros, indígenas e quilombolas, alunos oriundos da rede pública de ensino, pessoas com deficiência, filhos de policiais civis e militares, bombeiros militares e inspetores de segurança e administração penitenciária, mortos ou incapacitados em razão do serviço, desde que carentes" (art. 1º).[44] Note-se que o *caput* do artigo 1º da referida lei prevê, também, a incidência de um critério socioeconômico para o ingresso e permanência de estudantes nas universidades estaduais por meio do sistema de cotas.[45]

O sucesso desta política pública no Estado do Rio de Janeiro, aliado à crescente conscientização acerca da necessidade de promover uma maior inclusão no acesso aos cursos de ensino superior, conduziu à proliferação de ações afirmativas similares em

40. STF, Tribunal Pleno, ADI 6.476, Rel. Min. Roberto Barroso, j. 08.09.2021.
41. Anteriormente, a Lei 3.524/2000 já reservava 50% das vagas das universidades estaduais fluminenses para estudantes egressos de escolas públicas.
42. *Em 2003, UERJ se torna a primeira universidade do país a adotar cotas* (*Globo Universidade*, 3.8.2013).
43. Por meio das Leis 5.074/2007 e 5.346/2008.
44. Para mais detalhes, confira-se o site do Departamento de Articulação, Iniciação Acadêmica e de Assistência e Inclusão Estudantil da Universidade do Estado do Rio de Janeiro: www.daiaie.uerj.br.
45. O § 4º do artigo 1º da Lei 8.121/2018, esclarece que "por estudante carente entende-se como sendo aquele assim definido por cada universidade pública estadual, no uso de sua autonomia, devendo levar em consideração o nível socioeconômico do candidato".

outros Estados da Federação[46] e, finalmente, à edição da Lei Federal 12.711/2012, que reservou o mínimo de 50% das vagas em instituições federais de Ensino Superior para "estudantes que tenham cursado integralmente o ensino médio em escolas públicas" (art. 1º), devendo tais vagas serem preenchidas por "autodeclarados pretos, pardos e indígenas e por pessoas com deficiência", na proporção representada por estes grupos na população da unidade da Federação onde está instalada a respectiva instituição de ensino (art. 3º).[47]

Recebidas com grande resistência, inclusive por parcela da comunidade jurídica, as políticas de cotas superaram mitos e receios, consolidando-se em nossas Universidades públicas. Ainda em 2012, como já mencionado, ganharam a expressa chancela do Supremo Tribunal Federal, que, ao declarar a constitucionalidade das reservas de vaga com base em critério étnico-racial na Universidade de Brasília (UnB), afirmou que "metodologia de seleção diferenciada pode perfeitamente levar em consideração critérios étnico-raciais ou socioeconômicos, de modo a assegurar que a comunidade acadêmica e a própria sociedade sejam beneficiadas pelo pluralismo de ideias, de resto, um dos fundamentos do Estado brasileiro, conforme dispõe o art. 1º, V, da Constituição".[48]

Afigura-se imperativa a manutenção destas ações afirmativas, instituídas quase sempre sob a condição de avaliação de seus resultados após um certo número de anos. Imprescindível também que haja o acompanhamento pelas próprias instituições de ensino ou por entidades profissionais da efetiva inserção dos alunos-cotistas no mercado, que pode acabar por levar à identificação de outras formas de preconceito.[49] Também se

46. Para um abrangente levantamento sobre o tema, confira-se o estudo *As políticas de ação afirmativa nas universidades estaduais* (Grupo de Estudos Multidisciplinares da Ação Afirmativa do IESP-UERJ, 2015), disponível em: gemaa.iesp.uerj.br.

47. "Art. 1º As instituições federais de educação superior vinculadas ao Ministério da Educação reservarão, em cada concurso seletivo para ingresso nos cursos de graduação, por curso e turno, no mínimo 50% (cinquenta por cento) de suas vagas para estudantes que tenham cursado integralmente o ensino médio em escolas públicas. Parágrafo único. No preenchimento das vagas de que trata o caput deste artigo, 50% (cinquenta por cento) deverão ser reservados aos estudantes oriundos de famílias com renda igual ou inferior a 1,5 salário-mínimo (um salário-mínimo e meio) per capita. (...) Art. 3º Em cada instituição federal de ensino superior, as vagas de que trata o art. 1º desta Lei serão preenchidas, por curso e turno, por autodeclarados pretos, pardos e indígenas e por pessoas com deficiência, nos termos da legislação, em proporção ao total de vagas no mínimo igual à proporção respectiva de pretos, pardos, indígenas e pessoas com deficiência na população da unidade da Federação onde está instalada a instituição, segundo o último censo da Fundação Instituto Brasileiro de Geografia e Estatística – IBGE. Parágrafo único. No caso de não preenchimento das vagas segundo os critérios estabelecidos no caput deste artigo, aquelas remanescentes deverão ser completadas por estudantes que tenham cursado integralmente o ensino médio em escolas públicas".

48. STF, Tribunal Pleno, ADPF 186, Rel. Min. Ricardo Lewandowski, j. 26.04.2012.

49. É esta a conclusão alcançada, exemplificativamente, pelo estudo realizado por Marciano Seabra de Godoi e Maria Angélica dos Santos: "O estudo verificou que os mecanismos governamentais de monitoramento e avaliação da política de reserva de vagas previstos na Lei 12.711/2012 não estão funcionando a contento, o mesmo devendo ser dito em relação à efetiva reserva de vagas para negros em concursos públicos de docência em nível superior – Lei 12.990/2014. Enquanto esta lei não surtir todos os seus efeitos em relação a essas vias de acesso aos postos de maior prestígio acadêmico na universidade, os propósitos da política de ação afirmativa no ensino superior não serão atingidos. Na revisão da Lei 12.711/2012 a ser efetuada em 2022 sugere-se também a revisão da problemática subcota baseada na renda familiar per capita de até 1,5 salário-mínimo, a previsão explícita das comissões de heteroidentificação no próprio corpo da lei, além da introdução de políticas de ação afirmativa também nos programas de pós-graduação, medida já implementada por muitas universidades e que

discute, ainda no que tange à política de cotas para ingresso em Universidades públicas, qual a melhor forma de combater casos de fraude à autodeclaração.[50]

Como em qualquer política pública, há sempre espaços para aprimoramento. O importante, contudo, é que o caráter fundamental da educação para a construção do país[51] e o avanço social propiciado pela instauração de um ambiente mais plural e inclusivo no Ensino Público Superior revelam a importância de se pensar as políticas de cota não como *políticas de governo*, mas sim como *políticas de Estado*, isto é, como verdadeiro pilar do projeto de nação prometido pela Constituição da República, a ser salvaguardado dos caprichos flutuantes de governantes em todas as esferas federativas.

As cotas em universidades públicas, como destacado, beneficiam diversas minorias. Há, contudo, diversas medidas promocionais de caráter mais setorial, voltadas a grupos minoritários específicos, entre as quais merecem destaque, inicialmente, aquelas destinadas ao estímulo de uma maior *igualdade racial*, tão prejudicada pelas nossas raízes escravocratas. Confira-se, nessa direção, a Lei Federal 12.990/2014, que reserva a pessoas negras 20% (vinte por cento) das vagas oferecidas nos concursos públicos para provimento de cargos efetivos e empregos públicos no âmbito da Administração Pública Federal, das autarquias, das fundações públicas, das empresas públicas e das sociedades de economia mista controladas pela União.[52]

As cotas, no entanto, não são o único instrumento de promoção da igualdade racial em nosso ordenamento jurídico. Iniciativa importante e sensível nesta matéria foi pro-

---

poderá contribuir para finalmente pôr fim ao secular 'confinamento racial do mundo acadêmico brasileiro'. A revisão da Lei 12.711/2012 deve também incluir a discussão democrática e plural de mecanismos cuja adoção viabilize, além do acesso, a permanência epistemologicamente enriquecedora de estudantes negros na universidade (na graduação e pós-graduação), de modo a fazer com que a reserva de vagas não seja reduzida a uma prática desmobilizadora de simples tokenização" (GODOI, Marciano Seabra de; SANTOS, Maria Angélica dos. Dez anos da lei federal das cotas universitárias: avaliação de seus efeitos e propostas para sua renovação e aperfeiçoamento. *Revista de Informação Legislativa*, v. 58, n. 229, p. 29, jan./mar. 2021).

50. Algumas Universidades Estaduais e Federais têm implantado os chamados "comitês de heteroidentificação", que avaliam se a autodeclaração racial feita pelo vestibulando é "autêntica". A medida, no entanto, tem dividido opiniões. Enquanto alguns enxergam as comissões como meio eficaz para combate às fraudes no sistema de cotas, outros apontam que a análise de fenótipos teria por si só um "aspecto racista" (a título meramente exemplificativo, ver a reportagem *Cotistas aprovados em universidades passam por comissão para validar autodeclaração; antropólogo diz que critérios têm* 'aspecto racista', publicada no G1, em 20 de março de 2022).

51. Nas belas palavras de Sergio Cavalieri Filho, no artigo Ação Afirmativa nas Universidades. *Revista de Informação Legislativa*, v. 58, n. 229, jan./mar. 2021: "Aí está, também em nosso modesto entender, a única solução duradoura e definitiva para o grande problema da desigualdade social. Não é o decolar da economia, como muitos pregam, nem 'deixar crescer o bolo para depois dividi-lo', como se falou duramente duas décadas. Achava-se que para um país ter futuro bastava educar uma elite, um pequeno conjunto de profissionais superiores a serviço da economia, e deu no que deu. A economia cresceu, mas a desigualdade também; não houve divisão do bolo. Outro é o caminho correto. Educação de qualidade é o meio mais eficiente para se reduzir a desigualdade social, pois é o ativo que mais facilmente pode ser distribuído, sem tirá-lo de ninguém, e que, ao mesmo tempo, mais contribuirá para a consolidação da democracia e para o crescimento econômico duradouro e sustentável. A educação de qualidade é o pilar que sustenta em harmonia a sociedade".

52. Lei 12.990/2014: "Art. 1º Ficam reservadas aos negros 20% (vinte por cento) das vagas oferecidas nos concursos públicos para provimento de cargos efetivos e empregos públicos no âmbito da Administração Pública federal, das autarquias, das fundações públicas, das empresas públicas e das sociedades de economia mista controladas pela União, na forma desta Lei".

movida pelas Leis Federais 10.639/2003 e 11.645/2008, que incluíram na Lei de Diretrizes e Bases da Educação Nacional (Lei 9.394/1996) a obrigatoriedade, nos estabelecimentos de ensino fundamental e médio, públicos e privados, do ensino da história e cultura afro-brasileira e indígena, cujo conteúdo programático deve incluir "diversos aspectos da história e da cultura que caracterizam a formação da população brasileira, a partir desses dois grupos étnicos, tais como o estudo da história da África e dos africanos, a luta dos negros e dos povos indígenas no Brasil, a cultura negra e indígena brasileira e o negro e o índio na formação da sociedade nacional, resgatando as suas contribuições nas áreas social, econômica e política, pertinentes à história do Brasil" (Lei de Diretrizes e Bases, art. 26-A, § 1º).[53]

Sabe-se que, infelizmente, a efetiva implementação deste estudo nos currículos escolares tem enfrentado diversos obstáculos, ficando muitas vezes restrito a datas comemorativas ou períodos de conscientização,[54] o que torna imperativa maior fiscalização por parte dos órgãos competentes e da própria sociedade civil. A educação desempenha papel fundamental no combate à discriminação racial e ao próprio redimensionamento da condição negra e indígena, desacreditada por séculos no ensino brasileiro.[55]

3.2 Desigualdade de gênero: Emenda Constitucional 117 e práticas ESG

A marcante desigualdade de gênero na sociedade brasileira reflete-se em muitos aspectos da vida pública e privada. O vasto catálogo vai da violência contra a mulher – objeto da conhecida Lei Maria da Penha (Lei 11.340/2006)[56] – à sua discriminação no ambiente de trabalho, onde frequentemente a mulher recebe salários inferiores aos homens de igual posição ou é privada do acesso a certos cargos ou sofre, ainda, outras espécies de embaraços à vida profissional. O quadro governamental também diz muito sobre o tema, bastando verificar que apenas 17,7% da Câmara dos Deputados e 12,3% do

53. Esclareça-se que a Lei 10.639/2003, originalmente, referia-se unicamente ao ensino sobre história e cultura *afro-brasileiras*, tendo a Lei 11.645/2008 ampliado o escopo da norma para abarcar também a história e cultura *indígenas*.

54. Como destacado em reportagem de Paula Bittar, *Participantes de audiência cobram que escolas ensinem sobre história indígena e afro-brasileira* (*Agência Câmara*, 09.07.2021).

55. Sobre o tema, ver Alessandra Devulsky, *Colorismo*, São Paulo: Jandaíra, 2021: "Instituições, e até o próprio Estado, promoveram durante séculos uma associação sistemática da cultura negra à pobreza, ao incivilizado e ao ínscio, mesmo que o continente africano também seja sinônimo de abundância, de grandes civilizações promovedoras das ciências, indo da política à engenharia, passando pela filosofia e chegando à física. Por isso os reflexos racistas e as práticas oriundas do colorismo foram incorporadas tão bem na construção dos nossos apreços e gostos, e não poderiam deixar de estar presentes também no seio da comunidade negra. Desaprender o racismo passa pela compreensão do que de fato é a história africana e a história da diáspora, das causas do tráfico negreiro e dos seus elos com aqueles que ontem e hoje se beneficiam da clivagem racial. O colorismo, portanto, tem como causa a maneira pela qual compreendemos a condição negra, inferiorizada e subjugada ao branco; mas também tem como solução a compreensão dessa mesma condição negra, desde que liberta de sua grade racista".

56. A Lei Maria da Penha instituiu uma série de mecanismos para coibir a violência doméstica e familiar contra a mulher, como a criação do Juizado de Violência Doméstica e Familiar contra a Mulher e a disponibilização de tutelas de urgência para assegurar a integridade psicofísica das mulheres e demais membros da família.

Senado Federal são compostos por mulheres,[57] sendo certo, ainda, que o país foi governado por apenas uma mulher – que teve seu mandato interrompido por *impeachment* baseado em "pedalada fiscal".[58]

Neste cenário, medida promocional que merece destaque consta da Emenda Constitucional 117/2022,[59] que determinou a reserva de, no mínimo, 30% (trinta por cento) dos recursos públicos recebidos e do tempo de propaganda gratuita no rádio e na televisão em prol de candidaturas femininas. Trata-se de importante providência, que tende a ampliar as chances de êxito de mulheres nas disputas eleitorais e o próprio interesse dos partidos políticos de encampar tais candidaturas, contribuindo, de modo decisivo, para elevar a representação feminina na política.

Também aqui, contudo, se afigura imprescindível a vigilância quanto ao efetivo atendimento da nova regra.[60] Isso porque, a rigor, o Supremo Tribunal Federal já havia reconhecido, em decisão proferida em 2018, a obrigatoriedade da reserva de 30% do Fundo Partidário às candidaturas femininas,[61] tendo o Tribunal Superior Eleitoral, no mesmo ano, estendido esta reserva ao Fundo Especial de Financiamento de Campanha e ao tempo de propaganda gratuita no rádio e na televisão.[62] Ocorre que as referidas reservas

---

57. Apesar de alguns avanços, a eleição de 2022 não alterou as disparidades de gênero entre os congressistas, como se verifica nas recentes reportagens *Apesar de maior presença de mulheres na disputa ao Senado, bancada feminina diminui* (*Agência Senado*, 3.10.2022) e *Bancada feminina aumenta 18,2% e tem duas representantes trans: Mulheres encabeçaram a lista dos mais votados em oito Estados e no Distrito Federal* (*Agência Câmara de Notícias*, 3.10.2022).
58. A qualificação da motivação fiscal como "*crime de responsabilidade*" da ex-Presidente é até hoje questionada sob o ponto de vista técnico-jurídico, não faltando autores do meio jurídico que qualificam o seu *impeachment* como um velado "golpe de Estado". Ver, entre outros, Danilo Enrico Martuscelli, Polêmicas sobre a Definição do Impeachment de Dilma Rousseff como Golpe de Estado. *Revista de Estudos e Pesquisas sobre as Américas*, v. 14, n. 2, , p. 67-102, 2020.
59. Constituição Federal: "Art. 17 (...) § 8º O montante do Fundo Especial de Financiamento de Campanha e da parcela do fundo partidário destinada a campanhas eleitorais, bem como o tempo de propaganda gratuita no rádio e na televisão a ser distribuído pelos partidos às respectivas candidatas, deverão ser de no mínimo 30% (trinta por cento), proporcional ao número de candidatas, e a distribuição deverá ser realizada conforme critérios definidos pelos respectivos órgãos de direção e pelas normas estatutárias, considerados a autonomia e o interesse partidário".
60. Seja consentido reproduzir a oportuna reflexão de Adilson José Moreira sobre este ponto: "Embora sistemas constitucionais ao redor do mundo tenham promulgado normas destinadas à criação de um sistema protetivo, tal fato não significa que elas serão realmente respeitadas ou aplicadas. Como tem sido afirmado por muitos autores, a efetividade dessas normas depende da existência de uma cultura jurídica também comprometida com elas. Mais do que a existência de normas direcionadas à proteção de grupos minoritários, também é necessário que operadores do Direito estejam empenhados na transformação das condições sociais e práticas culturais" (MOREIRA, Adilson José. *Tratado de Direito Antidiscriminatório*. São Paulo: Contracorrente, 2020, p. 108).
61. STF, Tribunal Pleno, ADI 5.617, Rel. Min. Edson Fachin, j. 15.03.2018: "Ação direta julgada procedente para (...) dar interpretação conforme à Constituição ao art. 9º da Lei 13.165/2015 de modo a (a) equiparar o patamar legal mínimo de candidaturas femininas (hoje o do art. 10, § 3º, da Lei 9.504/1997, isto é, ao menos 30% de cidadãs), ao mínimo de recursos do Fundo Partidário a lhes serem destinados, que deve ser interpretado como também de 30% do montante do fundo alocado a cada partido, para eleições majoritárias e proporcionais, e (b) fixar que, havendo percentual mais elevado de candidaturas femininas, o mínimo de recursos globais do partido destinados a campanhas lhes seja alocado na mesma proporção; (iii) declarar a inconstitucionalidade, por arrastamento, do § 5º-A e do § 7º do art. 44 da Lei 9.096/95."
62. "Embora circunscrito o objeto da ADI 5617 à distribuição dos recursos partidários que veio a ser fixada por meio da Lei 13.165/2015, os fundamentos então esposados transcendem o decidido naquela hipótese, considerada, em especial, a premissa de que 'a igualdade entre homens e mulheres exige não apenas que as mulheres tenham garantidas iguais oportunidades, mas também que sejam elas empoderadas por um ambiente que lhes permita

foram desrespeitadas por mais de 20 partidos na eleição ocorrida em 2020.[63] E o Congresso Nacional acabou por inserir no texto da Emenda Constitucional 117 – que nada mais fez que reproduzir os entendimentos já fixados pelo STF e pelo TSE – uma anistia aos partidos relativamente às sanções que deveriam incidir em razão de tal descumprimento.[64]

Embora não se deva descartar a importância de medidas focadas na ampliação das *chances* de acesso, uma maior e mais efetiva inclusão das mulheres parece passar pela necessidade de *garantia* de acesso de mulheres aos espaços das esferas pública e privada dos quais elas são historicamente afastadas. Nota-se, nessa direção, embora de forma ainda tímida e esporádica, uma crescente adoção espontânea por sociedades empresárias de regras de paridade de vagas para determinados cargos na iniciativa privada.[65] O recente interesse pela adoção de práticas de ESG[66] promete intensificar este saudável movimento.

É preciso, naturalmente, que este tipo de estratégia alcance também os cargos de chefia ou liderança. Nesta espécie de cargo, embora se observe um considerável crescimento da participação feminina, que atualmente corresponde a 38% destas posições nas empresas brasileiras,[67] este número ainda está longe de refletir a proporção de mulheres em nossa sociedade, que é de 52,2%, segundo os dados do último censo.[68]

Na seara pública, especificamente no âmbito do Poder Judiciário, crescem as demandas por paridade de gênero na composição dos Tribunais Superiores[69] e no preenchimento das vagas do quinto constitucional.[70] Se a discriminação à mulher nestes

---

alcançar a igualdade de resultados'. Aplicável, sem dúvida, a mesma diretriz hermenêutica; 'ubi eadem ratio ibi idem jus', vale dizer, onde houver o mesmo fundamento, haverá o mesmo direito. (...) Consulta respondida afirmativamente, nos seguintes termos: a distribuição dos recursos do Fundo Especial de Financiamento de Campanha (FEFC), previsto nos artigos 16-C e 16-D, da Lei das Eleições, e do tempo de propaganda eleitoral gratuita no rádio e na televisão, regulamentada nos arts. 47 e seguintes do mesmo diploma legal, deve observar os percentuais mínimos de candidatura por gênero, nos termos do art. 10, § 3º, da Lei 9.504/97, na linha da orientação firmada na Suprema Corte ao exame da ADI 5617. No caso de percentual superior de candidaturas, impõe-se o acréscimo de recursos do FEFC e do tempo de propaganda na mesma proporção" (TSE, Tribunal Pleno, Consulta 060025218, Rel. Min. Rosa Weber, j. 22.05.2018).

63. *Congresso promulga anistia aos partidos que descumpriram cota de mulheres e negros* (*G1*, 5.4.2022).
64. Emenda Constitucional 117/2022: "Art. 3º Não serão aplicadas sanções de qualquer natureza, inclusive de devolução de valores, multa ou suspensão do fundo partidário, aos partidos que não preencheram a cota mínima de recursos ou que não destinaram os valores mínimos em razão de sexo e raça em eleições ocorridas antes da promulgação desta Emenda Constitucional".
65. Confira-se, exemplificativamente, a reportagem de Luísa Granato, *Empresa tem 500 vagas de desenvolvedores e metade será só para mulheres* (*Exame*, 30.10.2020).
66. Sigla para *Environment, Social and Governance*, expressão cunhada com a publicação em 2004 do relatório *Who Cares Wins – Conecting Financial Markets to a Changing Wortld*, de autoria do Banco Mundial, em parceria com a Organização das Nações Unidas. O referido relatório deu destaque à iniciativa de agentes do mercado na adoção de práticas relacionadas à sustentabilidade, responsabilidade social e governança no mundo globalizado (*International Finance Corporation*, 2004).
67. De acordo com pesquisa realizada pela empresa de consultoria Grant Thornton, divulgada na reportagem *Mulheres estão em 38% dos cargos de liderança no Brasil, mostra pesquisa* (*G1*, 08.03.2022). Ainda de acordo com a notícia, em 2019, as mulheres ocupavam apenas 25% dos cargos de liderança.
68. Confira-se a reportagem intitulada *IBGE: mulheres somavam 52,2% da população no Brasil em 2019, dados são da Pesquisa Nacional de Saúde divulgada hoje pelo instituto* (*Agência Brasil*, 26.08.2021).
69. *Advogadas querem paridade de gênero nos tribunais superiores* (*Agência Senado*, 16.03.2022).
70. *Movimento pede paridade de gênero na escolha do quinto constitucional* (*Conjur*, 12.03.2022). A reportagem registra, ainda, que a Ordem dos Advogados do Brasil já adota a paridade de gênero nos seus órgãos.

ambientes já é intensa, afigura-se ainda mais intensa a discriminação contra mulheres negras.[71] Também no âmbito dos Poderes Legislativos Estaduais e Municipais, a representatividade feminina costuma ser reduzida. E uma baixa representatividade da mulher nestes ambientes não apenas reflete a discriminação de gênero, mas a perpetua, na medida em que evita que pautas pró-mulher se exprimam em novas normas jurídicas. Convém recordar que a Proposta de Emenda à Constituição 81/2019, que buscava instituir a paridade de gêneros nos assentos da Câmara dos Deputados, Assembleias Legislativas, Câmara Legislativa do Distrito Federal e Câmaras Municipais, encontra-se paralisada no Senado Federal desde agosto de 2019.[72]

A discriminação de gênero não se restringe, naturalmente, à mulher. A homofobia converte-se cotidianamente em violência, como evidenciam relatórios emitidos por entidades de defesa dos direitos da população LGBTQIA+.[73] No âmbito empresarial, casos de discriminação sistemática tem sido cada vez mais expostos na Justiça do Trabalho.[74] As pessoas transgênero têm sido particularmente afetadas pela discriminação, que se exprime, por vezes, em uma invisibilidade da sua condição.[75] Duas candidatas transgêneros foram recentemente eleitas para o Congresso Nacional e iniciarão seu mandato em 2023, o que promete atrair maior atenção da sociedade brasileira ao preconceito e às limitações que enfrentam no seu cotidiano.[76]

3.3 Outras formas de desigualdade: religiosa, econômica, etária etc.

Os exemplos de aplicação do Direito Antidiscriminatório fornecidos até aqui não devem ser interpretados como medidas suficientes, havendo um imenso caminho a percorrer. De igual modo, não se deve supor que as desigualdades mais usualmente denunciadas em nossa sociedade (desigualdade racial, desigualdade de gênero etc.) consistam nas únicas formas de preconceito e violência entre nós. A desigualdade apresenta naturalmente muitas formas.

A *desigualdade religiosa*, por exemplo, exprime-se com especial intensidade em um país no qual as religiões cristãs ainda assumem, na prática, um caráter praticamente "oficial", como demonstram simbolicamente os crucifixos encontrados em

71. Para reflexões e críticas sobre a exclusão de mulheres negras dos centros decisórios da justiça, ver Lívia Sant'Anna Vaz e Chiara Ramos, *A Justiça é uma Mulher Negra*, Belo Horizonte: Letramento, 2021, passim.
72. Informação extraída de consulta realizada no site do Senado Federal em 11 de julho de 2022.
73. Ver, a título ilustrativo, a reportagem "*Quase 320 pessoas LGBTI+ morreram por causas violentas no Brasil em 2021*", publicada pela CNN Brasil em 15 de maio de 2022.
74. Em caso recente, a 2ª Turma do Tribunal Regional do Trabalho da 7ª Região (TRT-7) confirmou sentença que atribuiu indenização por danos morais no valor de R$ 95 mil a um empregado que era tratado de modo preconceituoso por gerente da companhia, sendo saudado nas reuniões com expressões como "*chegou o veado*". Ver reportagem publicada no Portal IG, em 22 de novembro de 2022, sob o título "Vítima de homofobia na empresa recebe R$ 95 mil por danos morais".
75. Não deixa de ser sintomático que o Brasil celebre no dia 29 de janeiro o *Dia da Visibilidade Trans*, data instituída com o objetivo de aumentar a conscientização sobre a letra T da sigla LGBTQIA+, que representa as pessoas travestis, transexuais e transgêneras.
76. Para uma análise do feminismo pautado por mulheres transgênero, ver Letícia Carolina Pereira do Nascimento, *Transfeminismo*, São Paulo: Jandaíra, 2021.

diversas repartições públicas pelo país, aí incluído o plenário do Supremo Tribunal Federal.[77]

Longe de batalha meramente simbólica, a influência da religião dominante se faz sentir no teor das próprias decisões judiciais, como se viu no rumoroso processo criminal em que se obstou o aborto legal de menina de 11 (onze) anos de idade, que havia engravidado após ser estuprada em Santa Catarina. A magistrada responsável pelo caso, em audiência gravada e amplamente divulgada na mídia, perguntou à menina se "*suportaria ficar mais um pouquinho*" com o feto, impedindo também o retorno da infante à casa para realizar o procedimento de interrupção da gravidez.[78]

Neste cenário, afiguram-se urgentes e necessárias iniciativas como aquela adotada pelo Conselho Nacional de Justiça, que, por meio da Resolução 440/2022, instituiu a *Política Nacional de Promoção à Liberdade Religiosa e Combate à Intolerância* no âmbito do Poder Judiciário, incentivando, entre outras ações, a proposição de políticas de enfrentamento à intolerância por motivo de crença e a adoção de medidas administrativas que garantam a liberdade religiosa no ambiente institucional.

Uma importante concretização do direito à igualdade religiosa encontra-se na realização das chamadas "*adaptações razoáveis*" na realização de provas de concursos públicos para acomodar exigências ou limitações específicas de determinadas religiões. A título de exemplo, no último concurso para o cargo de Procurador do Estado do Rio de Janeiro, em 2021, a instituição autorizou que uma candidata judia realizasse a prova, aplicada num sábado, em horário diferenciado, em respeito ao *Shabat*.[79] A candidata

---

77. Para uma análise aprofundada do tema, v. SARMENTO, Daniel. O Crucifixo nos Tribunais e a Laicidade do Estado. *Revista Eletrônica PRPE*, maio 2007. Registre-se que a matéria aguarda julgamento pelo Supremo Tribunal Federal no âmbito do ARE 1.249.095/SP, de relatoria do Ministro Ricardo Lewandowski. A tendência na jurisprudência dos tribunais locais, no entanto, tem sido a de admitir a exibição de símbolos religiosos em prédios públicos, como revela recente decisão do Tribunal de Justiça do Estado de São Paulo que considerou constitucional o artigo 2º, § 11, da Resolução 10, de 20 de dezembro de 2016, que determinou a manutenção de um exemplar da Bíblia no Plenário da Câmara Municipal de Porto Ferreira: "O conceito do Estado laico relaciona-se à neutralidade estatal, mas não preconiza o ateísmo, sendo perfeitamente possível e constitucional que se conviva com símbolos religiosos, principalmente porque dizem sobre sua história e sua cultura, muitas vezes de parcela considerável de seu povo, não se mostrando como intuito do legislador constitucional proibir exibição de objetos, imagens, escrituras religiosas de qualquer religião, porque tais medidas não cerceiam os direitos e liberdades concedidos aos cidadãos" (TJSP, Órgão Especial, Ação Direta de Inconstitucionalidade 2100122-55.2021.8.26.0000, Rel. Des. Damião Cogan, j. 06.07.2022).
78. Ver, sobre o tema, a reportagem *Juíza de SC impede menina de 11 anos estuprada de fazer aborto e compara procedimento a homicídio* (*G1*, 20.06.2022).
79. De acordo com o glossário disponibilizado no site da Confederação Israelita do Brasil, *Shabat* é o "nome dado, no judaísmo, ao dia de descanso semanal, simbolizando o sétimo dia da criação, em que D'us descansou (...). Pelo rito judaico, o Shabat sempre começa a ser celebrado ao anoitecer de sexta-feira e se estende até o pôr do sol de sábado. (...) Os judeus observantes respeitam tanto os mandamentos positivos do Shabat – as três refeições festivas (jantar de sexta-feira, almoço de sábado e refeição de fim de tarde no sábado) –, como as restrições de algumas ações. No total, há 39 proibições de atividades (melachot ou 'trabalhos') que são descritas por fontes religiosas judaicas. Entre elas está escrever, acender o fogo ou produzir qualquer tipo de faíscas, construir ou montar qualquer coisa. Na maioria dos casos, a proibição é relacionada a um trabalho por meio do qual se cria algo que não existia antes. Isso porque, de acordo com a tradição judaica, assim como D'us cessou sua criação em seis dias e 'descansou' no sétimo, as pessoas que se espelham em D'us se privam de criar no Shabat, como demonstração de que só Ele está por trás de todas as criações".

ingressou no local de prova no mesmo horário em que ingressaram os demais candidatos – a fim de se evitar disparidade no tempo disponível para estudo –, ficando isolada em uma sala até o pôr do sol, quando, então, iniciou a realização da prova.[80]

A decisão da PGE-RJ encontra-se alinhada com importante decisão proferida pelo Supremo Tribunal Federal, com base no artigo 5º, VIII, da Constituição da República.[81] Ali, nossa Suprema Corte determinou ser possível à Administração Pública, em face da invocação de escusa de consciência por motivo de crença religiosa, decidir fundamentadamente acerca da realização de concurso público em datas e horários distintos dos previstos em edital e do estabelecimento de critérios alternativos para o regular exercício dos deveres funcionais inerentes aos cargos públicos, devendo a alteração realizada (a) ser razoável, (b) não acarretar ônus desproporcional à Administração Pública, (c) garantir a igualdade entre todos os candidatos e (d) não desvirtuar o exercício das funções dos servidores.[82]

Tais posicionamentos se revelam extremamente importantes em um país como o nosso, em que o preconceito contra religiões africanas e indígenas, por exemplo, não apenas exprime flagrante desrespeito à contribuição fundamental destas duas portentosas culturas para a identidade nacional, como se converte até mesmo em violência física e letal contra minorias religiosas.[83]

Tal constatação revela que a segregação de formas de desigualdade, embora ostente alguma utilidade didática, não pode se converter em uma visão fragmentada do preconceito na sociedade brasileira, sendo certo que o preconceito racial, fundante na formação do Brasil, se exprime, com mais intensidade ainda, diante de mulheres negras, mulheres indígenas, adeptos de religiões minoritárias e assim por diante. Dentre os grupos vulneráveis, há sempre grupos especialmente vulneráveis e uma construção jurídica que se pretenda concretizadora da igualdade substancial e efetivamente emancipatória não pode fechar os olhos para esta brutal evidência.

Também merece menção a desigualdade econômica, por vezes tida como base de outras desigualdades, embora não seja correto afirmar que, no Brasil, o preconceito se exprima contra o pobre. O preconceito exprime-se, sim, contra o negro, contra a mulher e a pobreza acentua tais discriminações, mas não é um elemento necessário da sua ocorrência.

O lado mais dramático da desigualdade econômica evidencia-se na parcela de miseráveis na sociedade brasileira, que chega a mais de dez por cento da população.[84]

---

80. Reportagem de Ancelmo Gois, *Shabat: advogada vai fazer prova para Procuradoria Geral do Estado do Rio depois do pôr do sol* (O Globo, 02.10.2021).
81. "Art. 5º (...) VIII – ninguém será privado de direitos por motivo de crença religiosa ou de convicção filosófica ou política, salvo se as invocar para eximir-se de obrigação legal a todos imposta e recusar-se a cumprir prestação alternativa, fixada em lei".
82. STF, Tribunal Pleno, Recurso Extraordinário 611.874 e Agravo em Recurso Extraordinário 1.099.099, Rel. Min. Edson Fachin, j. 26.11.2020.
83. Confira-se, ainda uma vez, a reportagem *Intolerância religiosa: casos aumentaram 11,7% em 1 ano* (*O Globo*, 16.4.2022). Na mesma direção, conquanto limitadamente ao Estado do Rio de Janeiro, ver a reportagem *RJ teve mais de 1,3 mil crimes que podem estar ligados à intolerância religiosa* (*CNN Brasil*, 21.1.2021).
84. *Brasil começa 2021 com mais miseráveis que há uma década* (*Folha de S. Paulo*, 30.1.2021).

Também a falta de moradia é um fator marcante da nossa realidade: hoje, no Brasil, 142 mil famílias vivem em ocupações e outras 180 mil pessoas vivem em situação de rua.[85] Também salta aos olhos a dimensão do estado famélico, que, como já destacado, alcança no país mais de 30 milhões de indivíduos. Nesse sentido, afiguram-se essenciais políticas públicas consubstanciadas no fornecimento de auxílios econômicos, cujas nomenclaturas (*e.g.*, *Bolsa Família, Auxílio Brasil*) vêm se alterando ao sabor das alternâncias partidárias, em perigoso indício da falta de continuidade e solidez daquilo que deveriam ser políticas de Estado, e não de governo. Ao fornecimento de quantias pecuniárias, contudo, devem se associar medidas de efetiva inclusão e transformação social, como a inclusão educacional de crianças e assim por diante.

Haveria, ainda, outras formas de desigualdade e discriminação a enfrentar, como a discriminação etária – já objeto de um diploma legislativo próprio, qual seja, o Estatuto do Idoso (Lei 10.741/2003), que promoveu importantes medidas de combate ao preconceito contra os mais velhos, instituindo, por exemplo, (a) o direito do idoso ao atendimento preferencial, imediato e individualizado perante órgãos públicos e privados, que prestem algum serviço à população; (b) o dever do Poder Público de criar oportunidades de acesso do idoso à educação, adequando currículos, metodologias e material didático aos programas educacionais que lhe sejam destinados; (c) o direito ao recebimento de alimentos, nos termos da legislação civil; e (d) a tipificação de diferentes crimes de discriminação contra a pessoa idosa.[86]

Na mesma linha, insere-se o Estatuto da Pessoa com Deficiência (Lei 13.146/2015), que modificou, de forma profunda, o regime de capacidade jurídica previsto no Código Civil,[87] procurando enfrentar o estigma historicamente reservado a pessoas com deficiência, estigma que se exprime também na própria forma como o Direito encara o problema das incapacidades.

4. PERSPECTIVAS PARA A RESSIGNIFICAÇÃO DO DIREITO ANTIDISCRIMINATÓRIO NO BRASIL

O que todos esses exemplos demonstram é que há um amplo espaço para a aplicação do Direito Antidiscriminatório na realidade brasileira, desde que seja visto não como conjunto de normas jurídicas específicas de combate à discriminação ou, ainda,

---

85. É o que se extrai das seguintes reportagens: *O drama da falta de moradias no Brasil: 142 mil famílias vivem em ocupações* (*G1*, 27.6.2022); e *Aumenta o número de pessoas em situação de rua no Brasil, diz pesquisa* (G1, 9.6.2022).
86. A título meramente exemplificativo, destaca-se o estabelecimento de pena de reclusão de 6 (seis) meses a 1 (um) ano para quem "discriminar pessoa idosa, impedindo ou dificultando seu acesso a operações bancárias, aos meios de transporte, ao direito de contratar ou por qualquer outro meio ou instrumento necessário ao exercício da cidadania, por motivo de idade" (art. 96). Também é crime, no Brasil, "negar a alguém, por motivo de idade, emprego ou trabalho" (art. 100, II).
87. A alteração introduzida pelo artigo 114 do Estatuto da Pessoa com Deficiência retirou do rol de pessoas absolutamente incapazes as pessoas que "por enfermidade ou deficiência mental, não tiverem o necessário discernimento para a prática desses atos" (inciso II) e "os que, mesmo por causa transitória, não puderem exprimir sua vontade" (inciso III).

como uma "área de conhecimento" voltada ao estudo destes preceitos normativos, mas sim como uma metodologia de releitura do Direito Público e do Direito Privado à luz da necessidade prioritária de concretização da igualdade substancial.

A ressignificação do Direito Antidiscriminatório – que, nesta nova perspectiva, deixa de ser nicho ou gueto de estudo sobre certos preceitos normativos para se tornar postura metodológica comprometida com uma transformação interpretativa e aplicativa em todos os campos do Direito – consiste em passo necessário à superação do problema fundamental da desigualdade, chaga que caracteriza a realidade brasileira com tamanha intensidade, que chega a defini-lo como nação. Trata-se de problema cujo enfrentamento foi demasiada e sucessivamente adiado por diferentes escamoteamentos – políticos e, também, jurídicos –, os quais não podem mais ser tolerados.

A premência no combate e na prevenção à desigualdade e aos seus reflexos – a discriminação e o preconceito – afigura-se constrangedoramente evidente em um país que já poderia, há muito, ter avançado em prol de uma sociedade mais igualitária, como impõe a sua Constituição. Não é nenhum exagero afirmar que o próprio sentido do texto constitucional – e, registre-se, do Direito brasileiro como um todo – resta ameaçado se um compromisso tão essencial ao país, e tão repetido em sua norma fundamental, não puder ser retirado do papel. O tempo urge.

A CONSTRUÇÃO DE UM DIREITO ANTIDISCRIMINATÓRIO NO BRASIL: CONCEITOS FUNDAMENTAIS DE UM NOVO E CENTRAL RAMO DO DIREITO

Wallace Corbo

Doutor e Mestre em Direito Público pela Universidade do Estado do Rio de Janeiro (UERJ). Professor da Escola de Direito do Rio de Janeiro da Fundação Getúlio Vargas (FGV Direito Rio).

1. INTRODUÇÃO

O Direito da Antidiscriminação no Brasil vive um momento sem precedentes. Com a recente edição da Resolução CNJ 423/2021, a disciplina passou a ser incluída entre as exigidas nos concursos de ingresso na carreira da magistratura. A produção literária nacional sobre o tema igualmente se multiplicou e igualmente a jurisprudência vem sendo constantemente chamada a dar solução para casos envolvendo a discriminação contra grupos vulnerabilizados. Por fim, a promulgação da Convenção Interamericana contra o Racismo, a Discriminação Racial e Formas Correlatas de Intolerância, em 2022, reforçou o sistema constitucional antidiscriminatório[1] a partir da previsão normativa expressa de conceitos antes extraídos de princípios constitucionais de menor concretude normativa.

Estas mudanças refletem o esforço coletivo não apenas da sociedade civil, como também de teóricos que vem interpretando a Constituição de 1988, o Direito Internacional dos Direitos Humanos e o Direito Comparado no sentido de avançar suas promessas emancipatórias e igualitárias. Um "triunfo tardio", para usar a expressão de Luís Roberto Barroso,[2] de uma disciplina cujas bases foram lançadas ainda em 1988 e que vem se expandindo desde então a partir de uma série de atos normativos infraconstitucionais, constitucionais e supranacionais.

1. Isto porque tanto a Convenção Interamericana Contra o Racismo quanto a Convenção sobre Direitos de Pessoas com Deficiência integram o bloco de constitucionalidade brasileiro, em razão de sua aprovação pelo Congresso Nacional nos termos do art. 5º, § 3º da Constituição de 1988.
2. BARROSO, Luís Roberto, Neoconstitucionalismo e constitucionalização do Direito (O triunfo tardio do direito constitucional no Brasil), *Revista de Direito Administrativo*, v. 240, p. 1, 2015.

Este artigo representa um esforço de sistematização do estado da arte do direito discriminatório nacional. Busca-se, aqui, reconstruir os principais conceitos do Direito da Antidiscriminação, conforme foram sedimentados na doutrina, jurisprudência e em atos normativos que integram o ordenamento jurídico nacional. Longe de pretender esgotar esta disciplina, o objetivo deste artigo é permitir compreender seus fundamentos e potenciais que, como demonstra a história da luta de juristas contra a discriminação, estão em crescente transformação.

2. O SUJEITO DO DIREITO ANTIDISCRIMINATÓRIO NO DIREITO BRASILEIRO: MINORIAS COMO GRUPOS VULNERÁVEIS OU VULNERABILIZADOS

Em um certo sentido, toda lei é "discriminatória". A atividade de elaboração e aplicação de atos normativos impõe aos agentes que façam distinções entre sujeitos, a uns sendo aplicados determinados regimes jurídicos, a outros não. A lei tributária atua dessa forma ao "discriminar" entre diferentes grupos de contribuintes conforme sua renda. A lei civil o faz ao "discriminar" relações matrimoniais, a depender de determinadas situações ou escolhas individuais. Discriminar, neste sentido *fraco*, significa simplesmente classificar ou, mais precisamente, distinguir entre diferentes pessoas e grupos, aplicando a cada um deles repercussões jurídicas de acordo com tais classificações.[3]

O Direito Antidiscriminatório não pretende pôr fim às classificações ou distinções entre pessoas para fins de elaboração e aplicação do direito. A preocupação desta área do conhecimento jurídico é qualificada tanto quanto aos seus sujeitos, quanto ao seu objeto.

Do ponto de vista subjetivo, o Direito Antidiscriminatório se volta para um sujeito em especial. Trata-se de *sujeitos coletivos*, dignos de especial proteção constitucional em razão de variadas formas de discriminação sistêmica às quais estão submetidos. Os sujeitos do Direito da Antidiscriminação, no Brasil, consistem em certos grupos específicos de indivíduos: *grupos marginalizados* ou *minorias sociais*.[4]

Apesar de ser utilizado constantemente no debate jurídico – e em especial no contexto do combate à discriminação – o conceito de "minorias" gera, ainda hoje, alguma imprecisão teórica. É possível identificar ao menos três concepções comumente associadas ao termo: uma concepção numérica, uma concepção procedimental e uma concepção substantiva.[5]

A *concepção numérica* compreende o termo "minorias" em seu sentido gramatical: trata-se de grupos compostos por indivíduos que, numericamente, somam menos que outros – as maiorias. É neste sentido que se pode falar, por exemplo, na Comissão Parlamentar de Inquérito como um mecanismo de controle das maiorias exercido pelas

---

3. Este é o sentido de discriminação adotado, por exemplo, por Celso Antônio Bandeira de Mello em MELLO, Celso Antônio Bandeira de. O *conteúdo jurídico do princípio da igualdade*. São Paulo: Malheiros, 2003.
4. É o que se sustentou em CORBO, Wallace. *Discriminação indireta*: conceito, fundamentos e uma proposta de enfrentamento à luz da Constituição de 1988. Rio de Janeiro: Lumen Juris, 2017.
5. Ibidem.

minorias (políticas). É também fundado neste significado que se fortalece, no contexto norte-americano, a ideia de que a Constituição promoveria um entrincheiramento dos direitos contra a atuação das maiorias – o que conduziu à ideia de que o Poder Judiciário seria responsável pela proteção de minorias.[6] A concepção numérica não considera as características específicas de grupo minoritário, voltando-se exclusivamente para os indivíduos enquanto estatísticas, em geral presumindo a vulnerabilidade por uma razão puramente matemática – os poucos sucumbem perante os muitos.

A *concepção procedimental* de minorias, por sua vez, aprofunda o conceito numérico e tem origem em um julgado da Suprema Corte dos Estados Unidos que lastreou a teoria procedimentalista de John H. Ely.[7] Neste sentido procedimental, minorias são grupos visíveis[8] e insulares que, por serem alvo de preconceitos na sociedade, não conseguem participar do processo político representativo de maneira adequada.[9] Segundo esta concepção, visíveis são os grupos facilmente identificados na sociedade, em geral por conta de traços físicos, como é o caso dos negros.[10] A insularidade, por sua vez, se refere às relações intragrupais, e diz respeito à capacidade dos indivíduos que integram o grupo de se relacionarem e compartilharem ideias, cultura, comportamentos.[11]

Por fim, a *concepção substantiva* de minorias as identifica como grupos sociais marcados pela vulnerabilidade. Grupos sociais, nesta concepção, não se confundem com os indivíduos que os compõem. Grupos sociais são relativamente autônomos diante dos seus membros individualmente considerados.[12] Essa autonomia é relativa, no entanto, porque subsiste uma relação de interdependência entre o grupo e os indivíduos que o integram, no sentido de que alterações no status social do grupo perante a sociedade possuem efeito transcendente, afetando o próprio status que cada indivíduo do grupo apresenta na sociedade. Da mesma forma, as alterações no status social de cada indi-

6. GARGARELLA, R. *La justicia frente al gobierno:* sobre el carácter contramayoritário del poder judicial. Barcelona: Ariel, 1996, p. 17-47.
7. ESTADOS UNIDOS, Suprema Corte, *United States v. Carolene Products Company*, 304 U.S. 144 (1938).
8. Quanto ao termo "visíveis", acompanho a tradução para o espanhol do artigo de Bruce Ackerman sobre o tema, que empregou termo mais adequado que a tradução literal – "discretos", cujo significado cotidiano solidificado se afasta do sentido pretendido pelo autor (ACKERMAN, B. Más allá de Carolene Products. *Revista Jurídica de la Universidade de Palermo*, 10, n. 1, p. 125-156, ago. 2009. Disponível em: http://dspace.palermo.edu/dspace/bitstream/10226/538/1/10Jurica05.pdf. Acesso em: 06 abr. 2022).
9. ELY, J. H. *Democracy and Distrust:* A Theory of Judicial Review. 3. ed. Cambridge: Harvard University Press, 1980, p. 75 et seq.
10. A isso se contrapõe, no entanto, a existência de grupos invisíveis – que não seriam identificados pelo mero olhar. Diante do fenômeno do "armário", que aprisiona pessoas LGBT+, seria possível pensar nestes grupos como invisíveis e não menos dignos de proteção (ACKERMAN, B. Beyond Carolene Products. *Harvard Law Review*, 98, n. 4, p. 713-746, fev. 1985). Tendo em vista que pessoas LGBT+ são, também, grupos sociais sujeitos à discriminação, a característica da visibilidade já revela sua fragilidade. Sobre o fenômeno do "encobertamento" a que se se submetem pessoas LGBTI+, confira-se ainda YOSHINO, Kenji, Covering: the hidden assault on American civil rights, New York: Random House, 2007.
11. O conceito de grupo insular – no qual se enquadram, também, os negros – se contrapõe, portanto, ao conceito de grupo difuso, em que não há necessariamente a formação desenvolvida de uma ideia de comunidade associada ao grupo – como é o caso, em geral, das mulheres (ACKERMAN, B. Beyond Carolene Products. *Harvard Law Review*, 98, n. 4, p. 713-746, fev. 1985).
12. FISS, O. M. Groups and the Equal Protection Clause. *Philosophy and Public Affairs*, n. 5, 1976, p. 107-177.

víduo são capazes de, a partir de determinada escala, alterar o status do próprio grupo na sociedade.[13] A vulnerabilidade que marca estes grupos, por sua vez, é resultado de estruturas sociais que perpetuam fenômenos como os que Iris Marion Young denominou opressão e dominação.[14] Como fenômenos que qualificam estes grupos como vulnerabilizados,[15] a opressão e dominação são resultados de processos institucionalizados e não institucionalizados por meio dos quais, dia após dia, de maneira direta ou indireta, estes grupos são despidos do acesso a bens sociais e ao reconhecimento necessário para atingir graus mínimos de autorrealização pessoal e coletiva. Com isso, estes grupos são impedidos de contribuir de maneira autônoma – ou seja, nos termos de seus próprios projetos – para o empreendimento comum da sociedade.

O direito brasileiro teceu uma escolha expressa quanto aos grupos protegidos em matéria de Direito Antidiscriminatório. Em primeiro lugar, a Constituição de 1988, desde seu texto originário, define os grupos dignos de proteção especial a partir de determinadas características de grupo: raça, sexo, cor e idade (art. 3º, IV, CRFB/1988). O rol do artigo 3º, inciso IV é, contudo, exemplificativo (*numerus apertus*).[16] Ao estabelecer que restam proibidas, também, "quaisquer outras formas de discriminação", a Constituição se abre para a proteção de grupos vulnerabilizados em razão de deficiência (hoje, nos termos da Convenção sobre os Direitos das Pessoas com Deficiência – CDPD), da sexualidade (cf. julgado pelo STF no âmbito da ADI 4.277 e da ADI 5.543), da identidade de gênero (cf. ADI 4.275) e outras.

Tais grupos não são protegidos, necessariamente, porque sejam minorias numéricas – apesar de poder ser o caso. Pelo contrário, ao criminalizar o racismo (art. 5º, XLII, CRFB/1988) e estabelecer mecanismos de proteção da mulher no mercado de trabalho (art. 7º, XX, CRFB/1988), a Constituição estabeleceu mecanismos de combate à discriminação também voltados a grupos majoritários vulnerabilizados (pessoas negras e mulheres, no Brasil). Esta perspectiva resta mais evidente com a recente ratificação da Convenção Interamericana contra o Racismo, a Discriminação Racial e Formas Correlatas de Intolerância ("Convenção Interamericana contra o Racismo" ou "CICR"), que tanto em seu preâmbulo quanto em seu artigo 4º, VIII reconhece que a discriminação pode ser praticada tanto contra grupos minoritários, quanto majoritários sujeitos à vulnerabilidade.

13. Ibidem.
14. FRASER, N., Reconhecimento sem ética? In: SOUZA, J.; MATTOS, P. *Teoria crítica no século XXI*. São Paulo: Annablume, 2007. Note-se, assim, que no contexto de identificação de grupos minoritários o modelo de *status* proposto por Fraser é adequado, na medida em que revela que espécies de características individuais têm sido sistematicamente privadas de reconhecimento institucional.
15. A escolha terminológica, aqui, não é meramente formal. O termo "vulneráveis" pode, equivocadamente, levar um observador a crer que tais grupos, por razões "naturais", "biológicas", "inerentes" seriam inferiores e, portanto, dignos de tutela especial. Essas teses são, evidentemente, incompatíveis com o direito da não discriminação – e tem arrimo, na verdade, em teorias como a do racismo científico do século XIX. A vulnerabilidade não é natural, ela é produzida nas instituições e estruturas sociais que se impõe sobre estes grupos, limitando indevidamente seus papéis na sociedade e impedindo seu livre desenvolvimento. Por isso, falar em minorias como grupos vulnerabilizados permite compreender de maneira mais adequada que a vulnerabilidade é externa e imposta – e, portanto, pode ser contida e superada.
16. RIOS, Roger Raupp; PIOVESAN, Flávia. A discriminação por gênero e por orientação sexual. *Seminário Internacional as minorias e o Direito. Brasília*. v. 7, p. 162, 2001.

A preocupação com estes grupos também não decorre simplesmente de considerações procedimentalistas – sobre sua capacidade de participar decisivamente no processo político representativo, apesar de, em regra, estes grupos também serem afetados neste aspecto. A preocupação repousa, de maneira mais ampla, na necessidade de combater a vulnerabilidade social que atinge tais grupos, em um sentido substantivo – de modo a assegurar o gozo de direitos e sua dignidade humana em todas as esferas.[17]

Assim, é possível concluir que o Direito da Antidiscriminação brasileiro visa a tutelar minorias em sentido substantivo, ou seja, grupos vulnerabilizados em razão de raça, gênero, orientação sexual, deficiência, idade e tantos outros critérios empregados por instituições e pela sociedade, de maneira direta ou indireta, para situá-los em posições de desvantagem sistêmica. Este ramo do direito reconhece que estes diferentes grupos vulnerabilizados estão sujeitos a processos de exclusão, de opressão e dominação históricos que os impedem de usufruir, em igualdade de condições, direitos, oportunidades e prerrogativas em comparação com outros indivíduos e grupos. É para enfrentar e superar esta desigualdade entre grupos sociais que a disciplina se estrutura.

3. O OBJETO DO DIREITO DA ANTIDISCRIMINAÇÃO: DISCRIMINAÇÃO EM SENTIDO FORTE E ESPÉCIES DE DISCRIMINAÇÃO

Como visto, o Direito da Antidiscriminação brasileiro se volta contra uma discriminação qualificada quanto aos seus sujeitos (grupos vulnerabilizados) e quanto ao seu objeto. A *discriminação em sentido forte* que esta seara do direito busca combater não se confunde com qualquer categorização normativa. A discriminação objeto do Direito Antidiscriminatório consiste em toda prática, norma ou mesmo ambiente[18] que implique a negação de reconhecimento, gozo, desfrute ou exercício por grupos vulnerabilizados e minorias sociais, em igualdade de oportunidades, de direitos e liberdade fundamentais, em todos os âmbitos da vida em sociedade (político, econômico, social, cultural, civil e outros).

A discriminação, no entanto, é um fenômeno persistente e resistente. *Persistente* no sentido de que, a despeito de várias medidas serem adotadas ao longo dos anos para combatê-la em diferentes searas – racial, de gênero, de sexualidade e outras – década após década seguimos identificando a negação de direitos para grupos marginalizados. *Resistente* no sentido de que cada nova medida de combate à discriminação é contraposta

17. Neste sentido, os principais diplomas de hierarquia constitucional que versam sobre o Direito Antidiscriminatório no Brasil, a Convenção sobre Direitos de Pessoas com Deficiência e a Convenção Interamericana contra o Racismo, a Discriminação Racial e Formas Correlatas de Intolerância expressam o objetivo de tutelar grupos vulnerabilizados em razão de deficiência e de raça não apenas no sentido de lhes assegurar participação na democracia, como também em todas as esferas da vida privada e pública.

18. A arquitetura excludente, por exemplo, consiste em uma forma de discriminação contra pessoas com deficiência locomotiva – ainda que não seja, em si, uma norma ou prática propriamente ditas. A resposta dada pelo ordenamento brasileiro para o caso dos ambientes discriminatórios é a promoção do chamado desenho universal e o reconhecimento do direito à adaptação razoável, conforme disposto no artigo 2º da Convenção sobre Direitos de Pessoas com Deficiência.

às resistências individuais e institucionais de diferentes agentes – que sustentam, por exemplo, que as medidas seriam desnecessárias porque a discriminação não existiria, ou excessivas porque produziriam efeitos ainda mais danosos. É neste sentido que Derrick Bell, de maneira pristina, identificou a chamada *permanência* do racismo.[19]

O caso da adoção das políticas de cotas nas universidades exemplifica este fenômeno. As políticas de cotas tiveram como objetivo responder ao problema da persistência do racismo – décadas após a abolição da escravidão, a marginalização da população negra no Brasil é evidenciada por quaisquer dados sociais e demográficos disponíveis e independentemente do recorte que se realize quanto a eles. Apesar disso, quando propostas, as cotas enfrentaram resistência de críticos que alegavam (1) que não haveria racismo no Brasil, de modo que a ausência de negros no ensino superior seria uma fatalidade da desigualdade econômica que nada teria a ver com a discriminação racial; e (2) que ainda que houvesse racismo no Brasil, as reservas de vagas seriam excessivas porque reduziriam a qualidade do corpo discente no ensino superior. Ambas as teses se confirmam, hoje, como falsas.[20] O racismo é uma marca da estrutura social brasileira, tristemente confirmada e reconfirmada cotidianamente.[21] De outro lado, após quase duas décadas da implementação das políticas de cotas em universidades públicas, os levantamentos demonstram que alunos cotistas possuem desempenho igual ou mesmo superior aos não cotistas – inclusive apresentando índices reduzidos de evasão, que revelam a importância que estes alunos atribuem ao ensino superior e às oportunidades que ele apresenta.[22]

Fato é que a persistência e a resistência do fenômeno da discriminação levaram a teoria do Direito Antidiscriminatório a identificar diferentes *espécies de discriminação* que demandam diferentes mecanismos de enfrentamento. Estas espécies de discriminação podem ser classificadas (1) quanto aos mecanismos de discriminação; (2) quanto à intencionalidade da discriminação; (3) quanto aos agentes que promovem a discriminação; (4) quanto à natureza dos agentes que promovem a discriminação. Por fim, a discriminação também tem sido classificada de acordo com a posição em que ela situa os grupos marginalizados – uma classificação que, como veremos, não mais encontra lastro normativo no direito brasileiro.

Quanto aos *mecanismos de discriminação*, a doutrina distingue entre a *discriminação direta* e a *discriminação indireta*. Na discriminação direta o resultado discriminatório decorre diretamente do emprego de critérios de classificação suspeitos, como gênero ou raça. Tendo em vista que a norma traz, em si, o elemento de discriminação, basta

19. BELL, Derrick. *Faces at the bottom of the well*: The permanence of racism. Hachette UK, 2018.
20. Estes e outros argumentos foram sistematizados e confrontados, de maneira crítica, por Daniela Ikawa em IKAWA, Daniela. *Ações afirmativas em universidades*. Editora Lumen Juris, 2008.
21. A literatura a este respeito é vasta. Destacamos, em especial, MUNANGA, Kabengele. *Rediscutindo a mestiçagem no Brasil*: identidade nacional versus identidade negra. Autêntica Editora, 2019; ALMEIDA, Silvio. *Racismo estrutural*. Pólen, 2019; GONZALES, Lélia. Racismo e sexismo na cultura brasileira, *Revista Ciências Sociais Hoje*, v. 2, n. 1, p. 223-244, 1984.
22. Neste sentido, o Relatório Final sobre a Efetividade da Lei de Cotas nas Universidades Estaduais, elaborado pela Procuradoria Geral do Estado do Rio de Janeiro em 2017. Disponível em: https://pge.rj.gov.br/comum/code/MostrarArquivo.php?C=Mjc4Mg%2C%2C. Acesso em: 06 abr. 2022.

pertencer ao grupo vulnerabilizado para sofrer seus efeitos – nenhum outro fator precisa se somar à mera aplicação da norma ou prática. De outro lado, na discriminação indireta o resultado discriminatório é produzido em razão dos efeitos concretos da aplicação de uma norma ou prática que utiliza critérios de classificação aparentemente neutros. Ou seja, na discriminação indireta, não são empregados critérios como raça, gênero ou orientação sexual para definir quem poderá ou não gozar de determinados direitos. São fatores externos à norma que se somam a ela e que, ao fazê-lo, tem como condão produzir efeitos discriminatórios.[23]

Neste aspecto, é preciso distinguir entre critérios de classificação suspeitos e critérios de classificação neutros. Como já afirmado, para classificar entre diferentes grupos, agentes públicos e privados elegem critérios de classificação (ou elementos de discrímen) que consideram relevantes à luz das finalidades da norma – por exemplo, a renda para fins tributários – e estabelecem as diferentes repercussões jurídicas a que estarão submetidas as pessoas que se amoldem a tais critérios. Para o Direito Antidiscriminatório, um determinado critério é considerado suspeito sempre que estejam presentes dois elementos: (1) o elemento subjetivo, que corresponde à vinculação entre estes critérios e determinados grupos marginalizados; e (2) o elemento objetivo, que corresponde à previsão explícita ou implícita destes critérios como suspeitos no ordenamento constitucional. No caso brasileiro, por força do disposto no artigo 3º, inciso IV da Constituição Federal, são critérios suspeitos a origem, raça, sexo, cor, idade e outros. A Constituição prevê, portanto, cinco *critérios de classificação suspeitos explícitos* – todos vinculados a grupos que padecem de algum grau de marginalização ou vulnerabilidade social. Além disso, a parte final do inciso IV do artigo 3º da Constituição estabelece uma cláusula de abertura que permite o reconhecimento de outros *critérios de classificação suspeitos implícitos* – como é o caso da sexualidade, que preenche o requisito subjetivo (pessoas LGBT são minorias sociais marginalizadas) e objetivo (decorrente da previsão normativa mencionada). A consequência do emprego de critérios de classificação suspeitos é a *presunção relativa de inconstitucionalidade* da prática que os emprega. Esta presunção é relativa porque um ato público ou privado pode licitamente empregar critérios de classificação suspeitos, desde que o faça com o objetivo de resguardar ou promover direitos do grupo vulnerabilizado.

Em contraposição, *critérios aparentemente neutros* consistem em critérios de classificação que não estão vinculados estritamente com grupos protegidos pelo Direito Antidiscriminatório e que não são aprioristicamente proscritos pelo ordenamento

23. Divergimos respeitosamente, assim, de classificações que distinguem a discriminação direta da indireta a partir da intenção discriminatória. A intenção, como veremos, não é critério relevante no direito brasileiro para caracterizar uma ou outra modalidade de discriminação – apesar de ter sido fundamento relevante no direito comparado, especialmente no passado. Em sentido diverso ao aqui sustentado, confira-se: MOREIRA, Adilson José. *Tratado de Direito Antidiscriminatório*. Editora Contracorrente, 2020; RIOS, Roger Raupp; SCHÄFER, Gilberto; BORBA, Felipe Farias, O direito da antidiscriminação e a criminalização da pederastia pelo Código Penal Militar, *Revista da AJURIS*, v. 39, n. 127, p. 9, 2012. Para o aprofundamento da crítica à intencionalidade como parâmetro de diferenciação entre a discriminação direta e indireta, confira-se CORBO, Discriminação indireta.

constitucional. Estes critérios são "neutros" para o Direito Antidiscriminatório porque, em abstrato, não dizem respeito à proteção de minorias e grupos marginalizados. Altura, força, residência, idade (salvo para a criança ou o idoso), profissão... enfim, estes diversos critérios não predeterminam, por si só, o pertencimento de um indivíduo a um grupo social. O advérbio "aparentemente", no entanto, se soma aqui porque, apesar de se poder considerar tais critérios como neutros *prima facie*, na prática seu emprego pode gerar efeitos idênticos ou semelhantes àqueles que seriam produzidos caso um critério suspeito tivesse sido empregado. Assim, por exemplo, uma política pública que privilegie um determinado bairro em detrimento de outro usa um critério aparentemente neutro (geográfico). Faz parte da política urbanística a tomada de decisões discricionárias sobre organização do espaço, eventualmente beneficiando certas áreas e prejudicando outras. Imagine-se, no entanto, que se verifique na prática que o bairro prejudicado conta com uma maioria de habitantes pertencentes a um grupo vulnerabilizados (por exemplo, pessoas negras), enquanto o bairro beneficiado tem perfil demográfico oposto (por exemplo, de maioria branca). Neste caso, o critério perde sua neutralidade aparente, produzindo o mesmo efeito discriminatório que decorreria de uma política que expressamente privilegiasse bairros predominantemente brancos em detrimento dos predominantemente negros.

A *discriminação direta* consiste em toda prática que se fundamenta em *critérios de classificação suspeitos* para negar reconhecimento, gozo, desfrute ou exercício por grupos vulnerabilizados e minorias sociais, em igualdade de oportunidades, de direitos e liberdade fundamentais, em todos os âmbitos da vida em sociedade (político, econômico, social, cultural, civil e outros). A natureza direta desta forma de discriminação decorre precisamente do vínculo de necessariedade entre o critério de classificação suspeito empregado e a negação de direitos efetiva ou potencialmente promovida. Essa relação direta, então, reduz o ônus do intérprete e do aplicador do direito, que não precisa perquirir mais profundamente acerca da extensão da discriminação promovida, na medida em que o próprio emprego do critério de classificação suspeito para restringir direitos já é por si só fundamento de invalidade da prática. Este aspecto é um fator adicional que diferencia a discriminação direta da discriminação indireta. Assim, em casos que envolvam discriminação direta – com o uso de critérios de classificação suspeitos –, o instrumento preferencial de superação da discriminação é a declaração pura e simples de inconstitucionalidade / invalidade da prática analisada, independentemente de ser ou não intencional.

A *discriminação indireta* consiste em toda prática que se fundamenta em *critérios de classificação aparentemente neutros* e que, a despeito disso, produz o efeito de negar reconhecimento, gozo, desfrute ou exercício por grupos marginalizados e minorias sociais, em igualdade de oportunidades, de direitos e liberdade fundamentais, em todos os âmbitos da vida em sociedade (político, econômico, social, cultural, civil e outros). O vínculo entre a prática e a negação de direitos de um grupo constitucionalmente protegido, neste caso, é indireto. Ele é mediado por um critério de classificação que não está evidentemente relacionado com as características que marcam o grupo. Assim, por exemplo, a característica que vincula mulheres como um grupo social é sua identidade de gênero. Uma lei que proíba a um parlamentar que ingresse na casa legislativa com uma criança de colo nada diz respeito a gênero – visto que, em tese, tanto parlamentares homens quanto mulheres poderiam fazê-lo e estão igualmente proibidos de assim agir. Na prática, no entanto, esta proibição pode impedir que parlamentares mães (que concentram, em diversas sociedades, ônus do cuidado das crianças) exerçam efetivamente seu mandato. Nos casos de discriminação indireta então, os efeitos discriminatórios não decorrem diretamente dos critérios aparentemente neutros, mas sim das condições da realidade social às quais se somam tais critérios para a produção final do resultado discriminatório. Por isso a necessidade, muitas vezes, de que o intérprete ou aplicador do direito analise um conteúdo probatório mais amplo quando se trata de casos de discriminação indireta; ou que recorram a um arcabouço teórico mais robusto capaz de demonstrar os vínculos indiretos entre a prática tida por discriminatória e o efeito discriminatório que ela produziria. Não se aplica adequadamente o Direito da Antidiscriminação, pois, sem compreender minimamente o próprio fenômeno social da discriminação que afeta cada um dos grupos protegidos pela Constituição.

Em casos de discriminação indireta não há um instrumento preferencial para a superação da discriminação pensado em abstrato. Isto porque o agente responsável pela prática discriminatória pode haver empregado de maneira tanto irrazoável, quanto razoável um critério de classificação neutro, com efeitos discriminatórios.[24] O contexto do direito do trabalho traz exemplos importantes quanto a isso. Irrazoável, por exemplo, seria exigir que funcionários que exercem atividade de limpeza, para serem promovidos, tivessem que alcançar notas mínimas em uma prova de física, química e matemática – disciplinas que não guardam nenhum vínculo com a atividade a ser desenvolvida. Testes desse tipo, declarados inválidos pela jurisprudência americana, foram historicamente utilizados para privilegiar funcionários brancos (que estruturalmente tem maior acesso a certos níveis de educação formal) em detrimento de funcionários negros. Razoável, por outro lado, seria exigir de um funcionário o cumprimento de horas extras de trabalho no sábado, nos limites da legislação trabalhista – o que, na prática, poderia impedir que trabalhadores integrantes de certas comunidades religiosas pudessem exercer tais tarefas. As soluções para estes diferentes casos variam, portanto, desde a *declaração pura e simples de invalidade da prática* (no caso de critérios irrazoáveis ou desproporcionais) até a necessidade de se promover uma *acomodação ou adaptação razoável* dos indivíduos ou grupos discriminados – até mesmo, em última análise, a se estabelecer *políticas públicas* de redução de certas desigualdades estruturais.

Uma nota final quanto à classificação segundo os mecanismos de discriminação diz respeito à questão da intencionalidade. Por muito tempo, a distinção entre discriminação direta e indireta se deu com base na intenção. Direta seria a discriminação com o propósito de discriminar; indireta seria a discriminação com o efeito de discriminar.

24. Sobre o conceito de "razoável", aplicado ao instituto da adaptação razoável, confira-se CORBO, Wallace. O direito à adaptação razoável e a teoria da discriminação indireta: uma proposta metodológica. RFD-*Revista da Faculdade de Direito da UERJ*, n. 34, p. 201-239, 2018; MARTEL, Letícia de Campos Velho. Adaptação razoável: o novo conceito sob as lentes de uma gramática constitucional inclusiva. Quintana, p. 142, 2007; e CORBO, Discriminação indireta.

Divergindo desta posição, afirmo que, no direito brasileiro, o uso do elemento volitivo (intenção) para distinguir entre discriminação direta e indireta é indevido. O Direito Antidiscriminatório não tem como preocupação imediata o mundo das intenções – cuja comprovação, vale dizer, é extremamente difícil. Evidentemente, a intencionalidade pode gerar repercussões relevantes no campo da responsabilidade civil e eventualmente criminal de agentes que pratiquem a discriminação. Ela pode também, uma vez demonstrada, tornar evidente a natureza discriminatória de uma prática sobre cuja licitude pudessem pairar dúvidas. Para fins de combate à discriminação, no entanto, o Direito Antidiscriminatório se volta, eminentemente, para efeitos – efeitos que pretende combater. Esta visão acabou encontrando arrimo, mais recentemente, no ordenamento constitucional com a ratificação da Convenção Interamericana Contra o Racismo, ainda em 2022. A Convenção conceituou a discriminação racial indireta, em seu artigo 1º, sem qualquer referência à intencionalidade – de modo a dissociar, no plano normativo, a discriminação indireta da ideia de não intencionalidade.

O propósito discriminatório pode, contudo, ser relevante para uma segunda forma de classificação (e consequentes repercussões jurídicas) do fenômeno jurídico da discriminação. Quanto à *intencionalidade da discriminação*, pode-se distinguir a discriminação entre *discriminação intencional* e *discriminação não intencional*. A discriminação intencional ocorre sempre que o agente discriminatório antevê os impactos discriminatórios da prática sem com isso adotar quaisquer medidas de mitigação da discriminação (a chamada negativa de acomodação razoável) ou quando tem o propósito específico de, com a prática, gerar a negação ou restrição de direitos ou oportunidades a grupos constitucionalmente protegidos. Neste sentido, a discriminação intencional abarca práticas efetivadas, respectivamente, com dolo eventual e com dolo direto. A exigência do dolo, que é elemento próprio da ação humana, não afasta a possibilidade de agentes institucionais (por exemplo, pessoas jurídicas) praticarem discriminação intencional. A discriminação institucional, conceituada adiante, poderá ser também intencional desde que seja identificado em um ou mais agentes responsáveis pela prática discriminatória o intuito de produzir os efeitos discriminatórios. Da mesma forma, tanto a discriminação direta, quanto a discriminação indireta podem ser intencionais. Assim, um agente poderá, querendo produzir o efeito discriminatório, empregar critérios de classificação suspeitos ou, buscando evadir-se da evidência da discriminação, empregar critérios de classificação aparentemente neutros que sabe serem suficientes para a produção de tais efeitos. A discriminação intencional é especialmente relevante para fins de responsabilização penal, em que o elemento volitivo se revela essencial. É o caso, por exemplo, dos crimes de racismo previstos na Lei 7.716/1989. Da mesma forma, a intencionalidade, uma vez demonstrada, reforça a nulidade de práticas de discriminação direta ou indireta, por configurar-se como motivo determinante de tais práticas.[25]

25. Sejam elas práticas de caráter privado (nos termos do artigo 166, III do Código Civil), sejam elas práticas públicas, por força da Teoria dos Motivos Determinantes.

Como já antecipado, a ausência da intenção discriminatória não afasta nem a caracterização de uma prática como discriminatória, nem sua nulidade ou eventual dever de superá-la. A consequência de não haver um *animus* discriminatório que guie determinada prática é a de (1) primeiramente, em uma postura de incentivo à boa-fé e fomento a uma cultura de cooperação no combate à discriminação, incentivar a busca por soluções consensuais que possam efetivamente conduzir a um cenário inclusivo; (2) em segundo lugar mitigar eventuais responsabilidades individuais, sem com isso afastar o dever de pessoas naturais ou jurídicas de repararem os danos causados a indivíduos e coletividades afetados pelas práticas em tela.

Quanto aos *agentes que promovem a discriminação*, pode-se identificar duas espécies de discriminação: a *discriminação individual* e a *discriminação institucional*. É certo que a discriminação, muitas vezes, reflete determinados preconceitos sociais. Ser uma pessoa preconceituosa, por si só, não significa que alguém pratica a discriminação. A discriminação, em sentido individual, ocorre quando a negação ou limitação de direitos contra um integrante de grupo marginalizado (ou o grupo como um todo) pode ser reconduzida a um ato ou conjunto de atos de um dado indivíduo. É certo que este indivíduo, para que possa discriminar, precisará ocupar determinada posição social que lhe assegura um poder de conferir ou não direitos. E, em geral, esse poder será exercido dentro de uma instituição (pública ou privada). Ocorre que, em determinados casos, a negação de direitos por instituições não é facilmente reconduzida a atos de um único indivíduo – ou mesmo de um grupo definido de indivíduos.

Os estudos sobre as instituições têm demonstrado, em diversas áreas do conhecimento, que instituições como órgãos sociais funcionam a partir de regras que são aplicadas, muitas vezes, de maneira não intencional e cujos efeitos não são sequer plenamente conhecidos pelos agentes que as aplicam.[26] Em muitos casos, instituições podem ser inclusive insensíveis aos esforços de alguns de seus agentes, produzindo seus efeitos discriminatórios mesmo quanto tenha em seus quadros indivíduos comprometidos com o combate à discriminação. A discriminação institucional consiste, portanto, em toda negação ou limitação de direitos que decorra da aplicação de um conjunto de regras ou práticas, ou da estrutura de um ambiente institucional cujo resultado seja – independentemente da intencionalidade, repita-se – a negação ou limitação de direitos contra grupos marginalizados.[27] Os processos de contratação de funcionários são, muitas vezes, casos paradigmáticos sobre como opera a discriminação institucional. Isso porque, muitas vezes, é difícil definir se a falta de funcionários negros em uma determinada companhia decorre da prática individual de recrutadores, de determinadas exigências irrazoáveis para o cargo, de razões externas ao processo ou mesmo da vontade de agentes que deles participa. O fato é, no entanto, que uma empresa que não conta com o mínimo de participação de membros de grupos vulnerabilizados em seus quadros pode estar

26. HODGSON, Geoffrey M. What are institutions? *Journal of economic issues*, v. 40, n. 1, p. 1-25, 2006.

27. Extraindo do conceito de racismo institucional ou sistêmico um conceito mais amplo de discriminação institucional, confira-se: MCCRUDDEN, Christopher, Institutional discrimination, *Oxford Journal of Legal Studies*, v. 2, n. 3, p. 303-367, 1982.

incidindo em práticas discriminatórias em sentido institucional. Superar a discriminação institucional exige, assim, uma revisão profunda das normas, procedimentos e ambientes que, em conjunto produzem o resultado discriminatório – inclusive com a eventual adoção de políticas afirmativas e/ou com a responsabilização de agentes que contribuam decisivamente para a exclusão de certos grupos.

Por fim, quanto à *natureza dos agentes que promovem a discriminação*, pode-se falar em *discriminação pública* ou *discriminação privada*. O paradigma constitucional brasileiro reconhece a eficácia horizontal dos direitos fundamentais, no sentido de que os deveres de respeito à igualdade e à vedação a discriminação aplica-se não só às instituições públicas, como também às instituições privadas.[28] Neste sentido, quando se trate de discriminação produzida por agente público, fala-se em discriminação pública. Quando se trate de discriminação produzida por agente privado, de discriminação privada.

Este quadro não estaria completo sem que antes pudesse tratar de uma distinção clássica, ainda reproduzida na doutrina, entre discriminação positiva e discriminação negativa.[29] Esta classificação considera a posição em que a prática discriminatória posiciona os grupos atingidos. *Discriminação negativa* consistiria nas práticas discriminatórias que excluem ou restringem direitos de grupos constitucionalmente protegidos. Em contraposição, *discriminação positiva* consistiria nas práticas que promovem tais direitos. Apesar de sua possível utilidade discursiva ao longo dos anos, esta classificação não se coaduna com o hodierno Direito Antidiscriminatório, inclusive e especialmente à luz dos referenciais normativos vigentes em nosso ordenamento jurídico.

Em primeiro lugar, como já visto, a discriminação em sentido forte está intrinsecamente relacionada com a negação ou restrição de direitos – ou seja, o conceito de discriminação se esgota na espécie de discriminação negativa indicada por esta classificação. Considerar a hipótese de uma discriminação positiva só é possível valendo-se de um conceito fraco de discriminação, que tome todo e qualquer ato classificatório como ato discriminatório – e, apenas neste sentido, como um ato que possa gerar direitos, no lugar de excluí-los.

Em segundo lugar, a ideia de uma discriminação positiva e de uma discriminação negativa ecoa uma falsa equivalência insustentável. As práticas que negam direito e oportunidades a grupos marginalizados não são em nenhuma medida – e certamente não qualitativamente – equiparáveis àquelas que lhes asseguram direitos. Falar em discriminação positiva e discriminação negativa, como se fossem dois lados de uma mesma moeda, seria o equivalente a falar, por exemplo, em prisão negativa e prisão positiva para se referir a restrição da liberdade e à garantia da liberdade. O ponto chave, aqui, é compreender que as práticas que expressamente buscam promover direitos e oportunidades de grupos historicamente marginalizados não são práticas discriminatórias.

---

28. SARMENTO, Daniel. *Direitos fundamentais e relações privadas*. 2. ed. Rio de Janeiro: Lumen Juris, 2006.
29. Neste sentido, por exemplo: ROTHENBURG, Walter Claudius. Igualdade material e discriminação positiva: o princípio da isonomia. *Novos estudos jurídicos*, v. 13, n. 2, p. 77-92, 2008; DUARTE, Evandro C. Piza. Princípio da isonomia e critérios para a discriminação positiva nos programas de ação afirmativa para negros (afrodescendentes) no ensino superior. *A&C-Revista de Direito Administrativo & Constitucional*, v. 7, n. 27, p. 61-107, 2007.

Neste sentido, em terceiro lugar, a classificação entre discriminação positiva e negativa foi efetivamente proscrita pelo nosso ordenamento jurídico. Neste sentido, o Estatuto da Igualdade Racial (Lei 12.288/2020) classifica as medidas adotadas pelo Estado e pela iniciativa privada para a correção das desigualdades raciais como "ações afirmativas" – não como discriminação positiva. De forma mais contundente, a Convenção Sobre Direitos das Pessoas com Deficiência – norma que ostenta hierarquia constitucional em nosso sistema – esclarecera em seu artigo 5.4 que "as medidas específicas que forem necessárias para acelerar ou alcançar a efetiva igualdade das pessoas com deficiência não serão consideradas discriminatórias". Previsão semelhante foi inserida na Convenção Interamericana Contra o Racismo, cujo artigo 1.5 dispõe que "medidas especiais ou de ação afirmativa" adotadas para promover os direitos e proteção de grupos raciais marginalizados "não constituirão discriminação racial".

Assim, em nosso ordenamento jurídico-constitucional, não há discriminações boas e discriminações ruins. A discriminação é um fenômeno constitucionalmente proscrito, incompatível com um ordenamento jurídico inclusivo e garantidor de direitos, de tal forma que os remédios para sua superação não podem ser com ela confundidos – sejam eles ações afirmativas, políticas públicas em sentido mais amplo ou o direito à adaptação razoável.

4. OS REMÉDIOS DO DIREITO ANTIDISCRIMINATÓRIO: NULIDADE DE PRÁTICAS DISCRIMINATÓRIAS, DIREITO À ADAPTAÇÃO RAZOÁVEL E POLÍTICAS AFIRMATIVAS PÚBLICAS E PRIVADAS

Entendidos o objeto e o sujeito do Direito da Antidiscriminação, cumpre analisar seus efeitos – ou, mais precisamente, os remédios que este ramo do direito propõe a partir da verificação de um caso de discriminação, classificado nos termos anteriormente propostos. É certo que, entre as ferramentas do Direito da Antidiscriminação, situam-se também aquelas já conhecidas de outras áreas de estudo – a exemplo da reparação civil e da responsabilidade penal. Tanto a reparação civil, quanto a reparação penal podem operar, de fato, como incentivos contra práticas discriminatórias. Em ambos os casos, no entanto, o combate à discriminação se dá de maneira reflexa – por meio da crença no sentido de que o receio da punição (patrimonial ou pessoal) produziria um efeito mais amplos de desaconselhar as práticas proibidas. O Direito Antidiscriminatório possui, no entanto, remédios específicos voltados à superação destes quadros – remédios que não excluem a responsabilidade civil e penal, mas a ela se somam de modo a produzir transformações estruturais na sociedade.

O primeiro remédio a que pode recorrer o intérprete em um caso concreto envolvendo práticas discriminatórias consiste na própria eliminação da prática. A declaração de nulidade de normas ou práticas que promovem a discriminação direta ou indireta, intencional ou não, individual ou institucional, pública ou privada pode, por vezes, ser suficiente para fazer cessar a discriminação, sem com isso produzir outros efeitos juridicamente não aconselháveis.

Ocorre que, sendo o fenômeno da discriminação complexo, a declaração de nulidade nem sempre é suficiente ou mesmo adequada para fazer cessar os efeitos discriminatórios. Isso é mais evidente no caso da discriminação em razão deficiência causada por ambientes discriminatórios. Não há como se declarar a nulidade do mundo físico. É preciso transformá-lo.

Neste sentido, um segundo remédio do Direito Antidiscriminatório consiste na *adaptação razoável ou acomodação razoável*. O direito à adaptação razoável consiste em remédio antidiscriminatório cujo objetivo não é propriamente eliminar a desigualdade estrutural que afeta determinado grupo, mas, sim, acomodar os grupos afetados pela prática discriminatória de modo a reduzir na maior medida possível os impactos sofridos. Isto significa não só que uma medida deverá ser adotada pelo agente da discriminação no sentido de acomodar o sujeito discriminado, como também que alguma cooperação será exigida daqueles atingidos pela situação de desigualdade.[30] A adaptação razoável é concebida, assim, como um processo bilateral de cooperação entre agentes e sujeitos da discriminação indireta. Um processo bilateral, vale dizer, compulsório – cuja negativa, por parte daquele que tem o dever de acomodar, configura discriminação nos termos do artigo 2º da Convenção sobre Direitos de Pessoas com Deficiência.

Conforme defendemos em outra oportunidade,[31] o direito à adaptação razoável possui três principais características, quais sejam: (i) adjudicabilidade; (ii) eficácia vertical e horizontal; e (iii) relatividade. Da adjudicabilidade extrai-se que a adaptação razoável consiste em direito subjetivo que, quando violado, permite ao titular satisfazer judicialmente sua pretensão. Neste sentido, a adaptação razoável distingue-se das políticas de ações afirmativas, sobre as quais falaremos a seguir e que, ao menos a princípio, não são plenamente adjudicáveis. A característica da eficácia vertical e horizontal do direito, por sua vez, significa que ele pode ser exigido tanto em face do Poder Público (especialmente quando se trata de discriminação pública), quanto de particulares (em discriminações privadas).[32] Por fim, a relatividade do direito à adaptação razoável decorre do fato de que este direito não impõe uma acomodação *a qualquer custo*. Ou seja, não se trata de um direito à máxima acomodação possível, e sim de um direito à acomodação *razoável*, vedando-se a imposição de medidas desnecessárias, inadequadas e, especialmente, que gerem "ônus desproporcional ou indevido" (Art. 2º, CDPD). Nos termos da Convenção sobre Direitos de Pessoas com Deficiência, a acomodação razoável significa "modificações e os ajustes *necessários* e *adequados* que não acarretem *ônus desproporcional* ou *indevido*". Neste sentido, a despeito da farta doutrina e jurisprudência a

30. CORBO, Wallace. O direito à adaptação razoável e a teoria da discriminação indireta: uma proposta metodológica. *RFD-Revista da Faculdade de Direito da UERJ*, n. 34, p. 201-239, 2018; Letícia de Campos Velho. *Adaptação razoável*: o novo conceito sob as lentes de uma gramática constitucional inclusiva. Quintana, p. 142, 2007.
31. CORBO, Wallace. O direito à adaptação razoável e a teoria da discriminação indireta: uma proposta metodológica. *RFD-Revista da Faculdade de Direito da UERJ*, n. 34, p. 201-239, 2018.
32. Esta constatação está intrinsecamente relacionada com o próprio desenvolvimento da teoria da discriminação indireta, cuja gênese situa-se no direito do trabalho, conforme interpretação conferida pela Suprema Corte dos Estados Unidos ao Título VII do *Civil Rights Act* de 1964, no julgamento paradigmático de *Griggs v. Duke Power Co.* [ESTADOS UNIDOS, Suprema Corte, *Griggs v. Duke Power Co.*, 401 U.S. 424 (1971)].

respeito da interpretação do conceito de "razoável" no direito comparado, ressoa claro que o direito à adaptação está sujeito ao próprio princípio da proporcionalidade.[33] Ou seja, considera-se razoável a adaptação que seja adequada, necessária e proporcional, considerando os eventuais direitos contrapostos. Só se pode falar em adaptação razoável – e não em invalidação total de uma determinada prática discriminatória – se a norma ou prática analisada produz uma discriminação que decorre de classificações neutras, que não seja intencional e que almeje objetivos constitucionalmente legítimos e merecedores de algum grau de tutela.

Precisamente para averiguar as hipóteses em que o direito à acomodação razoável é aplicável e os mecanismos para sua incidência, temos proposto uma metodologia em três etapas, firmada sobre os pressupostos constitucionais vigentes.[34] Primeiro, deve-se apresentar um caso *prima facie* de discriminação indireta (na medida em que o remédio aplicável à discriminação direta é, em regra, a anulação da prática). Em segundo lugar, deve-se analisar a justificação do ato, prática ou medida geradora da discriminação indireta – visto que o ato, apesar de produzir efeitos discriminatórios, pode empregar parâmetros em geral adequados para atingir fins legítimos e constitucionalmente protegidos. Aqui, aplica-se o princípio da proporcionalidade, precisamente de modo a avaliar se a prática discriminatória é proporcional à luz dos objetivos que ela supostamente almeja. Uma vez verificado que o ato é proporcional, no entanto, o ordenamento brasileiro não se contenta com a permanência "legítima" da discriminação. Passa-se a terceira etapa, em que se analisa a existência e limites do direito à adaptação razoável no caso concreto.

Surgem, assim, quatro possíveis resultados da aplicação desta metodologia de interpretação do direito à adaptação razoável: (1) o caso de discriminação indireta *prima facie* é refutado pela ausência de um de seus elementos; (2) o ato causador da discriminação indireta *prima facie* não sobrevive à segunda etapa, reputando-se integralmente inconstitucional à luz do princípio da igualdade. Ainda, é possível que (3) o caso de discriminação indireta *prima facie* sobreviva à segunda etapa, reputando-se proporcional, sendo possível identificar uma alternativa que permite a superação ou mitigação da discriminação com relação aos grupos ou indivíduos afetados. Surge, aqui, o direito à acomodação dos afetados e o contraposto dever de acomodar por parte do sujeito que causa da discriminação indireta. Por fim, pode ocorrer de (4) o caso de discriminação indireta *prima facie* sobreviver à segunda etapa, mas, na terceira etapa, não serem identificadas medidas proporcionais capazes de superar ou mitigar a discriminação indireta.[35] Neste caso, o ato gerador da discriminação indireta é reputado legítimo e os grupos ou indivíduos afetados deverão submeter-se aos seus critérios de classificação.

33. Um aprofundamento deste debate pode ser encontrado em CORBO, Discriminação indireta.

34. CORBO, Wallace. O direito à adaptação razoável e a teoria da discriminação indireta: uma proposta metodológica. *RFD-Revista da Faculdade de Direito da UERJ*, n. 34, p. 201-239, 2018 e Ibidem.

35. Deve-se destacar, a respeito deste último resultado possível, que a própria ideia de adaptação razoável pode ser incompatível com algumas formas de discriminação indireta. Tome-se, por exemplo, os exames de ingresso na universidade pública. Dois casos de discriminação indireta têm sido identificados ao longo dos anos neste contexto. Um deles consiste na aplicação de provas aos sábados – o que impediria ou dificultaria sobremodo a realização dos exames por parte de adeptos de religiosidades que impõem a guarda sabática. Ou caso diz respeito

É precisamente para os casos em que a adaptação razoável é inexistente ou insuficiente para lidar com a discriminação concretamente analisada que o ordenamento vigente anteviu um terceiro remédio antidiscriminatório. Trata-se das chamadas ações afirmativas ou, nos termos da Convenção Interamericana contra o Racismo, das políticas afirmativas. Como visto, tais políticas não podem ser consideradas discriminatórias, na medida em que seu objetivo é precisamente o de superar a discriminação.

Concomitantemente ao desenvolvimento da percepção de que as práticas sociais aparentemente neutras perpetuam discriminações históricas, as ações afirmativas surgem, principalmente no contexto norte-americano, como um mecanismo de atuação estatal ou privado que objetiva corrigir as desigualdades estruturais. Segundo a definição de Joaquim B. Barbosa Gomes:

> (...) as ações afirmativas podem ser definidas como um conjunto de políticas públicas e privadas de caráter compulsório, facultativo ou voluntário, concebidas com vistas ao combate à discriminação racial, de gênero e de origem nacional, bem como para corrigir os efeitos presentes da discriminação praticada no passado, tendo por objetivo a concretização do ideal de efetiva igualdade de acesso a bens fundamentais como a educação e o emprego.[36]

A partir desta definição, é possível extrair como elementos das ações afirmativas: sua natureza de políticas públicas ou privadas; a possibilidade de que sejam compulsórias, facultativas ou voluntárias; e sua finalidade de superação da discriminação histórica por meio da concretização da igualdade no acesso a direitos fundamentais. Pode-se identificar, assim, que adaptação razoável e ações afirmativas apresentam finalidade comum: em ambos os casos se pretende, em maior ou menor medida, superar a realidade discriminatória estrutural que afeta principalmente minorias sociais.

A constitucionalidade das ações afirmativas, no direito brasileiro, já foi reconhecida pelo Supremo Tribunal Federal no âmbito da ADPF 186 e da ADC 41 – ambas versando sobre políticas afirmativas públicas e de combate à discriminação racial. Com o advento da Convenção Interamericana contra o Racismo, estas políticas ganharam conceito normativo – já antecipado, também, pelo Estatuto da Igualdade Racial – no sentido de serem medidas especiais adotadas “com a finalidade de assegurar o gozo ou exercício, em condições de igualdade, de um ou mais direitos humanos e liberdades fundamentais que requeiram essa proteção”.

Mais que isso, a Convenção converteu as ações afirmativas, de maneira expressa, em um dever do Estado, por força de seu artigo 5º. Dada a estatura constitucional deste tratado de direitos humanos, pode-se dizer que o estabelecimento de políticas especiais

---

à própria constatação da discriminação contra pessoas negras – cuja representatividade entre os classificados nestes exames é baixíssima. Enquanto na primeira hipótese é possível pensar – e, de fato, pensou-se – em mecanismos de avaliação (é o caso da realização de exame em horários distintos), a solução da discriminação racial no acesso ao ensino superior não perpassa a acomodação razoável. Pelo contrário, o segundo cenário depende da coordenação de diversas estratégias – de efetivas políticas públicas, como é o caso da adoção de cotas raciais no ensino superior.

36. GOMES, J. B. B. *Ação afirmativa e princípio constitucional da igualdade*: o Direito como instrumento de transformação social. A experiência dos EUA. Rio de Janeiro: Renovar, 2001, p. 40.

e ações afirmativas consiste em efetivo dever do Estado brasileiro. O estabelecimento deste dever constitucional do Estado, por sua vez, permite conceber as ações afirmativas como também políticas adjudicáveis – o que significaria a imposição, pelo Poder Judiciário, do dever dos poderes representativos de elaborarem tais políticas, seja por meio de ações coletivas, seja por meio de ações de controle de omissões inconstitucionais. Na linha do que vem sendo realizado pelo Supremo Tribunal Federal em matéria de reconhecimento do chamado estado de coisas inconstitucional[37] em diversas searas e especialmente no campo das políticas públicas carcerária (ADPF 347), sanitárias (ADPF 709) e de segurança pública (ADPF 635), a afirmação do dever de combate à discriminação por meio de políticas afirmativas em nosso ordenamento constitucional abre o espaço para que as próprias cortes exerçam sua função de retirar os demais poderes da inércia[38] e obrigá-los a adotar uma postura ativa.

5. CONCLUSÕES (E UM NOVO PONTO DE PARTIDA)

Este artigo buscou, especialmente, sintetizar o estado da arte de um debate jurídico que se desenvolve ao menos desde a década de 60, mas que encontra suas raízes nas promessas de igualdade que acompanham o direito constitucional moderno. O fenômeno jurídico da discriminação tem sido cada vez mais bem compreendido em suas diversas modalidades e, como visto, os mecanismos para combatê-lo tem sido postos ao longo de décadas e, hoje, consagrados no bloco de constitucionalidade brasileiro. Longe de "congelar" o Direito Antidiscriminatório a partir das categorias postas, este esforço de síntese buscou operar como um novo ponto de partida do qual novos debates possam surgir – tanto no plano da teoria geral do direito discriminatório, quanto no campo das discriminações especificamente praticadas contra diferentes sujeitos coletivos. É se transformando, afinal, que o Direito Antidiscriminatório poderá fazer frente às novas (e antigas) reinvindicações de grupos vulnerabilizados para, aí sim, produzir ele mesmo transformações sociais.

37. CAMPOS, Carlos Alexandre de Azevedo. *Estado de coisas inconstitucional.* Salvador: Juspodivm, 2016.
38. SABEL, Charles F.; SIMON, William H., Destabilization Rights: How Public Law Litigation Succeeds, *Harvard Law Review*, v. 117, n. 4, p. 1015-1101, 2004.

AÇÃO AFIRMATIVA NAS UNIVERSIDADES

Sergio Cavalieri Filho

Desembargador aposentado do TJRJ, do qual foi presidente no biênio 2005 e 2006. Diretor Geral da EMERJ 2001/2004, do qual é Professor Emérito.

1. NOÇÃO E FUNÇÃO

Ações afirmativas são políticas públicas voltadas ao desenvolvimento ou à proteção de certos grupos, com o fito de garantir-lhes, em condições de igualdade, o pleno exercício dos direitos do homem e das liberdades fundamentais. São medidas especiais para corrigir distorções resultantes da incidência meramente formal do princípio da igualdade; técnicas de distribuição de justiça com o objetivo de promover a inclusão social de grupos excluídos, especialmente aqueles que, historicamente, foram compelidos a viver na periferia da sociedade.

Em obra pioneira sobre o tema das ações afirmativas no direito público brasileiro, o Ministro Joaquim Barbosa Gomes recorre à preciosa definição da ministra Carmem Lúcia Antunes Rocha, que muito bem caracteriza a ação afirmativa no plano jurídico--constitucional e nos dá o tom da função que ela se presta a exercer:

> (...) a definição jurídica objetiva e racional da desigualdade dos desiguais, histórica e culturalmente discriminados, é concebida como uma forma para se promover a igualdade daqueles que foram e são marginalizados por preconceitos encravados na cultura dominante na sociedade. Por esta designação positiva promove-se a igualação jurídica efetiva; por ela afirma-se uma fórmula jurídica para se *provocar efetiva igualação social, política, econômica e segundo o Direito,* tal como assegurado formal e materialmente no sistema constitucional democrático...[1]

Em suma, ações afirmativas são mecanismos institucionais voltados à concretização do princípio da igualdade material e da neutralização dos efeitos perversos da discriminação racial, de gênero, de sexo, de idade e cor; formas de encurtar distâncias e promover os desfavorecidos.

2. EVOLUÇÃO DO INSTITUTO NO DIREITO COMPARADO

As ações afirmativas tiveram sua origem em múltiplos sistemas e ordenamentos jurídicos, a partir do século XX, sempre em sociedades que se viam diante de situações

1. *Ação afirmativa e princípio constitucional da igualdade.* São Paulo: Renovar, 2001. p. 42.

de desigualdade latente, que estavam a demandar soluções de justiça compensatória e distributiva, como é o caso específico do sistema de cotas e de outras modalidades aplicadas em diversos países. Na constituição indiana,[2] por exemplo, promulgada após a independência, pela primeira vez essas ações apareceram como um instrumento constitucional apto a dar efetivação ao princípio da isonomia, explorando-o em toda a sua densidade e perquirindo o seu conteúdo substancial.

Não apenas a Índia, mas também a África do Sul que, a exemplo daquele país, sofria com um radical fenômeno de segregação social, implantou, em sua constituição, mecanismos de ações afirmativas para corrigir os resultados desastrosos decorrentes de anos de regime do *apartheid.* O art. 9º da Carta sul-africana é emblemático neste sentido. Veja-se:

> A igualdade perante a lei inclui a plena fruição de todos os direitos e liberdades. Para promover a obtenção dessa igualdade, medidas legislativas e outras que visem proteger ou favorecer pessoas, ou categorias de pessoas prejudicadas por discriminação injusta poderão ser tomadas.

Com isso, o país africano alcançou expressivos índices de diminuição da desigualdade e, principalmente, da *práxis* da discriminação.

Os Estados Unidos da América também adotaram o instrumento das ações afirmativas como forma de redução da desigualdade e do racismo. Primeiro, através das providências iniciais do governo Kennedy, com a edição da *Executive Order* 10.925, visando à igualação de oportunidades no mercado de trabalho, confirmando uma tendência verificada ainda no governo Roosevelt, quando a *Executive Order* 8.806, de 1941, impedia peremptoriamente a discriminação racial nas admissões de pessoal no serviço público. Em seguida, já no governo Lyndon Johnson, ditas ações foram, cada vez mais, conquistando amplitude. Posteriormente, passou-se a se utilizar, amplamente, a variada gama de instrumentos pertinentes à questão, dentre eles o da *reserva de vagas nas universidades,* sendo certo que mesmo as entidades privadas passaram, por sua própria vontade e consciência, a adotar tais políticas. O maior exemplo do sucesso das ações afirmativas naquele país é do afro-americano Barack Hussen Obama. O ex-presidente dos Estados Unidos da América é egresso da Universidade de Havard, onde ingressou como beneficiário da política de cotas que naquela instituição beneficia a negros e latinos.

No Canadá, desde o "Charter of Rights", veiculado pelo "Constitution Act" de 1982, como informa *Paulo Lucena de Meneses,* existe a denominada "affirmative action clause", que estipula que *a isonomia não impedirá* "qualquer lei, programa ou atividade que tenha como seu objeto a melhoria das condições de indivíduos ou grupos desfavorecidos, incluindo aqueles que já estão em desvantagem devido à raça, origem étnica ou nacional, cor, religião, sexo, idade, deficiência física ou mental", consagrada na "section 15" do citado "Constitution Act".[3]

2. Arts. 330, 331 e 335.
3. Ação afirmativa no direito norte-americano. *Revista dos Tribunais,* 2001. p. 128.

No Brasil o tema ingressou na agenda nacional somente após a Conferência da ONU, realizada em Durban, na África do Sul,[4] contra o racismo, a xenofobia e outras formas de intolerância correlata. Naquela ocasião, o documento do Estado brasileiro apresentado à Conferência reconheceu oficialmente a existência de racismo no Brasil e preconizou a adoção de políticas de ação afirmativa na educação e no trabalho. Desde então, iniciaram-se as medidas efetivas neste sentido, como a edição do Decreto de 13 de maio de 2002, que criou um programa de ação afirmativa no âmbito da Administração Pública Federal.

São notáveis as tentativas já realizadas, desde o primeiro edital lançado pelo Ministério do Desenvolvimento Agrário, prevendo cotas de 20% para afrodescendentes, até o exemplo dado pelo Supremo Tribunal Federal que exigiu a observância de cota idêntica para a contratação de jornalistas por empresa de comunicação social selecionada para prestar serviços à Corte. É bem de ver que o sistema jurídico nacional comporta, ainda, ações afirmativas que beneficiam mulheres, estabelecendo a reserva de 30% das vagas das candidaturas nos partidos políticos; bem como outras, que beneficiam pessoas portadoras de deficiência, garantia constante de nossa Carta Magna,[5] juntamente com indígenas, negros e alunos da rede pública.

As ações afirmativas são, pois, uma exigência e um instrumento de nosso tempo. Elas provêm de uma maior tomada de consciência pelos povos, que numa busca crescente pela efetivação dos direitos humanos, tem absorvido mecanismos de inclusão pensados a partir de uma visão humanista que compreende a necessidade de estabelecerem-se, não privilégios, mas benefícios que possam elevar a patamares superiores grupos sociais tradicionalmente alijados da cidadania.

3. A LEI DE COTAS NO ESTADO DO RIO DE JANEIRO

Bom exemplo de ação afirmativa é a reserva de vagas em universidades públicas para integrantes de setores marginalizados da sociedade. O primeiro estado a instituir no Brasil a política de cotas foi o do Rio de Janeiro em 2003. Após cinco anos de positivos efeitos, nova lei[6] foi editada com maior campo de abrangência, cuja constitucionalidade foi reconhecida pelo Órgão Especial do Tribunal de Justiça do Estado do Rio de Janeiro, na Representação Por Inconstitucionalidade 9/2009, da qual fui o relator, julgada em 18.11.2009. Registro com certo orgulho que encerrei a minha carreira na magistratura com esse julgamento, ocorrido dois dias antes da minha aposentadoria por implemento de idade.

Reconheceu o Tribunal que a *igualdade formal* só se efetiva após a garantia de sucesso da *igualdade material,* sem o que não passa de letra morta. Garantir o direito à igualdade sem permitir que este se realize materialmente é a falácia e o dilema dos

4. 22 de setembro de 2001.
5. Art. 37, VIII e 203, IV.
6. Lei 5.348/2008.

direitos humanos nos dias de hoje. Nesta perspectiva, a ação afirmativa liga-se por um vínculo inquebrantável ao princípio da isonomia real. Ela é o instrumento eficaz a garantir sua concretização no seio da sociedade que, a exemplo da nossa, já nasce marcada pela desigualdade e pelo preconceito. Em suma, as ações afirmativas buscam suprir a lacuna entre o *enunciar direitos* e o *conferir direitos*.

É simplismo dizer, como muitos fazem, que as cotas nas universidades não são o remédio adequado, que o tratamento a ser dispensado ao problema está em propiciar-se um ensino básico democratizado e de qualidade. É claro que as cotas raciais não constituem a única providência necessária, não são uma panaceia para todos os males. Mas não é mero paliativo, como alguns querem. Contribuem, sem dúvida, para a formação de uma elite nova, equilibrada em diversificação racial, que em muito tem concorrido para a construção da sociedade pluralista e democrática que o Brasil requer.

Como bem observou o douto Procurador do Estado que atuou no caso, Dr. Flávio Araújo Willeman, a política de cotas, para ser bem compreendida, deve ser posta em suas devidas balizas, sem que se a subestime ou superestime. Deveras, a política de cotas não é a única solução, tampouco é uma enganação. Ela consubstancia-se numa medida *necessária e temporária*, nem mais, nem menos do que isto.

Defender, como muitos fazem, que a política de cotas e a melhoria no ensino público de base são ações, em si, excludentes é um erro. O fato é que uma complementa a outra. Se apostarmos todas as nossas fichas só na política de cotas, nos frustraremos, pois, por mais que dela advenham bons resultados, ela não será uma medida temporária, mas permanente, porquanto a fonte dos problemas continua a produzi-los. Por outro lado, se acharmos que só a reforma do ensino básico é capaz de resolver a questão, veremos que na previsão mais otimista de que haveria uma reforma total e imediata na integralidade do ensino público, os seus primeiros resultados somente se produziriam após o advento de uma nova geração (aproximadamente 25 anos), período durante o qual a desigualdade continuaria crescente. Desse modo, as reformas implementadas com vistas à melhoria desta situação seriam insuficientes, pois a desigualdade teria aumentado e nesses 25 anos a realidade já seria outra, mais grave.

O problema, pois, tem de ser enfrentado nas suas duas pontas. É preciso atacá-lo na origem e no destino, conjuntamente. Se a lei de cotas não puder continuar a realizar essa função de contenção imediata e emergencial, os desafios da também necessária reforma do ensino básico serão ainda maiores, bem como o tempo que levaremos para corrigir os graves problemas da desigualdade e da má qualidade da educação em nosso Estado.

4. O ENSINO EM NOSSO PAÍS

O ensino superior em nosso país tem sido duramente criticado nas últimas décadas, mormente o ensino do Direito; este é apontado como o grande responsável pelo rebaixamento do nível profissional das carreiras jurídicas. Já fiz parte desse grupo, mas hoje penso diferente. A crise é muito mais profunda.

Os resultados catastróficos do Enem demonstram que nas últimas duas décadas, pelo menos desde 2002, vivemos tempos sombrios na educação, principalmente no ensino médio. Com efeito, o resultado do Enem, divulgado nos idos de 2002, já reprovava o ensino médio no país. Dos 1,3 milhões de estudantes que fizeram o Enem, 74% tiveram notas abaixo de 40 numa escala de zero a cem. Menos de 1% dos alunos das escolas públicas conseguiu tirar mais de 70.[7] E o problema já vem do ensino fundamental. Ao concluir a 4ª série do ensino fundamental, 59% dos estudantes brasileiros não conseguem ler mais do que frases simples. Quando o assunto é matemática, 52% deles mal conseguem decifrar uma operação simples de somar ou subtrair. Só 4,4% dos alunos estão no nível adequado para a série. Esse era o diagnóstico da educação brasileira apresentada pelo próprio Ministério da Educação[8] com base em dados do Sistema de Avaliação do Ensino Básico desde 1995. Entre os estudantes de 4ª série, 98% dos que tiveram avaliações consideradas muito críticas estudavam em escolas públicas. Entre os que tiveram resultado adequado à sua série, 44% estavam em escolas privadas. No fim do ensino fundamental, 60% dos alunos com avaliação adequada estavam em escolas particulares e 98% daqueles com *resultados muito críticos* estudavam em escolas públicas.[9]

Esse baixo desempenho do nosso ensino fundamental e médio, principalmente nas escolas públicas, levou a outro resultado alarmante. *O Brasil ficou em último lugar no Pisa 2000* – Programa Internacional de Avaliação de Estudantes –, conforme pesquisa feita entre os países membros da Organização para a Cooperação e Desenvolvimento Econômico, que analisou o nível de compreensão leitora (letramento) de alunos secundaristas de 32 países. O Brasil, como já salientado, ficou em último lugar, atrás do México e da Letônia. Em resumo, a maioria dos jovens brasileiros entre 15 e 16 anos é *analfabeta funcional*: sabe ler as palavras, mas é incapaz de decodificar seus significados.

Na visão da doutora em educação Magda Soares, considerada uma das maiores autoridades do assunto na América Latina e Professora da Universidade de Minas Gerais, a formação deficiente dos professores é a principal causa desse vexame.

> A raiz do problema está na sala de aula, onde as coisas acontecem. É lá que os professores têm que desenvolver nos alunos as habilidades para compreender textos e utilizar conhecimentos adquiridos. O foco deve ser em cima dos responsáveis pela transmissão do conhecimento: os professores. Os fatores convergem para esse ponto comum. Deve-se investir na formação dos educadores, promover constantemente cursos de atualização e reciclagem, além de incentivar esses profissionais com o pagamento de salários dignos e justos.[10]

Lamentavelmente, nada mudou nos últimos anos, pelo contrário, até piorou em alguns aspectos. O Programa Internacional de Avaliação de Estudantes (Pisa), com base nos resultados da avaliação de 2015, constatou que *o Brasil está estacionado há dez anos entre os países com pior desempenho*. O Pisa mediu o conhecimento dos estudantes

7. *O Globo*, 13.11.2002.
8. 22.04.2003.
9. *O Globo*, 23.04.2003.
10. Entrevista ao jornal *A Tarde*, Salvador, 25.05.2003.

de 72 países em leitura, ciências e matemática. Nas três áreas, a média dos estudantes brasileiros ficou abaixo da obtida pelos demais países. Em matemática, o país apresentou a primeira queda desde 2003, início da série histórica da avaliação, e constatou que sete em cada dez alunos brasileiros, com idade entre 15 e 16 anos, estão abaixo do nível básico de conhecimento.

O então ministro da Educação, Mendonça Filho, lamentou os números. "Esse resultado é uma tragédia. E confirma exatamente o diagnóstico que fizemos, desde o início da nossa gestão, de que, *apesar de termos multiplicado por três o orçamento do Ministério da Educação, em termos reais, o desempenho ficou estagnado ou até retrocedeu*, como é o caso específico de matemática." Vale dizer, o problema não é só dinheiro.

Em 2015, dos quase 6 milhões de candidatos que fizeram o Enem, *529 mil tiraram nota zero na redação*, ou seja, são estudantes que concluíram o ensino médio, sabe-se lá como, mas padecem dos males do analfabetismo funcional. São incapazes de raciocínios elementares. E mais, de um universo de quase 6 milhões de alunos só 250 tiraram a nota máxima na redação.

Deploravelmente, *passamos quase seis anos construindo estádios padrão Fifa para a Copa do mundo de 2014*, sem olhar a educação. Se considerarmos o custo dos 12 estádios da Copa, dizem os especialistas que deixamos de formar cerca de 30.400 cientistas e tecnólogos da mais alta qualidade. Estes profissionais serviriam de base para o desenvolvimento científico e tecnológico do Brasil.

Indagariam os leitores: mas o que o ensino fundamental e médio tem a ver com o ensino superior? Tem tudo a ver. *O ensino superior é o acabamento de um processo educativo que começa na creche*. E assim como não se pode colocar telhado onde não há alicerce nem paredes, também não se pode ministrar um curso superior de alto nível a quem não tem sólida formação educacional média e fundamental.

O senador Cristovam Buarque, do alto de sua autoridade como educador e profundo conhecedor da questão, afirma:

> A principal causa da baixa qualidade de nossas instituições de ensino superior é o baixo nível de reconhecimento ao redor delas e, em consequência, dos que entram nessas instituições. Em cada dez crianças apenas quatro terminam o ensino médio, no máximo duas delas com boa qualidade. Joga-se fora o potencial de conhecimento de seis em cada dez brasileiros. É como se, para cada dez poços de petróleo encontrados, tapássemos mais da metade. O potencial fica muito abaixo do nível que poderia ser atingido caso todos os alunos terminassem o ensino médio.[11]

Prossegue o senador Cristovam Buarque:

> Não podemos melhorar a educação superior sem uma educação realmente universal e de qualidade para todos. *Se a universidade é a fábrica do futuro, o ensino fundamental é a fábrica da universidade*. Sem uma professora primária que lhe tivesse ensinado as primeiras letras e as quatro operações, Albert Einsten não teria se tornado cientista.[12]

11. *O Globo*, 21.05.2008.
12. *O Globo*, 27.10.2007.

Na educação, conclui o senador,

> *a base da qualidade está na qualidade da educação básica para todos.* Esse é o segredo que se evita falar porque seus resultados são demorados, e somos um país viciado no imediatismo... fala-se em fechar cursos superiores por falta de qualidade, mas raramente fala-se que a única forma de melhorar a qualidade do ensino superior é universalizar a educação de base até o final do ensino médio com alta qualidade para todos.

O fracasso do ensino médio e fundamental em nosso país prejudica a formação de todas as profissões que exigem nível universitário, mas principalmente o *magistério* e as *carreiras jurídicas* (Magistrados, Ministério Público, Procuradores, Defensores e Advogados). Mais que as outras, essas profissões dependem do completo domínio da língua, precisam ter tirocínio e raciocínio, capacidade de ler, compreender e usar aquilo que se lê. E a leitura e a escrita, segundo os técnicos em educação, são desenvolvidas entre os 4 e 10 anos, sendo muito difícil depois disso recuperar essa capacidade. Logo, por melhor que seja o ensino jurídico, não se podem conseguir ótimos resultados se a formação do estudante no primeiro e segundo graus foi deficiente. Tanto é assim que, dos aprovados em concursos públicos, a maioria cursou o fundamental e o médio em boas escolas particulares.

5. EDUCAÇÃO DE QUALIDADE É O MEIO MAIS EFICIENTE PARA A REDUÇÃO DA DESIGUALDADE SOCIAL

Como reduzir a desigualdade? A questão nodal é saber qual ou quais as inovações, quais as mudanças que deverão ser implementadas para se atingir esse desiderato.

Fala-se em reforma agrária, em saneamento básico, em redução do déficit de moradia, em diminuição do desemprego, em desenvolvimento econômico sustentável etc. Tudo isso, inquestionavelmente, é importante e necessário, mas como conseguir?

É aí que entra a *educação*. James Heckman, prêmio Nobel de Economia de 2000 e professor da Universidade de Chicago, em visita ao Rio, assim sintetizou o seu pensamento:

> A questão central, que temos de fazer hoje, é a seguinte – qual é a maneira mais efetiva de se promover grandes realizações e reduzir a desigualdade? E a resposta é basicamente uma só, sejam quais forem as iniciativas a serem tomadas; *é preciso educar no sentido completo, fundamental (...)*, é preciso fazer mais do que mandar crianças para a escola a partir dos 6 anos de idade. Enquanto não se der maior atenção à primeira infância – de 0 a 3 anos – em especial nas famílias carentes, as desigualdades continuarão se perpetuando.

E conclui o ilustre Professor Heckman: "Em geral se aceita o conceito de que pobreza é falta de renda. E, por isso, há governos que acham que dar mais dinheiro aos pobres resolve o problema. O essencial, a esta altura, é perceber a necessidade de se fazer mais do que isso: *é preciso educar*".[13]

---

13. *O Globo*, 20.12.2009.

Aí está, também em nosso modesto entender, a única solução duradoura e definitiva para o grande problema da desigualdade social. Não é o decolar da economia, como muitos pregam, nem "deixar crescer o bolo para depois dividi-lo", como se falou duramente duas décadas. Achava-se que para um país ter futuro bastava educar uma elite, um pequeno conjunto de profissionais superiores a serviço da economia, e deu no que deu. A economia cresceu, mas a desigualdade também; não houve divisão do bolo.

Outro é o caminho correto. *Educação de qualidade é o meio mais eficiente para se reduzir s desigualdade social, pois é o ativo que mais facilmente pode ser distribuído, sem tirá-lo de ninguém*, e que, ao mesmo tempo, mais contribuirá para a consolidação da democracia e para o crescimento econômico duradouro e sustentável. A educação de qualidade é o pilar que sustenta em harmonia a sociedade.

Não faltam exemplos que comprovam esta verdade. *A Finlândia* – o país do Papai Noel – esteve sob o domínio da Suécia durante 650 anos, depois, por igual período e de forma bem mais repressiva, sob o jugo da Rússia. Assim, a sua independência é relativamente recente. Hoje é um país superdesenvolvido, onde não há analfabetos, nem corrupção – pesquisa de um organismo da ONU colocou a Finlândia em primeiro lugar, com nota 10 –, líder em telecomunicações. Só a empresa Nokia, hoje a maior do mundo em telefonia móvel, tem 69 mil funcionários e, em termos de faturamento, é a terceira empresa mundial.

Como aconteceu esse fenômeno de crescimento tão acelerado no país escandinavo, então presidido por uma mulher – Tarja Halonen? Foi a escolha acertada dos caminhos do seu desenvolvimento – o cuidado devotado aos seus jovens e crianças. Relata Arnaldo Niskier, membro da Academia Brasileira de Letras, que em visita que fez à Finlândia, ouviu o ministro de transportes e comunicação daquele país – Olli-Perra Heinonen – explicar de forma solene, no encontro dos ministros das comunicações, que o *seu país soube escolher as prioridades com as quais trabalharia nestas últimas décadas: 1º Educação; 2º Educação; 3º Educação.*[14] Também o Brasil tem que acordar para a única grande verdade: *a educação ainda é o primeiro, o segundo e o terceiro grande desafio. Mas ela (educação) ainda não é a grande prioridade nacional.*

Outro exemplo – *Coreia do Sul.* Há menos de 80 anos, a renda *per capita* do brasileiro era praticamente o dobro da coreana. Em 2007, último dado disponível para comparação, a situação se inverteu com ampla margem em favor da Coreia. Nos anos recentes, a renda brasileira representa apenas 30% da coreana. O que levou o Brasil a ficar para trás? A resposta vem do professor da PUC, Luiz Roberto Cunha: *investimento maciço em tecnologia e educação.*[15] Na qualidade de ensino a diferença entre a Coreia e o Brasil é ainda mais gritante. A tabela do Pisa de 2006, coloca a Coreia em 4º e o Brasil em 54; a Coreia estava em 1º em leitura e o Brasil em 49º.

14. *Revista do Tribunal de Contas do Município do Rio de Janeiro*, n. 42, p. 31-33, set. 2009.
15. *O Globo*, 16.08.2009.

Em 1945, com o fim da colonização japonesa, apenas 22% da população coreana era alfabetizada. Hoje esse índice é superior a 98%; 97% dos estudantes completam o ensino médio e 60% dos jovens, entre 25 e 34 anos, estão na universidade. O que operou tamanha transformação? A prioridade absoluta com que a Coreia do Sul abraçou a ideia – *educar para crescer, que ficou conhecida como* a "*febre educacional*".

Por isso o ensino na Coreia do Sul é apontado como modelo para o mundo. As crianças sul-coreanas passam, em média, um mês a mais nas escolas anualmente do que as crianças americanas.

6. IGUALDADE NA SAÍDA

A educação desempenha múltiplas funções, mas duas merecem destaque: igualar as oportunidades e permitir o avanço pessoal. Propiciar educação fundamental e média de boa qualidade é o melhor que o Estado pode fazer para igualar as oportunidades e reduzir as desigualdades. *Boa educação é a única forma de se propiciar a igualdade na partida.* Pouco se alcança procurando igualar na chegada com políticas afirmativas, sistema de cotas etc.

Martin Luther King, mártir da resistência à igualdade social nos Estados Unidos, bem colocou a questão.

> A cada vez que essa questão atual do tratamento preferencial para o negro é levantada, alguns de nossos amigos se retraem horrorizados. O negro deve obter a garantia da igualdade, concordam eles; mas ele não deve pedir nada além disso. Superficialmente, isso parece razoável, porém não é realista. Pois *resulta óbvio que se um homem é colocado na linha de partida de uma corrida trezentos anos após outro homem, o primeiro terá que realizar um feito impossível para alcançar o seu competidor na corrida.*[16]

Logo, se a escola pública fundamental e média é deficiente, não cumpre as suas funções, *os alunos dessas escolas, em regra os mais pobres, já sofrem desigualdade na partida, e o sistema educacional amplia a desigualdade ao longo dos anos.* Ou seja, os mais pobres já chegam à escola em desvantagem. "Oferecer *igualdade na partida* é uma função essencial do Estado".[17]

Em histórico julgamento, ocorrido em 26.04.2012, quase três anos após o julgamento do Rio, o Supremo Tribunal Federal reconheceu a constitucionalidade das Leis de Cotas da Universidade de Brasília, com o qual deu extraordinário reforço às ações afirmativas no Brasil.

Entenderam os Ministros da Suprema Corte que, com as cotas, busca-se temperar o rigor da aferição do mérito dos candidatos que pretendem acesso à universidade com o princípio da igualdade material. O mérito dos concorrentes que se encontram em situação de desvantagem, em virtude de suas condições sociais ou econômicas, não pode ser aferido pela ótica puramente linear com aqueles que partem de pontos de largada

16. *Why we can't.* Haper & Row, 1963.
17. Carlos Alberto Sardenberg, *O Globo*, 09.12.2010.

privilegiados. "O merecimento é critério justo, mas apenas em relação a candidatos que tenham oportunidades idênticas, que partem do mesmo patamar".[18] "A meritocracia sem igualdade de pontos de partida é apenas forma velada de aristocracia".[19] "As ações afirmativas não são as melhores opções; a melhor opção é uma sociedade com todo mundo livre, para ser o que quiser. Isso é um processo, uma etapa, uma necessidade em uma sociedade onde isso não aconteceu naturalmente".[20] "A partir desta decisão, o Brasil tem mais um motivo para se olhar no espelho da história e não corar de vergonha".[21]

Em conclusão, "*as ações afirmativas não são as melhores opções; a melhor opção é uma sociedade com todo mundo livre, para ser o que quiser.* Mas as intervenções do Estado, por meio das ações afirmativas *se* fazem necessárias a fim de corrigir a desigualdade concreta, de modo que a igualdade formal volte a ter seu papel benéfico. Não é, todavia, solução ideal e definitiva. Ou o Brasil educa todos, a partir da mais tenra idade, ou a desigualdade continuará. A falta de educação de base funciona como uma imensa bola de chumbo aumentando a desigualdade. Só o pleno desenvolvimento do imenso potencial da energia intelectual dos brasileiros permitirá derrubar o muro do atraso e o muro da desigualdade.

18. Ministro Cezar Peluso.
19. Ministro Marco Aurélio Mello.
20. Ministra Carmen Lúcia.
21. Ministro Ayres de Brito, presidente do STF.

A VIOLÊNCIA SEXUAL CONTRA MENINAS E MULHERES NO ÂMBITO DOS JUIZADOS DE VIOLÊNCIA DOMÉSTICA E FAMILIAR CONTRA A MULHER

Adriana Ramos de Mello

Doutora em Direito Público e Filosofia Jurídico-política pela Universidade Autônoma de Barcelona. Professora da Escola da Magistratura do Estado do Rio de Janeiro (EMERJ) e do Mestrado profissional da Escola Nacional de Formação e Aperfeiçoamento de Magistrados (ENFAM). Juíza de Direito no Rio de Janeiro. E-mail: mello.adriana25@gmail.com.

Marcela Santana Lobo

Juíza de Direito do Tribunal de Justiça do Maranhão. Aluna do Mestrado Profissional em Direito e Poder Judiciário da Escola Nacional de Formação e Aperfeiçoamento de Magistrados (ENFAM) lattes: http://lattes.cnpq.br/8123191080653784. e-mail: marcelalobo@gmail.com.

1. INTRODUÇÃO

De acordo com os dados da Organização Mundial da Saúde (OMS), divulgados em 2021, a violência de gênero contra as mulheres, em suas variadas formas, tem impacto na saúde e no bem-estar de uma mulher pelo resto de sua vida, mesmo após a violência ter cessado. Os dados apontam ainda que, ao longo da vida, uma em cada três mulheres (cerca de 736 milhões) é submetida à violência física ou sexual por parte de seu parceiro ou violência sexual por parte de um não parceiro, um número que permaneceu praticamente inalterado na última década. Outro fator preocupante é que a violência começa cedo, uma vez que uma em cada quatro mulheres jovens (de 15 a 24 anos) que estiveram em um relacionamento já sofreu violência de seus parceiros por volta dos vinte e poucos anos.[1]

1. Organização Pan-Americana de Saúde. *Devastadoramente generalizada:* 1 em cada 3 mulheres em todo o mundo sofre violência. Disponível em: https://www.paho.org/pt/noticias/9-3-2021-devastadoramente-generalizada-1-em-cada-3-mulheres-em-todo-mundo-sofre-violencia. Acesso em: 1º mar. 2022.

O crime de estupro é um dos mais cruéis por ser uma violência direcionada contra o corpo feminino, fere a dignidade sexual, a intimidade das meninas e mulheres e causa traumas e dores sem proporções. As consequências para a saúde da mulher são graves, gerando dano emocional para a vida toda, ao ponto de várias mulheres não conseguirem superar o trauma oriundo da violência, e os prejuízos consequentes do ato são de ordem sexual, psicológica, física e social.

Susan Brownmiller, com a obra "Against our will: men, women and rape", publicada nos Estados Unidos, revolucionou o tema e trouxe à tona a discussão sobre o crime de estupro como instrumento de poder, e não, motivado por lascívia. Essa diferença foi fundamental para a compreensão do estupro como um exercício de poder, no qual os estupradores têm uma vantagem que é muito mais do que física, pois atuam dentro de um ambiente institucionalizado que funciona a seu favor, e que a vítima tem pouca chance de reação.[2]

A partir da lei 12.105/09, os crimes relacionados à violência sexual passaram a ser definidos no Código Penal como crimes contra a dignidade sexual, conquista do movimento feminista brasileiro que há muito denunciava o caráter sexista e discriminatório da lei penal brasileira, além de violar os tratados e convenções de direitos humanos das mulheres.[3-4]

Até os dias atuais, muitas mulheres ainda são submetidas à violência sexual por seus parceiros íntimos, o denominado estupro marital, tema muito pouco estudado ainda. Pesquisam apontam que é na residência que as mulheres sofrem mais violência sexual, e muitas delas não denunciam a violência por medo de não serem acreditadas pelo sistema de justiça.[5] Também é na residência que acontece a maioria dos estupros envolvendo crianças e adolescentes.[6]

O temor e a vergonha fazem parte da vida das mulheres vítimas de violência sexual. A exigência da prova da violência sexual e a falta de credibilidade que as mulheres sofrem

2. BROWNMILLER, Susan. *Against Our Will*: Men, Women and Rape (1975). Ballantine Books, 1993.
3. BRASIL. Lei 12.015, DE 7 de agosto de 2009. Altera o Título VI da Parte Especial do Decreto-Lei no 2.848, de 7 de dezembro de 1940 – Código Penal, e o art. 1º da Lei 8.072, de 25 de julho de 1990, que dispõe sobre os crimes hediondos, nos termos do inciso XLIII do art. 5º da Constituição Federal e revoga a Lei 2.252, de 1º de julho de 1954, que trata de corrupção de menores. Disponível em: http://www.planalto.gov.br/ccivil_03/_ato2007-2010/2009/lei/l12015.htm. Acesso em: 1º mar. 2022.
4. Previamente à alteração introduzida pela Lei 12.015/2009, os delitos de natureza sexual eram tratados como crimes contra os costumes. O Brasil ratificou a CEDAW em 1982 e se comprometeu a rever leis que discriminavam as mulheres, demorando, portanto, 27 anos após a ratificação para assinalar que a agressão sexual deveria configurar crimes contra a dignidade sexual.
5. GOMES, Nadirlene Pereira et al. Vulnerabilidade de mulheres ao estupro marital: reflexões a partir do contexto da pandemia da COVID-19. *Ciênc. cuid. saúde*, v. 20, e57373, 2021. Disponível em: http://www.revenf.bvs.br/scielo.php?script=sci_arttext&pid=S1677-38612021000100402&lng=pt&nrm=iso. Acessos em 08 mar. 2022. Epub 15 set. 2021. http://dx.doi.org/10.4025/cienccuidsaude.v20i0.57373.
6. Fundo das Nações Unidas para a Infância (Unicef). Fórum Brasileiro de Segurança Pública. *Panorama da violência letal e sexual contra crianças e adolescentes no Brasil*. Out., 2021, p. 39. Disponível em: https://www.unicef.org/brazil/media/16421/file/panorama-violencia-letal-sexual-contra-criancas-adolescentes-no-brasil.pdf. Acesso em: 13 mar. 2021.

quando procuram a polícia são alguns dos fatores que as fazem desistir de denunciar a violência.[7]

Esse tipo de crime ocorre na clandestinidade, no âmbito privado e sem testemunhas. É muito comum existir apenas a versão da vítima. Alguns fatores como a falta de sensibilidade para questões de gênero, os rígidos padrões de comportamento impostos às mulheres e replicados pelos operadores da justiça e a falta da devida diligência e da perspectiva de gênero durante a investigação e na condução do processo podem ser apontados como dificultadores do acesso à justiça por meninas e mulheres.

Um fator preocupante é a falta da perspectiva de gênero pelos membros do Ministério Público. As denúncias de estupro geralmente são bem lacônicas, apontam os fatos ocorridos de forma bem simplória, em vários casos não arrolam sequer as testemunhas indicadas pelas vítimas durante o inquérito policial, o que demonstra a necessidade de mudança de paradigma em todas as instituições que compõem o sistema de justiça com capacitação em gênero para todos os que atuam no sistema de justiça, não apenas para juízes/as.

Nesse sentido, a Convenção sobre a eliminação de todas as formas de discriminação contra as mulheres (CEDAW) observou uma série de obstáculos e restrições que impedem as mulheres de ter acesso à justiça, tais como decisões e julgamentos insensíveis ao gênero devido à falta de formação específica, à demora e à duração excessiva dos procedimentos judiciais. A Recomendação nº 33 do Comitê CEDAW da ONU aponta que muitas mulheres sofrem tanta discriminação, que desistem de denunciar ou são desencorajadas a manter a denúncia.[8]

Assim, considerando os dados vinculados à violência sexual contra meninas e mulheres como violência doméstica, à luz da Lei 11.340/2006,[9] em especial levantamentos realizados no Brasil, no estado do Rio de Janeiro e na cidade do Rio de Janeiro, pretende-se apontar a subnotificação de ocorrências associadas a essa categoria de violência, além de debater a necessidade de uma estrutura adequada e acolhedora para o recebimento da ofendida e sua escuta qualificada, passando pelo imperativo de capacitação em gênero de todos os envolvidos nos procedimentos.

Destaca-se, ainda, a impropriedade da tramitação de feitos que envolvem crianças e adolescentes como vítimas de abusos sexuais em juizados de violência doméstica, pon-

7. Instituto Patrícia Galvão. *Violência sexual*. Disponível em: https://dossies.agenciapatriciagalvao.org.br/violencia/violencias/violencia-sexual/. Acesso em: 11 mar. 2022.
8. Organização das Nações Unidas. ONU. *Recomendação Geral 33 sobre o acesso das mulheres à justiça do Comitê para Eliminação de todas as Formas de Discriminação contra a Mulher (CEDAW)*. 2015. Disponível em: http://www.tjrj.jus.br/documents/10136/8038814/recomendacao-geral-n33-comite-cedaw.pdf/21a63c54-e061-43c6-f5d4-88630e8f0265?version=1.0. Acesso em: 11 mar. 2022.
9. BRASIL. Lei 11.340, de 7 de agosto de 2006. Cria mecanismos para coibir a violência doméstica e familiar contra a mulher, nos termos do § 8º do art. 226 da Constituição Federal, da Convenção sobre a Eliminação de Todas as Formas de Discriminação contra as Mulheres e da Convenção Interamericana para Prevenir, Punir e Erradicar a Violência contra a Mulher; dispõe sobre a criação dos Juizados de Violência Doméstica e Familiar contra a Mulher; altera o Código de Processo Penal, o Código Penal e a Lei de Execução Penal; e dá outras providências. Disponível em: http://www.planalto.gov.br/ccivil_03/_ato2004-2006/2006/lei/l11340.htm. Acesso em: 11 mar. 2022.

derando-se a necessidade de criação de unidades especializadas, dotadas de estrutura própria e capacitação específica para atendimento de demandas dessa natureza.

2. VIOLÊNCIA SEXUAL EM NÚMEROS: DADOS DA VIOLÊNCIA SEXUAL DOMÉSTICA CONTRA AS MENINAS E MULHERES

2.1 Dados sobre a violência sexual no Brasil

Pesquisa realizada pelo Fórum Brasileiro de Segurança Pública aponta que 31,9% das mulheres (22,3 milhões) ouviram comentários desrespeitosos quando andavam na rua; 12,8% das mulheres (8,9 milhões) receberam cantadas ou comentários desrespeitosos no ambiente de trabalho; 7,9% das mulheres (5,5 milhões) foram assediadas fisicamente em transporte público como ônibus e metrô; 5,6% das mulheres (3,9 milhões) sofreram assédio físico em festa ou balada; 5,4% das mulheres (3,7 milhões) foram agarradas/beijadas sem consentimento.

Segundo, ainda, a Pesquisa Nacional por Amostra de Domicílios (PNAD), do IBGE de 2009, mais de um milhão de mulheres sofre agressão física a cada ano no Brasil. A Pesquisa de Condições Socioeconômicas e Violência Doméstica e Familiar contra a Mulher (PCSVDF Mulher), aponta que 11,9% das mulheres entre 12 e 49 anos sofrem violência emocional, e 5,3% sofrem violência física a cada ano. Segundo o mesmo estudo, 2,4% das mulheres, entre 15 e 49 anos sofreram agressões sexuais nas capitais do Nordeste em 2015. Entre os casos registrados, 70% das violências acometeram crianças e adolescentes.[10]

Segundo o Fórum Brasileiro de Segurança Pública, 1 em cada 4 mulheres de 16 anos ou mais, o que corresponde a 17 milhões de mulheres, foi vítima de algum tipo de violência em 2021. Entre as formas de violência, 5,4 mulheres brasileiras (3,7 milhões) foram vítimas de violência sexual em 2021. Além disso, 37,9% das brasileiras (26,5 milhões) sofreram algum tipo de assédio sexual. Do referido quantitativo, desmembram-se os seguintes dados:

> 31,9% das mulheres *ouviram comentários desrespeitosos* quando estavam andando na rua (22,3 milhões);
>
> 12,8% das mulheres *receberam cantadas ou comentários desrespeitosos* no ambiente de trabalho (8,9 milhões); 7,9% das mulheres foram *assediadas fisicamente em transporte público* como ônibus e metrô (5,5 milhões);
>
> 5,6% das mulheres sofreram *assédio físico em festa ou balada* (3,9 milhões);
>
> 5,4% das mulheres foram *agarradas/beijadas sem consentimento* (3,7 milhões).[11]

---

10. CERQUEIRA, Daniel; COELHO, Danilo Santa Cruz; FERREIRA, Helder. *Estupro no Brasil:* vítimas, autores, fatores situacionais e evolução das notificações do sistema de saúde entre 2011 e 2014. Disponível em: http://repositorio.ipea.gov.br/handle/11058/7973. Acesso em: 07 mar. 2022.
11. BUENO, Samira et al. *Visível e invisível*: a vitimização de mulheres no Brasil. 3. ed. s. l. Data Folha instituto de pesquisas, 2021, p. 1.

Como se pode perceber, tais números são alarmantes, entretanto, em relação à agressão mais grave, 45% das mulheres não procuraram a polícia, porque *resolveram sozinhas* (32,8%); *julgaram que não era importante* a ponto de acionar a polícia (16,8%); *não quiseram envolver a polícia* (15,3%); tiveram *medo de represálias* por parte do autor da violência (13,4%); *não tinham provas* para acionar a polícia (12,6%); afirmaram não *crer nas instituições policiais* (5,6%); ou tiveram seu *deslocamento dificultado* pela pandemia (2,7%).[12]

2.2 No estado do Rio de Janeiro

Segundo o Dossiê Mulher 2021, *em 2020*, no estado do Rio de Janeiro, *a cada 5 minutos, uma mulher foi agredida de alguma forma.* 78 mulheres foram vítimas de feminicídio, entre as quais só *9 possuíam medidas protetivas contra os agressores.* 78% eram companheiros ou ex-companheiros das vítimas. A cada 24 horas, 11 mulheres foram vítimas de estupro, 91 mulheres foram vítimas de lesão corporal dolosa, 83 mulheres foram vítimas de ameaça, e 53 mulheres foram vítimas de injúria.[13]

Ainda se tratando de 2020, no que tange à *cor das vítimas*, de acordo com o Dossiê da Mulher, observa-se que, em se tratando de estupro de vulnerável, as meninas mais vitimadas eram negras,[14] correspondendo a 60,0% dos registros. No referente a estupro, 55,0% das vítimas também eram mulheres negras. Segundo o Dossiê da Mulher 2021, entre os anos de 2018 e 2019, foi possível observar o aumento do número de mulheres vítimas de violência sexual, e em 2021, o número de vítimas (6.704) foi superior à média, que é de 5.900.[15]

Em 2020, além do total de vítimas ter sido inferior à média anual (5.645), na comparação com 2019, houve a redução de 15,8% de vítimas. A capital e o interior foram as áreas que apresentaram os maiores quantitativos, 1.881 e 1.800 vítimas de violência sexual, respectivamente. Todavia, ao considerarmos a população de cada região, percebe-se que o interior e a baixada fluminense apresentaram taxas de violência sexual por 100 mil mulheres de 79,7 e 77,6, respectivamente, quantitativos maiores que os observados para o estado, que foi de 76,5 por 100 mil mulheres. Desta forma, a cada 100 mil mulheres no estado, 67 foram vítimas de violência sexual.[16]

Os percentuais das categorias de até cinco anos (passou de 9,5% em 2014 para 10,6% em 2020) e mais de cinco anos (passou de 3,3% para 9,3% no mesmo período) vêm crescendo ao longo do tempo. A mudança pode indicar que mais vítimas estão sendo encorajadas a falar sobre o episódio traumático e a denunciar, mesmo que, para isso,

12. Ibidem, 2022, p. 2.
13. OLIVEIRA, Elisângela et al. *Dossiê Mulher 2021*. 16. ed. Rio de Janeiro: Instituto de Segurança Pública, 2021, p. 55. Disponível em: http://arquivo.proderj.rj.gov.br/isp_imagens/uploads/DossieMulher2021.pdf. Acesso em: 07 mar. 2022.
14. Ibidem, p. 75.
15. Ibidem, p. 63.
16. Ibidem, p. 64

precisem revivê-lo mentalmente e com detalhes. Considerando os casos comunicados em 2020, 9,3% foram reportados depois de cinco anos, 10,6% em até cinco anos e 80,2% em até um ano. No ano de 2020, 2.754 meninas foram vítimas de estupro de vulnerável, enquanto 1.332 mulheres foram vítimas de estupro. Isso significa que, *por dia, em média, sete meninas e três mulheres foram vítimas de estupro de vulnerável e de estupro,* respectivamente. Isso indica que as meninas estavam mais expostas a esse crime do que as mulheres, realçando a necessidade de políticas públicas de proteção específicas para as crianças. *A evolução mensal dos registros de ocorrência dos delitos pode ter sido afetada pelas medidas de isolamento social adotadas em decorrência da Covid-19.* Entre os meses de março e maio de 2020, período com maiores restrições, os registros sofreram queda, voltando a aumentar após junho do mesmo ano, especialmente o estupro de vulnerável.[17]

2.3 Na cidade do Rio de Janeiro

Em se tratando da cidade do Rio de Janeiro, quanto ao número de violências sexuais ocorridas no município, quando comparados 2020 e 2021, tem-se 1.578 casos e 1.715 casos, respectivamente.[18] Isso mostrou determinado aumento de notificações. Tais dados, assim como os próximos mostrados, foram extraídos de análises feitas a partir das estatísticas do Monitor Violência Interpessoal/Autoprovocada SINAN.

Assim, a título de comparação por meses, em janeiro de 2020,[19] foram registrados 154 casos, e em janeiro de 2021[20] foram registrados 133 casos. Já em fevereiro de 2020 foram notificados 164 casos,[21] enquanto no mesmo mês de 2021 foram registrados 142 casos.[22] Foram notificados, em janeiro de 2022, 125 casos,[23] enquanto em fevereiro, apenas 29.[24] Os dados mostram a queda no número de notificações nos primeiros meses do ano.

Em 2021, ocorreu o maior número de casos registrados desde 2019 (1.908 notificações), alcançando a marca de 1.715 notificações.[25] Quando levado em consideração o ciclo de vida das vítimas, em 2021, constatou-se que as adultas são as mais afetadas, correspondendo a 652 notificações realizadas.[26] Em 2020, o número de notificações foi de 574.[27] Considerando o sexo das vítimas de casos notificados, em 2021, constataram-se

17. OLIVEIRA, Elisângela et al. *Dossiê Mulher 2021*. 16. ed. Rio de Janeiro: Instituto de Segurança Pública, 2021, p. 68. Disponível em: http://arquivo.proderj.rj.gov.br/isp_imagens/uploads/DossieMulher2021.pdf. Acesso em: 07 mar. 2022.
18. Monitor Violência Interpessoal/Autoprovocada Sinan. *Rio Prefeitura*, jan. 2022, p. 2. Disponível em: http://portalsinan.saude.gov.br/violencia-interpessoal-autoprovocada. Acesso em: 12 mar. 2022.
19. Ibidem, p. 2.
20. Ibidem, p. 2.
21. Ibidem, p. 2.
22. Ibidem, p. 2.
23. Ibidem, p. 2.
24. Ibidem, p. 2.
25. Ibidem, p. 3.
26. Ibidem, p. 6.
27. Ibidem, p. 4.

156 casos de homens contra 1.559 casos de mulheres.[28] Esses números foram coletados do Monitor Violência Interpessoal/Autoprovocada SINAN.

De acordo com as Estatísticas da Sala Lilás, realizadas pela Prefeitura da Cidade do Rio de Janeiro, como Subsecretaria de Promoção da Saúde Atenção Primária e Vigilância de Saúde, o número de atendimentos ocorridos na Sala Lilás, em *dezembro de 2021* no município do Rio de Janeiro, correspondeu a 154, dos quais 148 foram de vítimas mulheres e apenas 6 de vítimas homens.[29] Em *janeiro de 2022*, ocorreram 187 atendimentos, entre os quais 182 foram mulheres, e apenas 5 foram homens.[30] Levando em consideração o ciclo de vida das vítimas, ou seja, a idade, mostra o estudo que mulheres na fase adulta (20 a 59 anos) são mais vitimadas.[31] Comparou-se a fase infantil, a fase adolescente, a fase adulta e a fase idosa.

Em dezembro de 2021, ocorreram 91 casos de vítimas entre adultas de 20 a 59 anos;[32] e em janeiro de 2022, esse número subiu para 136.[33] A fase infantil e a fase idosa das vítimas são as menos notificadas. Seguindo os dados, foram 23 notificações de vítimas crianças (0 a 9 anos) em dezembro de 2021, contra 20 notificações em janeiro de 2022; assim como ocorreram apenas 7 notificações de vítimas idosas (60 anos ou mais), contra 5 notificações em janeiro de 2022.[34]

3. A CIFRA OCULTA DA VIOLÊNCIA SEXUAL: PERSPECTIVAS PARA O ENFRENTAMENTO AO ESTUPRO DE CONTRA MENINAS E MULHERES EM SITUAÇÃO DE VIOLÊNCIA DOMÉSTICA

O enfrentamento à violência contra a mulher atravessa uma análise da evolução dos direitos das mulheres que, por sua vez, não pode ser dissociada de uma compreensão quanto aos valores e à moralidade vigentes na sociedade em um dado momento histórico. As alterações no Código Penal ilustram um percurso de maior valorização da perspectiva de gênero, ao promover a reformulação das normas, no curso de mais de oito décadas, visando conferir maior proteção às mulheres.

De início, a proteção contra agressões sexuais era compreendida como uma proteção à família e aos bons costumes, ponderando que o papel da mulher estava inserido em uma forte lógica patriarcal, segundo a qual a existência feminina era relacionada ao casamento e à procriação. Nesse contexto, a violação sexual de uma mulher não era entendida como uma ofensa a ela, mas à sua família, ao seu pai ou ao seu marido.

O capítulo dedicado ao enfrentamento desse ilícito era devotado à proteção dos costumes, e não à dignidade das vítimas. A preocupação era proteger a moralidade, a

28. Ibidem, p. 6.
29. Estatística do mês de dezembro/21 – Salas Lilás/RJ. Prefeitura da Cidade do Rio de Janeiro. p. 1.
30. Estatística do mês de janeiro/22 – Salas Lilás/RJ. Prefeitura da Cidade do Rio de Janeiro. p. 1.
31. Ibidem, p. 1.
32. Estatística do mês de dezembro/21 – Salas Lilás/RJ. Prefeitura da Cidade do Rio de Janeiro. p. 1.
33. Estatística do mês de janeiro/22 – Salas Lilás/RJ. Prefeitura da Cidade do Rio de Janeiro. p. 1.
34. Ibidem, p. 1.

percepção social que a mulher gozava, e não sua intimidade e integridade física e psicológica.

O controle exercido sobre a sexualidade da mulher era tal, que admitia a anulação do casamento caso a esposa não fosse virgem, bem como conduziu o legislador a construir fórmulas morais com conceitos jurídicos vagos a fim de determinar as mulheres que mereciam a efetiva proteção penal, rotulando-as como "honestas".[35] Era a moral e o comportamento da mulher que estavam em julgamento, e não, as ações e agressões contra ela praticadas.

A redação original dos arts. 213 e 214 do Código Penal previa, como atos ilícitos, respectivamente, o constrangimento da mulher à prática de conjunção carnal ou atos libidinosos diversos da conjunção carnal, mediante violência ou grave ameaça. Dada a observância dos direitos conjugais previstos no Código Civil, doutrinadores defendiam, no entanto, a possibilidade de que o marido fizesse uso inclusive da força para fazer valer o seu direito ao cumprimento da "obrigação sexual", de modo que tal exigência não poderia caracterizar um delito de estupro. Em sentido contrário, segunda corrente ponderava que a lei não admitia o "uso de violência ou de grave ameaça em relação matrimonial, ou em qualquer tipo de relação".[36]

No que concerne à proteção jurídica das meninas, a controvérsia interpretativa quanto à consumação do estupro estabeleceu-se em torno de potencial consentimento, eis que a fórmula jurídica prevista no revogado Art. 224 do Código Penal[37] não indicava se a presunção de violência deveria ser absoluta ou relativa. Gradativamente, a jurisprudência dos Tribunais Superiores consolidou o entendimento de que havia uma presunção de violência absoluta quando se tratava de delitos que envolviam menores de 14 anos, a despeito de eventual consentimento da vítima.

Esse entendimento também prosperou a partir das alterações introduzidas pela lei 12.015/2019, especialmente após o julgamento de Recurso Especial pela Terceira Seção do Superior Tribunal de Justiça.[38] Esse julgamento paradigmático reforçou a necessária proteção às meninas contra o casamento infantil, prática que pode caracterizar grave violação a direitos humanos, ao privar a adolescente das experiências de sua etapa de desenvolvimento, representando, em muitos casos, o rompimento

35. GUIMARÃES PENA, Conceição Aparecida Mousnier Teixeira de. A desigualdade de gênero: tratamento legislativo. *Revista da EMERJ*, v. 11, n. 43, 2008. Disponível em: https://www.emerj.tjrj.jus.br/revistaemerj_online/edicoes/revista43/Revista43_63.pdf. Acesso em: 11 mar. 2022.

36. IBDFAM. Estupro marital frente aos deveres conjugais. *Jusbrasil*. Publicado em 23.12.2016. Disponível em: https://ibdfam.org.br/noticias/na-midia/12973/estupro+marital+frente+aos+deveres+conjugais. Acesso em: 11 mar. 2022.

37. A redação original do Código Penal contemplava a seguinte fórmula: "Presume-se a violência, se a vítima: a) não é maior de catorze anos; b) é alienada ou débil mental, e o agente conhece esta circunstância; c) não pode, por qualquer outra causa, oferecer resistência". Brasil. Decreto-Lei 2848, de 7 de dezembro de 1940. Código Penal. Disponível em: http://www.planalto.gov.br/ccivil_03/decreto-lei/del2848.htm. Acesso em: 11 mar. 2022.

38. O recurso em questão é o Recurso Especial 1.480.881/PI da relatoria do Ministro Rogério Schietti Cruz, julgado pela Terceira Seção do Superior Tribunal de Justiça em 26.08.2015.

do vínculo com a escola e sua comunidade.[39] Ademais, a preservação do adolescente contra o casamento infantil representa uma medida também de prevenção de violência doméstica, ponderando-se que há uma correlação entre gravidez na adolescência e vulnerabilidade à violência.[40]

O olhar sobre as normas de natureza penal, portanto, não pode ser dissociado de uma preocupação com a consolidação dos direitos humanos das mulheres. Nesse sentido, a CEDAW e a Convenção Belém do Pará representam fortes instrumentos de proteção às mulheres que se associam, internamente, às disposições da Lei 11.340/2006 lançando luzes sobre a discriminação das mulheres e a violência contra elas praticadas, nos seus lares e pelas instituições.

As pressões decorrentes da introdução no ordenamento jurídico brasileiro de normas mais claras de proteção à mulher, que evidenciam as disparidades e discriminações existentes, conduziram a uma reformulação dos textos legislativos. O estupro deixa, portanto, de ser sancionado, por ser uma ofensa aos costumes, e passa a representar um atentado à dignidade das pessoas, especialmente às mulheres.[41]

No plano internacional, os Comitês de Direitos Humanos das Nações Unidas elaboraram Recomendações gerais assinalando que a proteção, no que se refere à violência sexual, deve observar:

> a) o Princípio da eliminação da discriminação, tendo em vista que a discriminação acentua o risco de violência; b) o Princípio da privacidade, como forma de proteção da vítima de exploração sexual; c) o Princípio da reintegração social da vítima da violência sexual; d) o Princípio da não estigmatização da vítima de violência sexual; e) o Princípio da quebra do silêncio tangente à exploração sexual, dentre outros, que incluem, por exemplo, a expulsão do agressor na violência doméstica.[42]

Com a nova redação do art. 213 do Código Penal, associada ao art. 7º, inciso III da Lei 11340/2006, tem-se que a violência sexual praticada contra uma mulher não se restringe a "constranger alguém, mediante violência ou grave ameaça, a ter conjunção carnal ou praticar ou permitir que com ele se pratique outro ato libidinoso".[43] Há um conjunto de ações que podem ser praticadas contra a mulher traduzidas como violência

---

39. PLAN INTERNACIONAL. *Tirando o véu*: estudo sobre casamento infantil no Brasil. Disponível em: https://plan.org.br/wp-content/uploads/2019/07/Tirando-o-veu-estudo-casamento-infantil-no-brasil-plan-international.pdf. Acesso em: 13 mar. 2022.
40. AGUIAR, Camilla Moura; GOMES, Kilma Wanderley Lopes, Gravidez na adolescência e violência doméstica no contexto da atenção primária à saúde, *Revista Brasileira de Medicina de Família e Comunidade*, v. 16, n. 43, p. 2401, 2021. Disponível em: https://www.rbmfc.org.br/rbmfc/article/view/2401/1620. Acesso em: 8 mar. 2022.
41. GOMES, Mariângela Gama de Magalhães. Duas décadas de relevantes mudanças na proteção dada à mulher pelo direito penal brasileiro. *Rev. Fac. Dir. Univ. São Paulo*, v. 115, p. 141-163. jan./dez. 2020. Disponível em: https://www.revistas.usp.br/rfdusp/article/view/189361/174881. Acesso em: 08 mar. 2022. p. 145.
42. BARSTED, Leila Linhares. O avanço legislativo contra a violência de gênero: a lei Maria da Penha. *Revista EMERJ*, Rio de Janeiro, v. 15, n. 57 (Edição Especial), p. 90-110, jan.-mar. 2012. Disponível em: https://www.emerj.tjrj.jus.br/revistaemerj_online/edicoes/revista57/revista57_90.pdf. Acesso em: 08 mar. 2022. p. 100-101.
43. BRASIL. Decreto-Lei 2848, de 7 de dezembro de 1940. Código Penal. Disponível em: http://www.planalto.gov.br/ccivil_03/decreto-lei/del2848.htm. Acesso em: 11 mar. 2022.

sexual,[44] ao violar igualdade, liberdade e dignidade da mulher no âmbito de suas relações íntimas de afeto.

A prática forense revela, entretanto, o desestímulo e a dificuldade de noticiamento dos crimes contra a dignidade sexual, mormente aqueles ocorridos no interior de uma relação conjugal ou ainda em uma relação familiar.[45] É difícil, portanto, falar em quebra do silêncio ou não estigmatização da vítima de um crime sexual. Como recordam Guimarães e Pedroza,[46] a discussão a respeito da violência deve abarcar dois aspectos fundamentais: "as conceituações de violência que permitam a identificação da experiência violenta e as perspectivas daqueles que estão envolvidos nessa situação violenta".

Se historicamente a violência dentro de uma relação íntima de afeto passou por um processo de naturalização, em que se esperava do homem um comportamento ativo e da mulher um comportamento passivo e de sujeição ao seu parceiro, mesmo agora, a partir de uma revolução econômica em que mais mulheres se tornam responsáveis como provedoras do lar, persiste o pensamento de que sexo forçado não se configura uma violência, pelo simples fato de o autor ser o marido/companheiro.[47]

Ponderam Ranzera, Cenci e Falcke sobre a existência de papéis que são estabelecidos no interior das famílias, transmitidos pela educação e pelo exemplo e que envolvem também regras e conceitos de moralidade.[48] Não apenas a representação do papel da mulher na relação conjugal se faz presente, definindo, inclusive, quem seria ou não merecedora de credibilidade, mas é possível identificar uma representação de quem seria o agressor, tendendo-se a valorar de forma diversa aqueles mais próximos do círculo de convivência da vítima em relação aos mais distantes.

> As relações sexuais forçadas são entendidas como crimes, ou mesmo como comportamento social inadequado, dependendo da violência aplicada, da reação ocorrida no momento, da idade da vítima, do corpo da vítima, da sua vestimenta, das relações familiares e do comportamento. A própria ideia de consenso é maleável discursivamente para descaracterizar interações desiguais e forçadas. Isso ocorre tanto nas relações diretas como nas falas da mídia, de delegados, juízes, policiais e parlamen-

44. BRASIL. Lei 11.340, de 7 de agosto de 2006. Disponível em: http://www.planalto.gov.br/ccivil_03/_ato2004-2006/2006/lei/l11340.htm. Acesso em: 11 mar. 2022.
45. DANTAS-BERGER, Sônia Maria; GIFFIN, Karen. A violência nas relações de conjugalidade: invisibilidade e banalização da violência sexual? *Cadernos de Saúde Pública* [online]. 2005, v. 21, n. 2, p. 417-425. Disponível em: https://doi.org/10.1590/S0102-311X2005000200008. Acesso em: 12 mar. 2022.
46. GUIMARÃES, Maisa Campos; PEDROZA, Regina Lucia Sucupira. Violência contra a mulher: problematizando definições teóricas, filosóficas e jurídicas. *Psicologia & Sociedade*, vol. 27, n. 2, p. 256-266, 2015. Disponível em: http://www.scielo.br/scielo.php?script=sci_arttext&pid=S0102-71822015000200256&lng=pt&tlng=pt. Acesso em: 12 mar. 2022.
47. ANTONI, Clarissa de; MAZONI, Carolina de Vasconcellos; MUSSKOPF, Filipe Witz. Concepções dos operadores do Direito sobre crimes sexuais conjugais e extraconjugais: implicações psicossociais. *Est. Inter. Psicol.*, Londrina, v. 5, n. 2, p. 34-59, 2014. Disponível em: http://pepsic.bvsalud.org/scielo.php?script=sci_arttext&pid=S2236-64072014000200004&lng=pt&nrm=iso. Acesso em: 12 mar. 2022.
48. RAZERA, Josiane; CENCI, Cláudia Maria Bozetto; Falcke, Denise. Violência doméstica e transgeracionalidade: um estudo de caso. *Revista de Psicologia da IMED*, jan.-jun. 2014, v. 6, n. 1, p. 47-51. Disponível em: https://www.researchgate.net/profile/Denise-Falcke/publication/284345309_Violencia_Domestica_e_Transgeracionalidade_Um_Estudo_de_Caso/links/578799d608aedc252a935ed4/Violencia-Domestica-e-Transgeracionalidade-Um-Estudo-de-Caso.pdf. Acesso em: 08 mar. 2022. p. 48.

tares. Ademais, a gravidade dos casos costuma ser mais valorizada para um tipo de algoz: os homens desconhecidos e com determinado comportamento sexual tido como desviante, articulando, ainda, um construto discriminatório acerca do "perfil suspeito". Tal perspectiva diverge do fato concreto de que a maior parte dos casos de interações forçadas é cometida por amigos, conhecidos, professores, colegas ou familiares.[49]

Assim, é essencial não apenas a existência de uma previsão legislativa clara sobre os contornos da violência sexual em relações íntimas de afeto, como a educação de mulheres a fim de que elas possam identificar as situações de violência e se insurgirem contra a sua persistência.

4. PROTEÇÃO EFICIENTE E A CRIAÇÃO DE VARAS ESPECIALIZADAS PARA JULGAMENTO DE CRIMES SEXUAIS CONTRA CRIANÇAS E ADOLESCENTES

A fragilidade das redes de apoio à mulher é um fator relevante para desencorajar denúncias sobre a violência sexual no âmbito de relações íntimas de afeto. Somem-se a esse dado questões de natureza probatória. A demora na formulação da notícia de fato pode levar à perda de vestígios materiais do delito e, na prática, crimes sexuais ocorrem, em sua maioria, às ocultas, dificultando a produção de provas testemunhais. Esses fatores produzem um impacto relevante no ânimo da mulher que teme não ter efetivas condições de demonstrar o fato que narra na delegacia ou em Juízo.

O conjunto probatório limita-se, invariavelmente, ao depoimento da própria vítima e ao laudo pericial. Este depoimento, a seu turno, precisa ser corroborado pelos elementos probatórios constantes dos autos. Vera Regina Andrade[50] aponta que, no curso do julgamento, a vítima é julgada por sua reputação sexual, sendo o resultado deste julgamento que determina a importância de suas afirmações no que concerne ao alegado estupro. E tal conclusão se aplicaria tanto às vítimas maiores quanto àquelas que têm em seu favor a presunção legal, como as menores de 14 anos. E prossegue:

> Não é diferente em relação às vítimas crianças, cuja palavra goza da mesma falta de credibilidade, embora por outro motivo: não são escutadas, não tem voz, porque a tendência é não se acreditar no que dizem ou se desqualificar a sua versão dos fatos como fantasias infantis. O que ocorre, pois, é que, no campo da moral sexual o sistema penal promove, talvez mais do que em qualquer outro, uma inversão de papéis e do ônus da prova.[51]

As dificuldades sentidas pela mulher no acesso à justiça repercutem na existência de poucos dados sobre processos que envolvem estupro marital. As referências do repositório do Superior Tribunal vinculadas aos termos de busca de estupro marital apontam

49. ENGEL, Cíntia Liara. *As atualizações e a persistência da cultura de estupro no Brasil.* Rio de Janeiro: Ipea, 2017. Disponível em: https://www.ipea.gov.br/portal/images/stories/PDFs/TDs/td_2339.pdf. Acesso em: 08 mar. 2022. p. 26.
50. ANDRADE, Vera Regina Pereira de. A soberania patriarcal: o sistema de justiça criminal no tratamento da violência sexual contra a mulher. *Revista Sequência,* n. 50, p. 71-102, jul. 2005. p. 93. Disponível em: https://periodicos.ufsc.br/index.php/sequencia/article/view/15185/13811. Acesso em: 12 mar. 2022.
51. Ibidem, p. 93.

para situações em que o casamento fora utilizado como um instrumento para extinção da punibilidade em eventos que envolvem notadamente o estupro de vulneráveis, que vem a ser um delito com forte influência da proteção estendida pela Lei 11.340/2006.[52] Em relação ao crime de estupro de vulnerável, a situação é bem complexa. Os dados revelam que as meninas entre 0 e 13 anos são as mais vulneráveis e, geralmente, os autores desse crime são pessoas próximas que deveriam protegê-las, como pais, padrastos e vizinhos.

Como medida de maximização da proteção, a Lei 13.431/2017 instituiu o sistema de garantia de direitos da criança e do adolescente vítima ou testemunha de violência e preconiza que os tribunais poderão criar juizados ou varas especializadas em crimes contra a criança e o adolescente.[53] Até a implementação de tais unidades, o julgamento e a execução das causas decorrentes das práticas de violência ficarão, preferencialmente, a cargo dos juizados ou varas especializadas em violência doméstica nas hipóteses em que se vislumbra o preenchimento dos critérios indicados no Art. 5ª da Lei 11.340/2006. No entanto, essa disposição legal vem gerando uma série de decisões conflitantes dos tribunais em prejuízo das próprias vítimas, crianças e adolescentes, que ficam sem o atendimento prioritário da justiça.

A carência de espaços adequados para as meninas e mulheres que precisam lidar com os impactos da violência sexual sofrida, especialmente quando vitimadas por pessoas de seu convívio, com quem mantêm laços afetivos, é um tema espinhoso, que merece ser enfrentado pelos tribunais, para adequada organização de seus serviços. A sistemática de coleta de prova em modalidade de depoimento especial deve ser implementada, com a necessária capacitação dos atores do sistema de justiça, por representar uma oportunidade de oitiva humanizada de uma depoente que passou por uma situação traumática, minimizando as possibilidades de revitimização trazidas pelo percurso no sistema de justiça.

A falta de políticas públicas para atender as meninas e adolescentes vítimas de estupro de vulnerável vem causando sérios prejuízos ao seu desenvolvimento. A carência de profissionais especializados para atender as crianças é enorme, e não há investimentos de recursos fim nas políticas de proteção da criança e do adolescente. Em que pese a Lei 13.431/2017 ter estabelecido o sistema de garantia de direitos da criança e do adolescente vítima ou testemunha de violência, na prática, poucos são os serviços especializados, e faltam locais apropriados e acolhedores, com infraestrutura e condições físicas que garantam a privacidade da vítima.

A Lei 13.431/17 preconiza que, nos casos de violência sexual, cabe ao responsável da rede de proteção garantir a urgência e a celeridade necessárias ao atendimento de saúde e à produção probatória, preservada a confidencialidade (art. 14, § 2º).[54] Além disso, a criança vítima tem direito a uma escuta especializada e ao procedimento de entrevista sobre a

52. BRASIL. Op. cit.
53. BRASIL. Lei 13.431, de 4 de abril de 2017. Estabelece o sistema de garantia de direitos da criança e do adolescente vítima ou testemunha de violência e altera a Lei 8.069, de 13 de julho de 1990 (Estatuto da Criança e do Adolescente). Disponível em: http://www.planalto.gov.br/ccivil_03/_ato2015-2018/2017/lei/l13431.htm. Acesso em: 07 mar. 2022.
54. Ibidem.

situação de violência com criança ou adolescente, perante órgão da rede de proteção, limitado o relato estritamente ao necessário para o cumprimento de sua finalidade (art. 7º).[55]

As recomendações estabelecidas visam, assim, a dar efetividade aos direitos das crianças e adolescentes de serem ouvidos em espaços protegidos e reforçam a relevância de sua oitiva e da preservação de seus interesses. No entanto, esse crime grave não vem recebendo a atenção adequada do sistema de justiça, uma vez que poucos são os estados que possuem varas especializadas e estrutura adequada de atendimento para crianças e adolescentes vítimas de crimes.

Gera-se, assim, um conflito de tratamento das questões relativas à infância que atravessam questões de gênero e geram uma proteção ineficiente. Recomenda-se a tramitação de processos que envolvem meninas em varas especializadas para violência doméstica, ao passo que feitos que envolvam estupros de meninos tramitam em varas comuns, onde não houver vara especializada para crimes que envolvam crianças e adolescentes. Veja-se que as possibilidades de conflitos são persistentes.

Não se nega a fundamentalidade da análise de crimes sexuais em uma perspectiva de gênero, inclusive com a aplicação da Lei 11.340/2006 e do protocolo de julgamento instituído pelo Conselho Nacional de Justiça,[56] trabalhando-se o olhar e a atuação do sistema de justiça para acolhimento das ofendidas e condução dos procedimentos. Todavia, para evitar a proteção insuficiente e a inadequada implementação do sistema de garantias da criança e do adolescente, é fundamental a tramitação em unidades judiciais distintas, capacitação específica e uma atuação em espaços seguros para o enfrentamento da violência sexual. Com o assoberbamento dos juizados especializados de violência doméstica e familiar contra a mulher, a criação de unidades específicas para atendimento a crianças e adolescentes é um imperativo da priorização da infância e juventude, evitando a elas o silenciamento e o apagão de dados, já verificados na fase adulta.

5. CONSIDERAÇÕES FINAIS

De acordo com a pesquisa "Panorama da violência letal e sexual contra crianças e adolescentes no Brasil", realizada pela UNICEF e FBSP,[57] a grande maioria das vítimas de violência sexual é menina, quase 80% do total. Ainda segundo a pesquisa, um número muito alto dos casos envolve vítimas entre 10 e 14 anos de idade, sendo 13 anos a idade mais frequente. A maioria dos casos de violência sexual ocorre na residência da vítima e, para os casos em que há informações sobre a autoria dos crimes, 86% dos autores eram conhecidos das vítimas.

55. Ibidem.
56. CONSELHO Nacional de Justiça (Brasil). *Protocolo para julgamento com perspectiva de gênero* [recurso eletrônico] / Conselho Nacional de Justiça. Brasília: Conselho Nacional de Justiça – CNJ; Escola Nacional de Formação e Aperfeiçoamento de Magistrados – Enfam, 2021. Disponível em: https://www.cnj.jus.br/wp-content/uploads/2021/10/protocolo-18-10-2021-final.pdf. Acesso em: 12 mar. 2022.
57. Fundo das Nações Unidas para a Infância (Unicef); Fórum Brasileiro de Segurança Pública. *Panorama da violência letal e sexual contra crianças e adolescentes no Brasil.* Outubro, 2021. Disponível em: https://www.unicef.org/brazil/media/16421/file/panorama-violencia-letal-sexual-contra-criancas-adolescentes-no-brasil.pdf. Acesso em: 13 mar. 2021.

Esse tipo de crime atinge as meninas e mulheres de forma desproporcional, impressionando quando se considera que grande parte dos crimes de violência sexual não são notificados. Existe um alto índice de casos que não chegam aos órgãos oficiais e vários estados não disponibilizam os dados para serem monitorados e acompanhados. A falta de políticas públicas e de investimento financeiro tem sido entrave para a prevenção a esse grave tipo de crime.

No âmbito do sistema de justiça, a falta de varas especializadas para o processamento e julgamento desse tipo de crime vem gerando uma série de conflitos de competência entre as varas/juizados de violência doméstica e familiar contra a mulher e as varas criminais comuns, o que causa prejuízos para as vítimas e morosidade dos processos.

Outro fator que dificulta o acesso à justiça pelas vítimas de estupro é a falta de assistência jurídica qualificada. Em que pesem os esforços das Defensorias Públicas de todo o Brasil, o número de defensores/as é insuficiente e, geralmente, os serviços de assistência judiciária gratuita são situados nos grandes centros urbanos, o que agrava a situação de mulheres que moram na área rural e nas florestas, como as mulheres indígenas e quilombolas. Acrescente-se, ainda, que o deslocamento das mulheres migrantes e o crescimento da pobreza que catalisa o tráfico sexual e a exploração sexual podem se somar os óbices de acionamento do sistema de justiça.

A falta de informação sobre os direitos sexuais e reprodutivos das mulheres tem sido a tônica no Brasil. Isso sem falar no direito ao aborto legal, negado a meninas e mulheres que desconhecem o direito de interromper a gravidez nos casos de estupro e/ou não conseguem acessar esse tipo de serviço. Ainda existe precariedade desse tipo de serviço no Brasil.[58] Discriminação, preconceito, racismo e a religião são fatores que estão prejudicando as meninas violadas sexualmente, o que infelizmente tem sido uma prática comum, causando sérios prejuízos às meninas que vêm sendo obrigadas a manter uma gestação indesejada em corpos infantis, o que representa uma grave violação aos direitos humanos das meninas e mulheres.

Há, portanto, entrelaçamento de questões que atravessam o gênero em todas as idades de meninas e mulheres, como também a necessidade de se indicarem tratamentos diversos, respeitando-se as etapas de desenvolvimento. Entende-se, assim, que a aproximação das questões de gênero não afasta o recorte etário, merecendo uma atenção especial do sistema de justiça para a organização de serviços que atendam com clareza aos interesses de crianças e adolescentes.

Nessa toada, a louvável aplicação da Lei 11.340/2006 não deve ser interpretada para o encaminhamento exclusivo às demandas para os juizados de violência doméstica, mas tomada como uma oportunidade de extensão de mecanismos de proteção às meninas, que merecem ser atendidas em unidades com competências e capacitação específicas.

58. Disponível em: https://www1.folha.uol.com.br/cotidiano/2020/08/menina-que-engravidou-apos-estupro-teve-que-sair-do-es-para-fazer-aborto-legal.shtml. Acesso em: 20 mar. 2022.

A FUNÇÃO PROMOCIONAL DA CAPACIDADE DE EXERCÍCIO NA LEGALIDADE CONSTITUCIONAL: EM BUSCA DA AUTONOMIA EXISTENCIAL DA PESSOA COM DEFICIÊNCIA INTELECTUAL[1]

Vitor Almeida

Doutor e Mestre em Direito Civil pela UERJ. Professor Adjunto de Direito Civil da UFRRJ. Professor de Direito Civil do Departamento de Direito da PUC-Rio. Advogado.

Sumário: 1. Notas introdutórias: o direito à capacidade de exercício como igual reconhecimento da pessoa humana perante a lei – 2. Personalidade e capacidade civil no direito brasileiro – 3. O regime das (in)capacidades da pessoa com deficiência após o advento do EPD – 4. O fim da incapacidade absoluta e a capacidade "possível" – 5. Considerações finais.

1. NOTAS INTRODUTÓRIAS: O DIREITO À CAPACIDADE DE EXERCÍCIO COMO IGUAL RECONHECIMENTO DA PESSOA HUMANA PERANTE A LEI

A capacidade civil, de feição tipicamente patrimonial e excludente, tem sido alvejada por uma interpretação que, com base nos princípios da dignidade da pessoa humana e da isonomia substancial, desafia o entendimento secularmente cristalizado e aponta para indispensável necessidade de sua atual compreensão a partir do direito à igualdade de reconhecimento como pessoa perante a lei, sem discriminação, eis que é um atributo universal inerente a todos devido à condição humana. Nesse trilho, de abstrato instituto com fins protetivos, almeja-se com os ventos transformadores que a capacidade se volte como concreta expressão do *status* de pessoa humana na vida de relações, promovendo a autodeterminação individual, notadamente em questões de índole existenciais. Neste cenário, o repensar da capacidade civil da pessoa com deficiência é crucial para a compreensão dos novos rumos sobre o tema a partir da perspectiva promocional.

Decerto que o alvorecer do século XXI tem presenciado uma preocupação sem precedentes na defesa e promoção dos direitos humanos das pessoas com deficiência, visando sua plena inclusão social e exercício da cidadania, em igualdade de oportunidades com os demais atores sociais, superando um passado odioso de invisibilização social e privação de direitos e garantias fundamentais. Apesar do atual cenário de enaltecimento dos direitos da pessoa com deficiência, garantindo-lhes a plena capacidade legal, e, por conseguinte, a autonomia na tomada de decisões a respeito das questões existenciais

1. Parte das reflexões e conclusões do presente artigo foram fruto da tese de doutorado defendida no âmbito do Programa de Pós-Graduação em Direito da Universidade do Estado do Rio de Janeiro, que, posteriormente, foi publicada, com modificações, em livro: ALMEIDA, Vitor. *A capacidade civil das pessoas com deficiência e os perfis da curatela*. Belo Horizonte: Fórum, 2018.

e patrimoniais, a efetiva inclusão social encontra resistência de parcela da sociedade que não reconhece no *outro* com deficiência a qualidade de pessoas humanas de igual valor e competência para atuar, com independência e voz, em igualdade de condições na vida de relações.

A exclusividade do discurso médico a respeito da deficiência começou a ceder terreno em fins da década de 1970 com a ascensão do chamado modelo social, que forçou a sociedade a enxergar a pessoa com deficiência a partir de suas diferenças, retirando-lhe de um profundo isolamento forçado por meio de sua institucionalização. A principal inovação desse modelo reside na concepção de que a experiência da opressão não é uma consequência natural de um corpo com lesões, mas também um problema social. O principal desafio para superar o antigo modelo, puramente médico, é compreender que o legado de opressão é devido às barreiras sociais impostas e ao não reconhecimento dessas pessoas como agentes sociais de igual valor e competência.[2]

As reinvindicações da sociedade civil e das entidades representativas culminaram na primeira Convenção Internacional do século XX sobre direitos humanos da Organização das Nações Unidas a versar sobre os direitos da pessoa com deficiência. A Convenção Internacional das Nações Unidas sobre os Direitos das Pessoas com Deficiência e seu protocolo facultativo (CDPD) foram ratificados pelo Congresso Nacional através do Decreto Legislativo 186, de 09 de julho de 2008, e promulgados pelo Decreto 6.949, de 25 de agosto de 2009. As disposições do CDPD encontram-se formalmente incorporadas, com força, hierarquia e eficácia constitucionais, ao plano do ordenamento positivo interno do Estado brasileiro, nos termos do art. 5º, § 3º, da Constituição Federal. A internalização à ordem constitucional brasileira da CDPD como Emenda Constitucional revolucionou o tratamento da questão, ao colocá-la no patamar dos direitos humanos e ao adotar o denominado modelo social de deficiência.

No plano infraconstitucional brasileiro, a Lei 13.146, denominada de Lei Brasileira de Inclusão da Pessoa com Deficiência ou Estatuto da Pessoa com Deficiência (EPD), aprovada em 06 de julho de 2015, instrumentalizou e deu cumprimento à CDPD. Destinado expressamente a assegurar e promover, em condições de igualdade, o exercício dos direitos e das liberdades fundamentais por pessoa com deficiência, visando à sua inclusão social e cidadania, o EPD cria os instrumentos necessários à efetivação dos ditames constitucionais, dentre os quais se inclui profunda alteração do regime de (in)capacidade jurídica, previsto no Código Civil, cujas consequências se alastram praticamente por todo ordenamento jurídico, especialmente no *giro funcional da curatela*, que transforma-se em instrumento de apoio à emancipação da pessoa com deficiência, afastando-se da noção assistencialista e substitutiva de vontade que sempre a acompanhou.[3]

---

2. Cf. BARBOZA, Heloisa Helena; ALMEIDA JUNIOR, Vitor de Azevedo. Reconhecimento e inclusão das pessoas com deficiência. *Revista Brasileira de Direito Civil*, v. 13, p. 17-37, 2017.
3. Sobre o assunto permita-se remeter a ALMEIDA, Vitor. *A capacidade civil das pessoas com deficiência e os perfis da curatela*. Belo Horizonte: Fórum, 2018, p. 195-268.

O regime da incapacidade civil no direito brasileiro sempre foi estanque e absoluto, visando particularizar determinados sujeitos desautorizados ou inabilitados a prática de, pelo menos, certos atos da vida civil. Indispensável, no entanto, à luz da dignidade da pessoa humana e a partir das disposições da CDPD e do EPD, o estabelecimento de novas bases, numa perspectiva emancipatória da capacidade civil, que permita a transição da ótica rígida, estrutural e excludente, para uma concepção dinâmica, promocional e inclusiva do regime de incapacidade. É a partir dessas premissas que o presente estudo discorre sobre a perspectiva emancipatória e inclusiva da capacidade civil da pessoa com deficiência no ordenamento brasileiro, em especial no que concerne à autodeterminação existencial.

2. PERSONALIDADE E CAPACIDADE CIVIL NO DIREITO BRASILEIRO

O direito brasileiro ao reconhecer a qualidade de pessoa do ser humano atribui-lhe personalidade jurídica em sua vertente de subjetividade, definida como a "aptidão genérica para ser titular de direitos e obrigações",[4] como tradicionalmente afirma a doutrina, ou seja, reconhece "a possibilidade de alguém ser titular de relações jurídicas".[5] Por ter a qualidade para ser sujeito de direito, o indivíduo tem capacidade de direito, entendida como a "faculdade abstrata de gozar os seus direitos",[6] isto é, uma vez pessoa torna-se capaz de direitos e deveres na ordem civil, conforme expresso no art. 1º da Lei Civil.

Tradicionalmente, a doutrina brasileira avezou-se a conceituar a capacidade civil a partir do conceito de personalidade jurídica,[7] definindo a primeira como a medida da segunda.[8] Para tanto, desenhou-se a bifurcação da capacidade civil em duas subespécies: a capacidade de direito – igualmente denominada de capacidade jurídica ou de gozo – e a capacidade de fato – conhecida também como capacidade de exercício ou negocial. Enquanto aquela constituiria o próprio conteúdo da personalidade jurídica, isto é, a titularidade de relações jurídicas; esta consistiria no poder de adquirir, modificar e extinguir, por si mesmo, seus direitos e deveres, à qual a lei impõe limitações, em caráter expresso e excepcional.

Segundo Caio Mario da Silva Pereira, "personalidade e capacidade completam-se: de nada valeria a personalidade sem a capacidade jurídica que se ajusta assim ao conteúdo da personalidade, na mesma e certa medida em que a utilização do direito integra a ideia de ser alguém titular dele".[9] Apesar de correlatas, a capacidade de direito não se confunde com a personalidade no sentido de subjetividade. A personalidade é um conceito absoluto, não admite o estado condicional, pois ou se atribui a personalidade em sua completude ou o ente resta desprovido dela. Por seu turno, a capacidade

4. PEREIRA, Caio Mário da Silva. *Instituições de Direito Civil*. 20. ed. Rio de Janeiro: Forense, 2004, v. I, p. 213-214.
5. AMARAL, Francisco. *Direito civil*: introdução. 6. ed., rev., atual. e aum. Rio de Janeiro: Renovar, 2006, p. 220.
6. ASCENSÃO, José de Oliveira. *Direito civil*: teoria geral. Coimbra: Coimbra Editora, 2000, v I, p. 135.
7. ALVES, José Carlos Moreira. *A Parte Geral do Projeto de Código Civil Brasileiro*: subsídios históricos para o novo Código Civil brasileiro. 2. ed. São Paulo: Saraiva. 2003, p. 132-133.
8. GOMES, Orlando. *Introdução ao Direito Civil*. 18. ed. Rio de Janeiro: Forense, 2002, p. 165.
9. PEREIRA, Caio Mário da Silva. *Instituições de direito civil*. 24. ed. Rio de Janeiro: Forense, 2011, p. 223.

jurídica enquanto "medida da personalidade"[10] é que suporta modulações ou restrições, razão pela qual a legislação civil prevê as figuras dos absolutamente ou relativamente incapazes. Contudo, assim não o fez com a personalidade, que não comporta nenhuma condição ou redução em seu conteúdo. Nessa linha, já se afirmou que "não há meia personalidade ou personalidade parcial. Mede-se ou quantifica-se a capacidade, não a personalidade. Por isso se afirma que a capacidade é a medida da personalidade. Esta é integral ou não existe".[11]

A capacidade, portanto, assenta-se em perspectiva quantitativa que se opõe ao critério qualitativo da subjetividade. Isto é, a capacidade traduz-se num *quantum*, que é variável a depender do caso concreto. Em decorrência disso, afirma-se que a capacidade "é a intensidade do conteúdo da personalidade e por isso mesmo é considerada comumente como a medida da subjetividade".[12] A capacidade é, portanto, parte integrante da personalidade, sua projeção, a investidura concreta na titularidade de determinadas situações jurídicas. Em necessária distinção conceitual, personalidade é conceito que se refere a uma existência, um valor intrínseco à condição humana que, no mundo jurídico, reconhece às pessoas a aptidão abstrata e genérica para adquirir direito e contrair obrigações. A capacidade jurídica é uma das qualidades ou manifestações essenciais da personalidade, traduzindo-se na concreta titularidade de direitos. Nessa direção, nota-se que os conceitos se exaurem reciprocamente, na medida em que a capacidade jurídica ora configura o núcleo concreto da personalidade, ora sua própria medida.

A personalidade é de existência elementar e estática. Se é pessoa porque se tem personalidade, logo, não se pode fragmentar a pessoa ou mitigar sua qualidade ou condição humana. De forma diferente, a capacidade é um conceito dinâmico e relativo, que admite gradações, limitações ou extensões. Como bem observou Heloisa Helena Barboza, "a personalidade é um *prius* e a capacidade um *posterius*. Se é pessoa porque se tem personalidade, logo, deve haver um mínimo de capacidade".[13]

A capacidade jurídica baseia-se na liberdade e igualdade de todas as pessoas perante a lei, mas, para além da ótica formal, hoje, alcança sua função na efetiva promoção da liberdade e da igualdade de condições de participação na vida social de todos os indivíduos, encontrando-se embebida também do viés substancial de tais princípios. A capacidade jurídica, portanto, é atributo essencial da pessoa humana, reflexo de sua dignidade, canal de sua liberdade e afirmação da real igualdade de todas as pessoas humanas. Assim, restrições demasiadas, injustificadas e excessivas negam a própria condição humana, impedindo o desenvolvimento da personalidade e silenciando sua existência.

---

10. Leciona Luiz Edson Fachin: "O que a capacidade faz, na verdade, é informar a medida da personalidade e o grau da sanção que se volta contra o não atendimento a esse requisito". FACHIN, Luiz Edson. *Teoria crítica do direito civil.* 2. ed. Rio de Janeiro: Renovar, 2003, p. 36.
11. ALMEIDA, Silmara J. A. Chinelato. *Tutela civil do nascituro*. São Paulo: Saraiva, 2000, p. 168.
12. TEPEDINO, Gustavo; BARBOZA, Heloisa Helena; BODIN DE MORAES, Maria Celina. *Código Civil Interpretado Conforme a Constituição da República*. 2. ed., rev. e atual. Rio de Janeiro: Renovar, 2007, v. I, p. 5.
13. BARBOZA, Heloisa Helena. Capacidad. In: CASABONA, Carlos Maria Rome (Dir.). *Enciclopedia de Bioderecho y Bioetica*. Granada, 2011, t. I, p. 325.

3. O REGIME DAS (IN)CAPACIDADES DA PESSOA COM DEFICIÊNCIA APÓS O ADVENTO DO EPD

A capacidade, numa perspectiva dinâmica, se projeta como a medida da subjetividade. Apesar de tal entendimento, a doutrina, tradicionalmente, remete o *quantum* da capacidade ao efetivo exercício das situações jurídicas, ou seja, a prática de atos civis de forma direta e pessoal num dado caso concreto. Em outros termos, a dinamicidade e a relatividade da capacidade sempre esteve atrelada à capacidade de fato, e não à capacidade de direito.[14] Esta, inclusive, afeiçoava-se, cada vez mais, à própria personalidade em si, eis que automaticamente no mesmo instante do começo da personalidade, concede-se a capacidade jurídica a todas as pessoas físicas, sem distinção.[15] Um critério estático, sem gradações ou mitigações para a pessoa humana, logo, bem próximo ao conceito de personalidade em si.[16]

Esforça-se a doutrina em afirmar que enquanto a subjetividade seria a aptidão genérica e abstrata para ser sujeito de direito, a capacidade jurídica representaria a investidura concreta e específica para titularizar as situações jurídicas subjetivas,[17] mas que, no plano fático, não revelaria distinções conceituais importantes, importando em confusão entre subjetividade e capacidade jurídica. Desse modo, aveza-se a compreender a capacidade de direito como a categoria estática, sendo que a capacidade de fato corresponde ao aspecto dinâmico, calcado na idoneidade do indivíduo para desenvolver por si suas próprias atividades.[18]

No entanto, muito embora a capacidade de direito seja a todos concedida com o nascimento com vida, nem todos os direitos são passíveis de serem titularizados por todas as pessoas, ou seja, também possui "natureza quantitativa, que se refere à suscetibilidade abstrata de titularidade, sem dimensioná-la. [...] A capacidade de direito compreende, portanto, o momento estático e o sujeito como portador imóvel de interesses".[19]

Assim, apesar da capacidade jurídica investir o sujeito concretamente como titular de situações jurídicas subjetivas, nem todos os interesses merecedores de tutela são titularizáveis por todos os indivíduos.[20] Desse modo, por exemplo, alguns atos personalíssimos dependem de uma idade específica, a exemplo da capacidade para o casamento[21] e para

14. AMARAL NETO, Francisco dos Santos. Op. cit., p. 223.
15. PEREIRA, Caio Mário da Silva (2011). Op. cit., p. 223.
16. "A capacidade abstrata, essa que constitui o conteúdo da personalidade, todo homem a tem inalterada desde o momento em que nasce até o momento em que morre. [...] De sorte que a capacidade jurídica não se altera". DANTAS, San Tiago. *Programa de direito civil*. Atual. Gustavo Tepedino. 3. ed., rev. e atual. Rio de Janeiro: Forense, 2001, p. 134.
17. LÔBO, Paulo. *Direito civil*: parte geral. 3. ed. São Paulo: Saraiva, 2012, p. 109-110.
18. "A capacidade de agir expressa o aspecto dinâmico, a idoneidade do sujeito para desenvolver atividades jurídicas. A capacidade de agir é, geralmente, relativa, visto que varia de acordo com os pressupostos de cada tipo de ato e pode ser excluída ou limitada para atender objetivos determinados, como o de proteção dos menores de idade ou dos interditos legais". BARBOZA, Heloisa Helena. Capacidad, cit., p. 326.
19. BARBOZA, Heloisa Helena. Capacidad, cit., p. 326.
20. DANTAS, San Tiago. Op. cit., p. 135.
21. "Art. 1.517. O homem e a mulher com dezesseis anos podem casar, exigindo-se autorização de ambos os pais, ou de seus representantes legais, enquanto não atingida a maioridade civil".

testar,[22] visto que necessitam da titularidade e do exercício para a realização do ato, o que revela que a capacidade de direito pode, eventualmente, sofrer restrições.[23] Nesses casos, sequer a titularidade de determinadas situações jurídicas subjetivas é admitida antes da idade legal estabelecida pelo legislador, apesar da capacidade jurídica já concedida.

Assim, a capacidade como medida da personalidade impõe restrições de ordem objetiva e subjetiva. No plano objetivo, é possível que algumas situações jurídicas somente possam ser titularizadas por determinadas pessoas, ou seja, a capacidade de direito se refere à extensão ou medida do universo de situações jurídicas subjetivas ou relações jurídicas titularizáveis por uma pessoa. No terreno subjetivo, apesar da titularidade adquirida, nem toda pessoa física poderá exercê-la por si mesma, admitindo-se restrições na chamada capacidade de fato. A capacidade civil, portanto, possui dois sentidos, que correspondem à substância e medida da subjetividade: a capacidade de direito e a capacidade de fato[24-25]. A capacidade de fato pressupõe a capacidade jurídica, uma vez que o exercício de uma situação jurídica depende da aptidão para titularizá-la.

A capacidade de fato, também denominada de capacidade de agir,[26] representa o poder que a pessoa natural tem de dirigir-se autonomamente na ordem civil, correspondente à idoneidade para atuar no exercício direto de direitos e deveres por ato próprio ou mediante um representante voluntário.[27] A capacidade de exercício, portanto, significa a idoneidade para exercer por si mesmo, de modo eficaz, os atos da vida jurídica, que "se presume plena, em virtude do princípio do livre desenvolvimento da personalidade".[28] A capacidade de fato,[29] em razão de sua própria natureza quantitativa, é mensurável e, por consequência, admite limitações ao pleno agir. Considerando que a capacidade civil é a regra,[30] por força dos princípios da dignidade, liberdade e igualdade, as limitações devem ser expressamente estabelecidas em lei ou por sentença, não se admitindo interpretações extensivas.

Por isso, em razão de algumas situações previstas em lei, a capacidade de exercer pessoalmente direitos e obrigações, designada como capacidade de fato ou de exercício, sofre restrições, sempre sob o discurso de proteção da pessoa,[31] que passa a ser qualificada como juridicamente incapaz. Se a proibição para a prática dos atos da vida civil é total, a incapacidade diz-se absoluta; se parcial, haverá incapacidade relativa. Em ambos os

22. "Art. 1.860. Além dos incapazes, não podem testar os que, no ato de fazê-lo, não tiverem pleno discernimento. Parágrafo único. Podem testar os maiores de dezesseis anos".
23. GOMES, Orlando. *Introdução ao Direito Civil.* 15. ed. Rio de Janeiro: Forense, 2000, p. 129-130.
24. DANTAS, San Tiago. Op. cit., p. 135-138.
25. PEREIRA, Caio Mário da Silva (2011). Op. cit., p. 223-224.
26. "Pouco adiantaria ter capacidade de direito e não ter capacidade de exercício, porque é através desta que se adquirem, modificam ou perdem direitos subjetivos. De maneira que, ao lado da incapacidade do exercício, temos de olhar os meios técnicos de que o direito se vale para suprir a incapacidade". DANTAS, San Tiago. Op. cit., p. 138.
27. MOTA PINTO, Carlos Alberto da. *Teoria Geral do Direito Civil.* 3. ed. Coimbra: Coimbra, 1996, p. 214.
28. BARBOZA, Heloisa Helena. Capacidad, cit., p. 327.
29. PEREIRA, Caio Mário da Silva (2011). Op. cit., p. 224.
30. Idem, ibidem, p. 224.
31. Idem, ibidem, p. 228.

casos a pessoa incapaz dependerá de alguém que possa representá-la ou assisti-la na vida civil a depender do grau de incapacidade catalogado previamente em lei.[32]

Por isso, o conceito de incapacidade civil[33] é costumeiramente construído pela doutrina nacional como o oposto simétrico da capacidade de fato, isto é, como a inaptidão de exercício independente dos direitos e deveres titularizados. Em outras palavras, uma vez presente uma das causas legais de incapacidade no caso concreto, para que a pessoa declarada incapaz pratique pessoalmente os atos da vida civil, faz-se necessária a presença de seu representante (absolutamente incapaz) ou de seu assistente legal (relativamente incapaz).

Desse modo, o sistema de incapacidades no ordenamento brasileiro estrutura-se em dois níveis, segundo a gradação da *capacidade de fato:* os absolutamente incapazes e os relativamente incapazes. A presunção geral é de que todos são plenamente capazes para a prática de todos os atos da vida civil, uma vez que a incapacidade sempre decorre da expressa previsão da lei.[34] Presumem-se, portanto, capazes todas as pessoas para prática dos atos da vida civil, a exceção corresponde estritamente às hipóteses previstas no rol dos artigos 3º e 4º do Código Civil, os quais indicam respectivamente os absolutamente incapazes e o grupo dos relativamente incapazes, seja por critério etário ou outra causa que afete a manifestação de vontade válida.

É de se registrar, por oportuno, que a construção do conceito de capacidade jurídica, e, por conseguinte, de incapacidade civil e sua regulamentação, ainda vigente no Brasil, teve orientação liberal, vocacionada para atos de natureza patrimonial. O vigente Código Civil promoveu algumas modificações no instituto da incapacidade, mas que foram pontuais, sem realizar uma profunda alteração em regime já tão criticado desde o Código pretérito, deixando, inclusive, de tratar das situações existenciais. Não é de hoje que a doutrina busca reconstruir as bases da teoria da incapacidade, apesar da forte herança paternalista e excludente que permeava e ainda permeia o tema.[35] Nessa linha, a função do regime das incapacidades "é a proteção daqueles que não têm condições de transitar na vida civil de forma autônoma", sendo que, em razão do "momento da sua criação (época do liberalismo)", sua finalidade primordial era "o resguardo do incapaz no trânsito jurídico patrimonial, para sua proteção nos negócios praticados, oferecendo maior segurança às relações jurídicas, o que ocorreu também no Brasil".[36]

32. DANTAS, San Tiago. Op. cit., p. 137-138.
33. PEREIRA, Caio Mário da Silva. Op. cit., p. 227-228.
34. "Toda incapacidade é *legal*, independentemente da indagação de sua causa próxima ou remota. É sempre a lei que estabelece, com caráter de ordem pública, os casos em que o indivíduo é privado, total ou parcialmente, do poder da ação pessoal, abrindo na presunção de capacidade genérica, a exceção correspondente estritamente às hipóteses previstas. Toda incapacidade resulta, pois, da lei. Consequência é que não constitui incapacidade qualquer restrição ao exercício dos direitos, originária do ato jurídico, seja *inter vivos*, seja *causa mortis*". Idem, ibidem, p. 226-227 (grifo nosso).
35. V., por todos, SÁ, Maria de Fátima Freire de; MOUREIRA, Diogo Luna. *A capacidade dos incapazes*: saúde mental e uma leitura da teoria das incapacidades no direito privado. Rio de Janeiro: Lumen Juris, 2011, p. 131-154.
36. MENEZES, Joyceane Bezerra de; TEIXEIRA, Ana Carolina Brochado. Desvendando o conteúdo da capacidade civil a partir do Estatuto da Pessoa com Deficiência. *Revista Pensar*, v. 21, n. 2, p. 576, Fortaleza, maio/ago. 2016.

A restrição na liberdade da pessoa para reger sua própria vida só pode ser admitida pelo direito contemporâneo, especialmente após o inegável reconhecimento dos direitos humanos, quando feita no interesse de proteger e promover a dignidade da pessoa, em razão de circunstâncias individuais que justifiquem a limitação no exercício de direitos, sempre orientada para máxima preservação de sua vontade e preferências na tomada de decisão a respeito da sua vida.[37]

O EPD provocou profunda modificação no sistema de incapacidades ao prever, de forma expressa, em seu art. 6º que a deficiência, *de per si*, não afeta a plena capacidade civil da pessoa,[38] inclusive para (*i*) casar-se e constituir união estável; (*ii*) exercer direitos sexuais e reprodutivos; (*iii*) exercer o direito de decidir sobre o número de filhos e de ter acesso a informações adequadas sobre reprodução e planejamento familiar; (*iv*) conservar sua fertilidade, sendo vedada a esterilização compulsória; (*v*) exercer o direito à família e à convivência familiar e comunitária; e (*vi*) exercer o direito à guarda, à tutela, à curatela e à adoção, como adotante ou adotando, em igualdade de oportunidades com as demais pessoas.

De modo a ratificar o reconhecimento da plena capacidade civil das pessoas com deficiência, espancando dúvida porventura existente, o Estatuto (art. 114) alterou o art. 3º do Código Civil, para declarar como absolutamente incapazes de exercer pessoalmente os atos da vida civil apenas os menores de 16 (dezesseis) anos, uma vez que derrogou os incisos I a III do citado artigo, dando nova redação ao *caput*.[39] Finda, portanto, a incapacidade absoluta de pessoa maior no direito brasileiro, em importante movimento de valorização da autonomia da pessoa.[40]

Do mesmo modo, os incisos II e III do art. 4º do Código Civil receberam nova redação,[41] tendo sido suprimida a referência aos relativamente incapazes que, por *deficiência mental, tenham seu discernimento reduzido* do inciso II e sido substituída a discrimina-

---

37. No caso da incapacidade em razão de deficiência intelectual, o regime revogado possibilitava que a experiência judicial brasileira se aproximasse "do que o Comissariado para Direitos Humanos do Conselho da Europa denomina de *outcome approach*, ou enfoque de resultados. Trata-se de modelo de aferição da capacidade dos indivíduos a partir de um juízo de razoabilidade sobre as consequências dos atos a serem praticados". Em outros termos, Luiz Alberto David Araujo e Carlos Eduardo Pianovski Ruzyk esclarecem que "é a razoabilidade das decisões que determinaria a capacidade plena, relativa, ou a incapacidade dos indivíduos. Quem não tivesse – ainda a partir de um juízo médico – condições de tomar decisões razoáveis (assim aferíveis pelos seus prováveis resultados), incorreria em hipótese de incapacidade". ARAUJO, Luiz Alberto David; PIANOVSKI RUZYK, Carlos Eduardo. A perícia multidisciplinar no processo de curatela e o aparente conflito entre o estatuto da pessoa com deficiência e o código de processo civil: reflexões metodológicas à luz da teoria geral do direito. *Revista de Direitos e Garantias Fundamentais*, v. 18, n. 1, p. 227-256, Vitória, jan./abr. 2017.
38. Cf. BARBOZA, Heloisa Helena; ALMEIDA, Vitor. Art. 6º. In: BARBOZA, Heloisa Helena; ALMEIDA, Vitor (Org.). *Comentários ao Estatuto da Pessoa com Deficiência à luz da Constituição da República*. Belo Horizonte: Fórum, 2018, p. 61-69.
39. "Art. 3º São absolutamente incapazes de exercer pessoalmente os atos da vida civil os menores de 16(dezesseis) anos".
40. STJ, REsp. 1.927.423 – SP, 3ª T., Rel. Min. Marco Aurélio Bellizze, julg. 21 abr. 2021, publ. 04 maio 2021.
41. "Art. 4º São incapazes, relativamente a certos atos ou à maneira de os exercer: I – os maiores de dezesseis e menores de dezoito anos; II – os ébrios habituais e os viciados em tóxico; III – aqueles que, por causa transitória ou permanente, não puderem exprimir sua vontade; IV – os pródigos. Parágrafo único. A capacidade dos indígenas será regulada por legislação especial".

tória expressão *excepcionais, sem desenvolvimento mental completo*, por "aqueles que, por causa transitória ou permanente, não puderem exprimir sua vontade". Com isso, o EPD tem provocado intenso debate acerca da possibilidade de se reconhecer a plena capacidade às pessoas com deficiência intelectual.[42]

Embora o art. 6º afirme a plena capacidade da pessoa com deficiência, há de se ressaltar que o art. 84, § 1º, ambos do EPD, permite como medida excepcional a curatela, que se torna extraordinária e se legitima apenas como instrumento de proteção, devendo ser deferida de modo "proporcional às necessidades e às circunstâncias de cada caso" e "no menor tempo possível" (art. 84, § 3º). A harmonização dos dispositivos mencionados não tem sido uma tarefa fácil. Para alguns, o EPD, ao permitir que a pessoa com deficiência seja submetida à curatela, manteve sua capacidade, enquanto, para outros, configuraria hipótese de declaração da incapacidade, ao menos, relativa aos curatelados. Com efeito, as inovações pontuais do EPD têm suscitado tormentosa tarefa de compatibilização, eis que as mudanças instauradas com o novo regime de capacidade civil das pessoas com deficiência não foram acompanhadas por mudanças nos institutos em que a capacidade se apresenta como requisito de validade ou causa impeditiva, como, por exemplo, no regime das invalidades[43] dos negócios jurídicos e na prescrição e decadência,[44] temas que escapam dos limites propostos no presente trabalho.

De fato, conforme observa Anderson Schreiber, "o Estatuto representa uma corajosa intervenção legislativa, que tem a genuína virtude de revisitar de modo criativo um setor tradicionalmente intocável: o regime da incapacidade civil". No entanto, ressalta que a "maior deficiência foi ceder ao peso excessivo da concretização, a ponto de operar uma reforma limitada à situação do deficiente, que acabou por ser introduzida sem uma preocupação sistemática e abrangente", tendo por efeito "reforma tão restrita no regime de incapacidades que gera um resultado fraturado".[45]

---

42. Entre os críticos ao EPD, especialmente à revisão ao sistema de incapacidades, v.: SIMÃO, José Fernando. Estatuto da Pessoa com Deficiência causa perplexidade. Disponível em: https://www.conjur.com.br/2015-ago-06/jose-simao-estatuto-pessoa-deficiencia-causa-perplexidade. Acesso em: 17 dez. 2017.
43. Cf. SOUZA, Eduardo Nunes de; SILVA, Rodrigo da Guia. Autonomia, discernimento e vulnerabilidade: estudo sobre as invalidades negociais à luz do novo sistema das incapacidades. *Civilistica.com*. Rio de Janeiro, a. 5, n. 1, 2016. Disponível em: http://civilistica.com/wp-content/uploads/2016/07/Souza-e-Silva-civilistica.com-a.5.n.1.2016.pdf. Acesso em: 14 abr. 2017. V., ainda, BARBOZA, Heloisa Helena; ALMEIDA JUNIOR, Vitor de Azevedo. A (in)capacidade da pessoa com deficiência mental ou intelectual e o regime das invalidades: primeiras reflexões. In: Marcos Ehrhardt Jr. (Org.). *Impactos do novo CPC e do EPD no direito civil brasileiro*. Belo Horizonte: Fórum, 2016, p. 205-228.
44. Cf. SOUZA, Eduardo Nunes de; SILVA, Rodrigo da Guia. Influências da incapacidade civil e do discernimento reduzido em matéria de prescrição e decadência. *Pensar*, v. 22, n. 2, p. 469-499, Fortaleza, maio/ago. 2017.
45. "Com isso, em vez de valorizar o dado concreto da realidade, o Estatuto acabou por criar um outro sistema abstrato e formal, no qual agora a pessoa com deficiência é sempre capaz, ingressando-se, mais uma vez, no velho e revelho modelo do "tudo-ou-nada" em relação à capacidade, agora com sinais trocados, mas ainda preso à lógica abstrata e geral que governava a disciplina das incapacidades na codificação de 1916 e que nosso Código Civil de 2002 reproduziu, com impressionante dose de desatualidade. Uma efetiva personalização do regime de incapacidades, que permita a modulação dos seus efeitos, seja no tocante à sua intensidade, seja no tocante à sua amplitude, continua a ser aguardada para completar a travessia do sujeito à pessoa – para usar a expressão de Stefano Rodotà –, e não poderá ser alcançada com a criação de setorizações desnecessárias que, ainda quando compreensíveis à luz das oportunidades legislativas ditadas por uma agenda política, acabam por

Apesar das críticas, a doutrina tem reconhecido um verdadeiro "giro estrutural no regime das incapacidades para garantir a inclusão da pessoa com deficiência e por admitir que a lida com os assuntos existenciais não pode ser conduzida pelos mesmos parâmetros talhados para definir a capacidade para a prática de negócios patrimoniais".[46] Nessa medida, ao se afirmar e promover a capacidade jurídica plena à pessoa com deficiência afasta-se o caráter discriminatório típico da categoria da incapacidade e se reconhece a "incindibilidade entre capacidade de gozo e capacidade de exercício quanto aos interesses existenciais presentes no plano dos direitos da personalidade".[47]

De fato, é no campo das situações existenciais que o sacrifício do sujeito incapaz sempre foi mais sensível. Construído para a proteção do patrimônio do incapaz, as genéricas decisões judiciais que determinavam a curatela acabavam por conferir amplos poderes sobre a "pessoa e bens" do curatelado. Afirmar-se que "consentir equivale a ser"[48] revela que a privação do direito ao livre consentimento a respeito das decisões mais pessoais sempre negou a condição de pessoa aos incapazes, que dependiam da participação alheia para a validade e eficácia de suas declarações de vontade.[49]

Nesse particular, Judith Martins-Costa propõe como terceira espécie a "capacidade para consentir", também denominada de competência, para o "processo de tomada de decisões sobre os cuidados para com a saúde, globalmente considerados, abrangendo, portanto, [...] quaisquer atos de lícita disposição do próprio corpo".[50] Embora útil num regime fechado como o anterior, na linha da atual vocação emancipatória da capacidade civil, despicienda uma nova categoria, uma vez que a capacidade de consentir corresponde à própria capacidade de agir, que não se confina somente nas questões afetas ao cuidado da saúde e ao governo do próprio corpo. A relevância da proposição desta categoria reside na mensuração do discernimento, que atenta para as "singularidades da pessoa ('raciocínio por concreção')". Assim, "não é a pessoa como abstrato sujeito, mas é a pessoa de carne e osso, em sua concretude e em suas circunstâncias, que deverá estar no centro do raciocínio".[51]

As nuances do discernimento[52] constituíam o critério limítrofe entre a capacidade e a incapacidade, mas sempre se apresentaram de difícil compreensão por parte

---

recortar o sistema quando deveriam reformá-lo". SCHREIBER, Anderson. Tomada de Decisão Apoiada: o que é e qual sua utilidade? In: *Jornal Carta Forense*, 03 jun. 2016. Disponível em: http://www.cartaforense.com.br/conteudo/artigos/tomada-de-decisao-apoiada-o-que-e-e-qual-sua-utilidade/16608. Acesso em: 14 jul. 2016.

46. MENEZES, Joyceane Bezerra de; TEIXEIRA, Ana Carolina Brochado. Op. cit., p. 593-594.
47. MENEZES, Joyceane Bezerra de; TEIXEIRA, Ana Carolina Brochado. Op. cit., p. 593-594.
48. RODOTÀ, Stefano. *Dal soggetto ala persona*. Napoli: Editoriale Scientifica, 2007, item 5.
49. SCHREIBER, Anderson; NEVARES, Ana Luiza Maia. Do sujeito à pessoa: uma análise da incapacidade civil. In: TEPEDINO, Gustavo; TEIXEIRA, Ana Carolina Brochado; ALMEIDA, Vitor (Org.). *O Direito Civil entre o sujeito e a pessoa*: estudos em homenagem ao professor Stefano Rodotà. Belo Horizonte: Fórum, 2016, p. 41-42.
50. MARTINS-COSTA, Judith. Capacidade para consentir e esterilização de mulheres tornadas incapazes pelo uso de drogas: notas para uma aproximação entre a técnica jurídica e a reflexão bioética. In: MARTINS-COSTA, Judith; MÖELLER, Letícia Ludwig (Org.). *Bioética e responsabilidade*. Rio de Janeiro: Forense, 2009, p. 324-325.
51. Idem, ibidem, p. 326.
52. Segundo Maria Celina Bodin de Moraes, "ter discernimento é ter capacidade de entender e de querer. Se o indivíduo for dotado desta capacidade, dela decorrem a autodeterminação e a imputabilidade (isto, é a res-

do Direito, que em regra, sempre delegou para o campo da psiquiatria a definição do sujeito "anormal". A noção de "discernimento" sempre foi de tormentosa interpretação e aplicação. Por consequência, o grau de discernimento ou o déficit psíquico sempre foram igualmente gradações de difícil compreensão e que carregavam consigo alto teor do "padrão de normalidade" insculpido pela estrutura social.

A fórmula da ausência ou redução de discernimento como *standards* jurídicos de inserção da pessoa em categorias padronizadas previamente e estanques - absolutamente incapazes e relativamente incapazes - se consolidou como esquema simplório que visava facilitar a operacionalização dos efeitos jurídicos nos negócios jurídicos. Desconsiderava-se, sobretudo, que as restrições à plena capacidade não se perfazem automaticamente, mas configuram-se como processos, cuja progressividade na aquisição e na perda é nítida na maior parte dos casos.

Sustenta-se, desse modo, que o discernimento não seja um critério puramente médico que se cristaliza como jurídico, mas, a partir da adoção do modelo social conforme preconizado na CDPD, outros fatores sejam igualmente importantes para a justificativa de restrições à capacidade da pessoa humana. Por isso, já se propôs uma "complexa avaliação das condições pessoais do sujeito e daquelas sociais, culturais e ambientais, mas, sempre, em relação ao exclusivo interesse das manifestações do desenvolvimento pessoal".[53]

A CDPD, com base na adoção do modelo social, propôs um conceito de deficiência que reconhece a experiência da opressão sofrida pelas pessoas com impedimentos, superando a "ideia de impedimento como sinônimo de deficiência", de modo a focar "na restrição de participação o fenômeno determinante para a identificação da desigualdade pela deficiência". Com isso, compreende-se a "deficiência é uma experiência cultural e não apenas o resultado de um diagnóstico biomédico de anomalias".[54] Por isso, é preciso revisitar a ideia de discernimento ligada ao discurso psiquiátrico de exclusão do século XIX, para reconhecer que, no âmbito jurídico, tal noção é fortemente subjetiva e vincula-se a uma análise da *psique* do agente na declaração de vontade segundo parâmetros de normalidade. Não é apenas um diagnóstico médico que define a restrição ao agir individual, mas a avaliação global do seu *déficit* cognitivo em relação às circunstâncias objetivas que impedem seja de maneira permanente ou transitória, a expressão da sua vontade, que leva em conta a posição da pessoa concretamente considerada em seu contexto social.

Por isso, em chave de leitura a partir do paradigma social da deficiência, as restrições socialmente impostas à efetiva participação na sociedade e realização de atividades, que conduzem à maior dependência da pessoa para a prática de atos civis, preenchem e

---

ponsabilidade)". BODIN DE MORAIS, Maria Celina. Uma aplicação do princípio da liberdade. *Na Medida da Pessoa Humana*: estudos de direito civil-constitucional. Rio de Janeiro: Renovar, 2010, p. 192.

53. PERLINGIERI, Pietro. *Direito civil na legalidade constitucional*. Trad. Maria Cristina De Cicco. Rio de Janeiro: Renovar, 2008, p. 783.
54. DINIZ, Debora; BARBOSA, Lívia; SANTOS, Wederson Rufino dos. Op. cit.

colaboram com o conteúdo do discernimento, que deixa de ser um conceito puramente abstrato e psíquico para contemplar seus impactos na restrição e assimetrias causadas nas pessoas que apresentam esse *déficit* volitivo.[55]

Indiscutível, portanto, constatar que a Convenção, seguida pelo Estatuto, não se compraz de um regime de incapacidades que se baseie em um modelo centrado em um conceito geral e abstrato, cuja gradação no caso individualizado pode ser mensurada sempre nos espectros da incapacidade relativa, eis que finda a incapacidade absoluta de pessoa maior. Um juízo funcional do indivíduo, a partir de suas potencialidades e habilidades, permite, para além do diagnóstico médico, aferir o grau de discernimento, os domínios da funcionalidade e a intensidade da dependência, homenageando o art. 12 da CDPD e o art. 6º do EPD, e assegurando as salvaguardas protetivas necessárias, de modo proporcional e temporário.

Diante disso, importante ressalvar que a incapacidade relativa por causa transitória prevista no art. 4º, inc. III, do Código Civil, não pode ser lida como passageira ou repentina. É preciso um mínimo de durabilidade para declarar a incapacidade de alguém e submeter à curatela. Por outro lado, a rigor, a incapacidade, nos termos atuais, é sempre considerada como temporária, ainda que durável, uma vez que a lei impõe que a curatela durará o "menor tempo possível" (art. 84, § 3º, EPD). Com isso, a incapacidade geral e absoluta se despediu do ordenamento, fazendo renascer uma incapacidade (*rectius*: capacidade restringida) sempre limitada no tempo e em sua extensão, de modo a prestigiar a emancipação digna da pessoa humana.

Indispensável observar que a atávica visão da incapacidade civil à luz de interesses patrimoniais e a consequente negligência das situações existenciais encerram violação à dignidade da pessoa humana,[56] pois alcança o exercício de sua liberdade existencial. No ordenamento jurídico brasileiro, transformar a incapacidade em um instrumento de limitações, proibições e exclusões estereotipadas[57] que impeça a pessoa de autodeterminar-se, a fim de representar uma prisão à autocriação da pessoa,[58] não é compatível com os valores democraticamente eleitos pelo constituinte. O então sistema codificado de incapacidade estampado originalmente na Lei Civil de 2002 criou uma verdadeira ficção jurídica através

55. De acordo com Nelson Rosenvald: "Corretamente, o legislador optou por localizar a incapacidade no conjunto de circunstâncias que evidenciem a impossibilidade real e duradoura da pessoa querer e entender – e que, portanto, justifiquem a curatela –, sem que o ser humano, em toda a sua complexidade, seja reduzido ao âmbito clínico de um impedimento psíquico ou intelectual. Ou seja, o divisor de águas da capacidade para a incapacidade não mais reside nas características da pessoa, mas no fato de se encontrar em uma situação que as impeça, por qualquer motivo, de conformar ou expressar a sua vontade. [...] Como medida de incapacitação, a Lei 13.146/15 viabiliza a substituição do critério subjetivo do déficit cognitivo, embasado em padrões puramente médicos, por outro objetivo. [...] a absoluta impossibilidade de interação e comunicação por qualquer modo, meio ou formato adequado". ROSENVALD, Nelson. Curatela. In: PEREIRA, Rodrigo da Cunha (Org.) *Tratado de Direito das Famílias*. Belo Horizonte: IBDFAM, 2015, p. 744.
56. LÔBO, Paulo Luiz Netto. Op. cit., p. 112.
57. PERLINGIERI, Pietro. *Perfis do direito civil*: Introdução ao Direito Civil Constitucional. Trad. Maria Cristina De Cicco. 3. ed., rev. e ampl. Rio de Janeiro: Renovar, 2002, p. 164.
58. FARIA, Roberta Elzy Simiqueli de Faria. Autonomia da Vontade e Autonomia Privada: uma distinção necessária. In: FIUZA, César; SÁ, Maria de Fátima Freire, de; NAVES, Bruno Torquato (Coord.). *Direito Civil*: Atualidade II. Da Autonomia Privada nas Situações Jurídicas Patrimoniais e Existenciais. Belo Horizonte: Del Rey, 2007, p. 68.

de cisões abruptas[59] entre capacidade e incapacidade e entre incapacidade absoluta e relativa, que acabam por refletir em uma proteção excessiva[60] e demasiadamente paternalista que se traduzia em uma "terrível tirania",[61] claramente violadora da dignidade da pessoa humana na medida em que desvaloriza a autonomia privada.

Por isso, afirma-se que o regime das incapacidades "deve-se despir de ideias patrimonialistas e valorizar a pessoa humana".[62] Assim, não deve prevalecer a segurança jurídica dos atos negociais garantidas por previsões legais abstratas, mas sim as avaliações à luz das características particulares do caso concreto que condizem com a promoção do desenvolvimento da personalidade da pessoa e, com isso, a promoção de seus interesses existenciais. Logo, não se aplica às situações existenciais a dicotomia entre a capacidade de direito e a capacidade de fato, pois esta "não abrange os direitos não patrimoniais, que emergem exclusivamente do estado da pessoa humana, como o direito à identidade pessoa ou ao nome, cujo exercício não depende da capacidade do titular".[63]

Nas situações existenciais, a titularidade decorre necessariamente do seu exercício.[64] Os atos de autonomia existencial são personalíssimos,[65] o que inviabiliza o exercício por outrem, sendo contrários a natureza da representação e da assistência[66] típicos do regime de (in)capacidade patrimonial. Fundamental, portanto, garantir à pessoa com capacidade restringida a possibilidade de atuar diretamente,[67] ou seja, de contribuir pessoalmente com a sua vontade, desejos e preferências na tomada de decisões a respeito das situações jurídicas existenciais que lhe envolvem, mas sem descuidar de verificar a necessidade de apoio e suporte para tanto à luz do caso concreto. Considerar a pessoa capaz não significa que ela não necessite de auxílio para a prática dos atos da vida civil, mas retirá-la das "camisas-de-força totalmente desproporcionais e, principalmente, contrastantes com a realização do pleno desenvolvimento da pessoa".[68]

Não se pode olvidar que o intuito do Estatuto foi nitidamente de atribuir autonomia a um grupo historicamente vulnerável e marginalizado, que, não raras vezes, era tolhido

---

59. DINIZ, Fernanda Paula; ABRAHÃO, Ingrith Gomes. Autonomia da vontade, consentimento e incapacidade: a possibilidade de doação de órgãos em vida por incapaz. In: FIUZA, César; de SÁ, Maria de Fátima; NAVES, Bruno Torquato (Coord.). *Direito Civil*: Atualidades II – Da autonomia privada nas situações jurídicas patrimoniais e existenciais. Belo Horizonte: Ed. Del Rey, 2007, p. 136.
60. RODRIGUES, Rafael Garcia. A pessoa e o ser humano no novo Código Civil. In: TEPEDINO, Gustavo (Coord.). *O Código Civil na perspectiva civil-constitucional*: parte geral. Rio de Janeiro: Renovar, 2013, p. 25-26.
61. PERLINGIERI, Pietro. O direito civil na legalidade constitucional, cit., p. 782.
62. DINIZ, Fernanda Paula; ABRAHÃO, Ingrith Gomes. Op. cit., p. 139.
63. LÔBO, Paulo Luiz Netto. Op. cit., p. 111.
64. MENEZES, Joyceane Bezerra. A capacidade dos incapazes: o diálogo entre a convenção da ONU sobre os direitos das pessoas com deficiência e o Código Civil Brasileiro. In: RUZYK, Carlos Eduardo Pianovski; de SOUZA, Eduardo Nunes; MENEZES, Joyceane Bezerra et. al. *Direito Civil Constitucional*: a ressignificação da função dos institutos fundamentais do direito civil contemporâneo e suas consequências. Florianópolis: Conceito Editorial, 2014, p. 57.
65. "Ademais, as situações existenciais normalmente se apresentam como situações personalíssimas, de modo que inaplicáveis os meios de suprimento da incapacidade". MEIRELES, Rose Melo Vencelau. *Autonomia privada e dignidade humana*. Rio de Janeiro: Renovar, 2009, p. 234.
66. Idem, ibidem, p. 126.
67. Idem, ibidem, p. 131.
68. PERLINGIERI, Pietro. *Perfis do direito civil*, cit., p. 164.

de livre exercício de suas escolhas, em perceptível movimento personalista. Nessa toada, cabe ao intérprete, de forma diligente e de acordo com os preceitos contidos na CPDP, sistematizar o regime das restrições à capacidade com o tecido normativo atualmente em vigor, desde que de modo excepcional, motivado e em benefício da pessoa, tendo como norte o atendimento ao livre desenvolvimento da personalidade humana.

4. O FIM DA INCAPACIDADE ABSOLUTA E A CAPACIDADE "POSSÍVEL"

Um dos maiores impactos provocados pelo EPD foi a nova redação dada ao art. 3º da Lei Civil, que considera absolutamente incapazes de exercer pessoalmente os atos da vida civil apenas os menores de 16 (dezesseis) anos. Afastou-se a menção à enfermidade, à deficiência mental, ou à falta discernimento como causa da incapacitação absoluta por ser injustificadamente discriminatória. Com isso, finda, de uma vez por todas, a incapacidade absoluta de pessoa maior no direito brasileiro.

Apesar da clareza da nova redação do art. 3º do Código Civil e da compatibilidade do fim da incapacidade absoluta com a tábua axiológica constitucional, parte da comunidade jurídica tem criticado severamente. Tais questionamentos não devem procurar o retorno ao regime anterior de incapacidade absoluta, o que constituiria um injustificável retrocesso, mas sim o encontro de repostas que amparem a emancipação e inclusão das pessoas com deficiência que constituem o grande objetivo da CDPD e do EPD. Eventuais modificações legislativas que procurem retomar aspectos do antigo modelo de incapacidade não são compatíveis com a Convenção e, portanto, já nasceriam eivados de inconstitucionalidade.

Como já reiterado, o EPD estabeleceu que a deficiência não é critério para aferição da capacidade (art. 6º, *caput*), em plena sintonia com o CDPD que reconhece a capacidade legal das pessoas com deficiência. Nesse particular, o Comitê da ONU dispôs que devem ser abolidas todas as práticas cujos efeitos vierem a violar o artigo 12, a fim de que as pessoas com deficiência possam recobrar a sua plena capacidade jurídica em igualdade de condição com as demais pessoas.

Nessa senda, alinha-se ao entendimento de Ana Carolina Brochado Teixeira e Joycene Bezerra de Menezes que defendem que "não podemos cogitar repetir que a pessoa com deficiência sob curatela seja incapaz. Até mesmo para evitar os estigmas que o regime das incapacidades produziu ao longo da história, optamos por utilizar a expressão pessoa com capacidade restringida". É importante reconstruir a tutela protetiva da pessoa humana não partindo da premissa das suas limitações em relação ao funcionamento cognitivo, que encerram apenas um aspecto da complexa condição humana, mas sim da emancipação e respeito de suas vontades e preferências. A lógica é de reforço da capacidade, admitindo-se restrições somente quando justificadas e amparadas em proteção e benefício direto da pessoa com deficiência.[69]

69. Conforme Joyceane Bezerra de Menezes, a mudança substancial foi no sentido de alterar o foco do direito protetivo do sistema de substituição para o sistema de apoio: "[...] em respeito a essa capacidade legal, dispõe

A capacidade é deferida igualmente a todos, conforme capitulado no art. 12 do CDPD e no art. 6º do EPD. Na hipótese de a pessoa necessitar de apoio ao exercício de sua capacidade, é dever da sociedade e do Estado disponibilizar uma rede de apoio que envolva desde a acessibilidade e fornecimento de tecnologias assistivas, que permitam a liberdade de agir do indivíduo, até instrumentos jurídicos para a promoção da máxima capacidade civil como a tomada de decisão apoiada e a curatela. Vital, portanto, que os Estados desenvolvam mecanismos de respeito ao direito ao reconhecimento da capacidade jurídica das pessoas com deficiência em condições de igualdade e apoio necessário no exercício da sua autonomia.

Com isso, busca-se preservar ao máximo a capacidade das pessoas com deficiência por meio do respeito às suas vontades, preferências e desejos, assegurando, no maior grau possível, sua participação no meio social, sem negar-lhe o livre desenvolvimento de sua própria personalidade. Uma capacidade cujo exercício pode revelar-se difícil no plano fático, mas que sempre será possível na medida das condições psíquicas da pessoa com deficiência e com o apoio necessário.

5. CONSIDERAÇÕES FINAIS

A capacidade reflete a liberdade pessoal de escolher entre vários modos de viver. No âmbito jurídico, a capacidade civil se revela como poder de atuar livremente no tráfego negocial, administrando seu patrimônio da maneira como melhor convém a cada pessoa, e autorrealizar-se existencialmente, promovendo suas habilidades e desenvolvendo sua individualidade. A pessoa humana firma-se como autora de sua própria vida, deixando de ser mera expectadora de seu destino, moldando-se a si própria.

Nessa ótica, a capacidade civil é a liberdade de ser do indivíduo no mundo jurídico, que, portanto, deve-se voltar à proteção e emancipação das pessoas com deficiência. A dignidade humana como autodeterminação é que justifica o fim do discriminatório e excludente regime das incapacidades, que sacrificava o livre agir das pessoas com limitações intelectuais ou psíquicas, relegando o controle de suas vidas a um curador nomeado para tanto, que sequer era obrigado a buscar o melhor interesse do curatelado ou reconstruir os desejos e preferências revelados ao longo da vida, no caso em que a deficiência tenha sido adquirida.

A independência da pessoa com deficiência é aspecto chave para compreensão da nova perspectiva emancipatória da pessoa com deficiência. É de se destacar que constitui princípio geral da CDPD, na forma de seu art. 3º, alínea 'a', o "respeito pela dignidade inerente, a autonomia individual, inclusive a liberdade de fazer as próprias escolhas, e a independência das pessoas". A vulnerabilidade antes compreendida como justificativa para um sistema de exclusão torna-se razão e fundamento para exigir uma proteção

que os mecanismos do direito protetivo devem se consubstanciar em apoios e não na substituição de vontade". MENEZES, Joyceane Bezerra. O direito protetivo no Brasil após a convenção sobre a proteção da pessoa com deficiência: impactos do novo CPC e do Estatuto da Pessoa com Deficiência. *Civilistica.com*, ano 4, n. 1, jan./jun., 2015. Disponível em: http://civilistica.com/o-direito-protetivo-no-brasil/. Acesso em: 20 maio 2016.

mais reforçada no que concerne aos mecanismos de apoio ao processo de tomada de decisão sobre os aspectos da vida da pessoa com deficiência.

Nessa linha emancipatória, o EPD reconheceu a plena capacidade civil às pessoas com deficiência, que assegura o exercício de direitos em igualdade de condições com as demais pessoas em todos os aspectos da vida. Definitivamente, afasta-se o caráter discriminatório típico de se considerar como causa da incapacidade a deficiência intelectual. Além disso, findou-se a incapacidade absoluta para as pessoas maiores de idade, as quais agora somente podem ser consideradas como relativamente incapazes em razão de um critério genérico e não discriminatório baseado na impossibilidade objetiva de exprimir sua vontade, transitória ou permanentemente, de forma válida.

Afirmar a capacidade civil das pessoas com deficiência é, acima de tudo, reconhecer-lhes como pessoas dotadas de igual dignidade e assegurar condições de igualdade para a plena e efetiva participação na vida em sociedade. A adoção do modelo social na abordagem da deficiência impõe, sobretudo, uma mudança de postura da própria sociedade no reconhecimento das pessoas com deficiência com aptidões e habilidades específicas e a fim de impedir qualquer atitude paternalista e contrária à inclusão social.

AUTONOMIA, ACESSIBILIDADE E PLANEJAMENTO GRADUAL DE APOIO PELA TOMADA DE DECISÃO APOIADA – TDA

Joyceane Bezerra de Menezes

Doutora em Direito pela Universidade Federal de Pernambuco. Mestre em Direito pela Universidade Federal do Ceará. Pós doutorado em "Novas Tecnologias e Direito" na *Mediterranea Internacional Centre for Human Rights Research (MICHR)*, Departamento de Direito, Economia e Humanidades – Universidade Reggio Calabria (Itália). Professora titular da Universidade de Fortaleza – Programa de Pós-Graduação *Stricto Sensu* em Direito (Mestrado/Doutorado) da Universidade de Fortaleza, na Disciplina de Direitos de Personalidade. Professora associado IV, da Universidade Federal do Ceará. Coordenadora do Grupo de Pesquisa CNPQ: *Direito civil na legalidade constitucional.* Fortaleza, Ceará, Brasil. Editora da Pensar, Revista de Ciências Jurídicas – Universidade de Fortaleza. E-mail: joyceane@unifor.br.

1. DIGNIDADE, AUTONOMIA E CAPACIDADE PELA ACESSIBILIDADE UNIVERSAL

Marco importante para a inclusão da pessoa com deficiência é a Convenção de Nova York ou "Convenção sobre os Direitos da Pessoa com Deficiência" – CDPD que, no Brasil, foi ratificada por meio do Decreto 186/2008, com o quórum previsto no art. 5º, § 3º, da Constituição da República, que lhe atribui o *status* de norma constitucional. Também foi promulgada pelo Decreto presidencial 6.949 de 25 de agosto de 2009, a fim de evitar discussões quanto ao rito formal de ingresso dos tratados na ordem jurídica interna.

A CDPD tem como propósito: "promover, proteger e assegurar o exercício pleno e equitativo de todos os direitos humanos e liberdades fundamentais por todas as pessoas com deficiência". Entre os seus princípios gerais, estão a autonomia e independência individuais da pessoa com deficiência, inclusive quanto à liberdade de fazer as próprias escolhas; a não discriminação; a plena e efetiva participação e inclusão na sociedade; o respeito a diferença e reconhecimento da diversidade humana; a igualdade de oportunidades e a acessibilidade (art. 3º).

Desde o preâmbulo, o texto convencional denuncia o déficit de cidadania dos seus beneficiários. Impõe aos Estados signatários o dever de reconhecer a dignidade e autonomia dessas pessoas, em igualdade de condições com as demais – o fundamento do dispositivo mais polêmico – o art. 12. Por intermédio desse artigo, a CDPD determina aos Estados que reconheçam a capacidade jurídica das pessoas com deficiência, na forma como reconhece às demais pessoas, disponibilizando-lhes, contudo, um sistema de apoio e salvaguardas para a facilitação do exercício dessa capacidade.[1]

1.1 Viragem conceitual

A CDPD faz uma viragem na abordagem de conceitos como *dignidade, autonomia* e *capacidade*, seguindo o estado da arte da teoria dos direitos humanos.[2] Enquanto o princípio *dignidade humana* previsto nos tratados de primeira geração,[3] pressupunha um modelo abstrato de *humano* capitulado na imagem de um sujeito racional, ciente da ideia de passado e futuro, apto à comunicação com o entorno e à participação no discurso moral mediante o pleno exercício de sua capacidade jurídica; a teoria dos direitos humanos mais atual faz coincidir a figura do sujeito moral à condição de pessoa,[4] independentemente de haver ou não alcançado a tipologia daquele padrão ideal cunhado pela modernidade.

É sob esse eixo argumentativo que os documentos internacionais voltados a proclamar os direitos da criança, reconhecem-lhe dignidade, autonomia e vida privada.[5] De igual sorte, a deficiência que resulta impedimento ou dificuldade para compreender, comunicar-se e ouvir não desqualifica o sujeito como pessoa ou lhe reduz a dignidade, apresenta-se como um dos muitos fatores ilustram a diversidade humana.[6] O reconhe-

---

1. MENEZES, Joyceane Bezerra. A capacidade jurídica pela Convenção sobre os Direitos da Pessoa com Deficiência e a insuficiência dos critérios do status, do resultado da conduta e da funcionalidade. *Pensar*, Revista de Ciências Jurídicas, v 23, n. 2, 2018. Disponível em: https://periodicos.unifor.br/rpen/article/view/7990. Acesso em: 21 jan. 2022.
2. A CDPD não adita novos direitos, mas generaliza aqueles direitos já consagrados em diplomas anteriores para destiná-los, igualitariamente à pessoa com deficiência, considerando a sua situação e a sua diversidade, e não apenas as características gerais do grupo. ROIG, Rafael Asís. Sobre capacidade y derechos. In: AVILÉS, María del Carmen B.; ANGÓN, Óscar Celador; FERNÁNDEZ, Félix Vacas (Coord.). *Perspectivas actuales de los sujetos de derecho*. Madrid: Editorial Dykinson, S.L., s/d, p. 41).
3. "En efecto, la teoría de los derechos humanos ha estado cimentada sobre un modelo de individuo caracterizado, principalmente, por su «capacidad» para razonar, por su «capacidad» para sentir y por su «capacidad» para comunicarse. Esos atributos se presentan como elementos que justifican la dignidad humana y la existencia de derechos cuya principal función es la de proteger el desarrollo de esa dignidad, en definitiva, de esas capacidades y de su ejercicio. Los derechos se presentan así como mecanismos que protegen el desenvolvimiento de la dignidad, principalmente limitando, restringiendo o eliminando las barreras que el uso de las «capacidades» puede encontrar." (ROIG, Rafael Asís. Sobre capacidade y derechos. In: AVILÉS, María del Carmen B.; ANGÓN, Óscar Celador; FERNÁNDEZ, Félix Vacas (Coord.). *Perspectivas actuales de los sujetos de derecho*. Madrid: Editorial Dykinson, S.L., s/d, p. 40).
4. "La nueva concepción del individuo y de la dignidad no tiene que renunciar a ideas como la del sujeto moral ni dejar a un lado principios como el de autonomía. Los sujetos morales son los referentes esenciales del discurso moral; elaboran, proponen y llevan a la práctica planes de vida. El término sujeto moral debe equipararse al de persona y así, la vida moral de las personas no es otra cosa que el camino hacia la consecución de determinados planes de vida. Esta forma de entender la moralidad presupone el reconocimiento de la importancia de la autonomía, la independencia y la responsabilidad humana" (ROIG, Rafael Asís. *Sobre discapacidad y derechos*. Madrid: Editorial Dykinson, S.L., 2013, p. 48).
5. Em decisão recente, o Judiciário da Holanda reconheceu a um menino de 12 anos, o direito de se vacinar quando os pais lhe negava essa possibilidade. Prevaleceu a sua escolha à decisão da autoridade parental.
6. "La determinación de la idea de persona o de ser humano basada en un patrón de capacidad ajeno a la diversidad y de carácter presuntamente universal y abstracto, puede llevar a apartar de forma explícita de la consideración

cimento do sujeito como pessoa, implica reconhecer a sua dignidade e a autonomia para eleger o seu plano de vida e participar do discurso moral.

Na atual quadra da história, também não se pode definir a pessoa a partir do que ela não pode fazer,[7] pois, ao cabo e ao fim, todos temos limitações que nos impedem algo sem que, por isso, a nossa humanidade seja prejudicada ou reduzida. Usar a deficiência como critério para restringir o acesso aos direitos é reproduzir um comportamento social discriminatório tolerado em um passado recente, mas rechaçado pela legislação atual. Ainda hoje, parte significativa dos impedimentos que obstam a inclusão das pessoas com deficiências deriva das barreiras sociais que, em última análise, representam a negação da sua existência e do seu pertencimento ao grupo, em frontal malferimento aos princípios da igualdade e da solidariedade que, no Brasil, são corolários da dignidade da pessoa humana.

Sob as balizas do modelo social, a Convenção compreende a deficiência como um fenômeno social, um impedimento resultante da interação entre as limitações permanentes da pessoa e as barreiras sociais. Limitações naturais ou adquiridas como a cegueira, podem trazer consequência naturais como o impedimento de enxergar. Quando um tal impedimento interage com as barreiras sociais, exsurgirão as consequências artificiais que agudizam a situação de exclusão. No caso da cegueira, o impedimento visual traz consequências artificiais que podem restringir ou mesmo impedir a mobilidade pelos espaços públicos e o acesso à educação, vez que os textos, livros, placas sinalizadoras nas ruas exigem a leitura visual. Se as consequências naturais são, muitas vezes, insolúveis; as consequências artificiais poderão ser evitadas ou minoradas pela remodelagem do meio. Usando o exemplo citado, as barreiras sociais poderiam ser superadas com o uso do piso tátil, sinalização sonora, livros e textos com escrita em braile etc.

No conceito geral da CDPD, as barreiras sociais são compreendidas como "qualquer obstáculo à participação plena da pessoa com deficiência, em igualdade de condições com as demais" (art. 1º). A definição proposta pela Lei Brasileira de Inclusão-LBI (Lei 13.146/2015) é mais detalhada, consubstanciando-as como qualquer "entrave, obstá-

---

de personas a determinados seres humanos, o a manejar una visión de persona exclusivamente biológica" (ROIG, Rafael Asís. *Sobre discapacidad y derechos*. Madrid: Editorial Dykinson, S.L., 2013, p. 48).

7. "Doble error: por un lado, definir a una persona sólo por lo que no puede o tiene limitaciones para hacer supondría extender el rótulo de inútil o inservible a la humanidad entera. Prácticamente todo ser humano tiene limitaciones para desarrollar algunas actividades: cantar, realizar cálculos matemáticos, orientarse en un lugar desconocido, correr, practicar deportes, bailar, retener datos, recitar poesía, cocinar, realizar manualidades. Para la mayoría de las personas, el dato de sus limitaciones relativas a la realización de ciertas actividades es irrelevante. Las personas con discapacidad, sin embargo, han sufrido históricamente una rotulación que pone énfasis en las actividades en las que tienen limitaciones, en lugar de resaltar las actividades que sí pueden desarrollar sin dificultades. Por otro lado, parte de la imposibilidad de llevar a cabo una serie de actividades, se debe justamente – en gran medida – a la existencia de barreras y limitaciones impuestas por el entorno. La imposibilidad de acceder a espacios físicos, la preeminencia de modos de comunicación que dejan fuera a personas con discapacidades sensoriales, el diseño excluyente del entorno laboral todos estos factores generan imposibilidad de participar y desarrollar las habilidades personales, mucho más que las diferencias físicas o mentales" (CURTIS, Christian. Discapacidad y inclusión social. Disponível em: https://www.nexos.com.mx/?p=11274. Acesso em: 24 set. 2021).

culo, atitude ou comportamento que limite ou impeça a participação social da pessoa, bem como o gozo, a fruição e o exercício de seus direitos à acessibilidade, à liberdade de movimento e de expressão, à comunicação, ao acesso à informação, à compreensão, à circulação com segurança, entre outros" (art. 3º, inciso IV). A partir do âmbito da acessibilidade na qual se estabelecem, as barreiras sociais são classificadas, de modo exemplificativo, pela LBI como arquitetônicas, urbanísticas, comunicacionais, informacionais, tecnológicas e atitudinais (art. 3º, inciso IV). Assim como são díspares as limitações permanentes que afetam as pessoas, também o serão as barreiras sociais a enfrentar.

Nos exemplos arrolados pela LBI, não se acham as barreiras de acesso aos bens e serviços, mas nem por isso elas deixam de configurar um obstáculo à inclusão. Para o fim de sua eliminação, no âmbito do Poder Judiciário e serviços auxiliares, o Conselho Nacional de Justiça-CNJ fixou algumas diretrizes de acessibilidade na Res. 401/2021 Anteriormente, tratou do tema por meio da Resolução 230/2016.

Mesmo assim, as pessoas com deficiência continuam experimentando a dificuldade de acesso ao Judiciário. Faltam técnicos especializados em linguagem de sinais, expertos multiprofissionais para assistir a pessoa com deficiência cognitiva, os recursos de tecnologia assistiva e a sensibilidade dos aplicadores para acolher a mudança paradigmática que a CDPD e LBI promoveram. Sem mencionar a dureza da linguagem jurídica que incompreendida, não raro, até pelo cidadão típico, sem impedimentos intelectuais e/ou psíquicos.

Como todas essas barreiras impedem/dificultam a participação ou o gozo dos direitos pela pessoa com deficiência, reproduzem uma espécie de discriminação por motivo da deficiência, em prejuízo da participação desse público na vida social.[8]

Essa discriminação pode ser direta, quando a deficiência é usada como critério para atribuir um tratamento diferenciado, sem qualquer justificação racional, em prejuízo da pessoa. Como exemplo, cita-se o Decreto 10.014/2019 que altera o art. 18, § 2º. do Decreto 5.296/2004, para dispor que as exigências de acessibilidade arquitetônica definidas pelas normas da ABNT não se aplicarão às áreas destinadas ao altar e ao batistério das edificações de uso coletivo utilizadas como templos de qualquer culto. Uma pessoa com deficiência está impedida de ser um sacerdote?

A discriminação indireta, por sua vez, ocorre quando o tratamento, produto, contrato, dispositivo, pacto, decisão, critério ou prática, aparentemente neutros, sem uma finalidade legítima ou justificada, impõe uma desvantagem particular à pessoa, em virtude da deficiência. Exemplificativamente, tem-se o art. 35, III e V, da Lei 9.250/1995 que desconsidera a situação de dependência econômica da pessoa com deficiência, para

8. A citar a LBI, no art. 4º, § 1º, "considera-se discriminação em razão da deficiência toda forma de distinção, restrição ou exclusão, por ação ou omissão, que tenha o propósito ou o efeito de prejudicar, impedir ou anular o reconhecimento ou o exercício dos direitos e das liberdades fundamentais de pessoa com deficiência, incluindo a recusa de adaptações razoáveis e de fornecimento de tecnologias assistivas".

fins do cálculo do Imposto de Renda.[9] Embora seja considerada capaz para os atos da vida civil, é possível que um adulto maior com deficiência moderada ou grave, ainda requeira toda assistência dos pais ou responsáveis para o custeio de seus tratamentos e a provisão de suas necessidades. Sem permitir que esses gastos possam ser deduzidos do imposto, a lei deixa de prestigiar essa assistência em prejuízo daquele que é dependente.

Direta ou indireta, a discriminação sempre repercutirá na acessibilidade e comprometerá a universalidade dos direitos humanos. Não se confunda a discriminação com um tratamento diferenciado que se ampara em uma finalidade legítima,[10] muitas vezes indispensável à concretização da igualdade material.[11]

Em cotejo aos argumentos acima é que a acessibilidade pode se afigurar como parte do direito a não discriminação, visando a garantia de plena inclusão em igualdade de condições com as demais pessoas.

1.2 Acessibilidade universal como conteúdo essencial aos direitos humanos e à inclusão

A acessibilidade universal é considerada um conteúdo essencial à matéria de direito humanos,[12] sem o qual esvazia-se a exequibilidade dos direitos da pessoa com deficiên-

---

9. Decisão recente do Superior Tribunal de Justiça aborda exemplarmente o problema da discriminação indireta, em especial, a negligência com o impacto diferenciado do dispositivo de lei questionado em sede de ADI, o art. 35, III e V, da Lei 9.250/1995. Direito constitucional e tributário. Ação direta de inconstitucionalidade. Dedução da base de cálculo do IRPF. Dependente com deficiência. 1. Ação direta proposta pelo Conselho Federal da Ordem dos Advogados do Brasil contra o art. 35, III e V, da Lei 9.250/1995, que não qualifica como dependentes, para fins de apuração do imposto sobre a renda, as pessoas que superem o limite etário e que sejam capacitadas física e mentalmente para o trabalho. Pedido de interpretação conforme a Constituição, para que as pessoas com deficiência sejam consideradas como dependentes mesmo quando superem o limite etário e tenham capacidade laboral. (...) 4. Ofensa à igualdade material (art. 5º, *caput*, da CF/1988; arts. 2, 4, 5, 8 e 19 da CDPD). *O art. 35, III e V, da Lei 9.250/1995 introduz uma discriminação indireta contra as pessoas com deficiência.* A aparente neutralidade do critério da capacidade física ou mental para o trabalho oculta o efeito anti-isonômico produzido pela norma. (...) "Na apuração do imposto sobre a renda de pessoa física, a pessoa com deficiência que supere o limite etário e seja capacitada para o trabalho pode ser considerada como dependente quando a sua remuneração não exceder as deduções autorizadas por lei" (STF – ADI: 5583 DF 4003673-82.2016.1.00.0000, Relator: Marco Aurélio, Data de Julgamento: 17.05.2021, Tribunal Pleno, Data de Publicação: 28.06.2021).
10. "En este sentido, se habla de igualdad como diferenciación, aludiendo a la posibilidad de llevar a cabo un trato diferente de circunstancias y situaciones también diferentes y que se consideran relevantes. Así, un tratamiento diferenciado, por exclusión, o bien es contrario a Derecho al ser una discriminación que viola el derecho a la igualdad, o bien está ajustado al Derecho al ser una diferenciación que cumple con la objetividad y razonabilidad suficientes para ser legítima. (ROIG, Rafael Asís; AIELLO, ANA LAURA; BARRIFI, Francisco; CAMPOY, Ignacio; PALACIOS, Agustina. La accesibiliad universal em el marco constitucional Español. *Direitos y liberdades*. n. 16, Época II, enero 2007, p. 64-65).
11. Na expressão de Boaventura de Sousa Santos, "...temos o direito a ser iguais quando a nossa diferença nos inferioriza; e temos o direito a ser diferentes quando a nossa igualdade nos descaracteriza. Daí a necessidade de uma igualdade que reconheça as diferenças e de uma diferença que não produza, alimente ou reproduza as desigualdades". (SANTOS, Boaventura de Sousa. *Reconhecer para libertar*: os caminhos do cosmopolitanismo multicultural. Introdução: para ampliar o cânone do reconhecimento, da diferença e da igualdade. Rio de Janeiro: Civilização Brasileira, 2003: 56).
12. "El contenido esencial del derecho implica que todo derecho posee una serie de rasgos que lo identifican y cuya falta originaría su desaparición. El Tribunal Constitucional español (incorporando la doctrina y jurisprudencia alemana) ha definido que "constituyen el contenido esencial de un derecho subjetivo aquellas facultades o

cia, em igualdade de condições com as demais.[13] Erigiu-se, desde os anos 70, como um dos princípios voltados à garantia da inclusão pela eliminação das barreiras sociais. A partir do preâmbulo, a CDPD destaca a importância da acessibilidade aos meios físico, social, econômico e cultural, à saúde, à educação e à informação e comunicação, para possibilitar às pessoas com deficiência o pleno gozo de todos os direitos humanos e liberdades fundamentais (alínea V).

No conceito proposto pela LBI, a acessibilidade constitui a "possibilidade e condição de alcance para utilização, com segurança e autonomia, de espaços, mobiliários, equipamentos urbanos, edificações, transportes, informação e comunicação, inclusive seus sistemas e tecnologias, bem como de outros serviços e instalações abertos ao público, de uso público ou privados de uso coletivo, tanto na zona urbana como na rural, por pessoa com deficiência ou com mobilidade reduzida" (art. 3º, inciso I).

Pela análise de Roig et al,[14] a acessibilidade se apresenta nas dimensões subjetiva e objetiva. A primeira, enfoca o sujeito e o seu direito à não discriminação, com o escopo de facilitar-lhe o gozo dos direitos e a sua participação na vida social, em igualdade com as demais. Pela segunda, a dimensão objetiva, a acessibilidade se projeta em todos os âmbitos da vida, visando a ruptura das barreiras sociais que agudizam ou geram impedimentos, em gravame às limitações naturais do sujeito. Se em muitos casos, a deficiência resulta da forma como construímos o meio e os diversos processos sociais pela arquitetura, organização, atitude, cultura etc., a dimensão objetiva da acessibilidade reclama a reabilitação desse entorno pela eliminação das barreiras por intermédio do desenho universal e dos ajustes razoáveis.

O desenho universal orienta a concepção e a elaboração de produtos, ambientes, programas e serviços que possam atender às necessidades de todas as pessoas, independentemente da limitação permanente que possam sofrer. Trata-se de um ideal a ser alcançado progressivamente até que se alcance a máxima estandardização possível. Poderia o próprio Estado estabelecer a regulamentação dos normas técnicas básicas e vinculantes para certos produtos e serviços; cabendo à sociedade, em geral, a fixação de *standards* opcionais para maximizar a inclusão.[15] Para a LBI, o desenho universal é a "concepção de produtos, ambientes, programas e serviços a serem usados por todas as pessoas, sem necessidade de adaptação ou de projeto específico, incluindo os recursos de tecnologia assistiva" (art. 3º, inciso II, LBI).

---

posibilidades de actuación necesarias para que el derecho sea reconocible como perteneciente al tipo descrito" (ROIG, Rafael Asis et al. Op. cit.).

13. "La accesibilidad universal se presenta como una condición ineludible para el ejercicio de los derechos – en igualdad de condiciones – por todos los individuos, y para, en último término, conseguir el logro de la igual dignidad humana, del libre desarrollo de la personalidad, de todas las personas" (ROIG, Rafael Asís; AIELLO, ANA LAURA; BARRIFI, Francisco; CAMPOY, Ignacio; PALACIOS, Agustina. La accesibiliad universal em el marco constitucional Español. *Direitos y liberdades*. n. 16, Época II, enero 2007, p. 65).
14. ROIG, Rafael Asís; AIELLO, ANA LAURA; BARRIFI, Francisco; CAMPOY, Ignacio; PALACIOS, Agustina. La accesibiliad universal em el marco constitucional Español. *Direitos y liberdades*. n. 16, Época II, enero 2007, p. 65.
15. ROIG et al, 2007, p. 68.

Ainda que houvesse firme empenho do Estado e da sociedade para remodelar o entorno, os processos, os serviços e os produtos pelo meio do desenho universal, ainda haveria pessoas que, à vista de suas demandas específicas, exigiriam uma adaptação peculiar para o atendimento de sua necessidade. Em atenção a esses casos, revela-se a importância dos ajustes razoáveis, ou seja, aquelas medidas que se prestam a adaptar o meio para atender a demanda de um grupo ou pessoa determinada.

Na síntese de Rafael Asis Roig e outros,

> El objetivo del diseño para todos es ofrecer entornos cuyo uso resulte cómodo, seguro y agradable para todo el mundo, incluidas las personas con discapacidad. En este sentido, este principio forma parte del desarrollo inclusivo y sostenible, siendo además una posibilidad para profundizar e intensificar el diálogo civil. Los ajustes razonables son aquellas medidas adoptadas a fin de adaptar el entorno a las necesidades específicas de ciertas personas, que por diferentes causas, se encuentran en una situación especial. Estas medidas tienden a facilitar la participación de dichas personas en igualdad de condiciones que el resto. Dentro de las causas que colocan a las personas en una situación especial se encuentra la discapacidad, para lo cual las medidas a ser adoptadas deben tender a alcanzar la accesibilidad y la participación.[16]

O desenho universal é uma estratégia de caráter geral para permitir o acesso de todas pessoas, inclusive as que sofrem limitações permanentes, aos produtos e serviços; enquanto os ajustes razoáveis são as estratégias particulares aplicáveis não alcançados pelo desenho universal.[17] Excepcionalmente, se o ajuste razoável impuser um custo excessivo e irrazoável, será possível discutir a sua exigibilidade, segundo um juízo de proporcionalidade.

Feitas essas considerações gerais, chega-se ao ponto crucial do artigo: como articular a autonomia e a acessibilidade para favorecer o exercício da capacidade jurídica pela pessoa com deficiência, na tomada de decisões?

Sabe-se que o artigo mais polêmico da CDPD é exatamente o art. 12 que impôs o reconhecimento da capacidade jurídica da pessoa, em igualdade de condições com as demais. O mal-estar gerado pelo reconhecimento da capacidade (gozo x exercício) foi de tal monta que sombreou o sistema de apoio e salvaguarda, imposto pela Convenção no mesmo artigo.

O reconhecimento da autonomia e capacidade jurídica da pessoa com deficiência, mormente, aquela apresenta limitação intelectual e/ou psíquicas, tem como interface o sistema de apoios e salvaguarda para viabilizar o seu exercício. Não se trata de falsear um atributo inexistente para fragilizar o sujeito no conjunto de relações jurídicas que podem ser estabelecidas na vida social. A CDPD não adotou como premissa que todos, indistintamente, tem a mesma capacidade mental, mas reconheceu a todos, indistintamente, como pessoas com dignidade, cujos corolários são a autonomia e capacidade jurídica.

16. ROIG, Rafael Asís; AIELLO, ANA LAURA; BARRIFI, Francisco; CAMPOY, Ignacio; PALACIOS, Agustina. La accesibiliad universal em el marco constitucional Español. *Direitos y liberdades*. n. 16, Época II, enero 2007, p. 68.
17. ROIG, Rafael Asís et al. Op. cit., p. 69.

2. CAPACIDADE JURÍDICA E APOIOS

Quando a capacidade mental reduzir a aptidão da pessoa para a realização das suas próprias escolhas, o exercício da capacidade jurídica requererá um apoio formal que poderá ser mais ou menos intenso, a depender das suas necessidades específicas do sujeito.[18]

A Observação Geral 1 (2014), do Comitê sobre os Direitos das Pessoas com Deficiência, da Organização das Nações Unidas, em comentário ao art. 12, da CDPD,[19] explicou que o apoio consiste no suporte formal ou informal necessário a viabilizar o exercício da capacidade jurídica pelo próprio sujeito. Como o parágrafo terceiro do art. 12 não arrolou os tipos específicos de apoio que poderão ser criados, deixou ao encargo dos Estados signatários, a tarefa de fazê-lo, com a salvaguarda de evitar que o apoiador possa vir a decidir pelo apoiado, subordinando ou sufocando a sua vontade. In verbis,

> 17. El apoyo en el ejercicio de la capacidad jurídica debe respetar los derechos, la voluntad y las preferencias de las personas con discapacidad y *nunca debe consistir en decidir por ellas.* En el artículo 12, párrafo 3, no se especifica cómo debe ser el apoyo. "Apoyo" es un término amplio que engloba arreglos oficiales y oficiosos, de distintos tipos e intensidades. *Por ejemplo, las personas con discapacidad pueden escoger a una o más personas de apoyo en las que confíen para que les ayuden a ejercer su capacidad jurídica respecto de determinados tipos de decisiones,* o pueden recurrir a otras formas de apoyo, como el apoyo entre pares, la defensa de sus intereses (incluido el apoyo para la defensa de los intereses propios) o la asistencia para comunicarse. *El apoyo a las personas con discapacidad en el ejercicio de su capacidad jurídica puede incluir medidas relacionadas con el diseño universal y la accesibilidad – por ejemplo, la exigencia de que las entidades privadas y públicas, como los bancos y las instituciones financieras, proporcionen información en un formato que sea comprensible u ofrezcan interpretación profesional en la lengua de señas –, a fin de que las personas con discapacidad puedan realizar los actos jurídicos necesarios para abrir una cuenta bancaria, celebrar contratos o llevar a cabo otras transacciones sociales.* El apoyo también puede consistir en *la elaboración y el reconocimiento de métodos de comunicación distintos y no convencionales,* especialmente para quienes utilizan formas

18. "En la Observación General n. 1 el CteCDPD señala que: [...En la mayoría de los informes de los Estados partes que el Comité ha examinado hasta la fecha se mezclan los conceptos de capacidad mental y capacidad jurídica, de modo que, cuando se considera que una persona tiene una aptitud deficiente para adoptar decisiones, a menudo a causa de una discapacidad cognitiva o psicosocial, se le retira en consecuencia su capacidad jurídica para adoptar una decisión concreta. Esto se decide simplemente en función del diagnóstico de una deficiencia (criterio basado en la condición), o cuando la persona adopta una decisión que tiene consecuencias que se consideran negativas (criterio basado en los resultados), o cuando se considera que la aptitud de la persona para adoptar decisiones es deficiente (criterio funcional). *El criterio funcional supone evaluar la capacidad mental y denegar la capacidad jurídica si la evaluación lo justifica. A menudo se basa en si la persona puede o no entender la naturaleza y las consecuencias de una decisión y/o en si puede utilizar o sopesar la información pertinente. Este criterio es incorrecto por dos motivos principales: a) porque se aplica en forma discriminatoria a las personas con discapacidad; y b) porque presupone que se pueda evaluar con exactitud el funcionamiento interno de la mente humana y, cuando la persona no supera la evaluación, le niega un derecho humano fundamental, el derecho al igual reconocimiento como persona ante la ley.* En todos esos criterios, la discapacidad de la persona o su aptitud para adoptar decisiones se consideran motivos legítimos para negarle la capacidad jurídica y rebajar su condición como persona ante la ley. El artículo 12 no permite negar la capacidad jurídica de ese modo discriminatorio, sino que exige que se proporcione apoyo en su ejercicio...]" Observación general No 1 (2014), Artículo 12: Igual reconocimiento como persona ante la ley, CRPD/C/GC/1, 19 de mayo de 2014, párrafo 15.
19. ONU. Comité sobre los Derechos de las Personas con Discapacidad. Observación general 1 (2014). Disponível em: http://www.convenciondiscapacidad.es/wp-content/uploads/2019/01/Observaci%C3%B3n-1-Art%C3%ADculo-12-Capacidad-jur%C3%ADdica.pdf. Acesso em: 28 fev. 2022.

> de comunicación no verbales para expresar su voluntad y sus preferencias. *Para muchas personas con discapacidad, la posibilidad de planificar anticipadamente es una forma importante de apoyo por la que pueden expresar su voluntad y sus preferencias, que deben respetarse si llegan a encontrarse en la imposibilidad de comunicar sus deseos a los demás.* Todas las personas con discapacidad tienen el derecho de planificar anticipadamente, y se les debe dar la oportunidad de hacerlo en condiciones de igualdad con las demás. Los Estados partes pueden ofrecer diversas formas de mecanismos de planificación anticipada para tener en cuenta las distintas preferencias, pero todas las opciones deben estar exentas de discriminación. Debe prestarse apoyo a la persona que así lo desee para llevar a cabo un proceso de planificación anticipada. El momento en que una directiva dada por anticipado entra en vigor (y deja de tener efecto) debe ser decidido por la persona e indicado en el texto de la directiva; no debe basarse en una evaluación de que la persona carece de capacidad mental. 18. El tipo y la intensidad del apoyo que se ha de prestar variará notablemente de una persona a otra debido a la diversidad de las personas con discapacidad. Esto es acorde con lo dispuesto en el artículo 3 d), en el que se mencionan, entre los principios generales de la Convención, "el respeto por la diferencia y la aceptación de las personas con discapacidad como parte de la diversidad y la condición humanas". En todo momento, incluso en situaciones de crisis, deben respetarse la autonomía individual y la capacidad de las personas con discapacidad de adoptar decisiones.

Apoio é um conceito amplo o suficiente para referir-se ao suporte destinado à pessoa com deficiência, no exercício da sua capacidade jurídica. Delimita-se, conforme às limitações específicas de cada uma. Considerando a importância da inclusão, podemos dizer que o reconhecimento da capacidade jurídica é uma medida de garantir a acessibilidade; enquanto o apoio configura uma espécie de ajuste razoável para atender às vicissitudes de cada um. Vale a citação de Rafael Asis Roig,

> Pues bien, parece oportuno aplicar al campo de la diversidad mental e intelectual la estrategia de la accesibilidad, equiparando capacidad jurídica-accesibilidad y apoyo-ajuste razonable. Ahora bien, las mismas salvedades que señalamos al tratar la idea de los ajustes deben ser tenidas en cuenta en este punto. El ajuste no puede ser la vía para saltarse la exigencia de igual capacidad.[20]

Assim, quais ajustes razoáveis ainda poderiam ser realizados para otimizar o apoio ao exercício da capacidade jurídica por meio da tomada de decisão apoiada? Essa é a pergunta que dirige o próximo tópico. Cumpre esclarecer que o apoio ao exercício da capacidade jurídica visa a facilitação do exercício da capacidade jurídica pela pessoa com deficiência, a fim de que possa, ela própria, manifestar a sua vontade na prática dos atos da vida civil, modificando, criando ou extinguindo relações jurídicas.[21]

2.1 Tomada de decisão apoiada e acessibilidade: os ajustes razoáveis para um plano gradual de apoio

A tomada de decisão apoiada é um instrumento de apoio formal instituído pela Lei Brasileira de Inclusão (art. 116) para oferecer o suporte necessário à pessoa com

---

20. ROIG, Rafael Asís. *Sobre discapacidad y derechos*. Madrid: Editorial Dykinson, S.L., 2013, p. 104.
21. MENEZES, Joyceane Bezerra; BODIM DE MORAES, Maria Celina; RODRIGUES, Luciano Lima. A capacidade civil e o sistema de apoios no Brasil. In MENEZES, Joyceane Bezerra; BARIFFI, Francisco; CAYCHO, Renato Antonio Constantino. *Capacidade jurídica, deficiência e Direito Civil na América Latina*: Argentina, Brasil, Chile, Colômbia e Peru. Indaiatuba: Editora Foco, 2020, p. 107-130.

deficiência no exercício de sua capacidade jurídica. Acrescentou o art. 1.783-A ao Código Civil, dispositivo no qual se acham a função e a estrutura do instituto.[22] Em suma, trata-se de um acordo de apoio firmado entre a pessoa com deficiência e, pelo menos, dois apoiadores de sua confiança, para que esses últimos possam lhe fornecer o apoio necessário ao exercício da capacidade.

À vista da exigência legal, tal acordo requer a homologação judicial, em procedimento de jurisdição voluntária, com o prévio parecer do Ministério Público, oitiva do pretenso apoiado e dos apoiadores. Somente a parte que necessita do apoio terá interesse legítimo para requerer essa medida[23] que deve ser pleiteada por meio do seu advogado. Homologado o termo não há necessidade de ulterior averbação nos registros pessoais da pessoa apoiada como se exige quando fixada a curatela.[24]

Diferentemente da Curatela que tem o âmbito de sua incidência limitado (art. 1.767 e ss., CC; art. 85, LBI), a lei não estabeleceu limites específicos para a tomada de decisão apoiada, permitindo a conclusão de que poderá envolver o apoio para todos os atos da vida civil, sejam eles de natureza existencial ou patrimonial (art. 1.783-A). Haja vista o encontro de vontades e o vínculo de confiança entre o requerente e os indicados apoiadores, a TDA evidencia uma nítida feição contratual e fiduciária.[25]

Aspecto importante a se ressaltar é a comunicação da vontade pela pessoa com deficiência, vez que é usual somente se aceitar a manifestação volitiva por meio da fala ou da escrita. Embora se admita o uso da linguagem de sinais ou o *braile*, essas formas de comunicação ainda enfrentam dificuldades no trâmite do processo, em virtude da dificuldade de nomeação de um intérprete. Ressalta-se, porém, que o conceito de comunicação adotado pela CDPD é muito mais abrangente, trazendo ínsita a ideia da acessibilidade pautada no binômio "desenho universal" e "ajustes razoáveis". Para os propósitos da CDPD, o art. 2º, considera que a *comunicação* "abrange as línguas, a visualização de

22. Sobre o tema, alguns artigos foram publicados, dentre os quais, um texto subscrito por esta mesma autora (MENEZES, Joyceane B. Tomada de decisão apoiada: instrumento de apoio ao exercício da capacidade civil da pessoa com deficiência instituído pela Lei Brasileira de Inclusão. *Revista Brasileira do Instituto Brasileiro de Direito Civil – RBDCIVIL.* Disponível em: https://rbdcivil.ibdcivil.org.br/rbdc/article/view/5. Acesso em :1º mar. 2022.
23. VIII Jornada de Direito Civil (CJF/STJ) – Enunciado 639 – Art. 1.783-A: • A opção pela tomada de decisão apoiada é de legitimidade exclusiva da pessoa com deficiência. • A pessoa que requer o apoio pode manifestar, antecipadamente, sua vontade de que um ou ambos os apoiadores se tornem, em caso de curatela, seus curadores.
24. Para uma análise mais detalhada acerca desse procedimento indica a leitura do texto: MENEZES, Joyceane B. O novo instituto da Tomada de Decisão Apoiada: instrumento de apoio ao exercício da capacidade civil da pessoa com deficiência instituído pelo Estatuto da Pessoa com Deficiência – Lei Brasileira de Inclusão (Lei 13.146/2015). MENEZES, Joyceane B. *Direito da pessoa com deficiência intelectual e psíquica nas relações privadas.* Convenção sobre os direitos da pessoa com deficiência e Lei Brasileira de Inclusão. Rio de Janeiro: Processo, 2016. ALMEIDA JUNIOR, Vitor de Azevedo. *A curatela como instrumento de apoio à emancipação da pessoa com deficiência intelectual.* 2017. 254 f. Tese (Doutorado em Direito) – Faculdade de Direito. Universidade do Estado do Rio de Janeiro, Rio de Janeiro; PEREIRA, Jacqueline Lopes. *Tomada de decisão apoiada e a pessoa com deficiência psíquica ou intelectual.* 2018. 152 f. Dissertação (Mestrado em Direito) – Faculdade de Direito. Universidade Federal Do Paraná, Curitiba.
25. MENEZES, Joyceane Bezerra. Aspectos contratuais da tomada de decisão apoiada. In: TEIXEIRA, Ana Carolina Brochado; RODRIGUES, Renata (Org.). *Contratos, famílias e sucessões.* Indaiatuba: Editora Foco, 2020.

textos, o *braille*, a comunicação tátil, os caracteres ampliados, os dispositivos de multimídia acessível, assim como a linguagem simples, escrita e oral, os sistemas auditivos e os meios de voz digitalizada e os modos, meios e formatos aumentativos e alternativos de comunicação, inclusive a tecnologia da informação e comunicação acessíveis".

Logo, nos processos judiciais de curatela e tomada de decisão apoiada, ou mesmo nos atos cartorários, a pessoa com deficiência precisa ver contemplada a sua forma específica de se comunicar, o que pode requerer mais do que a linguagem brasileira de sinais e o *Braile*. É possível que em situações pontuais, nas quais essas formas de comunicação não sejam suficientes, reclame-se um ajuste razoável para viabilizar um processo comunicativo exitoso. Se uma pessoa acometida de forte limitação motora, tiver preservada a sua capacidade mental, a sua vontade poderá ser manifestada com os recursos de tecnologia assistiva, a exemplo do que se viu com o famoso físico Stephen Hawking. Em caso de limitação corporal severa com preservação do movimento do pescoço e higidez cognitiva, o sujeito poderá manifestar sua vontade com o uso de uma simples lanterna de cabeça (*headlight*) e o quadro de letras, apontando com a luz, uma a uma, até formar as palavras que representarão a sua vontade.

Tocante ao perfil funcional da TDA – instrumento de apoio promocional da autonomia e da capacidade jurídica, considerado o conceito de acessibilidade, será possível garantir alguma modelagem ao plano de apoio, respeitada a unidade do ordenamento jurídico, para otimizar o suporte à pessoa com deficiência. Uma vez preservada a autonomia e a capacidade jurídica do requerente, nada obsta que o termo ou contrato de apoio possa fazer constar, além do suporte de que a pessoa necessita no presente, as suas vontades e preferências quanto a certas matérias, para balizar a defesa futura de seus interesses, inclusive, no âmbito de uma possível curatela.[26] Na hipótese de ulterior fixação de curatela, por exemplo, a sentença considerará as "características pessoais do interdito, observando suas potencialidades, habilidades, vontades e preferências" do curatelando (art. 755, inciso II, do CPC).

Como o apoio instituído pelo Brasil foi a TDA, é importante dela extraírem-se todas as possibilidades para que, na unidade do ordenamento jurídico, a pessoa apoiada venha a exercer a sua capacidade jurídica de gozo e de fato, e não seja lançada, desnecessariamente, à extremada medida da curatela que ainda funciona como uma interdição (art. 757, CPC).

Sob esse argumento, defende-se a possibilidade de um plano gradual de apoio, a ser homologado por meio da TDA, no qual o requerente faça constar o suporte de que necessita para atender às suas demandas contemporâneas e o suporte que estima necessitar, a médio prazo, à vista do agravamento de sua limitação. Dentre os apoios atuais, o acordo poderá incluir o suporte informacional que permita-lhe a compreensão

26. LAZARTE, Renata Anahí Bregaglio; CAYCHO, Renato Antonio Constantino. Um modelo para armar: la regulación de la capacidade jurídica de las personas com discapacidad en el Perú a partir del Decreto Legislativo 1384. *Revista Latinoamericana en Discapacidad, Sociedad y Derechos Humanos*. Disponível em: http://redcdpd.net/revista/index.php/revista/article/view/178. Acesso em: 1º mar. 2022.

da finalidade, implicações e consequências do ato jurídico a ser celebrado; o suporte comunicacional para otimizar ou mesmo viabilizar a sua interação com o seu interlocutor contratual; o apoio para intermediar a busca e contratação de assessoria/consultoria jurídica especializada, quando assim se fizer necessário etc. Considerando a amplitude dos apoios da TDA, defende-se, inclusive, a possibilidade de os apoiadores oferecem suporte à elaboração de testamento pelo apoiado, com a salvaguarda de aqueles não serem instituídos como herdeiros/legatários.[27]

Uma vez considerada a higidez da autonomia e da capacidade da pessoa com deficiência, o perfil finalístico dos apoios e a natureza contratual da TDA, nada obsta que o termo de apoio também preveja uma cláusula de mandato, por meio da qual o apoiado atribua poderes de representação aos apoiadores para a prática de *determinados* atos civis de natureza patrimonial em seu nome. Assim como os mandatos, em geral, o apoio poderá ser extinto, a qualquer tempo, mediante decisão do apoiado, com a particularidade de que esse pedido será submetido ao juízo que homologou a TDA (art. 1.783-A, § 9º). Essa alternativa foi expressamente prevista pela Lei 1.996/2019, da Colômbia, que faculta à pessoa de apoio o exercício da representação contratual da pessoa apoiada, relativamente a certos atos.[28]

Os apoios são uma realidade nova, em todo mundo, e a sua implementação pelos diversos países signatários da CDPD ainda é muito recente, sendo admissível e justificável que se possa tomar por empréstimo, as soluções desenhadas em outros sistemas jurídicos.

Tocante aos atos civis de natureza existencial, o apoio pode ser oferecido em matéria de saúde para facilitar a compreensão do apoiado sobre as informações médicas relativas a eventual uma intervenção cirúrgica ou tratamento, inclusive, no campo da saúde sexual e reprodutiva, de sorte a contribuir para manifestação do consentimento informado. Presta-se a informar e facilitar a compreensão sobre as chamadas diretivas antecipadas de vontade, a fim de que a pessoa com deficiência também possa manifestar a sua vontade quanto ao tratamento que deseja ou não receber, em caso extremo, quando já não possa exarar sua volição. O apoio comunicacional também pode se prestar a facilitação da prática dos atos preparatórios para o casamento e da sua respectiva celebração; bem como para a lavratura de escritura pública de união estável e de reconhecimento de filhos.

Entende-se que o apoiado também pode informar a sua vontade e as suas preferências a respeito de determinadas questões que possam ser abordadas na sentença de curatela (art. 755, inciso II, CPC), inclusive, quanto à indicação daquele(s) que venha(m) a assumir o múnus da curatela. Ter-se-ia, uma espécie de manifestação volitiva prévia quanto aos aspectos da curatela, indicando-se o curador, o exercício compartilhado

27. MENEZES, Joyceane Bezerra; PIMENTEL, Ana Beatriz Lima. A Sucessão Testamentária da Pessoa com Deficiência Intelectual e/ou psíquica. TEIXEIRA, Daniele Chaves (Org.). *Arquitetura do planejamento sucessório*. Belo Horizonte: Forum, 2018, v. 1, p. 159-174.

28. Colômbia. Lei 1.996/2019 – "Artículo 48. Representación de la persona titular del acto. La persona de apoyo representará a la persona titular del acto solo en aquellos casos en donde exista un mandato expreso de la persona titular para efectuar uno o varios actos jurídicos en su nombre y representación".

ou conjunto, os poderes confiados ao curador etc. Essa possibilidade é sustentada pelo Enunciado 639, da VIII Jornada de Direito Civil, segunda parte:

- A opção pela tomada de decisão apoiada é de legitimidade exclusiva da pessoa com deficiência.

- *A pessoa que requer o apoio pode manifestar, antecipadamente, sua vontade de que um ou ambos os apoiadores se tornem, em caso de curatela, seus curadores."* (grifo intencional)

Considerando essas vontades e preferências, a TDA também comportará a manifestação volitiva antecipadamente do apoiado quanto ao tratamento que deseja ou não receber, se vier a incorrer em uma situação futura de total inaptidão para decidir. Embora não haja lei específica sobre a matéria, aplicam-se as resoluções do Conselho Federal de Medicina, notadamente a Resolução 1.995/2012 sobre Diretiva Antecipada de Vontade e a Resolução 2.232/2019, sobre recusa terapêutica e objeção de consciência. Veja que o art. 12, da última resolução dispõe: A recusa terapêutica regulamentada nesta Resolução deve ser prestada, preferencialmente, por escrito e perante duas testemunhas quando a falta do tratamento recusado expuser o paciente a perigo de morte. Em assim sendo, se o termo de apoio comportar esses elementos, e nada impede que traga a subscrição de duas testemunhas, nada obstará a sua previsão na TDA.

A lei colombiana 1.996/2019 trouxe a diretiva antecipada de vontade como uma ferramenta específica de apoio. Difere daquela que foi prevista pelo Conselho Federal de Medicina, na Resolução 1.995/2012, pois não é adstrita a uma decisão antecipada sobre a aceitação ou recusa de tratamento médico. No direito colombiano, a diretiva antecipada consiste na expressão prévia da vontade e preferência quanto às decisões relativas a determinados atos jurídicos pertinentes à saúde ou à patrimonialidade (art. 21).[29]

Para Eugênio Facchini, os "transplantes jurídicos" não são incomuns, do contrário, são recomendáveis para a superação de lacunas do ordenamento jurídico, quando forem com ele compatíveis. Afinal, a ausência de previsão legal específica sobre a prática que se pretende exportar não é, necessariamente, uma vedação à sua utilização; pode mais adequadamente se explicar na falta de conhecimento do legislador sobre aquela ideia, quando da elaboração da lei. Veja a transcrição do autor:

> De fato, constatado que tais novas ideias e práticas funcionam, e funcionam bem, que são justas e melhores do que os modelos até então existentes, é de todo natural que se as 'importe'. A única preocupação real é que tais 'novidades' sejam compatíveis com o sistema jurídico para o qual se importa. Isto porque há muito se sabe que a função judicial não se limita à aplicação silogística das normas legislativas. O ordenamento jurídico não é completo, nem claro, nem coerente, como pretendiam os teóricos iluministas. O ordenamento contém lacunas. Mas a ausência de previsão ou de regulação de um determinado instituto ou figura jurídica não significa minimamente que o legislador não o

29. COLÔMBIA. Lei 1.996/2019 – Artículo 21. Directivas anticipadas. Las directivas anticipadas son una herramienta por medio de la cual una persona, mayor de edad puede establecer la expresión fidedigna de voluntad y preferencias en decisiones relativas a uno o varios actos jurídicos, con antelación a los mismos. Estas decisiones pueden versar sobre asuntos de salud, financieros o personales, entre otros actos encaminados a tener efectos jurídicos.

> disciplinou porque não queria acolhê-lo. Na maioria das vezes, a lacuna legislativa se explica por dois óbvios motivos: ou determinado instituto jurídico não foi disciplinado legislativamente pelo fato de ter surgido em momento posterior à edição da norma legal; ou porque o legislador, ao disciplinar determinado assunto, não tinha conhecimento de determinadas ideias/teorias/doutrinas/práticas jurídicas já conhecidas em outros ordenamentos.[30]

A solução acima proposta visa a otimização da TDA, figura de apoio ao exercício da capacidade jurídica. Com a conjugação de outras ferramentas existentes no ordenamento jurídico brasileiro, a TDA poderá atender àquelas demandas mais intensas de pessoas com deficiência um pouco mais aguda que ainda preservam alguma capacidade decisional.

Fato é que o Comitê sobre os Direitos da Pessoa com Deficiência da ONU tem se preocupado com a exclusão das pessoas pelos Estados signatários da CDPD, em virtude da mais absoluta falta de cuidado com o exercício de sua autonomia e capacidade. Tanto é que os instou ao dever de implementação efetiva dos sistemas de apoios para garantir que as pessoas com deficiência possam praticar os atos da vida civil e ver respeitadas as suas preferências e vontades:

> 34. El Comité recomendó a los Estados partes que eliminasen en la legislación y en la práctica la privación de la capacidad jurídica por motivos de deficiencia, y que introdujesen regímenes de apoyo para la adopción de decisiones73; y que se asegurasen de que las personas con discapacidad tuvieran acceso a apoyo personalizado para ejercer su capacidad jurídica, que ese apoyo respetase plenamente su autonomía, su voluntad y sus preferencias, y que se proporcionase sobre la base del consentimiento libre e informado de la persona interesada y, cuando procediese, con el debido recurso al criterio de la "mejor interpretación posible de la voluntad y las preferencias", en consonancia con la observación general núm. 1 (2014) del Comité sobre el igual reconocimiento como persona ante la ley 74.[31]

À revelia dos princípios convencionais, a "interdição" foi mantida na ordem jurídica, com alguns retoques superficiais, e continua sendo aplicada àquelas pessoas que *não podem manifestar a sua vontade por causa temporária ou permanente.* O problema maior, como já mencionado, é que quase toda pessoa com deficiência intelectual/psíquica é reportada entre aqueles "que não podem manifestar a sua vontade", vez que somente se aceitam como válidas, as formas convencionais de manifestação volitiva.

Enquanto a velha curatela restringe a capacidade civil do curatelado e atribui ao curador o poder substitutivo de vontade quanto às matérias atinentes à esfera jurídica patrimonial; a tomada de decisão apoiada, pode oferecer um suporte necessário e específico ao apoiado para que ele possa bem exercer a sua autonomia, sem comprometimento de sua capacidade jurídica.

30. FACCHINI NETO, Eugênio. A relativização do nexo de causalidade e a responsabilização da indústria do fumo – a aceitação da lógica da probabilidade. *Civilistica.com*. Rio de Janeiro, a. 5, n. 1, 2016. Disponível em: http://civilistica.com/a-relativizacao-do-nexo-de-causalidade/. Data de acesso: 1º mar. 2022.
31. ONU. Informe del Comité sobre los Derechos de las Personas con Discapacidad. Asamblea General Documentos Oficiales Septuagésimo segundo período de sesiones. Suplemento n. 55 (A/72/55). Disponível em: https://undocs.org/pdf?symbol=es/A/70/55. Acesso em: 28 fev. 2022.

Tantas vezes, porém, o acesso à TDA é obstado pelas barreiras atitudinais dos familiares e aplicadores do direito. Sem atenção aos imperativos da acessibilidade como parte do direito a não discriminação, recusam creditar qualquer valor à forma específica que a pessoa tem para manifestar a sua vontade.

Os institutos do direito civil, por exemplo, se não possuem um desenho universal, devem estar sujeitos a uma interpretação tendente à torná-los acessíveis, por meio dos ajustes razoáveis.

A ADPF DAS FAVELAS: SEGURANÇA PÚBLICA, CONSTITUIÇÃO E O PAPEL DO STF NA PROTEÇÃO DOS GRUPOS MARGINALIZADOS

Daniel Sarmento

Doutor e Mestre em direito pela UERJ e foi *visiting scholar* da Yale Law School. Professor titular de direito constitucional da UERJ. Coordena a Clínica de Direitos Fundamentais da UERJ e integrou, por mais de 19 anos, o Ministério Público Federal. Na ADPF das Favelas, é advogado do autor da ação (PSB). Advogado.

João Gabriel Madeira Pontes

Doutorando e Mestre em direito pela UERJ. Integra a Clínica de Direitos Fundamentais da UERJ. Na ADPF das Favelas, é advogado do autor da ação (PSB). Advogado.

"Quantos mais terão que morrer para que esta guerra acabe?"

(Marielle Franco, tuíte da véspera do seu assassinato)

1. INTRODUÇÃO

É difícil escrever sobre um fenômeno em curso, que não sabemos como acabará. É o caso da ADPF 635, que ficou conhecida como *ADPF das Favelas*, proposta em novembro de 2019 perante o Supremo Tribunal Federal, sob a relatoria do Ministro Edson Fachin, e que tramita sem previsão de julgamento definitivo.

ADPF é a sigla correspondente a uma ação constitucional: a chamada *arguição de descumprimento de preceito fundamental*, prevista no artigo 102, § 1º, da Constituição, e regulada pela Lei 9.882/1999. Somos advogados, em caráter *pro bono*, da ADPF das Favelas, proposta pelo Partido Socialista Brasileiro (PSB), e partiu de um de nós (Sarmento) a iniciativa de ajuizá-la – embora a condução do processo no Supremo seja uma construção coletiva, que também envolve muitas outras pessoas e organizações. Como diz a petição inicial, o objetivo central da ação é que "sejam reconhecidas e sanadas as graves lesões a preceitos fundamentais da Constituição praticadas pelo Estado do Rio de Janeiro na elaboração e implementação de sua política de segurança pública, notadamente no que tange à excessiva e crescente letalidade policial, voltada sobretudo contra a população pobre e negra das comunidades".

Como advogados, atuamos frequentemente em litígios estratégicos no STF que envolvem graves violações a direitos fundamentais: casos como o do "estado de coisas inconstitucional" do sistema prisional brasileiro (ADPF 347), das falhas e omissões do governo no enfrentamento da pandemia em relação aos povos indígenas (ADPF 709), e da inconstitucionalidade da Lei de Segurança Nacional do regime militar (ADPF 799), dentre muitos outros. A ideia da propositura da ADPF 635 veio da constatação de que as autoridades do Estado do Rio de Janeiro – inclusive do seu Poder Judiciário – não tinham interesse ou condições de resolver o gravíssimo problema da violência policial no estado, voltado, sobretudo, contra a população negra e pobre das favelas. O problema vinha se agravando a cada ano. O absurdo número de mortes causadas pela polícia era e é inaceitável, e vidas negras e faveladas importam! Era hora de provocar nossa Suprema Corte. Afinal, o STF tem por principal missão defender a Constituição, especialmente os direitos fundamentais de grupos discriminados e socialmente vulneráveis.

A ADPF já surtiu efeitos muito importantes. Pela primeira vez, coletivos de favelas e mães de vítimas da violência policial puderam participar do processo constitucional perante o STF. Suas vozes estão sendo ouvidas numa instituição central da democracia brasileira, o que, lamentavelmente, ainda é bastante incomum. Essa inclusão no debate constitucional de vozes muitas vezes caladas e subalternizadas já é, em si mesma, uma conquista. Ainda mais importante, houve redução drástica do número de pessoas mortas pela polícia durante alguns meses, em decorrência de medida cautelar concedida pela Corte, que impôs severas limitações para a realização de operações policiais durante a pandemia do coronavírus. Centenas de vidas foram poupadas, sem que houvesse, no mesmo período, qualquer aumento nos índices de outros crimes – que até caíram –, o que evidencia a falácia do argumento de que a atuação violenta da polícia seria necessária para combater a criminalidade e promover a segurança pública. Infelizmente, contudo, nos últimos tempos esses efeitos positivos foram anulados pela postura das polícias fluminenses, que passaram a descumprir ostensivamente a referida medida cautelar, e a desafiar abertamente a autoridade do STF. Portanto, além das vidas e dos direitos da população pobre e negra do Estado do Rio de Janeiro, também está em jogo na ADPF das Favelas a ideia – tão essencial à democracia e ao estado de direito – de que a atuação das autoridades armadas deve respeitar limites legais e direitos fundamentais, o que pode ser controlado pelo Poder Judiciário. As polícias parecem não aceitar qualquer controle ou limitação jurídica para a sua atuação.

Neste artigo, iniciamos contando uma breve história da ADPF 635 até abril de 2022 – data em que o texto foi enviado para publicação –, naturalmente a partir da nossa própria perspectiva de advogados da causa. Em seguida, tratamos de três temas jurídicos centrais para o caso: os limites constitucionais para as atividades de segurança pública; o papel do STF na proteção dos direitos fundamentais de grupos socialmente marginalizados, como os negros e os moradores de favelas e periferias; e o uso do litígio estrutural para se tutelar e promover esses direitos.

2. BREVÍSSIMA HISTÓRIA DA ADPF 635, DA PERSPECTIVA DOS ADVOGADOS DO AUTOR

Estávamos no segundo semestre de 2019, e a violência policial contra a população das favelas não parava de crescer no Estado do Rio de Janeiro. Em 20 de setembro, Ágatha Vitória Sales Félix, uma menina de apenas 8 anos de idade, tinha sido morta por um tiro nas costas disparado por policiais militares, que tentavam atingir uma moto que passava pela comunidade da Fazendinha, no Complexo do Alemão.[1] Mais uma terrível tragédia, que se somava a tantas outras. As vítimas eram sempre pessoas pobres, quase sempre negras.

O número de mortes era assustador e vinha batendo recordes. Nos nove primeiros meses de 2019, 1.402 pessoas já tinham sido vitimadas no Estado do Rio de Janeiro, em decorrência de atuações das polícias, quase todas em operações e patrulhamentos em favelas. Para que se tenha uma ideia da gravidade da situação, naquele mesmo período, toda a polícia dos Estados Unidos – que também é conhecida pela brutalidade contra a população negra – tinha matado 717 pessoas.[2] Ou seja, a polícia do Rio de Janeiro provocara, sozinha, cerca do dobro do número de mortes do que toda a polícia norte-americana!

E as violações a direitos humanos não se limitavam às mortes de civis – grande parte delas verdadeiras execuções extrajudiciais. Como ocorre ainda hoje, as operações instauram clima de terror nas favelas, com frequentes tiroteios que põem em risco a integridade física e psicológica de moradores – a imensa maioria deles sem qualquer relação com a criminalidade. São comuns as agressões e as humilhações impostas à população das favelas, as detenções arbitrárias, as invasões de casas e a destruição injustificada de bens. A inviolabilidade do domicílio nessas áreas não passa de ficção. A polícia entra nas casas pobres como e quando quer, e muitas vezes danifica essas residências. Crianças não conseguem estudar adequadamente, pois, em muitos dias, as aulas são suspensas em razão das incursões policiais. Ou, durante as aulas, elas têm de conviver com o barulho aterrorizante dos tiros e até se proteger das balas.

Operações são feitas por vezes com helicópteros, utilizados, inclusive, como plataformas de tiro, apesar do risco inaceitável de atingimento de civis inocentes, já que não há precisão de tiro possível nesses veículos aéreos, que naturalmente tremem muito, disparando sobre áreas densamente povoadas. Após as operações, a própria polícia, com frequência, desmancha a cena dos crimes – como se viu recentemente, na chacina do Jacarezinho –, sob o pretexto de prestar socorro às pessoas baleadas, que já chegam mortas nos hospitais. Evidentemente, isso dificulta a apuração dos ilícitos cometidos pelos agentes de segurança. Não há perícia independente, nem investigação adequada

---

1. Cf. BARBON, Júlia e PAMPLONA, Nicolau. Veja o que se sabe até agora sobre o assassinato da menina Ágatha Félix. *Folha de São Paulo*, 23.09.2019. Disponível eletronicamente em: https://www1.folha.uol.com.br/cotidiano/2019/09/veja-o-quese-sabe-ate-agora-sobe-o-assassinato-da-menina-agatha-felix.shtml.
2. Cf. Police Shootings Database 2019. *The Washington Post*. Disponível eletronicamente em: https://www.washingtonpost.com/graphics/2019/national/police-shootings-2019/.

desses crimes, que quase nunca são denunciados pelo Ministério Público do Estado do Rio de Janeiro. O quadro de impunidade é generalizado: as instituições do sistema de justiça simplesmente não funcionam contra os policiais, quando as vítimas são pobres, negras e faveladas.

É verdade que, àquela altura, a violência policial estava longe de ser novidade, no Rio de Janeiro ou no país. Ao contrário, trata-se de problema crônico, gravíssimo e antigo, diretamente ligado ao racismo estrutural e à persistência, nas instituições policiais, de uma lógica perversa e inconstitucional, que trata suspeitos como inimigos a serem eliminados, e as vidas de moradores – inclusive de crianças – como danos colaterais toleráveis. A visão é bélica, e não de prestação de serviço público, e as favelas e as periferias são vistas como territórios inimigos, e não como espaços em que vivem cidadãs e cidadãos brasileiros, com direitos que devem ser respeitados. A segurança pública no Rio corresponde com perfeição ao que o filósofo camaronês Achille Mbembe designou como *necropolítica*, que se expressa "no poder [...] de ditar quem pode viver e quem deve morrer", "na capacidade de definir quem importa e quem não importa, quem é descartável e quem não é".[3]

Contudo, o quadro vinha se agravando. Em 2017, a Corte Interamericana de Direitos Humanos tinha condenado o país no caso *Favela Nova Brasília v. Brasil,* exatamente em razão da excessiva violência da polícia fluminense contra a população favelada do Estado do Rio de Janeiro. Porém, a decisão – que determinara, entre outros pontos, a elaboração pelo governo estadual de um plano de redução da letalidade policial – foi solenemente ignorada.

Em outubro de 2018, Jair Bolsonaro, cujas fortes ligações com as corporações policiais do Rio de Janeiro – notadamente com milicianos da sua banda podre – são amplamente conhecidas,[4] elegera-se Presidente, com o discurso francamente favorável à violência policial. O mesmo tinha acontecido no pleito para governador, com a surpreendente escolha de Wilson Witzel, na onda da extrema direita que varreu o país. Witzel – depois afastado do governo por *impeachment* – se notabilizou pela defesa aberta da letalidade policial. Em estarrecedora declaração à imprensa, pouco após a sua eleição, Witzel afirmou, por exemplo: "A polícia vai mirar na cabecinha e... fogo! Pra não ter erro". Com essa "licença para matar", era natural que as mortes provocadas pela polícia aumentassem vertiginosamente.

Em tal contexto, após a morte brutal de Ágatha, um de nós (Sarmento) procurou o PSB, por meio do Deputado Federal Alessandro Molon, com a sugestão de propositura da ADPF no Supremo. Pela legislação, os partidos políticos podem ajuizar esse tipo de ação, o que não ocorre, por exemplo, com a defensoria pública, com ONGs voltadas à

3. MBEMBE, Achille. *Necropolítica:* biopoder, soberania, estado de exceção, política da morte. São Paulo: n-1 edições, 2018, p. 05 e 41.
4. Veja-se Bruno Paes Manso. *A República das Milícias:* dos esquadrões da morte à Era Bolsonaro. São Paulo: Todavia, 2020.

proteção de direitos humanos ou com representações e coletivos de moradores de favelas.[5] O PSB aceitou entusiasticamente a proposta, apesar de saber que a ação geraria polêmicas e até eventuais prejuízos eleitorais, já que grande parte da população se identifica com práticas e discursos violentos no campo da segurança pública.

Antes da propositura da ADPF, a relevância e o acerto da ideia foram confirmados em sucessivas reuniões com a Defensoria Pública do Estado do Rio de Janeiro. Defensores com atuação destacada na área de direitos humanos e segurança pública – como Daniel Lozoya, Lívia Casseres e Fábio Amado – expressaram sua percepção de que seria muito difícil avançar no combate sistêmico à letalidade policial contando apenas com as instituições do Estado do Rio de Janeiro, em razão, sobretudo, das posturas adotadas pelo Tribunal de Justiça e pelo Ministério Público nessa matéria. Por isso, não apenas apoiaram o projeto, como prestaram inestimável auxílio na definição dos pedidos, com base na sua ampla experiência no enfrentamento da questão.

A Defensoria Pública do Rio vinha de uma experiência muito importante de combate à violação sistemática de direitos fundamentais no campo da segurança: a Ação Civil Pública 0215700-68.2016.8.19.0001, também conhecida como *ACP da Maré*. Ajuizada em 2016 perante o Poder Judiciário fluminense, tal ação visa a obrigar o Estado do Rio de Janeiro a implementar medidas concretas que protejam os moradores do Complexo da Maré das inúmeras formas de abuso policial. A ação, que ainda tramita, chegou a produzir resultados positivos, mas seus efeitos tinham sido, na prática, bloqueados pela postura adversa adotada pelo Tribunal de Justiça do Estado do Rio de Janeiro, que tende, em geral, a respaldar as violações de direitos humanos cometidas pela polícia em desfavor da população das favelas. Tal ação nascera da mobilização dos próprios moradores do Complexo da Maré e das organizações que atuam na localidade, e seus pedidos foram construídos pela Defensoria em diálogo com as representações daquela população. Vários desses pedidos, aliás, inspiraram diretamente aqueles que foram depois formulados na ADPF 635.

Dentre as inúmeras medidas inicialmente requeridas na ADPF das Favelas, vale destacar a elaboração, pelo governo estadual, de plano de redução da letalidade policial, a ser aprovado e monitorado pelo STF, com a participação da sociedade civil; a instalação de sistemas de gravação de áudio e vídeo e de equipamentos de GPS nas viaturas e nas fardas dos agentes de segurança; a proibição do uso de helicópteros como plataformas de tiro; a imposição de restrições às operações policiais na proximidade de escolas, creches e equipamentos de saúde; a presença obrigatória de ambulâncias nessas operações; o aperfeiçoamentos das perícias; a obrigatoriedade de instauração de investigações autônomas, pelo Ministério Público, referentes às mortes e outras violações de direitos ocorridas em operações policiais; e a proibição de que o governador do Rio e outras autoridades do Estado continuassem a dar declarações públicas incentivando a violência policial.

5. A lista das entidades que podem propor esta ação se encontra no artigo 103 da Constituição: Presidente da República, Mesa do Senado Federal, Mesa da Câmara de Deputados, Mesa da Assembleia Legislativa ou da Câmara Legislativa do Distrito Federal, Governador de Estado ou do Distrito Federal, Procurador-Geral da República, Conselho Federal da OAB, partido político com representação no Congresso Nacional, confederação sindical ou entidade de classe de âmbito nacional.

Em razão desse último pedido – a proibição de declarações de estímulo à violência policial –, a ADPF foi distribuída ao Ministro Edson Fachin, por dependência a uma outra ação que tinha apenas esse objeto: a ADPF 584, proposta pelo PSOL. Quando há coincidência de objetos entre ações, ainda que parcial, surge a chamada "dependência". Com isso, a segunda ação é distribuída ao mesmo relator da primeira, para evitar julgamentos divergentes.

Desde o início, ficou claro que o Ministro Edson Fachin se sensibilizara com a gravidade da questão discutida na ADPF das Favelas. Fachin é um jurista e magistrado com trajetória progressista – apesar dos equívocos que, em nossa opinião, cometeu na Operação Lava Jato. Ele realmente se importa com os direitos fundamentais, notadamente dos grupos excluídos. Além disso, confere extraordinária importância ao direito internacional dos direitos humanos. Neste caso, isso era muito importante, não apenas porque a atuação da polícia fluminense viola inúmeros direitos humanos consagrados em tratados internacionais, como também porque, como antes ressaltado, o Brasil já fora até condenado pela Corte Interamericana de Direitos Humanos em razão dessas violações, no caso *Favela Brasília v. Brasil.*

Em seguida ao seu ajuizamento, formou-se ampla coalização de organizações em favor da ADPF das Favelas. Inúmeras entidades postularam o ingresso no processo como *amicus curiae,* e foram aceitas. O grupo compreende entidades públicas, como a Defensoria Pública do Rio de Janeiro e o Conselho Nacional de Direitos Humanos, organizações da sociedade civil voltadas à defesa de direitos humanos – algumas com vasta experiência em litígios estratégicos de direitos fundamentais –, mas também entidades de base, que representam as populações das favelas, integradas por moradores e vítimas da violência policial. Essa coalização também tem contado com o apoio importantíssimo de professores e pesquisadores da área de segurança pública, que nos municiam com dados e estudos valiosos, como o Grupo de Estudos dos Novos Ilegalismos – GENI, da UFF, coordenado pelo Professor Daniel Hirata, e o Professor Luiz Eduardo Soares, que apresentou um importante parecer no processo.

Pelas regras tradicionais do processo constitucional, cabe apenas ao autor da ação – no caso, o PSB – formular pedidos e medidas cautelares. O *amicus curiae* tem papel importante, conquanto mais restrito: fornece ao Supremo dados e argumentos sobre o tema em discussão, a partir da sua própria *expertise.* Contudo, após a petição inicial, temos, no mais das vezes, atuado nesta ADPF de modo diferente: os requerimentos têm sido formulados e subscritos não apenas pelo autor, como também pelos *amici curiae*, em petições conjuntas. Isso, em nossa opinião, tem conferido mais força e legitimidade política aos pedidos, sem gerar problemas formais, já que as peças são também apresentadas em nome do PSB. E não se trata de mero artifício simbólico: as estratégias são realmente discutidas e deliberadas pelo grupo, e as petições são, com frequência, obras coletivas, escritas por muitas mãos e que incorporam múltiplas vozes.

O julgamento das cautelares requeridas na petição inicial iniciou-se em abril de 2020, no plenário virtual do STF. O Ministro Fachin, em seu voto, apontou o quadro de grave violação de direitos humanos decorrente da política de segurança pública do Estado do Rio de Janeiro, reconheceu o cabimento da ADPF e deferiu vários dos pedidos formulados na petição inicial. Contudo, o julgamento foi suspenso por pedido de vista do Ministro Alexandre de Moraes. Nesse ínterim, a política nefasta de segurança pública do Estado do Rio de Janeiro continuou ceifando muitas vidas pobres e negras, naquele momento ainda mais vulnerabilizadas pelo novo cenário em que vivíamos, com o advento da pandemia do coronavírus.

De fato, em pleno contexto de disseminação da Covid-19, houve aumento do número de operações policiais, com acréscimo de 43% das mortes causadas pela polícia apenas em abril de 2020, de acordo com dados oficiais do Instituto de Segurança Pública.[6] Considerando-se as taxas de morte de maio, o Rio de Janeiro registrou, para os cinco primeiros meses do ano, o maior número de óbitos decorrentes de ação policial desde o início da série histórica: foram 741 vítimas, o que equivale a quase cinco pessoas mortas por dia, dentre as quais 78% eram negras.[7] Em uma das operações desse período, o menino João Pedro Pinto, de apenas 14 anos, foi brutalmente morto depois que a casa onde estava brincando com os primos, todos menores de idade, foi alvejada mais de 70 vezes por tiros de fuzil.

Diante desse cenário desolador, o PSB e os *amici curiae* protocolaram novo pedido cautelar, em que foi requerida a suspensão das operações policiais em comunidades fluminenses durante a pandemia da Covid-19, salvo em hipóteses absolutamente excepcionais, mediante justificativa por escrito da autoridade competente, com a comunicação imediata ao Ministério Público do Estado do Rio de Janeiro. Também pleiteamos que, nesses casos extraordinários, fossem adotados cuidados igualmente excepcionais, devidamente identificados por escrito pela autoridade competente, para não colocar em risco ainda maior a população naquele momento tão difícil.

O pedido foi integralmente acolhido pelo Ministro Edson Fachin. E a decisão gerou, por certo período, efeitos práticos verdadeiramente excepcionais: segundo os dados do Instituto de Segurança Pública, órgão oficial do próprio governo fluminense, a média de mortes por intervenção de agente do Estado despencou de 148,8 por mês entre janeiro e maio de 2020 para 47,75 entre junho e setembro do mesmo ano.[8] Em outras palavras, salvaram-se mais de 100 vidas por mês, sem que houvesse aumento dos índices relativos à prática de crimes como homicídios dolosos e roubos.

6. Cf. SOARES, Rafael. Mortes pela polícia aumentam 43% no Rio em abril, durante isolamento social motivado pelo novo coronavírus. *O Globo*, 26.05.2020. Disponível eletronicamente em: https://oglobo.globo.com/rio/mortes-pela-policia-aumentam-43-no-rio-em-abril-durante-isolamento-social-motivado-pelo-novo-coronavirus-1-24446724.
7. Cf. RODRIGUES, Matheus. RJ tem maior número de mortes por policiais em 22 anos; e o 2º menor índice de homicídios já registrado pelo ISP. *G1*, 22.06.2020. Disponível eletronicamente em: https://g1.globo.com/rj/rio-de-janeiro/noticia/2020/06/22/rj-tem-maior-numero-de-mortes-por-policiais-em-22-anos-e-o-2o-menor-indice-de-homicidios-ja-registrado-pelo-isp.ghtml.
8. Cf. SOARES, João Pedro. Polícia do Rio ignora STF e aumenta truculência em operações. *DW Brasil*, 12/03/2021. Disponível eletronicamente em: https://www.dw.com/pt-br/pol%C3%ADcia-do-rio-ignora-stf-e-aumenta-trucul%C3%AAncia-em-opera%C3%A7%C3%B5es/a-56846623.

Essa cautelar foi posteriormente referendada pelo Plenário do STF, em decisão de agosto de 2020. Naquele mesmo mês, após a devolução da vista pelo Ministro Alexandre de Moraes, nossa Suprema Corte também retomou o julgamento das medidas cautelares originalmente pleiteadas na petição inicial. Nesse particular, o tribunal acolheu o voto do relator, concedendo vários pedidos formulados, como a obrigação de preservação de elementos da cena do crime, com aperfeiçoamento das perícias criminais; a proibição de realização de incursões policiais em áreas próximas a escolas, creches, postos de saúde e hospitais, salvo em casos excepcionais; a imposição de restrições ao uso de helicópteros nas operação policiais; a obrigatoriedade de instauração de investigações pelo próprio Ministério Público fluminense para apurar crimes atributos à agentes de segurança; e a volta do emprego de indicadores sobre a redução de mortes em confronto com a polícia no cálculo de gratificações dos agentes de segurança.

Outros pedidos importantes, contudo, não foram concedidos na ocasião, notadamente a elaboração do plano de redução da letalidade policial pelo Estado do Rio de Janeiro. Ao indeferir esse pleito, o Ministro Edson Fachin afirmou que a imposição da medida pelo STF seria inútil, diante da existência de decisão da Corte Interamericana de Direitos Humanos com o mesmo comando. O problema desse entendimento era claro: a sentença do caso *Favela Nova Brasília v. Brasil* nunca foi implementada pelo governo fluminense, ocasionando o agravamento de situação real de violação generalizada de direitos humanos. Diante do problema, é preciso agir concretamente, e o Supremo reúne maior capacidade para exigir a atuação do Estado do que a Corte Interamericana, tendo em vista a debilidade dos mecanismos de efetivação das decisões internacionais. Ademais, em matéria de direitos humanos, a relação entre a jurisdição internacional e a doméstica deve ser de complementariedade e sinergia, e não de exclusão recíproca.

A partir de outubro de 2020, os progressos obtidos com a intervenção da Suprema Corte começaram a ser postos em xeque. Ao assumir a chefia da Polícia Civil do Rio de Janeiro, o delegado Allan Turnowski adotou o discurso de que, como a situação da segurança pública fluminense já seria em si mesma excepcional, as polícias estariam, de antemão, respaldadas pelo STF para realizar, de modo generalizado, as operações em comunidades.[9] A estratégia de esvaziamento do conteúdo das decisões do Supremo – sobretudo daquela que suspendeu a realização de incursões durante a pandemia, salvo em casos absolutamente excepcionais –, era evidente, e gerou efeitos negativos imediatos. As forças de segurança voltaram a adentrar comunidades com grande frequência e sem nenhum critério, de modo que, apenas em outubro de 2020, de acordo com o Instituto de Segurança Pública, a atuação dos agentes policiais vitimou fatalmente 145 pessoas,

9. Em suas palavras, "[n]a verdade, a violência no Rio não é um caso de exceção? Quando o STF afirma que a polícia só pode trabalhar em situações de exceção, estamos totalmente respaldados. [...] Se eu *pudesse*, não usava o blindado, mas tanques. Pois o colocaria no alto de uma comunidade e dali tomaria de cima para baixo. Não usaria só um helicóptero, mas dois ou três para acompanhar a operação para que esta única aeronave não fosse alvo de criminosos". Cf. Vera Araújo. Novo secretário de Polícia Civil quer tanques em favelas e "rolo compressor" no caso Marielle. *O Globo*, 27.09.2020. Disponível eletronicamente em: https://oglobo.globo.com/rio/novo-secretario-de-policia-civil-quer-tanques-em-favelas-rolo-compressor-no-caso-marielle-24663149.

o que representa aumento de 179% em relação ao mês anterior.[10] Dentre os mortos, Emilly Victoria e Rebecca Beatriz, de apenas 04 e 07 anos, respectivamente. A decisão do Supremo passou, portanto, a ser descumprida de modo ostensivo.

A absoluta falta de compromisso do governo fluminense com a vida dos moradores de comunidade foi exposta pelo PSB e pelos *amici curiae* em sucessivas petições conjuntas, nas quais se pediu a delimitação do conceito de *"absoluta excepcionalidade"* para abarcar somente casos de perigo concreto à vida humana, como sequestros em curso em comunidades ou guerras entre facções criminosas.

O comportamento do governo também foi alvo de denúncias na audiência pública convocada pelo Ministro Edson Fachin para debater o tema da ADPF. Realizada em abril de 2021, a audiência contou com a participação de expositores oriundos das próprias comunidades, das organizações da sociedade civil, da academia e das instituições públicas. Foi um momento de grande simbolismo, por levar à maior corte de justiça do país o drama vivido pela população negra e pobre das comunidades fluminenses, por meio das vozes potentes de representantes dessas próprias coletividades.

Nesse aspecto, bem como no que diz respeito à importância prática da atuação dos *amici curiae*, a ADPF 635 tem sido um caso de sucesso. É que, embora as audiências públicas e os *amici* sejam celebrados como mecanismos de democratização do debate constitucional e de aperfeiçoamento das decisões da STF, a literatura especializada vem apontando que, na prática, a história é outra. Com frequência, as contribuições da sociedade civil trazidas em audiências públicas ou por meio da atuação dos *amici curiae* são ignoradas pela Corte, que sequer considera os dados e argumentos aportados ao decidir.[11] Em contrapartida, na ADPF 635, os argumentos colhidos durante a audiência pública vêm, desde então, orientando em boa parte os votos e as decisões do Ministro Edson Fachin no processo. Não é incomum encontrar, em seus pronunciamentos, referências literais e extensas às falas ouvidas naquela oportunidade. E os *amici curiae* vêm participando de modo muito ativo no processo, inclusive formulando os pedidos em conjunto com o autor da ação. Desse modo, a expressão *ADPF das Favelas* não retrata apenas o tema discutido no processo, apontando também para o protagonismo da população das favelas na ação constitucional.

Depois da realização da audiência pública, iniciou-se outro julgamento importante para a ADPF 635: o do recurso conhecido como embargos de declaração, oposto pelo PSB e pelos *amici curiae* em face da decisão do STF que denegara alguns pedidos cautelares relevantes, tais como a condenação do Estado a elaborar plano de redução da letalidade policial. Em voto paradigmático, o Ministro Fachin modificou o seu entendimento

---

10. Cf. SOARES, Rafael. Após cinco meses de queda, mortes pela polícia no Rio voltam ao patamar anterior à pandemia. *O Globo*, 25/11/2020. Disponível eletronicamente em: https://oglobo.globo.com/rio/apos-cinco-meses-de-queda-mortes-pela-policia-no-rio-voltam-ao-patamar-anterior-pandemia-24765549.
11. Cf. LEITE, Carina Lellis Nicoll Simões. As audiências públicas no STF: mero instrumento de legitimação formal?. In: SARMENTO, Daniel (Org.). *Jurisdição Constitucional e Política*. Rio de Janeiro: Forense, 2015; e FERREIRA, Débora Costa e BRANCO, Paulo Gustavo Gonet. *Amicus curiae* em números: nem amigo da corte, nem amigo da parte? *Revista de Direito Brasileira*, v. 16, n. 07, p. 169-185, jan./abr. 2017.

anterior para deferir não só quase todos os pedidos cautelares formulados na inicial da ADPF – inclusive a elaboração do plano –, como também outras medidas requeridas ao longo do processo, tais como a instauração, pelo Ministério Público Federal, de procedimentos autônomos para investigar o descumprimento das decisões do STF pelo governo e pelas polícias do Rio. Havia, portanto, chances concretas de se avançar ainda mais na tutela dos direitos dos moradores das comunidades fluminenses.

Em um primeiro momento, porém, o julgamento desse recurso foi suspenso por outro pedido de vista do Ministro Alexandre de Moraes. Com esses atrasos e suspensões, as operações policiais continuaram cada vez mais letais e violentas, culminando na terrível chacina do Jacarezinho, ocorrida em 06 de maio de 2021, com a morte de 27 moradores, quase todos negros, e de um policial. São claros os indícios de execução extrajudicial de suspeitos durante aquela operação. Registros fotográficos do fatídico dia são de revirar o estômago até dos mais fortes: ruas e casas banhadas de sangue, paredes marcadas a tiro, corpos baleados e estirados em vielas. As cenas dos crimes foram desmanchadas pela polícia – como frequentemente acontece nessas operações com mortes de moradores.

Segundo Luiz Eduardo Soares, o massacre do Jacarezinho é o clímax "[d]a mais ostensiva tentativa de desmoralização do STF de que se tem notícia no país".[12] O desafio à autoridade da Suprema Corte, às custas de tantas vidas negras e pobres, está presente no próprio nome da operação: "Exceptis" – alusão irônica ao requisito da excepcionalidade para a realização de operações policiais durante a pandemia, imposto pelo STF. O tom de desafio ficou muito claro quando, em coletiva de imprensa seguida à chacina, representantes da Polícia Civil do Estado do Rio de Janeiro chegaram a responsabilizar o suposto "ativismo judicial" e a atuação das organizações de defesa dos direitos humanos pela morte do policial.[13]

Meses depois, o Ministro Alexandre de Moraes devolveu a vista. Em dezembro de 2021, o julgamento foi retomado, porém não finalizado, de modo que a população negra e pobre das comunidades fluminenses teve que esperar o fim do recesso judiciário para obter um pronunciamento do tribunal acerca de questões muito importantes para a sua sobrevivência. Havia o fundado receio de que, nesse ínterim, a curva de homicídios causados por agentes do Estado seguisse a sua tendência ascendente. Afinal, como denunciado pelo Arguente e pelos *amici curiae* nos autos da ADPF 635, a morte não tem recesso.

Em fevereiro de 2022, o recurso foi, enfim, analisado pelo Plenário do STF, que o julgou parcialmente procedente. Tal decisão pode ser considerada mais um passo

12. SOARES, Luiz Eduardo. Por que a resposta ao massacre do Jacarezinho é essencial? *Jornal GGN*, 09/05/2021. Disponível eletronicamente em: https://jornalggn.com.br/editoria/politica/por-que-a-resposta-ao-massacre-do-jacarezinho-e-essencial-por-luiz-eduardo-soares/.
13. Cf. NOGUEIRA, Italo e BARBON, Júlia. Após ação com 25 mortos, polícia do RJ diz que cumpriu regras do STF e critica ativismo. *Folha de São Paulo*, 06 de maio de 2021. Disponível eletronicamente em: https://www1.folha.uol.com.br/cotidiano/2021/05/apos-acao-com-25-mortos-policia-do-rj-diz-que-cumpriu-regras-do-stf-e-critica-ativismo.shtml.

importante do Tribunal rumo à construção de uma política de segurança pública condizente com os ditames da Constituição de 1988. Isso porque, embora a maioria da Corte tenha denegado pedidos muito relevantes – notadamente a publicização dos protocolos de atuação das forças de segurança e o reconhecimento da atribuição do Ministério Público Federal para investigar os atos de descumprimento das decisões do STF –, foram deferidas medidas cautelares centrais para a ADPF 635. Dentre elas, ressaltem-se a elaboração do plano de redução da letalidade policial pelo Estado do Rio de Janeiro; a instalação de sistemas de gravação de áudio e vídeo e de equipamentos de GPS nas viaturas e nas fardas dos policiais, com prioridade para os veículos e uniformes dos agentes empregados em operações realizadas em comunidades periféricas; e a presença obrigatória de ambulâncias em incursões. O STF ainda determinou a criação de um grupo de trabalho sobre Polícia Cidadã no Observatório de Direitos Humanos do Conselho Nacional de Justiça – CNJ.

Todavia, o governo fluminense insiste em não colaborar para a efetiva redução da letalidade policial no estado. No final de março de 2022, foi publicado o Decreto Estadual 47.802/2022, que contém a proposta do governador para o plano requerido – e chancelado – na ADPF 635. Ocorre que tal documento não passa de uma carta de intenções absolutamente genérica, que descumpre diversos requisitos procedimentais e materiais impostos pelo Supremo Tribunal Federal, além de deixar claro que, para o Estado do Rio de Janeiro, só interessa a proteção da vida de algumas pessoas.

De fato, o Decreto Estadual 47.802/2022 não foi precedido por consulta à sociedade civil, à DPERJ, ao MPERJ e ao Conselho Seccional da OAB/RJ, nem houve previsão de convocação de audiência pública para debater a proposta ou de participação da cidadania e dos órgãos mencionados no monitoramento do suposto plano, ao contrário do que determinara o STF. Ao contrário, o decreto deixa a supervisão do plano a cargo da Comissão de Monitoramento e Gestão, formada apenas por representantes do governo. Tampouco se fez referência à adoção de medidas para combater o racismo estrutural – tema central da ADPF – ou à necessidade de afastamento temporário, das funções de policiamento ostensivo, dos agentes de segurança envolvidos em mortes em operações policiais. Todas essas determinações, feitas pelo STF, foram solenemente ignoradas pelo governo fluminense.

Em última análise, o Decreto Estadual 47.802/2022 sequer pode ser chamado de plano. Trata-se, a rigor, de um apanhado de platitudes, que não contempla medidas específicas para a redução da letalidade policial, nem indica os cronogramas e os recursos financeiros necessários para tanto. Ademais, o ato normativo em questão se distancia dos pressupostos jurídico-filosóficos da ADPF 635, uma vez que, em seu art. 3º, *caput*, resta confessado o intuito do governo "de reduzir ao máximo a vitimização de inocentes", como se, no território do Estado do Rio de Janeiro, valesse a máxima inconstitucional segundo a qual "bandido bom é bandido morto".

Ninguém disse que a luta seria fácil. Mas é preciso continuar resistindo à barbárie.

3. CONSTITUIÇÃO, DIREITOS FUNDAMENTAIS, IGUALDADE E SEGURANÇA PÚBLICA

A Constituição de 1988 representa o coroamento do processo de transição do regime autoritário em direção à democracia. Apesar da presença na arena constituinte das forças que deram sustentação à ditadura militar, foi possível promulgar um texto que tem como marcas distintivas o profundo compromisso com os direitos fundamentais e com a democracia. Infelizmente, esse projeto – hoje gravemente ameaçado por um governo de inclinações profundamente autoritárias – nunca alcançou, na prática, a segurança pública nas favelas.

É verdade que o dispositivo da Constituição que trata diretamente da segurança pública – o artigo 144 – deixa muito a desejar. Nessa matéria, a Constituição manteve um desenho institucional absolutamente inadequado, herdado do regime militar, que separa a atividade de investigação de crimes, atribuída à Polícia Civil e à Polícia Federal, da atividade de policiamento ostensivo, de competência da Polícia Militar. Essa militarização da atividade de policiamento contribui para a preservação de uma compreensão bélica das atividades de segurança pública, legada pelo autoritarismo, e que ainda impregna a cultura dessas corporações. Mantém-se, assim, a visão autoritária e discriminatória – francamente contrária ao espírito da Constituição –, segundo a qual o papel da polícia seria de combater inimigos internos – os "bandidos" –, e para a qual as favelas são "territórios hostis",[14] em que vale tudo.

Tal divisão de funções é perniciosa também por outra razão importante: legalmente impedida de investigar crimes, a Polícia Militar, para mostrar produtividade, precisa prender em flagrante. Com isso, o seu foco se volta aos crimes que podem ser mais facilmente detectados enquanto estão sendo praticados, como o pequeno comércio de drogas ilícitas e os delitos patrimoniais cometidos em vias públicas. Desse modo, os alvos da ação policial tornam-se, "naturalmente", os jovens pobres e negros. O preconceito os transforma em suspeitos por excelência. Em suma, uma arquitetura institucional inadequada contribuiu para a criminalização da pobreza e para a reprodução do racismo.[15]

Contudo, a incidência da Constituição sobre as atividades de segurança pública não se esgota no artigo 144 da Carta de 88. Os direitos fundamentais devem limitar e balizar todas as atividades do Estado, porque são o horizonte de sentido da Constituição, e o centro de gravidade da ordem jurídica democrática. Assim, tais direitos também são aplicáveis no campo da segurança pública, tema tão sensível e central para a vida da população, e que envolve diretamente uma das funções mais importantes do constitucionalismo: proteger as pessoas da violência, inclusive da violência estatal. A incidência dos direitos fundamentais deve ressignificar a segurança pública no Brasil, afastando-a

14. Veja-se, a propósito, SOUZA NETO, Cláudio Pereira de. A Segurança Pública na Constituição Federal de 1988: conceituação constitucionalmente adequada, competências federativas e órgãos de execução das políticas. *Constitucionalismo Democrático e Governo das Razões.* Rio de Janeiro: Lumen Juris, 2011, p. 273-319.
15. Cf. SOARES, Luiz Eduardo. Por que tem sido tão difícil mudar as polícias? *Desmilitarizar*: segurança pública e direitos humanos. São Paulo: Boitempo, 2019, p. 39-52.

de modelos bélicos para aproximá-la da ideia de um serviço público, que tem de ser prestado de forma universal e igualitária, com respeito à dignidade humana de todas as pessoas, notadamente dos grupos socialmente marginalizados.

Por um lado, a própria segurança pública é um direito fundamental, consagrado nos artigos 5º e 6º, *caput*, da Constituição. As pessoas têm o direito de que o Estado as proteja diante de ameaças e ataques à sua vida, à sua dignidade, à sua liberdade e ao seu patrimônio. Essa, aliás, é talvez a mais clássica função do Estado – inclusive uma das justificativas invocadas para a sua existência pelos filósofos contratualistas do Iluminismo. O direito à segurança pública tem de ser garantido a todos, sem discriminações. Por outro lado, essas atividades estão limitadas por outros direitos fundamentais que a Constituição também assegura, como o direito à vida, à liberdade de ir e vir, à inviolabilidade do domicílio, à integridade corporal, entre tantos outros. O Estado, quando exerce atividades de segurança pública, não pode jamais violar esses direitos. O fim não justifica os meios.

Aqui, trataremos brevemente de um desses limites, que deve condicionar todas as atividades de segurança pública, e que está diretamente em jogo na ADPF das Favelas: a igualdade.

A Constituição de 1988 tem compromisso fundamental com a igualdade, que é consagrada como direito fundamental (artigo 5º, *caput* e inciso I). Além disso, a sua promoção figura, com absoluto destaque, na lista dos "objetivos fundamentais da República" (artigo 3º). Essa ênfase não foi excessiva. Na verdade, ela se justifica diante da constatação de que a principal característica do Brasil, que se deseja superar, é a brutal desigualdade. Trata-se da nossa maior ferida civilizacional.

A desigualdade brasileira não é apenas econômica, ligada à concentração de renda e de riqueza – que, entre nós, atinge níveis absurdos e inaceitáveis. Cuida-se de desigualdade multidimensional, que se manifesta em vários outros planos, como na submissão desigual à violência estatal e social, no acesso assimétrico a direitos e a serviços públicos adequados, na sub-representação política e na desvalorização e no desrespeito às diferenças identitárias. Esses padrões desigualitários são antigos e estão profundamente enraizados em nossa cultura e economia. Eles têm relação com o passado escravocrata do país – o último a abolir a escravidão no Ocidente –, e com a nossa dificuldade em superar uma compreensão hierárquica e estamental das relações sociais, em que direitos e deveres são concebidos não em bases universalistas, mas a partir da posição ocupada por cada indivíduo na estrutura social, em que importa a classe, mas também outros marcadores, como a raça, o gênero e a orientação sexual. A efetividade do direito à igualdade depende da internalização da ideia de igualdade no agir cotidiano das pessoas, das autoridades e das instituições. Falhas graves nesse processo sabotam de modo sistemático o acesso igualitário a direitos no Brasil, em especial no campo da segurança pública.

O racismo estrutural e institucional que marca o país tem, na segurança pública, a sua expressão mais hedionda.[16] São quase sempre negras as vítimas da violência policial,

16. Cf. Sílvio Almeida. *Racismo estrutural*. São Paulo: Sueli Carneiro; Pólem, 2019, p. 116-127.

negros os corpos atingidos por balas perdidas, negras as pessoas encarceradas pela falida política de "guerra às drogas". São de pessoas negras e pobres as residências em que nunca se respeita a inviolabilidade do domicílio. É em territórios negros e pobres – nas favelas – que as polícias fazem operações tão violentas e letais, sem cuidados mínimos com a vida e com a segurança da população. São áreas em que vige uma espécie de estado de exceção permanente, no qual a Constituição e os direitos fundamentais não valem de verdade.

Em texto seminal sobre a desigualdade e o estado de direito no Brasil,[17] Oscar Vilhena Vieira sustenta que a desigualdade extrema vivenciada no país compromete a vigência do estado de direito entre nós. O autor afirma que convivem na sociedade brasileira três fenômenos conexos: a *invisibilidade* da violação de direitos de grupos sociais subalternizados; a *demonização* de pessoas que desafiam o sistema; e a *imunidade* de elites e de autoridades, cujas ações são colocadas acima da lei. Tais categorias cabem como luva à atuação das forças de segurança pública em favelas e comunidades pobres.

Com efeito, existe a *invisibilidade* dos moradores dessas áreas – pobres, em geral negros. Os seus direitos valem muito pouco e, quando são violados – o que ocorre com frequência –, não desencadeiam reação proporcional da sociedade e das instituições do sistema de justiça. A perda de vidas por balas perdidas em operações policiais, por exemplo, que causaria grave comoção social se vitimasse pessoas da elite branca em bairros de classe média ou alta, quase não provoca reações: já foi naturalizada. Há a *demonização* de suspeitos: "bandido bom é bandido morto", diz o conhecido e infame ditado. A violência letal contra eles – também quase sempre pessoas pobres e negras – é até comemorada por autoridades e por amplos setores da sociedade. Como se nossa ordem jurídica autorizasse a pena de morte, aplicada pela polícia e sem o devido processo legal. E também se verifica a *imunidade* das autoridades que violam os direitos fundamentais dos invisíveis e dos demonizados. O direito simplesmente não as alcança e elas nunca são punidas. Não há investigação adequada, o Ministério Público se omite no controle da polícia e não denuncia os crimes praticados, e o Judiciário respalda a impunidade. Com isso, alimenta-se o círculo vicioso, em que a impunidade contribui para a perpetuação da violação de direitos fundamentais de amplos setores da população.

É fundamental se insurgir contra esse estado de coisas, francamente incompatível com o regime democrático. A ADPF das Favelas é uma tentativa de romper com ele, fazendo com que a Constituição finalmente penetre nesses bolsões de estado de exceção.

4. O PAPEL DO STF NA PROTEÇÃO DE GRUPOS MARGINALIZADOS

Juízes constitucionais não são eleitos, e por vezes proferem decisões que interferem nas políticas públicas e nas decisões de instâncias governamentais do Executivo ou do Legislativo. Muitas vezes, essas intervenções judiciais suscitam críticas em relação à sua

17. Oscar Vilhena Vieira. A desigualdade e a subversão do Estado de Direito. In: Daniel Sarmento, Daniela Ikawa e Flávia Piovesan (Org.). *Igualdade, diferença e direitos humanos*. Rio de Janeiro: Lumen Juris, 2008, p. 191-216.

incompatibilidade com a separação de poderes ou com a democracia, quase sempre vocalizadas por quem discorda do seu conteúdo. Com frequência, apela-se ao rótulo fácil e vago do "ativismo judicial" para desqualificá-las.[18] Essa é uma discussão global, que chegou mais fortemente ao Brasil nas últimas décadas, em razão, sobretudo, da adoção de postura mais proativa pelo STF no exercício da jurisdição constitucional. Como esse tema veio à baila na ADPF das Favelas, é importante dedicar algumas linhas a ele.

É lugar-comum, na teoria constitucional, a afirmação de que o papel central de tribunais constitucionais, como o STF, é a proteção de direitos fundamentais, cuja garantia não pode depender apenas da vontade dos poderes políticos. O caráter constitucional dos direitos visa, exatamente, a colocá-los acima do alcance dos governantes e das instâncias políticas. Por isso, provê-se o Judiciário de mecanismos para protegê-los diante de ações arbitrárias ou de omissões estatais que os prejudiquem. Evidentemente, essa ideia se aplica a direitos elementares como a vida, a integridade física, a igualdade e a educação de crianças e adolescentes, que estão diretamente em jogo na ADPF das Favelas.

Essa atuação jurisdicional torna-se ainda mais importante quando se encontram em xeque os direitos de grupos vulneráveis – por vezes rotulados de direitos das minorias. A ideia é que a garantia dos direitos básicos das minorias não pode depender da vontade das maiorias sociais: seria como botar a raposa para tomar conta do galinheiro. Como não se submetem às eleições, e são protegidos por garantias que asseguram a sua independência, os juízes constitucionais possuem condições de melhor proteger os direitos de minorias diante do abuso ou do descaso das maiorias. Daí se fala da *atuação contramajoritária* dos tribunais constitucionais.

Para a utilização do conceito de proteção de minorias no âmbito da segurança pública, é fundamental dissociá-lo de qualquer conotação meramente quantitativa.[19] Afinal, negros e pobres constituem a maioria da população do país. Não há problema no emprego da categoria, desde que se esclareça que o conceito de minoria diz respeito às relações de poder presentes na sociedade. Nessa ótica, minorias são grupos não hegemônicos, que se encontram em situação de opressão ou de maior vulnerabilidade no âmbito das relações sociais, mesmo quando correspondam à maior parte da população. Esses grupos têm, em geral, menor acesso às instâncias de poder estatal. São vítimas de preconceito, enfrentam muitas barreiras econômicas e culturais, e as suas vozes costumam ser abafadas ou desprezadas na esfera política. Por isso, mesmo em democracias formais, com sufrágio universal assegurado, os seus interesses são comumente ignorados no processo político majoritário, e os seus direitos atropelados pelas agências de poder estatal. Não há dúvida de que isso ocorre com a população das favelas fluminenses.

18. O tema do ativismo judicial e seus limites é objeto de vastíssima bibliografia. Vejam-se, e.g., SARMENTO, Daniel e SOUZA NETO, Cláudio Pereira de. Controle de constitucionalidade e democracia: algumas teorias e parâmetros de ativismo. In: SARMENTO, Daniel (Org.). *Jurisdição Constitucional e Política*. Rio de Janeiro: Forense, 2015, p. 73-114; e CAMPOS, Carlos Alexandre de Azevedo. *Dimensões do Ativismo Judicial no STF.* Rio de Janeiro: Forense, 2014.
19. Cf. CAPPECHI, Daniel. *Minorias no Supremo Tribunal Federal:* entre a impermeabilidade constitucional e os diálogos com a cidadania. Rio de Janeiro: Lumen Juris, 2017, p. 21-30.

Uma das funções mais importantes da jurisdição constitucional é a proteção dos direitos dos grupos estigmatizados. Essa foi uma das apostas da Constituição de 1988, quando fortaleceu o sistema de direitos fundamentais, notadamente de grupos vulneráveis, e ampliou os mecanismos de jurisdição constitucional, bem como o acesso ao STF. Por isso, a proteção, pela jurisdição constitucional, dos direitos fundamentais da população das favelas, mais que compatível, é uma exigência incontornável da Carta de 88. Ademais, nada tem de antidemocrática, pois não existe verdadeira democracia quando grupos sociais marginalizados estão submetidos a verdadeiro estado de exceção, com violações graves e sistemáticas aos seus direitos mais básicos.

Não pretendemos, com esse discurso, sugerir que juízes constitucionais atuem sempre de modo virtuoso, em favor dos direitos dos grupos vulneráveis. Essa seria uma idealização inocente, já que os magistrados são recrutados dentro da elite socioeconômica do país, e costumam estar impregnados pelos valores dessa mesma elite. Muitas vezes, são valores excludentes, que reproduzem hierarquias e preconceitos presentes na cultura brasileira. A socialização profissional no âmbito jurídico não elimina esse problema, pelo contrário. À revelia da Constituição, o *ethos* desigualitário também impera no campo do direito, com nuances próprias. Ademais, atores sociais poderosos têm, na prática, maior acesso às instâncias de poder estatal – e o STF não é exceção a essa regra. Não espanta, portanto, que a concretização dos direitos de grupos marginalizados na nossa Suprema Corte fique muitas vezes bastante aquém das potencialidades constitucionais.

No entanto, essas falhas não significam que o caminho da proteção desses direitos pela via da jurisdição constitucional deva ser abandonado. Significa, isto sim, que não se deve alimentar visão romântica ou messiânica sobre as suas potencialidades. Contudo, há situações em que esse caminho é o que resta, e ele deve ser trilhado. Este é o caso da ADPF das Favelas, que constitui um verdadeiro teste sobre a capacidade do STF de proteger direitos fundamentais de grupos estigmatizados.

Fundamental é que, nessa batalha judicial, as próprias vítimas das violações de direito tenham voz, e que o STF saiba escutá-las. Direitos não são dádivas de elites esclarecidas ou das instituições estatais. Não resultam da grandeza ou da sabedoria de juízes constitucionais iluministas. Direitos são conquistas que resultam de lutas sociais. Com a população negra e favelada do Estado do Rio de Janeiro, não será diferente.

5. O LITÍGIO ESTRUTURAL COMO MECANISMO DE PROMOÇÃO DE DIREITOS HUMANOS

A ADPF das Favelas corresponde a um *litígio estrutural*.[20] Litígios ou processos estruturais são ações que se voltam ao equacionamento de questões altamente com-

---

20. Há crescente literatura sobre litígios estruturais no Brasil. Vejam-se, e.g., PORFIRO, Camila Almeida. *Litígios estruturais*: legitimidade democrática, procedimento e efetividade. Rio de Janeiro: Lumen Juris, 2019; CAMPOS, Carlos Alexandre de Azevedo. *estado de coisas inconstitucional*. Rio de Janeiro: Lumen Juris, 2016; e DANTAS, Eduardo Souza. *Ações estruturais e o estado de coisas inconstitucional*: a tutela dos direitos fundamentais em casos de graves violações pelo Poder Público. Curitiba: Juruá Editora, 2019.

plexas, ligadas, via de regra, a violações graves e sistemáticas de direitos fundamentais, decorrentes de ações e omissões prolongadas de diversas instituições estatais.

O equacionamento dessas violações envolve a adoção de remédios judiciais também muito complexos. Não basta, por exemplo, a invalidação de uma norma jurídica ou de um ato estatal específico. Pelo contrário, são necessárias reformas profundas no funcionamento de políticas públicas e de instituições estatais. Isso exige a adoção de provimentos judiciais mais abertos e flexíveis, a necessidade de monitoramento das decisões depois do julgamento – para que elas sejam efetivamente cumpridas e produzam resultados –, e a abertura para inovações durante o processo, diante de mudanças na realidade que tendem a ocorrer com o passar do tempo.

Nos Estados Unidos, há uma tradição de litígios estruturais, inaugurada com ações que visavam a promover a dessegregação racial nas escolas, depois que a Suprema Corte do país invalidou a prática.[21] Embora esse tipo de remédio judicial seja empregado em muitos países e também na jurisdição internacional de direitos humanos, os litígios estruturais se tornaram uma marca do chamado *constitucionalismo do sul global*.[22] Tais processos são muito utilizados em países como Índia, África do Sul e Colômbia para enfrentar violações graves e sistemáticas de direitos fundamentais.

Além dos seus efeitos materiais – ligados à efetiva garantia dos direitos em discussão –, os litígios estruturais, quando bem-sucedidos, também produzem efeitos simbólicos relevantes.[23] São remédios judiciais que podem dar maior visibilidade aos problemas enfrentados, alterar a percepção coletiva e o imaginário social sobre tais questões, e ainda empoderar as vítimas e os atores envolvidos.

Um dos problemas do litígio estrutural diz respeito à capacidade efetiva do Poder Judiciário de resolver – ou de, pelo menos, minorar – os problemas sociais altamente complexos que lhe são apresentados. Muitas vezes, falta até *expertise* ao Judiciário para equacioná-los, pois os temas transcendem em muito os conhecimentos que juízes normalmente possuem, ligados ao universo jurídico. Daí a tendência ao emprego de técnicas dialógicas, como a ordem de elaboração de planos para a resolução de determinados problemas. Essa técnica tem ainda a vantagem de apelar para a cooperação entre poderes, e de preservar margens decisórias para o próprio governo, o que reduz as tensões entre a tutela de direitos e o princípio da separação de poderes.

A experiência tem mostrado que duas exigências são centrais para a efetividade dos litígios estruturais, notadamente no que se refere à técnica dos planos: (i) é preciso que haja aprovação judicial e subsequente monitoramento do plano, para que ele contemple

21. Vejam-se FISS, Owen. Foreword: The Forms of Justice. *Harvard Law Review*, v. 93, n. 01, p. 1-58, nov. 1979; e CHAYES, Abram. The Role of the Judge in Public Law Litigation. *Harvard Law Review*, v. 89, n. 07, p. 1281-1316, maio 1976.
22. Cf. MALDONADO, Daniel Bonilla (Ed.). *Constitutionalism of the Global South*: the activist tribunals of India, South Africa and Colombia. New York: Cambridge University Press, 2013.
23. Cf. GARAVITO, Cezar Rodrigues e RODRIGUES, Diana. *Cortes y Cambio Social:* como la Corte Constitucional transformó el desplazamiento forzado en Colombia. Bogotá: Centro de Estudios de Derecho, Justicia y Sociedad, 2010.

as medidas necessárias e não se torne uma mera carta de intenções;[24] e (ii) é essencial envolver a sociedade civil – notadamente as vítimas das violações de direitos em discussão – nas fases de elaboração, de aprovação e de monitoramento dos planos.[25] Essa última exigência é requisito não apenas da legitimidade política do plano, mas também da sua eficácia concreta.

Na ADPF das Favelas, um dos pedidos principais – senão o principal – é exatamente a elaboração de plano para redução da letalidade policial e controle de violações de direitos humanos pelas forças de segurança do Rio, com especial foco no combate ao racismo estrutural. Aliás, esse foco na questão racial é uma das diferenças entre o que se postula na ação e a decisão da Corte Interamericana no *Caso Favela Brasília v. Brasil*, já que o tema do racismo estrutural ficou inexplicavelmente de fora da sentença daquele tribunal. No pedido formulado na ADPF, incluiu-se a aprovação e o monitoramento do plano pelo STF, bem como a participação da sociedade civil e de entidades independentes na sua formulação e no subsequente controle do seu cumprimento. Como já foi dito, depois da recusa inicial em conceder esse pedido, o Ministro Edson Fachin votou atrás para acolhê-lo, o que foi ratificado pelo Plenário do Supremo Tribunal Federal.

Evidentemente, a elaboração e o monitoramento do plano levantarão novos problemas. Nossa experiência prática nessa matéria – especialmente na ADPF 709, que trata da violação de direitos dos povos indígenas na pandemia do coronavírus – tem evidenciado as dificuldades na formulação e na implementação de planos por governo abertamente contrário aos direitos fundamentais em disputa. E tem confirmado também que, sem a participação da sociedade e das vítimas ou o monitoramento atento do STF, os planos, além de inadequados, não são efetivamente cumpridos. Dificilmente essa fase será fácil na ADPF das Favelas, como bem comprova a edição do Decreto Estadual 47.802/2022, que, conforme já visto, é absolutamente genérico na formulação de medidas para a redução da letalidade policial, viola requisitos de participação popular e institucional na elaboração e no monitoramento do plano, e não prevê garantias de implementação prática da proposta, tais como a fixação de prazos e a previsão de gastos.

6. CONCLUSÃO

Robert Cover, em texto clássico do direito, dizia que "a interpretação jurídica tem lugar em um campo de dor e morte".[26] Poucas vezes essa afirmação foi tão pertinente como na ADPF das Favelas. A ação não gira em torno de um debate abstrato, que contraponha teses jurídicas antagônicas. Em jogo estão a vida, a dignidade e o sofrimento

24. Cf., e.g., CAMPOS, Carlos Alexandre de Azevedo. *Estado de coisas inconstitucional.* Op. cit., p. 208-210.
25. Cf., e.g., SERAFIM, Matheus Casimiro Gomes. *Compromisso significativo:* contribuições sul-africanas para os processos estruturais no Brasil. Dissertação de mestrado em direito apresentada perante a Universidade Federal do Ceará, 2021, p. 99-140.
26. No original, "legal interpretation takes place in a field of death and pain" (COVER, Robert. Violence and the Word. *Yale Law Journal*, v. 95, p. 1601, 1986).

de amplas parcelas da população fluminense, massacradas por políticas públicas autoritárias e racistas. Em jogo está a noção elementar de que, no Brasil, as polícias não têm carta branca para matar pobres e negros.

A ADPF das Favelas é uma construção coletiva, que envolve diretamente a própria população favelada do Estado do Rio de Janeiro, vítima de bárbara e sistemática violência policial. Esses grupos e seus parceiros nessa luta esperam que a Suprema Corte do país reconheça que vida negras importam. E que o faça não apenas no plano retórico, mas que adote as medidas necessárias para assegurar que a democracia e o estado de direito, depois de tanto atraso, finalmente possam chegar às favelas.

FIM DOS DIREITOS HUMANOS: FIM DA TORTURA

Fábio Amado

Coordenador do Núcleo de Defesa dos Direitos Humanos da DPRJ. Membro do Comitê Gestor da Política Nacional de Busca de Pessoas Desaparecidas. Mestre pela UERJ – fabio.barretto@defensoria.rj.def.br.

Sumário: 1. A dinâmica excludente e estigmatizante da realidade brasileira – 2. A prática sistemática da tortura – 3. A vítima de tortura, tratamento cruel, desumano ou degradante e a perspectiva do sujeito da injustiça – 4. Conclusões e propostas.

"Eu já perdendo muito sangue, eles davam pontapé na cabeça, minha boca sangrava muito. Até hoje (...) só durmo com remédio." (C.L.S.)

Em agosto de 2018, diversos agentes de segurança ingressaram numa determinada comunidade carioca, lugar paupérrimo como tantas outras favelas que pululam no território fluminense em função da injustiça social estruturante do Estado, e prenderam dezenas de pessoas sob a infundada acusação de que todos seriam integrantes da organização criminosa da localidade. C.L.S., que era entregador de pizzas e havia acabado de sair da casa de sua namorada, ao perceber que disparos estavam sendo efetuados na localidade, buscou abrigo, mas acabou atingido por projétil de arma de fogo na região lombar direita. E, para agravar, foi preso.

1. A DINÂMICA EXCLUDENTE E ESTIGMATIZANTE DA REALIDADE BRASILEIRA

Após a sua captura indevida, C.L.S. foi levado para prestar depoimento e, em sintonia com os relatos dos outros conduzidos, narrou atos graves de tortura praticados pelos agentes do Estado, como o uso de spray de pimenta no rosto, choques com *tasers*, madeiradas nas costas, disparos de balas de borracha (elastômero) a curta distância, socos e pontapés em indivíduos algemados e deitados ao chão e até ameaças de sodomização.

Na audiência de custódia, defensores públicos, após entrevistarem esses réus, fotografaram as múltiplas lesões ainda evidentes e demais vestígios aparentes e solicitaram à juíza que, além da concessão de liberdade, expedisse ofício ao órgão com atribuição para apurar as graves violações de direitos descritas.[1] A decisão então exarada firmou

1. Seu laudo de exame de integridade física, realizado três dias após as agressões, apontou "escoriações em face (à esquerda), cotovelo esquerdo e direito, lombar esquerda, face anterior das pernas direita e esquerda e joelhos. Presença de curativo com crepom (faixa envolvendo a região lombar que não foi retirada por contraindicação) e relata ferida por PAF (projetil de arma de fogo) à direita da lombar" e confirmou possível nexo causal e temporal com o evento alegado.

com assertividade ser a conduta dos militares "totalmente reprovável e absurda, devendo ser investigados e punidos, caso haja comprovação do abuso de poder".[2]

C.L.S., assim como outros jovens, foi denunciado pela suposta prática dos crimes de tráfico, associação ao tráfico, porte de armas e corrupção de menores. No curso do processo criminal, apesar do medo de retaliação e de sofrer represálias dentro do sistema prisional, ele manteve corajosamente a sua narrativa e descreveu reiteradamente o tratamento cruel e desumano dispensado pelos servidores públicos que efetuaram sua prisão. O mero relato do acusado, todavia, certamente não seria suficiente para fazer soçobrar a tortuosa acusação lançada de forma genérica, apesar da ausência de lastro probatório mínimo, o que impulsionou a adoção de medida inédita pela defesa técnica.

Pela primeira vez no Brasil, a partir de parceria entre a Defensoria Pública do Estado do Rio de Janeiro, a Open Society Justice Initiative e o International Bar Association's Human Rights Institute, foi realizada uma perícia oficial num processo criminal, por agentes do estado, à luz do Protocolo de Istambul.[3] Com a vinda de experts internacionais, que capacitaram os peritos do Instituto Médico-Legal do Rio de Janeiro, foram confeccionados os laudos dos exames de corpo de delito nos quais se atestou a alta compatibilidade entre as versões apresentadas pelos examinados e as lesões identificadas.

A conclusão dos peritos sobre a alta verossimilhança dos relatos e a elevada consistência do conjunto amealhado foi central para a absolvição de C.L.S. e dos demais acusados. Ao fim do processo criminal na primeira instância, a Magistrada assim lançou em sua sentença:

> A dúvida que toma conta desta Julgadora tem lastro na constatação realizada já em audiência de custódia. Já naquele momento a Nobre Julgadora se deparara com presos lesionados e que afirmavam terem sido torturados. Não é só. Os laudos oficiais, realizados por Peritos Legistas, Agentes Públicos do Estado do Rio de Janeiro, com assento no Departamento Geral de Polícia Técnica-Científica, do Instituto Médico Legal, em observância do Protocolo de Istambul corroboram as palavras dos réus. Diante de tal quadra como dar crédito aos seus captores?

Em sede recursal, ao analisar o recurso da Acusação, a Câmara Criminal do Tribunal de Justiça manteve a absolvição e destacou a mácula dos depoimentos prestados, já que "uma vez sobre si pairando acusação de prática do hediondo crime de tortura, deles não se pode – e nem se deve – exigir um relato isento do que realmente aconteceu no dia dos fatos".[4]

---

2. Os nomes e número do processo não serão indicados para resguardar a privacidade e a segurança dessas vítimas de tortura.
3. Esse documento é, em apertada síntese, um guia com parâmetros internacionais para a investigação, documentação e comprovação eficaz da tortura.
4. Essa importante vitória a partir de uma atuação inovadora da Defensoria Pública do Rio de Janeiro em parceria com organizações internacionais, no entanto, não colocou termo a todas as agruras impostas pelo Estado em função daquele incidente. Apesar de absolvidos pela Justiça Estadual, em razão dos fatos ocorridos naquela data, foram denunciados por suposta tentativa de homicídio na Justiça Militar e esse processo encontra-se ainda em sua fase inicial.

Exatamente como se deu no caso descrito, como regra no Brasil, os códigos de raça, classe, sexualidade e gênero influem sobremaneira no gozo de direitos fundamentais. Alguns grupos em situação de vulnerabilidade, subalternizados historicamente, são submetidos diariamente a um grau tão elevado de exposição e risco que a sua potência tende a se fragilizar e a sua capacidade emancipatória chega a se turvar. A sistemática violência perpetrada pela cultura dominante e principalmente pelo Estado busca minar a resistência instituinte dos excluídos que lutam em terreno árido contra o necropoder.

Achille Mbembe, em passagem que se ajusta perfeitamente à gramática do sistema penal brasileiro, afirma que:

> as novas tecnologias de destruição estão menos preocupadas com a inscrição de corpos em aparatos disciplinares do que em inscrevê-los, no momento oportuno, na ordem da economia máxima, agora representada pelo massacre.[5]

As agressões recorrentes nos espaços de detenção e os tratamentos desumanos e degradantes impostos aos que se encontram nas favelas, subúrbios e periferias, não quantificados nos escaninhos burocráticos dos órgãos de repressão e controle, revelam a subjetivação dos padrões de indignidade,[6] as formas de vida sem valor e, por consequência, aqueles passíveis de eliminação num estado de barbárie penal legitimado pela criminologia midiática.[7]

Na biopolítica, os direitos humanos convivem confortavelmente com os dispositivos de polícia e práticas de exceção.[8] O decantado discurso da segurança que dissemina o medo coletivo e criminaliza a pobreza serve como instrumento de captação de votos a projetos populistas e extremistas e impulsiona a expansão do viés punitivista da justiça criminal, além de legitimar o caráter destrutivo da biopolítica, na medida em que sustenta a lógica da sanção rigorosa e exemplar a qualquer pessoa considerada suspeita.

2. A PRÁTICA SISTEMÁTICA DA TORTURA

Embora configure prática proscrita no Brasil, em decorrência de comando constitucional[9] e internacional, a tortura, dentre inúmeras formas de ataque a direitos humanos, tornou-se prática generalizada a retroalimentar as violações sistêmicas e a reforçar a subjetivação dos indignos, com a consequente legitimação da gestão social violenta direcionada às camadas empobrecidas.

É certo que a consagrada Declaração Universal dos Direitos Humanos de 1948, em seu artigo 5º, dispõe que "ninguém será submetido a tortura, nem a penas ou tratamentos

5. *Necropolítica*. São Paulo: n-1 edições, 2018, p. 59.
6. AGAMBEN, Giorgio. *Homo Sacer*: o poder soberano e a vida nua. Belo Horizonte: UFMG, 2004.
7. Para melhor compreensão desse fenômeno de legitimação, conferir CUNHA, José Ricardo (Org.). *Investigando convicções morais*: o que pensa a população do Rio de Janeiro sobre os direitos humanos. Rio de Janeiro: Gramma, 2015.
8. v. MENDES, Alexandre. CAVA, Bruno. *A vida dos direitos* – violência e modernidade em Foucault e Agamben. Rio de Janeiro: NPL/AGON Grupo de Estudos, 2008.
9. Art. 5º, inciso III.

cruéis, desumanos ou degradantes" e o Pacto Internacional de Direitos Civis e Políticos de 1966 reza o mesmo em seu artigo 7º.

Já em 1975, a Comunidade Internacional traçava as primeiras linhas específicas sobre o tema com a Declaração sobre a Proteção de Todas as Pessoas contra a Tortura e Outros Tratamentos ou Penas Cruéis, Desumanos ou Degradantes. Na sequência, a Convenção Internacional contra a Tortura e Outros Tratamentos ou Penas Cruéis, Desumanos ou Degradantes de 1984 e o Protocolo Facultativo à Convenção estabeleceram, de modo orgânico, garantias e mecanismos para prevenir e combater essa prática odiosa.

Em âmbito regional, a Convenção Americana de 1969, pilar do Sistema Interamericano de proteção aos direitos humanos, seguiu a mesma trilha para firmar que "toda pessoa privada da liberdade deve ser tratada com o respeito devido à dignidade inerente ao ser humano." Nessa toada, adveio a Convenção Interamericana para Prevenir e Punir a Tortura em 1985.

O Brasil ratificou, portanto, inúmeras Convenções e assumiu o dever de garantir que ninguém, em hipótese alguma,[10] possa ser submetido a tortura ou a outros tratamentos cruéis, desumanos ou degradantes

A responsabilidade do Estado em combater, prevenir e reprimir a prática da tortura importa fixar limites à atuação de seus servidores e ao próprio poder estatal, a fim de conter o arbítrio e os excessos no exercício de suas funções. Do mesmo modo, demanda o oferecimento de treinamento e capacitação adequados e frequentes aos funcionários públicos responsáveis pelas detenções e custódia de pessoas privadas de liberdade.

Para a consecução de tal desiderato é imperioso que o Estado se estruture internamente e direcione as políticas públicas para a plena observância e salvaguarda de garantias fundamentais. A Lei 12847/13 edificou o Sistema Nacional de Prevenção e Combate à Tortura, composto pelo Comitê Nacional de Prevenção e Combate à Tortura, pelo Mecanismo Nacional de Prevenção e Combate à Tortura, pelo Conselho Nacional de Política Criminal e Penitenciária e pelo Departamento Penitenciário Nacional, órgão do Ministério da Justiça responsável pelo sistema penitenciário nacional. O rigoroso respeito à dicção das regras acima, firmemente estruturadas num sistema de prevenção e combate a essa prática odiosa, reverencia os valores máximos da Nação e assegura o livre exercício de direitos humanos. Todavia, interferências de cunho político desmantelaram a capacidade atual desse sistema que se revela débil e desnutrido para fazer frente às múltiplas violações praticadas diariamente pelo território nacional.

A par da adoção de medidas para prevenir as violações, o manejo de providências para combater eventuais condutas desviantes compreende posição inafastável que abarca desde o dever de investigar e punir os responsáveis pela tortura até a estipulação de indenizações para as vítimas. Inquestionavelmente, o Estado possui os deveres jurídicos de

10. Mesmo em estado de guerra, de sítio ou de emergência.

prevenir, investigar seriamente, de modo imparcial e com presteza, com todos os meios ao seu alcance, identificar os responsáveis e impor as sanções adequadas, bem como assegurar à vítima reparação integral. Para evitar os efeitos processuais e penais nefastos passíveis de serem produzidos com base em depoimentos hauridos mediante violência, é terminantemente vedada aos agentes estatais de todos os poderes a utilização como prova de qualquer declaração que tenha sido obtida sob o efeito da tortura ou qualquer outro tratamento cruel, desumano ou degradante.

O modelo autoritário e ditatorial, que dentre outras mazelas se notabiliza pelo desprezo à vida e aos direitos do indivíduo, definitivamente não se sustenta num Estado que se quer Democrático de Direito. O primado do respeito aos direitos humanos, diante da insubmissão à estrita proibição da prática de tortura, potencializa a magnitude da reação necessária contra essa quebra no paradigma legitimador da atuação do Estado, que deve ser de absoluto repúdio e rejeição.

3. A VÍTIMA DE TORTURA, TRATAMENTO CRUEL, DESUMANO OU DEGRADANTE E A PERSPECTIVA DO SUJEITO DA INJUSTIÇA

Como regra, o sistema judicial destina à vítima da injustiça um lugar secundário, destituído de faculdades, sobretudo se estiver privada de liberdade. Ela não participa de atos decisórios, não é ouvida de forma empática e, frequentemente, é rotulada e estigmatizada pelos atores da cena judicial.

Em princípio, os sujeitos vitimados possuem direito a uma investigação eficaz que leve à identificação dos responsáveis pela violação dos seus direitos e à reparação do dano, de maneira integral e adequada. Diante de injustiças perpetradas, a assistência às vítimas dessas violações compreende uma ampla gama de medidas possíveis, desde a restituição, a reabilitação, a compensação e a satisfação, até a garantia de não repetição, variando de acordo com a magnitude e gravidade do fato lesivo e suas consequências.

No entanto, sua perspectiva é usualmente desconsiderada, sua humanidade é rebaixada, sua capacidade é ignorada e sua voz é abafada.

Sob uma perspectiva crítica, a realização do direito dá-se no espaço de luta contínua e tem em mira a autonomia dos indivíduos e a emancipação da sociedade. Apesar das indisfarçáveis limitações do direito, e particularmente dos direitos humanos, ainda restam espaços para a mobilização contra variados tipos de opressão e exclusão, máxime a partir de práticas ousadas inovadoras e do potencial insurgente do sujeito da injustiça social.

No embate duro e constante pela conquista e ampliação de direitos, os poderes e as instituições públicas são (e devem ser) firmemente questionados. Não se pode negligenciar que as instituições públicas nacionais foram forjadas nas relações de poder e assimetrias fundantes do Estado. O genocídio da população indígena, a escravidão negra, o colonialismo e a ditadura civil-militar, com seus respectivos legados, permeiam o tecido conjuntivo e constitutivo da máquina pública. A tortura encontra suas raízes e chancela social nessas páginas infelizes da história brasileira.

Diante da fragilidade humana, cumpre ao Sistema de Justiça, no exercício da promoção dos direitos humanos, buscar reduzir a vulnerabilidade das pessoas e grupos atendidos, ligando-se às suas lutas e amplificando suas vozes.[11]

Para escapar do colonialismo e do racismo estruturantes das instituições, é preciso inovar e desenvolver práticas empáticas que reconheçam o outro na sua dimensão única.

Portanto, para combater a perpetuação das estruturas de poder e privilégios, dentro dos limites inescapáveis do direito, faz-se indispensável uma visada que enfrente o drama real dos injustiçados e que proponha respostas às múltiplas violências infligidas aos oprimidos.[12] Para assegurar a luta por direitos, por transformação social e pela superação da injustiça, o ser humano deve ser alçado a protagonista dessa construção teórica e prática, não podendo a proteção da ordem jurídica remanescer como norte excelso e objeto exclusivo do sistema. E dentre os seres humanos, as opiniões, as necessidades e as urgências dos que mais sofrem devem ocupar a posição prioritária.

A partir de uma epistemologia da injustiça social, que trata da experiência do evento de injustiça e de seu sujeito, relacionada à atividade de promoção de direitos humanos, os atores jurídicos são chamados a assumir responsabilidade diante da face precarizada do outro.

Os torturados clamam diariamente com seu grito afônico, seus olhos marejados e seu coração massacrado pela dor pungente da injustiça sofrida. Sua narrativa é única e precisa encontrar pessoas que tenham desenvolvido a capacidade de ouvir com empatia o relato, revelador de significados e sentidos daquela experiência singularmente irredutível, situada fora do escopo de uma expressão narrativa abstrata e geral, cheia de estigmas e preconceitos dirigidos contra aqueles que são processados criminalmente. A valorização da experiência concreta de injustiça é essencial e demanda um tratamento diferenciado à vítima, que a coloque na condição de sujeito concreto e não universal, sem rótulos em função de características atribuídas de forma indistinta àqueles que se encontram privados de liberdade. Em outros termos, a oitiva e o acolhimento do outro oprimido devem se dar nas suas condições concretas e não idealizadas.

A luta contra a injustiça social, a par de ser proposta libertária e emancipatória, é condição para pensar a vida social fora dos parâmetros de legitimação da violência e reprodução de desigualdades.

---

11. Sobre o caráter universal e, ao mesmo tempo, particular da vulnerabilidade e a capacidade das instituições de reduzi-la, Martha Fineman aponta em The Vulnerable Subject: Anchoring Equality in the Human Condition. *Yale Journal of Law & Feminism*, 2008, p. 10: "Undeniably universal, human vulnerability is also particular: it is experienced uniquely by each of us and this experience is greatly influenced by the quality and quantity of resources we possess or can command. Significantly, the realization that no individual can avoid vulnerability entirely spurs us to look to societal institutions for assistance. Of course, society cannot eradicate our vulnerability either. However, society can and does mediate, compensate, and lessen our vulnerability through programs, institutions, and structures".

12. A melhor obra nacional sobre o arcabouço teórico que embasa esse item é CUNHA, José Ricardo e ASSY, Bethania. *Teoria do direito e o sujeito da injustiça social*. Rio de Janeiro: Lumen Juris, 2016.

A prioridade da atuação diante do sujeito em estado de maior grau de vulnerabilidade, ou já vulnerado concretamente, implica, portanto, a adoção de estratégias inovadoras que promovam fissuras na cultura jurídica prevalecente que tende a homogeneizar os indivíduos que se encontram respondendo a processos criminais, qualificando-os como delinquentes, descartáveis e até matáveis.

Essas vozes, como forças insurgentes, diante do anseio de reconhecimento como sujeitos de direitos, expressam seu candente potencial transformador e rompem com a morte social e a invisibilidade política que lhes tentam impor.

Ao resistir à opressão, violência e barbárie, com o assessoramento jurídico e suporte de Instituições e profissionais com modelagem empática e libertária, os sujeitos da injustiça poderão encontrar condições para a reinvenção de sua própria realidade.

4. CONCLUSÕES E PROPOSTAS

O modelo jurídico existente na atualidade, fundamentalmente de matriz liberal e individualista, tende a negligenciar a dimensão do poder e da luta no Direito. É preciso incluir o vulnerável para permitir a inscrição de novos significados dentro da gramática jurídica prevalente para o combate a assimetrias e violências que materializam a necropolítica, cujo alvo é o indigno, o indesejável, o matável.

A fim de se garantir uma atuação produtora de autonomia e transformadora, no uso libertário do direito, a promoção de direitos humanos a partir da perspectiva dos sujeitos da injustiça social, com empatia e cuidado, é tarefa central àqueles que almejam avanços e transformações sociais com a desconstrução desta feição pública administrativa de caráter racista e colonial.

Há inegavelmente espaço emancipatório para a promoção de direitos humanos dos sujeitos da injustiça social, num processo de luta que deve reconhecer e potencializar sua resistência instituinte, sem rótulos, estigmas ou categorias que tornam difusa sua singularidade.

A razão última de ação, na promoção emancipatória dos direitos humanos do sujeito torturado, consiste em combater, de forma tenaz, a necropolítica que insiste em produzir dor e eliminação.

Para a alteração desse quadro, impõe-se a formulação de novas práticas institucionais libertárias, que materializem a responsabilidade com o torturado, sobretudo se custodiado, e que sejam capazes de operar um processo de empoderamento do sujeito e de reconhecimento do seu protagonismo e da sua resistência constitutiva.

Nessa linha transformadora a partir do Direito, a Defensoria Pública do Estado do Rio de Janeiro lançou em junho de 2018 um Protocolo institucional de prevenção e combate à tortura e outros tratamentos ou penas cruéis, desumanos ou degradantes[13] para compilar e dar tratamento eficaz a todos os relatos de tortura trazidos a seus membros.

13. Resolução DPGE 932/18.

Essa iniciativa permitiu uma visão sistemática do problema, gerou dados confiáveis para a elaboração de pesquisas e difusão de conhecimento, bem como para o planejamento de ações consistentes no combate estruturado dessa mazela.

A Diretoria de Estudos e Pesquisas de Acesso à Justiça da Defensoria Pública do Rio de Janeiro apresentou num relatório a compilação dos registros de tortura recebidos pelo Núcleo de Defesa dos Direitos Humanos entre agosto de 2018 e maio de 2019.[14] O perfil das vítimas segue o padrão notoriamente constatado no sistema prisional. A maioria é homem (97%), jovem (66% até 29 anos), preta e parda (82,6%) e com baixa escolaridade (76% estudaram até o ensino fundamental). Quanto às agressões, a maioria foi praticada no local do fato pela polícia militar (82% dos casos com informação). Em 57% desses casos há lesão aparente.

O segundo relatório abarcou as notícias de tortura carreadas entre junho de 2019 e agosto de 2020.[15] Em 96,1% dos casos com informação houve alguma agressão física e em 28,5% dos casos houve alguma agressão psicológica, perpetradas em regra no local da captura pela polícia militar. Novamente, o perfil se repete, a saber: homens, jovens (a maioria tem entre 18 e 25 anos), negros (79,9% são pretos ou pardos), com baixa escolaridade (89,3% não completaram o ensino fundamental). E, em 46,7% dos casos com informação, há lesão aparente.

As audiências de custódia foram suspensas no Estado do Rio de Janeiro em março de 2020 e seu retorno deu-se apenas em agosto daquele ano. O terceiro relatório dessa série focou, portanto, no segundo semestre do ano de 2020, com a análise das informações coletadas pela Defensoria Pública nas entrevistas que antecedem as audiências de custódia no Estado do Rio de Janeiro.[16] Dos 10.253 casos individuais examinados, foi possível constatar que, dentre aqueles que declararam sua cor, mais de 70% são negros e mais de 60% sequer completaram o ensino fundamental. Quanto à remuneração, a maioria dos custodiados ganhavam entre meio salário mínimo e um salário mínimo e meio antes de serem presos. Dos casos com informação sobre agressão sofrida, o local da captura apresentou o maior percentual de incidência e os relatos predominantes indicam agressões físicas como a prática mais comum de tortura.

Esse retrato acurado, traçado a partir de milhares de entrevistas realizadas reservadamente entre o custodiado e seu defensor público, comprova, de forma cristalina e inquestionável, que a tortura está presente na prática diária das agências de segurança que atuam nas ruas, becos e vielas das favelas e subúrbios. Na mesma face, os estudos

14. Disponível em: https://defensoria.rj.def.br/uploads/arquivos/4688e3741bd14a60a27c08cf15cdaa43.pdf. Acesso em: 15 mar. 2022.
15. Disponível em: https://sistemas.rj.def.br/publico/sarova.ashx/Portal/sarova/imagem-dpge/public/arquivos/Relat%C3%B3rio_casos_tortura_e_maus_tratos_junho2019-agosto2020_-_v3_%281%29.pdf. Acesso em: 15 mar. 2022.
16. Disponível em: https://sistemas.rj.def.br/publico/sarova.ashx/Portal/sarova/imagem-dpge/public/arquivos/Relat%C3%B3rio_sobre_o_perfil_dos_r%C3%A9us_atendidos_nas_audi%C3%AAncias_de_cust%C3%B3dia_no_per%C3%ADodo_de_agosto_a_dezembro_de_2020_v3_%282%29.pdf. Acesso em: 15 mar. 2022.

confirmaram as características dos indivíduos enquadrados pelo sistema no segmento dos indignos e passíveis de serem torturados.

Outras Instituições têm também, inspiradas por iniciativas promissoras como a citada da Defensoria Pública fluminense, encetado esforços para a construção de uma rede apta a combater a tortura. O Tribunal de Justiça do Estado do Rio de Janeiro, à guisa de exemplo, está construindo um importante termo de cooperação entre instituições dos Sistemas de Segurança e de Justiça para prevenir e combater a tortura com foco nas audiências de custódia.

Transformar um cenário em que a tortura é socialmente aceita e até legitimada contra os indesejáveis para uma cultura evoluída de respeito aos direitos fundamentais de todos os seres humanos, combatendo os desvios de conduta praticados por agentes do estado, é tarefa que demanda ampla mobilização de múltiplos setores e um olhar diferenciado para o sujeito da injustiça.

Voltando à tortura sofrida por C.L.S., passados quase quatro anos, o inquérito que apura essas agressões ainda não foi concluído, apesar dos exames e laudos confeccionados nas linhas do Protocolo de Istambul, bem como das contundentes decisões judiciais na esfera estadual. Infelizmente, até hoje os torturadores sequer foram identificados e qualificados no procedimento investigativo.

Conforme o título desse texto, o fim da tortura, a sua erradicação, é um dos fins dos direitos humanos, uma de suas finalidades principais. Esse propósito é inadiável, indeclinável e infindável até que o horror da tortura cesse.

NAZISMO NUNCA MAIS – A IMPORTÂNCIA DA MEMÓRIA E DA EDUCAÇÃO

Denise Levy Tredler

Desembargadora do Tribunal de Justiça do Estado do Rio de Janeiro, 1984 à data atual. Promotora de Justiça estadual, 1983/1984. Conselho Nacional dos Direitos da Mulher, 1985. Ex-Conselheira eleita para o Conselho de Ética da Transparência Brasil. Ex-Conselheira da SEADDH/RJ, representante do Poder Judiciário do Estado do Rio de Janeiro.

1. DEZ MITOS SOBRE OS JUDEUS

Mito 1: Os judeus mataram Cristo

Mito 2: Os judeus são uma entidade secreta

Mito 3: Os judeus dominam a economia mundial

Mito 4: Não existem judeus pobres

Mito 5: Os judeus são avarentos

Mito 6: Os judeus não têm pátria

Mito 7: Os judeus são racistas

Mito 8: Os judeus são parasitas

Mito 9: Os judeus controlam a mídia

Mito 10: Os judeus manipulam os Estados Unidos

O livro elaborado pela historiadora Maria Luiza Tucci Carneiro, "Dez Mitos sobre os judeus", demonstra como são possíveis e sobrevivem, ao longo dos séculos, os mitos entre nós, seres humanos, que nem sempre colaboraram para a convivência harmoniosa entre partes da nossa sociedade tanto brasileira, quanto mundial. Seguimentos interessados na discriminação e na exclusão de certos grupos étnicos, políticos e sociais têm reciclado estes mitos prejudicando a coexistência entre os povos.

"Conhecê-los é o melhor passo para superá-los". Esta é a mensagem divulgada pela B'nai B'rith do Brasil, na obra que investe contra a circulação dos discursos de ódio, que se apropriam destes mitos para manter em circulação o antissemitismo.

Os acima relacionados são os dez mais popularizados mitos sobre os judeus do mundo. Foram criados por não judeus em visão preconceituosa e depreciativa, e, mais do que isto, com intenção acusatória e condenatória. Visam a atualizar os sentimentos milenares de discriminação, hostilidade e ódio. O que está por traz destes mitos não é a intenção de se aproveitar deles para pedir penitência pelo ocorrido no processo de construção do antijudaísmo e antissemitismo. Pelo contrário, eles nos transportam ao coração das suas funções política e ideológica.

Segundo o antropólogo B. Malinowski, o mito é uma espécie de mapa sociológico, pelo qual é possível detectar no interior de cada um dos dez em referência, três planos de realidades possíveis. No primeiro plano se situaria a estrutura política da sociedade, o mito oferece o modelo informativo e o modelo exemplar da conduta social: quem matou Jesus foram os judeus (modelo informativo). O que fazer com os assassinos de Jesus? Perdoá-los e amá-los como o próprio Jesus recomenda ou detestá-los e persegui-los? As Histórias da Inquisição ibérica e das Cruzadas parecem desmentir a ideia do perdão cristão. A "pertinência nociva" dos judeus está submersa em seu sangue, daí a ideia da limpeza de sangue, com o que é recomendado no plano da conduta social redobrar a atenção e o cuidado em nossas relações cotidianas com "esse povo". No segundo plano, encontramos as ideias e as crenças como estratégia política. Ao afirmar que os judeus são uma entidade secreta, o mito evoca a ideia de conspiração e de ameaça constante à paz mundial e alerta o mundo para o perigo que essa entidade, como outras sociedades secretas, pode provocar na vida de nossas sociedades. O mito os acusa e condena pelo mesmo crime de suas queixas na história da humanidade e consequentemente os joga no vale comum de todos os racistas do mundo. Ao afirmar que os judeus manipulam os Estados Unidos, logo um país considerado como imperialista e o mais poderoso do nosso mundo contemporâneo, o mito exalta a periculosidade dos judeus, não apenas no âmbito nacional dos países onde são cidadãos, mas também no plano internacional, já que, além de manipular a nação mais poderosa do mundo, controlam o poder das mídias. No terceiro plano, o mito dita as regras de conduta, de acordo com o interesse de seus criadores, visando a educação, ao relacionamento entre judeus e não judeus, entre seres humanos e instituições.

Os judeus não são os únicos sujeitos/objetos de mitos em nossa sociedade, salienta a citada autora: as mulheres, os indígenas, os ciganos, os negros e os homossexuais são também objetos de mitos e das piadas que, mesmo contadas de maneira lúdica, não deixam, apesar dos risos relaxantes, de nos transportar ao mundo simbólico, cujos efeitos políticos e ideológicos não devemos minimizar, como realça Kabengele Munanga, em seu prefácio de 2014.

As narrativas dos mitos sobre os judeus têm em comum o tom acusador, persistindo sempre a ideia de que os judeus são culpados e/ou responsabilizados por um delito, com ou sem violência. Em síntese: nos momentos de crise, quando os valores são (re) ordenados, os judeus despontam como "bode expiatório", o inimigo-objetivo, imagem que continua sendo alimentada assim que a normalidade é restabelecida.

São desqualificados por sua cultura, agredidos física ou simbolicamente através de *slogans* apropriados do discurso antissemita.

Fica evidente, ao longo da história, desde a antiguidade aos dias atuais, que alguém deve responder pelos "males que afligem a nação", expressão aplicada, por exemplo, durante a proliferação da Peste Negra, pandemia que matou milhões de pessoas na Europa durante a Baixa Idade Média (século XV). A mesma expressão foi também usada pela Inquisição Ibérica para acusar os cristãos-novos, bem assim pela propaganda antissemita idealizada pela Alemanha nazista, responsabilizando os judeus pela tragédia que acometia o povo alemão desde o final da Primeira Guerra Mundial.

O conceito de bode expiatório, no entanto, é mais antigo do que imaginamos. Tem suas raízes na própria tradição judaica, no chamado Dia da Expiação, citado no livro bíblico do Levítico 16:5-28. Durante este evento, os hebreus utilizavam uma série de rituais para purificar a sua nação, usando dois bodes que, por sorteio, teriam destinos diferentes. Um deles seria sacrificado, recebendo a missão de carregar os pecados do povo de Israel, que eram, simbolicamente, passados para a cabeça do animal, por meio das mãos de um sumo-sacerdote, sendo o bode solto, após, no deserto.

Os mitos sobre os judeus emergem, simultaneamente, em várias partes do mundo, inclusive no Brasil, corroídos por preconceitos seculares, que carregam nas suas entranhas o fel da intolerância. Para a escalada do ódio, basta um passo. Muitas dessas mentiras mantêm versões secularizadas, herdadas de superstições medievais, da doutrina católica, do ideário nazista, do antissionismo e do antiamericanismo. O antissionismo tem-se fortalecido com os conflitos do Oriente Médio envolvendo o Estado de Israel e os palestinos, apresentando-se também como propício às falsificações e deturpações do Judaísmo e da História do povo Judeu favorecendo a proliferação do antissemitismo.

A tradicional trama "ouro/judeu", aventada pelo antissemitismo tradicional de fundamentação católica, continua a emergir como símbolo da mediocridade, espaço fértil para a proliferação do racismo. Da mesma forma, os judeus continuam a ser acusados por grupos antissionistas e antissemitas de não terem direito a uma pátria, devendo viver como "eternos caminhantes". Se a Inquisição ibérica tratou os judeus e os cristãos-novos como "raças infectas", por terem sangue impuro, o Estado nazista os transformou em sub-homens (Untermenschen), sem direito à cidadania, caminhantes sem pátria. Hoje, estas imagens são reavivadas pela mídia (muitas vezes mal informada ou orientada para assim tratar os fatos), pelos grupos de extrema direita e extrema esquerda. Enfim, verificamos que a mentira circula independentemente da ideologia: precisa apenas de terreno fértil.

Para compreendermos a multiplicação da mentira, que atravessa séculos, devemos ter em mente que estamos lidando com a construção de uma "imagem maligna", diabólica, são representações do judeu ou do povo judeu que se valem de imagens metafóricas preexistentes no imaginário coletivo. De imagens mentais transformam-se em imagens visuais facilmente delineadas pela caricatura ou charge e pelas artes plásticas, passíveis de manipulação. A partir destes exemplos conseguiremos perceber como as mentes podem ser lapidadas por saberes orientados por centros produtores do ódio. Estes saberes, alimentados pela reprodução hoje facilitada pela mídia globalizada, servem para legitimar o poder de grupos interessados em "varrer Israel e judeus do mapa".

Afinal, como salientou o historiador inglês Paul Johnson, em sua obra A História dos Judeus, "aos judeus devemos a ideia de igualdade perante a lei, tanto divina como humana; da santidade da vida e da dignidade da pessoa humana; da consciência individual e assim da redenção pessoal; da consciência coletiva e assim da responsabilidade social; da paz como um ideal abstrato e amor como o alicerce da justiça, e muitos outros pontos que constituem os acessórios morais básicos do espírito humano. O mundo teria sido um lugar muito mais vazio sem os judeus".

Mito 1. Os Judeus Mataram Cristo

Na sua essência o mito de "os judeus mataram Cristo" tem suas raízes nas interpretações dos Evangelhos pelos eruditos cristãos, que irão instigar o ódio e a violência através das suas pregações. Ao longo de séculos, esta mentira circulou através dos catecismos católicos, dos sermões, dos manuais inquisitoriais, de uma rica iconografia, dos verbetes enciclopédicos, dos textos de dramaturgia, crônicas jornalísticas, literatura de cordel, charges políticas e pelos conhecimentos "úteis" divulgados pelas revistas ilustradas e almanaques. Inúmeros manuais (laicos, pastorais e clérigos), periódicos católicos e protestantes colaboraram para afirmar o conceito de *crime deicida* (matador de D'us e, em particular, de Jesus Cristo), aqui apresentado como um mito de longa duração. Tem sua origem nas polêmicas judaico-cristãs que, do século I ao IV, favoreceram o distanciamento entre o Cristianismo e o Judaísmo, sendo constantemente revitalizado por novas imagens mentais e visuais. Este tema já foi profundamente analisado por vários estudiosos, cujas obras são referências para compreendermos o processo de construção do *mito do judeu deicida* e a sua persistência na mentalidade e nos comportamentos sociais desde o Medievo até a atualidade. Dentre estes historiadores estão Jules Isaac, Léon Poliakov, Cecil Roth, Robert M. Seltzer, Edward Flannery, Joshua Trachtenberg e Sérgio Alberto Feldman.[1]

Até as décadas de 30 e 40 E.C., os seguidores de Jesus em Jerusalém ainda pregavam no Templo, observavam as leis judaicas e se consideravam membro do povo judeu mantendo assim uma convivência "razoável entre cristãos e judeus".[2] Mesmo porque os cristãos precisavam ser reconhecidos pelo Império Romano, como membros de uma religião legítima, consolidada e enraizada – *religio licita* – posição usufruída pelos judeus cuja longevidade era milenar. Aliás, este era um dos desafios enfrentados pelos cristãos, e para alcançá-lo, precisavam anular as concepções judaicas dentre as quais aquela que negava Cristo enquanto Messias.

1. Obras citadas de cada um deste historiadores. In: TUCCI CARNEIRO, Maria Luiza. *Dez mitos sobre os judeus*. 2. ed. São Paulo: Ateliê Editorial, 2014, p. 47.
2. POLIAKOV, Léon. *De Cristo aos Judeus da Corte*. tradução de Jair Korn e Jacó Guinsburg. São Paulo: Perspectiva, 1979, p. 17; SELTZER M., Robert. *Povo Judeu, Pensamento Judaico*. Rio de Janeiro: A. Koogan, 2 volumes, 1990.

Em síntese: da situação de cordialidade os cristãos passaram à agressividade, situação que se tornou cada vez mais evidente a partir do ano de 66 e.c., quando os judeus da terra de Israel se revoltaram contra Roma, não sendo apoiados pelo grupo dos judeus-cristãos (batizados), acusados de traidores. Nos anos de 132-135 após a segunda revolta dos judeus contra Roma liderada por Shimon Bar-Kochba, a separação entre judeus e católicos ficou ainda mais contundente, configurando o real impacto do Cristianismo sobre o Judaísmo. Como repressão, expressando aqui uma das primeiras manifestações antissemitas de Estado, Adriano promulgou, em 135, dois éditos antijudaicos, revogados pelo seu sucessor Antonino em 138.

A história do antissemitismo evolui, como se extrai das pinturas sacras que expressam o judeu como traidor, como é o caso do quadro O Beijo de Judas, anônimo, do século XII, cujo tema repete-se no afresco pintado por Giotto entre 1.304 e 1306, na Capela de Scrovegni, em Pádua (Itália). Também no afresco Última Ceia, produzido entre 1.495 e 1.498 por Leonardo da Vinci, no Convento de Santa Maria Delle Grazie, em Milão. Baseado no Novo Testamento (João 13:21), no qual Jesus anuncia aos doze apóstolos que entre eles um o trairia, Da Vinci destaca a figura de Judas na mesa de comemoração do Pessach, dentre outras obras.

No Evangelho, segundo João (12:6 e 13:29), o quarto e último da Bíblia a ser escrito entre os anos de 95 e 100, Judas carregava em "saco de dinheiro" por ser o tesoureiro do grupo dos discípulos, além de furtar moeda do fundo comum. Tanto o saco de dinheiro, quanto as moedas, são, ainda hoje, elementos que se repetem nas caricaturas antissemitas.[3]

A imagem do judeu traidor foi intensamente divulgada na Alemanha nazista pelo jornal Der Stuermer, que, em agosto de 1.936, publicou uma caricatura retratando o judeu como um traidor. A manchete anunciava: "Traição / O Julgamento de Schmulewitz em Magdeburgo / Edição especial do Stuermer"; enquanto que a legenda explicava: "O livro de Judas / O próprio Diabo escreveu o Talmud com o sangue e as lágrimas de não judeus".

No Brasil, o fantoche de Judas Iscariote intensifica este mito do judeu traidor, uma das principais fontes do antissemitismo medieval e moderno, que deixou marcas profundas no imaginário cristão. Tanto assim é, que persiste uma aceitação coletiva, em vários países da Europa e Ibero América, sobre o significado simbólico de Judas, por sua traição a Cristo. Geralmente a matança do Judas acontece no Sábado de Aleluia ou seja, durante a Semana Santa, com variações locais.

Mito 2. Os judeus são uma entidade secreta

Em pleno século XXI, este medo foi revitalizado sob o viés do perigo de uma guerra nuclear supostamente arquitetada pelo Estado de Israel e do medo do fim do mundo, que sempre dominou a consciência popular. Esta narrativa, no entanto, tem suas raízes no ódio medieval contra os judeus que, em diferentes momentos, foram acusados de

3. MORAES, Vanberto. *Pequena história do antissemitismo.* Paulo: Ed. Difel, 1972, p.132-133.

atuar nas sombras ou nos subterrâneos da sociedade, promovendo complôs, atentados, rituais satânicos ou de magia negra, de conspirarem contra a Cristandade e de instigarem a matança de cristãos. Esta é a parte mentirosa do mito que, neste caso em especial, tem um fundo de verdade: os judeus entre os séculos XV e XIX realmente praticavam o judaísmo secretamente, mas sem ser uma seita satânica e sem ter como objetivo o plano de conspirarem para dominar o mundo ou destruir o Cristianismo.

Foram, ainda, perseguidos os cristãos-novos, segundo Anita Novinsky, pioneira dos estudos inquisitoriais no Brasil. O marranismo (cristãos-novos/marranos) deve ser interpretado como um movimento de resistência contra "a imposição de uma cultura, simbolizando o progresso contra a estagnação, a modernidade contra o conservadorismo". A partir do século XV, os cristãos-novos ou marranos eram perseguidos como hereges e tratados como párias sociais, criando formas de comunicação na clandestinidade para escapar das perseguições inquisitoriais e da morte na fogueira, alimentando assim as suspeitas e "rumores" (o "ouvi dizer que...") propagados pelos cristãos-velhos e inquisidores, assim como pelo Estado absolutista, que agiam em nome da preservação da Fé Católica e da segurança do Império. Neste contexto ganhou forças o projeto de unificação dos reinos de Portugal e da Espanha, que negava o direito de "ser diferente" às minorias não católicas, por tradição.[4]

Uma rica literatura de fundo antissemita foi disseminada na França, e depois no Brasil, de autoria de Léon de Poncins, Oscar de Férenzy, I. Bertrand, Léon Bloy e Édouard Drumond. As teorias de Léon de Poncins (1897-1976), jornalista e escritor francês, por exemplo, reafirmavam a ideia de que a Franco-maçonaria estava intimamente relacionada ao Judaísmo com a pretensão de unificar o mundo sob a lei judaica.[5] Poncins foi um dos principais disseminadores da tese de que os judeus formavam sociedades secretas em aliança com os franco-maçons, valendo-se de um acirrado discurso antijudaico, anticomunista e antiprogressista. Dedicou-se a denunciar as forças ocultas que corrompiam o Cristianismo, tendo influenciado vários intelectuais, dentre os quais Gustavo Barroso (1888-1959), teórico e integralista brasileiro, assíduo defensor das suas teorias. As obras de Poncins integram as matrizes francesas que, desde o final do século XIX, instigaram a propagação do pensamento antissemita modelado por mitos políticos.

Sob o viés do antissemitismo moderno, a acusação que persiste é a de que este grupo (dos "judeus conspiradores") faz parte da "judiaria mundial", que domina os Parlamentos, a imprensa, a mídia, a educação etc., discurso que tem seus fundamentos calcados nas acusações propagadas pelos Protocolos dos Sábios de Sião.

Versões como estas ressurgiram como resposta à declaração Nostra Eatate (Em Nossa Época) divulgada pelo Vaticano em outubro de 1965, avaliada pelos opositores

---

4. NOVINSKY, Anita. *Consideraciones sobre los Criptojudíos Hispano-Portugueses*: El Caso de Brasil apud TUCCI CARNEIRO, Maria Luiza. *Dez mitos sobre os judeus*. 2. ed. São Paulo: Ateliê Editorial, 2014, p. 79-80.
5. Dentre as obras de Léon de Poncins cito: *Sociétes des Nations Super-état Maçonique*. Paris. Gabriel Beauchesne et as fisls MCMXXXVI; *As forças Secretas da Revolução*: Maçonaria-Judaísmo, Porto Alegre: Livraria do Globo, 1931.

como uma apostasia. Voltou a circular o velho discurso acusatório de que os inimigos (no caso, os judeus e os maçons) tramavam contra a Igreja para sua flagelação, desde a "ocupação maçônica do Vaticano". A dimensão dos estragos acarretados pela abertura ecumênica foi registrada no livro Complô contra a Igreja, cujo autor se esconde por trás do pseudônimo de Maurice Pinay. Retomou-se a imagem do "complô talmúdico", acusando-se João XXIII de estar vulnerável às potentes lojas e sinagogas do mundo.

Exemplo de que o mito persiste pode ser consultado nas páginas deste sítio na Internet: http://www.catolicosalerta.com.ar/masoneria/contra-iglesia.html., que tem como propósito demonstrar que "maçons, modernistas, feministas, marxistas (socialistas e comunistas), humanistas, satanistas, e outros homens perversos se infiltraram no Vaticano". Os mantenedores deste sítio pretendem denunciar os "frutos podres" produzidos desde a renovação do Concílio Vaticano II (1962-1965), valendo-se de imagens e artigos para "revelar a natureza sinistra da conspiração judaica". Há, ainda, outros textos, de diferentes autores, que reproduzem acusações de que o "furor anticristão da maçonaria" atua em vários países com a ajuda de Satanás, como Argentina, Chile, Estados Unidos e México.

Mito 3. Os judeus dominam a economia mundial

Este slogan ou jargão econômico está diretamente atrelado ao envolvimento dos judeus com o surgimento do capitalismo no mundo moderno, e americano em especial. Há, também, um entrelaçamento com a tese de que os judeus pretendem dominar o mundo, impondo-se em todos os setores da sociedade: economia, política, imprensa, educação etc.

A acusação de que os judeus dominavam a economia mundial transformou-se em fantasia e obsessão por parte de Rosenberg e de Hitler, servindo para justificar, entre tantos outros itens, o extermínio de milhões de judeus e de outros grupos étnicos e políticos, ação genocida que culminou com a Solução Final. Segundo Norman Cohn, estudioso do mito da conspiração judia mundial, Rosenberg publicou, entre 1919 e 1923, cinco panfletos que, além de amplamente difundidos entre a população alemã, tiveram forte influência na forma de os alemães verem os judeus como uma peste a ser exterminada. Um destes panfletos, Peste na Rússia (1922), argumentava que o ódio aos judeus na Rússia Czarista se deu por suas ligações com o capitalismo financeiro. Anunciando o início de uma nova era livre dos judeus, Rosenberg propõe como "signo de vanguarda da próxima luta por uma nova organização do mundo: a compreensão do caráter do demônio e o combate ao domínio mundial dos judeus, até chegar a um vigoroso renascimento, desatando as malhas da rede construída pelos tramperos talmúdicos que, como a ave fênix, ressurgem das cinzas de uma filosofia materialista já queimada e enterrada.

Assim, tanto Alfred Rosenberg, como Josef Goebbels, chefe de propaganda do Partido desde 1928, articularam este discurso fundamentado em mentiras deliberadas, que acusavam os judeus de escravizarem o povo alemão, de serem plutocratas e monopolistas explorando a todos os demais. Enfim, a Alemanha nazista apropriou-se do conteúdo d'

Os Protocolos para justificar a ampliação do seu espaço vital em direção aos países do Leste Europeu e o extermínio em massa dos judeus, muitos dos quais viviam integrados à sociedade alemã. Hitler, durante o período que esteve preso em Lansberg (1924-1926), procurou sistematizar seu ódio aos judeus exprimindo-o como doutrina. Foi na prisão que o futuro Führer gestou Mein Kampf (Minha Luta), que ao lado d'Os Protocolos, se transformaria na "Bíblia" dos nazistas e dos antissemitas. Na escalada do ódio nazista do Terceiro Reich (1933-1945) alegava-se que a Alemanha precisava ser "limpa de judeus" (Judenrein), que a haviam "bolchevizado por meio da social-democracia de Weimar". Identificados como aliados dos comunistas, os judeus eram diariamente acusados de explorar e escravizar o povo ao banqueirismo estrangeiro.

No Brasil dos anos de 1930, o mito de que os judeus dominam a economia mundial teve importantes defensores, entre os quais Gustavo Barroso, Brasilino de Carvalho e Tenório d'Albuquerque, inspirados em matrizes francesas do século XIX e alemãs do século XX. Estes intelectuais integralistas tinham como leitura de cabeceira a obra apócrifa, Os Protocolos dos Sábios de Sião e O Judeu Internacional, de Henry Ford, conforme registrado em suas inúmeras citações bibliográficas. Na década de 1930, em pleno governo Vargas, a editora Globo de Porto Alegre assumiu as primeiras publicações integralistas, procurando, através de "notas elucidativas", conquistar o leitor brasileiro para Os Protocolos. Assim, o mito do complô judaico ampliou suas acusações, servindo também ao mito do complô comunista internacional, que conquistou espaço junto aos adeptos do ideário nazifascista e do anticomunismo, mobilizados por sentimentos nacionalistas, xenófobos e antissemitas. Fenômeno semelhante ocorreu na Alemanha nazista, na Itália fascista, no Portugal salazarista, na Espanha franquista, na Argentita peronista e no Brasil getulista. Em todos estes países, o clima era propício à indicação de um culpado pelas constantes crises que aterrorizavam as populações. Os judeus, de imediato, surgiram como o inimigo-objetivo, sendo responsabilizados pelo caos, pela instabilidade política e financeira.

Mito 4. Não existem judeus pobres

As narrativas insistem no fato de que a maioria é rica, avarenta e gananciosa, relacionando sua cobiça à figura legendária do usurário judeu, personificado popularmente na figura de Judas, o "apóstolo traidor" que vendeu Jesus por trinta moedas de prata. A informação omitida pelos promotores deste mito é a de que sempre existiram (e ainda existem) judeus pobres, judeus de classe média e judeus ricos, assim como existem católicos, protestantes, mulçumanos e evangélicos, em diferentes posições econômicas e sociais. A falta de informação favorece a proliferação do mito que, repetido, "nos faz ver o que nos é dito". Sendo assim, a ignorância é a condição ideal para a gestação dos mitos racistas. No entanto, a imagem que persiste no século XXI é a do judeu rico. Geralmente os adeptos desta versão ignoram as circunstâncias históricas que forçaram os judeus a trabalhar com o dinheiro". Este tema é amplamente abordado no livro Os Judeus, o Dinheiro e o Mundo, recentemente publicado pelo argelino Jacques Attali.

Mito 5. Os judeus são avarentos

O mito afirma que todos os judeus são avarentos, sinônimo de pão-duro e sovina, na gíria popular. O sentido que se quer dar é de que os judeus são perversos, maus, indiferentes ao sofrimento alheio, pensando apenas no seu bem-estar. Por isso explicam, os antissemitas, são ricos ou, no sentido contrário, vivem miseravelmente, para não gastar os lucros que ganham às custas do Outro. No entanto, como todos os mitos, as raízes são muito mais profundas, extrapolando o tom de zombaria e do humor sem consequências. Tais acusações serviram à propaganda política articulada, em diferentes lugares e momentos históricos, para difamar os judeus dispersos durante a Diáspora.

Mito 6. Os judeus não têm pátria

O mito afirma que os judeus não têm pátria, razão pela qual devem caminhar sempre, como errantes, sem território e sem Estado, sem direitos e sem história. Para cunhar esta identidade usa-se a expressão "Judeu Errante", com o objetivo de demonstrar que este ou aquele grupo (ou indivíduo) vive à margem da segurança nacional ou dos valores estabelecidos. Enfim, qualquer um destes grupos pode ser de pecadores, hereges, criminosos, desvairados, terroristas, imperialistas etc.

Mito 7. Os judeus são racistas

O mito afirma que os judeus são racistas. Na verdade, ser racista não é privilégio desta ou daquela religião, pois, independentemente da sua fé, qualquer ser humano pode transformar-se em um racista. Isto, porque o homem não nasce com preconceito: este é um fenômeno social e não genético, sendo a sua origem política, social e/ou econômica.

Mito 8. Os judeus são parasitas

O mito afirma que os judeus são parasitas, vivendo do trabalho alheio. Ao generalizar esta acusação os antissemitas e os desinformados colaboram para reforçar a imagem deturpada de que os judeus não trabalham e nem são afeitos ao trabalho. Reza o ditado antissemita: "eles vivem como parasitas sugando o suor daqueles que labutam para sobreviver e pagar seus impostos".

Mito 9. Os judeus controlam a mídia

O referido mito afirma que os judeus controlam a mídia. Esta firmação, segundo os antissemitas, integra o "Programa para a conquista do mundo pelos judeus", fio condutor dos Protocolos dos Sábios de Sião, cujo conteúdo ainda se presta aos mais variados interesses políticos.

Mito 10. Os judeus manipulam os Estados Unidos

O mito afirma que os judeus e o governo de Israel manipulam os Estados Unidos, alimentando, sob esta argumentação, o mito do complô judaico internacional, o antissionismo e o antissemitismo. Esta narrativa é cumulativa e herdeira de acusações que ignoram um conjunto de fatos históricos que, desde o século XVII, aproximam os judeus da nação americana.

Podemos considerar que o mito de que "os judeus manipulam os Estados Unidos" apoia-se em três acusações básicas:

1) os judeus detêm um poder imenso e uma influência sem igual nos Estados Unidos;

2) o "*lobby judaico*" é um fator decisivo no apoio dos Estados Unidos a Israel;

3) os interesses judaico-sionistas não são idênticos aos interesses americanos, estando em constante conflito.

Basta retomarmos alguns dos mitos analisados acima para verificarmos que há, sempre, a manipulação consciente de um conjunto de metáforas e analogias, que oferecem suporte à mentira. A construção desses argumentos demonstra que ainda somos herdeiros da lógica totalitária, que durante o nazismo se fundamentou nas diferenças étnicas e de classe para dominar grande parte da população, como analisou Hannah Arendt em seu clássico O Sistema Totalitário.[6] Cumpre lembrar que a propaganda totalitária se fazia pautada por teorias conspiratórias e por uma realidade fictícia que serviam para seduzir as massas e justificar o extermínio dos judeus.

Este mito tem correlação direta com a argumentação utilizada pelos nacional-socialistas com o objetivo de demonstrar que a "judiaria mundial" conspirava contra a Alemanha, associada aos Estados Unidos.

2. IMPORTANTE SABER

2.1 Presença contínua de judeus na terra de Israel

Os judeus são nativos da região e mantiveram uma presença contínua lá por mais de três mil anos, de acordo com indícios arqueológicos e históricos.

A civilização judaica já contava mais de mil anos quando Roma destruiu o Templo Sagrado e conquistou a nação judaica no primeiro século.

Roma exilou apenas uma parte da população. Os judeus remanescentes, banidos de Jerusalém, prosperaram por séculos em outras cidades judaicas como Yavne, Rafa, Gaza, Ashkelon, Jafa e Cesareia.

A população judaica foi dizimada pelas cruzadas no século 12, mas os judeus retomaram em ondas de imigração nos séculos seguintes e se estabeleceram em Safed, Jerusalém, Tiberiades e Hebron.

6. ARENDT, Hannah. *O sistema totalitário*. Lisboa: Dom Quixote, 1968.

Depois de 1850, a população judaica cresceu ainda mais. Na década de 1860, os judeus haviam voltado a ser o maior grupo religioso em Jerusalém. Os primeiros sionistas modernos começaram a comprar terras e a estabelecer comunidades prósperas, como Tel Aviv (1.909), mesmo enquanto a região ainda era governada pelo Império Otomano.

2.2 O antissemitismo no século XX

1922

Populações árabes boicotam negócios e produtos fabricados e vendidos por judeus da Palestina, que haviam abandonado ou desaparecido da região. O nome Palestina continua constando nos livros de história e foi reanimado após a Primeira Guerra Mundial, para efeito de uma divisão geográfica, em que a região da Palestina significaria, na época, toda a parte onde hoje se situa Israel, a Cisjordânia, a Faixa de Gaza e a Jordânia inteira, área que ia do Mar Mediterrâneo até a fronteira com o Iraque, incluindo uma parte do Golã. Dos 1.600 km do Golã, 1.000 km^2 estavam inclusos na Palestina histórica. Os ingleses decidem, então, dar esta parte, que eles chamam de margem oriental, ao Rei Hashemita da Jordânia, para criar o reinado hashemita da Transjordânia, vulgo Jordânia, e a Palestina fica, a partir daí, somente na margem ocidental do Rio Jordão. Eles dão o Golã aos franceses para eles poderem ter acesso à água, parte que termina em mãos dos sírios.

Assim, quando falamos em "árabes boicotam judeus na Palestina" significa que eles não estavam boicotando Israel ou a nação, especificamente por uma política de Estado. Eles estavam boicotando os judeus, já que os boicotes não ocorrem, necessariamente, apenas por motivos nacionais.

1929, época do massacre de Hebron

A comunidade judaica de Hebron foi destruída, toda assassinada e os poucos que sobreviveram, fugiram. Tratava-se de uma comunidade que vivia, há centenas de anos, na cidade sagrada e que foi dizimada. Afirma o New York Times, naquele ano: "árabes boicotam produtos palestinos".

Cumpre notar que os árabes também atacavam seus irmãos árabes, que compravam produtos de judeus. Este tipo de boicote não é diferente daquele praticado contra os judeus na Europa, pelo qual colocavam sinais identificando os comércios dos judeus e/ou locais onde se encontravam empresários judeus, com o objetivo, em um primeiro momento, de expulsá-los dali, e em um segundo momento, matá-los.

2.3 O maior crime contra a humanidade no século XX

1933-1939

Adoção de uma política antijudaica, para isolar os judeus da vida social, cultural, educacional e profissional da Alemanha.

Eliminar qualquer contato com os alemães

1939-1941

Adoção de medidas para dificultar enormemente a vida dos judeus, a fim de que eles se fossem da Alemanha por vontade própria; "estímulo" à emigração a outros países, para tornar a Alemanha um país Judenrein [limpo de judeus].

Eliminar os judeus do território alemão

31 de julho de 1941

Reinhard Heydrich, chefe da RSHA [Órgão Central de Segurança da S.S.] recebe autorização de Goering para implantar a solução final, a última etapa do processo de ´solução do problema´. O significado da solução final era a morte de todos os judeus.

Eliminar os judeus da face da Terra era a etapa final

20 de janeiro de 1942

Heydrich convoca uma conferência às margens do Lago Wannsee, em Berlim, para coordenar a solução final entre vários órgãos, entre os quais a S.S., a polícia, o Ministério do Exterior etc., com o objetivo de determinar sua execução nos diversos países.

Observadas as medidas adotadas pelo governo alemão, no período pré-guerra (1933 a 1939), entendo que nos cabem as seguintes reflexões:

1) como foi possível ao povo de um país de boa instrução e culto como a Alemanha aceitar a tese de uma raça pura ariana, que autorizasse o extermínio da minoria judaica, e de outras minorias?

2) como foi possível ao povo alemão aceitar a legitimidade do discurso de ódio e preconceito em que fundado o nazismo, apesar da imensurável contribuição judaica em todas as áreas do conhecimento humano?

3) como foi possível aos empresários alemães aceitarem e propiciarem a construção das câmaras de gás, que visavam ao assassinato em massa de seus semelhantes, homens, mulheres e crianças?

4) como foi possível ao povo alemão omitir-se diante das deportações dos judeus e suas famílias, assistindo ao transporte de homens, mulheres e seus filhos em caminhões de gado, para os campos de extermínio?

5) como foi possível a omissão mundial diante das atrocidades cometidas pelos nazistas?

6) como foi possível aos aliados, cientes da existência dos campos de extermínio nazistas, não bombardearem as ferrovias que conduziam os judeus (o grande objeto da solução final) e outros, à tortura e à morte?

7) como foi possível à humanidade aceitar o assassinato de 1.500.000 (um milhão e quinhentas mil) crianças judias, impedindo-as de crescerem, de se desenvolverem e de ter uma vida como todas as demais crianças?

2.4 Liberdades civis e direitos humanos na atualidade do Estado judeu

O Estado de Israel foi oficialmente criado pela ONU, quando da partilha da Palestina em 1947, obtendo a sua (milagrosa) independência em 1948, quando atacado pelos Estados árabes vizinhos, que não aceitaram a sua criação, embora fosse, e é, a terra ancestral do povo judeu, que lá se encontrava há milênios.

Os israelenses usufruem das mesmas liberdades civis e dos mesmos direitos humanos que os cidadãos de outras democracias liberais avançadas. O direito ao voto é universal. Israel conta com mais partidos políticos – havia 19 em 2004 – do que qualquer outra democracia parlamentar. Tem uma das imprensas mais livres do mundo e é famoso por suas autocríticas e debates acalorados. As mulheres e as minorias são protegidas por leis, que em alguns casos são mais progressistas do que aquelas de qualquer outra democracia. Há proteções legais contra a perseguição religiosa. Pessoas LGBT são protegidas da discriminação e de crimes de ódio. O professor Uzi Even, assumidamente gay, tornou-se um membro da Knesset, a Assembleia Legislativa unicameral de Israel, em 2002. A educação é igualmente estimulada para homens e mulheres. Quarenta e cinco por cento das mulheres atuam no mercado de trabalho, a mesma porcentagem dos Estados Unidos. As mulheres têm direitos reprodutivos. Israel é o único país do Oriente Médio que não exige que uma mulher esteja acompanhada por um homem para viajar. Crimes de honra são punidos tão severamente quanto qualquer outro crime de assassinato.

2.5 Uma sociedade plural

– Israel reconhece oficialmente 15 religiões, inclusive islâmicos, drusos e a Fé Bahá'i, assim como caldeus e muitas outras denominações cristãs, entre outras. Cada comunidade religiosa exerce livremente a sua fé, respeita seus próprios dias santos e de descanso semanal e administra suas questões internas. Israel protege os locais sagrados de todas as religiões.

– Israel é a única região no Oriente Médio, incluindo a região governada pela Autoridade Palestina, onde a população cristã prospera, em vez de desaparecer, passando de 34 mil para 163 mil entre 1948 e 2012.

– A Fé Bahá'i, um grupo religioso refugiado de países árabes e mulçumanos do Oriente Médio e do Norte da África e seus descendentes representam mais da metade da população judaica.

2.6 Árabes israelenses

– Em 1948, quase todos os 160 mil palestinos que permaneceram dentro das fronteiras israelenses se tornaram cidadãos israelenses e hoje têm direitos humanos e civis iguais àqueles de qualquer outro cidadão. Na atualidade, 1,8 milhão de árabes israelenses vivem em Israel, formando 20% da população. O hebraico e o árabe são as duas línguas oficiais.

– Há cinco partidos árabes israelenses oficiais, enquanto outros políticos árabes israelenses fazem parte de partidos majoritários.

– Três árabes israelenses foram eleitos para o primeiro Knesset (Parlamento de Israel). Ao longo dos anos, chegaram a conquistar 17 dos 120 assentos em uma única eleição.

– Todos os municípios árabes recebem fundos do governo para educação e infraestrutura.

– Muitos árabes israelenses ocupam altos cargos.

– Israel promulgou políticas de ação afirmativa para ajudar suas minorias a alcançar a plena igualdade social e econômica.

2.7 Apartheid

Israel, uma democracia como o Reino Unido, estabeleceu um sistema que dá direitos iguais a todos os seus cidadãos. Os árabes israelenses participam da sociedade israelense como membros plenos e iguais. Apesar das desvantagens que as minorias vivenciam em Israel, como em todas as democracias multiétnicas, as leis do país tentam erradicar, não endossar a discriminação.

2.8 Antissemitismo e antissionismo

É perfeitamente legítimo criticar as políticas de Israel. Os israelenses fazem isso o tempo todo em debates acalorados. Mas a crítica cruza a linha do clássico antissemitismo quando exibe o que Natan Sharansky chamou de "Três Ds", *D*eslegitimação, *D*ois pesos, duas medidas e *D*emonização.

A ligação: O antissemitismo é o ódio pelos judeus, suas comunidades e seu modo de vida. Inclui demonizar e desumanizar os judeus como um grupo. O antissionismo é a oposição ao direito do povo judeu à autodeterminação em sua pátria ancestral ou a negação do direito de Israel existir como um Estado judaico. É por isso que muitas pessoas afirmam que o antissionismo é uma versão moderna do antissemitismo clássico. "O fanatismo antissemita não é menos socialmente deplorável quando camuflado como anti-israelense ou antissionista", *segundo a Comissão de Direitos Civis dos EUA*. Pessoas de boa vontade devem tentar ver além da propaganda anti-Israel para promover um diálogo razoável.

O antissemitismo do século XXI vem de três fontes principais: a extrema direita, a extrema esquerda e os grupos radicais islâmicos. Há uma mistura de insultos antissemitas tradicionais e um discurso "antissionista", que gira em torno do conflito árabe-israelense.

Combater o antissemitismo que ressurge em tantas formas diferentes exigirá coragem, tenacidade e recursos. Também exige que nós compreendamos os insultos antissemitas modernos para que possamos identificá-los e ensinar nossos amigos, familiares e colegas, judeus e não judeus, sobre o que o renomado historiador Robert S. Wistrich descreveu como "ódio que mais durou".

3. A IMPORTÂNCIA DA MEMÓRIA E DA EDUCAÇÃO

O ser humano costuma repetir aquilo que ele esquece. Assim, se pretendemos que as atrocidades decorrentes dos discursos de ódio e preconceito não se repitam, é preciso jamais esquecer do que foi o Holocausto, da sua singularidade em razão da estrutura criada para o assassinato em massa de um povo e sua cultura, como jamais se havia visto no mundo. É preciso combater a ignorância e os (pré)conceitos sobre um povo, como os dez mitos acima tratados, que se têm perpetuado ao longo dos séculos.

Somente pela educação poderemos evitar que se repita a barbárie cometida durante a Segunda Guerra Mundial, que produziu o Holocausto, quando o homem mostrou toda a estupidez de que é capaz.

Ensinar sobre o Holocausto é ensinar sobre a nossa própria natureza, sobre o que o ódio e o preconceito são capazes de fazer, sobre o que a omissão daqueles que devem agir e se pronunciar contra as violações de direitos das minorias é capaz de gerar diante da violência sofrida por qualquer de nossos semelhantes, sobre que tipo de pessoa queremos ser.

Parte III
DIREITO FUNDAMENTAL À MORADIA E PROTEÇÃO DO MEIO AMBIENTE

POSSE E PROPRIEDADE: UM CONFLITO INFINDÁVEL. A FUNÇÃO SOCIAL COMO PARÂMETRO DE PROTEÇÃO DO VÍNCULO HOMEM-SOLO

Marcos Alcino de Azevedo Torres

Doutor e Mestre em Direito Civil pela Uerj. Professor coordenador de Direito das Obrigações da Emerj. Professor-Associado de Direito Civil da Uerj. Professor de Direito Civil da graduação e do programa de Pós Graduação da Uerj. Desembargador do TJRJ.

1. INTRODUÇÃO

Honrado com o convite para participar desta obra coletiva, que tem como objetivo transmitir ao público leitor como o direito pode ser utilizado como instrumento de transformação social, me foi atribuído escrever alguma coisa sobre a função social da posse.

Tudo no mundo e na vida tem uma função a cumprir e essa função, para aqueles que acreditam na tese criacionista, deve ter como ponto principal o homem como pessoa, habitante deste mundo por um período de tempo chamado de vida e que tem necessidades de diversas ordens. Excluindo as necessidades de caráter emocional, as de caráter material são as que levam o homem a buscar o solo e suas benesses como possibilidade de vida.

Ainda que alguns megaempresários já tenham começado a empreender viagens de caráter privado ao espaço aéreo, o planeta terra é o que supre todas as necessidades do homem, algumas de carácter duradouro, como um espaço para habitar, seja ele qual for, como as de caráter temporário como vestimenta, alimentação, podendo ser acrescentadas aquelas relativas ao entretenimento, situação que envolve ricos e pobres – estes com suas atividades criativas para compensar a insuficiência financeira.

Neste ensaio focar-se-á o uso da terra como instrumento de satisfação da necessidade de moradia, seja através da propriedade seja através da posse e nessa temática o "direito" tomando a expressão na visão limitada do direito positivo vigente e sua interpretação, serve constantemente como instrumento de injustiça em contraponto ao direito como instrumento de transformação social, ao permitir/possibilitar remoções, despejos, desocupações com objetivo por vezes de proteção de um direito cujo titular não o exerce de modo a ser merecedor de tutela do sistema ou mesma a guisa de construção de empreendimentos de interesse coletivo como se dera na cidade do Rio de Janeiro, por ocasião das Olimpíadas e Copa do Mundo, deixando um legado de "elefantes brancos" como são chamados estas construções que passado o evento que justificou sua construção ficam relegados ao abandono.

Nesse confronto posse x propriedade, não se deve proteger uma em razão da tese historicamente aceita de que é apenas a aparência da outra[1] e então possivelmente aquele que a exerce o faz estribado num direito decorrente da segunda. Deve-se protege-la em razão da funcionalidade dada a coisa pelo possuidor. Esse deve ser o olhar do interprete da situação fática. No dizer de Menezes Cordeiro, uma dogmática atual "retirará, da posse e do patrimônio histórico-cultural que ele representa, os valores mais profundos de Humanidade".[2]

> Todos os institutos jurídicos experimentam variações e adaptações de cada momento histórico em que se vive e conforme se alterna a cupidez ou necessidade do homem por certos tipos de coisas. Das reflexões sobre a pessoa humana, sua existência, gênero, das suas relações econômicas e até as relações familiares tudo mudou nos últimos 40 anos em especial a partir da CF de 1988, mas o tratamento da posse e da propriedade, no que diz respeito ao confronto entre elas, praticamente manteve-se estável. Aliás já chamava atenção o romanista Emilio Albertário, de que não se mostra razoável o fato de que os institutos de direito privado sofram alteração e que somente a posse " si conservasse per tanti secoli immutato".[3] Mas mesmo assim deve ser estar atento a observação de que as "ideias novas tendem a não substituir as anteriores: antes se somam a elas", destacando que em matéria de posse o conjunto não é sempre coerente: "é filho duma *complexidade histórico-cultural* e não pena dum legislador esclarecido".[4]

A importante reflexão surgida no século passado mas que entre nós só ficou mais perceptível a partir de estudos desenvolvidos após a CF de 1988 foi a descaracterização da propriedade absolutista da era oitocentista, passando a ser considerada uma relação jurídica complexa, na qual o titular também tem deveres e não só direitos.

Diz-se acima que a questão posse x propriedade se manteve praticamente estável considerando que as mudanças encontradas são pontuais e decorrem do esforço de intrépidos autores que buscam demonstrar a necessidade de uma releitura focada na funcionalidade dos referidos institutos afastando-se da leitura estática fundada na estrutura dos institutos em exame.

Penso que não pode existir dúvida de que a posse historicamente precede a propriedade, considerando que a posse é um dado da realidade e decorre da necessidade de apossamento do solo para habitação, alimentação, ainda que de forma temporária

1. Na doutrina portuguesa A. Santos Justos afirma: "A posse cumpre fundamentalmente duas funções: protege o possuidor enquanto não houver certeza sobre o verdadeiro titular do direito real a cujo exercício corresponde, concedendo-lhe a necessária tutela; e constitui um caminho de acesso a esse direito real". *Direitos Reais*. 5. ed. Coimbra Editora, 2017, p. 158.
2. CORDEIRO. Antonio Menezes. *A posse*: perspectivas dogmáticas actuais. 3. ed. Coimbra: Almedina, 2000, p. 13.
3. ALBERTARIO, Emilio. Il Possesso Romano. *Rivista di Diritto Privato*, 1932, p. 6.
4. CORDEIRO. Antonio Menezes. Op. cit., p. 10. Destaques no original.

em razão do nomadismo como hipótese temporária de ocupação do solo, enquanto a propriedade decorre de uma brilhante construção humana, que só foi possível depois de que o homem passa a ter uma certa organização social, para que possa proteger aquele que diz "isso é meu" sem que o outro tenha igual direito de fazê-lo.

A propriedade sem a posse quase não tem sentido, considerando que em geral é esta que, em tese, permite a exploração econômica e funcional daquela. Disse em tese, porque essa genial construção humana a que foi atribuído o nome de propriedade, consegue ter funcionalidade mesmo quando seu titular não tem a posse, como nas hipóteses mais restritas como na enfiteuse, no usufruto nos quais a pessoa tem apenas a linha tênue da titulação, até pela construção do instituto do desdobramento da posse em direta, que é a posse efetiva e indireta que é, pode-se dizer, posse fictícia ou apenas jurídica. Já dizia Ihering "La utilización económica de la propriedad tiene por condición la posesión. La propriedad sin la posesión sería un tesoro sin llave para abrirlo, un árbol frutal sin la escala necesaria para recoger sus frutos".[5]

Em razão da relevância da posse, não só para a propriedade, mas especialmente para a pessoa humana é que procurar-se-á demonstrar que a posse está a merecer um tratamento diferenciado em especial quando não tem qualquer tipo de vinculação com a propriedade situação que chamo de posse por si mesma. É essa posse que nas comunidades pobres despidas de titulação do espaço que ocupam tem o sentido de propriedade. É ela objeto de "compra e venda", locação, sucessão hereditária real, isto é, passa de pai para filho sem intervenção judicial.

É essa posse real e efetiva que permitiu a moradia na maior ocupação vertical do país na cidade de São Paulo no Edifício Prestes Maia, um prédio de 22 andares que já permitiu a moradia de cerca de 470 famílias em espaços improvisados, prédio este ocupado por mais de 20 anos, o que já teria transformado possuidores em proprietários.[6] É a ausência de proteção da posse sem titulação que num país de pujança econômica como os EUA leva 500 mil pessoas a viverem sem teto, com cerca de quase 5 mil óbitos por ano, dando o último suspiro nas calçadas, em becos e no asfalto.[7]

Não se tem dúvida das dificuldades dogmáticas e práticas relativas ao instituto da posse, como reconhece Ruggiero ao afirmar que o tema da posse é um dos que mais cansaram a mentalidade dos juristas em todos os tempos, não havendo doutrina que apresente mais dificuldades do que está "em todos os seus pontos, a começar nas que respeitam às suas origens históricas, ao fundamento racional da sua proteção, à própria terminologia",[8] que é variada e imprecisa, nas leis, nos livros, nas decisões dos tribunais, conforme observação de Manuel Rodrigues, salientando ainda que as exposições, as

5. IHERING, Rudolf Von. *3 Estudios Juridicos*. Trad. Adolfo G. Posada. Bibliográfica Omeba Editores-Livreiros. Argentina: 1960, p. 93.
6. Cf. reportagem em O Globo, caderno Brasil, dia 23.04.2022, sob o título: O céu é o limite, p. 10.
7. Cf. reportagem em O Globo, caderno Mundo, dia 01.05.2022, sob o título: *As mortes solitárias nas ruas da Califórnia*, p. 23.
8. RUGGIERO, Roberto de. *Instituições de Direito Civil*. Ed. Saraiva. 6. ed. Italiana: Trad. de Ary dos Santos, v. II, 1972, p. 491.

críticas das teorias e a exegese da lei, complica em muito o estudo da posse,[9] atento ainda a observação de que não "há teorias erradas: todas elas nos dão uma parcela da verdade".[10]

2. REFLEXÕES HISTÓRICAS A RESPEITO DA QUESTÃO POSSE X PROPRIEDADE EM TERRAS BRASILEIRAS

Tomando como parâmetro a formação da propriedade privada em terras brasileiras, pode-se observar que a má distribuição de nossas terras teve origem na colonização portuguesa que distribuiu grande extensões de terras a poucos privilegiados, situação que perdurou do sistema de Capitanias às Sesmarias.

O retalhamento da terra em sesmaria foi, na opinião de José E. Fonseca, a razão dos imensos latifúndios nos primeiros tempos e marca o início de nossa propriedade territorial, gerando, a amplitude do território ermo, "a ilusão de que o deserto fosse infinito e, dessarte, as primeiras propriedades que aqui se instauraram estendiam-se por uma área de fantásticas dimensões".[11] Messias Junqueira faz importante observação:

> Quem conhece a aristocracia agrária do Brasil, quer nas coxilhas de pastoreio, que nos altiplanos da cultura, percebe o amor com que o proprietário territorial fita a linha do horizonte longínquo, até onde chegam as suas terras. Pouco lhe importa que esta vastidão de terras continue desaproveitada; o espírito de latifúndio ainda hoje perdura no Brasil, e aí perdura desde o tempo colonial, em que se preferia dar as sesmarias a quem fosse sujeito de muitos teres.[12]

Ter condições financeiras para explorar as terras recebidas influenciava no recebimento delas, mas além do capital, os feitos realizados no interesse da coroa também eram levados em consideração, contudo, chamava a atenção na aquisição de nossas terras: a proximidade do poder e a amizade com os governantes. Com base em avaliação subjetiva realizada pelos "sesmeiros" do rei, esses interessados recebiam grande porção de terras, o que certamente impediu, na maioria das vezes, ao pequeno agricultor o acesso à terra, que tanto necessitava para o seu sustento. Esses distribuidores de terras ignoravam as normas expedidas pelo próprio rei, como por ex., aquelas contidas no Alvará de 08 de dezembro de 1590:

> Eu, El-Rey, faço saber... que, pela informação que tenho do grande benefício, e muito proveito que se poderá conseguir a meus vassalos, de se povoarem as terras do Brasil, e querendo que os fructos e proveitos dellas se lhes communiquem, para que com mais facilidade as queiram povoar, e viver nellas, para as lavrar e aproveitar: hei por bem e me apraz que todas as pessoas, que forem com suas mulheres e filhos a qualquer parte do Brasil, lhes sejam dadas terras de sesmarias, para nellas plantarem seus mantimentos, e fazerem roças de canaviaes para sua sustentação, conforme a qualidade e família dos ditos casados...[13]

---

9. RODRIGUES, Manuel. *A posse*. Coimbra: Almedina, 1996, p. 41.
10. CORDEIRO, Antonio Menezes. *A posse*: perspectivas dogmáticas actuais. 3. ed. Almedina, 2000, p. 48.
11. FONSECA, José Eduardo da. Legislação de terras. *Revista Forense*, n. 38, p. 268-269, 1922.
12. JUNQUEIRA, Messias. Terras devolutas. *Revista Direito*. Rio de Janeiro: Livraria Freitas Bastos, v. IX, maio-jun., p. 160, 1941.
13. Transcrito de artigo de José Eduardo da Fonseca. Legislação de terras. *Revista Forense*, n. 38, p. 270, 1922.

Em reflexão mais recente sobre os mesmos dados históricos, Margarida M. Moura assinala que para a classe dominante, a terra funcionava como suporte de um poder político e econômico que se assentava primordialmente no sujeição da população rural trabalhadora e com base no monopólio de classe das áreas de cultivo que os antigos "coronéis" exerciam autoridade pessoal" sobre as diversas categorias de pequenos produtores que, excluídos do acesso a terreno próprio", frequentemente, por terem sido expropriados por algum fazendeiro, "se viam forçados a morar e/ou trabalhar na *condição* em suas propriedades".[14]

A ganância para obtenção de terras e mais terras é impressionante em quase todas as fases em especial porque não se pagava por elas. Hoje, a situação só muda porque o capital é que comanda a aquisição do latifúndio na área rural e de áreas nobres nos centros urbanos,[15] provocando a mesma situação de outrora: a expulsão dos menos favorecidos para periferia e franjas, espaços que não despertaram interesse econômico imediato.

Veja o interessante relato do brigadeiro Francisco J. Roscio narrando a situação que encontrou no ano de 1781 nas terras da Capitania de S. Pedro do Sul, hoje Rio Grande do Sul:

> As terras fechadas ou terminadas, entre as raiais declaradas nesta relação, todas estão povoadas, mas todas desertas. Cada morador não se contenta com poucas léguas de terra, entendendo que todas lhe serão precisas, ainda que só servem de uma insignificante parte junto à sua cabana; e por isso, ainda que toda a campanha está deserta, todos os campos estão dados e tem senhorios.[16]

Por sua vez, cerca de 25 anos depois, em 1808, Manuel Antonio de Magalhães, com relação à mesma capitania de São Pedro do Sul, revela o equivocado quadro resultante da má distribuição das sesmarias:

> O abuso que há nesta capitania de terem alguns moradores tomado três, quatro sesmarias, com dez, doze e mais léguas de terras é prejudicialíssimo não só a S.A.R., mas aos povos em geral; e ao mesmo tempo que há famílias que não possuem um palmo, e tudo isto com falsos enganos feitos a S.A.R. e aos seus delegados. Um homem que tinha proteção tirava uma sesmaria em seu nome, outra em nome do filho mais velho, outra em nome da filha e filho que ainda estavam no berço, e deste modo há caso de quatro e mais sesmarias; este pernicioso abuso parece se deveria evitar.[17]

Mesmo no chamado "período das posses" (de 1822 a 1850 com a vedação imperial a concessão de novas sesmarias até o advento da Lei de Terras) no qual é possível vislumbrar um favorecimento para o pequeno produtor com a legitimação de suas posses, os grandes latifundiários também se aproveitaram das regras estabelecidas, alargando

---

14. MOURA, Margarida Maria. *Os deserdados da Terra*. Bertrand Brasil, s/d, p. 126, grifo no original.
15. Cf. noticiário de o Globo, parte Economia, dia 24.03.22, p. 16 o lançamento de imóveis residências de médio e alto padrão cresceram, batendo o recorde de lançamento e as populares tiveram queda.
16. ROSCIO, Francisco João. Compendio Noticioso do Continente. *Rio Grande do Sul Terra e Povo*, Ed. Globo, Porto Alegre, 1964, p. 47, apud SODERO, Fernando Pereira. Esboço histórico da formação do direito agrário no Brasil. *Coleção Seminários*, n. 13, p. 22, Ajup-Fase, 1990.
17. MAGALHAES, Manuel Antonio de. Almanaque da Vila de Porto Alegre. *Rio Grande do Sul Terra e Povo*. Porto Alegre: Ed. Globo, 1964, p. 47, apud SODERO, Fernando Pereira, estudo citado, p. 22.

seus domínios ou mesmo procurando dar função social à terra, para assim receber o beneplácito da legitimação.

A partir da Lei de Terras e da confirmação de diversas sesmarias, nasce a propriedade privada brasileira livre das obrigações existentes nas concessões que resultava num misto de doação com encargo e propriedade resolúvel, porque se o concessionário não cumprisse com suas obrigações, dando função social da terra, sua concessão não seria confirmada e deveriam devolver as terras recebidas ao reino.

3. A FUNCIONALIZAÇÃO DA PROPRIEDADE COMO ELEMENTO DE SUSTENTAÇÃO DE SUA LEGITIMIDADE

Desde 1934 nosso sistema constitucional, provavelmente inspirado nas constituições Mexicanas de 1917 e de Weimar de 1919, passou a reconhecer que ser titular do direito de propriedade implicaria em obrigações a cumprir em benefício da sociedade, além daquelas historicamente aceitas como as relações de vizinhança e o pagamento de tributos.

Mas como observou, Paolo B. de Ruffía, as alterações não ocorreram só em Weimar, mas em diversas nações no pós-guerra, que aprovaram novas constituições incluindo nelas além dos tradicionais direitos de liberdade e direitos políticos, os direitos sociais, dentre elas a da Finlândia, de 1919; dos Estados Bálticos, de 1920-1922; da Polônia, de 1921; da Techecoslováquia, de 1920; da Iugoslávia, de 1921; da Áustria, de 1920; da Hungria, de 1920; Turquia, de 1924; da Irlanda, de 1922; da Grécia, de 1927; da Espanha, de 1931,[18] todas contemporâneas das constituições do México e de Weimar.

Hattenhauer assinala que durante a primeira guerra e após ela, a propriedade burguesa foi aniquilada por bonos de guerra sem valor e por uma desvalorização gigantesca, o que não ficou limitado a quebrar a orgulhosa profissão de fé implícita no parágrafo 903, do Código Civil, mas também causou o deslocamento para o direito constitucional da teoria da propriedade, nascendo o primeiro embate com a Constituição de Weimar,[19] cujo art. 153 estabeleceu:

> La propiedad será garantizada por la Constitución. Su contenido y limites se deducirán de las leyes. Solamente se podrá expropiar en bien de la comunidad y con fundamentos de derecho, teniendo siempre como contrapartida la correspondiente indemnización, excepto cuando una ley del Reich determine otra cosa. En lo concerniente a la cuantía de la indemnización, se mantendrá abierta en caso de litigio la via legal de los tribunales competentes, excepto cuando una ley del Reich determine lo contrario. Las expropiaciones hechas por el Reich a Lander, municipio y asociaciones de uso público, sólo podrán efectuarse mediando indemnización. La propiedad obliga. Su uso también debe servir al bien de la comunidad.[20]

18. RUFFÍA, Paolo Biscaretti di. *Introducción al Derecho Constitucional Comparado*. Fondo de Cultura Económica Ltda. Trad. de Héctor Fix-Zamudio. Reimpressão Colombiana de 1997, p. 513.
19. HATTENHAUER, Hans. *Conceptos Fundamentales Del Derecho Civil*. Editorial Airel, AS: Barcelona, p. 123.
20. Idem, ibidem.

Tepedino salienta que, após a primeira guerra mundial, o Estado marcou definitivamente o papel do legislador, antes mero "árbitro das relações privadas", passando, primeiro de "maneira excepcional, e depois, sistematicamente" a intervir na economia, "objetivando obstar a expansão das desigualdades e atender interesses básicos da população carente. Os "sem-terra", os "sem-teto", as legiões de subempregados, os desassistidos dos serviços básicos formam um robusto contingente reivindicante, fomentador de notáveis movimentos sociais, no âmbito dos quais, a revolução bolchevique e a experiência constitucional de Weimar servem de pontos de referência".[21]

Por sua vez, Fábio Comparato, reconhece que a função social da propriedade entrou para o direito positivo através da Constituição de Weimar, e que a norma constitucional, em referência, tem indubitavelmente o sentido de uma imposição de deveres positivos ao proprietário, pois este é o sentido do verbo "verpflichten", contudo, a doutrina germânica não conseguiu extrair uma aplicação prática do princípio constitucional.[22]

Sempre que se refere ao documento de Weimar, indica-se o art. 153 acima transcrito, que na verdade cuida do patrimônio do indivíduo como propriedade, esquecendo-se, contudo, no que diz respeito à propriedade imóvel, o dispositivo que maior indicação dá de que a terra tem uma função social, qual seja o art. 155, item III que estabelece que "el poseedor de la tierra está obligado frente a la comunidad a laborar y explorar el suelo".[23]

A maioria dos autores indicam a Constituição de Weimar como tendo sido o primeiro documento normativo que conferiu maior respeito ao trabalhador, e, em especial como vimos em relação à propriedade. No entanto, poucos se dão conta que a Constituição do México de 1917, foi na verdade o primeiro documento normativo a regular de forma diferenciada o direito de propriedade e o fez de forma extensa no art. 27.[24]

No mesmo sentido da observação aqui externada tem-se a percepção de Luis Roberto Barroso, quando afirma que os "direitos econômicos, sociais e culturais, identificados, abreviadamente, como direitos sociais, são de formação mais recente, remontando à Constituição Mexicana de 1917 e à de Weimar de 1919".[25]

---

21. TEPEDINO, Gustavo. A tutela da propriedade privada na ordem constitucional. *Revista da Faculdade de Direito da UERJ*, v. 1, 1993, p. 110-111, aspas nas expressões "sem-terra" e "sem-teto" no original.
22. COMPARATO, Fábio K. Função social da propriedade dos bens de produção. *R. de Direito Mercantil, Ind., Econômico e Financeiro*, v. 61, p. 75.
23. HEDEMANN, J. W. *Tratado de Derecho Civil. Derechos Reales*. Madrid: Ed. Revista de Derecho privado, v. II, 1955, p. 155.
24. A referência aos artigos foram extraídos do texto da Constituição do México, contido livro "Constituição do Brasil e Constituições Estrangeiras", publicação oficial do Senado Federal: Brasília, 1987, v. II, p. 580/589. No terceiro parágrafo de leitura do referido artigo 27 a Constituição Mexicana, estabeleceu: "... En consecuencia, se dictarán las medidas necesarias para ordenar los destinos de tierras, aguas y bosques, a efecto de ejecutar obras públicas y de planear y regular la fundación conservación mejoramiento y crecimiento de los centro de población; para el fraccionamiento de los latifundios.[..] Los núcleos de población que carezcan de tierras y aguas o no las tengan en cantidad suficiente para las necesidades de su población, tendrán derecho a que se les dote de ellas, tomándolas de las propiedades inmediatas, respetando siempre la pequeña propiedad agrícola en exploración".
25. BARROSO, Luís Roberto. *O direito constitucional e a efetividade de suas normas*. 3. ed. Renovar, 1996, p. 99.

Carlos Marés ressalta a importância da Constituição Mexicana, porque organizava o Estado contemporâneo em uma região em que os conflitos se estabeleciam, não entre camponeses, servos, transformados em trabalhadores livres e a propriedade privada, mas entre camponeses livres, na sua maioria índios que queriam continuar livres, lutando contra a modificação do regime de propriedade, tal como ocorreu no Brasil em Canudos e no Contestado e, como instrumento jurídico, é mais completa e profunda que a alemã, porque não apenas "condiciona a propriedade privada, mas a reconceitua".[26]

O movimento de forças políticas, inspirou as novas constituições surgidas após as constituições do México e de Weimar. A nossa constituição de 1934 parece ter sido o ponto de partida,[27] com a redação inserida no item 17 do art. 113, que garantiu o direito de propriedade, mas, este não poderia ser exercido contra o interesse social ou coletivo na forma que a lei determinasse. Clóvis Bevilaqua, em seus comentários, reconhece, expressamente, que a "Constituição de 1934, art. 113, n. 17, modificou o conceito de propriedade consignado no Código Civil".[28]

A Itália, introduziu na Constituição de 1948, que a propriedade privada é reconhecida e garantida pela lei, que esta determina as formas de aquisição, de sua posse e os limites que asseguram sua função social e de torná-la acessível para todos (art. 42) e com objetivo de obter uma racional exploração do solo, com justas relações sociais, impôs obrigações e vínculos à propriedade rural privada, fixando limites de extensão conforme as regiões (art. 44).[29]

Na Alemanha, a Constituição de 1949, estabeleceu no número 2 do art. 14 que a propriedade obriga. O seu uso deve, ao mesmo tempo, servir o bem estar geral. Na Espanha a Constituição de 1978, trouxe no art. 33 número 2, regras relativas ao conteúdo do direito de propriedade: "La función social de estos derechos delimitará su contenido, de acuerdo con las leyes". Em Portugal, a Constituição de 1976, garantiu no art. 62 o direito à propriedade privada e à sua transmissão, regulando, de forma destacada, a propriedade dos bens de produção no art. 89 e no art. 90 tratou da propriedade social, uma modalidade de propriedade pública por nacionalização com posse útil e gestão coletiva dos trabalhadores.[30]

Na França, a Constituição 1958, com alterações introduzidas por lei constitucionais até junho de 1976, não cuidou particularmente do direito de propriedade, proclamando no preâmbulo, o apego solene do povo aos Direitos do Homem e aos princípios da so-

26. MARÉS, Carlos F. *A função social da terra*. Porto Alegre: Sergio A. Fabris Editor, 2003, p. 93.
27. Neste sentido: FACHIN, Luiz Edson. O estatuto civil da clausura real. *Revista de Inf. Legislativa*, n. 128, p. 162, out./dez 1995, Brasília, item 4 e CHALHUB, Melhim. *Propriedade Imobiliária*. Renovar: RJ/SP, 2000, p. 8; B. DE MELLO, Celso Antonio. Novos Aspectos da Função Social da Propriedade no Direito Público. *RDP* n. 84, p. 40, 1987.
28. BEVILAQUA, Clovis. *Código Civil Comentado*. 7. ed. Livraria Francisco Alves, v. III, 1945, p. 87.
29. *Constituição do Brasil e Constituições Estrangeiras*. Publicação oficial do Senado Federal. Brasília, 1987, v. II, op. cit., p. 526.
30. Idem, v. I, p. 132, p. 367, v. II, p 779, indicação na ordem de referência no texto.

berania nacional, tal como foram definidos pela Declaração de 1789, tendo como ideal comum a liberdade, igualdade e fraternidade.[31]

A Constituição da Colômbia de 1886, com modificações introduzidas em 1945, no art. 30, depois de afirmar que garante a propriedade privada no segundo parágrafo de leitura, estabeleceu: "La propiedad es una función social que implica obligaciones".[32] Tais disposições, foram mantidas na Constituição de 1991, que acrescentou que é inerente à função social a função ecológica; que o Estado protegerá e promoverá as formas associativas e solidárias de propriedade.[33]

Na Bolívia, a Constituição de 1945, no art. 17, garantia a propriedade privada, sempre que o uso que dela se fizesse não fosse prejudicial ao interesse coletivo, estabelecendo a possibilidade de desapropriação por descumprimento da função social.[34] No Equador a Constituição de 1946, cuidou no Título II das garantias gerais na seção I, tratando da propriedade, no art. 183, tendo estabelecido na primeira parte do artigo: "Se garantiza el derecho de propiedad conciliandándolo com su función social".[35]

Na Venezuela na Constituição de 1961, o art. 99, estabeleceu que é assegurado o direito de propriedade, mas que em virtude de sua função social a propriedade estará submetida às contribuições, restrições e obrigações que a lei estabelecer para fins de utilidade pública ou de interesse social ou geral. No Paraguai, a Constituição de 1967 estabeleceu, no art. 96 garantiu à propriedade privada, cujo o conteúdo e limites seriam fixados por lei, atendendo à sua função econômica e social.[36]

No Uruguai, a Constituição de 1967, no art. 32, fixou que a propriedade era um direito inviolável, porém sujeito ao que dispusessem as leis que se estabelecerem por razões de interesse geral. No Peru, a Constituição de 1979, no art. 124, fixou que a propriedade obriga a usar os bens em harmonia com o interesse social e o Estado deveria promover o acesso à propriedade em todas as suas modalidades. O Chile, na Constituição de 1981, estabeleceu, no art. 24, que só a lei poderia estabelecer o modo de adquirir a propriedade e as limitações e obrigações que derivem de sua função social.[37]

Todas procuraram reverberar um Estado do Bem-Estar que conforme Carlos Marés, foi marcado pelo nacionalismo e pelas garantias de condições de vida da população nacional, "por isso tem um forte sentido de fortalecimento da previdência social e intervenção do Estado na iniciativa privada, seja nos investimentos econômicos, seja na propriedade da terra".[38]

---

31. Idem, v. I, p. 441.
32. Texto extraído do libro: Las Clausulas Economico-sociales en las Constituciones de America. Buenos Aires: Editorial Losada, SA, Tomo I, 1947, p. 213.
33. Constitución Política de Colômbia 1991, Bogotá, Colombia, Presidência de La Republica, Impreandes SA., p. 26.
34. *Las Clausulas Economico-sociales en las Constituciones de America.* Buenos Aires: Editorial Losada SA, t. I, 1947, p. 73.
35. Ibidem, p. 323.
36. Constituição do Brasil e Constituições Estrangeiras, op. cit., v. II, p. 1057, p. 670.
37. Idem, v. II, p. 1057, p. 670; p. 966; p. 717, v. I, p. 230.
38. MARÉS, Carlos F. A Função Social ... op. cit., p. 95.

As transformações publicizantes ou socializantes necessitam ser identificadas para descobrir o real alcance e influência no próprio conceito de direito privado, impregnado que estaria por elementos publicistas a impedir uma fácil distinção do direito público.

Parece, então, surgir, um embaralhamento, na identificação do espaço público e do espaço privado provocado pela nuvem de situações que cobrem suas fronteiras, anteriormente ditas estanques, a ponto de abalar a unidade sistemática lógica do próprio sistema. Tal unidade, contudo, se restabelece, deslocando o ponto de partida do exame das relações privadas do Código Civil, para a Constituição, em que pese se reconheça a existência de "universos legislativos setoriais", eis que é "de se buscar a unidade sistema, deslocando para a tábua axiológica da Constituição da República o ponto de referência antes localizado no Código Civil." Recupera-se assim, o universo desfeito pelo surgimento do cipoal legislativo, "reunificando-se o sistema".[39]

Neste sentido é também lição de Perlingieri, como se pode notar na seguinte passagem:

> O Código Civil certamente perdeu a centralidade de outrora. O papel unificador do sistema, tanto nos seus aspectos mais tradicionalmente civilísticos quanto naqueles de relevância publicista, é desempenhado de maneira cada vez mais incisiva pelo Texto Constitucional.[40]

De todo esse estado de coisas, o que ser quer e se deve ressaltar é a influência da constituição em todo tecido infraconstitucional, fenômeno percebido em várias nações e que, entre nós, não só pela afirmação constitucional de que a propriedade tem uma função social, mas, em razão de valores configurantes de princípios superiores de todo sistema, inclusive da própria constituição que os abriga, devido à elevação a fundamento do próprio sistema.

Porém o aspecto mais relevante do princípio da função social da propriedade é a sua concretude. Os institutos jurídicos existem e sobrevivem se e quando atendem aos interesses do homem e muito pouco adianta sua existência se não resultarem em benefício para o homem. Não atende na atualidade a ideia de função social do passado, caracterizada "pela apropriação em si, como forma máxima de expressão e de desenvolvimento da liberdade humana", dogmática vigente na codificação oitocentista e em nosso código civil anterior.[41]

Deve-se então, desde logo, buscar estabelecer uma premissa fundamental em tema de função social: ser ela parte integrante (essencial) da estrutura, do conteúdo do direito, influenciando na sua caraterização e no seu conceito, em outras palavras, impregnando o direito de propriedade. ou, dito de outro modo: ser parte integrante do complexo número de limitações ao direito de propriedade, tomando a expressão limitações em sentido geral.

---

39. TEPEDINO, Gustavo. *Premissas metodológicas para a Constitucionalização do Direito Civil.* Temas de Direito Civil. Renovar, 1999, p. 13.
40. PERLINGIERI, Pietro. *Perfis do Direito Civil.* Trad. Maria Cristina De Cicco, Renovar, 1997, p. 6.
41. TEPEDINO, Gustavo. A nova propriedade. *RF*, n. 306, p. 74, 1989.

Mas como parte integrante do direito de propriedade, como elemento de sua estrutura, conformando-a, atuando de dentro para fora e não como os limites (em sentido próprio), que são exteriores e, portanto, de fora para dentro. Tal questão não é meramente acadêmica, tento grande importância prática, como nos julgamentos pelo Poder Judiciário de pretensões reivindicatórias e possessórias.

Laura B. Varela e Marcos Ludwig sustentam que a função social é a essência dinâmica da estrutura jurídica, afastando deste modo a tradicional teoria dos limites, que são externos e a "reconstrução do direito de propriedade, estrutura fundamentalmente civis, tem sua essência dinâmica na função social".[42]

Carlos Sundfeld sustenta que se der a função social o espectro de limite, "impedida está a apreensão do verdadeiro conteúdo do princípio, de maneira que este permanece incompreendido e, sobretudo, inaplicado" e prossegue: "É que, assimilada ou dissimulada a noção de função social no antigo conceito de limitação administrativa, é dizer, de Poder de Polícia, nada se altera no regime jurídico da propriedade"[43] o que certamente não condiz com o sentido do texto constitucional e nem mesmo com o atual código civil.

Seguindo essa linha, a função social da propriedade passa então a ser apontada como fundamento de legitimidade ou de justificação do próprio direito em si, o que leva a conclusão de que a propriedade que não cumpre sua função social, perde a proteção do sistema.

Nesse sentido colhe-se, dentre outros, em Orlando Gomes,[44] José Afonso da Silva,[45] Eros Roberto Grau,[46] Gustavo Tepedino[47] e este último em parceria com Anderson Schreiber destacam:

> Disso decorre que se uma determinada propriedade não cumpre sua função social *perde o seu título justificativo*. De fato, se a função social é noção que surge exatamente na busca *de uma legitimidade da propriedade* privada, não seria excessivo afirmar que, em sua ausência, *seja retirada a tutela jurídica dominical, em situações concretas de conflito*, para privilegiar a utilização do bem que, mesmo *desprovida do título de propriedade*, condiciona-se e atende ao interesse social. [...]
>
> Revela-se assim o conteúdo constitucional da disciplina da propriedade: *um estatuto proprietário somente será merecedor de tutela* se atender à função social preestabelecida na Constituição, sistematicamente interpretada.[48]

42. VARELA, Laura B. e Marcos de C. Ludwig. Op. cit., p. 768-769.
43. SUNDFELD, Carlos Ari. Função social da propriedade. In: DALLARI, Adilson A. e FIGUEIREDO, Lúcia V. (Coord.). *Temas de Direito Urbanístico – 1*. São Paulo: Ed. RT, 1987, p. 8.
44. GOMES, Orlando. *Direitos Reais*. 13. ed. Forense, 1998, p. 110.
45. SILVA, Jose Afonso. *Curso de Direito Constitucional Positivo*. São Paulo: Ed. RT, p. 239, p. 251, p. 681.
46. GRAU, Eros Roberto. *A ordem econômica na Constituição de 1988*, op. cit., p. 244, p. 249, p. 251, p. 316.
47. TEPEDINO, Gustavo. *Contornos constitucionais da propriedade privada*. Temas de Direito Civil. Renovar: 2002, p. 273 e p. 274. Grifos nossos.
48. TEPEDINO, Gustavo; SCHREIBER, Anderson. Função social da propriedade e legalidade constitucional. *Revista Direito, Estado e Sociedade da PUC-RJ*, v. 17, ago. 2000, p. 50, grifos nossos.

4. A FUNCIONALIZAÇÃO DA POSSE COMO ELEMENTO DE AFASTAMENTO DA PROPRIEDADE

Esse tópico deve ser iniciado com uma indagação relevante: que situação de titularidade deve-se entender como função social da posse? a resposta que se impõe é: aquela que corresponda a uma posse qualificada diversa da posse simples ou comum resultante do simples fato de ter um imóvel cercado sob o olhar do titular, mas sem qualquer função. Na posse qualificada pela função social é mister o exercício de uma atividade humana social e economicamente relevante e isto se dá, por exemplo através da moradia, do desenvolvimento de alguma atividade comercial, industrial ou de serviços para os imóveis urbanos e produção de bens, serviços e moradia para imóveis rurais.[49]

Essa imperiosa e irrecusável, projeção da pessoa humana sobre os bens, só pode fazer-se através da posse (não importa se decorrente ou não de um título jurídico), fixando-se aí sua razão de ser, como se percebe na observação de Hernandez Gil :" La razón de ser de la posesión, su sentido institucional, se encuentra, por tanto, en lo que se aparta de la propriedad, en lo que la corrige y exclue. Es una fórmula atributiva de la utilización de las cosas atenida a las necesidades comunes de todos los seres humanos en cuanto a los alimentos, la habitación y el recreo".[50]

A posse que demanda maior reflexão não é a decorrente do direito de propriedade ou de outro direito qualquer, real ou obrigacional, mas aquela que se forma sem qualquer razão que não seja aquela que decorre da necessidade humana de morar e ou, produzir num determinado bem que está sem utilização por seu titular. A necessidade, afirma Enio Zulliani, é que impulsiona as "pessoas a ocupar terrenos que, para elas, aparecem como abandonados" e partir dessa circunstância da tomada da posse "conglomerados de modestas casas surgem num piscar de olhos, um cenário de pobreza arquitetônica que entristece quem vê ou sente a presença de moradias impróprias".[51]

É a posse independente, isto é, sem título jurídico que a justifique e exercida de regra contra vontade daquele que tem um título jurídico sobre a coisa possuída, situação que correspondente normativamente a violação ao direito do titular (art. 1.228 do CC/02) que demanda maior reflexão. É a posse autônoma que talvez deveríamos chamá-la de posse propriamente dita. A posse pela posse. É esta que suscita maior controvérsia de regra por colocar frente a frente o titular da propriedade e aquele que está "usurpando" seu direito a posse (*ius possidendi*), isto é, aquele que tem a situação de fato necessária a existência de toda e qualquer posse, ao menos no momento aquisitivo.

Tanto a posse quanto a propriedade, são institutos jurídicos que demandam complexidade. As tensões quanto aos impactos sociais do exercício do direito que corresponde

49. TORRES, Marcos Alcino de Azevedo. *A propriedade e a posse.* Um confronto em torno da função social, cit. p. 309.
50. GIL, Antonio Hernandez. *La Posesión como instituición jurídica y social.* Madri: Espasa Calpe, 1987, p. 826.
51. ZULIANI, Ênio Santarelli. Ensaio sobre a função social da posse e usucapião de bem público a partir de julgado do STJ. In: SALOMÃO, Luis Felipe e TARTUCE, Flavio (Coord.). *Direito Civil.* Diálogos entre a Doutrina e a Jurisprudência. Editora Gen/Atlas, p. 514.

a cada uma delas, isto é, uma função social que estaria presente no direito subjetivo do titular, normalmente indicado como expressão do egoísmo, por ser exercido no seu único e exclusivo interesse é um confronto verificável no dia a dia. Neste passo, Miguel Nogueira de Brito destaca que "a propriedade é sempre a tensão entre a liberdade do indivíduo, como ponto de partida, e a obrigação para com a comunidade".[52] Essa tensão está presente na questão relativa à função social da propriedade e a grande dificuldade, como chama atenção Orlando Gomes seria a vagueza do conceito de função social e a dificuldade de sua definição, mas não deixa de reconhecer, de que para CF a função social da propriedade é um dos princípios cardeais, na qual deve se apoiar "nossa ordem econômica".[53]

As teorias da posse sempre foram e continuam sendo objeto de exame pelos manuais e assim dispensam qualquer referência pormenorizada na questão da função social da posse, ainda que alguns vejam um resquício de funcionalidade na teoria de Savigny[54] e outros mesmo na de Ihering omitindo-se a teoria de Saleilles que ao parece ter sido entre nós tratada pela primeira vez por Astolpho Rezende, que assim resumiu:

> Para Saleilles o *corpus pessessorio* é a manifestação externa (não do direito de propriedade), mas da exploração econômica da coisa, isto é, *um estado de facto* tal que revê o *senhor de facto* da coisa, aquelle que a tem sob sua dependência, e fal-a servir à satisfação de suas necessidades.(...)Toda relação com a coisa que, segundo as concepções sociaes, se apresenta como digna de respeito, porque é um elemento da ordem social, deve ser protegida como tal.[55]

Com a promulgação da CF de 1988, a questão da função social da propriedade ou da posse, volta a ser agitada uma vez a nova ordem constitucional alterou completamente modo de exame das situações pessoais e patrimoniais por força dos princípios nela inseridos. Uns, como a dignidade da pessoa humana, elevados a fundamento do Estado Democrático de Direito (art. 1º inc. III da CF). Outros com o propósito de construir uma sociedade livre, justa e solidária, erradicando a pobreza, a marginalização, visando a redução das desigualdades sociais e promoção do bem de todos (inc. I, III, IV do art. 3º da CF), além de colocar de modo claro que a propriedade tem uma função social a cumprir, na ordem privada e na ordem econômica (art. 5º inc. XIII, art. 170 inc. III, ambos da CF), ou seja, inseriu a função social na parte dos direitos fundamentais e na ordem econômica, visando, não custa repisar, construir uma sociedade mais justa e solidária.

O realce trazido pela CF/88 a função social da propriedade passou então a ser objeto de estudo e reflexão, com implicação em algumas poucas decisões judiciais, face

---

52. BRITO, Miguel Nogueira. *A justificação da propriedade privada numa democracia constitucional*. Almedina, 2007, p. 953.
53. GOMES, Orlando. *Direito econômico e outros ensaios*. Editora Dist. de Livros Salvador Ltda, 1975, p. 72-73.
54. FACHIN, Luiz E. Função social da posse sobre bens imóveis: um contributo à reflexão. In: AZEVEDO, Fábio de O. e B. DE MELO, Marco Aurélio (Coord.). *Direito Imobiliário*. São Paulo: Atlas S/A, 2015, p. 270: Analisando o fato do CC ter adotado a teoria de Ihering: "Neste particular, temos evidente retrocesso, comparando-se à teoria de Savigny, na qual há um prenúncio de tutela à função social da posse".
55. REZENDE, Astolpho. *A posse e a sua protecção*. Saraiva, 1º v., 1937, p. 167-168. Sobre o pensamento de Saleilles, Perozi, Barassi, Hernandez Gil, dentre outros consulte: TORRES. Marcos A. de A. *A Propriedade e a posse*, cit., p. 303-310.

ao reconhecimento de um caráter tipicamente individualista aplicado a propriedade privada, porém afastando a eficácia desse direito, em razão da inércia de seu titular ou dito de outro modo, por não cumprir com a função social da propriedade.

Foi a ausência de cumprimento da função social da propriedade que levou o TJSP em dezembro de 1994 em julgamento emblemático que ficou conhecido como o caso da Favela Pulman, em cuja hipótese o relator Des. José Osório propôs ao colegiado o não acolhimento de uma ação reivindicatória, último bastião de proteção da propriedade, em razão do descumprimento da função social da propriedade. Por via transversa deixou de dar função social a posse que decorria de sua titularidade:

> Ação reivindicatória. Lotes de terreno transformados em favela dotada de equipamentos urbanos. Função social da propriedade. Direito de indenização dos proprietários. Lotes de terreno urbanos tragados por uma favela deixam de existir e não podem ser recuperados, fazendo, assim, desaparecer o direito de reivindicá-los. O abandono dos lotes urbanos caracteriza uso antissocial da propriedade, afastado que se apresenta do princípio constitucional da função social da propriedade. Permanece, todavia, o direito dos proprietários de pleitear indenização contra quem de direito. TJSP. A.C. 212.726-1-4. Rel. Jose Osorio.

Essa decisão fora confirmada pelo STJ no REsp 75.659, rel. Min. Aldir Passarinho que deixou assentado que a propriedade assegurada no art. 524 do CC/16 não era absoluta tendo perecido o direito do titular pelo seu abandono.[56]

Desde 2005 tenho sustentando que a posse funcionalizada deve prevalecer sobre a propriedade desfuncionalizada, de modo que a proteção da posse deixaria de ser provisória para ser duradoura até converter-se em propriedade pela usucapião, se o possuidor mantivesse a funcionalização durante todo tempo de sua posse, ficando assim a propriedade num estado de quiescência ou apatia (dormindo), de modo que o titular do domínio só recuperaria sua posse se o possuidor a abandonasse ou deixasse de cumprir a função social da posse. Parece interessante para este ensaio transcrever umas das razões da tese desenvolvida:

Neste viés, quando protejo a posse com função social, estou protegendo a vida, a saúde, a segurança, enfim a dignidade da pessoa humana e contribuindo para a construção de uma sociedade mais justa e solidária; para erradicação da pobreza e eliminação da marginalização, reduzindo as desigualdades sociais, garantindo o desenvolvimento nacional. Protege-se nesta hipótese o *ser* e dá cumprimento ao mandamento constitucional da função social da propriedade (aqui englobando a posse como relação econômica e no contexto do inc. XXII do art. 5º da CF) e atende-se aos anseios da sociedade politicamente organizada.[57]

---

56. Analisando os dois acórdãos do caso, Arruda Alvim emite sua opinião contrário a tese adotada: "não nos parece, pelas considerações feitas, que a decisão seja compatível com o ordenamento brasileiro, no plano do direito infraconstitucional, mas o terá sido no plano do direito constitucional, que se impôs sobre o direito ordinário". ALVIM. Arruda. *A função social da propriedade, os diversos tipos de direito de propriedade e a função social da posse.* In: VENOSA, Sílvio de S.; GAGLIARDI, Rafael V, e NASSER, Paulo M. (Coord.). *10 Anos do Código Civil.* Desafios e perspectivas. São Paulo: Atlas, 2012, p. 590.
57. TORRES, Marcos A. de A. *A posse e a propriedade*, cit., p. 416.

A respeito da questão da função social da posse também merece destaque as afirmações de Guilherme Calmon:

> No sistema jurídico brasileiro, fundado na solidariedade política, econômica e social e na busca do pleno desenvolvimento da pessoa humana, o conteúdo da função social assume a ideia e o papel promocional na direção de que a disciplina das formas e espécies de posse e suas interpretações devem ser atuadas para garantir e promover os valores sobre os quais se funda o ordenamento.[58]

Não há dúvida de que para os ocupantes de imóveis sem função social, a titulação, isto é, a obtenção do título de propriedade lhes confere segurança. Mas tal proteção pode ser atendida pela posse, protegendo-as de remoções e despejos, desde que se reconhece que a posse funcionalizada impede a recuperação da posse pelo titular do domínio desfuncionalizado. Não se faz necessário, para tanto, conceder título de domínio, pois a posse se aproxima "da concretude da vida, estimulando uma tutela possessória mais atenta aos interesses sociais e à denominada "repersonalização" do Direito com foco maior nas pessoas e não no patrimônio".[59]

A propósito, veja-se o reflexo dessa discussão em acordão do STJ da lavra do Min. Luis Felipe Salomão:

> Recurso especial. Direito civil. Violação ao art. 535 do CPC/1973. Não ocorrência. Ação de reintegração de posse. Requisitos do art. 927 do CPC/1973 e 561 do novo CPC. Realidade fática do imóvel modificada. Imóvel que se transformou em bairro urbano populoso. Impossibilidade de desconsideração da nova realidade na solução da contenda. Função social da propriedade e da posse. Direito à moradia e mínimo existencial. Dignidade da pessoa humana. Ponderação de valores. Negativa da reintegração. Possibilidade de conversão da prestação originária em alternativa. Art. 461-A do CPC/1973. Recurso não provido. 1. "Havendo no acórdão declaração expressa quanto aos fatos e fundamentos que embasaram suas conclusões, não há como vislumbrar-se ofensa aos arts. 458 e 535, CPC, por negar-se o colegiado, em embargos declaratórios, a explicitar as razões pelas quais preferiu apoiar-se em certas provas, em detrimento de outras. O princípio do livre convencimento motivado é um dos postulados do nosso sistema processual" (REsp 50936/SP, DJ 19/09/94). 2. O art. 927 do CPC/1973, reproduzido no art. 561 do novo diploma, previa competir ao autor da ação possessória de reintegração a comprovação dos seguintes requisitos: a posse; a turbação ou esbulho pela parte ré; a data da turbação ou do esbulho e a perda da posse. 3. Ainda que verificados os requisitos dispostos no item antecedente, o julgador, diante do caso concreto, não poderá se furtar da análise de todas as implicações a que estará sujeita a realidade, na subsunção insensível da norma. É que a evolução do direito não permite mais conceber a proteção do direito à propriedade e posse no interesse exclusivo do particular, uma vez que os princípios da dignidade humana e da função social esperam proteção mais efetiva. 4. O Supremo Tribunal Federal orienta que, tendo em vista a impossibilidade de haver antinomia entre normas constitucionais, sem a exclusão de quaisquer dos direitos em causa, deve prevalecer, no caso concreto, o valor que se apresenta consentâneo com uma solução razoável e prudente, expandindo-se o raio de ação do

58. GAMA, Guilherme Calmon N. da. *Direitos reais*. São Paulo: Atlas S/A, 2011, p. 97-101. Outros manuais se dedicaram ao assunto como se pode ver em : MELO, Marco Aurélio B. de. *Direito das Coisas*. Lumen Juris Editora, 2007, p. 23-26; NADER, Paulo. *Curso de Direito Civil*. Direito das Coisas. 7. ed. Gen/Forense, v. 4, 2016, p. 34; TARTUCE, Flavio. *Direito Civil*. Direito das Coisas. 11. ed. Gen/Forense, 2019, p. 33-36; FARIAS. Cristiano C. de. ROSENVALD, Nelson. *Curso de Direito Civil*. Reais. 11. ed. São Paulo: Atlas S/A, 2015, 45-51.
59. FACHIN, Luiz Edson. Função social da posse sobre bens imóveis: um contributo à reflexão. In: AZEVEDO, Fábio de O. e B. DE MELO, Marco Aurélio (Coord.). *Direito imobiliário*. São Paulo: Atlas S/A, 2015, p. 263-264.

direito prevalente, mantendo-se, contudo, o núcleo essencial do outro. Para esse desiderato, recomenda-se a aplicação de três máximas norteadoras da proporcionalidade: a adequação, a necessidade e a proporcionalidade em sentido estrito. 5. No caso dos autos, o imóvel originalmente reivindicado, na verdade, não existe mais. O bairro hoje, no lugar do terreno antes objeto de comodato, tem vida própria, dotado de infraestrutura urbana, onde serviços são prestados, levando-se à conclusão de que o cumprimento da ordem judicial de reintegração na posse, com satisfação do interesse da empresa de empreendimentos imobiliários, será à custa de graves danos à esfera privada de muitas famílias que há anos construíram suas vidas naquela localidade, fazendo dela uma comunidade, irmanada por idêntica herança cultural e histórica, razão pela qual não é adequada a ordem de reintegração. 6. Recurso especial a que se nega provimento. Recurso Especial 1.302.736 – MG (2011/0230859-5). Relator: Ministro Luis Felipe Salomão. Quarta turma. Julgado: 12.04.2016.

5. A PROTEÇÃO DA POSSE PELO DIREITO COMO ELEMENTO DE TRANSFORMAÇÃO SOCIAL

Nesse confronto posse x propriedade reconhece Tepedino que a posse também corresponde a uma titularidade e assinala que ambas titularidades possuem aspecto dinâmico e estático, sendo que na posse esse aspecto estático corresponde ao direito subjetivo do titular da posse, traduzido no conjunto de poderes ao possuidor atribuído, estando estes poderes na estrutura do direito, mas que a função "estabelece sua legitimidade e seus limites, isto é, a justificativa finalística desses poderes em razão das exigências suscitadas por outros interesses tutelados pelo ordenamento na concreta utilização dos bens jurídicos".[60]

Quando se protege a posse funcionalizada o direito está permitindo que a vida do possuidor ou possuidores, como normalmente acontece nas grandes cidades, seja transformada, pois assegura-lhe a moradia e possibilita a formação de relações das mais diversas. Desse modo proteger-se-á o SER e não o TER, atendendo deste modo ao princípio constitucional da solidariedade e da dignidade da pessoa humana. Nesse sentido pode ser indicado dois julgados do TJRJ no qual o direito foi utilizado como instrumento de transformação social no exame do conflito posse versus propriedade:

Acórdão direito civil. Posse. Poder de fato. Alegação de esbulho. Inviável a análise da matéria sem o foco constitucional, afastando-se a patrimonialidade do instituto, para avançar em direção à função social da propriedade e da posse. Prova testemunhal. Réu que se encontra na posse do imóvel há anos, utilizando-o para o fim de moradia, despendendo recursos para a sua manutenção e melhoramento, em atenção a função social da posse. Autor que deixou trazer a prova da continuidade da condição fática de possuidor e do esbulho, devendo, por conseguinte, ser mantida a sentença. Desprovimento do recurso (A.C. 0008688-82.2013.8.19.0068. 1ª CC. Relator: Des. Custodio De Barros Tostes. Data da Publicação: 29.04.2016).

Apelação cível. Ação de reintegração de posse. Deserção do recurso afastada diante da concessão do benefício da justiça gratuita. Assinatura eletrônica da sentença que afasta a alegação de ato apócrifo. Sentença de procedência que deve ser reformada. Ausência de comprovação dos requisitos do artigo 927 do CPC. Autores que não comprovaram a posse anterior do terreno alegadamente esbulhado, não

60. TEPEDINO, Gustavo. Posse e propriedade na constitucionalização do direito civil: Função social, autonomia da posse e bens comuns. *Direito Civil.* Diálogos entre a doutrina e a jurisprudência. Gen/Atlas, 2018, p. 485.

se desincumbindo do ônus imposto pelo art. 333, I do CPC. Exteriorização do domínio. Inteligência do artigo 1.196 do CC. Função social da posse que resguarda o possuidor que confere destinação de moradia ao imóvel. Recurso conhecido e provido (AC 0000903-88.2012.8.19.0073, 13ª CC, Rel. Des. Gabriel De Oliveira Zefiro. Data da Publicação: 28.08.2015).

Por certo que não se está dizer que o proprietário não mereça tutela do sistema. Ao contrário sistema ainda é baseado numa forte proteção da propriedade privada, pois quando acompanhada "do título dominical, a função social da posse coincide e é absorvida pela função social atribuída, *a priori*, ao direito de propriedade, levada a cabo, evidentemente, pelo exercício do próprio direito, garantido constitucionalmente".[61]

Mas a propriedade sem função social perde sua condição de instrumento de transformação social para se materializar em instrumento de acumulo do capital, passando a ser considerada como uma mercadoria que serve ao TER e não ao SER. Perde sua legitimidade constitucional e com isso a proteção do sistema com anunciado no tópico anterior e agora ratificado.

Veja-se no sentido do acima afirmado a opinião de importantes autores. A começar pelo respeito professor italiano Perlingieri:

E isso não se realiza somente finalizando a disciplina dos limites à função social. Esta deve ser entendida não como uma intervenção *em ódio* à propriedade privada, mas torna-se *a própria razão pela qual o direito de propriedade foi atribuído a um determinado sujeito*, um critério de ação para o legislador, e *um critério de individuação da normativa a ser aplicada para o intérprete* chamado a avaliar as situações conexas *à realização de atos e de atividades do titular*.[62]

No mesmo sentido José Afonso da Silva:

O regime jurídico da propriedade tem seu fundamento na Constituição. Esta garante o direito de propriedade, desde que este atenda sua função social. Se diz: é garantido o direito de propriedade (art. 5º XXII), a propriedade atenderá sua função social (art. 5º XXIII), não há como escapar ao sentido de que só garante o direito de propriedade que atenda sua função social.

...constitui um princípio ordenador da propriedade privada e fundamento da atribuição desse direito, de seu reconhecimento e da sua garantia mesma, incidindo sobre seu próprio conteúdo.[63]

Tepedino e Anderson Schreiber:

Disso decorre que se uma determinada propriedade não cumpre sua função social *perde o seu título justificativo*. De fato, se a função social é noção que surge exatamente na busca *de uma legitimidade da propriedade* privada, não seria excessivo afirmar que, em sua ausência, *seja retirada a tutela jurídica dominical, em situações concretas de conflito*, para privilegiar a utilização do bem que, mesmo *desprovida do título de propriedade*, condiciona-se e atende ao interesse social. [...]

---

61. TEPEDINO, Gustavo. Posse e propriedade na constitucionalização do direito civil: função social, autonomia da posse e bens comuns. In: SALOMÃO, Luis F., TARTUCE. Flávio. *Direito Civil. Diálogos entre a doutrina e a jurisprudência*. Gen/Atlas, 2018, p. 486-487.
62. PERLINGIERI, Pietro. *Perfis do Direito Civil:* introdução ao direito civil constitucional. Op. cit., p. 226. Aspas no original e grifos nossos.
63. SILVA, Jose Afonso. *Curso de Direito* ...op. cit., p. 239, p. 251, p. 681.

> Como se vê, a Constituição de 1988 dá conteúdo positivo à função social, condicionando a legitimidade do domínio ao atendimento pelo titular, de valores sociais e existenciais não proprietários... ...Se a função social, assim concebida pelo constituinte, insere-se no rol das garantias fundamentais, *não se pode deixar de vincular à proteção da titularidade dominical ao seu cumprimento*. [...]
>
> Revela-se assim o conteúdo constitucional da disciplina da propriedade: um estatuto proprietário somente será merecedor de tutela se atender à função social pré-estabelecida na Constituição, sistematicamente interpretada.[64]

Ora, não é possível que a ausência da função social na propriedade não tenha qualquer sentido além do teórico de ausência de legitimidade. Não é isso que se espera do direito como instrumento de transformação social mas exatamente o contrário: algum tipo de consequência deve existir além daquelas complexas e demoradas previstas no art. 182 da CF.

A consequência que vislumbro é exatamente aquela, no sentido da doutrina exposta de que no conflito entre a posse funcionalizada do ocupante (o dado real) e o direito de propriedade sem exercício (o dado jurídico), deve-se conferir proteção àquele que está atendendo, em relação à determinado bem, o aspecto dinâmico social que dele a sociedade espera e em razão do qual sociedade, através de seus representantes, conferiram legitimidade.

Nesse contexto, parece razoável interpretar-se de modo invertido, isto é, a partir da posse e assim reconhecer que proprietário é aquele que exerce a posse funcionalizada com base num título reconhecido pelo direito. A posse é a propriedade sem título e a propriedade é a posse com título. Nesse ponto, a questão central na posse, "não é o vínculo formal e exclusivo sancionado pelos livros fundiários, o pertencimento do bem a alguém; é a efetividade sobre o bem prescindindo de suas formalizações".[65]

Nos conflitos fundiários observa Jacques Távora Alfonsin "o grande poder de abstração que qualquer intérprete da realidade ou do ordenamento atribui ao título de propriedade, para a solução do caso", possibilitando um distanciamento provocado pela "opacidade da matricula do imóvel" em contraponto ao conhecimento empírico do espaço disputado", de tal modo que "ninguém obtém a mínima pista sobre o uso que o proprietário faz da coisa que é titular".[66]

Marco Aurélio B. de Melo salienta que o "direito ao título de propriedade de um imóvel no modelo econômico, político e jurídico a que o Brasil se insere pode ser considerado um "novo direito" considerando que "a ocupação dessas áreas" de um modo geral, "ocorre sem a observância do modelo clássico burguês de aquisição imobiliária (ex. compra e venda e sucessão hereditária)".[67]

---

64. TEPEDINO, Gustavo e Anderson Schreiber. Função Social ...op. cit. p. 43, p. 47, p. 49, p. 50, p. 51. grifos nossos.
65. FACHIN, Luis Edson. *Função social da posse sobre bens imóveis*: um contributo à reflexão, cit. p. 270.
66. ALFONSIN, Jacques Távora. *O acesso à terra como conteúdo de direitos humanos fundamentais à alimentação e à moradia*. Porto Alegre: Sergio Fabris Editor, 2003, p. 65.
67. MELO, Marco Aurélio B. de. *Legitimação de posse dos imóveis urbanos e o direito à moradia*. Ed. Lumen Juris, 2008, p. 34.

6. CONCLUSÃO

Do que foi visto acima, percebe-se que o problema que envolve a ocupação de nosso solo, urbano ou rural remonta à distribuição de terras realizadas pela Coroa portuguesa e chega aos nossos dias, mas ainda sem solução adequada, seja pela inércia do Poder Público em fiscalizar a questão relativa ao cumprimento da função social da propriedade seja pela atuação do Poder Judiciário em dar proteção da propriedade que não a cumpre quando se está diante de um conflito com a posse que cumpre a função social, com a exceção de poucas decisões, como destacada no texto, que utilizam do direito como instrumento de transformação social, valorizando a vida, o ser e não o ter, atendendo assim aos fundamentos da república insculpidos no art. 3º da CF.

Neste cenário, o magistrado quando diante de uma pretensão de reivindicação ou de reintegração na posse de bem imóvel, deverá considerar um requisito implícito quando do exame de pedido liminares: provou o requerente que está cumprindo a função social inerente ao bem que reivindica a posse? em caso positivo faz sentido a antecipação do pedido e em caso contrário, como ocorre na grande maioria das hipóteses, deve indeferi-la e deixar a instrução ocorrer, porque não haverá a urgência necessária a antecipação de seu pedido considerando que o titular não exercia qualquer atividade funcionalizante no bem objeto de seu direito que fora obstada porque aquele que a está exercendo.

A FUNÇÃO SOCIAL DA POSSE COLETIVA PARA A PROTEÇÃO DAS COMUNIDADES REMANESCENTES DE QUILOMBOS NO BRASIL

Marco Aurélio Bezerra de Melo

Doutor e Mestre em Direito pela Universidade Estácio de Sá. Professor emérito da Escola da Magistratura do Estado do Rio de Janeiro. Professor titular de direito civil do Instituto Brasileiro de Mercado de Capitais (IBMEC/RJ). Professor permanente do PPGD da Universidade Estácio de Sá. Membro honorário do Instituto dos Advogados Brasileiros, do Instituto Brasileiro de Direito Civil e da Academia Brasileira de Direito Civil. Desembargador do Tribunal de Justiça do Estado do Rio de Janeiro.

1. INTRODUÇÃO

O presente estudo objetiva refletir acerca do papel da posse coletiva exercida pelas comunidades remanescentes de quilombos no Brasil para o fim de conferir concreção ao artigo 68 do Ato das Disposições Constitucionais Transitórias, cujo sentido é simples, mas de complicada concreção: "Aos remanescentes das comunidades dos quilombos que estejam ocupando suas terras é reconhecida a propriedade definitiva, devendo o Estado emitir-lhes os títulos respectivos".

Como é de fácil percepção, o objetivo da norma constitucional é o de reconhecimento da situação proprietária para as comunidades quilombolas, tendo em vista que o referido direito com assento constitucional constitui um importante vetor para a afirmação da própria dignidade humana, pois funciona como veículo assecuratório de outros direitos fundamentais como moradia e trabalho.

A par da segurança jurídica, curial é o raciocínio segundo o qual se pode afirmar que o reconhecimento formal há de trazer para os destinatários diretos e, no caso específico da tese, também para toda a sociedade, uma relevante função social. Por meio da regularização fundiária, o titular reconhecido passa a gozar de uma garantia mais efetiva contra o desapossamento das terras que ocupa, uma vez que tal direito ostenta o atributo da eficácia *erga omnes*, impondo um dever geral de abstenção.

Com vários fins de interesse público como o de preservação do multiculturalismo e de emancipação social e econômica das comunidades remanescentes de quilombos, notadamente no tocante a garantia do trabalho e da moradia, o poder constituinte originário resolveu promover a regularização fundiária dos remanescentes dos territórios quilombolas no Brasil.[1]

Entretanto, o que se verifica atualmente é que o objetivo constitucional conta com uma ínfima efetividade, posto que dos mais de três mil quilombos reconhecidos, apenas cerca de 4% tiveram o reconhecimento da propriedade definitiva a que se refere a Constituição Federal.

Durante cerca de trezentos e cinquenta anos de escravatura, a formação de quilombos mostrou-se uma constante, pois se há a tirania do regime econômico escravocrata haverá a tentativa de fuga, já que a busca da liberdade se constitui em um direito natural do homem. Tanto que o ato de se aquilombar ocorreu em outros pontos, recebendo os nomes de *palenques* nas colônias espanholas, *marrons* nas inglesas e *grand marronage* nas francesas, o que seria diferente da *petit marronage* que identificaria as pequenas fugas.

Segundo historiadores contemporâneos, quinze milhões de africanos foram arrancados de suas terras para a América, sendo que 40 % foram trazidos para o trabalho servil no Brasil, no que pode ser chamado de diáspora africana. Apenas para que se tenha uma noção de grandeza, no primeiro censo realizado em 1872, chegou-se a um número de 9.930.478 habitantes no Brasil.

2. QUILOMBO: PERSPECTIVA CLÁSSICA (HISTÓRICA) E RESSIGNIFICADA (CONSTITUCIONAL)

Em seu novo dicionário banto, Nei Lopes,[2] o vocábulo *quilombo* tem origem na palavra *kilombo* da língua quimbundo falada em Angola e significa "acampamento, arraial, povoação, povoado; capital; união, exército", sendo essa a sua conotação toponímica, a qual acresce a ideológica, ao dizer que quilombo era um "aldeamento de escravos fugidos". No mesmo sentido, é a percepção de Clóvis Moura,[3] acrescentando que mesmo na língua banto, essa palavra podia trazer consigo o sentido de "ajuntamento de escravos fugidos".

A primeira referência que buscou descortinar o que seria um quilombo não se constitui propriamente em um conceito, mas sim em uma definição encomendada mediante consulta do Rei de Portugal (1740) ao seu Conselho Ultramarino, o qual respondeu que seria considerada "toda a habitação de negros fugidos que passem de cinco, em parte desprovida, ainda que não tenham ranchos levantados nem achem pilões neles".

De toda sorte, quando se pensa em um quilombo vem a nossa mente a ideia de uma fortificação composta de negros fugitivos que, desafiando o direito estatal, formaram um núcleo populacional que buscava manter a cultura e a estratificação social trazida

---

1. Sobre o tema, seja-nos permitido referir a MELO, Marco Aurélio Bezerra. *Posse e propriedade das áreas remanescentes de quilombos na ordem constitucional.* Rio de Janeiro: Lumen Juris, 2019.
2. LOPES, Nei. *Novo Dicionário Banto do Brasil.* 2. ed. Rio de Janeiro: Pallas, 2012, p. 213.
3. MOURA, Clóvis. *Dicionário da Escravidão Negra no Brasil.* 1. reimp. São Paulo: Universidade de São Paulo, 2015, p. 335.

da África. Esse é o conceito histórico de quilombo que pode ser sintetizado na ideia de um território no qual os escravizados fugidos do regime servil formavam um núcleo de resistência com vistas a conseguir a liberdade e viver dignamente de seu trabalho.

A percepção acima tratada é a clássica ou histórica que nos fornece uma concepção estática do fenômeno social, mas parece não coincidir com a constitucional, de feição dinâmica como reconhecida pelo Supremo Tribunal Federal no julgamento da ADI 3239/04 que reconheceu a constitucionalidade do Decreto 4.887/03 que se vale do critério da autoatribuição da qualidade de quilombolas, ressignificando o conceito de quilombos, segundo os atuais estudos da antropologia e que consta nas Convenções Internacionais que cuidam do tema, como se verá a seguir de modo breve.

No estudo do sentido da linguagem, a expressão legal "remanescentes de quilombos" parece se apresentar como um *significante* representado pela grafia posta e que pode trazer à cognição dois *significados*: o primeiro, com olhos para o passado, imutável, comprometido com a história brasileira. O segundo, mirando na senda da superação do cativeiro e da fuga, dinâmico, vinculado ao historicismo que possibilita o estudo atual da cultura, da própria conduta formadora e conformadora da sociedade brasileira, a fim de possibilitar o fomento na busca da emancipação de tais comunidades para um paradigma de dignidade socioeconômica.

A par de alguma controvérsia sobre o tema, o entendimento prevalecente é o que vem retratado pela Associação Brasileira de Antropologia (ABA) que entende pela cientificidade do procedimento de autoatribuição seguido de um trabalho de fundamentação teórica, metodológica, histórica da ocupação das terras, a fim de verificar a eventual caracterização de uma identidade étnica que atenda ao requisito subjetivo de *remanescentes de quilombos* para assim poder se pensar em uma demarcação e titulação das de terras, com o objetivo de assegurar a reprodução cultural, social e física dos quilombolas, fim maior do texto constitucional.

Para a referida associação, quilombo é "toda comunidade negra rural que agrupe descendentes de escravos vivendo da cultura de subsistência e onde as manifestações culturais têm forte vínculo com o passado".[4] Entender, em sentido contrário, poderia fossilizar o conceito de quilombo, remontando, inclusive, o período escravocrata, com o discurso, lembrança e uma nova atuação desse triste passado no presente que se pretende resgatar e reparar.

Após apontar os cinco elementos que identificavam um quilombo, baseado na já citada conceituação fornecida pelo Conselho Ultramarino ao Rei de Portugal (1740) como sendo a *fuga, quantidade mínima de fugitivos, localização marcada pelo isolamento geográfico, rancho* ou *morada* e o *pilão* como símbolo da capacidade de se alimentar e reproduzir, o antropólogo Alfredo Wagner Berno de Almeida[5] sustenta a necessidade de

4. MATIELO, Benedito Aristides Riciluca; OLIVEIRA, Leinad Ayer. In: ANDRADE, Tânia (Org.). *Quilombos em São Paulo*: tradições, direitos e lutas. São Paulo: IMESP, 1997, p. 47.

5. ALMEIDA, Alfredo Wagner Berno. As comunidades quilombolas entre os novos significados de território e o rito de passagem da "proteção" ao "protecionismo". In: OLIVEIRA, Osvaldo Martins (Org.). *Direitos*

se relativizar esses conceitos, fugindo da *frigorificação* mediante a *libertação da definição arqueológica*, apresentando razões absolutamente pertinentes:

> Os fatores objetivos e a representação do real constituem, portanto, a realidade de referência. É necessário que nos libertemos da definição arqueológica, da definição histórica stricto sensu e das outras definições que estão frigorificadas e funcionam como uma camisa-de-força, ou seja, da definição jurídica dos períodos colonial e imperial e até daquela que a legislação republicana não produziu, por achar que tinha encerrado o problema com a abolição da escravatura, e que ficou no desvão das entrelinhas dos textos jurídicos. A relativização dessa força do inconsciente coletivo nos conduz ao repertório de práticas e às autodefinições dos agentes sociais que viveram e construíram essas situações hoje designadas como quilombo.

Na mesma linha hermenêutica, ensina a antropóloga Eliana Cantarino O'Dwyer[6] que o trabalho do etnógrafo exige adentrar no mundo do outro em um engajamento que reduza as desarmonias e diferenças sociais e culturais entre o pesquisador e o objeto a ser pesquisado, destacando a importância da memória no trabalho antropológico e trazendo à consideração que a autodefinição do grupo quilombola que busca uma ancestralidade encontra respaldo constitucional.

Em obra que condensa a identificação dos quilombos do Estado do Rio de Janeiro levada a efeito por antropólogos vinculados ao curso de pós-graduação da Universidade Federal Fluminense (PPGA/UFF), a citada professora que coordenou os trabalhos, identificou três denominadores comuns no reconhecimento de um território quilombola: 1º) a memória social do grupo; 2º) a autoidentificação precede ao trabalho antropológico, desmistificando a assertiva segundo a qual poderia haver uma instrumentalização prévia e técnica do uso social do termo; 3º) mesmo na atualidade, a configuração de um quilombo tem maior relação com a antiga resistência feita ao poder tutelar do senhor escravista, do que com o modelo estatal idealizado pela Constituição.

---

quilombolas & dever do Estado em 25 anos da Constituição Federal de 1988. Rio de Janeiro: Associação Brasileira de Antropologia, 2016 p. 62-63. No mesmo sentido: SILVA, Ane Elyse Fernandes; CARNEIRO, Leonardo de Oliveira. Reflexões sobre o processo de ressemantização do conceito de quilombo. *Revista de Geografia*, v. 6, n. 3. Juiz de Fora, PPGEO-UFJF, 2016, p. 293-304; MARGRAF, Alencar Frederico; OLIVEIRA, Priscila Sutil. *Quilombos Brasileiros*. Constitucionalismo contemporâneo e políticas públicas em defesa dos remanescentes de quilombos. 2. ed. Rio de Janeiro: Lumen Juris, 2017, p. 197-200; SUNDFELD, Carlos Ari. *Comunidades quilombolas*. Direito à Terra (Art. 68 do Ato das Disposições Constitucionais Transitórias). Brasília: 2002, p. 77-81; SARMENTO, Daniel. Comentário ao artigo 68, ADCT. In: CANOTILHO, J. J., MENDES, Gilmar F.; SARLET, Ingo W.; STRECK, Lenio L. (Coord.). *Comentários à Constituição do Brasil*. São Paulo: Saraiva/Almedina, 2013, p. 2245-2247; VITORELLI, Edilson. *Estatuto da Igualdade Racial e comunidades quilombolas*. 2. ed. Salvador: Juspodium, 2015, p. 287-288; ANDRADE, Tânia; PEREIRA, Marcia Regina de Oliveira; ANDRADE, Marcia Regina de Oliveira. *Negros do Ribeira*: reconhecimento étnico e conquista do território. 2. ed. São Paulo: ITESP, 2000, p. 7-9; MARTINS, Cynthia Carvalho; NUNES, Patrícia Portela; PEREIRA JÚNIOR, Davi; *Quilombos e Mocambos*: As "Terras de Preto" do Maranhão e a diversidade de territorialidades específicas. In: OLIVEIRA, Osvaldo Martins (Org.). *Direitos quilombolas & dever do Estado em 25 anos da Constituição Federal de 1988*. Rio de Janeiro: Associação Brasileira de Antropologia, 2016, p. 71-82, dentre outros.

6. O'DWYER, Eliane Cantarino. *O fazer antropológico e o reconhecimento de direitos constitucionais*. O caso das terras de quilombo no Estado do Rio de Janeiro. Rio de Janeiro: e-papers, 2012, p. 11-21.

Oliveira e Muller[7] noticiam:

> A autoidentificação não é novidade na antropologia. Já na década de 1960, antropólogos reconheciam que os grupos humanos constroem sua identidade a partir da forma como se definem, como pensam a si mesmos (Barth, 1976). Grupos constroem fronteiras com base em sinais diacríticos que espelham sua visão de mundo e que os antropólogos percebem na organização social e na cultura de tais grupos.

Aduzem ainda os professores doutores em Antropologia que cientificamente configura ato de extrema violência imputar a uma pessoa e, no caso, a uma coletividade uma identidade, arrematando que o foro mais íntimo da liberdade:

> (...) é poder dizer quem sou eu, sem que os outros me definam, sem que outros me imponham uma identidade. A luta do povo quilombola está em grande parte baseada no reconhecimento da liberdade de expressar sua identidade e construí-la de maneira positiva, livrando-se de estereótipos e pré-noções.

Por essa diretriz de atuação, os quilombos hoje não devem ser reconhecidos a partir de um estudo meramente arqueológico, com vistas ao passado, ou de vínculos de hereditariedade, mas sim de um agrupamento humano que conta com um referencial de ancestralidade negra que pode até mesmo ter se aquilombado não por fuga, mas por outros fatores como com o próprio apoio e consentimento da sociedade que compunha o Estado escravocrata, o que parece convencer que não há uma homogeneidade de situações formadoras dos quilombos.

No Direito Internacional, o critério da autoatribuição foi prestigiado pela Convenção 169 da Organização Internacional do Trabalho que trata dos direitos dos povos Indígenas e Tribais, aprovada em Genebra, em 27 de junho de 1989, a qual adentrou no regime jurídico brasileiro por intermédio do Decreto Federal 5.051/04, merecendo relevo que o citado ato normativo tem por objeto a proteção de direitos humanos e mesmo não emendando a Constituição, tem força de norma jurídica supralegal. Nesse passo, importa trazer à consideração o ensinamento de Flávia Piovesan[8] quando diz que os tratados de direitos humanos vêm "aprimorar e fortalecer, nunca restringir ou debilitar, o grau de proteção dos direitos consagrados no plano normativo interno".

Em tal regramento é possível verificar que dentre os princípios de política geral para a aplicação da legislação encontra-se a autoidentificação quando se que diz "a consciência de sua identidade indígena ou tribal deverá ser considerada como critério fundamental para determinar os grupos aos que se aplicam as disposições da presente Convenção." (art. 1º, item 2).

No direito puramente interno, esse critério foi adotado pelo Estatuto da Igualdade Racial (Lei 12.288/10), cujo inciso IV do artigo 1º define *população negra* como sendo

---

7. OLIVEIRA, Osvaldo Martins; MULLER, Cíntia Beatriz. Considerações finais. Direitos quilombolas: identidade, práticas culturais e território. In: OLIVEIRA, Osvaldo Martins (Org.). *Direitos quilombolas & dever do Estado em 25 anos da Constituição Federal de 1988.* Rio de Janeiro: Associação Brasileira de Antropologia, 2016, p. 317-318.
8. PIOVESAN, Flávia. *Direitos Humanos e o Direito Constitucional Internacional.* 18. ed. São Paulo: Saraiva, 2018, p. 193.

o conjunto de pessoas que se autodeclaram pretas e pardas, conforme o quesito cor ou raça usado pela Fundação Instituto Brasileiro de Geografia e Estatística (IBGE), ou que adotam autodefinição análoga.

A autoatribuição possibilita a que se chegue com maior rigor acerca da realidade fática, possibilitando uma tomada de posição isenta acerca do objeto a ser analisado, evitando-se arbitrariedades exógenas. Esse é o critério adotado pelo artigo 2, § 1° do Decreto Federal 4887/03 como ponto de partida para a identificação dos remanescentes de quilombos.

A referida norma jurídica define remanescentes de quilombos da seguinte forma:

> Art. 2º Consideram-se remanescentes das comunidades dos quilombos, para os fins deste Decreto, os grupos étnico-raciais, segundo critérios de autoatribuição, com trajetória histórica própria, dotados de relações territoriais específicas, com presunção de ancestralidade negra relacionada com a resistência à opressão histórica sofrida.

Como se pode perceber, a adoção desse critério não retira o poder-dever do Estado, na sua função executiva ou judiciária, de sindicar a seriedade da proposição vinda dos interessados, em regra, reunidos em torno de uma associação de moradores. À luz apenas do texto legal, é possível a verificação da exigibilidade da demonstração de uma historicidade própria, trato com a terra com traços de especificidade que identifique utilização coletiva e solidariedade entre os seus membros com vistas ao bem comum e, ainda, a demonstração da ancestralidade negra relacionada com o fato da escravidão.

O início de uma identificação étnica somente pode se dar com o reconhecimento de si mesmo, conferindo-se, em primeira análise, ao depoimento oral dos interessados o mesmo valor de documentos históricos, fotografias, registros bibliográficos, dentre outros.

Na segura identificação de uma unidade étnica deve-se fugir dos paradigmas clássicos de hereditariedade, de reconhecimento linguístico e até mesmo de raça original preponderante, pois não se mostra seguro, sob o ponto de vista da busca de isenção necessária, que uma pessoa que não pertença à comunidade investigada, servindo-se de critérios objetivos próprios, se antecipe e apresente qualquer explicação acerca de um conhecimento que não é seu.

O citado Decreto 4.887/03 que se vale do critério da autoatribuição foi apontado como inconstitucional na ADI 3239/04, a qual propugnava, em síntese, uma interpretação literal e estática do artigo 68 do ADCT.

Ocorre que a interpretação literal de uma norma constitucional tão complexa como essa é um equívoco, notadamente porque se persistir esse argumento, forçoso seria o reconhecimento de que o constituinte originário já lhe teria roubado a eficácia, pois como sabido a Constituição entrou em vigor cem anos após a Abolição da Escravidão, sendo praticamente impossível que alguém remanescesse no sentido físico como propugnado na referida ação direta de inconstitucionalidade. A interpretação de uma norma constitucional deve se dar na busca da maior eficácia possível e não o contrário.

O segundo fundamento nasce de um equívoco epistemológico, pois o reconhecimento étnico de um povo deve se iniciar com uma autoafirmação, mormente como é o nosso caso em que temos um país pluriétnico com diversas raças que o compõe. Para início de conversa, como alguém que, por exemplo, sempre viveu em um centro urbano poderá dar depoimento sobre a vida no campo?

Ademais, com a devida vênia, a tese parece sugerir a aplicação do que seria um exótico *princípio de má fé* quando é a boa-fé que deve ser presumida. Como se alguém pudesse se intitular quilombola e essa afirmação não fosse ser aferida, *a posteriori*, por técnicos especializados na temática do reconhecimento de etnias e, ainda, submetido tal trabalho ao crivo dos órgãos estatais competentes com os deveres e responsabilidades estatutárias inerentes à condição de servidor público e, ainda, em eventual ação judicial na busca do reconhecimento da propriedade ou como defesa da posse coletiva, pelo Poder Judiciário.

Releve-se, por imperioso, que os interessados são notificados e contam com prazo de noventa dias para, querendo, apresentarem as suas contestações ao reconhecimento administrativo contido no relatório que reconhece determinado território como remanescente de quilombo (art. 9º, Decreto 4.887/03).

Com relação a essa preocupação, em bom tempo, a presidente da Associação Brasileira de Antropologia, Profª Drª Lia Zanotta Machado, encaminhou aos Ministros do STF Memorial, no qual narra que o reconhecimento de uma comunidade como remanescente de quilombo é dotado de muitos requisitos de ordem formal e técnica que contempla mais de trinta itens.

Vejamos:

> A tal respeito a ABA tem a esclarecer que o processo de identificação e titulação que se faz ao abrigo do decreto 4.887 prevê a elaboração de um detalhado relatório antropológico que deve contemplar mais de trinta itens, incluindo fundamentação teórica e metodológica, histórico de ocupação das terras, análise documental com levantamento da situação fundiária e cadeia dominial, histórico regional e sua relação com a comunidade. Inclui, ainda, a identificação de modos de organização social e econômica que demonstrem ser imprescindível a demarcação das terras para a manutenção e reprodução social, física e cultural do grupo.
>
> Além disso, o processo prevê a contestação administrativa por parte de quem se sentir lesado, sem prejuízo de recursos judiciais cabíveis. Como é do conhecimento de Vossas Excelências, diversas são as fundamentações legais para o reconhecimento das referidas comunidades e a regularização dos seus territórios, a saber: a) Instrução Normativa do INCRA; b) Estatuto da Igualdade Racial (Lei 12.288/2010), aprovado pelo Congresso Nacional; c) Convenção 169 da Organização Internacional do Trabalho (OIT), sancionada por nosso Parlamento e que prevê o direito à autoidentificação. Todas esses importantes dispositivos estão sob abrigo do Artigo 68 do Ato das Disposições Constitucionais Transitórias da Constituição Federal de 1988.
>
> Os conceitos de identidade, cultura e grupo étnico questionados pela ADIn fazem parte de uma trajetória de mais de cinquenta anos de construção científica da antropologia em seus estudos de sociedades contemporâneas no sentido de que são formadas por agrupamentos sociais culturalmente diferenciados, que se reconhecem como tais, que possuem vínculos ancestrais com seus territórios e modos próprios de vida. Um corpus de conhecimento antropológico mundialmente compartilhado

têm afirmado que a identidade cultural não se herda pelo sangue e nem está congelado no tempo, mas se constrói por modos de vida que são históricos, dinâmicos e complexos, e o caso dos quilombos no Brasil é um exemplo analisado por antropólogos renomados em nível nacional e internacional.

Brasília, 16.10.2017.

Os profissionais envolvidos nesse reconhecimento étnico – antropólogos e historiadores – são especialistas capacitados para municiar a administração pública e/ou julgadores de dados que tratem de modo casuístico cada comunidade analisada, desde as suas origens ancestrais verdadeiras ou míticas, passando pela transmissão da cultura e da posse do território até o estado atual em que vivem e se reproduzem física e culturalmente.

De efeito, na forma como hoje é pensada a realização da identificação, reconhecimento, delimitação, demarcação, desintrusão, titulação e registro das terras ocupadas por remanescentes das comunidades dos quilombos, encontram rígidas formalidades junto ao INCRA.

Em 08.02.2018, foi reconhecida a constitucionalidade do Decreto 4.887/03, sendo julgada improcedente a ADI 3239/04 pelo pleno do Supremo Tribunal Federal, sob a relatoria final da Ministra Rosa Weber. Em síntese apertada, a Suprema Corte entendeu que não houve invasão da competência legislativa ante ao fato de que o artigo 68 do ADCT possui eficácia plena e, portanto, não seria o caso de um decreto autônomo proibido.

Também restou reconhecida a validade da utilização do critério da autoidentificação, sendo correta a abertura da Constituição para outros saberes advindos da Antropologia contemporânea e que fora adotado na Convenção 169 da OIT. Assentou-se, outrossim, a possibilidade de ser levado em consideração, para fins de medição e demarcação das terras, os critérios de territorialidade indicados pelos remanescentes das comunidades dos quilombos e, por fim, a adequação do instrumento da desapropriação para imóveis que estejam sob domínio registral particular.

Por fim, importa registrar que a tomada de posição do colendo Supremo Tribunal Federal de acatamento da autoidentificação na Ação Direta de Inconstitucionalidade acima aludida representa uma prova concreta da democratização da interpretação do texto constitucional, conforme sustentado por Peter Häberle.[9] Em uma sociedade aberta, plural, para que se alcance, em determinados casos, uma melhor exegese da Constituição, outros atores sociais, além do magistrado, devem participar da hermenêutica constitucional, o que evidencia as lições do constitucionalista alemão:

> Todo aquele que vive no contexto regulado por uma norma e que vive com este contexto é, indireta ou, até mesmo diretamente, um intérprete dessa norma. O destinatário da norma é participante ativo, muito mais ativo do que se pode supor tradicionalmente, do processo hermenêutico. Como não são apenas os intérpretes jurídicos da Constituição que vivem a norma, não detêm eles o monopólio da interpretação da Constituição.

9. HÄBERLE, Peter. *Hermenêutica Constitucional*. A sociedade aberta dos intérpretes da Constituição: contribuição para a interpretação pluralista e "procedimental" da Constituição. Trad. Gilmar Ferreira Mendes. Porto Alegre: Sergio Antonio Fabris, 2002, p. 15.

3. CASOS DOS QUILOMBOS DO LEBLON, ILHA DE MARAMBAIA, CHICO REI E COMUNIDADE NEGRA RURAL PACOVAL

Os quatro exemplos aqui citados são importantes para indiciar o convencimento de que, inelutavelmente, houve uma forma genérica de formação dos quilombos vinculada à fuga para esconderijos na mata, cuja representatividade maior é do notório Quilombo dos Palmares, mas a formação desses agrupamentos quilombolas que restaram e permanecem nos dias que correm não possuem homogeneidade no tocante ao modo de constituição, merecendo estudo casuístico para a sua configuração que deverá se iniciar a partir da autoatribuição da comunidade.

Como primeiro exemplo, interessante falar do extinto Quilombo do Leblon,[10] apenas referida para demonstrar uma peculiar formação de um quilombo e não para se pensar em titulação, já que este quilombo pertence apenas aos anais da história, estando há muito extinto. Tratava-se de antiga chácara que dá nome ao bairro e hoje comporta o chamado Alto Leblon, na cidade do Rio de Janeiro. Esse quilombo se estruturou a partir da iniciativa de José de Seixas Magalhães que adquiriu uma área ao sopé do Morro Dois Irmãos na zona sul do Rio de Janeiro e recebia negros encaminhados por integrantes do movimento abolicionista, inclusive da maçonaria. Contava com o apoio de parte da elite da época, inclusive da Princesa Isabel que recebia diariamente em seu palácio camélias que eram plantadas no local, passando essa flor a ser o símbolo do movimento abolicionista e usado na lapela do terno daqueles que simpatizavam com o fim da escravidão.

A caneta usada para a assinatura da Lei Áurea pela Redentora foi presenteada pelo citado proprietário da área que era um próspero comerciante português e, após esse ato, presenteou-a também com um grande buquê de camélias, flor que se tornaria o símbolo do sonho de liberdade, idealizado e vivenciado pelo movimento abolicionista.

Por essa razão, ao lado de outras experiências semelhantes, passa a ser identificado pela história como *quilombo abolicionista* que se mostrou como uma prática igualmente de resistência, mas que se mostrava diferente do modelo clássico de *quilombo-rompimento*, cujas marcas características eram a fuga, o esconderijo, as táticas de guerra.

Além do citado dono das terras, dentre as lideranças políticas que dialogavam com esse quilombo, destacam-se Rui Barbosa, advogado do Sr. Seixas, José do Patrocínio, importante jornalista abolicionista, João Clapp, presidente da confederação abolicionista, Princesa Isabel e, ainda, o próprio Imperador que recebeu camélias das mãos de crianças negras criadas no quilombo.

O Quilombo da Ilha de Marambaia se constituiu em decorrência da reiterada prática do ilícito de continuar o tráfico clandestino de africanos, mesmo após a sua proibição, que se deu no campo da normatividade no ano de 1831 e reforçada com maior efetivi-

10. SILVA, Eduardo. *As camélias do Leblon e a abolição da escravatura.* São Paulo: Companhia das Letras, 2003, p. 11. Em homenagem a essa história, Caetano Veloso e Gilberto Gil compuseram no ano de 2015 a canção chamada "as camélias do quilombo do Leblon". No refrão, há referência à ligação forte entre esse quilombo abolicionista e a princesa Isabel, quando é dito: "somos a guarda negra da redentora".

dade em 1850 com a lei Eusébio de Queirós e o *Bill Aberdeen* inglês. Assim, os traficantes utilizavam a ilha da Marambaia, local que hoje pertence ao Município de Mangaratiba, como ponto de engorda dos escravos para posterior venda na cidade do Rio de Janeiro. Esse entreposto de escravizados perde a importância econômica para o seu proprietário quando ocorre a Abolição da Escravidão, em 1888. O proprietário, comendador Joaquim José de Souza Breves, veio a falecer no ano seguinte, mas havia deixado verbalmente as terras para os escravizados que ali se encontravam por qualquer motivo.

Entretanto, a sua esposa, Maria Isabel de Moraes Breves, não cumpriu essa última vontade do extinto que não formalizara nada em vida e alienou o imóvel. Após sucessivas transferências, o bem acabou nas mãos do governo federal. Depois de 13 anos de litígio judicial decorrente da disputa pela posse da terra, em 2015, um acordo entre a associação de moradores e a União Federal possibilitou a titulação coletiva da área com o reconhecimento do domínio em favor de cerca de 350 remanescentes desta comunidade de quilombo.

O terceiro exemplo envolve a história de Chico Rei que também merece ser ventilada para ilustrar como a criação de um quilombo pode se originar da forma mais inusitada e resultar em efeitos que perduram até hoje, reclamando justa solução. Esse personagem que consta em livros e na história oral mineira era monarca no Congo, África. Foi apresado com a família por traficantes portugueses com vistas à futura venda no Brasil, sendo ele e o filho os únicos sobreviventes do tumbeiro que os trouxe. Chico Rei, de nome original Galanga, foi feliz na extração do ouro, ficou rico e comprou a sua alforria e de outros companheiros, mantendo território próprio e produção autônoma.

O último exemplo citado pode ser encontrado nos escritos de Eurípedes Funes[11] que, em rica pesquisa, colocou luzes sobre os quilombos do baixo Amazonas, cujas reminiscências formaram a comunidade negra rural do Pacoval, no Município de Alenquer, Pará. A narrativa passa pela possibilidade de criação de quilombos sem que os negros mocambeiros tivessem sequer se submetido à escravidão. O historiador traz à consideração o depoimento de uma mulher de nome Maria Cândida que foi presa, em 1876, com outros 135 quilombolas e indagada sobre quem era o seu Senhor, disse: "nunca tive senhor por ter nascido na mata", depoimento que foi seguido por vários presos.

Na memória oral colhida pelo autor, há vários relatos atuais de pessoas sabedoras de que os seus antepassados vieram forçadamente da África, vindo parar às margens do Rio Curuá, foram escravizados, sofreram maus tratos, mas depois conseguiram fugir e se espalharam, procurando a proteção proporcionada pelas águas bravas do baixo Amazonas.

Há casos de quilombolas com uma história de fuga da escravidão, mas outros que formaram quilombos sem essa vinculação.

11. FUNES, Eurípedes A. "Nasci nas matas, nunca tive senhor". História e memória dos mocambos do baixo Amazonas. REIS, João José; GOMES, Flávio dos Santos. op. cit., p. 534-569.

4. A PROTEÇÃO COLETIVA DA POSSE DO TERRITÓRIO QUILOMBOLA

O estudo da posse, no curso da história, passou por várias compreensões que não cabe aqui enfrentar amiúde. Uma delas é que a posse seria a união entre o *corpus* e o *animus*. O primeiro elemento seria o poder físico que uma pessoa tem sobre determinada coisa e o segundo a intenção de tê-la para si. Atende pelo nome de *teoria subjetiva* (teoria de Savigny[12]), tendo em vista o valor que confere ao elemento anímico no sentido de que o intérprete deve demonstrar que possui o bem como se fosse seu. A esses dois elementos, deve-se acrescentar a *affectio tenendi* que vem a ser o procedimento de portar-se perante a coisa com a exteriorização da vontade de tê-la para si. Alguém que tenha o contato físico com o bem sem o elemento subjetivo será considerada mera detentora (*possessio naturalis*).

Após duras críticas recebidas por Rudolph Von Ihering que sustentou ser possível existir direito à posse sem o *corpus, como também* sem o *animus*, sendo hoje a teoria adotada no Direito brasileiro (art. 1196, CC/02[13]) e outros tantos que ressaltam ser a posse o poder de fato que uma pessoa tem sobre uma coisa, agindo como se fora o proprietário na vida de relação.[14] A análise do fenômeno possessório passa pela verificação, por parte do intérprete, da destinação econômica e social da coisa por parte daquele que se diz possuidor.

O jurista alemão atribui alguns exemplos do dia a dia para elucidar a sua teoria que merecem ser citados pela clareza da exposição, *verbis:*

> a intelligencia do homem do povo dá nisto uma lição vergonhosa à theoria dos jurisconsultos. O homem do povo sabe o que o jurisconsulto olvida, isto é, que não é a relação exterior, mas o destino economico o que faz inclinar a balança. Um pescador deixa cahir n'agua, numa rede extendida o seu chapeu ou o seu cachimbo, não vacillará em apanhal-os; mas não apanhará os peixes que hajam na rede. Por que razão? Porque elle raciocina desde modo: a rede foi collocada alli para apanhar peixes e não para apanhar chapeus e cachimbos; em outros termos, elle atem-se ao destino economico da rede.[15]

Como se pode perceber, a não posse (detenção) adviria da existência de um óbice legal por parte do legítimo titular, segundo a ordem jurídica estabelecida. A posse surgiria como um complemento indispensável para a proteção da propriedade, mas que também pode servir ao não proprietário, desde que a pessoa tenha frente ao bem o poder de fato exteriorizando poder(es) dominiais. A teoria objetiva propugna que a posse é o *poder de fato* e a propriedade o *poder de direito*, podendo a posse conviver com a propriedade

---

12. SAVIGNY, Friedrich Carl Von. *Tratado de La Posesión. Granada: Editorial Comares, 2005,* p. 163-194.
13. Art. 1.196. Considera-se possuidor todo aquele que tem de fato o exercício, pleno ou não, de algum dos poderes inerentes à propriedade).
14. Por todos, confira-se o Código Civil Alemão: Art. 854 – a posse de uma coisa é adquirida pela obtenção do poder de fato sobre a coisa. O consentimento do possuidor anterior e do adquirente, basta para a aquisição, quando o adquirente estiver em situação de exercer o poder sobre a coisa).
15. IHERING, Rudolf Von. Sobre o "Corpus Possessionis". *O fundamento dos interdictos possessorios. 2. ed. Rio de Janeiro: Livraria Francisco Alves,* 1908, p. 298.

ou sem ela, mas deve ser reconhecido que a propriedade sem a posse seria inútil, sendo a finalidade primaz da posse a de permitir o pleno uso da propriedade.[16]

A teoria sociológica ou social da posse tem sido prestigiada, pois se mostra em harmonia com o sentido funcionalizado que a Constituição Federal atribui ao regime de titularidades. Manifestação da possibilidade de acatamento dessa teoria no Direito brasileiro consiste na vedação à exceção de domínio (*exceptio proprietatis*) *nas* ações possessórias, ou seja, o que se está querendo dizer é que a despeito da vinculação entre a posse e a propriedade, o Direito brasileiro prevê que em demanda que envolva o direito à posse (*jus possessionis*) não se discute a propriedade (*jus possidendi*), na forma do que preconiza o artigo 1210, § 2º, do Código Civil.[17]

No início do século XX, Raymondo Saleilles já havia percebido que a ideia de que a posse seria apenas a exteriorização da propriedade como pensada por Ihering, não era satisfatória, pois o relevo do fenômeno possessório está ligado à possibilidade de o possuidor explorar e se apropriar economicamente da coisa colocada à sua disposição, sendo essa a sua legítima pretensão. Para o jurista francês, posse seria a manifestação da apropriação econômica na esfera do mundo físico. Em suas palavras:

> la posesión es el campo de la apropiacion individual, en el amplio sentido de la palavra, fuera de los limites severos do dominium; fue protegida para defender los interesses económicos de quantos disfrutaban uma apropriacion que se reputaba suficiente, sin tener para nada em cuenta el dominium, y á veces para conseguir ampliar la propriedade ó atenuar su rigor; es la revancha contra el derecho, ó si se quiere el terreno donde germinaron nuevos derechos individuales opuestos al derecho absoluto inflesible y rígido de la antigua propiedad romana.[18]

A posse é um poder de fato que necessita ser percebido a partir do caso concreto trazido à análise do intérprete e sempre tendo em mira a necessária adequação à nossa realidade social e econômica. A posse deve ser respeitada pelos operadores do Direito como uma situação jurídica eficaz a permitir o acesso à utilização dos bens de raiz, fato visceralmente ligado aos valores constitucionais da função social da propriedade, da tutela da dignidade da pessoa humana e da solidariedade constitucional, na defesa, sobretudo, do direito à moradia e ao trabalho.

A posse qualificada pela função social é, na legalidade constitucional, a *melhor posse* e não mais a antiga perspectiva, segundo a qual esse conceito estava atrelado à existência de justo título. Justo título é a justa causa. Justa causa para possuir tem aquele que exerce o direito possessório em cumprimento aos valores e garantias fundamentais

16. IHERING, Rudolf Von. *A teoria simplificada da posse. São Paulo: Bushatsky,* 1974, p. 51.
17. Art. 1.210. O possuidor tem direito a ser mantido na posse em caso de turbação, restituído no de esbulho, e segurado de violência iminente, se tiver justo receio de ser molestado. § 1º O possuidor turbado, ou esbulhado, poderá manter-se ou restituir-se por sua própria força, contanto que o faça logo; os atos de defesa, ou de desforço, não podem ir além do indispensável à manutenção, ou restituição da posse. *§ 2º Não obsta à manutenção ou reintegração na posse a alegação de propriedade, ou de outro direito sobre a coisa.*)
18. SALEILLES, Raymond. *La Posesión*. Elementos que la constituyen y su sistema em el Codigo Civil del Imperio Aleman. Madrid: Libreria general de Victoriano Suárez, 1909, p. 327-331.

encartados na Constituição Federal, como aqueles que se pode perceber no artigo 3º de que já referimos alhures.

De acordo com as lições de Antonio Hernandez Gil,[19] na linha de Saleilles, a posse guarda a dignidade de uma proteção fática independentemente da propriedade pelo fato social que encerra ao conseguir, por exemplo, trazendo para a realidade social brasileira, tornar uma pessoa desprovida de terra para morar e/ou trabalhar como alguém com um bem de raiz para exercer a referida garantia constitucional.

A função social da posse apresenta-se de modo mais contundente do que a da propriedade, pois decorre do fato concreto e não abstrato e deve ser interpretada, como salienta Ana Albuquerque, "no âmbito de uma Constituição normativa que pretende seja real e efetiva, muito menos condicionada aos fatores do poder e a um destino de simples folha de papel a que alude Lassale, do que em condicionar e realizar sua força no sentido do bem comum, tendo por base o princípio da igualdade e dignidade da pessoa humana".[20]

O Enunciado 492 da V Jornada de Direito Civil do CJF/STJ traduz o sentido constitucional da posse no direito brasileiro: "A posse constitui direito autônomo em relação à propriedade e deve expressar o aproveitamento dos bens para o alcance de interesses existenciais, econômicos e sociais".

A proteção possessória dos territórios remanescentes de quilombos pode ser garantida a fim de se tutelar com esse proceder o próprio direito fundamental inerente ao instituto, ainda que não se tenha dado ainda o caráter de definitividade do registro no cartório imobiliário, mormente se houver sido expedida a certidão de reconhecimento de território quilombola pela Fundação Cultural Palmares.

O artigo 68 do ADCT confere a essa posse coletiva um caráter especial de interesse público para que o grupo étnico que guarda ancestralidade com os antigos escravizados preserve as suas tradições e histórias, mantendo-se com os olhos em um futuro que lhes permita o pleno desenvolvimento da cidadania com acesso aos avanços que a sociedade conheceu no tocante aos aspectos sociais de educação, trabalho, moradia e a preservação do meio ambiente cultural. Digno de nota, nesse passo, o teor do enunciado 236 da III Jornada de Direito Civil com o seguinte teor: "Arts. 1.196, 1.205 e 1.212: Considera-se possuidor, para todos os efeitos legais, também a coletividade desprovida de personalidade jurídica".

Seja pelo acatamento à teoria sociológica da posse, mesmo em uma perspectiva mais tradicional de entender esse instituto como mera aparência ou exteriorização da propriedade, é possível a tutela do direito possessório perante o Estado e também em litígio contra terceiros, na medida em que o artigo 68 do ADCT estabelece o direito à

19. GIL, Antonio Hernandez. *La Función Social de La Posesion*. Madri: Alianza Editorial, 1969, p. 73-74.
20. ALBUQUERQUE, Ana Rita Vieira. *Da função social da posse e sua consequência frente à situação proprietária*. Rio de Janeiro: Lumen Juris, 2002, p. 217.

propriedade definitiva sob a premissa de que a sentinela de proteção desse direito é a posse que, no caso, é pressuposta pelo referido dispositivo constitucional.[21]

Ainda que no território quilombola exista alguém com título de propriedade, mas sem o cumprimento da função social pela utilização adequada, a propriedade deve ceder ante a posse que se encontrar funcionalizada pelo uso que mantém importante patrimônio cultural com o devido respeito às minorias desse grupo étnico formador do processo civilizatório nacional, como compreendido pela Constituição Federal. Salienta, nesse diapasão, Marcos Alcino de Azevedo Torres que "a posse com função social prevalece sobre a propriedade sem função social porque possibilita a proteção efetiva e imediata do ser".[22]

Ainda que seja cabível, de acordo com o caso concreto, eventual indenização das pessoas que ostentam títulos de propriedade sobre os bens imóveis em que se encontram remanescentes de quilombos, não há possibilidade de se conferir validade a qualquer documento que se oponha à Constituição Federal que, como já visto, deferiu a propriedade definitiva, na forma do artigo 68 do ADCT, aos quilombolas.

Se o título é válido e anterior ao dia 5 de outubro de 1988, data da promulgação da Constituição Federal, nada obsta que se busque frente à União Federal indenização à semelhança do que sucede nos casos de desapropriação indireta, no qual por razões de interesse público o bem afetado a um fim de interesse público não retorna às mãos do particular, sendo-lhe lícito pleitear, entretanto, indenização.

No caso dos quilombos, a posse prolongada no tempo com as suas características étnicas que a levaram a ser convertidas em propriedade definitiva por vontade do poder constituinte originário, não há que se falar em ato ilícito ou abusivo. Por isso, com maior razão é de ser deferido o direito possessório para todos os fins de direito até que haja o reconhecimento do domínio, conforme o artigo 68 do ADCT.

Em análise acerca da adequação, necessidade e proporcionalidade da tutela da posse das terras de quilombo antes do reconhecimento da propriedade definitiva, Daniel Sarmento[23] defende a importância do reconhecimento do direito possessório do território quilombola independente e antes do reconhecimento da propriedade definitiva como pressuposto para "a garantia da dignidade da pessoa humana dos grupos vulneráveis, com a proteção do patrimônio histórico-cultural e com a defesa do pluralismo.

Concluindo, temos que a proteção do território quilombola pode ser feito pelo manejo das ações possessórias, como autor ou como réu em razão do caráter dúplice

21. Reintegração de posse. Área remanescente de quilombo. Posse anterior. Prova. 1. Havendo a possibilidade de a área em disputa ser remanescente de quilombo, deve-se reconhecer, ao menos em nível de cognição sumária, a posse histórica da comunidade que ali reside. 2. Agravo conhecido e provido. Unanimidade (TJMA, AI 0597152015, Rel. Desembargador(a) Paulo Sérgio Velten Pereira, Quarta Câmara Cível, julgado em 29 nov. 2016).

22. TORRES, Marcos Alcino de Azevedo. *A propriedade e a posse*: um confronto em torno da função social. Rio de Janeiro: Lumen Juris, p. 437.

23. SARMENTO, Daniel. A garantia do direito à posse dos remanescentes de Quilombos antes da desapropriação. *Revista de Direito do Estado*, v. 7, p. 356-357. Rio de Janeiro, Renovar, 2007.

previsto na lei processual, sem embargo do necessário cumprimento do artigo 68 do Ato das Disposições Constitucionais Transitórias que assegura a propriedade definitiva. Tal perspectiva tem o condão de contribuir para a melhoria da sociedade brasileira com a salvaguarda de direitos fundamentais de segunda geração como moradia e trabalho, além da proteção da cultura e do pluralismo étnico, contribuindo para reparar, ainda que tímida e parcialmente, as cruéis injustiças que marcam a história brasileira que durante quase quatro séculos teve a sua economia fundada na exploração desumana do trabalho de pessoas escravizadas.

LOCAÇÃO DE IMÓVEL URBANO RESIDENCIAL E FOMENTO À MORADIA

Guilherme Calmon Nogueira da Gama

Doutor e Mestre em Direito Civil pela UERJ; Coordenador da Rede de Juízes de Enlace para a Conferência da Haia de Direito Internacional Privado. Acadêmico Fundador da Academia Brasileira de Direito Civil – ABDC. Professor Titular de Direito Civil da Universidade do Estado do Rio de Janeiro. Professor Permanente do PPGD da Universidade Estácio de Sá. Professor Titular de Direito Civil do IBMEC; Desembargador Vice-Presidente do Tribunal Regional Federal da 2ª Região (RJ-ES)

Thiago Ferreira Cardoso Neves

Mestre e doutorando em Direito Civil pela UERJ. Professor dos cursos de pós-graduação da EMERJ, do IBMEC, da PUC-Rio e do CERS. Pesquisador visitante no *Max Planck Institute for Comparative and International Private Law* – Hamburg-ALE. Vice-Presidente Administrativo da Academia Brasileira de Direito Civil – ABDC e Advogado.

O Direito serve à vida. É regramento da vida. É criado por ela e, de certo modo, a cria. A inspiradora frase de Pontes de Miranda revela a intrínseca relação entre o Direito e a vida das pessoas e, consequentemente, a convivência em sociedade. Isso porque o Direito é um fenômeno social e, como tal, exerce uma função voltada ao atingimento dos fins sociais. É uma via, consequentemente, de mão-dupla: ele serve à sociedade e é servido por ela.[1]

O advento da Constituição Federal de 1988, com seus valores humanistas e sociais, tão bem representados pelos fundamentos do Estado Democrático de Direito previstos em seu art. 1º, como a cidadania, a dignidade da pessoa humana e os valores sociais, assim como pelos objetivos fundamentais da República, previstos no art. 3º da Carta, como, por exemplo, a construção de uma sociedade livre, justa e solidária, a garantia do desenvolvimento nacional e a erradicação da pobreza e a redução das desigualdade

1. Vicente Ráo sintetiza o que aqui se afirma da seguinte forma: "Encontra-se, pois, a origem do direito na própria natureza do homem, havido como ser social. E é para proteger a personalidade deste ser e disciplinar-lhe sua atividade, dentro do todo social de que faz parte, que o direito procura estabelecer, entre os homens, uma proporção tendente a criar e a manter a harmonia na sociedade. Nesse sentido e segundo a velha e sábia definição, *jus est realis et personalis hominis ad hominem proportio: quae servata, hominum servat societatem, et corrupta corrumpti.* O direito equaciona a vida social, atribuindo aos seres humanos, que a constituem, uma reciprocidade de poderes, ou faculdades, e de deveres, ou obrigações. Por este modo, o limite do direito de cada um é o direito dos outros e todos estes direitos são respeitados, por força dos deveres, que lhes correspondem. É assim que o direito confere harmonia à vida e assim é que só com o direito dignamente se vive. Constitui, pois, o direito, o fundamento da ordem social" (RÁO, Vicente. *O direito e a vida dos direitos.* 6. ed. São Paulo: Ed. RT, 2005, p. 53).

sociais, revela, de modo inequívoco, o caráter social do Direito e, particularmente, do ordenamento jurídico brasileiro.

Esses valores sociais e existenciais consagrados na Constituição Federal se irradiaram por todo o ordenamento jurídico, inspirando o legislador e norteando a interpretação das normas jurídicas, movimento esse denominado de constitucionalização do Direito.[2]

No Direito Civil e nas relações de direito privado não foi diferente. O Código Civil de 1916, seguindo a inspiração oitocentista, era fundado em valores individualistas e patrimonialistas, os quais passaram por profunda crise no decorrer do século XX, notadamente após a 2ª Guerra Mundial, que foi seguida por um amplo movimento de reconstitucionalização dos ordenamentos jurídicos do Ocidente, adotando-se como pilares novos valores sociais, democráticos e humanistas.

O Código Bevilaqua, no entanto, perdurou ainda por alguns anos, em absoluto descolamento com a nova realidade jurídica, o que levou à sua derrocada e um grande movimento de descodificação e de regulação de diversas relações jurídicas por meio de leis esparsas. Não à toa, em meados do século XX, Orlando Gomes já havia identificado a agonia do Código Civil de 1916.[3]

Dentre essas leis tem-se a legislação inquilinária, cuja temática central sobre as locações imobiliárias há muito passou a ser regulada por meio de leis especiais. A primeira delas, em verdade, data de 1921, o Decreto 4.403/1921, que tinha, contudo, um caráter meramente subsidiário, na medida em que, segundo seu art. 1º, só se aplicava nos casos de omissão do contrato. Isso se justificava pelo nítido caráter liberalista que ainda subsistia no ordenamento brasileiro, haja vista o Código Civil de 1916, no qual prevalecia a mais ampla autonomia privada e a força obrigatória dos contratos.

Nada obstante, com o passar dos anos o Legislador editou novas leis buscando regular, de modo mais equilibrado, a relação, até culminarmos com a Lei 8.245/1991,[4] com um nítido caráter social, atendendo a propósitos que posteriormente acabaram por ser positivados no texto constitucional, como o direito fundamental à moradia, inserido no art. 6º da Constituição Federal por meio da Emenda Constitucional 26/2000.

Assim, e como se demonstrará, o contrato de locação de imóvel urbano se revela como um importante instrumento para a tutela da moradia, na medida em que,

2. A ideia de constitucionalização do Direito está associada, na lição de Luís Roberto Barroso, "a um efeito expansivo das normas constitucionais, cujo conteúdo material e axiológico se irradia, com força normativa, por todo o sistema jurídico. Os valores, os fins públicos e os comportamentos contemplados nos princípios e regras da Constituição passam a condicionar a validade e o sentido de todas as normas do direito infraconstitucional" (BARROSO, Luís Roberto. Neoconstitucionalismo e constitucionalização do Direito (o triunfo tardio do direito constitucional no Brasil). *Revista de Direito Administrativo*, Rio de Janeiro, n. 240, p. 1-42, abr./jun. 2005).
3. GOMES, Orlando. A agonia do Código Civil. *Revista de direito comparado luso-brasileiro.* [S.L.], v. 10, 1986, p. 1-9.
4. É curioso observar algumas mudanças empreendidas pela Lei 8.245/91 no tema das locações prediais urbanas – residenciais e não residenciais –, alterando regras consolidadas no Decreto 24.150/34 (Lei de Luvas) e na Lei 6.649/79 (Lei do Inquilinato), buscando atender às necessidades das demandas sociais referentes à moradia e à proteção do locatário não residencial quanto ao seu fundo empresarial.

exercendo uma inequívoca função social, deve promover este que é um dos princípios norteadores de nosso ordenamento e de nossa sociedade. Cumpre-nos destacar, entretanto, que não será objeto de abordagem neste trabalho o tema da locação de imóvel urbano não residencial, por força do necessário recorte metodológico, de modo a permitir maior densidade na análise das questões envoltas na locação residencial e a promoção da moradia.

1. O DIREITO À MORADIA COMO DIREITO FUNDAMENTAL SOCIAL

O direito à moradia foi inserido formalmente no texto constitucional, dentre os direitos sociais fundamentais, com a Emenda Constitucional 26/2000, consagrando-o como um direito formalmente fundamental. Nada obstante, antes mesmo da reforma do texto, havia um razoável consenso no sentido de que a nossa ordem jurídica já reconhecia e protegia o direito à moradia no plano constitucional,[5] como um direito materialmente fundamental.[6]

O fundamento da sua tutela, antes mesmo da positivação formal, era inequivocamente a proteção da pessoa humana corporificada no postulado da dignidade da pessoa humana,[7] haja vista que não se pode falar em vida digna sem que a pessoa e sua família tenham um local de repouso e descanso. Nesse caminho, a Declaração Universal dos Direitos Humanos da ONU, ainda no ano de 1948, já havia consignado o direito à moradia como um direito humano em seu artigo XXV, ao prever, textualmente, que todos têm direito ao repouso e à habitação, o que se assegura, induvidosamente, com a moradia.[8]

---

5. SARLET, Ingo Wolfgang. O direito fundamental à moradia na Constituição: algumas anotações a respeito do seu contexto, conteúdo e possível eficácia. *Revista de direito do consumidor*, v. 43, p. 193-244, São Paulo, abr.-jun. 2003.
6. A classificação em direitos materialmente fundamentais e formalmente fundamentais é apresentada, dentro outros, e especialmente, por Jorge Miranda: "Por direitos fundamentais entendemos os direitos ou as posições jurídicas ativas das *pessoas* enquanto tais, individual ou institucionalmente consideradas, assentes na Constituição, seja na Constituição formal, seja na Constituição material - donde, *direitos fundamentais em sentido formal e direitos fundamentais em sentido material*". Após apresentar sua classificação, passa o constitucionalista português a apresentar as diferenças entre ambos, sendo que os direitos formalmente fundamentais são aqueles inseridos na Constituição formal, enquanto que "o conceito material de direitos fundamentais não se trata de direitos declarados, estabelecidos, atribuídos pelos legislador constituinte, pura e simplesmente; trata-se também dos direitos resultantes da concepção de Constituição dominante, da ideia de Direito, do sentimento jurídico coletivo (conforme se entender, tendo em conta que estas expressões correspondem a correntes filosófico-jurídicas distintas). Ora, sendo assim, só muito difícil, senão impossivelmente, poderá julgar-se que tal concepção, tal ideia ou tal sentimento não assente num mínimo de respeito pela dignidade do homem concreto. O que significa que, ao cabo e ao resto, poderá encontrar-se, na generalidade dos casos, com maior ou menos autenticidade, a proclamação de direitos postulados pelo Direito natural - para quem o acolha - e de vocação comum a todos os povos" (MIRANDA, Jorge: *Manual de direito constitucional*: direitos fundamentais. 5. ed. Coimbra: Coimbra, 2012. t. IV, p. 09-16).
7. Sobre a categorização da dignidade da pessoa humana como postulado normativo, e a controvérsia existente acerca de sua natureza jurídica, ver NEVES, Thiago Ferreira Cardoso. A dignidade da pessoa humana e os direitos da personalidade. *Direito e justiça social*: por uma sociedade mais justa, livre e solidária. Estudos em homenagem ao professor Sylvio Capanema de Souza. São Paulo: Atlas, 2013.
8. "Todos têm direito ao repouso e ao lazer, bem como a um padrão de vida capaz de assegurar a si e a sua família saúde e bem estar, inclusive alimentação, vestuário, habitação, cuidados médicos, e serviços sociais indispensáveis, o direito à segurança em caso de desemprego, doença, invalidez, viuvez, velhice, ou outros casos de perda dos meios de subsistência em circunstâncias fora de seu controle".

A referida disposição representou um inequívoco avanço sobre o sentido do direito à moradia, o qual se vinculava apenas à propriedade e ao domicílio, com nítido caráter individual e patrimonialista, fruto das aspirações liberais do século XIX.[9]

No entanto, e como visto anteriormente, a transformação produzida pelo pós-guerra no século XX levou à necessidade de reconhecimento formal de inúmeros direitos e garantias outrora relegados a segundo plano, ou mesmo tratados apenas sob uma ótica patrimonial, para uma maior e melhor tutela dos interesses existenciais.

O Constituinte de 1988, antes da alteração do texto original por emenda, flertou com o direito à moradia em diversos dispositivos, como quando dispôs sobre a competência comum da União, dos Estados, do Distrito Federal e dos Municípios, em seu art. 24, IX, para "promover programas de construção de moradia e a melhoria das condições habitacionais e de saneamento básico"; do mesmo modo quando, em seu art. 7º, IV, definiu o salário-mínimo como aquele capaz de atender às necessidades vitais básicas do trabalhador e de sua família, como a moradia, por exemplo; ao prever a vinculação social da propriedade (arts. 5º, XXIII, 170, III e 182, § 2º), da usucapião especial urbana (art. 183) e rural (art. 191), ambas condicionadas, dentre outros requisitos, à utilização do imóvel para moradia, a reconhecer, ao menos implicitamente, a sua tutela.[10]

Nada obstante, e como visto, foi apenas com a Emenda Constitucional 26/2000 que se consagrou, de modo inequívoco, o direito à moradia na Constituição Federal, não se fazendo mais necessário se socorrer de subterfúgios ou argumentos metajurídicos para o reconhecimento de um direito inequivocamente fundamental e essencial à realização da dignidade da pessoa humana, erigida a fundamento do Estado Democrático de Direito no art. 1º, III, da Lei Fundamental.

A dignidade da pessoa humana é, portanto, o fundamento e alicerce dos direitos fundamentais, não sendo diferente no caso da moradia.[11] Sobre esta, sua natureza de direito fundamental é inequívoca. Embora não esteja expressamente prevista no rol do art. 5º da Constituição Federal, isso não a exclui da sua consideração como tal, sendo assente na doutrina o entendimento de que os direitos fundamentais não se esgotam na enumeração prevista naquele dispositivo, assim como que nem todos os direitos previstos no referido rol se caracterizam, materialmente, como direitos fundamentais.[12]

Nessa esteira, os direitos sociais, direitos da nacionalidade e os direitos políticos, todos eles inseridos no Título II da Constituição Federal, que trata dos direitos e garantias fundamentais, além de outros espalhados pelo texto constitucional, também se

9. Sobre o tema, ver VIOLIN, Jordão; SPINICCI, Julia. O direito fundamental à moradia digna: conteúdo e desafios. *Revista de direito constitucional e internacional*, v. 109, p. 93-117, São Paulo, set.-out. 2018.
10. SARLET, Ingo Wolfgang. O direito fundamental à moradia na Constituição: algumas anotações a respeito do seu contexto, conteúdo e possível eficácia. *Revista de direito do consumidor*, v. 43, p. 193-244, São Paulo, abr.-jun. 2003.
11. SARLET, Ingo Wolfgang. O direito fundamental à moradia na Constituição: algumas anotações a respeito do seu contexto, conteúdo e possível eficácia. *Revista de direito do consumidor*, v. 43, p. 193-244, São Paulo, abr.-jun. 2003.
12. Sobre o tema ver TORRES, Ricardo Lobo. A cidadania multidimensional na era dos direitos. In: TORRES, Ricardo Lobo (Org.). *Teoria dos direitos fundamentais*. 2. ed. Rio de Janeiro: Renovar, 2001. p. 243-342. No mesmo sentido, SILVA, José Afonso. *Curso de direito constitucional positivo*. 28. ed. São Paulo: Malheiros, 2007. p. 184-185.

caracterizam por sua fundamentalidade, muitos deles ancorados na dignidade da pessoa humana, como é o caso da moradia.

Acerca do seu conteúdo e alcance, o direito à moradia se consubstancia no direito à ocupação de um espaço físico para repouso permanente e habitual, onde a pessoa e sua família resguardarão sua privacidade e intimidade, fixando, pois, sua residência.

Com efeito, tem a pessoa a garantia de não ter violado esse espaço, resguardando-a contra eventuais ações do Estado e dos particulares. Sem prejuízo, o direito à moradia não se limita a essa eficácia negativa, de mera não intervenção por terceiros, para também ganhar contornos positivos. Nesse sentido, o titular também tem o direito de exigir ações e medidas que lhe permitam o acesso e a proteção a esse local de repouso e privacidade, através de políticas públicas e ações legislativas.

Por se caracterizar, induvidosamente, como um direito fundamental, o seu titular tem, seguindo a doutrina encampadora da efetividade dos direitos que impõe a realização do Direito e o desempenho concreto de sua função social,[13] o direito de reclamar a devida proteção jurídica contra eventuais violações, ainda que não haja lei específica a regê-la. Isso porque, as normas constitucionais que definem direitos e garantias fundamentais trazem para o pretenso titular um direito subjetivo constitucional, o que lhe assegura o direito de reclamar prestações positivas ou negativas em face do Estado ou de qualquer outro a que seja destinada a norma.[14]

Como consequência, e como se verá, a Lei de Locação de Imóvel Urbano e, de modo mais concreto, o contrato de locação de imóvel urbano, são ferramentas postas à disposição das pessoas para a tutela e o fomento da moradia, razão pela qual se reclama especial atenção e respeito sobre as relações locatícias, notadamente aquelas destinadas aos fins residenciais.

2. O CONTRATO DE LOCAÇÃO DE IMÓVEL URBANO E SUA FUNÇÃO SOCIAL

A Lei 8.245/1991, batizada de Lei do Inquilinato, tem como objeto a regulação e o regramento das relações jurídicas atinentes a três espécies de contrato de locação de imóvel urbano: a locação residencial, a locação por temporada e a locação não residencial.[15]

13. BARROSO, Luís Roberto. *Curso de Direito Constitucional contemporâneo*. 4. ed. São Paulo: Saraiva, 2013. p. 243.
14. Nesse sentido, Luís Roberto Barroso: "as normas constitucionais definidoras de direitos – isto é, de direitos subjetivos constitucionais – investem os seus beneficiários em situações jurídicas imediatamente desfrutáveis, a serem efetivadas por prestações positivas ou negativas, exigíveis do Estado ou de outro eventual destinatário da norma. Não cumprido espontaneamente o dever jurídico, o titular do direito lesado tem reconhecido constitucionalmente o direito de exigir do Estado que intervenha para assegurar o cumprimento da norma, com a entrega da prestação" (BARROSO, Luís Roberto. *Curso de Direito Constitucional contemporâneo*. 4. ed. São Paulo: Saraiva, 2013. p. 245).
15. Por certo que outras relações negociais vêm merecendo atenção mais recente da sociedade e do Direito, como nos exemplos de oferta de imóveis em regime de economia compartilhada, tais como a plataforma conhecida como "Airbnb" – mercado *on-line* de hospedagem voltado para casas, apartamentos, enfim imóveis para acomodação das pessoas, normalmente para turismo ou outra finalidade com prazo exíguo, daí o questionamento sobre a incidência (ou não) de regras da Lei 8.245/91 a tais relações.

Cada uma delas tem suas características e peculiaridades, e assim se classificam de acordo com a destinação do imóvel. A locação residencial tem como propósito a ocupação do bem, pelo locatário, para a sua moradia e de sua família; a locação para temporada visa atender às necessidades momentâneas do locatário, que podem ser desde uma residência temporária, até o uso para o seu lazer e de sua família, como uma casa de veraneio, por exemplo; e, enfim, a locação não residencial, a qual abrange toda e qualquer espécie de locação de imóvel urbano que não tenha fim residencial ou para temporada, com nítido caráter residual.

Assim posto, tem-se como hipótese de incidência da Lei do Inquilinato os contratos de locação de imóvel urbano, que é aquele voltado à utilização, pelo locatário, para fins habitacionais e econômicos. Com efeito, e ao contrário do que se prevê no Direito Tributário, a definição de imóvel urbano não está atrelada à localização do imóvel, mas sim ao fim a que ele se destina.[16]

Por se tratar de um contrato bilateral e oneroso, a este interesse do locatário se correlaciona o interesse do locador de, dispondo da posse direta do imóvel, receber a correspondente remuneração corporificada nos aluguéis a serem pagos na forma e prazos ajustados.

Em princípio, portanto, o contrato de locação de imóvel urbano parece atender apenas aos interesses individuais e econômicos do locatário e do locador. Aquele quer servir-se do imóvel para a exploração residencial ou comercial, enquanto este quer receber a contraprestação pelo uso do imóvel, em regra, de sua propriedade.[17]

Nada obstante, o ordenamento jurídico, e notadamente as relações de direito privado, são norteadas, hoje, por diversos princípios que orientam a interpretação e aplicação das normas jurídicas, destacando-se, dentre eles, a socialidade, a eticidade e a operabilidade.[18] Sobre estes, interessa-nos tratar da socialidade, objeto central de nosso estudo.

A socialidade reflete um sentido social do Direito, que significa a prevalência dos valores coletivos sobre os individuais, sem descurar do valor fundamental da dignidade da pessoa humana.[19] Daí se extrai a noção de função social, isto é, de condicionar o exercício dos direitos aos interesses maiores da sociedade definidos, fundamentalmente, na Constituição Federal.[20] E esta é a ideia de função social aplicável aos contratos.

---

16. Cf. SOUZA, Sylvio Capanema de. *A lei do inquilinato comentada artigo por artigo*. 10. ed. Rio de Janeiro: Forense, 2017. p. 15-16.
17. Destaque-se que não necessariamente o locador será proprietário do imóvel. O locador é aquele que cede a posse direta do bem para que o locatário o ocupe. Então, o locador é aquele que tem a disponibilidade da posse direta, como é o caso do promitente comprador, o cessionário de direitos aquisitivos sobre o imóvel, o usufrutuário e até mesmo o locatário, nas hipóteses autorizadas de sublocação. Cf. NEVES, Thiago Ferreira Cardoso. *Contratos mercantis*. 3. ed. Rio de Janeiro: GZ, 2020. p. 394.
18. REALE, Miguel. Visão geral do projeto de Código Civil. *Revista da academia brasileira de letras jurídicas*, v. 13, n. 13/14, p. 139-150, Rio de Janeiro, jan./dez. 1998.
19. REALE, Miguel. Visão geral do projeto de Código Civil. *Revista da academia brasileira de letras jurídicas*, v. 13, n. 13/14, p. 139-150, Rio de Janeiro, jan./dez. 1998.
20. Cf. GAMA, Guilherme Calmon Nogueira da; BATTHOLO, Bruno Paiva. Função social da empresa. In: GAMA, Guilherme Calmon Nogueira da. *Função social do direito civil*. 2. ed. São Paulo: Atlas, 2008. p. 102.

Primeiramente, o conceito de *função* remete ao sentido de que "para que serve" o instituto, isto é, a sua finalidade, objetivos, utilidade e repercussões.[21] Examina-se, pois, quando da identificação da função social do instituto, os objetivos que sua aplicação deve buscar, o valor jurídico que o justifica.[22]

Em um ordenamento jurídico constitucionalizado, a função do instituto está atrelada ao atendimento dos preceitos constitucionais que detêm superior hierarquia no ordenamento,[23] e em particular aqueles de maior hierarquia axiológica, como a dignidade da pessoa humana. Assim, a funcionalização de determinado instituto nada mais é do que a sua vinculação ao atendimento dos fins e valores constitucionais.

No entanto, e em que pese a ideia de funcionalização já esteja sedimentada entre os operadores do Direito, como se infere, por exemplo, da noção de função social da propriedade, a função social dos contratos ainda é objeto de frequente debate e discussão.[24] Para alguns, a função social dos contratos não tem eficácia concreta, sendo apenas uma orientação ao Legislador na elaboração das leis e positivação de institutos que expressem a função social. Para outros, a função social é uma forma de reforçar a proteção do contratante não apenas em relação à contraparte, mas também em relação a terceiros, impondo-se a estes o dever de respeitar e colaborar com as partes do contrato, de modo a que o princípio da relatividade dos contratos seja interpretado à luz dessa função. Por fim há aqueles que veem na função social do contrato um princípio que impõe às partes o dever de buscar, ao lado dos seus interesses individuais, interesses sociais relevantes norteados pela dignidade da pessoa humana, a livre iniciativa, a igualdade substancial e a solidariedade social.[25]

Da noção de funcionalização antes examinada, extrai-se que a adequada interpretação da função social dos contratos nos leva à conclusão de que ela significa, em verdade, o emprego dos contratos para o atingimento dos fins e valores constitucionalmente assegurados, com defendido pela terceira corrente acima apresentada.

Isso não significa, contudo, que os interesses individuais e particulares das partes não devam ser atendidos. Por certo, os contratos são celebrados com o propósito de realizar esses interesses, viabilizando o tráfico jurídico dos bens, serviços e direitos. Ocorre, contudo, que estes não podem ser os únicos fins a serem perseguidos e alcançados pelas partes. Com efeito, não podem os contratantes, ao travarem o vínculo contratual, agir

21. KONDER, Carlos Nelson. Para além da "principialização" da função social do contrato. *Revista brasileira de direito civil*, v. 13, p. 39-59, Belo Horizonte, jul./set. 2017.
22. KONDER, Carlos Nelson. Para além da "principialização" da função social do contrato. *Revista brasileira de direito civil*, v. 13, p. 39-59, Belo Horizonte, jul./set. 2017.
23. KONDER, Carlos Nelson. Para além da "principialização" da função social do contrato. *Revista brasileira de direito civil*, v. 13, p. 39-59, Belo Horizonte, jul./set. 2017.
24. Sobre o tema, ver NEVES, Thiago Ferreira Cardoso. O princípio da função social dos contratos nos 15 anos de vigência do Código Civil: análise crítica de sua aplicação pela doutrina e jurisprudência. *Revista científica da academia brasileira de direito civil*. v. 3, n. 2, 2018. Disponível em: https://abdc.emnuvens.com.br/abdc/article/view/26/22.
25. Cf. TEPEDINO, Gustavo. Funcionalização do direito civil e o princípio da função social dos contratos. In: GAMA, Guilherme Calmon Nogueira da; NEVES, Thiago Ferreira Cardoso (Org.). *20 anos do código civil*: relações privadas no início do século XXI. São Paulo: Foco, 2022. p. 163-164.

em desconformidade com esses interesses superiores, atentando não só contra a outra parte como também contra terceiros.

Mas, para além dessa eficácia negativa (não violar os interesses patrimoniais e existenciais das partes e de terceiros), a função social dos contratos impõe uma eficácia positiva, sob pena de não ser a relação merecedora de tutela.[26] Nesse sentido, do conteúdo normativo do princípio da função social dos contratos se extrai o dever de as partes adotarem certo comportamento ao contratar, um verdadeiro padrão de conduta em que elas não devem se limitar a atender aos seus interesses particulares, mas também à função promocional dos valores constitucionais.

Do mesmo modo, também deve o contrato de locação de imóvel urbano observar a função social.

No fim da década de 1980, o Brasil e o mercado locatício estavam mergulhados numa enorme crise, próxima do caos. Inflação galopante, sistema habitacional retraído e recessão aguda. Nesse cenário, locadores e locatários conviviam quase como inimigos, sendo que aqueles era vistos como verdadeiros vilões que buscavam, ganianciosamente, lucros exorbitantes sobre os frágeis locatários.[27]

Foi nesse ambiente que veio à lume a Lei 8.245/1991, cujo anteprojeto foi elaborado por experientes juristas ambientados no mercado imobiliário e locatício, como o saudoso Professor Sylvio Capanema de Souza, que premidos das melhores intenções, e buscando o cumprimento dos fins constitucionais de uma sociedade mais justa, livre e solidária, promoveram a elaboração de regras para permitir o reequilíbrio das relações locatícias e, sobretudo, prestigiaram e fomentaram a tutela da moradia.

Enfim, viu-se no contrato de locação de imóvel urbano o seu propósito de cumprimento de uma função social, a fim de atender aos valores constitucionais superiores como a dignidade da pessoa humana, a livre iniciativa e a solidariedade social.

Os interesses dos locadores, louváveis e que merecem, inequivocamente, tutela, em decorrência do exercício legítimo do direito de propriedade, como regra, deviam se conformar também aos interesses existenciais dos locatários, como se infere, por exemplo, do disposto no art. 4º da Lei do Inquilinato, que proíbe a rescisão do contrato, pelo locador, antes do término do seu prazo, bem como do seu art. 46, que traz uma maior estabilidade para o locatário quando da celebração de contratos com prazo igual ou superior a 30 (trinta) meses.

Tem-se, portanto, com esses e outros dispositivos, um inequívoco atendimento da função social do contrato, função essa que ganha relevo e destaque na promoção e tutela da moradia quando da celebração de contratos de locação para fins residenciais.

---

26. NEVES, Thiago Ferreira Cardoso. O princípio da função social dos contratos nos 15 anos de vigência do código civil: análise crítica de sua aplicação pela doutrina e jurisprudência. *Revista científica da academia brasileira de direito civil*. v. 3, n. 2, 2018. p. 7. Disponível em: https://abdc.emnuvens.com.br/abdc/article/view/26/22.
27. SOUZA, Sylvio Capanema de. Locação de bens imóveis urbanos. In: MELO, Marco Aurélio Bezerra de; AZEVEDO, Fábio de Oliveira (Coord.). *Direito imobiliário*: escritos em homenagem ao professor Ricardo Pereira Lira. São Paulo: Atlas, 2015. p. 191.

3. A TUTELA DA MORADIA POR MEIO DO CONTRATO DE LOCAÇÃO DE IMÓVEL URBANO

O contrato de locação de imóvel urbano, como visto, regula e tutela as locações de imóvel com destinação residencial (duradoura e temporária) e econômica-empresarial. Na tutela das relações ainda denominadas comerciais, o contrato de locação é um importante instrumento de realização da livre iniciativa, um dos pilares da ordem econômica na Constituição,[28] e princípio fundamental do exercício das atividades econômicas.

Nada obstante, é na tutela da moradia, por meio do contrato de locação de imóvel para fins residenciais, que o contrato de locação de imóvel urbano apresenta um inequívoco caráter existencial. Como também já examinamos, o direito à moradia tem natureza de direito social fundamental, e como pilar e fundamento a dignidade da pessoa humana.

Não se pretende considerar que os contratos de locação de natureza empresarial não exerçam essa função. É evidente que a atividade econômica exercida pelo locatário é um instrumento de realização da dignidade da pessoa humana, uma vez que essa atividade muitas vezes se consubstancia no único meio de sustento do seu exercente e de sua família, sem prejuízo do atendimento dos interesses dos empregados que têm, com aquela atividade, o seu emprego e sustento, a evidenciar o cumprimento da função de valorização social do trabalho por meio da livre iniciativa.[29]

Mas também é induvidoso que nas locações residenciais tem-se um direto atendimento de um fim existencial, que é a moradia do locatário e de seus familiares, a revelar sua especial importância quando ostentar essa natureza.

O contrato de locação de imóvel para fim residencial apresenta uma maior densidade social e, por isso, goza de especial proteção na Lei do Inquilinato. O locatário, como regra, é a pessoa mais vulnerável, na medida em que precisa do imóvel para a sua moradia, e muitas vezes acaba se sujeitando a certas condições que não se sujeitaria caso não tivesse tal necessidade. Por essa razão, o Legislador demonstrou especial preocupa-

---

28. O exercício das atividades econômicas só poderá se dar, de forma livre, se aos seus exercentes for assegurado o amplo acesso aos instrumentos necessários para a sua exploração, como é o caso dos imóveis urbanos, que é o local físico em que o agente exercerá sua atividade. Com efeito, é inegável que os contratos de locação de imóvel urbana consistem em uma importante ferramenta realizadora da livre iniciativa, notadamente em seu conteúdo material, não se limitando apenas ao direito de não sofrer intervenção do Estado (aspecto formal), mas igualmente o direito de acesso aos meios para o exercício das atividades econômicas, seja por meio da propriedade, seja através da posse dos bens e meios de produção. Sobre esse aspecto da livre iniciativa, ver BARROSO, Luís Roberto. A ordem econômica constitucional e os limites à atuação estatal no controle de preços. *Revista de direito administrativo*, Rio de Janeiro, n. 226, p. 187-212, out./dez. 2001.
29. Nesse sentido, explicita Eros Roberto Grau que "a livre iniciativa não é tomada, enquanto fundamento da República Federativa do Brasil, como expressão individualista, mas sim no quanto expressa de socialmente valioso. Já no art. 170, *caput*, afirma-se que a ordem econômica deve ser fundada na *valorização do trabalho humano* e *na livre iniciativa*. Note-se, assim, que esta é então tomada singelamente e aquele – o trabalho humano – é consagrado como objeto a ser valorizado. É neste sentido que assiste razão a José Afonso da Silva, ao sustentar que a ordem econômica dá prioridade aos valores do trabalho humano sobre todos os demais valores da economia de mercado" (GRAU, Eros Roberto. *A ordem econômica na Constituição de 1988*. 14. ed. São Paulo: Malheiros, 2010. p. 202).

ção e trouxe inúmeros mecanismos de tutela, inclusive por meio de normas de ordem pública, que afastam o pleno exercício da autonomia privada.[30]

Tem-se, então, nas locações residenciais um forte apelo do dirigismo contratual, o que, em certos momentos, levou ao engessamento das próprias relações locatícias, como se via nas leis anteriores. Isso porque os locadores, a fim de evitar a intervenção estatal, se furtavam até mesmo de contratar com os locatários, dada a grande possibilidade de ingerência sobre a relação, o que, paradoxalmente, trazia um sentimento de insegurança jurídica, na medida em que, o que foi contratado hoje, podia não ser cumprido amanhã. Isso acabou por gerar um déficit habitacional nas décadas de 1970 e 1980, em prejuízo da sociedade. Então, embora fosse louvável a intenção do Legislador nas normas anteriores, na medida em que se prestigiava ao máximo os interesses sociais, as consequências foram extremamente danosas para a população.

Nada obstante, com a Lei do Inquilinato hoje vigente, embora ainda se tenha inúmeros mecanismos de proteção do locatário, há um evidente equilíbrio de interesses, de modo que se preserva o atendimento dos interesses existenciais deste, por meio do direito fundamental de moradia, sem descurar do atendimento dos interesses econômicos e, por que não, também existenciais dos locadores, na medida em que os aluguéis são uma fonte de sustento.

Assim, tem-se uma maior efetividade dos direitos envolvidos, na medida em que o reequilíbrio da balança estimula a celebração de contratos e, consequentemente, atende-se ao importante propósito de proteção da habitação dos locatários.

A ampla oferta de imóveis, estimulada pelas disposições da lei atual, que leva à celebração de contratos equânimes, só tem a favorecer as partes envolvidas, e em particular os locatários que passam a ter acesso, de modo mais facilitado, aos bens com destinação residencial.

O contrato, assim, pode exercer sua inequívoca função social, promovendo o direito à moradia por meio da cessão da posse dos imóveis pelos locadores aos locatários, que gozam de maior sossego dada a estabilidade da relação contratual.

Esse caráter também ficou bem evidente durante a pandemia do *Coronavírus*. Inúmeros atos normativos tutelaram a relação locatícia, especialmente com o propósito de preservar a moradia dos locatários, por meio de medidas que impediam o despejo por falta de pagamento de aluguéis.

Um dos exemplos marcantes foi a Lei 14.010/2020, que instituiu o Regime Jurídico Emergencial e Transitório das relações jurídicas de direito privado – RJET. Em seu art. 9º previu-se expressamente a proibição de concessão de liminares em ações de despejo nos casos previstos no art. 59, § 1º, I, II, V, VII, VIII e IX da Lei do Inquilinato.

30. Cf. SOUZA, Sylvio Capanema de. *A lei do inquilinato comentada artigo por artigo*. 10. ed. Rio de Janeiro: Forense, 2017. p. 205.

O propósito principal da proibição, a par da tutela das locações empresariais, era evidentemente a tutela da moradia dos locatários impossibilitados de pagar seus aluguéis por conta da crise econômica causada pela crise epidêmica.[31]

Diversas outras leis e atos normativos também foram editados ao redor do país, com efeitos até mais amplos, como é o caso da Lei 9.020/2020 do Estado do Rio de Janeiro que, de modo mais extenso, suspendeu os mandados de reintegração de posse, imissão na posse, despejos e remoções judiciais ou extrajudiciais no âmbito do Estado, não se limitando, portanto, a apenas proibir a concessão de liminares em despejo.

A referida lei, validada pelo Supremo Tribunal Federal no julgamento da Reclamação 45.319/2020, tinha o nítido caráter de proteção da moradia, uma vez que, como consolidado na jurisprudência fluminense, ao interpretá-la, tinha a sua aplicação limitada aos contratos de locação residencial.

Mais recentemente também foi editada, em âmbito nacional, a Lei 14.216/2021, que estabeleceu medidas excepcionais em razão da Emergência em Saúde Pública de Importância Nacional (Espin), e cujo propósito era a tutela dos ocupantes de imóveis urbanos, especialmente de baixa renda. Assim, e visando cumprir esse propósito, vedou, em seu art. 4º, a concessão de liminares em ação de despejo nas mesmas hipóteses do revogado art. 9º do RJET, mas agora apenas para os contratos de locação residencial cujo aluguel não ultrapasse o valor de R$ 600,00 (seiscentos reais), e nos contratos de locação não residencial em que o aluguel não ultrapassasse o valor de R$ 1.200,00 (mil e duzentos reais).[32]

A referida lei, que tinha a natureza temporária, pois editada para viger apenas até 31 de dezembro de 2021, acabou por ter sua vigência prorrogada por decisão do Supremo Tribunal Federal na Medida Cautelar Incidental na ADPF 828, da relatoria do Ministro Luís Roberto Barroso.[33]

Todos esses exemplos têm como propósito demonstrar o nítido caráter social dos contratos de locação de imóvel urbano, em especial o propósito de tutela da moradia. Têm esses negócios jurídicos a evidente finalidade de estimular a oferta e viabilizar o acesso a imóveis para habitação, em especial nos casos em que a pessoa não tem condições de adquirir um imóvel para a realização do sonho da casa própria.

Programas e projetos sociais, como o *Minha Casa, Minha Vida*, são importantes. Mas ainda assim não são capazes de superar ou deixar à margem os contratos de locação de imóvel urbano. Isso porque todas essas ferramentas pressupõem que o indivíduo,

---

31. Para um aprofundamento do tema, ver GAMA, Guilherme Calmon Nogueira da; NEVES, Thiago Ferreira Cardoso. *Direito privado emergencial*: o regime jurídico transitório nas relações privadas no período da pandemia de Covid-19. São Paulo: Foco, 2020. p. 93-96 e 104-107.
32. Sobre o tema ver GAMA, Guilherme Calmon Nogueira da; NEVES, Thiago Ferreira Cardoso. A Lei 14.216/2021 e a impossibilidade de retomada de bens imóveis urbanos durante a pandemia. Disponível em: http://genjuridico.com.br/2021/12/07/a-lei-no-14-216-2021/.
33. Sobre o tema ver GAMA, Guilherme Calmon Nogueira da; NEVES, Thiago Ferreira Cardoso. A continuidade da pandemia e a necessidade de tutela da moradia e do exercício das atividades econômicas para a população de baixa renda: a prorrogação da vigência da Lei 14.216/2021. Disponível em: https://blog.grupogen.com.br/juridico/pandemia-tutela-moradia-prorrogacao-lei-14216/.

ainda que minimamente, tenha condições de adquirir um imóvel, o que não é uma realidade em nosso país.

Por isso, e nos incontáveis casos de aluguéis de baixíssimo valor (muitas vezes de pequenos cômodos), o contrato de locação se revela como um incomparável mecanismo de promoção e tutela da moradia, e cujo importância social não pode ser desconsiderada.

4. CONCLUSÃO

A importância de um lugar para repouso já se noticiava há mais de 2.000 anos atrás. Em conhecido texto bíblico, um certo homem disse a Jesus que o seguiria aonde Ele fosse. Como resposta, o mestre afirmou que "as raposas têm suas tocas e as aves do céu têm seus ninhos, mas o Filho do homem não tem onde repousar a cabeça".[34] Aquele homem, então, desistiu de segui-lo.

Isso demonstra a importância e a necessidade de as pessoas terem sua moradia e habitação, aquele lugar de segurança e descanso a que todos têm direito, como prevê a Constituição Federal. No entanto, e como se sabe, muitas disposições constitucionais estão viciadas pela insinceridade, uma vez que embora prevejam formalmente diversos direitos e garantias, a sua concretização nem sempre é possível.

O direito de moradia é um deles. Embora previsto no art. 6º da Constituição Federal, como uma ferramenta de realização da dignidade humana, são poucas as pessoas que têm acesso a um imóvel próprio para ali estabelecerem sua residência. Nessa impossibilidade de se adquirir o bem é que reside, especialmente, o contrato de locação de imóvel urbano.

Por meio dele se viabiliza o acesso à moradia, com um mínimo de dignidade, embora se saiba que mesmo nas locações há casos de pessoas vivendo em condições insalubres e inabitáveis.

Ainda assim não se pode negar a importância do contrato de locação de imóvel urbano, que exerce uma importante e indubitável função social, tutelando a moradia por meio do acesso a bens imóveis e, assim, cumprindo os fins e valores constitucionais, que têm como norte, sempre, a tutela da dignidade da pessoa humana, o pilar sobre o qual se estrutura não só o Estado Democrático de Direito, mas toda a sociedade.

34. Lucas 9:58.

ALUGUEL SOCIAL E O DIREITO À MORADIA

Patricia Ribeiro Serra Vieira

Doutora em Direito Civil pela Universidade do Estado do Rio de Janeiro (UERJ) e Mestre em Direito Constitucional e Teoria do Estado pela Pontifícia Universidade Católica do Rio de Janeiro. Membro-fundadora da Academia Brasileira de Direito Civil (ABDC) e honorário do Instituto dos Advogados do Brasil (IAB). Professora titular da Universidade Federal do Estado do Rio de Janeiro (UNIRIO). Desembargadora do Tribunal de Justiça do Estado do Rio de Janeiro (TJ/RJ) e Presidente da Comissão Pedagógica e de Ensino (COPEN) da Escola da Magistratura do Estado do Rio de Janeiro (EMERJ).

1. A NATUREZA JURÍDICA DO ALUGUEL SOCIAL: ASPECTOS RELEVANTES

Inegável atender o aluguel social à natureza jurídica de um direito humano, com substrato constitucional (art. 6º da CRFB), para o acesso e exercício do direito à moradia digna. É certo que tal benefício abarca a segurança da moradia, sobretudo, no resguardo de pessoas acometidas por ocasionais desastres da natureza (chuvas torrenciais, com deslizamentos de terras e/ou afetação de construções); mas não só, integra também a dinâmica legal do Estatuto da Cidade (Lei 10.257/2001[1]) e do Sistema Nacional de Habitação e de Interesse Social (Lei 11.124/2005[2]). Isso porque:

> Existem muitas necessidades a serem preenchidas para que se tenha uma vida digna. No entanto, há pelo menos condições básicas que precisam ser atendidas para que as pessoas possam sobreviver. São elas: alimentação adequada, saúde e moradia. Os seres humanos são criaturas frágeis e, por questões físicas e fisiológicas, seus corpos precisam de abrigo. Os seres humanos necessitam de lugares onde possam se proteger de condições climáticas desfavoráveis: do frio e do calor excessivo, das chuvas, dos ventos e da neve. Precisam de locais onde possam estar resguardados dos perigos da natureza e, também, dos perigos das ruas. No entanto, o ser humano não é só corpo físico. Aliás, o que o diferencia dos outros seres é exatamente a sua mente, a sua intelectualidade, a sua consciência, que também necessita de abrigo, necessita de lugar. Precisa de um local onde possa pensar sem interrupções, interagir com outros seres com privacidade e amar sem que seja observada, conservar suas memórias, expressar sua individualidade, viver sem máscaras, repousar depois de um longo dia. Por estas e outras razões, a moradia adequada é um dos direitos humanos garantidos a todos pela legislação internacional e também pela

1. BRASIL. Lei 10.257, de 10 de julho de 2001. Regulamenta os arts. 182 e 183 da Constituição Federal, estabelece diretrizes gerais da política urbana e dá outras providências. *Diário Oficial da União*: seção 1, Brasília, DF, 10 de julho de 2001. Disponível em: https://www.planalto.gov.br/ccivil_03/leis/leis_2001/l10257.htm. Acesso em: 08 mar. 2022.
2. BRASIL. Lei 11.124, de 16 de junho de 2005. Dispõe sobre o Sistema Nacional de Habitação de Interesse Social – SNHIS, cria o Fundo Nacional de Habitação de Interesse Social – FNHIS e institui o Conselho Gestor do FNHIS. *Diário Oficial da União*: seção 1, Brasília, DF, 16 de junho de 2005. Disponível em: https://www.planalto.gov.br/ccivil_03/_ato2004-2006/2005/lei/l11124.htm. Acesso em: 08 mar. 2022.

Constituição brasileira. Esse direito fundamental foi reconhecido em 1948 pela Declaração Universal dos Direitos Humanos (Nações Unidas, 1948) como integrante do direito a um padrão de vida adequada, e também em 1966 pelo Pacto Internacional de Direitos Econômicos, Sociais e Culturais (Nações Unidas, 1992), tornando-se um direito humano universal, aceito e aplicável em todas as partes do mundo como um dos direitos fundamentais para a vida das pessoas.[3]

A moradia adequada, em síntese, tem como premissas a localização, se pondo próxima dos serviços públicos essenciais (transporte, saúde e educação), com saneamento básico (acessibilidade e segurança); a habitabilidade, de forma a evitar que interferências climáticas agridam à saúde das pessoas conviventes no local; e a preservação da identidade e diversidade culturais dos moradores locais. Tais premissas, inclusive, se notabilizam como causa de pedir em ações judiciais intentadas, comumente, contra a municipalidade para que imposta a ele haja a efetivação de matrícula de criança em creche ou escola pública próxima à residência de seu representante legal (mãe, pai ou tutor).

Aqueles pressupostos, em uma análise trivial do déficit habitacional no Brasil, associam-se ao fato de a política de locações ainda trazer, em si, encargo significativo com o valor de aluguel, sabedores que a maior parte da população não possui condições financeiras para assumir tal custo, se considerada a renda média do brasileiro, sobretudo ante a premente realocação de famílias em situações catastróficas. Tudo isso, é claro, põe em evidência o cenário de déficit habitacional, diante da falta de políticas públicas habitacionais no nosso país, e o ativismo judicial tão questionado (fenômeno abordado pelo enfoque de que promover política pública de moradia, na via judicial, implica em violação, sobretudo, do princípio da separação de poderes).[4]

As políticas públicas destinadas às casas populares, como o Programa Minha Casa, Minha Vida (PMCMV) e, na atualidade, o Programa Casa Verde e Amarela, em substituição àquele outro, até então, envolvem celeumas do setor imobiliário, porque admitido que a renda familiar mais atendida com tais programas ainda é acima de 3 (três) salários mínimos. Porém a categoria social representativa do déficit habitacional

---

3. BRASIL. *Direito à moradia adequada*: por uma cultura de direitos humanos. Brasília: Secretaria de Direitos Humanos da Presidência da República (SDH/PR), 2013. Disponível em: http://unesdoc.unesco.org/images/0022/002254/225430POR.pdf. Acesso em: 1º mar. 2022, p. 9.
4. Indica-se, para tanto, o precedente judicial afeito à ADPF 45, de relatoria do Ministro Celso de Mello, veiculado no informativo 345, de 26 a 30 de abril de 2004, sob o entendimento em síntese: "É certo que não se inclui, ordinariamente, no âmbito das funções institucionais do Poder Judiciário – e nas desta Suprema Corte, em especial – a atribuição de formular e de implementar políticas públicas (ANDRADE, José Carlos Vieira de. "Os Direitos Fundamentais na Constituição Portuguesa de 1976", p. 207, item 05, 1987, Almedina, Coimbra), pois, nesse domínio, o encargo reside, primariamente, nos Poderes Legislativo e Executivo. Tal incumbência, no entanto, embora em bases excepcionais, poderá atribuir-se ao Poder Judiciário, se e quando os órgãos estatais competentes, por descumprirem os encargos político-jurídicos que sobre eles incidem, vierem a comprometer, com tal comportamento, a eficácia e a integridade de direitos individuais e/ou coletivos impregnados de estatura constitucional, ainda que derivados de cláusulas revestidas de conteúdo programático.

   Cabe assinalar, presente esse contexto – consoante já proclamou esta Suprema Corte – que o caráter programático das regras inscritas no texto da Carta Política "não pode converter-se em promessa constitucional inconsequente, sob pena de o Poder Público, fraudando justas expectativas nele depositadas pela coletividade, substituir, de maneira ilegítima, o cumprimento de seu impostergável dever, por um gesto irresponsável de infidelidade governamental ao que determina a própria Lei Fundamental do Estado [...]" (RTJ 175/1212-1213, Rel. Min. Celso de Mello).

é da faixa de renda entre 0 (zero) a 3 (três) salários. Com efeito, as camadas pobres – e, a partir do PMCMV, cada vez mais pobres, pois são aquelas que não conseguem se integrar ao programa público – permanecem na lógica da autoconstrução, muitas vezes em assentamentos não regularizados,[5] o que torna tudo mais caótico e reforça a vulnerabilidade socioespacial, conforme explicita Dias e Santos (2021):

> Como se vê, as políticas adotadas pelo poder público no setor de habitação social que, historicamente, priorizam a construção de casas próprias, além de não atenderem aos interesses da população de baixa renda, que é justamente a que mais carece do acesso à moradia digna, também não alteraram a realidade social no Brasil, que ainda permanece fortemente marcada pela desigualdade socioespacial.
>
> Diante desse panorama, dada a insuficiência do modelo atualmente adotado pela política habitacional brasileira, o aluguel social surge como possível medida de transformação dessa realidade, através do efetivo acesso à moradia digna.[6]

Em 15 de fevereiro de 2023, a Medida Provisória 1.162, de 2023, instituiu o marco legal de cunho estratégico, e inclusivo, no pleno o *atendimento às necessidades habitacionais do país*, viabilizadas modificações na Lei 11.977/2009, bem como transferidas as atribuições de regulamentação ao Ministério das Cidades. E, mais, todas as operações com benefício (quais sejam, *provisão subsidiada de unidades novas; provisão financiada de unidades novas ou usadas; locação social; lotes urbanizados; e melhoria habitacional*), a partir da publicação da MPV, passam a compor o PMCMV.[7]

Na cidade do Rio de Janeiro, por exemplo, ainda tem-se o aluguel social regulamentado, atualmente, na modalidade *auxílio habitacional temporário* (Decretos Estaduais 44.052/2013[8] e 44.637/2018[9]), no âmbito da Subsecretaria de Habitação, como política emergencial, motivada na necessidade premente de enfrentamento de situações resul-

5. SHIMBO, Lucia Zanin. Os mercados da habitação social no Brasil: articulando política habitacional, setor imobiliário e construção civil. In: XV Encontro Nacional da ANPUR, 2013, Recife-PE. Disponível em: http://unuhospedagem.com.br/revista/rbeur/index.php/anais/article/view/4524. In: DIAS, Daniella Maria dos Santos; SANTOS, Juliana Coelho. Um Estudo acerca do aluguel social como instrumento de acesso ao direito à moradia digna diante do déficit de habitação no Brasil. *Revista de Direito da Cidade*, v. 13, n. 3, out. 2021, p. 1.651. Disponível em: https://www.e-publicacoes.uerj.br/index.php/rdc/article/view/45239/39687. Acesso em: 28 fev. 2022.
6. DIAS, Daniella Maria dos Santos; SANTOS, Juliana Coelho. Um Estudo acerca do aluguel social como instrumento de acesso ao direito à moradia digna diante do déficit de habitação no Brasil. *Revista de Direito da Cidade*, v. 13, n. 3, out. 2021, p. 1.631. Disponível em: https://www.e-publicacoes.uerj.br/index.php/rdc/article/view/45239/39687. Acesso em: 28 fev. 2022.
7. Recomendo acessar o sumário executivo da Medida Provisória. Disponível em: https://www.congressonacional.leg.br. Acesso em: 18 fev. 2023.
8. RIO DE JANEIRO. Decreto 44.052, de 30 de janeiro de 2013. Dá nova redação ao Decreto 43.091, de 20 de julho de 2011, que regulamenta os procedimentos para a concessão, fiscalização e supervisão do aluguel social no Estado do Rio de Janeiro, e determina outras providências. *Diário Oficial do Rio de Janeiro*, 31.01.2013. Disponível em: https://www.normasbrasil.com.br/norma/decreto-44052-2013-rj_250876.html. Acesso em: 28 fev. 2022.
9. RIO DE JANEIRO. Decreto 44.637 de 18 de junho de 2018. Dispõe sobre os procedimentos para a concessão, fiscalização e supervisão do Auxílio Habitacional Temporário no âmbito da Subsecretaria de Habitação e determina outras providências. *Diário Oficial do Rio de Janeiro*, 19.06.2018. Disponível em: http://leismunicipa.is/gwflm. Acesso em: 28 fev. 2022.

tantes de obras públicas de urbanização, contenção de encostas, conservação de vias públicas ou limpeza de cursos d'água; e, afeita à vulnerabilidade temporária de famílias cujos domicílios são destruídos por catástrofe climática. O referido auxílio se legitima como "dimensão positiva do direito à moradia, íntima e indissociavelmente ligado ao princípio da dignidade da pessoa humana" (art. 1º, inc. III, da CRFB), associado ao da solidariedade social (art. 3º, inc. I e III da CRFB), na necessidade de readequação, atualização e uniformização dos procedimentos da administração municipal para sua concessão, fiscalização e supervisão.[10]

Deve-se ter em mente que, mesmo a se por em evidência um benefício temporário, o objetivo é proporcionar, a despeito da provisoriedade, moradia digna, e não uma mera habitação (pois essa diz respeito a questões de cunho patrimonial conexas àquele direito). Reivindica-se o aluguel social como um *rito de passagem*, frente às circunstâncias que o legitimam, face a sua temporariedade, atribuída a perenidade ao direito de moradia, no intento de que abrigado o núcleo familiar atingido de forma digna, com segurança e adequação.

2. LOCAÇÃO E ALUGUEL SOCIAL: UMA DIFERENCIAÇÃO OPORTUNA

Não se nega que o aluguel social é também instrumento de política habitacional, porém, é temporário e deve ser acompanhado para que não só seja malversado, tampouco leve, afinal, a pessoa ou a família desalijada ao abandono. Nessa perspectiva, ganha efetividade como espécie do gênero locação social, que se revela de duas maneiras, a saber: como procedimento provisório (o mais conhecido), até que viabilizada a construção de moradias populares para acolhimento daquelas famílias; e o segundo, não tão fomentado no nosso país, é o emprego do aluguel como atrativo, podendo até mesmo ser subsidiado (locação compulsória), como mecanismo permanente de contenção do déficit habitacional, sem, é claro, permitir-se, por essa prática, o domínio do imóvel pela sua posse contínua no tempo pelo mesmo beneficiário e/ou sua família (o governo disponibiliza imóvel urbano, desabitado e, comumente antigo, submetido a restauro e reforma prévios à concessão, para pessoas de baixa renda, mediante o pagamento de valor razoável). Nesse cenário da locação social, portanto:

> Não se deve ignorar que, no que diz respeito à efetivação do direito à moradia, a adoção do aluguel social foi um avanço em relação ao passado, ainda que muito tímido e muito precário. De qualquer modo, é necessário refletir sobre as dificuldades que alternativas habitacionais como essas aportam e as vantagens de sua substituição por iniciativas mais sustentáveis. Entre os problemas mais frequentes, avalia-se que: *i) o valor dos benefícios costumam ser fixados por decreto, sem que sejam levadas em consideração as especificidades de cada realidade e de cada caso, como o valor do solo nas diferentes localizações ou a composição das famílias atendidas; ii) o valor fixado frequentemente não permite que as famílias consigam alugar um imóvel na mesma região em que residiam, levando-as a se submeterem a condições piores, causando deslocamentos forçados e o acesso à moradia por meio do mercado informal em situações precárias;* iii) os alugueis estabelecidos nos atos e regulamentos

10. Cf. http://www.camara.rio. Acesso em: 1º mar. 2022.

> costumam congelar valores por longos prazos sem atualização e; iv) a implantação de um programa de aluguel social provocou, em diversos lugares, ao [sic] aumento do valor do aluguel em virtude da ampliação da procura. Em contrapartida, o uso da locação social pode ser um instrumento permanente das políticas habitacionais para a efetivação do direito à moradia. Apesar dessa forma de política ter sido pouco explorada no Brasil e o Estatuto da Cidade apenas tangenciar estratégias necessárias à sua implementação, o Plano Nacional de Habitação elaborado em 2009 fixou a locação social como uma de suas linhas programáticas para produção de unidades habitacionais.[11]

A intitulada locação compulsória tem como substrato um contrato entabulado entre o ente público e um particular, no compromisso de aquele custear os aluguéis. Portanto, é alternativa para dar funcionalidade social a imóveis sem destinação, pois:

> [...] busca conferir uma maior ocupação a imóveis particulares desocupados. A presente hipótese consiste na imposição ao proprietário de um imóvel, já destinado à locação, de que o alugue para o Estado, para que esse o ceda a pessoa/família que necessite.[12]

O aluguel social é, reitera-se, uma ajuda financeira para o exercício do direito à moradia, no intento emergencial e temporário, ante situação de calamidade pública, o qual se direciona a famílias inscritas no respectivo programa público; famílias envolvidas em catástrofes naturais ou postas em circunstância de desalijo, em razão de obras do Programa de Aceleração de Crescimento (PAC), em que configurada a vulnerabilidade familiar; ou, em tese, famílias que convivem em áreas de risco.

3. A JUDICIALIZAÇÃO EM REFORÇO AO ALUGUEL SOCIAL COMO RITO DE PASSAGEM À CONCRETIZAÇÃO DO DIREITO À MORADIA DIGNA

Quando da análise de precedentes judiciais afeitos à concretização do auxílio em referência, no que respeita a desabamento de casa ou construção por chuvas torrenciais, tendo em vista ficarem os julgados adstritos a situações locais, o Superior Tribunal de Justiça não se posiciona ante as teses veiculadas, a mais relevante, sobre o fato de requerer-se em juízo, pedido alternativo, para que o Estado conceda moradia à pessoa vitimada, desalojada, ficando afastado o princípio da reserva do possível, como limitador à concessão do benefício requerido.

A Defensoria Pública tem relevante papel no trato dos direitos sociais, como sabido, em específico, do direito à moradia, na formalização (requerimentos) do aluguel social, inclusive estimulando parcerias com gestor público local (prefeitura) para que, diante da gravidade (e atualidade) da situação de calamidade pública, se dê o aumento do valor destinado aos

11. LUFT, Rosangela Marina; LIMA, Mateus Fernandes Vilela. Locação Social como alternativa de moradia: características e experiências para uma política pública habitacional. *Revista da Faculdade de Direito da FMP*, Porto Alegre, v. 16, n. 2, 2021, pp. 86-87. Disponível em: https://revistas.fmp.edu.br/index.php/FMP-Revista/article/download/274/173. Acesso em: 1º mar. 2022.
12. CUNHA, Leandro Reinaldo da. *Revista Inclusiones*. ISSN 0719-4706, v. 8, número especial, enero-marzo 2021, p. 289. Disponível em: http://revistainclusiones.org/pdf4/19%20Leandro%20VOL%208%20NUM%20ESP.%20ENEMAR%20NUEVA%20MIRADA%202021INCL.pdf. Acesso em: 1º mar. 2022.

afetados a título de aluguel social, na frutífera tentativa de sempre demonstrar que o valor deve oscilar de acordo com o local, a gravidade e dimensão da tragédia. Nesse intento:

> [...] Há que se considerar que a efetivação do direito à moradia exigiria alterações profundas na sociedade brasileira, passando obrigatoriamente pela redistribuição da riqueza social, o que ultrapassa certamente o papel do Judiciário. Isso não significa dizer que, diante do conflito judicializado, não se possa cobrar do poder Judiciário a consideração de questões como a função social da propriedade e os direitos relacionados à posse, necessárias à efetivação do direito à moradia. A Defensoria Pública exerce importante papel nesse sentido, mas certamente os alcances do seu trabalho dependem do engajamento de outros atores sociais e políticos capazes de propor, implementar e fiscalizar a realização de políticas públicas urbanas e habitacionais.[13]

Na cidade de Petrópolis, no Estado do Rio de Janeiro, por exemplo, em decorrência da triste tragédia sucedida no mês de fevereiro de 2022, conforme anunciado pelo Governador do Estado do Rio de Janeiro, foi realizada negociação em torno do valor do aluguel social, tradicionalmente inviável para uma locação sob padrão assemelhado ao que vivido antes pelas pessoas atingidas. O Governador do Estado do Rio de Janeiro, em entrevista para o jornal O Dia, afirmou:

> Na última segunda, me reuni com representantes da Defensoria Pública e do município de Petrópolis, que me levaram esta demanda sobre o reajuste. Acertamos mais esse trabalho em parceria com a prefeitura e elevamos para o total de R$ 1 mil o Aluguel Social para as vítimas que perderam suas casas na tragédia do último dia 15 de fevereiro.[14]

Alguns julgados põem em relevo a questão da omissão do ente público e sua responsabilização civil face aos efeitos desastrosos das mudanças climáticas e chuvas torrenciais, admitindo que não há que se elucubrar acerca de imprevisibilidade diante de desídia ou atraso na implementação de medidas preventivas à contenção de danos à coletividade. Todavia as matérias são diversas. O aluguel social não é modalidade de indenização civil, mas sim um benefício assistencial provisório. E mais, diante de circunstância que envolva interdição da casa ou moradia, tem-se o afastamento da limitação temporal (legal) para a sua concessão. A propósito:

> Apelações cíveis. Ação de obrigação de fazer. Autora, idosa com 70 anos de idade, com filha e dois netos menores, que tiveram que desocupar a residência, em razão de interdição do imóvel pela Defesa Civil. *Perigo de desabamento, com risco à vida*. Decisão antecipada que concedeu a tutela de urgência determinando o pagamento de benefício de *aluguel social* pelo Município até o reassentamento da autora em uma residência. Direito constitucional fundamental à moradia. Artigos 6º e 23 IX CF/88. Ausência de ofensa à reserva do possível, á [sic] inteligência da Súmula 241 TJRJ. *Benefício buscado pela autora, que não tem a mesma natureza do aluguel social criado para amparar necessidades advindas da destruição total ou parcial do imóvel residencial do beneficiário, decorrente de calamidade pública ou de remoções de pessoas residentes em áreas de risco, não se aplicando ao caso concreto o Decreto*

---

13. SILVA, Eliane Alves da; COMARU, Francisco de Assis; SILVA, Sidney Jard da. Direito à Moradia e Judicialização: Atuação da Defensoria Pública Paulista. *Estud. sociol.* Araquara, v. 23, n. 45, p. 94-95, jul.-dez. 2018.
14. O DIA. Aluguel Social em Petrópolis será de R$ 1 mil e pagamentos começarão em até 15 dias. *O Dia*, 2022. Disponível em: https://odia.ig.com.br/rio-de-janeiro/2022/02/6346134-aluguel-social-em-petropolis-sera-de-rs-1-mil-e-pagamentos-comecarao-em-ate-15-dias.html. Acesso em: 1º mar. 2022.

> *43.091/2011*. Limitação da prorrogação do benefício por apenas um único período de 12 meses que deve ser afastada, mantendo-se o pagamento do mesmo, até que a autora possa retornar à sua residência ou seja instalada em outra fornecida pela municipalidade. Hipótese que trata de obrigação de pagar e não de obrigação de fazer, pelo que descabe a multa cominatória fixada. Sequestro de verba pública que é o instrumento de direito para obter a concretização da decisão judicial. Isenção legal dos municípios ao pagamento de taxa judiciária. Art. 17, IX c/c art. 10, X da Lei Estadual 3.350/99. Recurso do réu parcialmente provido para afastar a obrigação de pagar multa cominatória. *Recurso da autora provido para afastar a limitação temporal do benefício, até sua realocação em uma residência*. Reforma parcial da sentença, em remessa necessária, para excluir a condenação do Município na taxa judiciária (grifos nossos).[15]

> Apelação Cível/Remessa Necessária. Ação pelo procedimento comum ordinário, com pedidos de obrigação de fazer e cobrança, intentada contra o Município de Niterói e o Estado do Rio de Janeiro. Benefício de aluguel social. Imóvel da autora interditado pela Defesa Civil. Sentença de parcial procedência, em que confirmada a tutela de urgência, para determinar que o primeiro réu proceda ao pagamento do benefício, até que destinada moradia definitiva à autora. Insurgência de ambos os réus. Ausência de interesse recursal do Estado do Rio de Janeiro, com relação ao pagamento daquele benefício e do Município quanto ao retroativo. Direito à moradia. Responsabilidade solidária dos entes federativos. Artigo 23, inciso IX, da Constituição da República Federativa do Brasil. Aluguel social destinado às famílias que tiveram suas casas atingidas por tragédias naturais (fortes chuvas), assim como aquelas que precisam ser desalojadas por morarem em áreas consideradas de risco. Interdição do imóvel devidamente comprovada nos autos. Preenchimento dos requisitos legais à concessão do benefício. Desinfluente a alegação de ser o aluguel social temporário, porque recebido, pela autora, em razão de determinação judicial. Município de Niterói que, no ano de 2017, disponibilizou unidade residencial à ora apelada. Correta a condenação da municipalidade ao pagamento de honorários advocatícios de sucumbência, em favor do CEJUR/DPGE. Enunciado 221 da súmula de jurisprudência deste Tribunal de Justiça. Adequação da verba fixada àquele título. Entes públicos que, entretanto, são isentos do recolhimento da taxa judiciária, nos termos dos artigos 10, inciso X e 17, inciso IX da Lei estadual 3.350/1999. Recursos a que se dá parcial provimento.[16]

O que se infere é que a omissão estatal serve de mote à fundamentação do requerimento, e/ou seu ocasional deferimento, para que concedido o aluguel social em alguma das situações taxadas em lei, mas também eventual pedido alternativo de efetivação do domínio pela disponibilização de residência fixa. Porém essa última medida é comumente declarada fora dos limites do mínimo existencial, critério esse utilizado para que concretizado o aluguel social. Pontua-se, a título de diagnóstico:

> Apesar de a aquisição de casa própria ser uma evidente forma de garantir a moradia, não se pode razoavelmente esperar que o Estado atribua a cada indivíduo um imóvel e lhe outorgue o domínio. É possível concretizar o direito à moradia por diversos outros meios, como o financiamento de habitações de interesse social, instituição de aluguel social, abertura de linhas de crédito facilitadas, concessão especial de uso para fins de moradia em áreas de preservação permanente, entre outros.

---

15. TJ-RJ – APL: 00019813520158190034, Relator: Des(a). Cristina Tereza Gaulia, Data de Julgamento: 27.07.2021, Quinta Câmara Cível, Data de Publicação: 30.07.2021. Disponível em: https://tj-rj.jusbrasil.com.br/jurisprudencia/1282980060/apelacao-apl-19813520158190034/inteiro-teor-1282980071. Acesso em: 08 mar. 2022.
16. TJ-RJ – APL: 00905268520128190002, Relator: Des(a). Patrícia Ribeiro Serra Vieira, Data de Julgamento: 22.09.2021, Décima Câmara Cível. Disponível em: https://tj-rj.jusbrasil.com.br/jurisprudencia/1332637684/apelacao-remessa-necessaria-apl-905268520128190002/inteiro-teor-1332637691. Acesso em: 08 mar. 2022.

De fato, esse foi o posicionamento adotado pelo Tribunal de Justiça do Estado do Rio de Janeiro ao julgar caso em que se pleiteava a concessão de aluguel social e a obtenção de nova moradia definitiva. A autora – uma senhora carente representada pela Defensoria Pública – alegava que sua casa fora destruída em razão das fortes e recorrentes chuvas no Estado. O primeiro pedido foi concedido em primeiro grau, mas não o segundo. A decisão foi confirmada em segundo grau. No entendimento da corte, a concessão de aluguel social seria apta a assegurar, minimamente, o direito fundamental à moradia da parte. Seria, portanto, suficiente para garantir o mínimo existencial. Obrigar o Estado e o Município a fornecer uma nova residência acarretaria violação injustificada ao princípio da separação de poderes e à reserva do possível. Não seria papel do Judiciário exceder a eficácia mínima do direito fundamental à moradia, onerando os cofres públicos para além de suas possibilidades.[17]

No ano de 2018, publiquei artigo em coautoria com a advogada Renata Rogar,[18] e já ali evidenciamos da pesquisa realizada que o mínimo existencial é o princípio recorrentemente posto à legitimação do aluguel social em ações judiciais.

Para o presente artigo, por mera amostragem, analisei outros precedentes, mais atuais, para checar se havia alguma mudança significativa quanto à temática de caber – ou não –, ao ente público envolvido a concessão de moradia definitiva aos demandantes, como, também, o tempo imposto de garantia de pagamento do aluguel social, a despeito da limitação legal de vinte e quatro meses (já prorrogado), imposta, por exemplo, pela Lei 2.425/2007 de Niterói (artigo 6º, § 3º).[19]

De outro viés, o Decreto do Estado do Rio de Janeiro 42.406/2010,[20] que instituiu o programa intitulado *Morar Seguro*, não limita o prazo de concessão do benefício. Porém, em 2011, o Decreto 43.091[21] passou a restringi-lo, para que consentido por doze meses (artigo 1º, § 1º).

A lei do município de Nova Friburgo prevê o prazo de dois anos para a vigência do benefício, permitindo a sua renovação, por igual período, desde que comprovada a necessidade, a suficiência financeira e orçamentária.

17. VIOLIN, Jordão; SPINICCI, Julia. O direito fundamental à moradia digna: conteúdo e desafios. *Revista de Direito Constitucional e Internacional*. São Paulo, n. 109, set./out. 2018, p. 4. Disponível em: https://dspace.almg.gov.br/handle/11037/29661. Acesso em: 1º mar. 2022.
18. ROGAR, Renata; SERRA VIEIRA, Patricia Ribeiro. O Aluguel social como instrumento perene de dignificação da pessoa humana. *Revista de Direito da Cidade*, v. 10, n. 4, 2018. Disponível em: https://www.e-publicacoes.uerj.br/index.php/rdc/article/view/32845/27216. Acesso em: 08 mar. 2022.
19. NITERÓI. Lei 2.425, de 10 de janeiro de 2007. Fica criado no âmbito da Prefeitura Municipal de Niterói o Programa Aluguel Social, que passa a fazer parte da Política Municipal de Assistência Social e da Política Municipal de Habitação, passando a dar suporte às intervenções urbanas emergenciais de relevante interesse público. Prefeitura Municipal de Niterói, 10 de janeiro de 2007, *Pub. O Fluminense*, de 11.01.2007. Disponível em: http://leismunicipa.is/jrplh. Acesso em: 18 mar. 2022.
20. BRASIL. Decreto 42.406, de 27 de julho de 2010. Institui o programa Morar Seguro, de construção de unidades habitacionais para o reassentamento da população que vive em áreas de risco no estado do Rio de Janeiro. *Diário Oficial do Estado do Rio de Janeiro*, Rio de Janeiro, 2010.
21. BRASIL. Decreto 43.091, de 27 de julho de 2011. Regulamenta os procedimentos para a concessão, fiscalização e supervisão do aluguel social no estado do Rio de Janeiro. *Diário Oficial do Estado do Rio de Janeiro*, Rio de Janeiro, 2011.

Nesse cenário, o Decreto 3.992/2011,[22] do município de Teresópolis, tem previsão mais benéfica, uma vez que prevê a concessão do benefício enquanto estiverem presentes os requisitos que ensejaram o deferimento do seu pedido em sede administrativa, previsto no artigo 19, combinado com o § 1º, do artigo 14.

Os requisitos para a concessão do benefício estão previstos na legislação tanto dos entes municipais quanto do Estado do Rio de Janeiro. O elemento comum, nesta normativa, é a emergência ou calamidade, com a perda da moradia, pela destruição ou interdição, em razão do desastre climático ou pela prevenção dele.

Os decretos estaduais preveem, como inicialmente sinalizado, a desocupação de áreas de alto risco (interdição compulsória), com fiscalização recorrente (o que, diga-se de passagem, não se tem estrutura), no intento de evitar o retorno de famílias (ou a vinda de outras), inibindo nova ocupação irregular; como, também, para que promovida a recuperação ambiental.

Nessa sistemática, dão substrato a regulamentação local, conforme se tem no município do Rio de Janeiro, considerada a "necessidade de solução habitacional provisória para as famílias cujos domicílios são atingidos por obras públicas de urbanização, contenção de encostas, conservação de vias públicas ou limpeza de cursos d'água",[23] e "situação de vulnerabilidade temporária de famílias cujos domicílios são destruídos por catástrofe climática".[24] Dispõem sobre os procedimentos para a concessão, fiscalização e supervisão do auxílio habitacional temporário no âmbito da Subsecretaria de Habitação, na expressão de que o subsídio se consagra como "manifestação da dimensão positiva do direito à moradia, íntima e indissociavelmente ligado ao princípio da dignidade da pessoa humana".[25]

A Lei do Município de Niterói amplia a situação emergencial ou de calamidade, incluindo a situação de insalubridade habitacional. Contudo, apresenta maior rigor quanto à condição do tempo de residência na localidade onde a moradia não pode ser mantida. Ela institui o caráter de permanência de pelo menos doze meses num imóvel construído há, no mínimo, cinco anos, devendo ser essa condição necessária para a sua obtenção estar devidamente comprovada, o que, inclusive, acarreta a improcedência, em juízo, de pleito concessivo do auxílio. Confira-se:

> Direito administrativo e processual civil. Apelação. Município de Niterói e estado do rio de janeiro. Aluguel social. Solidariedade entre os entes estadual e municipal. Pagamento por doze meses prorrogáveis desde que comprovada a real necessidade do pagamento. Improcedência do pedido. Ausência da prova do fato constitutivo do direito. Recurso não provido. *Residência interditada em razão das*

22. TERESÓPOLIS. *Decreto 3.992, de 17 de janeiro de 2011*. Regulamenta o fundo especial de combate à situação de emergência e calamidade pública. Prefeitura de Teresópolis, 2011. Disponível em: http://camarateresopolis.com.br/biblioteca/leis-municipais/decretos/4051-decreto-n-3992-de-17012011-regulamenta-o-fundo-especial-de-combate-a-situacao-de-emergencia-e-calamidade-publica.html. Acesso em: 15 mar. 2022.
23. Rio de Janeiro. Decreto 44.637, de 18 de junho de 2018. Dispõe sobre os procedimentos para a concessão, fiscalização e supervisão do Auxílio Habitacional Temporário no âmbito da Subsecretaria de Habitação e determina outras providências. Disponível em: https://smaonline.rio.rj.gov.br/legis_consulta/56648Dec%2044637_2018.pdf. Acesso em: 03 mar. 2022.
24. Ibidem.
25. Ibidem.

> *chuvas que assolaram o Município de Niterói em 2010. Improcedência do pedido. Insurgência autoral. Ausência de prova dos requisitos elencados no art. 3º e 6º da Lei 2.425 de 2007 do Município de Niterói, quais sejam, renda familiar até três salários-mínimos (art. 3º), contrato de locação lavrado entre o Município e o proprietário do imóvel (art. 6º). Benefício de caráter emergencial. Autora ingressa com demanda judicial dois anos e meio após a catástrofe. Autora, ora apelante, não fez prova da necessidade ou da urgência da medida.* Apelante que não fez prova do fato constitutivo de seu direito, ônus que lhe incumbia na forma do disposto no inciso I do artigo 373 do Código de Processo Civil de 2015. Recurso conhecido, mas não provido. Prestígio da improcedência do pedido. Majoração dos honorários recursais para 11% (onze por cento) sobre o valor da causa, observada a gratuidade de justiça (grifos nossos).[26]

Nesse cenário, a Câmara Municipal de Niterói decretou e sancionou a Lei 3.379/2018,[27] que dispõe sobre o pagamento de benefício assistencial para os residentes em áreas de risco em Jurujuba e Preventório, no valor mensal de R$ 1.002,00 aos moradores residentes em áreas com elevado risco de deslizamento, naquelas localidades, desde que atestado o perigo pela Secretaria de Defesa Civil do Município, pelo período de um ano, e atendam aos requisitos necessários para preenchimento do cadastro único (CadÚnico) do Governo Federal.

Já o Decreto de Teresópolis prevê como um dos requisitos para a concessão do aluguel social o desalojamento decorrente das chuvas que atingiram a municipalidade no dia 12 de janeiro de 2011. Outra possibilidade é a apresentação do termo de declaração da interdição do imóvel, por se localizar em área de risco e com a indicação da necessidade de sua demolição.

A Lei 3.894/2011,[28] que dispõe sobre as questões de calamidade pública em Nova Friburgo, impõe, como seus requisitos, que a família tenha tido a sua residência efetivamente atingida pelos efeitos dos desastres climáticos e chuvas torrenciais. A lei prevê ainda como requisito que o local tenha sido destruído total ou parcialmente, o que configura seu caráter preventivo na busca de se evitar novos desastres.

As regulamentações do município de Niterói e de Teresópolis elencam outros requisitos que merecem atenção, visto que se referem à exigência da demonstração da necessidade familiar. No município de Niterói, o limite da renda familiar para o ingresso da família no programa assistencial é de até três salários mínimos, enquanto no município de Teresópolis a faixa de renda familiar é de até dois salários mínimos. Além disso, caberá também à família beneficiada demonstrar não ser proprietária de outro imóvel que possa ser destinado à moradia.

26. TJ-RJ – APL: 0091112-25.2012.8.19.0002. Relator: Des. Lindolpho Morais Marinho. Data de Julgamento: 30.03.2021, Décima Sexta Câmara Cível. Disponível em: https://tj-rj.jusbrasil.com.br/jurisprudencia/1332637684/apelacao-remessa-necessaria-apl-905268520128190002/inteiro-teor-1332637691. Acesso em: 15 mar. 2022.
27. NITERÓI. Lei 3379 de 13 de dezembro de 2018. Dispõe sobre pagamento de benefício assistencial para os residentes em áreas de risco em Jurujuba e Preventório. Prefeitura Municipal de Niterói, 13 de Dezembro de 2018. Disponível em: http://leismunicipa.is/wdsoi. Acesso em: 15 mar. 2022.
28. BRASIL. Lei Municipal 3.894, de 24 de janeiro de 2011. Dispões sobre medidas a serem tomadas no município na hipótese de declaração de estado de calamidade pública e dá outras providências. *Diário Oficial do Município de Nova Friburgo*, 2011.

Nesse sentido, a jurisprudência do Tribunal de Justiça do Estado do Rio de Janeiro é firme no entendimento de que o aluguel social é necessário e corretamente concedido nos casos de emergência, como no caso de imóveis interditados pela Defesa Civil. A propósito:

> Apelação cível. Constitucional. Direito à moradia. Imóvel interditado pela defesa civil. Chuvas de abril de 2010 no município de Niterói. Aluguel social. Sentença de procedência. Pretensão de recebimento retroativo do aluguel social. Sentença de procedência. Irresignação do município que não merece acolhimento.
>
> O direito ao aluguel social tem fundamento no Direito Social à moradia, que tem proteção nos artigos 6º e 23, inciso IX, da Constituição Federal e nos Decretos Estaduais 42.406/2010 e 43.091/2011. Requisitos que estão na Lei Municipal 2425/2007. Autor que comprova a inscrição para recebimento do benefício em abril de 2010, não tendo recebido quaisquer valores. Cumprimento dos requisitos legais. Vinculação do administrador à lei. *Correta a concessão do benefício do aluguel social que, todavia, deve ser limitado pelo prazo de 12 (doze) meses, podendo ser prorrogado uma vez, por igual período. Valores retroativos. Pagamento de vinte e quatro parcelas do aluguel social.* Precedente Jurisprudencial. Desprovimento do recurso (grifos nossos).[29]
>
> Apelação cível. Aluguel social. Cidadã obrigada a deixar sua residência. Imóvel *interditado pela defesa civil. Fortes chuvas que causaram deslizamentos e desmoronamentos em comunidade carente no município de Niterói.*
>
> Procedência do pedido. Recurso do município e do estado. Autora que comprovou a hipossuficiência, *a interdição do imóvel e a necessidade de recebimento de aluguel social.* Induvidosa a obrigação dos apelantes quanto ao pagamento do benefício assistencial, nos termos do convênio de cooperação entre eles firmados para viabilizar a implantação do "programa aluguel social". Benefício instituído pelo decreto estadual 42.406/2010.
>
> O Aluguel Social poderá ser concedido à família afetada por um período de 12 (doze) meses, podendo ser prorrogado desde que haja comprovação da real necessidade do seu pagamento. Majoração dos honorários advocatícios em razão do trabalho acrescido. Art. 85, § 11, do CPC. Desprovimento dos recursos (grifos nossos).[30]

O direito à moradia como um direito fundamental social (art. 6º da CRFB), humano, de eficácia plena e imediata, é notabilizado em precedentes da Corte de Uniformização, tal como se exemplifica:

> Processual civil. Ação civil pública. Contrato de compra e venda de imóvel . Aumento abusivo do valor das prestações. Legitimidade ativado ministério público. Direito à moradia.
>
> 1. Hipótese em que o Ministério Público ajuizou Ação Civil Pública em defesa de mutuários de baixa renda cujos imóveis foram construídos em sistema de mutirão, com compromisso de compra e venda firmado com o Município de Andradas, pelo prazo de 15 anos. Após o pagamento por 13 anos na forma contratual, o Município editou lei que majorou as prestações para até 20% da renda dos mutuários. O Tribunal de origem declarou a ilegitimidade ad causam do Ministério Público.
>
> 2. O art. 127 da Constituição da República e a legislação federal autorizam o Ministério Público a agir em defesa de interesse individual indisponível, categoria na qual se insere o direito à moradia, bem

29. TJ-RJ – APL: 00437242920128190002, Relator: Des(a). Daniela Brandão Ferreira, Data de Julgamento: 19.08.2021, Nona Câmera Cível, Data de Publicação: 23.08.2021. Disponível em: https://tj-rj.jusbrasil.com.br/jurisprudencia/1282555814/apelacao-apl-437242920128190002. Acesso em: 15 mar. 2022.
30. TJ-RJ – APL: 00443582520128190002, Relator: Des(a). Norma Suely Fonseca Quintes, Data de Julgamento: 31.08.2021, Oitava Câmara Cível, Data de Publicação: 08.09.2021. Disponível em: https://tj-rj.jusbrasil.com.br/jurisprudencia/1282045465/apelacao-apl-443582520128190002. Acesso em: 15 mar. 2022.

como na tutela de interesses individuais homogêneos, mesmo que disponíveis, como, p. ex., na proteção do consumidor. Precedentes do STJ.

3. *O direito à moradia contém extraordinário conteúdo social, tanto pela ótica do bem jurídico tutelado – a necessidade humana de um teto capaz de abrigar, com dignidade, a família –, quanto pela situação dos sujeitos tutelados, normalmente os mais miseráveis entre os pobres.*

4. Registre-se que o acórdão recorrido consignou não existir, no Município de Andradas, representação da Defensoria Pública do Estado de Minas Gerais, além do fato de a Subseção da OAB somente indicar advogado dativo para as ações de alimento.

5. Recurso Especial provido (grifos nossos).[31]

O requerimento administrativo perante a Secretaria Municipal e a inscrição no cadastro do programa social são legalmente exigidos, de forma geral, na legislação especial. Com efeito, sem inscrição ou cadastramento, não há a necessária identificação do núcleo familiar e, assim, fica inviabilizado o pagamento do benefício. Também tal indicação faz-se imprescindível, porque um traço comum em toda a normativa é a restrição do benefício ao núcleo ou entidade familiar, daí a necessária indicação de um responsável para o seu recebimento.

A lei do município de Nova Friburgo, por exemplo, prevê o cancelamento do seu pagamento, antes mesmo do advento de seu termo, quando o destinatário não mais utilizá-lo para a despesa com o aluguel de imóvel para o exercício do seu direito de moradia, lógico que assegurados o contraditório e a ampla defesa na via administrativa. Na mesma linha, o decreto de Teresópolis submete o pagamento do benefício do mês subsequente à respectiva apresentação do recibo da despesa efetuada no mês anterior. Já em Niterói, a prefeitura impõe ao beneficiário do aluguel social a assinatura de um documento em que se compromete a cumprir as obrigações legais, sob pena de desligamento do programa assistencial, em atendimento ao comunicado prévio da Secretaria Municipal de Assistência Social.

4. CONCLUSÃO

O direito à moradia é previsto constitucionalmente e concebido como direito humano (universal), admitido como fundamental e de ordem social, na garantia plena de que toda e qualquer pessoa merece contar com uma habitação digna, o que, apesar da evidente prioridade para efetivação de políticas públicas, tal direito se mostra inacessível para um significativo número de pessoas em âmbito mundial. Isso porque infere-se que o direito à moradia pressupõe moradia digna, com dimensões adequadas, condições de higiene e habitabilidade (saúde e bem-estar), na preservação da privacidade e no desenvolvimento das pessoas inseridas no núcleo familiar em questão. Contudo o que se vê é que, apesar de a propriedade estar condicionada à sua função social, a propriedade e/ou domínio de bens segue no exercício de poucos, de modo a fomentar a margina-

31. STJ – REsp: 950473 MG 2007/0107144-3, Relator: Ministro Herman Benjamin, Data de Julgamento: 25/8/2009, T2 – Segunda Turma, Data de Publicação: DJe 27.04.2011. Disponível em: https://stj.jusbrasil.com.br/jurisprudencia/19111050/recurso-especial-resp-950473-mg-2007-0107144-3. Acesso em: 15 mar. 2022.

lização de muitos, por não ter onde morar, até mesmo quando subjugados a situações infortunísticas (e intervenção estatal meramente pontual).

A locação social como gênero é uma via recomendada para a contenção do déficit habitacional, porém deve-se ter em mente o déficit habitacional na moradia digna, compondo-se de imóveis abandonados ou, especialmente, oriundos de herança sem destinatário (vacante).

Com relação ao aluguel social, ainda se denotam formas diferenciadas do trato da matéria, quando da judicialização, mas, na maioria delas, limitando o auxílio ao tempo da lei, fora algumas outras, ainda excepcionais, de mantê-lo até que a família venha a ser reassentada.

Da amostragem por mim realizada, em especial, no Tribunal de Justiça do Estado do Rio de Janeiro, mesmo que o prazo esteja fixado em lei, para a concessão do aluguel social, até o momento do reassentamento da família desalijada, as decisões não resvalam para obrigar o ente público a prover moradia a todos os que sofreram as consequências trágicas dos desastres climáticos. Todavia, ante o teor da maioria das decisões, tem-se consagrada a omissão do executivo quanto à formulação de políticas públicas habitacionais.

Nesse particular, o Judiciário tem considerado legítima a sua atuação no controle das políticas públicas de cunho prestacional, no que o aluguel social é a via privilegiada; sendo certo que o Supremo Tribunal Federal figura reforçando a tutela dos direitos sociais em demandas individuais, pois, com relação a elas, entende não estar violando o princípio da separação de poderes.

No âmbito do Executivo, tem-se, como via mais atualizada, a citada Medida Provisória 1.162, de 15 de fevereiro de 2023, cuja respectiva *Exposição de Motivos* a legitima como instrumento legal avançado à efetivação de política pública habitacional, considerados, para tanto, a vulnerabilidade das famílias de baixa renda, os efeitos nefastos da pandemia, e a premência do orçamento para o ano de 2023, com a necessária revitalização das atividades econômicas, sobretudo, no setor da construção civil.

USUCAPIÃO EXTRAJUDICIAL E LEGITIMAÇÃO FUNDIÁRIA

Rosângela Maria de Azevedo Gomes

Doutora em Direito Civil (UERJ). Mestre em Direito da Cidade (UERJ). Professora Associada de Direito Civil da Universidade do Estado do Rio de Janeiro (UERJ). Professora Titular de Direito Civil da Universidade Federal do Estado do Rio de Janeiro (UNIRIO) e do IBMEC. Advogada.

1. INTRODUÇÃO

Pensar o Direito como agente de transformação social segue a vertente na qual o direito é a conjunção de três fatores (fato, valor e norma), os quais, harmonicamente e primordialmente, integram situações regulares que estão presentes na sociedade como fenômenos que passam, diante da sua importância social (valor), a serem juridicamente relevantes (fato jurídico) e, portanto, devem integrar o corpo normativo (norma), o qual lhes dará a forma de sua aplicação e efeitos jurídicos a serem produzidos. Trata-se, por óbvio, da intervenção do Estado nas relações sociais.

Entretanto, no cotidiano, existem inúmeras regras que não estão no corpo normativo do Direito, porém, são eticamente relevantes para a condução do comportamento social. O costume, regras religiosas e morais, são exemplos de condicionamentos da conduta humana e que podem não ter correspondente norma jurídica, mas, são bússolas para o agir humano em sociedade.

Portanto, a norma jurídica é "apenas uma das modalidades de normas éticas, vale dizer, normas que expressam juízo de valor ao qual se liga uma sanção".[1]

Assim, a tarefa mais relevante da atuação jurídica é a de pacificar conflitos e, principalmente, gerar mecanismos que possam impedi-los, através de práticas que incentivem a colaboração entre atores ou amenizem o litígio com soluções palatáveis para as partes, como a mediação, negociação ou arbitragem, consagradas como modos extrajudiciais de solução de conflitos de interesses, ou mesmo, a aplicação de outros

1. OLIVA, Milena Donato. In: TEPEDINO, Gustavo (Org.). *Teoria Geral do Direito*. Rio de Janeiro: Forense, 2020, p. 4-5.

meios que possam trazer a paz social. A redução do desgaste financeiro e emocional é a consequência favorável comprovada.

O Poder Judiciário, estrangulado na sua atuação diária, clama por outras vias que possam mitigar as demandas judiciais. Portanto, é imperiosa a atuação dos advogados e demais atores do cenário jurídico para efetivar instrumentos que favorecem soluções extrajudiciais, estimulando a celeridade das mudanças sociais, econômicas e, por vezes, históricas, onde antagonismos enraizados somente estimulam atraso e subdesenvolvimento.

A ocupação desordenada dos centros urbanos brasileiros é, sem dúvida, celeiro de conflitos sociais e jurídicos que geram a segmentação dos espaços gerando apartação e discriminação. Retrato de um país voltado ao seu passado rural e patriarcal, que deve ser espancado com a aplicação dos novos instrumentos urbanísticos e jurídicos da Lei 13.465 de 2017 e do Código de Processo Civil.

Tais instrumentos devem ser consagrados como vetores de transformação de práticas ultrapassadas, as quais criam obstáculos para o crescimento urbano sustentável (art. 225, CF), coadunado com os ditames constitucionais da vida humana digna e solidária (art. 1º, CF).

2. A USUCAPIÃO EXTRAJUDICIAL:

O atual Código de Processo Civil, em sintonia com o processo de desjudicialização[2] pelo qual vem passando o ordenamento jurídico brasileiro, introduziu a modalidade extrajudicial de usucapir bens imóveis (art. 1.071, CPC), alterando o art. 216 da Lei 6.015 de 1973 (Lei de Registros Públicos).[3]

Com a experiência exitosa da via extrajudicial para o divórcio, separação e dissolução de união estável, assim como inventário por morte, introduzidos pela Lei 11.441, que alterou o Código de Processo Civil de 1973, acrescentando nova redação ao art. 1.124, o legislador processual de 2015 ao elaborar a proposta do novo Código de Processo Civil, diligentemente, gerou a possibilidade de ser reconhecida a usucapião de bem imóvel pela via extrajudicial. A intenção foi a celeridade do rito, desafogar o Poder Judiciário, favorecer o consenso, dinamizar as relações jurídicas imobiliárias, gerar meios para a regularização fundiária afastando, assim, a informalidade.

2. A introdução de mecanismos que favoreçam a composição de interesses sem a necessidade do crivo judicial é o que se denomina de desjudicialização. Meios alternativos de solução de conflitos (negociação, mediação e arbitragem), práticas preventivas, tal como as práticas colaborativas, e procedimentos administrativos em substituição aos judiciais são, em linhas gerais, as formas mais recorrentes e eficazes de satisfação e tutela de direitos. O mundo globalizado requer celeridade e efetividade, assim sendo, o Poder Judiciário inchado e moroso (modelo tradicional), está sendo, paulatinamente, substituído pelas vias extrajudiciais, que atendem com melhor adequação a dinâmica social e econômica atual, favorecendo, com a redução de demandas judiciais, inclusive, a melhor prestação do serviço jurisdicional.

3. Art. 1.071. O Capítulo III do Título V da Lei 6.015, de 31 de dezembro de 1973 (Lei de Registros Públicos), passa a vigorar acrescida do seguinte art. 216-A.

A via extrajudicial se processa em cartório – em Ofício de Notas (ata notarial) e Registro de Imóveis – dinamizando a alteração da titularidade e gerando maior segurança aos envolvidos. A opção pela usucapião extrajudicial não exclui a possibilidade de judicialização da demanda, diante, por exemplo, da insuficiência de provas ou ausência de requisitos exigidos para a usucapião extrajudicial. Na mesma toada, nada obsta que o procedimento inicie pela via judicial e, no seu curso, a opção pela via extrajudicial, seja a solução encontrada pelas partes, consensualmente, para agilizar o resultado final pretendido,[4] requerendo-se ao Juízo, em comum, a suspensão do feito.

A regulamentação da usucapião extrajudicial ficou, de início, à cargo dos Tribunais de Justiça estaduais (Corregedorias),[5] uma vez que cabe a eles o controle dos cartórios de registros públicos. Posteriormente, a Lei 13.465 de 2017, que alterou o art. 216-A da Lei de Registros Públicos (Lei 6.015/73), e o Provimento 65 do Conselho Nacional de Justiça (CNJ) tornaram-se os marcos que orientam a aplicação do procedimento extrajudicial da usucapião de bens imóveis.[6]

2.1 Objeto da usucapião extrajudicial

A lei é clara ao permitir o procedimento da usucapião extrajudicial apenas aos bens imóveis (artigos 79 à 81 do Código Civil).

Diante do exposto, surgem indagações: O direito de superfície (art. 21, e seguintes da Lei 10.257/2001 e art. 1.369 e seguintes, CC) e o direito de laje (art. 1.510-A à 1.510-E, CC) podem ser objeto de usucapião extrajudicial? A servidão aparente, que pode ser objeto de usucapião (art. 1.379, parágrafo único, CC), pode ser reconhecida através da modalidade extrajudicial? E a multipropriedade, exercida sobre fração de tempo (art. 1.358-B à U,CC)? E o domínio útil sobre bens públicos?

A resposta aos questionamentos é positiva. Sim, pode ser objeto da usucapião extrajudicial qualquer bem imóvel passível de ser usucapido. Ou seja, desde que, o bem ou direito tenha a natureza de bem imóvel, poderá, analisada a qualidade da posse, ser arguida a usucapião por procedimento extrajudicial.[7]

Vedação expressa constitucional aos bens públicos,[8] conforme art. 183, § 3º, da Constituição Federal, adotada também pelo art. 2º, § 4º do Provimento 65/CNJ: "Não se admitirá o reconhecimento extrajudicial da usucapião de bens públicos, nos termos

4. Art. 2º, §§ 2º e 3º do Provimento 65/CNJ:
5. O Tribunal de Justiça do Estado do Rio de Janeiro editou o Provimento CGJ 23/2016, por exemplo.
6. Art. 216-A. Sem prejuízo da via jurisdicional, é admitido o pedido de reconhecimento extrajudicial de usucapião, que será processado diretamente perante o cartório do registro de imóveis da comarca em que estiver situado o imóvel usucapiendo, a requerimento do interessado, *representado por advogado ou defensor público* (incluído pelo Provimento 65/CNJ). (grifo nosso)
7. Art. 2º, §§ 1º do Provimento 65/CNJ: § 1º O procedimento de que trata o caput poderá abranger a propriedade e demais direitos reais passíveis da usucapião.
8. O STJ entende a imprescritibilidade de bem público: REsp 1.448.026-PE, Rel. Min. Nancy Andrighi, por unanimidade, julgado em 17/11/2016, DJe 21.11.2016, em, https://ww2.stj.jus.br/jurisprudencia/externo/informativo.

da lei." Entretanto, remarque-se que o domínio útil ou o direito de superfície sobre bem público é passível de ser reconhecido pela usucapião judicial ou extrajudicial.

2.2 Procedimento da usucapião extrajudicial

O Provimento 65/CNJ apresenta, detalhadamente, o procedimento administrativo da usucapião extrajudicial, que requer acompanhamento do feito por advogado ou defensor público, com procuração para tanto (art. 4º), inclusive do cônjuge ou companheiro(a) do requerente.[9]

O art. 3º reconhece que os requisitos da petição inicial (art. 319, CPC), adequados ao tramite, não podem ser afastados e elenca outros mais, a saber:

> Provimento 65/CNJ: Art. 3º O requerimento de reconhecimento extrajudicial da usucapião atenderá, no que couber, aos requisitos da petição inicial, estabelecidos pelo art. 319 do Código de Processo Civil – CPC, bem como indicará: I – a modalidade de usucapião requerida e sua base legal ou constitucional; II – a origem e as características da posse, a existência de edificação, de benfeitoria ou de qualquer acessão no imóvel usucapiendo, com a referência às respectivas datas de ocorrência; III – o nome e estado civil de todos os possuidores anteriores cujo tempo de posse foi somado ao do requerente para completar o período aquisitivo; IV – o número da matrícula ou transcrição da área onde se encontra inserido o imóvel usucapiendo ou a informação de que não se encontra matriculado ou transcrito; V – o valor atribuído ao imóvel usucapiendo.

2.3 Espécie de usucapião a ser adotada e sua base legal

Qualquer espécie de usucapião pode ser aplicada na via extrajudicial, inclusive a usucapião familiar (art. 1.240-A, CC). Porém, é interessante verificar os meios probatórios que deverão ser apresentados. Portanto, dependendo da espécie eleita, mais provas serão juntadas ao pedido. Tal cautela deverá ser observada para a melhor escolha da modalidade, diante da instrução probatória.

De toda forma, é requisito de admissibilidade indicar a espécie de usucapião e sua base legal.

2.4 Breve relato da posse, qualificação do possuidor e características do imóvel

A posse é um dos elementos centrais da usucapião. Somente o possuidor tem direito a usucapir, aliás foi este raciocínio que, no período romano, deu ensejo ao instituto da usucapião.

---

9. A Lei 13.465/2017, no art. 14, V, confere legitimidade ativa ao Ministério Público para requerer a REURB. A usucapião é um dos instrumentos adequados para a regularização fundiária e, sendo, o *Parquet* legitimado ativo para a tutela dos direitos transindividuais, notadamente, os coletivos (Lei 7.347/1985), deve-se considerar a hipótese da legitimidade ativa do Ministério Público para o procedimento da usucapião extrajudicial em áreas ocupadas em composse.

Partia-se da premissa que todo aquele que exercia um poder sobre um bem com o perfil de dono (*animus domini*), durante um lapso temporal determinado, sem oposição e prolongado, teria o direito à sua aquisição.[10]

Logo, a posse era um degrau para a propriedade. Portanto, nessa modelagem histórica, a posse entrou no ordenamento jurídico brasileiro desde as Ordenações do Reino, passando pelo Código Civil de 1916 e o atual (art. 1.196 e 1.204, CC). Certo é que, tal assertiva, atualmente, deve ser temperada pelo princípio da função social da propriedade (art. 5º, XXIII e art. 170, III, CF; art. 1.228, § 1º, CC) que se alinha à posse, uma vez que o paradigma da posse é a propriedade.[11]

Assim, a posse ganha, na atualidade, autonomia jurídica. Deixa de ser uma etapa para se galgar a propriedade e torna-se um direito de *per si*.[12] Logo, há que se definir com muito cuidado e profundidade a origem da posse *ad usucapionem*.

Não se pode olvidar que determinados possuidores não estão legitimados à usucapião, por vedação legal (art. 1.200 c/c art. 1.208, CC), segundo a natureza da posse, que o desqualifica à aquisição de direitos dela decorrentes, dentre estes o de usucapir. Assim é que, por exemplo, o inquilino, na vigência do contrato, não tem posse qualificada para a usucapião, ainda que inadimplente e o locador inerte.[13]

Também, deve-se observar as causas que impedem, suspendem ou interrompem a prescrição (art. 197 a 204, CC), posto ser a usucapião forma de prescrição aquisitiva.

Admite-se a soma de posses (acessão de posses – art. 1.203 c/c 1.207, 2ª parte, CC) e ao herdeiro à título universal impõe-se a posse com a mesma qualidade com que era exercida pelo sucedido (art. 1.206 c/c 1.207, 1ª parte e 1.784, CC). Portanto, deve-se comprovar, perante o registrador, a qualidade da posse dos antecessores do atual possuidor. Tal diretriz se dará através de meios probatórios diversos, tal como: documentos – promessa de compra e venda, por exemplo, (art. 13, § 1º, Provimento 65 CNJ) –, testemunhas, certidões atualizadas, ainda que de pessoas falecidas há longo tempo etc. Todos os fatos transcritos na ata notarial que instrui o pedido perante o Registro de Imóveis competente.

10. A Teoria da Vontade ou Subjetiva (Savigny) é a adotada pelo Código Civil para a usucapião. Embora o Código Civil atual tenha abraçado, em quase todos os artigos, a Teoria Objetiva (Ihering), na qual o *animus*, ainda que não com a intenção de ser dono, porém, sem impedimento legal, caracteriza a posse. Mas, para efeitos de usucapião, o legislador manteve a Teoria da Vontade como diretriz qualificadora da posse para usucapir.
11. Embora a Constituição Federal brasileira não declare, expressamente, a função social da posse como o fez com a propriedade, pode-se dizer, sem receio, que a posse deve ser exercida com função social. Trata-se de técnica de hermenêutica – interpretação conforme – que amplia o comando do art. 1.196, CC.
12. Indica-se, para aprofundar o tema, as obras dos autores Marcos Alcino Torres , Marco Aurélio Bezerra de Melo e Ana Rita Albuquerque. Na esfera internacional, Hernandes Gil é referência com seu tratado sobre a posse.
13. AgInt no AREsp 1563912SP 2019/0247884-5 (STJ), publicação em 21.02.2022. Importante esclarecer que a usucapião em ação de despejo pode ser alegada, mas, será deferida se o contrato não estiver em vigor e a posse se prolongou no tempo exigido para a usucapião, após o fim do contrato, preenchendo os requisitos do art. 1.238, CC. Somente na hipótese da usucapião extraordinária, na qual, o possuidor de má-fé (como é o caso) terá direito a usucapir é que se admite a usucapião em posse originada de locação. Disponível em: https://www.jusbrasil.com.br/jurisprudencia/busca?q=Usucapi%C3%A3o+pelo+locat%C3%A1rio.

Ressalte-se que se o possuidor anterior, que transmitiu a posse era casado ou em união estável, urge ter as certidões dos cônjuges/ conviventes, também. Tal exigência deve ser relativizada perante o regime de separação de bens, pois, conforme o art. 1.647, CC, este é o único regime que abstrai a outorga do cônjuge ou companheiro. Some-se, ainda, a diretriz sucessória do art. 1.829, I, do Código Civil atual. Caso o falecimento do titular da propriedade tenha ocorrido sob a égide do Código Civil de 1916, por ser o cônjuge sucessor facultativo, existindo herdeiros necessários, não deve ser feita a exigência das certidões do cônjuge ou companheiro, pois a lei que rege a sucessão é a da data da morte (art. 1.787, CC).

Importante, nesse sentido, assinalar que, na posse adquirida por sucessão *mortis causa*, diante do princípio da sucessão automática da herança, o sucessor deverá comprovar a qualidade e os requisitos da posse do autor da herança. Ainda que os herdeiros ou legatários não tenham a qualidade suficiente para usucapir, mas se os requisitos para tanto foram preenchidos pelo *de cujus*, há que se conferir a usucapião aos seus sucessores.

Outro dado relevante é a descrição das características do imóvel, entendendo-se como meios adequados para tanto: plantas, memorial descritivo, foto aérea, georreferenciamento, matrícula do imóvel etc.[14]

Questão recorrente é a ausência de matrícula do imóvel. Observe-se que a matrícula imobiliária foi criada pela Lei 6.015 de 1973, ou seja, o fato de o imóvel não ter matrícula não significa que ele não tenha registro.[15] A ausência de matrícula traduz, apenas, a inexistência de movimentação de atos cartorários em relação ao bem imóvel em questão. Embora a usucapião, gere a propriedade originária, abstraindo todas as relações proprietárias anteriores, para efeitos registrais, respeitando o princípio da continuidade do registro público, haverá a abertura de uma matrícula para a lavratura do pedido de usucapião, com a descrição da sequência de titularidades anteriores. Trata-se de dever do registrador (art. 227, 228 c/c 236, Lei 6.015/73).

Importante, ainda, informar o número de imóveis atingidos pela pretensão aquisitiva, no caso de composse e/ou usucapião coletiva (art. 10, Lei 10.257/2001 – Estatuto da Cidade) sua localização[16] e valor. Este último dado é relevante para a atribuição dos emolumentos e custas cartorárias.

Lembrando que, o maior número de dados e indicadores deve ser oferecido na petição que requer o registro da ata notarial pelo Registrador de Imóveis.

---

14. PROVIMENTO 65/CNJ: Art. 4º, II – planta e memorial descritivo assinados por *profissional legalmente habilitado* e com prova da Anotação da Responsabilidade Técnica – ART ou do Registro de Responsabilidade Técnica – RTT no respectivo conselho de fiscalização profissional e pelos titulares dos direitos registrados ou averbados na matrícula do imóvel usucapiendo ou na matrícula dos imóveis confinantes ou pelos ocupantes a qualquer título.
15. Aconselha-se verificar, para identificar o Registro de Imóveis competente, na hipótese de imóveis muito antigos, a divisão política que criou novas municipalidades. Assim, é comum verificar que a gleba maior pode estar registrada em um município distinto daquele onde está localizada a fração de terreno que se pretende usucapir.
16. Caso estejam localizados em mais de um Município deve ser informado, por força da competência do registro público, pois o que tem a maior gleba terá competência para o registro e, consequentemente, para o procedimento.

A petição deverá ser assinada pelo(s) requerente(s), cônjuges ou companheiro(a) e pelo advogado ou defensor público, com a devida autenticação.

2.5 Ata Notarial

A ata notarial deve ser lavrada pelo tabelião do Ofício de Notas do Município onde está localizado o bem imóvel (art. 5º, Provimento 65/CNJ), com a comprovação dos documentos indicados no Provimento 65/CNJ, informando a modalidade de usucapião pretendida, assinada pelo possuidor, titulares de direitos reais e testemunhas (art. 4º, I, Provimento 65/CNJ).

Em relação às testemunhas, deve-se esclarecer que as assinaturas podem ser supridas por declarações, que devem ser verdadeiras, sob as penas da lei expressamente mencionada, com assinaturas e documentos comprobatórios da identidade dos declarantes.

O tabelião de notas poderá comparecer para inspecionar a veracidade das alegações contidas no pedido a ser lavrado em ata notarial. Mas, não há obrigatoriedade de realizar diligências (art. 5º, I, Provimento 65/CNJ) nesse sentido, sobretudo diante de provas robustas que comprovem a veracidade dos fatos alegados.

A ata notarial poderá conter imagens, plantas baixas (art. 4º, II, Provimento 65/CNJ), sons gravados eletronicamente, ou seja, todos os meios lícitos para a comprovação da posse qualificada.

A planta será assinada por profissional responsável com Registro de Responsabilidade Técnica atualizado e pelos titulares de direitos reais (art. 12, Provimento 65/CNJ) averbados na matrícula do imóvel usucapiendo ou dos confinantes. Entretanto, caso não esteja assinada por estes últimos, "eles serão notificados pelo oficial de registro de imóveis ou por intermédio do oficial de registro de títulos e documentos para que manifestem consentimento no prazo de quinze dias, considerando-se sua inércia como concordância" (art. 10, Provimento 65/CNJ). Esta informação deverá estar expressa na notificação. Admite-se a notificação por meio eletrônico, desde que autorizada pelo Tribunal de Justiça competente.

Será dispensada a apresentação da planta se o imóvel a ser usucapido for unidade de condomínio edilício ou loteamento regularmente registrado, indicando a averbação constante da matrícula do imóvel. Hipótese na qual, bastará a declaração do síndico anuindo com o ato requerido (artigos 4º a 7º do Provimento 65/CNJ).

2.6 Registro de Imóveis

O procedimento da usucapião extrajudicial é finalizado junto ao Registro de Imóveis competente. Para tanto, o requerente instruirá a petição, na qual requer a usucapião, indicando a modalidade pretendida, com a ata notarial e os documentos originais probatórios.

Na sequência, o oficial de Registro de Imóveis, após receber o pedido, conferir a documentação e requerer as certidões devidas, dará ciência à União, ao Estado, ao

Distrito Federal ou ao Município, pessoalmente, por intermédio do oficial de Registro de Títulos e Documentos, ou pelo correio com aviso de recebimento, para que se manifestem sobre o pedido. O prazo para manifestação é de 15 dias, conforme o Provimento 65/CNJ. O silêncio será considerado como ausência de interesse e, portanto, a usucapião terá prosseguimento (art. 15, § 1º do Provimento 65/CNJ).

O oficial do Registro de Imóveis promoverá a publicação de edital em jornal de grande circulação, onde houver, para a ciência de terceiros eventualmente interessados, que poderão se manifestar em 15 (quinze) dias (art. 16 do Provimento 65/CNJ).

Para elucidar qualquer ponto de dúvida, imprecisão ou incerteza em relação aos fatos narrados e documentos apresentados, poderão ser solicitadas ou realizadas diligências pelo oficial de Registro de Imóveis ou escrevente habilitado. Ao final das diligências, se os requisitos não foram provados e cumpridos, o oficial de registro de imóveis rejeitará o pedido. A rejeição do pedido extrajudicial não impede o ajuizamento de ação de usucapião.

Em qualquer caso, é lícito ao interessado suscitar o procedimento de dúvida, nos termos da lei, que diante de impugnação do pedido de reconhecimento extrajudicial de usucapião, apresentada por qualquer um dos titulares de direito reais e de outros direitos registrados ou averbados na matrícula do imóvel usucapiendo e na matrícula dos imóveis confinantes, por algum dos entes públicos ou por algum terceiro interessado, o oficial de Registro de Imóveis remeterá os autos ao juízo competente da comarca da situação do imóvel,[17] cabendo ao requerente emendar a petição inicial para adequá-la ao procedimento comum.

Por fim, cabe afirmar que a usucapião extrajudicial é um procedimento que ganha espaço no cenário da regularização fundiária, alçando o registro público ao patamar do protagonismo na efetividade da função social da posse.

3. LEGITIMAÇÃO FUNDIÁRIA

Trata-se de instituto novo, introduzido no ordenamento jurídico brasileiro pela Lei 13.465/ 2017(taxatividade), seu conceito está no art. 23 que o qualifica como modo de aquisição originário do direito de propriedade, sendo seu procedimento exclusivamente administrativo e perante o Município, no caso de bens particulares ou de titularidade da municipalidade, ou junto ao órgão representante do Poder Público, titular do direito de propriedade.[18]

Alguns aspectos devem ser apontados, pois são requisitos de admissibilidade. Em primeiro lugar é preciso ressaltar que usucapião e legitimação fundiária não são denominações para o mesmo instituto. Não são sinônimos.

17. Normalmente a competência é da Vara de Registros Públicos.
18. Art. 23. A legitimação fundiária constitui forma originária de aquisição do direito real de propriedade conferido por ato do poder público, exclusivamente no âmbito da Reurb, àquele que detiver em área pública ou possuir em área privada, como sua, unidade imobiliária com destinação urbana, integrante de núcleo urbano informal consolidado existente em 22 de dezembro de 2016.

Cada um tem características próprias, sendo a usucapião passível de ser arguida pela via judicial ou extrajudicial. Mas, a legitimação fundiária não pode ser objeto de ação judicial, para o fim a que se propõe, ou seja, regularização fundiária.

3.1 Objeto da Legitimação fundiária

A legitimação fundiária, como instrumento da REURB é adequada para a regularização fundiária em bens imóveis urbanos (públicos ou privados), sendo que seu procedimento será regido pela Lei 13.465/2017[19] e pelas alterações por ela promovidas na Lei 6.015/1973 (art. 195 e 195-A, Lei de Registros Públicos), como, por exemplo: se imóvel não estiver matriculado ou registrado em nome do outorgante, o oficial exigirá a prévia matrícula e o registro do título anterior, qualquer que seja a sua natureza, para manter a continuidade do registro (princípio do direito registral).

O Município poderá solicitar ao cartório de registro de imóveis competente a abertura de matrícula de parte ou da totalidade de imóveis públicos oriundos de parcelamento do solo urbano implantado, ainda que não inscrito ou registrado, por meio de requerimento acompanhado dos documentos exigidos em lei (art. 195-A, Lei 6.015/1973).

Importante esclarecer que a atuação do Município em matéria de REURB é essencial, pois a Certidão de Regularização Fundiária (CRF), conforme art. 28, VI e 41 da Lei 13.465/2017 é ato administrativo que conterá todos os dados necessários para o registro do imóvel junto ao registro imobiliário competente (art. 42, Lei 13.465/2017), tal como: listagem dos ocupantes com suas qualificações e tempo de posse; indicação da forma de ocupação e o tipo de posse que originou o direito à aquisição do bem imóvel objeto da REURB; a localização do bem imóvel; a modalidade de regularização pretendida; as obras e serviços que deverão ser implementados no local e a responsabilidade por sua execução, bem como o cronograma para tanto, indicação da tipologia urbana do imóvel e se houve nomenclatura de rua no local, indicar os logradouros correspondentes.

Lembrando que, a REURB pode ser de interesse social (REURB-S) ou não, que seria denominada de especial (REURB-E). Nesta última categoria estão todos os imóveis que não se enquadrem na REURB-S, portanto, a renda ou classe social dos ocupantes não é impedimento para a regularização fundiária sob a modalidade de legitimação fundiária.

---

19. Art. 28, Lei 13.465/2017. A Reurb obedecerá às seguintes fases:

I – requerimento dos legitimados;

II – processamento administrativo do requerimento, no qual será conferido prazo para manifestação dos titulares de direitos reais sobre o imóvel e dos confrontantes;

III – elaboração do projeto de regularização fundiária;

IV – saneamento do processo administrativo;

V – decisão da autoridade competente, mediante ato formal, ao qual se dará publicidade;

VI – expedição da CRF pelo Município; e

VII – registro da CRF e do projeto de regularização fundiária aprovado perante o oficial do cartório de registro de imóveis em que se situe a unidade imobiliária com destinação urbana regularizada.

Parágrafo único. Não impedirá a Reurb, na forma estabelecida nesta Lei, a inexistência de lei municipal específica que trate de medidas ou posturas de interesse local aplicáveis a projetos de regularização fundiária urbana.

Este é o sentido de a norma jurídica exigir a indicação da forma e responsabilidade pela execução de obras e serviços que deverão ser implementados para cumprimento de exigências urbanísticas, adequando a localidade ao modelo urbano municipal, ficando a cargo dos beneficiados, quando estiverem enquadrados na REURB-E, a contrapartida necessária para a regularização fundiária urbana.

O art. 23 da REURB menciona a expressão "núcleo urbano informal consolidado", que segundo o glossário do art. 11, da mesma lei, é: Para fins desta Lei, consideram-se: III – núcleo urbano informal consolidado: aquele de difícil reversão, considerados o tempo da ocupação, a natureza das edificações, a localização das vias de circulação e a presença de equipamentos públicos, entre outras circunstâncias a serem avaliadas pelo Município.[20]

Neste aspecto, pode-se afirmar que se a área já tiver sido objeto de intervenções urbanísticas anteriores alguns requisitos já estarão cumpridos, como, por exemplo, infraestrutura básica nas comunidades que foram objeto de programas sociais e obras públicas.

Observa-se que, em se tratando de autorização legal para a regularização de áreas públicas, que passarão ao domínio privado, houve a necessidade de adequação dos procedimentos licitatórios (art. 73, V, Lei 14.133 de 2021).

Plantas e memoriais descritivos, bem como, citação dos confrontantes, podem ser exigidos pelo Registro de Imóveis para a regularização fundiária, conforme disposto na Lei 6.015/ 1973 (art. 195- A e 195- B), inclusive, na hipótese de desmembramento da gleba maior, com gravames na matrícula de origem, estes permanecerão na área que não for legitimada.[21]

Para os imóveis públicos, o ônus de apresentar as plantas é do Poder Público, sendo que, conforme o poder aquisitivo das partes interessadas na legitimação fundiária (REURB-S ou REURB-E), a contrapartida pode ser através de melhorias realizadas na área pelos ocupantes, por exemplo

3.2 A posse para a legitimação fundiária

O art. 23 da Lei 13.465/2017 indica possuidores de áreas particulares ou detentores de áreas públicas como legitimados para requerer a legitimação fundiária.

O Código Civil faz a distinção entre posse (art. 1.196, CC) e detenção (art. 1.198, CC). Segundo Marco Aurélio Bezerra de Melo, "o detentor, também chamado fâmulo da posse ou servidor da posse, na verdade, mantém apenas contato físico com a coisa sem

20. Art. 24. Nos casos de regularização fundiária urbana previstos na Lei 11.952, de 25 de junho de 2009, os Municípios poderão utilizar a legitimação fundiária e demais instrumentos previstos nesta Lei para conferir propriedade aos ocupantes.

Lei 11.952/2009 dispõe sobre a regularização fundiária em áreas integrantes da Amazônia Legal – proteção ambiental.

21. Provimento CNJ 44/2015 – no que não foi revogado pela Lei 13.465/2017.

autonomia e com instrumentalidade de conservar a posse de outrem(..)".[22] Inclusive, o Código de Processo Civil, nos artigos 338 e 339, possibilita ao detentor a alegação de ilegitimidade passiva, nomeando o possuidor legítimo ou proprietário para composição adequada da lide. Já o Enunciado 301, do CJF, admite a conversão da detenção em posse, desde que rompida a subordinação e o exercício em nome próprio dos atos possessórios.

O Superior Tribunal de Justiça (STJ) entende que não há posse de bem público, logo, há mera detenção.[23] As razões alegadas são recorrentes: a) vedação constitucional para usucapião, conforme art. 183, § 3º, CF e b) a mera permissão não induz posse, conforme reza o art. 1.208, 1ª parte, CC.

Entretanto, a legitimação fundiária não é usucapião. Portanto, diante da autorização legal para a aquisição da propriedade de bem imóvel urbano público, ocupado até 22.12.2016, é inegável a possibilidade de aquisição originária. Inclusive, diante de uma possível inconstitucionalidade, serve como defesa a alegação da admissibilidade de aquisição do domínio útil, como ocorre nos imóveis enfitêuticos. Assim, não há que se refutar a possibilidade de regularização fundiária por meio de legitimação fundiária de ocupação de bem público.

Outro ponto relevante em relação a legitimação fundiária, é que as posses dos imóveis, deverão estar consolidadas até 22.12.2016. Ponto muito importante, pois a intenção do legislador foi não estimular a ocupação irregular de áreas urbanas, sobretudo as públicas, que são objeto da legitimação fundiária, também.[24] Entretanto, não há obstáculo para a sucessão por morte ou outro ato entre vivos, pois há a aderência da qualidade do direito ao bem, e o persegue em suas distintas titularidades. A ocupação na data prevista deve ser do bem imóvel, gerando o direito ao ocupante, ainda que pela via da acessão.

Todas as observações feitas, anteriormente, sobre a qualidade da posse para a usucapião, aplicam-se à legitimação fundiária.

4. DISTINÇÕES ENTRE USUCAPIÃO E LEGITIMAÇÃO FUNDIÁRIA

A Lei 13.465 de 2017, no art. 23 e seguintes, ao tratar dos instrumentos da REURB (Regularização Fundiária Urbana), trouxe a possibilidade de, através da legitimação fundiária, haver a transferência de titularidade do bem público ao particular, visando a regularização fundiária. O procedimento é administrativo, entretanto, difere da usucapião extrajudicial: (i) são instrumentos distintos, que não dialogam entre si; (ii) o procedimento da usucapião extrajudicial é em cartório de registros público, já o da legitimação fundiária é junto ao órgão público titular do direito real de propriedade e

22. MELO, Marco Aurélio Bezerra de. *Direito Civil*: coisas. Rio de Janeiro: Forense, 2018, p. 30.
23. AgInt no AREsp 1171235 / RJ/STJ, publicado em 11/05/2021. https://scon.stj.jus.br/SCON/pesquisar.jsp?i=1&b=ACOR&livre=((%27AINTARESP%27.clas.+e+@num=%271171235%27)+ou+(%27AgInt%20no%20AREsp%27+adj+%271171235%27).suce.)&thesaurus=JURIDICO&fr=veja.
24. Mesma data como limite temporal foi introduzida na Medida Provisória 2.220/2001, reeditada, que trata da concessão especial do direito real de moradia e da concessão do direito real de moradia, sobre bens públicos.

Prefeitura local; (iii) a usucapião pode ter como objeto área urbana ou rural, isso não ocorre com a legitimação fundiária, pois o bem imóvel deve estar situado em área urbana. Assim sendo, a legitimação fundiária é instrumento da REURB e, portanto, se limita às regras definidas em lei para a regularização fundiária de áreas no perímetro urbano e passíveis de serem regularizadas, conforme identificação no plano diretor municipal ou em lei municipal específica. A usucapião é instrumento que se aplica a qualquer bem com natureza de bem imóvel, estando situado em área urbana ou rural. Por fim, o Registro de Imóveis terá como instrumento para constituir o direito de propriedade a ata notarial na usucapião extrajudicial e a CRF na legitimação fundiária.

5. CONCLUSÃO

O presente texto tem por finalidade propor ao leitor uma reflexão sobre alguns dos novos instrumentos jurídicos que desde 2015 estão sendo incluídos, paulatinamente, no ordenamento jurídico brasileiro.

A efetividade da norma jurídica requer a coragem para sua aplicação diante da rigidez do hábito no procedimento regular e do preconceito, aliado ao temor, de mudanças que possam gerar novas formas de relações sociais.

Entretanto, forçoso reconhecer o clamor social e a demanda por soluções que sejam justas, adequadas a realidade cotidiana e possam conduzir ao desenvolvimento sustentável urbano.

Dentre as mais perversas exclusões está a falta de acesso à moradia digna.

Existe um sistema corrosivo que se beneficia da vulnerabilidade, ignorância e carência humana. Portanto, a busca incessante por mecanismos que possibilitem o reconhecimento de direitos, elevando ao patamar da cidadania classes sociais excluídas e invisíveis é dever, não uma escolha.

A regularização fundiária dos espaços urbanos é meio direto de reprimir e corrigir outras formas de ilegalidade na vida da cidade e através de instrumentos que possam ser aplicados extrajudicialmente a celeridade do procedimento trará resultados oportunos, dinâmicos e coerentes com seu tempo.

DIREITO REAL DE HABITAÇÃO E FUNÇÃO SOCIAL DA HERANÇA

J. M. Leoni Lopes de Oliveira

Doutor e Mestre em Direito pela UNESA. Professor emérito da FEMPERJ. Membro Fundador da Academia Brasileira de Direito Civil – ABDC. Procurador de Justiça do Ministério Público Estado do Rio de Janeiro.

Rachel Delmás Leoni

Doutora e Mestre em Direito pela PUC-Rio. Mestre em Direito pela PUC-Rio. Professora de Direito Civil da PUC-Rio. Conselheira da OAB/RJ. Presidente da Comissão de Assuntos Fundiários e Habitacionais da OAB/RJ. Advogada.

1. INTRODUÇÃO

O direito real de habitação conferido ao cônjuge ou companheiro sobrevivente, sobre o imóvel de residência da família, disciplinado no art. 1.831, do Código Civil, encontra-se entre as proteções conferidas ao núcleo familiar no direito sucessório. A constituição do direito real de habitação não impede que o bem imóvel em questão, assim como todos os bens que compõe o acervo hereditário sejam transferidos aos sucessores do falecido por força do princípio da *saisine*, consagrado em nosso sistema jurídico no art. 1.784, do Código Civil.

Todavia, em decorrência da instituição do direito real de habitação ao cônjuge ou companheiro supérstite, os herdeiros do *de cujus* adquirirão a propriedade do bem, gravada de direito real que garante ao beneficiário o direito de residir gratuitamente em imóvel alheio, regulado pelo art. 1.414 do Código Civil. Nestes termos, a propriedade restará limitada, de modo que aos herdeiros não caberá o direito de usar e fruir do bem em questão. A propriedade recebida restará esvaziada de relevantes poderes do domínio, ao menos enquanto perdurar o direito real de habitação, que em princípio será vitalício.

Esse cenário tendo-se por personagens a viúva ou viúvo em concorrência com os descendentes do falecido, quando esses descendentes são descendentes comuns, em regra, gera poucos conflitos familiares, visto que o sentimento de solidariedade dos herdeiros em relação a seu pai ou mãe sobrevivente, despontará.

Por outro lado, dados os novos arranjos familiares, ou as situações em que não raro, novos casamentos e uniões esteáveis se estabelecem quando um ou ambos os cônjuges ou companheiros possuem filhos de relacionamentos anteriores, as disputas patrimoniais terão como personagens cônjuges ou companheiros sobreviventes com descendentes exclusivos do autor da herança, situação em que os conflitos se tornam mais frequentes.

Esse fato, pode ainda ser associado a circunstâncias que suscitam questionamentos mais profundos, como o fato de o falecido ter deixado descendente vulnerável, ou o patrimônio a inventariar ser composto exclusivamente do imóvel destinado a residência da família, ou ainda, o cônjuge ou companheiro sobrevivente ser pessoa abastada. Diante de especiais circunstâncias germinam as alegações em torno de eventuais conflitos entre o direito de herança dos sucessores e o direito real de habitação do cônjuge ou companheiro supérstite.

Em lugar de enfrentar as inúmeras hipóteses fáticas em que o conflito entre o direito real de habitação e o direito à herança se colocam em oposição, propomos nesse singelo ensaio enfrentar o tema a partir dos direitos fundamentais em questão quais sejam o direito fundamental de *propriedade*, de *herança* e de *moradia*, em consonância com a função social da propriedade e da herança.

2. O DIREITO FUNDAMENTAL DE PROPRIEDADE E O DIREITO FUNDAMENTAL À HERANÇA

Os direitos e garantias fundamentais, previstos na Constituição da República de 1988, tem por preceito a proteção da vida, liberdade, igualdade, e demais componentes da personalidade humana, com vistas a promoção da vida com dignidade. Em virtude disso, tanto no sistema jurídico brasileiro,[1] como em outros ordenamentos jurídicos, a exemplo do sistema português,[2] a inclusão da propriedade privada entre os direitos fundamentais suporta críticas.

Os questionamentos sobre a disposição da *propriedade* no rol de direitos fundamentais, que nessa qualidade passam a ser protegidos inclusive contra sua supressão do sistema jurídico por emenda constitucional, (eis que alçado à condição de cláusula pétrea, na forma do art. 60, § 4º, da Constituição da República de 1988), se relaciona

1. Sobre a inserção de direitos patrimoniais no rol de direitos fundamentais, José Afonso da Silva, menciona da relação dos denominados direitos naturais com os direitos fundamentais: SILVA, José Afonso. Teoria do Conhecimento Constitucional, São Paulo: Malheiros, 2014, p. 445: "Direitos naturais diziam-se por se entender que se tratava de direitos inerentes à natureza do homem; direitos inatos que cabem ao homem só pelo fato de ser homem. Não se aceita mais com tanta facilidade a tese de que tais direitos sejam naturais, provenientes da razão humana ou da natureza das coisas. São direitos positivos, que encontram seu fundamento e seu conteúdo nas relações sociais materiais em cada momento histórico".
2. Na Espanha, por exemplo, apesar de gozar de proteção constitucional, a propriedade é protegida no art. 33 da Constitucional, não sendo relacionada entre os direitos fundamentais. Lá o debate sobre a possibilidade de inclusão da propriedade entre os direitos fundamentais encontra resistência, como demonstra DARNER, José María Moltó. *Algunas reflexiones sobre la función social de la propriedade em el siglo XXI* In: Derecho a la vivenda y función social de la propriedade, Pamplona: Arranzadi, 2017, p. 41. Para análise do debate confrontando o sistema português ao sistema alemão: BRITO, Miguel Nogueira. *A justificação da propriedade privada numa democracia social.* Coimbra: Almedina, 2007.

com o fato de que a propriedade seria desvinculada da essência da condição humana de seu titular, tal qual acontece com o direito *à vida, à liberdade de expressão, liberdade de crença*, ou mesmo outros componentes da personalidade humana como a *vida privada*, a *intimidade, honra* ou *proteção aos dados pessoais*, recentemente incluídos entre os direitos fundamentais, pela Emenda Constitucional 115, de 2022.

O direito de propriedade, por seu turno, ostenta caráter patrimonial, dissociado, ao menos em princípio, da essência da condição humana. A propriedade privada seria instituto criado pelo direito e não precedente a ele, como os direitos fundamentais acima relacionados,[3] e nessa qualidade não mereceria tutela na ordem constitucional como direito fundamental.[4]

Todavia, apesar de legítimos os questionamentos dos atributos do direito de propriedade que determinariam sua estatura de direito fundamental, especialmente por se buscar, a partir da Constituição Federal de 1988 a derrubada da sacralização da propriedade enquanto direito absoluto a ser exercido por seu titular de forma egoística, de modo que desse lugar ao exercício do direito de propriedade em consonância às suas finalidades não somente econômicas, mas especialmente sociais, a inclusão do direito de propriedade entre os direitos fundamentais, para além de uma proteção patrimonial, é também proteção existencial.

O livre desenvolvimento da personalidade humana depende da proteção de direitos existenciais de toda ordem, com vistas à construção da vida com dignidade. Contudo, inúmeros direitos existenciais dependem, para sua implementação, da existência de *patrimônio mínimo* que lhes viabilizem o exercício de outros direitos fundamentais como a obtenção de alimentação, moradia, saúde, entre tantos outros fatores, que sem a segurança de um mínimo existencial estariam ameaçados ou simplesmente aniquilados.

Assim, especialmente a partir de uma perspectiva permeada pelos valores sociais da Constituição da República de 1988, especialmente a busca de desenvolvimento de uma sociedade livre, justa e solidária, expressa em seu art. 3º, bem como no pleno desenvolvimento da personalidade humana, representado pelo princípio da dignidade da pessoa humana, expressamente consagrado no inciso III do art. 1º, da CF/88, a proteção constitucional da propriedade, especialmente tutelada como direito fundamental, deve ser concebida como consequência lógica da necessidade, intrínseca ao ser humano, de ser dotado de mínimo existencial.

3. A crítica quanto a inclusão do direito de propriedade entre os direitos fundamentais estabelece seus argumentos na afirmação de que a propriedade privada é um valor eminentemente patrimonial, não se relacionando exclusivamente com a condição de pessoa. Diante disso, para diversos autores seria equivocado alavancar a propriedade a direito de tamanha relevância, como os direitos fundamentais.
4. A proteção constitucional da propriedade não é novidade da Constituição Federal de 1988, no entanto, nas constituições anteriores, em que pese o status de proteção constitucional, a propriedade não se encontrava arrolada entre direitos fundamentais – assim como outros direitos – como se deu na CF/88.

Nesse sentido pronuncia-se o Ministro Luiz Edson Fachin:[5]

> A subjetivação jurídica do direito de propriedade tem hoje, no Brasil, explícito assento constitucional, como direito fundamental imbricado na respectiva função social. Assegura-se, assim, tanto o direito de propriedade como direito à propriedade, instrumento que sirva à concretização da dignidade humana.

O direito de propriedade (art. 5º, inciso XXII, CR/88) é merecedor de tutela, portanto, enquanto direito fundamental, relacionado à promoção da personalidade humana, e, assim, tendo seu exercício condicionado à observância da função social da propriedade (art. 5º, inciso XXIII, CR/88).

O cumprimento da função social da propriedade se implementará a partir do momento em que o exercício do direito de propriedade, bem como todas as situações jurídicas em seu torno se estabeleçam em consonância com as finalidades sociais e econômicas relativas ao bem em questão, seja ele bem móvel ou imóvel, urbano ou rural, respeitem as normas incidentes sobre o bem, pertinentes ao meio ambiente, às regras urbanísticas ou ao plano diretor do município em questão, mas, para além disso, promovam valores existenciais, como enuncia o Professor Marco Aurélio Bezerra de Melo:[6]

> Na sociedade atual não há mais espaço para entender a propriedade divorciada do elemento que lhe confere conteúdo e tutela jurídica que vem a ser o exercício do domínio mediante a atenta observância da função social, pois, em que pese a proteção privatística da propriedade, ela deverá retratar uma finalidade econômica e social apta a sua vocação urbana ou rural, gerando frutos, empregos, conduzindo à uma justa circulação das riquezas de modo a que tenhamos uma sociedade mais justa e solidária, objetivo primaz do estado democrático de direito inaugurado pela Constituição da República Federativa do Brasil.

No que tange à função social da propriedade,[7] defendemos que não há um único sentido para a constatação de que o exercício do direito de propriedade, especialmente a propriedade imóvel, tenha se efetivado nos termos de sua função social. A função social da propriedade poderia ser concebida como um feixe de valores e condutas do proprietário em constante desenvolvimento, que se irradia em quatro perspectivas distintas, que seriam: *a)* Função social da propriedade como princípio e direito/dever fundamental; *b)* Função social da propriedade como regra de conduta em respeito às diretrizes urbanas, ao ambiente rural e ao meio ambiente; *c)* Função social da propriedade como tutela de merecimento; e *d)* Função social da propriedade como promoção de valores existenciais e justiça distributiva.

Consagrado como valor fundamental, e tendo de ser exercido em atenção à sua função social, o direito de propriedade assegura que o titular não seja privado de sua

5. FACHIN, Luiz Edson. In: MIRANDA, Pontes de. *Tratado de direito privado*. Parte especial– Direito das coisas. Propriedade. Atual. Luiz Edson Fachin. São Paulo: Ed. RT, 2012, t. XI. p. 61.
6. MELO, Marco Aurélio Bezerra de. *Direito das Coisas*. 3. ed. Rio de Janeiro: Gen Forense, 2019 p. 88.
7. Sobre a concepção de função social da propriedade, consulte-se: OLIVEIRA, Rachel Louise Braga Delmás Leoni Lopes. *Direito fundamental à moradia*. A necessária proteção do morador nas situações jurídicas privadas. Tese de Doutorado apresentada no Programa de Pós-Graduação em Direito do Departamento de Direito da PUC-Rio.

propriedade, nem tenha seu direito atacado, por particular ou pelo Estado, senão nas hipóteses legalmente previstas, devidamente subordinadas à norma constitucional.

Como repercussão direta da garantia do direito de propriedade, a Constituição da República assegura o direito fundamental à herança no art. 5º, inciso, XXX.

Por certo, não haveria efetiva proteção ao direito de propriedade se, apesar de protegido durante a vida, não restasse assegurado em mesmo patamar a transmissão da propriedade *causa mortis*. Ademais, é consenso quanto ao interesse e necessidade de transmissão do patrimônio do *de cujus* a seus sucessores, com vistas a salvaguardar a transmissão das obrigações e relações jurídicas do falecido a seus sucessores.

É certo, portanto, que o direito fundamental à herança, cujo conteúdo estrito seria simplesmente assegurar que o Estado não possa abolir a transmissibilidade do patrimônio *causa mortis*, tem por premissa resguardar situações jurídicas patrimoniais, sejam relativas à titularidade dos bens ou das obrigações, na posição de credor ou devedor.

Um olhar mais acurado, permeado não somente pelo fato de ser o direito à herança um direito fundamental, e por isso alçado à categoria de cláusula pétrea (art. 60, § 4º, CR/88), mas especialmente por todos os valores constitucionais que envolvem o direito sucessório, determinam efetivo aprofundamento do conteúdo do direito à herança, que será efetivamente modulado a partir da concepção da função social do (no) direito das sucessões. Esse conteúdo será determinado a partir da proteção constitucional da família, em que a promoção da personalidade de cada um dos membros que integram a família assume especial relevância, associada à solidariedade e busca incessante de promoção da dignidade humana.

Para além das observações quanto à função social da propriedade, a função social da herança é decorrente do princípio da *solidariedade familiar*. Se por um lado é certo que a normatização do direito sucessório não tem patamar de direito fundamental, como as disposições quanto à intangibilidade da legítima, ou a previsão dos herdeiros necessários, não se pode negar que tais normas, entre outras, são concretizadoras de princípios constitucionais como a solidariedade familiar.

Podemos dizer, portanto, que a função social do direito sucessório pode ser observada tanto em acepção ao bem comum, no que diz respeito à estabilidade das relações jurídicas vivenciadas pelo autor da herança ainda em vida, como em relação aos sucessores, consagrada da solidariedade familiar, especialmente na proteção patrimonial outorgada à família. A proteção da família se dá em vários níveis, a exemplo da atribuição da legítima aos herdeiros necessários, a partir da limitação à liberdade de testar,[8] excepcionadas as hipóteses de deserdação ou indignidade, e até mesmo através de outras normas restritivas, em menor grau, à liberdade do proprietário, quanto à disposição de seus bens para depois da morte, a exemplo da necessidade de justa causa

8. Na forma do art. 1.857 e seguintes do Código Civil toda pessoa capaz (ainda que relativamente – maiores de 16 anos – art. 1.860, CC) pode dispor total ou parcialmente de seus bens para depois de sua morte. Todavia, quando o autor da herança tiver herdeiros necessários (art. 1.845, CC), a legítima estará preservada a tais herdeiros.

para imposição de cláusulas restritivas sobre os bens da legítima, na forma do art. 1.848, do Código Civil.[9]

A sucessão testamentária conviverá com a sucessão legítima, mas independentemente da manifestação de vontade do autor da herança, que poderá ser coincidente ou não com as normas da sucessão legítima, a proteção patrimonial da família constitui-se objetivo e finalidade do direito sucessório. Ainda que críticas sejam lançadas à insuficiência da proteção patrimonial da família no direito sucessório disposto no Código Civil de 2002, especialmente quanto a insuficiente incidência dos valores constitucionais no que diz respeito às específicas vulnerabilidades de determinadas classes de herdeiros,[10] é fato que normas como aquelas que limitam a liberdade de testar, especificam herdeiros necessários, consagrando a impossibilidade de seu afastamento por simples disposição testamentária, asseguram proteção patrimonial ao núcleo familiar.

No âmbito de proteção patrimonial do núcleo familiar, além da transmissão da posse e propriedade dos bens do falecido a seus sucessores, em consonância com a ordem de vocação hereditária assume especial relevância a atribuição do direito real de habitação outorgada ao cônjuge, e estendida ao companheiro, como abordaremos a seguir, pois além de implementar a função social da propriedade e da herança, concretiza o *direito fundamental de moradia*.

3. O DIREITO REAL DE HABITAÇÃO DO CÔNJUGE E DO COMPANHEIRO COMO CONCRETIZAÇÃO DO DIREITO À MORADIA

Determina o art. 1.831 do Código Civil que "ao cônjuge sobrevivente, qualquer que seja o regime de bens, será assegurado, sem prejuízo da participação que lhe caiba na herança, o direito real de habitação relativamente ao imóvel destinado à moradia da família, desde que seja o único daquela natureza a inventariar".

Em síntese, independentemente do regime de bens adotado pelos cônjuges ou companheiros[11] durante o casamento ou união estável, ou mesmo de sua participação na herança, em concorrência com ascendentes, descendentes, herdeiros testamentários ou legatários, o direito real de habitação será assegurado ao cônjuge ou companheiro,

9. OLIVEIRA, J. M. Leoni Lopes de. *Direito Civil*. Sucessões. 2. ed. Rio de Janeiro: Gen Forense, 2019, p. 24/28. Art. 1.848 do Código Civil: Salvo se houver justa causa, declarada em testamento, não pode o testador estabelecer cláusulas de inalienabilidade, impenhorabilidade, e de incomunicabilidade, sobre os bens da legítima.

10. NEVARES, Ana Luiza Maia. *A sucessão do cônjuge e do companheiro na perspectiva do direito civil-constitucional*. São Paulo: Atlas, 2015.

11. Apesar do art. 1.831 do Código Civil só se referir ao cônjuge, o direito real de habitação é conferido também ao companheiro. Antes mesmo do reconhecimento da inconstitucionalidade do art. 1.790, CC pelo STF, em julgamento do RE 878.694, que em sede de repercussão geral fixou a tese "No sistema constitucional vigente, é inconstitucional a distinção de regimes sucessórios entre cônjuges e companheiros, devendo ser aplicado, em ambos os casos, o regime estabelecido no art. 1.829 do CC/2002", o art. 7º da Lei 9.278, já assegurava ao companheiro direito real de habitação. Com a inconstitucionalidade total do art. 1.790 do CC, sendo vedada qualquer discriminação dos direitos conferidos ao cônjuge em relação aos companheiros, entendemos pela aplicação do art. 1.831 do CC nos mesmos termos a cônjuges ou companheiros sobreviventes.

tendo como objeto de tal direito o imóvel no qual o casal mantinha a residência da família, condicionando-se que tal imóvel seja o único de natureza residencial à inventariar.

Singela análise do dispositivo citado nos permite observar que fora outorgado ao cônjuge ou companheiro supérstite "o direito de continuar morando no imóvel que era destinado, enquanto vivia o cônjuge ou companheiro falecido, à residência da família".[12] Muitos são os questionamentos quanto aos requisitos da concessão do direito real de habitação, ou sua extensão,[13] tais como se o fato do cônjuge ou companheiro sobrevivente ser proprietário de outros imóveis impactaria na concessão do direito real de habitação, ou se a constituição de novo casamento ou união estável extinguiria o direito. Os limites deste ensaio não nos permitirão enfrentar todos os questionamentos que pulsam a partir do art. 1.831 do Código Civil, mas certo é que a essência do direito real de habitação, concedido ao cônjuge ou companheiro sobrevivente é a moradia, que se dá independentemente de qualquer comunicação patrimonial com o falecido, seja por meação, em decorrência do fim do casamento pela morte, ou por herança.

Ao assegurar-se que o cônjuge ou companheiro, arrebatado pelo fim do casamento ou união estável pela morte, prossiga morando no imóvel que antes da ruptura era destinado à moradia do casal, é efetivar o direito fundamental de moradia.

O direito de moradia, incluído no teor do art. 6º da Constituição da República em 2000, em virtude da Emenda Constitucional 26, é concebido enquanto direito fundamental social, e transborda da noção simplória de assegura-se um teto a toda e qualquer pessoa. O direito fundamental de moradia é permeado pela dignidade da pessoa humana, e determina a necessidade de assegura-se efetivamente moradia digna em caráter universal.

Um olhar inicial ao direito fundamental de moradia, intuitivamente, nos deflagra as reflexões voltadas à responsabilidade do Estado na promoção dos direitos fundamentais sociais, tais como a saúde, segurança, lazer, previdência social, entre outros. No entanto, o direito fundamental à moradia também deve ser observado e tutelado quando se apresenta como valor preponderante de uma determinada relação jurídica de direito privado, tal como na instituição do direito real de habitação ao cônjuge ou companheiro sobrevivente.

Ao instituir-se o direito real de habitação especificamente sobre o imóvel que servia de moradia à família, há claro fundamento no direito fundamental de moradia associado à proteção da família, pois se busca proteger as condições efetivas de moradia do consorte, atingido pela morte de seu companheiro de vida. Ou seja, se pretende que o sobrevivente possa manter suas condições de vida anteriores ao falecimento de seu cônjuge ou companheiro, sem se discutir se financeiramente tal medida é efetivamente necessária.

12. OLIVEIRA, J. M. Leoni Lopes de. *Direito Civil.* Sucessões. 2. ed. Rio de Janeiro: Gen Forense, 2019. p. 346.
13. Sobre o tema, consulte-se: OLIVEIRA, J. M. Leoni Lopes de. *Direito Civil.* Sucessões. 2. ed. Rio de Janeiro: Gen Forense, 2019, p. 344, e ss.

Observa-se, portanto, que o direito fundamental de moradia, protegido a partir do direito real de habitação, tem por base a proteção do direito existencial, de forma mais ampla do que assegurar um direito patrimonial. Em outras palavras, sendo ou não o cônjuge ou companheiro supérstite vulnerável economicamente, as condições de moradia em prol do sobrevivente serão mantidas, se atendidos os requisitos legais para a concessão do direito real de habitação.

Por outro lado, apesar da compreensão do direito fundamental de moradia como direito existencial, é imperioso reconhecer que se trata de direito existencial peculiar, eis que a sua satisfação depende, necessariamente, de atribuição patrimonial para tanto, isso porque a moradia, indiscutivelmente implementar-se-á sobre bem imóvel. No entanto, para que o ônus de moradia do cônjuge sobrevivente recaia sobre o imóvel que antes do falecimento era destinado à residência da família é necessário que o bem fosse de propriedade integral do falecido ou do falecido e do cônjuge ou companheiro sobrevivente, e a parte que cabia ao *de cujus* seja destinada a terceiros.[14]

Em suma, se o cônjuge ou companheiro sobrevivente, após o falecimento de seu consorte, se tornar o único proprietário do bem, não há o que se falar em direito real de habitação.

Nas hipóteses em que o cônjuge ou companheiro for o único herdeiro de seu consorte falecido, não haverá o que se falar em direito real de habitação, pois como único destinatário de todo o patrimônio do autor da herança o cônjuge ou companheiro supérstite tornar-se-á, com o falecimento do *de cujus*, o único proprietário dos bens que compuserem o acervo hereditário, e nessa qualidade, não haverá direito real de habitação.

O direito real de habitação, portanto, terá lugar nas hipóteses em que eventualmente o cônjuge ou companheiro for afastado da ordem de vocação hereditária, por incidência do art. 1.829, inciso I, do Código Civil,[15] concorrer com descendentes, concorrer com ascendentes, concorrer com herdeiros testamentários nomeados pelo autor da herança, ou ainda, o falecido, respeitados os limites da liberdade de testar, tiver destinado o imóvel no qual residia a família a legatário.

---

14. Caso o imóvel destinado à moradia da família seja de propriedade de terceiro antes do falecimento do autor da herança, ainda que em condomínio com o autor da herança, não é cabível a imposição do direito real de habitação, segundo entendimento já consolidado do Superior Tribunal de Justiça Embargos de Divergência em Resp.: 1.520.294 – SP, Rel. Ministra Maria Isabel Gallotti: "Embargos de divergência. Recurso especial. Direito real de habitação. Copropriedade de terceiro anterior à abertura da sucessão. Título aquisitivo estranho à relação hereditária. 1. O direito real de habitação possui como finalidade precípua garantir o direito à moradia ao cônjuge/companheiro supérstite, preservando o imóvel que era destinado à residência do casal, restringindo temporariamente os direitos de propriedade originados da transmissão da herança em prol da solidariedade familiar. 2. A copropriedade anterior à abertura da sucessão impede o reconhecimento do direito real de habitação, visto que de titularidade comum a terceiros estranhos à relação sucessória que ampararia o pretendido direito. 3. Embargos de divergência não providos".
15. Art. 1.829, CC: "A sucessão legítima defere-se na ordem seguinte: I – aos descendentes, em concorrência com o cônjuge sobrevivente, salvo se casado este com o falecido no regime da comunhão universal, ou no da separação obrigatória de bens (art. 1.640, parágrafo único); ou se, no regime da comunhão parcial, o autor da herança não houver deixado bens particulares; II – aos ascendentes, em concorrência com o cônjuge; III – ao cônjuge sobrevivente; IV – aos colaterais".

Em outros termos, só haverá o que se falar em direito real de habitação quando o imóvel destinado à moradia da família, sobre o qual deva recair o direito, passar a propriedade total ou parcial de terceiro, em virtude da partilha dos bens do falecido.

Nesse caso, há de se observar que o cônjuge ou companheiro sobrevivente exercerá sobre bem total ou parcialmente alheio direito real, com conteúdo essencialmente habitacional. Vislumbra-se, portanto, que para a satisfação do direito fundamental de moradia, consubstanciado no direito real de habitação do cônjuge ou companheiro, o sucessor ou sucessores do falecido terão impacto na fruição de seu direito à herança.

Afirmamos que o impacto se estabelece na fruição do direito à herança e não efetivamente em afastamento do direito à herança especialmente porque a transmissão do patrimônio se efetivará por completo. Uma vez efetivada a partilha dos bens do autor da herança, os destinatários do bem imóvel em questão serão de fato proprietários do bem, gozando, contudo, de propriedade limitada, gravada pelo direito real de habitação.

As limitações do direito de propriedade dos herdeiros, propriedade essa adquirida *causa mortis* – face o direito à herança – se implementarão no exercício dos poderes do domínio.

Verifica-se, portanto, preenchidos os requisitos legais dispostos no art. 1.831 do Código Civil, na implementação do direito real de habitação do cônjuge ou companheiro sobrevivente a prevalência do direito fundamental de moradia em detrimento do exercício do direito de propriedade pelos sucessores do falecido. Isso porque, em tese, o direito do cônjuge ou companheiro em permanecer residindo no imóvel já destinado à moradia da família, enquanto direito existencial, relacionado à promoção da personalidade da pessoa humana, deveria prevalecer sobre direito patrimonial dos herdeiros, consubstanciado no direito à herança para a aquisição da propriedade.

Infelizmente, contudo, a premissa de que a concessão do direito real de habitação ao cônjuge ou companheiro sobrevivente, em detrimento do exercício de propriedade plena dos sucessores sobre o imóvel em questão, nem sempre resulta na preservação de direitos existenciais a partir do legítimo sacrifício de direitos patrimoniais. Por vezes, a simples aplicação do direito real de habitação, sem observância dos valores constitucionais incidentes na situação em concreto pode resultar na consagração de direito real de habitação eminentemente patrimonialista e egoísta, em sacrifício do cumprimento de efetiva observância de função social da propriedade e da herança.

4. CONFLITOS ENTRE O DIREITO À HERANÇA (E DE PROPRIEDADE) E O DIREITO À MORADIA

Por certo que ao nos depararmos pelas primeiras vezes com o instituto do direito real de habitação, talvez até por visão conservadora que inconscientemente encontra-se enraizada em nossa sociedade, apesar dos inúmeros avanços vivenciados especialmente no campo da proteção das famílias, trazemos em nosso pensamento a imagem daquela viúva de avançada idade, que ao perder seu marido depois de muitas décadas de casamento, precisa ser protegida em sua moradia, a fim de que os descendentes de seu marido, que em regra também são filhos e netos dela, não possam se desfazer do bem destinado à moradia.

Mais do que garantir um teto a essa senhora, é fundamental que se garanta sua condição de moradia, seus hábitos, o bairro onde mora, se sente segura, conhece a vizinhança nos mais ínfimos detalhes, desde o porteiro até o vendedor de frutas. É por isso que o direito real de habitação deverá albergar tanto o imóvel em si como seus móveis, pertenças, e tudo quanto se ache na moradia do casal, o que nas palavras da doutrina portuguesa denomina-se o *respectivo recheio.*[16]

Por certo que há proteção patrimonial da moradia, uma vez que é possível que essa viúva não conseguisse prover sua moradia com a parte que lhe coubesse por meação ou herança, mas há também proteção afetiva, existencial, de modo que temporariamente os poderes do domínio dos herdeiros restem prejudicados, em benefício dos direitos existenciais envolvidos, em especial a moradia e a dignidade humana.

Todavia, os novos arranjos familiares, a conformação de famílias recompostas, a ocorrência, cada vez mais frequente de casamentos ou uniões estáveis onde um ou ambos os cônjuges tem filhos de relacionamentos anteriores, e ainda, o aumento da expectativa de vida, que permite que as pessoas reconstruam sua vida afetiva cada vez em idades mais avançadas, podem desafiar inúmeras situações concretas em que o direito real de habitação, em proteção do direito de moradia, acabe por se configurar em direito eminentemente patrimonial, e o direito à herança, origem do direito de propriedade dos herdeiros, que seria eminentemente patrimonial seja indispensável para a promoção da personalidade humana.

Para enfrentamento dessas hipóteses basta pensarmos em situações, de certa forma frequentes, de casamentos ou uniões estáveis em que um dos cônjuges ou companheiros possui idade mais avançada do que o outro. Não raro o cônjuge/companheiro mais novo tem idade próxima dos descendentes do falecido com quem ele concorrerá à herança e em face de quem ele exercerá o direito real de habitação. Nesse caso, a depender de outras circunstâncias a serem analisadas, é possível que a instituição do direito real de habitação ao cônjuge sobrevivente inviabilize o exercício efetivo do direito à herança e do direito de propriedade dos herdeiros do falecido.

No entanto, caso o patrimônio a inventariar seja vultuoso, apesar de existir um único bem imóvel à inventariar, a instituição do direito real de habitação nesta circunstância em nada prejudicará o direito sucessório dos herdeiros em questão.

Outra hipótese seria do acervo hereditário ser composto de um único bem imóvel, e o cônjuge ou companheiro sobrevivente ser proprietário de inúmeros bens imóveis.

---

16. OLIVEIRA, J. M. Leoni Lopes de. *Direito Civil*. Sucessões. 2. ed. Rio de Janeiro: Gen Forense, 2019, p. 346. Em nosso sistema jurídico, a instituição do direito real de habitação não conta com norma específica relativa aos bens que guarnecem a residência, apesar de haver certo consenso que acompanharão o destino do imóvel, salvo situações excepcionais, como bens móveis de elevado valor. No Direito Português, há previsão expressa nesse sentido, no art. 2.103 do CC português.

Neste caso, é visível que o cônjuge ou companheiro supérstite não dependeria do direito real de habitação para a satisfação do direito fundamental de moradia, e o seu exercício prejudicaria excessivamente o direito sucessório dos herdeiros.[17]

Do mesmo modo, poderia ser concebido como incongruente a concessão de direito real de habitação em benefício do cônjuge ou companheiro sobrevivente, independentemente de suas condições econômicas, em detrimento de descendentes incapazes, que dependessem do exercício efetivo da propriedade dos bens deixados pelo falecido de forma plena, para promoção e desenvolvimento de sua personalidade.

Casuisticamente muitas seriam as hipóteses em que poderíamos observar na análise em concreto que o exercício do direito real de habitação, consagraria valor existencial, consubstanciado na moradia frente a valor patrimonial, consubstanciado na propriedade dos herdeiros. Todavia, outras tantas seriam as hipóteses em que a instituição do direito real de habitação, apesar de abrigar a moradia do cônjuge ou companheiro, teria aspecto exclusivamente patrimonial, visto que sobre imóvel de valor vultuoso, ou pertencente a acervo de elevado valor, ou ainda, sendo o beneficiário proprietário de inúmeros imóveis, enquanto, a propriedade adquirida pelos herdeiros, *causa mortis*, seria a única fonte de subsistência e promoção da personalidade.

E ainda, não raro, que se tratando de pessoas abastadas ou mesmo de pessoas vulneráveis em ambos os lados, para ambas as partes a disputa pelo imóvel se coloque igualmente no plano exclusivamente patrimonial ou igualmente no plano existencial.

Diante de tantos cenários possíveis, inviável seria a busca por enumerar os elementos que estariam dispostos a afastar ou consagrar de forma absoluta e vitalícia o direito real de habitação do cônjuge ou companheiro sobrevivente. Nos parece que a única opção possível, com vistas as conformar o instituto em questão à proteção da moradia em consonância com a função social da propriedade e da herança, seria enfrentar o conflito entre os direitos fundamentais postos, quais sejam o direito fundamental *de propriedade* adquirido *causa mortis* (direito à herança) com o direito *à moradia* e na situação em concreto, com vistas à promoção da personalidade humana, e dignidade da pessoa humana, consagrar ou afastar o direito real de habitação do cônjuge ou companheiro sobrevivente.

17. Nesse sentido, REsp 1.582.178 – RJ, Rel. Ministro Ricardo Villas Bôas Cueva: "Recurso especial. Ação de reintegração de posse. Direito das sucessões. Direito real de habitação. Art. 1.831 do código civil. União estável reconhecida. Companheiro sobrevivente. Patrimônio. Inexistência de outros bens. Irrelevância. 1. Recurso especial interposto contra acórdão publicado na vigência do Código de Processo Civil de 1973 (Enunciados Administrativos nos 2 e 3/STJ). 2. Cinge-se a controvérsia a definir se o reconhecimento do direito real de habitação, a que se refere o artigo 1.831 do Código Civil, pressupõe a inexistência de outros bens no patrimônio do cônjuge/companheiro sobrevivente. 3. Os dispositivos legais relacionados com a matéria não impõem como requisito para o reconhecimento do direito real de habitação a inexistência de outros bens, seja de que natureza for, no patrimônio próprio do cônjuge/companheiro sobrevivente. 4. O objetivo da lei é permitir que o cônjuge/companheiro sobrevivente permaneça no mesmo imóvel familiar que residia ao tempo da abertura da sucessão como forma, não apenas de concretizar o direito constitucional à moradia, mas também por razões de ordem humanitária e social, já que não se pode negar a existência de vínculo afetivo e psicológico estabelecido pelos cônjuges/companheiros com o imóvel em que, no transcurso de sua convivência, constituíram não somente residência, mas um lar. 5. Recurso especial não provido".

A prevalência do direito real de habitação deve estar intimamente vinculada ao implemento da função social da propriedade como promoção da personalidade humana, com vista a assegurar-se que a solução do conflito se dê em favor daquele para quem a atribuição patrimonial, consubstanciada no direito real de habitação ou no exercício da propriedade plena, reflita efetiva satisfação de direito existencial.

No embate do direito existencial com direitos patrimoniais, o *ser* deve preponderar sobre o *ter*.

5. CONCLUSÃO

Respeitados os limites do presente ensaio, nos é possível concluir que tanto a constituição do direito real de habitação em favor do cônjuge ou companheiro sobrevivente, como o direito à herança que assegura a transmissão da propriedade *causa mortis* aos herdeiros da pessoa falecida, concretizam direitos fundamentais, quais sejam a *propriedade*, a *herança* e a *moradia*.

A convivência do direito sucessório dos descendentes ou ascendentes do falecido, ou de herdeiros testamentários ou legatários, com o direito real de habitação do cônjuge ou companheiro, em tese, não determinará qualquer conflito entre direitos fundamentais. Os direitos de cada uma das partes envolvidas estarão devidamente protegidos pela incidência das normas pertinentes.

Quando concedido direito real de habitação em favor do cônjuge ou companheiro, em respeito à função social da propriedade e face a concretização do direito fundamental de moradia, o exercício dos poderes do domínio sobre a propriedade do bem imóvel restarão temporariamente sacrificados em prol da promoção da personalidade humana do cônjuge ou companheiro do falecido, através do direito de moradia.

Todavia, sempre que a incidência do instituto em questão – *direito real de habitação* – determinar como resultado *in concreto* a violação de direito existencial em prol de direito patrimonial, a solução será a interpretação do dispositivo legal pertinente, qual seja o art. 1.831, do Código Civil em observância aos direitos fundamentais incidentes, de modo que a ponderação entre os direitos em confronto permita, sempre a partir da promoção da personalidade humana, em consonância com a dignidade, a solução que melhor reflita a proteção do *ser* em lugar do *ter*, e assim, seja consagrado ou afastado o direito real de habitação na situação em concreto.

O CONTRATO *BUILT TO SUIT* COMO INSTRUMENTO DE EFETIVAÇÃO DE POLÍTICAS PÚBLICAS

Alexandre Junqueira Gomide

Doutor e Mestre em Direito Civil pela Faculdade de Direito da Universidade de São Paulo. Especialista e Mestre em Ciências Jurídicas pela Faculdade de Direito da Universidade de Lisboa, em Portugal. Fundador e Vice-Presidente do IBRADIM – Instituto Brasileiro de Direito Imobiliário. Diretor de Relações Institucionais do Instituto dos Advogados de São Paulo – IASP.

1. CONTRATO *BUILT TO SUIT*: CONCEITO, NATUREZA JURÍDICA E DISCIPLINA JURÍDICA

O objetivo do presente artigo é demonstrar que é possível à Administração Pública firmar o contrato *built to suit* para a construção de hospitais, escolas, creches, universidades, dentre outros imóveis que tenham por objetivo a efetivação de políticas públicas.

Antes, contudo, necessário introduzir o leitor ao contrato em análise. O contrato *built to suit* é modelo de negócio jurídico em que o empreendedor imobiliário reforma ou edifica determinado imóvel sob medida ao ocupante e, finalizada a obra, cede o uso da edificação por período determinado. Na definição de Rodrigo Leonardo Xavier[1]

> [...] o *built to suit* é um contrato em que um empreendedor se obriga a construir ou reformar um imóvel para adaptá-lo às necessidades específicas de um usuário que, por sua vez, receberá o direito ao uso e/ou fruição desse bem por determinado prazo, mediante o pagamento de uma contraprestação que engloba a remuneração pelo uso e, também, a restituição e retribuição do investimento realizado.

Desde a década de 1990, o *built to suit* é negócio jurídico comumente firmado entre particulares e responsável pela construção de diversos polos fabris, hipermercados, edifícios comerciais, centros de distribuição e outras grandes construções. Contudo, a partir da edição da Lei 12.744/2012, que alterou a Lei do Inquilinato e incluiu o artigo 54-A,[2] o contrato passou a ser mais corriqueiramente empregado. Atualmente, o contrato

1. LEONARDO, Rodrigo Xavier. O contrato *built to suit*. In: CARVALHOSA, Modesto. *Tratado de Direito Empresarial*. São Paulo: Ed. RT – Thomson Reuters, 2016. t. IV, p. 421.
2. Art. 54-A. Na locação não residencial de imóvel urbano na qual o locador procede à prévia aquisição, construção ou substancial reforma, por si mesmo ou por terceiros, do imóvel então especificado pelo pretendente à locação, a fim de que seja a este locado por prazo determinado, prevalecerão as condições livremente pactuadas no contrato respectivo e as disposições procedimentais previstas nesta Lei.

built to suit é firmado não apenas para a construção de grandes obras, mas, também, supermercados, academias, farmácias, lojas, dentre outros imóveis.

Podemos dizer que no contrato *built to suit* sempre estará presente a prestação da locação, uma vez que haverá a cessão da fruição e uso da coisa (obrigação de dar), mediante remuneração. Da mesma forma, sempre estará presente a prestação da empreitada (obrigação de fazer), porque o *built to suit* requer a realização de construção ou substancial reforma do imóvel que será cedido ao ocupante. Também poderá haver a prestação da compra e venda quando, por exemplo, o empreendedor adquire o imóvel onde será realizada a construção. Nesses termos, é possível imaginarmos:

a) Empreitada + Locação = *Built to Suit*

b) Compra e Venda + Empreitada + Locação = *Built to suit*

Segundo Rodrigo Xavier Leonardo,[3] são elementos indispensáveis para a qualificação do *built to suit* (i) a estipulação da obrigação de fazer, adquirir, construir ou reformar determinado bem imóvel para cedê-lo ao uso e/ou fruição onerosamente; (ii) a previsão do preço para pagamento pelo credor do uso e/ou fruição, mediante prestação que envolva a retribuição pelo uso e pelo investimento e, por fim, (iii) a determinação de prazo certo para a cessão do uso.

A união de tipos contratuais distintos torna difícil a determinação da natureza jurídica do instituto. Estamos diante de contrato de locação pura e simplesmente? Ou contrato de locação com aspectos menos relevantes envolvendo as prestações da empreitada? A discussão da natureza jurídica, como se vê, caminha ao lado da análise da tipicidade ou atipicidade do contrato.

Para nós, no contrato *built to suit*, a prestação da locação não é referencial.[4] As prestações da empreitada e, eventualmente, da compra e venda, também possuem extrema relevância. É justamente a somatória das prestações que faz surgir o *built to suit*.

O contrato *built to suit* não é, portanto, contrato típico, porque a prestação de fazer decorrente da empreitada desnatura a tipicidade da locação. A prestação da locação não é tipo dominante, a nosso ver. Não é, portanto, *mais* locação e *menos* empreitada, mas, sim, locação *e* empreitada, o que justifica a atipicidade.[5]

---

§ 1º Poderá ser convencionada a renúncia ao direito de revisão do valor dos aluguéis durante o prazo de vigência do contrato de locação.

§ 2º Em caso de denúncia antecipada do vínculo locatício pelo locatário, compromete-se este a cumprir a multa convencionada, que não excederá, porém, a soma dos valores dos aluguéis a receber até o termo final da locação.

3. LEONARDO, Rodrigo Xavier. O contrato *built to suit*. In: CARVALHOSA, Modesto. *Tratado de Direito Empresarial*. São Paulo: Ed. RT – Thomson Reuters, 2016. t. IV, p. 427.

4. Não nos parece existir um tipo de referência dominante. O contrato *built to suit* não é um contrato de locação atípico, muito menos um contrato de "locação empresarial". A esse respeito, correta é a interpretação de Cristiano de Souza Zanetti ao afirmar que não há sentido em qualificar o contrato *built to suit* como locação atípica, dado que a locação é justamente um tipo contratual. Haveria, portanto, uma *contraditio in terminis* (ZANETTI, Cristiano de Sousa. Build *to suit*: qualificação e consequências. In: BAPTISTA, Luiz Olavo; ALMEIDA PRADO, Maurício (Org.). *Construção Civil e Direito*. São Paulo: Lex Magister, 2011. p. 108).

5. Nesse sentido, vide GOMIDE, Alexandre Junqueira. *Contratos built to suit*: aspectos controvertidos decorrentes de uma nova modalidade contratual. São Paulo: Ed. RT – Thomson Reuters, 2017. p. 87 e ss.

Uma vez que o contrato *built to suit* possui previsão na Lei 8.245/1991, mas é modalidade de contrato atípico, qual a disciplina jurídica desse negócio jurídico? Como fontes reguladoras, temos:

(i) A Lei 12.744/2012, que alterou o artigo 4º e inseriu o art. 54-A, na Lei 8.245/1991, a cujos limites estarão adstritas as partes, inclusive nas *disposições procedimentais* da Lei (à exceção da ação revisional a que as partes poderão renunciar);

(ii) "as condições livremente pactuadas no contrato respectivo" (art. 54-A);

(iii) os usos e costumes da operação econômica dos contratos *built to suit*;

(iv) as normas e princípios estabelecidos no Código Civil para a generalidade dos contratos;

(v) por fim, valendo-nos de uma aplicação analógica, (a) as demais disposições da Lei 8.245/1991; (b) as disposições do contrato de empreitada no Código Civil (artigos 610 a 626) e (c) as disposições do contrato de compra e venda no Código Civil (artigos 481 a 504) e (d) as disposições do contrato de locação previsto no Código Civil (artigos 565 a 578).

Conforme já adiantado, embora esse modelo de contrato seja muito corriqueiramente firmado em relações particulares e no desenvolvimento de imóveis para a iniciativa privada, nada obsta que o *built to suit* seja empregado pelo Poder Público.

2. O CONTRATO *BUILT TO SUIT* E A ADMINISTRAÇÃO PÚBLICA

O modelo do *built to suit* pode despertar o interesse da administração pública em firmar esse tipo de contrato com particulares. A possibilidade de não ter de despender elevado montante na aquisição e construção de um imóvel e, uma vez entregue o imóvel, realizar o pagamento de uma remuneração mensal pode ser atrativo ao ente público. Além disso, a administração pública pode ser proprietária de imóvel a que queira dar destinação específica, mas não possui os valores para reforma/construção. A possibilidade de não ter a obrigação de despender custos elevados para levar adiante a construção de um auditório, hospital, escola ou creche é certamente muito interessante à administração pública.

André Luiz dos Santos Nakamura[6] elenca algumas vantagens que justificam o uso do *built to suit* pela administração pública: (i) inexistência ou contingenciamento de dotação orçamentária para aquisição por compra ou desapropriação de bens imóveis; (ii) altos custos de reformas realizadas em imóveis alugados pela administração pública que não são revertidos ao patrimônio público; (iii) falta de imóveis que atendam às necessidades específicas dos entes públicos, visando a uma melhor prestação dos serviços públicos.

Além disso, segundo Nakamura,[7] num contexto em que o orçamento estatal é limitado, seja em razão da aplicação de percentuais mínimos do orçamento em áreas

6. NAKAMURA, André Luiz dos Santos. O *built to suit* como nova modalidade de contrato administrativo. *Revista do Mestrado em Direito da Universidade Católica de Brasília*. v. 10. n. 1, jan./jun. 2016. p. 138.

7. NAKAMURA, André Luiz dos Santos. O *built to suit* como nova modalidade de contrato administrativo. *Revista do Mestrado em Direito da Universidade Católica de Brasília*. v. 10. n. 1, jan./jun. 2016. p. 138. O autor também cita que nos Estados Unidos da América, o GSA – General Services Administration, órgão cuja função é gerir os negócios imobiliários do governo, tem firmado contratos de *built to suit* por meio dos quais o governo adquire

específicas, como saúde e educação, seja pelas limitações impostas pela Lei de Responsabilidade Fiscal, a imobilização de grandes parcelas de capital para pagamentos de indenização de desapropriações e posterior construção ou reforma de um imóvel não é a melhor alternativa ao melhor atendimento do interesse público.

Seria, contudo, incompatível essa forma de contratação com o regime público das contratações? Segundo Marçal Justen Filho,[8] não existe impedimento a que a administração firme contrato *built to suit* com particulares. A considerar todas as vantagens listadas acima, defende o autor que essa prática pode ser extremamente vantajosa para o setor público.

A possibilidade de a administração firmar o contrato *built to suit* foi admitida expressamente com a edição da Lei 13.190/2015, que alterou a Lei 12.462/2011.

A Lei 12.462/2011 instituiu o Regime Diferenciado de Contratações Públicas – RDC e teve por principal fundamento instituir o regime aplicável às licitações dos Jogos Olímpicos e Paraolímpicos de 2016, da Copa das Confederações da Fifa e da própria Copa do Mundo 2014. A lei, portanto, tinha por escopo tratar do regime jurídico necessário para as obras de infraestrutura dos referidos jogos e dos aeroportos das cidades sedes.

Em 2012 e 2015, o RDC sofreu alterações legislativas para ampliar o seu regime de aplicação, passando a ser aplicável também para ações integrantes do então Programa de Aceleração do Crescimento (PAC); obras e serviços de engenharia no âmbito do Sistema Único de Saúde (SUS); obras e serviços de engenharia para construção, ampliação e reforma e administração de estabelecimentos penais e obras e serviços de engenharia relacionados à melhoria da mobilidade urbana ou ampliação de infraestrutura logística.

Além disso, expressamente o artigo 1º, inciso IX, determina que o RDC também se aplica aos contratos referidos no artigo 47-A, da Lei. Segundo o *caput* do dispositivo:

> Art. 47-A. A administração pública poderá firmar contratos de locação de bens móveis e imóveis, nos quais o locador realiza prévia aquisição, construção ou reforma substancial, com ou sem aparelhamento de bens, por si mesmo ou por terceiros, do bem especificado pela administração.
>
> § 1º A contratação referida no caput sujeita-se à mesma disciplina de dispensa e inexigibilidade de licitação aplicável às locações comuns.
>
> § 2º A contratação referida no caput poderá prever a reversão dos bens à administração pública ao final da locação, desde que estabelecida no contrato.
>
> § 3º O valor da locação a que se refere o caput não poderá exceder, ao mês, 1% (um por cento) do valor do bem locado.

A partir da edição do artigo 47-A, do RDC, permitiu-se de forma expressa que a administração pública pudesse firmar o contrato *built to suit* para a construção e entrega

a propriedade do terreno e das edificações por uma operação contratual semelhante ao *leasing*, após um prazo de 20 ou 30 anos de duração (Disponível em: www.gsa.gov/portal/category/21879).

8. JUSTEN FILHO, Marçal. *Comentários à Lei de licitações e contratos administrativos.* 16. ed. São Paulo: Ed. RT, 2014. p. 434 Apud LEONARDO, Rodrigo Xavier. O contrato *built to suit*. In: CARVALHOSA, Modesto. *Tratado de Direito Empresarial.* São Paulo: Ed. RT – Thomson Reuters, 2016. t. IV, p. 453.

de escolas, creches, hospitais, universidades, dentre outros imóveis que desempenham papel social relevante.

Contudo, desde a edição da Lei, alguns autores manifestaram preocupação pela dispensa e inexigibilidade de licitação aplicável às locações comuns firmadas pela Administração Pública que, no então vigente artigo 24, X, da Lei 8.666/1993, permitia a dispensa de licitação para "locação de imóvel destinado ao atendimento das finalidades precípuas da administração, cujas necessidades de instalação e localização condicionem a sua escolha".

Embora a Lei 8.666/1993 expressamente autorizasse a inexigibilidade da licitação, André Luiz dos Santos Nakamura[9] afirmava que, a despeito do § 1°, do art. 47-A, somente se a escolha do imóvel se desse pela localização, não existindo outro imóvel que pudesse atender ao interesse da administração pública e a construção fosse realizada diretamente pelo proprietário do terreno é que poderia ser realizada a contratação direta pelo *built to suit*.

Isso porque, segundo o autor, a regra é a obrigatoriedade de licitar, salvo hipóteses previstas em lei, ou impossibilidade de competição, como única forma de assegurar a observância dos princípios de moralidade administrativa e do tratamento isonômico dos eventuais contratantes com o Poder Público.

Como forma de justificar situações em que haveria a necessidade de ser realizada a licitação, Nakamura[10] exemplifica a hipótese em que haveria mais de um terreno onde pudesse ser construído o imóvel. Outra hipótese seria a circunstância em que mais de uma empresa pudesse adquirir o terreno disponível (porque o proprietário não deseja ou não pode realizar diretamente a edificação) para realizar a edificação pretendida.

À época em que escrevemos a respeito do tema,[11] manifestamos concordância com os pontos de vista defendidos por Nakamura, salientando que não haveria razões para dispensa de licitação para a hipótese de contrato *built to suit*, a considerar que o imóvel ainda será construído, diferentemente da hipótese da locação, em que já há imóvel construído e que se amolda às necessidades do Poder Público.

Fato é que mais recentemente a nova Lei de Licitações (Lei 14.133/2021, art. 193, inciso II) determinou a revogação do artigo 47-A do RDC quando houver o decurso de dois anos da publicação da lei. Assim, em abril de 2023, o dispositivo acima referido não estará mais vigente.

A revogação do artigo 47-A não significará que a Administração Pública ficará impedida de firmar contrato *built to suit*. Tal como defendido por Vitor Soliano,[12] a

9. NAKAMURA, André Luiz dos Santos. O *built to suit* como nova modalidade de contrato administrativo. *Revista do Mestrado em Direito da Universidade Católica de Brasília*. v. 10. n. 1, p. 144, jan./jun. 2016.
10. NAKAMURA, André Luiz dos Santos. O *built to suit* como nova modalidade de contrato administrativo. *Revista do Mestrado em Direito da Universidade Católica de Brasília*. v. 10. n. 1, jan./jun. 2016. p. 145.
11. GOMIDE, Alexandre Junqueira. *Contratos built to suit*: aspectos controvertidos decorrentes de uma nova modalidade contratual. São Paulo: Ed. RT – Reuters, 2017. p. 142 e ss.
12. SOLIANO, Vitor. O *built to suit* na nova Lei de Licitações e Contratos Administrativos. *Conjur*. Publicado em 25/9/2021. Disponível em: https://www.conjur.com.br/2021-set-25/vitor-soliano-built-to-suit-lei-licitacoes. Acesso em: 11 abr. 2021.

previsão do contrato na Lei do Inquilinato e o artigo 89 da nova Lei de Licitações[13] (que determina a aplicação supletiva da teoria geral dos contratos do direito privado aos contratos administrativos) permitirá que o contrato continue sendo firmado no âmbito do Direito Administrativo.

Além disso, embora defendamos que o contrato *built to suit* seja atípico, fato é que o legislador preferiu intitulá-lo (e não propriamente qualificá-lo) como 'contrato de locação' (art. 54-A, da Lei 8.245/1991). Nessa perspectiva do nome utilizado pelo legislador, podemos entender que o contrato *built to suit* poderá ser firmado pela Administração Pública, tal como permite o artigo 51, da nova Lei de Licitações:

> Art. 51. Ressalvado o disposto no inciso V do caput do art. 74 desta Lei, a locação de imóveis deverá ser precedida de licitação e avaliação prévia do bem, do seu estado de conservação, dos custos de adaptações e do prazo de amortização dos investimentos necessários.

É interessante notar que o artigo 51 da nova Lei de Licitações, em redação mais adequada do que a do artigo 47-A, da Lei 8.666/1993 (que, reitere-se, será revogado em breve), torna regra geral a necessidade de ser procedida licitação para a locação de bens imóveis, permitindo apenas a inexigibilidade de licitação para a hipótese de locação de imóvel "cujas características de instalação e localização tornem necessária sua escolha" (art. 74, inciso V, da Lei 14.133/2021).

A norma atende justamente o que defendíamos anteriormente, demonstrando a necessidade de ser realizada licitação para a construção dos imóveis que serão utilizados pela Administração Pública em contrato *built to suit.* A tomada de preços será imprescindível para que o Poder Público tenha a possibilidade de construção do mesmo imóvel, com as características bem definidas, mas ao menor custo ofertado.

Comprovando que o contrato *built to suit* é relevante instrumento para que a Administração Pública possa efetivar suas pretendidas políticas públicas, destacamos o edital publicado em 2021 no Estado de Rondônia e que teve por intuito firmar com particulares a contratação de *built to suit* para elaboração de projeto, aprovação e construção do prédio do Hospital de Urgências e Emergências de Porto Velho.[14]

Nos termos do edital, a Administração Pública faria a escolha pelo licitante que apresentasse o menor valor da remuneração mensal, delimitando a área onde o hospital deveria ser construído. Realizado o leilão, noticiário local informa que o Consórcio Vigor Turé venceu a concorrência e assinou o contrato, em que o valor de pagamento mensal foi homologado em R$ 2.889.000,00 (dois milhões, oitocentos e oitenta e nove reais). O novo hospital terá 399 leitos, centro cirúrgico com dez salas de cirurgia, hemodinâmica e mais de 60 leitos de Unidade de Terapia Intensiva (UTI).

---

13. Art. 89. Os contratos de que trata esta Lei regular-se-ão pelas suas cláusulas e pelos preceitos de direito público, e a eles serão aplicados, supletivamente, os princípios da teoria geral dos contratos e as disposições de direito privado.
14. O edital pode ser obtido no sítio eletrônico da Superintendência Estadual de Licitações do Estado de Rondônia – SUPEL (www.rondonia.ro.gov.br/supel). Acesso em: 11 abr. 2022.

3. CONCLUSÃO

Tal como procuramos demonstrar ao longo do presente trabalho, além de previsão legal, há inúmeras vantagens para que a Administração Pública possa firmar o contrato *built to suit* com particulares, com o objetivo de efetivar políticas públicas sociais.

Nesse sentido, de forma a não despender elevada soma em dinheiro para se tornar proprietária de imóveis, o Poder Público pode simplesmente transferir a terceiros a obrigatoriedade de construção e entrega das edificações pretendidas, pagando, ao final da obra, remuneração mensal pelo uso do imóvel que é desenvolvido sob medida.

Além disso, a Administração Pública pode transferir a obrigatoriedade de manutenção da edificação ao proprietário, o que conferirá aos imóveis menor degradação ao longo dos anos.

Por fim, é importante ressalvar que o contrato *built to suit* possui uma série de riscos às partes. Cite-se, nesse sentido, que o empreendedor que se obriga a realizar a construção de grandes obras com remuneração protraída no tempo e apenas terá o retorno do capital investido após muitos anos do curso do contrato.

Dessa forma, como proteção contratual ao empreendedor é relevante que o equilíbrio contratual estabelecido pelos contratantes quando da assinatura do contrato seja respeitado. Assim, a renúncia à revisão do valor da remuneração mensal é medida imprescindível ao empreendedor e permite a sustentação financeira da operação econômica (art. 54-A, § 1º, da Lei do Inquilinato). Da mesma forma, o valor fixado pelas partes na cláusula penal estabelecida para a hipótese de resilição unilateral antecipada do contrato mediante denúncia deve ser respeitado, sem reduções indevidas pelo magistrado.

Por outro lado, a manutenção da remuneração mensal também é relevante à própria Administração Pública, que não pode ser surpreendida com um pedido de aumento do valor estabelecido no contrato sob a alegação de aumento de custo da obra.

A intervenção judicial que permite a revisão do contrato pode resultar na ruína da operação econômica do contrato, bem como alterar o sinalagma construído pelas partes.

Nesse sentido, é extremamente relevante que a alocação de riscos definida pelos contratantes na matriz do contrato[15] seja respeitada. Até porque, nos termos do artigo 133, da Lei 14.133/2021, é vedada a alteração dos valores contratuais, exceto por ocor-

15. A matriz de risco é assim definida pela Lei 14.133/2021 (art. 6º, inciso XXVII): "[...] cláusula contratual definidora de riscos e de responsabilidades entre as partes e caracterizadora do equilíbrio econômico-financeiro inicial do contrato, em termos de ônus financeiro decorrente de eventos supervenientes à contratação, contendo, no mínimo, as seguintes informações a) listagem de possíveis eventos supervenientes à assinatura do contrato que possam causar impacto em seu equilíbrio econômico-financeiro e previsão de eventual necessidade de prolação de termo aditivo por ocasião de sua ocorrência; b) no caso de obrigações de resultado, estabelecimento das frações do objeto com relação às quais haverá liberdade para os contratados inovarem em soluções metodológicas ou tecnológicas, em termos de modificação das soluções previamente delineadas no anteprojeto ou no projeto básico; c) no caso de obrigações de meio, estabelecimento preciso das frações do objeto com relação às quais não haverá liberdade para os contratados inovarem em soluções metodológicas ou tecnológicas, devendo haver obrigação de aderência entre a execução e a solução predefinida no anteprojeto ou no projeto básico, consideradas as características do regime de execução no caso de obras e serviços de engenharia".

rência de evento superveniente alocado na matriz de riscos como de responsabilidade da Administração.

Aplaude-se, portanto, ao final, as recentes determinações estabelecidas na Lei 14.133/2021 que obrigam os contratantes a contemplarem, no edital, a matriz de riscos para obras e serviços de grande vulto (art. 22, § 3º), bem como estabelecem que não haverá alteração do equilíbrio econômico-financeiro caso a alocação dos riscos próprios do contrato não seja afetada (art. 103 e ss.).

OS MUNICÍPIOS E A PROTEÇÃO DO MEIO AMBIENTE: NOTAS SOBRE FEDERALISMO COOPERATIVO E CONCRETUDE DE DIREITOS FUNDAMENTAIS

Flávio Ahmed

Doutor e Mestre em Direitos Difusos e Coletivos pela PUC-SP. Professor Dr. Pesquisador da Escola da Magistratura do RJ do Núcleo de Ambiente e Moradia – Observatório Bryant Garth. Professor de Direito da Cidade do Mestrado/Doutorado da UCAM-RJ no seu Programa de Planejamento Regional e Gestão da Cidade. Autor de diversas obras de Direito Ambiental. Advogado militante. Presidente da Comissão Permanente de Direito Ambiental da OAB-RJ.

> *A aplicação do direito – e este ato supõe interpretação – não é mera dedução dele, mas, sim, processo de contínua adaptação de suas normas à realidade e seus conflitos.*
>
> *Da mesma forma, a ordem jurídica, no seu evolver em coerência com as necessidades reais, embora haja de respeitar a Constituição, não se resume a uma mera dedução dela.*
>
> *A Constituição é um dinamismo.*
>
> *É do presente, na vida real, que se tomam as forças que conferem vida ao direito – e à Constituição.*[1]
>
> *Eros Roberto Grau*

Direito e Transformação Social, título dessa obra, mas também desafio permanente perseguido pelos seus coordenadores na luta diária que empreendem não apenas como doutrinadores, mas também como operadores desse campo das ciências sociais aplicadas, que é o Direito. A estes, minhas homenagens e agradecimentos ao honroso convite para aqui poder expor algumas singelas reflexões sobre o tema me confiado, e explorá-lo na vertente que torna a proteção ambiental pelo Município tão necessária à sobrevivência humana no planeta.

De fato. As relações sociais que formam e funcionalizam a realidade social e, em sua dinâmica cotidiana, geram fenômenos a cada instante. Tais fenômenos, situados no plano fático, invariavelmente produzem efeitos jurídicos, ainda que algumas dessas relações não estejam reguladas previamente pelo ordenamento jurídico.

Ou ainda: indivíduos em tempo real e espaço territorial específico (onde habitam, consumem e trabalham) encontram-se em situação de subalternidade social -a maioria da população – e o direito possui instrumentos disponíveis para fazer com que essa situação se reverta em hipóteses em que o papel desempenhado pelo doutrinador e pelo

1. GRAU, Eros Roberto. *A ordem econômica na Constituição de 1988* – Interpretação e crítica. 12. ed. São Paulo: Malheiros, p. 168.

operador das ciências jurídicas será de extrema relevância para subverter um quadro de esclerose social e promover a justiça, certos de que a ideia de justiça vem balizada de forma institucional, de maneira a garantir segurança jurídica, o respeito a regras previamente definidas, tudo fundado na percepção de que vivemos em um Estado Democrático de Direito.

São enormes os desafios que se descortinam quando se trata de avanços sociais necessários em uma perspectiva emoldurada sob o viés da ordem democrática e da transformação social. Em certos casos, aparentemente, como em relação ao tema que nos foi confiado, que envolve o papel dos Municípios na proteção ambiental.

No campo do direito ambiental, o papel dos Municípios na proteção ambiental encontra uma quadratura constitucional bem definida. A princípio poder-se-ia presumir que essa quadratura eliminaria qualquer desafio e a tarefa deste que aqui escreve seria meramente descritiva ao situar o tema na perspectiva da ordem jurídica consagrada no texto constitucional e nas normas ordinárias que lhe fornecem suporte.

Mas não é isso que ocorre. Não obstante o rol de competências fixadas pela Constituição Brasileira para proteção ambiental, ainda existem muitos conflitos. Portanto, enfrentar o tema do papel dos Municípios na proteção ambiental na perspectiva do direito enquanto elemento de transformação social envolve necessária e previamente a compreensão do sistema de repartição de competências e o desenho do federalismo cooperativo consagrado constitucionalmente, e como a percepção de tal desenho, não obstante delineado no texto constitucional, veio sendo aplicada.

É o que será aqui realizado em um primeiro momento, para depois se aferir o rol de atribuições do Município e tentar entender em que medida sua atuação pode impulsionar a proteção ambiental em um cenário de transformação social em que o meio ambiente como direito de todos é um direito humano fundamental não apenas para as presentes, como também para as futuras gerações.

Pois bem, o Brasil é uma República Federativa (art. 1º e 18 da CF), a qual compreende União, Estados, Distrito Federal e Municípios, que são autônomos, possuindo órgãos governamentais próprios com competências próprias. A Constituição busca realizar o equilíbrio federativo, portanto, através de um sistema de repartição de competências, no qual diversas esferas governamentais atuam sobre a mesma população e mesmo território. Essa ideia vem assentada sobre uma premissa não de conflito, mas de sinergia para que tais entes atuem de forma cooperativa e coordenada para consecução dos objetivos constitucionais. Afinal, a separação de poderes e o federalismo possuem uma função de organicidade, pois, como ensinava Pimenta Bueno para "melhor garantir o destino, o fim social, para que em justo equilíbrio trabalhem e cooperem, auxiliem-se".[2] No caso que estamos tratando, especificamente da proteção ambiental.

2. BUENO, José Antonio Pimenta Bueno. *Direito Publico Brasileiro e analyse da Constituição do Imperio*. Typographia Im. e Com. De J. Villeneuve & C., 1857, p. 36 (item 33).

Os entes federados são dotados de poder. Conforme preceitua José Afonso da Silva "a teoria do federalismo costuma dizer que a repartição de poderes autônomos constitui o núcleo do conceito do Estado Federal. 'Poderes', aí, significa a porção de matéria que a Constituição distribui entre as entidades autônomas e que passa a compor seu campo de atuação governamental, sua área de competência. 'Competência', assim, são as diversas modalidades de poder de que se servem os órgãos ou entidades estatais para realizar suas funções, suas tarefas, prestar serviços".[3]

Essa atuação política dos entes federativos, contudo, deve se dar de forma regrada, e a CF optou por um sistema articulado de descentralização política de modo que a atuação conjunta sobre a mesma população e território se distribuísse de forma clara. Tal sistema de repartição de competências foi configurado segundo o critério da predominância do interesse, onde a União legisla tendo em vista o interesse nacional, os Estados o interesse regional, e os Municípios, o interesse local. Essa divisão de competências é "essencial à definição jurídica de federação".[4]

O art. 18 da CF é muito claro ao dispor que "a organização político-administrativa da República Federativa do Brasil compreende a União, os Estados, o Distrito Federal e os Municípios, todos autônomos, nos termos desta constituição" de modo que, como lembra Paulo Affonso Leme Machado "a autonomia não significa desunião entre os entes federados" e "também não deve produzir conflito ou dispersão de esforços", "mas a autonomia deve ensejar que o Município tenha ou possa ter sistemas de atuação administrativa não semelhantes ou desiguais aos vigentes nos Estados".[5] Autonomia, portanto, não significa soberania, mas um nível de independência similar ao reservado aos demais entes, sendo certo que, no que tange ao Município, a nota distintiva de sua atuação será o interesse local. E o regime federado envolve exercício livre das autonomias entre os entes sendo certo que, verificada divergência, outro ente (no caso o Poder Judiciário) dirimirá o conflito à luz do pacto constitucional que originou a federação, orientado por um sistema racional e fundamentado.[6]

Desta forma vêm plasmado no texto constitucional os critérios de repartição de competências para que o federalismo cooperativo, base da República Federativa do Brasil e do Estado Democrático de Direito, opere de forma adequada: o Município atuando quanto o interesse for local, o Estado quando regional e a União quando geral. É o que dispõe a norma inserta no art. 24, da CF e do art. 23, o primeiro dispondo sobre competência concorrente, termo técnico utilizado pelo constituinte para tratar da atuação legislativa, e o segundo sobre a competência comum administrativa ou material dos entes em questão.

Contudo, não se vislumbra no *caput* do art. 24, da CF, que versa sobre competência legislativa e inclui, dentre os seus itens o de "proteção do meio ambiente e controle da poluição"[7] e "proteção ao patrimônio histórico, cultural, artístico, turístico e paisagís-

3. SILVA, José Afonso. *Direito Ambiental Constitucional*. 7. ed. São Paulo: Malheiros. 2009, p. 71.
4. BARACHO, José Alfredo de Oliveira. *Teoria Geral do Federalismo*. Rio de Janeiro: Forense, 1986, p. 25.
5. MACHADO, Paulo Affonso Leme. *Direito Ambiental Brasileiro*. 16. ed. São Paulo: Malheiros, 2008, p. 99.
6. ANTUNES, Paulo Bessa. *Federalismo e Competências Ambientais no Brasil*. 2. ed. São Paulo: Editora Atlas, 2015, p. 23.
7. Art. 24, VI, da CF.

tico",[8] além das responsabilidades por danos a tais itens,[9] a menção ao Município, o que conduziu a discussões inócuas de que o mesmo não teria competência para a proteção legislativa ambiental, quando expressamente previsto no art. 30 a competência municipal não apenas para "legislar sobre assuntos de interesse local" como "suplementar a legislação federal e a estadual no que couber".

Mas não apenas isso: se é certo que foi conferida pela Constituição competência material para o Município, conforme o *caput* do art. 23,[10] e seu inciso VI, para "proteger o meio ambiente e combater a poluição em qualquer das suas formas", como poderia fazê-lo à míngua de disposição expressa de Lei? Como bem assevera Édis Milaré se a constituição conferiu tal poder ao Município "é obvio que, para cumprir tal missão, há que poder legislar sobre a matéria".[11] E ainda o próprio autor assevera que "levado ao pé da letra tal entendimento, chegar-se-ia ao absurdo de sustentar também que ele não tem competência para legislar sobre urbanismo, por ser matéria de competência concorrente incluída no art. 24".[12]

Caberá, então, ao Município a proteção ambiental, através da edição de Leis e atos administrativos. Mais do que uma prerrogativa, um dever de que não pode o administrador público se esquivar.[13]

Portanto, o dever municipal no âmbito da proteção ambiental é amplo, como assevera Vanêsca Buzelato Prestes, não se limitando ao licenciamento ambiental, que, não obstante seu importante papel como instrumento da política nacional de meio ambiente, não é o único, *verbis:*

> Constitui prerrogativa dos municípios pensar, planejar, executar e monitorar a política municipal de Meio Ambiente. É, isto sim, atribuição inderrogável e fundamental tanto para a efetividade do sistema do meio ambiente quanto para a melhor qualidade de vida dos munícipes. A gestão ambiental municipal exsurge deste contexto histórico. É importante frisar que a gestão ambiental não se restringe ao licenciamento ambiental. O licenciamento é um importante instrumento de gestão ambiental, porém, esse gerenciamento é muito mais amplo, integrando o processo de planejamento municipal, bem como contaminando as demais políticas públicas.[14]

8. Art. 24, VII, da CF.
9. Art. 24, VIII, da CF.
10. Art. 23. É competência comum da União, dos Estados, do Distrito Federal e dos Municípios: (...) VI – proteger o meio ambiente e combater a poluição em qualquer de suas formas; VII – preservar as florestas, a fauna e a flora.
11. MILARÉ, Édis. *Direito do ambiente*. 11. ed. São Paulo: Ed. RT, 2018, p. 214.
12. Idem, ibidem,
13. Nesse sentido, leia-se Eduardo Lima de Matos: O município é autônomo, independente, tem competências condicionais; não se pode mais admitir evasivas dos Alcaides para justificar a falta de uma política ambientalista. Um exemplo é o fato acional de que a maioria dos Municípios não tem planos diretores (urbanos e rural), políticas de planejamento, leis para proteção ambiental e, portanto, não cria condições de exercer o poder de polícia que lhe é inerente. Com essa omissão, o município contribui para o agravamento dos problemas, especialmente a desorganização dos centros urbanos, a falta de ordenação do uso do solo no meio rural e a degradação do meio ambiente no território municipal. E isso reflete diretamente no crescimento de favelas, na proliferação de doenças, destruição de áreas verdes, na qualidade do ar e da água, entre outros tantos problemas que são gerados". In: Matos, Eduardo Lima de. *Autonomia municipal e meio ambiente*. Belo Horizonte: Del Rei, 2001, p. 119.
14. Prestes, Vanêsca Buzelato. Municípios e meio ambiente: a necessidade de uma gestão urbano ambiental. In: Prestes, Vanêsca Buzelato (Org.) *Temas de direito Urbano-Ambiental*. Belo Horizonte: fórum, 2006, p. 35-36.

Por certo, impende destacar que, no tocante a áreas urbanas, mais de 85% dos Brasileiros vivem nas cidades, situando-se no âmbito do espaço territorial urbano os enormes desafios relacionados à gestão de resíduos, do trânsito, o combate a todo tipo de poluição (do solo, do ar, da água, do espectro eletromagnético, estética, dentre outras), a proteção do meio ambiente cultural, da ocupação do solo evitando que o mesmo se dê em áreas de risco, de modo que, além das competências constitucionais que constituem verdadeira forma de materialização de direitos fundamentais, tem-se um rol de políticas nacionais com disposições muito claras relacionadas à proteção ambiental municipal, como a Política Nacional de Mobilidade Urbana (Lei 12.587/2012), a Política Nacional de Resíduos Sólidos (Lei 12.305/2010), Lei do Saneamento básico (Lei 11.445/2007, recentemente alterada pela 14.026/2020 - novo marco legal do saneamento), a Política Nacional de Proteção e Defesa Civil (Lei 12.608/2012) - apenas para citar alguns exemplos - que consagram e detalham ações municipais, e que, juntamente com normas editadas pelos próprios municípios, vêm formar o imenso aparato legislativo que guarnece a proteção ambiental.

Não se deslembre que, em 2011, foi editada a Lei complementar 140, destinada a regulamentar o parágrafo único do art. 23, da CF, regulando a forma de cooperação entre os entes da federação, eliminando uma série de conflitos, principalmente no âmbito da superposição de atividades da administração no licenciamento ambiental. Em que pese muitos se referirem a ela como uma lei destinada ao licenciamento, importante destacar que não dispõe exclusivamente desse tema já que "fixa normas, nos termos dos incisos III, VI e VII do *caput* e do parágrafo único do art. 23 da Constituição Federal, para a cooperação entre a União, os Estados, o Distrito Federal e os Municípios nas ações administrativas decorrentes do exercício da competência comum relativas à proteção das paisagens naturais notáveis, à proteção do meio ambiente, ao combate à poluição em qualquer de suas formas e à preservação das florestas, da fauna e da flora." Neste particular, são várias as atribuições confiadas aos Municípios, conforme se pode extrair da sua leitura, em especial do art. 9º e seus 15 incisos.[15]

15. Art. 9º São ações administrativas dos Municípios: I - executar e fazer cumprir, em âmbito municipal, as Políticas Nacional e Estadual de Meio Ambiente e demais políticas nacionais e estaduais relacionadas à proteção do meio ambiente; II - exercer a gestão dos recursos ambientais no âmbito de suas atribuições; III - formular, executar e fazer cumprir a Política Municipal de Meio Ambiente; IV - promover, no Município, a integração de programas e ações de órgãos e entidades da administração pública federal, estadual e municipal, relacionados à proteção e à gestão ambiental; V - articular a cooperação técnica, científica e financeira, em apoio às Políticas Nacional, Estadual e Municipal de Meio Ambiente; VI - promover o desenvolvimento de estudos e pesquisas direcionados à proteção e à gestão ambiental, divulgando os resultados obtidos; VII - organizar e manter o Sistema Municipal de Informações sobre Meio Ambiente; VIII - prestar informações aos Estados e à União para a formação e atualização dos Sistemas Estadual e Nacional de Informações sobre Meio Ambiente; IX - elaborar o Plano Diretor, observando os zoneamentos ambientais; X - definir espaços territoriais e seus componentes a serem especialmente protegidos; XI - promover e orientar a educação ambiental em todos os níveis de ensino e a conscientização pública para a proteção do meio ambiente; XII - controlar a produção, a comercialização e o emprego de técnicas, métodos e substâncias que comportem risco para a vida, a qualidade de vida e o meio ambiente, na forma da lei; XIII - exercer o controle e fiscalizar as atividades e empreendimentos cuja atribuição para licenciar ou autorizar, ambientalmente, for cometida ao Município; XIV - observadas as atribuições dos demais entes federativos previstas nesta Lei Complementar, promover o licenciamento ambiental das atividades ou empreendimentos: a) que causem ou possam causar impacto ambiental de âmbito local, conforme tipologia

Em que pese, portanto, não se destinar exclusivamente ao licenciamento ambiental, este diploma é muito relacionado ao mesmo, porque nele foram dirimidos conflitos anteriormente existentes sobre competência para licenciar já que, à míngua de norma específica, muitos preconizavam a capacidade de vários entes da federação licenciarem um mesmo empreendimento, sendo certo que muitos ainda defendiam que vários desses entes poderiam fiscalizar empreendimentos, ainda que por eles não licenciados, o que restou afastado pela referida Lei complementar.

No que toca à competência do Município para licenciar a Lei Complementar em questão fixou o impacto local como critério para a outorga municipal, mas andou muito mal quando, em seu art. 9º, XIV, "a", deixou a critério dos Conselhos de Meio ambiente dos Estados a definição da tipologia de impacto local, o que suscita perplexidade e questionamentos acerca da inconstitucionalidade de tal dispositivo, posição sustentada por Édis Milaré, Paulo Affonso Leme Machado, Talden Farias. Nesta perspectiva, como poderia outro ente da federação (no caso os Estados), através de Conselhos Ambientais (órgão do Poder Executivo), definir o que é impacto local no âmbito do espaço territorial da federação do Município e o fazer através de norma regulamentar, que não é lei, e que irá importar na limitação de direitos e fixação de deveres, o que também viola o princípio da reserva legal.

Vê-se, portanto, que não obstante a competência originária do Município, a Lei Complementar dispôs de forma diversa, sendo certo que, conforme assevera Talden Farias – amparado na doutrina de Toshio Mukai e Walter Hellmeister Junior – nesse particular "é importante destacar que as municipalidades possuem sim competência originária para licenciar, uma vez essa atividade está contemplada nas suas atribuições legais e constitucionais".[16]

Trata-se de um cenário pouco alvissareiro em que muito de uma prevalência de normas da União sobre as do Estado e destas sobre as do Município remetem a um modelo que não se coaduna com o previsto na constituição em que não há prevalência entre os entes para legislar, mas um sistema de repartição de competências segundo critérios de preponderância de interesse. Destarte temos que a União legisla sobre normas gerais, os Estados regionais e os Municípios locais, conforme, aliás, estabelece o art. 30 da CF, inciso I e II,[17] e a Lei 6.938/81, no seu art. 6º, §§ 1º e 2º[18] definindo quem pode

---

definida pelos respectivos Conselhos Estaduais de Meio Ambiente, considerados os critérios de porte, potencial poluidor e natureza da atividade; ou b) localizados em unidades de conservação instituídas pelo Município, exceto em Áreas de Proteção Ambiental (APAs); XV – observadas as atribuições dos demais entes federativos previstas nesta Lei Complementar, aprovar: a) a supressão e o manejo de vegetação, de florestas e formações sucessoras em florestas públicas municipais e unidades de conservação instituídas pelo Município, exceto em Áreas de Proteção Ambiental (APAs); e b) a supressão e o manejo de vegetação, de florestas e formações sucessoras em empreendimentos licenciados ou autorizados, ambientalmente, pelo Município.

16. FARIAS, Talden. *Competência Administrativa Ambiental*: fiscalização, sanções e licenciamento ambiental na Lei Complementar 140/2011. Rio de Janeiro, Lumen Juris, 2020, p. 152.
17. Art. 30. Compete aos Municípios: I – legislar sobre assuntos de interesse local; II – suplementar a legislação federal e a estadual no que couber.
18. Art. 6º (....). 1º Os Estados, na esfera de suas competências e nas áreas de sua jurisdição, elaboração normas supletivas e complementares e padrões relacionados com o meio ambiente, observados os que forem estabelecidos pelo CONAMA;§ 2º Os Municípios, observadas as normas e os padrões federais e estaduais, também poderão elaborar as normas mencionadas no parágrafo anterior.

legislar sobre o quê e de que forma. E tanto Estados quanto Municípios suplementam, não podendo, por óbvio, contrariarem a norma geral. Neste particular cabe outra nota.

Logo após a edição da Carta de 1988, um cenário pouco alvissareiro prevaleceu, em que era ceifado os poderes atribuídos pela Constituição ao Município e muito da sua capacidade de, como ente autônomo, proteger o meio ambiente.

Não obstante a edição do Texto constitucional tenha contemplado um sistema de autonomia federativa, muito de prevalência da União sobre os demais entes podia ser identificada, mesmo após a edição da Carta de 1988. Por exemplo, em ação sobre rotulagem de produtos transgênicos lei estadual paranaense foi declarada inconstitucional, com base na "ocorrência de substituição – e não suplementação – das regras que cuidam das exigências, procedimentos e penalidades relativos à rotulagem informativa de produtos transgênicos por norma estadual que dispôs sobre o tema de maneira igualmente abrangente. Extrapolação, pelo legislador estadual, da autorização constitucional voltada para o preenchimento de lacunas acaso verificadas na legislação federal".[19]

A decisão em tela invoca, aliás, precedente na ADI 3035, em que foi relator o Ministro Gilmar Mendes, onde foi declarada inconstitucional a Lei paranaense 14.162, de 27 de outubro de 2003, que estabelecia vedação ao cultivo, a manipulação, a importação, a industrialização e a comercialização de organismos geneticamente modificados. O acórdão em questão vislumbrou que ter ocorrido "ofensa à competência privativa da União e das normas constitucionais relativas às matérias de competência legislativa concorrente".

No STJ podia ser encontrado posicionamento semelhante, onde se lia que "a Legislação Municipal, contudo, deve se constringir a atender às características próprias do território em que as questões ambientais, por suas particularidades, não contem com o disciplinamento consignado na Lei federal ou estadual".[20]

Da leitura dos arestos citados, verifica-se que, durante muito tempo, os Tribunais deixaram um espaço mínimo para o exercício da competência legislativa concorrente dos Estados e Municípios, que acabavam ficando compelidos a repetir a legislação federal na esfera de suas competências.

As decisões acima e outras tantas em direção similar contrariam a voz doutrinária consensual de que Estados e Municípios podem legislar de forma concorrente, desde que seja para estabelecer normas mais restritivas.[21]

---

19. STF. ADI 3645/PR, Rel. Min. Ellen Gracie, DJU de 31.05.2006.
20. STJ. REsp 29299/RS, Rel. Min. Demócrito Reinaldo, DJU de 17.10.1994.
21. Conforme assinala Celso Antonio Pacheco Fiorillo, *verbis:* "Dessa forma, podemos afirmar que a União caberá a fixação de pisos mínimos de proteção ao meio ambiente, enquanto aos Estados e Municípios, atendendo aos seus interesses regionais e locais, a de um 'teto' de proteção. Com isso, oportuno frisar que os Estados e Municípios *jamais poderão legislar*, de modo a oferecer *menos proteção* ao meio ambiente que a União, porquanto, como já ressaltado, a esta cumprir, tão só, fixar regras gerais".
    FIORILLO, *Celso Antonio Pacheco. Curso de Direito Ambiental Brasileiro*. 16. ed. São Paulo: Saraiva, 2015, p. 227.

Nesse diapasão, forçoso constatar que se efetivamente se restringe em demasia a competência, sob o pálio do argumento da suplementação da norma, atenta-se contra o equilíbrio federativo suprimindo a atuação do Município na sua competência de legislar quando a matéria for de interesse local, o que nos remete a uma discussão nuclear sobre o tema do vem a ser interesse local. Se assim identificado de forma mais nítida, poder-se-á por certo delimitar o *locus* de atuação do ente federativo mais próximo da população.

Lembrava Hely Lopes Meirelles que a locução legislar sobre interesse local veio a substituir a de "peculiar interesse" contemplada no texto constitucional anterior e que, "com isso, ganhou em amplitude e precisão conceitual, permitindo a evolução e adaptação do regime estabelecido em face da vastidão do território nacional e das particularidades de cada localidade".[22]

E em outra passagem explicita, *verbis:*

> *Interesse local* não é interesse exclusivo do Município; não é interesse privativo da localidade; não é interesse único dos munícipes. Se se exigisse essa exclusividade, essa privatividade, essa unicidade, bem reduzido ficaria um âmbito da administração local, aniquilando-se a autonomia de que faz praça à Constituição. Mesmo porque não há interesse municipal que não seja reflexivamente da União e do Estado-membro, como, também, não há interesse regional ou nacional que não ressoe nos municípios, como partes integrantes da Federação Brasileira. O que caracteriza um interesse local, inscrito como dogma constitucional, é a *predominância* do interesse do município sobre o do estado ou da União.[23]

De nosso turno, já tivemos a oportunidade de salientar em obra anterior que interesses locais são os "que emanam de uma situação cultural e georreferenciada específica, que encontram seus contornos próprios advindos de demandas locais, sem prejuízo de poderem ser identificadas em outros locais. São particularidades demandadas pelo contexto específico que delinearão o interesse local e particular que desencadeará a competência municipal para editar normas para regular aquela situação específica".[24] Também nessa linha de raciocínio Mariana Passos de Freitas afirma que "é assunto que se refere diretamente ao agrupamento local, que importa e diz respeito tão somente a determinado Município e às pessoas que nela habitam".[25]

Nesse passo, vê-se que não se pode impedir o Município de legislar quando o assunto for de interesse local, critério esse definidor por excelência da atuação municipal e que, se obstado, implicará em conspurcação do próprio sistema federativo no seu esforço sinérgico e repartido de proteção ambiental.

22. MEIRELLES, Hely Lopes. *Direito Municipal Brasileiro*. 6. ed. São Paulo: Malheiros, 1993, p. 120.
23. Idem, p. 98, grifos do autor.
24. AHMED, Flávio. *Tutela jurídica das praias urbanas no direito ambiental brasileiro*. Rio de Janeiro: Lumen Juris, 2018, p. 193.
25. FREITAS, Mariana Almeida Passos de. *Zona costeira e meio ambiente – Aspectos jurídicos*, 1. ed., 3. tir. Curitiba: Juruá, 2007, p. 108. Também nesse sentido: "interesse local é o que se circunscreve ao âmbito do Município, não se irradiando com a mesma intensidade além do território municipal, É o que atine ao contexto geoeconômico e social da comunidade instalada na área do Município, refletindo as relações que interessam predominantemente àquele meio(...)" ACKEL FILHO, Diomar. *Município e prática municipal:* à luz da constituição de 1988. São Paulo: Ed. RT, 1992, p. 40-41.

Um outro conceito central envolve a proximidade do poder municipal das pessoas que habitam e a sua capacidade de auscultar demandas e aferir as suas reais necessidades, desincumbindo-se de tal tarefa com muito mais eficiência, em razão das múltiplas variáveis que cercam tal proximidade. De fato, o poder local está mais próximo, não apenas no sentido físico, mas também simbólico, e, portanto, com melhores condições de identificar demandas e com maior precisão e sensibilidade às questões locais. Essa percepção remete à necessária observância do princípio da subsidiariedade como expressão do federalismo cooperativo em termos materiais.

Como lembra Ricardo Carneiro, invocando tal princípio, "todas as atribuições administrativas devem ser exercidas, de modo preferencial, pela esfera mais próxima ou diretamente vinculada ao objeto de controle ou da ação de polícia".[26]

A respeito de tal princípio, oportunas as considerações de Ingo Wolgang Sarlet Tiago Fensterseifer para quem o princípio da subsidiariedade é um dos princípios do direito ambiental brasileiro e a sua devida aplicação "fortalece a autonomia dos entes políticos regionais e locais, descentralizando a atuação política e o poder estatal".[27] Nessa linha cita-se Augusto Zimmerman para quem "apenas quando ao nível inferior não seja possível a realização de determinada ação, de igual ou melhor forma, é que o nível superior deve receber competência para agir".[28] Portanto, como lembra Celso Bastos "nada será exercido por um poder de nível superior, desde que possa ser cumprido pelo inferior".[29]

Portanto, a conjugação desses dois temas (subsidiariedade e interesse local) nos parece essencial para se situar a atuação dos Municípios no âmbito da proteção ambiental em sua vocação constitucional e para alargar tal papel. Esse alargamento, completamente necessário e com amplo amparo constitucional, resulta de uma indiscutível necessidade de transformação social em que o direito ocupa uma função central. E abordar esse viés transformador consiste em nos aproximarmos de algumas conquistas recentemente vividas pela população em que os conflitos entre os entes da federação se acirraram e o Poder Judiciário foi instado a se manifestar. Esses conflitos foram descerrados pela pandemia da Covid-19. Poder-se-ia questionar qual relação se pode estabelecer entre pandemia e meio ambiente. E algumas palavras se fazem necessárias para situar teoricamente a questão.

Ora, qualidade de vida é algo ínsito à garantia às cidades sustentáveis e falar em direito à cidade implica necessariamente falar em direito à saúde e em como o Estado opera para que a mesma seja uma realidade na gestão do espaço territorial urbano. Saúde e cidade são, portanto, temas imbricados na medida em que a cidade é um bem

26. CARNEIRO, Ricardo. Responsabilidade administrativa ambiental: sua natureza subjetiva e os exatos contornos do princípio do *non bis in idem*. In: WERNECK, Mario et AL (Coord.). *Direito ambiental visto por nós advogados*. Belo Horizonte: Del Rey, 2005, p. 585-607.
27. Sarlet Ingo Wolgang e Fensterseifer, Tiago. *Princípios do direito ambiental*. São Paulo Saraiva, 2014, p. 41
28. Zimmerman, Augusto. *Teoria geral do federalismo democrático*. 2. ed. Rio de Janeiro: Lumen júris, 2005, p. 201.
29. BASTOS, Celso. *Comentários à Constituição do Brasil*. São Paulo: Saraiva, 1988, v. I, p. 416.

ambiental e constitui direito dos habitantes a sadia qualidade de vida.[30] A Política Nacional de Meio Ambiente (Lei 6.938/81), por sua vez, preconiza que o meio ambiente consiste no "conjunto de condições, leis, influências e interações de ordem física, química e biológica, que permite, abriga e rege a vida em todas as suas formas"[31] e a poluição o ato em desacordo com a Lei que conspurca esse bem assim entendida como "a degradação da qualidade ambiental resultante de atividades que direta ou indiretamente",[32] dentre outros fatores "prejudiquem a saúde, a segurança e o bem-estar da população".[33]

Importante destacar também que o meio ambiente não compreende apenas o meio ambiente natural, mas também o meio ambiente artificial (espaço urbano), laboral, e também o cultural, conforme entendimento pacificado pelo próprio STF.[34]

Nesse passo, não se pode distanciar o tema da saúde pública como diretamente relacionado ao direito dos habitantes à cidade sustentável e o que se convencionou denominar piso vital mínimo, já que "a saúde ambiental deve ser analisada dentro do que denominou historicamente saúde pública, como um tema (e seus problemas...) resultantes dos efeitos que o ambiente (natural, cultural e artificial) exerce sobre o bem-estar físico e mental/psíquico da pessoa humana, como parte integrante de uma comunidade".[35]

Dito isto, importa destacar que, com o advento da Pandemia, foram editados a Lei 13.979/20 e os Decretos regulamentadores correspondentes (10.282 e 10.292), em que o Governo Federal reconhecia a essencialidade de certas atividades, norma geral, aplicável a todo território nacional. Contudo, fato é que a postura do Governo Federal desde o primeiro instante foi rechaçar a gravidade da situação, deixando de adotar medidas destinadas ao isolamento social, como as que vinham sendo preconizadas internacionalmente pela OMS como as aptas a estancar a disseminação do vírus.

Diante da postura acima, Estados e Municípios passaram a editar normas que proibiam atividades, vedavam acesso a uso de bens públicos (alguns de titularidade da própria União, como por exemplo, praias), impediam o exercício de atividades (como

30. Nesse sentido leia-se: "a cidade – e suas duas realidades, a saber, os estabelecimentos regulares e os estabelecimentos irregulares – *passa a ter natureza jurídica ambiental, deixa de ser observada a parte de regramento adaptados tão somente aos bens privados ou públicos, e passa a ser disciplinada em face da estrutura jurídica do bem ambiental (art. 225 da CF) de forma mediata e de forma imediata em decorrência das determinações constitucionais emanadas dos arts. 182 e 183 da Carta Magna (meio ambiente artificial)*" FIORILLO, Celso Antonio Pacheco e FERREIRA, Renata Marques. *Estatuto da cidade comentado:* Lei 10257/2001; Lei do Meio ambiente artificial, p. 45-46. Grifos do autor.
31. Art. 3º, Inciso I, da Lei 6.938/81.
32. Art. 3º, Inciso III, da Lei 6.938/81.
33. Art. 3º, Inciso III, alínea a, da Lei 6.938/81.
34. "A incolumidade do meio ambiente não pode ser comprometida por interesses empresariais nem ficar dependente de motivações de índole meramente econômica, ainda mais se se tiver presente que a atividade econômica, considerada a disciplina constitucional que a rege, está subordinada, dentre outros princípios gerais, àquele que privilegia a "defesa do meio ambiente" (CF, art. 170, VI), que traduz conceito amplo e abrangente das noções de meio ambiente natural, de meio ambiente cultural, de meio ambiente artificial (espaço urbano) e de meio ambiente laboral"(STF-ADI 3540-1, Rel. Min. Celso de Mello, j. 1º.09.2005).
35. FIORILLO, Celso Antonio Pacheco e FERREIRA, Renata Marques. *Tutela Jurídica da Saúde em face do Direito Ambiental Brasileiro* – Saúde Ambiental e Meio Ambiente do Trabalho. Rio de Janeiro: Lumen Juris, 2018, p. 141.

o comercio em shoppings, ingressando em matéria alegadamente de regência pelo Poder legislativo Federal), fechavam bares e restaurantes, normas essas que visavam o isolamento social e conter o avanço da doença. Tais atos colidiam, muitas das vezes, com orientações preconizadas pelo Poder Executivo da União.

Já foi dito aqui que os Tribunais durante algum tempo emprestaram força centrípeta à competência da União, herança de um federalismo centralizador, remanescente do período pré-constituição democrática, como se as ações e normas e ações da União se sobrepusessem sobre as dos Estados e as destes sobre os Municípios. Essa visão preponderava em inúmeras decisões judiciais, em momento anterior à Covid, e muito era desbastado de Estados e Municípios no que toca ao seu poder para governar. Todavia, o próprio STF já vinha alterando sensivelmente tal orientação reconhecendo o importante papel dos entes federativos quando, em total respeito à Constituição, fazendo uso da autonomia prevista no seu art. 18, editavam normas que se adequavam aos princípios e valores constitucionais. Tal foi o caso, por exemplo, da proibição do Amianto pelos Estados.[36]

No caso da Covid-19 e da atuação dos entes da federação e da necessidade social de afirmar o modelo federativo como elemento de concretude de direitos fundamentais, o cenário não foi diverso, de modo que o STF suspendeu contratação por parte do Governo Federal de campanha publicitária que sugeria que a população devia retornar às suas atividades plenas. A decisão em questão privilegiou os princípios constitucionais do direito à vida, à saúde e da informação da população, bem como da prevenção e da precaução ambientais, vedando a contratação e veiculação da campanha.[37]

Tribunais estaduais têm também decidido de forma proativa validando normas, por exemplo, que proíbem o uso de praia, sob o fundamento de que não é o fato de serem bens da União que a proibição só poderia ocorrer por Lei Federal, mas que, sendo matéria relativa à saúde encontra-se inserida no espectro das competências dos demais entes, que é o de dispor direito à cidade em face da proteção da saúde humana, logo perfeitamente possível a vedação por meio de norma Estadual ou mesmo local.[38]

O próprio STF em homenagem à prevenção impôs medidas coercitivas obrigando à União à implementação do Plano Nacional de Imunização, dando concretude ao Pro-

36. Nesse sentido a Ministra Rosa Weber: "Direta e necessariamente extraídos da cláusula constitucional do direito à saúde tomada como princípio, somente podem ser afirmados, sem necessidade de intermediação política, os conteúdos desde já decididos pelo Poder Constituinte: aquilo que o Poder Constituinte, representante primário do povo soberano, textualmente decidiu retirar da esfera de avaliação e arbítrio do Poder Legislativo, representante secundário do povo soberano. Adotar essa postura frente às cláusulas constitucionais fundamentais não significa outra coisa senão levar a sério os direitos, como bem lembra o renomado professor da Escola de Direito da Universidade de Nova Iorque, Jeremy Waldron" (ADI 4066 / DF – Distrito Federal – Ação Direta de Inconstitucionalidade – Relator(a): Min. Rosa Weber, Julgamento: 24.08.2017, Tribunal Pleno, Public 07.03.2018).

37. ADPFs 668 e 669, Rel. Min Luis Roberto Barroso, j. 31.03.2020.

38. Vê-se, para tanto, o acórdão TJ-SC, Agravo de Instrumento no MS 5008900-43.2020.8.24.0000/SC, 1ª Câmara de Direito Público do TJ-SC, Des. Denise Volpato, j. 19.04.2020. Neste, o Decreto Estadual proibiu o uso de praias e o Municipal validava. Prevaleceu o Decreto Estadual, segundo o entendimento do TJ-SC.

grama Nacional de Imunização, em observância ao que dispõe a Lei 6.259/75.[39] E ainda: autorizando os Estados e Municípios a comprar e distribuir vacinas caso os imunizantes previstos no programa "se mostrem insuficientes ou sejam ofertados a destempo".[40]

Como se pode ver, em um cenário de grave crise sanitária, o regime de competências fixado na Constituição veio sendo fortalecido através da atuação do Poder Judiciário na efetivação dos direitos fundamentais, em particular na busca da concretude da qualidade de vida no âmbito das cidades, fortalecendo a atuação dos entes da federação. Essa atuação resultou não apenas na concretização do direito à saúde ambiental, mas em um redesenho do quadro de forças até então existente, o que, em um cenário pós-covid, revela-se como um novo paradigma onde a democracia, como permanente construção, avança.

Essa percepção, que nada mais é do que expressão da vocação expressa no texto constitucional de expansão do federalismo cooperativo e da validação de normas legais e atos administrativos praticados pelos Estados e Municípios no âmbito das suas respectivas competências, por certo que se alargou e se pluralizou diante do cenário da Pandemia e do constante chamamento a que foi submetido o Poder Judiciário em um grave momento de crise sanitária e conflito institucional. Mas o certo é que já era uma tendência. Citou-se, anteriormente, os precedentes da proibição do Amianto pelos Estados, mas podemos citar outras decisões, como, por exemplo, o da ADPF 567[41] que

39. ADPF 754 – DF. Relator: Min. Ricardo Lewandowski – Publicação, DJE 279, divulgado em 24.11.2020. Lê-se que: "Por isso, entendo que o Estado brasileiro não pode pautar-se por critérios políticos, partidários ou ideológicos para escolher ou rejeitar determinadas vacinas e respectivos insumos, nem discriminá-las com base apenas em sua origem, e muito menos repudiá-las por razões de caráter subjetivo, não lhe sendo lícito abrir mão de qualquer imunizante que venha a mostrar-se eficaz e seguro contra a Covid-19. A indefinição sobre os critérios de inclusão de determinadas vacinas no Plano Nacional de Imunizações – PNI, além de gerar perplexidade na comunidade médico-científica e insegurança na população em geral, acarreta ainda indesejável desconfiança sobre os propósitos das autoridades sanitárias com o nefasto potencial de abalar a coesão e harmonia social".

40. ADPF 770 – DF. Relator: Min. Ricardo Lewandowski, j. 23.02.2021, destacando que o STF "tem ressaltado a possibilidade de atuação conjunta das autoridades estaduais e locais para o enfrentamento dessa emergência de saúde pública, em particular para suprir lacunas ou omissões do Governo Central".

41. "Direito constitucional. Federalismo e respeito às regras de distribuição de competência. Lei 16.897/2018 do município de São Paulo. Predominância do interesse local (art. 30, i, da CF). Competência legislativa municipal. Proibição razoável de manuseio, utilização, queima e soltura de fogos de estampidos, artifícios e artefatos pirotécnicos somente quando produzirem efeitos sonoros ruidosos. Proteção à saúde e ao meio ambiente. Impactos graves e negativos às pessoas com transtorno do espectro autista. Danos irreversíveis às diversas espécies animais. Improcedência.

1. O princípio geral que norteia a repartição de competência entre as entidades competentes do Estado Federal é o da predominância do interesse, competindo à União atuar em matérias e questões de interesse geral; aos Estados, em matérias e questões de interesse regional; aos Municípios, assuntos de interesse local e, ao Distrito Federal, tanto temas de interesse regional quanto local. 2. As competências municipais, dentro dessa ideia de predominância de interesse, foram enumeradas no art. 30 da Constituição Federal, o qual expressamente atribuiu aos Municípios a competência para legislar sobre assuntos de interesse local (art. 30, I) e para suplementar a legislação federal e a estadual no que couber (art. 30, II). A jurisprudência do Supremo Tribunal Federal já assentou que a disciplina do meio ambiente está abrangida no conceito de interesse local e que a proteção do meio ambiente e da saúde integram a competência legislativa suplementar dos Municípios. Precedentes. 3. A jurisprudência desta Corte admite, em matéria de proteção da saúde e do meio ambiente, que os Estados e Municípios editem normas mais protetivas, com fundamento em suas peculiaridades regionais e na preponderância de seu interesse. A Lei Municipal 16.897/2018, ao proibir o uso de fogos de artifício de efeito sonoro ruidoso no Município de São Paulo, promoveu um padrão mais elevado de proteção à saúde e ao meio ambiente, tendo sido editada dentro de limites razoáveis do regular exercício de competência legislativa pelo ente municipal.

validou a lei municipal paulista que vedou a utilização de fogos de artifício prestigiando a vida animal e portadores de necessidades especiais e coibindo os efeitos ruidosos do seu uso como combate à poluição sonora, em que, no voto do relator se salientou que "a jurisprudência do Supremo Tribunal Federal já assentou que a disciplina do meio ambiente está abrangida no conceito de interesse local e que a proteção do meio ambiente e da saúde integram a competência legislativa suplementar dos Municípios", ou, ainda, Lei municipal que proibiu outdoors visando, com isso, o combate à poluição visual. São todos, expressão do federalismo cooperativo, com Estados e Municípios legislando e atuando de forma a, no âmbito de suas respectivas competências, emprestarem maior concretude aos direitos fundamentais, tudo validado pelo um Poder Judiciário cada dia mais atento às demandas sociais e ao papel de todos na consecução do objetivo maior, que é mais qualidade de vida e dignidade da pessoa humana.

Não se preconiza aqui, obviamente, um poder absoluto dos Municípios e sua atuação avulsa, uma vez que o federalismo cooperativo supõe a competência da União na edição de normas gerais, de modo o sistema de repartição de competências, base do Estado Democrático de Direito brasileiro, deve ser observado com rigor, e que todos os entes da federação atuem de forma sinérgica e não conflituosa para proteção ambiental, com base nos fundamentos da República Federativa do Brasil contidos no art. 1º da Carta Magna (soberania, cidadania, dignidade da pessoa humana, valores sociais do trabalho e da livre iniciativa e pluralismo político) e para que um dia possamos atingir os seus objetivos – previstos no art. 6º, em seus incisos I a IV – e que se consiste em "construir uma sociedade livre, justa e solidária; garantir o desenvolvimento nacional; erradicar a pobreza e a marginalização e reduzir as desigualdades sociais e regionais; promover o bem de todos, sem preconceitos de origem, raça, sexo, cor, idade e quaisquer outras formas de discriminação".

---

4. Comprovação técnico-científica dos impactos graves e negativos que fogos de estampido e de artifício com efeito sonoro ruidoso causam às pessoas com transtorno do espectro autista, em razão de hipersensibilidade auditiva. Objetivo de tutelar o bem-estar e a saúde da população de autistas residentes no Município de São Paulo. 5. Estudos demonstram a ocorrência de danos irreversíveis às diversas espécies animais. Existência de sólida base técnico-científica para a restrição ao uso desses produtos como medida de proteção ao meio ambiente. Princípio da prevenção. 6. Arguição de Preceito Fundamental julgada improcedente" (ADPF 567, rel. Min. Alexandre de Moraes, j. 1º.03.2021).

A CONSTRUÇÃO DOS "BENS COMUNS": É POSSÍVEL SUPERAR A LÓGICA PROPRIETÁRIA?

Gustavo Tepedino

Professor Titular de Direito Civil e ex-diretor da Faculdade de Direito da Universidade do Estado do Rio de Janeiro (UERJ). Sócio fundador do escritório Gustavo Tepedino Advogados.

Danielle Tavares Peçanha

Mestranda em Direito Civil pela Faculdade de Direito Civil da Universidade do Estado do Rio de Janeiro (UERJ). Advogada.

Sumário: 1. Rumo à efetividade dos direitos fundamentais sob a perspectiva funcional dos bens jurídicos – 2. A "revolução dos bens comuns" e o acesso aos bens independentemente do sistema de titularidades – 3. Da "tragédia dos *commons*" à comprovação da viabilidade de gestão comum dos bens: o paradigma do acesso a partir da prevalência das situações existenciais – 4. Panorama atual: manifestações dos bens comuns na jurisprudência – 5. Notas conclusivas.

1. RUMO À EFETIVIDADE DOS DIREITOS FUNDAMENTAIS SOB A PERSPECTIVA FUNCIONAL DOS BENS JURÍDICOS

O itinerário brasileiro rumo à efetividade dos direitos fundamentais associa-se à promulgação da Constituição de 1988 e às conquistas sociais promovidas na sua esteira. O reconhecimento da força normativa do Texto constitucional permite preservar a unidade do ordenamento jurídico, complexo, heterogêneo e composto por pluralidade de fontes normativas. Em tal perspectiva, tem-se afirmado, cada vez mais, em doutrina e em jurisprudência, a percepção de que as normas constitucionais não se restringem a estabelecer limites ao legislador ordinário e a definir as balizas do direito público, mas incidem direta e imediatamente nas relações de direito privado.[1]

A tutela da dignidade da pessoa humana, prevista como fundamento da República no art. 1º, III, da CR, estabelece a prevalência das relações existenciais sobre as patrimo-

1. Conforme observou-se em outra sede, "a adjetivação atribuída ao direito civil, que se diz *constitucionalizado*, *socializado*, *despatrimonializado*, se por um lado quer demonstrar, apenas e tão-somente, a necessidade de sua inserção no tecido normativo constitucional e na ordem pública sistematicamente considerada, preservando, evidentemente, a sua autonomia dogmática e conceitual, por outro lado poderia parecer desnecessária e até errônea. (...) Trata-se, em uma palavra, de estabelecer novos parâmetros para a definição de ordem pública, relendo o direito civil à luz da Constituição, de maneira a privilegiar, insista-se ainda uma vez, os valores não patrimoniais e, em particular, a dignidade da pessoa humana, o desenvolvimento da sua personalidade, os direitos sociais e a justiça distributiva, para cujo atendimento deve se voltar a iniciativa econômica privada e as situações jurídicas patrimoniais". (TEPEDINO, Gustavo. Premissas Metodológicas para a Constitucionalização do Direito Civil. *Temas de Direito Civil.* 4. ed. Rio de Janeiro: Renovar, 2008, p. 22).

niais,[2] essas assim transformadas em instrumento de promoção dos valores da pessoa humana, de tal modo a funcionalizar as relações patrimoniais às existenciais.

No plano interpretativo, revigora-se gradualmente a importância da função social dos bens, amparada pelos princípios fundamentais do Texto Constitucional, de forma a permitir que o conteúdo de institutos como a propriedade e a posse promovam valores existenciais.[3] Dessa maneira, a propriedade privada, inserida como garantia fundamental pela Constituição da República, transforma-se radicalmente. Trata-se de alteração qualitativa e não meramente quantitativa,[4] na media em que incorpora, no conteúdo do domínio, valores existenciais, que limitam, moldam e conformam a estrutura do direito subjetivo proprietário.[5] Nessa mesma esteira, alude-se à função social[6] como razão e causa da atribuição dos poderes do proprietário,[7] o fator de legitimidade do exercício da autonomia do seu titular.[8]

À instrumentalização da propriedade à sua função social alia-se a concepção da posse como direito autônomo, isto é, o "exercício autônomo das faculdades inerentes ao domínio, mas independentemente do domínio, até mesmo contra o domínio".[9] Tradicionalmente associada ao poder de fato sobre o bem, a avaliação da tutela possessória se vincula à promoção de interesses merecedores de tutela por meio do aproveitamento conferido ao bem pelo possuidor. A dinamicidade da proteção possessória permite,

2. Sobre as situações existenciais em comparação às patrimoniais, ensina Pietro Perlingieri: "No ordenamento dito privatístico encontram espaço sejam as situações patrimoniais e entre essas a propriedade, o crédito, a empresa, a iniciativa econômica privada; sejam aquelas não patrimoniais (os chamados direitos da personalidade) às quais cabe, na hierarquia das situações subjetivas e dos valores, um papel primário" (PERLINGIERI, Pietro. *Perfis do Direito Civil*: Introdução ao Direito Civil-Constitucional. Rio de Janeiro: Renovar, 2002, p. 106).
3. CHAMOUN, Ebert. *Direito Civil:* Aulas do 4º Ano Proferidas na Faculdade de Direito da Universidade do Distrito Federal, Rio de Janeiro: Aurora, 1955.
4. Para uma crítica à percepção da propriedade como direito que, embora com poderes reduzidos pelo legislador intervencionista, permaneceria intacto em sua essência voluntarista, como se fosse uma "mini propriedade", v., dentre outros, TIZZANO, Antonio. *Crisi dello stato sociale e contenuto minimo della proprietà*. Atti del Convegno, Camerino, 27-28 maggio 1982, Napoli, 1983, p. 132.
5. O núcleo de poderes da propriedade, portanto, não pode ser analisado "se non construendo un una endiadi le situazioni del proprietario e dei terzi" (CANTELMO, Vincenzo. Proprietà e crisi dello stato sociale. *Democrazia e diritto*, 1983, p. 119).
6. Em valorosa lição, afirma-se: "a função social da propriedade tornou-se uma exigência da vida em sociedade, pois da mesma forma que é importante a defesa dos direitos individuais dos titulares da propriedade, é fundamental que se exija do proprietário a observância das potencialidades econômicas e sociais dos bens que deverão ser revertidos em benefício da sociedade" (MELO, Marco Aurélio Bezerra de. *Direito das Coisas*. 5. ed. Rio de Janeiro: Lumen Juris Editora, 2011, p. 86).
7. PERLINGIERI, Pietro. *Crisi dello stato sociale e sul contenuto minimo della proprietà*, – atti del Convegno Camerin – 27-28 maggio 1982. Napoli: E. S. I. Napoli, 1982, p. 449.
8. A função social torna-se assim "a própria razão pela qual o direito de propriedade foi atribuído a um determinado sujeito"(PERLINGIERI, Pietro. *Perfis do Direito Civil*. Rio de Janeiro: Renovar, 2002, p. 226). Nessa perspectiva, o Superior Tribunal de Justiça (STJ) já afirmou que "a evolução do direito não permite mais conceber a proteção do direito à propriedade e posse no interesse exclusivo do particular, uma vez que os princípios da dignidade humana e da função social esperam proteção mais efetiva" (STJ, 4ª T., REsp 1.302.736/MG, Rel. Min. Luis Felipe Salomão, julg. 23.05.2016).
9. CHAMOUN, Ebert. *Direito Civil:* Aulas do 4º Ano Proferidas na Faculdade de Direito da Universidade do Distrito Federal, Rio de Janeiro: Aurora, 1955. V., ainda, CHAMOUN, Ebert. Exposição de motivos do esboço do anteprojeto do Código Civil – Direito das Coisas. *Revista Trimestral de Direito Civil – RTDC*, v. 46, 2011, p. 220-221.

portanto, vislumbrar amplo espectro de situações nas quais a garantia da situação possessória constitui instrumento de efetivação da função social dos bens, como se observa no exemplo da usucapião, em que se admite o manuseio de interditos possessórios pelo possuidor independentemente da propriedade.[10]

Na esteira desse processo construtivo, surgem novas situações jurídicas subjetivas, ora pela introdução de conceitos e problemas até então inexplorados – associados em grande parte ao desenvolvimento tecnológico e aos desafios dele decorrentes –, ora pela (re)leitura na legalidade constitucional de institutos e categorias tradicionais.[11] Ilustrativo desse contexto de transformação em torno da exploração dos bens, adquire proeminência na economia contemporânea o desenvolvimento de ambiente subtraído à lógica do uso exclusivo dos bens, por meio do que se convencionou chamar de cultura do compartilhamento. Sob tal nomenclatura, alude-se a negócios que se espalham para os mais variados segmentos econômicos, e que promovem flexibilidade, redução de custos, e sustentabilidade em torno do uso compartilhado dos bens.[12]

Precisamente nesse cenário de afastamento da tradicional racionalidade proprietária, insere-se a temática dos bens comuns, traduzindo nova dogmática intrinsecamente relacionada às garantias constitucionais de acesso a bens imprescindíveis à efetividade dos direitos fundamentais. Vale dizer, assiste-se nas últimas décadas à discussão em torno dos bens comuns, cujo escopo se direciona à busca de nova racionalidade jurídica, política, econômica e filosófica, a partir da premissa de que o "individualismo proprietário" tende a constituir-se em obstáculo à efetividade dos direitos fundamentais. Notadamente no caso de determinados bens essenciais ao pleno desenvolvimento dos indivíduos, a mera revisão das categorias tradicionais e dos conceitos de "propriedade pública" e "propriedade privada" não seria suficiente. Afinal, existem bens que, em decorrência da função que desempenham,[13] por se constituírem em instrumentos indispensáveis ao exercício

---

10. TEPEDINO, Gustavo Tepedino; PEÇANHA, Danielle Tavares. A autonomia da posse no Código Civil. *Temas de Direito Civil: os 20 anos do Código Civil de 2002*, coordenada pelo Departamento de Direito Civil da Faculdade de Direito da UERJ, Rio de Janeiro, no prelo.
11. Nessa direção, embora em matriz distinta, afirma-se: "Assim, um antigo direito pode ter seu sentido adaptado às novidades constitucionais. Entende-se, pois, que tantos direitos a liberdade não guardem, hoje, o mesmo conteúdo que apresentavam antes de surgirem os direitos de segunda geração, com as suas reivindicações de justiça social, e antes que fossem acolhidos os direitos de terceira geração, como o da proteção ao meio ambiente. Basta que se pense em como evoluiu a compreensão do direito à propriedade, desde a Revolução Francesa até a incorporação às preocupações constitucionais de temas sociais e de proteção do meio ambiente. Os novos direitos não podem ser desprezados quando se trata de definir aqueles direitos tradicionais" (MENDES, Gilmar Ferreira; BRANCO, Paulo Gustavo Gonet. *Curso de Direito Constitucional.* 12. ed. São Paulo: Saraiva, 2017, p. 135-136).
12. Sobre a economia do compartilhamento, cfr. CARPENA, Heloisa. Airbnb e a responsabilidade por danos causados aos consumidores na economia compartilhada. *Revista de Direito do Consumidor*, v. 129, , p. 175 – 194, maio-jun. 2020; e SOUZA, Carlos Affonso Pereira de; LEMOS, Ronaldo. Aspectos jurídicos da economia do compartilhamento: função social e tutela da confiança. *Revista de Direito da Cidade*, v. 8, n. 4.
13. Segundo Stefano Rodotà, "[e]stamos falando, de fato, de uma nova relação entre o mundo das pessoas e o mundo dos bens, há muito tempo substancialmente confiado à lógica do mercado, portanto, à mediação da propriedade, pública ou privada que seja. Ora, o acento não está mais posto sobre o sujeito proprietário, mas sim sobre a função que um bem deve desempenhar na sociedade" (RODOTÀ, Stefano. Il valore dei beni comuni. *La Republica*,

dos direitos fundamentais das presentes e futuras gerações, extrapolam o espectro de tutela jurídica proporcionada pelo binômio bens públicos e privados.

O tema encontra-se na pauta de diversas reflexões, tanto no campo jurídico, quanto no campo político-econômico: desde interesses geopolíticos subjacentes a propostas de gestão comum do meio ambiente, perpassando manifestos e proposições jurídicas com o objetivo de buscar novos modelos de acesso aos bens para além do direito de propriedade,[14] até avaliações de natureza econômica acerca da viabilidade e da eficiência do modelo de bens comuns. Ainda assim, a heterogeneidade das possíveis concepções teóricas em matéria de bens comuns não afasta o objeto central de seu estudo no campo da dogmática jurídica, a saber, a formulação de modelos de gestão que, independentemente da titularidade proprietária, viabilizem o efetivo acesso coletivo aos bens essenciais ao exercício dos direitos fundamentais.

O tratamento jurídico do tema constitui-se em tarefa árdua, seja porque ainda não se encontram bem delimitadas suas premissas teóricas, seja porque, ainda que se consolidem seus elementos conceituais, a teoria dos bens comuns, por si só, não proverá solução para todos os problemas hiper complexos do acesso aos bens essenciais à promoção da dignidade humana e da efetividade dos direitos fundamentais. Por outro lado, a adequada compreensão de algumas das premissas fundamentais da teoria dos bens comuns se revela útil para a construção de tipologias normativas da realidade social voltadas à solução de problemas específicos, como o do controle de desafetação de bens públicos, do acesso à água e ao conhecimento, dentre inúmeros outros.

2. A "REVOLUÇÃO DOS BENS COMUNS" E O ACESSO AOS BENS INDEPENDENTEMENTE DO SISTEMA DE TITULARIDADES

A ausência de definição legal dos bens comuns no sistema jurídico brasileiro pode ser considerada um dos fatores que justificam a escassez do debate acadêmico sobre o tema. Só recentemente o assunto foi introduzido nos debates jurídicos, com fundamemnto em argumentos desenvelvidos alhures, especialmente na Itália e nos Estados Unidos.

A partir da experiência italiana sobre o assunto, intensificada pela reação contra a privatização do serviço de distribuição de água ao setor privado,[15] decidida em 2002 pelo governo do Primeiro Ministro Silvio Berlusconi, densificou-se naquele país a dis-

---

05, gennaio, 2012. Disponível em: https://ricerca.repubblica.it/repubblica/archivio/repubblica/2012/01/05/il-valore-dei-beni-comuni.html2012).

14. Sobre o tema, v. MATTEI, Ugo. *Beni comuni. Un manifesto*. Roma-Bari: Laterza, 2011. Ainda, afirma Stefano Rodotà: "I beni comuni esigono una diversa forma di razionalità, capace di incarnare i cambiamenti profondi che stiamo vivendo, e che investono la dimensione sociale, economica, culturale, politica. Siamo così obbligati ad andare oltre lo schema dualistico, oltre la logica binaria, che ha dominato negli ultimi due secoli la riflessione occidentale – proprietà pubblica o privata. E tutto questo viene proiettato nella dimensione della cittadinanza, per il rapporto che si istituisce tra le persone, i loro bisogni, i beni che possono soddisfarli, così modificando la configurazione stessa dei diritti definiti appunto di cittadinanza, e delle modalità del loro esercizio" (RODOTÀ, Stefano. *Il terribile diritto. Studi sulla proprietà privata e i beni comuni*. Bologna: Mulino, 2013, p. 461).
15. De acordo com Ugo Mattei: "*l'acqua è stata letteralmente la goccia che ha fatto traboccare il vaso*" (MATTEI, Ugo. La goccia e il vaso. *Alfabeta2*, n. 6, Gennaio-Febbraio, 2011).

cussão sobre bens comuns, despertando os primeiros estudos da doutrina brasileira. Nessa esteira, mostra-se pioneira a contribuição dos professores Pablo Renteria e Marcus Dantas,[16] em que é ressaltada a importância de "estabelecer bases teóricas necessárias para a formulação de novos arranjos institucionais para o uso econômico de bens que, por da sua relevância social, não pode estar sujeito ao poder de iniciativa de um único proprietário privado". Em perspectiva diversa e igualmente alvissareira, resgatando o debate desenvolvido pela doutrina norte-americana, o Professor Calixto Salomão destacou a importância e eficiência da regulamentação legal que levaria à adoção de uma nova teoria geral de bens, valendo-se da decomposição do núcleo proprietário em feiches de poderes, atribuíveis pelo legislador em conformidade com prioriedades de políticas públicas.[17]

De forma geral, pode-se associar a noção de bens comuns ao conjunto de bens essenciais acessíveis a todos, independentemente do título proprietário, superando-se, assim, a lógica da apropriação (privada ou pública), que se apresenta como obstáculo à efetividade dos direitos fundamentais. Nesta direção, o saudoso Professor Stefano Rodotà aludiu ao conceito de bens comuns como a negação do individualismo proprietário: o "oposto da propriedade".[18]

Não se trata, convém ressaltar, de mera revisão das categorias tradicionais, mas da emergência de nova racionalidade, que tem seu fundamento na conexão sempre mais intensa entre a pessoa e suas necessidades vitais. Assim, os bens comuns exigiriam forma diferente de conceber o controle e a racionalidade dos bens, de sorte a incorporar as profundas mudanças da teoria dos bens em suas dimensões social, econômica, cultural e política. A relação entre o mundo das pessoas e o mundo dos bens, portanto, seria redefinida a partir das noções de direitos fundamentais, de acesso e de bens comuns. Descortina-se, então, no mesmo processo de transformação das demandas sociais, a perspectiva de ativismo associativo, isto é, o fortalecimento de agenda social com propósitos de efetividade que supere a mera contemplação do elenco de direitos fundamen-

16. RENTERIA, Pablo; DANTAS, Marcus. Notas sobre os bens comuns. *O direito civil entre o sujeito e a pessoa*: estudos em homenagem ao Professor Stefano Rodotà. Belo Horizonte: Fórum, 2016, pp. 131-146. V. também, no debate sobre a água como bem comum, MELO, Milena Petters; GATTO, Andrea. Água como bem comum no quadro da governança democrática: algumas reflexões críticas a partir das bases da economia ecológica e sobre a necessidade de um novo direito público. *Revista Novos Estudos Jurídicos* – Eletrônica. v. 19, n. 1, p. 95-121. 2014.

17. SALOMÃO FILHO, Calixto. *Teoria crítico-estruturalista do direito comercial*. São Paulo: Marcial Pons, 2015, p. 105-119. V. também: VIEIRA, Miguel Said. Bens comuns: uma análise linguística e terminológica. *Acta Media XI*: Simpósio Internacional de Arte mídia e Cultura Digital. São Paulo, 2014. Disponível em: https://ssrn.com/abstract=2670751. Acesso em: 17.2.2022; Ronei Danielli, *A judicialização da saúde no Brasil*: do viés individualista ao patamar de bem coletivo, Belo Horizonte: Fórum, 2017.

18. Veja-se: "Diritti fondamentali, accesso, beni comuni disegnano una trama che ridefinisce il rapporto tra il mondo delle persone e il mondo dei beni. Questo, almeno negli ultimi due secoli, era stato sostanzialmente affidato alla mediazione proprietaria, alle modalità con le quali ciascuno poteva giungere all'appropriazione esclusiva dei beni necessari. Proprio questa mediazione viene ora revocata in dubbio. La proprietà, pubblica o privata che sia, non può comprendere ed esaurire la complessità del rapporto persona/beni. Un insieme di relazioni viene ormai affidato a logiche non proprietarie" (RODOTÀ, Stefano. *Il terribile diritto. Studi sulla proprietà privata e i beni comuni.* Bologna: Il Mulino Rodotà, 2013, p. 464).

tais, por vezes inatingíveis ou irrealizáveis. Afirma-se nessa esteira que "a ligação entre bens comuns e direitos fundamentais produz o enriquecimento da esfera dos poderes pessoais, que por sua vez realizam precondições necessárias para a efetiva participação no processo democrático".[19]

Pode-se dizer, então, que o acesso aos bens independentemente do sistema de titularidades rompe a lógica da propriedade como instrumento indispensável à realização das liberdades fundamentais. Daqui decorre o imprescindível desenvolvimento de instrumentos institucionais de acesso, a partir da identificação de bens diretamente necessários à satisfação de necessidades vitais, os quais, portanto, devem ser admitidos como insuscetíveis de apropriação privada ou pública.[20]

Surge assim a noção de acesso não necessariamente instrumentalizada à aquisição do título de propriedade. Acesso e propriedade se tornam categorias autônomas, potencial ou efetivamente em conflito. Advoga-se o acesso a bens essenciais como instrumento para satisfação do interesse ao aproveitamento do bem independentemente da sua apropriação exclusiva, para a extração de sua utilidade, sem atribuição da titularidade proprietária. Abre-se o que se tem designado como *terceira via* entre propriedade privada e pública. E mais: os bens comuns criam condição institucional de indiferença em relação ao sujeito que é o seu titular.

Tais considerações, se verdadeiras, implicam alteração cultural profunda, de modo a tornar as necessidades da pessoa humana o verdadeiro limite à abstração proprietária. Assim, ao se falar em acesso a bens essenciais à sobrevivência (como água e alimento) e à garantia de igualdade e livre desenvolvimento da personalidade (como o conhecimento) como direito fundamental da pessoa, realiza-se dupla operação. Vincula-se a construção da *pessoa constitucionalizada* a lógicas diversas daquela proprietária, portanto fora da dimensão puramente mercantil; e supera-se o acesso como situação puramente formal (a chave que, ao abrir a porta, leva apenas a uma sala vazia), franqueando a utilização do bem por parte dos interessados sem outras mediações.[21]

Com base nesses fundamentos defende-se, na experiência brasileira, a necessidade de tolher-se o uso exclusivo e a comercialização de determinados bens. Por estarem voltados à satisfação das necessidades primárias da coletividade, os bens comuns ser-

19. RODOTÀ, Stefano. *Il terribile diritto.* Studi sulla proprietà privata e i beni comuni. Bologna: Mulino, 2013, p. 479. Sobre a discussão, então, entende-se que os "bens comuns ocupam uma posição central entre as categorias do jurídico e do político: os bens comuns são um instrumento político e constitucional para a satisfação direta das necessidades e dos direitos fundamentais. Se é na Constituição que o sistema político coloca as escolhas de longo prazo, de maneira a retirar as escolhas arbitrárias de governos (é o caso dos direitos fundamentais), é nela que devem ter lugar os bens comuns, instrumentos funcionais da realização de tais direitos" (CORTIANO JUNIOR, Eroulths. *O discurso jurídico da propriedade e suas rupturas.* Rio de Janeiro: Renovar, 2002, p. 177-192).
20. Nesta perspetiva, RODOTÀ, Stefano. *Il terribile diritto*. Studi sulla proprietà privata e i beni comuni. Bologna: Mulino, 2013, p. 469.
21. RODOTÀ, Stefano. *Il terribile diritto.* Studi sulla proprietà privata e i beni comuni. Bologna: Mulino, 2013, p. 469.

vem a efetivar os direitos fundamentais; sua essência não é a da apropriação, mas do seu aproveitamento e funcionamento.[22]

3. DA "TRAGÉDIA DOS *COMMONS*" À COMPROVAÇÃO DA VIABILIDADE DE GESTÃO COMUM DOS BENS: O PARADIGMA DO ACESSO A PARTIR DA PREVALÊNCIA DAS SITUAÇÕES EXISTENCIAIS

Ao contestar a "tragédia dos comuns",[23] identificada como a não viabilidade econômica da gestão comum dos bens, o que se constituiria em grande desafio para a humanidade, estudos de economia retomaram antiga discussão acerca do inevitável binômio "titularidade pública" e "titularidade privada" para a gestão dos bens. Destaca-se, nesse ponto, a extraordinária contribuição de Elinor Ostrom, a primeira mulher a ganhar o prêmio Nobel de Economia, ao comprovar cientificamente que a gestão e a fruição dos bens não estão condicionadas ao fracionamento proprietário ou à titularidade do Estado.[24]

A partir de então, novas abordagens fundamentadas na ideia de "bens comuns" ou "*Commons*" começaram a se desenvolver. Ao redor de todo o mundo, e principalmente da experiência italiana, extraem-se construções jurídicas que, partindo da noção de

22. CORTIANO JUNIOR, Erouths. *O discurso jurídico da propriedade e suas rupturas*. Rio de Janeiro: Renovar, 2002, p. 153, para o qual "A propriedade passa a ter uma função central de redistribuição de rendas. A titularidade da situação proprietária passa a implicar, para o seu titular, no concomitante respeito a crescentes situações não proprietárias. A proteção à dignidade humana e o propósito da redução das desigualdades exigem a proteção do excluído, e esta proteção leva à discussão da acessibilidade aos bens. Nessa esteira, passa-se a entender que esse direito subjetivo tem destinatários no conjunto da sociedade, de modo que o direito e propriedade também começa a ser um direito à propriedade".

23. Nessa direção: "But this is the conclusion reached by each and every rational herdsman sharing a commons. Therein is the tragedy. Each man is locked into a system that compels him to increase his herd without limit – in a world that is limited. Ruin is the destination toward which all men rush, each pursuing his own best interest in a society that believes in the freedom os the Commons. Freedom in a commons brings ruin to all". (HADIN, Garret. *The Tragedy of the Comnos. Science*, 1968, p. 1244). V. também: "Mas, a ideia dos bens comuns não está destinada ao fracasso? Durante décadas, os economistas convencionais suspeitaram que qualquer sistema de administração compartilhada teria como resultado inevitável uma "tragédia dos bens comuns" Esse mito foi popularizado pelo economista Garret Gardin em seu famoso artigo de 1968, em que afirma que as pessoas que compartilham uma terra num regime comunal inevitavelmente irão sobrecarregá-la. Citando o exemplo de um pasto comum onde qualquer um pode levar mais gado para pastar sem restrições, Hardin afirma que quando um agricultor pode obter benefícios privados dos recursos comuns sem considerar sua "capacidade de uso geral", o recurso compartilhado necessariamente se arruinará. Daí a metáfora da "tragédia" (BOLLIER, David. Os bens comuns: um setor negligenciado da criação de riqueza. *Revista Lugar Comum*, n. 31, p. 43-54).

24. Segundo Ostrom, "Institutions are rarely either private or public – 'themarket' or 'thestate'. Many successful CPR [common pool resources] institutions are rich mixtures of 'private-like' and 'public-like' institutions defying classification in a sterile dichotomy" (OSTROM, Elinor. *Governing the Commons: The evolution of institutions for collective action*. Cambridge University Press, 1990, p. 14). O enfoque da economista, laureada com o Nobel em 2009, era a comprovação empírica de que a gestão comum de bens escassos não necessariamente leva à degradação e ao esgotamento. A rigor, pode ser mais eficiente que a regulação clássica (propriedade privada; propriedade do Estado). No entanto, a tese proposta por Ostrom se limita a bens "renováveis", "de pequena escala", em "situações em que há escassez" e em "situações em que os usuários dos bens podem causar apenas danos *limitados* uns aos outros" (OSTROM, Elinor. *Governing the Commons: The evolution of institutions for collective action*. Cambridge University Press, 1990, p. 26). O grande mérito foi o de desconstituir a máxima da "tragédia dos comuns" que imperava até então como verdade científica.

"bens comuns", propõem nova dogmática para a teoria dos bens, que promova formas de interação entre pessoas e bens considerando a prevalência das situações existenciais sobre as patrimoniais.

Tais propostas, embora inspiradas nas pesquisas pioneiras de Ostrom, propõem problemas e soluções absolutamente diversos. Segundo o entendimento atual, não seria a natureza do bem a determinar sua qualificação como "bem comum", mas sua aptidão para satisfazer necessidades coletivas e tornar possível o exercício dos direitos fundamentais.[25] Como já destacado, a importância do desenvolvimento da dogmática jurídica dos bens comuns associa-se à construção de instrumentos de tutela da pessoa em sua relação com o mundo dos bens. Nessa direção, "os bens comuns pertencem a todos e a ninguém, no sentido de que todos devem poder acessá-los e ninguém pode postular pretensão exclusiva. Devem ser administrados com base no princípio da solidariedade. A cada um deve ser atribuída a condição de defendê-los, inclusive em juízo, na tutela de um bem situado em local distante daquele em que vive".[26]

No estudo dos bens comuns, defende-se a necessidade de se raciocinar por problemas, delimitando, conforme as circunstâncias do bem comum analisado, o suporte fático do exame. Assim o fez a própria Elinor Ostrom ao estabelecer diversas limitações ao seu objeto de estudo dos "*common pool resources*",[27] atentando para a necessidade de identificação dos limites do potencial aplicativo de cada teoria.[28] Desse modo, após a associação dos bens comuns com os direitos fundamentais, atribuindo a formulação da *pessoa constitucionalizada* a lógicas diversas daquela proprietária, torna-se essencial

25. Ilustrativamente, o "conhecimento em rede", embora seja obviamente objeto de direitos fundamentais, não seria, sob a perspectiva puramente econômica, um bem comum, tendo em vista que admite uso não rival e não é escasso. Esse tipo de linha de pensamento acerca dos bens, de forma estrutural, tem sido suplantado e exemplo disso é a identificação por muitos do patrimônio cultural enquanto bem comum, na medida em que funciona como instrumento de efetivação de direitos fundamentais culturais. Nessa direção: "o bem cultural-histórico e artístico faz parte de uma nova categoria de bens, junto com os demais ambientais, que não se coloca em oposição aos conceitos de privado e público, nem altera a dicotomia, porque ao bem material que suporta a referência cultural ou a importância ambiental – este sempre público ou privado –, se agrega um novo bem, imaterial, cujo titular não é o mesmo sujeito do bem material, mas toda a comunidade" (SOUZA FILHO, Carlos Frederico Marés de. *Bens culturais e sua proteção jurídica*. 3. ed. Curitiba: Juruá, 2005, p. 18).
26. RODOTÀ, Stefano. *Il terribile diritto. Studi sulla proprietà privata e i beni comuni*. Bologna: Mulino, 2013, p. 472.
27. "I do not include all potential CPR situations within the frame of reference. I focus entirely on small-scale CPRs, where the CPR is itself located within one country and the number of individuals affected varies from 50 to 15.000 persons who are heavily dependent on the CPR for economic returns. These CPRs are primarily inshore fisheries, smaller grazing areas, groundwater basins, irrigation systems, and communal forests (...). There are limits on the types of CPRs studied here: (1) renewable rather than nonrenewable resources, (2) situations where substantial scarcity exists, rather than abundance, and (3) situations in which the users can substantially harm one another, but not situations in which participants can produce major external harm for others" (OSTROM, Elinor. *Governing the Commons*: The evolution of institutions for collective action. Cambridge University Press, 1990, p. 26).
28. "When years have been spent in the development of a theory with considerable power and elegance, analysts obviously will want to apply this tool to as many situations as possible. The power of a theory is exactly proportional to the diversity of situations it can explain. All theories, however, have limits. Models of a theory are limited still further because many parameters must be fixed in a model, rather than allowed to vary" (OSTROM, Elinor. *Governing the Commons*: The evolution of institutions for collective action. Cambridge University Press, 1990, p. 24).

configurar instrumentos de concretização do acesso efetivo e imediato aos bens comuns,[29] observadas as peculiaridades de cada caso.[30]

Da água ao conhecimento, dos alimentos à gestão dos espaços urbanos, da proteção ao meio ambiente à tutela da saúde, augura-se que os bens comuns possam fortalecer o feixe de poderes pessoais que configuram precondições necessárias à efetiva participação no processo democrático, construindo-se "rinnovata opportunità di ricongiungimento tra l'uomo e il citadino".[31] Na esteira das conquistas alcançadas pela função social da posse e da propriedade, afigura-se possível aperfeiçoar a tutela privilegiada das situações existenciais mediante o reconhecimento de bens – constitutivos da pessoa e de sua cidadania – cuja acessibilidade não se subordina à disponibilidade de recursos financeiros, subtraída, portanto, à lógica do mercado.

Na experiência brasileira, a Constituição de 1988 inaugurou ordem jurídica que clama por instrumentos de efetivação dos direitos fundamentais, notadamente no que se refere à destinação dos bens e sua relação com a garantia de acesso conferida aos cidadãos. Além das normas que preveem a função social da propriedade, evidenciando a preocupação com a função social dos bens, verifica-se a ainda pouco explorada noção de acesso, expressamente prevista, por exemplo, no artigo 23, V, que determina, como "competência comum da União, dos Estados, do Distrito Federal e dos Municípios", "proporcionar os meios de acesso à cultura, à educação, à ciência, à tecnologia, à pesquisa e à inovação". Na mesma direção, garante-se, nos artigos 196, 206 e 215, acesso à saúde, à educação e à cultura,[32] além da previsão de "acesso a níveis dignos de subsistência", no âmbito do Fundo de Combate e Erradicação da Pobreza instituído no artigo 79 do Ato Constitucional das Disposições Transitórias.[33]

29. Como afirma Rodotà, "quando si parla dell'accesso a questi beni come di un diritto fondamentale della persona, si fa una duplice operazione: si affida l'effetiva costruzione della persona 'costituzionalizzata' a logiche diverse da quella proprietaria, dunque fuori da una dimensione puramente mercantile; si configura l'accesso non come una situazione puramente formale, come una chiave che apre una porta che fa entrare solo in una stanza vuota, ma come lo strumento che rende immediatamente utilizzabile il bene da parte degli interessati, senza ulteriori mediazioni" (RODOTÀ, Stefano. Verso i beni comuni. *Il terribile diritto.* Studi sulla proprietà privata e i beni comuni. Bologna: Mulino, 2013, p. 469).

30. RODOTÀ, Stefano. Verso i beni comuni, *Il terribile diritto*. Studi sulla proprietà privata e i beni comuni. Bologna: Mulino, 2013, p. 496, em que se lê: "È la qualità dei diritti da garantire che porta alla qualificazione di un bene come 'comune' e all'ulteriore, necessaria, attrazione nell'ambito dei diritti dell'accesso a tali beni".

31. RODOTÀ, Stefano. Verso i beni comuni, *Il terribile diritto.* Studi sulla proprietà privata e i beni comuni. Bologna: Mulino, 2013, p. 479.

32. O artigo 196, caput, da CR, garante o "acesso universal e igualitário às ações e serviços" para a "promoção, proteção e recuperação" da saúde. O artigo 206, I, estabelece, quanto ao direito à educação, que o ensino será ministrado com base no princípio da "igualdade de condições para o acesso e permanência na escola". Já o artigo 215, caput, estatuiu que o Estado garantirá a todos "o pleno exercício dos direitos culturais e acesso às fontes da cultura nacional, e apoiará e incentivará a valorização e a difusão das manifestações culturais".

33. "Art. 79. É instituído, para vigorar até o ano de 2010, no âmbito do Poder Executivo Federal, o Fundo de Combate e Erradicação da Pobreza, a ser regulado por lei complementar com o objetivo de viabilizar a todos os brasileiros acesso a níveis dignos de subsistência, cujos recursos serão aplicados em ações suplementares de nutrição, habitação, educação, saúde, reforço de renda familiar e outros programas de relevante interesse social voltados para melhoria da qualidade de vida". Em 2010, a Emenda Constitucional n. 67 prorrogou, por tempo indeterminado, "o prazo de vigência do Fundo de Combate e Erradicação da Pobreza a que se refere o caput do art. 79 do Ato das Disposições Constitucionais Transitórias", bem como a lei complementar que o regulamenta.

Busca-se, assim, criar ambiente subtraído à lógica do uso exclusivo, promovendo-se a cultura do compartilhamento, na qual se manifesta com nova força a conexão social, a possibilidade de iniciativas coletivas das quais a internet fornece contínuo testemunho. Os bens comuns não toleram discriminação no acesso, sob pena de, como profetizado por Rodotà, adotar-se dramática projeção de sociedade dividida em castas, em que retorna a cidadania censitária, tendo em vista que os bens fundamentais à vida, como a própria saúde, estão se tornando, ou permanecem, mais ou menos acessíveis conforme a disponibilidade financeira de cada um.[34]

Para superar tais dificuldades, há de se buscar, à luz do ordenamento jurídico brasileiro, abordagem casuística que leve em conta a disciplina jurídica de cada bem individualmente considerado, verificando as possibilidades de acesso e gestão a ele relacionadas. Nesse sentido, algumas controvérsias atuais suscitam reflexões a respeito da noção de bens comuns e de sua possível admissibilidade no ordenamento brasileiro (em sua unidade sistemática).

4. PANORAMA ATUAL: MANIFESTAÇÕES DOS BENS COMUNS NA JURISPRUDÊNCIA

A tábua axiológica constitucional afigura-se, em alguma medida, receptiva à construção dos bens comuns, sendo notável, ao propósito, a evolução jurisprudencial do Superior Tribunal de Justiça acerca de um bem em especial: o espaço urbano, que guarda relação com a posse de bens públicos. Como se sabe, a Constituição da República previu expressamente a necessidade de ordenação urbana voltada ao "pleno desenvolvimento das funções sociais da cidade e garantir o bem-estar de seus habitantes" (art. 182, caput). O denominado Estatuto da Cidade (Lei 10.257/2001), atendendo ao comando constitucional, buscou instituir instrumentos para a promoção da "cidade democrática".[35]

Nessa esteira, controverte-se, entre outros aspectos, acerca da possibilidade de se reconhecer posse de particulares sobre bens públicos, notadamente na hipótese de bens

34. RODOTÀ, Stefano. Verso i beni comuni, *Il terribile diritto.* Studi sulla proprietà privata e i beni comuni. Bologna: Mulino, 2013, p. 475. Ainda nesse sentido: "A teoria dos bens comuns não pretende abolir o mercado, mas tenta limitar sua expansão, colocando específicas restrições, seja ao exercício de privatização, seja ao da estatização dos bens e serviços de utilidade pública" (CORTIANO JUNIOR, Eroulths. *O discurso jurídico da propriedade e suas rupturas.* Rio de Janeiro: Renovar, 2002, p. 153).

35. Nessa direção, o art. 2º do Estatuto da Cidade prevê diretrizes gerais da política urbana, cujo objetivo consiste em "ordenar o pleno desenvolvimento das funções sociais da cidade e da propriedade urbana". Entre tais diretrizes, consta a "garantia do direito a cidades sustentáveis, entendido como o direito à terra urbana, à moradia, ao saneamento ambiental, à infraestrutura urbana, ao transporte e aos serviços públicos, ao trabalho e ao lazer, para as presentes e futuras gerações" (inciso I), a "gestão democrática por meio da participação da população e de associações representativas dos vários segmentos da comunidade na formulação, execução e acompanhamento de planos, programas e projetos de desenvolvimento urbano" (inciso II), a "justa distribuição dos benefícios e ônus decorrentes do processo de urbanização" (inciso IX), "regularização fundiária e urbanização de áreas ocupadas por população de baixa renda mediante o estabelecimento de normas especiais de urbanização, uso e ocupação do solo e edificação, consideradas a situação socioeconômica da população e as normas ambientais" (inciso XIV).

dominicais abandonados.[36] Nessa linha evolutiva, o STJ reconheceu, em 2016, a viabilidade de ações possessórias em litígio entre particulares sobre bem público dominical.[37] Em belo voto, o relator, Ministro Luis Felipe Salomão, destacou que "a ocupação por particular de um bem público abandonado/desafetado – isto é, sem destinação ao uso público em geral ou à uma atividade administrativa –, acaba por conferir justamente a função social da qual o bem está carente em sua essência". O magistrado observou, ainda, que "a construção do conceito de posse deve levar em conta o direito social primário à moradia e o acesso aos bens vitais mínimos, aptos a conferir dignidade à pessoa humana em um plano substancial (art. 1º, III, CF), sempre em resguardo à pessoa e à entidade familiar".

De outra parte, o debate acerca da ocupação de espaços urbanos ociosos (públicos ou privados) ganha destaque no âmbito do "urban commoning", em que se postula reconhecimento às ocupações que buscam revitalizar a cidade, utilizando os bens para a realização de atividades e serviços abertos ao público. No Brasil, nota-se, especificamente quanto à posse dos bens públicos, a construção, acolhida no STJ, que prioriza a análise da função do bem público, conforme a classificação em bens de uso comum do povo, bens de uso especial e bens dominicais,[38] em detrimento de sua titularidade, para efeitos de reconhecimento da proteção possessória. Com efeito, ainda que a admissão da posse sobre bens públicos de uso comum do povo não se associe diretamente às ocupações descritas, denota que o reconhecimento da posse sobre bem público, situação jurídica tutelada pelo ordenamento, depende menos da titularidade (pública) do domínio que da função desempenhada pelo bem em benefício da coletividade.[39]

---

36. Cfr. ARAÚJO, Bárbara Almeida. *A Posse dos Bens Públicos*. Rio de Janeiro: Forense, 2010, e, mais recentemente, em outra sede, ARAÚJO, Bárbara Almeida. A proteção funcional da posse: estudo da autonomia da posse frente à propriedade. In: SCHREIBER, Anderson; MONTEIRO FILHO, Carlos Edison do Rego; OLIVA, Milena Donato (Org.). *Problemas de Direito Civil*: homenagem aos 30 anos de Cátedra do Professor Gustavo Tepedino. Rio de Janeiro: Forense, 2021, p. 696-710.
37. STJ, 4ª T., REsp 1.296.964/DF, Rel. Min. Luis Felipe Salomão, julg. 18.10.2016. Aplicando o entendimento do STJ no sentido de se considerar cabível o manejo de interditos possessórios em litígio entre particulares sobre bem público dominical, pois entre ambos a disputa será relativa à posse, cfr. TJRJ, 10ª CC, Ap. Cív. 0045305-07.2020.8.19.0000, Rel. Des. Patrícia Ribeiro Serra Vieira, julg. 04.11.2020; TJRJ, 6ª CC, Ap. Cív. 0007771-72.2016.8.19.0031, Des. Claudia Pires Dos Santos Ferreira, julg. 18.09.2019.
38. O art. 99 classifica os bens públicos em: bens de uso comum do povo; os bens de uso especial; e os bens dominicais. Nesse sentido: "Art. 99. São bens públicos: I – os de uso comum do povo, tais como rios, mares, estradas, ruas e praças; II – os de uso especial, tais como edifícios ou terrenos destinados a serviço ou estabelecimento da administração federal, estadual, territorial ou municipal, inclusive os de suas autarquias; III – os dominicais, que constituem o patrimônio das pessoas jurídicas de direito público, como objeto de direito pessoal, ou real, de cada uma dessas entidades. Parágrafo único. Não dispondo a lei em contrário, consideram-se dominicais os bens pertencentes às pessoas jurídicas de direito público a que se tenha dado estrutura de direito privado".
39. A jurisprudência do STJ reconhece ser "possível a posse de particulares sobre bens públicos de uso comum, a qual, inclusive, é exercida coletivamente, como composse" (STJ, 3ª T., REsp 1.582.176/MG, Rel. Min. Nancy Andrighi, julg. 20.09.2016). O entendimento acerca da posse sobre bens públicos de uso comum do povo precede o reconhecimento da posse sobre bens dominicais na hipótese de conflito entre particulares, destacando-se, contudo, pelo critério utilizado na análise da configuração da posse, tal seja, a função atribuída ao bem público. Para a Corte, os bens de uso comum do povo são "aqueles destinados, por natureza ou por lei, ao uso coletivo" (STJ, 3ª T., REsp 1.582.176/MG, Rel. Min. Nancy Andrighi, julg. 20.09.2016).

Nessa linha, cumpre registrar que, além de a incorporação de certo bem ao patrimônio[40] público não representar, por si só, garantia de afetação dos bens ao interesse coletivo, existe intenso debate acerca do controle de desafetações de bens públicos de uso comum,[41] diante da possível conversão em dominicais e posterior alienação, muitas vezes, contrária à lógica dos bens comuns. Daí a necessidade de critérios objetivos e sólidos que promovam tratamento e gestão adequada destes bens, sempre tendo como pano de fundo a garantia de acesso por toda a coletividade e visando promover os direitos fundamentais.[42]

O Superior Tribunal de Justiça analisou Ação Civil Pública[43] que questionava a desafetação de uma praça, bem de uso comum do povo, para a categoria de bem dominical, o que viabilizou a doação do imóvel ao Instituto Nacional do Seguro Social – INSS, com o propósito de instalação de nova agência do órgão federal. Destacou-se que o não uso ou pouco uso do espaço público pela população não pode servir de justificativa para o ato de desafetação, uma vez que a finalidade desses locais públicos não se resume, nem se esgota na efetiva utilização do bem pela comunidade, mas no mero acesso e disponibilização do espaço à coletividade do presente e do futuro.[44] O Tribunal afirmou, ainda, que a desafetação do bem público, se efetuada sem critérios sólidos e objetivos, como no caso em tela, torna-se "vandalismo estatal", considerado mais condenável que a deterioração privada, uma vez que o domínio público deveria encontrar no Estado o seu maior protetor.

Em outra ocasião, sob relatoria do Min. Herman Benjamin, quando do julgamento do REsp 1.391.271/RJ,[45] foi considerada inviável a alienação de certa área reservada a estacionamento público, bem como a sua desafetação ou alteração de sua finalidade para torná-la edificável. Tratando-se de questão urbanística, sustentou-se a absoluta prioridade do interesse coletivo, à luz da função socioecológica prevista na Constituição da República. A 2ª Turma do STJ registrou que o Estado, como tal, exerce dois papéis

40. Acerca do conceito de patrimônio inserido no âmago da teoria dos bens jurídicos, v. OLIVA, Milena Donato. O patrimônio no direito brasileiro. In: TEPEDINO, Gustavo. *O Código Civil na perspectiva civil-constitucional.* Rio de Janeiro: Renovar, 2013, p. 195-217.
41. Para análise específica do tema, cfr. TEPEDINO, Gustavo; PEÇANHA, Danielle Tavares; DANA, Simone Cohn. Os bens comuns e o controle de desafetação de bens públicos. *Revista de Direito da Cidade*, v. 13, p. 427-445. 2021.
42. TEPEDINO, Gustavo. Acesso aos direitos fundamentais, bens comuns e unidade sistemática do ordenamento, p. 21. *Direito Civil, Constituição e unidade do sistema*: Anais do Congresso Internacional de Direito Civil Constitucional – V Congresso do IBDCivil, Belo Horizonte: Fórum, 2019.
43. STJ, 2ª T., REsp 1.135.807/RS, Rel. Min. Herman Benjamin, julg. 15.04.2010.
44. Em sentido próximo, analisando caso que envolvia esbulho por particulares de uma estrada municipal, bem público de uso comum do povo, entendeu-se que a via é pública e, ainda que não tenha muito movimento, dá acesso ao rio, sendo útil para o lazer da coletividade e não pode ser obstruída pelos proprietários dos terrenos de ambos os lados da estrada. Nessa direção: "À luz do art. 99, I, do Código Civil, o fato de bens públicos, tais como "estradas, ruas e praças", há meses, anos ou décadas contarem com pouco ou nenhum tráfego local não confere a ninguém direito de deles se assenhorear, mesmo que se aleguem – como habitualmente se faz para camuflar, escusar e legitimar a privatização *contra legem* – razões sanitárias, de segurança privada, proteção do meio ambiente etc." (STJ, 2ª T., REsp n. 1.768.554 - RS, Rel. Min. Herman Benjamin, julg. 06.11.2018, publ. DJ 08.09.2020).
45. STJ, 2ª T., REsp 1.391.271/RJ, Rel. Min. Herman Benjamin, julg. 03.11.2015.

primordiais: não só do ato jurídico de afetação (ou desafetação) do bem; mas – especialmente – da conservação e manutenção deste. Pouco razoável, portanto, que possa o ente público utilizar-se da técnica da desafetação, quando sequer cumpriu seu dever como gestor da coisa pública.

A mesma Turma analisou outra interessante situação, por ocasião do julgamento do REsp 1.246.853/PR,[46] atinente à temática da desapropriação indireta. No caso em tela, vislumbrou-se hipótese em que, entre os anos de 1969 e 1977, foram construídas ruas sobre parte do imóvel de propriedade privada de determinada pessoa, a qual promoveu, em 1978, Ação de Indenização, dado que o ato expropriatório não seguiu o devido procedimento legal, caracterizando a chamada desapropriação indireta. Contudo, a ação foi extinta sem julgamento de mérito por sentença transitada em julgado em 1986. Mais de vinte anos depois, a proprietária do bem firmou, em 1998, contrato de permuta com dois contratantes, cujo objeto foi parcela do imóvel original, por onde passavam as ruas. Tempos depois, no ano de 2002, os dois contratantes propuseram Ação Indenizatória em face da Administração Pública.

Segundo o entendimento do STJ, os dois contratantes não são proprietários nem possuidores do terreno ocupado pela via pública. Afinal, ao afetar parcela do imóvel ao uso público entre 1969 e 1977, por meio da construção de tais ruas, configurou-se inequívoca incorporação do bem ao patrimônio público. O contrato de permuta firmado, muito tempo após a incorporação do bem ao patrimônio municipal por desapropriação indireta, não inclui a parcela do imóvel afetada ao uso comum. Trata-se de hipótese de incorporação parcial do bem, e não de pretensa alienação do patrimônio público à iniciativa privada. Assim, ficou sublinhado que ninguém pode dispor do que não lhe pertence, muito menos alienar, como se seu fosse, parte do patrimônio da coletividade, presente e futura. No caso, por conseguinte, afastou-se o direito de propriedade do particular quando o bem, ainda que sem procedimento formal adequado e sem pagamento de prévia e justa indenização, é afetado a certa destinação pública para uso comum do povo.

Outro tema que ganha especial destaque no estudo dos bens comuns diz respeito ao meio-ambiente que, não raro, suscita discussões relativas aos interesses geopolíticos subjacentes a propostas de sua gestão comum.[47] A Constituição da República, em seu art. 225, atribuiu ao meio ambiente a qualificação jurídica de bem de uso comum do povo, com titularidade coletiva e cujas guarda e gestão confiam-se à administração pública, em atenção, inclusive, às gerações futuras. Pertence, indivisivelmente, a todos os indivíduos da coletividade e não integra o patrimônio disponível do Estado.

46. STJ, 2ª T., REsp 1.246.853/PR, Rel. Min. Herman Benjamin, julg. 07.02.2013.

47. Não raro, volta à mídia a preocupação mundialmente reconhecida acerca do desajuste global do sistema climático. A Floresta Amazônica é palco de diversas controvérsias, assumindo dimensões diplomáticas. Abrigada, em grande parcela, no território brasileiro, resgata-se a discussão acerca do domínio e da responsabilidade decorrente de sua degradação. Assim, a crise decorrente da progressiva destruição da Amazônia reacende debate antigo, concernente em definir se seria possível sua reivindicação por país específico, com exclusão dos demais (ou seja, do Brasil), ou se, por outro lado, trata-se de bem comum universal. Em ambiente de inquietação mundial, ganham cada vez maior atenção os impactos conferidos a essa importante fonte de oxigênio, água, biodiversidade, da qual depende todo o planeta.

Nos Tribunais pátrios, não raro desaguam demandas relativas a pedidos de demolição de construções irregulares em terrenos situados em áreas de preservação ambiental, à míngua da imprescindível licença. Foi nesse sentido o caso julgado recentemente pela 12ª Câmara Cível do Tribunal de Justiça do Rio de Janeiro, em que se considerou que a imposição de demolição da construção irregular no caso concreto estaria de acordo o exercício do poder de polícia exercido pelo ente público, na medida em que a proteção ambiental é poder-dever da Administração Pública, estabelecido pela Constituição da República.[48]

Ainda em tema de garantia de acesso aos bens comuns, ganha relevo o tema da água. A Lei Federal 9.433/1997, que institui a Política Nacional de Recursos Hídricos, prevê que "a água é um bem de domínio público", estabelece, nessa esteira, que "a gestão dos recursos hídricos deve sempre proporcionar o uso múltiplo das águas".[49] O Superior Tribunal de Justiça, em acórdão de lavra da Ministra Nancy Andrighi, examinando a *ratio* da disciplina dos direitos de vizinhança, afirmou o caráter "comum" da água, que não se submete ao domínio do particular ou do Estado, vez que "destinada a atender as necessidades primordiais do ser humano, a água, antes tratada como bem apropriável pelo particular, ou seja, bem privado, de titularidade do dono do imóvel onde tivesse sua nascente, passou a se tornar bem do domínio público – o que não significa dizer que seu domínio é do Estado, mas sim que pertence a todos".[50]

No caso concreto, discutia-se o direito de acesso à água situada em propriedade vizinha, mediante passagem de aqueduto voltado à atividade agrícola de sociedades empresárias. A Corte associou o direito em questão à expressão da função social da propriedade, determinando limitações legais ao exercício desse direito, que possuiria viés notadamente recíproco e comunitário. Com isso, registrou-se que "o direito à água é um direito de vizinhança, um direito ao aproveitamento de uma riqueza natural pelos proprietários de imóveis que sejam ou não abastecidos pelo citado recurso hídrico. (...) se não existem outros meios de passagem de água, o vizinho tem o direito de construir aqueduto no terreno alheio independentemente do consentimento de seu vizinho; trata-se de imposição legal que atende ao interesse social e na qual só se especifica uma

---

48. Da decisão extrai-se que: "Nos termos do art. 225 da CRFB, todos têm direito ao meio ambiente ecologicamente equilibrado, bem de uso comum do povo e essencial à sadia qualidade de vida, impondo-se ao poder público e à coletividade o dever de defendê-lo e preservá-lo para as presentes e futuras gerações. É regra conhecida por todos na localidade que é proibido construir em área da restinga e mata atlântica, bem como proibido construir e habitar dentro da área do parque estadual ou da área de proteção ambiental, salvo eventuais exceções que exigem licenças ambientais." (TJRJ, 12ª CC, Ap. Cív. 0002333-41.2019.8.19.0005, Rel. Des. Cherubin Helcias Schwartz Júnior, julg. 9.12.2021, publ. DJ 13.12.2021). No mesmo sentido: TJRJ, 13ª CC, Ap. Cív. 0013021-93.2009.8.19.0011, Rel. Des. Valéria Dacheux Nascimento, julg. 6.12.2021, publ. DJ 15.12.2021.
49. Dispõe o art. 1º da Lei 9.433/1997: "Art. 1º A Política Nacional de Recursos Hídricos baseia-se nos seguintes fundamentos: I – a água é um bem de domínio público; II – a água é um recurso natural limitado, dotado de valor econômico; III – em situações de escassez, o uso prioritário dos recursos hídricos é o consumo humano e a dessedentação de animais; IV – a gestão dos recursos hídricos deve sempre proporcionar o uso múltiplo das águas; V – a bacia hidrográfica é a unidade territorial para implementação da Política Nacional de Recursos Hídricos e atuação do Sistema Nacional de Gerenciamento de Recursos Hídricos; VI – a gestão dos recursos hídricos deve ser descentralizada e contar com a participação do Poder Público, dos usuários e das comunidades".
50. STJ, 3ª T., REsp 1.616.038/RS, Rel. Min. Nancy Andrighi, julg. 27.09.2016, publ. DJe 07.10.2016.

indenização para evitar que seja sacrificada a propriedade individual".[51] Extrai-se do julgado que a racionalidade dos bens comuns encontra-se intuitivamente presente, já que a "propriedade individual", devidamente resguardada pelo STJ ao solucionar o caso a partir da normativa do direito de vizinhança, foi indiferente para fins de se garantir o acesso à água por parte daquele que estava privado desse bem essencial.

Na esteira de tal entendimento, vale notar que o artigo 1.293 do Código Civil estabelece que "qualquer um pode, contra a indenização prévia dos proprietários de bens feridos, construir canais através de propriedade alheia para receber as águas às quais ele tem direito e que são indispensáveis às primeiras necessidades da vida e, desde que não cause danos consideráveis à agricultura ou indústria, pelo escoamento de águas supérfluas ou acumuladas, ou pela drenagem de terras", ao passo que o artigo 1.291 do Código Civil estatui que "o possuidor da propriedade superior não pode poluir as águas que são indispensáveis às primeiras necessidades de vida dos possuidores das propriedades inferiores; se ele poluir as outras águas, ele deve restaurá-las, ou pagar o dano que os donos das propriedades inferiores sofrem, se não for possível restaurar as águas ou desviá-las de seu curso artificial".

Tais normas denotam a preocupação do legislador em garantir o acesso à água, mesmo por parte daquele que não detém a titularidade do imóvel no qual se encontra o bem essencial e, interpretadas na legalidade constitucional, permitem depreender o direito autônomo de acesso à água, observadas as precauções para a preservação do bem e manutenção de seu uso pelos demais titulares de direitos merecedores de tutela – no caso, os interesses relacionados à agricultura e à indústria, bem como em manifesta preocupação com frequente apolução das águas.

Ainda no campo da jurisprudência do Superior Tribunal de Justiça, aproxima-se da lógica própria dos bens comuns o entendimento consolidado da Corte Superior quanto à interrupção da prestação de serviços públicos essenciais – como é o caso do fornecimento de água –, em razão do descumprimento do pagamento pelos serviços. Conforme asseverado pelo Tribunal, é lícito ao prestador de serviços públicos interromper o fornecimento de bens essenciais se, após notificação prévia, o consumidor continuar descumprindo sua obrigação.[52] A Corte destaca, contudo, que "apenas a ina-

51. STJ, 3ª T., REsp 1.616.038/RS, Rel. Min. Nancy Andrighi, julg. 27.09.2016, publ. DJe 07.10.2016.

52. STJ, 1ª S., REsp 363.943/MG, Rel. Min. Humberto Gomes de Barros, julg. 10.12.2003, publ. DJ 1º.03.2004; e STJ, 1ª S., EREsp 337.965/MG, Rel. Min. Luiz Fux, julg. 22.9.2004, publ. DJ 08.11.2004. Ressalta-se, contudo, a declaração de voto do Min. Luiz Fux, que, ao acompanhar a posição da Corte para padronizar a jurisprudência, expressou sua opinião contrária. Afirmou que "interromper a oferta de serviços essenciais – água e energia – como forma de obrigar o usuário a pagar as contas vai além dos limites da legalidade e desafia o princípio anterior de respeito à dignidade humana". Segundo destacado, esse tipo de caso exige "distinguir entre a inadimplência de uma grande corporação e a de uma pessoa natural que vive no limite da sobrevivência biológica". Ao propósito, vigora o entendimento atual de que, com a ausência de notificação do usuário do serviço, "na hipótese em que a concessionária de serviço público interrompe o fornecimento de água como forma de compelir o usuário ao pagamento de débitos pretéritos, é desnecessária a efetiva comprovação dos danos morais, por constituírem dano *in re ipsa*". (STJ, 2ª T., REsp 1694437/RJ, Rel. Min. Herman Benjamin, julg. 16.11.2017, publ. DJ 19.12.2017). Na mesma direção: STJ, 1ª T., AgRg no AREsp 371.875/PE, Rel. Min. Napoleão Nunes Maia Filho, publ. DJ 04.04.2016.

dimplência atual autoriza a interrupção da prestação do serviço público (fornecimento de água, neste caso), não bastando para tanto a existência de débitos pretéritos em nome do usuário".[53] No entanto, será ilícita a interrupção sempre que o ato inviabilizar a prestação de outros serviços essenciais. Vale dizer: a interrupção não será lícita quando afetar "a prestação de serviços públicos essenciais, v.g., hospitais, postos de saúde, creches, escolas". Em tais circunstâncias, entende o Tribunal que a "cobrança da dívida deve se dar por outros meios executórios, de modo que não se coloque em risco valores mestres do ordenamento jurídico".[54] Perfilha, nessa direção, mais uma vez, a racionalidade dos bens comuns, ao consignar o direito incondicional de acesso diante da necessidade de preservação da dignidade humana.

5. NOTAS CONCLUSIVAS

Em síntese, entende-se necessária a compatibilização do instituto da propriedade (seja ela de titularidade pública ou privada) com a prevalência das demandas existenciais, especialmente em proteção à dignidade da pessoa humana e de pautas sociais, adequando-se o regime de titularidades ao ambiente solidarista, especialmente em sociedade com tamanha desigualdade como a brasileira. Na mesma evolução dogmática por que passa o direito de propriedade, conformada internamente por sua função social, em prol da realização dos objetivos constitucionais, encontra-se o regime dos bens comuns, marcado pela busca de efetividade dos direitos fundamentais, e que impõe regime diferenciado a certos bens, considerados essenciais à realização dos direitos fundamentais, superando-se, assim, a titularidade proprietária.

Cumpre, nessa seara, perseguir a superação do binômio "propriedade pública" x "propriedade privada", amparando-se na noção de acesso, e garantindo-se a expansão dos *Commons*. Nessa dimensão, verifica-se uma série de hipóteses em que a jurisprudência brasileira já flexibiliza o poder proprietário em favor de valores sociais e existenciais, como se pôde notar no tratamento jurisprudencial conferido à normativa da cidade e da água. Percebe-se que a libertação, pelo intérprete, das amarras estabelecidas pela dogmática tradicional da propriedade poderá finalmente garantir o acesso a bens essenciais sem violar o sistema, desde que se consiga fazer germinar cultura solidarista e participativa, em tudo e por tudo compatível com a dignidade da pessoa humana na

53. STJ, 1ª T., AgRg no AREsp 842815/SP, Rel. Min. Napoleão Nunes, julg. 13.10.2020, publ. DJ 21.10.2020; e STJ, 1ª T., AgRg no AREsp. 752.030/RJ, Rel. Min. Benedito Gonçalvez, julg. 20.10.2015, publ. DJe 04.11.2015.

54. STJ, 2ª T., AgRg no REsp 1.201.283/RJ, Rel. Min. Humberto Martins, julg. 16.09.2010, publ. DJe 30.09.2010. Na decisão, sublinha-se que "(...) admitir a suspensão do fornecimento de água a um hospital e colocar em risco a vida e a saúde dos internos, sob o argumento de que se vive em uma sociedade capitalista, é inverter a lógica das prioridades e valores consagrados em um sistema jurídico onde a ordem econômica está condicionada ao valor da dignidade humana". No mesmo sentido, relativamente à impossibilidade de interrupção do fornecimento de energia elétrica a serviços essenciais: "quando o devedor for ente público, não poderá ser realizado o corte de energia indiscriminadamente em nome da preservação do próprio interesse coletivo, sob pena de atingir a prestação de serviços públicos essenciais, tais como hospitais, centros de saúde, creches, escolas e iluminação pública" (STJ, 2ª T., AgInt no AREsp 1.841.516/RJ, Rel. Min. Herman Benjamin, julg. 19.10.2021, publ. DJ 04.11.2021). E ainda: STJ, 1ª T., AgInt no REsp 1.814.096/SE, Rel. Min. Sérgio Kukina, julg. 05.11.2019, publ. DJ 11.11.2019.

legalidade constitucional. O desafio posto ao intérprete na construção de instrumentos de concretização do acesso e da participação cidadã na gestão desses bens não se mostra simples nem linear, mas as perspectivas se fazem alvissareiras, a julgar pala casuística analisada e pelas construções doutrinárias que, gradualmente, indicam possíveis caminhos para o acesso coletivo aos bens da vida.

ENSAIO SOBRE A RELAÇÃO ENTRE PROPRIEDADE E OS BENS COMUNS: O EXEMPLO DA ÁGUA

Marcus Eduardo de Carvalho Dantas

Doutor em Direito Civil (UERJ). Professor-associado no Departamento de Direito Privado da Faculdade de Direito da Universidade Federal de Juiz de Fora (UFJF).

Pablo Renteria

Professor de direito civil do Departamento de Direito da PUC-Rio.

Sumário: 1. Introdução – 2. O que é propriedade? – 3. Autonomia privada e acesso aos bens – 4. O que são bens comuns? – 5. À guisa de conclusão: o público, o privado e o comum.

1. INTRODUÇÃO

Este artigo tem por objetivo analisar a discussão em torno da compatibilidade do modelo jurídico do direito de propriedade com a gestão dos chamados "bens comuns". Para tanto, inicia-se com o exame do conceito de propriedade para, na sequência, verificar se tais elementos são compatíveis com a boa gestão dos bens comuns. Tomando o exemplo da água, a hipótese que será aventada é a de que o elemento mais característico da propriedade – a senhoria exclusiva sobre o bem – não é necessariamente irreconciliável com a gestão dos "bens comuns", desde que o conceito tradicional de propriedade seja repensado em uma dimensão que inclua a participação comunitária na tomada das decisões sobre a utilização dos bens.

2. O QUE É PROPRIEDADE?

Dada a importância social do tema, a discussão acerca da propriedade é vasta e inclui as mais diversas áreas do conhecimento: desde a economia até a filosofia, passando pelo direito, a sociologia e a antropologia. Neste ensaio, o foco, porém, é bem mais restrito: a pergunta inicial, "o que é propriedade" pode ser encarada como "qual o elemento essencial da propriedade em um sentido jurídico?"

Nessa linha, considerada a tradição jurídica acerca do assunto, é comum o entendimento de que o elemento mais característico da propriedade, aquele sem o qual ela não existe, é o chamado direito de excluir (*right to exclude*[1]). Desse modo, a propriedade consistiria no direito que atribui ao seu titular a prerrogativa de excluir alguém não

1. De acordo com a famosa descrição de William Blackstone, "property as that sole and despotic dominion which one man claims and exercises over the external things of the world, in total exclusion of the right of any other

autorizado do exercício da senhoria, isto é, da participação no uso, fruição e disposição da coisa objeto desse direito. Nesse tocante, a imagem mais emblemática é a do "senhor do castelo", que é livre para decidir quem entra e sai do seu domínio e até mesmo, em casos extremos, para tirar a vida[2] de quem adentrá-lo sem autorização. Trata-se de entendimento amplamente disseminado, não apenas no meio acadêmico jurídico, como também no senso comum.[3]

É nesta possibilidade de dar a alguém a prerrogativa de bloquear o acesso efetivo de outrem a determinados recursos naturais que William Foster Lloyd estava pensando quando desenvolveu em 1833 o seu famoso estudo "Two Lectures o the Checks to Population", no qual defendia o fechamento dos pastos comuns. De forma pioneira, o professor de política econômica da Universidade de Oxford sustentou que, ao contrário da prática então comumente adotada na Europa, que tolerava o uso irrestrito e compartilhado dos pastos pela coletividade, seria mais eficiente transformar esses bens em propriedade exclusiva de uma única pessoa.

Segundo o autor, como os pastores estão sempre procurando maximizar os seus benefícios pessoais, eles são incentivados a levar o maior número possível de animais para o pasto comum e, como resultado dessas ações individuais, o número total de animais tenderia a aumentar continuamente, conduzindo, assim, à utilização excessiva da terra. Esse uso desenfreado acarreta o esgotamento do pasto comum, o que reduz a sua produtividade, prejudicando, ao fim e ao cabo, os rebanhos de todos os pastores. Ou seja, a ação individualista de cada pastor, desarticulada com a dos outros, resulta em uma situação em que todos saem perdendo.

Para impedir essa tragédia, Lloyd pensou em algo relativamente simples: dividir o pasto comum em parcelas exclusivas, cada qual sendo atribuída a apenas um pastor. Desse modo, cada indivíduo já não teria mais incentivo para aumentar o seu rebanho

---

individual in the universe", in *Commentaries on the laws of England*, disponível em: https://avalon.law.yale.edu/subject_menus/blackstone.asp. Acesso em: 20 jan. 2022.

É fato que a concepção "blackstoniana" é hoje associada a uma ideia absolutista de propriedade, objeto de críticas das mais diversas. Mas é de se ressaltar a existência de um esforço de pesquisa histórico para demonstrar que a concepção de propriedade que Blackstone foi deturpada ao longo do tempo, principalmente a partir do início do século XX. Nesse sentido, "There is something about Blackstone which lends the absolute dominion view either an august respectability, or a sort of archaic and pompous ridiculousness, depending on one's point of view" "(...) Property for Blackstone was not truly identified with absolute dominion, but was a complex set of institutions that supported and reflected community at various scales: the family, the village, the parish, business relationships and more. Jurists throughout the years recognized this. It is only in recent years, and particularly in the United States, that something like a consensus has emerged that there was, in earlier times, a Blackstonian conception of property that made no room for community" (SCHORR, David B. How Blackstone became a Blackstonian. *Theoretical inquiries in Law*, v. 10, p. 124-126, 2009).

2. A chamada "doutrina do castelo" é uma concepção que justifica, com base na legitima defesa, a possibilidade, em casos extremos, de o proprietário tirar a vida de quem invadir o seu bem. Nesse sentido, cf. LEVIN, Benjamin. A defensive defense? Reexamining Castle Doctrine statues. *Harvard Journal on Legislation*, v. 47, n. 2, p. 523, 2010.

3. Nessa linha, "It is simply that to the extent one has the right to exclude, then one has property; conversely, to the extent one does not have exclusion rights, one does not have property" (MERRILL, Thomas W. Property and the Right to Exclude. *Nebraska Law Review*, v. 77, p. 753, 1998).

para além da capacidade produtiva da sua pastagem, de modo que tenderia a utilizar o seu pasto de forma eficiente, tendo em vista o tamanho ótimo do rebanho que pode ser alimentado naquele terreno. Nessa solução, a técnica proprietária funcionaria como meio de regulagem da produtividade dos bens, por meio do estabelecimento do acesso exclusivo de cada pastor ao seu próprio imóvel, evitando, assim, o seu esgotamento por meio do uso coletivo irrestrito.

A prerrogativa de excluir alguém do uso de um determinado bem, de ter a última palavra sobre "quem entra e quem sai" e de definir o nível de aproveitamento econômico do bem, é uma das características consideradas típicas de uma noção, por assim dizer, "clássica" do direito de propriedade. Nessa direção, ao propor o surgimento de uma barreira de acesso ao uso de bens que eram fruídos até então de maneira comum, William Foster Lloyd estava, de fato, defendendo a disseminação da propriedade privada como ferramenta jurídica mais apropriada para o uso desses bens. Em outras palavras, a propriedade privada seria o modelo mais eficaz a ser aplicado na gestão dos bens escassos. No entanto, essa leitura se submete a diversos pontos de reflexão, tendo em vista a situação específica dos bens comuns.

3. AUTONOMIA PRIVADA E ACESSO AOS BENS

Em primeiro lugar, a ideia de que o elemento definidor do conceito jurídico de propriedade seja o direito de excluir pode ser questionado. Se olharmos a questão com mais calma, veremos que, a rigor, não se trata de algo exclusivo da situação subjetiva proprietária.

Assim, por exemplo, o locatário de um imóvel tem o direito de decidir "quem entra e quem sai" do imóvel por ele locado. Se o contrato está em vigor e as cláusulas estão sendo respeitadas, nem mesmo o proprietário terá o direito de adentrar o bem sem a autorização do locatário. Nesse sentido, o locatário tem o "direito de excluir" da mesma forma que o proprietário, o que significa que essa não é uma característica singular, portanto, definidora da propriedade.

O que parece realmente específico da propriedade é a sua plenitude, vale dizer, o amplo grau de liberdade de que goza o proprietário para decidir acerca do aproveitamento do bem (*plena in re potestas*).[4] O proprietário tem, com efeito, o poder de definir o destino a ser dado à coisa objeto do seu direito e determinar o seu modo de uso e gozo com uma amplitude que não é igualada em nenhuma outra situação jurídica subjetiva.

Evidentemente, na atual ordem jurídica, há limites importantes ao exercício do direito de propriedade, como o respeito à sua função social e às diversas restrições esta-

4. Como destacado na doutrina, a propriedade tem por característica a plenitude, por ser capaz de reunir, em seu conteúdo, todos os elementos integrantes da senhoria, isto é, as faculdades dominiais de usar, gozar e dispor do bem. Cf. PEREIRA. *Instituições de Direito Civil*. 24. ed. Rio de Janeiro: Forense, 2016, v. IV, p. 76; e GOMES, Orlando. *Direitos Reais*. 19. ed. Rio de Janeiro: Forense, 2004, p. 109.

belecidas na ordem pública. Nada disso, porém, infirma que o proprietário é aquele que tem o mais amplo controle admissível sobre o que pode ser feito com bem.

O locatário, para continuar com o exemplo anterior, não tem essa possibilidade. Toda a sua margem de escolha está dada pelo contrato de locação, de modo que sua liberdade decisória nunca poderá ser considerada tão plena quanto àquela do proprietário. Nesse sentido, chega-se a afirmar, de forma contundente, que "property is formally analogous to a kind of jurisdiction, a position of normatively-binding decision-making over a defined subject-matter".[5]

Tendo em vista esse sentido mais amplo da ideia de propriedade, seria possível questionar se, por exemplo, uma concessionária de serviço público pode ser considerada, em substância, a proprietária dos bens afetados à sua concessão. Essa é uma pergunta pertinente porque os termos da concessão não são decididos pela própria concessionária, mas pelo ente estatal que realiza a concessão.[6] Dessa forma, ela não pode excluir quem quer que seja do uso e gozo do bem disponibilizado por meio do serviço público prestado caso tal possibilidade não estiver prevista no contrato de concessão. Ou seja, ela não pode fazer nada que, de alguma forma direta ou indireta, não tenha sido previamente autorizado pelo Estado.

Outro aspecto das reflexões de Lloyd que merece ser investigado com maior profundidade: será que o ser humano realmente só pensa no seu próprio interesse no momento de decidir como utilizar um recurso comum? Esse é um ponto crucial da discussão, pois ambos os autores partem da natureza egoística do indivíduo para concluir que haveria necessariamente um sobrepastoreio ineficiente das terras compartilhadas. Mas será que é sempre assim?

Não necessariamente. Desenvolvendo pesquisas sobre o tema dos *commons* desde a década de 80, a economista Elinor Ostrom procura demonstrar, por meio de uma extensa pesquisa empírica, a existência de bens comuns, notadamente os chamados "common pool resources", que são explorados pela comunidade de maneira sustentável.[7] Segundo Ostrom, a viabilidade dos bens comuns está ligada a existência de regras comunitárias que disciplinam a sua utilização e, em vários exemplos empiricamente constatados, o processo de controle e aplicação das regras é assumido pela própria comunidade, de

5. STERN, James Y. What is the right do exclude and why does it matter? *Property Theory*: Legal and Political Perspectives. Cambridge University Press, 2018, p. 64.
6. É importante reconhecer que esses termos devem refletir a realidade do mercado ao qual se dirigem, sob pena da concessão não ser realizada da forma mais eficiente. Nesse sentido, ainda que seja possível realizar uma analogia que liga a concessionária ao locatário, como entes que têm uma margem limitada de decisão previamente definida, o mercado ao qual as concessões se dirigem é menor do que aquele das locações, além do fato de que tais empresas, usualmente, têm mais poderio econômico do que as pessoas que potencialmente podem ocupar a posição de locadores. Em tais condições, as concessionárias teriam mais poder de barganha e influência nos termos finais da concessão à qual elas passariam a se submeter. De todo modo, o argumento central permanece inalterado: as concessionárias não seriam, a rigor, titulares do "domínio" que caracterizaria a ideia de propriedade.
7. OSTROM, Elinor. *Governing the commons* – The evolution of institutions for collective action. New York: Cambridge University Press, 2015, p. 21.

modo a garantir a sustentabilidade do recurso.[8] Esse arranjo é possível em razão de as comunidades desenvolverem relações de confiança e compartilharem interesses comuns pela manutenção do recurso natural no longo prazo.[9]

As pesquisas de Ostrom se harmonizam com os estudos desenvolvidos mais recentemente sobre "behavioral economics".[10] Nessa área, diversos trabalhos procuram evidenciar a dimensão altruísta que pode surgir entre os membros de grupos que tenham consciência da escassez do recurso compartilhado e guardem entre si relações de solidariedade. Nessa direção, quando a comunidade adquire a consciência de que a manutenção desse recurso é essencial para a sua própria sobrevivência, a regulação daquilo que cada um pode fazer se submete a normas de conduta sociais, que vinculam todo o grupo.[11]

De outra parte, sustenta-se que a utilização desmedida de um recurso escasso não decorre de um traço natural do ser humano, sendo, antes disso, uma consequência adversa da perda da confiança entre as pessoas.[12] Por essa razão, o entendimento segundo o qual o ser humano seria egoísta e movido por seu próprio bem-estar pessoal seria uma visão reducionista da complexidade do comportamento humano. A esse respeito, Ostrom procura demonstrar que a confiança e o compartilhamento de laços sociais desempenham um papel importante na sustentabilidade de recursos escassos.[13]

Em suma, esses elementos permitem depreender que a propriedade privada pode ser encarada sob uma ótica diferente daquela por meio da qual ela é tradicionalmente compreendida. Se o egoísmo não é um traço sempre presente na forma como as pessoas decidem utilizar um recurso compartilhado, o esgotamento desse recurso deixa de ser uma consequência inevitável.

A isso, contudo, deve ser acrescentada uma nova discussão: o proprietário pode excluir ou impedir o acesso a determinado bem considerado essencial para o pleno

8. Idem, p. 22.
9. Idem, p. 23.
10. A economia comportamental "é uma disciplina que decorre da incorporação, pela economia, de desenvolvimentos teóricos e descobertas empíricas no campo da psicologia, da neurociência e de outras ciências sociais. Em tais condições, trata-se de uma abordagem crítica da visão econômica tradicional, na qual o "homo economicus" é descrito como um tomador de decisão racional, ponderado, centrado no interesse pessoal e com capacidade ilimitada de processar informações. (...) Em contrapartida, a economia comportamental sugere que as pessoas decidem com base em hábitos, experiência pessoal e regras práticas simplificadas. Aceitam soluções apenas satisfatórias, buscam rapidez no processo decisório, tem dificuldade em equilibrar interesses de curto e longo prazo e são fortemente influenciadas por fatores emocionais e pelo comportamento dos outros". "O que é economia comportamental?" Disponível em: economiacomportamental.org https://www.economiacomportamental.org/o-que-e/. Acesso em: 20 jan. 2022.
11. Nesse sentido, "(...) quando o preço não faz parte da troca, tornamo-nos menos maximizadores egoístas e começamos a nos importar mais com o bem-estar dos outros". ARIELY, Dan. O poder do biscoito grátis – como o grátis pode nos tornar menos egoístas. *Previsivelmente Irracional* – as forças invisíveis que nos levam a tomar decisões erradas. Rio de Janeiro: Sextante, 2020, p. 104.
12. ARIELY, Dan. O ciclo da desconfiança – por que não acreditamos no que os marqueteiros dizem. *Previsivelmente Irracional* – as forças invisíveis que nos levam a tomar decisões erradas. Rio de Janeiro: Sextante, 2020, p. 225.
13. OSTROM, Elinor. *Governing the Commons*: the evolution of institutions for collective action. New York: Cambridge University Press, 1990, p. 21-22.

desenvolvimento de condições dignas de vida para os membros da coletividade? Pode alguém ser proprietário de um bem considerado comum? Nesse ponto, mostra-se necessário aprofundar a investigação do significado dos bens comuns.

4. O QUE SÃO BENS COMUNS?

A discussão acerca dos bens comuns foi retomada mais de um século depois do estudo de Lloyd quando, em 1968, o ecologista americano Garret Hardin publicou um estudo na revista *Science* que ficou mundialmente famoso: "A tragédia dos comuns". Para o autor, a questão principal a ser considerada diz respeito ao fato de que os efeitos decorrentes da decisão de ampliar continuamente os rebanhos nos terrenos comuns são repartidos com a coletividade, ao passo que os ganhos decorrentes de tal decisão são fruídos exclusivamente por cada pastor.

Os pastores que, pensando apenas nos seus interesses, ampliam os seus rebanhos, tem efetivamente um ganho marginal, proporcionado pela alimentação das cabeças de gado adicionadas ao rebanho. A venda do gado que eles conseguem alimentar se reverte exclusivamente em seu benefício. Isso faz com que eles considerem esse aumento do rebanho como positivo. A decisão gera para eles um benefício imediato e real.

Em contrapartida, essa decisão gera uma consequência negativa porque o solo acaba se exaurindo com o excesso de utilização. Esse esgotamento, porém, é um efeito negativo que atinge toda a coletividade, tendo em vista o seu impacto na capacidade produtiva das terras. Ou seja, ao pensarem apenas em maximizar os seus ganhos, os pastores acabam gerando uma situação de ineficiência. Como explica Hardin:

> Aí está a tragédia. Cada indivíduo encontra-se aprisionado a um sistema que o compele a aumentar o seu rebanho ilimitadamente – em um mundo que é limitado. A ruína é o destino em direção ao qual todos os indivíduos se apressam, cada um perseguindo o seu melhor interesse em uma sociedade que acredita na liberdade dos bens comuns. A liberdade em um bem comum traz ruína para todos.[14]

Como ecologista, a principal preocupação de Hardin se voltava para o problema populacional, ou seja, o impacto que o crescimento populacional desenfreado poderia gerar no meio ambiente e na qualidade de vida das pessoas. O autor critica de forma veemente a atitude inconsequente das pessoas que consomem cada vez mais recursos, sobrecarregando o ecossistema sem levar em consideração o fato os recursos naturais serem limitados. O autor chega, inclusive, a criticar a liberdade das famílias em matéria de planejamento familiar, por entender que a falta de controle de natalidade poderia gerar um excesso populacional, impondo sacrifícios coletivos.

Diante disso, o autor defende a propriedade privada como a forma mais eficiente de regulação do uso desses bens considerados comuns:

14. HARDIN, Garrett. The Tragedy of the Commons: The population problem has no technical solution; it requires a fundamental extension in morality. *Science*, v. 162, p. 1.244, dez. 1968, tradução livre.

> Uma alternativa ao bem comum não precisa ser perfeita para ser preferível. Em relação aos imóveis e a outros bens materiais, a alternativa escolhida por nós é a instituição da propriedade privada associada à sucessão hereditária legal. Esse sistema é perfeitamente justo? Na condição de biólogo formado em genética, eu nego que seja. (...) Devemos reconhecer que o nosso sistema legal, baseado na propriedade privada e na herança, é injusto – mas nós o aturamos porque não estamos convencidos, no atual momento, de que algum melhor tenha sido inventado. A escolha do bem comum é demais aterrorizante para ser considerada. Injustiça é preferível à ruína total.[15]

Como se vê, seja em respeito ao louvável objetivo de preservação ambiental, seja como forma de exploração do bem, a propriedade privada é retomada, nesse contexto, como uma barreira (eficiente e socialmente útil) de acesso a determinado recurso.

O artigo de Hardin também mostra que o tema dos bens comuns não é novo. Ao longo do último século, ele foi aparecendo aqui e ali em estudos diversos, de áreas muito variadas, como nos debates sobre *software* livre.[16] No passado mais recente, porém, houve uma renovação mais forte no interesse sobre o tema na doutrina italiana.

Na Itália, a retomada do debate sobre os bens comuns ocorreu em meio ao processo de insatisfação popular com o projeto de reformulação do Estado – iniciado ainda na década de 90 – que caminhava em direção a uma série de privatizações de serviços públicos, inclusive da gestão do fornecimento de água.[17] Nesse momento, houve o receio de que determinado bem ou serviço essencial à população fosse submetido inteiramente às regras da economia de mercado, em que o acesso é determinado pela livre interação da demanda e da oferta.

Com o trabalho decisivo do movimento "Acqua Bene Comune", ganhou força o protesto popular contra a possibilidade de privatização dos serviços de fornecimento de água, culminando com a realização de um plebiscito, em 2011, no qual a maioria da população italiana votou contra a possibilidade do serviço de fornecimento de água ser transferido para a iniciativa privada.[18] Prevaleceu o entendimento de que a água, como bem comum, não poderia ser tratada como mera "mercadoria", de modo a ter o seu acesso negado àquele que, eventualmente, não tenha recursos suficientes para adquiri-la.

---

15. HARDIN, Garrett. The Tragedy of the Commons: The population problem has no technical solution; it requires a fundamental extension in morality. *Science*, v. 162, p. 1.246, dez. 1968, tradução livre.
16. GLEIZES, Jérôme. Introduction au logiciel libre. *Multitudes* – revue politique, artistique, philosophique. n. 1, mar. 2000. Disponível em: https://www.multitudes.net/Introduction-au-logiciel-libre/. Acesso em: 12 nov. 2021.
17. GRANZIERO, Silvia. 10 anni fa gli italiani votarono no a privatizzare l'acqua ma il loro volere è stato tradito. *The vision*, 11 giugno, 2021. Acesso em: 12 nov. 2021.
18. Nesse sentido, "L'inizio degli anni 2000 segna, dunque, una svolta nel processo di privatizzazione che era iniziato in Italia sul finire degli anni Ottanta e che aveva riguardato il sistema bancario e la maggior parte del patrimonio industriale pubblico controllato per lo più dall'Iri e dagli altri enti statali che svolgevano il ruolo di holding per i soggetti pubblici impegnati nei settori di rilievo industriale. Si passa, infatti, dalle privatizzazioni di 'prima generazione' che avevano riguardato assets 'che, in un'economia di tipo capitalistico, sono naturalmente destinati ai privati (banche, imprese, società)' alle privatizzazioni 'di seconda generazione' che hanno ad oggetto i beni comuni e che 'rappresentano un fenomeno qualitativamente diverso da quelle precedenti perché segnano il passaggio sotto la sovranità del mercato di beni che, tradizionalmente venivano in considerazione più per il loro valore d'uso che per il loro valore di scambio'" (MAROTTA, Sergio. La via italiana ai beni comuni. *Aedon – Rivista di arti e diritto on line*, v. 1, 2013, disponível em: http://www.aedon.mulino.it/archivio/2013/1/marotta.htm, acesso em: 10 nov. 2015).

Uma pergunta, porém, se mantém até aqui sem resposta: o que é efetivamente um bem comum? Seriam bens escassos compartilhados por uma dada comunidade de pessoas ou bens que se singularizam dos demais por desempenharem uma função específica?

Instituída no governo Romano Prodi com o intuito de reformulação do Código Civil italiano, a comissão presidida por Stefano Rodotà concluiu, em 2008, que os "beni comuni" são "bens consumíveis não rivais, exauríveis, como os cursos d'água, os lagos, o ar, os parques naturais, as florestas, a fauna, os bens culturais, entre outros, que, independentemente de pertencerem a um ente público ou privado, se revelem funcionalmente importantes para o exercício dos direitos fundamentais e ao pleno desenvolvimento da personalidade humana".[19]

Existem outras definições, mas o elemento comum a todas reside no entendimento de que o acesso a determinados bens deveria ser assegurado a qualquer pessoa, por serem funcionalmente relevantes para a promoção de condições dignas de vida.[20] É o que se vê também na seguinte formulação de Ugo Mattei sobre os *bens comuns a todos*:

> Os bens de todos não se reconduzem ao âmbito da propriedade privada nem àquele do poder público estatal. São bens comuns a todos, independentemente das utilidades que deles um indivíduo poderia se apropriar. Todas essas utilidades que determinado bem produz e que não são privadas nem públicas, mas que devem permanecer à disposição de todos.[21]

Tal proposição traz em seu âmago uma releitura do papel a ser desempenhado pelo Estado, que, deixando de ser mero garantidor da ordem jurídica, passa a ter a responsabilidade de promover, por meio de arranjos institucionais de governança, o acesso efetivo[22] aos bens comuns, assim reputados por serem indispensáveis ao exercício de certos direitos fundamentais. Um exemplo disso pode ser encontrado nas discussões sobre o desenvolvimento de um marco legal para programas "livres" de computador, entendidos como bens comuns.[23]

---

19. PARISI, Federica. I "beni comuni" e la Commissione Rodotà, disponível em: http://www.labsus.org/2009/04/i-beni-comuni-e-la-commissione-rodota-3/, acesso em: 10 nov. 2015. Rodotà afirma categoricamente: "(...) beni comuni sono quelli funzionali all'esercizio di diritti fondametali e al libero sviluppo della personalità, che deveno esse salvaguardati sottraendoli alla logica distruttiva del breve período, proiettando la loro tutela nel mondo più lontano, abiato dalle generazioni future" (*Il terrible diritto* – Studi sulla proprietà privata e i beni comuni. Bologna: Il Mulino, 2013, p. 472).
20. Nesse sentido, na doutrina pátria, permita-se remeter a RENTERIA, Pablo e DANTAS, Marcus. Notas sobre os bens comuns. *O direito civil entre o sujeito e a pessoa*: estudos em homenagem ao Professor Stefano Rodotà. Belo Horizonte: Fórum, 2016, p. 131 e ss.; e TEPEDINO, Gustavo. MONTEIRO FILHO, Carlos Edison do Rego e RENTERIA, Pablo. *Fundamentos do Direito Civil.* 2. ed. Rio de Janeiro: Forense, 2021, v. 5, p. 567-569. Cf. ainda CORTIANO JUNIOR, Eroulths e KANAYAMA, Rodrigo Luís. Notas para um estudo sobre os bens comuns. *Revista da Academia Brasileira de Direito Constitucional.* v. 15, n. 15, p. 480-491. Curitiba, jul.-dez. 2016.
21. MATTEI, Ugo. *Beni Comuni* – picola guida di resistenza e proposta. Marotta e Cafiero, 2020, p. 7, tradução livre.
22. Trata-se, portanto, de "(...) uma concepção de direito que não o reduza a mecanismo de instrumentalização de interesses econômicos, mas como canal de transmissão de valores socialmente relevantes inclusive para aqueles que não são proprietários" (RENTERIA, Pablo e DANTAS, Marcus. Notas sobre os bens comuns. *O direito civil entre o sujeito e a pessoa*: estudos em homenagem ao Professor Stefano Rodotà. Belo Horizonte: Fórum, 2016, p. 136).
23. Cf. sobre a matéria BROCA, Sébastien. Les comuns, un project ambigu. *Le Monde diplomatique*, Décembre, 2016, p. 3, disponível em: https://www.monde-diplomatique.fr/2016/12/BROCA/56916, acesso em: 04 dez. 2021. O autor defende, como exemplo de arranjo institucional destinado a fomentar o desenvolvimento de *softwares* livres, a proibição de venda casada de softwares particulares com computadores.

Em definitivo, o desenvolvimento dos bens comuns não representa uma visão menos ou mais publicista, mas, antes disso, uma revisão do papel do Estado, que passaria a atuar na criação da governança aplicável à gestão dos bens essenciais às condições dignas de vida da coletividade.[24]

5. À GUISA DE CONCLUSÃO: O PÚBLICO, O PRIVADO E O COMUM

As concepções tradicionais de propriedade são dificilmente conciliáveis com a noção jurídica de bens comuns. Independentemente de a propriedade ser particular ou pública, o dono sempre conserva, em alguma medida, a prerrogativa exclusiva de decidir o destino da coisa, em direção oposta ao princípio de que os bens comuns deveriam ser mantidos à disposição de todos os indivíduos.[25] Por conta disso, há quem compreenda os bens comuns como a superação da propriedade privada:

> A reflexão e a ação políticas contemporâneas estão retomando, em situação histórica totalmente diferente, uma concepção que a filosofia grega e o direito romano nos permitem recuperar e levar mais longe: o comum, no princípio daquilo que nos faz viver juntos, é o inapropriável como tal. Daí a tese que defendemos aqui: se o comum tiver de ser instituído, ele só poderá sê-lo como inapropriável – em hipótese alguma como objeto do direito de propriedade.[26]

No entanto, se a incompatibilidade entre bens comuns e propriedade reside na atribuição do domínio exclusivo sobre o bem, tal problema não poderia ser resolvido por meio da criação de arranjos institucionais de compartilhamento do poder decisório sobre o aproveitamento econômico do bem? Nessa direção, a propriedade poderia ser revista em sua lógica interna, por meio da concepção de mecanismos destinados a proporcionar o compartilhamento decisório sobre a utilização do bem, como observa Stefano Rodotà,

> O ponto-chave, portanto, não é mais o 'pertencimento' do bem, mas a sua gestão, que deve garantir o acesso ao bem e prover a participação dos sujeitos interessados. Os bens comuns são de 'titularidade difusa', pertencem a todos e a ninguém, no sentido de que todos devem ter acesso a eles e ninguém pode postular sobre eles pretensões exclusivas.[27]

---

24. Cf. sobre o ponto MATTEI, Ugo. Rendre inaliénables les biens communs. *Le Monde diplomatique*, décembre, 2011, p. 3. Disponível em: https://www.monde-diplomatique.fr/2011/12/MATTEI/47058. Acesso em: 04 dez. 2021.
25. A questão se torna mais complexa com relação aos bens públicos de uso comum do povo (Código Civil, art. 99, I), que têm precisamente por vocação funcional assegurar o acesso de todos. De um lado, pode-se objetar que, mesmo em relação a esses bens, prevalece o domínio da administração pública, a quem a lei reserva a função de disciplinar o uso desses bens. Segundo o disposto no art. 103 do Código Civil: "[o] uso comum dos bens públicos pode ser gratuito ou retribuído, conforme for estabelecido legalmente pela entidade a cuja administração pertencerem". Por outro lado, merece ser investigada a possibilidade de o regime legal dos bens de uso comum do povo evoluir em direção à criação de regras institucionais que admitam, em maior medida, a gestão popular e coletiva.
26. DARDOT, Pierre e LAVAL, Christian. O direito de propriedade e o inapropriável. *Comum* – ensaio sobre a revolução do século XXI. São Paulo: Boitempo, 2017, p. 245. V. ainda, na doutrina pátria: "De modo geral, pode-se associar a noção de bens comuns ao conjunto de bens essenciais cujo acesso deve ser garantido a todos, independentemente do título proprietário, superando-se, assim, a lógica da apropriação (privada ou pública), que se apresenta como obstáculo à efetividade dos direitos fundamentais" (TEPEDINO, Gustavo; MONTEIRO FILHO, Carlos Edison do Rego e RENTERIA, Pablo. *Fundamentos do Direito Civil.* 2. ed. Rio de Janeiro: Forense, 2021, v. 5, p. 568).
27. RODOTÀ, Stefano. *Il terrible diritto* – Studi sulla proprietà privata e i beni comuni. Bologna: Il Mulino, 2013, p. 465, tradução livre.

É justamente o compartilhamento dessa gestão que abre caminho para a revisão da propriedade, que deixaria de ser incompatível com a gestão participativa de bens comuns, como a água. Nesse sentido, a experiência do movimento Acqua Beni Comuni em Nápoles se mostra significativa. Após o referendo de 2011, a gestão da água retornou para as mãos da administração local da cidade italiana, onde foi criado uma estrutura administrativa especial denominada "ABC", na qual foi estabelecido que a gestão deveria ser feita de forma democrática e participativa, o que inclui a participação de cidadãos no conselho de administração e a criação de um comitê de acompanhamento integrado por associações e pelos cidadãos beneficiários do serviço.[28]

No entanto, se é verdade que uma gestão participativa pode apontar para um caminho de harmonização entre um modelo proprietário revisado e a garantia de acesso aos bens comuns, também é certo que remanescem importantes percalços a serem percorridos. Se, por um lado, cresce a consciência da dimensão essencial que caracteriza a categoria dos bens comuns, o que serve de incentivo ao desenvolvimento dos estudos acerca do tema, por outro lado, são frequentes os sinais de dificuldades na governança pública ou privada das infraestruturas necessárias para a efetiva garantia de acesso a bens de primeira necessidade.

Nesse contexto, o recurso à inciativa privada vem se afirmando como a única solução viável para a realização dos investimentos dessas infraestruturas, nada obstante o intenso debate político que o tema suscita.[29] Seria possível alcançar um regime jurídico equilibrado capaz de promover, em bases sustentáveis, o acesso universal a bens essenciais, como a água tratada, a comida e o conhecimento?

---

28. Todo regulamento pode ser encontrado em "Osservatorio citadino permanente sui beni comuni della città di Napoli", em: https://www.comune.napoli.it/flex/cm/pages/ServeBLOB.php/L/IT/IDPagina/38205 Acesso em: 12 out. 2021.
29. Na Itália, não obstante o referendo de 2011, o governo parece ter se rendido a mecanismos baseados na iniciativa privada. Nesse sentido, vem sendo observado que o governo italianos tem procurado "(...) rafforzare il processo di industrializzazione del settore favorendo la costituzione di operatori integrati, pubblici o privati, per realizzare economie di scala. Si cerca, cioè, di agire sulla normativa che regola il Piano Nazionale per gli interventi nel settore idrico, da un lato unificando le risorse economiche per le infrastrutture di approvvigionamento e dall'altro semplificando le procedure; ma anche, di fatto, favorendo la privatizzazione attraverso la promozione di modelli dei gestione delle grandi aziende *multiutility* quotate in Borsa" (GRANZIERO, Silvia. 10 anni fa gli italiani votarono no a privatizzare l'acqua ma il loro volere è stato tradito. *The vision*, 11 giugno, 2021. Acesso em: 12 nov. 2021).

DISCRIMINAÇÃO HIDROSSOCIAL: UM ESTUDO DE CASO CONCRETO DA CEDAE DURANTE A PANDEMIA DE COVID-19, E UM CAMINHO RUMO A UMA EFETIVA TRANSFORMAÇÃO SOCIAL

Eduardo Chow De Martino Tostes

Doutorando e mestre pela UFF. Professor convidado da UFF e PUC-Rio. Diretor Acadêmico da Escola da Defensoria Pública do Rio de Janeiro (FESUDEPERJ). Defensor Público Coordenador do Núcleo de Defesa do Consumidor da Defensoria Pública do Estado do Rio de Janeiro. *eduardo_tostes@id.uff.br.*

1. INTRODUÇÃO

O presente trabalho busca verificar e revelar os desafios atuais acerca da efetivação direito à água potável no Brasil, dentro do grande quadro do direito do consumidor e ao saneamento básico, a partir da lente do sistema de justiça e da gestão política da cidade, refletindo sobre o que chamaremos de litigância estratégica no campo da proteção dos direitos dos mais vulneráveis e as possibilidades de atuação dos órgãos do sistema de justiça de forma cooperativa e integrada com as Universidades, amparados todos na participação efetiva dos consumidores-concernidos na busca da efetivação do direito de acesso à água potável a todas as pessoas, independentemente de seu bairro e de sua classe social.

Foram analisados casos judiciais de efeitos coletivos na capital fluminense, em sede de ação civil pública (ACP) ajuizada no Rio de Janeiro e de termo de ajustamento de conduta (TAC), seus atores, estratégias e as consequências desta litigância estratégica no que tange à efetivação do direito de acesso à água potável a todos, sem discriminação entre pobres e ricos. A questão de fundo revela uma política discriminatória de acesso à água, seja em uma análise extrema de consumidores e não consumidores, para até uma análise próxima de consumidores de bairros ricos e de bairros pobres, com a desnudação de categorias pretensamente científicas que 'explicam' a negação deste direito a um imenso contingente de pessoas, invisibilizadas, por morarem em áreas mais carentes, em contraposição àqueles que tem o acesso a estes direitos garantidos de forma absoluta, porque moram em áreas mais abastadas da cidade.

Compreender esta tensão social existente e, portanto, observar com atenção científica devida dos processos judiciais estruturantes para a garantia do princípio da justiça a todos, sem excluir as pessoas mais desfavorecidas, é observar os espaços possíveis caminhos necessários em prol da efetivação da promessa constitucional de dignidade da pessoa a todos os seres humanos, à luz da igualdade entre os consumidores, sem distinção em razão da raça ou classe social.[1]

O objetivo inicial desta investigação consiste em uma observação da forma de exercício da política pública de acesso a bens primários e do exercício da jurisdição pelo Poder Judiciário, de maneira a demonstrar como, à luz do realismo jurídico, o conceito do direito fundamental à água pode ser revelado e relido a partir de uma litigância estratégica com diferentes atores unidos em prol da efetivação universal deste direito humano a todos os consumidores em plena pandemia de Covid-19.

Utilizando-se o método genealógico,[2] buscando compreender a emergência de configurações singulares de sujeitos, objetos e significações nas relações de poder,[3] revelando e apontando novos caminhos no critério de direito à água independentemente de sua classe social, revelando a existência de milhões de pessoas carentes invisibilizadas da sociedade, de forma a tentar encontrar outros caminhos e direções na jornada de nossa sociedade, à luz de uma identidade nacional inclusiva e integralista.[4] Os instrumentos metodológicos utilizados nesta pesquisa foram a análise de casos judiciais concretos do Rio de Janeiro, dados públicos de órgãos oficiais e pesquisa bibliográfica.

No que tange à questão-problema, o presente artigo investiga como deve ser o critério de acesso à água no Brasil. A hipótese defendida é uma escolha política e jurídica não baseada em elementos de discriminação hidrossocial do consumidor, com o tratamento de toda a cidade como uma só, sem fronteiras, sem diferenças preconcebidas entre os espaços e as pessoas em razão de sua classe social.

2. PANDEMIA DE COVID-19 E OS ATORES DO SISTEMA DE JUSTIÇA

A pandemia de Covid-19 atinge a todas as pessoas, independentemente de sua classe social, raça ou gênero. Desde o mês de março de 2020, o Ministério da Saúde do Brasil reforçou a necessidade de isolamento e distanciamento social.[5] Houve a promulgação de diversos institutos normativos em níveis federal, estadual e municipal, como a decretação do Estado de Emergência (Decreto 46.973 de 16 de março de 2020)

1. SOUZA NETO, Cláudio Pereira de; SARMENTO, Daniel. *Direito constitucional*: teoria, história e métodos de trabalho. Belo Horizonte: Fórum, 2012.
2. FOUCAULT, Michel. *Microfísica do Poder*. 26. ed. São Paulo: Graal, 2013.
3. MORAES, Marcos Vinicius Malheiros. Genealogia – Michel Foucault. *Enciclopédia de Antropologia*. São Paulo: Universidade de São Paulo, Departamento de Antropologia, 2018. Disponível em: http://ea.fflch.usp.br/conceito/genealogia-michel-foucault. Acesso em: 10 abr. 2022.
4. LEMOS, Flavia Cristina Silveira; CARDOSO JÚNIOR, Héli Rebello. The genealogy in Foucault: a trajectory. *Psicologia & Sociedade*, v. 21, n. 3, p. 353-357, 2009.
5. Disponível em: https://g1.globo.com/bemestar/coronavirus/noticia/2020/03/20/ministerio-declara-transmissao-comunitaria-nacional-do-novo-coronavirus.ghtml. Acesso em: 16 out. 2021.

   Disponível em: https://g1.globo.com/bemestar/coronavirus/noticia/2020/03/20/ministerio-declara-transmissao-comunitaria-nacional-do-novo-coronavirus.ghtml. Acesso em: 17 out. 2021.

e a expedição no todos com o fim de se evitar a propagação do vírus do coronavírus, prevenindo-se o contágio.

De acordo com orientações declaradas pelas autoridades sanitárias nacionais e internacionais,[6] a prevenção ao contágio coronavírus passa pela constante higienização, especialmente com a lavagem das mãos. Desta forma, é através da continuidade do serviço de fornecimento de água que também se possibilitará o atendimento desta medida vital consistente justamente na lavagem das mãos com água e sabão para se combater a disseminação deste vírus.[7]

Atentos a esta necessidade de se garantir o acesso à água a todas as pessoas, independentemente de serem ou não consumidores regulares e pagadores de tarifas, em uma lente do direito à água inerente à saúde, como forma de prevenção ao contágio da doença de Covid-19, a Defensoria Pública e o Ministério Público do Estado do Rio de Janeiro articularam-se para efetivar este direito fundamental a todas as pessoas, inclusive os mais carentes e pobres, inclusive por notícias diárias nos canais de comunicação demonstrando este problema social em tempos de pandemia.[8]

Através das informações constantes dos processos judiciais públicos aqui consultados, foi possível extrair muitas conclusões acerca da estratégia judicial adotada pelos atores coletivos mencionados.

Através da análise dos documentos anexados aos processos consultados, verificou-se que a Defensoria Pública e o Ministério Público deliberaram em atuar em litisconsórcio para a efetivação do direito à água a todas as pessoas no período da pandemia.[9] No processo, constata-se a unificação temporária da base de dados de suas respectivas Ouvidorias e o mapeamento, através de reclamações dos concernidos, dos locais sem acesso à água no Rio de Janeiro no ano de 2020, a partir do mês de março.

Observa-se do Relatório da Ouvidoria Externa da Defensoria Pública anexado aos autos, centenas de reclamações sobre falta de água de moradores da Região Metropolitana do Rio de Janeiro, seja em locais urbanizados, seja em locais não urbanizados, como as comunidades carentes, estas, de quantitativo proporcional quase que totalitário. Portanto, revela-se correta a afirmação de Macedo et al,[10] ao refletir sobre quais destinos estão sendo traçados pelos governantes para as minorias, sendo em sua maioria, no Brasil, preta-pobre-periférica. (...) em direção a caminhos que se levam a política de estado

6. Disponível em: https://www.saude.gov.br/noticias/agencia-saude/46540-saude-anuncia-orientacoes-para-evitar-a-disseminacao-do-coronavirus. Acesso em: 21 out. 2021.
7. Trata-se de uma recomendação internacional o acesso à água para se lavar as mãos, como medida inerente à prevenção do contágio da doença. ("Hand hygiene is extremely important to prevent the spread of the Covid-19 virus. All health-care facilities should have regular programmes aimed at promoting best hand hygiene practices and ensuring the availability of the necessary infrastructure". WATER, W. H. O. sanitation, hygiene and waste management for the Covid-19 virus. *World Heal Organ*, p. 1-9, 2020.
8. Disponível em: https://www.bbc.com/portuguese/brasil-52032709. Acesso em: 14 jan. 2022.
9. Dados extraídos da petição inicial do processo coletivo aqui analisado (Processo 0076803-21.2020.8.19.0001).
10. MACEDO, Yuri Miguel; ORNELLAS, Joaquim Lemos; DO BOMFIM, Helder Freitas. Brazilian Public Health and Covid-19: what the Brazilian population expects. *Brazilian Journal of Policy and Development*-ISSN: 2675-102X, v. 2, n. 2, p. 128-138, 2020.

no Brasil, que pensa no capital como única saída, sucateando os direitos e conquistas dos cidadãos, trabalhadores e trabalhadoras que estão nas favelas, periferias e guetos.

Dos autos do processo, para além das reclamações realizadas diretamente pelos concernidos aos atores desta demanda coletiva, também se constatou a articulação da FAFERJ (Federação das Favelas do Estado do Rio de Janeiro), que manifestou seu posicionamento crítico relativo às informações prestadas pela CEDAE e a garantia de acesso à água, a fim de preservarem a vida de moradores de comunidades carentes do Rio de Janeiro.[11]

A crise[12] causada pela pandemia de Covid-19, revelou uma política de acesso à água baseada em critérios excludentes, não igualitários, reveladores de um posicionamento governamental em detrimento da população marginalizada e excluída da sociedade, em que se pode verificar uma reclamação de falta de água somente para a consumidores de bairros carentes do Estado do Rio de Janeiro.[13]

A ação[14] buscou uma medida preventiva de saúde pública para todas as pessoas, por meio do fornecimento de água potável a todo ser humano do Rio de Janeiro, de ma-

11. "A CEDAE frequentemente promove reparos e manobras para corrigir faltas de abastecimento. No entanto, são sempre soluções momentâneas e nunca temos uma solução definitiva. Assim, em todas as favelas que assim esta carta o problema é o mesmo: a falta de água sempre volta à realidade dos moradores. Além disso, a CEDAE não apresenta informações precisas sobre o funcionamento do sistema de água, o que nos impede de entender o que precisa ser feito para uma resolução efetiva. Muitas áreas nas favelas não possuem sequer tubulação de água e não vemos um planejamento de como estruturar o acesso à água para essas famílias. Para piorar, a pandemia do novo Coronavírus revelou que a CEDAE não tem um plano emergencial para atender e orientar a população das favelas em situações de crise. Por isso, exigimos nesta carta soluções concretas que garantam às populações faveladas e periféricas o acesso à água. Temos o direito à vida e, para isso, precisamos de condições para nos defender desta pandemia, a começar pelo direito a lavar as mãos! (...)" (Este documento foi anexado aos autos do processo e também reproduzido na petição inicial da ação civil pública analisada).
12. Emprego da terminologia crise de forma crítica, e não como um fundamento a uma mera desculpa para legitimar modelos econômicos em detrimento de populações vulneráveis, como bem utilizado por Silvio de Almeida: "A história do racismo moderno se entrelaça com a história das crises estruturais do capitalismo. A necessidade de alteração dos parâmetros de intervenção estatal a fim de retomar a estabilidade econômica e política – e aqui entenda-se estabilidade como o funcionamento regular do processo de valorização capitalista – sempre resultou em formas renovadas de violência e estratégias de subjugação da população negra." (ALMEIDA, Silvio. *Racismo estrutural*. Pólen Produção Editorial LTDA, 2019. p. 124).
13. Neste sentido, a conclusão de Pires, Carvalho e De Xavier (PIRES, Luiza Nassif; CARVALHO, Laura; DE LIMA XAVIER, Laura. Covid-19 e desigualdade: a distribuição dos fatores de risco no Brasil. *Research Gate*, 2020): Diante dos níveis abissais de desigualdade de renda e de acesso a serviços no Brasil, não faltam motivos para esperar um efeito desproporcional de Covid-19 entre os mais vulneráveis no país. (...) No que tange a desigualdade no acesso à saúde, os dados da Pesquisa Nacional de Saúde de ´2013 indicam que entre os 20% mais pobres da população, 94,4% não tem plano de saúde, e 10,9% se autoavaliam com saúde regular, ruim ou muito ruim, mas não consultaram um médico no último ano. Entre os 20% mais ricos, esses índices são de apenas 35,7% e 2,2%, respectivamente. Para piorar, o número disponível de leitos de Unidade de Tratamento Intensivo (UTI) é quase cinco vezes inferior para os usuários do Sistema Único de Saúde – SUS (1,04 leito por 10 mil habitantes, ou menos ainda em estados do Norte e Nordeste) do que para quem tem acesso a rede privada (4,84 leitos por 10 mil habitantes.
14. Importante observar que foram ajuizadas 2 (duas) ações civis públicas em razão do problema detectado e comprovado pela Defensoria e MPRJ: Uma primeira ação foi para exigir a elaboração de um plano de contingência/emergência para a questão de desabastecimento na Região Metropolitana do Rio de Janeiro (proc. 0071029-10.2020.8.19.0001), e a outra ação foi esta aqui analisada, de efetiva prestação do serviço de abastecimento de água. Não foram ajuizadas conjuntamente, talvez por estratégia jurídica dos autores coletivos, mas não há essa informação nos autos dos processos.

neira igualitária e não discriminatória. E a medida judicial foi pleiteada em detrimento de muitos réus: CEDAE (Companhia Estadual de Águas e Esgoto), Estado do Rio de Janeiro, Município do Rio de Janeiro e do Instituto Rio Metrópole.[15]

Através de uma decisão de segunda instância, foi deferida a tutela de urgência, e, considerando a água um direito fundamental, foi determinado:[16]

> que CEDAE providencie a regularização do fornecimento de água em todas as áreas do Município do Rio de Janeiro, vedada a exclusão das comunidades carentes, com a devida apresentação do cronograma necessário em prazo não superior a 05 (cinco) dias, para cumprir as seguintes medidas: adoção das providências necessárias para garantir o abastecimento adequado e regular de água nas redes da 1ª Agravada aos seus consumidores em todo o território do município do Rio de Janeiro, prioritária e especialmente nas comunidades carentes dotadas de rede de abastecimento regular de água, em prazo não superior a 48 (quarenta e oito) horas, a contar da reclamação do consumidor, da associação de moradores ou dos autores coletivos, para o abastecimento de toda a área afetada, garantido um mínimo de 20 litros por pessoa a ser entregue em distância razoável, nos termos preconizados pela ONU, OMS ou autoridade de saúde nacional, ficando autorizado o abastecimento por caminhões pipa ou colocação de torneiras públicas, para a satisfação do pedido de urgência, sob pena de multa diária de R$ 50.000,00 (cinquenta mil reais), em caso de descumprimento.

O mínimo vital de água foi garantido pelo Poder Judiciário fluminense a todos os consumidores,[17] mesmo aqueles residentes em comunidades carentes, não servindo apenas para "a proteção dos interesses da classe média e da elite".[18]

O direito do consumidor é uma garantia constitucional,[19] desta forma, revela-se contraditório assegurar este direito fundamental somente a determinados tipos de consumidores, em razão de sua classe social, em flagrante desrespeito ao princípio da igualdade.

De acordo com os ensinamentos da professora Claudia Lima Marques, a Assembleia Nacional constituinte, em caráter absolutamente inovador, elevou a defesa do consumidor à posição eminente de direito fundamental (art. 5º, XXXII), atribuindo-lhe, ainda, a condição de princípio estruturador e conformador da próprio ordem jurídica.[20] Dessa forma, o mínimo vital de água é a garantia mínima dos consumidores para

15. A ação civil pública tem por objeto duas questões principais: i) garantir o abastecimento adequado e regular de água nas redes da CEDAE aos seus consumidores em todo o território do município do Rio de Janeiro, prioritária e especialmente nas comunidades carentes dotadas de rede de abastecimento regular de água; e ii) adoção das providências necessárias para o abastecimento adequado e regular de água nas áreas não abrangidas por rede de abastecimento da CEDAE, prioritária e especialmente nas comunidades carentes sem a rede de abastecimento regular de água, mediante caminhões-pipa ou outros meios adequados; garantindo o acesso à água e consequente higiene básica à população carente afetada e residente nestas localidades e à população em situação de rua.
16. Acórdão proferido nos autos do Agravo de Instrumento 0026608-35.2020.8.19.0000.
17. O direito do consumidor é classificado pela doutrina nacional como direito fundamental de terceira geração (MARTINS, Plínio Lacerda. A inversão do ônus da prova na ação civil pública proposta pelo Ministério Público em defesa dos consumidores. *Revista de Informação Legislativa*, p. 53-61, 1999).
18. SARMENTO, Daniel. O mínimo existencial. *Revista de Direito da Cidade*, v. 8, n. n. 4, p. 1644-1689, 2016.
19. MARTINS, Plínio Lacerda. Corte de energia elétrica por falta de pagamento-Prática abusiva-Código do Consumidor. *Revista dos Tribunais*, n. 778, p. 12. 2000.
20. MARQUES, Claudia Lima. 25 anos de Código de defesa do Consumidor e as sugestões traçadas pela revisão de 2015 das diretrizes da onu de proteção dos Consumidores para a atualização. *Revista de Direito do Consumidor*, p. 6. 2018.

acesso à água, em quantidade e qualidade contempladas nos parâmetros internacionais e nacionais reconhecidos, como fim de se propiciar uma sobrevivência e subsistência digna da pessoa humana.

Através desta inicial litigância estratégica da Defensoria Pública e do Ministério Público perante o Poder Judiciário, conceito desenvolvido adequadamente por Ruibal,[21] houve uma garantia provisória deste bem primário, sem o qual as pessoas nem mesmo sobrevivem, durante a pandemia.

Contudo, o caso concreto analisado revelou uma face da sociedade muitas vezes escondida, em que não se olham, invisibilizam determinadas pessoas, como se nem seres humanos fossem, uma coisificação típica de uma necropolítica[22] implícita ao Estado de Direito, mas aceita omissivamente pelos agentes públicos, naquilo que deveria ser a regra de se proporcionar a todo cidadão a água em quantidade suficiente para viver, sem a qual morrerá, por se tratar de um bem primário.[23]

O acesso desigual à água é um problema de Saúde Pública e de escolha política de quem vive e de quem morre, para além de uma questão sanitária, o que deve ser enfrentado como requisito de justiça, como bem delineado por Rawls em seus ensinamentos sobre a teoria da justiça à luz dos princípios fundamentais da liberdade e igualdade, sob o véu de ignorância na posição original.[24]

Nesta pesquisa, questiona-se a interpretação conferida ao contrato social que nos governa, concluindo que não pode ser restrita aos interesses de poucos poderosos em detrimento de toda a sociedade, majoritariamente vulnerável, não se tendo como aceitável e inquestionável estas normas e decisões políticas que somente refletem a vontade de algum ou poucos sujeitos específicos.[25]

Através de um agir não instrumental, com uma deliberação externa que envolveu todo o grupo afetado, dando e ouvindo razões vindas de fora do grupo,[26] através de uma atuação estratégica para os fins de articulação com os concernidos e com o Poder Judiciário, promoveu-se um novo caminho, que revelaram e superaram, nas lições de

---

21. RUIBAL, Alba. A controvérsia constitucional do aborto no Brasil: Inovação na interação entre movimento social e Supremo Tribunal Federal. v. 11, n. 2, p. 1166-1187, 2020. Disponível em: https://doi.org/10.1590/2179-8966/2020/50431. Acesso em: 18 jun. 2021.
22. MBEMBE, Achille. *Necropolítica*. Melusina, 2020.
23. PONTES, Carlos Antonio Alves. *Urbe água vida: ética da proteção aplicada ao estudo de implicações morais no acesso desigual à água potável*. 2003. Fundação Oswaldo Cruz, 2003.
24. RAWLS, John. Trad. Almiro Pisetta e Lenita MR Esteves. *Uma teoria da justiça*. São Paulo: Martins Fontes, 1997.
25. SANTORO, Emilio. *Estado de direito e interpretação*: por uma concepção jusrealista e antiformalista do Estado de Direito. Porto Alegre: Livraria do Advogado, 2005.
26. (...) internal deliberation by a group is the effort to use persuasion and reasoning to get the group to decide on some common course of action. External deliberation is the effort to use persuasion and reasoning to affect actions taken outside the group. Internal deliberation involves giving and listening to reasons from others inside the group. External deliberation involves the group, or its members, giving and listening to reasons coming from outside the group (FEREJOHN, John; PASQUINO, Pasquale. Constitutional adjudication: lessons from Europe. *Texas L. Rev.*, v. 82, p. 1692, 2004).

Gilvan, as concepções ontológico-metafísicas que tentam inviabilizar o diálogo ou qualquer forma de interlocução.[27]

3. DISCRIMINAÇÃO HIDROSSOCIAL: UNIVERSIDADES E O SISTEMA DE JUSTIÇA

Compreender como foi efetivado direito à água no Rio de Janeiro, em dezembro de 2020, é uma questão necessária nesta pesquisa, a fim de se observar o comportamento dos agentes públicos relevantes neste cenário, e, para tanto, deve-se perquirir o caminhar da história neste período de pandemia nesta temática.

O entendimento de que todos os consumidores devem ter acesso à água, seja em locais urbanizados da cidade, seja nas comunidades carentes, já foi revelado no capítulo anterior, de forma a se enxergar este direito como universal.

> (...) o acesso à água potável deve ser universal, ou seja, assegurada a todos os membros da sociedade a quantidade água potável suficiente para suas atividades cotidianas básicas, necessárias para uma qualidade de vida, pelo menos decente. Para tanto, as políticas de privatização não deveriam, via de regra, ser utilizadas, uma vez que, ao reduzir o cidadão a simples consumidor, não reconhecem a água potável como um bem primário, diferente dos demais bens de consumo, isto é, não substituível por outro bem e, portanto, de acesso obrigatório, garantido pelo Estado.[28]

Grande parte da população vive em áreas não urbanizadas, em locais classificados como informais, irregulares ou subnormais.[29] São, pois, como desenvolvido adiante, as fronteiras[30] de legalidade e ilegalidade, de acesso aos direitos assegurados em nossa carta fundamental estão muito bem delineadas no recorte político-jurídico-social brasileiro.

O último Censo realizado em 2010, revela que o país possui 3.224.529 domicílios ocupados por aproximadamente 11 milhões de pessoas em uma situação de favelização. Desses, 77% estão em Regiões Metropolitanas, que abrigam 73,1% da população das áreas informais identificadas. Os locais mais procurados para o estabelecimento dos aglomerados subnormais são as margens de córregos, rios ou lagos/lagoas, sendo 12% dos domicílios do País. Sendo que, considerando-se apenas a população da cidade do Rio de Janeiro, cerca de 22,2% dos cariocas, ou praticamente um em cada cinco, eram moradores de favelas.[31]

Na continuação da análise do caso concreto desenvolvido no capítulo anterior, observa-se que, no decorrer do ano de 2020, mais precisamente, em 15 de novembro,

27. HANSEN, Gilvan Luiz; HANSEN JÚNIOR, Gilvan Luiz. Democracia, Estado de Direito e fundamentalismo. In: NEVES, Edson Alvisi; FERNANDES MONICA, Eder; HANSEN, Gilvan Luiz. *Democracia, estado de direito e cidadania*: enfoques e reflexões. Niterói/RJ: Ed. Light, 2014. p. 227-240.
28. PONTES, Carlos Antonio Alves. *Urbe água vida*: ética da proteção aplicada ao estudo de implicações morais no acesso desigual à água potável. 2003. Fundação Oswaldo Cruz, 2003, p. 91.
29. Nomenclaturas utilizadas em diferentes bases de dados e estudos oficiais, adiante demonstradas.
30. DA SILVA TELLES, Vera. *A cidade nas fronteiras do legal e ilegal.* Argumentum, 2010.
31. Dados resumidos em: https://agenciadenoticias.ibge.gov.br/agencia-noticias/2012-agencia-de-noticias/noticias/15700-dados-do-censo-2010-mostram-11-4-milhoes-de-pessoas-vivendo-em-favelas. Acesso em: 17 dez. 2021.

houve um problema técnico no sistema de abastecimento da cidade do Rio de Janeiro e de Nilópolis, referente à Elevatória do Lameirão, acarretando a redução de 25% da capacidade de operação da CEDAE, acarretando um problema imediato de abastecimento de água a um quarto da população afetada.

Tendo em vista a redução da capacidade de abastecimento da cidade, a escolha técnico-política de quem estaria apto a receber água da empresa pública no período de reparo da elevatória foi revelador de uma gestão baseada em uma discriminação hidrossocial entre os consumidores fluminenses, a partir da classe social de determinado bairro da cidade.

Conforme ensina Britto, as formas de acesso e de exclusão à água é um processo social historicamente construído para gerar esta exclusão hidrossocial. Sendo os consumidores pobres de periferias, sem poder político-social, os mais afetados por esta escassez.[32]

Considerando o teor das informações dos mapas de redução de abastecimento de água constantes no referido site da CEDAE,[33] em que se observa que muitos bairros estão previstos como afetados pelo desabastecimento de água por mais de 1 (um) dia consecutivo, citando, por exemplo o bairro de Campo Grande, com previsão de desabastecimento todos dos dias entre 01 e 14 de dezembro; bairro de Cosmos, de 02 a 13 de dezembro; bairro de Santa Cruz, de 01 a 14 de dezembro; bairro de Senador Camara, dias 01, 03, 05, 07, 09, 11, 13 de dezembro.

Por outro lado, os bairros mais abastados estavam com regime de abastecimento de água menos drásticos do que os mais carentes, citando, por exemplo o bairros do Leblon, Jardim Botânico, com nenhuma previsão de desabastecimento; bairro de Copacabana, com previsão de desabastecimento nos dias 05 e 07 de dezembro; bairro de Botafogo, nos dias 02 e 12 de dezembro; bairro da Barra da Tijuca, dias 01, 04, 08 e 11 de dezembro.

A situação vislumbrada no caso concreto analisado, demonstrou que o Estado (titular do serviço de saneamento básico e proprietário da CEDAE), escolheu, durante o período de crise hídrica vivenciado do dia 15 de novembro até o dia 23 de dezembro de 2020, abastecer os consumidores de bairros ricos da cidade em detrimento dos consumidores de bairros pobres, sob o regime de manobras realizado. Uma linha reveladora foi então destacada, com a revelação de que "existem interesses hegemônicos em relação à mercantilização da água, um certo racismo nessa distribuição no qual se prioriza mais o abastecimento e o saneamento de áreas nobres e turísticas de uma cidade".[34]

Os casos concretos analisados buscaram impedir a perpetuação de uma situação de discriminação hidrossocial constatada, uma hipótese combatida de escolha do gestor

---

32. BRITTO, Ana Lucia; JOHNSSON, Rosa Maria Formiga; CARNEIRO, Paulo Roberto Ferreira. Abastecimento público e escassez hidrossocial na metrópole do Rio de Janeiro. *Ambiente & Sociedade*, v. 19, n. 1, p. 185-207, 2016.
33. Disponível em: https://www.cedae.com.br/economizeagua. Acesso em: 14 dez. 2021.
34. SILVA, José Irivaldo Alves Oliveira; FARIAS, Talden Queiroz. A tutela jurídica do ciclo urbano da água: linhas preliminares. *Revista de Direito da Cidade*, v. 12, n. 1, p. 366-389, 2020.

das águas à luz de uma preferência realizada a partir da região afetada, com um critério não justificado de privilégio de áreas ricas em prejuízo de moradores de áreas carentes, pelo simples fator social (e um consequentemente racismo hídrico) na análise da opção de direcionar o abastecimento de água.

O presente estudo propõe, para além um olhar sobre os invisibilizados, um olhar de invisibilização de consumidores de bairros carentes, como supostamente aceitável não serem merecedores de ter acesso à água potável, mesmo com o devido pagamento para tanto na conta de consumo, sob a justificativa de se manter o acesso à água ininterrupto a população mais abastada da cidade.

Chama a atenção na análise deste caso concreto, para além da execução coletiva provisória[35] proposta pela Defensoria Pública e Ministério Público, para fazer valer a decisão analisada no capítulo anterior, o fato de uma articulação estratégica e não instrumental entre estes atores coletivos, professores da Universidade Federal Fluminense (UFF) e da Fundação Oswaldo Cruz (Fiocruz).

Através da articulação entre professores, Defensores Públicos e Promotores de Justiça, foi realizado um termo de ajustamento de conduta com a CEDAE no dia 09/12/2020, assinado pelas partes e pelos professores da UFF e Fiocruz, para fins de, dentre outras questões como um gabinete de crise com a participação de todos os subscritores, dispondo sobre a necessidade de um sistema de manobras por rodízio de abastecimento equivalente entre os bairros da cidade, de forma justificada e não discriminatória com bairros mais vulneráveis.[36]

Trata-se de importante instrumento público, homologado judicialmente no processo referido no dia 11.12.2020, que reconheceu explicitamente a escolha política discriminatória no acesso à água entre bairros ricos e pobres, determinando o "rodízio de abastecimento equivalente entre os bairros da cidade, de forma justificada e não discriminatória com bairros mais carentes.", na forma literal disposta no acordo, para além de um centro de decisões mais democrático, com a participação de professores, de forma independente e eficiente, para tutelar de maneira adequada o direito fundamental à água a todas as pessoas da cidade.

Constatou-se também que, em razão da flagrante violação ao direito dos consumidores na situação narrada, com o desrespeito ao direito do consumidor carente do Rio de Janeiro no que tange ao acesso à água, o Ministério Público e a Defensoria Pública ajuizaram uma nova ação civil público, com fins de responsabilidade civil da CEDAE, pleiteando a indenização a título individual e coletivo, inclusive com o pedido de blo-

35. Documentos disponíveis no processo judicial 0282223-23.2020.8.19.0001.
36. TAC subscrito pelos seguintes signatários: Pela UFF, professor Edson Alvisi Neves; pela Fiocruz, professores Alexandre Pessoa Dias e Paulo Barrocas; pela Defensoria Pública, defensores públicos Eduardo Chow De Martino Tostes, Thiago Basilio, Alessandra Bentes e Samantha Monteiro; pelo Ministério Público, promotores de justiça José Alexandre Maximino, Gisela Pequeno e Patricia Gabai; pela Agência Reguladora, diretor presidente Tiago Mohamed; pela CEDAE, diretores Edes Fernandes de Oliveira, Armando Vieira Costa Junior e Rafael Daudt.

queio cautelar de R$ 100.000.000,00 (cem milhões de reais), ainda em trâmite no Poder Judiciário fluminense.[37]

Através de nova articulação entre professores, Defensores Públicos e Promotores de Justiça, foi realizado um termo de ajustamento de conduta com a CEDAE, homologado judicialmente no dia 20.10.2020, assinado pelas partes e pelos professores da UFF e pela AGENERSA (Agência Reguladora de Energia e Saneamento Básico), para fins de, dentre outras questões como um gabinete de crise com a participação de todos os subscritores, dispondo sobre desconto de 25% nas faturas das contas de consumo de água dos imóveis afetados pela redução da capacidade de operação da Elevatória do Lameirão, além do pagamento do valor de R$ 34.000.000,00 (trinta e quatro milhões de reais), a título de dano moral coletivo, revertido na aquisição de equipamentos como motores e bombas de abastecimento, para evitar novos problemas de fornecimento de água ocorram novamente na cidade do Rio de Janeiro e adjacências.[38]

A partir da recente privatização do serviço de distribuição de água pelo Estado do Rio de Janeiro no ano de 2021, constata-se que o Consórcio Aegea arrematou os blocos 1 e 4, enquanto a Iguá Projetos ficou com o bloco 2, e são quem passarão a explorar este mercado altamente lucrativo, através do pagamento do valor de R$ 22,689 bilhões (um valor aproximado da receita de quatro anos da CEDAE) pela concessão do saneamento dos blocos 1, 2 e 4 do Estado do Rio de Janeiro pelo prazo de 35 (trinta e cinco) anos.[39]

Concluímos pela relevância da construção de um centro de decisão democrático, não discriminatório, à luz do princípio da justiça, com a efetiva participação de professores de Universidades independentes e dos consumidores-concernidos na estrutura destes centros de decisão sobre, no caso analisado, a qualidade, a forma de distribuição e o planejamento, na relação que deve ser estabelecida com o poder local e com as companhias de água,[40] enfatizado a sua relevância ante a recente alteração mercadológica ocorrida no cenário fluminense.

---

37. Processo 0284357-23.2020.8.19.0001, subscrita a inicial pelo Promotor de Justiça Guilherme Magalhães Martins e pelos Defensores Públicos do NUDECON (Núcleo de Defesa do Consumidor) Eduardo Chow De Martino Tostes e Thiago Basílio.
38. TAC de 19.02.2021 subscrito pelos seguintes signatários: Pela UFF, professor Edson Alvisi Neves; pela Defensoria Pública, defensores públicos Eduardo Chow De Martino Tostes, Thiago Basilio e Adriana Araújo João; pelo Ministério Público, promotor de justiça Pedro Rubim Borges Fortes; pela Agência Reguladora, diretor presidente Tiago Mohamed; pela CEDAE, diretores Edes Fernandes de Oliveira e Rafael Cid.
39. Bloco 1 – Zona Sul do Rio de Janeiro + São Gonçalo, Aperibé, Miracema, Cambuci, Cachoeiras de Macacu, Cantagalo, Casimiro de Abreu, Cordeiro, Duas Barras, Magé, Maricá, Itaocara, Itaboraí, Rio Bonito, São Sebastião do Alto, Saquarema, São Francisco de Itabapoana e Tanguá (Consórcio Aegea). Bloco 2 – Rio de Janeiro (Barra e Jacarepaguá), Miguel Pereira e Paty do Alferes (Iguá Projetos).

    Bloco 4 – Rio de Janeiro (Centro e Zona Norte), Belford Roxo, Duque de Caxias, Japeri, Mesquita, Nilópolis, Nova Iguaçu, Queimados e São João de Meriti (Consórcio Aegea). Não houve propostas para o bloco 3, que será objeto de nova licitação.

    Dados da página oficial do Estado do Rio de Janeiro, disponível em: http://www.rj.gov.br/NoticiaDetalhe.aspx?id_noticia=13715. Acesso em: 02 abr. 2022.
40. SWYNGEDOUW, Erik. *Social power and the urbanization of water*: flows of power. Oxford: Oxford University Press, 2004.

4. CONCLUSÃO

Compreender o que significa direito de acesso à água entendendo de onde parte essa fala, para quem é direcionado, os consumidores abrangidos pela atual política pública de distribuição de água restrita somente aos abastados de nossa sociedade, é algo revelador no sentido de se descortinar toda uma população carente e marginalizada excluída deste debate.

O estado de "exceção-regra", sem direitos fundamentais aos consumidores que vivem em áreas carentes, nas lições de Bastos et al,[41] negando-se sua própria humanidade, revela um olhar indiferente e muito criticado no olhar de todos que aceitam passivamente esta experiência cotidiana do sofrimento destes consumidores marginalizados que moram em locais mais carentes.

O acesso à água é um serviço essencial e representa a garantia do direito à vida do consumidor. Em termos de estudos de dignidade da pessoa humana, não se está nem a discutir se este direito deve abranger o gozo de um certo padrão mínimo de viver, em outras palavras, uma vida decente. Mas se busca questionar a necessidade do respeito à dignidade humana nesta questão importante quando se verifica a visão de aplicação do respeito a dignidade somente a alguns grupos (consumidores pagantes de bairros ricos) e sua negação a outros, em razão de seu modo de vida, sua cultura, sexo, raça ou pobreza.[42]-[43]

A articulação com a academia, com a sociedade civil e com os consumidores-concernidos esquecidos ou excluídos deste debate ordinariamente, é fundamental em uma construção coletiva democrática dos caminhos de nossa sociedade.[44]

---

41. BASTOS, Marcus Alexandre de Pádua Cavalcanti et al. O estado de exceção nas favelas: perspectivas biopolíticas a partir da pandemia de Covid-19. *Revista Augustus*, v. 25, n. 51, p. 113-129, 2020.
42. MILLNS, Susan. *Respect for human dignity*: an Anglo-French comparison. 2004. Doutorado – University of Kent at Canterbury, Canterbury, 2004, p. 50 e 310.
43. Importante também a referência acerca da simbiose entre direito e poder com o racismo, nas lições de Silvio Almeida: A ascensão ao poder de grupos políticos racistas colocou o direito à serviço de projetos de discriminação sistemática, segregação racial e até de extermínio, como nos notórios exemplos dos regimes colonial, nazista e sul-africano. Contemporaneamente, a chegada ao poder de grupos de extrema-direita em alguns países da Europa e nos Estados Unidos tem demonstrado como a legalidade coloca-se como extensão do poder, inclusive do poder racista, na forma de leis anti-imigração direcionadas a pessoas oriundas de países de maioria não branca, ou da imposição de severas restrições econômicas às minorias. A conclusão é que o racismo é uma relação estruturada pela legalidade (ALMEIDA, Silvio. *Racismo estrutural*. Pólen Produção Editorial LTDA, 2019, p. 85).
44. Cerca de 17% da população brasileira ainda não possui acesso a água tratada através de rede e metade não coleta adequadamente seus esgotos. (...) Somadas essas condições aos lixões e às enchentes, produz-se a tragédia sanitária que leva à proliferação de doenças e epidemias como as que vivemos hoje. Apesar disso, o saneamento segue como quase invisível na agenda recente da saúde pública do Brasil. Entretanto, essa relação já foi diferente no passado, quando médicos sanitaristas e engenheiros trabalharam em cooperação estreita para melhorar as condições sanitárias brasileiras (BARROCAS, Paulo Rubens Guimarães; MORAES, Flavia Franchini De Mattos; SOUSA, Ana Cristina Augusto. Saneamento é saúde? O saneamento no campo da saúde coletiva. *História, Ciências, Saúde-Manguinhos*, v. 26, n. 1, p. 33-51, 2019. Disponível em: https://doi.org/10.1590/s0104-59702019000100003. Acesso em: 17 fev. 2022).

O modelo genealógico proposto para este trabalho, de base foucaultiana- nietzschiana, é a forma proposta para possibilitar a desconstrução do modelo de verdade de produção da decisão judicial, com novos caminhos a serem perseguidos, rumo a uma sociedade menos desigual e menos excludente, que demanda uma coragem e uma blindagem para decidir em prol dos consumidores mais vulneráveis.

O que se busca, pois, demonstrar neste estudo, através do método genealógico de Foucault, é tentar, de forma meticulosa e documentária, com documentos embaralhados e disponíveis, buscar verificar a singularidade dos acontecimentos, os diversos começos e acidentes que dialogam nesta disputa do que é o direito à água, uma "verdade" discriminatória entre consumidores ricos e pobres que buscamos desconstruir,[45] propondo novos caminhos a serem percorridos em direção a uma sociedade justa, uma transformação social que avance, para além de interesses empresariais e de decisões de conteúdo hidrossocialmente discriminatório, com o devido respeito à dignidade humana de todos os consumidores brasileiros.

45. FOUCAULT, 2013, p. 21, 26 e 32.

Parte IV
DIREITO DAS FAMÍLIAS E PROTEÇÃO DAS CRIANÇAS E IDOSOS

AS MUDANÇAS SOCIAIS E O DIREITO DE FAMÍLIA

Luiz Claudio Guimarães

Diretor nacional do IBDFAM e coordenador da pós-graduação em Direito de Família e Sucessões do IBDFAM Nacional. Presidente do IBDFAM-RJ. Advogado

O tema proposto pede uma abordagem "narrativa" e, portanto, este artigo não se propõe a um debate, críticas ou interpretações sobre um assunto fechado. Apontarei algumas transformações ocorridas na sociedade, com grande clamor social – e que foram inseridas no mundo jurídico, principalmente, pela aplicação de normas atinentes ao Direito de Família (mais que pela criação de novas leis).

Podemos verificar que há uma simbiose entre o surgimento de novas leis, ou de novas interpretações para as já existentes, e as modificações trazidas por esse clamor social mencionado acima.

Dentre os ramos da ciência do Direito, acredito que aquele destinado ao estudo do Direito de Família e Sucessório, como já afirmado por muitos, é o que mais rapidamente se transforma, possibilitando com isso a efetivação das mudanças na sociedade. Há 25 anos, estava me formando no curso de Direito, e tínhamos dedicado ao Direito de Família apenas um semestre. O Direito de Família ocupava, no final dos anos 1990, um espaço inferiorizado dentre as demais áreas, sendo considerado de menor importância e sem nenhum destaque.

As questões um pouco mais intrigantes limitavam-se à partilha de bens, já que na época prevalecia uma visão patrimonializada do Direito de Família – ou seja, as questões existenciais não eram tema de discussão.

Podemos dizer que era uma regra geral, quando ocorria a separação dos pais, que ficassem os filhos sob a guarda da mãe. Cabiam ao pai as visitas em finais de semanas alternados – entendia-se na época que era uma visita e não uma convivência paterno-filial –, pegando os filhos aos sábados pela manhã e devolvendo-os à mãe no domingo ao fim da tarde. Não havia qualquer discussão quanto ao modelo de guarda.

Em meados da década de 1990, as mulheres já ocupavam um lugar de maior destaque na sociedade, muitas exercendo atividade laborativa e percebendo bons salários. Porém, ainda estava impregnada em nossos valores a ideia de que ao homem cabia a manutenção da prole e, à mulher, os cuidados com a mesma. Muitas mulheres, nas últimas décadas, passaram a ter maior liberdade, alcançando o respeito e lugares mais próximos ao que a elas é devido, o de igualdade com os homens. Com essa revolução no papel das mulheres na sociedade, a função dos homens na organização da família sofreu alterações, como não poderia deixar de ser.

Mas não se tratará aqui da ainda existente desigualdade entre homens e mulheres, mas sim do fato de que a diminuição dessa desigualdade, graças às lutas femininas, gerou um clamor por grandes modificações sociais – e que essas foram, em parte, possibilitadas e afirmadas pela chegada de algumas leis pontuais, como veremos adiante.

Deixando as mulheres de serem exclusivas cuidadoras dos filhos em casa, elas passaram a sair dos lares para trabalhar e, na maioria das vezes, com uma jornada extremamente maior que a dos homens (a dupla ou até tripla jornada feminina, quando se inclui os cuidados com a casa e filhos) e contribuindo efetivamente para a economia familiar.

Apesar de ainda termos uma desleal desigualdade remuneratória entre homens e mulheres, por outro lado é inegável que vem aumentando a cobrança para que os homens tenham maior participação junto ao cuidado dos filhos e da casa. Lentamente, começou a existir mais equilíbrio quanto aos cuidados com a prole, com uma participação mais efetiva dos homens.

Muitos homens passaram a se envolver mais com os afazeres do lar e, principalmente, com os cuidados com os filhos, participando mais efetivamente de sua educação e criação. O acompanhamento dos deveres de casa, as idas ao pediatra, o preparo do lanche e outros momentos – inclusive de lazer – deixaram de ser tarefas desenvolvidas apenas pelas mães.

Por conta de uma transformação social e histórica que vem ocorrendo há tempos, o outrora chamado desquite, posteriormente separação e hoje divórcio, e que era visto como um vexame diante do julgamento social, atualmente ocorre de forma mais frequente e com menor crítica.

Desfeito o laço conjugal, e estando efetivamente mais próximos dos filhos, exercendo também papel de destaque e, em muitos casos, dividindo igualmente com as mães os cuidados inerentes à educação e criação dos filhos, os homens começaram a exigir um convívio maior com a prole.

A fórmula de visita usada até então – dois fins de semana por mês, do sábado pela manhã ao domingo no fim do dia – deixou de ser aceita por alguns homens, que passaram a pleitear uma efetiva convivência com seus filhos. O modelo de convivência antigo, de maneira geral, é substituído pela convivência em fins de semana alternados, no período de sexta-feira até domingo à noite, com o acréscimo de um pernoite semanal. Vivenciamos hoje um momento em que muitos homens buscam, cada vez mais, maior convívio com seus filhos, requerendo, inclusive, convivência em semanas alternadas, propondo uma divisão igualitária do tempo com a prole entre pai e mãe.

Mas é um fato que mudanças, de maneira geral, e de forma justificada ou não, podem trazer insegurança, preocupação e medo. Conflitos familiares surgiram em grande número, e algumas mães não se conformavam com o distanciamento dos filhos, de um lado; e, de outro, os pais buscavam maior convívio e uma divisão do tempo com os filhos de forma igualitária – muitas vezes, infelizmente, ambos tentando fazer valer sua pretensão sem medir consequências.

Tivemos então o advento de duas leis de importância crucial para o Direito de Família atual: a Lei 12.138, de 2010 (ou "Lei da Alienação Parental") e a Lei 13.058, de 2014 (ou "Lei da Guarda Compartilhada"). Ouso afirmar que ambas as leis acima citadas emanaram do atendimento ao clamor da sociedade e, posteriormente, provocaram uma mudança em nossa realidade social, pois, além do comando normativo, estas leis trazem em si uma forte função pedagógica – e buscam, ainda, uma responsabilização ao exercício do poder familiar.

O que afirmamos acima é corroborado pela Dra. Glicia Brazil, em sua recente e importantíssima obra "Psicologia Jurídica – a criança, o adolescente e o caminho do cuidado na Justiça", extraindo-se da mesma, *in verbis:*

> Depois de alguns meses, ouvindo diariamente queixas dos jurisdicionados nas audiências, comecei a perceber que havia um fenômeno relativamente comum nas Comarcas da Capital: os filhos ficavam, sob a guarda da mãe e os pais "visitavam" os filhos nos finais de semanas alternados. As aspas foram colocadas propositadamente para indicar que naquela época os pais se contentavam em ser visita, fenômeno que atualmente vem sofrendo modificações, não só pelo advento da Lei da Guarda Compartilhada, mas também pela necessidade que hoje a mulher moderna tem de dividir as tarefas com o/a companheiro/a, incluindo aí os cuidados com os filhos.[1]

Não só o advogado que escreve o presente artigo como também a douta psicóloga acima citada, com vasta experiência prática e doutrinária, entendem que as modificações nas relações familiares, no tocante à convivência dos pais com os filhos, foram motivadas e facilitadas também pelo advento de novas leis estritamente correlacionadas ao Direito de Família.

Muitas outras transformações sociais ocorreram no âmbito do Direito de Família e Sucessório, a exemplo da trazida pela Emenda Constitucional 66/2010, que introduziu o divórcio direto em nosso ordenamento jurídico. Deixamos de perquirir a culpa ou ficarmos subordinados a um determinado lapso temporal para que pudesse haver o desenlace matrimonial de forma definitiva.

Em tempos ainda mais remotos, e já em virtude da luta das mulheres, tivemos nos idos de 1977 a Lei do Divórcio que, apesar de tímida, muito em razão da força da igreja católica que apregoava que ela incitaria o fim da família, trouxe uma verdadeira revolução na sociedade. Aqui cabe ser pinçado trecho retirado da eminente obra "Divórcio – Teoria e Prática", na qual Rodrigo da Cunha Pereira diz:

> (...) Trinta e três anos depois a Emenda Constitucional 66/2010 tirou as amarras do divórcio, demonstrando o amadurecimento da sociedade brasileira e reafirmando a posição republicana laica. A vitória do princípio da liberdade sobre o princípio da indissolubilidade do casamento em 1977, e a Emenda Constitucional 66/2010, que dá nova redação ao artigo 226, § 6º, da Constituição da República de 1988, significam a implementação do princípio da menor intervenção estatal, que traz consigo o

1. BRAZIL, Glicia Barbosa de Mattos. *Psicologia Jurídica* – a criança, o adolescente e o caminho do cuidado na Justiça. São Paulo: Foco, 2021, p. 89.

importante reconhecimento de que as pessoas são responsáveis e devem se responsabilizar por suas escolhas amorosas.[2]

Pois bem, a Emenda Constitucional 66/2010 trouxe maior respeito à autonomia privada, propiciando que casamentos fossem desfeitos sem a arcaica ideia de que um dos então cônjuges deveria ser culpado pelo "fracasso" do matrimônio. A vergonha pelo desfazimento de um casamento deu lugar à coragem por buscar uma vida mais feliz e digna, sem amarras preconceituosas, sem o medo da infelicidade dos filhos, aceitando a sociedade uma nova forma de família: as famílias recompostas.

As famílias recompostas trouxeram inicialmente, quanto aos filhos, a ideia dos "meus", os "seus" e os "nossos". Posteriormente, os "meus" e os "seus" também passaram a ser os "nossos". Em muitos casos, o novo companheiro ou a nova companheira deixaram de ser apenas o padrasto ou a madrasta, ocupando um lugar importante junto às crianças, não só auxiliando, mas efetivamente compartilhando a criação destas com os até então pais e mães exclusivos.

Ocupando o afeto significante importância na constituição das novas famílias, vimos surgir, por construção doutrinária e jurisprudencial, a socioafetividade. Hoje, ao lado da parentalidade consanguínea, temos a parentalidade socioafetiva. A porta de entrada da socioafetividade em nossa realidade atual vem de tempos longínquos, pois falamos do Direito Romano lembrando o conceito de "Posse do Estado de Filho", caracterizado por nome, fama e aparência.

A filiação socioafetiva relaciona-se com a ideia da posse do estado de filho, mas não está enclausurada nela, nem obedece aos mesmos requisitos, pois para ela a convivência, afeto e responsabilidade são mais importantes do que o nome. A hoje consagrada parentalidade socioafetiva é, sem sombra de dúvidas, uma enorme transformação social para as famílias brasileiras, consagrada pela construção de teses doutrinárias confirmadas pelos tribunais.

Maria Berenice Dias, em seu festejado livro "Filhos do Afeto", diz:

> Foi a doutrina que levou a jurisprudência a distinguir a filiação registral, a jurídica e a biológica da filiação socioafetiva, a consagrando como uma forma de parentesco. A filiação decorre da convivência, do cuidado, da dedicação. Tem mais significado do que a simples comprovação do vínculo genético.[3]

Passo seguinte ao reconhecimento da parentalidade socioafetiva, caminhamos para uma grande transformação nas bases da família tradicional e da sociedade em si, com o reconhecimento da multiparentalidade. Imaginar que madrastas e padrastos alcançariam o patamar de pais, não apenas com a utilização do nome (o que já era permitido há algum tempo através da Lei 11.924/2009), mas também sendo responsáveis pela criação e educação dos filhos socioafetivos, já era algo difícil. O que dizer de ter uma criança mais de um pai ou uma mãe concomitantemente?

---

2. PEREIRA, Rodrigo da Cunha. *Divórcio Teoria e Prática*. 5. ed. São Paulo: Saraiva, 2012, p. 48.
3. DIAS, Maria Berenice. *Filhos do Afeto*. 3. ed. Salvador: Juspodivm, 2021, p. 47.

Rodrigo da Cunha Pereira, em seu "Dicionário de Direito de Família e Sucessões", traz que:

> A multiparentalidade, ou seja, a dupla maternidade/paternidade tornou-se uma realidade jurídica, impulsionada pela dinâmica da vida e pela compreensão de que paternidade e maternidade são funções exercidas. É a força dos fatos e dos costumes como uma das mais importantes fontes do Direito, que autoriza esta nova categoria jurídica. Daí o desenvolvimento da teoria da paternidade socioafetiva que, se não coincide com a paternidade biológica e registral, pode se somar a ela.[4]

A pluriparentalidade foi construída por aqueles que militam no Direito de Família – advogados, defensores públicos, promotores, psicólogos, doutrinadores –, e que carregam um enorme compromisso social, vindo a ser afirmada por diversas decisões de nossos tribunais estaduais até posicionamento favorável à mesma quando do julgamento, pelo Supremo Tribunal Federal (STF), do Recurso Extraordinário (RE) 898060, firmando a tese:

> A paternidade socioafetiva, declarada ou não em registro público, não impede o reconhecimento do vínculo de filiação concomitante baseado na origem biológica, com os efeitos jurídicos próprios.[5]

Por sua vez, como lecionam Cristiano Chaves de Farias e Nelson Rosenvald, em seu livro "Curso de Direito Civil":

> Com a decisão da Corte Excelsa, é reconhecida a compatibilidade da pluriparentalidade com as garantias constitucionais, admitindo-se que, a depender do caso concreto, seja estabelecido um vínculo paterno(materno)-filial socioafetivo em concomitância com o vínculo biológico. Equivale a dizer: pode ser admitida em casos nos quais se demonstre a convivência simultânea, ou sucessiva, de alguém com duas, ou mais, pessoas que se apresentem, efetivamente, como pais ou mães. Seriam casos nos quais alguém possui, efetivamente, sob o prisma da construção parental, dois pais e/ou duas mães.[6]

Sem a menor sombra de dúvidas, o conceito de multiparentalidade revolucionou o sistema jurídico de paternidade e maternidade, atendendo a uma realidade fática social. Diversas foram as transformações sociais ocorridas a partir ou afirmadas pelas normas atinentes ao Direito de Família, se compararmos ao século passado.

A união estável é uma dessas transformações sociais, caracterizando um novo tipo de família, tendo como grande evolução histórica de seu reconhecimento a Constituição Federal de 1988 que, em seu art. 226, § 3º, textualmente a reconhece.

Posteriormente, tivemos o advento de duas leis a regulamentar o dispositivo constitucional supracitado, as Leis 8.971/1994 e 9.278/1996, tendo a primeira tratado do direito dos companheiros a alimentos e à sucessão; e, a segunda, tendo trazido um conceito mais abrangente a essa entidade familiar, inclusive dispensando o critério do tempo de duração do relacionamento para a configuração da união estável. Deixaram

4. PEREIRA, Rodrigo da Cunha. *Dicionário de Direito de Família e Sucessões*. 2. ed. São Paulo: Saraiva, 2021, p. 525.
5. STF, RE 898.060, Relator Min. Luiz Fux, Plenário, pub. 24.08.2017.
6. FARIAS, Cristiano Chaves de; ROSENVALD, Nelson. *Curso de Direito Civil*. 11. ed. Salvador: Juspodivm, 2021, v. 6, p. 640-641.

assim as uniões estáveis de serem tratadas no campo do Direito Obrigacional ou Comercial, hoje Empresarial, para serem tratadas no seu campo correto, o Direito de Família.

O Código Civil de 2002 também teve uma importância fundamental, uma vez que afirmou a distinção entre a união estável e o concubinato, refletindo a primeira expressão uma relação conjugal não adulterina e a segunda, uma relação adulterina.

A sociedade traz mutações tão rápidas que hoje estamos em plena discussão quanto à possibilidade de se perseguir direitos e deveres em relações conjugais concomitantes no campo do Direito de Família, mas não temos ainda uma posição de nossos tribunais e, principalmente, das Cortes Superiores, a garantir os mesmos.

Voltando à união estável, não havendo dúvidas após a Constituição Federal de 1988 quanto à sua existência e respeito, passou a sociedade a reivindicar que o mesmo tratamento dado às uniões estáveis heteroafetivas fosse estendido àquelas vivenciadas por pessoas do mesmo sexo.

A mesma resistência de cunho moral e religioso enfrentada para o reconhecimento das uniões estáveis heteroafetivas foi enfrentada para que se consagrasse o reconhecimento das uniões estáveis homoafetivas.

Mais uma vez, coube àqueles que lidam com o Direito de Família no seu dia a dia – advogados, defensores públicos, promotores, psicólogos, dentre outros – levarem aos tribunais a necessidade da regulamentação das uniões estáveis homoafetivas, pois o preconceito e o medo impuseram uma nova luta, assim como ocorreu com as uniões estáveis heteroafetivas, para que se descaracterizassem as uniões estáveis homoafetivas como sociedades de fato, e para que estas passassem então a serem tratadas como entidades familiares.

O marco do reconhecimento das uniões estáveis homoafetivas, sendo consideradas entidades familiares reguladas no Campo do Direito de Família, se deu quando do julgamento conjunto pelo Supremo Tribunal Federal da Ação Direta de Inconstitucionalidade (ADI) 4277 e da Arguição de Descumprimento de Preceito Fundamental (ADPF) 132, em 2011.

A Corte Suprema utilizou uma técnica de interpretação, conforme os princípios constitucionais, a afastar uma vedação discriminatória quanto à possibilidade de uma família – aqui no sentido da conjugalidade – ser constituída por pessoas do mesmo sexo.

O julgamento trouxe, além de paz social, segurança jurídica à sociedade, pois permitiu que os cartórios do país registrassem as uniões estáveis homoafetivas, já que até então tínhamos a existência de inúmeras decisões judiciais conflitantes reconhecendo e negando esse tipo de união.

Posteriormente, o Superior Tribunal de Justiça (STJ) entendeu ser possível também o casamento entre pessoas do mesmo sexo, vindo o Conselho Nacional de Justiça (CNJ), na Resolução 175/2013, a regulamentar o casamento homoafetivo, vedando às autoridades competentes recusar a habilitação e celebração do casamento civil ou da conversão da união estável em casamento entre pessoas do mesmo sexo.

Como já dito, inúmeras foram as transformações sociais ocorridas e/ou possibilitadas pelo Direito de Família. A Lei Maria da Penha (Lei 11.340/2006), que inicialmente visava principalmente à proteção à integridade física das mulheres, avançou enormemente e hoje tratamos, através dela, da violência física, moral, psíquica e patrimonial.

Não há mais campo para excessos. O assédio moral há muito vem sendo repreendido, e caminhamos agora para a repreensão do assédio processual. O respeito deve imperar. Não podemos permitir a prevalência do velho jargão popular "o papel aceita tudo". A Justiça não pode fomentar e/ou permitir que assédio e/ou violência permaneçam acontecendo nos "autos" processuais.

Para tanto, a responsabilização no campo do Direito de Família deve ser cada vez mais considerada, mas logicamente dentro de uma ótica moderna e não na arcaica busca pela imputação da culpa.

Como exemplo de responsabilidade civil no campo do Direito de Família, temos o dano moral em determinadas situações em decorrência da exposição vexatória e dor íntima, quando do desfazimento do relacionamento conjugal e/ou noivado, que pode vir atrelada a uma reparação material, assim como a responsabilização pela transmissão de doenças venéreas e a responsabilidade civil pela não comunicação da paternidade e pela falsa imputação de paternidade e a responsabilidade pela violência de gênero.

Temos, como construção doutrinária, com a finalidade de trazer justiça a diversas situações práticas que se apresentaram no dia a dia, os alimentos compensatórios que, no dizer do ilustre advogado e doutrinador Rolf Madaleno, *verbis:*

> O propósito da pensão compensatória ou da compensação econômica é indenizar por algum tempo ou não o desequilíbrio econômico causado pela repentina redução do padrão socioeconômico do cônjuge desprovido de bens e meação, sem pretender a igualdade econômica do casal que desfez sua relação, mas que procura reduzir os efeitos deletérios surgidos da súbita indigência social, causada pela ausência de recursos pessoais, quando todos ingressos eram mantidos pelo parceiro, mas que deixaram de aportar com o divórcio.[7]

Assim, os alimentos compensatórios ingressam no campo da responsabilidade civil, pois fogem da figura dos alimentos tradicionais, civis e côngruos, buscando trazer ao ex-cônjuge/companheiro mais afortunado a responsabilidade de não deixar o outro, da noite para o dia, em uma situação social e financeira extremamente adversa, como se caísse em um abismo.

Por outro lado, o recebimento indevido de pensão por ex-cônjuge/companheiro pode e deve levar a uma responsabilização civil. O inadimplemento alimentar, além da responsabilidade criminal, por abandono material, também poderá ensejar um dano moral.

---

7. MADALENO, Rolf. *Direito de Família*. 8. ed. Rio de Janeiro: Forense, 2018, p. 1049.

A fraude patrimonial e a decorrente da má gestão do patrimônio particular do companheiro/cônjuge também é objeto de responsabilidade civil a acarretar uma indenização.

O avanço da sociedade e o clamor pelas mudanças trazem também diversas responsabilidades civis no campo da parentalidade, a exemplo: o uso abusivo do poder familiar, as limitações despropositadas ao regime de convivência, o dano moral/material por alienação parental e a imposição de falsas memórias, pelo abandono afetivo, pela ausência e falta de comprometimento com o regime de convivência familiar e a exposição excessiva dos filhos.

Observem ter mencionado, no início do artigo, que quando estudei Direito de Família na faculdade, em 1997, o pai separado da mãe "visitava" os filhos. Mais adiante, falei que passaram os pais a conviverem com os filhos de forma efetiva e a participarem verdadeiramente de sua criação e educação.

Agora, ao trazer as questões da responsabilidade civil no Direito de Família, demonstro uma verdadeira transformação social nas famílias brasileiras e na sociedade, uma vez que todos os anseios reclamados e conquistados trazem consigo a responsabilidade quanto à sua efetivação e manutenção.

A velocidade das transformações sociais pede uma maior responsabilização quando do início das relações, o que pode se dar através dos contratos no âmbito do Direito de Família.

A sociedade moderna, que é munida constantemente de informações, não pode ficar apática, paralisada, acreditando que na área do Direito de Família devemos falar de amor e deixar o lado material para depois. Isso há muito não acontece. O regime legal a regular o patrimônio dos cônjuges/companheiros há muito deixou de ser o da comunhão universal, passando para o da comunhão parcial e, em verdade, na atualidade, diante dos inúmeros pactos antenupciais e contratos de convivência, temos um enorme número de relacionamentos regidos pelo regime da separação de bens.

Não se pretende contratualizar o amor, o afeto, o carinho e o bem querer, ao contrário. Para não haver o desgaste desses nobres sentimentos, necessário se faz deixar claro o compromisso assumido por cada casal/família.

Diferentemente do que muitos pensam, o nosso sistema jurídico permite que regras e linhas de condutas sejam determinadas para regular as relações íntimas e intrafamiliares e, para tanto, como já dito, temos os pactos antenupciais e contratos de convivência, intramatrimoniais (repactuação de convivência) e pós-matrimoniais.

Outros contratos específicos circundam o nosso Direito de Família, dentre outros, o contrato de namoro, de gestação de substituição, de inseminação caseira, e, como já mencionado, os questionáveis e hoje não autorizados pelo CNJ, aqueles destinados a regular os relacionamentos poliamorísticos (multifamília).

Acredito que os contratos e a responsabilidade civil são temas que, no momento, devam ser bastante explorados no campo do Direito de Família, principalmente em razão das modificações já ocorridas e mencionadas nesse artigo e pela nova geração que chega, com modo de enxergar a vida de forma distinta, o que poderá trazer muitos questionamentos e entraves nas relações sociais.

Ao escrever esse singelo artigo, reforço algo que há muito havia observado: a maior parte das transformações sociais ocorridas na área do Direito de Família, inclusive as que levaram ao advento de novas legislações e julgamentos paradigmáticos, advém da luta das mulheres. Não à toa, o Direito de Família é um campo majoritariamente feminino, o que demonstra o quão fortes, persistentes, afetuosas e dispostas à luta por transformações sociais são as mulheres.

Inúmeras transformações sociais e familiares ocorreram através do Direito de Família, cabendo aqui, transcrever Rodrigo da Cunha Pereira,[8] *verbis*:

> Famílias monoparentais, recompostas, binucleares, casais com filhos de casamentos anteriores e seus novos filhos, mães criando filhos sem os pais por perto, e vice versa, casais homossexuais, parentalidade socioafetiva, inseminações artificiais, úteros de substituição... A lista dos diversos arranjos familiares é grande. Estará mesmo a família pervertida de sua função de célula básica da sociedade? João Paulo Cunha nos diz que a árvore genealógica atualmente tem mais galho, e estes estão cada vez mais intrincados.[9]

Pois bem, a família, como base da sociedade, é a mola mestra a permitir e a impulsionar as transformações sociais que já ocorreram, e as que estão por vir – mas ainda não reconhecidas judicialmente.

O Eminente Ministro Luiz Edson Fachin, em sua obra "Direito de Família: elementos críticos à luz do novo Código Civil brasileiro", alertou:

> (...) mudanças e circunstâncias mais recentes têm contribuído para dissolver a "névoa da hipocrisia" que encobre a negação de efeitos jurídicos. Tais transformações decorrem, dentre outras razões, da alteração da razão de ser das relações familiares, que passam agora a dar origem a um berço de afeto, solidariedade e mútua constituição de uma história em comum.[10]

Agradeço o convite e a oportunidade dada pelos coordenadores desta obra, esperando ter alcançado o objetivo por eles proposto, ao assinalar aqui algumas transformações sociais ocorridas no e através do Direito de Família.

8. *Divórcio* – teoria e prática. 5. ed. p. 36-37.
9. PEREIRA, 2012, p. 36-37.
10. FACHIN, Luiz Edson. *Direito de Família*: elementos críticos à luz do novo código civil brasileiro. 2. ed. Rio de Janeiro: Renovar, 2003, p. 237.

O PRINCÍPIO DO MELHOR INTERESSE DA CRIANÇA E DO ADOLESCENTE NA PRÁTICA JUDICIAL

Elisa Costa Cruz

Doutora e Mestra em Direito Civil pela UERJ. Pós-doutoranda na UFRJ. Professora na FGV Direito Rio. Defensora Pública no RJ.

1. CONSIDERAÇÕES INICIAIS SOBRE DIREITOS DA CRIANÇA E DO ADOLESCENTE

Ao abordarmos temas sobre criança e adolescente é possível que sejamos levados a acionar a nossa memória da nossa infância e das infâncias e adolescências de quem nos relacionamentos que construímos ao longo da vida. Essa é, contudo, uma percepção subjetiva, que precisa conviver com o sentido técnico-jurídico sobre direitos da criança e do adolescente.

Com isso em mente, é importante reconhecer que direitos de criança e adolescente constitui uma área recente no Brasil, criada a partir de 1988 com a Constituição da República. Antes dessa data não havia criança nem adolescente para o direito. Havia o menor, a pessoa com menos de 18 anos de idade em situação irregular, de abandono ou delinquência, ou o filho. O primeiro com a situação jurídica disciplinada pelos Códigos de Menores – Decreto 19.743-A/1927 e Lei 6.697/1979 –, e o segundo, pelo Código Civil de 1916, submetido ao pátrio poder.

A promulgação da Constituição da República de 1988 alterou significativamente essa realidade ao fazer constar no art. 227 o dever da família, da sociedade e do Estado em assegurar "à criança e ao adolescente, com absoluta prioridade, o direito à vida, à saúde, à alimentação, à educação, ao lazer, à profissionalização, à cultura, à dignidade, ao respeito, à liberdade e à convivência familiar e comunitária" e de colocá-los "a salvo de toda forma de negligência, discriminação, exploração, violência, crueldade e opressão".[1]

Uma primeira leitura pode não traduzir toda a complexidade da alteração de paradigma, mas ao se decompor a intepretação da norma constitucional é possível apreender melhor os seus significados.

1. Redação original do artigo.

Em primeiro lugar, a Constituição atribuiu à tríade Estado-família-sociedade a responsabilidade por zelar pelos direitos de crianças e adolescentes, outrora atribuída apenas à família. A criança e o adolescente saem da esfera exclusivamente privada para, considerando as normas de direitos humanos e o respeito à dignidade da pessoa humana, se tornarem pauta de preocupação pública, com obrigatoriedade estatal de zelo pela sua proteção. Nesse ponto, há que se observar a conexão entre a responsabilidade pública pela proteção aos direitos de crianças e adolescentes com a organização da seguridade social e da educação, que funcionam como fontes de sustentação dos direitos infantojuvenis.

Em segundo lugar, o art. 227 da Constituição traz uma lista exemplificativa de direitos. Com isso evidencia que crianças não são objeto do direito, mas titulares de direitos e que poderão exercê-los autônoma e independentemente da capacidade civil. Esse conteúdo acabou por ser qualificado como "doutrina da proteção integral".

Em terceiro lugar, a Constituição reconhece que crianças e adolescentes são pessoas em desenvolvimento e, por essa condição, merecem especial proteção e devem ser colocadas a salvo de qualquer forma de violência e discriminação.

Curiosamente, a Constituição não definiu o sentido jurídico de criança e adolescente, o que coube a Lei 8.069/1990 (Estatuto da Criança e do Adolescente – ECA). De acordo com o art. 2º do ECA, criança é toda pessoa entre 00 e 12 anos incompletos, enquanto adolescente é a pessoa entre 12 e 18 anos de idade incompletos. A opção brasileira segue uma direção diferente da Convenção sobre Direitos da Criança, adotada pela ONU em 1989 e incorporada por decreto no Brasil em 1990, porque nesse tratado internacional denomina-se criança como toda pessoa até 18 anos de idade.

A Constituição também não incluiu no seu texto um dos mais importantes princípios que orientam direitos da criança e do adolescente: o melhor interesse. Essa ausência não é, contudo, frustrante, porque esse princípio consta da Convenção sobre Direitos da Criança que foi ratificada pelo Brasil e incorporada ao nosso ordenamento. Consta também do ECA e já está sedimentada como uma das bases sobre as quais se constrói os direitos da criança e do adolescente.

Esse texto tem por objetivo buscar analisar os sentidos desse princípio tão relevante para a infância e como ele tem sido articulado na prática judicial.

2. O PRINCÍPIO DO MELHOR INTERESSE DA CRIANÇA E DO ADOLESCENTE

Apesar da importância do princípio do melhor interesse pós-1988, esse princípio surgiu pela primeira vez associado ao direito de criança e adolescente em 1959, na Declaração de Direitos da Criança adotada pela ONU em 1959.

Em 1924, a Liga das Nações aprovou o primeiro documento internacional sobre criança e adolescente, conhecida como Declaração de Genebra. Esse documento, sem eficácia vinculativa no direito internacional por se tratar de declaração, teve origem no trabalho de Eglantine Webb e a ONG Save the Children. Possuía dez artigos que, ao invés de enunciar direitos da criança, constituíam obrigações direcionadas aos pais e a sociedade em favor de crianças: à criança devem ser oferecidos meios para o seu normal desenvolvimento; a criança deve ser alimentada, cuidada, ajudada, a delinquente reclamada e a órfão abrigada; a criança deve ser a primeira a receber ajuda em tempo difíceis; a criança deve ser colocada em situação de "ganhar a vida" e de ser protegida contra qualquer forma de exploração"; e, a criança deve ser estimulada a usar seus talentos em favor das demais pessoas.[2]

No pós-2ª Guerra Mundial e a ascensão dos discursos e teorias sobre direitos humanos, foi editada a Declaração de Direitos da Criança de 1959, que buscava aprimorar o modelo de direitos em favor de crianças e adolescentes. Não foi o único documento internacional, mas se somava a Declaração Universal dos Direitos Humanos (1945) e ao Pacto Internacional sobre Direitos Econômicos, Sociais e Culturais (1966).

A inovação da Declaração de 1959[3] foi expandir os direitos de crianças de cinco para dez e pela primeira vez fazer referência ao princípio do melhor interesse para determinar que na avaliação de situações que envolvessem crianças fosse considerado o seu melhor interesse,[4] acolhendo proposta polonesa aprovada em 07 de abril de 1959.[5]

Embora adotada pelo direito internacional desde 1959, o princípio foi descartado nos debates que levaram ao Código de Menores de 1979, como se observa do entendimento de Alyrio Cavallieri, juiz do TJRJ que estava dentre o grupo de representantes da magistratura que fez prevalecer sua opinião na elaboração da lei de 1979:

> Há uma nítida distinção entre a Declaração dos Direitos da Criança, proclamada pela ONU em 1959 – carta de princípios gerais – e o Direito do Menor, ciência, disciplina jurídica, direito positivo.
>
> Num raciocínio simplista, colocaríamos uma questão: – que ação asseguraria direitos genéricos, oriundos de um consenso humanístico universal, o ideal de proteção amplo, que se desenvolve desde o direito de ter um nome, uma nacionalidade, ao tratamento médico ao incapaz físico ou mental, à educação, recreação, diversão? Regulando a ordem jurídica, a lei tem o seu império garantido pelo Estado ao declarar ou satisfazer o direito subjetivo material. "O direito de ação, desta sorte, há de referir-se a um caso concreto".
>
> Não chega a ser um equívoco a recomendação n. 16 aprovada pelo 8º Congresso da Associação Internacional de Juízes de Menores (Genebra, 1970), no sentido de serem introduzidas no direito positivo de cada país, os princípios enunciados na declaração da ONU. A recomendação é bem clara e nosso raciocínio está parelho a ela: que façam parte do direito positivo, das normas legais, a fim de que haja ações assecuratórias dos direitos.[6]

2. Documento disponível em inglês em: http://www.un-documents.net/gdrc1924.htm. Acesso em: 04 abr. 2022.
3. Documento disponível em inglês em: https://archive.crin.org/en/library/legal-database/un-declaration-rights-child-1959.html. Acesso em: 04 abr. 2022.
4. Principle 2. The child shall enjoy special protection, and shall be given opportunities and facilities, by law and by other means, to enable him to develop physically, mentally, morally, spiritually and socially in a healthy and normal manner and in conditions of freedom and dignity. In the enactment of laws for this purpose, the best interests of the child shall be the paramount consideration.
5. UN. COMISSION ON HUMANS' RIGHTS. *Report of the fifteenth session*: supplement n. 8. New York: 1959, p. 18.
6. CAVALLIERI, Alyrio. *Direito do menor*. Rio de Janeiro: Freitas Bastos, 1978, p. 12.

A recusa ao cumprimento da Declaração de 1959 e o entendimento de que, para ser eficaz, exigiria lei aprovada pelo Poder Legislativo possivelmente atrasou a evolução do direito da criança e do adolescente no Brasil. Novos avanços dependeram do processo constituinte a partir de 1985, que culminou em 1988, e que se inspirou nas discussões da ONU para a elaboração da Convenção sobre Direitos da Criança que, por sua vez, havia sido iniciada em 1977.

Como anteriormente afirmado, o princípio do melhor interesse não foi incluído expressamente na Constituição de 1988, mas ainda assim ele tornou-se base fundante dos direitos da criança e do adolescente.

Segundo Tania da Silva Pereira, que prefere qualificar o princípio como maior interesse, ele deve ser entendido como "dever dos pais e responsáveis [de] garantir às crianças proteção e cuidados especiais e na falta destes é obrigação do Estado assegurar que instituições e serviços de atendimento o façam".[7]

De acordo com Josiane Rose Petry Veronese e Wanda Helena Mendes Muniz Falcão, o princípio um princípio relevante porque:

> (...) põe as necessidades reais e as singularidades das crianças como norte para os Estados enquanto legislador, juiz e administrador, isto é, nas atividades de proposição de normas, na hermenêutica e a aplicação destas e, na implementação e execução de políticas públicas.
>
> Torna-se paradigmática a leitura da proteção jurídica à infância a partir deste princípio, pois "é um processo dinâmico no qual as decisões que se tomam hão de se constantemente revisadas não só para atender ao crescimento da criança e do adolescente, como também para atender à evolução da família e do grupo social." Anota-se que, por vezes, quando utilizado abusivamente, como se em razão de uma culpa a sociedade adulta quisesse compensar a crianças pela negligência que lhe é dada.[8]

Para Andrea Amin, atenderá ao princípio:

> (...) toda e qualquer decisão que primar pelo resguardo amplo dos direitos fundamentais, sem subjetivismos do intérprete. Interesse superior ou melhor interesse não é o que o Julgador ou aplicador da lei entende que é melhor para a criança, mas sim o que objetivamente atende à sua dignidade como pessoa em desenvolvimento, aos seus direitos fundamentais em maior grau possível.[9]

Analisando o princípio, Gustavo Monaco afirma que:

> Do ponto de vista objetivo, o princípio do melhor interesse da criança pode ser concebido como um dos princípios primordiais que devem ser considerados pelo Estado na definição de suas políticas públicas e não necessariamente como o princípio primordial. Outro problema relativo ao âmbito objetivo de aplicação do princípio e que decorre da tradução brasileira foi o fato de nela se falar

7. PEREIRA, Tânia da Silva. *Direito da criança e do adolescente*: uma proposta interdisciplinar. Rio de Janeiro: Renovar, 1996, p. 26.
8. VERONESE, Josiane Rose Petry; FALCÃO, Wanda Helena Mendes Muniz. A criança e o adolescente no marco internacional. In: VERONESE, Josiane Rose Petry (Org.). *Direito da criança e do adolescente*: novo curso, novos temas. Rio de Janeiro: Lumen Juris, 2017, p. 24.
9. AMIN, Andrea. Princípios orientadores do direito da criança e do adolescente. In: MACIEL, Katia Regina Lobo Andrade (Coord.). *Curso de direito da criança e do adolescente*: aspectos teóricos e práticos. 12. ed. São Paulo: Saraivajur, 2019, p. 77.

em interesse maior da criança, valendo-se de um critério quantitativo, logo refutado pela doutrina que optou por um critério qualitativo, passando a designar o princípio como o do melhor interesse da criança, de conotação similar àquela que o princípio adquire em Portugal, onde é chamado de princípio do interesse superior da criança.

Do ponto de vista subjetivo, por sua vez, o princípio configura-se como prescrição dirigida ao Estado--legislador, que dele deve valer em sua atividade legislativa, zelando para que a lei preveja, sempre, a melhor consequência para a criança, diante de duas ou três possibilidades que se apresentem. (...)

Também se apresenta como uma prescrição que se dirige ao Estado-juiz, que em sua atividade e interpretação e aplicação das normas jurídicas deve dar-lhe uma aplicação consentânea com as necessidades reais das crianças. (...)

Por fim, o princípio também é uma prescrição dirigida ao Estado-administrador, que em sua atividade de concepção, implementação e execução de políticas públicas deve tender à efetiva aplicação do princípio, optando, entre duas possibilidades, por aquela que se mostrar mais consentânea com o princípio.

Também a família (nuclear ou alargada) deve ser ater à observância do princípio para a tomada de qualquer decisão que diga respeito à criança, sem que com isso se confundam o princípio com o direito subjetivo que esteja sendo exercido.[10]

Por fim, para Maíra Zapater:

(...) a definição dos contornos do melhor interesse da criança e do adolescente passa pela construção de sua progressiva autonomia, compatível com sua idade e condição, para que a pessoa com menos de dezoito anos possa manifestar sua opinião a respeito daquilo que entende como "seu melhor interesse": trata-se de conferir à criança e ado adolescente o direito à voz, adotando-se abordagens participativas, a exemplo do texto do Marco Legal da Primeira Infância, que em seu art. 4º consagra o interesse superior da criança, determinando que seja atendido por abordagem participativa.[11]

Ainda de uma perspectiva teórica, vale a pena mencionar o entendimento da CIDH sobre o princípio do melhor interesse, constante da Opinião Consultiva 17/2002:

56. Este principio regulador de la normativa de los derechos del niño se funda en la dignidad misma del ser humano, en las características propias de los niños, y en la necesidad de propiciar el desarrollo de éstos, con pleno aprovechamiento de sus potencialidades así como en la naturaleza y alcances de la Convención sobre los Derechos del Niño.

(...)

59. Este asunto se vincula con los examinados en párrafos precedentes, si se toma en cuenta que la Convención sobre Derechos del Niño alude al interés superior de éste (artículos 3, 9, 18, 20, 21, 37 y 40) como punto de referencia para asegurar la efectiva realización de todos los derechos contemplados en ese instrumento, cuya observancia permitirá al sujeto el más amplio desenvolvimiento de sus potencialidades. A este criterio han de ceñirse las acciones del Estado y de la sociedad en lo que respecta a la protección de los niños y a la promoción y preservación de sus derechos.

60. En el mismo sentido, conviene observar que para asegurar, en la mayor medida posible, la prevalencia del interés superior del niño, el preámbulo de la Convención sobre los Derechos del Niño establece que éste requiere "cuidados especiales", y el artículo 19 de la Convención Americana señala

10. MONACO, Gustavo Ferraz de Campos. *A proteção da criança no cenário internacional.* Belo Horizonte: Del Rey, 2005, p. 181-183.
11. ZAPATER, Maíra. *Direito da criança e do adolescente.* São Paulo: Saraivajur, 2019, p. 75.

que debe recibir "medidas especiales de protección". En ambos casos, la necesidad de adoptar esas medidas o cuidados proviene de la situación específica en la que se encuentran los niños, tomando en cuenta su debilidad, inmadurez o inexperiencia.

61. En conclusión, es preciso ponderar no sólo el requerimiento de medidas especiales, sino también las características particulares de la situación en la que se hallan el niño.[12]

De acordo com a Opinião Consultiva, o respeito ao melhor interesse da criança ocorre quando ela é considerada como (a) pessoa, portanto, como detentora de dignidade e de direitos fundamentais (civis, sociais, ambientais, políticos etc.), mas (b) respeitado seu estágio de desenvolvimento de modo que (c) ocorra proteção adequada a essa condição que permita (d) o aproveitamento de suas potencialidades.

Os três primeiros elementos estão já bem sedimentados na doutrina de infância e juventude, mas remanesce incerto o significado do último, como observa Geraldine Van Bueren ao comentar que é necessário mais do que uma instituição judicial racional sobre o princípio porque a sociedade conta com o direito para assegurar objetividade e previsibilidade.[13] Para a autora, o melhor interesse da criança deve ir além de uma interpretação simplista e deve obrigatoriamente ser entendido de maneira ampla como pré-condição de direitos, o que significa dizer que a definição do melhor interesse depende de uma lista de fatores que é impossível de ser totalmente categorizada abstratamente e dependerá das particularidades fáticas das situações, embora obrigatoriamente envolva a opinião da criança, risco de danos a sua pessoa e as suas necessidades.[14]

Michael Freeman chama a atenção que o princípio do melhor interesse tem uma perspectiva paternalista, culpa, segundo o autor, do abandono da perspectiva da criança na redação final do artigo 3º da Convenção sobre Direitos da Criança, que acabou se preocupando com princípios de justiça distributiva entre crianças e outras pessoas e não nas crianças em si.[15] Para minimizar o resultado do texto normativo e construir um melhor interesse que esteja centralizado na pessoa da criança e na qualidade de sujeito de direitos, Freeman argumenta que o princípio deve ser orientado pelas teorias de justiça que equilibram igualdade e o valor normativo da autonomia, de modo a impedir intervenções paternalistas sem a devida justificação tampouco a superação moral de uma pessoa sobre a criança por razões estritamente etárias.[16] A partir dessas reflexões, conclui que o melhor interesse pode ser traduzido nos interesses básicos, como interesses de desenvolvimento de cuidados físicos, emocionais e intelectuais para ingressar na fase

12. Texto disponível em: http://www.corteidh.or.cr/docs/opiniones/seriea_17_esp.pdf. Acesso em: 28 jul. 2020.
13. No original: "The concept of the best interests of the child, however, needs to be more than 'raw judicial intuition', as society relies upon law and international society relies upon international law to provide objectivity and an element of predictability" (BUEREN, Geraldine Van. *The international law on the rights of the child.* The Hague: Martinus Nijhoff Publishers, 1998, p. 45).
14. BUEREN, Geraldine Van. Op. cit., p. 46-47.
15. FREEMAN, Michael. Article 3. The best interests of the child. In: ALEN, A. et al (Ed.). *A commentary on the United Nations Convention on the rights of the child.* Leiden: Martinus Nijhoff, 2007, p. 50-51.
16. FREEMAN, Michael. Taking children's rights more seriously, *International Journal of Law, Policy and the Family*, v. 6, n. 1, p. 67-68, abr. 1992.

adulta o máximo possível sem desvantagens, e com autonomia, especialmente com a liberdade de escolher um estilo de vida própria.[17]

O que se percebe, do conjunto de teorias antes apresentadas, é o consenso sobre constituir o princípio do melhor interesse um conceito que, apesar do alto grau de abstração e indeterminação, exige que as funções estatais (administrativa, legislativa e judiciária) levem em consideração prioritária os interesses e direitos de crianças quando eles estiverem sob enfoque. A zona cinzenta do princípio recai sobre a participação de crianças e adolescentes nas situações que a envolvem como elemento essencial do princípio.

3. A PRÁTICA JUDICIAL

As reflexões teóricas não apresentam as mesmas perspectivas jurisprudenciais. Como bem observado por Joana Salazar ao analisar o princípio na jurisprudência portuguesa, a classificação do melhor interesse nas decisões judiciais adota outra organização.

Um dos mais importantes critérios na aferição do melhor interesse tem sido a presunção ou preferência materna. Essa perspectiva pode ser vista na diferença entre as licenças paternidade e maternidade, como também pela atual redação do art. 318 do Código de Processo Penal que pressupõe a necessidade de convivência materna da criança com a mulher presa, mas quanto ao pai, exige que ele seja o único responsável.

Judicialmente, no Superior Tribunal de Justiça, esse debate tem sido ressignificado depois do Marco Legal da Primeira Infância a partir da análise da (im)prescindibilidade materna:

> Recurso ordinário em habeas corpus. Organização criminosa voltada ao tráfico internacional de drogas. Prisão preventiva. Sentença condenatória. Mãe de menor de 12 anos. Excepcionalidade à Lei 13.469/2018. Recurso não provido.
>
> 1. Situações excepcionalíssimas podem impedir a prisão domiciliar para mães de menores de 12 anos mesmo após a entrada em vigor da Lei 13.769/2018, que alterou o Código de Processo Penal.
>
> 2. Conforme decidido pela Sexta Turma em impetrações anteriores (HC 542.874/SP e RHC 122.898/SP), não é suficiente nem adequado ao caso concreto o deferimento da prisão domiciliar, em razão da inusual periculosidade da sentenciada, contextualizada como a principal operadora financeira de organização criminosa voltada ao tráfico internacional de drogas, de notável poderio econômico.
>
> 3. Não há fato novo que altere a compreensão anteriormente externada por esta Corte, pois o rompimento do vínculo materno e suas consequências perduram desde a prisão em flagrante. A criança cresce sob novo arranjo familiar e terceiros são responsáveis pelo seu cuidado e bem-estar, além de possuírem a guarda legal da menor. A infante possui desenvolvimento adequado à idade e faz acompanhamento psicológico , sem registro de situação de negligência, exploração ou violência. Depois da condenação da postulante a 20 anos e 10 meses de reclusão, não se verifica a imprescindibilidade da mãe para garantir os melhores interesses da criança ou a necessidade de interferir novamente na rotina da infante, de modo a afetar os vínculos que criou com os atuais tutores.
>
> 4. Recurso em habeas corpus não provido.

17. FREEMAN, Michael. Article 3. The best interests of the child. Op. cit., p. 27.

(RHC 152.820/SP, Rel. Ministro Rogerio Schietti Cruz, Sexta Turma, julgado em 08/02/2022, DJe 21.02.2022)

Direito da criança e do adolescente. Recurso especial. Ação de guarda de menores ajuizada pelo pai em face da mãe. Prevalência do melhor interesse da criança. Melhores condições.

– Ao exercício da guarda sobrepõe-se o princípio do melhor interesse da criança e do adolescente, que não se pode delir, em momento algum, porquanto o instituto da guarda foi concebido, de rigor, para proteger o menor, para colocá-lo a salvo de situação de perigo, tornando perene sua ascensão à vida adulta. Não há, portanto, tutela de interesses de uma ou de outra parte em processos deste jaez; há, tão somente, a salvaguarda do direito da criança e do adolescente, de ter, para si prestada, assistência material, moral e educacional, nos termos do art. 33 do ECA.

– Devem as partes pensar, de forma comum, no bem-estar dos menores, sem intenções egoísticas, caprichosas, ou ainda, de vindita entre si, tudo isso para que possam ? os filhos ? usufruir harmonicamente da família que possuem, tanto a materna, quanto a paterna, porque toda criança ou adolescente tem direito a ser criado e educado no seio da sua família, conforme dispõe o art. 19 do ECA.

– A guarda deverá ser atribuída ao genitor que revele melhores condições para exercê-la e, objetivamente, maior aptidão para propiciar ao filho afeto ? não só no universo genitor-filho como também no do grupo familiar e social em que está a criança ou o adolescente inserido ?, saúde, segurança e educação.

– Melhores condições, para o exercício da guarda de menor, evidencia, acima de tudo, o atendimento ao melhor interesse da criança, no sentido mais completo alcançável, sendo que o aparelhamento econômico daquele que se pretende guardião do menor deve estar perfeitamente equilibrado com todos os demais fatores sujeitos à prudente ponderação exercida pelo Juiz que analisa o processo.

–Aquele que apenas apresenta melhores condições econômicas, sem contudo, ostentar equilíbrio emocional tampouco capacidade afetiva para oferecer à criança e ao adolescente toda a bagagem necessária para o seu desenvolvimento completo, como amor, carinho, educação, comportamento moral e ético adequado, urbanidade e civilidade, não deve, em absoluto, subsistir à testa da criação de seus filhos, sob pena de causar-lhes irrecuperáveis prejuízos, com sequelas que certamente serão carregadas para toda a vida adulta.

– Se o conjunto probatório apresentado no processo atesta que a mãe oferece melhores condições de exercer a guarda, revelando, em sua conduta, plenas condições de promover a educação dos menores, bem assim, de assegurar a efetivação de seus direitos e facultar o desenvolvimento físico, mental, emocional, moral, espiritual e social dos filhos, em condições de liberdade e de dignidade, deve a relação materno-filial ser assegurada, sem prejuízo da relação paterno-filial, preservada por meio do direito de visitas.

– O pai, por conseguinte, deverá ser chamado para complementar monetariamente em caráter de alimentos, no tocante ao sustento dos filhos, dada sua condição financeira relativamente superior à da mãe, o que não lhe confere, em momento algum, preponderância quanto à guarda dos filhos, somente porque favorecido neste aspecto, peculiaridade comum à grande parte dos ex-cônjuges ou ex-companheiros.

– Considerado o atendimento ao melhor interesse dos menores, bem assim, manifestada em Juízo a vontade destes, de serem conduzidos e permanecerem na companhia da mãe, deve ser atribuída a guarda dos filhos à genitora, invertendo-se o direito de visitas.

– Os laços afetivos, em se tratando de guarda disputada entre pais, em que ambos seguem exercendo o poder familiar, devem ser amplamente assegurados, com tolerância, ponderação e harmonia, de forma a conquistar, sem rupturas, o coração dos filhos gerados, e, com isso, ampliar ainda mais os vínculos existentes no seio da família, esteio da sociedade.

Recurso especial julgado, todavia, prejudicado, ante o julgamento do mérito do processo.

(REsp 964.836/BA, Rel. Ministra Nancy Andrighi, Terceira Turma, julgado em 02.04.2009, DJe 04.08.2009)

Civil. Adoção. Vício no consentimento da genitora. Boa-fé dos adotantes. Longo convívio da adotanda com os adotantes. Preponderância do melhor interesse da criança.

1. A criança adotanda é o objeto de proteção legal primário em um processo de adoção, devendo a ela ser assegurada condições básicas para o seu bem-estar e desenvolvimento sociopsicológico.

2. A constatação de vício no consentimento da genitora, com relação a entrega de sua filha para a adoção, não nulifica, por si só, a adoção já realizada, na qual é possível se constatar a boa-fé dos adotantes.

3. O alçar do direito materno, em relação à sua prole, à condição de prevalência sobre tudo e todos, dando-se a coacta manifestação da mãe-adolescente a capacidade de apagar anos de convivência familiar, estabelecida sobre os auspícios do Estado, entre o casal adotante, seus filhos naturais e a adotanda, no único lar que essa sempre teve, importa em ignorar o direito primário da infante, vista mais como objeto litigioso e menos, ou quase nada, como indivíduo, detentora, ela própria, de direitos, que, no particular, se sobrepõe aos brandidos pelas partes.

4. Apontando as circunstâncias fáticas para uma melhor qualidade de vida no lar adotivo e associando-se essas circunstâncias à convivência da adotanda, por lapso temporal significativo – 09 anos –, junto à família adotante, deve-se manter íntegro esse núcleo familiar.

5. Recurso especial provido.

(REsp 1199465/DF, Rel. Ministra Nancy Andrighi, Terceira Turma, julgado em 14.06.2011, DJe 21.06.2011)

Na falta ou impossibilidade da mãe, percebe-se na jurisprudência a utilização da família materna como centro de cuidado para cumprir o melhor interesse:

Guarda de menor. Criança criada pelos avós maternos.

– Reconhecido pelas instâncias ordinárias ser melhor para o menor permanecer na companhia dos avós maternos, com quem sempre viveu e a quem foi concedida a guarda depois da morte prematura da mãe, não cabe rever a matéria em recurso especial, seja porque se trata de matéria de fato, seja porque estão preservados os interesses da criança.

Recurso não conhecido.

(REsp 280.228/PB, Rel. Ministro Ruy Rosado De Aguiar, Quarta Turma, julgado em 28.11.2000, DJ 12.02.2001, p. 125)

Recurso especial. Civil. Infância e juventude. Modificação de guarda. Ação ajuizada por tios paternos em face de tios maternos. Modificação da guarda. Impossibilidade. Princípios da proteção integral e do melhor interesse da criança e do adolescente. Alienação parental. Não comprovação. Alteração da guarda. Providência não automática.

1 – Recurso especial interposto em 10.01.2019 e concluso ao gabinete em 28.01.2020.

2 – O propósito recursal consiste em dizer se a guarda da menor deve ser deferida aos tios paternos em virtude de suposta alienação parental praticada pelos tios maternos, atuais guardiões.

3 – A interpretação das normas jurídicas atinentes à guarda e o exame de hipóteses como a dos autos, demandam perquirição que não olvide os princípios da proteção integral e do melhor interesse da criança e do adolescente, ambos hauridos diretamente da Constituição e do ECA e informadores do Direito da Infância e da Juventude.

4 – Na hipótese dos autos, todos os Relatórios Psicossociais elaborados são unânimes ao atestar que a menor se encontra bem cuidada pelos tios maternos, atuais guardiões, com quem foi estabelecido forte vínculo de afeto que perdura por elastecido período.

5 – Não bastasse o fato de que inexiste nos laudos periciais conclusão inequívoca de que estaria configurada a prática de alienação parental, é imperioso admitir que os Relatórios Psicossociais elaborados,

que evidenciam a situação de cuidado e segurança de que goza a menor, abalam a afirmação de que esta seria vítima dessa prática espúria ou, ao menos, suscitam fundadas dúvidas sobre essa alegação.

6 – "No direito de família, notadamente quando se trata do interesse de menores, a responsabilidade do julgador é redobrada: é a vida da criança que está para ser decidida e para uma criança, muitas vezes, um simples gesto implica causar-lhe um trauma tão profundo, que se refletirá por toda a sua vida adulta. Por esse motivo, toda a mudança brusca deve ser, na medida do possível, evitada" (AgRg no Ag 1121907/SP, Rel. Ministro Sidnei Beneti, Rel. p/ Acórdão Ministra Nancy Andrighi, Terceira Turma, julgado em 05.05.2009, DJe 03.06.2009).

7 – Os interesses da criança ou do adolescente não devem ser enfocados apenas sob o prisma da repercussão que a eventual ausência do convívio profícuo com o pai poderia causar à sua formação, devendo-se levar em consideração, igualmente, outras circunstâncias e fatores que também merecem ser priorizados na identificação dos efetivos interesses da menor, máxime tendo em vista a sua situação peculiar de pessoa em desenvolvimento.

8 – Na hipótese em apreço, retirar a criança do ambiente familiar dos atuais guardiões, com quem convive desde 2014, quando tinha apenas 5 (cinco) anos de idade, é medida que só deve ser adotada em casos verdadeiramente extremos.

9 – A eventual prática de alienação parental, ainda que estivesse caracterizada, não acarreta a automática e infalível alteração da guarda da criança ou do adolescente, conforme se infere da interpretação do disposto no art. 6º da Lei 12.318/10.

10 – Em atenção aos princípios da proteção integral e do melhor interesse da criança e do adolescente, é imperiosa a manutenção da guarda da menor com os tios maternos, evitando-se que, em tão tenra idade, tenha rompido, novamente, forte vínculo socioafetivo estabelecido, sobretudo, com a guardiã, que ocupa, a rigor, a posição de verdadeira figura materna.

11 – Recurso especial não provido.

(REsp 1859228/SP, Rel. Ministra Nancy Andrighi, Terceira Turma, julgado em 27.04.2021, DJe 04.05.2021)

O princípio é ainda invocado como causa de decidir da manutenção da criança ou adolescente na família de origem, enquanto pendente litígio sobre a existência (ou não) de risco:

Habeas corpus. Família. Menor. Ação de destituição de poder familiar cumulada com anulação de registro de nascimento. Suspeita de adoção *intuitu personae*. Entrega da criança pela mãe ao pai registral desde o nascimento. Paternidade biológica afastada. Medida protetiva excepcional. Acolhimento institucional. Ofensa ao melhor interesse do menor. Ordem parcialmente concedida.

1. Conforme as circunstâncias do caso em análise, é inadmissível o habeas corpus manejado como sucedâneo recursal, mormente para atendimento ao melhor interesse do paciente menor.

2. O Estatuto da Criança e do Adolescente – ECA, ao preconizar a doutrina da proteção integral e prioritária do menor, torna imperativa a observância do melhor interesse da criança.

3. Esta Corte Superior tem entendimento assente de que, salvo evidente risco à integridade física ou psíquica do menor, não é de seu melhor interesse o acolhimento institucional em detrimento do familiar.

4. Nessa senda, o afastamento da medida protetiva de busca e apreensão atende ao princípio do melhor interesse da criança, porquanto, neste momento, o maior benefício à menor é mantê-la com a sua família extensa, até ulterior julgamento definitivo da ação principal.

5. Ordem de habeas corpus parcialmente concedida, com liminar confirmada.

(HC 593.613/RS, Rel. Ministro Raul Araújo, Quarta Turma, julgado em 15.12.2020, DJe 02.02.2021)

"Habeas corpus". Direito da criança e do adolescente. Busca e apreensão de menor (1 ano e dez meses). Suspeita de adoção "intuitu personae". Entrega pela mãe ao pai registral. Paternidade biológica afastada. Acolhimento institucional em abrigo. Ilegalidade. Primazia do acolhimento familiar. Ausência de risco à integridade física ou psíquica do infante. Princípio do melhor interesse e de proteção integral da criança e do adolescente. Precedentes.

1. Controvérsia a respeito do acolhimento institucional de criança supostamente entregue à adoção 'intuitu personae'.

2. Hipótese em que a criança foi retirada do ambiente familiar quando contava com aproximadamente um ano e três meses e colocada em instituição de acolhimento, com fundamento na burla ao Cadastro Nacional de Adoção e fraude registral.

3. Inexistência, nos autos, de indício de fatos que desabonem o ambiente familiar em que a criança se encontrava.

4. Nos termos do art. 34, § 1º, do ECA: "A inclusão da criança ou adolescente em programas de acolhimento familiar terá preferência a seu acolhimento institucional, observado, em qualquer caso, o caráter temporário e excepcional da medida, nos termos desta Lei".

5. Primazia do acolhimento familiar em detrimento do acolhimento institucional, com a preservação de vínculos afetivos estabelecidos durante significativo período. Precedentes desta Corte Superior.

6. Existência de flagrante ilegalidade no ato coator a justificar a concessão da ordem de ofício.

7. Ordem *de habeas corpus* concedida de ofício.

(HC 575.883/SP, Rel. Ministro Paulo De Tarso Sanseverino, Terceira Turma, julgado em 04.08.2020, DJe 20.08.2020)

E, ainda, para decisão sobre a guarda compartilhada ou unilateral:

Recurso especial. Civil. Família. Guarda compartilhada. Obrigatoriedade. Princípios da proteção integral e do melhor interesse da criança e do adolescente. Guarda alternada. Distinção. Guarda compartilhada. Residência dos genitores em cidades diversas. Possibilidade.

1 – Recurso especial interposto em 22.07.2019 e concluso ao gabinete em 14.03.2021.

2 – O propósito recursal consiste em dizer se: a) a fixação da guarda compartilhada é obrigatória no sistema jurídico brasileiro; b) o fato de os genitores possuírem domicílio em cidades distintas representa óbice à fixação da guarda compartilhada; e c) a guarda compartilhada deve ser fixada mesmo quando inexistente acordo entre os genitores.

3 – O termo "será" contido no § 2º do art. 1.584 não deixa margem a debates periféricos, fixando a presunção relativa de que se houver interesse na guarda compartilhada por um dos ascendentes, será esse o sistema eleito, salvo se um dos genitores declarar ao magistrado que não deseja a guarda do menor.

4 – Apenas duas condições podem impedir a aplicação obrigatória da guarda compartilhada, a saber: a) a inexistência de interesse de um dos cônjuges; e b) a incapacidade de um dos genitores de exercer o poder familiar.

5 – Os únicos mecanismos admitidos em lei para se afastar a imposição da guarda compartilhada são a suspensão ou a perda do poder familiar, situações que evidenciam a absoluta inaptidão para o exercício da guarda e que exigem, pela relevância da posição jurídica atingida, prévia decretação judicial.

6 – A guarda compartilhada não se confunde com a guarda alternada e não demanda custódia física conjunta, tampouco tempo de convívio igualitário dos filhos com os pais, sendo certo, ademais, que, dada sua flexibilidade, esta modalidade de guarda comporta as fórmulas mais diversas para sua implementação concreta, notadamente para o regime de convivência ou de visitas, a serem

fixadas pelo juiz ou por acordo entre as partes em atenção às circunstâncias fáticas de cada família individualmente considerada.

7 – É admissível a fixação da guarda compartilhada na hipótese em que os genitores residem em cidades, estados, ou, até mesmo, países diferentes, máxime tendo em vista que, com o avanço tecnológico, é plenamente possível que, à distância, os pais compartilhem a responsabilidade sobre a prole, participando ativamente das decisões acerca da vida dos filhos.

8 – Recurso especial provido.

(REsp 1878041/SP, Rel. Ministra Nancy Andrighi, Terceira Turma, julgado em 25.05.2021, DJe 31.05.2021)

Para Joana Salazar, o melhor interesse serve ainda como critério para determinar a preferência da criança, a impossibilidade de separação de grupo de irmãos, a preferência pelo vínculo de afinidade e afetividade na colocação em família substituta e, por fim, na coincidência de sexo para fins de atribuição de guarda.[18]

4. ALGUMAS BREVES CONCLUSÕES

A título de encerramento do presente artigo, o que gostaríamos de destacar é a diferença entre a evolução teórica do princípio do melhor interesse, muito associada à efetiva participação da criança e do adolescente em processos ou decisões que guardem relação com seus interesses e direitos.

Esse conceito, iniciado nos debates que levariam à aprovação da Convenção sobre Direitos da Criança de 1989, não foram integralmente incorporados no direito brasileiro, que, no plano doutrinário, prefere a ideia de primazia jurídica, olvidando-se da necessidade de oitiva, escuta e manifestação da criança e do adolescente.

Chama ainda a atenção a dissociação entre doutrina e jurisprudência, não havendo pontos de identificação entre eles quando se busca analisar a aplicação prática do princípio.

Em suma, há muito a se caminhar na efetividade e eficácia dos direitos de crianças e adolescentes.

18. GOMES, Joana Salazar. *O superior interesse da criança e as novas formas de guarda*. Lisboa: Universidade Católica Editora, 2017, p. 66-71.

MULTIPARENTALIDADE: ASPECTOS AINDA CONTROVERTIDOS

Fabíola Albuquerque Lobo

Professora Titular de Direito Civil da Faculdade de Direito do Recife/UFPE. Doutora em Direito (UFPE).

Paulo Lobo

Doutor em Direito Civil (USP). Professor Emérito da UFAL. Ex-Conselheiro do CNJ.

1. COEXISTÊNCIA DE PARENTALIDADES E A TESE DO STF DE REPERCUSSÃO GERAL

O reconhecimento jurídico da coexistência de parentalidades (entendidas como relações recíprocas entre pais e/ou mães e filhos e/ou filhas) é recente em nosso direito. Quando a Constituição de 1988 admitiu o estado de filiação socioafetiva, em igualdade de condições com a filiação biológica (art. 227, § 6º), a doutrina e a jurisprudência majoritárias encaminharam-se para o entendimento de que, em se comprovando a posse de estado da filiação, esta deveria prevalecer sobre a origem biológica que não fosse acompanhada de convivência familiar efetiva. Outras decisões, no entanto, optaram pelo prevalecimento da origem biológica, para o fim de cancelamento de registro de filiação socioafetiva derivada de posse de estado ou de adoção de fato. Assim, em ambas as perspectivas, o pressuposto era a exclusividade da parentalidade (ou biológica, ou socioafetiva).

Esse quadro controvertido e conflituoso de parentalidades antagônicas foi desafiado em 2016, quando o STF, ao concluir o julgamento do RE 898.060, adotou a tese de repercussão geral 622, assim enunciada: "A paternidade socioafetiva, declarada ou não em registro público, não impede o reconhecimento do vínculo de filiação concomitante baseado na origem biológica, com os efeitos jurídicos próprios".

Portanto, o efetivo ingresso da multiparentalidade no direito brasileiro deu-se pela via jurisprudencial, tendo como principais efeitos o reconhecimento da igualdade jurídica entre a *parentalidade socioafetiva e a parentalidade biológica e a* quebra do modelo binário das relações de parentalidade, em situações excepcionais.

Tal reconhecimento jurídico da multiparentalidade, haurido da aplicação direta e imediata dos princípios constitucionais às relações de família, teve como uma de suas consequências transversais a indiscutibilidade da filiação socioafetiva e seu status de igualdade em face da filiação biológica, reduzindo substancialmente os problemas decorrentes das divergências de precedência de uma sobre outra nos casos concretos.

O Tribunal fundou-se explicitamente no princípio constitucional da dignidade da pessoa humana (CF, art. 1º, III), que inclui a tutela da felicidade e da realização pessoal dos indivíduos, impondo-se o reconhecimento jurídico de modelos familiares diversos da concepção tradicional. Igualmente, no princípio constitucional da paternidade responsável (CF, art. 226, § 7º), que não permite decidir entre a filiação socioafetiva e a biológica, devendo todos os pais assumir os encargos decorrentes do poder familiar e permitindo ao filho desfrutar dos direitos em relação a eles sem restrição.

Espera-se que uma tese de repercussão geral, fixada pelo STF, uniformize a interpretação constitucional, mediante o apaziguamento das divergências nos casos idênticos. Mas será que esta função prestante da repercussão geral, no caso da multiparentalidade, confirma-se ou permanece dando margem a entendimentos controvertidos, mercê das complexidades do mundo da vida familiar?

2. A RESPEITO DOS "CASOS SEMELHANTES"

A ementa do Acordão expressamente dispõe que a Tese jurídica, acima enunciada, se aplica a casos semelhantes ao caso concreto julgado, ou seja, a coexistência de uma parentalidade biológica e de uma parentalidade socioafetiva. Assim, em princípio, a Tese não abrigaria as hipóteses de duas parentalidades biológicas (resultantes de manipulação genética) exclusivas ou de duas parentalidades socioafetivas exclusivas.

Nesse cenário de incertezas, e com o fim de demarcar doutrinariamente os lindes da multiparentalidade, entendemos que seu alcance deve ter observância e aplicação restritivas aos casos iguais ou semelhantes, ou seja, naqueles onde haja a coexistência de vínculo socioafetivo e vínculo biológicos, considerando-se a igualdade jurídica entre eles, e que correspondam à relação básica ocorrida no caso paradigma e às finalidades do enunciado da Tese 622 do STF.

Configuram hipóteses semelhantes as em que ocorram coexistência de parentalidades (não apenas paternidades) biológicas e quaisquer parentalidades socioafetivas comprovadas (ainda que não registradas ou judicialmente reconhecidas), sem a ordem do caso paradigma. Assim: paternidade(s) biológica(s) + paternidade(s) socioafetiva(s); maternidade(s) socioafetivas + maternidade(s) biológica(s); maternidade biológica(s) + maternidade(s) socioafetivas(s).

O âmbito da tese é restrito, o que torna a multiparentalidade exceção, diferentemente da exclusiva parentalidade socioafetiva ou da exclusiva parentalidade biológica, as quais permanecem como regras de atribuição da filiação, no direito brasileiro.

Colhem-se no CC de 2002 as seguintes espécies legais de filiação socioafetiva ou não biológica, em sentido amplo:

(1) Adoção de crianças, adolescentes e de adultos, sempre judicialmente (arts. 1.596 e 1.618, com envio ao ECA, que concentrou a disciplina da adoção de crianças e adolescentes);

(2) Filhos havidos por inseminação artificial heteróloga, com sêmen de terceiro, desde que com prévia autorização do marido, em relação a este (1.597, V). A origem do filho, em face aos pais, é parcialmente biológica, pois o pai é exclusivamente socioafetivo, jamais podendo ser contraditada por investigação de parentalidade ulterior;

(3) Posse de estado de filiação (art. 1.605), ou filiação socioafetiva em sentido estrito, sendo esta espécie a mais exigente de prova (começo de prova por escrito, ou resultante de "veementes presunções resultantes de fatos já certos"), que tem concentrado a atenção da doutrina e da jurisprudência. As presunções "veementes" são verificadas em cada caso, dispensando-se outras provas da situação de fato

A parentalidade socioafetiva – para os fins da tese do STF – restringe-se às hipóteses de posse de estado de filiação, excluindo-se a adoção e a filiação oriunda de inseminação artificial heteróloga, como adiante demonstraremos. Também está excluída a filiação biológica que nunca foi antecedida por filiação socioafetiva.

3. OS "EFEITOS JURÍDICOS PRÓPRIOS" DA TESE GERAL DO TEMA 622

Ante a concisão das teses dos temas de repercussão geral, as expressões amplas utilizadas são exigentes de interpretação, de acordo com os princípios e pressupostos que os inspiraram. Tal se dá com a expressão "com os efeitos jurídicos próprios".

A análise do julgamento do caso concreto paradigma pouco contribui, até porque a decisão que o STF nele proferiu é exatamente contrária ao que estipula a tese geral, no que concerne à multiparentalidade. No caso concreto, a maioria do Tribunal, contraditoriamente, confirmou as decisões judiciais anteriores no sentido do cancelamento do registro da paternidade socioafetiva, para se fazer constar apenas a paternidade biológica.

Do núcleo da tese do Tema 622 resultam as seguintes conclusões, que nos permitem avançar nos efeitos jurídicos próprios:

1ª. O reconhecimento jurídico da parentalidade socioafetiva;

2ª. A inexistência de primazia entre as filiações biológicas e socioafetivas;

3ª. O caráter excepcional da multiparentalidade.

Assim sendo, em relação aos efeitos da origem genética ou biológica:

a) quando configurada a prévia parentalidade socioafetiva, registrada ou não, a origem genética intitula o filho a investigar a parentalidade biológica com efeitos amplos de parentesco, além do registro civil. Igualmente, pode o genitor biológico reconhecer o filho biológico, com todos os efeitos decorrentes, inclusive o do registro civil concomitante;

b) permanece o direito ao conhecimento da origem genética, como direito da personalidade, sem efeitos de parentesco, na hipótese de adoção, conforme previsto expressamente no art. 48 do ECA, com a redação dada pela Lei n. 12.010/2009. O adotado tem direito de conhecer sua origem biológica, bem como a obter acesso irrestrito ao processo no qual a medida foi aplicada e seus eventuais incidentes, após completar 18 (dezoito) anos. Em caso de recusa ao acesso, pode ser ajuizada ação para tal finalidade, que não se confunde com investigação de paternidade ou maternidade. A decisão do STF não implica inconstitucionalidade da norma legal que estabelece a ruptura dos vínculos familiares de origem do adotado, exceto quanto aos impedimentos matrimoniais. Vigora, no direito constitucional brasileiro, a presunção de constitucionalidade das normas legais, até que sejam declaradas inconstitucionais pelo STF;

c) o direito ao conhecimento da origem genética, também sem efeitos de parentesco, é assegurado ao que foi concebido com uso de sêmen de outro homem, que não o marido da mãe e com autorização deste, de acordo com o art. 1.597, V do Código Civil, desde que o dador tenha consentido nessa utilização, sem se valer da garantia de anonimato;

d) não há direito ao conhecimento da origem genética nem ao reconhecimento judicial da parentalidade, se a técnica de reprodução assistida utilizar materiais genéticos de dador anônimo, crioconservados em estabelecimentos especializados para inseminação artificial.

Os direitos e deveres jurídicos do filho com múltiplas parentalidades são iguais em face dos pais e avós socioafetivos e biológicos, particularmente quanto:

a) a autoridade parental ou poder familiar, que é exercida de modo compartilhado, em princípio, pelos pais biológicos e socioafetivos, tal como ocorre com os pais separados. Em caso de conflito entre pais biológicos e socioafetivos, como não há primazia entre eles, o juiz deve se orientar pelo princípio do melhor interesse do filho, para a tomada de decisão. Se ambos os pais forem considerados temporariamente inaptos para exercer a autoridade parental, pode o juiz determinar a guarda a algum ou alguns dos avós, biológicos ou socioafetivos, observado o melhor interesse dos netos, assegurado o direito ao contato aos demais.

b) a guarda compartilhada é obrigatória por lei, entre os pais, salvo se se ficar demonstrada em decisão judicial motivada que a guarda individual, ante as circunstâncias especiais, é a que mais recomendável por força do melhor interesse do filho. Essa regra é aplicável tanto para situação comum do casal de pais, quanto para a de multiparentalidade (mais de dois pais), até porque não há hierarquia entre eles. A guarda compartilhada é compatível com a preferência da moradia que o filho tem como referência para suas relações sociais e afetivas. No exemplo comum, de filho que sempre viveu com seus pais socioafetivos, a moradia deste é preferencial. O conflito deve ser arbitrado pelo juiz, de modo a que assegure o contato do filho com seus pais socioafetivos e biológicos, e com os parentes de cada linhagem, especialmente os avós.

c) os alimentos devem ser partilhados pelos pais socioafetivos e biológicos em igualdade de condições, em princípio. Em caso de conflito entre eles, o juiz deve considerar a partilha proporcional do valor de acordo com as possibilidades econômicas de cada um, segundo os critérios da justiça distributiva. Os alimentos devem ser fixados em valor único, para partilha entre os pais, pois o suprimento da necessidade do alimentando não depende da quantidade de devedores alimentantes, além da observância da vedação legal do enriquecimento sem causa (CC, art. 884).

4. SITUAÇÕES COMPLEXAS DE MULTIPARENTALIDADES APARENTES

O direito de família brasileiro sempre teve entre seus pilares o modelo binário de parentalidade em relação aos filhos. Segundo o padrão tradicional, o casal constituído de pai e mãe. Quando os pais não fossem casados e apenas um fosse o declarante do nascimento no registro civil, caberia a pretensão à investigação da paternidade ou maternidade em relação ao outro, se não tivesse havido o reconhecimento voluntário. Essa regra era aplicável tanto à parentalidade biológica quanto à socioafetiva.

Com a decisão do STF (ADI 4.277) em 2011, a união homoafetiva foi juridicamente reconhecida como entidade familiar, com igual tutela jurídica conferida às demais entidades familiares. Nessa entidade familiar, o modelo binário da parentalidade continuou, dado a que se encerra no casal de pessoas do mesmo sexo, sendo excluídas terceira ou terceiras pessoas.

A ocorrência de múltiplos pais e mães é uma realidade da vida, cuja complexidade o direito não conseguiu lidar satisfatoriamente até agora, em nenhum país do mundo. Ela é agravada com os resultados fantásticos das manipulações genéticas (por exemplo, o uso de materiais genéticos de três pessoas, para reprodução assistida).

No início, a multiparentalidade pareceu ser o caminho adequado para abrigar a parentalidade dos casais de mesmo sexo, mas tornou-se dispensável desde quando o STF admitiu que esses casais podem constituir família. Permanece sua utilidade, no entanto, para as técnicas de reprodução assistida, quando mais de duas pessoas são nelas envolvidas, a exemplo de utilização de sêmen de amigo ou conhecido para inseminação de uma ou das duas integrantes de união homoafetiva. Essas hipóteses não estão suficientemente enfrentadas pelo direito brasileiro.

A multiparentalidade tem sido ressaltada em casos julgados por nossos tribunais, incluindo o STJ, que envolvem a admissibilidade de cumulação de paternidade ou maternidade, no registro civil, em situações em que há pai ou mãe registral e se pleiteia o acréscimo do sobrenome de pai ou mãe biológicos. Ou quando o registro de pai ou mãe biológicos é acrescentado do sobrenome de quem efetivamente criou a pessoa.

Na legislação, há previsão expressa do acréscimo do sobrenome do padrasto ou madrasta, por requerimento do enteado e assentimento daqueles ("Lei Clodovil", 11.924/2009), cuja anotação simbólica reflete a história de vida da pessoa. A lei é omissa quanto aos demais efeitos jurídicos, para além do parentesco por afinidade. A averbação não significa substituição ou supressão do sobrenome anterior, mas acréscimo, de modo a não ensejar dúvida sobre a antiga identidade da pessoa, para fins de eventuais responsabilidades. O acréscimo do sobrenome não altera a relação de parentesco por afinidade com o padrasto ou madrasta, cujo vínculo assim permanece, sem repercussão patrimonial, uma vez que tem finalidade simbólica e existencial. Consequentemente, não são cabíveis pretensões a alimentos ou sucessão hereditária, em razão desse fato.

A relação entre padrasto ou madrasta e enteado configura vínculo de parentalidade singular, permitindo-se àqueles contribuir para o exercício do poder familiar do cônjuge ou companheiro sobre o filho/enteado, uma vez que a direção da família é conjunta dos cônjuges ou companheiros, em face das crianças e adolescentes que a integram. Dessa forma, há dois vínculos de parentalidade que se entrecruzam, em relação ao filho do cônjuge ou do companheiro: um, do genitor originário separado, assegurado o direito de contato ou de visita com o filho; outro, do padrasto ou madrasta, de convivência com o enteado. Porém, por mais intensa e duradoura que seja a relação afetiva entre padrasto ou madrasta e seus enteados, dessa relação não nasce necessariamente paternidade ou maternidade socioafetiva em desfavor do pai ou da mãe legais ou registrais, porque não se caracteriza a posse de estado de filiação, o que igualmente afasta a multiparentalidade.

Pode ocorrer, todavia, a conversão fática do parentesco por afinidade em parentesco socioafetivo, quando gradativamente a relação entre padrasto/madrasta e seus enteados se transmuda em posse de estado de filiação, o que deve ser provado em juízo, para que se possa cogitar de conversão em parentalidade socioafetiva e multiparentalidade com suas consequências jurídicas. Ou seja, o parentesco por afinidade, próprio da família recomposta, pode se converter, ante a força dos fatos, em parentalidade socioafetiva, que passa a coexistir com a parentalidade biológica (o padrasto ou a madrasta assumem com o passar do tempo o status de pai ou mãe socioafetivos; os enteados passam a ser considerados filhos). Sem a comprovação da posse de estado de filiação, o parentesco por afinidade não pode ser tido como relação de parentalidade, conducente da multiparentalidade.

Ainda em relação à família recomposta, pode haver a perda do poder familiar dos pais, como decidiu o STJ (REsp 1106637), que reconheceu a legitimidade de padrasto para pedir a destituição do poder familiar, em face do pai biológico, como medida preparatória para a adoção unilateral da criança. Esta não é hipótese de multiparentalidade, pois a parentalidade de origem biológica foi extinta em virtude da adoção.

O namoro ou noivado não podem ensejar multiparentalidade. Assim é porque esses relacionamentos afetivos são pré-familiares, ou seja, têm o escopo de constituição de família, mas não são ainda famílias constituídas. É certo que, às vezes, ultrapassam a tênue zona limítrofe e se convertem em união estável, que é ato-fato jurídico – quando o direito desconsidera a vontade e atribui consequências ao resultado fático – e não ato ou negócio jurídico, estes dependentes de manifestação de vontade negocial consciente; porém, quando isso ocorre, não se cogita mais de namoro ou noivado, mas sim de entidade familiar própria.

5. ADOÇÃO E INSEMINAÇÃO ARTIFICIAL HETERÓLOGA EXCLUEM A MULTIPARENTALIDADE

A inseminação artificial heteróloga ocorre quando o marido autoriza a utilização de sêmen de outro homem, normalmente dador anônimo, para a fecundação do óvulo da mulher. A lei não exige que o marido seja estéril ou, por qualquer razão física ou psíquica, não possa procriar. A única exigência é que tenha o marido previamente autorizado a utilização de sêmen estranho ao seu. A lei não exige que haja autorização escrita, apenas que seja "prévia", razão por que pode ser verbal e comprovada em juízo como tal. Ressalta-se a distinção entre o *pai* e o *genitor biológico* ou dador anônimo.

A tutela legal desse tipo de concepção vem fortalecer a natureza fundamentalmente socioafetiva, e não biológica, da filiação e da paternidade, consequentemente da parentalidade. Se o marido autorizou a inseminação artificial heteróloga não poderá negar a paternidade, em razão da origem genética, nem poderá ser admitida investigação de paternidade, com idêntico fundamento, máxime em se tratando de dadores anônimos. Em virtude de suas características, que ressaltam a autonomia e a assunção definitiva da paternidade, como se pai biológico fosse, essa parentalidade socioafetiva é incompatível com a multiparentalidade.

A norma legal brasileira apenas prevê a inseminação artificial heteróloga em relação ao marido. Porém, por similitude, se a mulher for fecundada com óvulo de outra, com sêmen do marido, ter-se-á a mesma atribuição de filiação: ela e seu marido serão os pais legais do filho que vier a nascer, pois militam nessa direção as presunções de maternidade e paternidade.

Assim também, o modelo brasileiro atual da adoção (CC, art. 1.618, que remete ao ECA) é de natureza judicial e de ruptura completa dos vínculos com a família de origem (biológica ou socioafetiva), salvo para fins de impedimentos matrimoniais. Nem sempre foi assim, pois a legislação civil anterior (CC/1916, art. 378) admitia a adoção simples de duplo vínculo (família de origem e com o ou os adotantes).

Tal modelo também se harmoniza com os compromissos internacionais assumidos pelo Brasil nessa matéria. A Convenção Interamericana sobre Conflitos de Leis em Matéria de Adoção de Menores, de 1984, promulgada pelo Decreto 2.429/1997, estabelece em seu art. 9º que, em caso de adoção plena, os vínculos do adotado com sua família de origem serão considerados dissolvidos, salvo os impedimentos para contrair matrimônio.

A adoção é ato jurídico em sentido estrito, de natureza complexa, pois depende de decisão judicial para produzir seus efeitos. Não é negócio jurídico unilateral. Por dizer respeito ao estado de filiação, que é indisponível, não pode ser revogada. O ato é personalíssimo, não se admitindo que possa ser exercido por procuração (art. 39 do ECA).

A cláusula de barreira impeditiva da aplicação da multiparentalidade, quando houver adoção, decorre da lei e os preceitos normativos correspondentes estão em plena vigência.

Ora, se há o desligamento com o vínculo familiar de origem, não há que se cogitar de multiparentalidade, cujo pressuposto é a necessária coexistência de vínculos legalmente admitidos (biológicos e socioafetivos).

Nesse sentido é o *enunciado 111 das Jornadas de Direito Civil (CJF):*

> A adoção e a reprodução assistida heteróloga atribuem a condição de filho ao adotado e à criança resultante de técnica conceptiva heteróloga; porém, enquanto na adoção haverá o desligamento dos vínculos entre o adotado e seus parentes consanguíneos, na reprodução assistida heteróloga sequer será estabelecido o vínculo de parentesco entre a criança e o doador do material fecundante.

O Estatuto da Criança e do Adolescente instaurou uma situação peculiar, em relação a adoção. Durante o período compreendido entre o Estatuto da Criança e do Adolescente e antes do Código Civil de 2002 às regras da adoção estavam sob a égide do Código Civil de 1916. Consequentemente, as regras aplicáveis eram distintas, a depender do destinatário. Quer dizer, o Código Civil/1916 regulava a modalidade da adoção simples, dirigida aos adultos, enquanto a adoção plena, voltada para crianças e adolescentes, era regulada pelo Estatuto. Situação que permaneceu até a entrada em vigou do Código Civil de 2002, que baseado no modelo adotado pelo ECA (art. 47), disciplinou que a adoção de maiores de dezoito anos também se faria mediante sentença judicial constitutiva (art. 1.623), encerrando por definitivo a distinção entre adoção simples e plena.

Para além desta exigência, a legislação civil estabeleceu outros efeitos, quais sejam: o deferimento da adoção encontra-se condicionado, à comprovação de efetivo benefício para o adotando, a adoção atribui a situação de filho ao adotado, desligando-o de qualquer vínculo com os pais e parentes consanguíneos, salvo quanto aos impedimentos para o casamento e a decisão confere ao adotado o sobrenome do adotante, podendo determinar a modificação de seu prenome, se menor, a pedido do adotante ou do adotado.

Posteriormente, com a Lei 12.010/2009, toda a matéria de adoção, inserta na legislação civil foi revogada e remetida ao ECA, que estabelece a irrevogabilidade da adoção (art. 39, § 1º) e o não restabelecimento do poder familiar dos pais naturais, diante da morte dos adotantes (art. 49).

O estado de filiação decorrente da adoção, se configura com a atribuição da condição de filho ao adotado, em relação aos adotantes. Do vínculo que resulta da inscrição no registro civil será consignado o nome dos adotantes, como pais, bem como o nome de seus ascendentes (ECA, art. 47 § 1º) conferindo ao adotado o nome de família do adotante e, a pedido de qualquer deles, faculta-se a modificação do prenome (ECA, art. 47, § 5º).

Cabe ressaltar que a mesma cláusula de barreira concernente à adoção também se estende às chamadas adoção *intuito personae.* Entendem-se assim as hipóteses que dispensam a ordem do Cadastro Nacional de Adoção, bem como as hipóteses de adoção de fato ("à brasileira"), cujo fundamento encontra respaldo no mesmo princípio constitucional da igualdade da filiação.

Acresça-se que a tutela constitucional da adoção (art. 226, § 6º) é irredutível aos modelos legais anteriores, que admitiam a preservação de vínculos familiares de origem. Assim é porque o fim social da norma constitucional é o estímulo à adoção com a inserção definitiva e exclusiva da criança ou adolescente em nova família, que estaria comprometido com a preservação dos vínculos familiares anteriores.

Os vínculos jurídicos derivados da adoção e de inseminação artificial heteróloga são espécies legais de parentalidade socioafetiva. Porém, diferentemente da posse de estado de filiação (terceira espécie legal de parentalidade socioafetiva), tais vínculos são exclusivos e excludentes de multiparentalidade, por determinação legal. Assim, a única parentalidade socioafetiva que admite a multiparentalidade é a decorrente de posse de estado de filiação.

A BUSCA DA PATERNIDADE PELA HERANÇA E A CRISE DA LEGÍTIMA

Ana Luiza Maia Nevares

Doutora e Mestre em Direito Civil pela UERJ. Professora de Direito Civil da PUC-Rio. Membro do IBDFAM, do IBDCivil e do IAB. Advogada.

1. A BUSCA PELA PATERNIDADE

Tema recorrente nas demandas de Direito das Famílias são aquelas relativas à investigação de paternidade. Aliás, no Brasil, há uma infinidade de casos de crianças filhas de mães solos, que não tem o nome do pai na sua certidão de nascimento, nem em suas vidas pessoais ou financeiras, retratando o que se pode chamar de "a infância abandonada".[1]

Não por outra razão, ganhou lugar em nossa jurisprudência, ainda que em casos excepcionais, o que se denominou de abandono afetivo como causa geradora de dano moral ao filho a quem o genitor não dispensou os deveres de cuidado e assistência. O tema é controvertido, sendo certo que a decisão pioneira do Superior Tribunal de Justiça que fixou dano moral pelo abandono, de Relatoria da Ministra Nancy Andrighi, o fez por entender violados "os deveres objetivos de cuidado decorrentes da autoridade parental (criar, educar e assistir), tendo aqui a caracterização do ilícito apto a gerar o pagamento da indenização".[2]

Na esteira dos ensinamentos de Maria Celina Bodin de Moraes, há, na hipótese, dois interesses contrapostos, a saber, a liberdade dos genitores e a solidariedade familiar. Em sua ponderação, "a solidariedade familiar e a integridade psíquica são princípios que se sobrepõem com a força que lhes dá a tutela constitucional, à autonomia dos genitores", sendo certo que a Constituição obriga os genitores a cuidar dos filhos menores. Nessa direção, segundo a Autora citada, "para a configuração de dano moral à integridade psíquica de filho menor, é preciso que tenha havido o completo abandono por parte do pai ou da mãe, somado à ausência de uma figura substituta".[3]

1. Trevisan, João Silvério. *Seis balas num buraco só. A crise do masculino.* Rio de Janeiro: Objetiva, 2021, p. 61.
2. TEPEDINO, Gustavo e TEIXEIRA, Ana Carolina Brochado. *Fundamentos de Direito Civil.* 2. ed. Rio de Janeiro: Forense, 2021, v. VI, p. 312.
3. BODIN DE MORAES, Maria Celina. Danos morais em família? Conjugalidade, parentalidade e responsabilidade civil. In: MENEZES, Joyceane Bezerra de e MATOS, Ana Carla Harmatiuk, *Direito das Famílias por Juristas Brasileiras.* São Paulo: Saraiva, 2013, p. 722.

De fato, na dinâmica da vida, não é incomum que as figuras dos genitores biológicos sejam substituídas por pessoas sem vínculos de sangue, que exercem esse papel em virtude da ausência dos primeiros, surgindo, assim, a paternidade socioafetiva, "assim entendida a que se constitui na convivência familiar, independentemente da origem do filho".[4] Trata-se da posse de estado de filho, caracterizada pelos seguintes elementos: *nomen*, *tractatus* e *reputatio*, ou seja, pela utilização do nome de família pelo filho; pelo tratamento no seio da família e na sociedade daquela pessoa como se fosse um filho, bem como pelo fato de a família e da sociedade considerarem tal pessoa como filho de outra. Vale observar que "nem sempre todos esses elementos estão presentes para demonstrar a posse de estado de filho, nem são eles taxativos".[5]

Muitas discussões existem sobre o papel da paternidade socioafetiva, podendo-se afirmar que são dois os fundamentos básicos da teoria da paternidade socioafetiva, a saber, "as distinções entre genitor e pai", ou seja, entre aquele que gera o filho e aquele que o cria e age como pai, e "entre direito à filiação e ao reconhecimento da origem genética, ambas entrelaçadas".[6]

Quanto ao reconhecimento da origem genética, vale assinalar que a paternidade socioafetiva não é óbice ao exercício do direito ao conhecimento da origem genética, não importando o exercício deste a desconstituição daquela, pois, entende-se que conhecer a identidade genética é direito indisponível e personalíssimo, inerente à dignidade da pessoa humana,[7] como se pode extrair do disposto do art. 48 do Estatuto da Criança e do Adolescente (Lei 8.069/90) que expressamente consigna que o adotado tem direito de conhecer sua origem biológica, bem como de obter acesso irrestrito ao processo no qual a medida foi aplicada e seus eventuais incidentes, após completar 18 (dezoito) anos.

Já no âmbito da filiação em si, a paternidade socioafetiva desempenha diversas funções. Com efeito, a posse do estado de filho pode, por exemplo, servir de prova para

4. Lôbo NETTO, Paulo Luiz. Paternidade Socioafetiva e o retrocesso da Súmula 310/STJ". In: PEREIRA, Rodrigo da Cunha. *Família e Dignidade Humana*. São Paulo: IOB Thomson, 2006, p. 795. Segundo o autor: "Pai é o que cria. Genitor é o que gera. Esses conceitos estiveram reunidos, enquanto houve primazia da função biológica da família. Afinal, qual a diferença razoável que deve haver, para fins de atribuição de paternidade, entre o homem doador de esperma para inseminação heteróloga, e o homem que mantém uma relação sexual ocasional e voluntária com uma mulher, da qual resulta concepção? Tanto em uma como em outra situação, não houve intenção de constituir família. Ao genitor devem ser atribuídas responsabilidades de caráter econômico, para que o ônus de assistência material ao menor seja compartilhado com a genitora, segundo o princípio constitucional da isonomia entre sexos, mas que não envolvam direitos e deveres próprios de paternidade". Op. cit., p. 796.
5. VENCELAU, Rose Melo. *O elo perdido da* filiação: entre a verdade jurídica, biológica e afetiva no estabelecimento do vínculo paterno-filial. Rio de Janeiro: Renovar, 2004, p. 116-117.
6. ALBUQUERQUE JÚNIOR, Roberto Paulino de. A filiação socioafetiva no Direito Brasileiro e a impossibilidade de sua desconstituição posterior. *Revista Brasileira de Direito de Família*, n. 39, dez-jan. p. 63. 1997.
7. "Adoção. Investigação de paternidade. Possibilidade. Admitir-se o reconhecimento do vínculo biológico de paternidade não envolve qualquer desconsideração ao disposto no artigo 48 da Lei 8.069/90. A adoção subsiste inalterada. A lei determina o desaparecimento dos vínculos jurídicos com pais e parentes, mas, evidentemente, persistem os naturais, daí a ressalva quanto aos impedimentos matrimoniais. Possibilidade de existir, ainda, respeitável necessidade psicológica de se conhecer os verdadeiros pais. Inexistência, em nosso direito, de norma proibitiva, prevalecendo o disposto no artigo 27 do ECA". STJ, 3ª T., REsp 127541 / RS, Rel. Min. Eduardo Ribeiro, julgado em 10.04.2000, DJU de 28.08.2000 p. 72.

a paternidade decorrente do casamento dos pais quando não existe o termo de nascimento ou este está eivado de defeito, conforme o disposto no art. 1.605, inciso II, do Código Civil. Outras vezes, a paternidade socioafetiva estará no cerne de um conflito entre os tipos de filiação e, então, "terá relevância para a manutenção ou desconstituição do vínculo jurídico já existente",[8] quando não há coincidência deste com o vínculo biológico. É o que ocorre em hipóteses nas quais o pai ou seus sucessores pretendem negar a paternidade constituída pela presunção decorrente do casamento ou pelo reconhecimento voluntário (ou ainda pela denominada adoção à brasileira),[9] bem como em casos nos quais embora exista um pai registral, a ausência do vínculo afetivo com ele é fator determinante para se admitir a desconstituição do vínculo jurídico existente.[10]

Diante dos conflitos entre os critérios para o estabelecimento da paternidade, Rose Melo Vencelau Meireles afirma que "nas demandas negativas propostas em face do filho, pelo próprio pai registral ou terceiros, a filiação socioafetiva pode prevalecer mesmo ausente o laço biológico; nas demandas positivas, movidas pelo filho para reconhecimento da filiação biológica, a existência da filiação socioafetiva não pode ser obstáculo, sob pena de impor restrição vedada pela lei",[11] assinalando, em outra sede que, "sendo o estado de filiação estritamente pessoal, cabe ao filho buscar a própria verdade. O equilíbrio, então, entre o biológico e o socioafetivo é alcançado pela satisfação do interesse daquele de cujo estado se trata".[12]

Em demanda na qual se discutia se haveria hierarquia entre os critérios para o estabelecimento da paternidade, o Supremo Tribunal Federal proclamou a igualdade

8. VENCELAU, Rose Melo. *O elo perdido da filiação*: entre a verdade jurídica, biológica e afetiva no estabelecimento do vínculo paterno-filial, cit., p. 118.
9. A título de ilustração, vale citar a seguinte decisão: "Negatória de paternidade. Anulação de registro. Caracterização da filiação socioafetiva. Sendo a filiação um estado social, comprovada a posse do estado de filho, não se justifica a anulação de registro de nascimento. Reconhecimento da paternidade que se deu de forma regular, livre e consciente. Entre a data do nascimento da criança e o ajuizamento da ação transcorreu cerca de oito anos. A narrativa do próprio autor demonstra a existência de relação parental. Análise da prova testemunhal desfavorável à tese da petição inicial. Negado provimento ao Apelo. Unânime". TJRS, 7ª Câmara Cível, Apelação Cível 70018790683, Rel. Des. Maria Berenice Dias, julgado em 13.06.2007.
10. Sobre o tema, vale citar a seguinte decisão: "Investigação de paternidade cumulada com alimentos e anulação de registro civil. Paternidade biológica atribuída ao investigado. Inocorrência de filiação socioafetiva em relação ao pai registral. Alimentos. Necessidades presumidas. Possibilidade do alimentante aferida de acordo com a prova dos autos. Redimensionamento dos alimentos. 1. A existência de um pai registral não configura por si só a paternidade socioafetiva, nem obsta a investigação de paternidade em relação a terceiro, mormente quando exame de DNA aponta para o investigado como pai biológico da criança. 2. Com base na prova produzida, redimensionam-se os alimentos para adequá-los à possibilidade do alimentante, pedreiro autônomo, que tem um outro filho recém-nascido e demais obrigações familiares. Deram parcial provimento. Unânime". TJRS, 7ª Câmara Cível, Apelação Cível 70017678178, Rel. Des. Luiz Felipe Brasil Santos, julgado em 20.12.2006. "Negatória de Paternidade. Procedência. DNA que exclui a paternidade. Registro de nascimento realizado em acordo numa ação de investigação de paternidade. Inexistência de paternidade socioafetiva. Peculiaridades que levam à procedência da negatória da paternidade. Deram Provimento. Maioria". TJRS, 8ª Câmara Cível, Apelação Cível 70009946930, Rel. vencido Alfredo Guilherme Englert, Rel. para acórdão Rui Portanova, julgado em 17.03.2005.
11. MEIRELES, Rose Melo Vencelau. Filiação biológica, socioafetiva e registral. In: MENEZES, Joyceane Bezerra de e Matos, HARMATIUK, Ana Carla. *Direito das Famílias por Juristas Brasileiras*, cit., p. 360.
12. VENCELAU, Rose Melo. *O elo perdido da filiação*: entre a verdade jurídica, biológica e afetiva no estabelecimento do vínculo paterno-filial, cit., p. 226-227.

entre as paternidades socioafetiva e biológica, na Tese de Repercussão Geral 622, assim ementada: a paternidade socioafetiva, declarada ou não em registro público, não impede o reconhecimento do vínculo de filiação concomitante baseado na origem biológica, com os efeitos jurídicos próprios. Consagrou, assim, a possibilidade de o filho buscar mais de um vínculo de paternidade, havendo, assim, a *multiparentalidade*.

Vale registrar que a paternidade socioafetiva de pessoas acima de 12 anos pode ser reconhecida perante os oficiais de registro civil das pessoas naturais, nos termos do Provimento 63 do CNJ, sendo o referido reconhecimento irrevogável. De acordo com o art. 14, § 1º do referido Provimento, somente é permitida a inclusão de um ascendente socioafetivo, seja do lado paterno ou do materno, sendo certo que, para a inclusão de mais de um ascendente socioafetivo, deverá o pretendente buscar a via judicial (Provimento 63 do CNJ, art. 14, § 2º).

Uma vez estabelecida a paternidade, os efeitos dela decorrente são múltiplos, quer sejam na esfera existencial, quer sejam na esfera patrimonial. Diante disso, causa perplexidade pensar, por exemplo, na extinção de um vínculo de paternidade socioafetiva estabelecida por longos anos por conta de uma verdade biológica, inclusive pelo lado do pai que deixará de sê-lo apenas pela vontade do filho na linha do exposto acima, ou mesmo na consagração de uma paternidade biológica, concomitante ou não com a socioafetiva, apenas por questões sucessórias.

Dessa forma, indaga-se: há limites para a investigação da paternidade quando o demandante já tem uma relação de paternidade constituída e almeja "trocar" de pai ou incluir outra paternidade em seu registro civil *exclusivamente* por razões sucessórias?

No Brasil, os descendentes são herdeiros necessários, consoante o disposto no art. 1.845 do Código Civil, tendo os mesmos direitos à sucessão de seus ascendentes (CC, art. 1.834). Por conseguinte, não podem ser afastados da sucessão, salvo os casos de indignidade e deserdação. Assim, uma vez estabelecida a paternidade, ainda que o ascendente disponha de sua cota disponível (CC, art. 1.789), o filho reconhecido participará de sua sucessão.

2. HÁ LIMITES PARA A INVESTIGAÇÃO DA PATERNIDADE QUANDO O DEMANDANTE JÁ TEM UMA RELAÇÃO DE PATERNIDADE CONSTITUÍDA E ALMEJA "TROCAR" DE PAI OU INCLUIR OUTRA PATERNIDADE EM SEU REGISTRO CIVIL *EXCLUSIVAMENTE* POR RAZÕES SUCESSÓRIAS?

Inicialmente, é preciso registrar que diante da Tese 622 da Repercussão Geral do STF não têm mais guarida no ordenamento jurídico nacional as ações de investigação de paternidade que têm por objetivo a "troca" da paternidade. Com efeito, se até a aludida decisão da nossa Corte Superior a orientação do STJ era no sentido de que a questão passava por um ato de vontade do filho, que escolhia o vínculo que melhor atendida à sua dignidade, agora os critérios devem se somar. Com efeito, lê-se no voto do Ministro Luiz Fux no RE 898.060/SC que "descabe pretender decidir entre a filiação afetiva e a biológica quando o melhor interesse do descendente é o reconhecimento jurídico de ambos os vínculos".

Em relação à indagação proposta, cumpre pontuar que em nosso sistema não se admite que haja o reconhecimento de um filho posterior ao seu falecimento se ele não deixar descendentes, consoante o que dispõe o art. 1.609, parágrafo único do Código Civil. O aludido dispositivo já estava previsto no vetusto Código, conforme o que dispunha o parágrafo único do art. 357, sendo certo que a disposição em comento foi reproduzida no Estatuto da Criança e do Adolescente, no art. 26, parágrafo único. Segundo Clovis Bevilaqua, "o reconhecimento feito depois da morte do filho só é admissível, quando ele tiver deixado descendência. Sem esta circunstância não teria utilidade, a ninguém aproveitaria, salvo ao próprio pai para suceder ao filho, o que seria imoral".[13]

Nosso ordenamento repele o reconhecimento de um filho para fins exclusivamente sucessórios e, se assim o é, também deve repelir o reconhecimento da paternidade para fins exclusivamente sucessórios, como bem assinala Rolf Madaleno:

> É a vedação de cunho moral, porque para o texto da Lei seria antiético um pai reconhecer seu filho já morto e sem descendentes só para receber a herança (e igual propósito aparece no caminho inverso), quando é investigada a ascendência biológica de ascendente preexistindo relação de filiação com genitor registral ou socioafetivo, pois também neste gesto só está contido o propósito material de convocar um segundo genitor, este de vínculo estritamente biológico, destituído de qualquer envolvimento afetivo, sem nenhuma possibilidade ou intenção de construir um elo de afeto e de convivência que nunca serão apagados perante a verdadeira família socioafetiva.[14]

Atento à questão, Anderson Schreiber pontua que as ações que visam apenas ao patrimônio do ascendente biológico revelam abuso de direito e que caberá aos tribunais "separar, como sempre, o joio do trigo, empregando os mecanismos disponíveis na ordem jurídica brasileira para se evitar o exercício de uma situação jurídica subjetiva em descompasso com seu fim axiológico-normativo". Segundo o Autor:

> O abuso do direito e a violação à boa-fé objetiva têm plena aplicação nesse campo, sendo de se lembrar que são instrumentos que atuam não apenas no interesse particular, mas também no interesse público de evitar a manipulação de remédios que são concedidos pelo ordenamento não de modo puramente estrutural, mas sempre à luz de uma finalidade que se destinam a realizar.[15]

Realmente, é preciso distinguir as ações de investigação de paternidade puramente *argentárias*. Para aqueles que jamais experimentaram a existência de uma figura paterna, não há o que se falar no limite aqui pontuado para a busca pela paternidade, uma vez que será legítimo seu interesse.

---

13. BEVILAQUA, Clovis. *Código Civil comentado*. 6. ed. Rio de Janeiro: Francisco Alves, 1941, v. II, p. 327. Na mesma direção, Maria Helena Diniz, aduzindo que "com isso a lei procura evitar que haja reconhecimento interesseiro *post mortem*, pois se o filho já falecido não deixou descendentes, o pai que o reconheceu o sucederá em seu patrimônio". DINIZ, Maria Helena. *Curso de Direito Civil Brasileiro*. 22. ed. São Paulo: Saraiva, 2007, v. 5, p. 451.
14. MADALENO, Rolf. *Manual de Direito de Família*. Rio de Janeiro: Forense, 2017, p. 174.
15. SCHREIBER, Anderson. Disponível em: http://www.cartaforense.com.br/conteudo/artigos/stf-repercussao--geral-622-a-multiparentalidade-e-seus-efeitos/16982, acesso em: 1º nov. 2018.

Quando se tratar de busca pela paternidade biológica de um genitor já falecido, como o qual o investigante jamais teve contato, tendo havido um pai registral socioafetivo, que exerceu a paternidade daquele filho em sua plenitude, estará evidenciado o caráter puramente argentário da demanda. Neste caso, a ação deve ser repelida à luz do disposto no citado parágrafo único do art. 1.609 do Código Civil.

As questões de difícil solução estarão postas quando a investigação de paternidade se apresentar diante de pessoas vivas, com quem ainda seria possível desenvolver um vínculo de socioafetividade. Seria o caso, por exemplo, daquele que tem um pai registral socioafetivo e descobre que seu genitor biológico é outra pessoa, muito abastada. Diante disso, decide investigar a paternidade e, assim, buscar o reconhecimento do vínculo biológico à luz da Tese 622 do STF. Não se poderia argumentar, *a priori*, que a demanda seria puramente argentária, porque poderia o filho pretender desenvolver um vínculo afetivo e de família com o genitor biológico.

E aqui surgiriam um feixe de argumentos, porque o investigado poderia desde já declarar que não teria interesse em desenvolver dito vínculo de socioafetividade e pela forma como a questão está posta, se é o filho quem comanda o seu estado de filiação, o interesse do investigado parece de menor relevo em todo esse processo.

Aliás, nesse aspecto, é preciso refletir sobre um efeito inverso nefasto que ocorria diante da "troca" de paternidade, que era o desamparo de um pai idoso. Não se pode olvidar o envelhecimento da população brasileira[16] e a evidência de que os jovens cuidam dos idosos na velhice. Se o filho deixa de sê-lo, a quem caberá o cuidado pessoal e material esperado na idade avançada? Como ficam os interesses e as expectativas daquele que deixa de ser pai por um interesse patrimonial do filho de ser herdeiro de um genitor biológico?

Indagar-se-ia se a demanda de investigação de paternidade biológica teria lugar nos casos acima mencionados se o genitor biológico assim descoberto fosse uma pessoa de poucas posses, que em nada contribuiria para o filho a título de bens materiais. Em diversos casos, realmente, a resposta seria negativa.

E assim, parece que se está diante de um conflito, porque de um lado o sistema repele demandas de reconhecimento de filiação que tenham como único escopo a sucessão hereditária, como se depreende do disposto no art. 1.609, parágrafo único do Código Civil. Por outro lado, o direito de herança é tutelado constitucionalmente, consoante o inciso XXX, do art. 5º, da Constituição da República Federativa do Brasil, sendo os descendentes herdeiros necessários, que não podem ser afastados da sucessão, salvo casos de indignidade e deserdação.

Assim, não seria legítimo buscar a paternidade pela herança?

16. Em 2019, o número de idosos no Brasil chegou a 32,9 milhões. Dados do Instituto Brasileiro de Geografia e Estatística (IBGE) mostram que a tendência de envelhecimento da população vem se mantendo e o número de pessoas com mais de 60 anos no país já é superior ao de crianças com até 9 anos de idade. Disponível em: https://previva.com.br/envelhecimento-da-populacao-brasil-tera-mais-idosos-do-que-jovens-em-2060/ Acesso em: 16 abr. 2022.

3. O CENÁRIO ATUAL: CRISE DA LEGÍTIMA

A indagação ora apresentada é formulada em cenário no qual muito se tem discutido sobre a pertinência de o ordenamento jurídico garantir para certos parentes parte da herança de forma obrigatória, limitando a liberdade de testar. No Brasil, a legítima dos herdeiros necessários é fixada em metade da herança, sendo herdeiros necessários os descendentes, os ascendentes, o cônjuge e o companheiro.

Argumenta-se que a legítima dos herdeiros necessários concilia no Direito Sucessório a autonomia privada quanto às disposições *causa mortis* e a proteção da família, garantindo aos familiares mais próximos e dependentes do autor da herança uma proteção de cunho patrimonial.

Sem dúvida, a proteção da família é objetivo que encontra amplo respaldo na normativa constitucional, valendo ressaltar que a Constituição Federal prevê que o Estado deve garantir assistência à família na pessoa de cada um dos que a integram, demonstrando uma preocupação com os membros da família e não com a instituição familiar em si mesma, em clara busca da concretização da dignidade da pessoa humana no âmbito do Direito de Família.

Questiona-se se essa proteção direcionada à pessoa de cada um dos que integra a entidade familiar encontra-se na legítima dos herdeiros necessários, uma vez que, em relação aos descendentes e aos ascendentes, por exemplo, não há qualquer diferenciação nas regras sucessórias com base nas características e especificidades dos herdeiros, bastando que integrem tal categoria de parentes para que possam ser considerados herdeiros necessários.

De fato, uma das críticas que é direcionada ao Direito Sucessório é a sua neutralidade, já que, no Brasil, raras vezes a lei estabelece a divisão da herança com base em critérios concretos de proteção da pessoa de cada um dos que integram a família, como ocorreu com a Lei 10.050/2000, que previu o direito real de habitação em relação ao único imóvel residencial do monte para o filho órfão portador de deficiência que o impossibilitasse para o trabalho, incluindo o § 3º ao art. 1.611 do Código Civil de 1916.

Quanto ao cônjuge, o legislador brasileiro tenta adequar a sua tutela sucessória ao regime de bens do matrimônio quando há a concorrência com os descendentes, objetivando criar um sistema que afasta a herança nesses casos quando o cônjuge já é contemplado com parte do patrimônio do casal por força da comunhão, assentando o pressuposto sucessório não apenas na conjugalidade, mas também nas relações concretas patrimoniais decorrentes do regime de bens do matrimônio.

Em que pese tal constatação, o que se percebe é uma má sistematização da matéria no inciso I do art. 1.829 do Código Civil, que ao se valer de um critério abstrato, a saber, o regime de bens em si do casamento, gera inúmeras distorções, exatamente porque o critério deveria ser concreto, ou seja, deveria estar baseado no resultado da aplicação das regras do regime de bens no patrimônio do casal, de forma a realmente alcançar uma gradação da tutela sucessória do cônjuge conforme as relações patrimoniais decorrentes do regime matrimonial de bens.

Diante da igualdade entre os cônjuges na família; da maior expectativa de vida das pessoas, que leva à sucessão em favor dos filhos quando estes já alcançaram a idade adulta e aquela em que mais se produz e em favor dos pais quando estes estão muito idosos e dependentes e, ainda, diante do fenômeno cada vez mais comum da recomposição das famílias em virtude dos divórcios e das novas núpcias, pondera-se se a proteção à família extraída da legislação sucessória está realmente em consonância com a proteção da família fundada na pessoa de cada um de seus membros, como determina o mandamento constitucional fundado na dignidade da pessoa humana.

Nessa perspectiva, a legislação sucessória deveria prever uma especial atenção aos herdeiros incapazes e idosos e, ainda, aos cônjuges e companheiros quanto a aspectos nos quais realmente dependiam do autor da herança, buscando concretizar na transmissão da herança um espaço de promoção da pessoa, atendendo às singularidades dos herdeiros, em especial diante de sua capacidade e de seus vínculos com os bens que compõem a herança, e, ainda, atendendo à liberdade do testador quando não se vislumbra na família aqueles que necessitam de uma proteção patrimonial diante da morte de um familiar.

Em suma, o estado atual do debate, demonstra que a legislação sucessória precisa se encaixar na configuração da família atual, que é plural, igualitária e democrática, com atenção voltada aos vulneráveis, em especial às crianças, aos incapazes e aos idosos.

Nessa direção, a resposta às demandas às ações de investigação de paternidade de caráter puramente argentárias poderia estar na revisão da legítima dos herdeiros necessários, uma vez que, não tendo os descendentes em toda e qualquer idade e circunstância uma cota certa da herança, muitas ações com essa finalidade seriam evitadas.

Como já se afirmou em outra sede,[17] em relação à legítima, a palavra de ordem deve ser flexibilizar sua disciplina, para que esta atenda aos desafios acima apresentados e aos ditames constitucionais. As linhas gerais da legítima no Direito Brasileiro, a saber, sua fixação em cinquenta por cento dos bens da herança, contemplando os descendentes, ascendentes, cônjuge e companheiro como herdeiros necessários, parece estar em consonância com o ordenamento jurídico.

No entanto, *de lege ferenda* dever-se ia dar primazia aos filhos ainda dependentes, aos idosos e aos deficientes com uma reserva rígida, ou seja, uma porção certa e determinada da herança. Dessa forma, aos filhos até uma determinada idade ou cursando ensino superior e àqueles que por força de enfermidade física ou mental sejam permanentemente incapazes de cuidar de suas pessoas ou de administrar seus bens seria atribuída uma cota certa e determinada da herança. Para os demais descendentes não vulneráveis, estes não estariam na confortável situação de já lhe ser deferida *a priori*

17. NEVARES, Ana Luiza Maia. A crise da legítima no Direito Brasileiro. In: TEIXEIRA, Ana Carolina Brochado e RODRIGUES, Renata de Lima (Coord.). *Contratos, Família e Sucessões*. Indaiatuba, SP: Editora Foco, 2019, p. 263-277.

uma cota certa e determinada da herança. Se, por ocasião da abertura da sucessão, ditos herdeiros restassem desamparados diante das normas da sucessão legítima e das disposições testamentárias, poderiam pleitear ao juiz cota hereditária não superior àquela que teriam direito na sucessão legítima.

O julgamento do juiz deveria ser pautado por critérios fixos que lhe seriam pré-determinados na lei como: i) os recursos financeiros e as necessidades que o requerente tem ou provavelmente terá no futuro previsível; ii) as necessidades e os recursos financeiros dos demais herdeiros concorrentes; iii) o patrimônio hereditário; e iv) a conduta do requerente em relação ao *de cujus* e neste ponto deveria ser levado em conta questão importante, que é o fato de o requerente ter prestado cuidado na velhice do autor da herança. Sem dúvida, o Direito de Família precisa se preocupar com expedientes para o fomento do cuidado com os idosos, em virtude do crescimento da longevidade e diminuição da natalidade, e, embora no mundo ideal se esperasse espontaneidade no estabelecimento desse cuidado, um sistema de recompensa pode ter maior eficácia do que a espera por aqueles que irão se voluntariar na referida tarefa.

Tratar-se-ia de um sistema similar àquele de diversos países da *common law*, no qual impera uma plena liberdade de testar, que pode ser mitigada se esta culminar no desamparo de parentes próximos ao *de cujus*. Poder-se-ia argumentar que tal prerrogativa levaria a diversas demandas judiciais, mas por outro lado desencorajaria o autor da herança a desamparar aqueles que de fato precisam de uma tutela patrimonial[18] e inibiria ações de busca pela paternidade puramente argentárias, porque, ao não preencher os critérios legais, a herança ser-lhes-ia negada e a aventura judicial descoberta com o risco da sucumbência.

Ver-se-ia, assim, o Direito transformando a realidade social.

18. Paul Matthews conclui em análise do sistema inglês que de 100 sucessões hereditárias apenas em uma ou duas há um requerimento baseado no Ato 1975, relativo à Provisão para a Família e seus Dependentes. MATTHEWS, Paul. Comparative Law – United Kingdom. *Imperative Inheritance Law in a Late-Modern Society: five perspectives*. Antwerp: Intersentia, 2009, p. 150.

A PROTEÇÃO DA INFÂNCIA FRENTE À SEXUALIZAÇÃO PRECOCE INCITADA PELA PUBLICIDADE: NOTAS LIGEIRAS SOBRE A NECESSÁRIA TUTELA DE CADA DESPERTAR DA AURORA

Marina Bertinatto

Acadêmica na Escola de Direito da Universidade do Vale do Rio dos Sinos e na Escola de Humanidades (História) da Pontifícia Universidade Católica do Rio Grande do Sul.

Marcos Catalan

Doutor *summa cum laude* pela Faculdade do Largo do São Francisco, Universidade de São Paulo. Mestre em Direito pela Universidade Estadual de Londrina. Professor no PPG em Direito e Sociedade da Universidade LaSalle. *Visiting Scholar* no *Istituto Universitario di Architettura di Venezia* (2015-2016). Estágio pós-doutoral na *Facultat de Dret da Universitat de Barcelona* (2015-2016). *Visiting researcher* no *Mediterranea International Center for Human Rights Research* (2020-2021). Professor visitante no Mestrado em Direito de Danos da *Facultad de Derecho de la Universidad de la Republica*, Uruguai. Professor visitante no Mestrado em Direito dos Negócios da *Universidad de Granada*, Espanha. Professor visitante no Mestrado em Direito Privado da *Universidad de Córdoba*, Argentina. Editor da Revista Eletrônica Direito e Sociedade. Líder do Grupo de Pesquisas Teorias Sociais do Direito e Cofundador da Rede de Pesquisas Agendas de Direito Civil Constitucional. Diretor do Brasilcon (2020-2021). Advogado parecerista.

1. A IMPERIOSA PROTEÇÃO DA INFÂNCIA: CONCISOS APONTAMENTOS A TÍTULO DE INTROITO

Com raízes que alcançam a Declaração Universal dos Direitos da Criança,[1] perpassam a Constituição Federal de 1988[2] e a Convenção aprovada, um ano mais tarde, tendo por foco os Direitos da Inocência[3] e alimentam, com sua energia aporética, muitas das

1. ONU. *Declaração Universal dos Direitos da Criança*. Nova Iorque: ONU, 1959.
2. BRASIL. *Constituição*. Constituição da República Federativa do Brasil de 1988. "Art. 227. É dever da família, da sociedade e do Estado assegurar à criança, ao adolescente e ao jovem, com absoluta prioridade, o direito à vida, à saúde, à alimentação, à educação, ao lazer, à profissionalização, à cultura, à dignidade, ao respeito, à liberdade e à convivência familiar e comunitária, além de colocá-los a salvo de toda forma de negligência, discriminação, exploração, violência, crueldade e opressão".
3. ONU. *Convenção sobre os Direitos da Criança*. Nova Iorque: ONU, 1989.

regras espalhadas por entre as páginas albergadas sob a égide do Estatuto da Criança e do Adolescente,[4] o *melhor interesse* ou *interesse superior da criança*, ante sua inconteste natureza principiológica, induz à percepção dos pequeninos como um *devir*, logo, como seres em desenvolvimento[5] e, a partir daí, ao império de sua inegociável proteção prioritária e prevalente,[6] mesmo quando o delinear a referida primazia, em concreto, não possa ser considerado uma tarefa comezinha, na medida em que pode revelar-se enquanto:

> (a) Un derecho sustantivo: el derecho del niño a que su interés superior sea una consideración primordial que se evalúe y tenga en cuenta al sopesar distintos intereses para tomar una decisión sobre una cuestión debatida, y la garantía de que ese derecho se pondrá en práctica siempre que se tenga que adoptar una decisión que afecte a un niño, a un grupo de niños concreto o genérico o a los niños en general. [...]. (b) Un principio jurídico interpretativo fundamental: si una disposición jurídica admite más de una interpretación, se elegirá la interpretación que satisfaga de manera más efectiva el interés superior del niño. Los derechos consagrados en la Convención y sus Protocolos facultativos establecen el marco interpretativo. (c) Una norma de procedimiento: siempre que se tenga que tomar una decisión que afecte a un niño en concreto, a un grupo de niños concreto o a los niños en general, el proceso de adopción de decisiones deberá incluir una estimación de las posibles repercusiones (positivas o negativas) de la decisión en el niño o los niños interesados. La evaluación y determinación del interés superior del niño requieren garantías procesales. Además, la justificación de las decisiones debe dejar patente que se ha tenido en cuenta explícitamente ese derecho.[7]

Sem adentrar nas minúcias, acertos e eventuais equívocos na leitura dada ao tema pela Catedrática da *Universidad de León*, a proteção da infância, a ampla e efetiva tutela dos que atravessam essa fase peculiar da vida, impõe-se normativamente no Brasil. Na busca por tal desiderato, sua vulnerabilidade sequer precisa ser comprovada. Diga-se, de forma ousada, é verdade, que o *melhor interesse* da criança emerge como baliza basal na garantia de vidas dignas e de uma sociedade equilibrada, afiançando e instrumentalizando a tutela daqueles que mais clamam por proteção. Isso garantirá – ao menos, em abstrato – que incomensuráveis *Auroras*,[8] renovadamente, experimentem vidas desenhadas com tons róseos,[9] vivenciando, plenamente, cada alvorecer.

Imagem 01

Aurora, deusa da manhã, e Tithonus, Príncipe de Troia, Francesco de Mura

4. BRASIL. Lei 8069 de 13 de julho de 1990. Dispõe sobre o Estatuto da Criança e do Adolescente e dá outras providências.
5. COSTA, Antônio Carlos Gomes da. Natureza e implantação do novo direito da criança e do adolescente. In: PEREIRA, Tânia da Silva (Coord.). *Estatuto da Criança e do Adolescente*: Lei 8.069/90: estudos sociojurídicos. Rio de Janeiro: Renovar, 1992.
6. MONTEIRO, Agnaldo Bahia. *Notas interpretativas ao Código de Menores*. Rio de Janeiro: Forense, 1980. p. 12.
7. GARCÍA RUBIO, María Paz. ¿Qué es y para qué sirve el interés del menor? *Actualidad Jurídica Iberoamericana*, Valencia, n. 13, p. 14-49, agosto 2020. p. 20.
8. Aurora, deusa romana que tem em *Eos* seu equivalente grego e em *Ushas* seu correlato hindu.
9. VASCONCELLLOS, Paulo Sérgio de. *Mitos gregos*. São Paulo: Objetivo, 1998. p. 57. Ao tratar da morte de Heitor, anota o autor que "quando, no dia seguinte, a Aurora de dedos cor de rosa despontou, a multidão se reuniu em torno dela e prestou as últimas homenagens àquele homem que tinha conseguido conter o avanço do inimigo por tantos anos". V, ainda: Vv. Aa. *Dicionário etimológico da mitologia grega*. Trad. Matheus Trevizam et al. [s/c.]: [s/e.] 2013. p. 91. Disponível em: https://edisciplinas.usp.br/pluginfile.php/409973/mod_resource/content/2/demgol_pt.pdf. Acesso em: 30 jun. 2021.

Fonte: Museo e Gallerie Nazionali di Capodimonte, Napoli

No mais, deixando-se conduzir por metodologia com viés semântico-pragmático,[10] estas ligeiríssimas notas têm como premissa o fato de que, a despeito de a significação social da infância ter sido moldada por séculos de experiência humana, mais recentemente, a inocência pueril vem sendo colonizada[11] pelo Mercado,[12] o que faz com que as crianças, seres outrora percebidos como adultos – exceto por conta de suas dimensões, em regra, reduzidas –, tenham seu desenvolvimento ameaçado. E isso demanda, de forma normativamente inconteste, ampla e efetiva proteção.[13]

2. REVISTAR O PASSADO, DECODIFICAR O PRESENTE

Entremeio a inumeráveis memórias de um tempo vivido por outros em territórios esboçados em velhos mapas contendo as colunas de Hércules ao lado de contornos im-

10. ALMEIDA NETO, Antônio Lopes de; CARDOSO, Fernando da Silva. Por uma semântica-pragmática dos estudos qualitativos no Direito. *Congresso da ABRASD*, X, 2019, Recife. *Anais*... Recife: UNICAP/UFPE, 2019. p. 1398. "É um fazer semântico-pragmático para apreender sentidos, cria-los ou reinventá-los a partir do que o campo de pesquisa, os(as) atores(atrizes) sociais e os documentos (expressões de sensibilidade) possam apresentar em suas condições e circunstâncias".
11. BARBER, Benjamin. *Consumido*: como o mercado corrompe crianças, infantiliza adultos e engole cidadãos. Trad. Bruno Casotti. Rio de Janeiro: Record, 2009.
12. TRINDADE, Gustavo Manoel Neubarth. Economia de plataforma: ponderações conceituais distintivas em relação à economia compartilhada e à economia colaborativa e uma abordagem de análise econômica do direito dos ganhos de eficiência econômica por meio da redução severa dos custos de transação. *Revista Jurídica Luso--Brasileira*, Lisboa, a. 6, n. 4, p. 1977-2013, 2020. p. 1982. Com o autor, leia-se a partir daqui, no signo *Mercado*, Sistema de Mercado.
13. HEYWOOD, Colin. *Uma história da infância*: da Idade Média à época contemporânea no Ocidente. Porto Alegre: Artmed, 2004. p. 10.

perfeitos, quase grosseiros, da geografia eurocêntrica ocidental,[14] inexistem registros de estátuas de crianças, sequer de signos que permitam distinguir o infante[15] do jovem. A civilização helênica e, provavelmente, também a helenística conviveram com palavras ambíguas usadas para identificar aquele que não é velho.[16] Ainda na Antiguidade, a civilização romana construiu moldes que só seriam reencontrados na arte ocidental da Renascença,[17] aspectos que desautorizam afirmar ter havido qualquer preocupação teórica com os pequenos. Aliás, é bem pouco provável que qualquer teorização da infância tenha ocorrido no mundo antigo e, mesmo que eventualmente tenha sido pensada de modo altruísta, é oportuno lembrar que a criança era vista como um pertence, um bem.[18]

A Baixa Idade Média muito acrescentou para a imagem de pureza hodiernamente associada à criança. A iconografia epocal permite identificar que "a alma do eleito possuía a mesma inocência invejável da criança batizada"[19] – isso, em uma estação na qual, paradoxalmente, a criança não era vista como um ser independente, individual e carecedor de especial proteção. Ao largo do Medievo associou-se à imagem da criança à candidez, à ingenuidade e à graça. Em Roma, na *Basilica di Santa Maria in Trastevere*, a imagem da Virgem – ou Jovem[20] – do século XV é apresentada sob a forma de uma criança enrolada aos braços de Cristo. Em Luxemburgo, o túmulo de um rapaz de 19 anos do século XVI traz uma criança erguida aos céus por dois anjos – também crianças. Em Viena, um marfim bizantino do fim do século X apresenta a alma de Maria representada por uma criança.[21] E foram muitas as reproduções artísticas medievais a idealizarem santidades cristãs como crianças. Há extremo cuidado em representar figuras clericais como símbolos de pureza. Em verdade, beira a inocência não perceber a intencionalidade que molda tais manifestações artísticas: ao apresentar como ícone de graça perfeita aqueles que, aos poucos, poderiam ser adaptados consoante o arbítrio da Igreja – por séculos, o maior e mais poderoso reino europeu –, se amplia a possibilidade de adequação, harmonização e difusão de seu pensamento, bem como, a projeção de suas ações futuras.

---

14. A perspectiva eleita se deve a influência do pensamento europeu na formação das sociedades ocidentais, ambiente em que esta pesquisa se desenrola, a despeito da ciência da existência de elevado número de etnias não europeias espalhadas pelo continente Americano, etnias que não podem ser consideradas menos importantes que a intencionalmente seccionada como lastro para reflexão.
15. Não se deve prender o signo aos filhos de reis portugueses ou espanhóis, ainda crianças, não destinados ao trono do qual talvez o Infante D. Henrique seja o mais conhecido. Trata-se da palavra em sua etimologia latina: aquele que tem pouca idade, novo, criança.
16. POSTMAN, Neil. *O desaparecimento da infância*. Trad. Suzana Menescal de Alencar Carvalho e José Laurenio de Melo. Rio de Janeiro: Graphia, 1999. p. 19-20.
17. Idem, p. 22.
18. VEYNE, Paul. O império romano. In: VEYNE, Paul (Org.). *História da vida privada*: do Império Romano ao ano mil. Trad. Hildergard Feist. São Paulo: Companhia das Letras, 2009, v. 1. p. 21.
19. ARIÈS, Philippe. *História social da criança e da família*. 2. ed. Trad. Dora Flaksman. Rio de Janeiro: Guanabara, 1986. p. 22.
20. Há discussões dentro do Cristianismo em relação ao dogma do "nascimento virginal" de Jesus, por conta das inúmeras traduções pelas quais os termos passaram ao longo dos anos. A palavra original, *Almah*, tem o significado de *donzela*, em hebraico, por isso não se pode confirmar que Maria, mãe de Jesus, era virgem.
21. ARIÈS, Philippe. *História social da criança e da família*. 2. ed. Trad. Dora Flaksman. Rio de Janeiro: Guanabara, 1986. p. 21-22.

O Iluminismo presenciou a gradual ascensão da burguesia e, ainda, a decadência da pintura sacra impulsionada pelo recrudescimento da potência clerical.[22] Uma vez no poder, estimulou a necessidade de se retratar a verdade, o verossímil, aspectos deveras desprezados pela potência anterior. Isso posto, o realismo trouxe consigo a morfologia infantil por meio da multiplicação de cenas representativas da realidade social subjacente.[23] A criança não mais é vista como ser angelical e carente de proteção, mas alguém que é um adulto em potencial; e, claro, a classe dominante, ansiosa pela lucratividade, viu no petiz um ser passível de empenho, de trabalho e, assim, a criança foi tida, durante um período de tempo, como indivíduo que, apesar de ter a força de trabalho limitada, ainda a tinha à disposição de uma sociedade burguesa.

A Modernidade trouxe mais que esperança, fez renascer o interesse e a curiosidade pelo novo. A queda de Constantinopla levou à descoberta de novas tecnologias, técnicas e percepções desenvolvidas na luminosidade das experiências e das emoções humanas, o que – é difícil negá-lo – repercutiu na percepção social da infância, por exemplo, na diligência em relação à educação outrora reservada aos clérigos.[24] O desejo de ver a prole dentro das escolas cresceu, naturalizou-se.

O prestígio de grandes estudiosos[25] identificado na repercussão do fato de que o Imperador do Sacro Império Romano-Germânico, Carlos V, teria se abaixado para apanhar o pincel de Ticiano – sinônimo de intimidade, sem precedentes, com um monarca – ou da encomenda das *Stanze* do Vaticano e da *Capela Sistina*, nas quais Rafael Sanzio e Michelangelo Buonarotti puderam *dar vida* a incontestes ideias de humanismo.

> O amor parental vai ser ligado à família burguesa. Nesse momento se acentuou a divisão de papéis entre os gêneros, e a mulher se tornou responsável por cuidar do lar, do marido e dos filhos. Assim, surge maior preocupação e cuidado com as crianças, o que vai se fortalecer a partir dos séculos XVIII e XIX e possibilitar uma nova representação social da infância.[26]

Na transição do século XX para o século XXI, a criança passou a contar com maior e melhor atenção de um Estado que deve ser presente, estando atento à necessidade concreta de agir para remover quaisquer obstáculos de modo a garantir "que o ambiente familiar seja o espaço profícuo para a objetivação plena e inarredável do desenvolvimento" profícuo dos pequeninos.[27]

---

22. CHALMEL, Loic. Imagens de crianças e crianças nas imagens: representações da infância na iconografia pedagógica nos séculos XVII e XVIII. *Educ. Soc.*, Campinas, v. 25, n. 86, 2004. p. 60.
23. Idem.
24. Idem, p. 231.
25. Porque sim, artistas inteiravam-se das leis matemáticas de perspectiva linear, sistemas astronômicos, químicas das tintas a óleo e fundição de bronze e cera para apresentarem obras que, no mínimo, beirassem a perfeição, ou, pelo menos, superassem a beleza clássica das artes greco-romanas.
26. FLORES, Alice Lacerda Pio et al. Erotização e infância: as duas faces da publicidade. *Revista Anagrama*, São Paulo, a. 4, n. 3, p. 1-13, mar./maio 2011.
27. FACHIN, Luiz Edson. Famílias: entre o público e o privado. *Congresso Brasileiro de Direito de Família*, VIII, 2011, Belo Horizonte. *Anais*... Porto Alegre: IBDFAM/Magister, 2011. p. 164.

Obviamente, a compreensão do que é ser criança transborda referida travessia, não podendo ser contida em tão sintético relato sociotemporal, mormente diante da necessidade de valoração das características inatas à cada fase da vida humana, dentre elas, do desenvolvimento infantil havido na sobreposição dos cuidados com o lento e constante incremento da inteligência à inafastável necessidade de vivência afetiva.[28]

3. BREVÍSSIMAS LINHAS: LIGEIRO BOSQUEJO DE UM *SER* EM CONSTRUÇÃO

O processo de desenvolvimento da personalidade acontece durante o período da infância no qual as descobertas e as vivências são fontes primárias de base estrutural para a construção da individualidade e da personagem em sua maior singularidade. O realismo,[29] o animismo[30] e o artificialismo são pontos chave na percepção do infantil,[31] especialmente porque estruturas cognitivas e afetivas se diferenciam bastante na infância quando comparadas à vida adulta. Cada etapa do desenvolvimento infantil deve ser respeitada: sua grandiosidade se encontra nessa transposição essencial que, quando não acontece, causa a perda do material fecundante de cada personalidade.

A criança é um ser, uma pessoa que possui inteligência e apresenta características que têm como base o *egocentrismo*,[32] característica que faz que ela vivencie constante confusão entre significantes e significados. Crianças são incapazes de distinguir o que é real da fantasia, de um mundo que existe apenas entremeio a ideias, com a clareza e eficiência de um ser cuja personalidade está cristalizada. A cognição, a moralidade e a afetividade são significadas e experimentadas como uma única instância pelos pequenos, formando um emaranhado que torna qualquer informação fonte de verdade.

O desenvolvimento afetivo é tão importante para a formação completa da personalidade do ser humano quanto o desenvolvimento intelectual anteriormente explorado. A experimentação dos afetos permite aflorar os sentimentos e basear as experiências que são vividas não somente durante o período da infância, mas durante toda vida do

28. PIAGET, Jean; INHELDER, Bärbel. *A psicologia da criança*. Trad. Octavio Cajado. São Paulo: Difel, 1968. O processo de desenvolvimento da personalidade acontece durante o período da infância, em que as descobertas e as vivências são fontes primárias de base estrutural para a construção da individualidade e da personagem em sua maior singularidade.
29. PIAGET, Jean. *A representação do mundo na criança*. Trad. Álvaro Cabral. São Paulo: Ideias e Letras, 2005. p. 3. Característica infantil em que a criança não é capaz de diferenciar o mundo exterior de seu mundo interior. Assim, a criança confunde palavras com pensamentos, verbalizando tudo que pensa, por exemplo.
30. Idem, p. 3. Nessa característica, a criança considera "vivo" todo corpo, como astros e plantas.
31. PIAGET, Jean; INHELDER, Bärbel. *A psicologia da criança*. Trad. Octavio Cajado. São Paulo: Difel, 1968.
32. PIAGET, Jean. *A formação do símbolo na criança*: imitação, jogo e sonho, imagem e representação. Trad. Álvaro Cabral. Rio de Janeiro: Zahar, 1971. p. 75. O termo egocentrismo é utilizado pelo psicólogo e epistemólogo suíço Jean Piaget: para ele, no egocentrismo, a criança não é capaz de perceber a subjetividade em sua totalidade simbólica, o que leva à fonte de pensamento. Dessa forma, a única realidade possível e presente para a criança é o mix daquilo que ela realiza no mundo exterior, uma mistura de todos os elementos que ela vê – sejam eles reais ou não – impossibilitada de interpretação da subjetividade. Nas palavras de Piaget, "o egocentrismo infantil é essencialmente um fenômeno de indiferenciação: confusão do ponto de vista próprio com o deu outrem, ou da ação das coisas e das pessoas a própria atividade".

indivíduo. Não é possível negar a interação entre a afetividade e a inteligência,[33] já que a afetividade é justamente a "energia"[34] que provoca as ações comandadas pela inteligência.

Crianças não são pequenos adultos e jamais poderão ser comparadas a eles como uma maquete é comparada ao prédio que ela representa. Elas são seres que ainda não desenvolveram todas as suas habilidades, tampouco as ferramentas necessárias para bem sobreviverem a tudo aquilo que exige a vida em sociedade. Há um precipício cognitivo e afetivo separando as crianças dos adultos e impedindo que seus mundos, sua objetividade e sua subjetividade se confundam. É imprescindível que as crianças tenham experiências, relacionamentos, equilíbrio para que atinjam a maturidade e ingressem no mundo adulto plenamente desenvolvidas.

De outra banda: as crianças não pensam menos que os adultos, mas, sim, de forma diferente. Elas precisam percorrer um longo caminho para atingirem a maturidade adulta, e esse percurso é o de evolução, no qual adquirem estruturas intelectuais e afetivas de maior complexidade. Dentro disso, não é a temporalidade que confirma quando a criança deixou de ser criança e tornou-se adulta, é o desenvolvimento da afetividade e da inteligência.

Influências externas, assim, são deveras importantes no desenvolvimento do petiz, especialmente por conta de suas características egocêntricas. As influências corretas, que são estímulos para que o menor consiga evoluir de acordo com suas capacidades atuais, induzem ao desenvolvimento saudável, enquanto influências incorretas, com relação a experiências e estímulos inadequados para tal idade, concretizam um impedimento no progresso pueril em busca do amadurecimento ideal. O espaço ocupado no sistema das relações humanas é modificado conforme a preponderância das circunstâncias concretas do meio da criança durante seu desenvolvimento[35] psíquico e material.

O infantil e o adulto devem ser separados e distinguidos pela importância que a infância gere no ser humano. Sem o devido desenvolvimento da afetividade e da inteligência, o ser não é psicologicamente apto a adentrar no universo adulto: ele não possui as ferramentas necessárias que lhe dão aporte e suporte para enfrentar as dificuldades do universo maduro.

---

33. PIAGET, Jean. *Inteligencia y afectividad*. Trad. María Sol Dorín. Buenos Aires: Aique, 2001. p. 17.
34. PIAGET, Jean. La relación del afecto con la inteligencia en el desarrollo mental del niño. In: DELAHANTY, Guillermo; PERRÉS, Juan (Ed.). *Piaget y el psicoanálisis*. Universidad Autónoma Metropolitana: Xochimilco, 1994. p. 17. A afetividade é manifestada no período da infância em cinco estágios: (i) dispositivos hereditários, em que há instintos que tendem a medos do escuro ou posição corporal, por exemplo; (ii) afetos perceptivos, com prazer conectado à percepção de diferentes superfícies e sensações; (iii) afetos intencionais, pelo sentimento de felicidade ou pela fadiga provocada pelo grande esforço empregado em uma tarefa; (iv) afetos intuitivos e interindividuais, como a simpatia ou a obediência; e (v) afetos normativos, que representam juízo de valor. O sexto estágio acontece durante o período de adolescência e é manifestado pelos sentimentos idealizados e a formação da personalidade conectados, por meio do idealismo e rebeldia característicos da fase de transição.
35. VIGOTSKII, Lev; LURIA, Alexander; LEONTIEV, Alexei. *Linguagem, desenvolvimento e aprendizagem*. 11. ed. Trad. Maria da Pena Villalobos. São Paulo: Ícone, 2010. p. 59.

4. O USO HUMANO DE PEQUENOS SERES HUMANOS: TRAÇOS NEM SEMPRE PERCEBIDOS

A correlação criada ao longo do Medievo entre criança e pureza, identificada nas primeiras páginas deste texto, evidencia porque se usa a imagem dos pequenos para induzir o desejo de consumo: *players* no mercado, inteligentemente, utilizam essa conexão, publicizando a criança em seus produtos para que a bondade e a virtude infantis acompanhem aquilo que busca comercializar: utiliza-se a graça e a inocência, objetificando a vida humana. O capitalismo encontrou o recurso perfeito para alcançar seu principal objetivo: o lucro.

A espetacularização da vida tornou-se hábito,[36] a falta de humanismo, parece ser praxe. Gradativamente, a humanidade, de titularidade também das crianças, é transformada, pelo fomento a pantagruélico apetite consumista. Criou-se a ideia de felicidade em um produto ao associá-lo a imagem da criança, ser que sequer é apto a compreender de forma minimamente razoável o que isso significa, ainda que muitas vezes reproduza os comportamentos desejados pelo Mercado. E a depender da lente utilizada para pensar esse tema, impossível não identificar que a publicidade dissimulada em tais cenários, manipula o consumidor, por meio de artifícios que minam a liberdade humana, mormente em sua dimensão positiva.

Fato inconteste, crianças foram[37] – e talvez sigam sendo[38] – exploradas com o escopo de fomentar lucros na comercialização de produtos e serviços a elas dirigidos,[39] ou não.[40] Especialmente as meninas têm sua imagem distorcida,[41] precocemente sexualizada,[42] sem qualquer pudor aparente.[43]

Pede-se especial atenção à descrição abaixo:

36. CATALAN, Marcos; FROENER, Carla. *A reprodução humana assistida na Sociedade de Consumo*. Indaiatuba: Foco, 2020. passim.
37. BRASIL. Ministério Público do Estado de São Paulo. *MPSP e Google do Brasil assinam termo para adequar propaganda infantil digital*. 2019. Disponível em: http://www.mpsp.mp.br/portal/page/portal/noticias/noticia?id_noticia=21914651&id_grupo=118. Acesso em: 02 jul. 2021.
38. Procon multa Vigor em mais de 1 milhão por publicidade infantil. *Acontecendo aqui*. 2020. Disponível em: https://acontecendoaqui.com.br/propaganda/procon-multa-vigor-em-mais-de-r-1-milhao-por-publicidade-infantil. Acesso em: 02 jul. 2021.
39. PITOL, Yasmine Uequed. *A publicidade infantil na sociedade de consumo*: uma análise empírica da publicidade e de sua (in)conformidade com o direito brasileiro. 2017. 160 f. Dissertação (Mestrado) – Universidade Lasalle, Canoas, 2017. *V.* ainda CORRÊA, Laura Guimarães; SALGADO, Tiago Barcelos Pereira; CASTRO, Rebeca Heringer Lisboa de. É impossível comer um só? Publicidade, embalagem e conteúdo dos salgadinhos Elma chips. *Signos do Consumo*, São Paulo, v. 6, n. 1, p. 56-70, jul. 2014.
40. MELITO, Leandro. *McDonalds tem multa de R$ 6 milhões por publicidade infantil abusiva*. Agência Brasil, 2018. Disponível em: https://agenciabrasil.ebc.com.br/economia/noticia/2018-10/mcdonalds-tem-multa-de-r-6-milhoes-por-publicidade-infantil-abusiva. Acesso em: 02 jul. 2021.
41. MONTES, Aline Magalhães. A sexualização de meninas no universo da publicidade infantil. *Revista Eletrônica da Faculdade de Direito da Universidade Federal de Pelotas*, Pelotas, v. 3, n. 1, p. 178-190, jan./jun. 2017. p. 186.
42. FLORES, Alice Lacerda Pio et al. Erotização e infância: as duas faces da publicidade. *Revista Anagrama*, São Paulo, a. 4, n. 3, p. 1-13, mar./maio 2011.
43. SAYURI, Karina. *A polêmica couro fino*. ALJAVA, 2013. Disponível em: https://aljavablog.wordpress.com/2013/10/17/a-polemica-couro-fino/. Acesso em: 02 jul. 2021.

A imagem em questão foi exibida em um *outdoor*, e traz a foto de uma menina com cerca de cinco anos sentada em uma espécie de divã. Ela veste as roupas da marca: saia, blusa, colete e lenço, todos em tons de rosa e branco, usa meias brancas à altura dos joelhos e um sapato rosa. A criança segura nas mãos um doce, tem o rosto sujo de açúcar e creme e olha diretamente para a câmera com um meio-sorriso nos lábios. Ao lado, as palavras "Use e se Lambuze". Motivos florais enfeitam o fundo e a marca aparece no canto inferior direito, fechando a imagem" De início, pode-se perceber a manipulação de alguns recursos expressivos que auxiliam na construção da imagem, que transforma em "mocinha" uma menina ainda tão jovem: o ângulo de tomada apresenta um leve *contra-plongée* colocando a menina em uma posição superior, o que lhe confere um ar mais sóbrio; na escolha da objetiva vemos uma proximidade maior e mais nítida sem profundidade de campo, destacando e enfatizando a expressão facial da criança. Utilizando-se de cores leves e traços suaves, a imagem ganha um aspecto de simplicidade. Os tons femininos mostram um ambiente mais direcionado às meninas, com a presença de uma iluminação difusa sem referência, apresentada de forma generalizada e uma textura mais lisa.[44]

Sapatos de salto alto, maquiagem, roupas íntimas e a quase-nudez ostensiva são apenas algumas dentre as situações que podem ser pinçadas em um universo de desumanização e modulação[45] da figura infantil. A criança é usada pelo Capital como um artifício a ser moldado de acordo com seus objetivos consumeristas. E, por certo, esse processo de *adultificação* provoca consequências: o aumento da probabilidade de desenvolvimento de distúrbios ligados à autoimagem física, baixa autoestima, preocupação excessiva com a aparência física, distúrbios alimentares – como a bulimia e a anorexia – ligados diretamente à busca pela perfeição estética imposta pela sociedade, início precoce da vida sexual, fenômeno ladeado de falhas ou mesmo da ausência de educação sexual e, não raramente, da gravidez na infância ou adolescência, ou ainda, a contração de doenças sexualmente transmissíveis.

Tudo isso desfigura a inocência infantil.[46] A sexualização precoce incitada pelo fenômeno publicitário afeta o desenvolvimento saudável da sexualidade e das inteli-

---

44. FLORES, Alice Lacerda Pio et al. Erotização e infância: as duas faces da publicidade. *Revista Anagrama*, São Paulo, a. 4, n. 3, p. 1-13, mar./maio 2011. "Porém esta aura de delicadeza pode nos remeter a outro pensamento: a vivacidade das cores foi retirada, e o cenário ganhou um aspecto sério, quase adulto. A propaganda se desenvolve em uma mensagem que induz a uma sensualidade e maturidade não condizentes com o universo infantil. É violenta por instaurar um modelo de infância que desestabiliza a formação da criança, tanto educacional quanto sexual. A imagem mostra uma criança exposta em pose adulta com alto teor de sensualidade, o que acaba destruindo sua inocência"
45. HALIM, May Ling *et al.* Pink frilly dresses and the avoidance of all things "girly": children's appearance rigidity and cognitive theories of gender development. *Developmental Psychology*, Washington, v. 50, n. 4, p. 1091-1101, 2014. p. 1098. "Girls generally were reported to exhibit more gender appearance rigidity than were boys across both studies. This contrast might be due to gender differences in the construction of the meaning of gender identity. For girls, being a girl might mean looking like a girl. For boys, we speculate that being a boy might largely mean something else, such as acting like a boy. Children's stereotypes about girls are largely defined by appearance, whereas children's stereotypes about boys are more often defined by behavior and activities [...]. It is also possible that boys do not have to be obsessed with appearances because their wardrobe choices are more constrained, as boys' clothing already usually excludes feminine options. Boys might have less choice in what they wear and thus find other avenues for the expression of their gender identities".
46. MASQUETTI, Maria Helena. *Parecer psicológico sobre outdoor da grife Lilica Ripilica* – empresa Marisol S.A. São Paulo, 5 maio 2018. Disponível em: https://criancaeconsumo.org.br/wp-content/uploads/2014/06/08_parecer_marisol.pdf. Acesso em: 30 abr. 2021.

gências, quando não fomenta o abuso sexual,[47] que faz com os pequenos que sofreram com ele tenham maior risco de desenvolver problemas interpessoais e psicológicos em todos os aspectos da vida, como a baixa autoestima e até desordens psíquicas severas, depressão combinada com sentimentos de vergonha e culpa, ansiedade social, distúrbios de conduta, abusos de substâncias, distúrbios alimentares, transtorno do pânico, transtorno de estresse pós-traumático e transtorno dissociativo, bem como déficit de atenção e distúrbios de aprendizado. Além de todas essas resultâncias nocivas, dificuldades de relacionamento, comportamentos suicidas e criminosos ao lado de comportamentos sexuais indiscriminados são exemplos menos frequentes, mas igualmente possíveis.[48]

A publicidade – incluída, aqui, é fato, aquela que é realizada de forma indireta, identificada no uso economicamente desinteressado dos bens adquiridos, em espaços públicos ou ambientes privados com acesso público – também produz efeitos perceptíveis, influenciando performances e estereótipos de gênero[49] que retroalimentam as questões aqui expostas.

> On the other hand, if appearance rigidity is more long-term and stable, then it might lead children, and especially girls, to focus too much on their physical appearance, especially if they are continually praised by others for looking pretty. Appearance rigidity might then feed into defining one's self and one's self-worth in terms of how one looks. In turn, one's self-esteem might become contingent on self-perceived attractiveness, which can contribute to psychological distress [...]. A hyper-focus on one's physical appearance might also feed into girls' self-objectification, which has also been associated with poor psychological adjustment and math performance.[50]

Ocorre que a formação da autoestima[51] – processo que se desvela no período de desenvolvimento da inteligência anteriormente explorado – desenvolve-se em um re-

47. HATZENBERGER, Roberta; HABIGZANG, Luísa; KOLLER, Sílvia. Análise das percepções que meninas vítimas de violência sexual têm sobre si, os outros e o futuro: tríade cognitiva. In: HABIGZANG, Luísa; KOLLER, Sílvia. *Violência contra crianças e adolescentes*: teoria, pesquisa e prática. Porto Alegre: Artmed, 2012. p. 69. No senso comum, o termo "abuso sexual" é compreendido como apenas a violência física e sexual; no entanto, é necessário iluminar esse conceito: o abuso sexual é todo tipo de "encontros sexuais e comportamentais que abrangem aliciamento sexual, linguagem ou gestos sexualmente sugestivos, uso de pornografia, voyerismo, exibicionismo".
48. Idem, p. 70-71.
49. HALIM, May Ling *et al.* Pink frilly dresses and the avoidance of all things "girly": children's appearance rigidity and cognitive theories of gender development. *Developmental Psychology*, Washington, v. 50, n. 4, p. 1091-1101, 2014. p. 1092. "*Cognitive theories of gender development emphasize three key features [...]. First, children are viewed as* active, internally motivated agents who construct the meaning of gender categories [...]. Once children understand that they belong to a gender category, they embark on an investigation as "gender detectives," attending to information about their own gender and about differences between girls and boys [...]. Second, children's emerging understanding of gender concepts motivates them to master gender categories by behaving in gender-appropriate ways [...]. Third, there exists a developmental trajectory of gender typing. Once children recognize an important categorical distinction such as gender, they might exhibit phase-like shifts in the rigidity of category-relevant beliefs and behaviors, moving from a beginning awareness, to rigidity, to flexibility [...], a trajectory supported by research on children's endorsement of gender stereotypes [...]".
50. Idem, p. 1100.
51. ASSIS, Simone Gonçalves de et al. Violência na adolescência e formação da autoestima. In: HABIGZANG, Luísa; KOLLER, Sílvia. *Violência contra crianças e adolescentes*: teoria, pesquisa e prática. Porto Alegre: Artmed, 2012. p. 81. A autoestima é uma autoavaliação do indivíduo sobre si mesmo, em que reflete sobre a extensão de sua

corte fenomênico-temporal extremamente importante no que toca às interações com outros círculos sociais, logo, fundamental na determinação do grau de autoaceitação.

> A dominação de crianças e adolescentes, a ridicularização, a humilhação, a rejeição, a punição severa ou o abuso sexual tendem a resultar em baixa autoestima. Sob tais condições, há menor contato com o afeto e o sucesso, podendo ocasionar submissão e passividade (podendo mudar para o oposto de agressividade e dominação.[52]

A violência – uma vez mais – denunciada neste estudo ligeiro é, de forma sublime e subentendida, instigada e, portanto, validada. Para exemplificar a lesividade dessa cadeia de eventos, o índice de gravidez entre meninas de 10 a 14 anos não diminui, no Brasil há 10 anos,[53] triste relato ligado, de algum modo, a práticas que se utilizam da inocência para fomentar desejos de consumo sem preocupação aparente com as consequências catastróficas irreversíveis para o ser mais inocente e puro, privando-o de seu próprio desenvolvimento saudável – muitas vezes, por pura avareza.

E, tudo isso, a despeito da normatividade que envolve o melhor interesse da criança.

5. A EFEMERIDADE DE UMA CONCLUSÃO

Após demonstrar-se a importância de proteção da infância e, ainda, que referida tutela tem inconteste lastro no direito brasileiro resta esperar que as muitas *Auroras*, mormente, aquelas em sua mais tenra infância, possam experimentar a plenitude de cada amanhecer, percebendo-o, renovadamente, em suaves tons de rosa.[54] Que seus cachos dourados possam resplandecer em espaços coloridos com tons púrpura esboçando cada nascer do sol e suas lágrimas somente fluam diante de perdas legítimas.[55]

---

capacidade e aceitação sobre si próprio; "[...] é o conceito de si mesmo, com a existência de dois componentes básicos: o valor por si e a competência nas atividades."

52. Idem, p. 82.
53. SCHREIBER, Mariana. 'Sinto saudade de ser criança': em uma década, gravidez de meninas de 10 a 14 anos não diminui no Brasil. *BBCNews*, São Paulo, 24 ago. 2017. Disponível em: https://www.bbc.com/portuguese/brasil-40969456#:~:text=Com%20a%20ajuda%20da%20dem%C3%B3gra fa,2%20beb%C3%AAs%20nos%20mesmos%20anos. Acesso em: 21 abr. 2021.
54. VASCONCELLLOS, Paulo Sérgio de. *Mitos gregos*. São Paulo: Objetivo, 1998. p. 12.
55. BULFINCH, Thomas. *O livro de ouro da mitologia*: histórias de deuses e heróis. Trad. David Jardim Júnior, 26. ed. Rio de Janeiro: Ediouro, 2002. p. 54, 68, 250. "Mêmnon, filho de Aurora e Titono, era rei da Etiópia, vivendo no Extremo Oriente, no litoral do Oceano. Mêmnon foi, com seus guerreiros, ajudar os parentes de seu pai, na Guerra de Troia. O rei Príamo recebeu-o com grandes honrarias e escutou, com admiração, a narrativa das maravilhas da costa do Oceano. Desde o dia seguinte ao de sua chegada, Mêmnon, muito impaciente para lutar, levou suas tropas ao campo de batalha. Antíloquo, o bravo filho de Nestor, caiu morto por ele, e os gregos foram postos em fuga, até que Aquiles apareceu e restabeleceu a ordem em suas fileiras. Travou-se uma luta prolongada e de resultado duvidoso, entre ele e o filho de Aurora. Finalmente, a vitória pendeu para Aquiles, Mêmnon caiu e os troianos fugiram desanimados. Aurora que de seu lugar no céu olhava com apreensão os perigos que o filho corria, quando o viu cair mandou seus irmãos, os Ventos, transportarem seu corpo para as margens do Rio Esepo, na Paflagônia. À noite, Aurora, em companhia das Horas e das Plêiades, foi chorar o filho. À noite, compadecendo-se dela, cobriu o céu de nuvens; toda a natureza chorou o filho de Aurora. Os etíopes ergueram seu túmulo à margem do rio, no bosque das Ninfas, e Júpiter permitiu que as fagulhas e cinzas de sua pira funerária se transformassem em aves, que se dividiram em dois bandos, sobrevoando a fogueira até caírem nas chamas. Todos os anos, no aniversário da morte de Mêmnon, elas voltam, celebrando os funerais

No mais, nunca é demais lembrar, quiçá, ressignificar algumas das importantes lições legadas à humanidade por uma outra *Aurora*, uma *Aurora* de cujas páginas é possível pinçar passagens apontando que

> [foi] sobre o bem e o mal que até hoje refletimos mais pobremente: esse foi sempre um tema demasiado perigoso. A consciência, a boa reputação, o inferno, e às vezes mesmo a polícia, não permitiam nem permitem imparcialidade; é que, perante a moral, como perante qualquer autoridade, não é permitido refletir e, menos ainda, falar: nesse ponto se deve – obedecer! Desde que o mundo existe, nunca uma autoridade quis ser tomada por objeto de crítica; e chegar ao ponto de criticar a moral, a moral enquanto problema, ter a moral por problemática: como? Isso não foi – isso não é – imoral? A moral, contudo, não dispõe somente de toda espécie de meios de intimidação para manter à distância as investigações e os instrumentos de tortura: sua segurança se baseia ainda mais numa certa arte de sedução que possui – ela sabe "entusiasmar". Ela consegue muitas vezes com um simples olhar paralisar a vontade crítica e até atraí-la para seu lado, havendo casos em que a lança mesmo contra si própria: de modo que, como o escorpião, crava o aguilhão em seu próprio corpo. De fato, há muito tempo que a moral conhece toda espécie de loucuras na arte de persuadir: ainda hoje, não há orador que não se dirija a ela para lhe pedir ajuda. É que a moral, desde sempre, desde que se fala e se persuade sobre a terra, se afirmou como a maior mestra da sedução, [...] a verdadeira Circe dos filósofos.[56]

---

da mesma maneira. Aurora ficou inconsolável com a perda do filho. Até hoje, continua a derramar lágrimas, que podem ser vistas pela manhã bem cedo, sob a forma de gotas de água espalhadas na vegetação".

56. NIETZSCHE, Friedrich. *Aurora*. Trad. Antônio Carlos Braga. São Paulo: Ediouro, 2007. [s.p.].

A BIOÉTICA TRANSFORMANDO A SOCIEDADE ATRAVÉS DAS DECISÕES JUDICIAIS

Maria Aglaé Tedesco Vilardo

Doutora em bioética, ética aplicada e saúde coletiva pelo PPGBIOS, em associação da UERJ, UFRJ, UFF e Fiocruz. Doutorado sanduíche no Kennedy Institute Of Ethics, Georgetown University, Washington DC, EUA. Juíza de Direito

Sumário: 1. O que é a bioética e sua importância para as decisões judiciais – 2. Os quatro princípios – 3. Intervenção, na sociedade, de uma decisão judicial com argumentação bioética .

1. O QUE É A BIOÉTICA E SUA IMPORTÂNCIA PARA AS DECISÕES JUDICIAIS

O estudo da bioética tem início nos problemas éticos ligados à origem da vida e prosseguiu se estendendo à gestão da morte, do corpo e da sexualidade, como afirma Gracia.[1] É uma ética aplicada ao campo de estudo médico e biotecnocientífico cada vez mais estudada pelos profissionais do direito em razão de contribuir para a tomada de decisão em conflitos de saúde ao oferecer teorias que podem auxiliar o exame da diversidade moral e a busca de argumentos para a solução moral adequada a conflito que surge diante da constante evolução biotecnocientífica.[2]

Por vezes estes conflitos, próprios do campo da saúde, podem ser levados ao Poder Judiciário através de uma ação judicial para uma solução jurídica ao caso concreto. Ao convivermos em uma sociedade plural temos que compreender a necessidade de uma ética que envolva a diversidade ampliando o debate sobre os diferentes aspectos de um mesmo problema. Nesta hipótese devemos estar cientes de que a ética não é uma norma moral ditada por legisladores e tão pouco uma definição estática decidida por tribunais. Cabe ao tribunal julgador realizar a interpretação das leis em vigor em acordo com a pluralidade reconhecida e compreendida como parte da vida em comunidade, aplicando princípios de nossa sociedade democrática, a dignidade humana e a igualdade às pessoas, sem qualquer forma de discriminação, por serem normas legais imperativas em nossa Constituição.

Trazer a bioética para o exame dos processos revela a sua importância e a relevante contribuição em caso judicial de fundo moral. A discussão ética costuma partir de um caso clínico real no qual há divergência sobre qual das opções é moralmente adequada. Quando uma conduta ética básica não encaminha a solução casuisticamente, se tornando

1. GRACIA, Diego. *Pensar a Bioética*: metas e desafios. Ed. Loyola, SP, 2010, p. 119-122.
2. VILARDO, Maria Aglaé Tedesco. *Decisões judiciais no campo da biotecnociência*: a bioética como fonte de legitimação. 2014. 219 f. Tese (Doutorado em Bioética, Ética aplicada e Saúde Coletiva) – Universidade do Estado do Rio de Janeiro, Rio de Janeiro, 2014.

um caso paradigmático a ser seguido por todos, a discussão moral alcança o patamar dos direitos a serem reconhecidos. No âmbito da legalidade temos o biodireito examinando a moralidade das decisões, devendo ter respaldo na legislação vigente, portanto revestida de legalidade. Entretanto, temos que considerar que uma decisão tomada, mesmo que legal, não será necessariamente ética e sendo uma atitude ilegal, em razão de ser vedada por lei, poderá não ser antiética, como sustenta Veatch,[3] o que gera novos desafios aos julgadores.

A decisão judicial terá um papel crucial na consecução da justiça social, pois poderá interferir diretamente na vida em sociedade e dos indivíduos tornando possível mudar uma situação social que esteja causando prejuízo à liberdade e dignidade de pessoas ao se verem limitadas ou privadas em serem reconhecidas como iguais em sociedade apesar de suas diferenças.

O conhecimento da bioética pode ser utilizado para extrair princípios bioéticos dos casos em julgamento que confiram coerência às crenças existentes em sociedade. O caso concreto será analisado em juízo compatibilizado com a teoria moral a ser aplicada, testando sua condição de empreender uma solução satisfatória à pluralidade e revisando as convicções alcançadas para atribuir um juízo ponderado ao caso examinado.

Uma de suas teorias, a teoria principialista, tem o propósito de guiar a prática através dos princípios e pode contribuir para uma justa decisão em cuidados de saúde a serem julgados, bem como para firmar políticas públicas, como afirmam os criadores desta teoria Beauchamp & Childress.[4]

Esses princípios são: respeito à autonomia, beneficência, não maleficência e justiça. Compõem a bioética principialista de Beauchamp & Childress ora analisada como referência bioética para auxiliar nas tomadas de decisão em processos judiciais que envolvam temas de saúde mediante o avanço da biotecnociência.

Neste universo jurídico-moral, buscar a bioética para nosso auxílio nas decisões para casos conflituosos em saúde será de grande valia como se pretende demonstrar.

2. OS QUATRO PRINCÍPIOS

Serão examinados os quatro princípios da bioética principialista.

O princípio do respeito à autonomia diz respeito ao direito de fazer escolhas pessoais, de acordo com as crenças e história de vida de cada indivíduo. A tomada de decisão será realizada em conformidade com sua biografia, sua manifestação de vontade e sua liberdade de decisão, sem qualquer forma de coerção, embora possa haver influência de outras pessoas na formação da decisão.

3. VEATCH, Robert. *Bioética*. 3. ed. Pearson Education, 2014, p. 1-11.
4. BEAUCHAMP, Tom & CHILDRESS James. *Principles of Biomedical Ethics*. 7. ed. Oxford University Press, 2013, p. 25.

No campo da saúde a expressão de vontade é relativa ao consentimento informado. A pessoa recebe a informação adequada e escolhe o que deseja ou não realizar o que confere a possibilidade de recusa informada nem sempre aceita ou considerada por profissionais da saúde ou mesmo por parentes do paciente.

Certo que algumas pessoas possuem limitações para a compreensão e consequente tomada de decisão, mas cada pessoa deverá participar dentro de suas possibilidades e em acordo com seu histórico de vida, pois é possível a vontade expressa sobre tratamentos e procedimentos de saúde, desejados ou recusados, em momento anterior ao problema de saúde.

Isso se dá através das diretivas antecipadas de vontade que sempre deverão ser consideradas quando a pessoa não puder se manifestar. As diretivas antecipadas podem ser feitas por escrito ou oralmente e devem ser comunicadas às pessoas que farão com que seja cumprida a vontade de quem as manifestou cabendo ao profissional de saúde respeitar e cumprir a manifestação prévia em respeito à autonomia de cada um.

Por vezes a idade ou fragilidade da pessoa são consideradas obstáculos ao reconhecimento de sua vontade e respeito a sua escolha. Essa forma de discriminação, o idadismo, deve ser afastada para que a pessoa idosa não seja subestimada em sua capacidade de decidir sobre seu próprio corpo e saúde pelo critério de sua idade avançada. Da mesma forma devemos agir com as Pessoas com deficiência mental, intelectual ou sensorial, pois devem ser, necessariamente, respeitadas e somente poderão ser submetidas a tratamento de saúde mediante consentimento livre e esclarecido, como prevê a Convenção Internacional sobre os Direitos das Pessoas com Deficiência,[5] ratificada pelo Brasil. A Convenção traz o princípio do respeito à autonomia em diversos artigos e o Estatuto da Pessoa com Deficiência[6] segue, como não poderia deixar de ser, este princípio prevendo, além do respeito, ampliação da autonomia.

Não obstante, há casos judiciais em que o hospital deseja realizar algum tratamento que o paciente não aceita e a tutela judicial impõe ao paciente uma cirurgia ou outro tratamento justificando que a vida é uma bem maior a ser protegido sem que seja observado que há outros direitos fundamentais que podem se sobrepor.

A abordagem da situação concreta e a adequada informação são oferecidas de forma a facilitar a compreensão e permitir a interação da pessoa para decidir conforme seus próprios valores. Substituir alguém em sua decisão sob o argumento de proteção dos interesses do indivíduo pode ser um equívoco paternalista, pois a beneficência deve ser do ponto de vista do próprio paciente e não de terceiros, como veremos a seguir.

---

5. BRASIL. Decreto 6.949, de 25 de agosto de 2009. Convenção Internacional sobre os Direitos das Pessoas com Deficiência e seu Protocolo Facultativo, assinados em Nova York, em 30 de março de 2007. Disponível em: http://www.planalto.gov.br/ccivil_03/_ato2007-2010/2009/decreto/d6949.htm Acesso em: março de 2022.
6. BRASIL. Lei 13.146, de 6 de julho de 2015. Lei Brasileira de Inclusão da Pessoa com Deficiência (Estatuto da Pessoa com Deficiência). Disponível em: http://www.planalto.gov.br/ccivil_03/_ato2015-2018/2015/lei/l13146.htm. Acesso em: março de 2022.

O princípio da beneficência, como afirmado, será aquele a partir da compreensão da própria pessoa sobre os fatos e sobre sua vida e o que considera mais importante para si própria. A decisão tomada deve buscar evitar dano desnecessário, afastar sofrimento pelo qual a pessoa não deva passar, o que vai exigir uma ação positiva pela qual benefícios e danos são confrontados e avaliados. Quando há uma relação profissional entre os envolvidos na decisão, a beneficência deixa de ser opcional para ser obrigatória, como a de profissional de medicina em atuar para evitar a morte de paciente em risco de morte, mas sem que ocorra um custo excessivo para o paciente, pois estender a vida sem agregar saúde pode trazer sofrimento desnecessário.

Ambos devem ser evitados em benefício do paciente. A dificuldade apresentada é sobre o limite de atuação profissional questionando-se se o profissional de medicina deve oferecer todo recurso científico disponibilizado para o paciente ou poderá ser limitado pelo fato de algum recurso avançado não agregar saúde ou pelas escolhas do próprio paciente, em consonância com sua manifestação de vontade e sua compreensão pessoal sobre seus valores de vida. São casos comuns que chegam ao Poder Judiciário para decisão que pode repercutir na vida de uma pessoa, como o caso de imposição de transfusão de sangue de Testemunha de Jeová ao se confrontar com o valor vida e o valor crença religiosa, ambos da maior relevância. Em decisões judiciais com tal determinação de transfusão o Judiciário deixa de considerar a liberdade de crença como direito inviolável previsto na Constituição, bem como não observa o consentimento livre.

O que se depreende dos debates da bioética é que a vida humana, de imensa e indiscutível valor, deverá ser avaliada como direito inviolável junto a outros tantos direitos que cada indivíduo considera relevante, de forma a conferir uma existência digna em diferentes aspectos e não somente o biológico. A Constituição Federal afirma a inviolabilidade do direito à vida, no mesmo patamar de outros direitos fundamentais como a liberdade, a igualdade, a segurança e a propriedade. Certamente que nestas escolhas entre diversos valores deve preponderar o próximo princípio a ser analisado de não maleficência.

O princípio da não maleficência é um princípio obrigatório para todas as pessoas. Não há possibilidade de se aceitar que alguém cause dano intencional e desnecessário a outrem. Portanto, nos casos de tratamento de saúde deve ocorrer a abstenção de se causar mal a alguém. Eventualmente alguma lesão poderá ocorrer para um benefício seguinte quando se faz um tratamento no paciente que tem efeitos colaterais ou um corte cirúrgico, mas sempre deverá ser considerada a vontade manifesta do paciente devidamente informado.

O importante neste princípio é que os interesses do paciente devem ser sobrepostos aos interesses da sociedade. Para um julgamento judicial deverá ser observada a legislação vigente, as permissões legais possíveis e o que pode ser considerado ilegal ser praticado. Por vezes há receio por parte de profissional de saúde em limitar procedimentos e tratamentos em razão de temer ser responsabilizado por crime de omissão de socorro ao deixar de empreender recursos, todavia há procedimentos que irão causar mal maior ao paciente dada as suas condições de saúde e prognóstico. O profissional tem ciência de suas limitações, porém termina por agir de forma a estender com sofrimento uma vida quando poderia apenas conferir conforto e cuidados na terminalidade, os cuidados paliativos.

Profissionalmente há proteção por parte do Conselho Federal de Medicina que possui resolução[7] autorizando ao profissional não empreender tratamentos desnecessários, limitando ou suspendendo procedimentos ou tratamentos que apenas prolonguem a vida sem agregar saúde e respeitada a vontade do paciente.

Esses limites podem ser apreciados pelo Poder Judiciário ao considerar que o princípio da não maleficência poderá ser aplicado quando um procedimento ou tratamento não for empreendido por não ser adequado àquele caso concreto. Neste sentido, inclusive, será preponderante o próximo princípio a ser examinado, o princípio da justiça.

O princípio da justiça é um princípio aplicado de forma equânime, pois a igualdade a ser conferida a todas as pessoas na saúde, ou seja, tratamento de saúde de forma universal previsto na Constituição, será aquela a ser dada de acordo com a necessidade de cada um e não de forma geral sem observar as peculiaridades de cada caso.

Um exemplo é o custeio de medicamentos de doenças raras que alcançam cifra de milhões de reais. Se não for determinado judicialmente o custeio pelo ente estatal a pessoa com diagnóstico de doença rara não terá possibilidade de realizar o tratamento, não tendo ninguém por ela a custear. O custeio pelo Estado, mesmo sendo de alto custo, cumpre o princípio da justiça ao amparar universalmente estes pacientes. Entretanto, um tratamento de custo de milhões de reais para medicamento sem eficácia comprovada poderá ser indeferido judicialmente sem que se esteja deixando de aplicar o princípio da justiça por não fornecer a segurança e eficácia exigíveis e poder causar mal ao paciente, o que descumpriria o princípio da não maleficência.

Cada pessoa terá suas necessidades específicas e direito a que estas sejam atendidas sendo observado o tratamento disponível e sua adequação ao caso. O tratamento a ser oferecido deve atender às expectativas do paciente e seu prognóstico afastando discriminações como o mencionado idadismo que utiliza o critério da idade avançada para não conferir tratamentos médicos. Tal discriminação é absurda, o que se tem que avaliar é o que o tratamento disponível agrega em saúde à pessoa, diante dos critérios clínicos e peculiaridades de cada caso que poderá até incluir o fator idade aliado a outras circunstâncias, mas não de forma isolada.

O problema na aplicação deste princípio da justiça é a escassez de recursos na área da saúde. O sistema único de saúde, previsto na Constituição como universal, admite a atuação pública e privada, todavia no Poder Judiciário este sistema único é apreciado em competências jurisdicionais diferentes com atenção às distinções entre o direito público e o direito privado das obrigações diante dos contratos de seguro de saúde privado. São

7. CONSELHO FEDERAL DE MEDICINA. Resolução 1805/2006. Disponível em: https://sistemas.cfm.org.br/normas/visualizar/resolucoes/BR/2006/1805. Acesso em: março de 2022.

aspectos que devem ser considerados na discussão do princípio da justiça sem descuidar do ordenamento constitucional do direito à saúde para todos.

Apresentados os quatro princípios da bioética principialista, em correlação à atuação possível do Poder Judiciário ao decidir casos clínicos de saúde em sua dimensão ética, vamos examinar um caso concreto e verificar se há, de fato, auxílio da teoria bioética quando se decide com base nas leis.

3. INTERVENÇÃO, NA SOCIEDADE, DE UMA DECISÃO JUDICIAL COM ARGUMENTAÇÃO BIOÉTICA

Examinemos uma decisão judicial do Supremo Tribunal Federal a fim de que possamos verificar se há utilização da bioética como auxílio na análise do caso concreto e se são depreendidos os princípios anteriormente apresentados para interpretação e aplicação da legislação em vigor no Brasil e sua intervenção real na transformação da sociedade.

O caso em análise diz respeito ao julgamento de procedência de Ação Direta de Inconstitucionalidade – ADI 4.275[8] – que buscou "dar interpretação conforme a Constituição e ao Pacto de São José da Costa Rica, ao art. 58 da Lei 6.015/73, de modo a reconhecer aos transgêneros que assim o desejarem, independentemente da cirurgia de transgenitalização, ou da realização de tratamentos hormonais ou patologizantes, o direito à substituição de prenome e sexo diretamente no registro civil".

Este artigo diz: "art. 58. O prenome será definitivo, admitindo-se, todavia, a sua substituição por apelidos públicos notórios". E o que se propôs foi a interpretação deste preceito em consonância com os artigos 1º, inciso III, 3º, inciso IV, e 5º, *caput* e inciso X, da Constituição possibilitando a mudança de sexo e prenome, por transexuais, no registro civil independente de intervenção médica ou a cirurgia de transgenitalização.

Os fundamentos da ação da Procuradoria-Geral da República são: o respeito à liberdade individual de assumir identidade de gênero à luz dos direitos fundamentais inferidos dos princípios da dignidade da pessoa humana (art. 1º, III), a promoção do bem de todos, sem preconceitos de origem, raça, sexo, cor, idade e quaisquer outras formas de discriminação (art. 3º, IV), da igualdade (art. 5º, *caput*) e da privacidade (art. 5º, X)".

A decisão do STF tem três premissas: O direito à igualdade sem discriminações abrange a identidade ou expressão de gênero; a identidade de gênero é manifestação da própria personalidade da pessoa humana e, como tal, cabe ao Estado apenas o papel de reconhecê-la, nunca de constituí-la; a pessoa não deve provar o que é e o Estado não deve condicionar a expressão da identidade a qualquer tipo de modelo, ainda que meramente procedimental.

A conclusão da decisão foi no sentido de julgar procedente a ação direta para dar interpretação conforme a Constituição e o Pacto de São José da Costa Rica ao art. 58

8. SUPREMO TRIBUNAL FEDERAL. Ação Direta de Inconstitucionalidade 4.275, Distrito Federal. Disponível em: http://portal.stf.jus.br/processos/detalhe.asp?incidente=2691371. Acesso em: março de 2022.

da Lei 6.015/73, de modo a reconhecer aos transgêneros, que assim o desejarem, independentemente da cirurgia de transgenitalização, ou da realização de tratamentos hormonais ou patologizantes, o direito à substituição de prenome e sexo diretamente no registro civil.

Certamente um avanço social importante, mas sabermos como se chegou a esta conclusão é relevante, por isso vamos analisar o voto do redator, Ministro Edson Fachin, para extrair do mesmo, caso lá estejam, os princípios bioéticos.

Seu voto inicia ressaltando a relevância deste debate: "um tema de importância extraordinária para uma sociedade que se entenda minimamente digna e com respeito à diversidade." Não resta dúvida de que se está tratando de uma sociedade plural, de moralidade diversa, além da contribuição dos *amici curiae*, um indicativo de que não se pode prescindir do diálogo com os diversos seguimentos da sociedade com esclarecimentos imprescindíveis para a tomada de decisão diante da diversidade moral. Deste trecho podemos extrair o princípio da justiça que aplica o princípio constitucional da igualdade de forma equânime. Para igualar os diversos membros de uma sociedade plural há necessidade de conferir direitos de forma a trazer todos ao mesmo patamar de dignidade. A participação externa confere diálogo dentro da diversidade e possibilita a escuta de argumentos de pessoas interessadas e que vivenciam o caso concreto e daqueles que as representam.

Como afirmam Beauchamp & Childress[9] se há uma reivindicação válida baseada neste princípio, a esta corresponde um direito. A omissão do Estado negando o reconhecimento esperado gera injustiça, pois não sendo satisfeita a necessidade fundamental reivindicada ocorrerá uma lesão ao seu direito. A discriminação das pessoas transexuais envolve atitudes sociais, estereótipos, faltas de oportunidade ocasionando sofrimento que deve ser evitado. Neste sentido, uma sociedade de diversidade moral precisa reconhecer todos os seus cidadãos como merecedores de direitos independentemente de sua orientação sexual.

Prosseguindo, o voto menciona doutrina e julgamentos precedentes diretamente ligados aos direitos humanos. Faz menção à Corte Interamericana de Direitos Humanos, e sua Opinião Consultiva 24/17 sobre "Identidade de Gênero e Igualdade e Não Discriminação a Casais do Mesmo Sexo", na qual foram definidas obrigações estatais em relação à mudança de nome, à identidade de gênero e os direitos derivadas de um vínculos entre casais do mesmo sexo. O voto entende que, além da interpretação constitucionalmente adequada do art. 58 da Lei 6.015/73, deve-se compatibilizar sua interpretação ao disposto no Pacto de São José da Costa Rica. Importante referência à Convenção Internacional ratificada pelo Brasil que deve ser seguida assim como seguimos a Constituição Federal.

Ora, se há compromissos internacionais assumidos pelo Estado previamente, estes devem ser cumpridos de forma a ser efetivado o princípio da beneficência. Há uma obri-

9. BEAUCHAMP, Tom & CHILDRESS, James. *Principios da Ética* Biomédica. 4. ed. Oxford University Press, 1994, p. 352.

gação moral em agir promovendo os interesses legítimos e fundamentais dos cidadãos nestas circunstâncias. E aqui não há que se falar em benefício opcional, mas obrigatório, pois há uma relação moral especial, um compromisso específico do Estado derivado de sua própria função e responsabilidade com a consecução de direitos fundamentais de todos os cidadãos sem qualquer discriminação.

O voto traz a consideração de que não se trata apenas de uma interpretação conforme, mas implica na chamada "decisão manipulativa de efeito aditivo", no mesmo sentido que o STF reconheceu quando do julgamento do aborto de feto anencéfalo, porque cria uma regra além da prevista expressamente na lei, acompanhando a jurisprudência das Cortes Constitucionais da Europa sobre decisões interpretativas com eficácia aditiva. E pontua que tal atuação criativa auxilia no problema da inconstitucionalidade por omissão, conferindo solução para que sejam efetivados direitos e garantias fundamentais, ao alterar o sentido normativo do texto legal. Ressalva a existência de críticas a tal atuação da Suprema Corte, mas lembra que a decisão ocorre em *bonam partem* é nunca in *malam partem* e confere estímulo à atuação legislativa para que a lei sobre o tema seja criada. Aqui se refere à legislação penal do aborto que exige reserva de lei e tipicidade, mas também se aplica ao caso em análise porque o reconhecimento de direitos aos transexuais não fere direitos da sociedade em geral, talvez incomode algumas pessoas por se sobrepor a antigas tradições que devem ser superadas porque ferem direitos individuais. Destaca-se, mais uma vez, o princípio da beneficência, pois a uma reivindicação válida corresponde direitos previstos legalmente que devem ser aplicados em *bonam partem*.

A concepção biológica de binária representam tradições que são reproduzidas ao longo do tempo e criam situações discriminadoras e que causam sofrimento devem ser prontamente afastadas não sendo justificáveis. Não se pode causar dano ou sofrimento desnecessário a ninguém. Esse é o princípio da não maleficência. Manter uma regra legal tradicional, sem analisar o momento em que se vive e seu contexto, somente reproduz uma atitude discriminadora. A obrigação moral de acordo com este princípio é não prejudicar, não impor riscos e ao se impor um tratamento médico ou uma cirurgia, certamente está se impondo um risco evitável e desnecessário, uma mutilação nem sempre desejada, o que fere o princípio da não maleficência. Observe-se que a interpretação somente é realizada em *bonam partem* e jamais poderá causar mal. Cabendo ao indivíduo e não ao Estado decidir se deseja ou não transformar seu corpo através de cirurgia.

A decisão prossegue nesta perspectiva bioética ao passar a fundamentar a interpretação dos direitos fundamentais em correlação aos direitos de personalidade, bem como sob a perspectiva dos direitos humanos. O princípio da igualdade está vinculado na esfera internacional à proteção dos direitos humanos e seu postulado é a não discriminação. Como já salientado, o Brasil assumiu diversos compromissos internacionais, assinando e ratificando pactos e convenções internacionais nos quais qualquer forma de discriminação é vedada e há garantia de igualdade de proteção para todas as pessoas contra qualquer tipo de discriminação. Há menção expressa ao Pacto Internacional sobre Direitos Civis e Políticos, o Pacto de São José da Costa Rica também conhecido como Convenção Americana. São bases legais que devem ser seguidas pelo Brasil e, mais uma vez, se depreende os princípios da justiça e da beneficência como referências.

Relevante documento internacional é mencionado, os Princípios de Yogyakarta, documento apresentado no Conselho de Direitos Humanos da ONU que trata especificamente sobre direitos humanos em relação à orientação sexual e identidade de gênero. Este reconhecimento da identidade de gênero pelo Estado é constitutivo da dignidade humana e assegura o direito à saúde dentre tantos outros direitos. E havendo este direito de assegurar dignidade, caberá ao Estado assegurar o direito ao nome, ao reconhecimento de sua personalidade jurídica, a liberdade e a vida privada, conforme previsão do Pacto de São José da Costa Rica.

Depreende-se o respeito às escolhas autônomas de cada indivíduo o que fica evidente quando a decisão menciona a obra "Ética e Direitos Humanos", de Nino,[10] no que se refere ao princípio da autonomia da pessoa para destacar a importância de não interferência nas escolhas de planos de vida de cada indivíduo, mas facilitar suas determinações.

Destaca a expressão utilizada por Rodotà[11] quando se refere à esfera privada no lugar de vida privada por ser algo mais complexo do que a ideia de sigilo, conduzindo à necessária proteção de escolhas de vida repudiando o controle estatal e a estigmatização social. A esfera privada é construída pela pessoa em interação entre o privado e a sociedade.

Esta parte da decisão judicial é de extremo respeito à autonomia da pessoa em realizar sua vida nos termos do que compreende como capacidade de agir com liberdade, sem influências controladoras, governando a si próprio sem ter que cumprir exigências estatais que repercutem diretamente no seu corpo ou aceitar restrições a suas determinações e seus desejos pessoais. O respeito à autonomia exige uma ação respeitosa o que nos conduz à obrigação de não intervenção nas escolhas das pessoas e possibilitar que tenham capacidade de escolher autonomamente e não mediante condições e imposição de temores que representem fortes obstáculos para o exercício da autonomia de cada um.

A decisão conclui que atenta "aos princípios da dignidade da pessoa humana, da integridade física e da autonomia da vontade, condicionar o exercício do legítimo direito à identidade à realização de um procedimento cirúrgico ou de qualquer outro meio de se atestar a identidade de uma pessoa" e do contrário há violação da dignidade e liberdade. Tal conclusão reforça a prevalência do princípio do respeito à autonomia e confere relevância à teoria bioética apresentada.

O julgamento se respalda nos argumentos da Corte Interamericana ao estabelecer os requisitos sumarizando o efetivo avanço social e comprovando a incidência dos princípios da bioética: "a) devem estar dirigidos à adequação integral da identidade de

10. NINO. Carlos Santiago. *Ética y Derechos Humanos*: un ensayo de fundametación. Barcelona: Ariel, 1989 Apud SUPREMO TRIBUNAL FEDERAL. Ação Direta de Inconstitucionalidade 4.275 Distrito Federal.
11. RODOTÀ, Stefano. General Presentation of Problems related to Transsexualism. *Transsexualism, Medicine and Law*: Proceedings of the XXIIIrd Colloquy on European Law. Strasbourg: Concil of Europe Publishing, 1995. p. 22-23. Apud SUPREMO TRIBUNAL FEDERAL. Ação Direta de Inconstitucionalidade 4.275 Distrito Federal.

gênero auto percebida; b) devem estar baseados unicamente no consentimento livre e informado do solicitante sem que se exijam requisitos como certificações médicas ou psicológicas ou outros que possam resultar irrazoáveis ou patologizantes; c) devem ser confidenciais e os documentos não podem fazer remissão às eventuais alterações; d) devem ser expeditos, e na medida do possível, devem tender à gratuidade; e e) não devem exigir a realização de operações cirúrgicas ou hormonais".

Tal se justifica porque "a identidade de gênero é manifestação da própria personalidade da pessoa humana e, como tal, cabe ao Estado apenas o papel de reconhecê-la, nunca de constituí-la." Exigir um procedimento médico ou laudo psicológico impede a livre expressão da personalidade. Basta a livre manifestação de vontade da pessoa sobre sua identidade de gênero, pois como bem ressaltado na decisão "A pessoa não deve provar o que é". Afirma, ao final, que "A prepotência de acreditar saber mais, de acreditar saber o que é melhor, nega ao Outro o direito de ser ouvido", de Cruz.[12] São fortes afirmações que conferem enorme respeito à autonomia de cada indivíduo em consonância ao que cada um constrói como valores de vida, segundo sua própria história.

Concluímos que o caminho dos quatro princípios da bioética fortalece a argumentação jurídica sobre o tema ao correlacionar aspectos próprios a cada um dos princípios, mesmo sem mencionar cada um deles expressamente como princípio da bioética. Esse percurso atribui valor e razões bem fundamentadas que justificam a decisão final, afastam a atuação autoritária do Estado em fazer exigências para o exercício da liberdade de manifestação de personalidade, exigências que foram feitas por outros votos, porém não acolhidas na decisão final. A decisão judicial permite que todos os cidadãos, não obstante suas diferentes expressões de moralidade, possam ser acolhidos em uma mesma sociedade, com reconhecimento dos direitos que efetivamente possuem e vivenciam, em efetiva transformação da sociedade legitimada pelo Poder Judiciário ao modificar o *status quo* discriminatório, até então vigente e não alterado por legislação contemporânea, mas sem impedir que o legislador venha a adequar a legislação à nova realidade.

12. CRUZ, Álvaro Ricardo de Souza. *(O) outro (e) (o) direito*. Belo Horizonte: Arraes, 2015. v. II, p. 155. Apud SUPREMO TRIBUNAL FEDERAL. Ação Direta de Inconstitucionalidade 4.275 Distrito Federal.

PARTE V
PROTEÇÃO DOS CONTRATANTES VULNERÁVEIS

EFICÁCIA DOS DIREITOS FUNDAMENTAIS NAS RELAÇÕES CONTRATUAIS

Carlos Nelson Konder

Doutor e Mestre em direito civil pela UERJ. Especialista em direito civil pela Universidade de Camerino (Itália). Professor do Departamento de Direito Civil da Universidade do Estado do Rio de Janeiro (UERJ) e do Departamento de Direito da Pontifícia Universidade Católica do Rio de Janeiro (PUC-Rio). Advogado.

1. OS DIREITOS FUNDAMENTAIS SE APLICAM ÀS RELAÇÕES CONTRATUAIS?

A ideia de que exista algum tipo de relação social em que não sejam protegidos os direitos fundamentais hoje causa imediata resistência. Entretanto, isso configura uma conquista histórica, já que os direitos fundamentais foram concebidos como instrumentos de proteção da pessoa frente à potencial opressão vinda do Estado. A proliferação de poderes privados, tão ou mais fortes do que o Estado, deu ensejo ao reconhecimento de que também essas normas constitucionais têm papel importante nas relações entre particulares, especialmente quando marcadas por uma desigualdade de força entre as partes.

A controvérsia reside em como deve se dar essa aplicação, já que nas relações entre particulares – diferente do que ocorre perante o Estado – ambas as partes são titulares de direitos fundamentais. Sucederam-se, assim, teorias voltadas a guiar o intérprete nessa aplicação, como a *State action doctrine*, a teoria da eficácia indireta, os chamados deveres de proteção e a doutrina da eficácia direta e imediata.[1] No âmbito dos contratos,

1. Para aprofundamento no debate teórico, v., entre tantos, ALEXY, Robert. *Teoría de los derechos fundamentales*. Madrid: Centro de estudios constitucionales, 1997; CANARIS, Claus-Wilhelm. A influência dos direitos fundamentais sobre o direito privado na Alemanha. In: SARLET, Ingo Wolfgang (Org.). *Constituição, direitos fundamentais e direito privado*. Porto Alegre: Livraria do Advogado, 2003, p. 223-243; PEREIRA, Jane Reis Gonçalves. Apontamentos sobre a aplicação das normas de direito fundamental nas relações jurídicas entre particulares. In: BARROSO, L. R. (Org.). *A nova interpretação constitucional*: ponderação, direitos fundamentais e relações privadas. Rio de Janeiro: Renovar, 2003, p. 119-192; PINHEIRO, Rosalice Fidalgo. *Contrato e direitos fundamentais*. Curitiba: Juruá, 2009; RODRIGUES JR., Otávio Luiz. *Direito civil contemporâneo*. 2. ed. Rio de Janeiro: Forense Universitária, 2019; SARLET, Ingo Wolfgang. Direitos fundamentais e Direito Privado: algumas notas sobre a chamada constitucionalização do direito civil. In: SARLET, I. W. (Org.). *A constituição concretizada*: construindo pontes com o público e o privado. Porto Alegre: Livraria do advogado, 2000, p. 107-163; SARMENTO, Daniel. *Direitos fundamentais e relações privadas*. Rio de Janeiro: Lumen Juris, 2004; SOMBRA, Thiago Luís Santos. O Supremo Tribunal Federal e a eficácia dos direitos fundamentais entre particulares.

o debate é ainda mais intenso, tendo em vista a força histórica da autonomia privada nessa seara.[2] A conclusão costuma ser que todas as teorias acabam recaindo numa atividade de ponderação, preterindo ou privilegiando a autonomia privada em maior ou menor grau, mas, afastando-se do rico debate teórico, pretende-se aqui realizar apenas superficial panorama da riqueza de situações que esse debate tem enfrentado e que certamente merece maior atenção dos estudiosos.

2. A INTEGRIDADE PSICOFÍSICA E A CONTRATUALIZAÇÃO DO CORPO

A disposição do próprio corpo é tratada pelo legislador ordinário com clara reticência: o Código Civil brasileiro, no seu artigo 13, a reputa em regra *defesa*, reproduzindo o tabu social existente sobre o corpo.[3] Os três critérios referidos pela legislação para excepcionar essa indisponibilidade – a permanência da diminuição, os bons costumes e a existência de uma exigência médica – são igualmente reflexos de padrões culturais históricos, que conflitam potencialmente com os preceitos constitucionais que resguardam o pluralismo e vedam a discriminação.

Práticas culturais tradicionais – como o *Kisedjê*, o disco labial dos indígenas brasileiros, o *padaung*, os anéis de bronze usados pelas mulheres do sudeste asiático e da África, e o ritual do *O Kee Pa*, dos indígenas norte-americanos, que eram elevados por ganchos presos à própria pele dentro das cabanas como forma de ascensão espiritual – revelam que um desenho legislativo excessivamente restritivo contrasta com o respeito à diversidade cultural. Ainda hoje em dia, modificações corporais como brincos, *piercings*, tatuagens e implantes de silicone são prática reiteradamente aceitas e resguardas, bem como costumam ser toleradas, embora fora da cultura *mainstream*, atos mais radicais de *body art*, como aqueles praticados pelo "homem-lagarto", a "mulher-vampiro", o "menino-zumbi" e o performático "Stelarc".[4] Nesses contextos, o corpo se revela como expressão da individualidade da pessoa, manifestando orientações culturais, religiosas, políticas, sentimentais, enfim numa diversidade de aspectos que, em seu conjunto, constroem a identidade de cada ser humano".[5]

Revista do Instituto dos Advogados de São Paulo, v. 19, p. 274-320. São Paulo, jan. 2007; TEPEDINO, Gustavo. A incorporação dos direitos fundamentais pelo ordenamento brasileiro: sua eficácia nas relações jurídicas privadas. *Temas de direito civil*. Rio de Janeiro: Renovar, 2009, t. III, p. 41-64; UBILLOS, Juan María Bilbao. ¿En qué medida vinculan a los particulares los derechos fundamentales? SARLET, I. W. (Org.). *Constituição, direitos fundamentais e direito privado*. Porto Alegre: Livraria do Advogado, 2003, p. 299-338. Seja consentido remeter também a KONDER, Carlos Nelson. Direitos fundamentais e relações privadas: o exemplo da distinção de gênero nos planos de previdência complementar. *Interesse Público*, v. 99, p. 47-65, 2016.

2. PINHEIRO, Rosalice Fidalgo. A proibição de discriminação nos contratos no Direito brasileiro em face da experiência europeia. *Direitos Fundamentais e Justiça*, n. 28, ano 8, p. 52-81, Porto Alegre, jul./set. 2014.
3. Sobre o tema, v. RODRIGUES, José Carlos. *Tabu do corpo*. 4. ed. Rio de Janeiro: Dois Pontos, 1986, p. 45.
4. SCHREIBER, Anderson. *Direitos da personalidade*. São Paulo: Atlas, 2011, p. 35-36; KONDER, Carlos Nelson; KONDER, Cíntia Muniz de Souza Liberdade morfológica: possibilidades e limites de um direito a modificar o próprio corpo. *Pensar – Revista de ciências jurídicas*, v. 26, p. 1-9, 2021.
5. BARBOZA, Heloísa Helena. A pessoa na era da biopolítica: autonomia, corpo e subjetividade. *Cadernos IHU ideias*, n. 194, p. 9, 2013.

Entretanto, existe uma fronteira tênue para que essa tutela da autonomia não se torne chancela para atos negociais em que a pessoa pratica atos incompatíveis com a sua saúde ou premida por questões econômicas. A excessiva valorização social das aparências pode gerar dismorfias que levam as pessoas a procedimentos que colocam em xeque sua própria integridade física, como cirurgias plásticas arriscadas e mesmo casos mais extremos. Tome-se o exemplo do tatuador Brendan McCarthy, que era contratado para práticas como arrancar o mamilo de um cliente e fazer uma fenda na língua de outro e acabou sendo responsabilizado, civil e criminalmente, por ter removido a orelha de um cliente sem anestesia.[6] A existência de um contrato, com o consentimento informado do cliente cujo corpo é modificado, não parece ser suficiente para legitimar certos atos de disposição, como é o caso dos chamados *wannabes* ou *amputees-by-choice*, que, premidos por um anseio profundo chegam a procurar as amputações fora do ambiente médico, expondo a risco ainda maior sua saúde.[7]

Da mesma forma, não é incomum que questões financeiras possam interferir com o exercício efetivo de uma liberdade corporal, de modo que o aparente consentimento para contratar seja, na realidade, muito pouco autônomo. São ilustrativos, nesse sentido, os exemplos dos ordenamentos que – ao contrário do nosso – admitem a venda de sangue, como forma de supostamente estimular a participação, mas que acaba desestimulando eventuais doadores.[8] O tema se torna ainda mais delicado no tocante à indústria pornográfica, ilustrado pela decisão do tribunal alemão no sentido de que, embora o *strip-tease* seja uma prática admissível, porque a pessoa se expõe dirige sua própria conduta, seriam vedados os *peep shows*, nos quais é o cliente que submete a pessoa exposta aos seus desejos.[9]

Talvez o caso mais extremo seja a prática iniciada pela Casa Sanchez, o restaurante familiar que oferecia almoço livre pelo resto da vida para quem tatuasse o logotipo do estabelecimento no próprio corpo, e cujo exemplo foi incrementado pela agência londrina que vendia espaços de publicidade nas testas de pessoas e pela Air New Zealand, que anunciava com tatuagens temporárias em pessoas com a cabeça raspada.[10] Os casos ilustram uma difícil transição entre assegurar o legítimo exercício da liberdade de contratar e resguardar a indisponibilidade de bens reputados intrínsecos à dignidade da pessoa humana.

---

6. THE GUARDIAN. Tattooist 'Dr Evil' jailed for performing ear and nipple removals. 2019. Disponível em: https://www.theguardian.com/uk-news/2019/mar/21/tattooist-dr-evil-jailed-for-performing-ear-and-nipple-removals. Acesso em: 04 out. 2020.
7. Seja consentido remeter a KONDER, Carlos Nelson. O consentimento no Biodireito: Os casos dos transexuais e dos wannabes. *Revista Trimestral de Direito Civil*, v. 15, p. 41-71, 2003.
8. SANDEL, Michael. *O que o dinheiro não compra*: os limites morais do mercado. 5. ed. Rio de Janeiro: Civilização brasileira, 2013, p. 123.
9. Sobre o debate, v. CASTRO, Thamis Ávila Dalsenter Viveiros de. *Bons costumes no direito civil brasileiro*. São Paulo: Almedina, 2017, p. 223.
10. SANDEL, Michael. *O que o dinheiro não compra*: os limites morais do mercado. 5. ed. Rio de Janeiro: Civilização brasileira, 2013, p. 183.

3. CONTRATUALIZAÇÃO DA IMAGEM, DA PRIVACIDADE E DOS DADOS PESSOAIS

Parafraseando a notória expressão da Gaston Morin, "*la révolte du droit contre le Code*",[11] o nosso direito em vigor claramente se revoltou contra o disposto no artigo 11 do Código Civil, que determina que os direitos da personalidade são indisponíveis e não podem sofrer limitação voluntária.[12] A incompatibilidade entre o dispositivo e a realidade em que, cotidianamente, imagem e privacidade são objeto de disposição contratual, levou a buscar uma posição conciliatória, pela qual se afirmava que "o exercício dos direitos da personalidade pode sofrer limitação voluntária, desde que não seja permanente nem geral"[13] e que "os direitos da personalidade podem sofrer limitações, ainda que não especificamente previstas em lei, não podendo ser exercidos com abuso de direito de seu titular, contrariamente à boa-fé objetiva e aos bons costumes".[14]

Reconhece-se, assim, que a proteção da imagem e da privacidade devem ser ponderadas com outro corolário da dignidade da pessoa humana, consistente na sua liberdade.[15] Em um contexto em que blogueiros, influenciadores e *youtubers* se popularizam e se enriquecem por meio da divulgação de sua vida pessoal nas redes, em que pessoas notórias assinam contratos milionários para atuarem como "embaixadores" – ou, na denominação tradicional, "garoto(a)s-propaganda" – de marcas, em que *reality shows* com prêmios vultosos se tornaram recorrentes, deve-se reconhecer a cada vez mais ampla possiblidade de "contratualizar" aspectos da personalidade tradicionalmente intocáveis.[16]

É necessário reconhecer que esses contratos podem ser instrumentos de livre desenvolvimento da personalidade, de modo que, observado o pluralismo protegido pelo nosso ordenamento, deve-se respeitar esse exercício de liberdade contratual.[17] A questão se torna mais candente quando se trata de fazer cumprir o contrato, que dispõe sobre aspecto da personalidade, contra a vontade atual do titular, que, no curso da execução do negócio, passa a entender que ele afronta sua dignidade.[18] Ilustrativo foi o caso

---

11. MORIN, Gaston. *La révolte du droit contre le Code*. Paris: Librairie du Recueil Sirey, 1945.
12. Para uma análise minuciosa das características tradicionalmente atribuídas aos direitos da personalidade, v. TEPEDINO, Gustavo. A tutela da personalidade no ordenamento jurídico brasileiro. *Temas de direito civil*, 4. ed. Rio de Janeiro: Renovar, 2008, p. 25-62.
13. I Jornada de Direito Civil (CEJ/CJF) – Enunciado 4.
14. III Jornada de Direito Civil (CEJ/CJF) – Enunciado 139.
15. SCHREIBER, Anderson. Os direitos da personalidade e o Código Civil de 2002. *Diálogos sobre direito civil*. Rio de Janeiro: Renovar, 2008, v. II, p. 262; TEIXEIRA, Ana Carolina Brochado. *Saúde, corpo e autonomia privada*. Rio de Janeiro: Renovar, 2010, p. 227.
16. Sobre o tema, seja consentido remeter a TEIXEIRA, Ana Carolina Brochado; KONDER, Carlos Nelson. Situações jurídicas dúplices: continuando o debate sobre a nebulosa fronteira entre patrimonialidade e extrapatrimonialidade In: TEIXEIRA, A. C. B.; RODRIGUES, R. L. (Coord.). *Contratos, famílias e sucessões*: diálogos interdisciplinares. Indaiatuba: Foco, 2019, p. 135-160.
17. Sobre o tema, v. MORAES, Maria Celina Bodin de. Ampliando os direitos da personalidade. *Na medida da pessoa humana*. Rio de Janeiro: Renovar, 2010, p. 121-148.
18. Sobre o tema, v. MEIRELES, Rose Melo Vencelau. *Autonomia privada e dignidade humana*. Rio de Janeiro: Renovar, 2009; e NEVES, Thiago Ferreira Cardoso. *Autonomia privada e privacidade nas redes sociais*. Rio de Janeiro: GZ, 2019.

dos participantes do programa "ídolos", eliminados na fase inicial da competição, que pretenderam impedir a sua exibição ao argumento de que seriam cenas em que eram humilhados pelos jurados e que as cláusulas contratuais eram nulas, mas o tribunal entendeu que eles sabiam no que estavam se inscrevendo, manifestando sinceramente sua vontade de participar, razão pela qual rejeitou-se a pretensão.[19]

O desenvolvimento da tecnologia deu importância especial ao que até então era considerado um aspecto da privacidade: a proteção dos dados pessoais.[20] Hoje alçada a direito fundamental autônomo[21] e objeto de legislação específica,[22] a proteção dos dados pessoais ganhou esse protagonismo por conta do desenvolvimento de sistemas tecnológicos nos quais, cada vez mais: "a pessoa é obrigada a expor seu próprio eu, sua própria persona, com consequências que vão além da simples operação econômica e criam uma espécie de posse permanente da pessoa por parte de quem detém as informações a seu respeito".[23] Nesse contexto, devem ser vistos com cautela os contratos para acesso a serviços – como as redes sociais – que acabam sendo remunerados indiretamente pela cessão de dados pessoais, poiso consentimento do titular acaba fragilizado pelo excesso de informação frequentemente contido nos chamados "termos de uso".[24]

4. IGUALDADE E NÃO DISCRIMINAÇÃO NAS RELAÇÕES CONTRATUAIS

Aspecto central no debate sobre a eficácia dos direitos fundamentais nas relações contratuais diz respeito ao princípio da isonomia. Com efeito, esse foi o tema de um dos principais julgados nacionais: a reclamação trabalhista de um empregado brasileiro da Air France que pleiteava direitos que o Estatuto da empregadora reservava exclusivamente a empregados franceses, sobre o qual o STF destacou não haver conexão lógica ou racional que justificasse o tratamento diferenciado.[25]

A referência a essa justificação racional ou pertinência lógica do fator distintivo parece ser o cerne e grande desafio do que já vem sendo denominado "direito antidiscriminação".[26] Pode ser aduzida, como exemplo, a restrição por localização baseada em

---

19. TJRJ, 2ª CC, AI 0015710-75.2011.8.19.0000, Rel. Des. Alexandre Câmara, julg. 11.04.2011.
20. Para uma abordagem pioneira do tema entre nós, v. DONEDA, Danilo. *Da privacidade à proteção de dados pessoais*. Rio de Janeiro: Renovar, 2006. Mais recentemente, v. MENDES, Laura Schertel. *Privacidade, proteção de dados e defesa do consumidor*: linhas gerais de um novo direito fundamental. São Paulo: Saraiva, 2014; e BIONI, Bruno Ricardo. *Proteção de dados pessoais*. São Paulo: Atlas, 2019.
21. CF, art. 5º, LXXIX: "é assegurado, nos termos da lei, o direito à proteção dos dados pessoais, inclusive nos meios digitais" (Incluído pela Emenda Constitucional 115, de 2022).
22. Lei 13.709/2018 – Lei geral de proteção de dados (LGPD).
23. RODOTÀ, Stefano. *A vida na sociedade da vigilância*. Rio de Janeiro: Renovar, 2008, p. 113.
24. MARQUES, Claudia Lima. Proteção do consumidor no comércio eletrônico a chamada nova crise do contrato: por um direito do consumidor aprofundado. *Doutrinas essenciais do direito do consumidor*, São Paulo, v. 2, 2011. Sobre o tema, v. também SOUZA, Carlos Affonso Pereira de. Governança das redes e a experiência pública do Marco Civil no Brasil. In: POLIDO, F. B. P.; ROSINA, M. S. G. (Org.). *Governança das redes e o Marco Civil da Internet*: liberdades, privacidade e democracia. Belo Horizonte: UFMG, 2015.
25. STF, 2ª T., RE 161243, Rel. Min. Carlos Velloso, julg. 29.10.1996, publ. DJ 19.12.1997.
26. Afirma-se, nesse sentido: "fator objetivo algum pode ser escolhido aleatoriamente, isto é, sem pertinência lógica com a diferenciação procedida" (MELLO, Celso Antônio Bandeira de. *O conteúdo jurídico do princípio da igualdade*. 3. ed. São Paulo: Malheiros, 2008, p. 18). Sobre o tema, v. JUNQUEIRA, Thiago. *Tratamento de dados*

distinções de regime tributário, em propriedade intelectual com restrição territorial e em regulamentos setoriais que imponham obrigações específicas.[27] Ilustra-se, ainda, com a cobrança de preços diferentes por passagens áreas dos mesmos voos para os mesmos destinos, que leva em conta fatores como cancelamento, troca, antecedência da compra, ou quantidade de passagens compradas, bem como o exemplo da oferta de descontos para o consumidor que adquire maior volume de bens idênticos, fundada no repasse ao consumidor do aproveitamento de economias de escala pelo vendedor.[28]

Não são poucos, contudo, os exemplos em que essa justificativa fica menos clara. Jorge Cesa Ferreira da Silva ilustra com o caso americano dos floristas que invocaram sua liberdade religiosa para não prestar serviço a um casamento homoafetivo e o caso brasileiro da cobrança de ingresso diferenciada para homens e mulheres em casas noturnas.[29]

Maior destaque foi dado à questão com o desenvolvimento da tecnologia, que permitiu as práticas de *geopricing* e *geoblocking*, que usam os dados de localização do consumidor para majorar preços ou mesmo impedir o acesso ao serviço.[30] A prática ganhou notoriedade com o caso da Decolar.com, multada em sete milhões e quinhentos mil reais pelo Departamento de Proteção e Defesa do Consumidor em virtude de "diferenciação de preço de acomodações e negativa de oferta de vagas, quando existentes, de acordo com a localização geográfica do consumidor, técnicas conhecidas como *geopricing* e *geoblocking*".[31]

O tradicional âmbito da liberdade de contratar, tradicional terra do arbítrio, estaria sensível a exigências de tutela da pessoa humana que, em alguma medida, acabam por impedir os contratantes de realizarem distinções arbitrárias.

---

pessoais e discriminação algorítmica nos seguros. São Paulo: Thompson Reuters Brasil, 2020, e, especialmente SILVA, Jorge Cesa Ferreira da. *Antidiscriminação e contrato*: a integração entre proteção e autonomia. São Paulo: Thomson Reuters Brasil, 2020, recurso eletrônico, que defende que distinções ilícitas devem ser reputadas discriminatórias se "vivenciadas por alguns grupos que tenham por fim, ou por efeito, impedir ou dificultar o reconhecimento, o desfrute ou o exercício de direitos usuais da vida em sociedade, em igualdade de condições com terceiros".

27. MORASSUTTI, Bruno Schimitt. Responsabilidade Civil, discriminação ilícita e algoritmos computacionais: breve estudo sobre as práticas de geoblocking e geopricing. *Revista de Direito do Consumidor*, v. 124, p. 213-234, jul.-ago. 2019.
28. RAGAZZO, Carlos; BARRETO, Matheus. Condutas anticompetitivas e inteligência artificial: casos e discussões. *Revista de Direito e as Novas Tecnologias*, v. 9, out.-dez. 2020, recurso eletrônico.
29. SILVA, Jorge Cesa Ferreira da. *Antidiscriminação e contrato: a integração entre proteção e autonomia*. São Paulo: Thomson Reuters Brasil, 2020, recurso eletrônico.
30. FORTES, Pedro Rubim Borges; MARTINS, Guilherme Magalhães; OLIVEIRA, Pedro Farias. O consumidor contemporâneo no show de truman: a geodiscriminação digital como prática ilícita no direito brasileiro. *Revista de Direito do Consumidor*, v. 124, p. 235-260, jul.-ago. 2019.
31. Decolar.com é multada por prática de geo pricing e geo blocking. *Justiça.gov.br*, 2018. Disponível em: https://www.justica.gov.br/news/collective-nitf-content-51. Acesso em: 15 maio 2021. Sobre o tema, seja consentido remeter a KONDER, Carlos Nelson; LIMA, Marco Antônio de Almeida. Geopricing, geoblocking e discriminação algorítmica: pode a localização ser um dado sensível? In: EHRHARDT JR., M.; CATALAN, M.; MALHEIROS, P. (Coord.). *Direito do consumidor e novas tecnologias*. Belo Horizonte: Forum, 2021, p. 59-86.

5. SOLIDARIEDADE E CONTRATO: OS DIREITOS SOCIAIS NAS RELAÇÕES CONTRATUAIS

Extraído a partir do art. 3º, I e III, do texto constitucional, o princípio constitucional da solidariedade expressa "o conjunto de instrumentos voltados para se garantir uma existência digna, comum a todos, numa sociedade que se desenvolva como livre e justa, sem excluídos ou marginalizados".[32] No âmbito do direito contratual, essa ideia solidarista se manifesta impondo aos contratantes comportamento colaborativo não somente entre si, como ocorre por meio da incidência da boa-fé, mas também perante a coletividade que os cerca e na qual a relação contratual se insere.[33] Isso envolve exigir dos contratantes não somente omitir-se de violar interesses da coletividade, mas ativamente agir para atendê-los.

A análise dos efeitos do contrato a partir de sua contextualização na comunidade da qual ele se origina tem sido abordada principalmente a partir da controversa figura da função social do contrato.[34] Um dos aspectos desse debate refere-se, justamente, à

32. MORAES, Maria Celina Bodin de. O princípio da solidariedade. *Na medida da pessoa humana*: estudos de direito civil-constitucional. Rio de Janeiro: Renovar, 2010, p. 247.

33. SILVA, Luis Renato Ferreira da. A função social do contrato no novo Código Civil e sua conexão com a solidariedade social. In: SARLET, I. W. (Org.). *O novo Código Civil e a Constituição*. Porto Alegre: Livraria do advogado, 2003, p. 153.

34. Sobre o tema, entre tantos, v. AZEVEDO, Antonio Junqueira de. Princípios do novo direito contratual e desregulamentação do mercado – Direito de exclusividade nas relações contratuais de fornecimento – Função social do contrato e responsabilidade aquiliana do terceiro que contribui para o inadimplemento contratual. *Revista dos tribunais*, n. 750, p. 113-120. São Paulo, abr. 1998; BELLOIR, Arnaud Marie Pie; POSSIGNOLO, André Trapani Costa. Ensaio de classificação das teorias sobre a função social do contrato. *Revista Brasileira de Direito Civil – RBDCivil*, Belo Horizonte, v. 11, p. 37-56, jan./mar. 2017; GAMA, Guilherme Calmon Nogueira da e PEREIRA, Daniel Queiroz. Função social no direito privado e constituição. In: GAMA, Guilherme Calmon Nogueira da (Coord.). *Função social no direito civil*. 2. ed. São Paulo: Atlas, 2008, p. 79-80; GODOY, Claudio Luiz Bueno de. *Função social do contrato*. São Paulo: Saraiva, 2004; HADDAD, Luis Gustavo. *Função social do contrato*: um ensaio sobre seus usos e sentidos. São Paulo: Saraiva, 2013; HIRONAKA, Giselda Maria Fernandes Novaes. A função social do contrato. *Revista de Direito Civil, Imobiliário, Agrário e Empresarial*, n. 45, p. 141-152. São Paulo, jul./set. 1988. KONDER, Carlos Nelson. Para além da 'principialização' da função social do contrato. *Revista Brasileira de Direito Civil*, v. 13, p. 39-59, 2017; MARTINS-COSTA, Judith. Notas sobre o princípio da função social dos contratos. *Revista Literária de Direito*, ano X, n. 53, ago.-set. 2004; NALIN, Paulo. A função social do contrato no futuro Código Civil brasileiro. *Revista de direito privado* n. 12. São Paulo, out./dez. 2002; POSSIGNOLO, André Trapani Costa. Ensaio de classificação das teorias sobre a função social do contrato. *Revista Brasileira de Direito Civil – RBDCivil*, v. 11, p. 37-56, Belo Horizonte, jan./mar. 2017; RENTERÍA, Pablo. Considerações acerca do atual debate sobre o princípio da função social do contrato. In: MORAES, M. C. B. de. *Princípios do direito civil contemporâneo*. Rio de Janeiro: Renovar, 2006, p. 287-288; ROSENVALD, Nelson. A função social do contrato. *In* TARTUCE, Flávio; HIRONAKA, Giselda (Org.). *Direito contratual*: temas atuais. São Paulo: Método, 2008, p. 81-111; SILVA, Jorge Cesa Ferreira da. Princípios de direito das obrigações no novo Código Civil. In: SARLET, I. W. (Org.). *O novo Código Civil e a Constituição*. Porto Alegre: Livraria do advogado, 2003, p. 99-126; SILVA, Luis Renato Ferreira da. A função social do contrato no novo Código Civil e sua conexão com a solidariedade social. In: SARLET, Ingo Wolfgang (Org.). *O novo Código Civil e a Constituição*. Porto Alegre: Livraria do advogado, 2003, p. 127-150; SILVESTRE, Gilberto Fachetti. *A responsabilidade civil pela violação à função social do contrato*. São Paulo: Almedina, 2018; TARTUCE, Flávio. *Função social dos contratos*. São Paulo: Método, 2007; TEPEDINO, Gustavo. Notas sobre a função social dos contratos. In: TEPEDINO, Gustavo e FACHIN, Luiz Edson (Coord.). *O direito e o tempo*: embates jurídicos e utopias contemporâneas. Rio de Janeiro: Renovar, 2008; TOMASEVICIUS FILHO, Eduardo. Uma década de aplicação da função social do contrato: análise da doutrina e da jurisprudência brasileira. *Revista dos Tribunais*. n. 940, p. 49-85. São Paulo: Ed. RT, fev. 2014, 2014.

eficácia dos direitos fundamentais ditos sociais nas relações contratuais. Em rol minucioso, o artigo 6º do texto constitucional explicita: "a educação, a saúde, a alimentação, o trabalho, a moradia, o transporte, o lazer, a segurança, a previdência social, a proteção à maternidade e à infância, a assistência aos desamparados". Além de sua dimensão de defesa, tais direitos projetam uma dimensão prestacional, razão pela qual a resistência a reconhecer-lhes eficácia nas relações entre particulares é ainda maior.

Entretanto, essa peculiaridade não parece servir a afastar de todo sua incidência, mas apenas influenciar no inevitável processo de ponderação. Exemplificativamente, nossa jurisprudência invocou expressamente o direito fundamental à moradia ao analisar a restrição à proteção do bem de família nas fianças locatícias,[35] bem como é recorrente a invocação do direito à saúde nos julgados envolvendo planos de saúde.[36] Isso vem se destacando também nos financiamentos com destinação especial, como os educacionais e os habitacionais, que atraem uma normativa sensível à tutela do acesso à educação e à moradia.

Essa eficácia dos direitos fundamentais sociais nas relações contratuais deve ser avaliada sob perspectiva funcional, isto é, observando como a função específica daquele contrato vincula-se à efetivação daquele direito. Afirma-se, assim, que a eficácia dos direitos fundamentais sociais, nesses casos, liga-se à "existência de alguma conexão entre a relação jurídica mantida pelas partes e a natureza da obrigação jusfundamental em discussão".[37]

Além dos mais tradicionais direitos fundamentais sociais, é possível reconhecer também um espaço de atuação nas relações contratuais para os chamados direitos fundamentais de terceira geração, "que não se destinam especificamente à proteção dos interesses de um indivíduo, de um grupo ou de um determinado Estado", mas "têm primeiro por destinatário o gênero humano mesmo".[38] É o caso, por exemplo, de contratos cujos efeitos, de alguma forma, repercutem sobre o meio ambiente ou o patrimônio histórico, artístico e cultural e que, portanto, sua normativa deve ser sensível a esses interesses.

6. CONSIDERAÇÕES FINAIS

O contrato, tradicional *lócus* de uma autonomia privada concebida em abstrato e indiferente ao contexto que o cerca, é hoje relido como também ele um instrumento

35. STF, Pleno, RE 407688, Rel. Min. Cezar Peluso, julg. 08.02.2006, publ. DJ 06.10.2006.

36. SARLET, Ingo Wolfgang. Direitos fundamentais e Direito Privado: algumas notas sobre a chamada constitucionalização do direito civil. In SARLET, I. W. (Org.). *A Constituição concretizada*: construindo pontes com o público e o privado. Porto Alegre: Livraria do advogado, 2000, p. 154; SARMENTO, Daniel. *Direitos fundamentais e relações privadas*. Rio de Janeiro: Lumen Juris, 2004, p. 331.

37. SARMENTO, Daniel. *Direitos fundamentais e relações privadas*. Rio de Janeiro: Lumen Juris, 2004, p. 344.

38. BONAVIDES, Paulo. *Curso de direito constitucional*. 15. ed. São Paulo: Malheiros, 2000, p. 569: "dotados de altíssimo teor de humanismo e universalidade, os direitos da terceira geração tendem a cristalizar-se no fim do século XX enquanto direitos que não se destinam especificamente à proteção dos interesses de um indivíduo, de um grupo ou de um determinado Estado. Têm primeiro por destinatário o gênero humano mesmo, num momento expressivo de sua afirmação como valor supremo em termo de existencialidade concreta" (exemplos do meio ambiente, da comunicação e do patrimônio comum da humanidade)".

de transformação social. Sua função deve ser analisada não apenas sob a perspectiva puramente econômica, mas igualmente como um mecanismo de solidariedade social e de proteção à personalidade.

Nessa toada, a eficácia dos direitos fundamentais nas relações contratuais impõe leitura ponderada e sensível dos interesses em jogo, reconhecendo-se que a tutela desses corolários da dignidade da pessoa humana não implica necessariamente confronto com a autonomia privada. Frequentemente, ao contrário, a atividade negocial pode se traduzir em veículo para o exercício de um dos aspectos mais fundamentais da tutela da pessoa humana: o livre desenvolvimento da personalidade.

É necessário, todavia, ter atenção à realidade concreta dos contratantes, muitas das vezes premidos por forças contextuais em virtude das quais o exercício da liberdade contratual se dá somente do ponto de vista formal, eis que privado de condições genuínas de exercício de sua autodeterminação. Da mesma forma, deve-se levar em conta que a eleição, pelo constituinte, de interesses coletivos merecedores de tutela acaba por imiscuir-se na normativa contratual, em especial no âmbito de atividades massificadas.

Nessa linha, tratando-se de negócio por essência patrimonial, deve-se ter atenção a que os imperativos econômicos não acabem por inviabilizar a proteção daquele mínimo necessário para resguardar a qualquer pessoa a prerrogativa de perseguir uma vida que reputa digna. O rico debate trazido pelos diversos problemas relativos à eficácia dos direitos fundamentais nas relações contratuais – panoramicamente relatados aqui e merecedores de maior atenção da doutrina – acaba por se fundar na questão fundamental colocada pelo saudoso jurista italiano Stefano Rodotà: "Podemos verdadeiramente confundir o desespero com a liberdade?"[39]

39. RODOTÀ, Stefano. Autodeterminação e laicidade. *Revista Brasileira de Direito Civil – RBDCivil*, v. 17, p. 139-152, Belo Horizonte, jul./set. 2018.

IMPACTOS DO CÓDIGO DE DEFESA DO CONSUMIDOR NA SOCIEDADE BRASILEIRA

Milena Donato Oliva

Doutora e Mestre em Direito Civil pela Universidade do Estado do Rio de Janeiro – UERJ. Professora de Direito Civil e de Direito do Consumidor da Universidade do Estado do Rio de Janeiro – UERJ. Sócia do Escritório Gustavo Tepedino Advogados – GTA.

Vinícius Rangel Marques

Mestrando em direito civil na Faculdade de Direito da Universidade do Estado do Rio de Janeiro – UERJ. Membro do Grupo de Estudos de Direito Desportivo da UERJ (GEDD – UERJ). Advogado.

1. INTRODUÇÃO: PROTEÇÃO DA PESSOA NO MERCADO DE CONSUMO

A Constituição da República de 1988 promoveu verdadeiro "giro repersonalizante".[1] Elevou a pessoa humana, concretamente considerada, ao centro do ordenamento jurídico. A noção de sujeito de direito, abstrata e neutra, cede espaço para a análise da pessoa a partir de suas particularidades e necessidades.[2]

Ao lado da igualdade formal, busca-se promover a igualdade material,[3] de forma a se reequilibrar relações jurídicas em que presente a vulnerabilidade de uma das partes. Nesse renovado contexto axiológico insere-se a proteção do consumidor, concebido como a pessoa que enfrenta o mercado de consumo em especial condição de vulnerabilidade comparativamente ao fornecedor de produtos e serviços.

1. FACHIN, Luiz Edson. O Giro repersonalizante: singrar, a viagem do redescobrimento. *Estatuto jurídico do patrimônio mínimo: à luz do novo Código Civil brasileiro e da Constituição Federal.* Rio de Janeiro: Renovar, 2006, p. 231-281. V. tb. CARVALHO, Orlando de. *A teoria geral da relação jurídica*: seu sentido e limites. Coimbra: Centelha, 1981, p. 90-98.
2. TEPEDINO, Gustavo. Editorial: Do sujeito de direito à pessoa humana. *Revista Trimestral de Direito Civil*, v. 1, p. V-VI. 2000.
3. MITIDIERO, Daniel; SARLET, Ingo Wolfgang; MARINONI, Luiz Guilherme. *Curso de direito constitucional.* 8. ed. São Paulo: Saraiva, 2019, p. 762-763.

A atual ordem constitucional elevou a tutela do consumidor a direito fundamental e princípio da ordem econômica, conforme previsto nos arts. 5º, XXXII[4] e 170, V[5] da Constituição da República. Em 1990, foi promulgado o Código de Defesa do Consumidor (CDC, Lei 8.078/1990), com vistas a concretizar o mandamento constitucional de tutela do consumidor.

2. IMPACTOS DA PROTEÇÃO DO CONSUMIDOR

Os impactos da tutela do consumidor na sociedade brasileira são significativos, conformando as práticas de mercado a novos parâmetros, que assegurem o equilíbrio da relação jurídica entre consumidor e fornecedor. A seguir, examinam-se alguns exemplos de alterações promovidas pelo Código de Defesa do Consumidor.

2.1 A limitação do tempo de internação hospitalar e a Súmula 302 do STJ

De acordo com o Enunciado 302 da Súmula da Jurisprudência dominante do Superior Tribunal de Justiça, "é abusiva a cláusula contratual de plano de saúde que limita no tempo a internação hospitalar do segurado". O art. 51 do CDC elenca rol exemplificativo de cláusulas abusivas, cuja nulidade pode ser reconhecida de ofício pelo juiz. Na sistemática do CDC, ainda que o contrato seja negociado individualmente, determinadas cláusulas não são passíveis de deliberação, isto é, não estão sujeitas ao livre arbítrio das partes.[6]

Ou seja, mesmo que o consumidor tenha efetivamente negociado a cláusula e anuído com sua inserção no contrato, o magistrado pode reputá-la abusiva, não tendo a concordância do consumidor o condão de afastar esse controle valorativo do Poder Judiciário. Trata-se de controle objetivo que independe da má-fé do fornecedor ou da ausência de negociação ou concordância do consumidor.[7]

Desse modo, em todos os contratos entre consumidor e fornecedor, sejam ou não celebrados por adesão, há duplo controle: (i) aferição objetiva de abusividade de suas cláusulas e (ii) verificação quanto ao atendimento do dever de informação e ao preenchimento das formalidades previstas em lei. Uma vez consideradas abusivas determinadas

4. Art. 5º, XXXII da CRFB/1988: "Todos são iguais perante a lei, sem distinção de qualquer natureza, garantindo-se aos brasileiros e aos estrangeiros residentes no País a inviolabilidade do direito à vida, à liberdade, à igualdade, à segurança e à propriedade, nos termos seguintes: (...) XXXII – o Estado promoverá, na forma da lei, a defesa do consumidor".
5. Art. 170, V da CRFB/1988: "A ordem econômica, fundada na valorização do trabalho humano e na livre iniciativa, tem por fim assegurar a todos existência digna, conforme os ditames da justiça social, observados os seguintes princípios: (...) V – defesa do consumidor".
6. Sobre o tema, cf. OLIVA, Milena Donato. Information Obligations and Disinformation of Consumers: Brazilian Law Report. In: STRAETMANS, Gert (Org.). *Information Obligations and Disinformation of Consumers*. Antwerp, Belgica: Springer, 2019, v. 33, passim.
7. MIRAGEM, Bruno. *Curso de Direito do Consumidor*. 8. ed. São Paulo: Ed. RT, 2019, p. 460-461; MARQUES, Claudia Lima; BENJAMIN, Antônio Herman V.; MIRAGEM, Bruno. *Comentários ao Código de Defesa do Consumidor*. São Paulo: Ed. RT, 2003, p. 627.

cláusulas contratuais, estas são reputadas nulas (art. 51, § 2º do CDC) e insuscetíveis de vincular o consumidor. Cláusulas não abusivas, mas que não observaram a forma legal (art. 54 do CDC) ou, ainda que redigidas de forma clara e destacada, não foram devidamente informadas (art. 46 do CDC), também não obrigam o consumidor.[8] Vale destacar, ainda, que o art. 47 do CDC determina a interpretação do contrato a favor do consumidor, em virtude da sua vulnerabilidade.

Antes da Súmula 302 do STJ, era prática comum a inserção de cláusula contratual que limitasse o tempo de internação hospitalar do segurado. Essa práxis comercial colocava o consumidor em posição de colossal fragilidade, uma vez que ele não tem controle sobre o seu quadro clínico. Conforme aludiu o Min. Carlos Alberto Menezes Direito, por ocasião do julgamento do REsp 158.728/RJ, uma vez que a enfermidade esteja coberta pelo seguro, não seria possível, "sob pena de grave abuso, impor ao segurado que se retire da unidade de tratamento intensivo, com o risco severo de morte, porque está fora do limite temporal previsto em uma determinada cláusula".[9] Entendeu o STJ, assim, ser abusiva a cláusula que impõe, para uma intervenção abarcada pelo contrato, determinado tempo de cura, isto é, limitação temporal para a internação, o que comprometeria a finalidade contratual e representaria desvantagem exagerada ao consumidor, ao arrepio do art. 51, IV e § 1º do CDC.[10]

Percebe-se que a proteção prevista no Código de Defesa do Consumidor operou verdadeira transformação social com a vedação dessa cláusula abusiva. Antes o consumidor se deparava com prestação de serviço limitada e insuficiente, não recebendo o que legitimamente esperava do contrato.

2.2 Impossibilidade de a unidade autônoma do consumidor garantir dívida da construtora

De acordo com o Enunciado 308 da Súmula da Jurisprudência dominante do Superior Tribunal de Justiça, "a hipoteca firmada entre a construtora e o agente financeiro, anterior ou posterior à celebração da promessa de compra e venda, não tem eficácia perante os adquirentes do imóvel".

O enunciado relativiza a oponibilidade da hipoteca regularmente constituída entre agente financeiro e a incorporadora perante o consumidor que adquiriu o imóvel, mesmo que o direito real tenha sido constituído antes da celebração da promessa de compra e venda.

Como forma de melhor conseguir investimentos para seus empreendimentos, as imobiliárias tomavam empréstimo com entidades financeiras e davam em garantia

8. MARQUES, Claudia Lima. *Contratos no Código de Defesa do Consumidor.* 8. ed. São Paulo: Ed. RT, 2016, p. 1.024.
9. STJ, REsp 158.728/RJ, 3ª T., Rel. Min. Carlos Alberto Menezes Direito, julg. 16.03.1999.
10. Sobre o tema, cf. OLIVA, Milena Donato; RENTERIA, Pablo. Controle da abusividade nas situações obrigacionais e reais: desvantagem exagerada para o consumidor e os Enunciados 302 e 308 da Súmula da Jurisprudência Predominante do Superior Tribunal de Justiça. *Revista de Direito do Consumidor*, v. 101, 2015, passim.

hipoteca sobre as unidades autônomas que seriam negociadas. Porém, tal pactuação acabava por transferir os riscos financeiros da operação para o polo mais fraco dela: o consumidor.

De fato, na hipótese de inadimplemento da incorporadora junto ao agente financeiro, o promitente comprador seria sacrificado, perdendo o seu imóvel em favor da satisfação ainda que tenha quitado integralmente as prestações assumidas no compromisso de compra e venda. Ou seja, a parte vulnerável, que adere aos contratos elaborados unilateralmente pelas demais partes, se tornaria responsável pelo pagamento não apenas da sua dívida mas também da dívida da incorporadora perante o financiador, assumindo inteiramente o risco financeiro do empreendimento.[11]

A Súmula 308 do STJ, amparada no Código de Defesa do Consumidor, reputou abusivo esse arranjo negocial e adequou as práticas de mercado às legítimas expectativas dos consumidores e ao equilíbrio da relação jurídica, tendo relevante impacto social.

2.3 Necessidade de se garantir o direito de arrependimento para compras efetuadas fora do estabelecimento comercial

A chamada Quarta Revolução Industrial proporcionou avanços tecnológicos que antes só eram concebíveis em obras de ficção científica, possibilitando, entre outras coisas, o encurtamento das distâncias através do mundo virtual.[12] *E-sports*, metaversos, inteligências artificiais, todos esses são temas em pauta na ordem do dia, mas um tópico específico merece especial atenção, o chamado *e-commerce*.

O comércio virtual já movimentava bilhões de reais por ano no Brasil há algum tempo, com um número considerável de brasileiros consumindo produtos e serviços por meio da internet.[13] O setor, que já era consideravelmente importante para a economia, teve um impressionante salto de mais de 40% apenas em 2020, devido aos impactos da pandemia da Covid-19.[14]

11. OLIVA, Milena Donato; RENTERIA, Pablo. Controle da abusividade nas situações obrigacionais e reais: desvantagem exagerada para o consumidor e os Enunciados 302 e 308 da Súmula da Jurisprudência Predominante do Superior Tribunal de Justiça. *Revista de Direito do Consumidor*, v. 101, 2015, passim.
12. Cf. SWAB, Klaus Martin. *A quarta revolução industrial*, São Paulo: Edipro, 2018, passim. V. tb. *O que é a 4ª revolução e como ela deve afetar nossas* vidas. Disponível em: https://www.bbc.com/portuguese/geral-37658309, último acesso em: 06 mar. 2022; *Físico e digital*: o futuro do comércio é *online* to *offline*. Disponível em: https://forbes.com.br/forbes-tech/2021/10/fisico-e-digital-o-futuro-do-comercio-e-online-to-offline/, último acesso em: 06 mar. 2022.
13. Segundo a pesquisa intitulada "Content Marketing", realizada pela Hi-Mídia, empresa de mídia online especializada em segmentação e performance, e a M. Sense, especialista em estudos sobre o mercado digital, 93% dos usuários de internet no Brasil já realizaram compras online, sendo que 62% o fazem todo os meses. A pesquisa ouviu 1.214 pessoas das cinco regiões brasileiras. Disponível em: http://www.ebricksdigital.com.br/pesquisas-de-mercado/noventa-e-tres-por-cento-dos-usuarios-deinternet-no-brasil-ja-fizeram-compras-online/, último acesso em: 15 maio 2017.
14. Disponível em: https://economia.uol.com.br/noticias/redacao/2021/03/25/comercio-virtual-cresce-41-em-2020-maior-alta-desde-2007-diz-estudo.htm, último acesso em: 17 fev. 2022.

O Decreto 7.962/2013 regulamenta o Código de Defesa do Consumidor para dispor sobre a contratação no ambiente eletrônico. Esclarece que o direito de arrependimento, assegurado ao consumidor para compras efetuadas fora do estabelecimento comercial (art. 49 do CDC[15]), também se aplica à contratação eletrônica.

O referido Decreto 7.962/2013, ao tratar especificamente do direito de arrependimento nas contratações eletrônicas (art. 5º[16]), previu (a) a possibilidade de exercício do direito de arrependimento pela mesma ferramenta utilizada para a contratação, sem prejuízo de outros meios disponibilizados; (b) a rescisão dos contratos acessórios, sem qualquer ônus para o consumidor, em virtude do exercício deste direito; e (c) o dever do fornecedor de enviar ao consumidor confirmação imediata do recebimento da manifestação de arrependimento.

O direito de arrependimento traduz a possibilidade do consumidor desistir de forma potestativa e gratuita, dentro do prazo decadencial de sete dias, de um contrato de consumo firmado fora do estabelecimento comercial do fornecedor.

A *ratio* por trás do direito de arrependimento repousa no fato de o consumidor não poder examinar pessoalmente o produto, bem como estar mais sujeito a técnicas agressivas de *marketing*. Nessa esteira, o instituto busca proteger o consumidor de compras por impulso[17] e das técnicas de pressão dos fornecedores.[18]

O direito de arrependimento operou como verdadeiro modulador das relações de consumo no meio virtual. Se o *marketing* agressivo já é uma das causas de vulnerabilidade do consumidor, tal agressividade é potencializada na internet. *Pop-ups* com publicidades inteligentes integradas aos dispositivos de busca, publicidades incessantes no meio de vídeos ou músicas, anúncios *taylormade* voltados ao consumidor específico, são algumas das técnicas mais usuais no comércio eletrônico.[19]

---

15. Art. 49 do CDC: "O consumidor pode desistir do contrato, no prazo de 7 dias a contar de sua assinatura ou do ato de recebimento do produto ou serviço, sempre que a contratação de fornecimento de produtos e serviços ocorrer fora do estabelecimento comercial, especialmente por telefone ou a domicílio. Parágrafo único. Se o consumidor exercitar o direito de arrependimento previsto neste artigo, os valores eventualmente pagos, a qualquer título, durante o prazo de reflexão, serão devolvidos, de imediato, monetariamente atualizados".
16. Art. 5º do Decreto 7.962/2013: "O fornecedor deve informar, de forma clara e ostensiva, os meios adequados e eficazes para o exercício do direito de arrependimento pelo consumidor. § 1º O consumidor poderá exercer seu direito de arrependimento pela mesma ferramenta utilizada para a contratação, sem prejuízo de outros meios disponibilizados. § 2º O exercício do direito de arrependimento implica a rescisão dos contratos acessórios, sem qualquer ônus para o consumidor. § 3º O exercício do direito de arrependimento será comunicado imediatamente pelo fornecedor à instituição financeira ou à administradora do cartão de crédito ou similar, para que: I – a transação não seja lançada na fatura do consumidor; ou II – seja efetivado o estorno do valor, caso o lançamento na fatura já tenha sido realizado. § 4º O fornecedor deve enviar ao consumidor confirmação imediata do recebimento da manifestação de arrependimento".
17. Cf. MARQUES, Claudia Lima. *Contratos no Código de Defesa do Consumidor*. 9. ed. São Paulo: Ed. RT, 2019, p. 9644; BENJAMIN, Antonio Herman V; MARQUES, Claudia Lima; BESSA, Leonardo Roscoe. *Manual de direito do consumidor*. 9. ed. São Paulo: Ed. RT, 2021, p. 439.
18. MIRAGEM, Bruno. *Curso de direito do consumidor*. 8. ed. São Paulo: Ed. RT, 2020, p. 505.
19. Cf. MEDON, Filipe. *Inteligência artificial e responsabilidade civil*. Salvador: JusPodivm, 2020, p 248-250; COUTINHO, Luiza; PORTO, Naiana. Direito de arrependimento do consumidor na contratação por meio eletrônico: controvérsias, exceções e desafios. In: ROQUE, Andre; OLIVA, Milena Donato (Org.). *Direito na era digital*. São Paulo: JusPodivm, 2022, p. 363-364.

É inegável o quão mais suscetível ao poder do *marketing* o consumidor se tornou com os avanços tecnológicos da publicidade do século XXI, por isso o prazo de sete dias do art. 49 do CDC representa importante proteção, permitindo que o adquirente de um produto ou serviço tenha prazo de reflexão para reavaliar, sem necessidade de justificativa e de forma gratuita, suas escolhas e tomar as decisões que, de fato, sejam as melhores para suas necessidades.

2.4 Vedação à publicidade enganosa e abusiva

O CDC instituiu a proteção contra a publicidade enganosa e abusiva como um direito básico do consumidor. Para a configuração da publicidade enganosa e abusiva, afigura-se irrelevante a boa-fé do fornecedor. A aferição se dá de modo objetivo, de acordo com a capacidade de induzir a erro o consumidor (publicidade enganosa) ou de violar valores merecedores de tutela (publicidade abusiva).[20]

A publicidade enganosa foi prevista no art. 37, §§ 1º e 3º do CDC[21] e pode ser comissiva ou omissiva. A primeira se verifica quando a informação veiculada induz o consumidor a erro, já a segunda, quando há falta de informação acerca de dado essencial do produto ou do serviço, o que induz a erro o consumidor.[22]

Já no tocante à publicidade abusiva, há o desrespeito a valores merecedores de tutela. O art. 37, § 2º menciona, em rol exemplificativo, a publicidade discriminatória, a que incita violência, a que explora o medo ou a superstição, a que se aproveita da hipervulnerabilidade das crianças, a antiambiental e a indutora de comportamentos prejudiciais ou perigosos à saúde ou segurança do consumidor.

Nessa direção, foi considerada discriminatória publicidade da Parmalat, na qual se mostrava mulher negra e homem branco com os dizeres "O café à altura do nosso

---

20. BENJAMIN Antonio Herman. Oferta e Publicidade. In: BENJAMIN Antonio Herman, MARQUES, Claudia Lima e BESSA, Leonardo Roscoe. *Manual de Direito do Consumidor*. São Paulo: Ed. RT, 2016, p. 343; OLIVA, Milena Donato. Information Obligations and Disinformation of Consumers: Brazilian Law Report. In: STRAETMANS, Gert (Org.). *Information Obligations and Disinformation of Consumers*. Antwerp, Belgica: Springer, 2019, v. 33, passim.
21. Art. 37 do CDC: "É proibida toda publicidade enganosa ou abusiva. § 1º É enganosa qualquer modalidade de informação ou comunicação de caráter publicitário, inteira ou parcialmente falsa, ou, por qualquer outro modo, mesmo por omissão, capaz de induzir em erro o consumidor a respeito da natureza, características, qualidade, quantidade, propriedades, origem, preço e quaisquer outros dados sobre produtos e serviços; (...) § 3º Para os efeitos deste código, a publicidade é enganosa por omissão quando deixar de informar sobre dado essencial do produto ou serviço".
22. Na disciplina da publicidade enganosa, "não se exige prova de enganosidade real, bastando a mera enganosidade potencial ("capacidade de indução ao erro"); é irrelevante a boa-fé do anunciante, não tendo importância o seu estado mental, uma vez que a enganosidade, para fins preventivos e reparatórios, é apreciada objetivamente; alegações ambíguas, parcialmente verdadeiras ou até literalmente verdadeiras podem ser enganosas; o silêncio – como ausência de informação positiva – pode ser enganoso; uma prática pode ser considerada normal e corriqueira para um determinado grupo de fornecedores e, nem por isso, deixar de ser enganosa; o *standard* da enganosidade não é fixo, variando de categoria a categoria de consumidores (por exemplo, crianças, idosos, doentes, rurícolas e indígenas são particularmente protegidos)" (BENJAMIN Antonio Herman. Oferta e Publicidade. In: BENJAMIN Antonio Herman, MARQUES, Claudia Lima e BESSA, Leonardo Roscoe. *Manual de Direito do Consumidor*. São Paulo: Ed. RT, 2016, p. 345).

leite".[23] Outro caso de publicidade discriminatória foi o da cerveja "Devassa Dark", cujo slogan publicitário era "É pelo corpo que se reconhece a verdadeira negra. Devassa negra. Encorpada, estilo dark de alta fermentação. Cremosa com aroma de malte torrado".[24] Ademais, foi considerada incitadora de violência a publicidade dos ovos de Páscoa Bis, em 2014,[25] por conta da mensagem na embalagem que dizia: "personalize a embalagem com adesivos e sacaneie seu amigo".[26]

O CDC prevê alguns princípios para melhor disciplinar o correto uso da publicidade no Brasil, a saber: (i) princípio da identificação da publicidade, pelo qual esta deve ser imediata e de fácil identificação pelo consumidor (art. 36 do CDC);[27] (ii) princípio da vinculação contratual da publicidade, que obriga o fornecedor a integrar ao contrato a publicidade suficientemente precisa de que ele se utiliza (arts. 30 e 35 do CDC);[28] (iii) princípio da transparência da fundamentação da publicidade, segundo o qual o fornecedor deve amparar sua publicidade em dados fáticos, técnicos e científicos (art. 36, parágrafo único do CDC);[29] e (iv) princípio da correção do desvio publicitário, que contempla uma série de medidas cabíveis em resposta à publicidade abusiva ou enganosa. Esses remédios se dão nas mais variadas esferas do direito, sendo prevista a reparação civil (art. 6º, VI do CDC),[30] as sanções administrativa (art. 56, CDC)[31] e penal (arts. 66 e 67 do CDC),[32] além da chamada contrapropaganda (arts. 56, XII e 60 do CDC).[33]

23. Disponível em: https://www.propagandashistoricas.com.br/2014/11/cafe-parmalat-1997.html, último acesso em: 06 abr. 2022.
24. Disponível em: https://oglobo.globo.com/economia/defesa-do-consumidor/ministerio-dajustica-abre-processo-contra-cervejaria-por-suposta-pratica-de-publicidade-abusiva-10249068, último acesso em: 07 mar. 2022.
25. Disponível em: https://veja.abril.com.br/economia/procon-suspende-a-venda-de-ovo-de-pascoa-bis-por-inducao-ao-bullying/, último acesso em: 07 mar. 2022.
26. OLIVA, Milena Donato. Information Obligations and Disinformation of Consumers: Brazilian Law Report. In: Gert Straetmans. (Org.). *Information Obligations and Disinformation of Consumers*. Antwerp, Belgica: Springer, 2019, v. 33, passim.
27. Art. 36 do CDC: "A publicidade deve ser veiculada de tal forma que o consumidor, fácil e imediatamente, a identifique como tal".
28. Arts. 30 e 35 do CDC: "Toda informação ou publicidade, suficientemente precisa, veiculada por qualquer forma ou meio de comunicação com relação a produtos e serviços oferecidos ou apresentados, obriga o fornecedor que a fizer veicular ou dela se utilizar e integra o contrato que vier a ser celebrado. (...) Se o fornecedor de produtos ou serviços recusar cumprimento à oferta, apresentação ou publicidade, o consumidor poderá, alternativamente e à sua livre escolha: I – exigir o cumprimento forçado da obrigação, nos termos da oferta, apresentação ou publicidade; II – aceitar outro produto ou prestação de serviço equivalente; III – rescindir o contrato, com direito à restituição de quantia eventualmente antecipada, monetariamente atualizada, e a perdas e danos".
29. Art. 36, p.u. do CDC: "O fornecedor, na publicidade de seus produtos ou serviços, manterá, em seu poder, para informação dos legítimos interessados, os dados fáticos, técnicos e científicos que dão sustentação à mensagem".
30. Art. 6º, VI do CDC: 'São direitos básicos do consumidor: VI – a efetiva prevenção e reparação de danos patrimoniais e morais, individuais, coletivos e difusos".
31. Art. 56 do CDC: "As infrações das normas de defesa do consumidor ficam sujeitas, conforme o caso, às seguintes sanções administrativas, sem prejuízo das de natureza civil, penal e das definidas em normas específicas".
32. Arts. 66 e 67 do CDC: "Fazer afirmação falsa ou enganosa, ou omitir informação relevante sobre a natureza, característica, qualidade, quantidade, segurança, desempenho, durabilidade, preço ou garantia de produtos ou serviços: (...) Fazer ou promover publicidade que sabe ou deveria saber ser enganosa ou abusiva".
33. Arts. 56, XII e 60 do CDC: 'As infrações das normas de defesa do consumidor ficam sujeitas, conforme o caso, às seguintes sanções administrativas, sem prejuízo das de natureza civil, penal e das definidas em normas específicas: XII – imposição de contrapropaganda.(...) A imposição de contrapropaganda será cominada quando

Pode-se afirmar, portanto, que o CDC elevou os *standards* de conduta a serem observados no emprego da publicidade nas relações de consumo, assegurando uma maior proteção ao consumidor.

3. CONCLUSÃO

A Política Nacional das Relações de Consumo, prevista no art. 4º do CDC,[34] determina a melhoria da qualidade de vida dos consumidores como objetivo a ser atingido. Tal preocupação com o consumo que promova a saúde e o bem estar dos consumidores é reflexo da axiologia constitucional, que tem na dignidade humana o valor máximo a ser realizado.

Destarte, o CDC se revelou como um efetivo instrumento de proteger o consumidor nas mais variadas facetas das relações de consumo, buscando o reequilíbrio de contratos que são intrinsicamente desequilibrados, devido à inerente vulnerabilidade do consumidor.

A codificação, ao longo dos mais de trinta anos de sua promulgação, promoveu inúmeras transformações nas relações de consumo, o que acarretou, consequentemente, em profundas modificações na sociedade brasileira.

Como analisado acima, o CDC foi o responsável por conformar práticas do mercado de consumo, fazendo com que os fornecedores adotassem novos padrões condizentes com a tutela do consumidor. Dois exemplos célebres foram as Súmulas 302 e 308 do STJ. A primeira proibiu a corriqueira limitação de tempo de internação hospitalar, e a segunda vedou o repasse do risco financeiro da atividade de incorporação imobiliária ao consumidor.

Além disso, o Código de Defesa do Consumidor trouxe importantes *standards* para o mercado publicitário, de maneira a proteger o consumidor de publicidades abusivas ou enganosas. O CDC também previu, como forma de proteger o consumidor da assimetria informacional e do *marketing* agressivo próprios da venda à distância, o direito de arrependimento. Previsto no art. 49 do CDC, o direito de arrependimento assegura tempo de reflexão e a possibilidade de extinção do contrato sem ônus financeiro por parte do consumidor e sem que este precise se justificar.

É inegável, como se vê, a importância social do CDC e o seu papel central no sistema de proteção do consumidor, sendo um baluarte dos valores constitucionais. Sua promulgação produziu impactos na realidade brasileira que reverberam até hoje e continuarão a ser ressoados no futuro.

---

o fornecedor incorrer na prática de publicidade enganosa ou abusiva, nos termos do art. 36 e seus parágrafos, sempre às expensas do infrator".

34. Art. 4º do CDC: "A Política Nacional das Relações de Consumo tem por objetivo o atendimento das necessidades dos consumidores, o respeito à sua dignidade, saúde e segurança, a proteção de seus interesses econômicos, a melhoria da sua qualidade de vida, bem como a transparência e harmonia das relações de consumo, atendidos os seguintes princípios".

CONTRATOS CONSCIENTES: UMA ABORDAGEM RELACIONAL PARA DOCUMENTOS LEGAIS

Fernanda Guerra

Primeira profissional da América Latina certificada em Contratos Conscientes ®. Idealizadora da SER Consultoria. Integrative Law Community Member. Affiliated Legal Consultants at Cutting Edge Law. Especializada em Mediação pela Mediare, Terapia Sistêmica pelo Instituto Iralem, Liderança, Economia e Ciências Holísticas pela Schumacher College. Advogada.

1. O DESPERTAR

A prática jurídica vigente peca por não servir à finalidade a que se destina, seja esta: dignidade, equidade, harmonia ou justiça. Isso acontece porque a prática ainda se prende a uma visão cartesiana das relações humanas, como se fosse possível separarmos o ser em sociedade daquele que ele é em sua vida privada.

Tal percepção me "acordou" para a necessidade de ampliar meu repertório, tendo cuidado com os conflitos que chegavam a mim. Era iminente e imperativo que a distância entre o papel, a caneta e as pessoas fosse diminuída.

Cheguei a pensar que não seria possível seguir o universo jurídico se desejasse cuidar, de forma integral, das relações de meus clientes. Afinal, as ferramentas da advocacia convencional já não eram suficientes para proporcionar um alinhamento entre o sentir, a palavra e a ação.

Para poder lidar com os roteiros do mundo em que vivemos, precisava abrir mão de parte de quem sou. A consequência disso é que embates internos foram acessados, fazendo crescer a dicotomia entre trabalho e vida.

Enquanto atuava de forma convencional, era nutrida dos saberes de outras áreas do conhecimento como uma forma de *hobby*. Atuei assim durante 20 anos, até o momento em que precisei lidar com a ruptura de uma parceria societária entre duas amigas. Na ocasião, senti que apenas o background técnico não seria suficiente para abraçar a fenomenologia das relações.

O campo da subjetividade foi trazido à tona, junto com a série de conhecimentos multidisciplinares que aprimorei paralelamente à advocacia. Neste trabalho, utilizei todas as habilidades de que dispunha, aplicando uma abordagem contextual.

A partir desse momento, tomei consciência daquilo que já era uma certeza para mim: o trabalho é a expressão de nossa alma no mundo; uma concreta possibilidade de, através da ação, impactar e transformar a realidade. Percebi que, ainda que possamos insistir em crer em mundo cartesianamente fragmentado, a vida se revela na integralidade. Uma vez experimentada, não pude mais abandoná-la.

Enquanto advogada, busco reconhecer sentimentos, traumas, crenças, elos e todos que compõem nosso repertório emocional – o dos meus clientes e o meu próprio. Coloco-me a serviço da regeneração das relações, trazendo acolhimento para quem, assim como eu, só se reconhece na lógica do amor.

2. O DIREITO, O MEDO E A MANUTENÇÃO DO PODER

Ao assumir uma perspectiva sistêmica para a nossa experiência humana, depreendi que estamos inseridos em um sistema de convivência que valoriza a guerra, a hierarquia e a apropriação da verdade a partir da imposição do controle sobre o que é certo e errado (como se isso fosse possível). Os contratos, como frutos desta mentalidade, também estão baseados em medo e coerção.

No dia a dia atarefado, muitas vezes sequer percebemos que mantemos práticas desatualizadas, que perpetuam um sistema patriarcal focado na exploração, na opressão e na manutenção do poder. O Direito, como reflexo de nossa sociedade, é calcado em uma rigidez e na imposição da força.

Passamos a viver o perigo de uma única narrativa.[1]

Programados para sermos encaixados nos padrões de certo e errado ditados colonialmente pela força física e pela moral monoteísta, nos desconectamos de nossa autêntica inteireza e do essencial para as relações. Valores como o primevo amor pela vida e pela natureza; o hábito de partilhar em vez de roubar, de cuidar, em vez de oprimir foram relegados para um lugar secundário, por estarem associados a qualidades do feminino.[2]

Por conseguinte, adoecemos enquanto indivíduos, sociedade e planeta. Para suportarmos esse trauma, anestesiamo-nos na busca de curar os sintomas de vivermos sem coerência. Tentando fugir do medo das incertezas de uma possibilidade de vida fora dos padrões estabelecidos, esquecemos que pertencemos ao mesmo coletivo.

A conexão histórica que aqui narro foi tecida vagarosamente com o estabelecimento da agricultura na transição entre as eras do paleolítico e neolítico. A visão soberana da propriedade privada, a valorização do desenvolvimento com algo quantitativo – como se bem-estar pudesse ser medido através do Produto Interno Bruto –, são sustentáculos importantes para contribuir com a construção de um sistema de regras garantidor da perpetração dessa via única do patriarcado.

1. CHIMAMANDA, Adichie. *O perigo de uma história única*, TED Talk, 2010.
2. EISLER, Riane, *O Cálice e a Espada*: nossa história, nosso futuro. 2. ed. São Paulo: Palas Atena, 2007, p. 163.

Ainda que possamos identificar, no arcabouço do Direito, conceitos de natureza sistêmica colaborativa, como as aspirações humanas de justiça e paz, esta ciência serviu e segue servindo de utensílio para a imposição da cultura de subjugação entre os seres humanos e destes com a natureza. Abraçar essa realidade nos proporciona ter clareza e consciência do quanto significativa é a participação desta ciência na crise socioeconômica e ambiental que nos assola.

Cabe a nós, operadores do Direito, nos perguntarmos: a serviço de quem estão as cláusulas punitivas, os jargões e as letras miúdas? Iniciar um processo de regeneração do sistema jurídico é fundamental para que possamos transformar o violento cenário em que vivemos.

Importante aclarar que me refiro à violência, não apenas do campo físico, mas de toda aquela que pretende excluir, impor ou tentar estabelecer o convencimento de uma determinada verdade, desvalidando a vivência alheia. Neste ponto, vou me valer das lúcidas e inspiradores palavras do jurista Ugo Matei e do físico Fritjof Capra:[3]

> Esse processo é urgente há muito tempo. É tão simples e revolucionário quanto a revolução copernicana, que, no alvorecer da modernidade e em decorrência de novos conhecimentos, tirou a Terra do centro do sistema solar e substituiu-a pelo Sol. Para isso, seguem profetizando, temos que negar a separação mecanicista entre sujeito e o objeto; negar o indivíduo atomizado, substituindo-o pela comunidade e pelos relacionamentos como elementos básicos da ordem jurídica.

E concluem dizendo que "o ordenamento jurídico é o veículo mais importante para que uma visão de mundo seja transformada em ação social. O direito humano é a instância que nos permite implementar novas ideias e novos valores".

Essa convocação para a mudança vibra forte para alguém que, como eu, acredita em uma vida alinhada entre a mente, o coração e a ação. Assim permitimos a construção de espaços de convivência e de parcerias que celebrem a diversidade como fonte de sustentabilidade da nossa existência.

3. CONSTRUINDO PONTES

Munida com a ferramenta do Direito e com tudo mais que minha jornada pessoal me proporcionou experienciar, integrei à minha prática o cuidado com as relações como foco, reconhecendo que esse é o elo essencial da nossa existência. É elementar, na nossa concepção orgânica, por assim dizer, que não conseguimos fugir de dois fatos:

- Somos frutos de um processo de parceria entre dois seres (independentemente da qualidade dessa integração relacional);
- Somos seres sociais e, portanto, logo após a concepção, tudo que nos diz respeito exige um autodiálogo, uma conversa com o outro e com o todo.

3. MATEI, Ugo e CAPRA, Fritjof Capra. *Revolução ecojurídica*. São Paulo: Cultrix, 2018, p. 40.

É a partir destas relações, em que a rede de nossas vidas é tecida, que estabelecemos o campo da comunicação. Na qualidade dessa comunicação, percebo estar o ponto crucial ao qual devemos nos ater como operadores do Direito e agentes transformadores da realidade.

O cuidado com essa rede de conversação pode nos proporcionar uma verdadeira mudança de paradigma. Uma transição da lógica antropocêntrica para a lógica sistêmica.

Como bem pontuado por Humberto Maturana,[4] uma cultura se transforma em outra quando muda a rede de conversação que a constitui e define. Dentro dessa ótica, um ponto em especial me atrai: o dos pactos relacionais que sustentam nossa vida.

Esses acordos habitam cada ação a que nos propomos no mundo. A começar por aqueles que são feitos internamente por nós a cada despertar, antes mesmo de sairmos da cama.

Alguns desses cotidianos combinados extrapolam o âmbito íntimo e necessitam de uma roupagem jurídica quando sua repercussão afeta direta ou indiretamente terceiros e a sociedade. Entretanto, não devemos perder a percepção de que os contratos, não importando qual seja a sua natureza, existem para trazer clareza para determinada relação.

A essência desse ato é relacional, desenvolve-se no campo da comunicação entre pessoas, ainda que elas possam estar travestidas de organizações. É no cotidiano que esses documentos legais se revelam como algo inerente às nossas vidas.

Ter um emprego, alugar um imóvel, abrir uma conta bancária, utilizar um transporte público, participar de uma rede social, para toda essa "rotina" acontecer, faz-se necessário o ato de criar acordos. Isso me leva à seguinte reflexão: a vida se desenrola no ordinário, em um âmbito que nos exige gerar contratos. Então, por que esses documentos que espelham o nosso cotidiano são ininteligíveis para a grande maioria das pessoas – inclusive para os próprios envolvidos –, provocando desconfiança, medo e afastamento?

Os contratos são apenas a maneira pela qual estabelecemos os termos de engajamento dentro dos relacionamentos, sejam corporativos, sejam pessoais. No paradigma atual, essa percepção é deixada de lado em busca da aplicação estrita dos fundamentos da lei.

Na prepotente ambição de propiciar certezas para o futuro (na maioria das vezes incerto, vide os aprendizados que obtivemos com a pandemia), os contratos se valem da dinâmica de controle das relações, utilizando-se de institutos, como, por exemplo, o das cláusulas penais. Valem-se da coerção como forma de estabelecer engajamento entre os envolvidos.

A autoridade e o poder tomam os lugares da autorresponsabilidade e da colaboração. O caminho da imposição pelo convencimento na solução de conflitos limita a possibilidade dos envolvidos regularem seus próprios comportamentos, enquanto a linguagem rebuscada reduz a autonomia e gera exclusão.

4. EISLER, Riane, *O Cálice e a Espada*: nossa história, nosso futuro. 2. ed. São Paulo: Palas Atena, 2007, p. 13.

Esquecem-se, no entanto, de que as relações não estão sob o jugo de um papel.

O sistema social no qual coexistimos opta pela manipulação da vitimização, a segregação da culpabilidade e a indiferença do litígio, abrindo mão: da integração com o todo que reside em nós, da conexão, da autonomia e do protagonismo na condução de nossas vidas. Nossa narrativa jurídica está tecida nessa perversa dinâmica.

Percebi, ao longo do tempo, que esse modelo é ineficiente. Isso é sentido e constatado, não só pela ausência de harmonia que nos cerca, mas também pelos números trazidos anualmente pelo CNJ,[5] que revelam nossa contínua escalada rumo à belicosa via judicial, como se ela fosse nossa única forma de acesso à harmonia. Há uma nítida confusão entre o princípio da justiça e o sistema do Poder Judiciário.

Os contratos, tal como o vivemos, trazem um retrato nu e cru dos valores bélicos e de exclusão de tudo aquilo que sustentamos como sociedade. Para que alguma mudança aconteça, precisamos de uma dose de tenaz resiliência e do desejo de "fazer diferente".

4. O CONTRATO COMO INSTRUMENTO DE INCLUSÃO SOCIAL

Nosso sistema legal, há muito tempo, preconiza a função social do contrato, isso é o que está disposto nos incisos XXII e XXIII, do artigo 5º e inciso III, do artigo 1º da Constituição Federal, bem como no artigo 421 do Código Civil.

A boa-fé é o princípio norteador desses documentos. É o que se depreende do artigo 422 do Código Civil Brasileiro.

Todavia, constatei que a dinâmica ensinada nas universidades e trazida para a prática da advocacia não nos permite elaborar contratos que possam realizar tão nobres e almejados objetivos. Os obstáculos para tal já foram aqui relatados.

Linda Alvarez,[6] advogada estadunidense pioneira do movimento de inovação jurídica, com precisão aponta:

> Quando os negócios são conduzidos em velocidade digital, as abordagens e práticas convencionais, incluindo aquelas relacionadas à formação, redação e execução de contratos, são muito lentas. Negociações contratuais concentradas em prever todas as armadilhas potenciais e disposições elaboradas para controlar o futuro imaginado são lamentavelmente inadequadas em um mundo onde a ruptura pode tornar absurdo o plano mais cuidadosamente elaborado.

Vislumbro que trazer o capital humano como a principal tecnologia dos contratos pode abrir uma nova perspectiva para esses documentos. Essa pode ser uma real oportunidade para levarmos os valores explicitados para o campo das ações nos textos legais e desejados por nós em cada relação pactuada.

---

5. CNJ, Conselho Nacional de Justiça, *Justiça em Números 2021*, Brasília, 2021, p. 107. Disponível em: https://www.cnj.jus.br/pesquisas-judiciarias/justica-em-numeros/. Acesso em: 11 mar. 2022.
6. ALVAREZ, Linda, *Discovering Agreement.* Columbia: Candescence Media, 2016, p. 42.

Essa é uma tarefa desafiadora que requer de nós, operadores do Direito, criatividade, ousadia, coragem e disponibilidade para nos avaliarmos e, com isso, criarmos novas rotas. Elas nos proporcionarão zelo pelas relações que carecem de tratamento jurídico, além de preservá-las e regenerá-las.

Uma nova abordagem contratual de mudança de mentalidade sairia do paradigma da individualidade e da competição rumo ao da interdependência e colaboração, possibilitando tangibilizar, nos documentos legais, os valores, princípios e propósitos dos envolvidos, para que, partindo desse conjunto afetivo-moral, possamos construir regras próprias e uni-las à sistematização jurídica existente em nossa sociedade.

5. CONTRATOS CONSCIENTES: UMA OBSERVAÇÃO DOS MOVIMENTOS DA VIDA

Este é o paradigma dos Contratos Conscientes: uma forma de desenhar contratos cujo foco não está na previsão de problemas, tampouco na busca de soluções hipotéticas para questões que podem acontecer no curso da relação contratual. Nesta abordagem, o papel dos Contratos Conscientes nunca é usado como arma de proteção legal na esfera do Judiciário (o que gera desequilíbrios nas relações).

O Contrato Consciente é um documento vivo, dinâmico, que edifica as relações e os negócios através de confiança. Não há a necessidade de controlar o outro pelo uso exclusivo de punições, isso porque passamos a ter um mapa relacional, que nos permite atravessar, com leveza, as mudanças e incertezas inerentes à vida.

O objetivo é o de cuidar do essencial – das pessoas –, afinal, são elas as envolvidas nos negócios jurídicos. Ao caminharmos para essa direção, somos instados a ampliarmos nosso olhar para os essenciais motivos subliminares abarcados pelo contrato. Desta forma, despertamos as individualidades e subjetividades das partes, muitas vezes desconhecidas mutuamente por estarem escondidas sob o manto de cláusulas legais protetivas.

Neste campo, a advocacia passa a ser direcionada para a criação de relacionamentos sustentáveis. Afinal, é sobre isso que falamos quando navegamos pelas transações que realizamos como sociedade nos contratos, acordos, negócios e nas negociações.

Para isso, a análise da relação e do binômio problema-solução, sob nossa tutela, deve considerar os envolvidos e o impacto de tudo que está sendo proposto na comunidade. É o que nos ensina J. Kim Wright,[7] referência mundial para a advocacia integrativa e para a abordagem dos Contratos Conscientes.

Usando suas próprias e originais ferramentas, os Contratos Conscientes objetivam criar um mecanismo de diálogo entre todos os envolvidos. Cada etapa de crise ou conflito, inerente a qualquer relacionamento, é aproveitada para a composição do documento, o que possibilita um aprofundamento da intimidade.

7. WRIGHT, J. Kim, *Lawyer as Peacemacker*. Chicago: ABA Publishing, 2010, p. 23.

Nesta abordagem, os envolvidos se apropriam dos seus paradigmas para estabelecerem suas relações contratuais. Assim, com consciência, os acordos podem refletir os seus mundos, expressando, com transparência e clareza, como querem cuidar da relação. Isso traz dignidade, autonomia, liberdade e reconhecimento do papel de cada um na sustentabilidade do negócio jurídico que se quer tutelar com o pacto.

Com a ampliação de suas participações na elaboração do contrato, as partes e os advogados figuram como efetivos guardiões dos seus direitos e deveres e, com sua criatividade, podem materializar um documento agradável – em termos de linguagem e visual – de ser lido e consultado. Um guia que possibilita alimentar as múltiplas perspectivas para beneficiar a relação contratual.

Não se trata apenas de usar ícones, infográficos e imagens, ainda que a abordagem inclua o uso do Visual Law. Atento às necessidades dos usuários, o Contrato Consciente engloba as principais inovações jurídicas contemporâneas – como Legal Design, Linguagem Simples e Design Thinking –, a fim de transformar documentos jurídicos complexos em conteúdo acessível.

A democratização do acesso à justiça é um caminho que obrigatoriamente passa pela facilitação da comunicação. Felizmente, isso vem cada dia mais ganhando pauta em todo o Brasil e no mundo.

Nos Contratos Conscientes, a redação do documento engloba apenas informações relevantes, dados essenciais e uma diagramação harmônica através da hierarquia dos elementos. Texto, estrutura e design precisam ser muito claros para que o público-alvo possa facilmente encontrar o que precisa, entender o que está escrito e usar essa informação.

Desta forma, os Contratos Conscientes são documentos em que o capital humano, os valores tangíveis e intangíveis da empresa, a linguagem, o conteúdo, o design e as normas legais se encontram e caminham juntos para cuidar da relação que se constrói quando embarcamos em um projeto. Sob essa nova ótica, os dispositivos legais passam a trabalhar a favor das pessoas, e não como ameaçadores e inibidores de comportamento.

Por meio dos Contratos Conscientes, os envolvidos dão voz e vez às suas necessidades e aos seus propósitos, criando ações que possibilitam a reavaliação da relação contratual a todo momento. Assim, o contrato é dinâmico, acompanhante do ritmo da vida, cujas mudanças não obedecem a planos preestabelecidos.

Com esse olhar sistêmico para os documentos legais, podemos diuturnamente estabelecer a justiça em nossas relações, usando nossos próprios paradigmas. Sair da rigidez dos moldes dos padrões vigentes é crucial para o despertar da autorresponsabilidade, do engajamento e da confiança nas relações contratuais.

6. DOCUMENTOS PARA SUSTENTAR ELOS REAIS

Por trás de qualquer CNPJ ou CPF, existem indivíduos com suas subjetividades, autenticidades, conjunturas e histórias. Contudo, em qualquer lugar do mundo, vemos que os contratos, à primeira vista, têm a mesma dificuldade de compreensão, de leiturabilidade e legibilidade.

Isso torna o teor desses documentos inacessível, demandando dos interessados um alto processamento funcional para que haja leitura, entendimento e prática daquilo que é exposto. Trazendo para os contratos uma pecha de impacto negativo na vida das pessoas. Afinal, por que há um mesmo modelo de documento se os usuários são diferentes, assim como suas necessidades, transações e objetivos?

Estamos abrindo mão da oportunidade de criar um ponto de contato significativo e construir relacionamentos e experiências positivas entre os envolvidos. Sem esquecermos a perda de valor econômico e relacional.

Neste cenário, o contrato figura como fator de estresse, afastamento e inacessibilidade. Na contramão disso, a abordagem dos Contratos Conscientes busca promover, através do reconhecimento e da inclusão da diversidade do mundo dos envolvidos, uma conexão entre a complexidade da vida e a necessidade de cuidado jurídico das relações.

Isso é possível em documentos de qualquer natureza. No âmbito corporativo, temos visto as principais aplicações em contratos sociais, acordos de sócios, pactos de governança, contratos de prestação de serviço e relações trabalhistas. Na esfera familiar, são bastante utilizados, em contratos de união estável, pactos nupciais, divórcios, acordos de parentalidade e planejamento sucessório.

Tive a oportunidade de cuidar de um projeto que combina estas múltiplas esferas: o da startup Troca,[8] uma plataforma que conecta pessoas em situação de vulnerabilidade com empresas que buscam talentos e diversidade. A Troca vinha crescendo e estava prestes a receber aportes de investidores. Então, demandava um contrato social para o seu registro formal.

Entre as particularidades desta startup, está a relação entre os sócios, uma vez que também formam um casal. Assim, o contrato deveria englobar as singularidades da Troca e, ainda, sustentar uma relação harmoniosa entre os sócios, tanto do ponto de vista profissional, quanto do pessoal.

Em torno de 15 pessoas, entre sócios, funcionários e investidores, foram impactadas pela construção do Contrato Consciente. Os envolvidos relatam que os aprendizados experimentados no processo de facilitação de diálogo seguem sendo aplicados até hoje no dia a dia de trabalho, especialmente em relação à empatia, ao respeito dos limites e à melhor forma de fazer engajamento nas atividades da empresa.

Fora do Brasil, diversas experiências bastante frutíferas também já foram observadas. Destaco o trabalho do advogado sul-africano Robert de Rooy. Ele desenvolveu o primeiro contrato em quadrinhos do mundo, usando fotos para ajudar as pessoas com

8. SER CONSULTORIA. *Case da startup Troca*. Disponível em: https://sustentandoelosreais.com/wordpress/case-startup-troca/. Acesso em: 11 mar. 2022.

baixa escolaridade ou analfabetas a compreender o que está no contrato de prestação de serviços que elas estavam assinando.

Como podemos ver, a proposta dessa nova prática jurídica aflora a almejada pacificação social embutida na essência desses instrumentos. Os Contratos Conscientes são um bálsamo de ousadia e inovação, que vão ao encontro das expectativas daqueles que clamam por transformar, regenerar e impactar o mundo de forma positiva.

PARTE VI
TRABALHO, MERCADO E TRIBUTAÇÃO

DA *PRAÇA* AO *JARDIM*:[1] DIREITO, TRABALHO E PROMESSAS CONSTITUCIONAIS

Luiz Edson Fachin

Mestre e Doutor em Direito das Relações Sociais pela PUC/SP (Pontifícia Universidade Católica de São Paulo. Professor do UNICEUB. Alma Mater: Universidade Federal do Paraná. Ministro do Supremo Tribunal Federal.

Roberto Dalledone Machado Filho

Doutor em Direito pela Universidade de Brasília. Professor do IDP. Assessor de Ministro do Supremo Tribunal Federal.

Sumário: 1. Fins – 2. Legislação e prestação jurisdicional sobre a matéria – 3. A terceirização no Supremo Tribunal Federal – 4. A revisão dos precedentes da Justiça do Trabalho – 5. Direito do trabalho entre o público e o privado – 6. Algumas ideias para conclusão.

1. FINS

O presente texto de cunho exclusivamente acadêmico se volta à memória das alterações legais e jurisprudenciais realizadas no direito do trabalho a partir de regras legislativas e das decisões do Supremo Tribunal Federal nos últimos cincos anos. A partir daí, problematiza o retorno do governo jurídico das relações trabalho ao direito privado do pretérito. De modo especial, projeta alguma luz sobre as premissas da significativa, porém pouco comentada, alteração do art. 8º, § 1º, da CLT, que passou a expressamente indicar o direito comum, como fonte subsidiária do direito do trabalho, independentemente de, tal como dispunha o texto original da CLT, ser ou não compatível com os princípios fundamentais deste. Esses são os limites do presente estudo.

2. LEGISLAÇÃO E PRESTAÇÃO JURISDICIONAL SOBRE A MATÉRIA

A partir da reforma trabalhista de 2017, que, em grande medida, superou a jurisprudência histórica do Tribunal Superior do Trabalho, o Supremo Tribunal Federal julgou como compatível com a Constituição as alterações legais que inverteram o pressuposto básico do direito do trabalho brasileiro. A opção da maioria do colegiado coincide com a composição atual do Congresso Nacional. Se o alcance dessas alterações

1. O título toma de empréstimo, como imagem especular, obra e autor que sempre merecem saudação: SALDANHA, Nelson. O jardim e a praça; ensaio sobre o lado privado e o lado público da vida social e histórica. São Paulo: Editora da USP, 1993.

é ainda incerto, não deixa de causar apreensão a ausência de mecanismos que possam compensar a desigualdade social.

Examinemos mais diretamente casos e questões que elucidem essa inquietação.

3. A TERCEIRIZAÇÃO NO SUPREMO TRIBUNAL FEDERAL

A reforma trabalhista de 2017 buscou, a um só tempo, reduzir as disposições de ordem públicas dos contratos individuais, alterar a jurisprudência consolidada da justiça do trabalho e, finalmente, diminuir os incentivos para a atuação dos sindicatos.

Começando pela aprovação da Lei 13.429, de 2017, o Congresso Nacional afastou a proibição, consolidada na Súmula 331 do Tribunal Superior do Trabalho, de se realizar a terceirização da atividade fim. A interpretação da justiça do trabalho foi uma importante inovação para resolver um problema de desigualdade no ambiente de trabalho, qual seja, o de pessoas que realizam a mesma atividade percebam remunerações distintas. Como essa valorização tende a ocorrer nas atividades que coincidem com as atividades da própria empresa, a jurisprudência, por um critério artificial, mas não irreal, proibiu que houvesse outras formas de contratação para realizar a mesma tarefa, vale dizer, reconheceu que argumentos contratuais não podem ser invocados para justificar a diferenciação salarial.

A resposta legislativa não é, a rigor, recente. Logo no final dos anos 90, quando a justiça do trabalho começou a consolidar essa interpretação, já estava em tramitação o projeto de lei que, mais tarde, deu origem à Lei 13.429. Em paralelo ao *backlash* legislativo, também no Supremo Tribunal Federal, em 2014, era ajuizada a arguição de descumprimento de preceito fundamental que, julgada em 2018, reconheceu a plena admissibilidade da terceirização.

A resposta majoritária do Supremo Tribunal Federal é inédita no que diz respeito à redução da deferência com que tradicionalmente a Corte apreciava as decisões da justiça trabalho. Cristalizada pelo menos desde a Constituição de 1946, a revisão pelo Supremo Tribunal Federal das decisões da justiça trabalho só ocorriam em caso de manifesta afronta ao texto constitucional. Ou seja, casos como o da terceirização, ainda que trouxessem o argumento de fundo a partir do direito à igualdade, raramente eram objeto de exame pelo Tribunal.

Mais do que isso, a jurisprudência da Corte tendia a acompanhar em outras áreas a orientação fixada pelo Tribunal Superior do Trabalho, como quando, por exemplo, reconhecia que a contratação de terceirizados pela Administração Pública poderia implicar preterição de candidato aprovado em concurso público para cargo efetivo.[2] Mais do que isso, em repercussão geral, assentou o Tribunal que "ofenda a livre a iniciativa e a livre concorrência obrigar a empresa contratada para a prestação de serviços terceirizados a pagar remuneração em padrões idênticos aos da empresa".[3]

2. AI 440.895-AgR, Sepúlveda Pertence, Primeira Turma, DJ 20.10.2006.
3. RE 635.546, Rel. Min. Luís Roberto Barroso, Tema 383, DJe 18.05.2021.

O grande desafio da terceirização, no entanto, é que ela aprofunda os problemas estruturais do mercado de trabalho: aumento da desigualdade entre os trabalhadores e a redução do padrão de vida do trabalho. Esses problemas são magnificados a partir da inserção global da economia brasileira. Se, de um lado, as normas trabalhistas representam um custo para o empregador,[4] por outro, a competição entre as empresas promove uma verdadeira corrida para o "fundo do poço" em relação aos parâmetros de proteção. É por isso que alguns economistas identificam nos países em desenvolvimento riscos de uma desindustrialização prematura, isto é, chance de aumento de desemprego na indústria sem que ainda haja condições de emprego em outros setores para dar suporte a uma economia pós-industrial.[5]

A resposta dada pela jurisprudência trabalhista é semelhante a que diversos acadêmicos sugeriram em outros países:[6] reforçar a responsabilidade da empresa que subcontrata e melhorar as condições de trabalho dos que nela estão empregados. Já para os que veem como inevitável a terceirização, a solução tem sido a de equiparar o contrato de trabalho aos demais contratos mercantis, num esforço para fazer aumentar o nível de proteção dos trabalhadores.[7]

É evidente que não se pode desconsiderar os incentivos econômicos que as empresas têm não apenas para subcontratar, já que os custos do trabalho podem ser elevados, mas também para automatizar, onde os custos do trabalho podem ser ainda mais reduzidos. Uma proposta mais sensível, como a defendida por Cynthia Estlund, seria a de tentar redistribuir os custos do emprego entre governo, empresários e empregados.[8] Propostas como uma renda mínima universal ou como saúde pública universal poderiam ser custeados pelo governo, ao passo que a desigualdade dentre do ambiente de trabalho deveria ser suportada pelas empresas, como elemento daquilo que uma sociedade aspira como sendo "trabalho decente". No limite, alguns trabalhos realmente desaparecerão, mas é o preço que socialmente devemos pagar por uma definição nítida de trabalho decente.

Ao simplesmente admitir sem ressalva a terceirização, ou mesmo sem conceber um teste alternativo para quando as discriminações ocorridas dentro do ambiente de trabalho devam ser suportadas pelas empresas, nenhuma dessas alternativas foi levantada. Mais do que uma oportunidade perdida, a decisão, com o devido respeito, ao equiparar o que na realidade é diferente, arrisca aprofundar as desigualdades do mundo do trabalho. Num cenário em que a automação se torna cada vez mais comum e eficaz, já que as máquinas são hoje muito mais inteligentes, os incentivos para a contratação de profissionais com baixa qualificação – a grande maioria da mão de obra brasileira – praticamente desa-

4. ESTLUND, Cynthia. What Should We Do After Work? Automation and Employment Law. *The Yale Law Journal*, v. 128, n. 2, nov. 2018.
5. RODRIK, Dani. *Premature Deindustrialization*, (Nat'l Bureau of Econ. Research, Working Paper No. 20935, 2015). Disponível em: http://www.nber.org/papers/w20935.
6. WEIL, David. The Fissured Workplace: *Why Work Became so Bad for so Many and What Can Be Done to Improve It*. Cambridge: Harvard University Press, 2014.
7. DAVIDOV, Guy. *A Purposive Approach to Labour Law*. Oxford: Oxford University Press, 2016.
8. ESTLUND, Cynthia. What Should We Do After Work? Automation and Employment Law. *The Yale Law Journal*, v. 128, n. 2, nov. 2018.

parecem. Talvez aqui devesse ter sido adotado o conselho do economista Dani Rodrik: ao invés de pensar em soluções ótimas ou de melhores práticas, seria melhor optar por uma reforma possível e incremental.

4. A REVISÃO DOS PRECEDENTES DA JUSTIÇA DO TRABALHO

Oriunda de um projeto de Poder Executivo que tinha por objetivo de "aprimorar as relações do trabalho no Brasil, por meio da valorização da negociação coletiva entre trabalhadores e empregadores, atualizar os mecanismos de combate à informalidade da mão de obra no país, regulamentar o art. 11 da Constituição Federal, que assegura a eleição de representante dos trabalhadores na empresa, para promover-lhes o entendimento direto com os empregadores", a proposta, que veio depois ser reconhecida como "reforma trabalhista", limitava-se a: atualizar o valor da multa para empregado não registrado, criar a jornada de tempo parcial, dispor sobre a representação dos trabalhadores no local de trabalho e regulamentar o contrato de trabalho temporário.

Na Câmara dos Deputados, já na análise da Comissão Especial, o projeto sofreu significativas alterações e promoveu verdadeiramente uma "reforma" no núcleo do direito do trabalho no Brasil.

Passou a ser objeto de acordo individual, dispensando a participação do sindicato, a extensão da jornada diária de trabalho, a formação de banco de hora individual, a previsão da jornada de doze horas seguidas por trinta e seis horas ininterruptas, a criação da figura do contrato de trabalho intermitente, a desnecessidade de homologação da dispensa imotivada e a possibilidade de arbitragem para solução de conflitos no contrato de trabalho (embora essa novidade seja restrita aos salários mais elevados).

A justificativa apresentada para essas e outras mudanças remete ao "Zeitgeist" atual: defasagem da legislação, excesso de intromissão do Estado e liberdade pessoal:

> Novas profissões surgiram e outras desapareceram, e as leis trabalhistas permanecem as mesmas. Inspiradas no fascismo de Mussolini, as regras da CLT foram pensadas para um Estado hipertrofiado, intromissivo, que tinha como diretriz a tutela exacerbada das pessoas e a invasão dos seus íntimos.
>
> O respeito às escolhas individuais, aos desejos e anseios particulares é garantido pela nossa Lei Maior. Não podemos mais negar liberdade às pessoas, não podemos mais insistir nas teses de que o Estado deve dizer o que é melhor para os brasileiros negando-os o seu direito de escolher. Precisamos de um Brasil com mais liberdade.

A necessidade de flexibilização da CLT foi justificada por uma diferenciação entre os próprios trabalhadores: de um lado, os que têm empregos formais; de outro, um contingente cada vez mais expressivo que vive na informalidade. A flexibilização, portanto, seria a forma de oportunizar o ingresso de um contingente significativo.

Outra justificativa apresentada para a reforma diz respeito ao volume de ações trabalhistas ajuizadas. A quantidade de ações aumenta o risco de decisões contraditórias, atingido a integridade da justiça do trabalho. Ainda de acordo com a Comissão, a integridade também estaria sendo atingida por decisões que extrapolam a função de interpretar a lei, indo até mesmo contra a lei:

> Ocorre, porém, que temos visto com frequência os tribunais trabalhistas extrapolarem sua função de interpretar a lei por intermédio de súmulas, para, indo além, decidirem contra a lei. Assim, um instrumento que deveria ter a finalidade precípua de trazer segurança jurídica ao jurisdicionado, garantindo a previsibilidade das decisões, é utilizado, algumas vezes, em sentido diametralmente oposto, desconsiderando texto expresso de lei. Exemplo evidente disso é o entendimento esposado pelo TST quanto à ultratividade da norma coletiva, segundo o qual as cláusulas normativas serão mantidas incorporadas ao contrato individual de trabalho até que novo acordo coletivo ou convenção coletiva seja firmado (Súmula 277), enquanto a CLT prevê expressamente que a vigência desses instrumentos não ultrapassará o prazo de dois anos (§ 3º do art. 614).
>
> A questão foi remetida ao STF, por intermédio da Arguição de Descumprimento de Preceito Fundamental 323, havendo uma decisão cautelar formulada pelo relator, o Ministro Gilmar Mendes, pela "suspensão de todos os processos em curso e dos efeitos de decisões judiciais proferidas no âmbito da Justiça do Trabalho que versem sobre a aplicação da ultratividade de normas de acordos e de convenções coletivas, sem prejuízo do término de sua fase instrutória, bem como das execuções já iniciadas.

Para conter a excessiva judicialização, as medidas propostas pela Comissão compreendem justamente a desnecessidade de homologação da rescisão, já que, uma vez confirmada pelo sindicato, era comum que uma reclamatória fosse ajuizada. Além disso, seria preciso, de acordo com a proposta que se sagrou dominante, oferecer algum "risco" para quem buscasse ingressar com uma ação judicial, por meio da sucumbência recíproca. Finalmente, a fim de mitigar os riscos de condenação extralegal, a Comissão propôs que se fixassem limites para os danos extrapatrimoniais.

No que toca aos sindicatos, dois foram os principais problemas: a baixa efetividade dos termos negociados coletivamente quando contrastados com a interpretação legal feita pela justiça do trabalho e o número excessivo de sindicatos. A solução para o primeiro foi a de atribuir maior força normativa aos acordos negociados coletivamente. Já para o segundo, a saída foi a de extinguir a obrigatoriedade do imposto sindical.

Para além dos argumentos utilizados para justificar a alteração legislativa, é preciso considerar que a reforma acabou por alterar o sentido de diversas decisões sedimentadas da justiça do trabalho: a contagem do tempo à disposição do empregador (Súmula 118 do TST), inclusive para o cômputo das *horas in itinere* (Súmula 90 do TST); verbas incluídas no salário (Súmulas 60, 101 e 132 do TST) a previsão da prescrição intercorrente (Súmula 114 do TST) e de ordem pública (Súmula 153); a redução da multa pela manutenção de trabalhador sem carteira assinada; e contrato individual para banco de horas.

No Supremo Tribunal Federal, que ainda se debruça sobre alguns aspectos dessas alterações, foi reconhecida como constitucional a extinção do caráter obrigatório da contribuição sindical[9] e, embora restrita ao contexto da epidemia, reconheceu como

9. ADI 5.794, Rel. Min. Luiz Fux, DJe 22.04.2019.

possível a redução de jornada e a suspensão do contrato de trabalho sem a intervenção dos sindicatos.[10]

Feito esse percurso, impende agora analisar as premissas ao início deste texto mencionadas.

5. DIREITO DO TRABALHO ENTRE O PÚBLICO E O PRIVADO

O direito ao trabalho sempre foi visto como sendo o direito social por excelência. O direito a partir do qual toda uma rede de proteção social é garantida às pessoas. Nos termos da Declaração Universal dos Direitos Humanos, que prevê a proteção ao trabalho no Artigo 23, todos têm direito a um trabalho que assegure uma existência compatível com a dignidade humana e que acrescentarão outros meios de proteção social. O pacto da social democracia foi o de promover a inclusão social de grandes grupos populacionais por meio do emprego urbano. O Estado do Bem-Estar Social é, em certa medida, também o Estado do pleno emprego. Há, portanto, para além da dimensão econômica e social, também um grande acordo político em torno do trabalho: deve o Estado facilitar as condições para que as pessoas possam ter trabalho digno.

O direito do trabalho é fruto desse um longo processo de transformações sociais e de disputas de sentido de uma sociedade melhor.

Até 1988, quando da promulgação da Constituição Federal, o desenvolvimento do Direito do Trabalho no Brasil foi fruto de três grandes processos de transformação social. O primeiro, já com início no fim do século XIX, é a socialização (ou, caso se prefira, publicização) do contrato de trabalho, influenciada pela urbanização da sociedade brasileira e pela emergência de diversas disposições legais que limitavam a autonomia privada. A segunda, iniciada a partir dos de 1930, é a sindicalização e a negociação coletiva, manifestada na orientação corporativa do direito público, notadamente a Constituição de 1934.[11] Por fim, quase que coincidindo com a emergência dos sindicatos, a terceira transformação está na emergência da justiça do trabalho, inicialmente vinculada ao Poder Executivo, mas desde o início autônoma, até a sua completa independência constitucional, conforme dispunha a Constituição de 1946.[12]

Esses três processos históricos têm uma dinâmica interna própria, isto é, é possível contar a história da legislação social brasileira de forma apartada do movimento trabalhista e do movimento sindical ou mesmo do desenvolvimento da jurisprudência da Justiça do Trabalho. Mas é evidente que há entre essas transformações influência recíproca, sendo apenas artificial a segmentação delas.

---

10. ADI 6363-MC, Rel. Min. Alexandre de Moraes, DJe 23.11.2020.
11. GUERRA, Maria Pia; CABRAL, Rafael Lamera Giesta. Do CNT a TST: *O Processo Institucional e Normativo de Criação da Justiça do Trabalho (1923-1945)*. R. IHGB, Rio de Janeiro a. 182(486): 275-302, maio-ago. 2021.
12. LOURENÇO FILHO, Ricardo Machado. *Entre continuidade de ruptura: uma narrativa sobre as disputas de sentido da Constituição de 1988 a partir do direito de greve*. 2014. Tese (Doutorado em Direito) – Universidade de Brasília, Brasília, 2014.

Na Constituição de 1988, os três processos históricos aparecem em disposições diferentes da Constituição, mas basta examinar os debates do processo constituinte para perceber que, apesar dos esforços de alteração, prevaleceu o equilíbrio conjunto das três correntes.

A proteção social e pública do contrato de trabalho aparece logo no art. 7º da Constituição e não há dúvidas acerca de sua fundamentalidade, seja pelos termos com que define os direitos, seja pela sua localização. A proteção aos sindicatos, por sua vez, aparece logo em seguida e expressa, pela primeira vez numa Constituição democrática, a discutível opção por um regime sindical fundado na unicidade sindical, na representação obrigatória e no imposto sindical. Já a organização da Justiça do Trabalho aparece somente no capítulo próprio do Poder Judiciário e suas atribuições absorveram a competência para julgamento de todos os conflitos do trabalho, incluindo (embora essa não seja a interpretação do Supremo Tribunal Federal) os entes da administração pública direta e indireta.

Essa longa trajetória é marcada por disputas sociais e por contestações políticas. A proteção social do trabalho está intimamente relacionada com a luta por melhores condições de vida. O movimento sindical ganha proeminência nas longas greves do início do século XX e na resistência ao autoritarismo da Primeira República.

A justiça trabalhista, por sua vez, é resultado de um processo incremental de melhoria institucional, sempre com vistas a formar uma instância a mais neutra possível de solução dos litígios, individuais e coletivos, do trabalho. O pressuposto básico da relação de trabalho no Brasil era o de que, ante à hipossuficiência dos trabalhadores, a negociação deveria ser coletiva e a proteção pública dos direitos assegurados por lei ficaria a cargo do poder judiciário.

O direito do trabalho ficava, assim, na zona cinzenta de intersecção entre o direito público e o privado. Se, de um lado, a autonomia privada era garantida, na medida em que era assegurada a livre contratação e a negociação entre empregadores e empregados, de outro, era ela mitigada pela incidência de normas com nítido caráter de ordem pública, a ponto de justificar a intervenção do poder judiciário em termos que não são possíveis na justiça comum. Por isso, a opção pela constitucionalização desse pressuposto do direito do trabalho deu a (falsa) sensação de que a alteração desses pilares dependeria de um longo e custoso processo de reforma constitucional.

A resistência da Constituição, no entanto, reside na disposição das instituições em vigiá-la. Como na conhecida história, contada por James McHenry,[13] na qual Elizabeth W. Powel pergunta a Benjamin Franklin se, ao fim da convenção, teriam os constituintes entregado uma monarquia ou uma república: "uma república, se vocês puderem mantê-la". Nesses mais de trinta anos de vigência da Constituição democrática, mas

13. Disponível em: https://www.washingtonpost.com/outlook/2019/10/29/what-we-get-wrong-about-ben-franklins-republic-if-you-can-keep-it/.

sobretudo nos últimos dez anos, houve uma progressiva redução do caráter público do direito do trabalho.

O pressuposto básico do regime trabalhista brasileiro se desfaz e é bastante incerto o que dele resultará. Em perspectiva comparada, Erstlund (2020) descreveu que o giro recente em direção ao direito privado clássico no direito do trabalho nos Estados Unidos lembra a jurisprudência da Suprema Corte na era *Lochner*. Segundo a autora, a notícia não é boa para os trabalhadores dos Estados Unidos e, por isso, o ideal seria que essas mudanças fossem apenas mais uma manifestação da exceção americana. As injustiças, no entanto, não são locais, mas globais.[14]

O que as mudanças recentes no direito do trabalho no Brasil parecem indicar é a privatização do direito do trabalho, uma tendência global, ainda que sua manifestação local comporte especificidades.

6. ALGUMAS IDEIAS PARA CONCLUSÃO

Não é difícil perceber que a aposta que nos últimos anos tem sido feita no direito privado clássico para solucionar os conflitos do mundo do trabalho traz um grande risco de frustrar não apenas os defensores da flexibilização, que veem nela uma forma de aumentar a formalização, como também o próprio poder judiciário, que precisará ser criativo na busca de soluções em conflitos tão desiguais. Não se trata, aqui, de retomar as discussões já travadas no Congresso ou mesmo no Supremo Tribunal Federal, mas de simplesmente indicar que a direção do debate público tem paralelos internacionais. E, nessa dimensão, longe de representar o fim da conversa, ela aponta para novos questionamentos.

O custo do trabalho, a principal medida da decisão de uma empresa empregar ou não, depende pouco das leis trabalhistas, ao menos do que se tem dos Estados Unidos.[15] Mais importante do que o custo são as regras que admitem com facilidade a terceirização e a automação. E aqui há uma questão relevante especialmente para os países em desenvolvimento: a inovação tecnológica tende a não beneficiar os trabalhadores menos qualificados e se concentra naqueles que já são educados e que, portanto, podem facilmente se adaptar a elas. A redução do custo do trabalho, a principal bandeira da competitividade internacional dos países em desenvolvimento, quiçá perca o apelo. Esse problema é ainda mais agravado pela dificuldade de se treinar e capacitar as pessoas nos países mais pobres.[16] O que acontece em escala global, também se repete localmente: a divisão entre os trabalhadores qualificados e os de baixa qualificação é a principal causa

14. MILANOVIC, Branko. *Capitalism, Alone*: The Future of the System That Rules the World. Cambridge: Harvard University Press, 2019.
15. ACEMOGLU, Daron; RETREPO, Pascual. T*asks, automation, and the rise in us wage inequality*. n. w28920. National Bureau of Economic Research, 2021.
16. RODRIK, Dani. New technologies, global value chains, and developing economies. n. w25164. *National Bureau of Economic Research*, 2018.

da informalidade no Brasil. E o desafio passa a ser então o de criar trabalho de qualidade, trabalho digno – para voltar à terminologia constitucional – para todos.

Novamente, aqui, os logros ressurgem: afinal a saída pela educação, como nos programas de qualificação de pessoas, deixa a desejar: os recursos são insuficientes e o longo prazo de maturação do investimento em educação tornam incertos os custos políticos. Ademais, criar ou manter incentivos para que as empresas – mesmo as mais sucedidas – continuem a contratar caminha na direção contrária ao que vem sendo definido do que aqui se narrou.

Face a esses problemas, a solução mais realista é a de apostar em novas políticas de regulação do trabalho. O financiamento da inovação, por exemplo, poderia privilegiar não apenas a formação dos empregados, mas também as empresas que empregam grande quantidade de trabalhadores. Além disso, governo e sociedade civil poderiam coordenar as necessidades de trabalho e de tecnologia, em novos arranjos de governança, de modo a antecipar as políticas públicas para enfrentar as incertezas.[17]

O caminho deve ser o de seguir a promessa constitucional e refundar um espaço público de valorização do trabalho.

17. RODRIK Dani, STANTCHEVA Stefanie. Fixing capitalism's good jobs problem. *Oxford Review of Economic Policy*, v. 37, Issue 4, Winter 2021, p. 824-837. Disponível em: https://doi.org/10.1093/oxrep/grab024.

DANOS À DIGNIDADE DO TRABALHADOR: NOTAS SOBRE O REGIME DO "DANO EXTRAPATRIMONIAL" NA CONSOLIDAÇÃO DAS LEIS DO TRABALHO

Rafael Mansur

Mestre em Direito Civil pela Universidade do Estado do Rio de Janeiro. Pós-graduado pela Escola da Magistratura do Estado do Rio de Janeiro. Advogado.

1. A REFORMA TRABALHISTA DE 2017 E OS CHAMADOS "DANOS EXTRAPATRIMONIAIS": ASPECTOS GERAIS

Em 13 de julho de 2017 foi publicada a Lei 13.467, que implementou a reforma trabalhista apoiada pelo governo do então Presidente da República Michel Temer, no declarado afã de modernizar as relações de trabalho e estimular a geração de empregos. Entre as diversas (e polêmicas) modificações realizadas na Consolidação das Leis do Trabalho, destaca-se a introdução do Título II-A (arts. 223-A a 223-G), "Do Dano Extrapatrimonial".

Embora a suscetibilidade a danos seja ínsita ao exercício de atividades laborais, a questão apenas passou a merecer uma maior atenção por parte do Direito na esteira da Revolução Industrial, que exponencializou os riscos aos trabalhadores por meio da introdução do maquinário mecânico.[1] No ordenamento jurídico brasileiro, desenvolveu-se uma vasta legislação especial voltada à disciplina dos acidentes de trabalho, remanescendo sob a regência do Código Civil, no entanto, a disciplina geral da obrigação

1. "É relativamente recente o direito dos trabalhadores à reparação dos acidentes que, no exercício do trabalho, lhes provoquem lesão corporal, perturbação funcional ou doença profissional, determinantes de incapacidade para o cumprimento da obrigação que lhes incumbe. Embora o acidente no trabalho exista desde que o homem trabalha, o problema de sua reparação só surgiu após a primeira Revolução Industrial, por se terem amiudado e multiplicado com o desenvolvimento da indústria mecânica. Mas, ainda assim, só nos fins do século passado começou a encontrar solução justa, porquanto os princípios tradicionais da responsabilidade civil constituíam sério obstáculo a um sistema eficiente de amparo ao trabalhador. Foi necessário buscar novo fundamento jurídico para o direito à indenização do dano pessoal verificado pelo exercício do emprego. A responsabilidade patronal precisou ser juridicamente modelada em formas até então desconhecidas" (GOMES, Orlando; GOTTSCHALK, Elson. *Curso de Direito do Trabalho*. 15. ed. Rio de Janeiro: Forense, 1998, p. 280).

de indenizar – que, com o passar dos anos, passou a contemplar, além do dano material, também o dano moral.[2]

A relevância da matéria levou à positivação, no âmbito da Constituição da República de 1988, enquanto direito social reconhecido aos trabalhadores urbanos e rurais, do "seguro contra acidentes de trabalho, a cargo do empregador, *sem excluir a indenização a que este está obrigado, quando incorrer em dolo ou culpa*" (art. 7º, XXVIII). Vale recordar que a competência para o julgamento de demandas relativas à indenização de danos morais ou patrimoniais decorrentes da relação de trabalho manteve-se com a Justiça Comum até o advento da Emenda Constitucional 45/2004, quando finalmente foi transferida para Justiça do Trabalho (CR, art. 114, VI), sem que, com isso, fosse substancialmente modificado o regime jurídico aplicável a tais demandas indenizatórias.

Este cenário normativo alterou-se com a Lei 13.467/2017 e a inserção na CLT de sete novos artigos destinados a disciplinar a figura do dano extrapatrimonial. A redação destes novos dispositivos foi claramente inspirada no texto do malfadado Projeto de Lei 523/2011, que buscava inaugurar uma nova disciplina para o dano moral e sua reparação, mas acabou sendo arquivado pela Câmara dos Deputados em 2015. Esta influência se reflete em diversos pontos da lei trabalhista, como na extensão da titularidade do direito à reparação a pessoas jurídicas, na tentativa de instituir um rol de bens jurídicos tutelados, na apresentação de múltiplos critérios para a quantificação da indenização e, por fim, no mais infeliz legado do PL 523/2011: a instituição de tetos para os valores da indenização fixada, variando a depender da gravidade da ofensa.

São tantas as questões suscitadas pela nova disciplina dos danos extrapatrimoniais trabalhistas que uma análise completa se revela tarefa de fôlego, certamente incompatível com os limites deste trabalho. A seguir, portanto, serão examinados apenas aqueles pontos tidos como mais delicados, a começar pelo enquadramento dos danos extrapatrimoniais no arcabouço teórico e legislativo mais amplo da responsabilidade civil.

2. A REFORMA TRABALHISTA CONTRA A UNIDADE DO ORDENAMENTO: O EXEMPLO DA RESPONSABILIDADE OBJETIVA

A noção de ordenamento jurídico é caracterizada, a um só tempo, pela *complexidade* decorrente da variedade de fontes que o integram e pela *unidade* obtida por meio da harmonização destas fontes. Se é verdade que esta unidade deve ser sempre garantida pelo intérprete, por meio da recondução de cada preceito individual aos valores políticos que servem de fundamento para o sistema jurídico, plasmados na Constituição da República,[3] também parece verdade que o legislador não deve se manter alheio a este

2. Sobre a evolução histórica do reconhecimento da ressarcibilidade dos danos morais no direito brasileiro, v. MONTEIRO FILHO, Carlos Edison do Rêgo. *Elementos de Responsabilidade Civil por Dano Moral*. Rio de Janeiro: Renovar, 2000, p. 7-19.

3. PERLINGIERI, Pietro. Complessità e unitarietà dell'ordinamento giuridico vigente. *Interpretazione e legalità costituzionale*: antologia per una didattica progredita. Napoli: E.S.I., 2012, p. 33.

imperativo, sendo politicamente responsável por zelar pela coerência e integridade do direito positivo.

Aqui parece residir uma das principais falhas da Lei 13.467 no tocante aos danos extrapatrimoniais: trata-se de verdadeira ofensiva contra a unidade do ordenamento, conferindo a um fenômeno há muito conhecido em nossa experiência jurídica uma disciplina inteiramente nova e drasticamente destoante daquela prevista para a indenização dos exatos mesmos danos em outros diplomas legais.

A ruptura com o sistema de responsabilidade civil previamente consagrado na legislação brasileira já se evidencia, a rigor, na própria designação do título inserido na CLT. Optou o legislador por referir-se a "dano extrapatrimonial" no lugar de "*dano moral*", definindo o dano extrapatrimonial como aquele "que ofenda a esfera *moral* ou *existencial* da pessoa física ou jurídica" (art. 223-B),[4] sem aclarar o significado de qualquer destas expressões.

A terminologia empregada para designar este tipo de dano sempre foi objeto de acesa controvérsia em nossa doutrina, não faltando autores que sustentem que a expressão dano extrapatrimonial seria, de fato, mais abrangente e adequada.[5] A própria Constituição se refere não somente aos danos patrimonial e moral, como também ao dano "à imagem" (art. 5º, V),[6] abrindo margem para indagações acerca da autonomia do chamado *dano estético*[7] e, consequentemente, de outras modalidades de dano.

Nessa direção, a Justiça do Trabalho vinha reconhecendo certa autonomia à figura do chamado *dano existencial*, afirmando que "o conceito tem sido absorvido e ressignificado para o contexto das relações de trabalho como representativo das violações de direitos e limites inerentes ao contrato de trabalho que implicam, além de danos materiais ou porventura danos morais ao trabalhador, igualmente, danos ao seu projeto de vida ou à chamada 'vida de relações'. Embora exista no âmbito doutrinário razoável divergência a respeito da classificação do dano existencial como espécie de dano moral ou como dano de natureza extrapatrimonial estranho aos contornos gerais da ofensa à personalidade, o que se tem é que dano moral e dano existencial não se confundem, seja quanto aos seus pressupostos, seja quanto à sua comprovação".[8]

Considerando-se este panorama, a solução legislativa parece ter sido fruto da tentativa de acomodação dessas diversas figuras, prestigiando-se a linha que vinha sendo observada pela jurisprudência do Tribunal Superior do Trabalho, que via no dano ex-

4. "Art. 223-B. Causa dano de natureza extrapatrimonial a ação ou omissão que ofenda a esfera moral ou existencial da pessoa física ou jurídica, as quais são as titulares exclusivas do direito à reparação."
5. Nessa direção: REIS, Clayton. *Dano moral*. São Paulo: Ed: RT, 2019, p. 118-127.
6. "Art. 5º (...) V – é assegurado o direito de resposta, proporcional ao agravo, além da indenização por *dano* material, moral ou *à imagem*".
7. Confira-se, na doutrina, a festejada obra de: LOPEZ, Teresa Ancona. *O dano estético*: responsabilidade civil. 4. ed. São Paulo: Almedina, 2021, passim. Em sede jurisprudencial, v. o enunciado 387 da Súmula de Jurisprudência Dominante do STJ: "É lícita a cumulação das indenizações de dano estético e dano moral".
8. TST, 7ª Turma, Recurso de Revista 1392-42.2014.5.12.0028, rel. Min. Luiz Philippe Vieira de Mello Filho, j. 16.03.2016.

trapatrimonial um gênero conglobante das espécies dano moral e dano existencial. De resto, embora mencione que o dano extrapatrimonial pode ofender tanto a esfera moral quanto a esfera existencial da vítima, a lei prontamente abandona a distinção, não lhe conferindo qualquer efeito prático.

Uma vez compreendida a escolha do legislador, impõe-se registrar que a referência a "dano moral" já era prestigiada pelo Código Civil (art. 186) e pelo Código de Defesa do Consumidor (art. 6º, VI e VII), o que acaba gerando uma dificuldade de compatibilização entre essas leis. Teria o legislador ampliado o campo dos danos ressarcíveis na seara trabalhista? Existiria, agora, situações lesivas tuteladas pela CLT, mas que não seriam passíveis de reparação caso verificadas nas relações cíveis ou consumeristas?

Ao que tudo indica, não há divergência real entre as legislações mencionadas, sendo as expressões dano moral e dano extrapatrimonial empregadas para designar um só fenômeno: o dano caracterizado pela lesão a qualquer dos múltiplos interesses fundados na proteção e promoção da dignidade da pessoa humana.[9] Sob esta perspectiva, o emprego da expressão dano moral deveria ser prestigiado não por se revelar mais técnico, mas sim em razão da sua consagração no discurso jurídico nacional, especialmente no âmbito do restante da legislação de direito privado. Não se vislumbra qualquer óbice ao reconhecimento da unidade dogmática do dano moral, abrangendo as lesões aos mais diversos aspectos da personalidade humana, a prescindir do recurso a categorias paralelas de danos não patrimoniais.[10] Da maneira como positivado pela Lei 13.467, o dano extrapatrimonial nada mais é que o "apelido" do dano moral nas relações trabalhistas: trata-se do exato mesmo fenômeno, submetido a regras diversas.

O artigo 223-A inaugura o título sobre o dano extrapatrimonial, apresentando-se como um verdadeiro prelúdio do que o seguiria, ao afirmar que "aplicam-se à reparação de danos de natureza extrapatrimonial decorrentes da relação de trabalho *apenas* os dispositivos deste Título." Muito além de simplesmente reafirmar a regra da prevalência da lei especial sobre a de caráter geral – já passível de ser extraída da Lei de Introdução às Normas do Direito Brasileiro[11] –, o artigo 223-A revela o intuito do legislador de criar verdadeiro *gueto setorial*, tornando a disciplina dos danos extrapatrimoniais imune a considerações de ordem sistemática, especialmente aquelas hauridas do cotejo entre os preceitos da CLT e as regras constantes do Código Civil.

Longe de representar problema meramente teórico, a aplicação do artigo 223-A pode conduzir a soluções radicalmente diversas para relevantes problemas práticos. Vale destacar, a título exemplificativo, que a CLT não conta com uma norma expressa

9. Sobre o conceito de dano moral, imprescindível a leitura de: BODIN DE MORAES, Maria Celina. *Danos à pessoa humana*: uma leitura civil-constitucional dos danos morais. 2. ed. Rio de Janeiro: Processo, 2017, passim.
10. Um minucioso exame deste tema pode ser encontrado em: TEPEDINO, Gustavo; SILVA, Rodrigo da Guia. Desafios atuais em matéria de Dano Moral. In: TEPEDINO, Gustavo; SILVA, Rodrigo da Guia (Coord.). *Relações patrimoniais*: contratos, titularidades e responsabilidade civil. Belo Horizonte: Fórum, 2021, p. 241-259.
11. "Art. 2º Não se destinando à vigência temporária, a lei terá vigor até que outra a modifique ou revogue. (...) § 2º A lei nova, que estabeleça disposições gerais ou especiais a par das já existentes, não revoga nem modifica a lei anterior".

acerca da imputação do dano com base na teoria do risco, contentando-se em afirmar, genericamente, que "são responsáveis pelo dano extrapatrimonial todos os que tenham colaborado para a ofensa ao bem jurídico tutelado, na proporção da ação ou da omissão" (art. 223-E). Uma interpretação rigorosa do artigo 223-A impedira a invocação da cláusula geral de responsabilidade objetiva constante do artigo 927, parágrafo único, do Código Civil para amparar a responsabilização dos empregadores que explorem atividades que sujeitem os trabalhadores a risco de dano.[12]

Ocorre, contudo, que o próprio desenvolvimento da teoria da responsabilidade objetiva deita suas raízes nos acidentes de trabalho observados na atividade fabril, que tornavam impossível a demonstração da culpa dos empregadores pelos graves danos causados à integridade física dos empregados no manuseio do maquinário (*probatio diabolica*).[13] Uma exegese que levasse à impossibilidade de aplicação da cláusula geral de responsabilidade objetiva do Código Civil aos danos extrapatrimoniais suportados pelo trabalhador implicaria uma involução de mais de um século de desenvolvimento dogmático da responsabilidade civil, impondo ao trabalhador, sem qualquer razão plausível, um regime de responsabilidade civil mais gravoso que aquele reconhecido à generalidade das vítimas de danos, amparadas pelo Código Civil.

O Supremo Tribunal Federal, em decisão proferida no ano de 2020, concluiu que "o artigo 927, parágrafo único, do Código Civil é compatível com o artigo 7º, XXVIII, da Constituição Federal, sendo constitucional a responsabilização objetiva do empregador por danos decorrentes de acidentes de trabalho, nos casos especificados em lei, ou quando a atividade normalmente desenvolvida, por sua natureza, apresentar exposição habitual a risco especial, com potencialidade lesiva e implicar ao trabalhador ônus maior do que aos demais membros da coletividade".[14] Embora a discussão não tenha se centrado sobre a disciplina específica do dano extrapatrimonial, a decisão é indicativa da importância de uma interpretação sistemática da legislação, especialmente quando diante da tutela de contratantes vulneráveis.

12. "Art. 927. (...) Parágrafo único. Haverá obrigação de reparar o dano, independentemente de culpa, nos casos especificados em lei, ou quando a atividade normalmente desenvolvida pelo autor do dano implicar, por sua natureza, risco para os direitos de outrem".
13. "Talvez a obra mais revolucionária de toda a trajetória moderna da responsabilidade civil tenha sido uma obra sobre acidentes de trabalho. *Les accidents de travail et la responsabilité civile*, publicada por Raymond Saleilles no final do século XIX, representa um marco fundamental no surgimento da responsabilidade objetiva e na revisão das bases mais profundas da responsabilidade civil. As dificuldades de demonstração da culpa em acidentes de trabalho decorrentes do uso dos novos maquinários trazidos pela Revolução Industrial despertaram a atenção de Saleilles para a necessidade de um sistema de responsabilização que prescindisse da avaliação do comportamento diligente ou não do réu, despindo a responsabilidade civil de seu caráter liberal para lhe atribuir, pela primeira vez, preocupações genuínas de justiça social. A teoria do risco surgiria como grande alternativa ao dogma da culpa e o século XX assistiria, nessa esteira, a uma gradativa ampliação das hipóteses de responsabilidade objetiva." (SCHREIBER, Anderson. Responsabilidade Civil e Direito do Trabalho. In: TEPEDINO, Gustavo; MELLO FILHO, Luiz Philippe Vieira de; FRAZÃO, Ana; DELGADO, Gabriela Neves (Coord.). *Diálogos entre o Direito do Trabalho e o Direito Civil*. São Paulo: Ed. RT, 2013, p. 417).
14. STF, Tribunal Pleno, Recurso Extraordinário 828.040/DF, Rel. Min. Alexandre de Moraes, j. 12.03.2020.

Não por outra razão, a doutrina tem recorrido a uma interpretação conforme a Constituição do artigo 223-A, reconhecendo a prevalência das normas específicas inseridas na Consolidação, sem afastar completamente a incidência de preceitos oriundos de outras leis, quando compatíveis com as regras previstas no Título II-A d CLT.[15] O art. 223-A, no entanto, não é o único dispositivo deste título que demanda uma interpretação particularmente atenta às normas constitucionais.

3. O ROL DE BENS JURIDICAMENTE TUTELADOS: A PERSONALIDADE HUMANA ENCLAUSURADA

Afirma o artigo 223-C da CLT que "a honra, a imagem, a intimidade, a liberdade de ação, a autoestima, a sexualidade, a saúde, o lazer e a integridade física são os bens juridicamente tutelados inerentes à pessoa física." A regra parece, em primeiro lugar, desnecessária: de um modo geral, a ausência de um rol de interesses tutelados jamais impediu a reparação dos danos causados a estes interesses, seja na seara trabalhista, seja em qualquer outro ramo do direito.

De todo modo, tendo o legislador escolhido listar os interesses cuja lesão ensejaria um dano extrapatrimonial, impõe-se a conclusão de que, embora a lista não tenha sido particularmente restritiva, certamente não foi suficientemente abrangente. Ficaram de fora, por exemplo, a identidade pessoal (em que se insere a proteção do nome, também ignorado pelo legislador) e a integridade psíquica, entre outros tantos relevantes aspectos da personalidade humana.[16]

A verdade é que se tratava de empreitada fadada ao fracasso. A vastidão dos interesses ligados à dignidade humana impõe o reconhecimento da sua não taxatividade, sob pena de expor a pessoa humana a uma tutela sempre parcial e insuficiente. Entende-se, nessa direção, que o artigo 1º, III, da Constituição[17] consiste em verdadeira cláusula

---

15. DELGADO, Mauricio Godinho. *Curso de Direito do Trabalho*. 18. ed. São Paulo: LTr, 2019, p. 786-787. Confira-se, ainda, o Enunciado 18 da 2ª Jornada de Direito Material e Processual do Trabalho promovida pela Anamatra: "Dano Extrapatrimonial: exclusividade de critérios. Aplicação exclusiva dos novos dispositivos do título II-A da CLT à reparação de danos extrapatrimoniais decorrentes das relações de trabalho: inconstitucionalidade. A esfera moral das pessoas humanas é conteúdo do valor dignidade humana (art. 1º, III, da CF) e, como tal, não pode sofrer restrição à reparação ampla e integral quando violada, sendo dever do Estado a respectiva tutela na ocorrência de ilicitudes causadoras de danos extrapatrimoniais nas relações laborais. Devem ser aplicadas todas as normas existentes no ordenamento jurídico que possam imprimir, no caso concreto, a máxima efetividade constitucional ao princípio da dignidade da pessoa humana (art. 5º, V e X, da CF). A interpretação literal do art. 223-A da CLT resultaria em tratamento discriminatório injusto às pessoas inseridas na relação laboral, com inconstitucionalidade por ofensa aos arts. 1º, III; 3º, IV; 5º, *caput* e incisos V e X e 7º, *caput*, todas da Constituição Federal."
16. A Medida Provisória 808/2017 chegou a modificar a redação do artigo 223-C, incluindo alguns atributos que não constavam da redação original da Lei 13.467: "Art. 223-C. A etnia, a idade, a nacionalidade, a honra, a imagem, a intimidade, a liberdade de ação, a autoestima, o gênero, a orientação sexual, a saúde, o lazer e a integridade física são os bens juridicamente tutelados inerentes à pessoa natural." A referida MP, no entanto, teve seu prazo de vigência encerrado em 23 de abril de 2018, sem que o Congresso Nacional apreciasse a sua conversão em lei.
17. "Art. 1º A República Federativa do Brasil, formada pela união indissolúvel dos Estados e Municípios e do Distrito Federal, constitui-se em Estado Democrático de Direito e tem como fundamentos: (...) III – a dignidade da pessoa humana".

geral, capaz de conferir tutela àqueles aspectos da personalidade humana não expressamente contemplados pela legislação.[18] Conforme já destacado, com muita elegância, pela melhor doutrina, "a personalidade humana não cabe em uma lista *prêt-a-porter*".[19] A única interpretação possível para o artigo 223-C da CLT, portanto, é de que o rol nele contido é meramente exemplificativo.[20]

4. CRITÉRIOS PARA A "APRECIAÇÃO DO PEDIDO": A FUNÇÃO PUNITIVA ENTRA PELA JANELA

O ímpeto novidadeiro do legislador reformista deu origem, ainda, ao insólito artigo 223-G, no qual são elencados nada menos que 12 elementos que devem ser, de acordo com o *caput* do dispositivo, considerados pelo juízo ao apreciar o pedido indenizatório.[21] A lei não esclarece *para que* nem *como* tais elementos devem ser apreciados.

Apesar da falta de clareza, os critérios elencados nos incisos do preceito normativo parecem se direcionar à *quantificação* do dano (*v.g.*, a intensidade do sofrimento ou da humilhação, a possibilidade de superação física ou psicológica, os reflexos pessoais e sociais da ação ou da omissão, a extensão e a duração dos efeitos da ofensa), e não à sua *configuração*. Não parece mesmo razoável admitir que a demonstração de um esforço efetivo[22] do empregador para minimizar a ofensa (art. 223-G, IX) ou que o perdão, expresso ou tácito, do trabalhador (art. 223-G, X), por exemplo, sejam invocados para excluir a responsabilidade do empregador, mantendo irressarcidos os danos causados ao empregado.

Questão particularmente importante, suscitada pela adoção de critérios como "o grau de dolo ou culpa" (art. 223-G, VII) e "a situação social e econômica" do causador

18. "Como já foi salientado em doutrina, a tutela da personalidade, para ser eficaz, não pode ser fracionada em diversas *fattispecie* fechadas, como se fossem hipóteses autônomas não comunicáveis entre si. Tal tutela deve ser concebida de forma unitária, dado o seu fundamento, que é a unidade do valor da dignidade da pessoa. (...) No direito brasileiro, a previsão do inciso III do art. 1º da Constituição, ao considerar a dignidade humana como valor sobre o qual se funda a República, representa uma verdadeira cláusula geral de tutela de todos os direitos que da personalidade irradiam. Assim, em nosso ordenamento, o princípio da dignidade da pessoa humana atua como uma cláusula geral de tutela e promoção da personalidade em suas mais diversas manifestações" (BODIN DE MORAES, Maria Celina. *Ampliando os direitos da personalidade. Na medida da pessoa humana*: estudos de direito civil-constitucional. Rio de Janeiro: Renovar, 2010, p. 126-128).
19. CORTIANO JÚNIOR, Eroulths; RAMOS, André Luiz Arnt. Dano moral nas relações de trabalho: a limitação das hipóteses de sua ocorrência e a tarifação da indenização pela reforma trabalhista. *Civilistica.com*, a. 7, n. 2, 2018, p. 17.
20. BELMONTE, Alexandre Agra. *Danos extrapatrimoniais nas relações de trabalho*. 2. ed. Salvador: JusPodivm, 2021, p. 116-117.
21. "Art. 223-G. Ao apreciar o pedido, o juízo considerará: I – a natureza do bem jurídico tutelado; II – a intensidade do sofrimento ou da humilhação; III – a possibilidade de superação física ou psicológica; IV – os reflexos pessoais e sociais da ação ou da omissão; V – a extensão e a duração dos efeitos da ofensa; VI – as condições em que ocorreu a ofensa ou o prejuízo moral; VII – o grau de dolo ou culpa; VIII – a ocorrência de retratação espontânea; IX – o esforço efetivo para minimizar a ofensa; X – o perdão, tácito ou expresso; XI – a situação social e econômica das partes envolvidas; XII – o grau de publicidade da ofensa".
22. A própria referência a um "esforço efetivo" se revela dúbia: trata-se de um esforço *genuíno*, de intensidade compatível com as circunstâncias do caso, ou de um esforço *proveitoso*, que efetivamente contribua para a minimizar o dano causado?

do dano (art. 223-G, XI), consiste na inequívoca incorporação, pelo legislador, de uma *função punitiva* à responsabilidade civil por dano extrapatrimonial,[23] agravando-se a responsabilidade do ofensor diante de uma maior reprovabilidade da sua conduta ou do maior vulto de seu patrimônio.[24] O compromisso da legislação trabalhista com a função punitiva é reforçado pela previsão do §3º do artigo 223-G, dispondo que, "na reincidência entre partes idênticas, o juízo poderá elevar ao dobro o valor da indenização".

Embora a função punitiva seja amplamente reconhecida pela jurisprudência do STJ ao dano moral "cível"[25] e já viesse sendo adotada pela jurisprudência do TST na seara trabalhista,[26] sua pertinência é objeto de intenso dissenso doutrinário. Com efeito, o Código Civil se limita a indicar, como critério para a quantificação da indenização, a "extensão do dano" (art. 944), filiando-se a uma concepção estritamente reparatória da responsabilidade civil, que deita suas raízes nas revoluções liberais.[27] Nessa direção, qualquer pretensão de se atribuir uma função punitiva ou pedagógica à obrigação de indenizar careceria de respaldo no dado normativo do Código Civil. A introdução do artigo 223-G na CLT indiscutivelmente supera este óbice no campo dos danos extrapatrimoniais trabalhistas.

A opção legislativa parece se justificar pelo afã de garantir uma maior proteção ao trabalhador vulnerável, desestimulando condutas danosas pelo empregador com a ameaça de uma indenização mais elevada. Ignorou o legislador, contudo, a profícua doutrina produzida nas últimas décadas sobre o tema, que oferece importantes sugestões para o aperfeiçoamento de um eventual preceito legislativo voltado à punição do

23. Objeto de aprofundado estudo crítico por BODIN DE MORAES, Maria Celina. *Danos à pessoa humana*: uma leitura civil-constitucional dos danos morais. 2. ed. Rio de Janeiro: Processo, 2017, especialmente p. 193-264.
24. TEPEDINO, Gustavo; BARBOZA, Heloisa Helena; BODIN DE MORAES, Maria Celina (Coord.). *Código Civil Interpretado Conforme a Constituição da República*. 2 ed. Rio de Janeiro: Renovar, 2012, v. II, p. 866: "entre os critérios enumerados pela doutrina e pelos tribunais para o arbitramento da indenização por dano moral, aparecem usualmente a gravidade da culpa e a capacidade econômica do ofensor. Tais critérios imprimem à indenização um caráter punitivo. Fosse o cálculo da indenização pautado exclusivamente pela extensão do dano, como impõe a regra do art. 944, é certo que a gravidade da culpa e a capacidade econômica do ofensor em nada poderiam alterar o *quantum* indenizatório. Como já observado, a extensão do dano é idêntica, seja ele causado por dolo ou culpa leve, por agente rico ou miserável".
25. Confira-se, a título meramente exemplificativo, STJ, 4ª Turma, Recurso Especial 1.440.721/GO, rel. Min. Maria Isabel Gallotti, j. 11.10.2016: "A indenização por danos morais possui tríplice função, a compensatória, para mitigar os danos sofridos pela vítima; a punitiva, para condenar o autor da prática do ato ilícito lesivo, e a preventiva, para dissuadir o cometimento de novos atos ilícitos".
26. Entre tantos outros, v. TST, 2ª Turma, Agravo de Instrumento em Recurso de Revista 493-39.2010.5.20.0003, rel. Min. Maria Helena Mallmann, j. 15.2.2017: "A reparação por dano moral deve significar uma justa compensação ao ofendido e, de outro lado, uma severa e grave advertência ao ofensor, de forma a inibi-lo ou dissuadi-lo da prática de novo ilícito da mesma natureza. Esse é o sentido pedagógico e punitivo que a indenização representa para o ofensor, enquanto que para o ofendido significa a minimização da dor sofrida em seu patrimônio moral".
27. "Para los hijos de la Revolución, no se trataba tanto de conseguir claridad científica o sistemática, cuanto de una estricta separación entre Derecho público y Derecho privado, entre la libertad del ciudadano en el tráfico mutuo, y su posición respecto del poder real del Estado. La distinta posición del ciudadano en la sociedad y en el Estado era la idea dominante. Para asegurar la autonomía de la sociedad burguesa había que separar claramente el Derecho penal del Derecho privado; había que desterrar del derecho a indemnización por daños toda consideración punitiva. La pena corresponde exclusivamente al Estado, y la reparación mediante indemnización por daños, al ciudadano" (HATTENHAUER, Hans. *Conceptos Fundamentales del Derecho Civil*: introducción histórico-dogmática. Trad. do alemão por Gonzalo Hernández. Barcelona: Ariel, 1987, p. 102-103).

causador do ato ilícito. Entre estas sugestões, merece destaque a proposta de instituição de uma pena autônoma, verdadeira multa civil, diversa do dano extrapatrimonial e com ele cumulável, de modo a garantir que cada uma das funções – reparatória e punitiva – fosse assegurada por instrumentos desenhados especificamente para tais fins. Nessa direção manifestou-se a doutrina especializada:

> Pois bem, a função compensatória da responsabilidade civil – evidenciada no artigo 944 do Código Civil – limitou a reparação à extensão dos danos concretamente causados ao ofendido, vedando a introdução de considerações sobre as vicissitudes do ofensor (intensidade da culpa, comportamento pregresso ou posterior ao ilícito e a sua condição econômica). A incorporação desses elementos punitivos só seria possível se o legislador estipulasse critérios objetivos para uma condenação autônoma a uma pena privada. Nada obstante, a reforma trabalhista optou por hipertrofiar o dano moral, introduzindo elementos que lhe são estranhos, transcendendo o seu viés puramente reparatório de lesões existenciais, anabolizando a sua quantificação, sob o fundamento de uma pseudofinalidade punitiva, pautada na extrema reprovabilidade do comportamento do ofensor e em sua portentosa condição econômica. Houve uma verdadeira 'perda de uma chance' do legislador criar uma pena civil com caráter punitivo e pedagógico de desencorajamento de atitudes antissociais seja pelo empregador acionado, como pelos demais *players* do mercado.[28]

Já caminhava nesta direção o artigo 16 do Código de Defesa do Consumidor, ao prever: "Se comprovada a alta periculosidade do produto ou do serviço que provocou o dano, ou grave imprudência, negligência ou imperícia do fornecedor, será devida multa civil de até um milhão de vezes o Bônus do Tesouro Nacional – BTN, ou índice equivalente que venha substituí-lo, na ação proposta por qualquer dos legitimados à defesa do consumidor em juízo, a critério do juiz, de acordo com a gravidade e proporção do dano, bem como a situação econômica do responsável." O dispositivo restou vetado pelo Presidente da República ao fundamento de que a reparação do dano sofrido pelo consumidor já estava suficientemente tutelada pela disciplina dos acidentes de consumo e que a figura da multa civil ainda carecia de melhor definição. De todo modo, a norma vetada seria um bom ponto de partida para o desenvolvimento de uma disciplina mais efetiva e coerente de repressão aos ilícitos na seara trabalhistas, preservando-se a autonomia funcional do dano extrapatrimonial, vinculado a propósitos estritamente reparatórios.

Não contente em introduzir uma controversa (e pouco sofisticada) punição ao causador do dano, a Lei 13.467 inovou, ainda, ao instituir uma despropositada punição às próprias vítimas do dano, como se passa a examinar.

5. A "SITUAÇÃO SOCIAL E ECONÔMICA" DA VÍTIMA E A TARIFAÇÃO DA INDENIZAÇÃO COM BASE NO SALÁRIO: A REFORMA TRABALHISTA CONTRA A CONSTITUIÇÃO DA REPÚBLICA

Prevê o inciso XI do artigo 223-G que o juiz deverá considerar "a situação social e econômica *das partes envolvidas*", vale dizer, não somente a do ofensor, aspecto já exami-

28. ROSENVALD, Nelson. *O novo dano moral trabalhista* – Um ensaio sobre a cegueira (do legislador). Disponível em: genjuridico.jusbrasil.com.br. Publicado em: 09 jan. 2018.

nado no tópico antecedente, como também a da *vítima*. Tem-se aí, novamente, critério já chancelado, no passado, pela jurisprudência do STJ[29] e do TST.[30] Nada obstante isso, a vinculação do valor da indenização à situação econômica da vítima enseja, num olhar mais atento, profunda perplexidade.

Com efeito, nenhuma razão há para se sustentar que os interesses extrapatrimoniais de uma pessoa de melhor situação econômica mereçam uma tutela privilegiada frente àqueles de uma pessoa mais pobre. O dispositivo legal em exame reflete tentativa de legitimar, revestindo de juridicidade, a noção difusamente compartilhada por parcela da sociedade brasileira de que pessoas mais abastadas gozariam de um *status* superior, sendo, portanto, mais dignas que as demais. Não é a esta noção hierarquizante de dignidade humana, contudo, que subscreve nossa Constituição, e sim a uma noção igualitária, reconhecendo-se a dignidade como um valor intrínseco a cada pessoa, do qual decorre uma exigência de igual respeito e consideração a todos.[31] Nessa direção, a atribuição de indenizações com valores diversos para um mesmo dano infligido a vítimas de estratos sociais distintos importa violação a valores nucleares da tábua axiológica constitucional.[32]

Não satisfeito, o legislador prosseguiu em sua investida contra a Constituição ao instituir, no § 1º do artigo 223-G, tetos para os valores arbitrados a título de indenização do dano extrapatrimonial, variáveis conforme a gravidade da lesão:

> Art. 223-G. (...) §1º Se julgar procedente o pedido, o juízo fixará a indenização a ser paga, a cada um dos ofendidos, em um dos seguintes parâmetros, vedada a acumulação:
>
> I – ofensa de natureza leve, até três vezes o último salário contratual do ofendido;
>
> II – ofensa de natureza média, até cinco vezes o último salário contratual do ofendido;

29. Confira-se, a título meramente exemplificativo, STJ, 1ª Turma, Agravo Interno no Agravo em Recurso Especial 1.063.319/SP, rel. Min. Sérgio Kukina, j. 03.04.2018: "Na segunda etapa, consideram-se, para a fixação definitiva do valor da indenização, (...) as circunstâncias pessoais da vítima, sua colocação social, política e econômica".
30. Entre outros, v. TST, 5ª Turma, Agravo de Instrumento em Recurso de Revista 194-94.2011.5.03.0037, rel. Min. Guilherme Augusto Caputo Bastos, j. 20.05.2015: "A fixação do *quantum debeatur* deve orientar-se pelos princípios da proporcionalidade e da razoabilidade, considerando-se, também, outros parâmetros, como o ambiente cultural dos envolvidos, as exatas circunstâncias do caso concreto, o grau de culpa do ofensor, a situação econômica deste e da vítima, a gravidade e a extensão do dano".
31. A trajetória da concepção hierárquica da dignidade até a contemporânea concepção universalista é detidamente examinada em: SARMENTO, Daniel. *Dignidade da pessoa humana*: conteúdo, trajetórias e metodologia. 3. ed. Belo Horizonte: Fórum, 2020, p. 35-51.
32. "A imprópria invocação do princípio do enriquecimento sem causa na fase de cálculo do dano tem levado os tribunais a estipular, em lesões semelhantes, indenizações menores para pessoas economicamente menos favorecidas. É grave a violação que daí resulta ao princípio da isonomia, consagrado no art. 5º, *caput*, da Constituição de 1988. A repercussão de uma certa lesão à personalidade de uma pessoa não pode ser considerada menor, por ser mais reduzida a sua capacidade econômica. O arbitramento do dano moral deve corresponder, sim, às suas condições pessoais e às reais consequências do dano sobre a sua personalidade, mas nunca às suas condições patrimoniais" (SCHREIBER, Anderson. *arbitramento do dano moral no código civil. Direito Civil e Constituição.* São Paulo: Atlas, 2013, p. 181). Na mesma direção: MONTEIRO FILHO, Carlos Edison do Rêgo. *Elementos de Responsabilidade Civil por Dano Moral.* Rio de Janeiro: Renovar, 2000, p. 150-151. Merece destaque, em sede jurisprudencial, a seguinte decisão do Superior Tribunal de Justiça: "A condição social da vítima, de pobre, não pode ser valorizada para reduzir o montante da indenização pelo dano moral; a dor das pessoas humildes não é menor do que aquela sofrida por pessoas abonadas ao serem privadas de um ente querido" (STJ, 3ª Turma, Recurso Especial 951.777/DF, rel. p/ acórdão Min. Ari Pargendler, j. 19.06.2007).

III – ofensa de natureza grave, até vinte vezes o último salário contratual do ofendido;

IV – ofensa de natureza gravíssima, até cinquenta vezes o último salário contratual do ofendido.

Partindo do problema menos grave, nota-se que os incisos refletem uma gradação da gravidade do dano em quatro faixas – leve, média, grave e gravíssima –, sem indicar, contudo, qualquer critério a ser observado pelo intérprete para enquadrar o dano em cada uma das referidas faixas.

Questão muito mais delicada, porém, é o próprio estabelecimento de valores máximos a serem observados em cada faixa de dano. Trata-se de opção legislativa que busca atender ao anseio por segurança jurídica no âmbito do arbitramento do dano moral, conferindo ao empregador uma maior previsibilidade quanto ao ônus econômico que poderá vir a suportar em razão de eventual dano causado ao trabalhador. A doutrina brasileira, no entanto, é majoritariamente adversa a este tipo de solução, por privar o juiz da possibilidade de analisar a quantia proporcional ao dano concretamente suportado por cada vítima no caso concreto. A segurança jurídica, nesta matéria, deveria ser obtida não pelo estabelecimento de amarras apriorísticas, e sim pela preservação da coerência do valor arbitrado com aquele concedido pela jurisprudência a casos análogos.[33]

A própria constitucionalidade deste tipo de medida se afigura duvidosa, por representar um limite infraconstitucional à garantia fundamental da reparação do dano moral (CR, art. 5º, V e X).[34-35] Antes de declarar a completa não recepção da Lei de Imprensa na Arguição de Descumprimento de Preceito Fundamental 130, diversas decisões do Supremo Tribunal Federal vinham afirmando, especificamente, a incompatibilidade do limite indenizatório constante do artigo 52 da referida lei[36] com a Constituição: "Toda limitação, prévia e abstrata, ao valor de indenização por dano moral, objeto de juízo de equidade, é incompatível com o alcance da indenizabilidade irrestrita assegurada pela atual Constituição da República".[37]

---

33. BODIN DE MORAES, Maria Celina. *Danos à Pessoa Humana*: uma leitura civil-constitucional dos danos morais. 2. ed. Rio de Janeiro: Processo, 2017, pp. XXII-XXIII.

34. "Art. 5º (...) V – é assegurado o direito de resposta, proporcional ao agravo, além da indenização por dano material, moral ou à imagem; (...) X – são invioláveis a intimidade, a vida privada, a honra e a imagem das pessoas, assegurado o direito a indenização pelo dano material ou moral decorrente de sua violação".

35. "Nada obstante, o temor das altas indenizações parece fortemente presente no imaginário jurídico brasileiro. Prova disto é o Projeto de Lei 150/1999, que fixa limites quantitativos à indenização por dano moral. Em um absurdo retorno ao tabelamento das indenizações, o projeto, aprovado na Comissão de Constituição e Justiça do Senado Federal, divide o dano moral em leve, médio e grave, estipulando tetos máximos de 20 mil, 90 mil e 180 mil reais, respectivamente. A proposta não é apenas o oposto da tendência de proteção integral à pessoa, que recomenda que cada dano e cada vítima sejam tratados em sua particularidade; é também inconstitucional, visto que a Constituição de 1988 assegura a compensação dos danos morais, sem estabelecer limitações de qualquer espécie" (SCHREIBER, Anderson. Arbitramento do Dano Moral no Código Civil. *Direito Civil e Constituição*. São Paulo: Atlas, 2013, p. 190-191).

36. "Art. 52. A responsabilidade civil da empresa que explora o meio de informação ou divulgação é limitada a dez vezes as importâncias referidas no artigo anterior, se resulta de ato culposo de algumas das pessoas referidas no art. 50".

37. STF, 2ª Turma, Recurso Extraordinário 447.584/RJ, rel. Min. Cezar Peluso, j. 28.11.2006, com densa fundamentação teórica. Na mesma direção: STF, 2ª Turma, Recurso Extraordinário 396.386/SP, rel. Min. Carlos Velloso, j. 29.6.2004: "A Constituição de 1988 emprestou à reparação decorrente do dano moral tratamento especial

A inconstitucionalidade do § 1º do artigo 223-G revela-se indubitável, no entanto, quando se focaliza o critério empregado para a determinação do teto legal: "o último salário contratual do ofendido".[38] A remuneração do trabalhador é dado que não guarda qualquer nexo de pertinência com a esfera extrapatrimonial da vítima do dano a justificar o seu emprego para a limitação do valor da indenização devida. A iniquidade suscitada pela parte inicial do artigo 223-G, ao eleger a situação social e econômica da vítima como critério de quantificação do dano, é retomada e exasperada pelo § 1º ao limitar o valor do *quantum respondeatur* a um múltiplo do salário da vítima, permitindo que trabalhadores que suportem uma mesma lesão venham a receber indenizações distintas, caso seus salários sejam, por qualquer razão, distintos.[39] Em exemplo eloquente, se o gerente e o auxiliar de limpeza de um mesmo estabelecimento comercial sofrerem um mesmo dano decorrente de acidente de trabalho, o gerente poderá receber (e, fatalmente, receberá) uma indenização muitíssimo superior a do auxiliar de limpeza, solução claramente discriminatória.

Observa-se nesta matéria, ademais, uma (outra) grave fratura no sistema de responsabilidade civil pátrio. A tarifação do teto indenizatório aplicável ao dano extrapatrimonial experimentado pelo trabalhador revela-se ainda mais atroz quando a sistemática adotada pela CLT é contrastada com aquela prevista no Código Civil, na qual não se verifica qualquer teto indenizatório. Confere-se ao trabalhador, contratante vulnerável, um regime jurídico não mais protetivo – como aquele verificado, por exemplo, nas relações de consumo – mas sim uma disciplina mais gravosa que aquela aplicável à generalidade das relações privadas, em verdadeira subversão da axiologia constitucional, que impõe uma proteção reforçada a toda pessoa que se encontre em posição de vulnerabilidade.[40] Verifica-se, com isso, sob um distinto viés, uma ulterior vulneração ao princípio da isonomia.

– CF, art. 5º, V e X – desejando que a indenização decorrente desse dano fosse a mais ampla. Posta a questão nesses termos, não seria possível sujeitá-la aos limites estreitos da lei de imprensa. Se o fizéssemos, estaríamos interpretando a Constituição no rumo da lei ordinária, quando é de sabença comum que as leis devem ser interpretadas no rumo da Constituição".

38. A Medida Provisória 808/2017, atentando à questão, substituiu o critério do salário da vítima pelo "*limite máximo dos benefícios do Regime Geral de Previdência Social*". Como já se registrou anteriormente, tal MP caducou em 23 de abril de 2018, sendo o critério por ela adotado aplicável, portanto, apenas aos danos extrapatrimoniais verificados durante o seu breve período de vigência.

39. "A tarifação da indenização por danos morais adotada é de todo desconcertante. É dizer, institui um tirânico sistema de castas de trabalhadores que, em razão de seus salários, têm maior ou menor valor atribuído a seus direitos personalíssimos, em repugnante e manifesta violação do princípio constitucional isonômico. De fato, o critério do porte econômico da vítima como parâmetro de indenização é inusitado. Se o entendimento é o de que o dano extrapatrimonial é o sofrimento experimentado pela pessoa, daí impossível de ser mensurado; ora, considerar as condições econômicas da vítima apenas tem o efeito de atribuir menos a quem tem menos, e mais a quem tem mais. O fato de a vítima mais desfavorecida receber menos pelo mesmo dano sofrido não responde a qualquer princípio de justiça ou equidade." (TUPINAMBÁ, Carolina. *Danos extrapatrimoniais decorrentes das relações de trabalho*. São Paulo: LTr, 2018, p. 183).

40. "Neste ambiente, de um renovado humanismo, a vulnerabilidade humana será tutelada, prioritariamente, onde quer que se manifeste. Terão precedência os direitos e as prerrogativas de determinados grupos considerados, de uma maneira ou de outra, frágeis e que estão a exigir, por conseguinte, a especial proteção da lei" (BODIN DE MORAES, Maria Celina. O princípio da dignidade da pessoa humana. *Na medida da pessoa humana*: estudos de direito civil-constitucional. Rio de Janeiro: Renovar, 2010, p. 84). Na mesma direção: MARQUES, Claudia Lima; MIRAGEM, Bruno. *O novo direito privado e a proteção dos vulneráveis*. São Paulo: Ed. RT, 2012, p. 129.

A flagrante inconstitucionalidade da sistemática de quantificação adotada pela CLT ensejou uma rápida judicialização da matéria, existindo já diversas decisões proferidas por Tribunais Regionais do Trabalho reconhecendo a inconstitucionalidade do § 1º – e, em alguns casos, de todos os parágrafos – do artigo 223-G da CLT.[41] No Supremo Tribunal Federal, a questão é objeto de três ações diretas de inconstitucionalidade (ADIs 6.050, 6.069, 6.082),[42] sob a relatoria do Ministro Gilmar Mendes. O julgamento das referidas ações iniciou-se em 27 de outubro de 2021, quando foi proferido o voto do relator, após o qual interrompeu-se o julgamento por pedido de vista.

Em seu voto, o Ministro Gilmar Mendes concluiu que "os critérios de quantificação de reparação por dano extrapatrimonial previstos no art. 223-G, *caput* e § 1º, da CLT deverão ser observados pelo julgador como critérios orientativos de fundamentação da decisão judicial. É constitucional, porém, o arbitramento judicial do dano em valores superiores aos limites máximos dispostos nos incisos I a IV do § 1º do art. 223-G, quando consideradas as circunstâncias do caso concreto e os princípios da razoabilidade, da proporcionalidade e da igualdade". A interpretação defendida no voto do relator, portanto, foi a de que a contrariedade à Constituição se limita à instituição de tetos indenizatórios insuperáveis pelo intérprete, de modo que a inconstitucionalidade restaria afastada por uma exegese que autorize a superação do teto quando este se revelar inadequado em determinado caso concreto.

Tal interpretação, contudo, afigura-se insuficiente para conformar a sistemática de quantificação adotada na CLT à Constituição da República. Isso porque, ainda que os "critérios" apresentados pela lei sejam tidos como meramente "orientativos" da fundamentação da decisão, o parâmetro da situação social e econômica da vítima constante do inciso XI do *caput*, bem como o parâmetro do salário contratual do ofendido, refletido nos incisos do § 1º do artigo 223-G são, em si mesmos, inconstitucionais. Em outras palavras, adotada a tese sugerida pelo Ministro Gilmar Mendes, a lei continuará orientando (e não mais impondo) o Poder Judiciário a conferir um tratamento discriminatório a pessoas mais pobres ou que recebam salários mais modestos, conferindo-lhes uma indenização mais baixa para os danos infringidos à sua esfera existencial, mesmo que se admita que essa indenização (mais baixa) seja superior ao teto legal.

---

41. "A limitação da reparação por danos extrapatrimoniais nas relações de trabalho viola os princípios constitucionais da dignidade da pessoa humana (art. 1º, III da CF/88), da isonomia (art. 5º, *caput* da CF/88) e da reparação integral (art. 5º, V e X e art. 7º, XXVIII, ambos da CF/88), impondo-se, em respeito ao princípio da supremacia da Constituição Federal, a declaração em controle difuso e incidental de inconstitucionalidade dos incisos I a IV do parágrafo 1º do artigo 223-G da CLT, introduzido pela Lei 13.467/17, por incompatibilidade material com o texto constitucional" (TRT-2, Tribunal Pleno, Incidente de Arguição de Inconstitucionalidade 1004752-21.2020.5.02.0000, rel. Des. Jomar Luz De Vassimon Freitas, j. 13.10.2021). Na mesma direção: TRT-3, Tribunal Pleno, Incidente de Arguição de Inconstitucionalidade 0011521-69.2019.5.03.0000, rel. Des. Sebastião Geraldo de Oliveira, j. 09.07.2020; TRT-4, Tribunal Pleno, Incidente de Arguição de Inconstitucionalidade 0021089-94.2016.5.04.0030, rel. Des. Lais Helena Jaeger Nicotti, j. 29.06.2020; TRT-8, Tribunal Pleno, Incidente de Arguição de Inconstitucionalidade 0000514-08.2020.5.08.0000, rel. Des. Gabriel Napoleão Velloso Filho, j. 14.09.2020; TRT-23, Tribunal Pleno, Incidente de Arguição de Inconstitucionalidade 0000239-76.2019.5.23.0000, rel. Des. Tarcísio Régis Valente, j. 19.09.2019.
42. A Ação Direita de Inconstitucionalidade 5.870, que tratava do mesmo tema, foi extinta pelo STF em razão da perda superveniente do seu objeto.

A tese falha, ainda, na indicação de parâmetros que justifiquem a desconsideração do teto legal pelos magistrados. A vaga referência às "circunstâncias do caso concreto" e aos "princípios da razoabilidade, da proporcionalidade e da igualdade" não contribuem para esclarecer em que casos a "orientação" da lei quanto aos tetos indenizatórias pode ser flexibilizada. A referência à igualdade, particularmente, soa mesmo contraditória, uma vez que uma efetiva consideração da igualdade exigiria, como visto, a completa abolição dos critérios legais discriminatórios. Em suma, a tese sugerida pelo Ministro Gilmar Mendes minimiza, sem resolver completamente, o problema da tarifação legal e ignora, absolutamente, a violação ao princípio da isonomia.

6. À GUISA DE CONCLUSÃO: DIGNIDADE DO TRABALHADOR E TRANSFORMAÇÃO SOCIAL

A reforma trabalhista de 2017 desferiu um duro golpe no sistema de tutela do trabalhador por danos sofridos no âmbito das relações de trabalho. Sob o ponto de vista técnico, promoveu uma inconveniente cisão no regime jurídico do dano moral, inserindo elementos ora desnecessários, ora alheios à nossa tradição, tudo sob o incongruente argumento de promover maior segurança jurídica. Desperdiçou-se, assim, uma valiosa oportunidade de introduzir reais aprimoramentos na matéria, como a positivação expressa da possibilidade de reparação não pecuniária dos danos extrapatrimoniais e, até mesmo, de parâmetros para a sua fixação.[43]

Pior ainda, a reforma refletiu na disciplina do dano extrapatrimonial a concepção ideológica que lhe serviu de norte, firme na convicção de que o desenvolvimento econômico só pode ser obtido por meio do aviltamento da proteção ao trabalhador. Nossa Constituição, diversamente, eleva o "valor social do trabalho" a fundamento da República Federativa do Brasil (art. 1º, IV), em opção político-jurídica aparentemente incompatível com a estratégia de impulsionar a economia do país às custas de uma proteção deficiente das pessoas que contribuem, com a sua força de trabalho, para o desenvolvimento nacional.

O reconhecimento da ampla (*integral*) reparação dos danos infligidos à pessoa humana, nas múltiplas relações sociais na qual participa – incluindo, especialmente, as relações laborais –, consiste em pressuposto de um projeto político de transformação social vinculado aos objetivos fundamentais consagrados no artigo 3º da Constituição.[44] Tendo o legislador falhado em cunhar uma disciplina dos danos extrapatrimoniais trabalhistas atenta a este pressuposto, cabe agora ao intérprete extrair do texto legal as soluções que melhor o enquadrem na legalidade constitucional.

---

43. Sobre o tema, cf. FAJNGOLD, Leonardo. *Dano moral e reparação não pecuniária*: sistemática e parâmetros. São Paulo: Ed. RT, 2021, passim.
44. "Art. 3º Constituem objetivos fundamentais da República Federativa do Brasil: I – construir uma sociedade livre, justa e solidária; II – garantir o desenvolvimento nacional; III – erradicar a pobreza e a marginalização e reduzir as desigualdades sociais e regionais; IV – promover o bem de todos, sem preconceitos de origem, raça, sexo, cor, idade e quaisquer outras formas de discriminação".

A PREVIDÊNCIA SOCIAL E OS DESAFIOS DA PRÓXIMA DÉCADA: UMA ANÁLISE DE SEU POTENCIAL TRANSFORMADOR

Fábio Zambitte Ibrahim

Doutor em Direito Público pelo Programa de Pós-Graduação em Direito da Universidade do Estado do Rio de Janeiro (PPGD-UERJ). Mestre em Direito pela Pontifícia Universidade Católica de São Paulo (PUC-SP). Professor Adjunto de Direito Financeiro da Universidade do Estado do Rio de Janeiro (UERJ). Professor Titular de Direito Previdenciário e Tributário do IBMEC. Advogado; e-mail: fabio.zambitte@uol.com.br.

Carlos Vinicius Ribeiro Ferreira

Mestrando em Direito do Trabalho e Previdenciário pelo Programa de Pós-Graduação em Direito da Universidade do Estado do Rio de Janeiro (PPGD-UERJ). Graduado em Direito pela Universidade Federal Rural do Rio de Janeiro (UFRRJ). Advogado; e-mail: cviniciusf@gmail.com.

1. INTRODUÇÃO

A previdência social tem por precípuo escopo a promoção da proteção da sociedade contra os tradicionalmente chamados riscos sociais – ou, como preferimos chamar, conforme será explorado adiante, necessidades sociais. Desde a mera proteção de um cidadão contra uma doença até a sua capacidade de movimentar uma economia nacional por meio de externalidades positivas, indiscutivelmente tem-se que a previdência é uma ferramenta de transformação social.

Não se tem notícia, e provavelmente nunca se terá, de um sistema previdenciário completo e imutável. A lógica do sistema do seguro social é a de que ele terá de ser constantemente reformado para que possa se adequar à realidade, continuamente em mudança, da sociedade. Se as necessidades sociais são diversas e a proteção previdenciária é a que se ocupa de saná-las, naturalmente haverá sempre algum evento não coberto pela previdência social e outros eventos, não previstos anteriormente, que promoverão uma mudança de paradigma na rede protetiva.

Para que se vislumbre tal fato, não há necessidade de procurar muito na história. O período recente vivido pela humanidade, com a emergência da pandemia de Covid-19 e a inserção do auxílio-emergencial por parte do governo brasileiro, é um claro exemplo do surgimento de uma nova necessidade social – esta, em especial, correlacionada a vários eventos como morte, invalidez e insegurança econômica – e o uso da seguridade social para diminuir os seus efeitos contra a população.

Faz-se esta pequena introdução com o intuito de afirmar que, ao intitular este estudo como "os desafios da próxima década", não se pretende exaurir as possibilidades que poderiam aperfeiçoar a seguridade social. Tão somente, pretende-se revisitar estudos anteriores e explorar o comportamento da seguridade social, e em especial da previdência social, em relação a grupos mais vulneráveis e carentes de proteção.

Novamente, a ausência de determinada comunidade não significa dizer que não mereça proteção, mas fato é que, pretender explorar as necessidades sociais de todos os grupos não coaduna com os objetivos do presente estudo, que tem por escopo trazer algumas provocações das alterações e realizações legislativas e jurisprudenciais mais recentes e o que se pode e deve esperar do futuro.

Para tanto, serão analisadas a população LGBTQIA+, que ultimamente, e de forma justa e correta, tem recebido cada vez maior atenção por parte do legislativo e, principalmente, do judiciário; os motoristas e entregadores de plataformas digitais, que compõem um extenso grupo de trabalhadores que não podem passar ao largo da proteção social; e, por fim, separados apenas pela idade, trataremos da cobertura dos idosos e das crianças e adolescentes.

Ao final de cada item, pretendeu-se lançar alguns questionamentos e necessidades que os referidos grupos devem receber maior proteção por parte da seguridade social, não se deixando de destacar o potencial de transformação social que o direito previdenciário já promoveu e, por certo, ainda irá promover.

2. UM BREVE HISTÓRICO DA PROTEÇÃO ÀS NECESSIDADES SOCIAIS

Não há como estabelecer, com absoluta precisão, qual foi o primeiro marco característico da previdência social em toda a história humana. Isso porque, aliada a diversas outras esferas do direito, a previdência inicialmente foi exercida por meio de mutualismo e, em muitas vezes, dentro do cenário familiar. A antiga ideia de que os idosos devem descansar enquanto seus filhos e netos trabalham é um verdadeiro traço da hoje famigerada solidariedade intergeracional, operada hoje em nível nacional e de forma compulsória devido à miopia social que assola parte da população.

Por mais que assim o seja, porém, há um consenso na doutrina de que o marco inicial da previdência social, nos moldes hoje encontrados, teve lugar na Alemanha, por meio do chanceler Otto von Bismarck, em 1883. Antes, porém, de explorar brevemente o surgimento do sistema protetivo previdenciário alemão, insta retornar algumas décadas para vislumbrar o movimento operário que estava nascendo na Alemanha, por meio dos escritos de Karl Marx.

Independente do personagem em questão dividir emoções no cenário político atual, certo é que Karl Marx e Friedrich Engels tiveram a missão de traduzir o sentimento do

Partido Comunista à época. A este respeito, tem-se o fato de que se esperava que a dita revolução proletária tivesse lugar na Alemanha. Em 1848, assim foi escrito pelos autores:[1]

> É sobretudo para a Alemanha que os comunistas voltam sua atenção, porque a Alemanha se encontra às vésperas de uma revolução burguesa, porque realizará essa revolução nas condições mais avançadas da civilização europeia, com um proletariado muito mais desenvolvido do que o da Inglaterra no séc. XVII e o da França no séc. XVIII, e porque a revolução burguesa alemã só poderá ser o imediato prelúdio de uma revolução proletária.

Retornando à década de 1880, e demonstrando-se novamente o impacto de transformação social da previdência, não seria incorreto sustentar que, potencialmente, as reformas promovidas por Otto von Bismarck, de certa forma, diminuíram o ímpeto revolucionário dos operários alemães. Não se pode afirmar que Bismarck adotou tais mecanismos de proteção por simples amor aos trabalhadores e vontade de protegê-los – de igual forma, também, não se pode afirmar que seu sistema se tratou de mera manobra política.

Conforme explicita Manoel Póvoas,[2] o sucesso do modelo de Bismarck deu-se, para além do motivo de representar a ausência de compromisso financeiro para o Estado, uma vez que o custeio cabia tão somente aos empregados e empregadores, pelo seu viés pacificador, ao administrar as massas revoltosas com a precária qualidade de vida dos trabalhadores e da indústria.

Bismarck acreditava profundamente na assistência social, sendo algo que possuía há tempos em mente. Oportunamente, porém, utilizou de suas ideias para aproximar-se do eleitorado dos sociais-democratas, afastando o Partido dos eleitores por meio de um programa social construtivo.[3] Ele acreditava que o descontentamento dos trabalhadores alemães poderia levar, também, à sua subserviência, conforme pode ser extraído das próprias palavras de Bismarck em 1881:[4]

> Quem tiver uma pensão de velhice está muito mais satisfeito e é muito mais fácil de manobrar do que quem carecer desta perspectiva. Vede a diferença entre um criado particular e um criado da chancelaria ou da corte: este atuará muito mais porque irá beneficiar de uma pensão.

Os testemunhos de Bismarck revelavam certa incongruência de pensamentos. Ao mesmo tempo que era um crítico ferrenho das inspeções em fábricas e limitações nos horários de trabalho, propôs o seguro, para todos os trabalhadores alemães, contra a velhice, doença e acidentes – não sem críticas, desde os liberais até os sociais-democratas. Não abandonava, entretanto, seus ideais, conforme uma das sessões do *Reischtag*, em que ao ser acusado de flertar com o socialismo por um de seus oponentes, respondeu:

1. MARX, Karl; ENGELS, Friedrich. *Manifesto do Partido Comunista*. São Paulo: Editora Martin Claret Ltda., 2000, p. 82.
2. PÓVOAS, Manoel. *Previdência Privada*. 2. ed. São Paulo: Quartier Latin, 2007, p. 43.
3. TAYLOR, A. J. P. *Bismarck*: O Homem e o Estadista. Lisboa: 2009, p. 199.
4. TAYLOR, A. J. P. *Bismarck*: O Homem e o Estadista. Lisboa: 2009, p. 200.

"Você ainda será compelido a adicionar algumas gotas de óleo social na receita que você prescreve para o Estado; quantas já não posso dizer".[5]

O dito óleo social tinha por objetivo a proteção dos trabalhadores contra acidentes de trabalho e doença, prevendo contribuição dos trabalhadores, dos empregadores e do Império. Acreditando que o Estado teria funções ativas e positivas a serem cumpridas, defendia fortemente que, em um Estado cristão, monárquico e governado de forma paternalista como a Alemanha, o princípio do *Laissez-faire* seria inadmissível.[6] O seguro contra doenças foi aprovado em 1883, com a derrota de Bismarck no tocante à participação estatal na contribuição, recaindo diretamente sobre o trabalhador, que contribuía a maior parte, e o empregador.

O referido seguro nasceu a partir da compulsoriedade de filiação dos trabalhadores e da contributividade, sendo características ainda presentes hoje nos sistemas securitários modernos. É exatamente por este motivo, inclusive, que se considera o modelo bismarckiano como gênese do sistema previdenciário moderno. Neste momento, nasceu um direito público subjetivo do segurado. Isto é, se o Estado determina o pagamento compulsório das contribuições para o sistema protetivo, naturalmente poderá o segurado exigir o seu benefício, se constatada a ocorrência do fato gerador.

É considerado, de igual forma, outro grande marco na história da previdência social a elaboração, no século seguinte, de um relatório por Lord Beveridge, na Inglaterra, que deu origem ao Plano Beveridge. Em linhas gerais, o relatório teve por missão explorar as possibilidades de alternativa para a reconstrução no período do pós-guerra. Foi o primeiro estudo amplo e minucioso de todo o universo do seguro social e serviços conexos.

No cenário previdenciário pátrio atual, os reflexos do Plano Beveridge podem ser observados no fato de a saúde integrar a seguridade social, mas ser um braço da previdência social, e não sua integrante; a garantia de uma universalização da proteção a todos os trabalhadores, e não apenas aos empregados. Outrossim, tal qual no ordenamento brasileiro, a adoção da assistência social para preenchimento das lacunas na proteção a algumas necessidades sociais não protegidas pela previdência social foi algo idealizado por Beveridge.

Mas o que seriam essas tais necessidades sociais? Nesse ponto, importa tratar sobre um dos conceitos mais importantes para a previdência social. Conforme se pode observar da Constituição Federal de 1988, o seu art. 201, *caput* e incisos, dispõe de uma série de eventos que devem ser objeto de proteção e cobertura, como por exemplo a dos eventos de incapacidade temporária ou permanente para o trabalho e a idade avançada.

Tradicionalmente, estes são os chamados riscos sociais, que, em uma definição mais estrita, são as adversidades da vida a que qualquer pessoa está submetida, como o

---

5. DAWSON, William Harbutt. *Bismarck and State Socialism*: An Exposition of the Social and Economic Legislation of Germany since 1870. Londres: Swan Sonnenschein & Co., 1890, p. 109.
6. DAWSON, William Harbutt. *Bismarck and State Socialism*: An Exposition of the Social and Economic Legislation of Germany since 1870. Londres: Swan Sonnenschein & Co., 1890, p. 113.

risco de doença ou acidente, tanto quanto eventos previsíveis, como idade avançada – geradores de impedimento para o segurado providenciar sua manutenção. Não obstante, a terminologia e definição merecem um especial destaque.

Em um de seus célebres textos, Armando de Oliveira Assis buscou explorar a concepção moderna de risco social, de modo que, por mais que escrito na década de 1950, se revela cada dia mais atual. Na referida obra, Assis defende que a terminologia mais correta para os referidos eventos seria "necessidades sociais", dado o potencial estigmatizante que a palavra "risco" poderia trazer a eventos como a gravidez ou velhice, por exemplo.

Na sua perspectiva, os riscos localizados devem ser tratados como riscos contra a sociedade como um todo. Tal qual o corpo humano se mobiliza para exterminar uma bactéria, a sociedade deve se estruturar de modo a tratar os males individuais como uma infecção a ser extirpada. Nesse sentido, as palavras de Beveridge são trazidas à baila por Assis: "devemos considerar a necessidade, a doença, a ignorância e a miséria como inimigos comuns de todos, e não como inimigos com os quais cada um deva tentar concluir uma paz em separado".[7]

Nesse sentido, assevera também o autor que não se pode admitir que uma invalidez só possa ser considerada um risco social se atingir um indivíduo economicamente fraco. Desta forma, se uma duquesa sofre um grave caso fortuito, ao ponto de ter seu pleno exercício da vida civil impedido, poderá ela também ser alvo da sociedade e protegida pela seguridade social. Assim, define que o conceito tem melhor significação se chamado de "necessidade social".

Necessário também se faz apontar para o fato de que a dimensão de risco social não é um padrão, mas um conceito mutável de acordo com o local, o tempo e a comunidade – se expande e se contrai, de acordo com o nível cultural e econômico da sociedade a que se destina, tendo por escopo o estabelecimento de um padrão mínimo de bem-estar social para os segurados.

É nesse ínterim que se pretende focar no objeto de estudo deste artigo. O resgate histórico da previdência social permite observar que esta nasceu a partir de uma demanda social e uma tentativa do Estado de garantir a proteção e arrefecer os ânimos dos trabalhadores que clamavam para melhores condições de trabalho e salvaguarda. Hoje, entretanto, a realidade demonstra que há uma infinidade de cenários que demandam a atenção, em primeira escala, da previdência social, e em larga escala da seguridade social.

Conforme já defendido em estudo anterior, um modelo de Estado sem direitos sociais mínimos, dotados de jusfundamentalidade, seria como uma escola de circo que permite a seus alunos que desenvolvam plenamente todas as habilidades para o trapézio, que estimule a dedicação adequada ao aprendizado, mas exclua o uso de redes de segurança – o direito é plenamente assegurado, incluindo as condições necessárias para

7. ASSIS, Armando de Oliveira. Em busca de uma concepção moderna de risco social (*Revista dos Industriários* 18, de dezembro de 1950 – p. 24 a 37). *Revista de Direito Social 14*. Porto Alegre: Notadez Informação, v. 4, n. 14, p. 158, mar./jun. 2004.

o desenvolvimento das aptidões pessoais, mas o risco é individualizado pelas escolhas erradas ou ações malsucedidas.[8]

Desta forma, doravante, ocupar-se-á este estudo de explorar os potenciais desafios da previdência social para a próxima década, analisando tanto as demandas mais recentes, como o impacto das novas tecnologias que demandam uma atuação da previdência, até as mais antigas, como a necessária e devida atenção aos grupos sociais que precisam ter sua proteção mais bem ajustada.

3. OS DESAFIOS DA PRÓXIMA DÉCADA

3.1 A salvaguarda da população LGBTI+ em perspectiva previdenciária

A sigla LGBTI+ diz respeito a lésbicas, gays, bissexuais, travestis, transexuais e intersexuais, de modo que o + simboliza a "inclusão de outras orientações sexuais, identidades e expressões de gênero".[9] De certa forma, tratando especificamente da esfera previdenciária, tem-se que os direitos da referida população não surgiram necessariamente a reboque dos fatos.

Há 22 anos, o Ministério Público Federal ajuizou Ação Civil Pública, com abrangência nacional e pedido liminar, em face do Instituto Nacional do Seguro Social, que foi autuada sob o n. 2000.71.00.009347-0/RS, com o fito de que a autarquia fosse compelida a considerar como dependente preferencial o companheiro ou a companheira homossexual, para fins do art. 16, I, da Lei 8.213/1991. A medida liminar foi deferida pela 17ª Vara Federal de Porto Alegre/RS e, ao final da instrução processual, a ACP foi julgada procedente e a liminar confirmada.

O referido processo foi objeto de apelação, de modo que o julgamento do recurso foi tido pelo TRF-4 como um dos julgamentos marcantes de sua história quando da comemoração de 25 anos do Tribunal.[10] A sentença foi confirmada pelo Tribunal, por unanimidade, a partir do voto lavrado pelo Des. João Batista Pinto Silveira, que afirmou que "independentemente de querermos ou não, a verdade é que o mundo está se transformando rapidamente", de modo que "o amor e a convivência homossexual são uma realidade que não pode mais ficar à margem da devida tutela jurídica" e "o Poder Judiciário não pode se fechar às transformações sociais, que, pela sua própria dinâmica, muitas vezes se antecipam às modificações legislativas".[11]

8. IBRAHIM, Fábio Zambitte. *A previdência social no estado contemporâneo*: fundamentos, financiamento e regulação. Niterói, RJ: Impetus, 2011, p. 115.
9. REIS, T. (Org.). *Manual de Comunicação LGBTI+*. 2. ed. Curitiba: Aliança Nacional LGBTI / GayLatino, 2018, p. 13.
10. Tribunal Regional Federal da 4ª Região. *TRF4 25 Anos*: decisões que fazem parte da sua história. Disponível em: https://www.trf4.jus.br/trf4/controlador.php?acao=noticia_visualizar&id_noticia=9964. Acesso em: 15 fev. 2022.
11. Tribunal Regional Federal da 4ª Região. 6ª Turma. ACP 2000.71.00.009347-0/RS. [...] deve a relação da Previdência para com os casais de mesmo sexo dar-se nos mesmos moldes das uniões estáveis entre heterossexuais, devendo ser exigido dos primeiros o mesmo que se exige dos segundos para fins de comprovação do vínculo afetivo e

O acórdão foi objeto de Recurso Especial e Recurso Extraordinário por parte do INSS, que apresentou desistência anos depois, em 2011, sendo homologada pelos respectivos Tribunais. Insta ressaltar que, por mais que a Lei 8.213/1991 (Lei de Benefícios da Previdência Social) não dispusesse sobre o que configuraria a união estável, o seu decreto regulamentar (Decreto 3.048/1999) previa que se considerava "união estável aquela configurada na convivência pública, contínua e duradoura entre o homem e a mulher". Por mais que o INSS tenha passado a considerar a união homoafetiva para fins de qualidade de dependente, o referido decreto regulamentar somente veio a ser alterado em 2020, passando a prever a união estável como "convivência pública, contínua e duradoura entre pessoas".

Isso não significa dizer, entretanto, que os direitos da população LGBTI+ estão suficientemente atendidos na esfera previdenciária, pois é certo que o reconhecimento dos efeitos da união estável ou do casamento para fins de qualidade de dependente não resume a demanda deste grupo em termos de previdência social. A mais recente reforma da previdência, trazida pela Emenda Constitucional 103/2019, traz à baila essa realidade.

É que, nos termos da alteração promovida pela Emenda no § 7º do art. 201, CRFB/1988, é assegurada aposentadoria no regime geral de previdência social, nos termos da lei, obedecidas as seguintes condições: 65 anos de idade, se homem, e 62 anos de idade, se mulher, observado tempo mínimo de contribuição. O objetivo primário dos parlamentares foi o de dar fim à aposentadoria somente por tempo de contribuição e, por uma escolha legislativa, continuou-se a diferenciação na idade e no tempo de contribuição a depender do gênero do segurado.

Diferentemente do texto original da PEC 287/2017, que unificava os critérios de aposentadoria para homens e mulheres,[12] a PEC 06/2019, posteriormente convertida na EC 103/2019, quedou-se entre o panorama anterior e o panorama proposto pela PEC 287/2017: tempo de contribuição distinto e mais espaçado, mas critério de idade mais aproximado, sendo o de 62 anos para mulheres e 65 anos para homens pela regra transitória. Não nos debruçaremos sobre os motivos que levaram a tal escolha, mas sobre uma das consequências dela: como deve ser concedida a aposentadoria dos transexuais?

Conforme o Manual de Comunicação LGBTI+, transexual é a pessoa "que possui uma identidade de gênero diferente do sexo designado no nascimento", de modo que "algumas pessoas trans recorrem a tratamentos médicos, que vão da terapia hormonal à cirurgia de redesignação sexual". Dessa forma, em um regime previdenciário que possui critérios diferenciados de concessão de benefícios baseados no gênero, os critérios que devem ser utilizados podem representar uma incógnita, *prima facie*.

---

dependência econômica presumida entre os casais (art. 16, I, da Lei 8.213/91), quando do processamento dos pedidos de pensão por morte e auxílio-reclusão. Disponível em: https://www2.trf4.jus.br/trf4/processos/visualizar_documento_gedpro.php?local=trf4&documento=718376&hash=174723d006fd76b54bd9333b0a611507. Acesso em: 20 fev. 2022.

12. Redação proposta pela PEC 287/2017 para o art. 201, § 7º, CRFB/1988: "É assegurada aposentadoria no regime geral de previdência social àqueles que tiverem completado sessenta e cinco anos de idade e vinte e cinco anos de contribuição, para ambos os sexos".

O fato é que o raciocínio, em teoria, é relativamente simples para o caso dos transexuais, não se tratando de um tema fácil na prática, de modo que diversas soluções surgem, como a proposição de um sistema de conversão de tempo a depender do gênero trabalhado. Essa, entretanto, não nos parece a mais adequada, pois o ato de alterar o nome social em um documento oficial ou proceder a cirurgia de redesignação de sexo não torna a pessoa uma mulher ou um homem transexual, de modo que ele ou ela apenas promoveram o ajuste do que já sentiam.

Se houve a adequação de gênero do segurado, as regras que devem ser aplicadas são aquelas vigentes para o sexo do segurado quando readequado. Isto é, se um segurado laborou antes de promover uma redesignação de gênero durante 16 anos, contando com 62 anos de idade e, finalmente, vencendo toda a carga de preconceito da sociedade, resolveu proceder a readequação sexual (por cirurgia ou não), as regras de concessão para o seu benefício deverão ser aquelas de acordo com seu gênero adequado.

A partir desse entendimento, não seria incomum que alguém inferisse que um segurado promoveria a readequação de gênero para se beneficiar de regras melhores. A afirmação, entretanto, é absurda, de modo que, conforme destaca Cristiane Miziara Mussi,[13] "é preciso lembrar que o processo de redesignação de sexo é sempre muito completo e não há que se aventar a hipótese de alguém realizar a alteração apenas para conseguir aposentar-se antes, com regras mais benéficas".

Tem-se que este é um dos desafios da próxima década que, para além das consequências dos efeitos da concessão de uma aposentadoria para homens ou mulheres trans, a título de revisão de benefício, por exemplo, terá ainda de enfrentar o desafio de costurar a cobertura previdenciária para os que são agêneros, isto é, aqueles que não se identificam ou não se sentem pertencentes a nenhum gênero.

3.2 A cobertura dos motoristas e entregadores de plataformas digitais

A proteção previdenciária dos trabalhadores que operam seu labor por meio de plataformas digitais foi objeto de estudo anterior,[14] de modo que neste estudo abordaremos principalmente a inovação legislativa surgida logo após sua publicação. Todavia, por certo, alguns comentários devem ser trazidos à baila sob forma de introduzir devidamente o tema em comento.

Em síntese, o que circunda o assunto é o não reconhecimento do vínculo empregatício entre as plataformas digitais e os motoristas e entregadores que atuam por meio delas. Consequentemente, a nível previdenciário, esses trabalhadores ficam sem qualquer proteção a partir dessas empresas, cabendo a eles procederem o recolhimento previdenciário por meio de inscrição no CNPJ/ME como Microempreendedores Individuais ou

---

13. MUSSI, Cristiane Miziara. Redesignação de gênero autoriza proteção previdenciária distinta do sexo de origem? *Constituição, Trabalho e Previdência*: Desafios a superar na sociedade tecnológica. São Paulo: LTr, 2020, p. 127.
14. Para mais informações, ver: IBRAHIM, Fábio Zambitte; FERREIRA, Carlos Vinicius Ribeiro. A Proteção Previdenciária dos Entregadores e Motoristas de Plataformas Digitais. *Revista Brasileira de Direito Previdenciário*, v. 65, 2021, p. 5-24.

recolhendo na categoria de contribuinte individual. Não se desconhecem, porém, as tentativas de configurar o vínculo dos trabalhadores com as empresas como de emprego.

Em 2016, o Ministério Público do Trabalho da 1ª Região instaurou um inquérito civil, que tramitou sob o n. 001417.2016.01.000/6, com o escopo de verificar a existência de vínculo empregatício entre o motorista e a UBER. Segundo afirma Ana Miskulin,[15] a Uber não admitiu prestar serviços de transporte, mas de tecnologia. Afirmou a empresa que, segundo seu CNAE e objetivo social, detém o direito de uso de um programa de computador que conecta usuários e motoristas, de modo que não possuiria frota ou motoristas empregados.

A empresa afirmou integrar o ramo conhecido como economia compartilhada, em que a tecnologia da informação seria utilizada para a redistribuição. Ana Miskulin, em resposta, afirma que a mera existência de Termos de Uso ou documentos afirmando ser a empresa de tecnologia não a exime de responsabilidade ou põe fim ao debate. Cita, nesse sentido, as palavras de Américo Plá Rodriguez, ao narrar o princípio da primazia da realidade, segundo o qual "em caso de discordância entre o que ocorre na prática e o que emerge dos documentos ou acordo, deve-se dar preferência ao primeiro, isto é, ao que sucede no terreno dos fatos".

O afastamento das plataformas digitais da economia compartilhada às leva a outro tipo: a *gig economy*. Segundo Guilherme Feliciano e Olívia Pasqualeto,[16] esta expressão "designa o macroambiente de negócios caracterizado pelo predomínio de contratos de curta duração com trabalhadores independentes", de modo que esta abarca duas formas de trabalho: o *crowdwork* e o *work-on-demand*. Os autores classificam que a Uber é um dos maiores exemplos de *work-on-demand* e o maior símbolo da *gig economy*, tendo em vista que essa modalidade se ilustra pelo trabalho sob demanda via aplicativos.

O tema caminha para um posicionamento no Tribunal Superior do Trabalho. Isso porque, no julgamento do Recurso de Revista 100353-02.2017.5.01.0066, o Relator, Ministro Maurício Godinho Delgado, votou no sentido de reconhecer o vínculo empregatício entre um motorista e a Uber. O julgamento foi suspenso após dois pedidos de vista. Em seu retorno, o Ministro Alberto Luiz Bresciani de Fontan Pereira, que se aposentou no final de 2021, acompanhou o relator, tornando o julgamento à suspensão devido à renovação do pedido de vista do Ministro Alexandre Agra Belmonte e, no momento, aguarda nova inclusão em pauta.

Paralelamente, em se tratando dos entregadores de plataformas digitais, impende mencionar a Ação Civil Pública 1000100-78.2019.5.02.0037, movida pelo Ministério

15. MISKULIN, Ana Paula Silva Campos. Uber: da ficção à realidade. Considerações iniciais sobre a natureza de suas atividades e da relação jurídica que mantém com passageiros e motoristas. In: FELICIANO, Guilherme Guimarães; MISKULIN, Ana Paula Silva Campos (Coord.). *Infoproletários e a uberização do trabalho* – Direito e justiça em um novo horizonte de possibilidades. São Paulo: LTr, 2019.
16. FELICIANO, Guilherme Guimarães; PASQUALETO, Olívia de Quintana Figueiredo. (Re)descobrindo o direito do trabalho: gig economy, uberização do trabalho e outras reflexões. In: FELICIANO, Guilherme Guimarães; MISKULIN, Ana Paula Silva Campos (Coord.). *Infoproletários e a uberização do trabalho* – Direito e justiça em um novo horizonte de possibilidades. São Paulo: LTr, 2019.

Público do Trabalho em desfavor das empresas Rapiddo Agência de Serviços de Entrega Rápida S.A. e iFood.com Agência de Restaurantes Online S.A, no âmbito do Tribunal Regional do Trabalho da 2ª Região. Tendo sido julgada improcedente, a referida ACP encontra-se em fase de Recurso Ordinário.

Independente do vínculo empregatício reconhecido, certo é que a proteção previdenciária deve ser uma realidade para os trabalhadores. O último avanço obtido por parte do grupo se deu no início de 2022, por meio da aprovação da Lei 14.297/2022, responsável por dispor sobre as "medidas de proteção asseguradas ao entregador que presta serviço por intermédio de empresa de aplicativo de entrega durante a vigência da emergência em saúde pública decorrente do coronavírus responsável pela Covid-19".

Em seu art. 3º, a referida Lei tratou da obrigatoriedade de as empresas de entrega contratarem "seguro contra acidentes, sem franquia, em benefício do entregador nela cadastrado, exclusivamente para acidentes ocorridos durante o período de retirada e entrega de produtos e serviços", com a cobertura dos eventos de acidentes pessoais, invalidez permanente ou temporária e morte.

Por certo, trata-se de um avanço importante. Entretanto, a precária proteção, junto ao fato de que a Lei possui um prazo de validade atribuído ao fim da emergência pública da Covid-19, fará com que a categoria retorne ao estágio anterior. Novamente, não nos prestamos aqui a apresentar soluções, mas a demonstrar o que cremos serem os desafios da próxima década, com possíveis comentários aos desdobramentos.

A solução para encontrar a proteção a este grupo deve ser costurada. Por mais que a cobertura deva ser ampla, não podemos fechar os olhos para a realidade de que, caso a proteção previdenciária seja imposta a essas empresas, elas fecharão suas portas e deixarão o país por ser uma saída economicamente mais viável. A consequência seria uma formação de um grupo sem emprego formal e sem a possibilidade de gerar renda por estes aplicativos. Não se trata aqui de defender a expressão de "mais direitos, menos emprego", mas de apontar para o fato de que o caminho deve ser construído em conjunto.

Pode-se pensar em uma terceira via, em que as empresas de tecnologia ao menos deveriam pagar parte da contribuição ou, então, proceder o desconto automático antes de realizar os repasses, independente de vínculo empregatício, tal qual o caso dos contribuintes individuais que prestam serviço para empresas. Certo é que a ausência de uma efetiva proteção previdenciária importa, no decorrer do tempo, em um aumento da busca pela assistência social, outro ramo da seguridade social que prescinde contribuições, mas exige alguns requisitos para cobertura.

3.3 Crianças, adolescentes e idosos em uma perspectiva de proteção

Em um primeiro momento, pode-se questionar o motivo da inserção dos idosos como um dos grupos que merecem maior atenção na próxima década. Isso porque, culturalmente, a previdência é vista como destinada a proteção deste grupo, principalmente a partir do fato de que a contribuição para o INSS tem por escopo a obtenção de uma aposentadoria, e não benefícios como auxílio por incapacidade temporária, pensão por morte ou auxílio-reclusão.

De igual forma, talvez não seja muito comum encontrar as crianças e adolescentes como público-alvo da previdência social, de modo que o mais perto que chegariam de uma proteção seria por meio do recebimento do salário-maternidade por suas genitoras, pensão por morte para seus genitores ou, quando fosse o caso, por meio da assistência social, da percepção do benefício de prestação continuada para pessoas com deficiência. Este paradigma, porém, deve ser alterado.

Tratando-se inicialmente do grupo das crianças e adolescentes, eles possuem, conforme apontado em estudo anterior,[17] necessidades sociais mais gravosas e com maior potencial ofensivo, vez que dificilmente conseguiriam sozinhos produzir garantias frente aos infortúnios. Tradicionalmente, porém, há uma variedade de erros nas prioridades executadas pelo governo.

O art. 227, *caput*, CRFB/1988, estabelece que é dever da família, da sociedade e do Estado assegurar às crianças e adolescentes uma série de direitos com absoluta prioridade. O não cumprimento deste dispositivo no âmbito da previdência, infelizmente, não é algo necessariamente recente.

Traçando uma breve retrospectiva como exemplo, cita-se o Projeto de Lei de criação do Código de Menores de 1979, que instituía originalmente em seu art. 42 que com o fito de "prevenir o abandono do menor, e sempre que for conveniente sua manutenção no próprio lar, à sua família será concedido um subsídio, pelo juiz, na importância que, somada à receita da família, possa prover o menor do mínimo vital necessário à sua subsistência". O referido subsídio, segundo previsão, impunha a responsabilidade e previsão orçamentária ao Instituto Nacional de Previdência Social (INPS).[18]

Mas como deveria se dar, hoje, a devida proteção às crianças e adolescente? Inicialmente, invertendo-se a lógica de investimento nas etapas finais da formação dos adolescentes em detrimento dos anos iniciais, que produzem resultados expressivos e com gastos menores. Tal movimento poderia ter se tornado realidade com a edição da mais recente reforma da previdência, mas terminou por restar ignorada.

À época da aprovação da EC 103/2019, um movimento parlamentar surgiu com o fito de promover a aprovação de uma PEC paralela, protocolada sob o nº 133/2019, destinada a ajustar e amenizar a EC 103/2019. A referida PEC pretende(ia) incluir no texto constitucional o seguinte artigo, *in verbis*:

> Art. 195-A. A criança é a destinatária preferencial da seguridade social, sendo garantido à criança vivendo em situação de pobreza, nos termos da lei:

---

17. IBRAHIM, Fábio Zambitte. *A previdência social no estado contemporâneo*: fundamentos, financiamento e regulação. Niterói, RJ: Impetus, 2011, p. 240.
18. OLIVEIRA, Rita de Cássia Silva. *No melhor interesse da criança?* A ênfase na adoção como garantia do direito à convivência familiar e comunitária. (Tese de Doutorado). Pontifícia Universidade Católica de São Paulo – PUC-SP, 2015, p. 53.

I – benefício mensal, assegurada a preservação do valor real do benefício e dos parâmetros de comprovação de pobreza;

II – auxílio, em complemento ao benefício mensal, às crianças de até 5 (cinco) anos de idade, destinado às suas necessidades de nutrição e desenvolvimento, em cumprimento do disposto no art. 7º, XXV, e no art. 208, IV.

Parágrafo único. Terão precedência nas políticas de emprego de que trata o art. 239 os pais de crianças, nos termos da lei.

Dada a ausência de previsão contributiva, o referido benefício teria caráter eminentemente assistencial – o que não seria indevido, tendo em vista que crianças e adolescentes não possuem renda própria e nem devem ou podem trabalhar, à exceção da hipótese de estágio, jovem-aprendiz ou trabalho a partir dos 16 anos. Sendo aprovado no Senado Federal e encaminhado à Câmara dos Deputados, a PEC restou esquecida e tem por destino mais provável o seu arquivamento, deixando-se para outro momento a possibilidade de reconhecer constitucionalmente os infantoadolescentes como alvo de proteção da seguridade social.

Insta ainda tratar de outra forma que a previdência poderia tratar de cobrir os adolescentes em seus anos finais. Conforme se pode depreender do art. 9º, IV, da Lei 11.788/2008 (Lei do Estágio), as partes concedentes são obrigadas a "contratar em favor do estagiário seguro contra acidentes pessoais, cuja apólice seja compatível com valores de mercado, conforme fique estabelecido no termo de compromisso". Poderia se pensar, no lugar do referido seguro, a instituição de contribuição à Previdência Social de forma compulsória, devida pela parte concedente, estabelecendo-se desde já a filiação dos adolescentes a partir de 16 anos à previdência.

Junto à essa devida prioridade que deve ser pensada e posta em prática na próxima década e tratando-se, doravante, do outro grupo explorado nesse capítulo, a situação dos recém-aposentados também deveria entrar em voga. Com o fim da aposentadoria por tempo de contribuição, a lógica será, doravante e via de regra, que os aposentados tenham a idade mínima de 65 anos, se homens, e 62 anos, se mulheres, oportunidade em que, não raro, os beneficiários deixarão de trabalhar para utilizar somente da aposentadoria para a subsistência. Ocorre que há um fato preocupante não levado em consideração: a brusca transição do período em atividade para a aposentadoria.

É uma realidade comum no cenário pátrio que pessoas já aposentadas permaneçam ou voltem ao mercado de trabalho, por diversos motivos. Todavia, na realidade nacional, não existem mecanismos de adequação à inatividade, faltando estímulo formal para o afastamento parcial, que tem por escopo reduzir a jornada de trabalho, com pagamento parcial de benefício, estando o segurado ainda em atividade e em fase de adaptação para a inatividade.

A aposentadoria parcial representaria uma poderosa ferramenta de atuação ao adiar o afastamento pleno, tanto em benefício do sistema quanto instrumento de dignidade dos participantes, que podem permanecer, com carga reduzida, em suas atividades, se assim desejarem.

Em uma realidade em que a aposentadoria por tempo de contribuição deixa de integrar o rol de benefícios concedidos pela previdência social, será importante desenvolver uma forma de transição digna para a inatividade para os milhões de segurados que vislumbram um período maior de descanso, mas ainda possuem muito a contribuir para a sociedade e empresas que atuam.

4. CONCLUSÃO

Uma das primeiras lições aprendidas nos cursos de graduação em direito reside no fato de que não há sociedade sem direito e, da mesma forma, não há direito sem sociedade. Indo além, por certo, o direito transforma o meio social na mesma intensidade em que é transformado por ele, de modo que, retomando citação feita no curso deste trabalho, "independentemente de querermos ou não, a verdade é que o mundo está se transformando rapidamente".

Aliados aos grupos que foram objeto de análise nesse estudo, diversos outros possuem reivindicações legítimas que podem ser sanadas por meio da poderosa ferramenta que é a previdência social, com necessidades que devem ser tidas como pertencentes a todo o corpo social. Nesse sentido, os desafios postos para a próxima década na sede previdenciária estão longe de estarem esgotados nos questionamentos postos no presente estudo, de modo que cabe aos operadores cumprirem com a missão constitucional de selecionar as necessidades sociais para distribuir a proteção social.

Assim, tratou-se de apontar quais os possíveis desafios que podem e devem integrar a agenda dos Poderes Executivo, Legislativo e Judiciário na próxima década, seja pela previsão de novos benefícios para proteção das crianças e adolescentes, seja pela estipulação de novas formas de contribuição com o fito de garantir a cobertura dos entregadores e motoristas de plataformas digitais. Independentemente da solução adotada, certo é que restou suficientemente demonstrado o impacto e a transformação social que pode e, inevitavelmente, produz a previdência social.

O que se esperar, com toda a certeza, é que o presente estudo possa ser revisitado ao final da década e, de acordo com a nova realidade que, apesar de não sermos capazes de prever, traçar os novos caminhos a serem seguidos pelo direito previdenciário e pela seguridade social. Afinal de contas, defender a previdência social é, principalmente, buscar ser previdente em relação às necessidades sociais.

DIREITO DO CONSUMIDOR E A INTEGRIDADE NO MERCADO

Heloisa Carpena

Doutora em Direito Civil (UERJ). Professora de Direito do Consumidor (PUC/Rio). Advogada.

Sumário: 1. Direito do consumidor e *compliance* – 2. Direito do consumidor e normas de autorregulação – 3. Direito do consumidor e proteção de patentes – 4. Direito do consumidor e proteção da concorrência – 5. Direito do consumidor e proteção de dados pessoais.

A diversidade das relações sociais e econômicas contemporâneas tem projetado, no campo jurídico, um número extraordinário de normas. O sistema de direito privado é cada mais fragmentado em incontáveis leis e regulamentos – frutos de hetero e autorregulação, os quais regulam aspectos cada vez mais específicos e podem ser aplicados de forma convergente. O fenômeno do consumo é, por sua natureza, multifacetado e, embora o campo de aplicação do CDC seja definido rigorosamente na própria lei, sobre a mesma relação de consumo frequentemente incidem normas pertencentes a ramos diversos, como ocorre com a lei da propriedade industrial (Lei n. 9.279/96), a lei de defesa da concorrência (Lei 12.529/11) e, mais recentemente, com a lei de proteção de dados pessoais (Lei 13.709/18), para citar os exemplos mais comuns.

Diferentemente do que ocorre nos conflitos de leis no tempo, cuja solução é dada por critérios determinados (especialidade, cronológico, hierárquico),[1] aqui não há exclusão nem escolha da norma aplicável, mas incidência simultânea de estatutos diferentes, de onde surge a necessidade de harmonização. Fenômeno típico da pós modernidade, a pluralidade de fontes normativas desafia o intérprete a aplicar concomitantemente normas pertencentes a diferentes ramos do direito à mesma situação de fato. Aspectos distintos, identificados no mesmo caso concreto, não podem ser tratados segundo valores autônomos e específicos de cada uma das normas de regência. Se assim fosse, não haveria um sistema, mas vários microssistemas independentes e dotados de lógicas próprias.

A teoria denominada diálogo das fontes, concebida por Erik Jayme e difundida entre nós por Cláudia Lima Marques, busca uma solução técnica para a questão, confira-se:

> ... há por fim a convivência de leis com campos de aplicação diferentes, campos por vezes convergentes e, em geral diferentes, em um mesmo sistema jurídico, que parece ser agora um sistema (para

1. Para realizar a tarefa, adverte Vicente Ráo, que "... o jurista (deve) ter em mente não só a necessidade de não sujeitar a fé na segurança e na estabilidade das relações validamente constituídas ao temor de possíveis perturbações provocadas por novos preceitos obrigatórios, mas, ainda, a necessidade de respeitar as alterações produzidas pela evolução da própria vida social, necessidades que precisam ser devidamente avaliadas e conciliadas" (RÁO, Vicente. *O direito e a vida dos direitos*. 4. ed. São Paulo: Ed. RT, 1997, p. 360).

sempre) plural, fluído, mutável e complexo. Não deixa de ser um paradoxo que o 'sistema', o todo construído, seja agora plural. (...) Na belíssima expressão de Erik Jayme, é o atual e necessário 'diálogo das fontes' (*dialogue des sources*), a permitir a aplicação simultânea, coerente e coordenada das plúrimas fontes legislativas convergentes. 'Diálogo' porque há influências recíprocas, 'diálogo' porque há aplicação conjunta das duas normas ao mesmo tempo e ao mesmo caso, seja complementarmente, seja subsidiariamente...[2]

A doutrina civilista há muito reconhece a vocação expansionista do CDC,[3] concretizada em sua regra de abertura – o art. 7º, *caput*, a qual franqueia este diálogo com outros estatutos, ao dispor que "os direitos previstos neste código *não excluem outros decorrentes* de tratados ou convenções internacionais de que o Brasil seja signatário, *da legislação interna ordinária...*". Entre os consumeristas, tal vocação encontrou eco na advertência do Prof. Dr. Antonio Herman Benjamin, um dos autores do anteprojeto do CDC, para quem "proteção do consumidor é uma expressão imprópria, o que protegemos é a integridade do mercado de consumo, base do capitalismo".[4]

Com efeito, a disciplina instituída pelas normas do CDC, ao impor uma série de deveres jurídicos aos fornecedores, regula não apenas as relações individuais entre consumidores e fornecedores, mas a eficiência do mercado, objetivo comum a todos os agentes econômicos. O Direito do Consumidor possui um duplo viés: a proteção do sujeito de direitos vulnerável e a promoção da economicidade.

A Política Nacional das Relações de Consumo incluiu a proteção dos interesses econômicos dos consumidores dentre seus objetivos, a serem alcançados pela "coibição e repressão eficientes de todos os abusos praticados no mercado de consumo (...) que possam causar prejuízos aos consumidores" (CDC art. 4º, VI). Esta norma principiológica autoriza a aplicação concomitante de outros estatutos, que tutelem aspectos específicos do mercado de consumo.

A utilização das normas de direito do consumidor como instrumento de promoção da economicidade suscita questões novas, relativas à sua relação com os demais ramos do direito, cada um com sua racionalidade própria e direcionado à proteção de bens jurídicos distintos. Vejamos então alguns exemplos de atuação concreta da técnica do diálogo das fontes em questões de consumo, os quais revelam seus limites e também sua potência na construção da integridade do mercado.

1. DIREITO DO CONSUMIDOR E *COMPLIANCE*

Em 19 de novembro de 2020 o país assistiu horrorizado às cenas de espancamento e morte de João Alberto Freitas, crime praticado por seguranças particulares, nas

2. Diálogo entre o Código de Defesa do Consumidor e o novo Código Civil: do "diálogo das fontes" no combate às cláusulas abusivas. *Revista de Direito do Consumidor*. n. 45, p. 73-74. São Paulo: Ed. RT, jan./mar. 2003).
3. TEPEDINO, Gustavo. As relações de consumo e a nova teoria contratual. *Temas de Direito Civil*. Rio de Janeiro: Renovar, 1999, p. 215.
4. Palestra ministrada durante evento promovido pelo SENACON/MJ, disponível em: https://www.youtube.com/watch?v=wjTQ9Q4u3ek&t=1243s, acesso em: 25 ago. 2021.

dependências do supermercado Carrefour na cidade de Porto Alegre. João Alberto era negro e seu assassinato provocou uma onda de manifestações no dia seguinte, Dia da Consciência Negra. Além das manifestações populares, o caso ganhou destaque na imprensa e atenção dos órgãos de controle, que imediatamente instauraram vários procedimentos administrativos[5] buscando diversas providências relativas à reparação de danos coletivos decorrentes do racismo estrutural, identificado no trágico episódio. Foram ajuizadas também duas demandas coletivas,[6] visando a reparação de danos morais, além de uma série de obrigações de fazer e não fazer, providências relativas ao combate a práticas racistas.

Cerca de um ano depois, todos esses entes coletivos, legitimados de forma independente e autônoma, conjuntamente tomaram da empresa um compromisso de ajustamento de conduta, o qual previu uma série de medidas "para evitar a ocorrência de atos de racismo e discriminação racial, em âmbito nacional, para fins de combate ao racismo, à discriminação e à violência, bem como da promoção da diversidade, como forma de também resolver definitivamente fatos e potenciais responsabilidades de âmbito coletivo".[7] Quanto às indenizações individuais e coletivas, foi fixado o montante global e total de R$ 115.000.000,00 (cento e quinze milhões de reais), tendo assumido os compromissantes a obrigação de extinguir e arquivar e todos os procedimentos, judiciais e administrativos, decorrentes do mesmo fato.

No Brasil do início do século XXI, lamentavelmente, a morte de Beto Freitas não é um caso isolado, nem o mais violento, nem mesmo o que ensejou consequências mais graves. Sua análise, contudo, permite extrair conclusões relevantes do ponto de vista da proteção do consumidor como instrumento de integridade do mercado.

Beto foi vítima de um acidente de consumo. Curiosamente, o termo de compromisso sequer menciona tal qualificação jurídica, embora seus signatários sejam todos legitimados pelo Código de Defesa do Consumidor à propositura de ações coletivas (art. 82 do CDC). Não se sabe o motivo da omissão, mas é significativo que a incidência

5. O Ministério Público Federal instaurou o Inquérito Civil 1.29.000.003818/2020-62 para "apurar funcionamento de mecanismos de fiscalização da Polícia Federal em face de empresas de segurança privada"; o Ministério Público do Estado do Rio Grande do Sul instaurou os Inquéritos Civis 01625.002.513/2020 e 01128.002.437/2020 para, respectivamente, "buscar reparação pelo dano moral coletivo" e "averiguar a existência de políticas de direitos humanos no Carrefour Comércio e Indústria Ltda. no Rio Grande do Sul"; a Defensoria Pública do Rio Grande do Sul instaurou o Processo de Assistência Judiciária 2020/026-09143 para "buscar reparação pelo dano moral coletivo"; e o Ministério Público do Trabalho instaurou o Inquérito Civil 003415.2020.04.000/6, para apurar as práticas adotadas pelo Carrefour "para capacitar trabalhadoras, trabalhadores e prestadores de serviço contratados objetivando sensibilizá-los a respeito da temática racial", bem como para o "recebimento de denúncias e enfrentamento de questões envolvendo a temática racial".

6. A Defensoria Pública ajuizou a Ação Civil Pública 5106733-42.2020.8.21.0001, na 15ª Vara Cível do Foro Central da Comarca de Porto Alegre, enquanto o Centro Santo Dias de Direitos Humanos da Arquidiocese de São Paulo e Francisco de Assis: Educação, Cidadania, Inclusão e Direitos Humanos ("EDUCAFRO") propuseram a Ação Civil Pública 5105506-17.2020.8.21.0001, na 16ª Vara Cível do Foro Central da Comarca de Porto Alegre.

7. Disponível em: https://www.defensoria.rs.def.br/defensorias-ministerios-publicos-e-entidades-firmam-tac-com-carrefour-em-procedimentos-instaurados-apos-morte-de-joao-alberto, acesso em: 20 mar. 2022.

da lei consumerista tenha sido desconsiderada, tanto no enquadramento do fato como na previsão das sanções impostas à empresa.

O Grupo Carrefour, empresa do varejo de alimentos, faturou R$ 74,7 bilhões no ano de 2020, possui quase 100.000 funcionários e está presente em todos os estados brasileiros, em cerca de 150 estabelecimentos.[8] Na área de serviços financeiros, o grupo oferece crédito ao consumidor através do Banco CSF e também possui uma plataforma de e-commerce.[9] A despeito de seu porte econômico e da natureza de suas atividades, desenvolvidas em contato direto com consumidores, a segurança das lojas do supermercado era terceirizada. Segundo restou apurado, um dos agressores era militar reformado e o outro, era temporário na Brigada Militar, ambos contratados pela empresa de segurança.

Boa parte das obrigações assumidas pela compromissária se refere a ações típicas de programas de *compliance*,[10] que o Carrefour, a despeito de seu porte econômico e da natureza de suas atividades, permita-se frisar, surpreendentemente não possuía ou, pior, não implementava. Tais programas se estruturam sobre os chamados "pilares", a saber: avaliação de riscos; código de conduta; regras e procedimentos; auditoria; treinamento dos colaboradores; comprometimento da alta direção; investigação; aplicação de sanções. Todas essas rotinas são elaboradas "sob medida" e são implantadas internamente pelas empresas de forma voluntária, e seu sucesso, portanto, depende da verdadeira incorporação de valores na cultura corporativa.

Como afirmamos anteriormente,[11] *compliance* é um instrumento de governança e administração, utilizado para identificar e reduzir riscos corporativos pelas próprias empresas. Não se refere, abstratamente, ao cumprimento da lei, mas sim à criação de procedimentos para evitar a fraude corporativa que pode atingir bens jurídicos protegidos pelo ordenamento. Seu objetivo é, de forma concreta, eliminar as práticas que possam ser consideradas infrações, seja à lei penal, às normas concorrenciais, ambientais, tributárias, trabalhistas, como também às leis de proteção ao consumidor. Em última análise, o programa de *compliance* estrutura a adoção de práticas e procedimentos internos visando controlar (reduzir) riscos que possam ensejar a responsabilidade da empresa e de seus administradores.

Assim, os principais riscos de *compliance*, no tocante aos direitos do consumidor, são precisamente os fatos praticados pelos colaboradores no contato direito com os clientes,

---

8. Disponível em: https://mercadoeconsumo.com.br/2021/09/24/carrefour-pao-de-acucar-e-magalu-sao-os-maiores-varejistas-do-pais/.
9. Disponível em: https://www.infomoney.com.br/cotacoes/b3/acao/carrefour-crfb3/.
10. A título de exemplo, colhem-se do TAC obrigações típicas de programas de *compliance*, tais como: "atualizarão o Código de Ética e Conduta do Carrefour Brasil, a fim de reforçar de modo objetivo, além de outros assuntos, a proibição de práticas discriminatórias, de maus tratos, constrangimentos e demais riscos identificados" (2.6.17); "treinamento e protocolos com ênfase no acolhimento dos clientes, na orientação quanto à valorização dos direitos humanos e da diversidade e ao combate à discriminação" (2.6.10); "disponibilizar canais de denúncias" (2.6.11).
11. *Compliance consumerista*. Disponível em: https://www.conjur.com.br/2018-ago-01/garantias-consumo-compliance-consumerista-criacao-mercado-etico-produtivo; acesso em: 21 mar. 2022.

que possam motivar ações indenizatórias por danos morais e materiais, precisamente o que ocorreu no caso de João Alberto.

Em que pese a gravidade da caracterização do fato como crime, a consideração da vítima como consumidor conduziria a uma resposta mais adequada e eficaz, em contemplação à posição do infrator como agente econômico. Além da aplicação dos instrumentos próprios da lei consumerista, tratar o fato como acidente de consumo permitiria reconhecer a existência de deveres de segurança titularizados pelo supermercado, cujo descumprimento resultou na morte da vítima. Tanto assim que, dentre as várias obrigações assumidas no TAC, a empresa comprometeu-se a "não contratar empresas de vigilância que tenham como proprietárias/os ou trabalhadoras/es policiais da ativa (...) bem como pessoas que tiveram ou tenham registros criminais relacionados a envolvimento com organizações criminosas ou com atividades de milícias".

Na interlocução com as normas que criminalizam o racismo, a aplicação do direito do consumidor ao caso tornaria mais adequada a escolha das medidas sancionatórias, uma vez que ampliaria a análise da questão para considerar a violação não apenas dirigida aos negros, vítimas imediatas, mas a todo o universo de consumidores da empresa, igualmente atingidos em sua legítima expectativa de segurança. No sentido inverso, a consideração de que a prática do crime se deu no contexto de uma relação de consumo é circunstância que deve ser contemplada no processo penal para atrair maior reprovação à conduta, tendo em vista a desigualdade econômica entre as partes e a submissão da vítima ao ofensor.

2. DIREITO DO CONSUMIDOR E NORMAS DE AUTORREGULAÇÃO

Em 2020, no início da pandemia do novo coronavírus, o cantor sertanejo Gusttavo Lima realizou eventos virtuais, apoiado em campanha de arrecadação de alimentos e recursos para a população carente e patrocinado pela fabricante de bebidas AMBEV, cuja marca de sua titularidade figurava no próprio nome das *lives* – Buteco Bohemia em Casa. Durante o espetáculo, o cantor ingeriu grande quantidade de bebida alcóolica e expôs ostensivamente a marca da cerveja do patrocinador. Estima-se que os dois eventos tiveram mais de 20 milhões de visualizações.

Logo após o fato, numerosas denúncias foram encaminhadas por consumidores ao CONAR, que instaurou a Representação 078/20 e, liminarmente, determinou a suspensão da exibição do Buteco, sob fundamento de que "não há qualquer cuidado por parte dos anunciantes em restringir a exibição do conteúdo da vive a menores de idade ou adicionar a frase de advertência prescrita pela ética publicitária".[12] Em seguida o Conselho foi alvo da ação de *botas* que disparam milhares de mensagens ofensivas, em protesto contra a suspensão. No julgamento definitivo, o CONAR aplicou advertência a Gusttavo Lima e arquivou a representação quanto à AMBEV pois, segundo o voto da

12. A decisão da Representação 078/20 foi tomada pela 2ª Câmara do Conselho em maio de 2020 e está disponível em: www.conar.org.br, acesso em: 23 mar. 2022.

Relatora, a empresa "forneceu previamente todas as instruções e treinamento sobre as restrições que envolvem ações publicitárias de bebidas alcoólicas a Gusttavo Lima e sua equipe", entendendo que, em razão disso, ficou demonstrado que a patrocinadora "tomou os cuidados previstos no Código".

O anexo P do Código do CONAR define como bebida alcoólica "para os efeitos da ética publicitária, aquela que for classificada perante as normas e regulamentos oficiais". O Código de Autorregulamentação Publicitária impõe restrições à sua propaganda, relativas à proteção de crianças e adolescentes e ao consumo com responsabilidade social, e prevê uma cláusula de advertência, da qual está isenta apenas a cerveja sem álcool, desde que "não remeta à marca, slogan ou frase promocional de produto" submetido à autorregulamentação (item 9).

Por "normas e regulamentos oficiais", a propaganda de bebidas alcoólicas foi disciplinada nos termos do art. 220, § 4º, da Constituição Federal. O art. 1º, parágrafo único da Lei 9.294/96 define bebida alcoólica como "bebidas potáveis com teor alcoólico superior a treze graus Gay Lussac", sujeitando apenas estas às restrições previstas no art. 4º da mesma lei, que impõe horários e advertências que as peças publicitárias devem observar. As cervejas, por este diploma, não estariam sujeitas a tais limites. Em 2007, porém, foi aprovada a Política Nacional sobre o Álcool, através do Decreto n. 6.117, prevendo "medidas para redução do uso indevido de álcool e sua associação com a violência e criminalidade". O item 5 do anexo I do Decreto então reviu o conceito legal e dispôs que "para os efeitos desta política, é considerada bebida alcoólica aquela que contiver 0.5 grau Gay-Lussac ou mais de concentração".

No mesmo caso, portanto, incidem as duas normas, e também o CDC, desafiando o intérprete a construir uma solução que contemple não apenas os interesses, mas sobretudo os princípios atingidos pelo fato lesivo.

Duas questões devem ser enfrentadas: a incidência das restrições à propaganda das cervejas e a responsabilidade civil do anunciante. A primeira parece superada pela conduta das próprias fabricantes que, de forma voluntária, aderiram à autorregulação e adotaram as restrições na sua comunicação social, observando os referidos princípios de proteção dos hipervulneráveis e do consumo responsável. O campo de aplicação das restrições, porém, foi obscurecido pelas diferentes definições, da lei e do decreto, este último mais sintonizado com as demandas sociais atuais. Por outro lado, o CDC, lei federal de ordem pública e interesse social (art. 1º) afasta qualquer dúvida quanto à necessidade de incluir as restrições na informação do produto, que se qualifica como potencialmente nocivo ou perigoso à saúde e segurança dos consumidores. Segundo a lei consumerista, os fabricantes de bebidas alcoólicas devem informar "de maneira ostensiva e adequada, a respeito da sua nocividade ou periculosidade, sem prejuízo da adoção de outras medidas cabíveis em cada caso concreto" (art. 9º). Os limites deste dever de informação é questão que pode ser objeto de regulamentação, como ocorre na espécie, mas, até mesmo diante da existência de norma regulamentar, sempre estará sujeita à apreciação judicial que contemple as circunstâncias do caso.

Não resta dúvida de que o cantor, qualificado como "influenciador digital" pelo próprio Código do CONAR em disciplina específica,[13] não se desincumbiu satisfatoriamente do seu de dever de informação quanto aos riscos do produto que patrocinava o espetáculo, conforme foi decidido pelo Conselho. Surpreende, porém, que a responsabilidade da AMBEV tenha sido afastada, em evidente afronta à lei consumerista que consagra, como é sabido, a solidariedade entre os fornecedores (CDC art. 7º, parágrafo único).

Vale lembrar, ainda, que a responsabilidade do fornecedor neste caso é objetiva, sendo assim, os fundamentos invocados na decisão do CONAR para afastar a responsabilidade do anunciante não lhe socorrem. Mesmo que houvesse previsão contratual sobre as restrições a serem observadas pelo artista patrocinado, esta não seria oponível aos internautas, consumidores dos produtos vendidos pela AMBEV e divulgados pelo cantor, em troca de apoio promocional ou financeiro. A despeito da cláusula de exclusão no contrato celebrado com o cantor, a anunciante deveria responder de forma solidária pelos danos causados ao mercado, que poderia ter evitado ou reduzido.

Na relação entre as duas empresas, ambas fornecedoras segundo o CDC, este incidirá como instrumento de integridade do mercado. A observância das normas que disciplinam a propaganda de bebidas alcoólicas é tema que interessa – e afeta diretamente, todos os fabricantes, revendedores e varejistas do produto, além dos próprios consumidores.

3. DIREITO DO CONSUMIDOR E PROTEÇÃO DE PATENTES

No tema da propriedade industrial também se verifica a incidência da normativa consumerista a controvérsias originalmente estabelecidas entre empresas. Este campo, no qual se dá a concorrência, desafia o intérprete a compatibilizar comandos e princípios colidentes, pois frequentemente há pontos de tensão com os direitos dos consumidores. Se, por um lado, a proteção das patentes assegura a qualidade de produtos e serviços, por outro, reduz a possibilidade de acesso aos mesmos.

É evidente a intersecção das duas áreas em diversos pontos. A proteção de patentes se apresenta como um instrumento de segurança contra riscos dos produtos e serviços, tanto por presumir que o titular dos inventos e criações seja o mais apto a produzi-los com melhor qualidade, como pelo controle estatal exercido pelo INPI sobre as condições de patenteabilidade, através de procedimento próprio previsto na Lei 9.279/76 (art. 19 e ss.). Além desse aspecto, há uma vinculação óbvia entre a proteção das marcas, nomes e signos com o direito à informação clara e adequada, garantido pelo CDC como direito básico do consumidor (art. 6º, III).

Onde houver interesses conflitantes, a harmonização deve ser feita segundo diretrizes da Política Nacional das Relações de Consumo, a qual contém a principiologia do próprio CDC e preconiza compatibilizar a "proteção do consumidor com a necessidade

13. Disponível em: http://conar.org.br/pdf/CONAR_Guia-de-Publicidade-Influenciadores_2021-03-11.pdf, acesso em: 28 mar. 2022.

de desenvolvimento econômico e tecnológico, de modo a viabilizar os princípios nos quais se funda a ordem econômica (art. 170, da Constituição Federal), sempre com base na boa-fé e equilíbrio nas relações entre consumidores e fornecedores" (art. 4º, III).

Da jurisprudência do Tribunal de Justiça do Rio de Janeiro colhe-se interessante precedente, relativo ao licenciamento de patentes essenciais sobre tecnologia de compressão de áudio, utilizada como padrão por fabricantes de celulares, a fim de viabilizar a intercomunicabilidade dos produtos. Normas da propriedade industrial convencionadas pelas próprias empresas[14] determinam que as titulares das patentes qualificadas como essenciais são obrigadas a licenciá-las em condições justas, razoáveis e não discriminatórias (denominadas pelo acrônimo FRAND) na oferta que fazem ao mercado, a fim de impedir que pratiquem abuso de posição dominante.

Trata-se de ação ajuizada pela DOLBY, titular da referida patente essencial, visando impedir a fabricante de celulares SEMP TCL de produzir, usar, colocar à venda, vender ou importar *smartphones* contendo as tecnologias, utilizadas como padrão por todos os fabricantes do produto e supostamente adotadas também pela ré de forma indevida, isto é, sem o respectivo licenciamento e pagamento de royalties. A SEMP TCL, por seu turno, alegou que a DOLBY descumprira sua obrigação de oferecer o licenciamento naquelas condições, as quais garantiriam a justa competição no mercado.

Embora o pedido autoral tenha sido fundamentado na Lei 9.279/96, que regula direitos e obrigações relativos à propriedade industrial, ao avaliar a licitude da conduta da empresa titular do direito de licenciamento, o Tribunal de Justiça do Rio de Janeiro aplicou o CDC, tanto para efeito de qualificação do ato como abusivo, como na interpretação das normas da propriedade industrial.

O acórdão proferido no julgamento do recurso interposto contra a antecipação de tutela expressamente considerou os interesses dos consumidores para decidir a questão entre as duas empresas, confira-se:

> Inequivocamente, a paralisação da comercialização de smartphones, conforme ordenado pela decisão agravada, tem potencial de inviabilizar a operação da agravante, com risco de fechamento de unidades e/ou demissão de funcionários, *além do grave prejuízo ao mercado consumidor*, sobretudo pela indisponibilidade de peças ou manutenção/assistência técnica para quem já tenha adquirido tais aparelhos. (grifou-se)[15]

O ponto comum entre as duas disciplinas foi identificado na preocupação com "os abusos praticados no mercado de consumo". Uma vez que não há na lei da propriedade industrial regulamento específico para o licenciamento de patentes essenciais ou qualquer parâmetro para interpretar os termos FRAND, o julgador buscou no direito do consumidor os fundamentos para qualificar a prática como abusiva. Vale transcrever trecho da decisão que deixa claro este ponto, *verbis*:

14. Essas normas são estabelecidas por associações relacionadas ao segmento de telecomunicações, como IEC – *International Electrotechnical Commission* e ISO – *International Organization for Standardization*.
15. TJRJ, 7ª Câmara Cível, Agravo 0042570-64.2021.8.19.0000, Rel. Des. Luciano Rinaldi, julg. 10.11.2021.

Ademais, a declaração de essencialidade da patente confere ao seu titular o direito de receber royalties e, ainda, a obrigação de licenciá-los em termos justos, razoáveis e não discriminatórios (termos FRAND – "fair, reasonable and non discriminatory"). Significa dizer que, ao aplicar o ordenamento jurídico, compete ao juiz preservar condutas comerciais lícitas e censurar comportamentos abusivos.

A prática comercial imputada à DOLBY é proibida pelo direito do consumidor, que incide não apenas nas relações travadas diretamente com os consumidores, mas também nas que se estabelecem entre os fornecedores e repercutem em todo o mercado.

A concorrência desleal e a utilização indevida de inventos e criações industriais são práticas abusivas que atentam contra a integridade do mercado de consumo. Sua proibição pela lei consumerista revela a convergência entre os interesses dos concorrentes, lesados de forma direta pela conduta, e aqueles titularizados pelos consumidores, atingidos de forma mediata por uma restrição do acesso ao consumo.

4. DIREITO DO CONSUMIDOR E PROTEÇÃO DA CONCORRÊNCIA

A conexão entre o direito do consumidor e o direito da concorrência é objeto de estudos doutrinários e tem recebido na jurisprudência do Superior Tribunal de Justiça firme acolhida, no sentido da intepretação sistemática das normas que regem os dois assuntos.

A interdependência dos dois campos é evidente, pois a proteção do consumidor jamais se realizará plenamente sem a defesa da concorrência.[16] Onde houver concorrência imperfeita, com determinado fornecedor ocupando posição dominante no mercado, haverá condições para a prática de abusos, não apenas contra os concorrentes, mas também contra os consumidores. Essa ideia é facilmente compreensível, porém a recíproca também é verdadeira: jamais se alcançará a concorrência efetiva sem a proteção dos direitos do consumidor no sentido de garantir o exercício do direito de escolha que, ao fim e ao cabo, excluirá os maus fornecedores.

Embora, em regra, a defesa da concorrência se identifique com a defesa dos consumidores, em determinadas hipóteses é possível que interesses de curto prazo, em relação a práticas que tornam produtos mais acessíveis, por exemplo, estejam em oposição a medidas de proteção da concorrência.

Precisamente sobre esta divergência, encontra-se aresto[17] na jurisprudência do Superior Tribunal de Justiça, que decidiu controvérsia quanto à competência do PROCON para a aplicação de multa administrativa à revendedora de combustíveis, em razão da prática de *dumping*, infração caracterizada pela venda de produtos a preços mais baixos que os custos. A empresa Esso Brasileira de Petróleo Ltda. impetrou mandado de

16. Para uma abordagem mais ampla desse tema, permita-se remeter a CARPENA, Heloisa. Tutela unificada da concorrência e do consumidor no Brasil: a caminho de uma ética no mercado. *Revista Forense*. v. 388, p. 109-120. Rio de Janeiro: Forense, 2007.
17. AgRg nos EREsp 938.607/SP, Rel. Ministro Herman Benjamin, Primeira Seção, julgado em 14.04.2010, DJe 06.03.2012.

segurança para obter anulação da sanção aplicada pelo PROCON/SP e obteve a ordem do Tribunal de Justiça de São Paulo, que acolheu a alegação de incompetência do órgão administrativo pela "ausência de dano direto ao consumidor". O tribunal local afirmou, ironicamente, o monopólio do CADE para fiscalizar condutas lesivas à concorrência. Interessante notar que a instauração do procedimento administrativo foi motivada por iniciativa do Sindicato do Comércio Varejista de Derivados de Petróleo de Campinas e Região, que provocou o órgão estadual de defesa do consumidor.

Ao reformar a decisão do TJSP, o acórdão relatado pelo Min. Herman Benjamin concretizou o diálogo entre o CDC e a lei de defesa da concorrência, como se vê no seguinte trecho:

> Convivem, portanto, em harmonia o Código de Defesa do Consumidor e a Lei Antitruste, porque, no centro do seu quadro valorativo, têm a salvaguarda, direta ou indireta, do consumidor. Na feliz expressão de Erik Jayme, introduzida no Brasil pela Professora Cláudia Lima Marques, trata-se de verdadeiro "diálogo das fontes": muito embora os campos de atuação não sejam exatamente idênticos, conduzem a uma aplicação convergente. Diálogo das fontes esse que, além de aplicável no contexto das normas ou microssistemas envolvidos, deve, pelas mesmas razões, iluminar o poder de polícia e as competências dos órgãos incumbidos da implementação legal.

As duas disciplinas encontram seu ponto comum na garantia do direito de escolha, a qual não se limita aos aspectos internos, volitivos, subjetivos do consumidor. A efetiva liberdade de escolha depende da existência de escolhas, ou seja, do oferecimento de opções pelo mercado. Evidente, portanto, a necessidade de um tratamento sistemático e harmônico, dada sua natural interdependência. Ainda que a proteção da concorrência perfaça uma política legislativa de direito público e a proteção do consumidor pertença ao âmbito do direito privado, "los dos enfoques son complementarios y actúan como vasos comunicantes",[18] como leciona Ricardo Lorenzetti. O desenvolvimento de pesquisas multidisciplinares considera a existência de uma relação complementar entre as políticas concorrencial e consumerista, bem como uma teoria unificada para as duas disciplinas, elaborada a partir da preocupação em garantir a soberania do consumidor, não apenas para ele, numa perspectiva individual ou coletiva, mas para o mercado como um todo.[19]

A r. decisão do STJ estabeleceu importante paradigma relativo à aplicabilidade dos dois estatutos, da concorrência e do consumidor, de forma simultânea e com fundamento no diálogo das fontes, autorizado de forma expressa pelo art. 7º, parágrafo único, do CDC.

18. Em tradução livre: "os dois enfoques são complementares e atuam como vasos comunicantes". LORENZETTI, Ricardo. Artículo sobre Defensa de La Competencia. La realidad y la Regulación. *Debates em Direito da Concorrência*. Brasília: Advocacia-Geral da União, 2011, p. 317-326, p. 322.
19. A teoria da soberania do consumidor no mercado através do direito de escolha foi concebida pelo Prof. Robert Lande, da Universidade de Baltimore. LANDE, Robert H.; AVERITT, Neil W. Consumer choice: the practical reason for both antitrust and consumer protection law. *Loyola Consumer Law Review*, v. 10, n. 1, p. 44-62. 1998.

5. DIREITO DO CONSUMIDOR E PROTEÇÃO DE DADOS PESSOAIS

Mais recente, e não menos importante, é a integração das normas da proteção de dados pessoais e do direito do consumidor, tanto no plano administrativo, como em juízo. Administrativamente, esta interlocução se consolidou com o acordo de cooperação técnica celebrado entre a Secretaria Nacional do Consumidor do Ministério da Justiça e Segurança Pública (Senacon/MJSP) e a Autoridade Nacional de Proteção de Dados (ANPD), a fim de "proteger e fiscalizar o uso indevido os dados pessoais dos consumidores".[20]

Os autores coletivos, legitimados conforme disposto no art. 82 do CDC, vêm assumindo a defesa de direitos dos titulares de dados pessoais, que com muita frequência são consumidores. Assim, através de ações civis públicas, órgãos públicos e associações têm levado a juízo postulações relativas à proteção de dados pessoais, deduzindo inclusive pedidos indenizatórios em benefício da coletividade lesada por condutas ilícitas ou abusivas.

Foi o que ocorreu em demanda ajuizada pelo IDEC – Instituto Brasileiro de Defesa do Consumidor contra Via Quatro – Concessionária da Linha 4 do Metrô de São Paulo S/A, em razão da coleta indevida de imagens e dados biométricos dos usuários do transporte coletivo. Conforme demonstrado por prova técnica, determinadas portas dos vagões foram equipadas com câmeras e sensores, que captavam características faciais dos passageiros, dados pessoais posteriormente tratados para fins publicitários, sem conhecimento ou consentimento de seus titulares.

Como consta da sentença, a Via Quatro apresentou defesa alegando que "a tecnologia embarcada nas Portas Interativas Digitais se limita a contar as pessoas, visualizações, tempo de permanência, tempo de atenção, gênero, faixas etárias, emoções, fator de visão, horas de pico de visualizações e distância de detecção, sem que para isso colete qualquer dado pessoal de pessoa individualizada".[21] Nenhum exame feito em laboratório seria capaz de coletar tantas características pessoais instantaneamente, dados biométricos que permitem a identificação dos usuários. Tudo sem seu consentimento.

A r. decisão de 1º Grau reconheceu a legitimidade ativa do IDEC e julgou procedentes em parte os pedidos, com fundamento apenas em dispositivos do CDC (art. 6º, VI e VII, 31, 37, § 1º), pois na época dos fatos a Lei 13.709/18 já havia sido publicada, mas ainda não estava em vigor. A coleta clandestina dos dados dos passageiros foi considerada prática comercial abusiva, diante do evidente desvio de finalidade, que caracteriza a abusividade, nos termos da lei consumerista.

Este aspecto não passou despercebido ao julgador, que adotou na sentença a conclusão de que não teria havido abuso se a coleta dos dados tivesse sido utilizada no interesse dos usuários, o que jamais ocorreu. Confira-se:

20. Disponível em: https://www.defesadoconsumidor.gov.br/portal/ultimas-noticias/1787-mjsp-firma-acordo--para-protecao-de-dados-dos-consumidores-brasileiros, acesso em: 25 mar. 2022.
21. TJSP, 37ª. Vara Cível do Foro Central, Proc. 1090663-42.2018.8.26.0100, julg. 12.05.2021.

> A situação exposta no caso concreto é muito diferente da captação de imagens por sistemas de segurança com objetivo de melhoria na prestação do serviço, segurança dos usuários ou manutenção da ordem, o que seria não só aceitável, mas necessário diante da obrigação da fornecedora de serviço público zelar pela segurança de seus usuários dentro de suas dependências. É evidente que a captação da imagem ora discutida é utilizada para fins publicitários e consequente cunho comercial...

Sob a égide da LGPD, a ilicitude da conduta é indiscutível, uma vez que há exigência expressa para coleta do consentimento prévio, claro e específico dos titulares de dados pessoais sensíveis, como os biométricos (art. 11, I). Na sua falta, porém, as normas do CDC garantiram os direitos dos usuários de forma ampla.

Embora a decisão ainda não tenha sido revista em 2º Grau, sem dúvida é paradigmática, seja pelo ineditismo do fato, como por sua repercussão, e inaugura uma nova abordagem para as questões de proteção de dados dos consumidores.

O crescimento do comércio eletrônico e a adoção de novas formas de comunicação em tempo real, ambos impulsionados pela pandemia do novo coronavírus, apontam para o reconhecimento de influências recíprocas entre LGPD e CDC, tanto na integração de lacunas, como na interpretação de cláusulas gerais contidas nos dois estatutos.

Os exemplos colacionados demonstraram o quanto são múltiplos e variados os instrumentos de regulação e controle do mercado de consumo, cada qual contemplando as especificidades das respectivas áreas de incidência. As influências recíprocas podem ocorrer tanto quando há estatutos próprios, como a LGPD e a lei de defesa da concorrência, como diante de normas provenientes de autorregulação, como as de *compliance*.

Compete ao intérprete investigar se há convergência de objetivos entre normas que afetam de forma mediata o consumo de bens e serviços e as normas de direito do consumidor. Em caso positivo, será possível realizar um diálogo de complementariedade ou de influências recíprocas entre os diferentes regulamentos. Caso haja divergência de objetivos, a interpretação há que respeitar a unidade do ordenamento, guiada pelo princípio da dignidade da pessoa humana, cujo reflexo na ordem econômica é a soberania do consumidor. Através de ponderação, em qualquer caso, deve ser assegurada a máxima efetividade aos direitos assegurados pelo CDC, cujas normas são instrumentos para a integridade do mercado de consumo e fatores de transformação social.

FUNÇÃO SOCIAL DA EMPRESA: REPERCUSSÕES PRÁTICAS

Mário Luiz Delgado

Doutor em Direito Civil pela USP. Mestre em Direito Civil Comparado pela PUC-SP. Especialista em Direito Processual Civil pela Universidade Federal de Pernambuco. Professor convidado em cursos de pós-graduação *stricto sensu* e Escolas da Magistratura. Membro da Academia Brasileira de Direito Civil – ABDC. Presidente da Comissão de Assuntos Legislativos do IBDFAM. Advogado e Parecerista.

1. A FUNÇÃO SOCIAL DA EMPRESA NO PLANO TEÓRICO

O conceito de "empresa" é visto sob diversos prismas. A palavra é polissêmica, sendo referida no ordenamento em diversos sentidos. A própria Lei 8.934/1994, que trata do registro empresarial, utiliza a palavra como sinônimo de sociedade. A maioria dos autores considera a "empresa" um fenômeno poliédrico, por apresentar-se sob os mais variados perfis: ora é usada como sinônimo de empresário ou de sociedade empresária (perfil subjetivo), ora é usada com o sentido de estabelecimento comercial (perfil objetivo ou patrimonial), ora é usada no seu sentido técnico de atividade econômica organizada para produção e circulação de bens ou de serviços (perfil funcional).[1]

Esse é o sentido que lhe atribuiu o Código Civil – empresa como sinônimo de atividade. O legislador, ao empregar a palavra "empresa" no seu perfil funcional, abandonando os perfis subjetivo e objetivo, passou a distinguir os conceitos de "empresa", "empresário", "sociedade empresária" e "estabelecimento". "Empresa" é a organização econômica dos fatores de produção (mecanismo de cooperação), ou seja, é atividade organizada para produção e circulação de bens ou de serviços nos mercados, e que pode ser desenvolvida por uma pessoa natural (empresário individual) ou jurídica (sociedade empresária), enquanto o "estabelecimento" é o complexo de bens organizados para o exercício da empresa. É por meio do "estabelecimento" que o empresário ou a sociedade empresária exercem a empresa (art. 1.142, CC).

Já a função social da empresa deve ser compreendida como um poder-dever do empresário individual e dos sócios e administradores das sociedades empresárias de

1. Sobre o tema, v. COMPARATO, Fábio Konder. Perfis da empresa. *Revista de Direito Mercantil industrial, econômico e financeiro*. ano XXXV, n. 104, p. 113 e ss. São Paulo: Ed. RT, out.-dez. 1996.

conformarem a empresa aos interesses da coletividade e, ao mesmo tempo, fazerem com que a persecução do lucro[2] observe certos deveres positivos e negativos.[3] Essa ideia tem longevidade histórica e marca o processo de transformação dos comerciantes e sociedades mercantis, ao longo da passagem do Estado liberal – indiferente a fins determinados, para um Estado Social, que passa a direcionar a ordem jurídica para a solução de mazelas sociais, com fins e objetivos determinados.[4]

Eros Grau identifica a função social da empresa com a função social da propriedade:

> A propriedade sobre a qual os efeitos do princípio são refletidos com maior grau de intensidade é justamente a propriedade, em dinamismo, dos bens de produção. Na verdade, ao nos referirmos à função social dos bens de produção em dinamismo, estamos a aludir à função social da empresa.[5]

De fato, é possível afirmar que se trata de uma manifestação da função social da propriedade, no sentido de função social dos meios de produção.[6] Especialmente os bens de produção, porque considerados fontes de riqueza, precisam estar vinculados a uma função social. Segundo, Fábio Konder Comparato, "em se tratando de bens de produção, o poder-dever do proprietário de dar à coisa uma destinação compatível com o interesse da coletividade transmuda-se, quando tais bens são incorporados a uma exploração empresarial, em poder-dever do titular do controle de dirigir a empresa para a realização dos interesses coletivos".[7]

---

2. A busca pelo lucro constitui uma das principais características da atividade empresarial, podendo-se afirmar ser este o traço distintivo entre as sociedades e os demais tipos de pessoa jurídica previstos no art. 44 do CC. No entanto, o lucro deve ser conectado com os fundamentos, finalidades e princípios que informam o exercício da atividade empresarial, previstos no art. 170, IV, CF.
3. Cf. TOMASEVICIUS FILHO, Eduardo. A função social da empresa. São Paulo: *Revista dos Tribunais*, ano 92, v. 810, p. 33-50, 2003, abr. Para Fábio Konder Comparato, a função social consistiria no poder-dever de vincular a coisa a um objetivo determinado pelo interesse coletivo (Estado, empresa e função social. *Revista dos Tribunais*, ano 85, v. 732, p. 37. São Paulo: out. 1996).
4. Cf. COMPARATO, Fabio Konder. A reforma da empresa. *Revista Forense*, ano 81, v. 290, p. 10. Rio de Janeiro: abr.-jun., 1985.
5. GRAU, Eros. *A ordem econômica na constituição de 1988*. 14. ed. São Paulo: Malheiros, 2010, p. 243. Importante observar que a ideia de função social da propriedade é positivada com a promulgação da primeira Constituição Republicana Alemã, em Weimar, de 1919, apesar da doutrina germânica não ter conseguido, durante longo tempo, extrair uma aplicação prática desse princípio constitucional (Cf. COMPARATO, Fábio Konder. Função social da propriedade dos bens de produção. *Revista de Direito Mercantil Industrial Econômico Financeiro*, ano XXV, n. 63, p. 75, jul.-set. 1986).
6. Há autores que vinculam intrinsecamente a noção de função social da empresa à função social da propriedade, confundindo, muitas vezes, categorias como as de responsabilidade social e função social da empresa. Em verdade, "o princípio que assegura a propriedade privada ao mesmo tempo condiciona-a a ter uma função social. Por essa razão, esse mesmo princípio assegura a propriedade privada da empresa, mas também a condiciona a atender a sua função social" (FABRETTI, Láudio Camargo. *Direito de empresa no novo Código Civil*. 3. ed. São Paulo: Atlas, 2003, p. 25).
7. Função social da propriedade dos bens de produção. *Revista de Direito Mercantil, industrial, econômico financeiro*, ano XXV, p. 76, jul.-set. 1986. Ana Frazão de Azevedo Lopes discorre sobre essa conexão forte existente no Século XIX. Para ela, se toda a atividade empresarial partia da propriedade e do contrato, seria inequívoco que as transformações sobre estes institutos teriam reflexos diretos na empresa, principalmente com atenção especial aos bens de produção (*Empresa e propriedade*: função social e abuso de poder econômico. São Paulo: Editora Quartier Latin, 2006, p. 113-114).

Dessa forma, a função social desloca-se da propriedade para o poder de organização e controle que o titular da empresa exerce sobre pessoas e bens de produção.[8]

Em que pese a descrença inicial quanto à efetividade do conceito no Brasil, considerado incongruente com o regime capitalista, nas palavras de Fábio Comparato,[9] é consenso na doutrina atual que a empresa deve respeitar os legítimos interesses da sociedade, definidos pelos fundamentos e princípios constitucionais que os informam, extraídos do art. 170 da CF/88.[10] Assim, a empresa só exerce função social quanto voltada à consecução dos fundamentos (*valorização do trabalho humano e livre iniciativa*), finalidades (*existência digna e justiça social*) e princípios (*defesa do consumidor, do meio ambiente, da livre concorrência, da redução das desigualdades regionais e sociais e da busca do pleno emprego*) da ordem econômica.[11]

Segundo Alfredo Lamy Filho, a função social da empresa "traduz-se na obrigação que lhe assiste, de pôr-se em consonância com os interesses da sociedade a que serve, e da qual se serve. As decisões que adota (...) têm repercussão que ultrapassam de muito seu objeto estatutário, e se projetam na vida da sociedade como um todo. Participa, assim, o poder empresarial do interesse público, que a todos cabe respeitar".[12]

8. Cf. LOPES, Ana Frazão de Azevedo. *Empresa e propriedade*: função social e abuso de poder econômico. São Paulo: Editora Quartier Latin, 2006, p. 123.
9. Para Fábio Konder Comparato: "é imperioso reconhecer a incongruência em se falar numa função social das empresas. No regime capitalista, o que se espera e exige delas é, apenas, a eficiência lucrativa, admitindo-se que, em busca do lucro, o sistema empresarial como um todo exerça a tarefa necessária de produzir ou distribuir bens e de prestar serviços no espaço de um mercado concorrencial. Mas é uma perigosa ilusão imaginar-se que, no desempenho dessa atividade econômica, o sistema empresarial, livre de todo controle dos Poderes Públicos, suprirá naturalmente as carências sociais e evitará os abusos; em suma, promoverá a justiça social" (Estado, empresa e função social. *Revista dos Tribunais*, ano 85, v. 732, p. 45. São Paulo, out. 1996).
10. Cf. Maria Celina B. Moraes. A caminho de um direito civil constitucional. *Revista Estado, Direito e Sociedade*, v. I, p. 7, 1991. A funcionalização, seja da propriedade ou da empresa, reflete objetivamente a necessidade de condicionamento do exercício dos respectivos direitos aos interesses maiores da sociedade (Cf. BARTHOLO, Bruno Paiva; GAMA, Guilherme Calmon Nogueira. Função Social da Empresa. *Revista dos Tribunais*. ano 96, v. 857, p. 17. São Paulo: Ed. RT, mar. 2007). No mesmo sentido, BULGARELLI, Waldirio. *Tratado de Direito Empresarial*. 2. ed. São Paulo: Atlas, 1995, p. 167-168.
11. Cf. SILVA, José Afonso da. *Curso de Direito constitucional positivo*. 23. ed. São Paulo: Malheiros, 2004, p. 102. Para o autor, figurariam como princípios de integração e que devem ser observados pela empresa, os de defesa do consumidor, do meio ambiente, de redução das desigualdades regionais e sociais e a busca do pleno emprego. No mesmo sentido, Maria Helena Diniz (HELENA DINIZ, Maria. Importância da função social da empresa. *Revista Jurídica*, v. 2, n. 51, p. 394, Curitiba, 2018), afirmando que o empresário exercerá sua atividade econômica sem que haja abuso de posição dominante, proporcionando meios para defesa do consumidor e redução de desigualdades sociais. Conforme Waldirio Bulgarelli: "é natural que, como centro polarizador da atividade econômica moderna (...) convergisse para a empresa uma variada gama de interesses, dizendo respeito aos trabalhadores, aos credores, ao Estado (quer na sua função mais mesquinha de arrecadador de impostos, quer como incentivador das atividades produtoras, quer ainda como intérprete das aspirações populares ou do bem público), aos sócios ou acionistas em relação ao empresário coletivo; aos consumidores, à comunidade etc. (...) Era natural, também que se acrescessem os deveres da empresa para com a sociedade e consequentemente sua responsabilidade, ficando-se autorizado a conferir-lhe, por isso, uma função social consequente com a ideia natural de bem público" (*Tratado de Direito Empresarial*. 2. ed. São Paulo: Atlas, 1995, p. 165-166).
12. LAMY FILHO, Alfredo. A função social da empresa e o imperativo de sua reumanização. *Revista de Direito Administrativo*. n. 190, p. 54-60, Rio de Janeiro, out./dez. 1992.

Por fim, uma última nota conceitual, de modo a que não se confunda função social com responsabilidade social. Em que pese a conexão intrínseca entre os dois conceitos, diferenças importantes devem ser pontuadas. Enquanto a responsabilidade social concerne a gestos voluntários ou espontâneos do empresário, sem qualquer imposição legal, a função social da empresa incide sobre a atividade empresarial de modo cogente.[13] Assim, a responsabilidade social seria o que se designa de "cidadania empresarial", sendo uma etapa de maior conscientização do empresariado no que diz respeito aos problemas sociais e ao seu potencial papel na resolução dos mesmos.[14]

Embora o Código Civil não mencione expressamente a função social da empresa, isso não significa que esta não exista e não deva ser observada.[15] Trata-se de um princípio implícito do Direito Civil e que deve ser extraído a partir das cláusulas gerais que tratam da função social da propriedade e dos contratos. De outro lado, a função social é princípio explícito do Direito Falimentar e encontra-se expressamente positivado no art. 47 da Lei 11.101/05: "a recuperação judicial tem por objetivo viabilizar a superação da situação de crise econômico-financeira do devedor, a fim de permitir a manutenção da fonte produtora, de emprego dos trabalhadores e dos interesses dos credores, promovendo, assim, *a preservação da empresa*, sua *função social* e o estímulo à atividade econômica".[16]

Dotada de vagueza semântica, a função social da empresa terá o seu conteúdo preenchido à luz do caso concreto, de acordo com os programas normativos de outras disposições, permitindo a abertura e mobilidade do sistema jurídico,[17] em prol da evolução e atualização das normas, em consonância com as crescentes e céleres transformações sociais.

A lei não define o que é função social da empresa, não descreve o comportamento exigido ou as consequências de sua inobservância, cabendo ao aplicador do Direito considerar os elementos fáticos, valorativos e soluções anteriormente conferidas pela jurisprudência ou pela doutrina para casos análogos a fim de alcançar a exata dimensão do seu conteúdo específico. Essa opção do legislador pela "vagueza" não restou isenta de críticas. Caio Mário da Silva Pereira chegou a fazer um paralelo com o art. 1º do

---

13. Cf. PEREZ, Viviane. *Função social da empresa:* uma proposta de sistematização do conceito. 166 f. Dissertação (Mestrado em Direito Civil) – Faculdade de Direito. Universidade do Estado do Rio de Janeiro, Rio de Janeiro, 2006, p. 95-96. No mesmo sentido, José Afonso da Silva. *Curso de Direito constitucional positivo.* 23. ed. São Paulo: Malheiros, 2004, p. 103.
14. Cf. DUARTE A., Regina. A responsabilidade social da empresa, breves considerações. *Revista do Instituto dos advogados de São Paulo,* ano 7, n. 13, p. 148, jan.-jun. 2004. É importante mencionar que, apesar dos gastos necessários para que a empresa seja socialmente responsável, também há grandes vantagens, tendo em vista que, ao propiciar uma comunicação mais aberta com seus colaboradores e com a coletividade, e trazer melhores condições sociais, a empresa impulsiona sua atividade econômica (DINIZ, Maria Helena. *Curso de direto civil brasileiro* – direito de empresa. São Paulo: Saraiva, 2008, p. 32). No mesmo sentido, HELENA DINIZ, Maria. Importância da função social da empresa. *Revista* jurídica, v. 2, n. 51, p. 407, 2018.
15. Ver Enunciado 53 da *I Jornada de Direito Civil*, promovida pelo Centro de Estudos Judiciários do Conselho da Justiça Federal, em 2002: "Deve se levar em consideração o princípio da função social na interpretação das normas relativas à empresa, a despeito da falta de referência expressa".
16. Também foi expressamente positivada na Legislação do Anonimato – Lei de Sociedades Anônimas (Lei 6.404/76, arts. 116 e 154).
17. Cf. AMARAL, Francisco. *Direito civil* – Introdução. 6. ed. Rio de Janeiro: Renovar, 2006, p. 73.

antigo Código Civil Soviético, "que condiciona a proteção dos direitos individuais ao exercício em consonância com a sua destinação econômica e social". Onde está fixado o conceito de função social, indagava o professor, já imaginando que "juízes interpretarão este dispositivo ao sabor dos seus pendores individuais" e que "a estabilidade da vida contratual correrá toda espécie de riscos".[18]

Entretanto, como qualquer princípio, o da função social não é absoluto, de forma que pode ser afastado no momento da subsunção. O STJ, por exemplo, já decidiu que "a função social da empresa exige sua preservação, mas não a todo custo", ressaltando que "a sociedade empresária deve demonstrar ter meios de cumprir eficazmente tal função, gerando empregos, honrando seus compromissos e colaborando com o desenvolvimento da economia, tudo nos termos do art. 47 da Lei 11.101/2005".[19]

De outra senda, também já se concluiu que, havendo divergências entre os sócios que impeçam o convívio e denotem a quebra da *affectio societatis*, "tratando-se, pois, de graves desinteligências que comprometem o encaminhamento das demandas da empresa e, assim, o seu funcionamento, tem-se por verificada a inexequibilidade do seu fim social, a amparar o requerimento de dissolução judicial, na forma do inciso II do artigo 1.034 do Código Civil".[20]

O que se evidencia pelos julgados referenciados é que a dissolução da empresa tem sido evitada sempre que a sociedade permanece exercendo as suas atividades de forma regular, gerando empregos e pagando impostos. Do contrário, se demonstrada a inatividade fática da sociedade, a qual não recolhe impostos significativos nem possui quadro de empregados, tem-se decidido que a dissolução judicial não viola os princípios de preservação e função social da empresa.

---

18. PEREIRA, Caio Mário da Silva. *Depoimento prestado à Comissão Especial do Código Civil na Câmara dos Deputados*. Brasília: Câmara dos Deputados, Coordenação de Arquivo, Centro de Doc. e Inf., 06.08.1975. A crítica de Caio Mário da Silva Pereira à definição da "função social do contrato", é rebatida por Miguel Reale com especial contundência: "Não pode haver interpretação mais tendenciosa a falha. O exercício da liberdade de contratar em razão da função social do contrato não é senão uma consequência lógica e natural do princípio constitucional que proclama 'a função social da propriedade'. Que vale tecer ditirambos em prol da humanização do direito, se, depois, no momento concreto da ação, se admite que a autonomia da vontade possa dar nascimento a contratos em conflito com a função social dos contratos? É absurdo, portanto, dizer, só pelo prazer de contestar, que o preceito do art. 417 servirá apenas para 'invalidar as avenças, e de um fundamento a mais para a manifestação de recursos'. Quando se passa a raciocinar de forma tão inconsistente não há como responder. Trata-se, ao contrário, de norma que tem como destinatário principal o juiz, servindo de base a uma efetiva e concreta apreciação dos fatos, a fim de que as tão decantadas diretrizes sobre imprevisão, onerosidade excessiva, lesão enorme, abuso de direito etc..., não figurem apenas como uma 'capa florida de direitos sociais', a ocultar empedernido e superado apego à soberana vontade individual, mas em benefício dos mais fortes ou mais ousados" (REALE, Miguel. *Em defesa do anteprojeto do Código Civil*. Brasília: Câmara dos Deputados. Coordenação de Arquivo. Centro de Doc. e Inf., s/d).
19. STJ, AGRG no CC 110.250/DF, Rel. Min. Nancy Andrighi, DJe 16.09.2010. No mesmo sentido, a 4ª Turma do STJ decidiu que a função social e o princípio da preservação da empresa reclamam "que a sua continuidade se ajuste ao interesse coletivo, por importar em geração de empregos, em pagamento de impostos, em promoção do desenvolvimento das comunidades em que se integra, e em outros benefícios gerais" (STJ, REsp 61.278/SP, Rel. Ministro Cesar Asfor Rocha, 4ª Turma, julgado em 25.11.1997, DJ de 06.04.1998).
20. TJDFT, APC 2016.01.1.063221-2, Rel. Des. Simone Lucindo, 17.07.2018.

2. A FUNÇÃO SOCIAL E SUAS REPERCUSSÕES PRÁTICAS

A concretização da função social da empresa implica a observância tanto de interesses internos (vertente endógena), quanto externos (versão exógena), condicionadores da atividade empresarial. Ou seja, a função social deve guiar as relações entre os agentes internos, como empregados, sócios e administradores; e balizar as relações com os centros de interesses externos à empresa, voltados à proteção dos consumidores, dos concorrentes, do meio ambiente, do pleno emprego e da redução das desigualdades regionais e sociais.[21]

Nesse norte, apresentaremos, nos tópicos que se sequenciam, algumas repercussões práticas da função social da empresa em situaçs específicas, já exploradas na doutrina ou na jurisprudência.

2.1 A aplicação do regime recuperacional a entidades (formalmente) não empresárias

Em interpretação literal e restritiva, somente os empresários se submetem à legislação falimentar (Lei 11.101/2005, com as alterações da Lei 14.112/2020). O empresário individual e as sociedades empresárias sofrem a incidência da LRE independentemente da inscrição ou do arquivamento do contrato social na Junta Comercial, sendo certo que a Lei 11.101/2005 pode ser aplicada ao empresário irregular ou à sociedade empresária despersonalizada.

Entretanto, tem-se admitido, em sede doutrinária e jurisprudencial, a recuperação judicial de sociedades simples e de associações civis. Assim, já se decidiu, *exempli gratia*, manter a decretação de quebra de entidade educacional organizada sob a forma de sociedade simples de responsabilidade limitada, registrada em cartório de registro civil de pessoas jurídicas (arts. 983 e 1.150 do Código Civil), justamente por se identificar a prestação de serviços de natureza intelectual mediante o emprego de "elementos de empresa", ou seja, mediante a organização dos meios de produção para obtenção de lucros e expansão mercadológica, "características próprias de sociedade empresária, alcançada, sem restrições, pelo conceito descrito no *caput* do artigo 966 do Código Civil, extensivo às sociedades quando a atividade econômica é desenvolvida por uma coletividade de empreendedores ou sócios, e não de forma unipessoal, como bem descrevem

21. Cf. SILVA, José Afonso da. *Curso de Direito constitucional positivo.* 23. ed. São Paulo: Malheiros, 2004, p. 107. No mesmo sentido: PEREZ, Viviane. *Função social da empresa:* uma proposta de sistematização do conceito. 166 f. Dissertação (Mestrado em Direito Civil) – Faculdade de Direito. Universidade do Estado do Rio de Janeiro, Rio de Janeiro, 2006, p. 102. No mesmo sentido, Modesto Carvalhosa: "Tem a empresa uma óbvia função social, nela sendo interessados os empregados, os fornecedores, a comunidade em que atua e o próprio Estado, que dela retira contribuições fiscais e parafiscais. Considerando-se principalmente três as modernas funções sociais da empresa. A primeira refere-se às condições de trabalho e às relações com seus empregados (...) a segunda volta-se ao interesse dos consumidores (...), a terceira volta-se ao interesse dos concorrentes (...). E ainda mais atual é a preocupação com os interesses de preservação ecológica urbano e ambiental da comunidade em que a empresa atua" (CARVALHOSA, Modesto e LATORRACA, Nilton. *Comentários à lei de sociedades anônimas.* São Paulo: Saraiva, 1998, v. 3, p. 237-238).

os artigos 981 e seguintes do referido diploma legal. Circunstâncias que apontam para sua submissão à disciplina da Lei 11.101/2005".[22]

Em outra decisão da 5ª Vara Empresarial do Rio de Janeiro, confirmada pelo TJRJ foi autorizada a recuperação judicial da Universidade Cândido Mendes, associação civil sem fins lucrativos, pois "ainda que formalmente registrada como associação civil, a entidade de ensino, a toda evidência, desempenha atividade econômica lucrativa, que repercute jurídica e economicamente. A concepção moderna da atividade empresária se afasta do formalismo para alcançar a autêntica natureza da atividade objetivamente considerada. Ainda que no aspecto formal a mantenedora da Universidade Cândido Mendes – ASBI – se apresente como associação civil, de fato, ela substancialmente desempenha verdadeira atividade empresária, a teor do art. 966 do Código Civil, pois realiza atividade econômica organizada para a produção ou circulação de bens ou serviços, gera empregos e arrecadação para o Estado, revestindo-se de genuína função social".[23]

No mesmo sentido, decisão da 1ª Vara Empresarial de Salvador deferiu o processamento da recuperação judicial da associação civil sem fins lucrativos Hospital Evangélico da Bahia, pois, mesmo em se tratando formalmente de uma associação, exerce atividade econômica e "sua organização é equiparada a de empresa, e que coloca bens e serviços no mercado, buscando superávit, sustentabilidade econômica e crescimento patrimonial, onde a única diferença é que o 'lucro' aferido é direcionado ao incremento da própria atividade, ou seja, não há divisão de lucros".[24]

No que tange ao regime recuperacional, é possível perceber, dessa maneira, a aplicação da função social da empresa no momento em que se prioriza a reorganização empresarial, a fim de manter a pessoa jurídica em operação, independentemente do enquadramento como sociedade empresária. A função social, aqui, se confunde com o princípio da preservação da empresa, conservando-se empregos, investidores, fornecedores e impostos decorrentes da atividade.[25]

---

22. TJSP, Agravo de Instrumento 0187821-36.2012.8.26.0000, *DJESP* 13.05.2013.
23. Processo 00093754-90.2020.8.19.000.
24. Recuperação Judicial 8074034-88.2020.8.05.0001. Nesse sentido, também houve julgado em que se dilatou o prazo de suspensão de execuções previsto no art. 6º, § 4º da Lei de Falência, com fundamento na função social da empresa: "(...)O Tribunal Superior do Trabalho, prestigiando os princípios da preservação e da função social da empresa, posicionou-se no sentido de que o prazo de suspensão de execuções previsto no art. 6º, § 4º, da Lei de Falências poderá ser dilatado, nos casos em que, deferido o plano de recuperação judicial, este vem sendo regularmente cumprido pela empresa em recuperação (...)" (TRT 2ª R.; AP 1001037-34.2015.5.02.0262; Décima Sexta Turma; Rel. Des. Regina Aparecida Duarte; DEJTSP 18.06.2019).
25. Cf. TOMASEVICIUS FILHO, Eduardo. A função social da empresa. São Paulo: *Revista dos Tribunais*, ano 92, v. 810, p. 33-50, abr. 2003. No âmbito dos tribunais estaduais, é corrente a visão da recuperação judicial como forma de se preservar a empresa e manter sua função social: "O direito empresarial, em uma visão moderna, ante a função social da empresa, que circula capital, gera empregos e paga tributos, trabalha com o princípio da preservação da empresa. (...) Seguindo o princípio da preservação da empresa, a recuperação judicial constitui uma ação judicial destinada a sanear a situação de crise econômico-financeira do empresário devedor, viabilizando a manutenção de suas atividades (...)" (TJRJ; AI 0066573-83.2021.8.19.0000, 3ª Câmara Cível, Rel. Renata Machado Cotta; DORJ 04.02.2022). "*A recuperação judicial tem como fim colimado atender o princípio da preservação da empresa, previsto no art. 47 da Lei 11.101/2005, querem por objetivo viabilizar a superação da situação de crise econômico-financeira do negócio, para preservar sua fonte produtora,* assegurar emprego

A incidência do princípio da preservação da empresa (em sentido *lato*), nessas hipóteses, deve ser vista como consequência direta do cumprimento da função social.

2.2 O exercício de atividade empresarial pelo incapaz

O art. 974 do Código Civil permite que o incapaz, por meio de representante ou devidamente assistido, continue a empresa antes exercida por ele enquanto capaz, por seus pais ou pelo autor de herança.

Os incapazes, quer sejam os absolutamente incapazes, nos casos do art. 3º, quer sejam os relativamente incapazes, nas situações do art. 4º, podem continuar a empresa, antes exercida por eles como capazes (nos casos de incapacidade superveniente, especialmente nas hipóteses do art. 4º), por seus pais ou pelo autor da herança (nos casos de sucessão hereditária – legítima ou testamentária).

Nesse sentido, são duas as possibilidades de uma pessoa incapaz desempenhar a atividade empresarial em caráter individual – ou ele se tornou incapaz no exercício da atividade empresarial ou ele é sucessor hereditário do empresário individual.

O incapaz exercerá a empresa, em continuação à atividade que já era exercida por ele próprio enquanto capaz, ou por aqueles a quem sucedeu por vocação hereditária ou testamento, mas só poderá fazê-lo por meio de representante legal, ou devidamente assistido, quando relativamente incapaz, e sempre, obrigatoriamente, mediante autorização judicial, conforme previsão do § 1º do art. 974.

Nos termos da Lei Brasileira de Inclusão da Pessoa com Deficiência (Lei 13.146/2015), a pessoa com deficiência mental, desde que não submetida à curatela, pode operar pessoalmente a empresa, inclusive como empresário individual, não podendo a Junta Comercial negar a concessão do registro de empresário.

Em casos de falecimento do empresário individual, são comuns as decisões que asseguram a continuidade da empresa pelo herdeiro capaz ou incapaz, em concretização ao princípio da preservação da empresa, considerando-se a relevância socioeconômica e a conveniência da continuação das atividades, uma vez que "a empresa desempenha função que extrapola os limites dos interesses patrimoniais de seus titulares, pois gera empregos, amplia o recolhimento de tributos e ativa a economia, além de incrementar

---

dos trabalhadores e os interesses dos credores, *atendendo à função social* e ao estímulo da atividade econômica desempenhada" (TJAL; AI 0805415-07.2017.8.02.0000, 2ª Câmara Cível, Rel. Des. Klever Rêgo Loureiro; DJAL 04.06.2019). "(...) Hipótese em que se revela injusta e desarrazoada a convolação da recuperação judicial em falência por conta da rejeição do voto de apenas dois credores, *indo de encontro aos princípios da preservação e da função social da empresa,* em contrariedade ao art. 47, da Lei 11.101/2005 (...) III. Outrossim, ao que se afere das razões recursais da instituição financeira, ora agravante, o voto contrário a aprovação do aditivo ao plano está fundamentado apenas no aumento do prazo de carência, em doze meses, ao passo que os efeitos resultantes da falência seriam devastadores, importando na demissão de inúmeros colaboradores das recuperandas. Portanto, como bem ressaltado na decisão, deve ser considerado abusivo o voto dos credores da classe II – créditos com garantia real e mitigado os requisitos do art. 58, da Lei 11.101/2005, *sobrelevando a necessidade de preservação da empresa*" (TJRS, AI 0131051-66.2019.8.21.7000; Processo 70081591422; Canoas; 5ª Câmara Cível, Rel. Jorge André Pereira Gailhard; J. 18.12.2019; DJERS 28.01.2020).

importações e exportações, de maneira tal que sua preservação interessa à sociedade e ao Estado".[26]

A continuidade da empresa pelo incapaz, dessa forma, também concretiza a função social, tendo em vista que permite a manutenção da fonte produtora, do emprego dos trabalhadores e dos interesses dos credores, promovendo a consequente preservação da empresa.

2.3 O cumprimento da legislação trabalhista como concretização da função social da empresa

Nas Cortes Laborais são comuns as decisões que consideram o não atendimento aos ditames da legislação trabalhista como modalidade de descumprimento da função social, pois "não basta à empresa a busca pelos lucros, devendo exercer também sua função social, fundada na valorização do trabalho humano e na livre-iniciativa, com o objetivo de "assegurar a todos existência digna, conforme os ditames da justiça social".[27]

Assim, a função social da empresa, no que tange à valorização do trabalho humano e à busca do pleno emprego, implica e exige o compromisso com o respeito às leis trabalhistas e aos interesses dos empregados. Ainda que a empresa não deva sacrificar a sua lucratividade em favor dos trabalhadores, deve empreender suas atividades de modo a assegurar que sua função social seja observada.[28] Em decorrência, deve prezar pela fiscalização no cumprimento de obrigações trabalhistas, com promoção da valorização do trabalho e da dignidade humana.[29]

Justamente por isso, tem-se reconhecido, em muitos casos, o desvio da função social como pressuposto para a desconsideração da personalidade jurídica. Concretizando o diálogo das fontes entre a legislação do anonimato e o Código Civil, já se acolheu, por *verbi gratia*, incidente de desconsideração da personalidade jurídica de sociedade anô-

26. TJSC, AC 2005.025103-5, Rel. Des. Jaime Luiz Vicari, *DJSC* 10.09.2008.
27. TRT-2, AP 01600-1998-042-02-00-9, Rel. Juíza Vania Paranhos, *DOESP* 29.02.2008.
28. CARMO, Patrícia Santos de. Função social da empresa: instrumento de efetivação dos direitos fundamentais trabalhistas e do valor social do trabalho. *Revista do TRT-18ª*, Goiânia, ano XIV, 2014, p. 342 e ss. A função social da empresa "está estribada na atuação responsável no domínio econômico, não para cumprir as obrigações típicas do Estado nem substituí-lo, mas sim no sentido de que, socialmente, sua existência deve ser balizada pela criação de postos de trabalho, respeito ao meio ambiente e à coletividade e, nesse sentido é que se busca preservá-la. Ao se referir a estímulo à atividade econômica, está implícito o reconhecimento de que a empresa é uma das fontes geradoras de bem-estar social e que, na cadeia produtiva, o desaparecimento de qualquer dos elos pode afetar a oferta de bens e serviços, assim como a de empregos, por conta do efeito multiplicador da economia" (TJSC; AI 2012.011858-6; Rel. Des. Paulo Roberto Camargo Costa; DJSC 29.04.2013).
29. O TRT-2 tem entendimento firmado de que a tutela da dignidade do trabalhador insere-se na função social da empresa: "(...) É sabido que o assédio moral, ou, ainda, manipulação perversa, terrorismo psicológico, caracteriza-se por ser uma conduta abusiva, de natureza psicológica, que atenta contra a dignidade psíquica do trabalhador, expondo-o a situações humilhantes e constrangedoras, capazes de causar-lhe ofensa à personalidade, à dignidade ou à integridade psíquica e, que pode ser praticado pela empresa (na figura do preposto, superior hierárquico) ou pelos próprios colegas. Registre-se, ainda, que a tutela da dignidade do trabalhador insere- se na função social da empresa, que está obrigada *a manter um ambiente de trabalho saudável, no qual deve ser observado o respeito à pessoa do trabalhador* (...)" (TRT 2ª R.; RORSum 1001334-40.2019.5.02.0411; Quarta Turma; Rel. Des. Ivani Contini Bramante; DEJTSP 05.10.2020).

nima, por se considerar "abusiva a administração empresarial que não cumpre, de forma regular, os direitos sociais de seus empregados, diante do desvio de sua função social, o que justifica a aplicação das disposições do art. 50 do Código Civil, em harmonia com as previsões do artigo 158, *caput*, incisos I e II, da Lei 6.404/76".[30]

Invocando uma vez mais as lições de Fábio Konder Comparato, a função em direito é um "poder de agir sobre a esfera jurídica alheia, no interesse de outrem, jamais em proveito do próprio titular".[31] Logo, a ilicitude que gera a desconsideração da personalidade jurídica decorre, não apenas de uma irregularidade formal da empresa, mas também de um desvio da finalidade social que deveria ser exercida por ela em prol da comunidade. E exatamente por não efetivar essa função, dá ensejo ao abuso de personalidade jurídica, a favorecer os próprios sócios, em detrimento da sociedade como um todo.

2.4 Cláusula contratual que regula a sucessão de sócio

O art. 1.028 do CCB[32] versa sobre a sucessão hereditária do sócio, regulando a transmissão das quotas sociais após o falecimento do seu titular. O dispositivo permite, por exemplo, em caso da morte de um sócio, que o cônjuge, o companheiro, os herdeiros, ou determinado herdeiro, ingressem na sociedade, mediante transmissão das quotas e alteração do contrato social, passando o sucessor a ocupar a posição do *de cujus* no quadro societário. Ou ainda que a sociedade continuará apenas com os sócios sobreviventes, ou mesmo com outros beneficiários que não os herdeiros legítimos. O contrato pode igualmente estipular que os sucessores somente ingressarão na sociedade com o consentimento dos demais sócios, ou que determinados herdeiros, ou classe de herdeiros, não serão admitidos na sociedade.

A liberdade contratual dos sócios, para regular no ato constitutivo da sociedade, a sucessão de suas quotas, deve ser a mais ampla possível, só encontrando limites nas disposições de ordem pública, v.g. dos arts. 421 e 422 do CC, e nos princípios gerais do direito, tais como o da vedação ao enriquecimento sem causa.

O contrato social, como negócio jurídico e instrumento da autonomia privada, pode especificar, portanto, quais herdeiros passarão a integrar a sociedade. Nessa hipótese, ocorre a atribuição imediata, em seu favor, das participações societárias, as quais serão excluídas do monte mor da sucessão, sem necessidade de se aguardar a partilha definitiva, ainda que o seu equivalente econômico seja eventualmente submetido a co-

30. TRT 6ª R., AP 0000701-05.2015.5.06.0143, Rel. Des. Virgínia Malta Canavarro, *DOEPE* 23.01.2019. No mesmo sentido: "O incidente de desconsideração da personalidade jurídica, disciplinado no CPC/2015, é instrumento de materialização do contraditório e da ampla defesa, nos casos em que se pretende tornar ineficazes os atos realizados pela sociedade, na pessoa de seus sócios, em detrimento da função social da empresa (...)" (TRT-23ª R., AP 0001001-15.2015.5.23.0071, Tribunal Pleno; Rel. Beatriz Theodoro; DEJTMT 20.08.2020).
31. COMPARATO, Fabio Konder. A reforma da empresa. *Revista Forense,* ano 81, v. 290, p. 12. Rio de Janeiro, abr.-jun. 1985.
32. Art. 1.028, CCB: "No caso de morte de sócio, liquidar-se-á sua quota, salvo: I – se o contrato dispuser diferentemente; II – se os sócios remanescentes optarem pela dissolução da sociedade; III – se, por acordo com os herdeiros, regular-se a substituição do sócio falecido".

lação no inventário. Na sucessão *ab intestato*, a opção do contrato não pode resultar em desigualação dos quinhões hereditários, o que depende de disposição testamentária, observados os limites da legítima. Se o valor das quotas, na data de abertura da sucessão, exceder os direitos sucessórios do herdeiro eleito no contrato para ingressar na sociedade, a diferença deve ser colacionada e o ingressante se torna devedor dos demais.

Advirta-se, porém, que mesmo contendo o contrato social cláusula dispondo sobre a substituição do sócio falecido pelos herdeiros ou por determinado herdeiro e não existindo ressalva quanto ao direito dos sócios remanescentes em aceitá-los ou não, essa previsão não os transforma, automaticamente, em sócios da pessoa jurídica. Primeiro, porque a transmissão da qualidade de sócio pela via convencional fica condicionada à aceitação dos sucessores, que podem recusar a condição de sócio (o que não se confunde com renúncia à herança), já que ninguém pode ser compelido a associar-se (art. 5º, inc. XX, da CF). Nada pode obrigar a que os herdeiros se tornem sócios da sociedade cujas quotas sociais lhes foram transmitidas, se assim não o desejarem, da mesma forma que os sócios remanescentes podem discordar da admissão de novos sócios e postular a retirada do quadro societário. Se os herdeiros não desejarem "substituir" o sócio falecido, ocorrerá tão somente a apuração dos haveres. A alteração contratual para exclusão de herdeiros e sucessores eleitos no contrato será feita sem a necessidade de alvará ou formal de partilha. Se a discordância for dos sócios remanescentes, sobrar-lhes-á a opção de retirada, seguindo-se o procedimento de liquidação parcial de sociedade. Mas não lhes cabe obstar o ingresso dos herdeiros, quando anuíram com a previsão de substituição convencional, ao subscreverem o contrato social.

A disposição contratual referente à transmissão de quotas e ao ingresso de herdeiros no quadro social, no entanto, é bastante controvertida diante do que estabelece o art. 426 (*Não pode ser objeto de contrato a herança de pessoa viva*).

As quotas sociais possuem conteúdo econômico, integram o patrimônio do sócio enquanto vivo e sua herança após a morte. Ao regular o ingresso do herdeiro no quadro social, transmitindo-lhe a titularidade das quotas, o contrato dispõe sobre parte da futura herança do sócio ainda vivo, o que caracteriza, no rigor do enquadramento, uma das espécies de pactos sucessórios (*pacta corvina*).

Não obstante, é plenamente válido esse tipo de pacto, pois os princípios da conservação e da função social da empresa, de matriz constitucional, se sobrepõem à regra infraconstitucional do art. 426, cujo afastamento, *de lege ferenda* ou mesmo *de lege lata*, já tem sido, aliás em boa hora, aventado por parte da doutrina.[33]

2.5 Função social nas sociedades anônimas

Na Lei de Sociedades Anônimas (Lei 6.404/76) há diversas manifestações da função social da empresa, como no art. 116, parágrafo único, ao estabelecer que o acionista

33. Cf. DELGADO, Mário Luiz. Pacto sucessório. Renúncia a direito concorrencial. Possibilidade. Inteligência do art. 426 do Código Civil. *Revista Nacional de Direito de Família e Sucessões*, v. 43, p. 185 e ss. Porto Alegre, 2021.

controlador deve usar o poder de controle com o "fim de fazer a companhia realizar o seu objeto e *cumprir sua função social* e tem deveres e responsabilidades para com os demais acionistas da empresa, os que nela trabalham e para com a comunidade em que atua, cujos direitos e interesses deve lealmente respeitar e atender".[34] Ou, ainda, no art. 154, que impõe ao administrador "exercer as atribuições que a lei e o estatuto lhe conferem para lograr os fins e no interesse da companhia, satisfeitas as exigências do bem público e da *função social da empresa*".

A lei, dessa forma, elenca que há interesses internos e externos que devem ser respeitados. Quanto aos primeiros, deve-se respeitar os interesses das pessoas que contribuem diretamente para o funcionamento da empresa, como os acionistas, outros titulares de valores mobiliários e os trabalhadores; quanto aos interesses externos, respeitam-se àqueles da comunidade em que ela atua.[35]

Assim, mesmo que a atividade empresarial da companhia persiga a maximização do lucro, os administradores e acionistas devem atender a objetivos sociais preponderantes, respeitando os direitos dos trabalhadores, não poluindo, não praticando concorrência desleal, priorizando os interesses dos consumidores e não compactuando com qualquer espécie de discriminação.[36]

2.6 A função social da empresa e o meio ambiente

Atualmente há diversas normas que estabelecem critérios para o uso de forma sustentável do meio ambiente, impondo a conciliação entre a liberdade econômica da empresa e a conservação ambiental. Por isso, exerce a função social a empresa que utiliza os recursos naturais de forma equilibrada, provendo o manejo ecológico das espécies e ecossistemas, preservando a diversidade e a integridade do patrimônio genético do País e protegendo a fauna e a flora (art. 225, CF). A preocupação com os interesses de preservação ecológica, urbana e ambiental da comunidade em que a empresa atua, e o seu compromisso com a preservação da natureza, ressalta Modesto Carvalhosa, "transcende, outrossim, os aspectos meramente comunitários, para se colocar num plano universal.

34. Fábio Konder Comparato, ao tratar sobre a função social da empresa especificamente quanto a este artigo sustenta que elencaria os deveres negativos impostos pela função social, tendo em vista que os deveres positivos seriam aqueles previstos no art. 7º, CF (Estado, empresa e função social. *Revista dos Tribunais*, São Paulo, ano 85, v. 732, p. 44-45, out. 1996). No mesmo sentido, a Lei de Sociedades Anônimas no art. 154 também traz o conceito e determina a observância da função social da empresa: "o administrador deve exercer as atribuições que a lei e o estatuto lhe conferirem, para lograr os fins e no interesse da companhia, satisfeitas as exigências do bem público e da *função social da empresa*" Modesto Carvalhosa sobre o papel dos administradores e a função social a ser exercida, afirma que: "a função social da empresa deve ser levada em conta pelos administradores, ao procurar a consecução dos fins da companhia. Aqui se repete o entendimento de que cabe ao administrador perseguir os fins privados da companhia, desde que atendida a função social da empresa" (CARVALHOSA, Modesto e LATORRACA, Nilton. *Comentários à lei de sociedades anônimas.* São Paulo: Saraiva, 1998, v. 3, p. 238).

35. COMPARATO, Fabio Konder. A reforma da empresa. *Revista Forense*, ano 81, v. 290, p. 12. Rio de Janeiro, abr.-jun. 1985.

36. Cf. EIZIRIK, Nelson. *A lei das S/A Comentada.* São Paulo: Quartier Latin, 2011, v. II, artigos 121 a 188, p. 359.

A produção de elementos nocivos não só ao homem, como também à fauna e à flora, constitui dano de igual importância".[37]

Há, assim, deveres negativos e positivos que a empresa deve observar, sejam eles decorrentes da Política Nacional do Meio Ambiente (Lei 6.938/81), seja por meio da obrigatoriedade do licenciamento ambiental para exercício de determinadas atividades, ou pela observância da Política Nacional de Resíduos Sólidos (Lei 12.305/2010) ou Política Nacional de Resíduos Hídricos (Lei 9.433/97), dentre outros.

Todas essas políticas, de observância obrigatória pela empresa, concretizam a função social, possibilitando que determinadas atividades, mesmo impactando de forma relevante o meio ambiente, possam ter continuidade – como a exploração de minérios, madeira, pesca etc. – mas desde que de forma racional e ecologicamente equilibrada, garantindo a preservação daqueles recursos naturais às gerações futuras.[38]

3. NOTAS CONCLUSIVAS

A função social representa a prevalência dos valores coletivos sobre os individuais, sempre observando a pessoa humana e sua dignidade como valor fundante do ordenamento. O comportamento ético da empresa e sua orientação no sentido da conformação da atividade produtiva com os interesses maiores da sociedade, são deveres legais expressamente previstos em diversos dispositivos constitucionais e infraconstitucionais.

A atividade empresarial é condicionada ao exercício de sua função social, de forma que a persecução de lucro seja alcançada sem deixar de assegurar a todos existência digna, conforme os ditames da justiça social, e em observância às práticas de boa gestão concorrencial (art. 170, IV, CF), respeito aos direitos dos consumidores (art. 170, V, CF), preservação do meio ambiente (art. 170, VI e art. 225, CF), redução das desigualdades regionais e sociais(art. 170, VII e art. 225, CF) e observância das leis trabalhistas, na busca do pleno emprego (art. 170, *caput* e VIII CF).

Quando o legislador exigiu da empresa o cumprimento da função social, ele "tomou posição diante de dois valores que estavam em conflito: o valor do indivíduo, de um lado, e o valor da coletividade, do outro, procurando uma solução de convergência de valores individuais e sociais, dentro da preocupação fundamental de dar ao indivíduo aquilo que lhe compete, mas nos limites das exigibilidades coletivas".[39]

37. CARVALHOSA, Modesto e LATORRACA, Nilton. *Comentários à lei de sociedades anônimas*. São Paulo: Saraiva, 1998, v. 3. p. 238.

38. Cf. HELENA DINIZ, Maria. Importância da função social da empresa. *Revista Jurídica*, v. 2, n. 51, p. 398 e ss. Curitiba, 2018. A função social da empresa "não se sobrepõe ao interesse difuso em relação à preservação do meio ambiente para esta e as futuras gerações". Se a empresa foi intimada para atender as exigências do órgão ambiental e persiste no "descumprimento das exigências para desempenho da atividade poderá o órgão competente restabelecer o embargo à atividade" (TJRJ; AI 0054962-12.2016.8.19.0000; Rel. Des. Teresa Andrade; DORJ 05.11.2018).

39. Cf. REALE, Miguel. *Depoimento prestado à comissão especial do Código Civil na Câmara dos Deputados*. Brasília: Câmara dos Deputados, Coordenação de Arquivo, Centro de Doc. e Inf., 05.08.1975.

O EMPREENDEDORISMO E A NOVA LEI DAS *STARTUPS*: ATIVIDADE ECONÔMICA E DESENVOLVIMENTO SOCIAL

Rafael Viola

Doutor em Ciências Jurídico-Civis pela Universidade de Lisboa. Mestre em Direito Civil pela Universidade do Estado do Rio de Janeiro. Procurador da Universidade do Estado do Rio de Janeiro. Professor do Ibmec/RJ.

1. INTRODUÇÃO: *STARTUPS* E SOCIEDADE

Na estrutura social contemporânea, a tecnologia adquire contornos centrais, tornando-se a pauta das discussões políticas e econômicas.[1] O desenvolvimento das civilizações ocidentais adicionou à dimensão prática das técnicas as dimensões teórica e científica, permitindo compreender e explicar a razão do que é concretamente eficaz. Essa adição do estudo científico, com metodologia própria, é o que se entende por tecnologia, compreendida como o conjunto de conhecimentos, argumentos e razões acerca de uma arte ou de um fazer determinado.[2]

A tecnologia, portanto, enquanto fenômeno dotado de estrutura ampla, considerada como um corpo sólido de conhecimentos, que exorbita a mera aplicação de conceitos e teorias científicas, aplicável aos mais variados campos da pesquisa, é fruto de novas demandas sociais e acaba por modificar todo o conjunto de costumes e valores,

1. Nesse sentido, é curioso o documento apresentado pelo JP Morgan Asset Management discutindo tecnologia, produtividade e força de trabalho. Em resumo, o relatório afirma que a tecnologia afetará o crescimento econômico e o mercado de capital de tal maneira que se torna difícil prever. O documento continua afirmando que a inteligência artificial, ao mesmo tempo que poderá trazer um ganho de produtividade, poderá produzir uma substancial perda de empregos. JP MORGAN ASSET MANGEMENT. *The impact of technology on long-term potential economic growth*. Disponível em: http://www.jpmorganassetmanagement.de/dms/JPM50455%20LTCMA%202018%20-%20TECHNOLOGY.pdf, acesso em: 15 out. 2018. O mesmo se verifica nos diversos meios de comunicação. Confira-se ISTOÉDINHEIRO. *O futuro do mundo*. Disponível em: https://www.istoedinheiro.com.br/noticias/economia/20170106/futuro-mundo/447843, acesso em: 15 out. 2018. WIRED. *Creating the tech economy of the future*. Disponível em: https://www.wired.com/brandlab/2018/03/dxc-creating-tech-economy-future/, acesso em: 15 out. 2018. SOUTH CHINA MORNING POST. *Technology remains the economic driver of the future, despite recent data access scares*. Disponível em: https://www.scmp.com/comment/insight-opinion/article/2143572/technology-remains-economic-driver-future-despite-recent, acesso em: 15 out. 2018.
2. MAGRANI, Eduardo. *A internet das coisas*: privacidade e ética na era da hiperconectividade. Tese de doutoramento em direito pelo programa de Pós-Graduação em Direito da Pontifícia Universidade Católica do Rio de Janeiro, março de 2018, p. 22.

agregando-se à cultura.[3] A tecnologia é, portanto, uma produção humana e, assim, é inerente à sua própria natureza. Com o desenvolvimento das sociedades, a noção de tecnologia foi, também, evoluindo, de tal modo que adquiriu novos contornos, com profundas transformações, caracterizada por uma extensa rede de pesquisadores e projetos interdisciplinares. É preciso reconhecer, então, que a técnica exorbitou os objetivos pragmaticamente delimitados de outrora. Se esta era um tributo exigido a partir da necessidade de transformar a vida dos homens, aperfeiçoando-a e tornando-a melhor, hoje, a tecnologia transformou-se no fim escolhido pela humanidade, tornando-se o impulso da espécie humana.[4]

As mudanças sociais, decorrentes do nascimento de um mercado virtual, com o surgimento da revolução tecnológica, profundamente acelerado nos últimos dois anos em razão da pandemia de Covid-19, tem demonstrado uma transformação dos fenômenos sociais, trazendo ao debate o questionamento sobre os nossos princípios, regras e o próprio modelo de convivência social, percorrendo um importante caminho de contribuir, colaborar e comunicar de modo a encontrar melhores arranjos e soluções para o mundo que se tornou tão pequeno.[5]

Não é de se estranhar, portanto, que no ranking de maiores companhias do mundo, das cinco primeiras, quatro sejam empresas de tecnologia – Apple, Microsoft, Amazon e Alphabet – que iniciaram sua vida legal como *startups* financiadas por capital de risco.[6] Elas se tornaram o que são desafiando a lógica, até então vigente, de crescimento e expansão de empresas, ao apostar numa governança e titularidade compartilhada entre fundadores, investidores, executivos e empregados.[7]

O sucesso alcançado pela inovação tecnológica, aliada a modelos de negócios que promovem o empreendedorismo, pode ser medido atualmente pela existência de, pelo menos, 500 (quinhentas) startups unicórnio no mundo,[8] isto é, aquelas que alcançaram avaliação de mercado de, ao menos, U$1 bilhão.[9] A economia mundial parece cada vez mais dominada por empresas que foram iniciadas na garagem de casa ou no quarto da

3. VERASZTO, Estéfano Vizconde et al. Op. cit., 2008.
4. JONAS, Hans. *O princípio responsabilidade*: ensaio de uma ética para a civilização tecnológica. Rio de Janeiro: Contraponto: Ed. Puc-Rio, 2006, p. 43.
5. VIEIRA DOS SANTOS. João. Aspetos jurídicos das startups. *Revista da Ordem dos Advogados.* ano 77, n. 1-2, p. 241. Lisboa, 2017.
6. PWC. *Global top 100 companies by market capitalization.* May 2021. Disponível em: https://www.pwc.com/gx/en/services/audit-assurance/publications/global-top-100-companies.html, acesso em: 28 abr. 2022. Figurando em segundo lugar, apenas a Saudi Aramco, empresa da área de óleo e gás.
7. POLLMAN, Elizabeth. Startup governance. In: *University of Pennsylvania law review*. v. 168, issue 1, 2019, p. 156. Muito embora se possa reconhecer que o modelo de governança das startups obteve sucesso, apesar da diferente do tradicional modelo de governança das sociedades empresárias, ele também acarreta uma série de dificuldade. De fato, a heterogeneidade de acionistas exercendo, ao mesmo tempo, distintos papeis de governança, promove fortes tensões verticais e horizontais entre fundadores, investidores, executivos e empregados, que tendem a se multiplicar na medida em que a startup vai amadurecendo e crescendo.
8. CABLE. Abraham J.B. Time enough for counting: a unicorn retrospective. *Yale Journal on Regulation Bulletin*, p. 1, abr. 2021. Disponível em: https://ssrn.com/abstract=3818560, acesso em: 15 dez. 2021.
9. A terminologia unicórnio é comumente reconduzida ao artigo publicado por Aileen Lee em 2013, disponível em: https://techcrunch.com/2013/11/02/welcome-to-the-unicorn-club/.

faculdade[10] e que, em seu período mais crítico, operaram a partir de uma governança e titularidade pautadas pelo capital de risco (*venture capital*[11]).

É inegável, portanto, a relevância e os impactos sociais que as startups produziram e vem produzindo diuturnamente, com inovações tecnológicas que vêm revolucionando o mundo em todas as áreas de atividade humana, mas que são profundamente percebidas nas áreas de entretenimento, de mobilidade urbana, de compartilhamento de imagens, de educação, de moradia etc. O acesso aos serviços e bens vem sendo profundamente modificado e isso se dá, também, por todo esse ecossistema de inovação. Nesse sentido, o Marco Legal das Startups, Lei Complementar 182/21, reconheceu expressamente a importância do empreendedorismo inovador como vetor de desenvolvimento econômico, social e ambiental (art. 3º, I) e o fomento ao empreendedorismo inovador como meio de promoção da produtividade e da competitividade da economia brasileira e de geração de postos de trabalho qualificados (art. 3º V).

Mas o que é uma startup e como ela é analisada a partir do Direito? Inúmeras dificuldades surgem a partir desse novo modelo de negócios, que exige um tratamento diferenciado. Se é possível reconhecer que os acionistas, normalmente, têm interesses homogêneos, no âmbito das startups tal compreensão é inadequada, na medida em que os shareholders e stakeholders ocupam papeis sobrepostos e/ou distintos, que se alteram com frequência. Não é incomum, por exemplo, que o fundo de capital de risco, que injeta recursos, seja um acionista e, ao mesmo tempo, ocupe uma cadeira no conselho de administração. Ademais, em razão de sua própria natureza, os acionistas de startup

---

10. Apesar dos números impressionantes, a verdade é que poucas startups se tornam unicórnios e boa parte delas não sobrevive. No Brasil, especialmente, estudo produzido em 2016 demonstrou que 74% das startups brasileiras fecham após cinco anos, enquanto 67% encerram suas atividades entre dois e cinco anos. Cf. https://epocanegocios.globo.com/Empreendedorismo/noticia/2016/07/74-das-startups-brasileiras-fecham-apos-cinco-anos-diz-estudo.html.
11. Venture capital (VC) tem sido traduzido sob inúmeras designações. Neste trabalho adotamos a tradução capital de risco, por traduzir um tipo de capital privado usado para financiar empresas que estão numa fase inicial, mas que tem dificuldades em obter formas de financiamento tradicionais – como é o caso do financiamento por meio de bancos – em razão do fluxo de caixa negativo, ausência de bens tangíveis e alto risco de insucesso (RAMOS DA SILVA, Liliana Raquel. *Estrutura de financiamento das empresas start*-up, Dissertação de mestrado em contabilidade e finanças apresentada ao Instituto Superior de Contabilidade e Administração do Instituto Politécnico do Porto. Porto, 2015, p. 13. V., também, POLLMAN, Elizabeth. Op. cit., 2019, p. 170). Registre-se, por oportuno, que venture capital enquanto uma instituição de financiamento, que faz aporte de recursos em iniciativas que trazem alto risco, decorreu de uma criação consciente de empresários e líderes civis da Costa Leste dos Estados Unidos, especialmente de New England, como resposta a partir de uma necessidade social e econômica. Sobre o tema, cf. HSU, David H., e KENNEY, Martin. Organizing venture capital: the rise and demise of american research & development corporation, 1946-1973. *Industrial and corporate change*, 14 (4), 579-616. Para os autores: "These leaders were concerned about the future of New England and the ability of the U.S. financial system to recover from the Great Depression and the effect of the New Deal reforms. They fervently believed that small innovative new firms or smaller firms seeking to upgrade and expand their operations could provide a source of significant capital gains and that their growth could contribute to employment growth in New England and the U.S. For them the fruits of scientific and technological advances could form the basis of new firms that would result in the development of entirely new industries, but that there was a shortage of dedicated early stage capital with professional involvement to accomplish this. The dedicated venture capital firm was the result of a conscious institutional innovation effort prior to World War Two but realized only after the war. This paper examines the history and evolution of the first independent venture capital organization, American Research and Development (ARD), which was incorporated in 1946".

são heterogêneos: diante do alto grau de incerteza e assimetria de informação, startups geralmente emitem ações para os fundadores e obtêm recursos a partir de investidores emitindo ações conversíveis, com inúmeros termos e direitos contratuais distintos para cada um destes investidores. Como se não bastasse, os empregados são parte essencial ao investirem capital humano e, normalmente, detêm opções por ações ordinárias. Isto faz com que os interesses dos fundadores, executivos e empregados, nem sempre convirjam, gerando significativos conflitos internos de governança.[12]

A Lei Complementar 182/21, Marco Legal das Startups, é, nesse sentido, muito bem-vinda, ao buscar estabelecer regras um pouco mais claras sobre o direito das startups, buscando promover o empreendedorismo e a livre iniciativa. Isto não significa que a referida lei é isenta de críticas.[13] Pelo contrário, a legislação aprovada em 2021 foi tímida, não enfrentando adequadamente os vários problemas de governança que se colocam ao longo do ciclo de vida da startup, especialmente as relações entre shareholders e stakeholders, seja sob o aspecto vertical seja sob o aspecto horizontal, o que exigirá dos interessados que estabeleçam as próprias regras de governança.

Assim, buscaremos ao longo deste estudo identificar a relevância das startups e como o Direito lida com elas. É preciso ter em conta, no entanto, uma importante compreensão: as startups são verdadeiros instrumentos de inovação tecnológica e, justamente por isso, inúmeras incertezas gravitam em torno do tema.

2. DIREITO E *STARTUPS*: LEI COMPLEMENTAR 182/21

2.1 Definição de *startup* e seu ciclo de vida

A definição de startup é tema difícil.[14] A falta de antecedentes históricos e o fato de ser fenômeno com impacto recente, certamente, dificultam a conceituação desse novo instrumento jurídico.[15] De toda sorte, o termo *startup* começa a ser utilizado entre 1996 e 2001, nos Estados Unidos da América e atualmente encontra-se ligado a ideia de um caráter inovador,[16] costumando designar empresas que se baseiam em ideias inovadoras e promissoras, que podem crescer muito rapidamente. Dessa forma, as startups geralmente são tratadas como empresas cujo objetivo é desenvolver um produto ou serviço inovador, gerando crescimento rápido.[17]

A partir da necessidade de se dar um tratamento jurídico às startups, então, surgiram algumas inovações normativas no ordenamento jurídico brasileiro, das quais se

12. POLLMAN, Elizabeth. Op. cit., 2019, p. 160.
13. NEIVA, Tomás. *Comentários ao marco legal das startups*. São Paulo: Expressa, 2021, p. 14. O autor, ao mesmo tempo que critica a timidez, é otimista em relação a ela.
14. MICHILES, Saulo. *Marco legal das startups* – um guia para advogados, empreendedores e investidores. São Paulo: JusPodivm, 2021, p. 24.
15. VIEIRA DOS SANTOS. João. Op. cit., 2017, p. 241.
16. Idem, p. 244.
17. POLLMAN, Elizabeth. Op. cit., 2019, p. 164.

sobressaem a Lei Complementar 155/2016, a Lei Complementar 167/2019 e, por fim, a Lei Complementar 182/21, Marco Legal das Startups.

As duas primeiras normas são importantes, pois, apesar de não trazerem em seu bojo uma definição clara da categoria de startups, alteraram a Lei Complementar 123/06, Estatuto da Microempresa e da Empresa de Pequeno Porte, incluindo com mais clareza a figura do investidor-anjo (art. 61-A, incluído pela Lei Complementar 155/2016) e criando o Inova Simples, regime especial simplificado concedido às iniciativas empresariais de caráter incremental ou disruptivo, que se autodeclarem como startups ou empresas de inovação (art. 65-A, incluído pela Lei Complementar 167/2019).

Segundo o art. 65-A,[18] introduzido pela LC 167/2019, estabeleceu-se, para fins de tratamento tributário diferenciado, como elemento caracterizador da qualificação de uma startup, o "caráter inovador". Assim, a legislação brasileira passou a exigir o requisito da inovação. Esta, por sua vez, se traduz num critério subjetivo, o que dificultaria o enquadramento da empresa como startup. Nesse ponto, para fugir de qualquer subjetivismo que falseasse o objetivo de construir um ecossistema amigável para o empreendedorismo e para a inserção de novas startups, a LC 167/2019 estabeleceu o critério de autodeclaração no *caput* do art. 65-A, bastando que o interessado se declare como uma startup ou empresa de inovação.[19]

O Marco Legal das Startups, no entanto, revogou expressamente o § 1º do art. 65-A, da LC 123/06, trazendo uma definição normativa no art. 4º. Importante notar que o elemento caracterizador da inovação permaneceu. Nos termos do dispositivo legal, sob o capítulo "do enquadramento de empresas startups", consideram-se startups "as organizações empresariais ou societárias, nascentes ou em operação recente, cuja atuação caracteriza-se pela inovação aplicada a modelo de negócios ou a produtos ou serviços ofertados".[20]

Importante notar que se trata de um conceito aberto e genérico, o que parece mais interessante do ponto de vista legislativo para um setor da economia que é absolutamente dinâmico. Diga-se a propósito, que o legislador mesclou o requisito subjetivo da inovação com uma série de requisitos objetivos, simples e diretos na qualificação da startup. Dispõe o artigo:

---

18. Art. 65-A, LC 123/06. (...)

§ 1º Para os fins desta Lei Complementar, considera-se startup a empresa de caráter inovador que visa a aperfeiçoar sistemas, métodos ou modelos de negócio, de produção, de serviços ou de produtos, os quais, quando já existentes, caracterizam startups de natureza incremental, ou, quando relacionados à criação de algo totalmente novo, caracterizam startups de natureza disruptiva.

19. Art. 65-A, LC 123/06. É criado o Inova Simples, regime especial simplificado que concede às iniciativas empresariais de caráter incremental ou disruptivo *que se autodeclarem como startups ou empresas de inovação* tratamento diferenciado com vistas a estimular sua criação, formalização, desenvolvimento e consolidação como agentes indutores de avanços tecnológicos e da geração de emprego e renda.

20. Art. 4º, Lei 182/21. São enquadradas como startups as organizações empresariais ou societárias, nascentes ou em operação recente, cuja atuação caracteriza-se pela inovação aplicada a modelo de negócios ou a produtos ou serviços ofertados.

Art. 4º São enquadradas como startups as organizações empresariais ou societárias, nascentes ou em operação recente, cuja atuação caracteriza-se pela inovação aplicada a modelo de negócios ou a produtos ou serviços ofertados.

§ 1º Para fins de aplicação desta Lei Complementar, são elegíveis para o enquadramento na modalidade de tratamento especial destinada ao fomento de startup o empresário individual, a empresa individual de responsabilidade limitada, as sociedades empresárias, as sociedades cooperativas e as sociedades simples:

I – com receita bruta de até R$ 16.000.000,00 (dezesseis milhões de reais) no ano-calendário anterior ou de R$ 1.333.334,00 (um milhão, trezentos e trinta e três mil trezentos e trinta e quatro reais) multiplicado pelo número de meses de atividade no ano-calendário anterior, quando inferior a 12 (doze) meses, independentemente da forma societária adotada;

II – com até 10 (dez) anos de inscrição no Cadastro Nacional da Pessoa Jurídica (CNPJ) da Secretaria Especial da Receita Federal do Brasil do Ministério da Economia; e

III – que atendam a um dos seguintes requisitos, no mínimo:

a) declaração em seu ato constitutivo ou alterador e utilização de modelos de negócios inovadores para a geração de produtos ou serviços, nos termos do inciso IV do caput do art. 2º da Lei 10.973, de 2 de dezembro de 2004; ou

b) enquadramento no regime especial Inova Simples, nos termos do art. 65-A da Lei Complementar 123, de 14 de dezembro de 2006.

O aspecto subjetivo[21] da qualificação reside no caráter inovador. Embora se argumente muito sobre inovação, não há um conceito universal do que esta seria. Costuma se atribuir à ideia de inovação a noção de "novidade". Contudo, como se sabe, não há um critério objetivo de diferenciar inovação de não inovação, afinal, inovações aparecem de muitas formas, tons e graus.[22] A OECD (Organisation for Economic Co-operation and Development) define inovação como o produto ou processo (ou combinação) novo que se difere significativamente das unidades anteriores dos produtos ou serviços e que estão disponíveis para potenciais usuários ou que são utilizados em processos.[23] O Manual Oslo trata de quatro tipos de inovação: inovação de produto, inovação de processo, inovação de marketing e inovação organizacional. O primeiro consiste em um serviço ou produto novo ou significativamente incrementado, incluído o melhoramento das especificações técnicas, dos componentes, dos materiais, do software do produto ou quaisquer outras características funcionais. O segundo tipo implica em um novo ou significativo melhoramento da produção ou método, incluindo mudanças na técnica, equipamentos ou software. Um novo método de marketing envolvendo significativas mudanças no design do produto, embalagem, promoção ou preço caracteriza a inovação

---

21. LUPI, André Lipp Pinto Basto. O marco legal das startups e do empreendedorismo inovador. In: *Marco legal das startups e do empreendedorismo inovador*. E-book. Disponível em: https://www.google.com/url?sa=t&rct=j&q=&esrc=s&source=web&cd= &cad==rja&uact=8&ved=2ahUKEwjkrdy35Yf3AhU6t5UCHdZWA2EQFnoECBQQAQ&url=https%3A%2F%2Fwww.mnadvocacia.com.br%2Fwp-content%2Fuploads%2F2021 %2F06%2FMarco-Legal-das-Startups-e-do-Empreendedorismo-Inovador_final.pdf&usg =AOvVaw3wzgpWnCY3hxMKxcjB7bLB, acesso em: 09 abr. 2022.
22. LITTUNEN, Miika Varis Hannu. Types of innovation, sources of information and performance in entrepreneurial SMEs. *European Journal of Innovation Management*, v. 13, p. 130, Issue 2.
23. OECD. *Oslo Manual. Guidelines for collecting, reporting and using data on innovation*. 4. ed. Paris: OECD Publishing, 2018, p. 20.

de marketing. O último tipo consiste em um novo método organizacional na prática de negócios ou organização de local de trabalho.

Adicionalmente, define-se inovação em incremental, disruptiva, radical e arquitetural.[24] A inovação incremental, também denominada *routine innovation*, está relacionada às competências tecnológicas já existentes no modelo de negócios. É caracterizada pelo melhoramento, agregando nova funcionalidades, características ou designs. Pode-se citar, como exemplo, fabricante de processadores que, a cada ano, lançam novos processadores mais potentes.

A inovação disruptiva é aquela que importa em um novo modelo de negócios ou uma nova tecnologia. Elas trazem ao mercado uma proposta muito diferente daquilo que esteve disponível anteriormente.[25] Não há necessariamente uma nova tecnologia, mas há um novo modelo de negócios capaz de pôr em xeque os outros até então existentes. O sistema operacional Android da Google, por exemplo, é potencialmente disruptivo dos sistemas da Apple e Microsoft. Essa disrupção não decorre de uma tecnologia diferente, mas do modelo de negócios: a gratuidade do sistema operacional.

A inovação radical, por sua vez, reside unicamente na inovação tecnológica, tais como as inovações no campo da engenharia genética ou da biotecnologia em se tratando de novos medicamentos ou tratamentos. Por fim, a inovação arquitetural que combina os modelos de disrupção tecnológica e de modelo de negócios. O principal exemplo seria o surgimento das câmeras digitais que, não apenas decorriam de uma tecnologia nova, como modificaram o modelo de negócios. Ainda assim, percebe-se a dificuldade em caracterizar o que é inovação, na medida em que permanece um debate subjetivo sobre o que é inovação ou não.

Tentando minimizar esse subjetivismo, o legislador, no inciso III do art. 4º, fixou dois meios para atender ao requisito de inovação. O primeiro, previsto na alínea 'a', determina que o requisito é cumprido por meio de autodeclaração, pois bastará que a empresa declare em seu ato constitutivo ou alterador, que utiliza modelos de negócios inovadores para a geração de produtos ou serviços, nos termos do inciso IV, do art. 2º da Lei 10.973/04, Lei de incentivos à inovação e à pesquisa científica.

Esta última lei estabelece como conceito de inovação a "introdução de novidade ou aperfeiçoamento no ambiente produtivo e social que resulte em novos produtos, serviços ou processos ou que compreenda a agregação de novas funcionalidades ou características a produto, serviço ou processo já existente que possa resultar em melhorias e em efetivo ganho de qualidade ou desempenho".[26] Ressalte-se que a lei não limita o tipo de inovação, o que, decerto, inclui todos os tipos acima mencionados.

---

24. PISANO. Gary P. You need an innovation strategy. *Harvard business review*. jun. 2015. Disponível em: https://hbr.org/2015/06/you-need-an-innovation-strategy, acesso em: 09 abr. 2022.
25. CHRISTENSEN, Clayton M. *The innovator's dilemma*. When new Technologies cause great firms to fail. (E-book). Reimpression. Boston: Harvard business review press, 2013, posição 23/24 de 426.
26. Art. 2º, Lei 10.973/04. Para os efeitos desta Lei, considera-se:

    IV – inovação: introdução de novidade ou aperfeiçoamento no ambiente produtivo e social que resulte em novos produtos, serviços ou processos ou que compreenda a agregação de novas funcionalidades ou características a

O segundo meio para caracterizar a inovação faz referência ao Regime Inova Simples, regime especial simplificado destinado a empresas qualificadas como startup ou empresas de inovação, previsto no art. 65-A, com as alterações promovidas pelo Marco Legal das Startups. Para fazer jus ao regime, o requerente deverá se autodeclarar, por meio de formulário próprio, como empresa de inovação no Portal Nacional da REDESIM, nos termos do art. 2º da Resolução CGSIM 55/2020.[27] Como se verifica, o critério subjetivo acaba por ser superado por meio de autodeclaração do requerente, o que se afigura uma decisão acertada do legislador.

Os critérios objetivos também estão previstos no art. 4º. São basicamente dois critérios: temporal e financeiro. Nesse ponto, a LC 182/21 (i) estabelece que apenas as empresas com até 10 (dez) anos de inscrição no CNPJ podem ser enquadradas como startup e (ii) somente são elegíveis como startups as empresas que tenham auferido receita bruta de até R$ 16.000.000,00 no ano calendário anterior ou de R$ 1.333.334,00 (um milhão, trezentos e trinta e três mil trezentos e trinta e quatro reais) multiplicado pelo número de meses de atividade no ano-calendário anterior, quando inferior a 12 (doze) meses.

Três considerações importantes se destacam. A primeira é que a startup é uma empresa nova ou jovem, o que vai ao encontro do ciclo de vida da startup. Com efeito, as startups têm um ciclo de vida muito distinto das empresas tradicionais, na medida em que têm como objetivo um rápido crescimento para que, em seguida, venham a ser eventualmente adquiridas por outra corporação ou companhia ou venham a realizar uma oferta pública inicial ("IPO").[28] Dessa forma, percebe-se que a sua existência enquanto startup é efêmera, o que justifica o critério temporal de 10 anos.[29]

A segunda consideração reside no fato de que a figura das startups não se confunde com a de microempresa ou empresa de pequeno porte, mas, ao mesmo tempo, não se pode considerar como startup empresas constituídas há longo tempo e que já estão consolidadas com expressiva receita. Isto significa que a receita bruta para caracterização

---

produto, serviço ou processo já existente que possa resultar em melhorias e em efetivo ganho de qualidade ou desempenho.

27. Art. 2º Farão jus ao rito sumário de abertura, alteração e fechamento de empresas sob o regime Inova Simples, aquelas que se autodeclarem no Portal Nacional da REDESIM como empresas de inovação, nos termos do art. 65-A da Lei Complementar 123, de 14 de dezembro de 2006.

28. POLLMAN, Elizabeth. Op. cit., 2019, p. 164. Cf., também, REIS, Edgar Vidigal Andrade. *Startups*: análise de estruturas societárias e de investimento no Brasil. Edição Kindle. São Paulo: Almedina, 2018, posição 291 de 3876.

29. Registre-se que de forma a garantir que o regramento das startups é aplicável apenas a empresas novas ou jovens, o § 2º do art. 4º, da LC 182/21, determina que para fins de contagem de prazo, levar-se-á em consideração o tempo de inscrição da incorporadora, da empresa fundida ou da empresa cindida. Confira-se: "§ 2º Para fins de contagem do prazo estabelecido no inciso II do § 1º deste artigo, deverá ser observado o seguinte:

    I – para as empresas decorrentes de incorporação, será considerado o tempo de inscrição da empresa incorporadora;

    II – para as empresas decorrentes de fusão, será considerado o maior tempo de inscrição entre as empresas fundidas; e

    III – para as empresas decorrentes de cisão, será considerado o tempo de inscrição da empresa cindida, na hipótese de criação de nova sociedade, ou da empresa que a absorver, na hipótese de transferência de patrimônio para a empresa existente".

de uma startup não coincide com o enquadramento no regime simplificado das micro e pequenas empresas. Enquanto o limite para aquela é de R$ 16.000.000,00 anuais, estas estão limitadas em R$ 360.000,00 e R$ 4.800.000,00[30] anuais, respectivamente.

A última consideração é que a LC 182/21 não limitou o uso de quaisquer tipos societários. Assim, nos termos do § 1º, do art. 4º,[31] da referida lei, para fins de enquadramento como startup, são elegíveis como startup o empresário individual, a empresa individual de responsabilidade limitada, as sociedades empresárias, as sociedades cooperativas e as sociedades simples.

Por fim, as startups, como dito acima, têm um ciclo de vida distinto daquela de empresas tradicionais. Elas são normalmente iniciadas por empreendedores, financiadas por investimentos externos com o objetivo de criar um produto ou serviço inovador, com rápido crescimento. Em seu início de vida, comumente, elas têm um pequeno número de acionistas, que vai crescendo à medida em que a companhia obtém recursos de investidores, especialmente por meio de capital de risco. Outro ponto distinto é que, em razão da escassez de recursos, as startups, de modo a obter a mão de obra especializada de profissionais altamente qualificados e que teriam um custo muito alto, ofereça remuneração baseada na participação nos resultados e opção de ações.[32] Assim, o ciclo de vida de uma startup é bem distinto,[33] o que demonstra sua natureza de negócios peculiar.

Após uma fase embrionária (*seed stage*), as startups em início de vida (*early stage*) são altamente empreendedoras e focadas em inovação e tecnologia. Elas, em regra, são fundadas ou cofundadas por empreendedores que têm uma invenção, uma ideia tecnológica, uma descoberta ou um desejo de perseguir algum desenvolvimento comercial[34]

---

30. É o que dispõe o art. 3º, da LC 123/06: "Art. 3º Para os efeitos desta Lei Complementar, consideram-se microempresas ou empresas de pequeno porte, a sociedade empresária, a sociedade simples, a empresa individual de responsabilidade limitada e o empresário a que se refere o art. 966 da Lei 10.406, de 10 de janeiro de 2002 (Código Civil), devidamente registrados no Registro de Empresas Mercantis ou no Registro Civil de Pessoas Jurídicas, conforme o caso, desde que:

    I – no caso da microempresa, aufira, em cada ano-calendário, receita bruta igual ou inferior a R$ 360.000,00 (trezentos e sessenta mil reais); e

    II – no caso da empresa de pequeno porte, aufira, em cada ano-calendário, receita bruta superior a R$ 360.000,00 (trezentos e sessenta mil reais) e igual ou inferior a R$ 3.600.000,00 (três milhões e seiscentos mil reais).

    II – no caso de empresa de pequeno porte, aufira, em cada ano-calendário, receita bruta superior a R$ 360.000,00 (trezentos e sessenta mil reais) e igual ou inferior a R$ 4.800.000,00 (quatro milhões e oitocentos mil reais)".

31. Art. 4º São enquadradas como startups as organizações empresariais ou societárias, nascentes ou em operação recente, cuja atuação caracteriza-se pela inovação aplicada a modelo de negócios ou a produtos ou serviços ofertados.

    § 1º Para fins de aplicação desta Lei Complementar, são elegíveis para o enquadramento na modalidade de tratamento especial destinada ao fomento de startup o empresário individual, a empresa individual de responsabilidade limitada, as sociedades empresárias, as sociedades cooperativas e as sociedades simples.

32. OIOLI, Erik Frederico. *Manual de direito para startups*. 2. ed. rev., atual. e ampl. Edição do Kindle. São Paulo: Thomson Reuters Brasil, 2020, posição 273 de 7472.
33. PEGHINI, Cesar Calo e PEREIRA, RENATA Ramos Carrara. O investidor anjo e a utilização da sociedade em conta de participação como forma de investimento nas startups. *Revista Direito, Inovação e Regulações*. v. 1, n. 1. p. 65. Cascavel: Univel, 2022.
34. POLLMAN, Elizabeth. Op. cit., 2019, p. 166.

e que aplicam sua iniciativa pessoal para criar a startup, fornecendo criatividade, capital humano, avaliação, tempo, esforço e coordenação.[35]

Dois grandes desafios se colocam nesse momento: o tecnológico, consistente nas necessidades científicas ou de engenharia, e o operacional, porquanto o desenvolvimento da inovação tecnológica exige a capitalização do seu negócio para enfrentar as referidas necessidades. O problema é que boa parte dos empreendedores não tem capital suficiente para inserir o produto ou serviço inovador no mercado e, muitas vezes, a startup não é rentável por um longo período. Assim, os fundadores da startup buscam amigos, família, anjos-investidores e capitais de risco para financiar os períodos iniciais e incertos da startup.[36]

Após a fase inicial (*early stage*), as startups passam a focar no refinamento do desenvolvimento do produto para gerar receita e permitir o rápido crescimento. Assim, elas adentram um novo período de vida denominado estágio de expansão (*expansion stage*). O desafio passa a ser a produção, distribuição e venda do produto ou serviço em escala.[37] É o momento de passagem de uma empresa embrionária para uma startup madura que alcança lucratividade com alta oportunidade de mercado.

No último estágio da startup (*late stage*), o seu foco é alterado para o gerenciamento de uma organização complexa que busca liquidez para todos os acionistas da companhia. Para alcançar esse ponto, é certo que a startup desenvolveu, com sucesso, algum produto ou serviço inovador, que conquistou consumidores e promoveu vendas. As questões que se colocam, então, passam a ser os desafios de negócios complexos a partir de sua estrutura societária e a necessidade de promover o retorno e a liquidez necessários, especialmente aos fundos de capital de risco.[38]

Evidentemente que desenvolver este tipo de atividade não é simples e, consequentemente, observa-se um importante aspecto da startup: o risco associado. Uma vez que as startups se apresentam como uma novidade, sem qualquer histórico de atuação, há um significativo risco de insucesso,[39] o que exige mecanismos que tragam segurança jurídica e incentivem o empreendedorismo.

35. SPULBER, Daniel F. *The innovative entrepreneur.* New York: Cambridge, 2014, p. 10.
36. POLLMAN, Elizabeth. Op. cit., 2019, p. 167.
37. GULATI, Ranjay e DESANTOLA, Alicia. Start-ups that last. *Harvard business review.* Março 2016. Disponível em: https://hbr.org/2016/03/start-ups-that-last. Acesso em: 10 abr. 2022.
38. Sobre esse ponto, é muito comum que as startups recorram ao capital de risco (venture capital), que, por sua natureza, esperam retorno financeiro. O modelo de negócio de uma venture capital depende em levantar sucessivamente recursos para investir em empreendedores inovadores, mas é justamente a habilidade de gerar retorno que afeta diretamente sua reputação e as operações em andamento. "A venture capitalist (VC) is a professional who invests third-party funds in early-stage companies. This contrasts with an angel investor, who typically invests their own funds. Venture capitalists invest capital in these companies in exchange for an ownership position in the firm and its potential financial gains. The venture capitalist is primarily using monies from its accredited or institutional investor clients, which it amasses into a pool of capital called a fund, typically structured as a limited partnership" (KOPP, Rochelle e GANZ, Steven. *Valley Speak: Deciphering the Jargon of Silicon Valley.* (Edição do Kindle). Redwood City: Genetius Publishing, 2016, posição 443 de 5327).
39. "Uma empresa startup ou "startup", é uma empresa com um histórico operacional limitado. Essas empresas, geralmente recém-criadas, estão em uma fase de desenvolvimento e à procura de mercados. Empresas ini-

2.2 O financiamento das *startups*

Uma das maiores dificuldades no empreendedorismo reside na dificuldade de financiamento disponível, o que vem sendo agravado consideravelmente em virtude da recessão econômica que o país vem atravessando há algum tempo e que foi potencializado pela pandemia decorrente da Covid-19. A dificuldade de obter os financiamentos se deve, em grande parte, à dependência das empresas do recurso financeiro disponibilizado pelo mercado bancário, que tem regras sensivelmente mais restritivas para concessão do crédito.[40] A questão é ainda mais sensível em se tratando de startups, na medida em que os bancos relutam em conceder crédito a novos negócios com garantias profundamente limitadas. Assim, buscam-se mecanismos de investimento adequados. Nesse sentido, a LC 182/21, em seu art. 5º, trouxe um importante tratamento do tema ao admitir aporte de capital por pessoa física ou jurídica, que admite ou não participação no capital social da startup, a depender da modalidade escolhida.

O art. 5º, de modo a garantir maior segurança jurídica aos investidores, estabeleceu que não são considerados como integrantes do capital social da empresa o aporte realizado na startup por meio de (i) contrato de opção de subscrição de ações ou de quotas celebrado entre o investidor e a empresa; (ii) contrato de opção de compra de ações ou de quotas celebrado entre o investidor e os acionistas ou sócios da empresa; (iii) debênture conversível emitida pela empresa nos termos da Lei 6.404/76; (iv) contrato de mútuo conversível em participação societária celebrado entre o investidor e a empresa; (v) estruturação de sociedade em conta de participação celebrada entre o investidor e a empresa; (vi) contrato de investimento-anjo na forma da Lei Complementar 123/06; (vii) outros instrumentos de aporte de capital em que o investidor, pessoa física ou jurídica, não integre formalmente o quadro de sócios da startup e/ou não tenha subscrito qualquer participação representativa do capital social da empresa.

O primeiro e segundo instrumentos consistem em tipo contratual em que se garante ao investidor a opção de futuramente subscrever ou adquirir quotas ou ações da sociedade. O segundo consiste nas debêntures que, segundo o art. 52, da Lei 6.404/76 conferem aos seus titulares direito de crédito contra a companhia, nas condições constantes da escritura de emissão. No caso das debêntures conversíveis, ela poderá ser convertida em ações, nas condições constantes da escritura de emissão, conforme disposto no art. 57 da referida lei.

O mútuo conversível é caracterizado por ser um tipo contratual muito utilizado, especialmente na fase inicial das startups. O mútuo consiste no empréstimo de coisa fungível – no caso quantia em dinheiro – em que o mutuário fica obrigado a restituir

ciantes podem vir de todas as formas. Os investidores geralmente são mais atraídos por essas novas empresas, diferenciadas pelo perfil de risco e recompensa e pela escalabilidade. Ou seja, eles têm custos menores, maior risco e maior retorno potencial sobre o investimento. Startups de sucesso são tipicamente mais escalonáveis do que um negócio estabelecido, no sentido de que elas podem crescer potencialmente rápido com investimento limitado de capital ou trabalho" (OIOLI, Erik Frederico. Op. cit., posição 259 de 7472).

40. VIEIRA DOS SANTOS. João. Op. cit., 2017, p. 241.

ao mutuante a coisa mutuada, presumindo-se a onerosidade em se tratando de mútuo para fins econômicos (art. 591, do CC). Pelo mútuo conversível, no entanto, em que o investidor faz o aporte de capital, em vez de receber a dívida, ele poderá exercer a sua conversão em capital social. Assim, o contrato de mútuo conversível gera a necessidade do mutuário pagar ao mutuante o valor emprestada na data aprazada, mas permite o exercício da conversão em quotas ou ações da sociedade, pelo que o mutante passa a ter participação societária nos termos e prazos negociados.[41]

A estruturação em sociedade em conta de participação tem previsão nos art. 991 e seguintes do CC. Por este tipo societário, nos termos do art. 991, "a atividade constitutiva do objeto social é exercida unicamente pelo sócio ostensivo, em seu nome individual e sob sua própria e exclusiva responsabilidade, participando os demais dos resultados correspondentes". O contrato social produz efeitos unicamente entre os sócios e o seu eventual registro não confere personalidade jurídica à sociedade. Três vantagens podem ser colocadas. A informalidade, pois a sociedade em conta de participação independe de qualquer formalidade, produzindo efeitos entre os sócios e pode provar-se por qualquer meio de prova, a flexibilidade, permitindo grande espaço para o exercício da autonomia privada no estabelecimento de suas relações, e a discrição na medida em que o investidor, em regra, como sócio participante, não é ostensivamente revelado a terceiros ou ao mercado.

O último modelo expressamente previsto é o contrato de investimento-anjo, conforme definido no art. 61-A, da LC 123/06. Trata-se de um aporte de capital, realizado por pessoa física ou jurídica, que não integra o quadro social, mas que é remunerado nos termos do contrato de participação. O investidor-anjo, diferentemente das outras hipóteses de aporte de recursos, tem um diferencial, pois além do aporte com recursos próprios, ele colabora com sua experiência, atuando como mentor das startups que estão em fase inicial de desenvolvimento, além de colaborar com contratos decorrentes de seus próprios relacionamentos, que podem ajudar a alavancar o desenvolvimento da startup.[42]

A participação do investidor-anjo pode ser dar por meio do mútuo conversível, da sociedade em conta de participação, previstos nos incisos anteriores do art. 5º, da LC 182/21, ou pelo contrato de participação introduzido pela LC 155/2016, que estabeleceu a relação do investidor-anjo no art. 61-A, da LC 123/06. Não há um regramento específico sobre o conteúdo do contrato de participação, o que leva à conclusão de que há amplo espaço para o exercício da autonomia privada das partes. Contudo, nos termos dos arts. 422 e 425, do CC, não resta dúvidas de que a boa-fé objetiva desempenhará papel importante na interpretação contratual, bem como no juízo de merecimento do exercício das posições contratuais, observados os deveres anexos decorrentes deste princípio.[43]

41. DINIZ, Daniel Maffessoni Passinato e RESKE, Rafael Henrique. Considerações sobre o contrato de mútuo conversível em venture capital. *Consultor Jurídico*. Disponível em: https://www.conjur.com.br/2022-fev-01/diniz-reske-contrato-mutuo-conversivel-venture-capital, acesso em: 10 abr. 2022.
42. PEGHINI, Cesar Calo e PEREIRA, RENATA Ramos Carrara. Op. cit., 2022, p. 65.
43. Sobre o princípio da boa-fé objetiva e sua tríplice função, confira-se MARTINS-COSTA, Judith. *A boa-fé no direito privado*: critérios para a sua aplicação. 2. ed. São Paulo: Saraiva Educação, 2018.

O aspecto fundamental da nova legislação sobre startups parece ser a clarificação de como se dá o investimento e quais as consequências advindas ao investidor, eliminando as dúvidas quanto às responsabilidades. Com efeito, a LC 182/21 trouxe maior segurança, afastando, de vez, a necessidade do investidor se tornar sócio e vir a responder pelo passivo da empresa. O § 2º, do art. 5º, e o art. 2º, I, ambos da LC 182/21 c/c art. 61-A, § 4º, da LC 123/06, deixam muito clara a opção legislativa de que o investidor-anjo, assim como qualquer aporte, por pessoa jurídica ou física, por qualquer das formas acima previstas, não leva à qualidade de sócio ou acionista antes da conversão do instrumento do aporte em efetiva e formal participação societária, afastando qualquer responsabilidade. Nesse ponto, o art. 8º, da LC 182/21 foi expresso ao determinar que o investidor que fizer aporte, nos termos do art. 5º, ressalvado os casos de dolo, fraude ou simulação, não responderá por qualquer dívida da empresa, inclusive em recuperação judicial, e a ele não se estenderá o regramento da desconsideração da personalidade jurídica disposto no art. 50 do CC, no art. 855-A da CLT, nos arts. 124, 134 e 135 do CTN, e em outras disposições atinentes à desconsideração da personalidade jurídica existentes na legislação vigente.

Por fim, é importante notar que as modalidades constantes do art. 5º não excluem outros mecanismos de financiamento atípicos que, porventura, se pretenda utilizar. Pelo contrário, o seu inciso VII permite expressamente outros instrumentos de aporte de capital em que o investidor não integre formalmente o quadro de sócios da startup e/ou não tenha subscrito qualquer participação representativa do capital social da empresa. Dois instrumentos chamam a atenção. O *Crowdfunding*, forma de financiamento de projetos e empreendimentos, por meio de oferta pública de distribuição de valores mobiliários dispensada de registro, realizada por emissores considerados sociedades empresárias de pequeno porte, e distribuída exclusivamente por meio de plataforma eletrônica de investimento participativo, atualmente regulado pela Instrução CVM 588/2017, e o *Initial Coin Offerings* (ICO), uma oferta pública de criptomoedas, que vem ganhando notoriedade, especialmente nos últimos anos em razão do desenvolvimento da tecnologia blockchain.[44]

Trata-se, neste caso, de uma modalidade bem recente de investimentos, especialmente em startups, em alternativa ao financiamento por capital de risco, que levanta capital a partir da emissão de tokens digitais em troca de criptoativos.[45] Contudo, as instituições reguladoras têm atuado com firmeza, especialmente no alerta aos riscos associados. O US Securities and Exchange Commission tem externado real preocupa-

44. ROHR, Jonathan e WRIGHT, Aaron. Blockchain-Based Token Sales, Initial Coin Offerings, and the Democratization of Public Capital Markets. Disponível em: https://papers.ssrn.com/sol3/papers.cfm?abstract_id=3048104, acesso em: 20 mar. 2022.

45. Pode-se falar em basicamente três categorias de tokens: (i) currency tokens, utilizada para pagamento em transações comerciais, (ii) utility tokens, que traduzem diversos benefícios, incluindo acesso a serviços particulares oferecidos pela companhia, e (iii) asset or investment tokens, que outorgam ao titular o direito de participar nas futuras receitas a serem obtidas pelo emissor e, em alguns casos, direito a voto e participação.

ção com o tema das fraudes,[46] abrindo diversas investigações. O Parlamento Europeu também alerta para os riscos diante da assimetria de informações, fraca proteção legal, ausência de controle e alta volatilidade.[47]

A CVM também tem manifestado sua preocupação. Em 12.01.2018 ela emitiu o Ofício Circular 1/2018/CVM/SIN, em que excluiu as criptomoedas como ativos financeiros para fins da Instrução CVM 555/14, que dispõe sobre a constituição, a administração, o funcionamento e a divulgação de informações os fundos de investimento. Posteriormente, em maio de 2018 a CVM emitiu o relatório "Criptoativos – série em alertas", e, segundo ela, o que determina se uma operação de ICO estará ou não sujeita à regulamentação do mercado de valores mobiliários é a natureza dos ativos virtuais emitidos na operação. Se os direitos caracterizarem o ativo como valor mobiliário, a operação, os emissores e demais agentes envolvidos estarão obrigados a cumprir a legislação e a regulamentação da CVM. Contudo, a CVM também alerta para os vários tipos de riscos decorrentes da ICO.

O tema ainda é novo e traz uma série de incertezas e inquietações. Contudo, entende-se que, apesar das dificuldades, parece importante que se busque uma regulamentação específica de forma a legitimar os processos e reduzir a complexificação social e, consequentemente, os riscos associados a este tipo de instrumento.[48]

3. CONCLUSÃO

Ao longo deste trabalho procuramos analisar os principais pontos que tocam as startups e como elas constituem verdadeiros agentes transformadores da sociedade. A sua principal função de inovação tecnológica tem o condão de levar à sociedade a novos lugares, satisfazendo necessidades e melhorando a qualidade de vida em geral.

Neste ponto, é necessário reconhecer que o mundo mudou e a economia também. É preciso acompanhar o ritmo dessas mudanças. Para tanto, é necessário desenvolver um ecossistema com incentivos adequados que busquem, por um lado, garantir a segurança jurídica esperada dos investidores e, de outro, reduzir as barreiras para a garantir que a inovação seja uma característica da economia brasileira. Parece que a LC 182/21, ainda que passível de críticas, é um primeiro passo nesse sentido, dando maior segurança e criando alguns incentivos importantes. O caminho ainda é longo, mas parece que seguimos no sentido certo.

---

46. A preocupação pode ser observada em: https://www.sec.gov/oiea/investor-alerts-and-bulletins/ib_coinofferings. Acesso em: 10 abr. 2022.
47. Parlamento Europeu. *Understanding initial coin offerings. A new means of raising funds based on blockchain.* Disponível em: https://www.google.com/url?sa=t&rct=j&q= &esrc=s&source=web&cd=&cad=rja&uact=8&-ved=2ahUKEwiSucyB-on3AhV9tJUCHf9 GAbAQFnoECAwQAw&url=https%3A%2F%2Fwww.europarl.europa.eu%2Fthinktank% 2Fen%2Fdocument%2FEPRS_BRI(2021)696167&usg=AOvVaw0F8nemlujlSh-Z3EYTBsRED, acesso em: 10 abr. 2022.
48. No mesmo sentido VIEIRA DOS SANTOS. João. Op. cit., 2017, p. 255.

A IMPORTÂNCIA DA RECUPERAÇÃO JUDICIAL NAS ATIVIDADES ECONÔMICAS LIGADAS À EDUCAÇÃO E AO ESPORTE

Luiz Roberto Ayoub

Professor e Conferencista Emérito da Escola da Magistratura do Estado do Rio de Janeiro – EMERJ. Desembargador aposentado do Tribunal de Justiça do Estado do Rio de Janeiro. Foi Juiz titular da 1ª Vara Empresarial da Comarca da Capital. Professor de Direito Empresarial e de Processo Civil da Escola de Direito do Rio de Janeiro da Fundação Getúlio Vargas – FGV Direito Rio. Sócio do escritório de advocacia Galdino, Coelho Advogados.

Vanderson Maçullo Braga Filho

Sócio da banca de advocacia Galdino, Coelho Advogados. Auditor titular da 5ª Comissão Disciplinar do Superior Tribunal de Justiça Desportiva do Futebol.

Sumário: 1. As instituições educacionais e desportivas constituídas como associações civis e que desenvolvem atividade econômica – 2. Precedentes.

A edição da Lei 11.101, de 09 de fevereiro de 2005, que está em vigor desde *09* de junho de *2005 – ou seja, 120 (cento e vinte) dias após a sua publicação conforme dispõe o art. 201*[1] –, trouxe relevantes modificações no Direito da Insolvência brasileiro. A maior dentre essas foi o reconhecimento da necessidade de se preservar o agente econômico que tenha efetivamente condições de se soerguer, levando-se em conta o benefício social, que deve ser colocado em posição de primazia ante os interesses privados dos credores e do devedor. Na lição do Prof. Waldo Fazzio Júnior, "insolvente ou não, a empresa é uma unidade econômica que interage no mercado, compondo uma labiríntica teia de relações jurídicas com extraordinária repercussão social".[2]

Um dos principais objetivos da Lei 11.101, vale dizer, consiste justamente em salvaguardar o maior número possível de postos de trabalho nos infortúnios enfrentados pelos agentes econômicos, obstando ao máximo as dispensas imotivadas.

Nesse sentido, é o escólio do Prof. Manoel Pereira Calças:

> Na medida em que a empresa tem relevante função social, já que gera riqueza econômica, cria empregos e rendas e, desta forma, contribui para o crescimento e desenvolvimento socioeconômico do País, deve ser preservada sempre que possível. O princípio da preservação da empresa que, há muito tempo é aplicado pela jurisprudência de nossos tribunais, tem fundamento constitucional, haja vista que nossa Constituição Federal, ao regular a ordem econômica, impõe a observância dos postulados

1. Art. 201. Esta Lei entra em vigor 120 (cento e vinte) dias após sua publicação.
2. FAZZIO JÚNIOR, Waldo. *Lei de Falência e Recuperação de Empresas*. 4. ed. São Paulo: Atlas, 2008, p. 20.

> da função social da propriedade (art. 170, III), vale dizer, dos meios de produção ou em outras palavras: função social da empresa. O mesmo dispositivo constitucional estabelece o princípio da busca pelo pleno emprego (inciso VIII), o que só poderá ser atingido se as empresas forem preservadas.[3]

Cediço dizer que a Constituição da República estabelece logo em seu artigo inaugural, como um dos fundamentos do Estado Democrático de Direito, "os valores sociais do trabalho e da livre iniciativa".[4] Nesse cenário, os agentes econômicos desempenham um papel especialmente relevante dentro da nova ordem econômica principiada no art. 170 da Constituição da República.

Função maior, a desempenhar o papel de fio condutor da livre iniciativa, propicia o desenvolvimento econômico e tecnológico da Nação, assim como a principal fonte de renda e trabalho, interface direta com a dignidade da pessoa humana e a cidadania. Afinal, não há nação sem empresas, empregos sem empresas, salários sem empregos e dignidade sem salários. A empresa é naturalmente destinatária de grande parte do conteúdo da ordem econômica constitucional vigente, tendo em vista que ela é o instrumento por intermédio do qual muitos objetivos constitucionais serão alcançados, como uma célula propulsora de geração de riquezas.

Em razão da importância delegada às empresas na norma constitucional em vigor, não é de se estranhar a previsão expressa quanto à função social da empresa no art. 47 da Lei 11.101. O citado dispositivo legal estabelece a finalidade da recuperação judicial:

> Art. 47. A recuperação judicial tem por objetivo viabilizar a superação da situação de crise econômico-financeira do devedor, a fim de permitir a manutenção da fonte produtora, do emprego dos trabalhadores e dos interesses dos credores, promovendo, assim, a preservação da empresa, sua função social e o estímulo à atividade econômica.

O Sistema de Insolvência pátrio nem sempre esteve situado nesse modelo, uma vez que o Decreto-Lei 7.661, de 21 de junho de 1945 – o ora revogado marco regulatório de Falências e Concordatas –, não fruía dos institutos da recuperação judicial e extrajudicial. Havia a previsão, em contrapartida, da concordata, que aspirava superar a situação de crise econômico-financeira de um comerciante, ou prevenindo e evitando a falência, no caso da concordata preventiva, ou suspendendo a falência, nos moldes da concordata suspensiva, para proporcionar a restauração e a consequente recuperação da empresa.

A concordata, que era considerada um 'favor legal', consistia basicamente em alargar o tempo em favor do devedor para que tivesse condições de negociar as dívidas ou para iniciar um procedimento preparatório para a falência. Não havia uma preocupação em elaborar um Plano com diretrizes básicas que permitissem analisar a viabilidade econômica de se reestruturar o devedor em crise. Isso, de certa forma, corroborava para

---

3. CALÇAS, Manoel de Queiroz Pereira. A Nova Lei de Recuperação de Empresas e Falências: Repercussão no Direito do Trabalho (Lei 11.101, de fevereiro de 2005. *Revista do Tribunal Superior do Trabalho*. ano 73. n. 4, p. 40. Out./dez. 2007.
4. Art. 1º A República Federativa do Brasil, formada pela união indissolúvel dos Estados e Municípios e do Distrito Federal, constitui-se em Estado Democrático de Direito e tem como fundamentos: [...] IV – os valores sociais do trabalho e da livre-iniciativa.

o entendimento de que a preservação da atividade exercida pelo endividado não era prioritariamente o escopo da concordata, contudo um fim que poderia eventualmente ser atingido. Oportuno se faz transcrever o entendimento do eminente Ministro Luis Felipe Salomão:

> É interessante notar, também, que o novo sistema de insolvência empresarial brasileiro abandonou o movimento pendular das legislações até então observadas no cenário mundial, cuja ênfase era pela liquidação dos ativos da empresa em crise, seja prestigiando os interesses dos credores, ou ora pendendo pela proteção dos interesses do devedor e, via de regra, deixando de lado a manutenção da atividade produtiva como resultado da superação da crise da empresa.
>
> Agora, pela teoria da superação do dualismo pendular, há consenso, na doutrina e no direito comparado, no sentido de que a interpretação das regras da recuperação judicial deve prestigiar a preservação dos benefícios sociais e econômicos que decorrem da manutenção da atividade empresarial saudável, e não os interesses de credores ou devedores, sendo que, diante das várias interpretações possíveis, deve-se acolher aquela que buscar conferir maior ênfase à finalidade do instituto da recuperação judicial.[5]

Os credores, que indubitavelmente representam um grupo de grande relevância quando se está diante de uma empresa em crise, já que na sistemática atual cabe a eles aprovar o Plano de Recuperação apresentado pelo agente econômico em débito ou apresentar um novo Plano caso rejeitem o indicado pelo devedor (cf. o art. 56, § 4º da Lei 11.101[6]), tiveram sua participação tolhida no procedimento da concordata, na medida em que houve uma concentração dos poderes nas mãos do juiz. Assim, também sob a perspectiva do processo decisório mais democrático, caminhou bem a legislação de 2005 ao extinguir o procedimento da concordata e criar os institutos da recuperação judicial e extrajudicial.

Não obstante, o Plano de Recuperação representa a grande inovação da atual legislação. De fato, será este o responsável pelo sucesso ou frustração da tentativa recuperatória, de modo que o responsável por o elaborar não deve se limitar a aspectos jurídicos, mas deve se esforçar para englobar noções econômicas, de administração e gestão de empresas, contabilidade, entre outras áreas do saber. A aprovação do Plano pelos credores opera a novação dos créditos e a decisão homologatória constitui, ela própria, novo título executivo judicial, nos termos do que dispõe o art. 59, *caput* e § 1º da Lei 11.101.[7]

Insta salientar, por fim, que o art. 1º da Lei 11.101 incluiu como legitimados para processos de falência e recuperação, as figuras do 'empresário' e da 'sociedade empresá-

5. STJ. REsp 1337989 / SP, Rel. Ministro Luis Felipe Salomão, Quarta Turma, Data do Julgamento: 08.05.2018, DJe 04.06.2018.
6. Art. 56. [...] § 4º Rejeitado o plano de recuperação judicial, o administrador judicial submeterá, no ato, à votação da assembleia-geral de credores a concessão de prazo de 30 (trinta) dias para que seja apresentado plano de recuperação judicial pelos credores (Redação dada pela Lei 14.112, de 2020).
7. Art. 59. O plano de recuperação judicial implica novação dos créditos anteriores ao pedido, e obriga o devedor e todos os credores a ele sujeitos, sem prejuízo das garantias, observado o disposto no § 1º do art. 50 desta Lei. § 1º A decisão judicial que conceder a recuperação judicial constituirá título executivo judicial, nos termos do art. 584, inciso III, do *caput* da Lei 5.869, de 11 de janeiro de 1973 – Código de Processo Civil.

ria'. Os requisitos, no entanto, para a caracterização de 'empresário' – seja individual ou pessoa jurídica – fogem à regulamentação da referida lei e estão tratados no art. 966 do Código Civil vigente, que adotou a proclamada Teoria da Empresa. O Prof. Mário Luiz Delgado, comentando o aludido dispositivo do Código Civil em obra coordenada por ele próprio, pelo Desembargador Marco Aurélio Bezerra de Melo e pelos Profs. Anderson Schreiber, Flávio Tartuce e José Fernando Simão, explica que:

> [...] Empresário, portanto, é a pessoa natural ou jurídica que exerce, de modo habitual e sistemático, ou seja, profissionalmente, atividade econômica, marcada pela coordenação dos fatores de produção (trabalho, bens, capital, tecnologia) e destinada à criação de riquezas, pela produção ou circulação de produtos ou de serviços. Essa atividade é justamente a "empresa" no seu perfil funcional. O principal traço característico do empresário (individual ou coletivo) consiste na apropriação e organização dos fatores de produção. Como os fatores de produção nada significam sem uma coordenação que os dirija e os oriente, a pessoa individual ou coletiva que se incumbe de coordená-los é o empresário, enquanto o conjunto dessa coordenação é a empresa. Organização, aqui, significa capacidade de iniciativa, de decisão, de escolha etc. O empresário (ou a empresa como atividade) tanto podem ser caracterizados pela declaração de atividade-fim, como pela prática de atos empresariais (Enunciado 54, aprovado na I *Jornada de Direito Civil*), pois a qualidade de empresário independe de qualquer formalidade, aplicando-se o regime jurídico empresarial também aos chamados "empresários de fato".[8]

1. AS INSTITUIÇÕES EDUCACIONAIS E DESPORTIVAS CONSTITUÍDAS COMO ASSOCIAÇÕES CIVIS E QUE DESENVOLVEM ATIVIDADE ECONÔMICA

De início, importante asseverar que o recorte do objeto, nesse texto, restringindo-se aos agentes econômicos inseridos nos segmentos da educação e do desporto se dá pela notória contribuição de ambos os setores no processo de formação intelectual e cultural de cidadãos. O Prof. José Afonso da Silva, no ponto, esclarece que:

> A Constituição de 1988, como observamos antes, deu relevante importância à cultura, tomado esse termo em sentido abrangente da formação educacional do povo, expressões criadoras da pessoa e das projeções do espírito humano materializadas em suportes expressivos, portadores de referências à identidade, à ação, à memória dos diferentes grupos formadores da sociedade brasileira, que se exprime por vários de seus artigos (5º, IX, 23, III a V, 24, VII a IX, 30, IX , e 205 e 217), formando aquilo que se denomina *ordem constitucional da cultura*, ou *constituição cultural*, constituída pelo conjunto de normas que contêm referências culturais e disposições consubstanciadoras dos direitos sociais relativos à educação e à cultura.[9]

Quanto à notabilidade do direito à educação, na lição do eminente Ministro Alexandre de Moraes:

> A educação é um direito fundamental relacionado à dignidade da pessoa humana e a própria cidadania, pois exerce dupla função: de um lado, qualifica a comunidade como um todo, tornando-a

8. DELGADO, Mário Luiz. Comentário ao art. 966. In: SCHREIBER, Anderson; TARTUCE, Flávio; SIMÃO, José Fernando; MELO, Marco Aurélio Bezerra de; DELGADO, Mário Luiz. *Código Civil Comentado*: doutrina e jurisprudência. Rio de Janeiro: Forense, 2019. p. 646.
9. SILVA, José Afonso da. *Curso de direito constitucional positivo*. 31 ed. São Paulo: Malheiros, 2008. p. 838.

esclarecida, politizada, desenvolvida (cidadania); de outro, dignifica o indivíduo, verdadeiro titular desse direito subjetivo fundamental (dignidade da pessoa humana).[10]

Comentando o denominado direito ao desporto, o eminente Ministro Ricardo Lewandowski pontua que:

> Isso quer dizer, a meu sentir, que o futebol, como esporte plenamente incorporado aos costumes nacionais, deve ser protegido e incentivado por expressa imposição constitucional, mediante qualquer meio que a Administração Pública considerar apropriado.
>
> É escusado lembrar que, por mais que alguém, entre nós, seja indiferente ou mesmo refratário a tudo o que diga respeito ao futebol, a relação da sociedade brasileira com os mais variados aspectos desse esporte é estreita e singularíssima, estando ele definitivamente incorporado à cultura popular, seja na música, seja na literatura, seja no cinema, seja, enfim, nas artes em geral, fazendo-se presente, em especial, na maioria das grandes festas nacionais.[11]

Em que pese o delineamento restritivo nesses dois campos econômicos, outros não menos expressivos – e que igualmente são verdadeiras colunas que sustentam a riqueza produzida em setores da economia, como o hospitalar, exercido pelas Santas Casas de Misericórdia – também poderiam ser referenciados.

Enfatiza-se que, por razões históricas, os mais conhecidos e festejados agentes econômicos dos segmentos educacional e desportivo nacional, não obstante substancialmente serem empresas, já que, de modo habitual e sistemático, realizam, na dicção do art. 966 do Código Civil, "atividade econômica organizada para a produção ou a circulação de bens ou de serviços" para o mercado, sendo responsáveis pela geração de empregos e de tributos, promovendo uma efetiva função social da atividade econômica, estão constituídos sob a forma de associação civil sem fins lucrativos.

Em atenção ao ato registral desses agentes econômicos como associações civis, exsurge, no ponto, o debate, à luz dos citados arts. 1º e 47 da Lei 11.101 e do art. 966 do Código Civil, acerca da legitimidade ativa das associações civis que desenvolvem atividade econômica postularem recuperação judicial ou extrajudicial. No que é pertinente às associações civis, cita-se a doutrina do Prof. Anderson Schreiber, em obra coordenada por ele próprio, pelo Desembargador Marco Aurélio Bezerra de Melo e pelos Profs. Flávio Tartuce, José Fernando Simão e Mário Luiz Delgado:

> O Código Civil define associação como a "união de pessoas que se organizem para fins não econômicos." A definição não pode, todavia, ser interpretada de modo literal. Foi, há muito, superada a concepção de que a associação deveria ser uma entidade altruística. Admite-se que as associações desenvolvam atividades de caráter econômico, desde que não haja a finalidade lucrativa, ou seja, o objetivo primordial de produzir lucros e reparti-los entre os associados (*animus lucrandi*). O propósito lucrativo é característica das sociedades (art. 981), consistindo, como já visto, em traço distintivo marcante entre essa espécie de pessoa jurídica e as associações. Trata-se de entendimento cristalizado no Enunciado

---

10. STF. RE 888.815, Rel. Ministro Roberto Barroso, Redator do acórdão Ministro Alexandre de Moraes, Tribunal Pleno, Data do Julgamento: 12.09.2018, DJe 21.03.2019.
11. STF. ADI 4.976, Rel. Ministro Ricardo Lewandowski, Tribunal Pleno, Data do Julgamento: 07.05.2014, DJe 30.10.2014.

534 da VI *Jornada de Direito Civil*: "As associações podem desenvolver atividade econômica, desde que não haja finalidade lucrativa".[12]

Basta um pouco de conhecimento da história da regulação da educação no Brasil para saber que, por um longo período – até a edição do Decreto 2.306, de 19 de agosto de 1997, que regulamentava o art. 20 da Lei 9.394, de 20 de dezembro de 1996 (Lei de Diretrizes e Bases da Educação Nacional) –, houve vedação legal à existência de entidades privadas que visassem a partilha de lucro nesse setor. Não se tratava de opção para as Instituições de Ensino constituídas anteriormente a esse cânone, todavia de obrigação legal, para todos os agentes econômicos do setor privado de educação.[13]

Apenas no nicho do ensino superior, dados extraídos do Cadastro Nacional de Cursos e Instituições de Educação Superior,[14] do Ministério da Educação, indicam que havia, em abril de 2020, 1.993 (um mil, novecentos e noventa e três) instituições de ensino superior inscritas no referido Ministério, sendo que 487 (quatrocentos e oitenta e sete) estavam constituídas como associações civis,[15] perfazendo o montante de 24,5% (vinte e quatro vírgula cinco por cento) do total.

É sabido que o segmento de educação, mormente do ensino superior, vem sendo afetado, na última década, por fatores específicos do setor que se refletiram diretamente

12. SCHREIBER, Anderson. Comentário ao art. 53. In: SCHREIBER, Anderson; TARTUCE, Flávio; SIMÃO, José Fernando; MELO, Marco Aurélio Bezerra de; DELGADO, Mário Luiz. *Código Civil Comentado*: doutrina e jurisprudência. Rio de Janeiro: Forense, 2019. p. 42-43.
13. SAMPAIO, Helena. O setor privado de ensino superior no Brasil: continuidades e transformações. *Revista Ensino Superior Unicamp*, v. 4. p. 28-43, 2011. Disponível em: https://www.revistaensinosuperior.gr.unicamp.br/edicoes/ed04_outubro2011/05_ARTIGO_PRINCIPAL.pdf. Acesso em: 02 mar. 2022.
14. Disponível em: https://emec.mec.gov.br/.
15. Dentre elas, apenas no Estado do Rio de Janeiro pode-se citar, todos constituídos como associações civis, dentre outros, em funcionamento: a Associação Sociedade Brasileira de Instrução, mantenedora da Universidade Candido Mendes – UCAM; a Faculdades Católicas, mantenedora da Pontifícia Universidade Católica do Rio de Janeiro – PUC-Rio; a Associação Escola Superior de Propaganda e Marketing, mantenedora da Escola Superior de Propaganda e Marketing do Rio de Janeiro – ESPM; a Organização Hélio Alonso de Educação e Cultura, mantenedora da Faculdades Integradas Hélio Alonso – FACHA; a Associação Faculdades Católicas Petropolitanas, mantenedora da Universidade Católica de Petrópolis – UCP; o Instituto Presbiteriano Mackenzie, mantenedor da Faculdade Presbiteriana Mackenzie Rio; a Sociedade Unificada de Ensino Augusto Motta, mantenedora do Centro Universitário Augusto Motta – UNISUAM; a Campanha Nacional de Escolas da Comunidade, mantenedora da Faculdade CNEC Alberto Torres (antiga Faculdade Cenecista de Itaboraí); a Fundação Técnico Educacional Souza Marques, mantenedora da Escola de Medicina Souza Marques – ESMS; a Associação Carioca de Ensino Superior, mantenedora do Centro Universitário Unicarioca – UNICARIOCA; a Associação Barramansense de Ensino, mantenedora do Centro Universitário de Barra Mansa – UBM; a Associação de Ensino Superior de Nova Iguaçu, mantenedora da Universidade Iguaçu – UNIG; a Associação Brasileira de Educadores Lassalistas, mantenedora do Centro Universitário La Salle do Rio de Janeiro – UNILASSALE; a Associação Universitária Santa Úrsula, mantenedora da Universidade Santa Úrsula – USU; o Centro Educacional de Realengo, mantenedor da Universidade Castelo Branco – UCB; a Associação de Cultura e Educação Santa Tereza, mantenedora do Centro Universitário Gama e Souza – UNIGAMA; a Fundação Oswaldo Aranha, mantenedora do Centro Universitário de Volta Redonda – UNIFOA; a Associação Brasileira de Ensino Universitário, mantenedora do Centro Universitário UNIABEU; a Organização Brasileira de Cultura e Educação, mantenedora das Faculdades Integradas Simonsen – FIS; a Associação de Ensino Superior São Judas Tadeu, mantenedora da Faculdade São Judas Tadeu – FSJT; o Instituto Superior de Ensino Celso Lisboa, mantenedor do Centro Universitário Celso Lisboa – UCL; e a Associação Salgado de Oliveira de Educação e Cultura, mantenedora da Universidade Salgado de Oliveira – Universo.

na performance dessa atividade, resultando em momentânea situação de crise econômico-financeira. Um fator preponderante para o acometimento do setor educacional privado foi o declínio do FIES (Fundo de Financiamento Estudantil), onde os contratos ofertados anualmente sofreram uma redução acentuada na comparação desde o seu ápice em 2014 até o ano de 2022,[16] dificultando a entrada de alunos no ensino privado, refletindo nas matrículas das Instituições de Ensino que sofreram quedas nos últimos anos.

Além da redução de financiamentos ofertados, a flexibilização nas bolsas no período 2011-2014, com relaxamento da exigência de fiador e prazo de quitação alongado – carência de 18 (dezoito) meses após a formatura, fez com que a taxa de inadimplência aumentasse ano após ano, agravada pela crise econômica durante a pandemia, colocando em risco o financiamento de novos estudantes. Em fevereiro de 2022, o FIES bateu recorde de inadimplentes: 1,2 milhão de alunos.[17]

Já no segmento esportivo, a expressão 'clube de futebol falido' vem perseguindo o ideário da modalidade há muito tempo no Brasil. Talvez o seu time do coração já tenha padecido deste rótulo outrora ou continue o suportando. O termo costuma ser empregado para se referir a agremiações desportivas, especialmente que possuem o departamento de futebol como 'carro-chefe', submersas em passivo milionário, resultado de administrações desmedidas e pouco profissionais nas últimas décadas, com receitas penhoradas ou bloqueadas para satisfazer credores que machucam o fluxo de caixa diário, patrimônio social desassistido e capacidade de investimento inexistente.

A pandemia do novo coronavírus expandiu o *déficit* nas contas dos clubes na temporada de 2020. A dívida líquida dos 15 (quinze) principais times brasileiros[18] atingiu praticamente 10 bilhões de reais em dezembro de 2020.[19] O número é preocupante e nunca foi tão elevado. Ressalte-se que as mais destacadas entidades de prática desportiva foram fundadas, nos primórdios do século XX, como clubes de bairro, destinadas ao aspecto lúdico da prática esportiva, tendo, algumas, inclusive, o remo como o esporte 'mãe', justificando-se, assim, a constituição, na origem, como associação civil. Com a transformação do futebol, nos últimos anos, por intermédio da incorporação de uma nova lógica de ação, que é a de mercado, e mediante a adoção de um modelo empresarial de gestão, empreende-se, hoje, o *espetáculo globalizado do futebol* como um produto de consumo da indústria do entretenimento.

16. *Diante de vagas ociosas, Fies terá Orçamento 35% menor para 2022.* Disponível em: https://g1.globo.com/educacao/noticia/2022/02/03/diante-de-vagas-ociosas-fies-tera-orcamento-35percent-menor-para-2022.ghtml. Acesso em: 02 mar. 2022.
17. *Sonho do diploma vira pesadelo para jovens endividados com o Fies.* Disponível em: https://www.terra.com.br/noticias/educacao/sonho-do-diploma-vira-pesadelo-para-jovens-endividados-com-o-fies,b641a2638f0131146896a2786f2c422cu3rundwq.html. Acesso em: 02 mar. 2022.
18. Athletico, Atlético-MG, Bahia, Botafogo, Corinthians, Cruzeiro, Flamengo, Fluminense, Grêmio, Internacional, Palmeiras, Red Bull Bragantino, Santos, São Paulo e Vasco.
19. *Contas de clubes têm dívidas de R$ 10 bi e abismo para Flamengo e Palmeiras.* Disponível em: https://www.uol.com.br/esporte/futebol/colunas/rodrigo-mattos/2021/05/06/contas-de-clubes-tem-dividas-de-r-10-bi-e-a-bismo-para-flamengo-e-palmeiras.htm. Acesso em: 02 mar. 2022.

São notórios os exemplos de agremiações de renome no país que se enquadram na situação de crise econômico-financeira e veem o choque de capitalismo promovido pela Lei 14.193, de 06 de agosto de 2021 – Lei da Sociedade Anônima do Futebol –, por meio da alienação de ações e debêntures relacionadas ao futebol, no *mercado*, para captar recursos, como oportunidade de monetização para empregar a reestruturação definitiva.

Destaque-se, por oportuno, que a insolvência civil – execução por quantia certa contra devedor insolvente, disciplinada nos arts. 748 a 786-A do Código de Processo Civil de 1973 – é ineficiente como procedimento preventivo da crise, talhado à preservação da atividade do devedor. Sublinhe-se que, diversamente da recuperação, o propósito da insolvência civil é salvaguardar o patrimônio do devedor e não a atividade econômica que, eventualmente, desempenha. A doutrina do Prof. Sérgio Campinho é clara acerca do instituto mais factível à associação civil que desenvolve atividade econômica:

> Negar à Consulente o acesso ao instituto habilitado a promover a sua reestruturação, preservando a sua atividade, e decretar a sua morte – pois a liquidação inexoravelmente leva à extinção da associação – não é medida social e economicamente razoável. O Direito deve ser interpretado inteligentemente, não de modo a prescrever um absurdo.[20]

Nessa esteira, traz-se à colação o novo art. 20 da LINDB – Lei de Introdução às Normas do Direito Brasileiro, introduzido pela Lei 13.655, de 25 de abril de 2018, que dispõe que "nas esferas administrativa, controladora e judicial, não se decidirá com base em valores jurídicos abstratos sem que sejam consideradas as consequências práticas da decisão". No lado interior da lei, busca-se, à vista disso, a exegese que conduz à melhor consequência prática da decisão para a coletividade, inclusive levando em consideração as consequências de se obstaculizar, por completo, a oportunidade de agentes econômicos em crise, contudo viáveis, se soerguerem.

Considerando que o Poder Judiciário exerce o papel de 'caixa de ressonância' das demandas por direitos, é natural que tenha sido provocado a responder acerca da legitimidade ativa em recuperações judiciais ou extrajudiciais requeridas por associações civis que desenvolvem atividade econômica. Conferindo o liame na relação do tempo dos fatos da vida com o tempo do Direito, o último capítulo se presta a examinar três casos concretos: (i) a recuperação judicial da Universidade Candido Mendes; (ii) a recuperação extrajudicial do Figueirense Futebol Clube; e (iii) e o precedente primitivo de recuperação judicial da Casa de Portugal.

2. PRECEDENTES

Em 11.05.2020, a Associação Sociedade Brasileira de Instrução, mantenedora da Universidade Candido Mendes – a mais antiga instituição privada de ensino superior do país, entabulada em 16 de novembro de 1902 (há 119 anos) –, e o Instituto Candido Mendes, formalmente constituídos como associações civis, ingressaram com o pedido

---

20. CAMPINHO, Sérgio. *Estudos e pareceres*. Rio de Janeiro: Processo, 2021. p. 139.

de recuperação judicial, distribuído à 5ª Vara Empresarial da Comarca da Capital,[21] com passivo concursal de aproximadamente 400 milhões de reais. A eminente juíza Maria da Penha Nobre Mauro, em decisão liminar de 18.05.2020, reconheceu a legitimidade ativa das postulantes e, por consequência, deferiu o processamento da recuperação, nos seguintes termos:

> Embora as requerentes não se enquadrem no regime jurídico de sociedade empresária, tratando-se de associação civil sem fim lucrativo, qual se vê do seu instrumento de constituição, não extraio dos artigos 1º e 2º da LRF impedimento a que se possam beneficiar do procedimento da recuperação judicial. É certo que o art. 1º da Lei 11.101/2005, se refere à recuperação judicial, à recuperação extrajudicial e à falência do empresário e da sociedade empresária, e que o art. 2º, nos seus incisos I e II, expressamente exclui da abrangência da lei as entidades que elenca, entre as quais não consta associação de ensino. [...]
>
> A ASBI exerce profissionalmente atividade econômica, pois é a mantenedora da Universidade Cândido Mendes, com expressiva movimentação econômica na sua estrutura organizacional, que produz e faz circular bens de natureza intelectual, qual a prestação de serviços de ensino. A associação pode não ter finalidade lucrativa, ou seja, pode não distribuir lucros aos seus associados, mas nada impede que tenha finalidade econômica, no sentido da extração de vantagens que sejam revertidas para a própria atividade ou serviço prestado, com vistas à realização dos fins institucionais da própria entidade.
>
> No que interessa à LRF, notadamente em decorrência dos claros e precisos termos do art. 47, não se afigura relevante o fato de haver ou não partilha dos resultados entre os sócios, porquanto, repita-se, a ideia de empresa está atrelada ao desenvolvimento de uma atividade que se desenrole de forma profissional, capaz de ao menos suportar os próprios custos, mesmo que não alcance finalidade lucrativa. A aplicação do resultado nos fins da própria associação concretiza o conceito de agente econômico, justificando o seu enquadramento fático como sociedade empresária. [...]
>
> A interpretação das normas legais ao caso concreto exige um exercício teleológico. O pedido de recuperação judicial ora deduzido desafia uma ponderação de valências acerca da repercussão do deferimento ou do indeferimento para a coletividade. O que haverá de prevalecer: a forma ou a substância? Por certo que a substância! As requerentes são contribuintes tributárias na ordem de quase 9 milhões de reais anuais, geradoras de quase 2 mil postos de trabalho e prestadoras de serviços educacionais a mais de 12 mil alunos (vide item 19 da inicial). Promovem e disseminam o conhecimento, caracterizando-se como autênticos agentes de transformação social. Não se afigura minimamente razoável aplicar dura e friamente a lei em detrimento à importância social e econômica das requerentes, sob pena de sepultar-se uma atividade econômica viável, que atende a anseios sociais. Isto significaria o desaparecimento da instituição de ensino e a derrota para os que dela dependem, sobretudo os credores, frustrando-se, assim, uma das próprias finalidades fundamentais da Lei 11.101/2005 (art. 47). [...]

Já em grau recursal, a matéria foi devolvida, por intermédio do recurso de agravo de instrumento interposto pelo Ministério Público do Estado do Rio de Janeiro em 21.05.2020, à 6ª Câmara Cível.[22] Na sessão de julgamento iniciada em 12.08.2020 e ultimada em 02.09.2020, por 4 (quatro) votos a 1 (um), foi reconhecida a legitimidade ativa. Confira-se trecho do acórdão da lavra do relator Desembargador Nagib Slaibi Filho:

> O cerne da questão não está, pois, na natureza jurídica do agente econômico, mas no impacto da atividade econômica por ele empreendida, na economia e na sociedade. Ainda que formalmente

21. TJRJ, 5ª Vara Empresarial, Processo 0093754-90.2020.8.19.0001.
22. TJRJ, 6ª Câmara Cível, Processo 0031515-53.2020.8.19.0000.

> registrada como associação civil, a entidade de ensino, instituída em 1902, no início do século XX, em que predominava o *laisser faire, o laisser passer, que tout le monde va bien*, a toda evidência, desempenha atividade econômica lucrativa, que repercute jurídica e economicamente. O modelo de atuação atendeu aos termos legais durante mais de um século. Agora, ao pretender se proteger dos efeitos da bancarrota pela continuação de seus negócios, o que constitui direito econômico inegável, vê o seu intento repelido, justamente pela afirmação de que não exerce atividade empresarial ou mercantil.
>
> Tal modelo não poderia ser por ela adotado em 1902 porque limitado pelo entendimento de que os direitos somente podiam ser exercidos nos termos da lei infraconstitucional, no caso o velho e já revogado Código Comercial de 1850, justamente pela compreensão, então dominante, de que atividades educacionais, como de saúde e outros, não admitiam a participação empresarial. Como salientado pelos demandantes, em sua inicial, a concepção moderna da atividade empresária se afasta do formalismo para alcançar a autêntica natureza da atividade objetivamente considerada. Note-se que, em setembro do ano passado, foi promulgada a Lei federal 13.874/2019, a chamada Lei da Liberdade Econômica, que institui a Declaração de Direitos de Liberdade Econômica e estabelece garantias de livre mercado. O objetivo da nova lei é reduzir a burocracia nas atividades econômicas e facilitar a abertura e o funcionamento de empresas. [...]
>
> Com base nesse dispositivo, há de se destacar que, ainda que no aspecto formal a mantenedora da Universidade Cândido Mendes se apresenta como associação civil, em tese, desempenha uma atividade empresária, a teor do art. 966 do Código Civil, uma vez que realiza atividade econômica organizada para a produção ou circulação de bens ou serviços, gera empregos e arrecadação para o Estado, exercendo assim a sua função social. [...] A caracterização de empresa, assim, deve ser considerada sob o aspecto corporativo ou institucional, organizado com o objetivo de obter o melhor resultado econômico, produtivo e socialmente útil. Atividade de caráter profissional e organizada para a produção ou circulação de riquezas, bens ou serviços, visando resultados lucrativos. [...] Ademais, a dinâmica dos fatos, a evolução do Direito Comercial e do Direito Econômico trouxeram uma nova forma de reflexão, agora com fundamento na Constituição e o que está nos §§ 1º e 2º do seu art. 5º, pelo que a existência da atividade empresária não deve ser considerada tão somente pelo aspecto formal, mas fático.

O Plano de Recuperação Judicial da Universidade Candido Mendes foi aprovado em Assembleia de Credores principiada em 14.05.2021 e encerrada em 1º.06.2021 e homologado pelo MM. Juízo Empresarial em decisão de 15.12.2021, encontrando-se os autos em fase de alienação de ativos para cumprimento das obrigações pactuadas.

O segundo caso é o do Figueirense Futebol Clube – criado em 12 de junho de 1921 (há 100 anos) –, que lidera o *ranking* de campeão do Campeonato Catarinense, com 18 (dezoito) títulos, todavia atualmente se encontra disputando a Série C do Campeonato Brasileiro. A relevância do caso se justifica por ser o primeiro clube de futebol brasileiro a se beneficiar de um instrumento contido na Lei 11.101.

Em 11.03.2021, o Figueirense Futebol Clube, em litisconsórcio ativo com o Figueirense Futebol Clube LTDA., ajuizaram Tutela Cautelar em Caráter Antecedente Preparatória de Pedido de Homologação de Plano de Recuperação Extrajudicial, distribuído à Vara Regional de Recuperações Judiciais, Falências e Concordatas da Comarca de Florianópolis, com passivo concursal de cerca de 94 milhões de reais[23]. O entendimento, em primeira instância, foi no sentido de que o clube, por ser uma asso-

23. TJSC, Vara Regional de Recuperações Judiciais, Falências e Concordatas da Comarca de Florianópolis, Processo 5024222-97.2021.8.24.0023.

ciação civil, não estaria legitimado ao instituto da recuperação extrajudicial por não se amoldar ao conceito de sociedade empresária. A decisão, no entanto, foi revertida em segundo grau, em julgamento monocrático, datado de 18.03.2021, da lavra do relator Desembargador José Antônio Torres Marques, da 4ª Câmara de Direito Comercial, já transitado em julgado. Confira-se fragmento do aresto:

> [...] O intérprete não pode se distanciar dos fatos, na forma como são apresentados ou mesmo mediante aplicação das regras de experiência comum subministradas pela observação do que ordinariamente acontece (art. 375 do CPC). O mundo do futebol não pode ser considerado como mera atividade social ou esportiva, essencialmente por tudo que representa em uma comunidade e toda a riqueza envolvida (passes dos jogadores, patrocínios, direitos de imagem e de transmissão, entretenimento e exploração da marca).
>
> Bem difundida no Brasil pela professora Claudia Lima Marques, ganha relevo nesta etapa cognitiva a teoria do diálogo das fontes, concebida na Alemanha pelo professor da Universidade de Heidelberg Erik Jayme. Com escopo de aperfeiçoar a interpretação jurídica de aparentes antinomias à luz dos postulados da hierarquia, especialidade e cronologia, surgem os diálogos sistemáticos de coerência, complementaridade/subsidiariedade ou de influência recíproca sistemática, os quais autorizam o trânsito entre leis, institutos, conceitos ou princípios para que se permita a melhor exegese ao caso concreto.
>
> Nessa ordem de ideias, a Lei n. 9.615/1998 (Lei Pelé), ao instituir normas gerais sobre desporto, estipula que as entidades de prática desportiva participantes de competições profissionais e as entidades de administração de desporto ou ligas em que se organizarem, independentemente da forma jurídica sob a qual estejam constituídas, equiparam-se às das sociedades empresárias (§ 13 do art. 27). [...] Concluo, portanto, que o fato de o primeiro apelante enquadrar-se como associação civil não lhe torna ilegítimo para pleitear a aplicação dos institutos previstos na Lei 11.101/2005, porquanto não excluído expressamente do âmbito de incidência da norma (art. 2º), equiparado às sociedades empresárias textualmente pela Lei Pelé e, notadamente, diante da sua reconhecida atividade desenvolvida em âmbito estadual e nacional desde 12.06.1921, passível de consubstanciar típico elemento de empresa (atividade econômica organizada).

Ressalte-se que a discussão em torno da legitimidade ativa da associação civil Figueirense se deu antes da edição da Lei 14.193, de 06 de agosto de 2021, tendo o referido *decisum* de segunda instância contribuído para a inclusão do art. 25 – abaixo reproduzido –, pelo relator Senador Carlos Portinho, na confecção do texto durante a tramitação do Projeto de Lei 5.516/2019 no Senado Federal, pacificando, de uma vez por todas, a matéria. Veja-se:

> Art. 25. O clube, ao optar pela alternativa do inciso II do *caput* do art. 13 desta Lei, e por exercer atividade econômica, é admitido como parte legítima para requerer a recuperação judicial ou extrajudicial, submetendo-se à Lei 11.101, de 9 de fevereiro de 2005.

O Plano de Recuperação Extrajudicial do Grupo Figueirense foi homologado pelo MM. Juízo Empresarial em sentença prolatada em 17.12.2021, encontrando-se os autos em fase de processamento dos recursos de apelação.

Já sob a égide da Lei 14.193, de 06 de agosto de 2021, contudo fazendo referência expressa ao *leading case* de "outro clube de futebol", a associação civil Associação Chapecoense de Futebol ajuizou, em 24.01.2022, distribuído à 1ª Vara Cível da Comarca de Chapecó-SC, o pedido de Recuperação Judicial, informando passivo concursal de quase 80 milhões de reais.[24] Em 03.02.2022, foi deferido o processamento da primeira recuperação judicial de um clube de futebol brasileiro, conduzindo o Tribunal de Justiça catarinense à posição de vanguarda, com o primeiro caso de recuperação extrajudicial (Figueirense) e o primeiro processo de recuperação judicial (Chapecoense) de times de futebol do país.

Nessa trilha, a constituição da Sociedade Anônima do Futebol deve caminhar de mãos dadas com a recuperação judicial ou extrajudicial, na medida em que a operação de *drop down* com a transformação do departamento de futebol da associação civil em SAF pode ser um dos meios de recuperação a serem cumpridos no Plano de Recuperação. Assim, as ações de propriedade da associação civil na SAF recém constituída seriam alienadas como unidade produtiva isolada e, por isso, sem qualquer espécie de sucessão ao adquirente (cf. o art. 60, parágrafo único da Lei 11.101),[25] maximizando a segurança jurídica do investidor e o preço do ativo.

Frisa-se, por fim, que os dois julgados – da Universidade Candido Mendes e do Figueirense Futebol Clube – são posteriores ao *leading case* da Casa de Portugal. Em 22.05.2006, a Casa de Portugal, formalmente constituída como uma associação civil em 13 de junho de 1928 (há 93 anos), postulou, perante a 4ª Vara Empresarial da Comarca da Capital, sua recuperação judicial.[26] O Ministério Público do Estado do Rio de Janeiro, por intermédio da então Promotora de Justiça, Dra. Mônica de Faria Sardas, titular da 4ª Curadoria de Massas Falidas, hoje Desembargadora integrante da 22ª Câmara Cível do Tribunal de Justiça do Estado do Rio de Janeiro, em Parecer Jurídico de 01/06/2006, opinou pelo deferimento do processamento.

Em decisão de 14.06.2006, da lavra do então juiz titular da 4ª Vara Empresarial da Comarca da Capital, Dr. Antonio Carlos Esteves Torres, hoje Desembargador aposentado do Tribunal de Justiça do Estado do Rio de Janeiro, deferiu o processamento da recuperação judicial da Casa de Portugal. A decisão foi reformada pelo tribunal,[27] tendo sido interposto recurso especial pela devedora ao Superior Tribunal de Justiça. Por unanimidade, a 4ª Turma do STJ acabou por repristinar a decisão de primeiro grau, por meio do REsp 1.004.910/RJ, relatado pelo Min. Fernando Gonçalves, dando prosseguimento ao processo de recuperação. Confira-se trecho do acórdão:

24. TJSC, 1ª Vara Cível da Comarca de Chapecó, Processo 5001625-18.2022.8.24.0018.
25. Art. 60. Se o plano de recuperação judicial aprovado envolver alienação judicial de filiais ou de unidades produtivas isoladas do devedor, o juiz ordenará a sua realização, observado o disposto no art. 142 desta Lei. Parágrafo-único. O objeto da alienação estará livre de qualquer ônus e não haverá sucessão do arrematante nas obrigações do devedor de qualquer natureza, incluídas, mas não exclusivamente, as de natureza ambiental, regulatória, administrativa, penal, anticorrupção, tributária e trabalhista, observado o disposto no § 1º do art. 141 desta Lei (Redação dada pela Lei 14.112, de 2020).
26. TJRJ, 4ª Vara Empresarial da Comarca da Capital, Processo 0060517-56.2006.8.19.0001.
27. TJRJ, 17ª Câmara Cível, Agravo de Instrumento 0004877-37.2007.8.19.0000, Rel. Des. Edson Aguiar de Vasconcelos, julgado em 09.05.2007.

> Em primeiro lugar, é de ser destacada a função social da recorrente, entidade que mantém um hospital, um asilo e um colégio, havendo notícia nos autos de que emprega por volta de seiscentas pessoas, disponibiliza à sociedade carioca mais de cem leitos, possui duzentos e setenta alunos matriculados, além de recolher impostos anualmente no montante de R$ 7.000.000,00 (sete milhões de reais). [...] Nesta conformidade, lembrando ainda que a finalidade maior da recuperação judicial é a preservação da atividade econômica e dos postos de trabalho, creio deva ser aplicada a teoria do fato consumado à espécie, sob pena de extinção da recorrente, entidade fundada há quase oitenta anos. [...]
>
> Cabe realçar, também, agora com apoio na doutrina abalizada do Prof. Arnold Wald, que a caracterização de empresa reside no "exercício de uma atividade econômica ... que tenha por fim a criação ou circulação de riquezas, bens ou serviços", estando a ideia de empresa "relacionada com o princípio de economicidade, ou seja com o desenvolvimento de uma atividade capaz de cobrir os próprios custos, ainda que não existam finalidades lucrativas"; – fls. 365. A recorrente, quando da interposição do recurso e não havendo motivo para duvidar de sua afirmativa, contava com leitos ocupados no Hospital Comendador Gomes Lopes e alunos no Colégio Sagres, além de outras atividades, todas elas, ainda segundo a recorrente, remuneradas. Ante o exposto, conheço do recurso em parte e, nessa extensão, dou-lhe provimento para que prossiga a recuperação judicial da Casa de Portugal.

Acompanhando o voto do relator, o Ministro Aldir Passarinho Junior também pontou, objetivamente, em Declaração de Voto, que a associação civil Casa de Portugal exercia, de fato, uma atividade empresarial:

> Além disso, efetivamente, há que se destacar outra peculiaridade do caso. É o que o ilustre advogado destacou da tribuna, que tem sido corrente, que determinadas instituições, muito embora tenham caráter filantrópico, de fato exercem atividade comercial.

À vista disso, a associação Casa de Portugal já teve sua exitosa recuperação judicial encerrada, por sentença, em 22.07.2015, permitindo a continuidade das atividades, com a manutenção da fonte produtora, dos empregos, dos interesses dos credores e atingindo sua função social, exatamente como pretende a Lei 11.101.

Em suma, preservar a associação civil que exerce atividade econômica educacional ou desportiva é manter, vivas, a ordem econômica, a ordem social, e a própria Nação Brasileira.

IMPACTOS SOCIAIS E POLÍTICOS DO ANTITRUSTE

Ana Frazão

Professora-Associada de Direito Civil, Comercial e Econômico da Universidade de Brasília – UnB. Advogada.

Sumário: 1. Considerações iniciais – 2. O processo de despolitização do direito antitruste: causas e consequências – 3. Ressignificando o direito antitruste: a importância da reflexão sobre os impactos políticos do poder econômico – 4. Levando os impactos sociais e políticos a sério: como prevenir e reprimir o abuso de poder econômico que compromete a democracia? – 5. Considerações finais.

1. CONSIDERAÇÕES INICIAIS

Ao contrário do que pode parecer em uma primeira visão, o Direito Antitruste está longe de ser uma disciplina muito específica, de viés excessivamente econômico ou que interessa a poucos. Na medida em que vivemos em uma economia de mercado que muitas vezes coloniza a própria sociedade e a política, o controle do poder econômico diz respeito a uma das ferramentas mais essenciais para a preservação do próprio Estado Democrático de Direito.

Daí a importância e a abrangência do Direito Antitruste, diante dos seus relevantes impactos, os quais não apenas econômicos, mas também políticos e sociais. Aliás, desde as suas origens, no final do século XIX, discute-se o seu papel e o compromisso da política concorrencial não apenas com a preservação da economia de mercado, mas também com a proteção de alguns dos pressupostos essenciais da democracia e da liberdade econômica de todos os agentes econômicos, incluindo os cidadãos e consumidores.

Não obstante, a aplicação da metodologia da Escola de Chicago durante as últimas décadas acabou estreitando indevidamente os objetivos do Direito Antitruste, a fim de despolitizá-lo e de restringir seu alcance à questão de cálculos econômicos de eficiência, critério que se apresentou como apto para identificar a suposta maximização do bem estar do consumidor.

Em outras palavras, uma das consequências do grande prestígio da Escola de Chicago foi precisamente a de retirar do Direito Antitruste as discussões sobre os seus impactos políticos e sociais, restringindo-as aos seus impactos econômicos. Mais do que isso, o estreitamento da política concorrencial foi ainda maior, porque mesmo os impactos econômicos passaram a ser vistos a partir de metodologias econômicas restritivas e conservadoras, muitas vezes comprometidas com visões ideológicas em prol da não intervenção estatal nos mercados.

Ocorre que já faz um certo tempo que existe consistente crítica a essa abordagem, especialmente diante dos seus efeitos deletérios, dentre os quais se destacam o aumento de concentração que, além de comprometer a democracia e a liberdade econômica de vários agentes, trouxe diversos efeitos nefastos para a economia.

Com efeito, o recente aumento de concentração empresarial que tem sido verificado em todo o mundo vem restringindo o crescimento e a inovação, aumentando a desigualdade e reduzindo substancialmente a possibilidade de escolha dos consumidores e o poder de barganha dos empregados e pequenos fornecedores, os quais passaram a estar crescentemente sujeitos ao poder de dominação dos grandes agentes. Nem mesmo a visão restrita de bem estar do consumidor, alicerçada em preços menores, foi alcançada com a metodologia da Escola de Chicago.

Dessa maneira, está mais do que na hora de resgatar a importância dos impactos sociais e políticos do Direito Antitruste. É no contexto dessas discussões que se insere o presente artigo, cujo objetivo é demonstrar que um dos importantes propósitos do Direito Antitruste no século XXI é evitar o abuso de poder econômico que comprometa a própria democracia e a liberdade política.

2. O PROCESSO DE DESPOLITIZAÇÃO DO DIREITO ANTITRUSTE: CAUSAS E CONSEQUÊNCIAS

Não é novidade que as democracias estão em crise, havendo rica e farta literatura que tenta entender as causas e consequências desse processo. Apesar das diferentes visões, um argumento que vem se repetindo com relativa frequência é que o capitalismo está se tornando um sistema cada vez mais excludente, a serviço do interesse de poucos, fazendo com que a própria meritocracia se torne um mito.

Cada vez mais se fala no descolamento entre capitalismo e democracia, embora nem sempre se perceba o quanto o Direito Antitruste tem a ver com tal discussão, já que foi pensado precisamente para impedir que o exercício desenfreado do poder econômico pudesse comprometer a economia de mercado e a democracia.

Com efeito, desde as suas origens, o Direito Antitruste tem relações diretas com a manutenção da democracia, em um claro reconhecimento da importância instrumental da proteção dos mercados.[1] Não é exagerada, portanto, a conclusão de Eleanor Fox[2] de que o Direito da Concorrência tem uma verdadeira simbiose com a democracia e que, no caso norte-americano, teve suas raízes na tentativa de equilíbrio entre os que têm poder e os que não têm, bem como na preferência pela diversidade, pela autonomia e pela igualdade de oportunidade de competir com base no mérito.

1. STUCKE, Maurice E. Reconsidering antitrust's goals. *Boston College Law Review*. v. 53, p. 551-629, 2012.
2. FOX, Eleanor M. Post-Chicago, post-Seattle and the dilemma of globalization. In: CUCINOTTA, Antonio; PARDOLESI, Roberto; BERGH, Roger van dan. *Post-Chicago Developments in Antitrust Law*. Cornwall: Edward Elgar, 2002, p. 76-77.

Daí por que não é nenhuma surpresa que o excessivo relaxamento da política antitruste tenha desdobramentos que transcendem os mercados, trazendo impactos diretos nos próprios pilares do regime democrático. Afinal, a acumulação de econômico pode facilmente ser convertida em poder político, a ser utilizado para capturar as instituições e mudar as regras do jogo em favor dos próprios detentores do poder econômico, assegurando-se a manutenção ou a expansão do poder destes não mais pelos seus méritos, mas sim pela legitimação da dominação. Em graus mais avançados, a captura do Estado atinge tal nível que as regras são reescritas em favor dos poderosos agentes dominantes e a própria "democracia" é redesenhada para representar apenas os titulares de poder econômico.

Dessa maneira, ressalta-se a nítida vinculação entre o controle do poder econômico e a preservação da ordem democrática. Em seu livro *The Hidden History of Monopolies. How big business destroyed the American Dream*,[3] Thom Hartmann mostra como a própria nação norte-americana surge a partir da luta contra o monopólio da *British East India Company*, em um claro reconhecimento de que a concentração excessiva de poder econômico pode gerar efeitos extremamente nefastos.

Prosseguindo em sua narrativa, o autor mostra como o debate sobre o controle do poder econômico nunca foi alheio à preservação da própria democracia durante praticamente todo o século XX, até que tal noção fosse superada pela Escola de Chicago.

Nesse sentido, é preciso entender que o estreitamento das finalidades e do alcance do Direito Antitruste, ocorrido a partir da década de 1980 nos Estados Unidos, está inserido no contexto de um projeto de poder muito mais amplo, arquitetado e executado pelas elites econômicas, que viram na Escola de Chicago a base teórica que poderia endossar a sua estratégia, ainda que esta envolvesse igualmente restringir a democracia sempre que esta representasse impedimento ou dificuldade para o crescimento desmensurado do poder econômico.

Vários autores já mostraram claramente as relações entre a Escola de Chicago e as pretensões das elites norte-americanas de legitimar seus planos de poder por meio de uma justificativa científica. Thom Hartmann,[4] por exemplo, descreve como tal projeto começou a ser orquestrado e executado nos Estados Unidos a partir da década de 70, focado na necessidade de conquistar o apoio popular por meio de uma rede de intelectuais e de mídia a ser utilizada para persuadir as pessoas de que os governos eram o problema e não a solução. O objetivo era desacreditar o Estado ao máximo, a fim de abrir os caminhos para os livres mercados.

Obviamente que as preocupações democráticas não apenas passavam ao largo desse projeto de poder, como eram vistas até como uma barreira para a sua implementação. Tanto é assim que um dos passos iniciais dessa estratégia, o famoso Memorando

3. HARTMANN, Thom. *The Hidden History of Monopolies. How big business destroyed the American Dream.* Oakland: Berret-Koehler Publishers, 2020.
4. Op. cit.

Powell, é claro não apenas ao atacar o que considera um "excesso" de democracia, como também ao mostrar a importância de investir em diversas frentes, incluindo o governo em todos os seus poderes (Executivo, Legislativo e Judiciário), bem como o ensino médio e universitário e mídia.[5] Por meio de inúmeros *think tanks*, foi traçado o ideal de encobrir o projeto de um novo feudalismo – "government of, by, and for the rich" – sob o argumento da ineficácia do Estado.[6]

Em sentido semelhante, vale destacar a obra de Nancy MacLean *Democracy in Chains. The deep history of the radical right's stealth plan for America.*[7] Nela, a partir do relato da saga do economista James Buchanan e da relação entre suas ideias e a utilização delas pela elite corporativa norte-americana, a autora mostra como foi arquitetado o plano de demonização do estado e do enaltecimento dos livres mercados.[8]

É claro que a empresa de Buchanan não foi solitária, contando com o auxílio de muitos outros protagonistas, dentre os quais Henry Manne e a sua proposta de uma *Law and Economics* dedicada a moldar a compreensão e a prática do direito de acordo com os interesses da elite corporativa, razão pela qual obviamente sempre contou com importantes financiadores, dentre os quais a Olin Foundation e importantes divulgadores e apoiadores, como Charles Koch.

Segundo Maclean, a maior prova que a preocupação desses doutrinadores nunca foi propriamente com a suposta liberdade foi o que ocorreu durante a ditadura chilena, momento em que se viu uma série de homens que supostamente haviam dedicado suas vidas à defesa da liberdade – tais como Hayek, Friedman e Buchanan, além de vários outros companheiros da Mont Pelerin Society – aconselhando e apoiando regime diametralmente oposto à liberdade.[9]

Aliás, o exemplo do Chile é igualmente elucidativo por mostrar que a agenda econômica implementada, que incluiu banimento dos sindicatos e privatização da seguridade social, trouxe resultados nefastos para a maior parte da população chilena, sendo responsável pelo grande aumento de desigualdade que lá existe até hoje.

Daí por que, ao fim e ao cabo, o que realmente importava era satisfazer aos interesses de bilionários que, como Charles Koch, investiram profundamente na criação de uma estratégia para moldar a opinião do público em favor dos seus próprios interesses.[10] Parte fundamental de tal investimento foi realizada diretamente em professores e juízes para disseminação da ideologia dos livres mercados sob as vestes de ciência.[11]

5. HARTMANN, Op. cit., p. 56-57.
6. HARTMANN, Op. cit., p. 74.
7. MACLEAN, Nancy. *Democracy in Chains.* The deep history of the radical right's stealth plan for America. New York; Viking, 2017.
8. Op. cit., p. 97.
9. Op. cit., p. 161.
10. Op. cit., p. 189.
11. Op. cit., p. 195.

Tal projeto foi tão amplo que envolveu muito mais do que o Direito Antitruste, mas também propostas de desregulação, cortes tributários e do desmantelamento do Estado por meio de iniciativas como a privatização da seguridade social e o fim do Medicare.[12] Nem mesmo o meio ambiente sobreviveu à sanha ideológica pois a ação estatal para conter o aquecimento global foi vista como um entrave ao projeto de demonização do estado.

Com isso, fica claro o argumento principal de MacLean, ou seja, de que a causa libertária do projeto de poder do qual resultou, dentre outras consequências, o estreitamento do Direito Antitruste nunca foi, na verdade, difundir e proteger a liberdade ou assegurar propriamente a maximização do bem estar das pessoas, mas sim impedir qualquer interferência sobre aqueles que têm poder,[13] retirando todos os freios à ação do poder econômico.

Dessa maneira, o Direito Antitruste foi apenas uma, dentre inúmeras frentes, que precisaram ser adaptadas para a concretização do referido projeto de poder, ainda que tivesse que romper com suas preocupações com a preservação da liberdade política e da democracia. Na verdade, o estreitamento dos propósitos do Direito Antitruste foi apenas o reflexo, na seara concorrencial, do projeto maior de demonização do Estado e da difusão da ideologia dos livres mercados que, embora só servissem aos interesses de poucos, eram apresentados e defendidos como benéficos para todos.

3. RESSIGNIFICANDO O DIREITO ANTITRUSTE: A IMPORTÂNCIA DA REFLEXÃO SOBRE OS IMPACTOS POLÍTICOS DO PODER ECONÔMICO

Diante dos resultados de tal política e do conhecimento das verdadeiras razões que a motivaram, não há mais justificativa para que se ignore a necessidade de se resguardar a democracia e a liberdade política contra as ameaças de um poder econômico desenfreado.

Afinal, não se pode admitir que alguns exerçam o seu poder econômico para capturar as instituições políticas e impedir que os demais cidadãos possam exercer também suas liberdades políticas, inclusive no que diz respeito ao acesso aos canais de representação democrática.

Por mais que se saiba das dificuldades para a implementação prática de uma representação politicamente equânime entre todos, o ponto aqui é resgatar o argumento de Lawrence Lessig[14] de que, na atualidade, nossos sistemas republicanos nem mesmo tentam representar minimamente os seus cidadãos, tamanho o grau de influência que o dinheiro passou a ter na condução dos assuntos mais importantes da nação. Assim, sem uma equalização mínima na representação democrática, perde-se a própria ideia de república.

12. Op. cit., p. 194.
13. Op. cit., p. 180-181.
14. LESSIG, Lawrence. *Republic, Lost. The corruption of equality and the steps to end it.* New York: Twelve, 2015.

Daí por que não é exagero a afirmação de Matt Stoller[15] que, diante da concentração econômica já existente, a escolha a ser feita pelo povo americano é entre a liberdade de todos ou a manutenção de uma pequena aristocracia governando a economia e a população. Provavelmente tal advertência aplica-se a vários países, incluindo o Brasil.

Aliás, é muito significativo que a relação entre o Direito Antitruste e a democracia tenha rompido as fronteiras da comunidade antitruste e seja hoje endereçada por diversos outros autores, a partir de olhares mais abrangentes. É o caso de Barry Lynn,[16] cuja mais recente obra mostra como os Estados Unidos deixaram de ser a terra do capitalismo do livre mercado para se transformarem na terra dos monopólios.

A explicação do autor para tal fenômeno é precisamente a Escola de Chicago, responsável pela implementação do que chama de "fundamentalismo" dos livres mercados, "filosofia" desenhada não para resgatar os objetivos do *Sherman Act* nem para iluminar os fenômenos do mundo real, mas sim para esconder o uso do mundo real pelos mais ricos, ou seja, para possibilitar a repaginação do conceito de *laissez-faire* a fim ocultar o verdadeiro propósito, que é o de autorizar os detentores de poder econômico a governar nossa economia política de acordo com a sua livre vontade.

Para isso, a demonização estatal passa a ser a estratégia fundamental, criando-se aí grande cisão com a compreensão que vários libertários, como o próprio Hayek, sempre tiveram no sentido da importância do governo para assegurar a concorrência.

Nesse ponto, a visão de Barry Lynn converge com a de vários autores já mencionados, no sentido de que os comprometimentos à democracia não foram um resultado colateral ou não intencional da metodologia antitruste proposta pela Escola de Chicago. Para o autor, trata-se do resultado esperado, na medida em que o regime intelectual foi desenhado para esconder o uso do poder econômico contra a população, mascarando a sua real natureza de uma ideologia verdadeiramente neofeudal.

Na verdade, o autor vai além disso, sustentando que a ciência econômica dominante – o chamado *mainstream* econômico – de hoje não é apenas uma forma institucionalizada de filosofia neofeudal nem apenas uma ideologia das trevas para promover mais trevas: tornou-se forma de loucura, um caminho não apenas para o egoísmo, mas também para a morte.[17]

Em obra posterior, cujo título já é bem revelador – *Liberty from all masters. The new American autocracy vs. the will of the people*,[18] Barry Lynn aprofunda ainda mais o fenômeno pelo qual a nova autocracia, por meio da manipulação das ideias e dos sistemas

15. STOLLER, Matt. *Goliath. The 100-year war between monopoly power and democracy*. New York: Simon & Schuster, 2019, p. 456.
16. LYNN, Barry. *Cornered. The new monopoly capitalism and the economics of destruction*. New Jersey: John Wiley & Sons, 2010.
17. Op. cit., p. 251-252.
18. LYNN, Barry. *Liberty from all masters*. The new American autocracy vs. the will of the people. New York: St. Martin's Press, 2020.

de linguagem, conseguiu fazer com que as leis antimonopólio passassem a significar exatamente o oposto do que foram por dois séculos.

Daí a importância de se resgatar o Direito Antitruste como forma de contenção de acumulação e exercício abusivo de poder econômico que têm desdobramentos diretos sobre as instituições democráticas e podem inclusive miná-las por completo.

Nesse sentido, a revolução proposta e realizada por Bork, um dos expoentes da Escola de Chicago, implicou a desconsideração de advertências anteriores, no sentido de que argumentos de eficiência podem ser convenientes para autorizar o exercício arbitrário do poder econômico e mascarar que determinadas estratégias monopolistas apresentadas como positivas, como o corte de preços, podem ter efeitos nefastos a longo prazo, na medida em que implicam a quebra de rivais e a consolidação absoluta do poder do agente que delas se utiliza.

Porém, como a presente autora já teve oportunidade de defender em outras oportunidades,[19] no mercado de ideias nem sempre prevalecem as melhores. E não se pode questionar que a principal razão do sucesso da Escola de Chicago foi o investimento e a estratégia de difusão do seu conteúdo, inclusive por meio de treinamento massivo de estudantes e *policy makers*.

Em sentido convergente, David Dayen, no seu *Monopolized. Life in the age of corporate power*,[20] mostra que o resultado mais preocupante da implementação prática da Escola de Chicago foi o estabelecimento de uma plutocracia que erode a democracia, uma vez que, além de todos os efeitos nefastos dos monopólios, a pauta de desregulação tem por objetivo, na verdade, transferir a autoridade dos representantes democraticamente eleitos para as grandes companhias.

Com efeito, até mesmo vários dos efeitos propriamente econômicos da concentração empresarial estão relacionados ao aumento do poder político que decorre do aumento do poder econômico. Por essa razão, Joseph Stiglitz[21] aponta que uma das formas pelas quais a elite econômica ganha dinheiro é tirando vantagem do seu poder de mercado e poder político para se favorecer e aumentar seus rendimentos à custa dos outros, por meio de diversas formas de *rent-seeking* – expressão econômica que procura traduzir a extração de renda sem geração de valor, muitas das quais precisam da ajuda do Estado, como por meio de empréstimos a juros baixos, transferências e subvenções estatais ocultas.

Entretanto, para Stiglitz,[22] um dos aspectos mais marcantes do capitalismo moderno é precisamente a habilidade que os detentores de poder econômico têm para contornar a lei ou para moldá-la a seu favor. Dessa maneira, é muito claro que o poder econômico facilmente se converte em poder político para justificar a sua manutenção.

19. FRAZÃO, Ana. Existe um mercado de ideias? Reflexões a partir do recente artigo Ideas have consequences. The impact of Law and Economics on American Justice. *Jota*. https://www.jota.info/paywall?redirect_to=//www.jota.info/opiniao-e-analise/colunas/constituicao-empresa-e-mercado/existe-um-mercado-de-ideias-05082020.
20. DAYEN, David. *Monopolized. Life in the age of corporate power*. New York: The New Press, 2020.
21. STIGLITZ, Joseph. *O preço da desigualdade*. Trad. Dinis Pires. Lisboa: Bertrand, 2013.
22. Op. cit.

Sob tal perspectiva, até mesmo a ideia de competição pelo mérito deixa de existir. Segundo Stiglitz,[23] as conquistas dos mercados passam a resultar mais de diversas formas de exploração do poder econômico e de outras imperfeições dos mercados e sobretudo da capacidade de assegurar que a política passe a trabalhar para eles ao invés de trabalhar para a sociedade em geral.

A última etapa do processo, segundo o diagnóstico de Stiglitz,[24] é a manipulação da opinião pública, porque o 1% dominante apenas consegue os seus objetivos em um governo pelo menos formalmente democrático convencendo os 99% restantes de que partilham dos mesmos interesses. Daí todo o empenho em moldar crenças e espraiar ideias, como as de que os mercados quase sempre funcionam bem e o Estado sempre falha, o que, segundo Stiglitz, é mais uma comprovação cabal de que o aumento de poder econômico tem como consequência não apenas o aumento do poder político, mas sobretudo a utilização deste em prol do reforço e do aumento do primeiro.

Embora não seja objetivo do presente artigo abordar especificamente os desafios da economia digital e das grandes plataformas, mas sim se concentrar nos desafios mais gerais que permeiam o Direito Antitruste como um todo, é importante lembrar que o recente relatório do Stigler Center,[25] centro de pesquisa e estudos vinculado à própria Universidade de Chicago, enfatiza com muita veemência as dimensões políticas do poder econômico adquirido pelas plataformas digitais.

Nesse sentido, o relatório do Stigler Center reconhece que Google e Facebook podem ser os mais poderosos agentes políticos do nosso tempo, pois congregam cinco características que possibilitam a captura de políticos e que impedem uma efetiva supervisão democrática: (i) *dinheiro*, uma vez que o seu imenso poder econômico possibilita o *lobby* efetivo perante políticos e reguladores, (ii) *mídia*, o que lhes permite moldar o discurso público e definir como os políticos podem alcançar seus eleitores, (iii) *complexidade*, pois o seu tamanho e opacidade impedem o desenvolvimento de ferramentas regulatórias efetivas, pois as plataformas podem usar as assimetrias informacionais para circundar (*by-pass*) regulações, (iv) *conectividade*, pois tais agentes podem usar suas bases para desafiar qualquer iniciativa política que lhes traga desvantagens e (v) o fato de serem "*campeões nacionais*", no sentido de que insistem na convergência entre seus interesses e o interesse nacional.

A conclusão do relatório é a de que tal concentração de poder – que se projeta no campo econômico, midiático, político e de dados – é potencialmente perigosa para a democracia, até em razão das inúmeras possibilidades de ser utilizada contra os cidadãos, como ocorre na exploração de *dark patterns*, no incentivo ao vício da internet, bem como na própria manipulação digital. Daí a preocupante afirmação: "We are currently placing the ability to shape our democracies into the hands of a couple of unaccountable individuals. It is clear that something has to be done".

---

23. Idem.
24. Idem.
25. Disponível em: https://www.chicagobooth.edu/-/media/research/stigler/pdfs/digital-platforms---committee-report---stigler-center.pdf.

Dentre as soluções previstas pelo relatório, encontra-se o fortalecimento do Direito Antitruste, especialmente no que diz respeito ao enrijecimento do controle de concentrações, bem como a adoção de medidas que reduzam o poder político das plataformas por meio de obrigações de transparência, especialmente no que se refere (i) às políticas não neutras para conteúdos, (ii) às relações das plataformas com políticos, candidatos ou grupos de interesse, especialmente quando lhes prestam serviços, apoios específicos ou assistência técnica e (iii) às relações das plataformas com a academia, a fim de conferir transparência aos projetos financiados, o que incluiria ações de caridade e doações.

As preocupações com a democracia também não ficaram de fora do recente e já comentadíssimo relatório da *House Judiciary Comittee* norte-americano – *Investigation of Competition in Digital Markets*[26] –, que, já no primeiro parágrafo, demonstra a sua intenção de entender como a ação das grandes plataformas pode afetar não apenas a economia, mas também a democracia norte-americana.

Vale ressaltar que a conclusão do relatório foi a de que há consistentes evidências de que o poder econômico desses agentes, dentre outros preocupantes efeitos, enfraquece a democracia e a coloca sob risco:

> The effects of this significant and durable market power are costly. The Subcommittee's series of hearings produced significant evidence that these firms wield their dominance in ways that erode entrepreneurship, degrade Americans' privacy online, and undermine the vibrancy of the free and diverse press. The result is less innovation, fewer choices for consumers, and a weakened democracy.
>
> (...)
>
> Although we do not expect that all of our Members will agree on every finding and recommendation identified in this Report, we firmly believe that the totality of the evidence produced during this investigation demonstrates the pressing need for legislative action and reform. These firms have too much power, and that power must be reined in and subject to appropriate oversight and enforcement. Our economy and democracy are at stake.
>
> As a charter of economic liberty, the antitrust laws are the backbone of open and fair markets. When confronted by powerful monopolies over the past century – be it the railroad tycoons and oil barons or Bell and Microsoft – Congress has acted to ensure that no dominant firm captures and holds undue control over our economy or our democracy.

Daí a conclusão final do relatório de que, sem prejuízo de outras medidas, inclusive legislativas, o Direito Antitruste deve não apenas ser fortalecido, como também restaurar seus fins antimonopolistas, inclusive para fins de assegurar uma democracia saudável e vibrante.

Tais constatações são ora ressaltadas porque se aplicam igualmente aos mercados "reais", em relação aos quais também é muito evidente que a questão da democracia pode e deve ser levada em consideração ao se pensar nas medidas de prevenção e repressão ao abuso de poder econômico, como se continuará a examinar no próximo capítulo.

---

26. Disponível em: https://judiciary.house.gov/uploadedfiles/competition_in_digital_markets.pdf.

4. LEVANDO OS IMPACTOS SOCIAIS E POLÍTICOS A SÉRIO: COMO PREVENIR E REPRIMIR O ABUSO DE PODER ECONÔMICO QUE COMPROMETE A DEMOCRACIA?

Como se viu nos capítulos iniciais do presente artigo, há hoje um considerável corpo de autores que defendem a necessidade de que o Direito Antitruste se atente para os desdobramentos políticos que decorrem do poder econômico. Como já havia antecipado, ainda em 1979, Robert Pitofsky,[27] a exclusão de considerações políticas do Antitruste veio acompanhada do compreensível receio de que a excessiva concentração de poder econômico levasse a pressões políticas antidemocráticas.

Com efeito, a ação do poder econômico pode ser extremamente ampla e pervasiva. Por mais que hoje se saiba que o direito, especialmente na atualidade, convive com diversos outros vetores de regulação, como a tecnologia, as normas sociais e as próprias normas do mercado, é importante lembrar que um poder econômico desenfreado pode facilmente capturar todas essas formas de regulação, incluindo o próprio direito, como se exemplifica a partir da seguinte tabela:

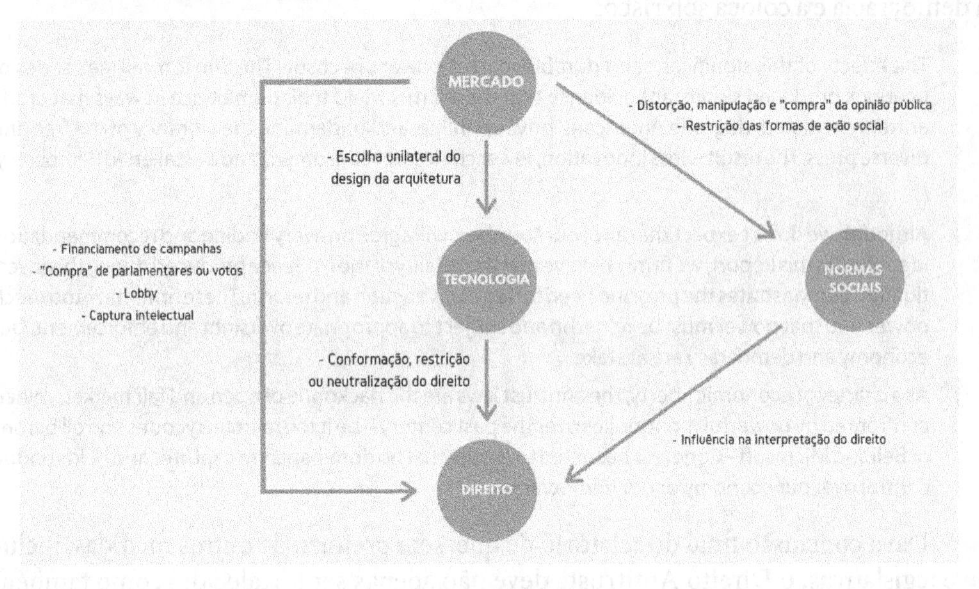

Fonte: elaboração própria.

Logo, a acumulação de poder econômico vem acompanhada do risco de que as soluções de mercado sejam aquelas impostas unilateralmente pelos agentes econômicos mais poderosos e que acabem dominando todos os outros meios de integração social, inclusive o direito. Essa "colonização" ou captura tanto pode ocorrer direta como indiretamente, por meio da tecnologia e da própria manipulação da opinião pública.

27. PITOFSKY, Robert. *Political Content of Antitrust*, 127 U. Pa. L. Rev. 1051 (1979). Available at: https://scholarship.law.upenn.edu/penn_law_review/vol127/iss4/19.

Por essa razão, é importante resgatar a dimensão de poder político que resulta do poder econômico, objetivo que, a rigor, não representa nenhuma novidade, já que fez parte da própria origem do Direito Antitruste. Não é sem razão que, por esse e por diversos outros motivos, há hoje diversos autores que ressaltam tal importância. Além de todos que já foram citados nos artigos anteriores, especialmente nos dois últimos, podem ser destacados os seguintes:

Autor	Repercussões do aumento de poder econômico sobre o poder político
Tim Wu[28]	A concentração de poder econômico tem importante desdobramento político, o que faz com que grandes empresas sejam cada vez mais capazes de influenciar os governos.
Jonathan Tepper e Denise Hearn[29]	O problema da concentração empresarial tem desdobramentos políticos diretos, já que a ausência de dispersão do poder econômico distorce a democracia em prol do poder econômico concentrado.
Lina Khan[30]	Segundo Brandeis, a democracia requer não apenas liberdade política e religiosa, mas também liberdade econômica. A concentração de poder econômico auxilia a concentração de poder político, o que pode minar e ultrapassar o próprio governo público. Companhias podem utilizar seu poder político para influenciar os processos políticos e seus resultados por meio de inúmeras estratégias.
Zephyr Teachout e Lina Khan[31]	A ideia de que empresas podem agir como uma forma de governo privado não é nova e é por essa razão que o *Sherman Act* foi uma carta de liberdade que ressaltava os seus aspectos políticos e econômicos. O próprio Senador Sherman via os monopólios como uma forma de monarquia. Assim, é fundamental se analisar os efeitos políticos do poder econômico.
Binyamin Appelbaum[32]	O acúmulo de poder econômico tem reflexos sobre o acúmulo de poder político e o consequente desbalanceamento da representação democrática.
Thomas Philippon[33]	A concentração empresarial apresenta dimensões políticas, pois interesses concentrados são mais prováveis de serem organizados e lutarem para protegerem seus ganhos em forma de *rents*. Essa é a razão pela qual o *lobby* desenfreado está restringindo a competição.
Eleanor Fox[34]	Embora a democracia exija mercados, mercados não exigem a democracia. Dessa maneira, é necessário fazer com que os mercados estejam à serviço da democracia e possam trabalhar para as pessoas. As relações entre democracias e mercados são virtuosas e precisam ser cultivadas em níveis nacionais, regionais e mundiais.
Luigi Zingales[35]	O mais poderoso argumento em favor do Direito Antitruste é precisamente o de reduzir o poder político das empresas, pois a pior e mais durável forma de monopólio é aquela sancionada pelo poder estatal. Ocorre que a habilidade para obter esse *reinforcement* estatal é diretamente proporcional ao tamanho da empresa, pois, quanto maior a empresa, mais fácil é ultrapassar os custos fixos com lobby e obter maiores retornos. Em resumo: "The bigger the firm, too, the more likely it will be able to wield the power of the state to its own advantage."
Harry First[36]	Assim como os objetivos do Direito Antitruste não podem ser divorciados da economia e dos seus resultados econômicos, também não podem ser divorciados de preocupações democráticas, particularmente quando estas dizem respeito a escolhas individuais e à distribuição de ganhos econômicos.

28. WU, Tim. *The Curse of Bigness. Antitrust in the New Gilded Age.* New York: Columbia Global Reports, 2018.
29. TEPPER, Jonathan; HEARN, Denise. *The Myth of Capitalism. Monopolies and the Death of Competition.* New Jersey: John Wiley & Sons, 2019.
30. KAHN, Lina. The new Brandeis Movement: America's Antimonopoly Debate. *Journal of European Competition Law & Practice*, 2018, v. 9, n. 3.
31. TEACHOUT, Zephyr; KHAN, Lina. Market Structure and political law: a taxonomy of power. *Duke Journal of Constitutional Law & Public Police.* v. 9. n. 1, 2014.
32. APPLEBAUM, Binyamin. *The Economist's Hour.* False prophets, free markets, and the fracture of society. New York: Little, Brown and Company, 2019.
33. PHILIPPON, Thomas. *The Great Reversal.* How America gave up on free markets. Cambridge: The Belknap Press of Harvard University, 2019.
34. FOX, Eleanor. OECD. Global Forum on Competition. Competition And Democracy Paper by Eleanor M. Fox. https://one.oecd.org/document/DAF/COMP/GF(2017)5/en/pdf.
35. ZINGALES, Luigi. *A capitalism for the people.* Recapturing the lost genius of American prosperity. New York: Basic Books, 2014.
36. FIRST, Harry. American Express, the Rule of Reason, and the Goals of Antitrust, 98 NEB. L. REV. 319 (2019).

Sobre o tema, é imperiosa a referência ao estudo de Zephyr Teachout e Lina Khan[37] já mencionado acima, que não apenas mostra como as estruturas de mercado são produto de decisões políticas – as tomadas e as não tomadas –, como sistematiza, de forma muito interessante, os desdobramentos políticos do poder econômico em três frentes: (i) o poder de estabelecer políticas, (ii) o poder de regular e (iii) o poder de tributar.

No que diz respeito à primeira dimensão, o estudo mostra que o poder econômico se exerce por meio de diversas estratégias, que vão deste o financiamento de campanhas eleitorais e recrutamento de pessoas que vêm do governo até a criação e divulgação de informações que favoreçam ou encorajem a desregulação, inclusive por meio de professores e cientistas contratados para tal objetivo, em um processo mais amplo chamado de captura informacional. Há também o poder de direcionar políticas em relação a empregados e outros contratantes, inclusive para o fim de influenciar empregados a votar em candidatos indicados pelas empresas, bem como o poder de se tornar imune à regulação, traduzido no *too big to fail*.

É interessante notar que o resultado final dessas estratégias, que tanto podem acontecer dentro da arena política como também fora, é a criação de uma governança privada sobre o público sem qualquer *accountability* perante os cidadãos.

Talvez essa seja a razão do fenômeno apontado por Zingales e Lancieri[38] em recente artigo, segundo o qual há pelo menos uma correlação entre o declínio da confiança nas democracias, particularmente nas gerações mais novas, e o aumento da concentração econômica. Nesse sentido, ainda que a correlação entre monopólios e o fascismo fosse espúria, a correlação entre concentração econômica e insatisfação política pode não ser. Afinal, a captura política é hoje uma realidade, pois a habilidade para influenciar o sistema político depende grandemente do tamanho das empresas. Daí a conclusão dos autores:

> In other words, as markets become more concentrated, incumbent firms become better at distorting the political process in their favor. Therefore, an increase in dissatisfaction with democracy might not just be a coincidence, but might partially reflect increases in market concentration that drive politicians and regulators away from the preference of voters and closer to that of behemoths.

Daí a proposta dos autores de que, ao lado do padrão que tem sido utilizado para a aplicação do Direito Antitruste – *consumer welfare standard* – exista também um *democratic welfare standard*, uma vez que ignorar as consequências políticas da concentração econômica seria algo extremamente perigoso não apenas para o bem estar das nações, mas para as próprias economias. Daí a advertência de que é preciso superar as amarras da Escola de Chicago:[39]

> Progress is not achieved by returning to the past nor by staying religiously fixed on the current status quo, but by moving forward: by laying new bricks on the layers of knowledge accumulated in the

37. Op.cit.
38. ZINGALES, Luigi; LANCIERI, Filipo. Towards a democratic Antitrust. https://truthonthemarket.com/2019/12/30/towards-a-democratic-antitrust/.
39. Op. cit.

> past. The Chicago School helped build some important foundations of modern antitrust policy. Those foundations should not become a prison; instead, they should be the base for developing new standards capable of enhancing both economic welfare and democratic values in the spirit of what Senator John Sherman, Congressman Emanuel Celler, and other early antitrust advocates envisioned.

Nesse sentido, é fundamental que o Direito Antitruste fique atento para estratégias que, como é o caso do *lobby*, podem ser usadas por titulares de poder econômico para enfraquecer a competição e aumentar as barreiras à entrada nos mercados. Mais do que isso, há que reconhecer a incapacidade da teoria econômica do *mainstream* para compreender tais processos, como bem resume Philippon:[40]

> The standard theory is incomplete because it ignores the political incentives of incumbents who lobby to weaken competition and erect barries to entry. They often succeed for the wrong reasons, and this is why free markets are fragile.

Por essa razão, não apenas há que se ampliar as análises econômicas, como há que se buscar igualmente outras fontes de conhecimento para entender melhor o poder econômico. Vale lembrar que a sociologia econômica pode contribuir bastante para a compreensão do fenômeno, ao tentar mapear as estratégias que os incumbentes tendem a adotar para estabilizar o seu poder diante de mercados consolidados, tal como mostra exemplarmente Neil Fliegstein no seu imperdível livro *The Architecture of Markets. An Economic Sociology of Twenty-First Century Capitalist Societies.*[41]

De toda sorte, por mais que se trate de problema complexo, precisa ser enfrentado pelo Direito Antitruste, já havendo até sugestões de soluções concretas nesse sentido. Um exemplo é a proposta por Zingales,[42] ao sugerir que, no exame de atos de concentração, as autoridades concorrenciais limitem o valor que as empresas destinariam ao *lobby*, a fim de evitar desbalanceamentos excessivos no processo democrático.

De toda sorte, a solução passa inicialmente pelo reconhecimento de que esse tipo de problema está também sob a alçada – ainda que não exclusiva – do Direito Antitruste, conclusão que se aplica perfeitamente ao Brasil. Aliás, no caso brasileiro, é preciso lembrar que, ao se referir ao seu projeto de uma lei antitruste em 1949, Agamenon Magalhaes[43] deixava claro que o objetivo primordial desta legislação seria, na verdade, o de proteger o Estado de Direito e a democracia. Vale lembrar a sua fala "profética":

> O Estado de Direito só pode defender-se com a lei. Se não outorgarmos ao Estado poderes legais para defender as instituições e o povo contra a opressão econômica, seremos vencidos por aquele governo invisível definido por WILSON, como governo da corrupção econômica e política. O Estado será subjugado pelas concentrações capitalistas, que vão corromper o regime democrático desde as nascentes eleitorais até a cúpula que é o honesto exercício dos poderes públicos. Toda a ação do Estado ficará subordinada aos interesses dos mercados financeiros que controlam e dominam

40. Op. cit., p. 289.
41. FLIEGSTEIN, Neil. *The Architecture of Markets. An Economic Sociology of Twenty-First Century Capitalist Societies.* New Jersey: Princeton University Press, 2002.
42. Op. cit.
43. MAGALHÃES, Agamenon. Abuso de Poder Econômico. *Revista Forense*, n. 124, p. 601-605, ago. 1949.

os mercados internos e externos. Até a opinião pública será mistificada pela imprensa e pelo rádio dirigidos por esses grupos.

Dessa maneira, é evidente que, dentro do seu objeto, que é lidar com o abuso de poder econômico, o Direito Antitruste precisa endereçar as consequências políticas da acumulação de poder econômico, resgatando o seu compromisso com a proteção da democracia e do próprio Estado Democrático de Direito.

5. CONSIDERAÇÕES FINAIS

Como se procurou demonstrar ao longo do presente artigo, o estreitamento dos objetivos do Direito Antitruste foi uma opção política que claramente favoreceu as elites econômicas em detrimento de todos os demais interesses da sociedade e mediante o comprometimento da própria democracia. É fundamental, portanto, que se resgate o compromisso do Direito Antitruste com a preservação da democracia e com a consideração dos impactos sociais e políticos que decorrem do poder econômico.

Para isso, é fundamental entender a dimensão política dos mercados, o que nos confere, como diria Stiglitz,[44] um misto de esperança e desespero. Esperança porque sabemos que o mercado é resultado de escolhas políticas e jurídicas e, sob essa perspectiva, pode também ser modificado por novas escolhas. Desespero porque sabemos como tais processos são difíceis e como, especificamente no caso do Direito Antitruste, há toda uma máquina informacional e científica, financiada pelas elites econômicas, para obstar tais mudanças a qualquer custo.

Cabe a nós, portanto, a decisão sobre se avançaremos na tentativa de reconstrução do Direito Antitruste. Como o presente artigo procurou demonstrar, boas ideias e evidências empíricas para amparar tal projeto não faltam, assim como tudo leva a crer que se trata de algo urgente e que deveria ser prioritário para todas as democracias contemporâneas.

44. Op. cit.

O TRIBUTO COMO INSTRUMENTO DE REDUÇÃO DAS DESIGUALDADES SOCIAIS E O IMPOSTO SOBRE GRANDES FORTUNAS

Micaela Dominguez Dutra

Doutora em Direito Tributário pela Universidade do Estado do Rio de Janeiro. Mestre em Direito Constitucional pelo Instituto de Direito Público de Brasília. Professora do IBMEC, da ESA e da Pós-Graduação em Direito Financeiro e Tributário da CEPED/UERJ. Coordenadora e Professora do PJT e da Tutoria Jurídica. Advogada.

1. INTRODUÇÃO

Uma pergunta que costumeiramente é realizada por quem não atua na área tributária é: por que no Brasil os tributos são tão elevados?

Um ponto que toda a reforma tributária promete é redução da carga tributária, até em razão da ignorância da população sobre a tributação.

A pandemia de Covid-19 trouxe recessão para o Brasil e o mundo, e a necessidade de mais receitas despertou o até então adormecido imposto sobre grandes fortunas, que tem diversos projetos de lei tramitando no congresso há anos, mas que não consegue sair do papel.

Esse contexto que mistura: ignorância sobre a tributação, tributação complexa, necessidade de recursos gestou o presente artigo, que visa trazer algumas reflexões importantes para o debate da tributação no Brasil.

2. POR QUE PAGAMOS TRIBUTOS?

Academicamente temos duas teorias que respondem de forma similar a esta pergunta: Dever Fundamental de Pagar Tributos, do Casalta Nabais; e Custo dos Direitos, de Stephen Holmes e Cass R. Sunstein.

São correntes de pensamento provenientes de contextos distintos, afinal a teoria do dever fundamental tem matriz europeia, pautada em estados do bem-estar social, e a teoria dos custos nasce na escola do *law and economics*, de Chicago, e tem matriz essencialmente liberal. Contudo, ambas apontam que o pagamento de tributos é essencial para que tenhamos um Estado, afinal esse ente fictício necessita de recursos para existir e garantir tudo aquilo que se encontra previsto como sua atribuição nas cartas constitucionais.

Levando em conta que a maioria dos Estados hoje pode ser classificada como fiscal, a receita tributária aparece como efetivamente a principal, quando não exclusiva, fonte de renda desses entes.

Então, na verdade, pagar tributos passa a ser essencial para a própria concepção de cidadania, afinal, sem dinheiro o Estado não faz nada, e se não o faz não existem direitos assegurados, e, portanto, temos uma relação "boomerang" como bem expõe Casalta Nabais, ao dizer que o direito de propriedade existe pelo pagamento de tributos, que é um dever fundamental que vai reduzir a propriedade para garanti-la.

Outro ponto interessante surge quando Stephen Holmes e Cass R. Sunstein ensinam que não existem direitos negativos, todos são positivos porque o Estado tem que fazer algo, nem que seja criar e reconhecer o direito, bem como sua forma de exercício e eventual estruturas necessárias para o seu exercício/reconhecimento.

Veja o direito à propriedade, tão característico da primeira geração de direitos fundamentais, onde se dizia que o Estado só tinha que respeitar e nada fazer, ou seja, teria uma atuação negativa.

A teoria dos custos dos direitos coloca novamente essa visão em perspectiva e a derruba, demonstrando que só temos propriedade porque o Estado reconhece, e graças às normas postas, somos protegidos quanto à propriedade podendo vendê-la, adotar recursos que o sistema fornece para protegê-la. Existem registros criados pelo Estado que controlam a propriedade com o fito de dar publicidade e protegê-la, seja ela qual for.

Portanto, nenhum direito é ilimitado e todos só existem porque o Estado os incorporou e reconheceu. A tributação é uma forma de atingir a propriedade absolutamente permitida e necessária para a manutenção do Estado.

A tributação precisa observar limites postos para que não haja confisco no seu exercício e absorção da propriedade, impedimento à realização de atividades em razão de seu excesso. Para tal fim temos diversos princípios como capacidade contributiva, vedação ao confisco, isonomia, legalidade, anterioridade, irretroatividade, proteção da confiança, dentre outros que não serão objeto de análise aprofundada nesse artigo.

Diante desse contexto, temos que o tributo não é apenas um elemento essencial do direito financeiro. Ele integra algo muito maior, tendo relevância social, política e econômica.

Pagar tributo é essencial para a manutenção do Estado, exercício da cidadania e vida em sociedade, não é à toa que temos diversos ramos da ciência a estudar esse fenômeno, tais como a sociologia do imposto, que visa exatamente analisar as relações que são criadas entre Estado e sociedade.

Então, ao se criar um Estado, deve-se perquirir qual será a natureza desse Estado, o que ele irá assegurar. Isso é essencial para entendermos as obrigações que lhe serão atribuídas e dimensionar as receitas que precisará para atender a essas obrigações.

Exatamente por isso temos que ter muito cuidado aos estudar sistemas em direito comparado, pois a estrutura jurídica de um Estado Liberal será totalmente distinta da de um Estado do Bem-Estar Social.

Num Estado Liberal as obrigações do Estado são menores, restringindo-se mais a uma atuação de contenção e fiscalização, já no Estado Social ou do Bem-Estar Social existem diversas ações postas ao Estado no sentido de equalizar diferenças, garantir direitos sociais, dentre outras. E quanto maior a responsabilidade do Estado, maior será a receita necessária para que atinja sua finalidade e cumpra com o seu desígnio constitucionalmente posto.

Então, se formos à Constituição da República Federativa do Brasil (CRFB) teremos certeza de que nosso Estado não é liberal, mas sim do bem estar social. E o Estado brasileiro tem muitas atribuições, em diversos âmbitos da sociedade.

Essa constatação é importante para termos claro que é inviável uma reforma tributária que venha a reduzir a carga tributária no Brasil. Não existe mágica, o país tem dimensões continentais, diferenças regionais, sociais e econômicas alarmantes, e atribui-se ao Estado inúmeras responsabilidades, portanto, sem dinheiro nada disso consegue ser implementado.

Claro que existem grandes problemas de gestão e corrupção, além do fato da carga tributária estar mal dimensionada, mas o equacionamento dessas questões não levará efetivamente a uma redução da carga tributária global, mas sim a uma maior eficiência na tributação e gestão de recursos públicos.

O grande problema é que não existe no Brasil a concepção de cidadania fiscal. A sociedade desconhece o funcionamento da tributação, que continua sendo uma matéria para especialistas. Com isso não existe um debate social acerca dos tributos, seu *modus operandi*, seus impactos.

Marc Leroy deixa claro que "a sociologia do imposto não se desenvolverá enquanto o monopólio dos especialistas sobre a matéria fiscal não for legitimamente reduzido".[1] Essa afirmativa é feita dentro do estudo das relações entre Estado e sociedade desdobradas a partir do fenômeno tributário na França. Mas isso pode, perfeitamente, ser replicado para o Brasil, levando em conta que aqui a falta de vontade para tratar da tributação e a ausência de conhecimento sobre o tema é imensa.

Essa escassez de debates sobre a tributação, faz com que os representantes do povo no Congresso não conheçam o tema nem por ele se interessem de forma técnica, gera reformas pontuais que atendem a interesses específicos daqueles que tem mais acesso ao Poder Legislativo e mantém o sistema tributário nacional caótico, estimulando ao aumento da sonegação fiscal.

Desse modo, tem-se que no Brasil se paga muito tributo, porque o Estado brasileiro tem muitas responsabilidades, e por isso a base tributária tem que ser larga, o

1. LEROY, Marc. *A sociologia do imposto.* São Paulo: Juspodium, 2021, p. 19.

que nenhuma reforma tributária poderia mudar. O desconhecimento acerca do tema aprofunda a ineficiência tributária, que pode ser corrigida com reformas sérias e técnicas que reequacionem a carga, reduzindo o impacto sobre segmentos estratégicos e segmentos com menor capacidade contributiva, gerando não apenas maior eficiência, mas também um sistema mais justo sob o prisma fiscal.

3. PROBLEMAS DA CARGA TRIBUTÁRIA

O relatório "Estatísticas Tributárias na América Latina e Carine 2021" indica que a carga tributária no Brasil atinge 33,1% do PIB, o que faz com que o país fique apenas acima de Cuba, que tem carga de 42% do PIB.

Atente-se para o fato de que o problema não é só a tributação, mas a qualidade dela, pois possuímos a mesma carga de países cuja renda per capita é cerca de duas vezes superior à brasileira, como Espanha (33,7%) e Polônia (33,9%).

Como já vimos no item anterior, o Brasil tem que ter uma arrecadação grande por meio dos tributos, levando em conta que é um país que tem diversas responsabilidades a cumprir, nos termos do fixado na Carta Constitucional.

Contudo essa sensação de sobrecarga advém mais da ineficiência da tributação do que efetivamente do valor arrecadado, e por que se diz isso? Porque a carga tributária está mal distribuída. Então alguns setores são mais impactados que outros, gerando ineficiência e injustiça fiscal, pois muitas vezes a tributação desrespeita a capacidade contributiva dos afetados.

Importante nesse contexto, falarmos em Custo Brasil, ou seja, o custo que empresários tem para investir no país. Quanto maior esse índice pior é o cenário para investimento, gerando fuga de capitais, o que é péssimo para um país em desenvolvimento e, no contexto atual, tentando sair de uma recessão.

Um dos pontos avaliados no Custo Brasil é a tributação e a gestão do sistema tributário, onde o Brasil perde diante de diversas economias pela complexidade do sistema, insegurança na interpretação do mesmo – que leva a um contencioso de cerca de R$ 5,4 trilhões (cerca de 75% do PIB) –, excesso de obrigações acessórias – gasta-se cerca de 1.958 horas por ano, ao custo de R$ 60 bilhões.[2]

Ou seja, o problema do Brasil é a eficiência na captação de gestão dos recursos tributários recebidos, o que se atribui ao Legislativo – por não criar um sistema tributário eficiente, captando manifestação de riqueza onde ela existe, e tornando-o menos complexo – e ao Executivo – que cria milhares de dificuldades na execução tributária, inclusive interpretativas, aumentando o contencioso que envolve a matéria.

Ciente disso, vale analisarmos a questão da implementação do IGF e verificar se isso de alguma forma irá ajudar a auferir receitas necessárias ao Estado ou não.

2. Dados extraídos do relatório Doing Business 2018, emitido pelo Banco Mundial.

4. IMPOSTO SOBRE GRANDES FORTUNAS (IGF)

O Imposto sobre Grandes Fortunas é de competência da União, vem previsto no art. 153, inciso VII, da CRFB que traz a necessidade de edição de lei complementar. A doutrina diverge quanto a lei complementar ser necessária para instituir o tributo, alguns consideram que seria importante para a definição de grandes fortunas, enquanto outros entendem que seria necessária a instituição também por lei complementar.

De modo prático e objetivo, pelo menos no âmbito da instituição, sabe-se que será por meio de lei complementar, afinal não seria eficiente movimentar a máquina legislativa para apenas definir por lei complementar o que se pode considerar como grandes fortunas, e por meio de lei ordinária instituir o referido imposto. A discussão doutrinária quanto a necessidade da lei complementar ganhará relevo quando da alteração da lei, pois se compreende-se que só é preciso lei complementar para definir grandes fortunas a matéria atinente a instituição do imposto pode ser alterada por lei ordinária, já se consideramos que o imposto tem que ser instituído por lei complementar, qualquer alteração deve ser feita por esse instrumento.

Contudo, até hoje esse imposto não foi instituído, e acreditem, não é por falta de projeto de lei nesse sentido, basta analisar os seguintes Projetos de Lei Complementar 162/1989 (Senado); 50/2008 (senado); 100 e 128/2008 (senado) – esses foram arquivados; 534/2011 (senado); 315/2015 (senado); PLP 11/2015 (projeto de lei complementar que visa a instituição do IGF – Câmara); PLP 277/2008 (projeto de LC que regulamento o IGF – Câmara); Projeto de Lei Senado 139/2017 (institui o IGF).

Então, por que esse imposto não foi ainda instituído? Qual o problema?

Na verdade, temos dois grandes problemas para instituir o IGF no Brasil: a) a definição de grandes fortunas; b) a evasão de receitas tributáveis que esse tipo de tributação gera.

Como já dito acima, o Brasil é um país com dimensões continentais o que acarreta em uma diversidade absurda de parâmetros econômicos e sociais, tanto que pelo IBGE é considerada rica uma pessoa que recebe mensalmente cerca de R$ 23 mil. O Instituto Locomotiva apresentou em 2021 a seguinte tabela com base nos dados fornecidos pelo IBGE:

Classes	Valor per capita – mês	Renda Domiciliar média – mês	
A	Acima de R$ 3.755,77	R$ 20.643,77	
B	R$ 1.543,20 a R$ 3.755,76	R$ 7.202,57	
C1	R$ 970,75 a R$ 1.543,19	R$ 4.206,45	Classe Média
C2	R$ 667,87 a R$ 970,74	R$ 2.971,37	
C3	R$ 440,71 a R$ 667,86	R$ 2.238,20	
D1	R$ 245,35 a R$ 440,70	R$ 1.585,52	
D2	R$ 122,68 a R$ 245,34	R$ 981,63	
E	Até R$ 122,67	R$ 262,02	

Na tabela a classe A é a dos ricos, a média oscila entre as classes B e C3 e a classe baixa entre as classes D e E.

Por essa tabela chegaríamos à conclusão de que a maioria dos servidores públicos do país integram a classe rica da população, levando em conta que percebem salários superiores a R$ 3.755,77, o que beira a comicidade afinal receber até R$ 20 mil mês não o faz rico sob o parâmetro mundial, mas no Brasil tem essa classificação por representar uma exceção diante da grande desigualdade social existente.

Então usar o critério do IBGE como parâmetro não vai resultar em uma tributação justa. Tanto que ultimamente alguns projetos buscam usar os parâmetros do imposto de renda, e mais uma vez enfrentamos sérios problemas.

Hoje a tributação da pessoa física segue uma tabela progressiva que determina isenção para quem recebe até R$ 1.903,98 por mês, a partir de R$ 1.903,99 existe uma tributação, que se diz progressiva, nos termos da tabela abaixo:

Base de Cálculo (R$)	Alíquota (%)
Até R$ 1.903,98	Isento
De R$ 1.903,98 até R$ 2.826,65	7,5
De R$ 2.826,66 até R$ 3.751,05	15
De R$ 3.751,06 até R$ 4.664,68	22,5
Acima de R$ 4.664,68	27,5

Veja como é interessante fazer uma análise conjunta das classes do IBGE com a tabela progressiva do imposto de renda. A progressividade está sendo aplicada sobre a classe média, pois ela existe de R$ 1903,98 até R$ 4.664,68, e a classe dita rica estaria com o tributo proporcional.

Diante desse cenário, ficamos com o seguinte: sabemos que quem recebe entre R$ 1903,98 e R$ 4.664,68 não é efetivamente rico, nem de classe média, pois o salário não supre o que é indicado para o salário mínimo, nos termos do art. 7º, inciso IV da CRFB, garantir.

O DIEESE faz o cálculo do que isso representaria a cada mês, levando em consideração uma família composta por 4 pessoas, sendo dois adultos e duas crianças.

Em janeiro de 2022, esse salário-mínimo deveria ser de R$ 5.900,00. Hoje o salário mínimo é de R$ 1.212,00 e a isenção do IRPF de R$ 1.903,98, ficando clara a defasagem do que é necessário, para o que é aplicado.

Então, a isenção do imposto de renda deveria ser de R$ 5.900 e não de R$ 1903,98, usar a isenção como parâmetro para grandes fortunas gera um descompasso imenso, bem como a tributação de quem não tem capacidade contributiva, afinal o cálculo da capacidade contributiva é individual.

Nesse ponto precisamos nos atentar para a finalidade desses números. O que o IBGE visa retratar com seu estudo de classes é a realidade de desigualdade nacional, o que ajuda para fins de políticas públicas que visem auxiliar na redução dessa desigualdade, mas isso jamais pode ser usado para fins de parâmetro para a tributação da renda, sob pena de literalmente se aniquilar a renda de quem ganha pouco, presumindo capacidade contributiva onde ela não existe.

A capacidade contributiva tem que ter como limites o confisco e o mínimo existencial, então se o mínimo existencial é de R$ 5.900,00 qualquer valor tributado abaixo disso é inconstitucional por não haver capacidade contributiva a suportar essa tributação.

Então, antes de buscar a definição do que seriam grandes fortunas, talvez fosse mais eficiente mudar a tributação do imposto de renda e adequá-la à realidade, gerando uma progressividade efetiva em valores acima de R$ 5 mil, o que não existe. Ou seja, uma pessoa que recebe R$ 10 mil/mês é tributada com a mesma alíquota que uma que recebe R$ 50 mil e outra que recebe R$ 100 mil/mês, afinal acima de R$ 4.664,68 a alíquota é de 27,5%.

Sem dúvida, uma maior eficiência na tributação do imposto de renda pessoa física pode gerar efeitos muito maiores do que a criação de um novo imposto que pode aprofundar a desigualdade hoje já materializada com a tributação do imposto de renda pessoa física, afinal uma pessoa que ganha R$ 20 mil/mês pode ser objeto de tributação pelas grandes fortunas, o que se torna além de inconstitucional, absolutamente risível.

Inclusive o reequacionamento do imposto de renda não gera o segundo problema apontado para o IGF que é a evasão de receita, pois em regra se espera que a tributação sobre a renda seja maior.

No Brasil, um dos grandes problemas apontados para a ineficiência tributária está localizado no excesso da tributação sobre o consumo e na baixa tributação sobre a renda.

O IGF por focar apenas em grandes fortunas, acaba afastando pessoas que efetivamente tem patrimônio de investir no Brasil e buscar outros países que tem uma menor tributação, até porque hoje a volatilidade do capital é imensa, sendo viável a realocação do mesmo em qualquer lugar do mundo. E, obviamente, quem tem grandes fortunas, tem condições técnicas e financeiras de se deslocar e realocar aonde for de maior interesse.

Para um país em desenvolvimento como o Brasil, que precisa de investimentos, e que se encontra ainda mais necessitado de recursos pela recessão causada pelo COVID, afastar esse tipo de capital é uma péssima medida, razão pela qual esse tipo de tributação com certeza não seria recomendável para o nosso contexto atual.

Em 2017, apenas França, Noruega, Espanha e Suíça tinham impostos sobre grandes fortunas.

Além disso, temos que as receitas geradas com esse tipo de tributação são baixas. Em 2016, as receitas tributárias dos impostos individuais sobre patrimônio líquido variaram de 0,2% do PIB na Espanha a 1,0% do PIB na Suíça. Como parte da receita tributária total, eles variaram de 0,5% na França para 3,7% na Suíça.[3]

Ou seja, além dos diversos problemas para sua implementação, tem-se claro que a arrecadação obtida com o mesmo não é relevante, o que faz com que avaliemos com profundidade se realmente essa é uma solução para o cenário atual.

5. CONCLUSÃO

Sem dúvida, a tributação é essencial para a manutenção do Estado e para a implementação de direitos. Da mesma forma que pagar tributos é um dever de todo o cidadão é o que garante a ele condições efetivas para o exercício da cidadania.

Contudo, no Brasil, essa discussão ainda é muito elitizada, e pouco se fala sobre cidadania fiscal, não havendo um envolvimento efetivo da população no debate do sistema tributário brasileiro.

O Brasil é um Estado Democrático de Direito que pode ser enquadrado como Estado Social, pelo volume de direitos sociais que se obrigou a garantir, e exatamente por isso tem a necessidade de grandes receitas, não sendo possível pensar em redução da arrecadação em qualquer debate de reforma tributária que se deseje fazer. A redução da tributação em um segmento terá necessariamente que gerar o aumento de arrecadação em outro sob pena de não termos o desejado equilíbrio orçamentário, que é um princípio constitucional norte da vida financeira do Estado Brasileiro, e que leva o país a ter uma boa saúde financeira e sustentabilidade.

A carga tributária brasileira é mal equacionada e a tributação no Brasil complexa e burocrática, elementos que afastam o investimento e que são indesejáveis. Desse modo, essencial se torna o debate acerca de maior eficiência na instituição e arrecadação tributárias, o que envolve o Legislativo e o Executivo.

Em resumo o maior problema da tributação no Brasil é a falta de eficiência, e o segundo o desconhecimento do tema pela população, o que acarreta na baixa participação da mesma nos debates.

O IGF não irá trazer a tão necessária e esperada receita pois é um tributo complexo de ser instituído, principalmente pela dificuldade em se definir no Brasil o que pode ser reputado como grandes fortunas. Além do mais, é um tributo que tende a afastar capital e gerar uma arrecadação pequena.

É necessária uma reestruturação do sistema tributário nacional acompanhada de uma rigorosa gestão financeira sobre os recursos arrecadados e combate à corrupção.

Como já dito a tributação vai muito além de meramente arrecadar receita, trata-se de fenômeno social, político e econômico, que precisa ser analisado sobre diversos prismas para mensuração de impactos.

3. BRAGA, João Pedro Loureiro; PIRES, Manoel. *Experiência internacional do Imposto sobre Grandes Fortunas na OCDE.* Disponível em: https://observatorio-politica-fiscal.ibre.fgv.br/politica-economica/pesquisa-academica/experiencia-internacional-do-imposto-sobre-grandes-fortunas-na; acesso em: 13 mar. 2022.

Tributar de forma eficiente é algo complexo, ainda mais levando em conta a situação do Brasil, que é um país com dimensões continentais, grandes diferenças sociais e econômicas.

É importante entender a tributação como parte essencial da cidadania e debatê-la de forma continua, com o fim de ampliar e socializar a discussão, que precisa ser do sistema tributário e não ligada a um tributo ou outro.

O sistema é ineficiente, mas existem diversas formas de melhorá-lo e com isso gerar um aumento de arrecadação.

Demos como exemplo o imposto de renda que incide sobre pessoa física, hoje repleto de inconstitucionalidades por não respeitar o mínimo existencial e tributar onde não existe capacidade contributiva, além de não observar o conceito de renda líquida.

Um ajuste na tabela do IRPF com a instituição de efetiva progressividade, que observe um intervalo maior do que R$ 1 mil para a estipulação de alíquotas, e fixe um patamar mais elevado para a instituição de proporcionalidade vai gerar uma arrecadação mais eficiente além de justa.

Por vezes, buscamos a solução de problemas antigos em novos institutos, e de fato, o novo sempre é mais atraente e instigador. Mas será que isso não é fugir de enfrentar problemas conhecidos?

A tributação precisa ser enfrentada com seriedade no Brasil, e não como plataforma política, ou discurso de efeito. O destino do crescimento do Brasil está nas mãos de um debate fiscal sério e eficiente, onde a população esteja engajada e consciente, caso contrário vamos continuar a repetir os erros das últimas décadas, e se tornar o país do passado que nunca chegou a ser o tão prometido país do futuro.

PARTE VII
TECNOLOGIA E TRANSFORMAÇÃO SOCIAL

FAKE NEWS E PÓS-VERDADE

André Gustavo Corrêa de Andrade

Doutor em Direito pela Universidade Estácio de Sá. Professor do PPGD da UNESA. Professor Colaborador da Fundação Oswaldo Cruz (Fiocruz). Presidente do Fórum Permanente de Liberdade de Expressão, Liberdades Fundamentais e Democracia da EMERJ – Escola da Magistratura do Estado do Rio de Janeiro. Coordenador do Núcleo de Pesquisas sobre Liberdade de Expressão e de Imprensa e Mídias Sociais da EMERJ. Desembargador do TJRJ.

1. INTRODUÇÃO

A disseminação de informações deliberadamente falsas ou distorcidas, ou *fake news*, para utilizar a expressão que ganhou popularidade após as eleições para a Presidência dos Estados Unidos de 2016, é representativa de um dos mais sérios abusos da liberdade de imprensa e da liberdade de expressão em geral, constituindo uma ameaça para a própria democracia.

Trata-se de fenômeno que não é novo, e que se identifica com a própria história da comunicação humana e da imprensa, mas que adquiriu uma dimensão muito maior e mais preocupante nos tempos atuais, em que uma publicação falsa em uma rede social digital leva poucos minutos para se tornar viral, podendo provocar danos incomensuráveis a reputações, carreiras políticas e, em certos casos, até à vida das pessoas.

2. DOIS EXEMPLOS TRÁGICOS

Citem-se dois exemplos trágicos de notícias falsas que, amplificadas em redes sociais, culminaram com a morte (por linchamento) de pessoas inocentes.

O primeiro, um boato disseminado em uma página do Facebook, indicava que uma mulher, na região do Guarujá, em São Paulo, estaria raptando crianças para realizar magia negra. A postagem apresentava um retrato falado da suposta sequestradora. O retrato, na verdade, se referia a um outro crime, ocorrido não em São Paulo, mas no Rio de Janeiro, no ano de 2012. Com base nessa postagem, no dia 03 de maio de 2014, Fabiana Maria de Jesus, 33 anos, mãe de dois filhos, erroneamente identificada como sendo a mulher do retrato falado, foi linchada por uma multidão composta por várias dezenas de pessoas, vindo a morrer no hospital dois dias depois, em razão dos ferimentos. Apurou-se que o fato relatado na rede social era falso, não havendo nenhum registro policial de sequestro de crianças no Guarujá.[1]

O segundo caso se refere a relatos, não comprovados, que circularam na região central do México, de que três crianças, de 4, 8 e 14 anos haviam desaparecido e, posteriormente, tiveram seus corpos encontrados com os órgãos removidos. Esses relatos foram disseminados em várias mensagens individuais e de grupos de WhatsApp no mês de agosto de 2018. No dia 29 do mesmo mês, dois homens, o jovem Ricardo Flores, de 21 anos, estudante de direito, e seu tio, o fazendeiro Alberto Flores, de 56 anos, encontravam-se de passagem pela pequena Vila de San Vicente Boquerón, no Município de Acatlán de Osorio (há duas horas da Cidade do México), para comprar material de construção que seria utilizado na construção de um poço nas proximidades.

Rapidamente começaram a circular mensagens de WhatsApp de que os dois forasteiros eram sequestradores de crianças e estavam à espreita nas proximidades de uma escola. Embora Ricardo e Alberto não fossem sequestradores de crianças e não houvesse nenhuma evidência que pudesse sugerir isso, várias pessoas foram até o local e os atacaram. Os dois tentaram explicar quem eles eram e a razão pela qual se encontravam no vilarejo. A polícia interveio e, para acalmar os ânimos, levou os dois homens para a delegacia local. Isso só fez com que a população se convencesse de que os dois homens estavam realmente envolvidos no sequestro de crianças para tráfico de órgãos. A notícia correu como um rastilho de pólvora. Logo uma multidão enfurecida se formou nos arredores da delegacia, de onde Ricardo e Alberto foram retirados e queimados vivos. A cena foi filmada por algumas das pessoas ali reunidas e transmitida ao vivo pelo Facebook, para o horror e desespero de um dos parentes dos dois homens, que enviou várias mensagens pela internet dizendo que os homens eram inocentes, implorando para que a multidão parasse com o linchamento.[2]

Esses são dois exemplos extremos (o primeiro, anterior mesmo à popularização da expressão *fake news*) de como mensagens falsas, a partir de boatos infundados, podem viralizar, se disseminando em altíssima velocidade pelas redes sociais, com consequências danosas e até fatais para terceiros.

3. INFORMAÇÃO FALSA (*MISINFORMATION*) E DESINFORMAÇÃO (*DISINFORMATION*)

A expressão *fake news* tem sido utilizada em diversos meios para designar qualquer tipo de informação considerada inverídica ou factualmente errada, independentemente

1. V., a respeito, matéria do jornal Folha de São Paulo: https://www1.folha.uol.com.br/cotidiano/2018/09/veja-o-passo-a-passo-da-noticia-falsa-que-acabou-em-tragedia-em-guaruja.shtml.
2. Para um relato do caso, ver: https://www.bbc.com/news/world-latin-america-46145986.

da consciência da falsidade por parte do autor ou disseminador da mensagem e a despeito de sua capacidade de provocar danos a terceiros.

Alguns, apontando para a imprecisão e o uso político da expressão, preferem utilizar o termo "desinformação", para fazer referência a notícias fraudulentas ou falsificadas, produzidas e divulgadas em ambiente digital no formato típico das empresas jornalísticas, com propósito lesivo.[3]

Com efeito, melhor seria empregar uma terminologia mais precisa, que evitasse confusões conceituais e fizesse uma distinção entre tipos diferentes de falsidade, que merecem tratamento distinto.

Essa distinção tem sido feita por alguns estudiosos do tema. Uma distinção básica é a que separa as informações falsas ou imprecisas que não são difundidas com consciência da falsidade daquelas que são disseminadas com consciência de que não correspondem à verdade.

Em uma primeira categoria estão os casos em que a falsidade não é deliberada, pois a falta de correspondência entre o que é afirmado e a realidade deriva de erro ou ignorância. As mensagens assim enquadradas caracterizam aquilo que em língua inglesa se denomina de *misinformation*.

Categoria distinta é a da mentira deliberada, em que as informações são fabricadas, inventadas ou disseminadas com a consciência de sua falsidade ou inexatidão. Essas situações, em que há o propósito de enganar, ludibriar ou confundir terceiros caracteriza propriamente a desinformação, ou *disinformation*.

Uma terceira categoria seria a da *mal-information*, caracterizada pela informação de conteúdo verdadeiro ou com base na realidade, mas que é compartilhada com má intenção, com o propósito de causar dano a uma pessoa, uma organização ou a um país. Exemplo desse tipo é a disseminação de informação pessoal ou privada, como a orientação sexual de alguém, sem que haja legítimo interesse público a justificar essa informação.[4]

Uma outra distinção importante a ser feita é entre as mensagens falsas que apresentam o risco de causar danos a terceiros e as que não trazem esse risco.

Há uma gama enorme de mentiras ou inverdades contadas em sociedade que não demandam uma resposta jurídica. É o que ocorre, por exemplo, com as chamadas "mentiras brancas", que contamos para evitar ferir os sentimentos dos outros ou não sermos considerados deselegantes ou desagradáveis. Isso acontece quando elogiamos a roupa de alguém, embora a consideremos de mal gosto, ou uma comida que nos é

---

3. Nesse sentido, MARANHÃO, Juliano; CAMPOS, Ricardo. *Fake News* e autorregulação regulada das redes sociais no Brasil: fundamentos constitucionais. *Fake News e Regulação*. São Paulo: Thomson Reuters. 2020, p. 322.
4. WARDLE, Claire; DERAKHSHAN, Hossein. *Journalism, fake news and Disinformation*. Disponível em: https://bibliotecadigital.tse.jus.br/xmlui/bitstream/handle/bdtse/6339/2018_ireton_journalism_fake_news.pdf?sequence=1&isAllowed=y.

servida na casa de alguém, apesar de termos detestado o gosto; ou quando dizemos que um bebê é bonito, mas, na verdade, o achamos feio; ou em ocasiões em que agradecemos efusivamente um presente recebido, embora o tenhamos detestado.

É o que se dá, também, com as mentiras "benevolentes" ou "benéficas", como as contadas a um paciente no leito de morte com o intuito de aliviar o seu sofrimento; ou como a mentira contada a uma pessoa para proteger a vida ou a integridade de outra.

As pessoas faltam com a verdade em várias situações do cotidiano. Indivíduos mentem quando contam vantagem em um ambiente social ou quando exageram suas qualidades em uma entrevista de emprego; para estimular um filho ou um aluno na escola; para incentivar um atleta em uma atividade esportiva; para levantar o moral de um subordinado no exercício de sua atividade profissional. Inventamos histórias para fazer graça ou chamar a atenção para a nossa pessoa.

Com frequência, mentimos para proteger a nossa intimidade. Mentir é, até certo ponto, parte do próprio tecido social. Mentimos, sem pensar ou perceber, para evitar conflitos e tornar mais fácil conviver em sociedade. A esse respeito, o cronista e dramaturgo Nelson Rodrigues já dizia: "se cada um soubesse o que o outro faz dentro de quatro paredes, ninguém se cumprimentava".

Do ponto de vista jurídico, são irrelevantes as afirmações falsas que não trazem nenhum risco de dano. É o que ocorre com a afirmação de que a terra é plana, a despeito das inúmeras evidências científicas em contrário. O mesmo se dá com a teoria do criacionismo, que, a partir de uma interpretação literal da Bíblia, defende que a terra tenha sido criada a não mais de 10.000 anos.

Pode-se até argumentar que essas errôneas convicções ou falsas crenças sobre questões já firmemente estabelecidas são perniciosas, na medida em que podem arrastar outras pessoas a nelas acreditar. Afinal de contas, o conhecimento é um bem em si, que não pode ser desprezado. Mas o livre mercado das ideias parece ser mais do que suficiente para desacreditar ideias bizarras ou estapafúrdias como essas. Seja como for, do ponto de vista jurídico, não há que se falar em dano.

Nesse cenário, mais importante do que a questão terminológica, é deixar claro que as informações falsas que são objeto de exame e preocupação são aquelas que, publicadas em meio digital, deliberadas ou não , apresentam o potencial de causar dano jurídico a terceiros, geralmente com o propósito de alcançar algum resultado ou ganho de natureza econômica, política ou de outra natureza. A estas deve ser reservada a denominação de *fake news*.

4. A INDEVIDA APROPRIAÇÃO DA EXPRESSÃO "*FAKE NEWS*"

A expressão *fake news* tem sido utilizada de forma abusiva, com o intuito de desacreditar a imprensa e o trabalho de jornalistas. Governantes populistas, especializados em manipular a verdade, estão sempre prontos a se valer da expressão para acusar jornais e matérias jornalísticas que contrariam os seus interesses políticos e pessoais. Em tempos de polarização ideológica, percebeu-se que é mais fácil desacreditar uma pessoa ou veículos de imprensa do que refutar racionalmente, com argumentos e evidências, uma notícia acerca de um fato ou um acontecimento.

Lesley Stahl, repórter do programa *60 Minutes*, da CBS, revelou que o então Presidente Donald Trump lhe dissera que usa deliberadamente a expressão *fake news* em relação a repórteres e empresas de mídia para desacreditar a cobertura negativa da imprensa sobre seu governo.[5]

Essa é uma característica de líderes políticos autoritários, que constantemente fazem uso de impropérios e utilizam a expressão para se referir a diversas empresas jornalísticas que consideram hostis a seu governo. É a estratégia de atacar a credibilidade do mensageiro para não ter que prestar contas em relação ao conteúdo da mensagem (a notícia), criando uma cortina de fumaça sobre fatos de interesse público.

Esse emprego abusivo da expressão *fake news* por governantes populistas é uma forma de se apropriar da expressão, politizando-a e tirando a sua legitimidade. Ao fim e ao cabo, ela se transforma em um mero expletivo, perdendo o seu sentido.

5. AS DIVERSAS FACES DAS *FAKE NEWS*

Nem sempre a falsidade é direta ou evidente. Com frequência, ela vem mascarada ou disfarçada, de modo a não ser facilmente identificada ou rebatida.

Pode fazer uso de linguagem dúbia ou complexa, de modo a dificultar a sua compreensão. Textos sempre dependem de alguma interpretação, e podem ser manipulados para iludir o leitor.

A falsidade da mensagem pode decorrer, também, não de seu conteúdo textual, mas da forma ou do modo como ela é apresentada. Ela pode vir fora de contexto ou ser apresentada de forma incompleta, parcial ou fragmentada, com omissão de detalhes importantes, levando o receptor a equívocos graves.

Muitas vezes, a falsidade, apresentada em forma de notícia, não está no conteúdo, mas na manchete, que pode ser totalmente falsa, dúbia, parcial ou exagerada, em dissonância com o que é efetivamente noticiado. Como a atenção é, atualmente, um bem escasso, com frequência o leitor não vai além do título da notícia ou das primeiras linhas.

Outras vezes, a tática consiste em dar ênfase a aspectos de menor importância, retirando o peso de fatos ou circunstâncias relevantes, que, apresentados de forma honesta, levariam o receptor da mensagem a uma conclusão diversa.

Frequente é a sobreposição de fatos e opiniões, fazendo com que não se consiga distinguir facilmente uns dos outros. As opiniões vêm, então, alicerçadas em premissas factuais falsas. Com essa estratégia, o autor ou emissor da mensagem busca eximir-se

---

5. Veja-se, a respeito: https://www.cnbc.com/2018/05/22/trump-told-lesley-stahl-he-bashes-press-to-discredit-negative-stories.html.

de responsabilidade, ao argumento de que está apenas expondo sua opinião, quando o que faz é apresentar um ponto de vista que se apoia sobre uma falsidade.

Pode indicar ou sugerir a existência de relação de causalidade entre fatos verdadeiros que são meramente correlatos. Pode apresentar dados estatísticos sem a indicação da fonte. Pode, também, se valer de fontes ilegítimas, não confiáveis ou suspeitas.

Enfim, inúmeras são as formas que a falsidade assume, tornando difícil a sua identificação e o seu controle.

6. PÓS-VERDADE (*POST-TRUTH*)

A distorção, a dissimulação e o falseamento da verdade ganharam proporções endêmicas na era digital. Fatos são relativizados e refutados, como se fossem meras opiniões. Opiniões são consideradas fatos comprovados ou asserções que estão acima de questionamentos ou debates.

O fenômeno das *fake news* está intimamente relacionado com o conceito de *pós-verdade* (*post-truth*), segundo o qual a verdade é uma noção relativa, que tem menos relevância do que convicções ou crenças pessoais. Essa relativização da verdade, que, nos tempos atuais, tem sido levada ao paroxismo, não tem nada a ver com a noção de *relativismo*, corrente doutrinária que, considerando as limitações do espírito humano, afirma a relatividade de todo conhecimento. O que se vê nas redes sociais e outros meios digitais é tão somente o apego radical a certas crenças, sejam elas ideológicas, políticas, religiosas, ou a sentimentos e emoções, com desprezo e repúdio a argumentos, evidências ou provas factuais.

Os fatos e as evidências, então, deixam de ser a base comum da qual se parte para um debate. Sem essa base factual comum, subsistem apenas as paixões políticas e ideológicas. Pode-se dizer qualquer coisa sobre qualquer coisa.

Em tempos de pós-verdade, não há fatos incontestáveis ou inquestionáveis, mas apenas versões ou narrativas. A credibilidade do que é dito, com frequência, depende de quem o diz ou sobre quem se diz, e não do conteúdo em si da mensagem.

Ciente dessa mentalidade de grande parte das pessoas, Donald Trump, em um de seus comícios, em 2016, gabou-se de sua popularidade e da cega lealdade de sua base eleitoral, dizendo: "Eu poderia estar no meio da 5ª Avenida e atirar em alguém, e eu não perderia eleitores".[6]

Isso ocorre com líderes políticos autoritários em geral, que não se importam com evidências porque sabem que sua base fiel de eleitores irá acreditar naquilo que lhes for dito, por mais absurdo que possa parecer.

A crença cega se sobrepõe à evidência. Quando as evidências são apresentadas e se mostram irrefutáveis, elas são rejeitadas ou desconsideradas sob a irônica acusação de... *fake news*.

---

6. Veja-se em: https://www.theguardian.com/us-news/2016/jan/24/donald-trump-says-he-could-shoot-somebody-and-still-not-lose-voters.

7. FATOS ALTERNATIVOS (*ALTERNATIVE FACTS*)

Em 22 de janeiro de 2017, Kellyanne Conway, Conselheira do então Presidente dos Estados Unidos Donald Trump, durante uma entrevista a um programa de televisão, defendeu a declaração falsa do porta-voz do Presidente americano de que o público presente à cerimônia de posse fora o maior da história das posses presidenciais, dizendo que o referido porta-voz havia fornecido "fatos alternativos" (*alternative facts*).[7]

A expressão "fato alternativo" traz à lembrança o livro de George Orwell, *1984*, que retrata uma sociedade distópica e totalitária, na qual a linguagem é utilizada como instrumento de dominação política. Nessa sociedade fictícia imaginada por Orwell, o governo criou uma língua própria, a "novilíngua" ("newspeak"), na qual são atribuídos sentidos contraditórios às expressões, com vistas a manipular e controlar os membros da sociedade.[8] A ação essencial do "Partido", detentor do poder nessa sociedade totalitária, é o "duplipensar", que consiste em "usar a fraude consciente ao mesmo tempo que conserva a firmeza de propósito que acompanha a completa honestidade"; "Dizer mentiras deliberadas e nelas acreditar piamente"; "negar a existência da realidade objetiva e ao mesmo tempo perceber a realidade que se nega". É como soa a expressão "fato alternativo", que sugere que fatos objetivos, empíricos, sujeitos à demonstração e comprovação se confundem com opiniões pessoais, de natureza subjetiva, passíveis de debate.

Mas não há como confundir fatos com opiniões. Fatos são acontecimentos que podem ser comprovados, corroborados, verificados e demonstrados por evidência ou, por outro ângulo, que são passíveis de refutação pela experiência. Opiniões constituem crenças ou julgamentos subjetivos e variáveis, que dependem do seu emissor e intérprete.

Platão considerava a opinião como algo intermediário entre a ciência e a ignorância.[9] Kant a definia como "uma crença, que tem consciência de ser insuficiente, tanto subjetiva como objetivamente".[10] Por isso que já se disse que todos têm direito às próprias opiniões, mas não aos próprios fatos.[11]

8. POR QUE ACREDITAMOS TÃO FACILMENTE EM *FAKE NEWS*?

Tendemos a acreditar naquilo que nos é dito, mesmo quando temos boas razões para duvidar. Essa é uma tendência humana. Viver em uma sociedade complexa e plural, na qual nos comunicamos todo o tempo, exige um considerável grau de confiança recíproca. A vida em sociedade seria extremamente difícil, quando não impossível, se constantemente duvidássemos uns dos outros.

---

7. Veja-se em: https://time.com/4642689/kellyanne-conway-sean-spicer-donald-trump-alternative-facts/.
8. ORWELL, George. *1984*. Trad. Wilson Velloso. 29. ed. São Paulo: Companhia Editora Nacional, 2004.
9. PLATÃO. *A República*. São Paulo: Edipro, 2001, p. 218.
10. KANT, Immanuel. *Crítica da Razão Pura*. 5. ed. Lisboa: Calouste Gulbenkian, 2001, p. 662.
11. A frase é atribuída ao político e diplomata americano Daniel Patrick Moynihan: "Everyone is entitled to his own opinion, but not to his own facts." *Daniel Patrick Moynihan:* a Portrait in Letters of an American Visionary. New York: PublicAffairs, 2010. Introdução, p. 2.

Essa tendência em acreditarmos acriticamente naquilo que lemos ou nos é contado constitui o que se denominou de "viés de verdade-padrão" (*truth-default bias*).[12]

Pense-se na quantidade de mensagens, *tweets*, artigos, e-mails e outros tipos de informações que recebemos diariamente. Pense-se agora quantas vezes questionamos a veracidade dessas informações. Muito provavelmente, iremos presumir que todas ou quase todas essas informações são verdadeiras.

Faz sentido que assim o seja, porque a comunicação humana é, em sua imensa maioria, honesta. É essa presunção de honestidade que torna a vida em sociedade possível e confere eficiência à nossa comunicação, apesar de nos tornar mais vulneráveis à mentira e à falsidade.[13]

Pesquisas empreendidas por psicólogos nos últimos anos indicam que nosso cérebro funciona com dois sistemas bem distintos de pensamento:

O *Sistema 1*, que "opera automática e rapidamente, com pouco ou nenhum esforço e nenhuma percepção de controle voluntário".

O *Sistema 2*, que "aloca atenção às atividades mentais laboriosas que o requisitam, incluindo cálculos complexos. As operações do Sistema 2 são muitas vezes associadas com a experiência subjetiva de atividade, escolha e concentração".[14]

Embora gostemos de acreditar que comumente agimos de forma refletida, ponderada e calculada, com base no Sistema 2, que exige de nós um esforço mental, uma pausa para reflexão, a verdade é que operamos na maior parte do tempo através do Sistema 1, onde fazemos associações rápidas e automáticas, a partir de nossas impressões, sensações, emoções e crenças, agindo de forma intuitiva.

É porque o nosso modo de pensar padrão é o do Sistema 1 que nos tornamos suscetíveis a acreditar em uma notícia falsa, logo passada adiante, após a leitura apenas do título, sem que tenhamos parado para ler e analisar o seu conteúdo, ou após uma leitura apressada e desatenta.

Esse modo de pensar nos leva a crer, por exemplo, em uma notícia que indica que um determinado político é desonesto. E certamente manteremos essa crença em alguma parte da nossa mente, mesmo que a notícia seja posteriormente desmentida.

Do mesmo modo, a notícia de que uma vacina pode causar danos colaterais graves em crianças tende a permanecer em nossa mente mesmo que posteriormente seja apontada como falsa ou sem base científica.

Esse problema em nosso modo de processar informações conflitantes foi denominado de "miopia metacognitiva" (*meta-cognitive myopia*). Como nossa mente opera

---

12. LEVINE, Timothy R. *DUPED: Truth-default Theory and the Social Science of Lying and Deception*. University Alabama Press. 2019.
13. SUNSTEIN, Cass R. *Liars. Falsehoods and Free Speech in an Age of Deception*. Oxford University Press, 2021, p. 73.
14. KAHNEMAN, Daniel. *Rápido e Devagar*. Rio de Janeiro: Objetiva, 2011, p. 29.

primordialmente pelo Sistema 1, estamos mais suscetíveis a acreditar na informação primária do que na "metainformação", ou seja, na informação sobre outra informação.[15]

Duvidar da veracidade de uma informação ou de uma notícia exige reflexão, um esforço, uma postura mental ativa que não é exigida de nossa mente quando somos impactados pela notícia falsa. Em outras palavras, a primeira impressão é a que fica. Mesmo que falsa.

9. DISSONÂNCIA COGNITIVA (*COGNITIVE DISSONANCE*) E VIÉS DE CONFIRMAÇÃO (*CONFIRMATION BIAS*)

Todos nós somos formados por ideias, sentimentos, crenças e convicções pessoais acerca do mundo que nos rodeia. É o que molda o nosso caráter e a nossa visão de mundo. Em última análise, é o que nos identifica como seres sociais.

Muitas vezes, no entanto, ocorre de nos depararmos com informações que contrariam nossas crenças, opiniões e até nosso comportamento. A percepção de duas cognições que são psicologicamente inconsistentes cria, então, uma "dissonância cognitiva" (*cognitive dissonance*), expressão usada para descrever a sensação de desconforto psicológico do indivíduo que se vê diante de informações conflitantes acerca de suas crenças, seus valores ou suas atitudes.[16]

Em certos casos, nos quais a dissonância se refere a crenças e opiniões particularmente sensíveis ou importantes (como costuma ser o caso daquelas que envolvem a política, a moral e a religião), o indivíduo se vê ameaçado e afetado em sua própria identidade.

Em tal situação, o indivíduo tende a eliminar ou reduzir essa dissonância. E o faz de várias maneiras: a) mudando sua opinião ou seu comportamento, para que fique em consonância com a nova informação recebida; b) escondendo sua opinião de outros, evitando debates sobre o tema e ignorando fontes de informação contrárias à sua crença; c) buscando justificativas ou racionalizações em apoio à sua crença, ideia ou opinião.

Nessa última hipótese, ocorre o "viés de confirmação" (*confirmation bias*), fenômeno psicológico caracterizado pela tendência dos indivíduos de favorecer informações que confirmam suas crenças ou ideias preexistentes e desconsiderar aquelas que a contrariam.

Séculos antes do nascimento da psicologia moderna, Francis Bacon já percebera claramente que a mente humana nem sempre raciocina corretamente, e comete erros decorrentes de inclinações e afeições pessoais. Em seu *Novum Organum* (1620), Bacon compreendeu o viés de confirmação, descrevendo-o da mesma maneira que o entendemos hoje:[17]

---

15. PANTAZI, Myrto; KLEIN, Olivier; KISSINE, Mikhail. Is Justice Blind or Myopic? *Judgement & Decision Making*. v. 15, n. 2, p. 214. mar. 2020.
16. O conceito de dissonância cognitiva foi desenvolvido por Leon Festinger em seu livro "*A Theory of Cognitive Dissonance*". Stanford University Press, 1957.
17. BACON, Francis. *Novum Organum, ou, Verdadeiras indicações acerca da natureza*. 4. ed. São Paulo: Nova Cultural, 1988, p. 23 e 25.

> O intelecto humano, quando assente em uma convicção (ou por já bem aceita e acreditada, ou porque o agrada), tudo arrasta para seu apoio e acordo. E ainda que em maior número, não observa a força das instâncias contrárias, despreza-as, ou, recorrendo a distinções, põe-nas de parte e rejeita, não sem grande e pernicioso prejuízo.
>
> (...)
>
> O intelecto humano não é luz pura, pois recebe influência da vontade e dos afetos, donde se poder gerar a ciência que se quer. Pois o homem se inclina a ter por verdade o que prefere.

O indivíduo com esse viés passa a buscar apenas fontes que confirmem ou apoiem as suas crenças ou valores, ignorando evidências que indicam que ele está errado. Confrontado com uma informação nova que contrarie suas crenças, o indivíduo busca, então, uma interpretação que lhe seja favorável, por mais absurda que seja, rejeitando toda e qualquer interpretação desfavorável, a despeito de sua razoabilidade. Tendem, ainda, a recordar notícias que reforcem suas convicções, mesmo quando desmentidas ou apontadas como falsas. No extremo do viés de confirmação, as opiniões se transformam em dogmas inquestionáveis, nos quais a pessoa acredita cegamente, contra toda e qualquer prova.

Quanto mais importante for uma opinião ou convicção pessoal, mais a pessoa tende a rejeitar informações que a contrariem, e mais inclinado estará a procurar justificações ou opiniões que a suportem. Temas como política, moral e religião costumam ser particularmente sensíveis para algumas pessoas, que apresentam uma visão fortemente arraigada, impermeável a posições contrárias.

As pessoas, em geral, são mais propensas a aceitar diferentes pontos de vista quando se trata de questões ou temas dos quais estejam emocionalmente distantes ou que não façam parte de seu principal campo de interesses. Mas são fortemente resistentes a processar e aceitar informações que colidam com suas crenças mais caras e arraigadas, ainda que se vejam confrontados por fortes evidências.

10. CÂMARAS DE ECO (*ECHO CHAMBERS*) E POLARIZAÇÃO DE GRUPO (*GROUP POLARIZATION*)

O viés de confirmação tende a ser reforçado pelas chamadas "câmaras de eco" (*echo chambers*), expressão metafórica que faz referência a ambientes específicos da *web* nos quais pessoas de um grupo compartilham das mesmas ideias e opiniões, sem margem para dissensos. Pode tanto ser um espaço que reúne pessoas com ideias e visões políticas semelhantes quanto um dedicado a uma "teoria da conspiração" específica. Dentro de um desses espaços, os usuários compartilham informações semelhantes, basicamente "ecoando" umas às outras.[18]

Em um ambiente no qual todos compartilham da mesma opinião, o indivíduo tem suas crenças reforçadas e passa a desconsiderar pontos de vista distintos. No que diz

18. A respeito: https://www.weforum.org/agenda/2016/01/q-a-walter-quattrociocchi-digital-wildfires/.

respeito a questões políticas, os membros do grupo acabam desenvolvendo uma "visão de túnel", tornando-se cegos a opiniões discordantes.[19]

Exemplo típico de uma câmara de eco é o dos grupos antimáscara e antivacina, que proliferaram durante a pandemia de Covid-19. Os membros desses grupos rejeitam as informações trazidas pela comunidade científica e se alimentam reciprocamente com teorias conspiratórias estapafúrdias e afirmações não baseadas em evidências. Os integrantes desses grupos não questionam as informações falsas trocadas entre eles e não buscam nenhuma comprovação de sua veracidade. Se alguém já se encontra predisposto a acreditar que as máscaras e as vacinas fazem mal à saúde ou são ineficazes, irá simplesmente acreditar em qualquer informação que reforce essas ideias.

Existem câmaras de eco, também, nas companhias tradicionais de mídia, como é o caso da Fox News, tradicional canal de notícias americano de viés conservador. Mas é nas redes sociais *on-line* que esses ambientes têm proliferado e atraído um grande número de pessoas.

Nesses ambientes, é comum a disseminação de rumores e informações não baseadas em evidências. Como os integrantes compartilham da mesma ideologia, não há preocupação com checagem das fontes e com a veracidade das mensagens, que reforçam as ideias de todo o grupo. Membros das câmaras de eco acabam se tornando dependentes das fontes internas de informação. Fontes externas que apresentam posições contrárias são ignoradas ou rejeitadas. Vozes eventualmente dissidentes dentro do grupo acabam sendo excluídas ou desacreditadas.

As câmaras de eco tendem a influenciar as emoções dos integrantes e reforçar a "polarização de grupo" (*group polarization*), fenômeno estudado na psicologia social, consistente na exacerbação e radicalização das posições originárias dos indivíduos que integram esses espaços.

Na medida em que veem suas ideias serem confirmadas por outros, os indivíduos sentem-se mais fortalecidos e confiantes e tendem a avançar em direção a pontos de vista, decisões e atitudes mais extremos do que aqueles que inicialmente mantinham.[20]

11. AS *FAKE NEWS* SE DISSEMINAM MAIS RAPIDAMENTE DO QUE A VERDADE

No mundo digital, as pessoas são diariamente bombardeadas com uma quantidade enorme de informações, muitas delas contraditórias entre si. Há a sensação de que não é possível, diante de cada informação nova que chega, parar para refletir e analisar cuidadosamente uma a uma, de modo a que se chegue a uma conclusão mais bem informada.

19. Veja-se: https://www.socialmedia.biz/how-social-media-creates-echo-chambers/.
20. Ver, a respeito: SUNSTEIN, Cass. *#Republic. Divided Democracy in the Age of Social Media.* Princeton University Press. 2017, p. 67.

Premidas pela necessidade de reagir rapidamente ao fluxo informacional e aos acontecimentos do mundo, as pessoas acabam por interpretar as informações recebidas de um ponto de vista emocional e subjetivo. Daí formarem preconceitos e estereótipos de vários tipos.

Estudo realizado por acadêmicos do MIT descobriu que as notícias falsas têm uma propensão a se espalhar mais rapidamente no Twitter do que notícias reais, e isso por uma margem substancialmente maior. Além disso, descobriram que a disseminação de informações falsas não se deve apenas ao uso de *internet bots*. As notícias falsas são mais rápidas no Twitter porque muitas pessoas, de carne e osso, "retweetam" essas notícias. Ou seja, as pessoas, não os robôs, são os principais responsáveis pela maior disseminação de *fake news*.[21]

O estudo trouxe descobertas preocupantes: notícias falsas têm 70% mais chances de serem "retweetadas" do que histórias verdadeiras; histórias falsas se disseminam seis vezes mais rapidamente do que as verdadeiras para atingir 1.500 pessoas; quando se trata de cadeias ininterruptas de "retweets", as falsidades atingem uma "profundidade de cascata" de nível 10 (ou seja, a informação enviada é repassada sucessivamente até atingir 10 pessoas em cadeia) a uma velocidade 20 vezes maior do que as notícias verídicas ou factuais levam para fazer o mesmo percurso.[22]

Os pesquisadores observaram que o grau de novidade e as reações emocionais dos destinatários podem ser responsáveis pelas diferenças observadas. Com efeito, rumores e notícias surpreendentes, provocativas e que apelam para o lado emocional tendem a ser mais populares do que aquelas que não apresentam tais características. Notícias sobre temas políticos também costumam apresentar maior interesse.

Além disso, as falsidades, com frequência, se disseminam em alta velocidade como resultado de um "efeito cascata" (*cascade effect*). A "cascata informacional" ou "cascata de informações"(*information cascade*) é um fenômeno, estudado na Psicologia e na Economia Comportamental, que ocorre quando indivíduos, de forma sequencial, desprezam as próprias informações pessoais em favor da opinião, do comportamento ou dos sinais de terceiros. Isso faz com que a opinião de um indivíduo, por imitação, passe a ser a causa direta da opinião de vários outros, seguidores, gerando um "efeito cascata" ou "bola de neve" (*snowball effect*).[23]

Está ligado ao "comportamento de rebanho" ou "comportamento de manada" (*herd mentality*), deste se diferenciando pela circunstância de que, em uma cascata de informações, os indivíduos ignoram ativamente as informações prévias de que dispunham para seguir a decisão de outras pessoas, enquanto que o comportamento de rebanho ou de manada ocorre sem que os indivíduos necessariamente ignorem suas informações privadas.[24]

21. VOSOUGHI, Soroush; ROY, Deb; ARAL, Sinan. *The Spread of True and False News Online*. 2018. Disponível em: https://science.sciencemag.org/content/359/6380/1146.
22. Ibidem.
23. SUNSTEIN, Cass. Op. cit., p. 83.
24. DOTEY, AndreW; ROM, Hassan; VACA, Carmen. *Information diffusion in Social Media*. Disponível em: https://eml.berkeley.edu/~kariv/CK_II.pdf.

Dentre as principais forças que impulsionam as cascatas informacionais está a "homofilia" (*homophily*), fenômeno estudado na Sociologia e observado nas redes sociais, caracterizado pela maior tendência de os indivíduos se associarem e relacionarem com indivíduos com os quais compartilham semelhanças, em termos de gostos, interesses, inclinações políticas, religião, educação, gênero e outras características sociais. Esse fenômeno ajuda a compreender porque determinadas informações tendem a se disseminar mais em certos grupos do que em outros.[25]

O problema da cascata informacional reside no fato de que as pessoas, ao se basearem na opinião ou informação de outras pessoas, não se dão conta de que os indivíduos que eles seguem também agem influenciados pelas informações de outros, que, por sua vez, também foram influenciados por outros, e assim sucessivamente, de modo que, ao fim e ao cabo, já não se conhece a fonte original da informação. É como se o cego estivesse guiando o cego.[26] E é aí que as *fake news* proliferam.

12. FILTROS DIGITAIS

Essa tendência psicológica é potencializada pelos mecanismos de busca da internet, que, com os seus algoritmos, constroem o perfil do usuário, para filtrar e exibir as informações que estejam mais de acordo com esse perfil.

Os filtros *on-line*, a partir das buscas que realizamos na internet, examinam aquilo de que aparentemente gostamos ou fazemos. Começam, então, a criar uma teoria, em constante processo de refinamento, sobre quem somos e sobre o que vamos fazer ou desejar a seguir. Esses mecanismos acabam por conceber um universo de informações específico e sob medida para cada um de nós, alterando o modo como nos deparamos com as ideias e informações.

Ao nos direcionar para aquilo que nos deixa mais confortável psicologicamente, o filtro nos reduz e empobrece, pois nos afasta daquilo que é diferente ou contrário ao nosso perfil. Em consequência, alguém que é mais conservador ou mais liberal tenderá a receber informações que mais se encaixem nesse perfil, em um constante processo de retroalimentação que subtrai o recebimento de informações que desafiem suas convicções.[27]

É como se, em uma grande metrópole que visitamos pela primeira vez, vagássemos com o objetivo de conhecê-la, mas alguns caminhos se fechassem para nós, induzindo-

---

25. MCPHERSON, M.; SMITH-LOVIN, L.; COOK, J. M. Birds of a feather: Homophily in social networks. *Annual Review of Sociology*, 27(1):415-444, 2001.
26. SUNSTEIN, Cass. Conformity: The Power of Social Influences. New York University Press. 2019, p. 8. Veja-se, também, DESTRI, Michelle Denise Durieux. *Minimalismo judicial*: alternativa democrática de atuação do Poder Judiciário em uma sociedade pluralista a partir da perspectiva de Cass R. Suntein. Dissertação de Mestrado. 2009, p. 41. Disponível em: https://repositorio.ufsc.br/bitstream/handle/123456789/93202/274135.pdf?sequence=1&isAllowed=y.
27. Veja-se, a respeito, PARISIER, Eli. *O filtro invisível:* o que a internet está escondendo de você. Rio de Janeiro: Zahar, 2011.

-nos a percorrer outros. Deixamos, com isso, de percorrer caminhos que poderiam nos surpreender positivamente e, eventualmente, nos encantar.

O mais grave é que isso ocorre de forma invisível, sem que nos demos conta. Acabamos por ficar presos em um mundo digital personalizado, pasteurizado e unidimensional. De um lado, perdemos a possibilidade de experiências e informações novas, distintas daquelas indicadas pelo nosso perfil. De outro, acabamos separados em tribos ou grupos de pessoas que compartilham as mesmas ideias e convicções.

Não é difícil perceber o quanto essa "bolha de filtros" pode afetar nossa capacidade de decidir a forma como queremos viver. Quando entramos em uma bolha de filtros, as empresas que as criaram é que escolhem as opções que devemos conhecer, criando, assim, uma espécie de "determinismo informativo". Assim, no ambiente on-line, já não somos verdadeiramente autônomos, não somos inteiramente livres para dirigir nossas escolhas.[28]

13. *FAKE NEWS* EM TEMPOS DE PANDEMIA

As *fake news* se tornaram um problema de saúde pública durante a pandemia de Covid-19, com a disseminação de informações falsas de vários tipos, tais como as que buscavam minimizar os riscos trazidos pelo novo vírus, apontavam para falsos perigos em relação às vacinas aprovadas pelos órgãos de saúde ou recomendavam o uso de substâncias sem eficácia para combater o vírus.

Pesquisa realizada pela *Escola Nacional de Saúde Pública da Fiocruz* identificou vários tipos de *fake news* relacionadas à Covid-19. A maioria se referia a mensagens que: a) ensinavam métodos caseiros, sem nenhuma eficácia, para prevenir o contágio pelo vírus; b) mostravam métodos caseiros para a própria cura da doença; c) defendiam o uso de substâncias sem comprovação científica para tratamento da Covid-19, como a ivermectina (remédio indicado para tratar de vermes), da cloroquina e da hidroxicloroquina, cujo uso, a despeito disso, foi irresponsavelmente sugerido e defendido pelo então Presidente dos Estados Unidos, Donald Trump, e pelo Presidente do Brasil, Jair Bolsonaro; d) se referiam ao novo coronavírus como uma farsa ou estratégia política; e) criavam teorias conspiratórias, afirmando, sem nenhuma base probatória e contra o que diz a comunidade científica, que o novo coronavírus fora criado em laboratório; f) negavam a gravidade da doença e pregava a desnecessidade do distanciamento social, o uso de máscaras ou de álcool gel.

Em outubro de 2021, o YouTube retirou do ar vídeo no qual o presidente do Brasil, Jair Bolsonaro, divulgou notícia falsa e irresponsável que associava a vacina contra a Covid-19 à Aids.[29]

Todas essas mensagens vão na contramão das evidências científicas e colocam em risco a saúde e a vida das pessoas, enfraquecendo as medidas adotadas por governos

28. Ibidem.
29. Veja-se: https://www.correiobraziliense.com.br/politica/2021/10/4958007-youtube-retira-do-ar-video-de--bolsonaro-com-fake-news-sobre-vacina-e-aids.html.

para o combate à pandemia, as quais dependiam, em grande medida, da cooperação da coletividade. Além disso, contribuem para o descrédito da própria ciência e das instituições de saúde pública.

As *fake news*, pelo seu potencial de disseminação, também constituem um tipo de "vírus", extremamente perigoso para o ecossistema da informação.

14. *FAKE NEWS* E DEMOCRACIA

Particularmente grave e danoso para a democracia é a utilização de *fake news* com o objetivo de propagação de notícias falsas com o intuito de influir no processo de decisão política.

O debate em torno do problema da desinformação na política surgiu a partir da campanha para as eleições presidenciais norte-americanas de 2016, em que, contra todas as previsões, acabou sendo eleito o candidato republicano Donald Trump, que teria sido beneficiado por diversas notícias falsas que buscavam lançar uma luz favorável sobre ele – como, por exemplo, a de que a sua campanha era endossada pelo Papa –, e principalmente, pela disseminação de notícias falsas contra a sua concorrente, a candidata democrata Hillary Clinton – como a de que ela, quando Secretária de Estado do Governo Obama, teria aprovado a venda de armas a grupos islâmicos radicais, incluído o ISIS.[30]

Dentre as diversas notícias falsas, ganharam destaque as que disseminaram a teoria conspiratória (batizada de "*pizzagate*") de que Hillary Clinton era líder de uma rede de prostituição e de tráfico de crianças envolvendo membros do Partido Democrata. Essas mensagens, propagadas por diversos websites dedicados à disseminação de *fake news*, logo se tornaram virais. Algumas das mensagens indicaram que essa rede de pedofilia teria sua sede no porão de uma pizzaria situada em Washington, DC. Acreditando nessas mensagens, Edgar Welch, cidadão americano de 28 anos, dirigiu 350 milhas de sua casa na Carolina do Norte até Washington com o objetivo de resgatar as crianças que, acreditava, estariam no porão da pizzaria. Lá chegando, invadiu o estabelecimento munido de arma de fogo, que chegou a disparar. Por sorte ninguém ficou ferido. Comprovou-se que tudo não passava de invenção. Welch acabou preso e veio, posteriormente, a ser condenado a quatro anos de prisão por seus atos.

Todas essas notícias falsas foram disseminadas em larga escala nas mídias sociais com o auxílio de programas ou softwares (os *internet bots* ou *social media bots*), que, de forma automática e em larga escala, fazem postagens ou enviam mensagens como se fossem usuários reais, de carne e osso.

As *fake news* também se fizeram presentes em processos democráticos de outros países, como a Grã-Bretanha, na campanha do Brexit; a França, nas eleições presidenciais de 2017; e o Brasil, nas eleições presidenciais brasileiras de 2018.

30. A respeito dessas *fake news*, ver: https://www.cnbc.com/2016/12/30/read-all-about-it-the-biggest-fake-news--stories-of-2016.html.

O problema da desinformação política tende a se agravar com o uso de vídeos adulterados (*doctored videos*), com manipulação de imagens e sons.

Um vídeo que circulou nas redes sociais mostrou a presidente da Câmara dos Deputados dos EUA, Nancy Pelosi, falando de maneira arrastada e desajeitada. Uma das postagens desse vídeo teve 91.000 compartilhamentos no Facebook, trazendo a seguinte legenda: "Isso é inacreditável, ela está louca, aposto que isso será removido!" Ficou comprovado, posteriormente, que o vídeo fora manipulado e tivera sua velocidade reduzida para parecer que Pelosi estava embriagada ou intoxicada pelo uso de alguma substância.[31]

Outros vídeos manipulados semelhantes de Nancy Pelosi continuaram a se espalhar pelas mídias sociais, com milhões de visualizações.[32]

Ainda mais preocupante é a desinformação com o emprego da chamada *deep fake*, técnica baseada na inteligência artificial que permite criar vídeos falsos, com a superposição de imagens, através do uso de softwares que utilizam a técnica de reconhecimento facial (*facial recognition*), e "clonagem" de voz, com grau de acuidade cada vez maior.

Fazendo o uso de algoritmos de aprendizado de máquina, os aplicativos de *deepfake* criam vídeos através dos quais fazem um "enxerto de rosto" de uma pessoa em outra. As gravações existentes dos movimentos da boca e da voz de uma pessoa podem ser usadas para fazer engenharia reversa de sua fala para que ela seja artificialmente reproduzida, falando qualquer frase como se fosse a voz original. Os resultados podem ser altamente convincentes, especialmente em vídeos de baixa resolução, comuns em postagens *on-line*.[33]

Os riscos trazidos por essa tecnologia de manipulação de imagem e som não se restringem à política. Personalidades do campo das artes e pessoas públicas em geral têm sido alvo de vídeos falsos.[34] Mas não resta dúvida de que no campo político esse tipo de desinformação tende a provocar danos especialmente graves, por interferirem no processo democrático.

15. REGULAR OU NÃO REGULAR AS REDES SOCIAIS, EIS A QUESTÃO

Um ciberespaço como um território inteiramente livre, imune a qualquer tipo de restrição ou regulação, onde a liberdade de expressão poderia ser exercitada em sua plenitude, constitui uma visão romantizada do ambiente digital, que não se sustenta sem grandes dificuldades diante dos inúmeros abusos praticados na internet.

31. Veja-se: https://www.reuters.com/article/uk-factcheck-nancypelosi-manipulated-idUSKCN24Z2BI.
32. Veja-se: https://www.nytimes.com/2019/05/24/us/politics/pelosi-doctored-video.html?
33. VACCARI, Cristian; CHADWICK, Andrew. *Deepfakes and Disinformation: Exploring the Impact of Synthetic Political Video on Deception, Uncertainty, and Trust in News.* 2020. Disponível em: https://journals.sagepub.com/doi/pdf/10.1177/2056305120903408.
34. Veja-se, a respeito, matéria publicada na revista Veja, em 13.01.2021. Disponível em: https://veja.abril.com.br/tecnologia/deepfake-o-novo-e-terrivel-patamar-das-fake-news/.

Os provedores de redes sociais e de serviços de mensageria privada não podem estar acima ou à margem da lei. Toda liberdade implica responsabilidade. Neste particular, cabe lembrar do episódio envolvendo o aplicativo de mensagens Telegram, que, não tendo um representante legal para atuar em seu nome e receber intimações e notificações, simplesmente ignorava diversas decisões judiciais no Brasil, inclusive do STF. A companhia mudou o seu comportamento elusivo a partir do momento em que viu o seu funcionamento em território nacional ameaçado de bloqueio pela Suprema Corte.[35]

A internet é um poderoso instrumento de comunicação, mas, como todo instrumento, pode ser (e tem sido) utilizado para práticas nocivas e danosas, como: a divulgação de discursos de ódio; a postagem de mensagens ofensivas à honra; o *cyberbulling*; a violação da privacidade e da intimidade; a prática de pornografia de vingança; a veiculação de pornografia infantil; e a disseminação de *fake news*.

Tais abusos não podem ser tolerados em nome da liberdade de expressão. A liberdade encontra limites naturais na liberdade e nos direitos de outrem. São esses limites que tornam a vida em sociedade possível.

Em sua obra Areopagítica (1644), John Milton expôs sua convicção acerca da força da verdade: "Que a verdade e a impostura se digladiem. Quem jamais ouviu dizer que a verdade perdesse num confronto em campo livre e aberto?"[36] Os inúmeros abusos cometidos diariamente nas redes sociais, com a proliferação e viralização de mensagens falsas, coloca em xeque essa convicção apresentada, séculos atrás, por Milton, que acreditava que, no confronto livre de ideias, a verdade sempre triunfaria. Nos tempos atuais, isso nem sempre ocorre.

A metáfora de um livre "mercado de ideias", ao qual toda e qualquer manifestação de pensamento deveria ser submetida, para demonstrar sua força, credibilidade e aceitação, tal como idealizado por Oliver Wendell Holmes Jr.,[37] certamente fazia mais sentido em uma época anterior à internet.

O risco de danos a terceiros é o parâmetro objetivo e racional que legitima o poder público a, com base na Constituição Federal, agir, limitando a liberdade de expressão. Conforme indicado por Stuart Mill: "o único fim em função do qual o Poder pode ser corretamente exercido sobre qualquer membro de uma comunidade civilizada, contra sua vontade, é o de prevenir dano a outros".[38]

A autorregulação não se tem mostrado suficiente para dar conta dos diversos abusos ocorridos na internet, dentre eles o da proliferação das *fake news*. As redes sociais são administradas por companhias privadas, que, como tal, pautam suas decisões por um raciocínio eminentemente econômico. Não se pode acreditar que, no enfrentamento

---

35. Para um resumo do episódio, ver: https://www.bbc.com/portuguese/brasil-60816583.
36. MILTON, John. *Areopagítica. Discurso pela liberdade de imprensa ao parlamento da Inglaterra*. Rio de Janeiro: Topbooks, 1999, p. 173.
37. Oliver Wendell Holmes cunhou a metáfora do "*marketplace of ideas*" no julgamento do caso *Abrams v. United States*, 250 U.S. 616, 630 (Supreme Court 1919).
38. MILL, John Stuart. *Sobre a Liberdade*. Trad. Pedro Madeira. Lisboa: Edições 70, 2016, p. 39.

de mensagens e notícias falsas, essas companhias tomem atitudes que possam ameaçar a lucratividade do seu negócio.

A partir dessa percepção, muitos preconizam a criação de diploma normativo que estabeleça um sistema de "autorregulação regulada" dos grandes provedores de redes sociais, através do qual seja possível associar as vantagens da autorregulação – em especial, a expertise tecnológica das redes sociais e a sua agilidade na correção de fraturas no ecossistema informacional – com as vantagens da regulação estatal – em especial, o poder de coerção e a atuação voltada primordialmente para o atendimento do interesse público.

A Alemanha deu um passo nesse sentido, com a promulgação de Lei que busca combater o *hate speech* e as *fake news* nas redes sociais, a *Netzwerkdurchsetzungsgesetz (NetzDG)*, p. 214 que entrou em vigor em 01.10.2017. Como em geral acontece quando há um novo diploma legislativo, críticas e elogios foram feitos à Lei alemã, dentro e fora da Alemanha. Uma das críticas mais comuns apontava para o risco de *overblocking*, ou seja, censura de conteúdos legítimos por receio de responsabilização das plataformas, o que tem sido refutado pelos defensores da nova Lei.[39]

Em âmbito transnacional, a União Europeia chegou a um acordo com o objetivo de regular as mídias digitais através de Lei, o Digital Services Act (DSA), proposta pela Comissão Europeia em dezembro de 2020. A DSA irá redefinir, no âmbito da comunidade europeia, os padrões de regulação das grandes empresas de tecnologia, as chamadas *big techs*.[40]

No Brasil, existem diplomas legais importantes que tratam de questões relacionadas à internet, como o Marco Civil da Internet (Lei 12.965/2014), que estabelece princípios, garantias, direitos e deveres para o uso da internet no Brasil, e a Lei Geral de Proteção de Dados (Lei 13.709/2018), que dispõe sobre o tratamento de dados pessoais, inclusive nos meios digitais. Mas não há diploma legal que regule especificamente os serviços dos provedores de redes sociais e de mensageria privada.

A tendência, no entanto, parece ser a da regulação dos serviços dos chamados grandes provedores.[41] Se assim for, não se deve perder de vista que a democracia no Brasil ainda é relativamente jovem, e precisa sedimentar uma cultura jurídica em torno do princípio da liberdade de expressão. Ainda estão para ser fixados parâmetros jurídicos e doutrinários seguros em relação à interpretação desse princípio fundamental.

Por essa razão, impõe-se cuidado redobrado com ideias de combater as *fake news* através de lei, que, se não for bem pensada, pode comprometer aquilo que, para muitos, é a grande vantagem e o sucesso da rede mundial de computadores: uma robusta liberdade de expressão, com ampla troca de informações.

---

39. Por todos, EIFERT, Martin. A lei alemã para a melhoria da aplicação da lei nas redes Sociais (NetzDG) e a regulação da plataforma. *Fake News e Regulação*. 3. ed. São Paulo: Ed. RT, p. 181 e s.
40. Veja-se: https://digital-strategy.ec.europa.eu/en/policies/digital-services-act-package.
41. Atualmente, tramita no Congresso Nacional o PL 2630, que tem por objetivo regular os serviços dos grandes provedores de redes sociais e de mensageria privada.

De um lado, deve-se temer o risco de que restrições legais excessivas ou de sanções muito severas criem um efeito resfriador (*chilling effect*) em relação ao exercício legítimo da liberdade de expressão nas redes sociais. O receio de penalidades aplicáveis pelo poder público pode levar os provedores de redes sociais a realizar bloqueios indevidos de mensagens (*overblocking*). Em uma reação em cadeia, isso poderia, também, levar a uma atitude de autocensura por parte dos usuários, temerosos de que suas postagens pudessem ser bloqueadas e suas contas suspensas.

De outro lado, é frequentemente problemático buscar restringir a liberdade de expressão com base no conteúdo da mensagem. Uma coisa é definir, de forma genérica e abstrata, o conceito de desinformação, outra coisa bem distinta é determinar, no exame do caso concreto, se uma determinada notícia ou mensagem entra ou não nessa categoria.

Como já se viu, as *fake news* nem sempre assumem a forma de mentiras ou falsidades evidentes, vindo, muitas vezes, entremeadas com informações verdadeiras e/ou entrelaçadas com opiniões. Algumas situações são evidentes, outras não são tão claras.

Na linguagem cotidiana, é comum usarmos diversas figuras de linguagem, como a hipérbole, a metáfora, a analogia e a ironia. Nesse particular, percebe-se, muitas vezes, uma certa dificuldade do público em geral na interpretação de textos, que são lidos equivocadamente de forma literal, gerando conflitos que não deveriam existir.

A *sátira* e a *paródia*, gêneros de humor caracterizados pelo uso da ironia, do sarcasmo e do exagero, que são usados como crítica, frequentemente ácida, dos costumes sociais e da política, são, não raro, vistos como falseamento da verdade, apesar de constituírem formas de expressão sem nenhum compromisso com a realidade, que não buscam retratar ou representar.

Tudo isso aponta para os riscos trazidos pelo exame de conteúdo de mensagens por juízes e tribunais, que terão que lidar com a complexidade da linguagem humana, para, concretamente, interpretar se uma dada mensagem constitui ou não *fake news*.

16. À GUISA DE CONCLUSÃO

Temos todos que estar permanentemente preparados para identificar e combater as *fake news*, aprendendo a identificar a desinformação – buscando fontes confiáveis e recorrendo a agências de *fact checking* –, desmascarando e expondo aqueles que a produzem, estimulam e disseminam. Para isso, é importante a compreensão de como elas funcionam e como afetam as pessoas e a sociedade como um todo. É fundamental, portanto, investir na educação digital e informacional dos cidadãos (*internet and media literacy*).[42]

42. *V.* SOUZA, Carlos Affonso; TEFFÉ, Chiara Spadaccini. Fake News e eleições: identificando e combatendo a desordem internacional. *Fake News e Regulação*, p. 308. Os autores sugerem medidas importantes para o combate à desordem informacional.

O Estado, nesse ponto, pode e deve desempenhar um papel importante, através de campanhas educativas, que busquem alertar as pessoas para os riscos das *fake news*, indicando o que se deve fazer para as identificar e denunciar.

Necessário, também, é o compromisso dos provedores de redes sociais e de mensageria privada com a agilidade no combate à desinformação e com a transparência dos seus serviços, indicando, concretamente, as razões para suas decisões de remoção ou não de mensagens, não bastando a remissão genérica a seus termos de uso. Deve haver transparência, em especial, em relação aos algoritmos utilizados pelas redes sociais.

Essa ação conjunta é fundamental para a manutenção de um ecossistema informativo saudável, que restabeleça a confiança na comunicação realizada nas redes sociais.

Mas não se deve esperar um ecossistema comunicativo inteiramente livre de *fake news*. As notícias falsas sempre vão existir. Essa afirmação não é uma rendição aos inimigos da verdade e da democracia, mas apenas o reconhecimento de que, pelo menos no estágio de evolução em que nos encontramos, a mentira e a falsidade fazem parte da natureza humana e da sociedade. Por isso, devemos nos manter constantemente alertas e vigilantes contra o perigo da desinformação.

O princípio garantidor da liberdade de expressão representa condição de possibilidade para a democracia, mas não deve servir de pretexto ou escudo protetor da mentira ou da desinformação, quando essas puderem, ainda que potencialmente, causar danos individuais e coletivos, de natureza material, moral ou política.

A IMPORTÂNCIA DA LGPD PARA A PROTEÇÃO DAS PESSOAS HIPERVULNERÁVEIS

Chiara Spadaccini de Teffé

Doutora e Mestre em Direito Civil pela Universidade do Estado do Rio de Janeiro (UERJ), tendo sido aprovada com distinção, louvor e recomendação para publicação. Atualmente, é coordenadora de pesquisa e publicações da pós-graduação em Direito Digital do ITS Rio em parceria com a UERJ. Professora de Direito Civil e Direito Digital na Faculdade de Direito do IBMEC-Rio. Leciona em cursos de pós-graduação do CEPED-UERJ, na Pós-graduação da PUC-Rio, na Pós-graduação do Instituto New Law e na Pós-graduação em Advocacia Contratual e Responsabilidade Civil da EBRADI. É também professora da Escola da Magistratura do Estado do Rio de Janeiro (EMERJ) e do Instituto de Tecnologia e Sociedade do Rio (ITS Rio). Membro da Comissão de Proteção de Dados e Privacidade da OABRJ. Membro do Fórum Permanente de Liberdade de Expressão, Liberdades Fundamentais e Democracia da EMERJ. Foi professora substituta de Direito Civil na UFRJ. Associada ao Instituto Brasileiro de Estudos em Responsabilidade Civil (IBERC). Atua como advogada em áreas do Direito Civil e do Direito Digital e como consultora em proteção de dados pessoais.

1. A LEI GERAL DE PROTEÇÃO DE DADOS: CENÁRIO TECNOLÓGICO E ESTRUTURA DO MODELO BRASILEIRO

O tratamento de informações pessoais ocorre de forma cada vez mais rápida e integrada, possibilitando inferências, predições e o *profiling* de indivíduos e grupos. Nesse cenário, a hiperconexão de dispositivos e a inteligência de dados representam instrumentos para o desenvolvimento de sofisticados ambientes de vigilância e identificação, o que impõe a efetiva aplicação das normas pertinentes à proteção de dados pessoais – reconhecida como direito fundamental –, de modo a se garantir amplamente a liberdade, a igualdade material e a tutela da integridade psicofísica do ser humano.

Na Lei Geral de Proteção de Dados (LGPD) foram preconizadas e estabelecidas tutelas de natureza jurídica, técnica e administrativa às informações relacionadas à pessoa natural, devendo tais tutelas serem implementadas durante todo o ciclo de processamento dos dados,[1] seja ele realizado pelo setor público ou privado. Quando pertinente, indica-se o desenvolvimento de políticas específicas de compliance,[2] avaliações prévias de impacto e instrumentos de prestação de contas. A aplicação direta de sua principiologia

1. CAVOUKIAN, Ann. *Operationalizing Privacy by Design*: A Guide to Implementing Strong Privacy Practices. Dez. 2012. CAVOUKIAN, Ann. *Privacy by Design*: The 7 Foundational Principles. Disponível em: https://iapp.org/resources/article/privacy-by-design-the-7-foundational-principles/. Acesso em: 09 abr. 2021. EDPB. *Guidelines 4/2019 on Article 25 Data Protection by Design and by Default.* Adopted on 20 October 2020.
2. Cf. FRAZÃO, Ana; CUEVA, Ricardo (Org.). *Compliance e políticas de proteção de dados.* São Paulo: Thomson Reuters, 2021, p. 1193-1230.

mostra-se também de grande relevância para os tratamentos desenvolvidos, havendo ênfase na finalidade pretendida, segurança, prevenção de dados, não discriminação, minimização de dados e transparência.

Inclusive, certas categorias de informações pessoais – pela sensibilidade, natureza e qualidade das informações que guardam – receberam garantias ampliadas, diante de possíveis cenários de preconceito e discriminações ilícitas ou abusivas que podem ser produzidos, havendo o tratamento indevido dessas informações.[3] No Art. 5º, II, da LGPD foram selecionados como sensíveis dados pessoais sobre origem racial ou étnica, convicção religiosa, opinião política, filiação a sindicato ou a organização de caráter religioso, filosófico ou político, dado referente à saúde ou à vida sexual, dado genético ou biométrico, quando vinculado a uma pessoa natural.[4]

Verifica-se, na categoria em questão, importante conteúdo relacionado à intimidade, identidade pessoal, imagem e igualdade material das pessoas.[5] Adicionalmente, há informações sensíveis que vêm integrando a esfera pública em que se encontra seu titular, constituindo as convicções que ele deve poder manifestar publicamente e que fazem parte de sua identidade pública. A seleção sobre quais dados são sensíveis demonstra que o tratamento de determinadas informações pessoais pode acarretar maior risco ou mesmo danos aos seus titulares em uma determinada configuração social, política e econômica.

A compreensão sobre os mecanismos que devem ser empregados na tutela dos dados pessoais perpassa um entendimento substancial sobre as dinâmicas discriminatórias articuladas nas sociedades, assim como acerca das vulnerabilidades enfrentadas pelas pessoas, em razão, por exemplo, da idade e de questões de saúde, fáticas, técnicas ou informacionais. Cabe ao Direito, portanto, atuar tanto no aspecto preventivo da proteção de dados, valorizando a autonomia das pessoas e impondo deveres específicos aos agentes de tratamento, quanto no aspecto ressarcitório, buscando compreender as violações à privacidade e aos dados pessoais e oferecendo instrumentos para a efetiva compensação dos danos sofridos.[6]

Diante do desenvolvimento de tecnologias cada vez mais sofisticadas para o tratamento de dados, da maior aplicação da inteligência artificial em sistemas e processos

3. RODOTÀ, Stefano. *A vida na sociedade da vigilância* – a privacidade hoje. In: BODIN DE MORAES, Maria Celina (Coord.). Trad. Danilo Doneda e Luciana Cabral Doneda. Rio de Janeiro: Renovar, 2008. p. 19. DONEDA, Danilo. *Da privacidade à proteção de dados pessoais*. 2. ed. São Paulo: Thomson Reuters Brasil, 2019.
4. "È necessario sottolineare, infatti, che i dati sensibile sono quelli che riguardano la salute e la vita sessuale, le opinioni e l'appartenenza etnica o razziale, con una elencazione analoga a quella che si trova nelle norme riguardanti i casi di discriminazione. Siamo così di fronte a qualcosa che eccede la semplice tutela della vita privata e si pone come presidio della stessa eguaglianza tra le persone". (RODOTÀ, Stefano. *Il mondo nella rete*: Quali i diritti, quali i vincoli. Roma: Laterza & Figli – Gruppo Editoriale L'Espresso, 2019.p.36).
5. TEFFÉ, Chiara Antonia Spadaccini de. *Dados pessoais sensíveis*: uma análise funcional da categoria e das hipóteses de tratamento. 2022. 310 f. Tese (Doutorado em Direito Civil) – Faculdade de Direito, Universidade do Estado do Rio de Janeiro, Rio de Janeiro, 2022.
6. TEPEDINO, Gustavo; TEFFÉ, Chiara Spadaccini de. O consentimento na circulação de dados pessoais. *Revista Brasileira de Direito Civil*, Belo Horizonte, v. 25, p. 83-116, jul./set. 2020.

e da ampliação da capacidade de armazenamento de informações, mostrou-se urgente a edição e a atualização de legislações (em âmbitos nacional, regional e internacional) que visem a tutelar de maneira mais específica os dados pessoais. Até o momento, aproximadamente 140 países já adotaram legislações para garantirem a proteção dos dados e da privacidade[7] da pessoa natural. Muitos instituíram também – como foi o caso do Brasil com a ANPD[8] – autoridades nacionais responsáveis pela efetividade das normas voltadas à temática.

Realizar a distinção entre o que é um dado pessoal e o que não é vem se tornando mais difícil e depende, muitas vezes, de uma análise contextual. O progresso tecnológico permite que, de forma rápida, fácil e acessível, dados sejam vinculados a indivíduos de maneiras antes não previstas.[9] Dados que não pareçam relevantes em determinado momento ou que não façam referência a alguém diretamente, uma vez transferidos, cruzados e/ou organizados, podem resultar em dados bastante específicos sobre determinada pessoa, trazendo informações, inclusive, de caráter sensível sobre ela. A preocupação, além de envolver o dado em si, engloba também a finalidade do tratamento realizado e as possibilidades de processamentos posteriores. Adicionalmente, sabe-se que muitos bancos de dados "anônimos" podem ter seus dados vinculados novamente aos seus titulares, se utilizadas técnicas específicas e cruzamentos de informações.

A tecnologia expande o alcance da capacidade humana, registrando referências geográficas, preferências pessoais, dados sensíveis e pessoas com quem nos relacionamos em diferentes esferas. Para a melhor tutela dos direitos fundamentais,[10] há que se definir, além de hipóteses específicas para o tratamento de dados, quando, onde, como e para quais finalidades poderão ser tratadas as informações pessoais, devendo ser estabelecidas salvaguardadas à pessoa humana, bem como proteções específicas para os sujeitos em concreto, levando em conta assimetrias[11] e vulnerabilidades.

---

7. BANISAR, David. National Comprehensive Data Protection/Privacy Laws and Bills 2021. Disponível em: https://ssrn.com/abstract=1951416. Acesso em: 28 jan. 2022.
8. A Autoridade Nacional de Proteção de Dados (ANPD – Artigos 55-A até Art. 55-L da LGPD) foi criada pela LGPD. Nos últimos anos, ela vem se organizando enquanto instituição, produzindo guias e orientações técnicas especializadas e fiscalizando a aplicação das leis de proteção de dados.
9. Cf. ZUBOFF, Shoshana. *The Age of Surveillance Capitalism*: The Fight for a Human Future at the New Frontier of Power. PublicAffairs: 2019.
10. A defesa da privacidade e dos dados pessoais deve integrar as proteções individuais e coletivas dos direitos fundamentais, tendo em vista a importância de ambas para a tutela integral da pessoa humana e de sua comunidade. Quando se controla o tratamento de informações pessoais, não se resguarda apenas o indivíduo, cujos dados estão relacionados, mas também o seu grupo social, interesses coletivos e as futuras gerações. Nesse sentido, como destacado expressamente pela própria LGPD (Arts. 22 e 42), também às coletividades devem ser garantidos meios jurídicos e técnicos que aumentem seu poder e controle sobre os dados. Ferramentas como a Ação Civil Pública, termos de ajustamento de conduta e o dano moral coletivo mostram-se fundamentais para a proteção de interesses coletivos *lato sensu*. Além disso, ressalta-se, também, a importância do incremento de legitimados para a tutela coletiva, seja em juízo ou fora dele, bem como de sujeitos habilitados a participar como *amicus curiae* em ações sobre a matéria. Além disso, instituições governamentais, como secretarias e PROCONs, merecem maior destaque, emitindo notificações e recebendo reclamações.
11. Vivemos em um ambiente marcado por elevada assimetria informacional: uma parte, geralmente grandes empresas e Estados, detém mais poder, recursos e melhores informações do que a outra, o cidadão comum, por vezes, consumidor nas relações desenvolvidas. Esse cenário enseja diversos questionamentos acerca, por

2. PROTEÇÃO DAS INFORMAÇÕES PESSOAIS DE HIPERVULNERÁVEIS

O tratamento de dados pessoais pode alcançar diferentes graus de risco e de sensibilidade, a depender por exemplo: (a) da espécie de dado em questão e da informação em si que guarda; (b) do tratamento realizado em concreto; (c) das finalidades dos agentes envolvidos no tratamento; e (d) das condições da pessoa natural a quem tais dados dizem respeito, impactando em graus de intensidade diversos a esfera de seu titular. Quanto mais sensíveis forem as informações pessoais, maiores serão os riscos e danos, se houver um tratamento discriminatório ou incidente de segurança. Por tal razão, garantias específicas jurídicas e técnicas deverão ser implementadas e constantemente analisadas em programas de privacidade, compliance e governança. Indaga-se, inclusive, se não seria adequado desenvolver categorias especiais de dados e, consequentemente, tutelas diferenciadas para eles, havendo níveis de segurança e garantia ampliados.

Nesse sentido, mostra-se relevante analisar fluxos de dados – especialmente sensíveis – que envolvam pessoas hipervulneráveis,[12] titulares de dados que apresentam vulnerabilidade agravada,[13] como crianças, adolescentes, idosos e pessoas com deficiência. Entende-se que certas qualidades pessoais da pessoa natural podem dar causa a uma soma de fatores de reconhecimento de vulnerabilidade, razão pela qual se poderia falar em situação de vulnerabilidade agravada. Essa intensificação da suscetibilidade ao dano pode provir de distintas fontes, como questões etárias e falta de discernimento completo para certos atos,[14] doenças específicas ou deficiências graves. A construção

exemplo, da validade do consentimento do titular dos dados nos contratos celebrados, principalmente quando eles são de adesão. Tal assimetria informacional não se revela apenas no poder que os agentes dispõem sobre os dados pessoais de terceiros, mas também nas novas modalidades de negócios, em que informações pessoais de seus usuários representam uma das bases centrais do sistema desenvolvido. A posição de destaque que o tratamento de dados tem em muitos produtos e serviços oferecidos ao público por empresas – as quais, por vezes, não exigem remuneração direta dos usuários, mas o preenchimento de cadastro, a criação de perfil e/ou o acesso a contatos, imagens e mensagens trocadas – revela a importância dos dados na criação e no desenvolvimento de diversos modelos de negócio na Web 3.0. Exemplos significativos são as mídias sociais, os aplicativos para a entrega de bens e serviços e as ferramentas de intermediação de compra e venda online.

12. A noção foi desenvolvida "como um corolário positivo da proibição de discriminação, logo do princípio da igualdade (um dever ser), e mandamento de pleno desenvolvimento da personalidade, diretamente ligada, pois, a nossa visão de dignidade da pessoa humana" (MARQUES, Claudia Lima. O diálogo das fontes como método da nova teoria geral do direito: um tributo a Erik Jayme. In: MARQUES, Claudia Lima (Coord.). *Diálogo das fontes:* do conflito à coordenação de normas no direito brasileiro novo regime das relações contratuais. São Paulo: Ed. RT, 2012, p. 46-47.) "Quanto à pergunta sobre se os hipervulneráveis são apenas os mencionados no texto constitucional (crianças, adolescentes, idosos e portadores de deficiência), parece-me cedo para responder de forma definitiva. A diferença está em que os hipervulneráveis mencionados nas normas constitucionais se beneficiam do mandamento de proteção constitucional (com efeitos e força normativa no direito privado), enquanto, por exemplo, os doentes e analfabetos são hipervulneráveis cuja proteção especial dependerá da atuação ativa do Judiciário e das especificidades do caso concreto (por exemplo, conhecimento pelo parceiro contratual de sua condição agravada de vulnerabilidade, tipo de contrato, onerosidade ou gratuidade deste etc.)." (MARQUES, Claudia Lima. Op. cit., p. 48).
13. MIRAGEM, Bruno. *Curso de Direito do Consumidor.* 3. ed. São Paulo: Ed. RT, 2012, p. 102. MARQUES, Claudia Lima; MIRAGEM, Bruno. *O novo direito privado e a proteção dos vulneráveis.* 2. ed. São Paulo: Ed. RT, 2014.
14. "(...) a hipervulnerabilidade pode estar presente tanto na criança e no adolescente, que são seres em formação física e intelectual, quanto no idoso, que pode ter déficit quanto a novas tecnologias ou mesmo pode ser mais suscetível de ser influenciado quanto a promessas de resultados que não podem ser alcançados ou cuja eficácia seja distorcida ou exacerbada" (PASQUALOTTO, Adalberto; SOARES, Flaviana. Consumidor hipervulnerável:

da noção de hipervulnerabilidade parece estar associada à ideia de que as pessoas assim qualificadas se encontram em situação de maior desigualdade e, por essa razão, necessitam de maior proteção. Tais grupos apresentam, inclusive, muitas vezes, tutelas estabelecidas na Constituição Federal e em leis especiais.

Schmitt explica que "a hipervulnerabilidade resulta da soma da vulnerabilidade intrínseca à pessoa do consumidor com a fragilidade que atinge determinados indivíduos",[15] Konder nos ensina que:

> No âmbito da interpretação setorizada, doutrina e jurisprudência passaram a utilizar o termo *hipervulnerável* para justificar um tratamento diferenciado para as pessoas naturais consideradas mais suscetíveis ou que estejam em situação de vulnerabilidade agravada ou potencializada em comparação com o consumidor padrão. Trata-se, por exemplo, dos idosos, dos pacientes médicos, das pessoas com deficiência, dos alérgicos ou hipersensíveis a determinadas substâncias – como os celíacos –, dentre outras situações de agravamento do estado de vulnerabilidade. (...) Alguns casos julgados pelo Superior Tribunal de Justiça envolvendo o conceito de hipervulnerabilidade em cenários diferentes ilustram o desenvolvimento dessa categoria. É possível encontrar, de plano, julgados em que o termo foi invocado para se referir à vulnerabilidade existencial, no seu sentido original, isto é, a grupos que se encontram em situação de maior risco de serem feridos. Por exemplo, a hipervulnerabilidade foi utilizada para justificar a medida protetiva de alimentos em favor da mulher vítima de violência doméstica,[16] já que "compreensão diversa tornaria inócuo o propósito de se conferir efetiva proteção à mulher, em situação de hipervulnerabilidade, indiscutivelmente". Pode-se aduzir ainda, usando o vocábulo na mesma acepção, julgado visando coibir programas televisivos que ridicularizavam crianças, cuja privacidade era exposta em quadro de investigação de paternidade[17] apresentado de forma jocosa.[18]

Havendo por exemplo hipervulnerabilidade do consumidor na relação, é possível exigir do fornecedor maior cuidado na formação do vínculo e na sua execução. O sistema jurídico deve oferecer proteção diferenciada ao hipervulnerável, inclusive no que concerne à tutela de seus dados pessoais. Observa-se, porém, que ao se reconhecer a vulnerabilidade ou hipervulnerabilidade da pessoa não se está reduzindo a sua capacidade e autonomia. Há uma salutar tendência no Direito, hoje, em empoderar e ampliar direitos de grupos e minorias que, por vezes, são discriminados ilicitamente ou recebem limitações desproporcionais no seu agir. Caminha, assim, o Direito buscando harmonizar, de um lado, o respeito à capacidade e autodeterminação das pessoas e, de outro, a necessária proteção jurídica que deve ser conferida a determinados grupos, para

análise crítica, substrato axiológico, contornos e abrangência. *Revista de Direito do Consumidor*, v. 113, p. 81-109, set.-out. 2017).

15. SCHMITT, Cristiano Heineck. *Consumidores hipervulneráveis*: a proteção do idoso no mercado de consumo. São Paulo: Atlas, 2014, p. 219.
16. STJ. RHC: 100446 MG, Rel. Min. Marco Aurélio Bellizze, Data de Julgamento: 27.11.2018, Terceira Turma, Data de Publicação: DJe 05.12.2018.
17. STJ. REsp 1.517.973-PE. Rel. Min. Luis Felipe Salomão, data de julgamento: 16.11.2017, Quarta Turma, data de publicação: 1º.02.2018.
18. KONDER, Carlos Nelson; KONDER, Cíntia Muniz de Souza. Da vulnerabilidade à hipervulnerabilidade: exame crítico de uma trajetória de generalização. *Int. Públ.* – IP, Belo Horizonte, ano 23, n. 127, p. 53-68, maio/jun. 2021.

que gozem plenamente de seus direitos fundamentais. Longe de uma ótica paternalista, busca-se garantir efetividade e aplicação direta às normas constitucionais.[19]

Todas as ações direcionadas a crianças e adolescentes devem necessariamente visar ao seu melhor interesse, como, por exemplo, no fornecimento, regulamentação, design, gestão e uso do ambiente digital. O reconhecimento e a tutela de sua hipervulnerabilidade podem ser inferidos do artigo 227 da Constituição Federal, o qual dispõe acerca do princípio da prioridade absoluta aos direitos da criança e do adolescente.[20] A construção da doutrina da proteção integral e prioritária das crianças e dos adolescentes, segundo a qual tais pessoas em desenvolvimento devem receber total amparo e proteção do sistema jurídico,[21] remonta à Declaração dos Direitos da Criança adotada pela Assembleia Geral das Nações Unidas no ano de 1959.[22]

Posteriormente, em 1989, por meio da Convenção das Nações Unidas sobre os Direitos da Criança,[23] houve a ampliação dos direitos da criança no cenário internacional. O documento considerou como criança todo ser humano com menos de 18 anos de idade, salvo quando, em conformidade com a lei aplicável à criança, a maioridade seja alcançada antes. A referida Convenção foi ratificada pelo Brasil em 1990 e influenciou diretamente a elaboração do Estatuto da Criança e do Adolescente (Lei 8.069/90 – ECA), que em seus artigos 3º e 4º destaca que todas[24] as crianças (pessoa até doze anos de idade incompletos) e adolescentes (aquela entre doze e dezoito anos de idade incompletos) gozam dos direitos fundamentais inerentes à pessoa humana, sem prejuízo da proteção integral de que trata esta Lei, sendo assegurados a eles todas as oportunidades e facilidades, a fim de lhes facultar o desenvolvimento físico, mental, moral, espiritual e social, em condições de liberdade e de dignidade.

Ato contínuo, o ECA dispõe que a criança e o adolescente têm direito à liberdade, ao respeito e à dignidade como pessoas humanas em processo de desenvolvimento e

19. "10. Configura dano moral coletivo ofensa a direitos coletivos ou difusos de caráter extrapatrimonial associados a *sujeitos ou bens vulneráveis e hipervulneráveis – pessoas com deficiência, consumidor, criança e adolescente, idoso, meio ambiente, ordem urbanística*, entre outros. Impossível, nesse campo, preconizar ou antecipar catálogo de infrações capazes de disparar tal resposta jurídica, bastando realçar o cuidado que se deve ter para não banalizar mecanismo tão medular na proteção de direitos, valores e bens preciosos da sociedade contemporânea" (REsp 1793332/MG, Rel. Ministro Herman Benjamin, Segunda Turma, julgado em 05.09.2019, DJe 26.08.2020) (grifo nosso).

20. Art. 227. É dever da família, da sociedade e do Estado assegurar à criança, ao adolescente e ao jovem, com absoluta prioridade, o direito à vida, à saúde, à alimentação, à educação, ao lazer, à profissionalização, à cultura, à dignidade, ao respeito, à liberdade e à convivência familiar e comunitária, além de colocá-los a salvo de toda forma de negligência, discriminação, exploração, violência, crueldade e opressão.

21. STJ. REsp 1.587.477. Quarta Turma. Rel. Min. Luis Felipe Salomão, DJe 27.08.2020.

22. Princípio II – A criança gozará de proteção especial e disporá de oportunidade e serviços, a serem estabelecidos em lei por outros meios, de modo que possa desenvolver-se física, mental, moral, espiritual e socialmente de forma saudável e normal, assim como em condições de liberdade e dignidade. Ao promulgar leis com este fim, a consideração fundamental a que se atenderá será o interesse superior da criança.

23. Disponível em: https://www.unicef.org/brazil/convencao-sobre-os-direitos-da-crianca. Acesso em: 05 jun. 2021.

24. Art. 3º, parágrafo único: "Os direitos enunciados nesta Lei aplicam-se a todas as crianças e adolescentes, sem discriminação de nascimento, situação familiar, idade, sexo, raça, etnia ou cor, religião ou crença, deficiência, condição pessoal de desenvolvimento e aprendizagem, condição econômica, ambiente social, região e local de moradia ou outra condição que diferencie as pessoas, as famílias ou a comunidade em que vivem".

como sujeitos de direitos civis, humanos e sociais garantidos na Constituição e nas leis (Art. 15). O direito ao respeito consiste na inviolabilidade da integridade física, psíquica e moral da criança e do adolescente, abrangendo a preservação da imagem, da identidade, da autonomia, dos valores, ideias e crenças, dos espaços e objetos pessoais (Art. 17). Observa-se também que eles têm direito à informação, cultura, lazer, esportes, diversões, espetáculos e produtos e serviços que respeitem sua condição peculiar de pessoa em desenvolvimento (Art. 71). Isso é especialmente relevante quando consideramos os novos dispositivos conectados e os serviços disponibilizados na rede, como *games*, mídias sociais e aplicativos interativos.

A tutela diferenciada das crianças e adolescentes em qualquer relação na qual participem justifica-se exatamente por lhes faltar o completo discernimento, radicando nesse ponto a *ratio* protetiva. Aqui, o melhor interesse e o dever de cuidado impõem grau de zelo maior com seus dados pessoais, especialmente quando sensíveis. Deve-se ressaltar que não se trata apenas de uma proteção adequada ao estágio de desenvolvimento em que crianças e adolescentes se encontram, mas de uma proteção prospectiva, a fim de garantir a dignidade deles hoje e no futuro.[25]

Temos, nos últimos tempos, a geração mais observada de toda a história. Cada vez mais, o rastro digital de menores vem sendo iniciado mais cedo e de forma ampliada, seja por meio de aplicativos para serem usados pelas mães durante a gestação, seja por meio de postagens realizadas pelos próprios pais ou pelos menores em mídias sociais. Diante desse quadro, a LGPD dispõe em seu art. 14 que: "O tratamento de dados pessoais de crianças e de adolescentes deverá ser realizado em seu melhor interesse, nos termos deste artigo e da legislação pertinente (...)".

Aplicar uma proteção ainda maior a dados sensíveis de crianças e adolescentes requer uma série de instrumentos, recursos e boas práticas, sendo fundamental a implantação de programas de compliance comprometidos com as questões acima. Contar com a atuação das instituições públicas no tema também é de suma importância, havendo tanto a aplicação de severas sanções, por descumprimento das normas de proteção de dados, quanto a adequada orientação dos agentes por meio da publicação de guias e instruções.

Nesse sentido, a Autoridade irlandesa de proteção de dados publicou guia denominado: *The Fundamentals for a Child-Oriented Approach to Data Processing*. Ele introduz princípios interpretativos de proteção de dados específicos para crianças (na Irlanda, para fins de proteção de dados, uma criança é alguém com menos de 18 anos) e medidas recomendadas que aumentarão o nível de tutela a elas.[26] Da mesma forma, a Autoridade

---

25. Pietro Perlingieri apresenta a definição de igual dignidade social em duas perspectivas convergentes: "como o instrumento que confere a cada um o direito ao respeito inerente à qualidade de homem, assim como a pretensão de ser colocado em condições idôneas a exercer as próprias aptidões pessoais". (PERLINGIERI, Pietro. *Perfis do direito civil*: introdução ao direito civil-constitucional. Rio de Janeiro: Renovar, 1997, p. 37).
26. Disponível em: https://www.dataprotection.ie/en/dpc-guidance/fundamentals-child-oriented-approach-data-processing. Acesso em: 10 abr. 2022.

do Reino Unido (*Information Commissioner's Office – ICO*) publicou o relevante *Age appropriate design: a code of practice for online services*.[27]

Em junho de 2021, a Autoridade Francesa de Proteção de Dados (*Commission Nationale de l'Informatique et des Libertés* – CNIL) publicou oito recomendações para a proteção de menores,[28] quais sejam: a) supervisionar a capacidade dos menores de agir online; b) incentivar os menores a exercerem seus direitos; c) apoiar os pais na educação digital; d) obter o consentimento de um dos pais para menores de 15 anos; e) promover ferramentas de controle parental que respeitem a privacidade e o melhor interesse da criança; f) fortalecer a informação e os direitos dos menores por design; g) verificar a idade da criança e o consentimento dos pais com respeito à sua privacidade; e h) oferecer garantias específicas para proteger os interesses da criança.

Aplicações tanto de inteligência artificial quanto que envolvam o tratamento de dados de crianças e adolescentes necessitam ser desenvolvidas a partir de orientações que considerem princípios e valores éticos, além de haver a proteção aos direitos humanos inserida no desenho de todo o sistema. Ações alinhadas ao *privacy by design* e ao *privacy by default* devem sempre ser tomadas no desenvolvimento de tecnologias, sendo elaborados, quando pertinentes, estudos, matrizes de risco e relatórios de impacto à proteção de dados pessoais.

No cenário brasileiro, quando se advoga pela ampliação das bases legais para o tratamento de dados pessoais de crianças e adolescentes, o relatório de impacto representa documento essencial para a tutela do melhor interesse dos menores.[29] Como se depreende da leitura do artigo 14 da LGPD, o consentimento é uma das bases legais para o tratamento de dados de crianças e adolescentes, mas não a única. Entende-se que podem ser aplicadas, além das normas do Art. 14,[30] as disposições dos artigos 7º e 11 da LGPD, com algumas limitações, quando, respectivamente, se tratar dado pessoal de caráter geral e dado pessoal sensível de criança ou adolescente.

Diante da redação dos parágrafos 1º e 3º do art. 14, ampliar as bases legais para o tratamento de dados de crianças pode parecer uma tese mais arriscada para alguns

27. Disponível em: https://ico.org.uk/for-organisations/guide-to-data-protection/ico-codes-of-practice/age-appropriate-design-a-code-of-practice-for-online-services/. Acesso em: 10 abr. 2022.
28. Disponível em: https://www.cnil.fr/fr/la-cnil-publie-8-recommandations-pour-renforcer-la-protection-des-mineurs-en-ligne. Acesso em: 10 abr. 2022.
29. Cf. TEFFÉ, Chiara Spadaccini de. Dados sensíveis de crianças e adolescentes: aplicação do melhor interesse e tutela integral. In: LATERÇA, Priscilla Silva; FERNANDES, Elora; TEFFÉ, Chiara Spadaccini de; BRANCO, Sérgio (Coord.). *Privacidade e Proteção de Dados de Crianças e Adolescentes*. Rio de Janeiro: Instituto de Tecnologia e Sociedade do Rio de Janeiro; Obliq, 2021. E-book.
30. "Art. 14. O tratamento de dados pessoais de crianças e de adolescentes deverá ser realizado em seu melhor interesse, nos termos deste artigo e da legislação pertinente. § 1º O tratamento de dados pessoais de crianças deverá ser realizado com o consentimento específico e em destaque dado por pelo menos um dos pais ou pelo responsável legal. (...) § 3º Poderão ser coletados dados pessoais de crianças sem o consentimento a que se refere o § 1º deste artigo quando a coleta for necessária para contatar os pais ou o responsável legal, utilizados uma única vez e sem armazenamento, ou para sua proteção, e em nenhum caso poderão ser repassados a terceiro sem o consentimento de que trata o § 1º deste artigo." Observa-se que tanto o parágrafo 1º quanto o 3º mencionam apenas "crianças".

agentes, tendo em vista que as referidas disposições, ao mencionarem estritamente crianças, poderiam sinalizar uma possível restrição das hipóteses legais de tratamento de dados desses sujeitos. Por outro lado, tal situação não envolve diretamente a figura do adolescente, o qual apenas é mencionado no *caput* do Art. 14 da LGPD.

O pilar central e inegociável será sempre o melhor interesse da criança e do adolescente.[31] Contudo, levando em conta as práticas de agentes públicos e privados, bem como a experiência europeia positivada no GDPR, expandir o rol de bases legais mostra-se uma tese possível e por vezes necessária, ainda que se ressalve a aplicação do legítimo interesse e da tutela do crédito.

O contexto tecnológico atual – dinâmico e hiperconectado – traz diversas oportunidades e recursos para as crianças e adolescentes, auxiliando na promoção de seus direitos. Contudo, os riscos enfrentados e as diversas situações de tratamento indevido de dados trazem consigo desafios para a tutela dos referidos sujeitos. Ameaças à integridade física, psíquica ou moral, a hiperexposição de dados pessoais e a discriminação, a modulação e a manipulação de comportamentos e a publicidade infantil são exemplos de impactos negativos e problemas concretos enfrentados pelos menores. Diante disso, a LGPD trouxe uma série de direitos, orientações e garantias para a proteção de crianças e adolescentes, nos meios físico e digital, as quais deverão ser conjugadas com a doutrina do melhor interesse e a proteção integral, havendo a ampla participação dos mais variados sujeitos que atuam em sociedade.

A respeito do idoso (pessoas com idade igual ou superior a 60 anos), vale lembrar que *a idade avançada pode trazer consigo a diminuição ou mesmo a perda de determinadas aptidões físicas e/ou intelectuais, o que torna o indivíduo mais suscetível a práticas abusivas e, até mesmo, a fraudes.* Sua proteção há de ser feita sob as luzes do Art. 230 da Constituição Federal,[32] do Estatuto do Idoso (Lei 10.741/03) e sempre considerando sua peculiar situação de consumidor hipervulnerável.[33] Recorda-se, inclusive, que dentre

31. Cf. TEIXEIRA, Ana Carolina Brochado; RETTORE, Anna Cristina de Carvalho. O princípio do melhor interesse no ambiente digital. In: LATERÇA, Priscilla Silva; FERNANDES, Elora; TEFFÉ, Chiara Spadaccini de; BRANCO, Sérgio (Coord.). *Privacidade e Proteção de Dados de Crianças e Adolescentes.* Rio de Janeiro: Instituto de Tecnologia e Sociedade do Rio de Janeiro; Obliq, 2021. Edição do Kindle. MULHOLLAND, Caitlin; PALMEIRA, Mariana. As bases legais para tratamento de dados de crianças e adolescentes. In: LATERÇA, Priscilla Silva; FERNANDES, Elora; TEFFÉ, Chiara Spadaccini de; BRANCO, Sérgio (Coord.). *Privacidade e Proteção de Dados de Crianças e Adolescentes.* Rio de Janeiro: Instituto de Tecnologia e Sociedade do Rio de Janeiro; Obliq, 2021. Edição do Kindle.

32. Art. 230. A família, a sociedade e o Estado têm o dever de amparar as pessoas idosas, assegurando sua participação na comunidade, defendendo sua dignidade e bem-estar e garantindo-lhes o direito à vida. § 1º Os programas de amparo aos idosos serão executados preferencialmente em seus lares. § 2º Aos maiores de sessenta e cinco anos é garantida a gratuidade dos transportes coletivos urbanos.

33. STJ. REsp 1.871.326/RS, Rel. Ministra Nancy Andrighi. Terceira Turma. DJe 09.09.2020. REsp 1.680.686/RJ, Rel. Ministro Herman Benjamin. Segunda Turma. DJe 07.08.2020. STJ, REsp 1.924.526-PE, Rel. Min. Nancy Andrighi, Rel. Acd. Min. Ricardo Villas Bôas Cueva, Terceira Turma, por maioria, julgado em 22.06.2021, DJe 03.08.2021. No REsp 1.907.394 – MT, julgado em 2021, tratou-se da hipervulnerabilidade dos analfabetos. No caso, ponderou-se que: "Uma análise cuidadosa desses dados indica uma evidente correlação entre os índices de analfabetismo e as situações de pobreza, exclusão e baixo desenvolvimento econômico, fatores que redundam, no plano jurídico, no reconhecimento da hipervulnerabilidade das pessoas analfabetas, em especial os idosos".

os idosos é assegurada prioridade especial aos maiores de oitenta anos, atendendo-se suas necessidades sempre preferencialmente em relação aos demais idosos (art. 3º, § 2º, do Estatuto do Idoso). Na LGPD, em seu artigo 55-J, inciso XIX, há atenção destacada à condição do idoso, competindo à ANPD garantir que o tratamento de dados de idosos seja efetuado de maneira simples, clara, acessível e adequada ao seu entendimento, nos termos desta Lei e do Estatuto do Idoso.

Uma crítica bastante relevante acerca da tutela especial conferida aos idosos é o fato de ela considerá-los como uma "classe" geral e sempre necessitada de uma tutela preferencial. Nos últimos anos, as pessoas idosas cada vez mais vêm se mostrando atuantes no mercado de trabalho e saudáveis. Ainda que possam existir algumas limitações psicofísicas, em alguns casos, isso vem sendo relativizado pelo uso de insumos diversos. Como destaca Perlingieri, o decurso do tempo não influencia, automaticamente, em sentido negativo a capacidade natural normal de uma pessoa, de forma que se faz necessário rever soluções legislativas que, presumindo a decadência da pessoa em razão da idade, tiveram a pretensão de parecer normas construídas no interesse dos idosos.[34] Afirma: "Deve-se verificar a real capacidade de efetuar e de realizar as escolhas e os comportamentos correlatos às situações subjetivas interessadas".[35] Para o autor, as limitações poderão ser entendidas e aplicadas quando, concretamente, faltarem aptidões intelectiva e volitiva na pessoa em questão.

Dentro dessa lógica, a Resolução CD/ANPD 2, de 27 de janeiro de 2022,[36] afirma que não poderão se beneficiar do tratamento jurídico diferenciado previsto neste Regulamento os agentes de tratamento de pequeno porte que, dentre outras situações, realizarem tratamento de alto risco para os titulares. De acordo com seu art. 4º, para fins deste regulamento, será considerado de alto risco o tratamento de dados pessoais que atender cumulativamente a pelo menos um critério geral e um critério específico, dentre os a seguir indicados:

> I – critérios gerais:
>
> a) tratamento de dados pessoais em larga escala; ou
>
> b) tratamento de dados pessoais que possa afetar significativamente interesses e direitos fundamentais dos titulares;
>
> II – critérios específicos:
>
> a) uso de tecnologias emergentes ou inovadoras;
>
> b) vigilância ou controle de zonas acessíveis ao público;
>
> c) decisões tomadas unicamente com base em tratamento automatizado de dados pessoais, inclusive aquelas destinadas a definir o perfil pessoal, profissional, de saúde, de consumo e de crédito ou os aspectos da personalidade do titular; ou
>
> *d) utilização de dados pessoais sensíveis ou de dados pessoais de crianças, de adolescentes e de idosos.*

34. PERLINGIERI, Pietro. *O direito civil na legalidade constitucional.* Rio de Janeiro: Renovar, 2008. p. 785-788.
35. PERLINGIERI, Pietro. *O direito civil na legalidade constitucional.* Rio de Janeiro: Renovar, 2008. p. 785.
36. Aprova o Regulamento de aplicação da Lei 13.709, de 14 de agosto de 2018, Lei Geral de Proteção de Dados Pessoais (LGPD), para agentes de tratamento de pequeno porte.

> § 1º O tratamento de dados pessoais em larga escala será caracterizado quando abranger número significativo de titulares, considerando-se, ainda, o volume de dados envolvidos, bem como a duração, a frequência e a extensão geográfica do tratamento realizado.
>
> § 2º O tratamento de dados pessoais que possa afetar significativamente interesses e direitos fundamentais será caracterizado, dentre outras situações, naquelas em que a atividade de tratamento puder impedir o exercício de direitos ou a utilização de um serviço, assim como ocasionar danos materiais ou morais aos titulares, tais como discriminação, violação à integridade física, ao direito à imagem e à reputação, fraudes financeiras ou roubo de identidade. (...) (grifou-se)

Houve, assim, um cuidado adicional imposto aos agentes de tratamento de pequeno porte[37] que tratam dados sensíveis e dados pessoais – de qualquer natureza – de crianças, adolescentes ou idosos, em razão (I) da natureza e conteúdo sensível das informações; e/ou (II) dos sujeitos envolvidos apresentarem maior vulnerabilidade e proteção constitucional robusta.

A Lei Brasileira de Inclusão da Pessoa com Deficiência (Estatuto da Pessoa com Deficiência – Lei 13.146/15) dispõe que se considera pessoa com deficiência aquela que tem impedimento de longo prazo de natureza física, mental, intelectual ou sensorial, o qual, em interação com uma ou mais barreiras, pode obstruir sua participação plena e efetiva na sociedade em igualdade de condições com as demais pessoas. Observa-se que a avaliação da deficiência, quando necessária, será biopsicossocial, realizada por equipe multiprofissional e interdisciplinar e considerará os impedimentos nas funções e nas estruturas do corpo, os fatores socioambientais, psicológicos e pessoais, a limitação no desempenho de atividades e a restrição de participação.[38]

A tutela das pessoas com deficiência, hoje, no Brasil, tem como fonte também a Convenção Internacional sobre os Direitos das Pessoas com Deficiência.[39] Dentro de seu rol de princípios, o direito à acessibilidade recebe destaque em face do uso da internet e das novas ferramentas tecnológicas, devendo os Estados e agentes privados assegurarem o amplo acesso desses sujeitos à informação e à comunicação, inclusive por meio de sistemas e dispositivos. Todavia, na prática, percebe-se que diversas ferramentas não se encontram desenhadas para atender também pessoas com determinadas deficiências, o que acaba as excluindo de interações e meios tecnológicos ou tornando a participação

---

37. Art. 2º Para efeitos deste regulamento são adotadas as seguintes definições: I – agentes de tratamento de pequeno porte: microempresas, empresas de pequeno porte, *startups*, pessoas jurídicas de direito privado, inclusive sem fins lucrativos, nos termos da legislação vigente, bem como pessoas naturais e entes privados despersonalizados que realizam tratamento de dados pessoais, assumindo obrigações típicas de controlador ou de operador.
38. STJ. REsp 931.513. Rel. Min. Carlos Fernando Mathias. Rel. p/ acórdão Min. Herman Benjamin, julg. 25 nov. 2009, publ. 27 set. 2010.
39. A Convenção Internacional sobre os Direitos das Pessoas com Deficiência define, em seu artigo primeiro, o conceito de pessoas com deficiência, assim dispondo: "O propósito da presente Convenção é promover, proteger e assegurar o exercício pleno e equitativo de todos os direitos humanos e liberdades fundamentais por todas as pessoas com deficiência e promover o respeito pela sua dignidade inerente. Pessoas com deficiência são aquelas que têm impedimentos de longo prazo de natureza física, mental, intelectual ou sensorial, os quais, em interação com diversas barreiras, podem obstruir sua participação plena e efetiva na sociedade em igualdades de condições com as demais pessoas." A Convenção foi promulgada no Brasil em 2009, através do Decreto 6.949. Trata-se do primeiro tratado internacional de direitos humanos aprovado nos termos do artigo 5º, par. 3º, da Constituição Federal, sendo equivalente às emendas constitucionais.

delas precária. As pessoas com deficiência ainda enfrentam barreiras significativas no acesso às tecnologias da informação e comunicação. Essas barreiras são, por exemplo, a falta de audiodescrição e de textos descritivos de imagens, a indisponibilidade de legendas, o uso necessário de controles remotos para acessar dispositivos e a ausência de acionamento e controle por voz de sistemas.

Diante disso, cada vez mais, verifica-se a ampliação de demandas que solicitam modificações e acomodações em projetos de serviços tecnológicos e em dispositivos, que sejam capazes de promover maior acessibilidade. Adicionalmente, há também preocupação com os dados pessoais que vêm sendo tratados e com os perfis desenvolvidos, visto que *a proteção de dados de integrantes de grupos vulneráveis já necessita ser, desde o início, mais elevada, sendo ampliada quando houver o tratamento de dados sensíveis. Nesse sentido, "(...) as pessoas com deficiência constituem grupo estigmatizado e inferiorizado socialmente que representa significativa parcela da população e que o Direito brasileiro somente em tempos mais recentes se voltou à sua tutela na medida de suas vulnerabilidades"*.[40]

3. CONSIDERAÇÕES FINAIS

O controle e a vigilância empregados em nossos corpos e dados vêm sendo substancialmente ampliados, afetando de formas e intensidades distintas as pessoas, especialmente determinados grupos mais vulneráveis e historicamente discriminados. Ainda que a LGPD ofereça dispositivo específico apenas a crianças e adolescentes, mostra-se essencial discutir e oferecer uma tutela destacada a sujeitos mais vulneráveis, especialmente aqueles protegidos pelas normas constitucionais, levando em conta as características das relações e os tratamentos em concreto.

Como apresentado, tutelar dados pessoais significa proteger os indivíduos e grupos de discriminações abusivas ou ilícitas, assegurar a igualdade material no seu tratamento e permitir o livre desenvolvimento da sua personalidade, levando-se em conta suas diferenças e características particulares.

Diante do atual cenário tecnológico, marcado pelo amplo uso de inteligência artificial e dentro de um contexto de web 4.0, não mais parece fazer sentido considerar um dado ou um conjunto de dados pessoais de forma isolada e estática, mas sim dentro de uma perspectiva dinâmica e funcional, que considere diversos fatores, sujeitos e possibilidades de tratamento. Há cada vez mais formas de análises que podem identificar indivíduos e revelar dados sensíveis sobre eles. Levando isso em conta, a LGPD trouxe um novo e significativo referencial para a questão, cabendo à doutrina discutir a interpretação e as possibilidades de aplicação da referida norma.

40. BARBOZA, Heloisa Helena; PEREIRA, Paula Moura Francesconi de Lemos; ALMEIDA, Vitor. Proteção dos dados pessoais da pessoa com deficiência. In: TEPEDINO, Gustavo; FRAZÃO, Ana; OLIVA, Milena Donato (Coord.). *Lei Geral de Proteção de Dados Pessoais e suas repercussões no direito brasileiro*. São Paulo: Thomson Reuters: 2020.

RESPONSABILIDADE CIVIL E O TEMPO DO CONSUMIDOR: DO DESVIO PRODUTIVO À INTRUSÃO PUBLICITÁRIA

Guilherme Magalhães Martins

Pós-doutor em Direito Comercial pela Faculdade de Direito da Universidade de São Paulo – USP – Largo de São Francisco Doutor em Direito Civil (2006), Mestre em Direito Civil (2001) e Bacharel (1994) pela Faculdade de Direito da Universidade do Estado do Rio de Janeiro. Professor-Associado de Direito Civil da Faculdade Nacional de Direito – Universidade Federal do Rio de Janeiro – UFRJ. Professor permanente do Doutorado em Direito, Instituições e Negócios da Universidade Federal Fluminense – UFF. Professor adjunto(licenciado) da Faculdade de Direito da Universidade Cândido Mendes-Centro. Foi professor visitante do Mestrado e Doutorado em Direito e da Graduação em Direito da Universidade do Estado do Rio de Janeiro (2009-2010). É Membro Honorário do Instituto dos Advogados Brasileiros – IAB Nacional, junto à Comissão de Direito do Consumidor. Leciona Direito Civil, Direito do Consumidor e temas ligados ao Direito da Tecnologia da Informação e aos novos direitos. Segundo. Vice-Presidente do BRASILCON, Diretor institucional do IBERC, membro fundador do IAPD e associado DO IBDFAM, tem participado como palestrante de diversos congressos e simpósios jurídicos, nacionais e internacionais. Autor de obras dedicadas ao estudo do Direito Digital. Procurador de Justiça do Ministério Público do Estado do Rio de Janeiro.

José Luiz de Moura Faleiros Júnior

Doutorando em Direito Civil pela Universidade de São Paulo – USP/Largo de São Francisco. Doutorando em Direito, na área de estudo 'Direito, Tecnologia e Inovação', pela Universidade Federal de Minas Gerais – UFMG. Mestre e Bacharel em Direito pela Universidade Federal de Uberlândia – UFU. Especialista em Direito Digital. Especialista em Direito Civil e Empresarial. Associado do Instituto Avançado de Proteção de Dados – IAPD. Membro do Instituto Brasileiro de Estudos de Responsabilidade Civil – IBERC. Advogado e Professor.

1. INTRODUÇÃO

A responsabilidade civil por eventos que atingem o tempo do consumidor é debatida há tempos na doutrina. Para além da escassez, da irreversibilidade, da ininterruptibilidade e da intangibilidade desse valor que se almeja tutelar, o que se nota é que, no curso da vida, muito tempo é investido em tentativas vãs de solucionar problemas do cotidiano que, durante muito tempo, foram consolidadas pela doutrina e pela jurisprudência a partir da construção teórica do "mero aborrecimento", identificado como a situação da vida causadora de inegável dissabor, mas não suficientemente apta a gerar dano indenizável.

Propostas para a superação desse paradigma foram desenvolvidas com lastro em construções inovadoras, que reconhecem a complexidade da sociedade contemporânea e buscam atribuir tutela adequada às suas novas configurações. Modelos específicos, como a teoria do desvio produtivo do consumidor, ou mesmo a estruturação teórica da lesão ao tempo do consumidor, já foram amplamente debatidas pela doutrina pátria e sempre denotaram o repúdio às omissões e aos embaraços criados por fornecedores de produtos e serviços a demandas de consumidores.

Mais do que rememorar os exemplos corriqueiros, como as longas esperas em filas, a espera em demasia por atendimento em serviços on-line ou por telefone, a falta de instruções claras sobre o funcionamento de equipamentos eletrônicos e informáticos, os atrasos, cancelamentos e realocações de voos, além de muitos outros eventos que exemplificam situações cotidianas amplamente repudiadas e geradoras da perda de tempo, o que se pretende é sinalizar novos horizontes dogmáticos, que surgem em mercados ricos em dados, nos quais esse mesmo elemento finito – o tempo – passa a ser consumido por intrusões comissivas, usualmente de natureza publicitária.

O tempo perdido, em si, parece não ser propriamente o único elemento configurador de dano nas práticas levadas a efeito em mercados que se sofisticam constantemente. A ideia de lesão ao tempo ou de perda do tempo útil desfalece e passa a não ser única fonte de propostas para a responsabilização de agentes que exploram atividades econômicas capazes de gerar distorções. O tema-problema desta pesquisa passa justamente por esse objeto, haja vista a necessidade de adequada compreensão sobre as formas de tutela jurídica de intrusões dessa estirpe, que perturbam comissivamente, e não apenas que geram perda de tempo.

Como hipótese, analisa-se a preponderância do direito fundamental ao sossego – cuja construção teórica desborda da ampliação do que se entende por placidez digital – contra ações publicitárias intrusivas geradoras de dano, a demandar responsabilização civil. Em conclusão, a hipótese é confirmada com embasamento no método dedutivo e com suporte em pesquisa bibliográfica.

2. O TEMPO DO CONSUMIDOR: DAS OMISSÕES DANOSAS ÀS AÇÕES INTRUSIVAS

A finitude é marca preponderante do tempo em um universo dinâmico que segue em expansão.[1] Elemento complexo que é, o tempo (de vida) pode ser identificado como

1. Essa diferença de perspectiva sempre desafiou a ciência, tendo sido marca preponderante de uma mudança de compreensão sobre o universo a partir da teoria da relatividade. Sintetizando-a, explica Stephen Hawking: "A antiga ideia de um universo em essência imutável, que pudesse ter existido e pudesse continuar a existir, foi substituída para sempre pela ideia de um universo dinâmico e em expansão que parecia ter começado em um

marca da existência de cada pessoa. Também é fonte de reflexões sobre a escassez e os limites da própria vida, inclusive do ponto de vista fenomenológico[2] e das inúmeras tentativas de sistematização de alguma espécie de "contagem inexata" do tempo em função da ideia de continuidade,[3] a justificar reverberações sobre todos os campos do pensamento humano, o que denota um conceito impreciso.[4]

Não se limitando à compreensão que lhe é atribuída pela temporalidade durável (que justifica a preservação da memória, a construção da História e o delineamento de projetos e metas de grupos ou coletividades[5]), o tempo individual se caracteriza exatamente pela impermanência, pela suscetibilidade, pela mudança e pela liberdade.

Tal constatação, se transposta à contemporaneidade, passa a se imiscuir à ampla conectividade que marca a transformação digital. Vidas aceleradas[6] pela disrupção tecnológica[7] são matrizes essenciais para a reconfiguração social, no apogeu da Quarta Revolução Industrial.[8] Da mesma forma como os aspectos históricos da consolidação normativa da defesa de consumidores e das relações de consumo denotam ter havido importantes reflexos da transformação econômica, social, cultural e política que marcou o século XX,[9] conclui-se que "[a] norma não pode ser compreendida fora da sociedade,

---

tempo finito no passado e que talvez terminasse em um tempo finito no futuro". HAWKING, Stephen. *Uma breve história do tempo*. Trad. Cássio de Arantes Leite. Rio de Janeiro: Intrínseca, 2015. p. 52-53.

2. BERARDI, Franco. *Fenomenología del fin*: sensibilidad y mutación conectiva. Tradução do italiano para o espanhol de Alejandra López Gabrielidis. Buenos Aires: Caja Negra, 2017. p. 348. Anota: "La subsunción es interminable debido a la distancia insalvable que existe entre la dimensión cero y la información atemporal y el cuerpo como algo multidimensional que evoluciona en el tiempo. El juego terminó, pero aun así se renueva continuamente".
3. ELIAS, Norbert. *Sobre o tempo*. Trad. Vera Ribeiro e revisão de Andréa Daher. Rio de Janeiro: Jorge Zahar, 1998. p. 64 et seq.
4. A busca por um delineamento conceitual para fenômenos complexos é desafio tipicamente enfrentado no estudo histórico. O termo *Begriffsgeschichte*, de Koselleck, denota exatamente a estruturação metodológica da busca por formulações conceituais que permitam ao intérprete ultrapassar os desafios impostos pela mutabilidade dos fenômenos complexos. Cf. KOSELLECK, Reinhart. *Estratos do tempo*: estudos sobre história. Trad. Markus Hediger. Rio de Janeiro: Contraponto/PUC-Rio, 2014. Para uma análise do referido conceito no âmbito jurídico, conferir VILLAS BÔAS FILHO, Orlando. A historicidade da dogmática jurídica: uma abordagem a partir da *Begriffsgeschichte* de Reinhart Koselleck. In: RODRIGUEZ, José Rodrigo; COSTA, Carlos Eduardo Batalha da Silva; BARBOSA, Samuel Rodriguez Barbosa (Org.). *Nas fronteiras do formalismo*: a função da dogmática jurídica hoje. São Paulo: Saraiva, 2010.
5. OST, François. *O tempo do direito*. Trad. Élcio Fernandes. Bauru: Edusc, 2005. p. 25-27.
6. MUNTADAS, Borja. La prisión de Cronos. Aspectos sociopolíticos del malestar contemporáneo. In: *La jaula del tiempo*: aspectos sociopolíticos y jurídicos de la aceleración contemporánea. Uberlândia: LAECC, 2020. p. 23-73.
7. HUI, Yuk. *Recursivity and contingency*. Londres: Rowman & Littlefield, 2019. *E-book*. Anota o autor: "Control through tertiary retentions and pretensions such as surveillance, social credits, and big data analysis is taking the first path, in which recursive machines are integrating individuals as the constituents of computation. What Deleuze calls the society of control is fully demonstrated in our digital epoch, of which digital control and flexibility (e.g., modulation or performativity) are its means. We may want to say that it is a mechanist *use of organicist machines for deterministic use*". [grifos conforme o original]
8. SCHWAB, Klaus. *A quarta revolução industrial*. Trad. Daniel Moreira Miranda. São Paulo: Edipro, 2016. p. 115.
9. A gênese do direito do consumidor remonta às sociedades capitalistas centrais, visualizadas em países como Estados Unidos da América, Inglaterra, Alemanha e França. (MIRAGEM, Bruno. *Curso de direito do consumidor*. 5. ed. São Paulo: Ed. RT, 2014. p. 38.) No entanto, seu recrudescimento se deu em compasso com os anseios por justiça social que simbolizaram o século XX, tendo na mensagem proferida por John F. Kennedy ao Congresso

historicamente determinada, e a relevância da sociedade civil não pode ser valorada separadamente da norma".[10]

Diversos debates jurídicos já se elasteceram para conjugar bem mais do que as regras contidas no Código de Defesa do Consumidor (Lei 8.078/1990), haja vista ser evidente que o ritmo irrefreável da inovação tecnológica acarreta mudanças profundas nos modelos tradicionais de regulação pela lei e de engessamento das estruturas econômicas.[11] O comércio eletrônico é exemplo disso, pois reflete a rapidez dessas mudanças e a pujança de novas estruturas mercantis que são viáveis em função de novas práticas já existentes, mas que ainda desafiam a Ciência do Direito à apresentação de respostas para as contingências que geram.[12]

Em linhas gerais, trabalha-se com a perspectiva dos entrelaçamentos sofisticados entre 'poder', 'saber' e 'ser', mas em um ambiente mais sofisticado, no qual as Tecnologias de Informação e Comunicação, essencialmente baseadas no implemento de algoritmos de inteligência artificial,[13] têm favorecido a consolidação de um novo modelo de capitalismo (de vigilância) – densamente explorado nos escritos de Shoshana Zuboff[14] –, que traz à tona os traços de uma nova estruturação dos mercados que considera a experiência humana fonte de informações e alimenta algoritmos de aplicação comercial usualmente sutil (e muitas vezes imperceptível), geralmente voltados à oferta de serviços supostamente gratuitos para pessoas que sequer sabem quais são os riscos envolvidos.

---

norte-americano, em 15 de março de 1962, seu marco simbólico de maior proeminência normativa: "Consumidores, por definição, somos todos nós. Eles são o maior grupo econômico, e influenciam e são influenciados por quase toda decisão econômica pública ou privada. Apesar disso, eles são o único grupo importante, cujos pontos de vista, muitas vezes, não são considerados". (AMARAL, Luiz Otávio de Oliveira. *Teoria geral do direito do consumidor*. São Paulo: Ed. RT, 2010. p. 19.) Alguns anos depois, em 1973, a Assembleia Consultiva da Comunidade Europeia aprovou a Resolução 543, que deu ensejo à edição da Carta Europeia de Proteção ao Consumidor. Por sua vez, a Resolução 39/248, de 16 de abril de 1985, fruto das discussões do Conselho Social Econômico da Assembleia Geral das Nações Unidas, foi o marco fundamental do direito do consumidor, tendo denotado a adesão internacional a uma série de normas dedicadas à proteção aos consumidores. STIGLITZ, Gabriel. *Protección jurídica del consumidor*. 2. ed. Buenos Aires: De Palma, 1988. p. 54 et seq.

10. PERLINGIERI, Pietro. *O direito civil na legalidade constitucional*. Trad. Maria Cristina de Cicco. Rio de Janeiro: Renovar, 2008. p. 7.
11. MARTINS, Guilherme Magalhães. *Contratos eletrônicos de consumo*. 3. ed. São Paulo: Atlas, 2016. p. 63.
12. O mesmo já ocorreu no passado com o reconhecimento e a consolidação de direitos difusos e coletivos e a atribuição de tutela jurídica específica aos mesmos. Grupos organizados de consumidores começaram a surgir a partir do momento em que o próprio consumo passou a balizar as relações humanas. RAMSAY, Iain. Consumer protection in the era of informational capitalism. In: WILHELMSSON, Thomas; TUOMINEM, Salla; TUOMOLA, Heli (Ed.). *Consumer law in the information Society*. Haia: Kluwer Law International, 2001. p. 45-65. Importante ruptura ocorreu exatamente porque a pujança das estruturas mercadológicas voltadas ao consumo acarreta uma mudança que "'interpela' seus membros (ou seja, dirige-se a eles, os saúda, apela a eles, questiona-os, mas também os interrompe e 'irrompe sobre' eles) basicamente na condição de consumidores". BAUMAN, Zygmunt. *Vida para consumo*: a transformação das pessoas em mercadoria. Trad. Carlos Alberto Medeiros. Rio de Janeiro: Zahar, 2008. p. 70.
13. SADIN, Éric. *La vie algorithmique*: critique de la raison numérique. Paris: Éditions L'Échappée, 2015. p. 79.
14. ZUBOFF, Shoshana. *The age of surveillance capitalism*: the fight for a human future at the new frontier of power. Nova York: PublicAffairs, 2019. p. 4. Diz: "Entanglements of knowledge, authority and power are no longer confined to workplaces as they were in the 1980s. Now their roots run deep through the necessities of daily life, mediating nearly every form of social participation".

A fim de monitorar comportamentos com um nível muito alto de detalhamento, priorizam-se os '*leads*' em detrimento das pessoas, uma vez que lucros são potencializados a partir da apropriação de dados capturados por algoritmos e técnicas desumanizantes de perfilização e estigmatização.[15]

Omissões regulatórias decorrentes do descompasso (anunciado) entre a inovação tecnológica e a edição de leis escritas não podem representar *gaps* em ordenamentos que consagram diversas dimensões para a proteção dos direitos humanos, em suas inúmeras vertentes. São criados os 'mercados ricos em dados' (*data-rich markets*), descritos por Viktor Mayer-Schönberger e Thomas Ramge como ambientes nos quais o usuário se torna espectador de suas próprias preferências, posto que seus dados são utilizados para mapear seus interesses e predizer suas decisões.[16] Tudo é funcionalizado a partir de uma nova *commodity*: a atenção.[17] O tema, por isso, acaba reverberando sobre as relações de consumo e o direito do consumidor com intensidade.

Propostas voltadas à compreensão do tempo, portanto, devem ser estruturadas e debatidas conforme o ritmo (inegavelmente intenso) de desenvolvimento social, revelando adequação aos percalços do presente, mas sem desconsiderar os desafios do futuro.

3. O DESVIO PRODUTIVO DO CONSUMIDOR, A LESÃO AO TEMPO E O DANO POR PERDA DE TEMPO ÚTIL: HÁ NOVOS HORIZONTES PARA ALÉM DE TAIS PROPOSTAS?

Situações do cotidiano que geravam repercussões relacionadas ao tempo do consumidor eram usualmente qualificadas doutrinária e jurisprudencialmente como eventos aptos a gerar chateações e dissabores, mas sem ultrapassar os limites do "mero aborrecimento", ou seja, não seriam situações efetivamente danosas, suficientemente graves, com aptidão à configuração de dano.[18] Sempre prevaleceram as formulações clássicas, como a de Aguiar Dias, no sentido de que o dano moral corresponderia à "reação psicológica à injúria, [às] dores físicas e morais que o homem experimenta em face da lesão".[19]

15. FALEIROS JÚNIOR, José Luiz de Moura; MEDON, Filipe. Discriminação algorítmica de preços, perfilização e responsabilidade civil nas relações de consumo. *Revista de Direito da Responsabilidade*, ano 3, p. 947-969, Coimbra, 2021.
16. MAYER-SCHÖNBERGER, Viktor; RAMGE, Thomas. *Reinventing capitalism in the age of Big Data*. Nova York: Basic Books, 2018. p. 7.
17. Cf. WU, Tim. *The attention merchants*: the epic scramble to get inside our heads. Nova York: Vintage, 2016.
18. O dano moral, historicamente, sempre foi analisado pela doutrina a partir de tentativas variadas de sistematização de seus elementos concretizadores. Wilson Melo da Silva, aprofundando-se no estudo da questão, destaca oito requisitos: "1ª) Falta de um efeito penoso durável; 2ª) A incerteza, nessa espécie de danos, de um verdadeiro direito violado; 3ª) A dificuldade de descobrir-se a existência do dano; 4ª) A indeterminação do número de pessoas lesadas; 5ª) A impossibilidade de uma rigorosa avaliação em dinheiro; 6ª) A imoralidade de compensar uma dor com dinheiro; 7ª) O ilimitado poder que se tem de conferir ao juiz; 8ª) A impossibilidade jurídica de se admitir tal reparação". SILVA, Wilson Melo da. *O dano e sua reparação*. 3. ed. Rio de Janeiro: Forense, 1983. p. 337.
19. DIAS, José de Aguiar. *Da responsabilidade civil*. 11. ed. Rio de Janeiro: Renovar, 2006. p. 428.

Noutros termos, foi delongada a construção dogmática que consagrou a possibilidade de reparação do dano moral. Como lembra Zenun, "razão não têm os que só admitem a reparação do dano moral quando há repercussão econômica, porque não se trata de pagar a dor, os sofrimentos, mas de dar ao lesado os meios paraderivativos, com que se aplacam ou afugentam esses males".[20]

A paulatina diminuição da relevância da ilicitude na aferição do dano, somada à crescente preocupação com a vítima (e com a reparação de lesões porventura sofridas), e não com o ofensor (e sua reprovação),[21] conduziu a reestruturação dogmática da responsabilidade civil para a identificação do dano a partir da lesão a interesse juridicamente tutelado e digno de proteção pelo ordenamento jurídico.

Separou-se a noção de dano injusto do ato ilícito e, para permitir sua tutela jurídica *ex post*, evitando que todo e qualquer dano fosse objetivamente indenizável, os atributos de certeza e atualidade passaram a importar ainda mais. A expressão 'direito de danos'[22] passou a indicar novo plexo de situações merecedoras de tutela jurídica para além da tradicional concepção identificadora do dano em sentido material (a partir do prejuízo econômico ou mesmo emocional).[23]

Fato é que, por volta de 2005, o advogado Marcos Dessaune lançou a expressão "desvio produtivo do consumidor" para denominar o fenômeno socioeconômico que percebia na práxis forense, sendo desafiado por novas demandas de consumo que versavam sobre questões relacionadas a algo que o autor identificava como um "novo e relevante dano", distinto do dano moral clássico.[24] O desvio produtivo seria caracterizado conceitualmente, em sua primeira construção teórica, pela necessidade de o consumidor "desperdiçar" o seu tempo e desviar as suas competências para tentar resolver um problema criado pelo fornecedor, a um custo de oportunidade indesejado, de natureza irrecuperável, diante de uma situação de mau atendimento pelo fornecedor.[25]

20. ZENUN, Augusto. *Dano moral e sua reparação*. 3. ed. Rio de Janeiro: Forense, 1995. p. 73.
21. MORAES, Maria Celina Bodin de. *Danos à pessoa humana*: uma leitura civil-constitucional dos danos morais. Rio de Janeiro: Renovar, 2003. p. 177. Anota: "Daí porque, há mais de duas décadas, O. GOMES qualificava como 'a mais interessante mudança' na teoria da responsabilidade civil o que ele chamou de 'giro conceitual do ato ilícito para o dano injusto', que permite 'detectar outros danos ressarcíveis que não apenas aqueles que resultam da prática de um ato ilícito'. Substitui-se, em síntese, a noção de ato ilícito pela de dano injusto, mais amplo e mais social".
22. DÍEZ-PICAZO, Luis. *Derecho de daños*. Madri: Civitas, 1999. p. 314. Anota: "Para que un daño sea indemnizable, además de concurrir necesariamente un título de imputación subjetiva de la responsabilidad por apreciación de culpa o, en virtud de una norma jurídica, por el riesgo creado, es preciso que en el daño mismo concurran algunas condiciones o algunos requisitos. De esta suerte, trata el ordenamiento de limitar, por una parte, las consecuencias ulteriores de las acciones humanas y, por otra, el derecho al resarcimiento del perjudicado cuando pueden encontrarse serias razones para ello".
23. SCHREIBER, Anderson. *Novos paradigmas da responsabilidade civil*: da erosão dos filtros da reparação à diluição dos danos. 5. ed. São Paulo: Atlas, 2013. p. 108 et seq.
24. DESSAUNE, Marcos. Apresentação. In: BORGES, Gustavo; VOGEL, Joana Just. *O dano temporal e sua autonomia na responsabilidade civil*. Belo Horizonte: D'Plácido, 2021. p. 20.
25. DESSAUNE, Marcos. *Desvio produtivo do consumidor*: o prejuízo do tempo desperdiçado. São Paulo: Ed. RT, 2011. p. 88. O autor, em 2017, lançou a segunda edição da sua obra, intitulada "Teoria aprofundada do desvio produtivo do consumidor; o prejuízo do tempo desperdiçado e da vida alterada, com grande difusão. DES-

Claramente, o que se percebe é que a experiência prática de Dessaune com ações que discutiam eventos geradores de 'meros aborrecimentos' demonstrava, na verdade, haver interferência na qualidade de vida dos consumidores demandantes, ultrapassando os limites tradicionalmente definidos pela jurisprudência para a não configuração de um dano.[26-27]

Noutros termos, a complexidade da vida em sociedade – cuja constante metamorfose impõe a superação de novos desafios – também indicaria a necessidade de se reconhecer valor jurídico ao que era visto, até então, como mero aborrecimento.[28]

Não se nega que "a intangibilidade, a ininterruptibilidade e a irreversibilidade são características do tempo que lhe tornam inacumulável e irrecuperável, ou seja, diferentemente dos bens materiais, trata-se de um recurso que não se pode acumular, tampouco recuperar durante a vida".[29] As necessidades humanas[30] mudam tanto quanto mudam os limites de aplicação das normas jurídicas às relações jurídicas estabelecidas em razão dessas mudanças.

Cada novo contexto permite que se investigue a efetividade da norma jurídica para a tutela de valores, conceitos, bens e serviços que integram a sociedade de consumo na chamada pós-modernidade, haja vista que passam a afetar a coletividade de usuários que, direta ou indiretamente, estão em contato com a nova realidade na qual se estabelece um propósito. Com efeito, "essa é a agenda do ser humano: caminhar com tranquilidade, no ambiente em que sua vida se manifesta rumo ao seu projeto de vida".[31] Essa reflexão, claramente alinhada à percepção de que situações existenciais orbitam a construção dogmática do dano por perda de tempo útil, foi que levou Marcos Dessaune a revisitar a teoria do desvio produtivo do consumidor, em 2017, para deixar de identificar a autonomia do dano que lhe era correlato, reconhecendo-o, a partir de então, como "dano extrapatrimonial de natureza existencial pela lesão ao tempo vital e às atividades existenciais do consumidor, podendo ainda lhe causar outros danos".[32]

SAUNE, Marcos. *Teoria aprofundada do desvio produtivo do consumidor*; o prejuízo do tempo desperdiçado e da vida alterada. 2. ed. Vitória, 2017.

26. Segundo Aguiar Dias, "a unanimidade dos autores convém em que não pode haver responsabilidade sem a existência de um dano, e é verdadeiro truísmo sustentar esse princípio, porque, resultando a responsabilidade civil em obrigação de ressarcir, logicamente não pode concretizar-se onde não há que reparar". DIAS, José de Aguiar. *Da responsabilidade civil.* 11. ed. Rio de Janeiro: Renovar, 2006. p. 393.
27. Neste sentido, aliás, descreve o Enunciado n. 445, da V Jornada de Direito Civil, que "o dano moral indenizável não pressupõe necessariamente a verificação de sentimentos humanos desagradáveis como dor ou sofrimento". Essa é a posição que prevalece na doutrina.
28. MENDONÇA, Rodrigo Palomares Maiolino de. O mero aborrecimento tem valor. In: OLIVEIRA, Júlio Moraes (Org.). *Direito do consumidor contemporâneo.* Belo Horizonte: D'Plácido, 2019. p. 295 et seq.
29. DESSAUNE, Marcos. *Desvio produtivo do consumidor*: o prejuízo do tempo desperdiçado. São Paulo: Ed. RT, 2011. p. 108.
30. Cf. MASLOW, Abraham Harold. *Motivation and personality.* 2. ed. Nova Iorque: Harper & Row, 1970.
31. DESSAUNE, Marcos. *Desvio produtivo do consumidor*: o prejuízo do tempo desperdiçado. São Paulo: Ed. RT, 2011. p. 140-141.
32. DESSAUNE, Marcos. Apresentação. In: BORGES, Gustavo; VOGEL, Joana Just. *O dano temporal e sua autonomia na responsabilidade civil.* Belo Horizonte: D'Plácido, 2021. p. 22.

Talvez o desvio produtivo não indique um novo dano, mas seja uma representação do dano extrapatrimonial, agora identificado a partir de suporte fático diverso.[33] Não obstante, a teoria permanece viva no âmbito jurisprudencial, já tendo sido objeto de inúmeros enfrentamentos, em especial pelo Superior Tribunal de Justiça. Para exemplificar o tipo de situação usualmente observada em demandas de consumo que desvelam a incidência da referida teoria, cita-se precedente de 2018, no qual a referida Corte assentou que, "pelo fato de ter sido submetida, por longo período [por mais de três anos, desde o início da cobrança e até a prolação da sentença], a verdadeiro calvário para obter o estorno alvitrado, cumprindo prestigiar no caso a teoria do Desvio Produtivo do Consumidor",[34] uma consumidora deveria ser indenizada, tendo sido arbitrada indenização a título de dano moral – sem o reconhecimento de um dano independente –, embora a teoria de Marcos Dessaune tenha sido expressamente mencionada.

Para além de situações indesejadas e geradoras de verdadeiro "calvário", como mencionado pelo julgador no aresto anterior, também se nota que a jurisprudência usualmente reafirma a ocorrência de vício (do produto ou do serviço) para diagnosticar descumprimento contratual que extrapola os limites do tolerável.[35] Nem sempre é mencionada a expressão "desvio produtivo do consumidor", embora um mesmo fenômeno perturbador seja recorrentemente identificado como elemento central

33. TERRA, Aline de Miranda Valverde. Danos autônomos ou novos suportes fáticos de danos? Considerações acerca da privação do uso e da perda do tempo nas relações de consumo. In: KNOERR, Viviane Coêlho de Séllos; FERREIRA, Keila Pacheco; STELZER, Joana (Org.). *Direito, globalização e responsabilidade nas relações de consumo*. Florianópolis: Conpedi, 2015. p. 1-17.

34. Confira-se trecho mais detalhado do voto condutor do referido julgamento: "Com efeito, tem-se como absolutamente injustificável a conduta da instituição financeira em insistir na cobrança de encargos fundamentadamente impugnados pela consumidora, notório, portanto, o dano moral por ela suportado, cuja demonstração evidencia-se pelo fato de ter sido submetida, por longo período [por mais de três anos, desde o início da cobrança e até a prolação da sentença], a verdadeiro calvário para obter o estorno alvitrado, cumprindo prestigiar no caso a teoria do Desvio Produtivo do Consumidor, por meio da qual sustenta Marcos Dessaune (...) Com efeito, a abusiva cobrança de encargos bancários indevidos e a recalcitrância injustificada por tempo expressivo [três anos] do réu em proceder a cessação desta exação e o espontâneo ressarcimento à correntista, constitui injusta agressão, porquanto privou a autora de utilizar o seu tempo disponível na forma que melhor lhe aprouvesse, de molde a provocar sofrimento psíquico que molesta direitos inerentes à personalidade, vulnerando seu patrimônio moral, a justificar a reparação almejada". BRASIL. Superior Tribunal de Justiça, Recurso Especial 1.260.458/SP, Relator Min. Marco Aurélio Bellizze, DJ 25.04.2018.

35. Veja-se o seguinte exemplo: "(...) A consumidora alegou e comprovou na petição inicial que: os serviços contratados se demonstraram viciados a partir de junho de 2015; deu ciência à fornecedora e; a fornecedora não logrou resolver os problemas administrativamente (...) De outra banda, a recorrente não logrou comprovar, como lhe competia, ter prestado os serviços contratados de forma adequada, ou seja, ter "hospedado" e dado acesso a conteúdo eletrônico de informações de acordo com a demanda da contratante. Tampouco comprovou a fornecedora ter sanando os vícios comprovadamente noticiados pela contratante de imediato (Código de Processo Civil, artigo 373, inciso II), de maneira que o vício do serviço está bem caracterizado no caso concreto para efeitos de responsabilização civil objetiva (Código de Defesa do Consumidor, artigo 18). Em verdade, a fornecedora reconheceu que os problemas de ordem técnica decorreram de pane no painel de controle do "website", porém imputou a responsabilização à contratante ao fundamento de que era a gestora da ferramenta e, portanto, a única responsável por erros. No entanto, tal alegação não pode subsistir, porque a consumidora é, repita-se, hipossuficiente técnica quanto ao produto eletrônico colocado a seu dispor pela requerida, a quem competia zelar por seu correto funcionamento". BRASIL. Superior Tribunal de Justiça, Recurso Especial 1.132.385/SP, Dec. Mon., Relator Min. Paulo de Tarso Sanseverino, DJ 27.09.2017.

para a fixação de indenização, não por dano decorrente da perda de tempo, mas a título de dano moral.[36]

Mais recentemente, em acórdão publicado em 24 de fevereiro de 2022, o Superior Tribunal de Justiça voltou a enfrentar a questão em ação civil pública ajuizada pelo Ministério Público do Estado de Tocantins contra instituições financeiras por ineficiência lastreada no desabastecimento de terminais de autoatendimento ('caixas eletrônicos') e por não solucionarem longas filas de espera. Destacando a amplitude da violação, no voto condutor, relatado pela Ministra Nancy Andrighi, reconheceu-se que "não se está a tratar de simples espera em filas de agências bancárias, tampouco de dano moral individual, mas sim de dano moral coletivo, figura autônoma com funções e requisitos próprios"; ainda, a relatora destacou que "a teoria do desvio produtivo preceitua a responsabilização do fornecedor pelo dispêndio de tempo vital do consumidor prejudicado, desviando-o de atividades existenciais" e, com isso, reconheceu a aptidão das omissões das instituições financeiras quanto à caracterização do dano moral coletivo.[37]

É conveniente registrar que, desde que a teoria do desvio produtivo do consumidor se popularizou, parte da doutrina passou a sinalizar a possibilidade de estruturação

36. Nos tribunais estaduais, há inúmeros precedentes sobre o tema, com enfrentamentos de pedidos relacionados a supostas situações de desvio produtivo do consumidor, mas que, na verdade, acabam se imiscuindo a outras discussões. Apenas a título exemplificativo, podem ser elencados os seguintes arestos jurisprudenciais: (i) no TJ/BA, Ap. Cível 0000791-97.2014.8.05.0216; (ii) no TJ/PB, Ap. Cível 0000882-61.2014.8.15.0071; (iii) no TJ/GO, Ap. Cível 5415178-58.2017.8.09.0051; (iv) no TJ/MG, Ap. Cível 1.0637.17.001522-5/001; (v) no TJ/SC, Ap. Cível 0300847-64.2017.8.24.0041; (vi) no TJ/SP, Ap. Cível 1001545-85.2015.8.26.0318; (vii) no TJ/AM, Ap. Cível 0255718-32.2008.8.04.0001; (viii) no TJ/RJ, Ap. Cível 0053950-27.2016.8.19.0205; (ix) no TJ/RS, Ap. Cível 0016980-75.2013.8.21.9000.

37. Acompanharam a relatora os Ministros Paulo de Tarso Sanseverino, Ricardo Villas Bôas Cueva e Moura Ribeiro, restando vencido o Ministro Marco Aurélio Bellizze. Da ementa do acórdão, destacam-se os seguintes trechos: "(...) 2. Os propósitos recursais consistem em dizer se: a) o acórdão recorrido conteria omissão; b) é possível a condenação ao pagamento de danos morais coletivos em demanda em que se discute direitos individuais homogêneos; c) em demanda em que se discute a caracterização de dano moral coletivo é necessária a prova concreta do dano; d) a reiterada existência de caixas eletrônicos inoperantes, sobretudo por falta de numerário, e o consequente excesso de espera em filas de agências bancárias por tempo superior ao estabelecido em legislação municipal são causas suficientes de dano moral coletivo; e) o valor arbitrado a título de compensação pelos danos morais coletivos é excessivo; f) os juros de mora devem incidir a partir da sentença que constituiu a obrigação de compensar os danos morais coletivos ou da citação na ação civil pública; g) a imposição de multa diária configura bis in idem, tendo em vista que a Lei Municipal 2.111/2002, da cidade de Araguaína/TO, já estabelece punição para a hipótese de vício de qualidade no serviço bancário prestado; e h) o valor fixado a título de multa diária seria excessivo. (...) 4. Não bastasse ser possível cumular, na mesma ação coletiva, pretensões relativas a diversos interesses transindividuais, é forçoso concluir que, na espécie, não se está a tratar de ofensa a direitos individuais homogêneos, mas sim a direitos difusos com a imposição de obrigação de fazer e de compensar os danos morais coletivos perpetrados. 5 – Ao contrário do que argumentam as recorrentes, a responsabilização por dano moral coletivo se verifica pelo simples fato da violação, isto é, *in re ipsa*, não havendo que se falar, portanto, em ausência de prova do dano na hipótese em apreço. 6 – A inadequada prestação de serviços bancários, caracterizada pela reiterada existência de caixas eletrônicos inoperantes, sobretudo por falta de numerário, e pelo consequente excesso de espera em filas por tempo superior ao estabelecido em legislação municipal, é apta a caracterizar danos morais coletivos. 7 – Na hipótese, não se evidencia a exorbitância apta a permitir a redução do valor fixado pela Corte de origem a título de compensação pelos danos morais coletivos, porquanto entende-se razoável o quantum fixado correspondente a R$ R$ 500.000,00 (quinhentos mil reais) para cada instituição financeira. (...)" BRASIL. Superior Tribunal de Justiça, Recurso Especial 1.9292.288/TO, Relatora Min. Nancy Andrighi, DJ 24.02.2022.

de um novo dano decorrente da perda de tempo, útil ou não, a partir de suas clássicas formulações. Em 2013, o argentino Sergio Sebastián Barocelli sustentou que a perda de tempo poderia se convolar em dano emergente[38] ou em lucro cessante.[39] Essa constatação, tendo em vista a época em que o artigo do autor foi publicado, coincidiu com o período em que o desvio produtivo do consumidor ainda estava em processo de construção.

O dano emergente é aquele que mais se nota à primeira vista; é o chamado dano positivo, que representa aquilo que, de imediato, efetivamente se perdeu, sendo de mais fácil avaliação do que o lucro cessante, que utiliza a projeção contábil do dano em relação ao patrimônio da vítima, a qual não é facilmente avaliada, podendo abranger prejuízos futuros, dependendo do desenrolar dos acontecimentos.[40-41] No Brasil, adota-se a teoria da causa direta e imediata, por expressa disposição do art. 403 do Código Civil de 2002: "Art. 403. Ainda que a inexecução resulte de dolo do devedor, as perdas e danos só incluem os prejuízos efetivos e os lucros cessantes por efeito dela direto e imediato, sem prejuízo do disposto na lei processual".

Como argumenta Carlos Edison do Rêgo Monteiro Filho, "no exemplo genérico da injustificada perda do tempo na fila de agência bancária, é bem crível que, para além da questão extrapatrimonial, decorram do inesperado atraso efeitos de ordem patrimonial na vítima, como a perda de compromissos profissionais (...)".[42] Uma situação dessa estirpe teria repercussões simultaneamente patrimoniais e não patrimoniais.

Logo, admitir-se a reparação tanto de danos emergentes, quanto de lucros cessantes, sendo ambos decorrentes da lesão causada em uma relação de consumo, não representa argumento suficiente para que se qualifique o desvio produtivo como um novo dano. De fato, nunca houve completa assertividade sobre as bases estruturais da teoria do desvio produtivo do consumidor, especialmente quando os primeiros trabalhos que a analisaram foram escritos. Todavia, isso não significa dizer que a teoria não tenha seu valor. Bem ao contrário, foi importante marco jurídico para as discussões que se seguiram.

---

38. O autor explica: "La pérdida de tiempo puede vislumbrase en un daño emergente: un daño a la salud o integridad física ante la tardanza en la atención sanitaria, la pérdida de un servicio de transporte (aéreo, terrestre, marítimo etc.). [...] Pero también em los supuestos que analizamos en este trabajo (defecto de producto, deficiencias en la prestación de servicios etc.) pueden generar gastos que configuran un daño emergente: llamadas telefónicas, procuración de copias para denuncias y reclamaciones, traslado y viáticos, entre otros, que merecen ser compensados". BAROCELLI, Sergio Sebastián. Cuantificación de daños al consumidor por tiempo perdido. *Revista de Direito do Consumidor*, n. 90, p. 119-140, São Paulo, nov./dez. 2013.
39. "En segundo término, la pérdida de tiempo puede encuadrarse en un supuesto de lucro cesante. Tiempo que, por ser escaso, el consumidor le resta a sus actividades económicas, caso que implicaría un lucro cesante (actividad laboral, productiva, profesional etc.) o, en sentido más técnico, al desarrollo de actividades esenciales para la vida (descanso, ocio, vida familiar y de relación) o de su personalidad (actividades educativas, culturales, deportivas, espirituales, recreativas etc.)". BAROCELLI, Sergio Sebastián. Cuantificación de daños al consumidor por tiempo perdido. *Revista de Direito do Consumidor*, n. 90, p. 119-140, São Paulo, nov./dez. 2013.
40. ALVIM, Agostinho. *Da inexecução das obrigações e suas consequências*. 3. ed. Rio de Janeiro: Editora Jurídica e Universitária, 1965. p. 174.
41. TEPEDINO, Gustavo. Notas sobre o nexo de causalidade. In: TEPEDINO, Gustavo. *Temas de Direito Civil*. Rio de Janeiro: Renovar, 2006. t. II, p. 64.
42. MONTEIRO FILHO, Carlos Edison do Rêgo. Lesão ao tempo: configuração e reparação nas relações de consumo. *Revista da Ajuris*, v. 43, n. 141, p. 87-113, Porto Alegre, dez. 2016.

Uma dessas discussões envolve a suposta repercussão pedagógica da responsabilidade civil por perda de tempo útil, analisada por Maurilio Casas Maia em razão do argumento de que "o tempo humano passará a ter valor em si mesmo considerado, e não por eventuais consequências econômicas ou morais de sua violação".[43] No ordenamento brasileiro, uma leitura superficial do *caput* do artigo 944 do Código Civil permitiria concluir que é descabida a imposição de pena privada. Todavia, seu parágrafo único descreve que, "se houver excessiva desproporção entre a gravidade da culpa e o dano, poderá o juiz reduzir, equitativamente, a indenização". Medindo-se a indenização pela extensão do dano, como indica o *caput*, o tema sempre suscitou controvérsias,[44] culminando na edição do Enunciado 379, da IV Jornada de Direito Civil, que prevê o seguinte: "O art. 944, *caput*, do Código Civil não afasta a possibilidade de se reconhecer a função punitiva ou pedagógica da responsabilidade civil".

O tema é polêmico, especialmente quando analisado sob o prisma da responsabilidade civil objetiva – que é a regra nas relações de consumo, em razão da incorporação da teoria do risco da atividade[45] nos artigos 12 e 14 do CDC –, tendo em vista que se torna bastante opaco o critério "gravidade da culpa" para a aferição da extensão do dano.[46] Entretanto, a responsabilidade civil caminha rumo à promoção da *accountability*, mais robusta e alicerçada em múltiplas funções, especialmente a precaucional.[47]

O tempo, assim como o sossego, é tema de suma importância para a pessoa humana. O seu dano é juridicamente valorável e economicamente quantificável, afinal, o tempo do consumidor compõe o dano ressarcível nas relações jurídicas de consumo, assim como os danos psicológicos e os contratempos (plenamente evitáveis) da sociedade atual.[48] Assim, "(...) tendo em vista que o menoscabo incide sobre o bem jurídico *tempo*,

43. MAIA, Maurilio Casas. O dano temporal indenizável e o mero dissabor cronológico no mercado de consumo: quando o tempo é mais que dinheiro – é dignidade e liberdade. *Revista de Direito do Consumidor*, n. 92, p. 161-176, São Paulo, mar./abr. 2014.
44. PIRES, Fernanda Ivo. *Responsabilidade civil e o caráter punitivo da reparação*. Curitiba: Juruá, 2014. p. 163 et seq.
45. Referida teoria se fundamenta no princípio "*ubi emolumentum ibi ônus*", que se traduz na responsabilidade daquele que extrai vantagem ou proveito do fato causador do dano, tornando-se obrigado, por conseguinte, a repará-lo. A lógica desta concepção se situa na ideia de que, se a atividade econômica desenvolvida propicia enriquecimento ao seu empreendedor, e, paralelamente, a possibilidade de dano a quem executa o serviço, nada mais justo que, no caso de dano, ainda que ausente a culpa ou o dolo, se responsabilize o explorador da atividade. Em simples palavras, quem cria riscos potenciais de dano para outrem deve suportar os ônus correspondentes.
46. DAL PIZZOL, Ricardo. *Responsabilidade civil*: funções punitiva e preventiva. Indaiatuba: Foco, 2020. p. 196. Anota: "Parece-nos, todavia, que deveria ser aplicado no Brasil, em relação às funções punitiva e dissuasiva dos danos extrapatrimoniais, o mesmo raciocínio em "dois níveis" empregado em relação aos *punitive damages* nos países de *common law*: mesmo nas hipóteses em que a compensação do dano não exija culpa (responsabilidade objetiva) ou seja suficiente a culpa leve ou levíssima, a punição e a dissuasão pressupõem sempre culpa grave ou dolo".
47. Nesse cenário, quando se cogita de uma pena civil, "a função punitiva da responsabilidade civil equivale a uma responsabilidade civil sem dano, não tanto por se presumir o dano, mas por conceder exclusiva atenção à esfera jurídica do lesante, a jamais se presumir a reprovabilidade do comportamento e a intencionalidade da conduta antijurídica". ROSENVALD, Nelson. *As funções da responsabilidade civil*: a reparação e a pena civil. São Paulo: Atlas, 2013. p. 218-219.
48. BERGSTEIN, Laís. A consolidação do dano pela perda do tempo do consumidor no Brasil e o duplo critério para sua compensação: o menosprezo planejado. In: BORGES, Gustavo; MAIA, Maurilio Casas (Org.). *Dano temporal*: o tempo como valor jurídico. 2. ed. São Paulo: Tirant lo Blanch, 2019. p. 79-100.

parece mais adequado designar-se a situação objeto da presente análise como *lesão ao tempo*, evitando-se a confusão entre a lesão e seus efeitos, os prejuízos patrimoniais e/ ou morais dela decorrentes, quer dizer, os danos".[49]

A teoria do desvio produtivo do consumidor é uma das respostas da doutrina a esse tipo de ingerência na esfera existencial dos consumidores, pois envolve valores como o trabalho, o lazer, o descanso e o convívio pessoal.[50] Mas a sociedade de massas muitas vezes traz como efeito o fato de o tempo perdido pelo outro ser menosprezado, considerado um aborrecimento que deve ser tolerado.

Certamente não é isso. O que se pode concluir, sob o aspecto jurídico, é que o tempo pode ser definido como "o suporte indispensável ao exercício e à manifestação da personalidade de cada indivíduo. Como condição de promoção e realização da dignidade humana. Como recurso humano escasso, finito e irreparável e, por essa razão, inviolável".[51] Então, identificá-lo (bem como alguma violação) não basta para justificar qualquer representação danosa. Portanto, as denominações "desvio produtivo do consumo" ou, tão somente, "perda do tempo útil" revelam-se, no rigor técnico, inapropriadas, pois parecem conter carga predominantemente patrimonialista e utilitarista".[52]

A doutrina se mostra, portanto, muito dividida quanto à natureza do dano em questão. Como se viu, Marcos Dessaune defende, desde 2017, que o desvio produtivo tem natureza jurídica de dano extrapatrimonial de natureza existencial pela lesão ao tempo vital e às atividades existenciais do consumidor, podendo causar-lhe outros danos; Carlos Edison do Rêgo Monteiro Filho aduz que sua qualificação varia conforme os reflexos da lesão ao interesse juridicamente tutelado; por outro lado, Maurilio Casas Maia afirma que se trata de categoria jurídica autônoma relativamente aos danos material e moral.

Entretanto, propostas diversas já foram estruturadas para o tema, a exemplo da tese doutoral de Laís Bergstein, que explora um contexto mais específico do que o do desvio produtivo do consumidor. A autora chama de "menosprezo planejado" o contexto de inércia do fornecedor que deixa de empreender quaisquer esforços para solucionar o problema concreto do consumidor. A autora, embora reconheça a possibilidade de reparação autônoma do dano decorrente da perda de tempo útil do consumidor, destaca que "a necessidade de se individualizar um percentual ou uma parcela da indenização pelo dano extrapatrimonial cumpre duas funções: didática e preventiva".[53]

49. MONTEIRO FILHO, Carlos Edison do Rêgo. Lesão ao tempo: configuração e reparação nas relações de consumo. *Revista da Ajuris*, v. 43, n. 141, p. 87-113, Porto Alegre, dez. 2016.
50. DESSAUNE, Marcos. *Desvio produtivo do consumidor*: o prejuízo do tempo desperdiçado. São Paulo: Ed. RT, 2011. p. 200-218.
51. AMORIM, Bruno de Almeida Lewer. *Responsabilidade civil pelo tempo perdido*. Belo Horizonte: D'Plácido, 2018. p. 65.
52. MONTEIRO FILHO, Carlos Edison do Rêgo. Lesão ao tempo: configuração e reparação nas relações de consumo. *Revista da Ajuris*, v. 43, n. 141, p. 87-113, Porto Alegre, dez. 2016.
53. BERGSTEIN, Laís. *O tempo do consumidor e o menosprezo planejado:* o tratamento jurídico do tempo perdido e a superação das suas causas. São Paulo: Thomson Reuters Brasil, 2019. p. 274.

Para Laís Bergstein, é preciso que haja efetivo menosprezo do fornecedor (falta de iniciativa para a resolução do problema) e a demonstração da possibilidade de que o tempo desperdiçado poderia ter sido poupado pela empresa, se houvesse planejamento, para que se reconheça dano indenizável. O tempo, nesse contexto, não é facilmente quantificável. Em seus dizeres, "é preciso construir uma nova e equitativa distribuição do tempo nas relações de consumo, restituir ao consumidor o controle do seu próprio tempo, torná-lo o senhor da sua própria vida, o protagonista de sua própria história".[54]

A tendência de estruturação de um *tertium genus* que sinalize a emancipação desse tipo de ofensa é o ponto mais criticado pela doutrina.[55] Há enorme resistência doutrinária à intenção de popularizar novas espécies autônomas de danos.[56]

Em linhas conclusivas, o que se percebe é que a construção doutrinária, embora apresente variações terminológicas (desvio produtivo, lesão ao tempo, perda de tempo útil etc.), costumeiramente pode ser compreendida em função de um pressuposto central da responsabilidade civil: a natureza omissiva da ação.

É frequente a criação de embaraços à solução de uma típica demanda consumerista por desídia, inércia, desinteresse, burocratização no atendimento, enfim, por omissão do fornecedor. Ainda que não se possa desconsiderar as valiosas inferências doutrinárias que procuram corroborar ou refutar a tese de que o dano por perda de tempo útil goza de autonomia, também não se pode deixar de analisar a predominância desse outro pressuposto da responsabilidade civil sob tal formato.

Uma nova discussão se abre: seria possível o contraponto? A se considerar o tempo como recurso vilipendiado por atuação indevida do fornecedor, seria de se cogitar uma situação em que a proteção jurídica do consumidor seja garantida pela identificação de ato comissivo gerador de "dano temporal", seja tal figura autônoma ou não?

54. BERGSTEIN, Laís. *O tempo do consumidor e o menosprezo planejado:* o tratamento jurídico do tempo perdido e a superação das suas causas. São Paulo: Thomson Reuters Brasil, 2019. p. 275.

55. Ainda sobre o tema, confira-se: SCRAMIM, Umberto Cassiano Garcia. Da responsabilidade civil pela frustração do tempo disponível. *Revista dos Tribunais*, n. 968, p. 83-99, São Paulo, jun. 2016; SILVA NETO, Orlando Celso da. Responsabilidade civil pela perda do tempo útil: tempo é um ativo indenizável? *Revista de Direito Civil Contemporâneo*, n. 2, v. 4, p. 139-162, São Paulo, jul./set. 2015.

56. Daniel Deggau Bastos e Rafael Peteffi da Silva lembram que duas objeções foram apresentadas à referida proposta de autonomia: "Primeiramente, notou-se a obrigação de se observar que as categorias de indenização, dano patrimonial e extrapatrimonial, devem ser respeitadas em todas as situações em que a tutela indenizatória se imponha. Eventual autonomia de algum tipo de direito tutelado pelo ordenamento jurídico não pode ter como consequência a aceitação uma categoria indenizatória igualmente autônoma. A crítica da mais abalizada doutrina alemã em relação à categoria de *injury as such*, plasmada no *DCFR* [*Draft Common Frame of Reference*], mostra que o Direito Italiano se viu obrigado a trabalhar com categorias pouco ortodoxas em função de uma limitação extrema das modalidades de dano extrapatrimonial encontrada em sua estrutura sistemática. Em relação aos sistemas que não se caracterizam por estas mesmas restrições, nenhuma razão há para se sustentar a existência de um *tertium genus*." BASTOS, Daniel Deggau; SILVA, Rafael Peteffi da. A busca pela autonomia do dano pela perda do tempo e a crítica ao 'compensation for injury as such'. *Civilistica.com: Revista Eletrônica de Direito Civil*, ano 9, n. 2, p. 24. Rio de Janeiro, 2020.

4. A RESPONSABILIDADE CIVIL NOS MERCADOS RICOS EM DADOS: O DIREITO FUNDAMENTAL AO SOSSEGO SOB A FORMA DA PLACIDEZ DIGITAL E SUA PROTEÇÃO

Novos mercados representam novas possibilidades e a violação ao tempo já não é mais considerada apenas como resposta à falta de punição por eventos que, antes, geravam o chamado mero aborrecimento. Intromissões geradoras de dano existem e se tornam mais corriqueiras em razão de atividades publicitárias[57] – usualmente envolvendo dados[58] e que se direcionam a grupos hipervulneráveis[59] –, o que passa a indicar a ressignificação do objeto afetado; mais do que o tempo (ou o tempo 'útil'), considera-se a atenção[60] – que demanda tempo – do consumidor. Meios intrusivos de perturbação do sossego são as principais razões para que distúrbios ocorram, gerando eventuais danos.

Segundo Byung-Chul Han, "a crescente carga de trabalho torna necessária a adoção de disposições específicas em relação ao tempo e à atenção (*Zeitund Aufmerksamkeitstechnik*); isso, por sua vez, afeta a estrutura de atenção e cognição".[61] O problema já era apontado, por exemplo, por Jean Baudrillard, muito antes do atingimento do grau

---

57. BERGSTEIN, Laís. Internet das Coisas e *'target advertising'*: riscos e possibilidades do uso de dados pessoais. In: OLIVEIRA, Júlio Moraes (Org.). *Direito do consumidor contemporâneo*. Belo Horizonte: D'Plácido, 2019. p. 133-146.
58. A doutrina italiana vem sinalizando tal propensão de violação a direitos em razão da malversação de dados: "La tutela della *privacy* di ciascun individuo è tema sempre ampiamente dibattuto ed oggetto di continui aggiornamenti normativi, non solo all'interno del territorio italiano ma anche a livello transnazionale. Possiamo anzi con certezza affermare che l'attuale disciplina legislativa presente in Italia è frutto di quelle che sono state le disposizioni normative radicatese dapprima nella comunità internazionale. Il processo di costituzionalizzazione del diritto alla *privacy* non è infatti rimasto confinato alle singole esperienze nazionali, ma ha avuto riscontri significativi altresì a livello sovranazionale e comunitario". PALO, Fabio. Il danno per la violazione della privacy del consumatore. In: CENDON, Paolo; PONCIBÒ, Cristina (a cura di). *Il risarcimento del danno al consumatore*. Milão: Giuffrè, 2014. p. 185. Ainda sobre o tema e trazendo ao debate algumas reflexões sobre a privacidade no direito italiano, conferir, por todos, COLOMBO, Cristiano; BERNI, Duílio Landell de Moura. Privacy no direito italiano: tríade de decisões judiciais rumo a insights sobre limites conceituais, deslocamento geográfico e transparência do corpo eletrônico. *Revista IBERC*, v. 5, n. 1, p. 112-131, Belo Horizonte, jan./abr. 2022.
59. Conferir, por exemplo, estudo crítico de Arthur Basan sobre idosos: BASAN, Arthur Pinheiro. Do idoso sossegado ao aposentado telefonista: a responsabilidade civil pelo assédio do telemarketing de crédito. *Revista IBERC*, v. 4, n. 3, p. 53-66, Belo Horizonte, set./dez. 2021; conferir, também, sobre novas práticas abusivas em mercados digitais dedicados preponderantemente a crianças e adolescentes, o seguinte estudo: FALEIROS JÚNIOR, José Luiz de Moura; DENSA, Roberta. Para além das 'loot boxes': responsabilidade civil e novas práticas abusivas no mercado de games. In: FALEIROS JÚNIOR, José Luiz de Moura; LONGHI, João Victor Rozatti; GUGLIARA, Rodrigo (Coord.). *Proteção de dados pessoais na sociedade da informação*: entre dados e danos. Indaiatuba: Foco, 2021. p. 333-356.
60. A explicação é de Tim Wu: "Since its inception, the attention industry, in its many forms, has asked and gained more and more of our waking moments, albeit always, in exchange for new conveniences and diversions, creating a grand bargain that has transformed our lives". WU, Tim. *The attention merchants*: the epic scramble to get inside our heads. Nova York: Vintage, 2016. p. 5.
61. HAN, Byung-Chul. *The burnout society*. Tradução do alemão para o inglês de Erik Butler. Stanford: Stanford Briefs, 2015. p. 12, tradução livre. No original: "the mounting burden of work makes it necessary to adopt particular dispositions toward time and attention [*Zeitund Aufmerksamkeitstechnik*]; this in turn affects the structure of attention and cognition".

de desenvolvimento tecnológico do século XXI e do desenvolvimento de teorias mais contemporâneas para o fenômeno.[62]

Analisando como os mercados migraram, continuam migrando e ainda migrarão para a internet, não há dúvidas de que perturbações que "tomam tempo" passam a decorrer de intrusões comissivas, e não de omissões. Como foi dito, mesmo nas relações de consumo, atividades baseadas em publicidade algorítmica intrusiva passam a demandar a atenção do consumidor, que é outro substrato igualmente limitado e comumente confundido com o tempo.

O mercado mudou, os consumidores são cada vez mais exigentes e apresentam novos comportamentos que mudam frequentemente a eficácia do *marketing* praticado na rede. Para Rafael Sampaio, os consumidores estão cada vez mais sofisticados, sensíveis, seletivos e céticos,[63] o que desafia as empresas – especialmente quando operam na internet – a revisitarem suas práticas comerciais e publicitárias de modo que possam ser verdadeiramente competitivas em face da grande concorrência e, ainda, para que estejam realmente aptas a assumir e explicitar um "perfil de confiabilidade, praticidade e qualidade, um dos motivos que fazem o consumidor investir em determinado produto".[64]

Para cumprir tal meta, as empresas recorrem a recursos tecnológicos que permitam o exercício do chamado *marketing* segmentado, pelo qual as estratégias empresariais são remodeladas para que se faça determinado anúncio ser apresentado ao consumidor que se sabe ter a necessidade de consumir o produto ou serviço respectivo[65] – e isto se faz com técnicas de *machine learning* que robustecem algoritmos.

As contratações mudaram. Newton De Lucca anota que se, antes, o escopo de proteção do artigo 49 do Código de Defesa do Consumidor, que cuida do direito de arrependimento na compra e venda realizada fora do estabelecimento, remontava à ideia dos catálogos de produtos enviados para a residência do consumidor, agora tais catálogos estão nas telas dos computadores.[66] Todavia, as mudanças já se tornaram mais acentuadas e densas.

Tudo é válido para 'seduzir'[67] o consumidor à contratação e, muito embora a publicidade seja uma atividade lícita, é utilizada cada vez mais em detrimento do discerni-

---

62. BAUDRILLARD, Jean. *La société de consommation*: ses mythes, ses structures. Paris: Éditions Denoël, 1970. p. 291. Anota: "Il y a désormais un problème mondial de la fatigue comme il y a un problème mondial de la faim. (...) La fatigue, como syndrome collectif des sociétés post-industrielles, rentre ainsi dans le champ des anomalies profondes, des « dysfonctions » du bien-être. « Nouveau mal du siècle », elle est à analyser en conjonction avec les autre phénomènes anomiques, dont la recrudescence marque notre époque, alors que tout devrait contribuer à les résoudre".
63. SAMPAIO, Rafael. *Propaganda de A a Z*. Rio de Janeiro: Campus, 2003. p. 232-235. O autor salienta que "os recursos tecnológicos e produtivos são cada vez mais parecidos e possibilitam às empresas atingir padrões de qualidade semelhantes".
64. PRATES, Cristina Cantú. *Publicidade na Internet*: consequências jurídicas. Curitiba: Juruá, 2015. p. 42.
65. LIMEIRA, Tânia Vidigal. *E-marketing na Internet com casos brasileiros*. São Paulo: Saraiva, 2003. p. 9.
66. DE LUCCA, Newton. *Aspectos jurídicos da contratação informática e telemática*. São Paulo: Saraiva, 2003. p. 111.
67. LIPOVETSKY, Gilles. Sedução, publicidade e pós-modernidade. In: MARTINS, Francisco Menezes; SILVA, Juremir Machado. *A genealogia do virtual*: comunicação, cultura e tecnologias do imaginário. Porto Alegre:

mento do consumidor.[68] Cada vez mais se recorre a práticas que podem ser consideradas abusivas, como a publicidade indutiva, as distorções de informações sobre produtos e serviços, a incitação às superstições, a violação de valores morais, da desejada segurança, as vendas casadas, dentre outras.[69]

É preciso ressaltar que "publicidade e propaganda não se confundem. A publicidade tem um objetivo comercial, enquanto a propaganda possui um fim ideológico, religioso, filosófico, político, econômico ou social".[70] Isto conduz à conclusão de Walter Ceneviva: "Pretendida que fosse uma distinção terminológica, a propaganda seria espécie do gênero publicidade, consistente em arte ou ciência de indução do consumidor a preferir produto ou serviço cujas qualidades proclama".[71]

A par desta conceituação, torna-se mais claro o escopo da utilização da publicidade na internet, na medida em que o *e-commerce* é repensado pela presença de novos instrumentos de *marketing*,[72] como o uso de áudio e vídeo, a revisão da semiótica aplicada aos anúncios, a utilização de páginas interativas e animadas e até mesmo a contratação de personalidades da internet ('influenciadores digitais'), além de outros, como: *micro-sites*; *host sites*; *jumppages*; *pop-ups*; *floaters*; *banners*; *adverlogs*; *rich media*; *webisodes*; *marketing* viral; *e-auctions*; *gross rating points*; *bluecasting* e *e-mail marketing*.[73]

Frente a isso, o Código de Defesa do Consumidor assume posição de proteção em virtude da vulnerabilidade (e da hipossuficiência) do consumidor, elencando diversos princípios relevantes, a saber: (i) identificação da publicidade (artigo 36); (ii) vinculação contratual da publicidade (artigos 30 e 35); (iii) veracidade (artigo 37, § 1º); (iv) não abusividade da publicidade (artigo 37, § 2º); (v) inversão do ônus da prova (artigo 38); (vi) transparência da fundamentação publicitária (artigo 36, parágrafo único); (vii) correção do desvio publicitário (artigo 56, XII).

Para que se reafirme a dimensão de controle que é desejável em relações de consumo, é preciso que seja consagrado um modelo de gestão do tempo a partir da retomada, pelos consumidores, dos mecanismos de controle que lhes são disponibilizados pelo ordenamento jurídico. A expressão *habeas mente*, proposta por Fernando Martins,

---

Sulina, 2008. p. 35. E o autor ainda destaca que: "Com a morte do discurso de autoridade, a afirmação de um parâmetro tornou-se um jogo em que sedução, publicidade e marketing desempenham papéis fundamentais, mas em constante movimento. Ou seja, nada é inatacável ou perene. A posteridade é como o horizonte, uma linha que se afasta à medida que o indivíduo se aproxima. Se existe, permanece um mistério. Não se pode estipular os critérios de acesso a ela. Como a moda, tudo é passageiro".

68. Conferir, sobre o tema, EFING, Antônio Carlos; BERGSTEIN, Laís Gomes; GIBRAN, Fernanda Mara. A ilicitude da publicidade invisível sob a perspectiva da ordem jurídica de proteção e defesa do consumidor. *Revista de Direito do Consumidor*, n. 81, p. 91-115, São Paulo, jan./mar. 2012.
69. LORENZETTI, Ricardo Luis. *Comércio eletrônico*. Trad. Fabiano Menke. São Paulo: Ed. RT, 2004. p. 390.
70. FINKELSTEIN, Maria Eugênia. *Aspectos jurídicos do comércio eletrônico*. Porto Alegre: Síntese, 2004. p. 254.
71. CENEVIVA, Walter. *Publicidade e direito do consumidor*. São Paulo: Ed. RT, 1991. p. 20-24.
72. Cf. PASQUALOTTO, Adalberto. *Os efeitos obrigacionais da publicidade no Código de Defesa do Consumidor*. São Paulo: Ed. RT, 1997.
73. LIMEIRA, Tânia Vidigal. *E-marketing na Internet com casos brasileiros*. São Paulo: Saraiva, 2003. p. 166-186.

sintetiza tal ideia: "pode-se até buscar a metáfora do *habeas mente* como garantia contra *spams* que abordem os dados sensíveis do usuário da rede".[74]

Ademais, nesses mercados, haja vista a pujança informacional que lhes é inerente, debater algum grau de controle pressupõe reconhecer a proteção que deve ser conferida ao direito ao sossego,[75] ainda que com novos contornos.[76] A expressão "placidez digital" talvez seja representativa não de um novo dano – e tampouco se pretende que o seja –, mas de uma nova categorização fática que contribui para melhor delinear um problema sintomático da sociedade contemporânea: não se está mais a perder tempo; o tempo – e sua finitude – são explorados e manejados em razão do controle sutil do foco e da atenção a partir de práticas intrusivas e perturbadoras que merecem tutela.

Sabe-se que a vulnerabilidade do consumidor é qualidade presumida e distintiva (art. 4º, do CDC), razão pela qual deve o fornecedor valer-se de práticas comerciais que respeitem esta especial condição do consumidor, deixando de levar a efeito estratégias que o manipulem ou explorem. Porém, mercados que recorrem à atenção para alimentar algoritmos complexos – que "reinventam" as estratégias de *marketing* mais corriqueiras e passam a se imiscuir à racionalidade humana – impõem desafio nunca antes vislumbrado para os tradicionais instrumentos de tutela postos à disposição do operador do Direito.

Nos dizeres de Arthur Basan, "apesar de a publicidade derivar da livre iniciativa econômica e da livre concorrência, a imposição de limites publicitários é claramente legal, principalmente ao se considerar a necessidade de preservação da autonomia dos consumidores que a recebem";[77] por outro lado, a pujança dos dados faz emanar uma ideia recentemente analisada por Cass Sunstein: a de que se está a viver no limiar de um novo paradigma social, no qual governantes e agentes reguladores deverão lidar com oportunidades únicas para o trato da informação. E, às vezes, "menos é mais".[78]

---

74. MARTINS, Fernando Rodrigues. Sociedade da Informação e proteção da pessoa. *Revista da Associação Nacional do Ministério Público do Consumidor*, v. 2, n. 2. p. 20. Brasília, 2016.
75. Cf. MARTINS, Guilherme Magalhães; FALEIROS JÚNIOR, José Luiz de Moura; BASAN, Arthur Pinheiro. A responsabilidade civil pela perturbação do sossego na internet. *Revista de Direito do Consumidor*, n. 128, p. 239-265, São Paulo, mar./abr. 2020.
76. Com efeito: "Pelo exposto, é possível defender que a tutela do sossego se materializa na responsabilidade civil das empresas que se aproveitam dos dados pessoais e da vulnerabilidade do consumidor conectado para lhe impingir publicidades de consumo não solicitadas. Fora a violação do tempo que a pessoa gasta para eliminar as publicidades indesejadas que lhe são direcionadas, é evidente que a importunação de sossego também é capaz de gerar outros danos aos usuários, em especial diante das técnicas agressivas de *marketing* que promovem o assédio de consumo". BASAN, Arthur Pinheiro; FALEIROS JÚNIOR, José Luiz de Moura. A proteção de dados pessoais e a concreção do direito ao sossego no mercado de consumo. *Civilistica.com: Revista Eletrônica de Direito Civil*, ano 9, n. 3, p. 20. Rio de Janeiro, 2020.
77. BASAN, Arthur Pinheiro. *Publicidade digital e proteção de dados pessoais*: o direito ao sossego. Indaiatuba, Foco, 2021. p. 211.
78. SUNSTEIN, Cass R. *Too much information*: understanding what you don't want to know. Cambridge: The MIT Press, 2020. p. 191. Anota: "The coming decades will provide unprecedented opportunities for [governments and regulators] to require disclosure of information, with the salutary goal of helping consumers, employees, investors, and ordinary citizens going about their lives. Often that will be a terrific idea. But in some contexts, less is more, and more is less".

5. CONCLUSÃO

Se o conceito de desvio produtivo do consumidor se entrelaça à casuística e denota algum grau de aferição subjetiva quanto ao tempo "não investido" pelo consumidor, quanto ao fornecedor, o que subjaz a esse fenômeno é que as condutas geradoras de desvio são tipicamente omissivas ou de retardamento. Por faltar clareza acerca dos critérios de aferição de danos decorrentes da alegação de lesão ao tempo, certos eventos se confundem e geram desdobramentos mais complexos, por vezes permitindo que se amplie o espectro de situações que geram máculas ao elemento em questão (o 'tempo').

O mérito de propostas doutrinárias como a teoria do desvio produtivo do consumidor – e mesmo sua versão 'aprofundada' – está na originalidade da proposta de buscar reconhecimento de valor jurídico ao chamado 'mero aborrecimento'. Situações do cotidiano que eram vistas como dissabores insuficientes para gerar dano, passaram a ser revistas em virtude de abusos e da extrapolação dos limites do tolerável. Outras situações, a exemplo do conceito de lesão ao tempo, ou mesmo a ideia de dano por perda de tempo útil, apesar de terem espectro de incidência igualmente restrito, tiveram grande importância por permitirem que se traduzisse um problema mais amplo e complexo que a sociedade da informação, com seus traços mais contemporâneos, acarreta: a transmutação do tempo.

A hipótese de pesquisa, confirmada ao final da revisão bibliográfica empreendida, encontra lastro na necessidade de que o direito e suas formulações se mantenham sempre atuais, o que demanda do intérprete grande acuidade. Relações de consumo, hoje, geram abusos violadores do tempo do consumidor por práticas intrusivas comissivas e não pela omissão desidiosa ou pelo menosprezo planejado. Entre ambas as modalidades de perturbação do equilíbrio dessas relações, há um traço comum: as duas concernem ao tempo. Não como dano, mas como objeto de configuração fática.

Portanto, seja do ponto de vista da conduta omissiva do fornecedor que deixa de atender a uma pretensão legítima de um consumidor, seja do ponto de vista da atuação comissiva do fornecedor que, especialmente na veiculação publicitária, pratica ato intrusivo desmedido, se houver exacerbação dos limites de perturbação considerados toleráveis, haverá que se cogitar de dano – que poderá ser emergente ou lucro cessante – e sua natureza poderá ser patrimonial ou extrapatrimonial. A reparação, contudo, será categorizada em razão da estruturação da ofensa e não pelo reconhecimento de um dano autônomo, do qual ainda é possível prescindir, mesmo diante da complexidade da sociedade contemporânea e de suas idiossincrasias.

Parte VIII
ADMINISTRAÇÃO DA JUSTIÇA E TRANSFORMAÇÃO SOCIAL

A JUSTIÇA CONSTITUCIONAL A SERVIÇO DA DEMOCRACIA: REFLEXÕES SOBRE O PROTAGONISMO INSTITUCIONAL DO PODER JUDICIÁRIO NO ESTADO CONTEMPORÂNEO

Guilherme Peña de Moraes

Membro do Ministério Público do Estado do Rio de Janeiro em exercício na Assessoria de Atribuição Originária Cível e Institucional da Procuradoria-Geral de Justiça. Professor de Direito Constitucional da Universidade Federal Fluminense (UFF). Mestre em Direito Constitucional pela Pontifícia Universidade Católica do Rio de Janeiro (PUC/RJ), Doutor em Direito Constitucional pela Pontifícia Universidade Católica de São Paulo (PUC/SP) e Pós-Doutor em Direito Constitucional pela *Fordham School of Law – Jesuit University of New York* (FU/NY).

1. INTRODUÇÃO

O trabalho que ora vem a lume tem a pretensão de investigar o "movimento global em direção ao Judiciário" nas democracias contemporâneas,[1] que experimenta uma ascensão institucional na organização dos Poderes do Estado, por força do qual os juízes são trazidos para o primeiro plano da vida pública.

O ponto de convergência da judicialização e ativismo do Poder Judiciário, dessa forma, encontra-se no quadro de valorização das atividades dos juízes.[2] A nosso ver, no espaço dos diálogos constitucionais, é identificado o protagonismo, ou mesmo supremacia, do Poder Judiciário que, por causa da judicialização de relações de natureza social e política, opera o efeito do ativismo judicial.[3]

Debruçar-nos-emos, pois, sobre o trinômio judicialização da política – protagonismo institucional – ativismo do Judiciário ao longo do texto para, ao final, examinar o conceito de autonomia processual da justiça constitucional.

1. MORAES, Guilherme Peña de. *Constitucionalismo multinacional*: uso persuasivo da jurisprudência estrangeira pelos tribunais constitucionais. 2. ed. São Paulo: Foco, 2015, p. 23.
2. CROWE, Justin. *Building the Judiciary*: law, courts and the politics of institutional development. New Jersey: Princeton University Press, 2012, p. 270.
3. HIRSCHL, Ran. *Towards juristocracy*: the origins and consequences of the new constitutionalism. Cambridge: Harvard University Press, 2007, p. 7.

2. JUDICIALIZAÇÃO DA POLÍTICA

A elocução "judicialização da política" pode ser remontada a Neal Tate e Torbjörn Vallinder, segundo os quais "a judicialização consiste, de todo modo, na transformação de algo em forma de processo judicial".[4]

Nesse sentido, o papel invasivo da ciência jurídica é determinado pela invasão do direito tanto nas relações sociais – "judicialização da sociedade"[5] – quanto nos poderes republicanos – "judicialização da política".[6]

Com efeito, a judicialização da sociedade deriva da intervenção do direito na sociabilidade, com a regulação das práticas sociais.

O Poder Judiciário é exposto, sem nenhum tipo de mediação, dentro dessa lógica de raciocínio, às expectativas por cidadania de setores socialmente emergentes.

A Justiça, como "guardiã das promessas democráticas" ainda não realizadas durante a modernidade, é convertida em "lugar em que se exige a realização da democracia".[7]

Demais disso, a judicialização da política exsurge da intervenção do direito nas instituições, com o reconhecimento, antes, de um novo padrão de configuração do Poder Judiciário e, depois, de um novo padrão de relacionamento entre os Poderes do Estado.

No novo padrão de configuração, ao Poder Judiciário é atribuído o poder de elaborar o direito, a partir do esvaziamento progressivo da supremacia legislativa e, por via de consequência, da transposição de poder do Legislativo para o Judiciário.[8]

O deslocamento do centro de gravidade revela a evolução de um sistema jurídico monocêntrico para outro policêntrico, no qual toda a produção normativa não está alocada na legislatura eleita.[9]

No novo padrão de relacionamento, o Poder Judiciário, instituição estratégica nas democracias de hoje, impondo-se, entre os dois Poderes do Estado, como ator político e parceiro no processo decisório, é convocado ao exercício de novos papéis constitucionais.[10]

---

4. TATE, Neal; VALLINDER, Torbjörn. *The global expansion of Judicial Power*. New York: NYU Press, 1997, p. 13. V., também: The judicialization of politics: a world-wide phenomenon. *International Political Science Review*, v. 15, p. 91-100. Montreal, 1994.
5. FRIEDMAN, Lawrence; PÉREZ-PERDOMO, Rogelio. *Legal culture in the age of globalization*. Redwood: Stanford University Press, 2003, p. 64.
6. SHAPIRO, Martin; SWEET, Alec. *On Law, politics and judicialization*. Cary: Oxford University Press, 2002, p. 55.
7. Na visão de Antoine Garapon, "tornou-se o Poder Judiciário o último refúgio de um ideal democrático decantado ao longo do tempo". GARAPON, Antoine. *Le gardien des promesses. Justice et démocratie*. Paris: Odile Jacob, 1996, p. 20, 22 e 45, e *Les juges dans la mondialisation*. Paris: Seuil, 2005, p. 71. V., também, da mesma autoria: L'imaginaire pirate de la mondialisation. *Revue Esprit*, Paris, 1º.07.2009, p. 154-167, e La peur de l'impuissance démocratique. *Revue Esprit*, Paris, 1º.2.2014, p. 19-30.
8. DRESSEL, Björn. *Judicialization of politics*. New York: Routledge, 2012, p. 15.
9. TUSHNET, Mark. *Taking the Constitution away from the courts*. New Jersey: Princeton University Press, 2000, p. 6.
10. POPOVA, Maria. *Politicized Justice*. Cambridge: Cambridge University Press, 2014, p. 26.

A judicialização da política, não pode ser negado, é revestida de natureza dúplice ou ambivalente, eis que, de um lado, as minorias parlamentares demandam a intervenção do Poder Judiciário contra a vontade da maioria (defesa das minoria), ao tempo em que, de outro lado, os agentes institucionais, como, por exemplo, o Poder Executivo e as Instituições de Provedoria de Justiça demandam a intervenção do Poder Judiciário contra a representação parlamentar, com vistas à racionalização do governo (defesa da sociedade).[11]

3. PROTAGONISMO JUDICIAL

O Poder Judiciário, devido à judicialização das relações sociais e políticas, é colocado no epicentro jurídico-constitucional do Estado contemporâneo.[12]

O protagonismo institucional do Poder Judiciário pode ser constatado em decisões de temas polêmicos, que envolvem questões de dissenso moral razoável da sociedade ou aspectos morais não socialmente estáveis.[13] O Poder Judiciário, nestas matérias, é evidenciado como uma arena - jurídica - para a qual são deslocados os conflitos de interesse de outra arena - política.[14]

Exemplos do protagonismo judicial são detectados ao redor do mundo, como as decisões da Suprema Corte do Canadá, no caso *Operation Dismantle v. The Queen*, acerca do teste de mísseis de cruzeiro americanos no território do país,[15] do Tribunal Constitucional da Coreia do Sul, no caso *Roh Moo-hyun*, sobre o julgamento do processo de *impeachment* do Presidente da República,[16] do Conselho Constitucional da

---

11. Na visão de Luciano Da Ros, o Poder Judiciário pode atuar em relação à judicialização da política como "instrumento de oposição", pela defesa das minorias, ou "árbitro da partida", para defesa da sociedade e, por via de consequência, manutenção das regras do jogo. DA ROS, Luciano. Tribunais como árbitros ou como instrumentos de oposição: uma tipologia a partir dos estudos recentes sobre judicialização da política com aplicação ao caso brasileiro contemporâneo. *Direito, Estado e Sociedade*, v. 31, p. 86. Rio de Janeiro, 2007, e Ministério Público e sociedade civil no Brasil contemporâneo: em busca de um padrão de interação. *Política Hoje*, v. 18, p. 29. Recife, 2009. V., também, da mesma autoria: Fundamentos sócio-políticos do pioneirismo jurisprudencial e da diversificação do espaço jurídico: notas a partir de estudo de caso. *Revista da Ajuris*, v. 35, p. 217-230. Porto Alegre, 2008, e Difícil hierarquia: a avaliação do Supremo Tribunal Federal pelos magistrados da base do Poder Judiciário no Brasil. *Revista da GV*, v. 9, p. 47-64. São Paulo, 2013.
12. O protagonismo institucional do Poder Judiciário é relacionado ao "quadro de valorização do papel do juiz", por José Ribas Vieira, "protagonismo judicial-processual", por Lenio Luiz Streck, ou "nova ideia de direito, com o juiz como figura principal", por Evandro Gueiros Leite. VIEIRA, José Ribas. Leituras e debates em torno da interpretação no Direito Constitucional nos anos 90. *Impulso – Revista de Ciências Sociais e Humanas*, v. 20, p. 16, Piracicaba, 1996; STRECK, Lenio Luiz. Hermenêutica, Constituição e processo, ou de "como discricionariedade não combina com democracia": o contraponto da resposta correta. In: OLIVEIRA, Marcelo Andrade Cattoni de (Org.). *Constituição e processo*: a contribuição do processo ao constitucionalismo democrático brasileiro. Belo Horizonte: Del Rey, 2009, p. 8, 10, 17 e 24, e LEITE, Evandro Gueiros. Ativismo judicial. *BDJur – Biblioteca Digital Jurídica*, v. 5, p. 2. Brasília, 2008.
13. VALLE, Vanice Regina Lírio do. *O ativismo jurisdicional e o Supremo Tribunal Federal*. Curitiba: Juruá, 2009, p. 33.
14. RAMOS, Elival da Silva. *Ativismo judicial*: parâmetros dogmáticos. São Paulo: Saraiva, 2010, p. 13.
15. Operation Dismantle v. The Queen [1985] 1 S.C.R. 441.
16. 2004Hun-Na1, 16-1 KCCR 609.

França, na *Décision 2010-44 QPC*, acerca do imposto de solidariedade das riquezas,[17] da Suprema Corte de Israel, no caso *Ornan Yekutieli v. The Minister of Religious Affairs*, sobre o bloqueio da Faixa de Gaza ao Hamas,[18] da Corte Suprema do Paquistão, no caso *Islamabad Wildlife Management Board v. Metropolitan Corporation Islamabad, acerca dos maus-tratos contra animais*,[19] do Conselho Constitucional da Hungria, na *Döntés száma 8/2010*, sobre o imposto de redistribuição das fortunas,[20] do Tribunal Constitucional da Turquia, no caso *Pasinler Criminal Court of Peace*, acerca da preservação da laicidade do Estado contra o fundamentalismo islâmico,[21] e da Suprema Corte dos Estados Unidos da América, no caso *Citizens United v. Federal Election Commission*, sobre os limites à participação financeira de empresas, ou mesmo organizações sem fins lucrativos, em campanhas eleitorais de que trata o *Bipartisan Campaign Reform Act*.[22]

Da mesma forma, como ator do processo de interpretação da Constituição, o Supremo Tribunal Federal do Brasil enfrentou as questões da antecipação terapêutica de parto de fetos anencéfalos, na Arguição de Descumprimento de Preceito Fundamental 54/DF,[23] da fidelidade partidária dos detentores de mandatos eletivos, no Mandado de Segurança 26.602/DF,[24] do cultivo, industrialização e comercialização de organismos geneticamente modificados, na Ação Direta de Inconstitucionalidade 3.035/PR,[25] da união estável entre pessoas do mesmo sexo, na Arguição de Descumprimento de Preceito Fundamental 132/RJ,[26] das ações afirmativas raciais no acesso às instituições de ensino superior públicas, na Arguição de Descumprimento de Preceito Fundamental 186/DF,[27] do uso de células-tronco embrionárias em pesquisas, na Ação Direta de Inconstitucionalidade 3.510/DF,[28] da progressão de regime prisional em crimes hediondos, no *Habeas Corpus* 82.959/SP,[29] e do combate à pandemia do novo coronavírus, na Arguição de Descumprimento de Preceito Fundamental 672/DF.[30]

17. Décision 2010-44 QPC. Journal Officiel 29.9.2010, p. 671.
18. Ornan Yekutieli v. The Minister of Religious Affairs, HCJ 4124/00.
19. Islamabad Wildlife Management Board v. Metropolitan Corporation Islamabad W.P 1155/2019.
20. Döntés száma 8/2010. Magyar Közlöny 2010/10.
21. Esas n. 2014/36. Karar n. 2015/51.
22. Citizens United v. Federal Election Commission, 558 U.S. 310.
23. BRASIL. Supremo Tribunal Federal. Arguição de Descumprimento de Preceito Fundamental 54/DF. Rel. Min. Marco Aurélio, *DJU* de 30.04.2013.
24. BRASIL. Supremo Tribunal Federal. Mandado de Segurança 26.602/DF. Rel. Min. Eros Grau, *DJU* de 17.10.2008.
25. BRASIL. Supremo Tribunal Federal. Ação Direta de Inconstitucionalidade 3.035/PR. Rel. Min. Gilmar Mendes, *DJU* de 14.10.2005.
26. BRASIL. Supremo Tribunal Federal. Arguição de Descumprimento de Preceito Fundamental 132/RJ. Rel. Min. Carlos Britto, *DJU* de 05.05.2011.
27. BRASIL. Supremo Tribunal Federal. Arguição de Descumprimento de Preceito Fundamental 186/DF. Rel. Min. Ricardo Lewandowski, *DJU* de 26.04.2012.
28. BRASIL. Supremo Tribunal Federal. Ação Direta de Inconstitucionalidade nº 3.510/DF. Rel. Min. Carlos Britto, *DJU* de 28.05.2010.
29. BRASIL. Supremo Tribunal Federal. *Habeas Corpus* 82.959/SP. Rel. Min. Marco Aurélio, DJU de 1º.09.2006.
30. BRASIL. Supremo Tribunal Federal. Arguição de Descumprimento de Preceito Fundamental 672/DF. Rel. Min. Alexandre de Moraes, *DJU* de 08.04.2020.

4. ATIVISMO JUDICIAL

A expressão "ativismo judicial" pode ser reputada a Arthur Schlesinger Junior que, ao analisar o perfil dos juízes da Suprema Corte norte-americana em 1947, identificou os "ativistas judiciais" - *Justices* Hugo Black, William O. Douglas, Frank Murphy e Wiley B. Rutledge, Jr. -, os "campeões do autocontrole" - *Justices* Robert H. Jackson, Felix Frankfurter e Harold H. Burton - e, por último, o "grupo intermediário" - *Justice* Stanley F. Reed, sob a liderança do *Chief Justice* Frederick M. Vinson.[31]

4.1 Definição

A definição de ativismo judicial não é unívoca.

A partir da constatação de cinco significados, o fenômeno sob investigação pode ser examinado como (i) "prática utilizada para atacar os atos emanados de outros Poderes do Estado, com constitucionalidade defensável", (ii) "estratégia de não aplicar os precedentes", (iii) "afastamento dos cânones de interpretação", (iv) "conduta de legislar a partir dos tribunais" ou (v) "julgamento predeterminado a um fim".[32]

Em que pese a multiplicidade de significados, permitimo-nos definir o ativismo judicial como método de criação judicial do Direito *extra legem*, porém *intra ius*.[33]

4.2 Tipologia

O debate norte-americano acerca do ativismo e da autocontenção judicial gira em torno de uma questão de calibragem da atividade dos juízos e tribunais, sendo exato que, na história da Suprema Corte, os conceitos desenvolveram uma trajetória pendular.[34]

Entendido como participação mais intensa do Poder Judiciário na atividade intelectual de concretização dos valores constitucionais[35] ou, de outro modo, interferência em maior grau do Judiciário na esfera de atuação dos outros Poderes do Estado,[36] na definição que nos é fornecida pela dogmática tradicional, o ativismo judicial não pode ser confundido com a politização do Judiciário (ativismo extrajudicial), o estado de coisas inconstitucional (ativismo dialógico) e a autonomia processual da justiça constitucional (ativismo procedimental).[37]

---

31. SCHLESINGER JUNIOR, Arthur. The Supreme Court: 1947. *Fortune Magazine*, 1º.01.1947, p. 202. V., também: *The cycles of american history*. Boston: Houghton Mifflin, 1986, p. 422-423.
32. KMIEC, Keenan D. The origin and current meanings of "judicial activism". *Califonia Law Review*, v. 92, p. 1.463-1.476. Berkeley, 2004.
33. MORAES, Guilherme Peña de. *Justiça constitucional*: limites e possibilidades da atividade normativa dos tribunais constitucionais. São Paulo: Atlas, 2012, p. 96, 105 e 168.
34. AMAR, Akhil R. *America's unwritten Constitution*. New York: Basic Books, 2012, p. 95.
35. ROOSEVELT, Kermit. *The myth of judicial activism*. New Haven: Yale University Press, 2006, p. 37.
36. FORTE, David F. *The Supreme Court in american politics*: judicial activism vs. self-restraint. Lexington: Heath, 1972, p. 17.
37. O ativismo judicial é constituído por sete espécies ou modalidades, de acordo com William P. Marshall: o contramajoritário, o não originalista, o jurisdicional ou formal, o de precedentes, o material ou criativo, o remediador e

4.2.1 Ativismo extrajudicial

A politização do Judiciário, isto é, "articulação com representantes de outros Poderes do Estado", por meio da qual os juízes "se relacionam com o mundo da política",[38] não tem a ver com o desempenho da jurisdição.

Muito pelo contrário, o ativismo extrajudicial é relacionado à forma como os magistrados se apresentam perante os demais Poderes, a sociedade e a opinião pública, por seus modos de pronunciamento externo ao processo, tendo em vista as questões de interesse da judicatura.

Dentro dessa perspectiva, "o ativismo extrajudicial torna mais explícita uma dimensão de politização do Judiciário, que o aproxima da forma de atuação dos outros Poderes do Estado legitimados democraticamente".[39]

4.2.2 Ativismo dialógico

O estado de coisas inconstitucional é demonstrado pelo fracasso generalizado de políticas públicas que, causado pelo bloqueio do processo político ou institucional, resulta em violações massivas de direitos humanos.[40]

A teoria foi desenvolvida pela Corte Constitucional da Colômbia na solução de casos estruturais,[41] como, por exemplo, os relacionados aos estabelecimentos carcerários,[42] deslocamentos internos[43] e saúde pública,[44] na forma do art. 27, n. 3, do Decreto 2.591, de 19 de novembro de 1991.[45]

O estado de coisas inconstitucional é contemplado em ordens judiciais de execução complexa do tribunal constitucional que, no exercício da jurisdição supervisora que lhe é

---

o *partisan*. MARSHALL, William P. Conservatism and the seven sins of judicial activism. *University of Colorado Law Review*, v. 73, p. 1.217. Denver, 2002.

38. TORQUATO, Francisco Gaudêncio. A politização do Judiciário. *O Estado de S. Paulo*, São Paulo, 13.3.2005, p. A2.
39. VIEIRA, José Ribas; CAMARGO, Margarida Maria Lacombe; SILVA, Alexandre Garrido da. O Supremo Tribunal Federal como arquiteto institucional: a judicialização da política e o ativismo judicial. *Versus: Revista de Ciências Sociais Aplicadas do CCJE/UFRJ*, v. 2, p. 74. Rio de Janeiro, 2009.
40. GARAVITO, César Rodríguez. *Juicio a la exclusión*: el impacto de los tribunales sobre los derechos sociales en el sur global. Buenos Aires: Siglo Veintiuno, 2015, p. 33.
41. Resolución, abril 28 de 1998: "Este Tribunal tem utilizado a figura do estado de coisas inconstitucional a fim de buscar remédio para situações de violação dos direitos fundamentais que têm um caráter geral, que afeta tantas pessoas, e cujas causas são de natureza estrutural, isto é, como regra, não se originam exclusivamente da autoridade demandada e, portanto, sua solução exige esforços conjuntos de diferentes entidades. Nessas condições, a Corte Constitucional decide que, como milhares de pessoas estão na mesma situação, o mais indicado é emitir ordens às instituições públicas competentes, com vistas a colocar em ação o seu poder para eliminar este estado de coisas inconstitucional". Disponível em: http://www.corteconstitucional.gov.co. Acesso em: 24. set. 2015.
42. Sentencia T-606/98. Octubre 27 de 1998.
43. Sentencia T-025/04. Abril 27 de 2004.
44. Sentencia T-760/08. Julio 31 de 2008.
45. Decreto 2.591/91, art. 27, n. 3: "Em todo caso, o juiz deve estabelecer os efeitos da sua decisão para o caso concreto, mantida a sua competência até que o direito seja totalmente reintegrado ou as causas da ameaça tenham cessado". Disponível em: http://www.congreso.gov.co. Acesso em: 24 set. 2015.

investida, deve proceder à realização de audiências públicas de prestação de informações e de autos de monitoramento das providências adotadas pelo Estado.[46]

Diferentemente do ativismo clássico, que tem a pretensão de resolver, com a sentença ou acórdão, todos os problemas discutidos no processo judicial, propõe o ativismo dialógico o emprego de procedimentos de mudança organizacional pela implementação gradual do julgado.

4.2.3 Ativismo procedimental

O maior grau de liberdade na configuração do processo constitucional é, em resumo, um atributo da justiça constitucional que, no desempenho da autonomia processual que lhe é inerente, pode fornecer ao processo constitucional uma natureza dúctil, flexível e, sobretudo, aberta às suas necessidades.[47]

O ativismo procedimental é informado pelo princípio da adaptabilidade, que investe os tribunais constitucionais no poder de suprir a incompletude ou inconsistência, ou então, a inconveniência ou inoportunidade da aplicação do Direito Processual Constitucional. Em outras palavras, os tribunais constitucionais gozam de não pouca margem de discricionariedade judicial, que permite-lhes "preencher uma lacuna jurídica" e, bem assim, "modificar o sistema conforme considerações de conveniência e oportunidade que são alheias ao próprio sistema (pelo menos na opinião de alguns)".[48]

A deformalização do processo constitucional é fomentada pela autonomia processual da justiça constitucional que, a nosso sentir, pode ser constatada, posto que evidente, na filtragem dos recursos excepcionais, pluralização do debate constitucional e redimensionamento da eficácia das decisões tomadas em controle de constitucionalidade.[49]

4.3 Limitação

"*Todo poder é limitado* por mais que se tenha ele".[50]

Poder e limitação constituem os parâmetros, aparentemente contraditórios, a partir dos quais são fundadas as estruturas de todas as democracias contemporâneas. Forte

46. LANGFORD, Malcolm. *Teoría y jurisprudencia de los derechos sociales: tendencias emergentes en el Derecho Internacional e Comparado.* Bogota: Universidad de los Andes-Siglo del Hombre, 2013, p. 209.
47. MARTINS, Leonardo. A retórica do processo constitucional objetivo no Brasil. In: NOVELINO, Marcelo (Org.). *Leituras complementares de Direito Constitucional.* Salvador: JusPodivm, 2007, p. 30.
48. DIMOULIS, Dimitri; LUNARDI, Soraya Regina. Efeito transcendente, mutação constitucional e reconfiguração do controle de constitucionalidade no Brasil. *Revista Brasileira de Estudos Constitucionais*, v. 5, p. 220. São Paulo, 2008.
49. VAL, Eduardo. A "Corte" Gilmar Mendes revisitada (2008-2010): mais ativismo no controle de constitucionalidade brasileiro? In: BELLO, Enzo (Org.). *Ensaios críticos sobre direitos humanos e constitucionalismo.* Caxias do Sul: EDUCS, 2012, p. 121.
50. BOETHIUS, Anicius Manlius Torquatus Severinus. *De consolatione philosophiae, opuscula theologica.* Munich & Leipzig: K.G. Saur (Bibliotheca Teubneriana), 2000, p. 65.

nessa premissa, a conclusão há de ser pela afirmação das possibilidades do ativismo judicial, sem, entretanto, deixar de impor-lhe limites.

Temos que o ativismo e a autocontenção judicial são iluminados por cinco *standards* ou padrões de avaliação sobre a discriminação ou preconceito, a deliberação popular, o funcionamento da democracia, a capacidade técnica e a proteção deficiente dos direitos das gerações futuras.[51]

4.3.1 Discriminação ou preconceito

Ativismo ou autocontenção judicial conforme a questão envolva, ou não, minorias objeto de discriminação ou preconceito.

As discriminações, sob a forma de preconceitos de origem, raça, sexo, cor ou idade, devem ensejar a participação mais intensa do Poder Judiciário na concretização dos valores constitucionais em jogo.

A proteção judicial dos direitos das minorias e dos grupos vulneráveis nas sociedades pluralistas deve compor a agenda dos tribunais constitucionais, em ordem a fornecer efetividade ao direito a ser diferente.[52]

4.3.2 Deliberação popular

Ativismo ou autocontenção judicial consoante a maior ou menor deliberação popular sobre a matéria.

Nesse contexto, quanto maior for o grau de deliberação popular no processo de tomada de decisão dos agentes da política, menor deve ser o nível de interferência do Judiciário na esfera de atuação dos outros Poderes do Estado.

O tribunal constitucional, como guardião da formação da deliberação popular, deve conter-se frente a organizações de mesma hierarquia. Evidenciar-se-ia, do contrário, uma supremacia inconstitucional daquele em relação a estas.[53-54]

---

51. MORAES, Guilherme Peña de. A redução da maioridade penal é constitucional? Não. *Carta Forense*, São Paulo, 4.5.2015, p. B23.
52. ATALIBA, Geraldo. Judiciário e minorias. *Revista de Informação Legislativa*, v. 96, p. 189-194. Brasília, 1987.
53. SOUZA NETO, Cláudio Pereira de. Teoria da Constituição, democracia e igualdade. In: SOUZA NETO, Cláudio Pereira de; BERCOVICI, Gilberto; MORAES FILHO, José Filomeno; LIMA, Martonio Mont'Alverne Barreto (Org.). *Teoria da Constituição*: estudos sobre o lugar da política no Direito Constitucional. Rio de Janeiro: Lumen Juris, 2003, p. 24.
54. A partir da concepção de procedimento democrático (demokratische Verfahren), a teoria da deliberação foi engendrada por Jürgen Habermas. Defende o Autor que a formação da vontade política deve ser submetida a um procedimento democrático na esfera pública, com a função de racionalizar as decisões do governo e da administração pública, eis que "os pressupostos comunicacionais da formação democrática da vontade funcionam como importantes escoadouros da racionalização discursiva das decisões de um governo e administração pública vinculados ao direito e à lei. Racionalização significa mais que mera legitimação, mas menos que a ação de constituir o poder político". HABERMAS, Jürgen. Die Einbeziehung des Anderen. Frankfurt am Main: Suhrkamp, 1996, p. 277-292. V., também, da mesma autoria: Faktizität und Geltung. Frankfurt am Main: Suhrkamp, 1998, p. 311.

4.3.3 Funcionamento da democracia

Ativismo ou autocontenção judicial conforme a questão envolva, ou não, pressupostos para o funcionamento da democracia.[55]

A democracia é resultado da convivência entre a preservação da vontade da maioria (*majority rule*) e, sobretudo, a proteção dos direitos fundamentais (*minority rigths*).[56]

Em linha de princípio, o governo da maioria deve ser protegido, a não ser na hipótese em que a vontade de quem tenha a maioria dos votos imponha ameaça ou lesão à preservação dos direitos fundamentais, quando, então, a regra se inverte.[57]

4.3.4 Capacidade técnica

Ativismo ou autocontenção judicial consoante a maior ou menor capacidade técnica de resolução do litígio.

Nesse diapasão, quanto maior for o nível de capacidade técnica para deslinde da questão jurídica, menor deve ser o grau de interferência do Judiciário na esfera de atuação dos outros Poderes do Estado.

O tribunal constitucional, no entanto, dispõe da possibilidade de requisitar informações adicionais, designar perito para que emita parecer sobre a questão, ou fixar data para ouvir depoimentos de pessoas com experiência na matéria, para esclarecimento de circunstância de fato sobre a qual não possua expertise.[58]-[59]

55. COMMAGER, Henry. *Majority rule and minority rights*. New York: Peter Smith Pub. Inc., 1980, p. 38-41.
56. MORAES, Guilherme Peña de. (Des)ordem e violência. *O Dia*, Rio de Janeiro, 14.05.2014, p. 12.
57. HAHN, Harlan. *Minority rights and majority rule*. New York: John Wiley & Sons Inc., 1976, p. 19-22.
58. MENDES, Gilmar Ferreira. Controle de constitucionalidade: hermenêutica constitucional e revisão de fatos e prognoses legislativas pelo órgão judicial. In: MENDES, Gilmar Ferreira (Org.). *Direitos fundamentais e controle de constitucionalidade. Estudos de Direito Constitucional*. São Paulo: Saraiva, 2007, p. 471.
59. A teoria do controle das prognoses legislativas pode ser reconduzido à Klaus Jürgen Philippi, para quem o processo de conhecimento envolve a investigação integrada de elementos fáticos e jurídicos. Considerando a existência da "comunicação entre norma e fato" (*Kommunikation zwischen Norm und Sachverhalt*), desmistifica o Autor a ideia de que a questão constitucional configura simples "questão jurídica" de aferição de legitimidade da lei em face da Constituição. Dessa forma, Klaus Jürgen Philippi constata a possibilidade jurídica de exame ou revisão dos fatos legislativos pressupostos ou adotados pelo legislador, entendendo-se como tal qualquer "fato real" (*realer Sachverhalt*) que tenha relevo para aplicação de uma norma. Em seguida, o Autor procede à classificação dos fatos legislativos em "fatos históricos" (*historische Tatsache*), "fatos atuais" (*gegenwärtige Tatsachen*) e "eventos futuros" (*zukünftige Tatsachen*). No tocante aos "eventos futuros", segundo a concepção dos prognósticos legislativos, a decisão acerca da legitimidade ou ilegitimidade de uma dada lei ou ato normativo depende da confirmação de uma prognose fixada pelo legislador ou da provável verificação de um dado evento. De outro modo, havendo erro no prognóstico, ou a mera inocorrência do evento previsto, estaria viciada de inconstitucionalidade a lei editada sob este fundamento: a não confirmação da prognose legislativa. PHILIPPI, Klaus Jürgen. *Tatsachenfeststellungen des Bundesverfassungsgerichts*: ein Beitrag zur rational-empirischen Fundierung verfassungsgerichtlicher Entscheidungen. Köln: Heymann, 1971, p. 14-15. V., também, da mesma autoria: *Reflexion und Wirklichkeit*. Tübingen: Max Niemeyer, 1966, p. 152.

4.3.5 *Proteção deficiente dos direitos das gerações futuras*

Ativismo ou autocontenção judicial conforme a questão envolva, ou não, no presente os direitos das gerações do futuro.

A proteção deficiente dos direitos das gerações futuras de satisfazer as suas próprias necessidades pode ensejar a participação mais intensa do Poder Judiciário na concretização dos valores constitucionais em jogo.

A vinculação às cláusulas pétreas das gerações presentes, como entendemos, há de ser interpretada com moderação. Ela não pode expor os princípios básicos da ordem constitucional, que lhe conferem identidade. Todavia, ela não deve obstar a decisão majoritária dos órgão de representação popular que tenham a legítima pretensão de ajustar a Constituição à realidade que lhe é subjacente. As cláusulas pétreas, que não resultam na intocabilidade dos enunciados linguísticos da Constituição, dessa forma, têm o condão de impedir a deliberação de proposta de reforma que possa importar em descaracterização do núcleo essencial do bem jurídico tutelado por ela.[60]

5. CONCLUSÃO

Pelo fio do exposto, as conclusões que obtivemos ao longo do desenvolvimento da pesquisa são três.

A um, as definições de protagonismo judicial, de judicialização da política e de ativismo judicial, embora sejam relacionadas ao Poder Judiciário, não se confundem.

O protagonismo judicial é delineado como uma posição de vértice, a judicialização da política, um fato, e o ativismo judicial, um comportamento.

Em consequência, no quadro da organização dos Poderes, o Judiciário ocupa uma posição, do alto da qual pode observar um fato e, se houver por bem, amoldar um comportamento que se lhe afigure suficiente e pertinente para resolução das questões de direito das quais deva conhecer.

A dois, em linha de princípio, a judicialização da política é investigada como causa do protagonismo judicial, que opera o efeito do ativismo judicial nos sistemas jurídicos contemporâneos.

A judicialização da política, todavia, não resulta, *ipso facto*, em ativismo judicial, e vice-versa.

O ativismo judicial é possível sem que, anteriormente, tenha havido a judicialização da política, na medida em que o Poder Judiciário pode adotar uma postura ativista em matérias que já eram submetidas à cognição judicial.

60. ANDRADE, Fábio Martins. As cláusulas pétreas como instrumentos de proteção dos direitos fundamentais. *Revista de Informação Legislativa*, v. 181, p. 207-226. Brasília, 2009.

De outro giro, a judicialização da política é possível sem que, posteriormente, venha a haver o ativismo judicial, uma vez que o Poder Judiciário pode se autoconter em matérias que tenham sido trazidas da arena política.

Ao final, o aumento da margem de judicialização da política e, bem assim, a diminuição progressiva do espaço de ativismo judicial, em razão dos limites que lhe foram impostos, levam-nos a concluir que os níveis de ambos os institutos não são equivalentes.

Enquanto o grau de judicialização da política é alto, o nível de ativismo judicial, no Direito Constitucional brasileiro, pela interpretação do protagonista em cena, o Supremo Tribunal Federal, é baixo ou, pelo menos, moderado.

OS PRECEDENTES JUDICIAIS VINCULANTES E AS GARANTIAS PROCESSUAIS

Aluisio Gonçalves de Castro Mendes

Pós-Doutor em Direito pela Universidade de Regensburg (Alemanha). Doutor em Direito pela Universidade Federal do Paraná (UFPR), em doutorado cooperativo com a Johann Wolfgang Universität (Frankfurt am Main, Alemanha). Mestre em Direito pela Universidade Federal do Paraná (UFPR). Mestre em Direito pela Johann Wolfgang Universität (Frankfurt am Main, Alemanha). Especialista em Direito Processual Civil pela Universidade de Brasília (UnB). Professor Titular de Direito Processual Civil na Faculdade de Direito da Universidade do Estado do Rio de Janeiro. Professor Titular de Direito Processual no Programa de Pós-Graduação em Direito da Universidade Estácio de Sá. Diretor do Instituto Brasileiro de Direito Processual (IBDP). Diretor do Instituto Ibero-americano de Direito Processual. Membro da International Association of Procedural Law; Membro da Academia Brasileira de Letras Jurídicas (ABLJ). Desembargador Federal do Tribunal Regional Federal da 2ª Região.

1. INTRODUÇÃO

O Direito Processual não representa a panaceia para todos os problemas da humanidade. Por certo, não pode e não deve se encantar com devaneios, ainda que teóricos, ou falsas promessas.[1] Contudo, tem a missão de perseguir, estudar e construir os meios mais adequados para a preservação dos direitos. E, para cumprir essa missão, alguns temas, tal como delineados com a elaboração do Código de Processo Civil de 2015, merecem destaque.

O Código de Processo Civil de 2015 estabelece um sistema de precedentes vinculativos, que contribui para assegurar a isonomia, a segurança jurídica nos julgamentos e a observância ao devido processo legal. A previsão do diploma processual inova em relação às experiências encontradas no direito estrangeiro e afigura-se em conformidade com a ordem constitucional brasileira, na medida que a Constituição brasileira fixa tão somente o primado da lei como fonte formal do direito, mas, ao fazê-lo, o realiza com limitações, que não se aplicam, ao tema das fontes formais, para a decisão do juiz em geral. Há a complementação realizada na denominada Lei de Introdução às normas do Direito Brasileiro, conforme redação dada pela Lei 12.376, de 2010, ao prever que os juízes deverão decidir o caso de acordo com a analogia, os costumes e os princípios gerais do direito.

1. O tema foi desenvolvido em: MENDES, Aluisio Gonçalves de Castro. Desafios e Perspectivas da Justiça no Mundo Contemporâneo. *Revista Eletrônica de Direito Processual*, v. 20, p. 20-32. 2019.

Como decorrência, não se torna aceitável a alegação de que apenas a Constituição poderia fixar normas de caráter vinculativo para os órgãos judiciais. O Código de Processo Civil de 2015, enquanto lei ordinária é, também, fonte primária e básica no direito brasileiro, e valoriza os precedentes judiciais com efeito vinculativo. Por conseguinte, as normas legalmente estabelecidas devem ser observadas e cumpridas.

Por sua vez, os precedentes vinculantes, enquanto um dos institutos que merecem destaque no diploma, devem ser conectados com um dos objetivos que constou na Exposição de Motivos do Anteprojeto do Código de Processo Civil de 2015,[2] que é o estabelecimento de sintonia fina com a Constituição. Busca-se orientar, principiologicamente, a atividade dos sujeitos e do Estado no processo, procurando estabelecer linhas mestras para a condução e para a orientação de todo o processo civil, que deve ser tratado e mantido como um conjunto de normas coerentes e coesas. E, consequentemente, o sistema brasileiro de precedentes está conectado com a observância das garantias processuais.

É certo que outros temas permearam a elaboração do diploma e ainda permeiam sua vigência, mas o presente texto estará voltado a esses dois cenários: os precedentes e as garantias processuais, mais precipuamente para como o sistema brasileiro de precedentes vinculantes, tal como delineado no Código de Processo Civil de 2015, a partir de procedimentos concentrados em torno da identificação de questões controversas e da resolução dessas questões com a formulação de teses, especificamente a previsão do artigo 927, inciso III, relaciona-se com (e contribui para) a observância e o reforço dessas garantias.

2. OS PRECEDENTES JUDICIAIS VINCULANTES E O CÓDIGO DE PROCESSO CIVIL DE 2015

O Código de Processo Civil de 2015 estabelece um sistema de precedentes vinculativos, previsto nos cinco incisos do artigo 927, que pretende garantir a uniformização da jurisprudência, mantendo-a estável, íntegra e coerente, conforme estabelece o art. 926 do referido Código.[3] Passa a existir uma técnica voltada à segura seleção de um entendimento jurisprudencial.

As hipóteses elencadas no artigo 927 se justificam plenamente. Em primeiro lugar, as decisões do Supremo Tribunal Federal em controle concentrado de constitucionalidade, possuem efeito *erga omnes* e caráter vinculativo para os órgãos judiciais e da Administração Pública, no âmbito federal, estadual e municipal, por determinação da própria Constituição da República, nos termos dos artigos 102, § 1º, e 103-A. Não poderia ser de outra maneira, ainda que não houvesse previsão expressa, porque o controle concentrado serve exatamente para isso, ou seja, se estabelecer uma decisão e segurança jurídica geral, e não apenas em relação às partes, quanto à constitucionalidade ou não da

2. A exposição de motivos está disponível em: https://www2.senado.leg.br/bdsf/item/id/496296. Acesso em: 06 abr. 2022.
3. Sobre o tema: MENDES, Aluisio Gonçalves de Castro. *Incidente de Resolução de Demandas Repetitivas:* sistematização, análise e interpretação do novo instituto processual. Rio de Janeiro: Gen/Forense, 2017, p. 97-99.

norma questionada. Do contrário, não haveria controle direto, concentrado e abstrato nas ações diretas de constitucionalidade e de inconstitucionalidade.

Do mesmo modo, os enunciados da súmula vinculante do Supremo Tribunal Federal prescindiriam da previsão contida no artigo 927. A sua inserção, portanto, procurou apenas consolidar o sistema, permitindo-se, assim, uma imediata visualização das hipóteses vinculativas.

Mas, o Código foi além. O inciso III trata, basicamente, de três institutos, que compõem o microssistema de incidentes fixadores de teses jurídicas: a) recursos repetitivos; b) incidente de resolução de demandas repetitivas, *rectius* de questões comuns, (IRDR); e incidente de assunção de competência (IAC). Nas duas primeiras, adotou-se uma técnica de concentração, a partir de questões de direito comuns, com a possibilidade de suspensão dos múltiplos processos que dependam da questão prejudicial pendente de uniformização. Naturalmente, somente farão sentido os dois instrumentos (recursos repetitivos e IRDR), se a decisão proferida de modo concentrado for aplicada aos processos já instaurados e aos casos controversos dependentes do pronunciamento estabelecido sobre a questão comum de direito.

Do mesmo modo, o incidente de assunção de competência, nos termos do artigo 947 do CPC, prevê o deslocamento para órgãos mais amplos, que devem ter a competência para a uniformização da jurisprudência, para decidir questão de direito com grande repercussão social ou prevenir, preventivamente, o julgamento divergente por órgãos judiciais de questão que possa se tornar controversa em outros processos no futuro.

No inciso IV, o legislador ampliou a abrangência para os enunciados das respectivas súmulas, desde que versando sobre matéria constitucional, as do Supremo Tribunal Federal, e de matéria infraconstitucional, para as do Superior Tribunal de Justiça, em termos de direito federal. Preservaram-se, assim, as respectivas funções jurisdicionais, procurando-se evitar a possibilidade de dupla vinculação ou de sobreposição de comandos, ainda que, na prática, possa existir certa controvérsia sobre a natureza da matéria sumulada.

Na mesma direção, o inciso V contempla uniformidade no posicionamento do Tribunal. Em vários países, esta preocupação chega a se materializar, nos julgamentos colegiados, mediante a divulgação apenas do pronunciamento da corte, não se disponibilizando os votos vencidos. Não se chegou a tanto no Brasil. No modelo estabelecido, além da coesão do tribunal, busca-se a adesão dos órgãos fracionários e vinculados, pois a manutenção do entendimento divergente somente iria protrair a duração dos processos, com a necessidade de interposição de recursos, para que se possa efetivar, no caso concreto, o posicionamento já dominante em órgão colegiado mais amplo e representativo do tribunal.

Nota-se, portanto, que o sistema brasileiro de precedentes vinculantes foi legalmente estabelecido,[4] relevante diante da realidade brasileira, em que o primado da lei é

4. Sobre o panorama do sistema brasileiro de precedentes: MENDES, Aluisio Gonçalves de Castro. Jurisprudência e Precedentes no Direito brasileiro: panorama e perspectivas. *Revista Eletrônica de Direito Processual*, v. 22, p. 42-52, 2021.

fixado constitucionalmente. As fontes formais do direito brasileiro estão previstas em lei, na Lei de Introdução às Normas do Direito Brasileiro, e o Código de Processo Civil construiu um sistema amadurecido e organizado, sem prejuízo da necessária mutação cultural e de medidas concretas que podem e estão sendo tomadas pelo Conselho Nacional de Justiça, pelos Tribunais Superiores, pelos tribunais de segundo grau e pelas instituições de ensino, tanto nos cursos de graduação e de pós-graduação, como nas Escolas Judiciais e da Magistratura.

Esse sistema foi estabelecido na legislação processual a partir de procedimentos concentrados em torno da identificação de questões controversas e da resolução dessas questões com a formulação de teses, o que facilita a identificação da questão, o entendimento da controvérsia e a formulação da tese resolutiva. Na Ação Direta de Constitucionalidade (ADC) ou na Ação Direta de Inconstitucionalidade (ADIn) são questões de direito, no incidente de resolução de demandas repetitivas (IRDR) e nos recursos repetitivos também. Foram estabelecidos mecanismos que possuem um procedimento importante, especialmente para a formação dos precedentes vinculantes elencada no artigo 927, inciso III do Código de Processo Civil, para que a formulação do precedente ocorra do modo mais claro e transparente possível e em observância às garantias processuais.

3. OS PRECEDENTES JUDICIAIS VINCULANTES ELENCADOS NO ARTIGO 927, INCISO III, DO CÓDIGO DE PROCESSO CIVIL E AS GARANTIAS PROCESSUAIS

O quadro normativo fundamental do Código de Processo Civil de 2015 expõe a linha principiológica do sistema, relacionada à ideia de que "o processo se exterioriza como um mecanismo democrático de dimensionamento do conflito organizado, necessariamente, segundo os critérios da cooperação ou comparticipação".[5]

A sistemática trazida pelos precedentes, em conformidade com a ordem constitucional, através de um procedimento concentrado procura reforçar os princípios constitucionais, como forma de efetividade das normas processuais.[6] A análise neste texto estará voltada aos mecanismos previstos no artigo 927, inciso III, do Código de Processo Civil, que compõem um microssistema de incidentes fixadores de teses jurídicas, formado pelos recursos repetitivos, pelo incidente de resolução de demandas repetitivas e pelo incidente de assunção de competência.

Um dos princípios que pode se elencar é da publicidade. Assim como os julgamentos do Poder Judiciário serão, como regra, públicos, conforme artigo 93, inciso IX, da Constituição, os procedimentos concentrados suscitados para a formação de precedentes também terão a mais ampla publicidade.

5. THEODORO JUNIOR; NUNES, Dierle; BAHIA, Alexandre Melo Franco; PEDRON, Flávio Quinaud. *Novo CPC*: Fundamentos e Sistematização. 2. ed. Rio de Janeiro: Gen/Forense, 2016, p. 53.
6. DINAMARCO, Cândido Rangel. *Instituições de Direito Processual Civil.* 10. ed. São Paulo: Malheiros, 2020, p. 252.

Por exemplo, o *caput* do art. 979 do Código de Processo Civil menciona que a instauração dos procedimentos de julgamento concentrado será sucedida da mais ampla e específica divulgação e publicidade, por meio de registro eletrônico. No § 1º, por sua vez, indica que os tribunais manterão banco eletrônico de dados atualizados com informações específicas sobre questões de direito submetidas ao incidente, comunicando-o imediatamente ao Conselho Nacional de Justiça para inclusão no cadastro.

A Resolução 235/2016 do CNJ, em síntese, tratou da padronização de procedimentos administrativos, no âmbito do Superior Tribunal de Justiça, do Tribunal Superior Eleitoral, do Tribunal Superior do Trabalho, do Superior Tribunal Militar, dos Tribunais Regionais Federais e dos Tribunais de Justiça, relacionados ao gerenciamento de precedentes, especialmente no que diz respeito aos julgamentos de repercussão, de casos repetitivos e de incidentes de assunção de competência. Ressalte-se que estabeleceu a criação do Banco Nacional de Dados de Casos Repetitivos e de Incidentes de Assunção de Competência, bem como a criação de Núcleos de Gerenciamento de Precedentes (Nugep),[7] no CNJ e nos tribunais (STJ, TST, TSE, STM, TRFs, TRTs e TJs).

Ademais, durante a vigência do Código de Processo Civil, o Grupo de Trabalho criado pelo Conselho Nacional de Justiça (CNJ) para fortalecimento dos precedentes propôs uma minuta de resolução para reunir e padronizar o conteúdo dos precedentes dos tribunais superiores e as estatísticas sobre o tema em um Banco Nacional de Precedentes de rápido e fácil consulta para tratamento uniforme das demandas judiciais repetitivas ou de massa.[8] Veio, então, a ser editada a Resolução 444, de 25 de fevereiro de 2022, do Conselho Nacional de Justiça (CNJ), com a criação de um Banco Nacional de Precedentes, para consulta e divulgação dos precedentes judiciais vinculantes.

A publicidade manifesta-se também na comunicação sobre a suspensão dos processos pendentes. Nos termos do § 1º do art. 982, a suspensão será comunicada aos órgãos jurisdicionais competentes, ou seja, aqueles que se encontram na respectiva região ou Estado. Mas, a comunicação não se encerra aqui. A divulgação deve ser a mais ampla possível, devendo o tribunal se utilizar dos seus meios de comunicação, como página na rede mundial de computadores, redes sociais, divulgação junto à imprensa e oficiando, naturalmente, aos órgãos jurisdicionais competentes para a matéria afeta ao julgamento concentrado.

A comunicação dos órgãos jurisdicionais assume importância capital, na medida em que as partes dos processos suspensos devem ser intimadas da respectiva decisão. Esta determinação se encontra expressamente prevista para a sistemática dos recursos repetitivos, nos §§ 8º a 13 do art. 1.037, mas deve ser aplicada a todos os julgamentos concentrados para a formação de precedentes.

---

7. Os Núcleos de Gerenciamento de Precedentes sucedem os anteriores Núcleos de Recursos Repetitivos (NURER), tendo em vista a sistemática mais ampla estabelecida no Código de Processo Civil para o julgamento de questões repetitivas ou comuns.
8. Disponível em: https://www.cnj.jus.br/proposta-de-resolucao-com-cortes-superiores-cria-ferramenta-para-fortalecer-precedentes/?fbclid=IwAR33Xra0xokyABLj0aFWTbjVKEDCoQwBUep9BEIsva8dIAi5pXnoX8m2rq4. Acesso em: 13 mar. 2022.

Outros princípios fortalecidos são o contraditório e a ampla defesa, que perpassam todas as fases do procedimento, como se passa a expor.

O contraditório decorre da participação democrática[9] e tem como seu binômio a garantia de influência e de não surpresa,[10] isto é, o dever de informação do juiz e os direitos de manifestação e de consideração das partes. É a possibilidade de contribuir na formação do provimento jurisdicional, presente em todo o *iter* processual, tanto em relação às atividades das partes, em posições simetricamente iguais e mutuamente implicadas entre si,[11] como em relação às atividades judiciais, colocando o cidadão na posição de autor-destinatário do provimento jurisdicional, através de uma participação efetiva, em igualdade de condições, para que aponte argumentos potencialmente relevantes para a decisão que será proferida.[12]

Nos procedimentos concentrados, a atuação das partes ocorrerá não apenas no momento do requerimento, quando legitimadas, como no incidente de resolução de demandas repetitivas, mas também na fase preparatória (podendo requerer a juntada de documentos e a realização de diligências necessárias para a elucidação da questão de direito); por ocasião do julgamento, em sustentação oral; na hipótese de interposição do recurso, na condição de recorrente ou de recorrido; e, ainda que sem menção expressa, para eventual postulação da revisão de tese, já que possuem direta relação com a questão jurídica apreciada e com a tese firmada.[13]

Uma vez admitida a instauração do procedimento, caso haja a determinação da suspensão de processos pendentes, as partes deverão ser comunicadas da decisão de suspensão de seu processo pendente, podendo contraditar mediante requerimento, demonstrando a distinção entre a questão a ser decidida no processo e aquela a ser julgada no procedimento concentrado. Esta comunicação e oportunidade de contraditório, ainda que diferido, são fundamentais para o devido processo legal.

O requerimento será dirigido ao juiz, se o processo suspenso estiver em primeiro grau, ou ao relator, se o processo sobrestado estiver no próprio tribunal. Deve ser aplicado também, por analogia, o previsto no § 11 do art. 1.038, submetendo o requerimento ao contraditório, com a intimação da parte contrária para se manifestar no prazo de cinco dias.

9. GRECO, Leonardo. Garantias Fundamentais do Processo: o Processo Justo. *Novos Estudos Jurídicos.* Itajaí: Universidade do Vale do Itajaí, ano VI, n. 14, abr. 2002, p. 23.
10. THEODORO JUNIOR; NUNES, Dierle; BAHIA, Alexandre Melo Franco; PEDRON, Flávio Quinaud. *Novo CPC*: Fundamentos e Sistematização. 2. ed. Rio de Janeiro: Gen/Forense, 2016, p. 83.
11. PICARDI, Nicola. *Jurisdição e Processo.* Trad. Carlos Alberto Alvaro de Oliveira. Rio de Janeiro: Gen/Forense, 2008, p. 141.
12. DIAS, Ronaldo Brêtas de Carvalho. A constitucionalização do novo Código de Processo Civil. In: DIDIDER JR, Fredie; MACÊDO, Lucas Buril de; PEIXOTO, Ravi; FREIRE, Alexandre. *Coleção Novo CPC:* Doutrina Selecionada. Parte Geral. 2. ed. Salvador: Juspodivm, 2016, p. 300.
13. Sobre o tema: MENDES, Aluisio Gonçalves de Castro. *Incidente de Resolução de Demandas Repetitivas:* sistematização, análise e interpretação do novo instituto processual. Rio de Janeiro: Gen/Forense, 2017, p. 131-132.

Reconhecida a distinção, pelo juiz ou relator, conforme o caso, deve ser reconsiderada a determinação de suspensão do processo, que terá o seu seguimento normal a partir de então.

Ademais, três providências complementares são previstas, para a complementação argumentativa sobre as questões submetidas ao julgamento concentrado: a) a requisição de informações; b) a oportunidade de manifestação das partes e dos demais interessados, inclusive pessoas, órgãos e entidades com interesse na controvérsia; c) a realização de audiência pública, para a tomada de depoimentos de pessoas com experiência e conhecimento na matéria.

A previsão expressa do poder-dever de requisitar informações a órgãos em cujo juízo tramita processo no qual se discute o objeto do incidente, não pode ser superdimensionada, pois não se pretende transferir ao órgão julgador a responsabilidade primária em relação aos direitos, deveres, ônus e faculdades pertinentes às pretensões formuladas perante o Poder Judiciário. Caberá aos titulares dos respectivos direitos o pleno exercício da atividade postulatória, com a formulação dos fundamentos e argumentos jurídicos pertinentes.

A oportunidade de manifestação das partes e interessados, especialmente considerados os titulares de direitos que possam ser afetados pelo efeito vinculativo da decisão proferida nos procedimentos concentrados, é ponto fundamental para a legitimação do procedimento modelo estabelecido no ordenamento brasileiro. O seu ponto de partida, naturalmente, foi a divulgação, ampla e específica, anteriormente estabelecida, especialmente a partir da intimação das partes em relação à suspensão dos processos, no sentido de possibilitar o seu acompanhamento e posterior participação. Efetiva-se, portanto, nesta etapa, a oportunidade de intervenção e participação, para que se possa suprir eventuais deficiências, aduzindo tudo o que se considerar necessário para o exercício do pleno direito de acesso e de defesa perante o Poder Judiciário.

Para tanto, os interessados deverão acompanhar o andamento do processamento do mecanismo, para que possam se manifestar, requerendo a juntada de documentos e a realização de diligências necessárias para a elucidação da questão de direito controvertida.

O relator poderá marcar audiência pública, ouvindo pessoas com conhecimento na matéria, como juristas e professores especializados no assunto, ou mesmo representantes de entidades com atuação na área pertinente. Nesse sentido, poderão ser convidados *amici curiae*, que poderão contribuir para a ampliação, aprofundamento e qualificação do debate.

Ressalte-se, ainda, que permitiu-se a atuação paralela dos interessados (pessoas, órgãos e entidades), a intervenção obrigatória do Ministério Público, a participação de *amici curiae*, a ampliação de prazos e a revisão da tese, além do cabimento eventual recurso representam um espaço privilegiado de discussão em torno da questão jurídica, talvez muito mais amplo, profundo e democrático do que o de um simples caso individual, que poderia formar um precedente com caráter vinculativo, nas hipóteses previstas no artigo 927 do CPC.

No julgamento para a fixação da tese, poderão sustentar, sucessivamente, as suas razões o autor e o réu do processo originário. É de se cogitar, naturalmente, sobre a possibilidade de o incidente ter sido requerido com lastro em mais de um processo, ensejando assim a intervenção conjunta dos autores e réus, com a respectiva divisão do tempo comum ou a utilização do prazo conforme estipulação convencionada.

Em termos de sustentação oral, no incidente de resolução de demandas repetitivas, de acordo com o artigo 984, inciso II, do Código de Processo Civil, o legislador facultou ainda a palavra aos demais interessados, no prazo de trinta minutos, divididos entre todos, sendo exigida a inscrição com dois dias de antecedência. Em princípio, serão considerados como interessados as partes dos processos suspensos em razão do incidente ou mesmo aqueles que sejam titulares de direitos relacionados ao objeto do incidente, ainda que não tenham processos em tramitação. Havendo interessados em lados opostos, o tratamento igualitário deve ser aplicado, com a divisão do tempo, em partes iguais, para cada sentido. Portanto, cada lado teria, ao todo, em princípio e com a ressalva da aplicabilidade também aqui da ampliação permitida pelo § 1º do art. 984, quinze minutos, para serem utilizados por um interessado ou divididos, se mais de um houver para a defesa de cada entendimento.

O relator proferirá, então, o seu voto sobre a questão de direito objeto do procedimento concentrado, com a proposição de tese jurídica, colhendo-se, em seguida, os votos dos componentes do colegiado.

Por fim, mas não menos importante, uma vez fixada a tese, ganha destaque como outro princípio a fundamentação das decisões. A garantia de fundamentação das decisões judiciais, prevista no artigo 93, IX, da Constituição e reforçada pelos artigos 11 e 489 do Código de Processo Civil, é um desígnio para a participação das partes na formação do provimento jurisdicional, em um espaço técnico-procedimental-discursivo,[14] mediante a construção racional dos argumentos produzidos e construídos processualmente.

A decorrência lógica do julgamento da questão de direito, com a fixação da tese jurídica e a vinculação prevista no art. 927, inciso III, do Código de Processo Civil, é a aplicação aos casos concretos.

A aplicação envolve operação cognitiva com certa complexidade e deve ser sempre devidamente fundamentada. Em primeiro lugar, porque representa a análise e comparação quanto à aplicabilidade da tese firmada ao caso concreto. O efeito vinculativo estabelecido encontra-se limitado, naturalmente, às questões e fundamentos que tenham sido suscitados e analisados no procedimento concentrado. Portanto, havendo a subsunção dos fundamentos invocados pelas partes, no caso concreto, aos enfrentados e decididos no procedimento, caberá ao órgão judicial efetuar a aplicação da tese, não podendo dela se distanciar e devendo efetuar a devida motivação quanto a este enquadramento. Se a decisão deixar de se manifestar sobre a tese firmada e que deveria ser aplicada, a parte poderá interpor embargos de declaração, com fulcro no art. 1.022,

14. LEAL, Rosemiro Pereira. *Teoria Processual da Decisão Jurídica*. São Paulo: Landy, 2002, p. 26-27.

inciso II c/c o parágrafo único, inciso I, do novo estatuto processual, por se tratar de omissão expressamente prevista.

Se não efetuar a fundamentação quanto à subsunção, o pronunciamento judicial incorrerá em violação quanto à fundamentação, nos termos do art. 489, § 1º, inciso V, parte final, do CPC. Esta omissão foi expressamente tipificada no Código de Processo Civil de 2015, nos termos do inciso II do parágrafo único do art. 1.022, sendo cabível, portanto, embargos de declaração.

Sendo hipótese de distinção ou de superação, haverá, naturalmente, a necessidade de ser exposta a devida fundamentação no sentido da inaplicabilidade da tese ao caso concreto em julgamento ou da formulação de novos fundamentos que denotem que a tese não deve mais ser aplicada, em razão de modificações ocorridas, como, por exemplo, a decorrente de alteração legislativa. No campo doutrinário, sempre foi polêmica a possibilidade de órgão inferior superar entendimento formulado por tribunal que se situe em condições de revisar o entendimento do primeiro. Entretanto, no CPC-2015, a previsão contida no inciso VI, do § 1º, do art. 489, parece autorizar a prática, diante de qualquer restrição ou limitação neste e em qualquer outro dispositivo do novo estatuto. Esta possibilidade, de superação, precisa ser aplicada comedidamente, pois, do contrário, se realizada pelo tribunal que firmou o precedente, acabará tornando letra morta a norma, ainda que programática, estabelecida no artigo 926 do CPC.

4. CONCLUSÃO

O sistema brasileiro de precedentes, legalmente estabelecido, relevante diante da realidade brasileira, em que o primado da lei é fixado constitucionalmente, veio, em boa parte, combinada com um sistema de gestão de processos a partir do julgamento de questões comuns e casos repetitivos, pretendendo, para além da fixação de resposta, enunciados, teses contendo a interpretação estabelecida, alinhar-se aos preceitos constitucionais.

Além da preocupação de definição mais precisa e clara para o precedente, consubstanciada em normas, no Código de Processo Civil, o legislador tratou de assegurar que o procedimento concentrado para a formação dos precedentes vinculantes, especialmente analisados neste trabalho a partir dos precedentes elencados no artigo 927, inciso III, do Código de Processo Civil, esteja em fina sintonia com as garantias constitucionais, ressaltando-se a observância da publicidade, do contraditório e da ampla defesa e da fundamentação das decisões judiciais.

O PROCESSO ESTRUTURANTE NA PROTEÇÃO PATRIMONIAL

Carlos Maroja

Mestre em Sociologia e Direito pela UFF (Universidade Federal Fluminense). Professor no UDF – Centro Universitário do Distrito Federal. Juiz de Direito titular da Vara do Meio Ambiente – Tribunal de Justiça do Distrito Federal e dos Territórios.

"*Fiat iustitia, pereat mundus!*": o brocardo protopositivista proclama uma divisa hiperbólica que aparentemente exalta a aplicação implacável da Justiça, mas se interpretado literalmente, veicularia proposição irracional, portanto injurídica.

Um uso privilegiado da razão define a vantagem competitiva que vem beneficiando a raça humana, ou seja, a razão é instrumento e garantia de sobrevivência da espécie humana. Sendo item cultural por natureza, produto integral do uso da razão, o Direito jamais poderia consentir com a extinção do mundo ou de modos e formas de vida, pois foi criado justamente para o contrário, ou seja, para a preservação da vida, especialmente da espécie humana reunida em sociedade. A dinâmica do Direito deve ser sempre construtiva; mesmo um direito sancionador deve preocupar-se mais ao caráter pedagógico e inibitório do que apenas aos aspectos aflitivo e reconstituinte da pena cominada.

O modelo de estado socioambiental e democrático de direito consagrado na Constituição Federal de 1988 estabelece para o Judiciário, guardião das promessas constitucionais, a tutela a um amplo rol de interesses juridicamente relevantes e abrangentes de amplas camadas da população, senão de toda a Humanidade.

Para a máxima concretização dos variados direitos constitucionalizados, a atividade jurisdicional deve orientar-se de modo mais construtivo e participativo possível. Mais que cominar, anular, sancionar, deve o juízo buscar cooperar, construir, orientar, mormente no trato de questões envolvendo coletividades de titulares. A franca dissonância entre a realidade social e as promessas constitucionais, fato notório, exige da jurisdição nítido papel transformador, visando auxiliar as demais instituições na construção de medidas de superação do estado de coisas inconstitucional.

Na concretização do leque de direitos fundamentais, dentre os quais o próprio direito universal de ação, o sistema processual de tutela de direitos coletivos brasileiro recebeu recentemente o reforço da construção, no sistema geral, de um nítido modelo democrático de processo. A viragem democrática do sistema processual civil tem sua mais nítida tradução no Código de Processo Civil de 2015 (Lei 13.105/15), que admite certa plasticidade (flexibilização procedimental) ao processo e consagra instrumentos de estímulo à consensualidade e de ampliação da participação democrática no processo, particularmente úteis nas ações coletivas.

Os temas tratados em ações coletivas não raro afetam transversalmente variados interesses juridicamente tutelados, estejam os titulares de todos os direitos envolvidos adequadamente representados ou não, de modo consciente ou não. A lide envolve interesses de variados setores da sociedade, e exigem soluções por diversas instâncias administrativas especializadas, nem sempre bem articuladas entre si. Nestes casos, diz-se que as ações são *complexas*: complexidade que é aqui tomada não no sentido da dificuldade do direito, e sim da situação envolvendo a articulação entre diversos planos coexistentes no meio social.

A complexidade dos interesses jurídicos que podem apresentar-se como transversais numa ação coletiva pode resultar em outra característica que atrai a particular utilidade dos processos estruturantes: a *multipolaridade*. Superando a perspectiva da configuração triangular, com pretensões jurídicas antagônicas entre os dois polos de partes da relação processual, as ações coletivas podem incidir diretamente ou impactar mesmo que indiretamente sobre o patrimônio jurídico de vários grupamentos sociais, ou desafiar a atuação de diversos órgãos da Administração.

A multipolaridade e a especial relevância dos interesses jurídicos dedutíveis em ações coletivas gera consequências peculiares, como a fluidez da posição processual dos legitimados a residir nesses processos, como é exemplo a faculdade concedida à pessoa jurídica de direito público de "atuar ao lado" do autor popular (Lei 4717/64-LAP, art. 6º, § 3º), ou a legitimação sucessiva extraordinária conferida ao Ministério Público para promover o prosseguimento da ação popular que não mais tenha um cidadão a patrociná-la (LAP, art. 9º), ou ainda, a legitimação superveniente conferida ao mesmo MP para a promoção do cumprimento da sentença, que é obrigatório na espécie (LAP, art. 16).

Processo estruturante é a denominação que se dá a um conjunto de técnicas processuais tendentes a suprir a deficiência da estrutura administrativa para o enfrentamento de situações de estado inconstitucional de coisas. Tais técnicas abrangem, dentre outras medidas a serem efetivadas por uma atuação judicial pautada pelo ativismo dialógico, a mais ampla participação social tendente ao amplo debate e à construção de soluções que implementem praticamente a adequação da realidade à ordem constitucional, em casos caracterizados pela *coletividade, multipolaridade e complexidade.*

Os procedimentos estruturantes remontam, em suas origens, ao caso *Brown vs. Board of Education*,[1] ocasião em que a Suprema Corte dos EUA afirmou a inconstitucionalidade das políticas segregacionistas no âmbito da educação, derivadas de um sistema legislativo de triste memória denominado "*Jim Crow Laws*". Ao tempo em que afirmava a incompatibilidade do argumento dos "separados, mas iguais"[2] o suporte judiciário das famigeradas políticas segregacionistas, para com o princípio constitucional de igualdade, a Suprema Corte viu-se na contingência de enfrentar um problema de racismo estrutural que imporia severas dificuldades à exigência de efetivação da integração da

1. BROOCKE, Bianca M. Schneider Van der. *Litígios Estruturais, estado de coisas inconstitucional e gestão democrática do processo*: Um papel transformador para o controle judicial de políticas públicas. Londrina, Ed. Thoth, 2021.
2. "*Separate but* equal": argumento estabelecido em 1895, no julgamento do caso "Plessy vs. Ferguson".

população negra ao sistema educacional. Foi preciso uma segunda cominação, conhecida como *Brown II*, para estabelecer a imediata execução da obrigação de integração dos estudantes, até então postergada pelos segregacionistas recalcitrantes. Na efetivação da obrigação constitucional de igualdade, estabeleceu-se uma articulação mais ativista e cooperativa da autoridade judiciária, de modo a superar as resistências opostas pelos mecanismos estatais e particulares ainda adaptados à ideia dos "separados, mas iguais".

No contexto do direito comparado sul-americano, destaca-se a influência do neoconstitucionalismo colombiano na construção do modelo de processo estruturante. Seguindo a onda do constitucionalismo sul-americano do final do século XX, marcada pelas esperanças derivadas da democratização do continente, a ordem constitucional colombiana atual também se preocupou em ampliar as garantias de tutela dos direitos coletivos que consagrou, com o incremento dos instrumentos processuais.

Distinguindo direitos fundamentais e direitos sociais, a Reforma Constitucional de 1991 à Constituição colombiana de 1886 admitiu, em princípio, o manejo das "*acciones de tutela*" apenas para a garantia de direitos fundamentais. Contudo, a possibilidade de uso desta garantia para os direitos sociais veio a ser reconhecida, em determinadas condições, o que ampliou também o escopo do modelo de processo estruturante naquele país.

O sistema de controle jurisdicional de constitucionalidade colombiano permite o estabelecimento de amplo debate social, na consideração de perspectivas de solução para o tema submetido à análise judicial.

Em 1997, a Corte Constitucional da Colômbia construiu o conceito de "Estado Inconstitucional de Coisas", a situação que se forma pela declaração da tensão entre as promessas constitucionais e a realidade sobre a qual tais promessas deveriam operar. A declaração do estado inconstitucional de coisas atrai uma atividade judicial voltada à transformação positiva da sociedade, visando ajustar ao máximo o contexto fático real às diretrizes constitucionais. Os fatores constitutivos do estado inconstitucional de coisas são elencados por Broocke:

> i) a violação massiva e generalizada de vários direitos constitucionais que afeta a um número significativo de pessoas; ii) a prolongada omissão das autoridades no cumprimento da suas obrigações para garantir os direitos; iii) a adoção de práticas inconstitucionais, como a incorporação da ação de tutela como parte do procedimento para garantir o direito violado; iv) a não expedição de medidas legislativas, administrativas ou orçamentárias necessárias para evitar a violação dos direitos; v) a existência de um problema social cuja solução envolve a intervenção de várias entidades, requer a adoção de um conjunto complexo e coordenado de ações e exige um nível de recursos que demanda um esforço orçamentário adicional importante; e vi) se todas as pessoas afetadas pelo mesmo problema recorrerem à *acción de tutela* para obter a proteção dos seus direitos, se produziria uma maior congestão judicial.[3]

3. BROOCKE, Bianca M. Schneider Van der. *Litígios Estruturais, estado de coisas inconstitucional e gestão democrática do processo*: Um papel transformador para o controle judicial de políticas públicas. Londrina, Ed. Thoth, 2021, pp. 63/64

A construção da solução dos estados inconstitucionais de coisas pela Corte Constitucional colombiana lastreou-se em decisões em modo "targeret transformative" (direcionadas à transformação), no sentido de terem sido voltadas a suprir as deficiências institucionais que impedem a fruição dos direitos sociais envolvidos na demanda.

A doutrina destaca a presença de um "ativismo dialógico" na condução do processo estruturante destacado pela Corte colombiana, mediante o qual o Judiciário articula os vários órgãos competentes da Administração com o diálogo público e amplo, na construção da solução dos variados problemas estruturais envolvidos.

Este ativismo dialógico é a nota de especialidade que irá marcar o processo estruturante: a autoridade judicial irá realizar uma função eminentemente *performativa*, articulando setores da sociedade civil e do Estado para a execução cooperada de determinada política pública ou para a resolução de litígios complexos.

No Brasil, a técnica do processo estruturante vem sendo utilizada em alguns casos de ampla repercussão, inclusive pelo Supremo Tribunal Federal, como no caso notável do Habeas Corpus coletivo 165.704, que questiona as inúmeras ilegalidades e inconstitucionalidades presentes na política pública carcerária no país. No âmbito do direito ambiental, destaca-se a tramitação, pela técnica estruturante, da ADPF 708/DF (Caso Fundo Clima), que questiona omissões de órgãos públicos como o Ministério do Meio Ambiente, IBAMA, ICMBio e FUNAI para com a obrigação de proteção suficiente ao macrobem ambiental.

No processo estruturante, o juiz deverá prestigiar três aspectos: 1) cooperação; 2) contraditório; 3) ampla legitimação à participação social.

A cooperação pressupõe a atuação proativa de todos os múltiplos integrantes do processo, para o equacionamento racional dos interesses protegidos constitucionalmente envolvidos, mormente quando haja o reconhecimento de situação de ilegalidade ou de estado inconstitucional de coisas, com a afirmação da insuficiência da estrutura estatal para o trato suficiente do problema.

O contraditório refere-se à dialeticidade do processo. É princípio básico de todo o sistema processual do CPC/2015, de observância imperativa pelos magistrados. Lembrando a multipolaridade normalmente presente nos processos estruturantes, o acesso à palavra pelos legitimados a falar no feito deve ser rigorosamente respeitado.

Incumbe ao juiz, no processo estruturante, mediante o ativismo dialógico acima mencionado, estabelecer condições de possibilidade para a mais ampla participação popular. A performance deliberativa que irá marcar a atuação judicial acaba por atender a variados escopos: amplifica o escopo pedagógico do processo, obtém soluções mais pragmáticas e imediatas para os problemas postos na lide, e perfaz a diretriz democrática constitucional, donde resulta maior legitimidade das decisões e fortalecimento do estado de direito, até porque serão decisões influenciadas diretamente por todos – ou quase todos – os setores interessados.

A ampliação da participação popular também atenua um clássico problema nos processos coletivos: a dificuldade de fixação de uma representatividade adequada, ante a estreita legitimação definida objetivamente, por instituições que nem sempre conseguem vocalizar as diversas realidades envolvidas numa lide dessas.

A relevância da participação política nas ações coletivas já era destacada por Ada Pellegrini, que distinguia a participação *no* processo (basicamente a utilização das técnicas do contraditório) e participação *pelo* processo (ou pela Justiça – a participação da massa de interessados, pela atuação do representante adequado e, por que não dizer, da própria coletividade afetada):

> A intervenção popular direta compreende a presença de leigos na fase instrutória e decisórias e os procedimentos de escolha dos juízes. A indireta configura o controle da função jurisdicional pelos destinatários, ora mediante as relações justiça-informação (com a problemática inerente à publicidade dos atos processuais, passando pelo controle dos meios de comunicação até o sigilo, como publicidade restrita às partes e a seus procuradores); ora pelas técnicas de aferição da legalidade e justiça das decisões (e a correlata obrigatoriedade da motivação); ora pelas técnicas de responsabilização do juiz; ora pelos controles sobre a atuação e inércia dos órgãos da acusação no processo penal.
>
> Já a *participação mediante a justiça* utiliza o próprio instrumento 'processo' para permitir o acesso das pessoas e das causas à justiça e à ordem jurídica justa, ligando-se à questão da universalidade da tutela jurisdicional. O próprio processo é então utilizado como veículo de participação democrática, e por ele se possibilita a intervenção popular na urdidura do tecido social. A começar pela assistência jurídica – que compreende a informação, a tomada de consciência e o encaminhamento aos canais processuais ou alternativos adequados, passando pela assistência judiciária e culminando com a abertura dos esquemas de legitimação para a causa, que permite o acesso de vastas parcelas da população por intermédio dos portadores, em juízo, de suas pretensões, em se tratando de interesses transindividuais, cuja veiculação em juízo em processos coletivos assume relevante dimensão social e política (cf. Ada Pellegrini Grinover, *A conciliação extrajudicial no quadro participativo. cit.* ps. 222-225).[4]

A implementação das medidas de combate à inconstitucionalidade no processo estrutural deve se dar de modo aberto, dialógico e flexível. O discurso visa a obtenção de um consenso. Para tanto, é necessária a instalação de uma *situação ideal de fala*, ou seja, uma situação que permite a formação de um procedimento tendente à obtenção da verdade pelo consenso. A situação ideal de fala submete-se a quatro condições:

1) *esfera pública*: os atores têm direito ao uso público de atos de fala e seus recursos argumentativos:

> o espaço de uma situação de fala, compartilhado intersubjetivamente, abre-se através das relações interpessoais que nascem no momento em que os participantes tomam posição perante os atos de fala dos outros, assumindo obrigações ilocucionárias.[5]

Tradicionalmente, o conceito de esfera pública opõe-se simplesmente ao de esfera privada, donde surge a concepção de separação entre Estado e sociedade. Partindo da

---

4. GRINOVER, Ada Pellegrini. *O processo em evolução.* 2. ed. Rio de Janeiro, Forense Universitária, 1998, p. 12.
5. HABERMAS, Jurgen. *Direito e democracia*: entre facticidade e validade. Rio de Janeiro, Edições Tempo Brasileiro, 1997, v. II, p. 93.

concepção kantiana de formação da opinião pública, no clássico "Resposta à pergunta: o que é iluminismo?", Habermas considera esfera pública de um modo mais refinado: trata-se da reunião, em público, de cidadãos (pessoas privadas) políticos. Distingue-se do conceito de sociedade burguesa (a reunião de cidadãos econômicos), e também do conceito de Estado (visto como estrutura de organização no âmbito político). A configuração atual da esfera pública pode ser assim resumida:

> A esfera pública não pode ser entendida como uma instituição, nem como uma organização, pois, ela não constitui uma estrutura normativa capaz de diferenciar entre competências e papéis, nem regula o modo de pertença a uma organização etc. tampouco ela constitui um sistema, pois, mesmo que seja possível delinear seus limites internos, exteriormente ela se caracteriza através de horizontes abertos, permeáveis e deslocáveis. A esfera pública pode ser descrita como uma rede adequada para a comunicação de conteúdos, tomadas de posição e opiniões; nela os fluxos comunicacionais são filtrados e sintetizados, a ponto de se condensarem em opiniões públicas enfeixadas em temas específicos.[6]

2) *distribuição equitativa dos direitos de comunicação*: as pretensões de validade das ações comunicativas podem ser interpretadas, explicadas, justificadas, fundamentadas, problematizadas ou refutadas de modo igual pelos participantes do discurso;

3) *não violência*: os participantes devem ter igual condições de emprego de atos de fala;

4) *autenticidade*: os falantes devem ter a mesma oportunidade de uso de atos de fala reguladores, ou seja, aqueles destinados a mandar e opor-se, de permitir e proibir, de fazer e retirar promessas, de prestar e pedir contas.

A experiência do uso das ferramentas de videoconferência, que foi acentuada no período pandêmico, agrega condições de possibilidade para uma ampliação ainda maior da participação popular. Para além das tradicionais alocações das audiências na sala de audiências do Juízo ou mesmo no local dos fatos, esses atos podem ser simultaneamente transmitidos por plataformas diversas (YouTube, Zoom, Teams, Meet etc.) com a possibilidade de intervenção pelos internautas e tradução simultânea por libras. Ademais, a ampla acessibilidade do processo eletrônico permite um incremento ao direito de informação da população envolvida no debate, e é referido inclusive no art. 6 do Acordo de Escazú.

Em suma, o processo estruturante deverá assegurar a "tríade dos direitos ambientais de participação": *acesso à informação, participação pública na tomada de decisões e acesso à justiça.*[7]

Normalmente, o processo estrutural busca superar a situação de desconformidade mediante *decisões de implementação escalonada* ou *decisões em cascata*. Uma decisão prévia, que tanto poderá ser proferida como tutela provisória, como por sentença ou

6. HABERMAS, Jurgen. *Direito e democracia*: entre facticidade e validade. Rio de Janeiro, Edições Tempo Brasileiro, 1997, v. II, p. 92.
7. SARLET, Ingo W.; FENSTERSEIFER, Tiago. *Governança judicial ecológica e direitos ambientais de participação*. São Paulo: Editora Saraiva, 2021. 9786555597899. Disponível em: https://integrada.minhabiblioteca.com.br/#/books/9786555597899/. Acesso em: 13 mar. 2022.

mesmo incidentalmente num procedimento executivo, deverá identificar os bens jurídicos tutelados e as metas a serem implementadas, e decisões subsequentes irão administrando a execução das mesmas metas, em conformidade com as necessidades supervenientes, devendo também respeitar os limites e prazos da atividade administrativa, que pode envolver a necessidade de convocação de licitações, alocação de recursos etc. Como observam Arenhart et al, essas decisões em cascatas podem assumir diversas formas: "as formas consensuais, as soluções adjudicadas e os mecanismos dialogados (de implantação delegada)",[8] sucedendo-se na prática conforme a necessidade conjuntural.

***

O direito ambiental tem caráter nitidamente holístico: para além do reconhecimento da transversalidade sempre presente em toda questão de índole ambiental, considere-se que na aplicação mais trivial desta área jurídica a abordagem terá sempre que atender ao tripé "economia-sociedade-ecologia", sob pena de não ter efetividade. Daí que Eros Grau observa que o direito ambiental, assim como o de proteção ao consumidor, destina-se à "compensação das disfunções do processo de acumulação" capitalista.[9]

Não é demais recordar que o conceito de meio ambiente, na acepção jurídica, é decantado em quatro aspectos básicos: meio ambiente natural, urbano, cultural e laboral.

A condição holística do direito ambiental torna o processo estruturante técnica particularmente útil no trato judicial de boa parte de seus grandes temas, que costumam abranger as três características do modelo (coletividade, multipolaridade e complexidade).

A adoção do processo estruturante nas lides de índole ambiental coaduna-se perfeitamente com a diretriz, estabelecida no direito das gentes, de *governança judicial ecológica*, assim referida por Starlet e Fensterseifer:

> O conceito de governança judicial ecológica pode ser identificado na passagem que segue extraída da Declaração sobre os Princípios de Johanesburgo sobre Estado de Direito e Desenvolvimento Sustentável (The Johannesburg Principles on the Role of Law and Sustainable Development), adotada no Simpósio Global de Juízes realizado em Johanesburgo, África do Sul, entre os dias 18 e 20 de agosto de 2002: "o estado frágil do meio ambiente global exige que o Judiciário, como guardião do Estado de Direito, implemente e aplique com ousadia e sem medo as leis internacionais e nacionais aplicáveis, que no campo ecológico e do desenvolvimento sustentável ajudarão a aliviar a pobreza e a sustentar uma civilização duradoura, e a assegurar que a atual geração desfrute e melhore a qualidade de vida de todos os povos, assegurando também que os direitos e interesses inerentes das gerações seguintes não sejam comprometidos". O documento internacional referido, adotado à época da Cúpula Mundial sobre Desenvolvimento Sustentável (Rio+10), ocorrida na mesma cidade sul-africana, é emblemático e dá ênfase ao papel que cabe ao Poder Judiciário na defesa e promoção de um modelo de Estado de Direito de feição ecológica, notadamente no sentido de exercer com vigor

8. ARENHART, Sérgio Cruz, OSNA, Gustavo e JOBIM, Marco Félix. *Curso de processo estrutural*. ed eletrônica. São Paulo, Thomson Reuters Brasil, 2021.
9. GRAU, Eros Roberto. *Por que tenho medo dos juízes (a interpretação/aplicação do direito e os princípios)*. 6. ed. São Paulo, Malheiros, 2014, p. 13.

a aplicação do marco normativo ecológico, tanto em face de agentes privados de agentes estatais e do próprio Estado (Legislativo, Executivo etc.).[10]

A governança ambiental mediante ampla participação popular é recomendada pelo Princípio 10 da Declaração do Rio sobre Meio Ambiente e Desenvolvimento:

> O melhor modo de tratar as questões ambientais é com a participação de todos os cidadãos interessados, em vários níveis. No plano nacional, toda pessoa deverá ter acesso adequado à informação sobre o ambiente de que dispõem as autoridades públicas, incluída a informação sobre os materiais e as atividades que oferecem perigo a suas comunidades, assim como a oportunidade de participar dos processos de adoção de decisões. Os Estados deverão facilitar e fomentar a sensibilização e a participação do público, colocando a informação à disposição de todos. Deverá ser proporcionado acesso efetivo aos procedimentos judiciais e administrativos, entre os quais o ressarcimento de danos e recursos pertinentes.

Em 2018, foi firmado, na Costa Rica, o Acordo Regional de Escazú para América Latina e Caribe sobre Acesso à Informação, Participação Pública e Acesso à Justiça em Matéria Ambiental (Acordo de Escazú), objetivando a implementação do Princípio 10 da Declaração do Rio. Ali, dentre outras diretrizes procedimentais, definiu-se como "direitos de acesso" o conjunto integrado por "direito de acesso à informação ambiental, o direito à participação pública nos processos de tomada de decisões em questões ambientais e o direito de acesso à justiça em questões ambientais".

O modelo é particularmente útil nos processos coletivos envolvendo o meio ambiente cultural, posto que este é construído exatamente pelos modos de viver, produzir e criar das sociedades. Compreende-se por cultura o conjunto de bens formadores e informadores do processo civilizatório; tudo o que de bom é produzido pelo intelecto e pela técnica humanos. A cultura eleva o espírito humano, ao mesmo tempo em que estabelece a identidade dos povos.

Darcy Ribeiro demonstra como a variedade das matrizes étnicas na formação da civilização brasileira resulta numa rica e peculiar cultura que se conjuga na exuberante identidade nacional:

> Por essas vias se plasmaram historicamente diversos modos rústicos de ser dos brasileiros, que permitem distingui-los, hoje, como *sertanejos* do Nordeste, *caboclos* da Amazônia, *crioulos* do litoral, *caipiras* do Sudeste e Centro do país, *gaúchos* das campanhas sulinas, além de ítalo-brasileiros, teuto-brasileiros, nipo-brasileiros etc. Todos eles muito mais marcados pelo que têm de comum como brasileiros, do que pelas diferenças devidas a adaptações regionais ou funcionais, ou de miscigenação e aculturação que emprestam fisionomia própria a uma ou outra parcela da população.[11]

Essa premissa da constituição multiétnica na cultura brasileira é captada no art. 215, § 1º, da Carta, que institui especial proteção do Estado às "manifestações das cul-

10. SARLET, Ingo W.; FENSTERSEIFER, Tiago. *Governança judicial ecológica e direitos ambientais de participação*. São Paulo: Editora Saraiva, 2021. 9786555597899. Disponível em: https://integrada.minhabiblioteca.com.br/#/books/9786555597899/. Acesso em: 10 mar. 2022.
11. RIBEIRO, Darcy. *O povo brasileiro*: A formação e o sentido do Brasil. São Paulo, Companhia das Letras, 1995, p. 21.

turas populares, indígenas e afro-brasileiras, e das de outros grupos participantes do processo civilizatório nacional".

Dado que, por definição, cultura é conceito que abrange toda a identidade nacional, com toda a exuberância de suas fontes, é intuitivo reconhecer que qualquer discussão sobre proteção patrimonial (ou seja, relativa ao patrimônio cultural) é de amplo interesse social.

Ações versando sobre medidas de proteção a bens culturais exigem a mais ampla abertura à participação popular, tanto pelo fato de dizerem respeito a um bem difuso, transgeracional e originado da vida social por natureza, como pelo respeito ao caráter democrático consagrado no modelo vigente de processo – mormente das ações coletivas.

A condução de ações com este objeto pelo modelo de processo estruturante perfaz, no âmbito do Judiciário, o comando constitucional que impõe a todo o Poder Público buscar a colaboração da comunidade para a realização da incumbência comum de promover e proteger o patrimônio cultural brasileiro (CF, art. 216, § 1º). Ao mesmo tempo, permite o exercício, pela cidadania, do cumprimento ao dever constitucional de promoção da proteção ambiental, que é incumbido a todos no art. 225 da Carta, na construção da chamada *cidadania ambiental responsável*.

No Distrito Federal, a Vara do Meio Ambiente vem conduzindo diversas ações coletivas segundo o modelo de processo estruturante, com resultados bastante satisfatórios.

Um caso que se destaca refere-se a uma ação civil objetivando a promoção de ações de proteção jurídica ao Museu Histórico e Artístico de Planaltina.

Planaltina é uma das "cidades-satélites" integrantes de Brasília, mas há muito preexistente à inauguração da Capital. Foi fundada em 1811 com o nome de Arraial de São Sebastião de Mestre D'Armas (o "Mestre D'Armas" referindo-se a um ferreiro, cujo nome não se conhece ao certo, que teria se assentado na região em meados do século XVIII). Com a fundação de Brasília, o antigo município goiano de Planaltina cedeu a parte que remontava ao Arraial Mestre D'Armas ao território do Distrito Federal.[12]

O aparente contraste entre as características de uma cidade fundada no séc. XIX com o modernismo que marca o Plano Piloto não oculta o fato de que Planaltina é testemunho histórico vivo da ambiência da região do Planalto Central, sendo, pois, parte ilustrativa do contexto histórico e social que acolheu a nova capital. A comunidade local é ciente da importância histórica de Planaltina, e denota intenso sentimento de atenção e cuidado para com os bens culturais que a pontuam generosamente, dentre os quais o Museu Histórico e Artístico, situado uma antiga residência de uma tradicional família local, doada nos anos 70 do séc. XX para a finalidade de criação do equipamento público.

Embora tombado apenas no âmbito do Distrito Federal, a importância histórica do Museu é reconhecida também pelo IPHAN (Parecer Técnico n. 62/2010), especial-

12. SILVA, Robson Eleutério. *História de Planaltina em documentos*: do Arraial de Mestre D'Armas à construção de Brasília. Brasília, R.E. da Silva, 2019.

mente pelo fato da edificação ser exemplar da arquitetura colonial portuguesa típica das vilas e povoados formados no ciclo da mineração em Goiás no início do sec. XVIII. Não obstante, o bem cultural encontrava-se um tanto negligenciado pelo poder público, sem o respaldo jurídico de qualquer instrumento formal de instituição e proteção específica do bem cultural.

Na ação civil pública promovida em 2018,[13] o Ministério Público do Distrito Federal postulou a cominação da obrigação de elaboração e implementação de um regimento interno e um plano museológico para o Museu Histórico e Artístico de Planaltina, conforme exigência objetiva instituída no art. 23 do Decreto 8.124/13. Plano museológico é um instrumento de planejamento estratégico de um museu, que define missão e função específica do equipamento cultural na sociedade, além de fixar programas institucionais, de gestão de pessoas, de acervos, educativo, cultural, de pesquisa, financiamento e fomento, entre outros itens relevantes à institucionalização e cumprimento da função socioambiental do bem cultural.

Embora não tenha propriamente resistido à pretensão, o poder público alocado no polo passivo da relação processual ponderou a escassez de recursos para a implementação imediata das medidas postuladas na demanda; enfim, a resistência referiu-se basicamente à reserva do possível, sem negar o direito à proteção patrimonial almejada.

Para a oitiva mais próxima da comunidade residente na cidade onde está assentado o museu e visando atender, sob uma perspectiva específica, ao *princípio do acesso à Justiça*, o Juízo optou pela realização das audiências públicas no próprio bem cultural, com ampla divulgação e convite à população.

As audiências atraíram bom número de acadêmicos, pesquisadores, artistas populares locais, que desde o início denotaram pertencimento e preocupação para com o bem cultural.

Numa das primeiras audiências, um grupo de museólogos integrantes dos quadros do IBRAM – Instituto Brasileiro de Museus, repartição da estrutura do IPHAN – Instituto do Patrimônio Histórico e Artístico Nacional manifestou interesse em acompanhar e cooperar com o processo de elaboração do plano museológico. Recordando que o processo de elaboração de um plano museológico demanda ampla participação popular, os representantes do IBRAM propuseram dar acompanhamento técnico ao processo, inclusive mediante a oferta de um minicurso sobre plano museológico, para qualificar a comunidade ao debate.

O curso foi ministrado em finais de semana, ao longo de quatro meses. Durante as aulas, que abordaram conceitos básicos de museologia até a rede administrativa e acadêmica dedicada aos museus, promoveu-se uma dinâmica específica de montagem de um projeto de plano museológico. As dinâmicas presentes nos debates que pontuaram o minicurso de museologia estabeleceram uma especial via de mão dupla de trânsito de informações, na medida em que as lições técnicas dos museólogos atraíram, por outro

13. Autos n. 0705243-28.2018.8.07.0018, ação civil pública promovida pela Promotora Cristina Rasia Montenegro.

lado, valiosas contribuições da cidadania presente, que abrangeram desde informações históricas veiculadas por ilustres professores e intelectuais locais, até o compartilhamento de aspirações e expectativas de artistas e de frequentadores do museu.

Assim, ao final do curso o grupo de cidadãos havia elaborado o projeto de plano museológico que seria posteriormente entregue ao Distrito Federal, e que serviu de base para o trabalho da museóloga contratada pelo poder público para a elaboração do plano oficial.

O museu passou a receber maior atenção do poder público, sob as cobranças e o olhar atento da comunidade local, sendo certo que o processo serviu de ponte entre esses atores, ampliando a participação pública na tomada de decisões, não só no âmbito judicial, e também contribuindo, ao final e a cabo, para a concretização da diretriz de "formação de uma consciência pública sobre a necessidade de preservação da qualidade ambiental e do equilíbrio ecológico" preconizada no art. 4º, V, da Lei 6938/81 (Política Nacional do Meio Ambiente – PNMA).

Em que pese o procedimento ter se prolongado por mais tempo do que a média da tramitação de ações da espécie, o fato é que vem obtendo efeitos diretos sobre o bem cultural, que por certo seriam muito mais difíceis de se obter pelas técnicas clássicas de condenação e execução de obrigação de fazer contra a Fazenda Pública, como demonstram melancolicamente tantas sentenças passadas em julgado e sem efetividade nestes feitos, situação indesejável, mas infelizmente muito mais corriqueira do que o tolerável. A subsistência de uma tramitação prolongada, mas condizente com o respeito ao tempo necessário à ampliação da participação pública e superação de lacunas estruturais seguras para a proteção do bem ambiental é, afinal, perfeitamente condizente com o princípio da duração *razoável* do processo.

Mesmo concepções conservadoras são obrigadas a admitir que o respeito às normas constitucionais é pressuposto para a ação social e política/institucional tendentes a corrigir a desconformidade da realidade com a lei. O que está inconstitucional deve ser transformado, para se adequar à legalidade. É neste sentido que a atividade judicial deve ser transformadora: visando cooperar na concretização das promessas constitucionais, expressão basilar das aspirações nacionais.

As experiências exitosas do manejo do procedimento estruturante inteiramente submisso ao princípio da democracia ambiental, ilustradas aqui pelo exemplar caso do Museu de Planaltina, trazem a lembrança de que, na realidade, a formulação clássica e racionalmente sustentável do brocardo referido ao início é "fiat iustitia ne pereat mundus" (faça-se justiça para que o mundo não pereça).

JUIZADOS ESPECIAIS CÍVEIS E ACESSO À JUSTIÇA: UMA AMPLIAÇÃO PLANEJADA OU REFLETIDA?

José Guilherme Vasi Werner

Doutor em História (FGV/CPDOC). Mestre em Sociologia (IUPERJ/UCAM). Juiz de Direito – TJRJ.

O título da bela obra para a qual contribuímos com este pequeno capítulo é "Direito e Transformação Social".

A relação entre direito e mudança social[1] é muito cara aos sociólogos. E também bastante polêmica.

Primeiro, porque para admitir essa relação é preciso separar conceitualmente "direito", de um lado, e "sociedade", de outro.

No entanto, o direito está na sociedade. Ele é um modelo de regulação engendrado nela para garantir seu equilíbrio e manutenção.

Foi com as sociedades modernas que se pôde imaginar a cisão conceitual entre sociedade e direito, mais precisamente com o desenvolvimento da ideia de Estado, um instrumento de organização da sociedade que se projeta dela e nela mesma.

Para as sociedades tradicionais, a relação de causalidade entre direito e transformação social não faria qualquer sentido, pois o fenômeno jurídico era a própria organização dessas sociedades. Não se poderia conceber sua separação. Sociedade e direito eram uma mesma realidade.

Logo, transformando-se a sociedade, transformava-se, nela e com ela, o seu direito.

Em segundo lugar, porque se é fácil entender que as transformações sociais repercutem no direito, não é tão simples demonstrar a influência do direito na mudança social.

A tecnologia provoca mudanças na forma como as pessoas vivem e se relacionam que precisam ser acompanhadas pelo direito, sob pena de perder espaço e importância para outros modelos de regulação social.

O desenvolvimento das caravelas, por exemplo, e as grandes navegações que com elas se fizeram, alteraram a dinâmica dos negócios e ensejaram a proliferação de novos seguros, de contratos de arrendamento, contratos futuros etc. Mais recentemente, a telefonia e a internet revolucionaram o modo de relacionamento entre as pessoas, tornando necessária a regulação dessas interações de formas antes não imaginadas.

1. Para Vago, citado por Ana Lucia Sabadell, mudança, ou transformação social *indica uma modificação na forma como as pessoas trabalham, constituem famílias, educam seus filhos, se governam e dão sentido à vida* (Apud SABADELL, Ana Lucia. *Manual de sociologia jurídica*: introdução a uma leitura externa do direito. 6. ed. São Paulo: Ed. RT, 2013, p. 87).

Mais ou menos influenciadas pela tecnologia, as transformações nas interações entre as pessoas afetam os costumes e, secundariamente, o direito. O reconhecimento jurídico de novas realidades, como as criptomoedas, os metaversos, NFT's etc., ilustra bem a ligação entre a mudança social e mudança do direito.

Mas como o direito influencia a mudança social?

Com as sociedades modernas e a evolução do Estado, o direito passou a ser utilizado cada vez mais como uma expressão de poder, por meio do qual podiam impor comportamentos por parte dos cidadãos que por sua vez viriam a repercutir na própria configuração social.

Para Roger Cotterrell, o direito passou a ser visto como uma ferramenta de controle e direcionamento social e a questão passou a ser não tanto se o direito pode influenciar a mudança social, mas, principalmente, até que ponto o direito pode causar essa mudança.[2]

Talvez a questão mais importante seja até que ponto o direito pode ser considerado uma fonte autônoma de mudança.

Desdobrando o problema: quando o Estado concebe e executa uma alteração no campo jurídico visando obter determinado resultado, esse resultado se deve a um uso autônomo das ferramentas jurídicas ou as ferramentas jurídicas terão sido concebidas porque a sociedade já criara as condições culturais necessárias para o uso dessas ferramentas?

Ainda: a própria disposição do Estado e seu governo de promoverem as transformações terá surgido espontânea e independentemente ou será fruto de um amadurecimento cultural e social que deu origem a essa disposição?

Estamos diante de um problema do tipo "ovo x galinha".

É claro que essa discussão é bem mais complexa do que nossas poucas palavras conseguem expressar, mas o que se quer é apenas introduzir as premissas para a breve discussão de um caso histórico que a relação entre direito e transformação social pode iluminar.

Na verdade, quando se coloca a perspectiva histórica na análise fica mais fácil perceber a relação entre transformações de rotinas e práticas sociais e institucionais e alterações em normas jurídicas levadas a efeito no passado.

No Brasil, pelo menos no que se refere à construção da cidadania, podemos citar o caso dos juizados especiais cíveis, que têm sido associados a um movimento bem sucedido de ampliação do acesso à Justiça.

---

2. It has become possible to talk about law acting upon society, rather than law as an aspect of society. Thus law has come to be seen as an independent agency of social control and social direction. It appears autonomous within society (...).

Consequently, the question of the relationship of law and social change has tended to become one of how far law can independently influence social change (COTTERRELL, Roger. *The sociology of law*: an introduction. 2. ed. Oxford: The Oxford University Press, 2012, p. 44-5).

Será tal sucesso resultado de seu projeto normativo ou das demandas sociais?

Se considerarmos que eles só funcionam por estarem respaldados em normas projetadas para introduzi-los e inseri-los na estrutura do Estado (no caso, do Poder Judiciário), concretizando-os, devemos reconhecer que o direito tem um papel essencial nas transformações a ele associadas.

Por outro lado, se entendermos que eles são tributários dos juizados de pequenas causas, que por sua vez foram inspirados nas experiências de juízes gaúchos que criaram informalmente os conselhos de conciliação e arbitramento,[3] o direito estatal perde o protagonismo nessas transformações.

Lembremos um pouco dessa origem.

Na época em que se começou a discutir publicamente sobre o que viriam a ser os juizados de pequenas causas, no final da década de 1970 e início da década de 1980, o Poder Judiciário vivia mais uma de suas crises.

De nada adiantara a reforma realizada pela emenda de n. 7 à Constituição de 1967, de 13 de abril de 1977, como parte do famoso "Pacote de Abril" do governo Ernesto Geisel, assim como de nada adiantara a edição da Lei Orgânica da Magistratura – LOMAN, dois anos depois, talvez porque realizadas de cima para baixo, buscando adaptar o Poder Judiciário às premissas do regime militar.

E essa crise não era vista como uma crise própria do Judiciário, mas de todo o Estado, que era lento, caro e ineficaz.

Com isso, a partir dos anos 1960, iniciou-se um esforço de desburocratização, refletido no Programa comandado pelo ministro Hélio Beltrão que, no governo de João Baptista de Oliveira Figueiredo (1979-1985), como Ministro Extraordinário da Desburocratização, deu seguimento à tentativa de flexibilização e descentralização do serviço público.

A crise do Estado não exigia ações apenas na esfera do executivo, mas, como se via dos registros das cartas enviadas pelos cidadãos ao programa, a morosidade e a ineficiência do judiciário também incomodavam muito. Assim, para Beltrão, "o Programa não lograria o desejado apoio da opinião pública se não se estendesse à esfera estadual e municipal e se não tentasse induzir a desburocratização do próprio Poder Judiciário".[4]

Os agentes do Programa Nacional de Desburocratização estavam cientes de que a crise do judiciário era complexa e que sua solução dependia de medidas a serem aplicadas em várias frentes, mas uma delas envolvia a simplificação de seus procedimentos visando deixá-lo mais eficiente e próximo dos cidadãos.

---

3. Para João Geraldo Piquet Carneiro, a "participação da Associação dos Juízes do Rio Grande do Sul – AJURIS foi decisiva tanto na viabilização dos Juizados informais quanto, mais tarde, na elaboração do projeto de lei, de iniciativa do executivo, que deu origem à Lei 7.244/84" (CARNEIRO, João Geraldo Piquet. O acesso à justiça pública: uma experiência de juizado de pequenas causas. *Revista do Serviço Público*. V. 39. n. 4, 1982).
4. BELTRÃO, Hélio. Programa nacional da desburocratização. *Revista da Administração Pública*. Rio de Janeiro. 15(3), jul.-set, 1981.

Piquet Carneiro defendia que o aperfeiçoamento da eficiência do Judiciário exigia dois enfoques, um "interno", relacionado ao "congestionamento do aparelho judiciário" e, outro, "externo", atinente à "ampliação do acesso à Justiça", que daria destaque "às necessidades e conveniências da clientela do Judiciário".[5]

Foi este último o enfoque trabalhado no Programa e a sua principal ferramenta veio a ser o juizado especial de pequenas causas, como Piquet Carneiro passou a defender durante a campanha pela desburocratização:

> Tão grave quanto o atual congestionamento burocrático do Poder Judiciário, ou mais grave ainda, é o problema da falta de acesso à Justiça por grande parte da população, em especial das camadas mais pobres e incultas
>
> (...)
>
> A criação de juizados especiais, destinados a julgar, exclusivamente, causas de reduzido valor econômico é uma das formas de minorar, a curto prazo, os graves efeitos políticos, sociais e econômicos da falta de acesso à prestação jurisdicional.[6]

Com isso, os juizados de pequenas causas enfrentariam o fenômeno que Kazuo Watanabe chamou de "litigiosidade contida", fruto dos obstáculos enfrentados por boa parte da população para acessar o sistema oficial de solução de conflitos. Para ele, a estratégia fundamental para o atingimento da meta de canalizar para o Judiciário todos os conflitos de interesse estaria na facilitação do acesso à Justiça. Essa é a ideia-chave dos JEPC.

O acesso seria facilitado pela gratuidade em primeiro grau (o litigante que tiver condições financeiras paga as custas na fase recursal) e pela possibilidade de ingresso direto no Juizado (a assistência de advogado é facultativa; querendo, o interessado teria o patrocínio da causa por um profissional do Direito).[7]

A Lei 7.244/1984 seguiu as principais premissas do projeto governamental e a experiência dos conselhos de conciliação, tendo por finalidade ampliar o acesso à Justiça. Assim, os juizados de pequenas causas poderiam ser criados e instalados pelos estados (se estes assim desejassem) para processar e julgar demandas de até 20 salários mínimos.

As partes poderiam comparecer independentemente da assistência de advogado e o processo era caracterizado pela ênfase na conciliação e por uma concentração de atos na audiência com o juiz, presididos pela simplicidade, celeridade e economia. Além disso, havia apenas um recurso disponível além dos embargos de declaração e a execução do acordo ou da decisão judicial deveria ser feita no juízo cível comum.

No que concerne à facultatividade, os redatores do anteprojeto tiveram que respeitar o princípio federativo e não podiam impor ao poder judiciário dos estados a criação de órgãos por meio de uma lei ordinária federal. Outro aspecto da facultatividade era a opção dada ao autor entre propor a sua ação no juizado ou em uma vara cível.

5. CARNEIRO, João Geraldo Piquet. A justiça do pobre. *Revista da AJURIS*, ano IX, Porto Alegre, jul. 1982.
6. CARNEIRO, João Geraldo Piquet. A justiça do pobre. *Revista da AJURIS*, ano IX, Porto Alegre, jul. 1982.
7. WATANABE, Kazuo. Juizado especial de pequenas causas: filosofia e características básicas. *Revista dos Tribunais*. ano 74, v. 600. out. 1985.

Em que pese a maior parte dos estados ter instalado pelo menos alguma unidade dos juizados especiais de pequenas causas, eles não tiveram projeção significativa e não se transformaram em uma alternativa séria ao procedimento tradicional de solução de conflitos.

Isso só viria a ocorrer com a criação dos juizados especiais cíveis em 1995.

A que se deve esse fracasso relativo dos juizados de pequenas causas e sucesso relativo dos juizados especiais?

Apesar de serem vistos como sucessores dos juizados de pequenas causas, os juizados especiais cíveis guardam algumas diferenças importantes com eles: a previsão constitucional, instalação obrigatória pelos estados e Distrito Federal e a possibilidade de executarem suas próprias sentenças, uma competência que os juizados de pequenas causas não detinham e que prejudicava sua eficácia.

Por falar em competência, os juizados especiais cíveis também podiam processar e julgar outros tipos de ação em relação aos juizados de pequenas causas (as causas do artigo 275, II do código processual então vigente).

Terão sido essas correções que possibilitaram a grande proliferação dos juizados especiais cíveis a partir do final dos anos 1990?

Em termos de nosso questionamento inicial, seriam tais correções e seu aparente sucesso um indício de que, afinal, o direito pode servir como indutor de mudanças sociais?

Naquela mesma época, a sociedade também se transformava.

No relativamente curto intervalo de tempo entre a idealização dos juizados de pequenas causas (começo dos anos 1980) e dos juizados especiais cíveis (na época da Assembleia Nacional Constituinte de 1987-88), o Brasil passou por importantes transformações no âmbito sociopolítico.

A abertura iniciada na presidência de João Batista de Oliveira Figueiredo, último mandatário do regime militar, o fim da censura, a anistia (com o regresso de personagens que passaram a exercer papéis relevantes na cena política a partir dos anos 1980), a campanha para as diretas e finalmente a constituinte, foram movimentos que elevaram as expectativas da sociedade quanto a uma renovada carteira de direitos referentes ao exercício da cidadania (não se pode esquecer que o próprio projeto governamental de desburocratização, ainda que tenha origem antes da radicalização do regime militar, foi renovado em função dessa abertura). Ora, ao mesmo tempo que os juizados de pequenas causas e seu objetivo de democratização do acesso se compatibilizavam com o espírito dessas transformações, a sociedade da época queria mais.

Esse anseio acabou refletido, no plano legislativo, por grandes reformas.

A Constituição de 1988 provocara (ou refletira) uma série de movimentos por maior agilidade e eficiência do Judiciário na garantia dos direitos nela reconhecidos.

No processo civil, apesar de o Código de 1973, então em vigor, ter sofrido diversas alterações desde sua própria *vacatio legis*, a década de 1990 concentrou as reformas que o alteraram mais substancialmente, especialmente nos anos de 1994 e 1995.

Nesses dois anos, foram editadas várias leis que mudaram a face do Código, entre as quais se destacam a Lei 8.898, de 29 de junho de 1994, que facilitou a execução das sentenças eliminando a liquidação por cálculos, a Lei 8.952, de 13 de dezembro de 1994, que inaugurou a possibilidade de concessão da tutela antecipada e aumentou os poderes do juiz no processo para garantir sua eficácia, a Lei 9.139, de 30 de novembro de 1995, que alterou o procedimento do recurso de agravo de instrumento, um recurso que se prestavam particularmente à protelação do cumprimento das decisões judiciais e a Lei 9.245, de 26 de dezembro de 1995, que simplificou o rito sumário.

Contudo, o movimento de reformas legislativas vinha a reboque de algumas alterações importantes no direito material, dentre as quais se destacava o direito do consumidor. O Judiciário precisava se aprimorar não apenas para fazer melhor e mais rápido o que já fazia, mas para que pudesse absorver e processar as demandas pelos novos direitos que a Constituição reconhecera.

A Lei 8.078 instituiu o Código de Defesa do Consumidor, que revolucionou o direito privado no Brasil ao se voltar contra os abusos praticados pelo comércio, pelas indústrias e pelos prestadores de serviços, "tomando o partido" do consumidor nas relações contratuais e garantindo sua proteção contra os danos causados pelas atividades dos fornecedores.

O "Código" é de 1990, quando já criados os juizados de pequenas causas.

Mas foi com os juizados especiais cíveis que ele casou perfeitamente e foi essa união que deu oportunidade a uma grande proliferação de demandas de natureza consumerista e que, na nossa opinião, é um dos fatores responsáveis pela associação dos juizados especiais cíveis à ampliação do acesso à Justiça.

Essa proliferação é demonstrada por dois documentos que eram produzidos pelo Tribunal de Justiça do Estado do Rio de Janeiro e pela Comissão dos Juizados Especiais (hoje COJES): os relatórios de processos distribuídos nos juizados especiais cíveis e a lista dos maiores demandados.

Os primeiros mostram o sucesso de público dos juizados especiais cíveis.

Em 1998, cada um dos juizados do Fórum Central da Capital do estado recebeu, em média, 4.493 processos para julgamento, o que significa a média aproximada de 374 processos por mês. Em 2001 esse número aumentou para 6.775 ou 565 por mês para cada juizado. Em 2002 a demanda aumentou para 9.153 (763 por mês), mais que o dobro de 1998, chegando a 8.147 em 2004 e 6.859 em 2005. Em 2003, chegaram a atingir 11.785 novos processos em cada juizado.

As listas dos maiores demandados, por seu turno, revelava os réus que concentravam 90% da demanda dos juizados especiais do Fórum Central, todos fornecedores de produtos ou serviços, mostrando a relevância dos juizados na defesa do consumidor.

Nos primeiros anos, as listas foram dominadas pela concessionária de telefonia Telemar Norte Leste S/A, com mais que o dobro de demandas da segunda colocada (a companhia de fornecimento de energia elétrica estadual que servia principalmente ao interior do estado e posteriormente foi privatizada e passou a se chamar AMPLA), seguida de Light Serviços de Eletricidade S/A (a companhia que fornecia energia elétrica para a capital do estado e as principais cidades da Baixada Fluminense). Após essas três primeiras, que se mantiveram em seus postos até 2005, vinham, revezando-se nas últimas dez posições, CEDAE – Companhia de Abastecimento de Águas e Esgotos (estatal estadual), Credicard, Embratel, Fininvest, Banco do Brasil S/A, Globex Utilidades S/A, Cartão Unibanco Ltda., C&A Modas Ltda., Telefônica Celular e Unibanco.

A partir de 2004, a lista passa a divulgar as 30 maiores demandadas ("Top 30"), destacando-se a partir de 2005 uma forte presença do setor bancário, despontando o Banco do Brasil S/A, o Banco Bradesco e o Grupo Itaú, este vindo a ocupar as primeiras posições a partir de então.

Essas referências mostram a correlação entre o surgimento das normas de proteção e defesa do consumidor e os juizados especiais cíveis.

Enfim, voltamos aos nossos questionamentos iniciais.

O caso dos juizados especiais cíveis nos parece bem apropriado para ilustrar o problema da causalidade entre direito e transformação social.

Em um exame superficial, pode parecer que o projeto jurídico dos juizados especiais cíveis foi o responsável pela ampliação do acesso à Justiça. Um exame mais apurado põe essa conclusão em xeque.

A posição mais sensata talvez seja a de reconhecer que não há uma resposta simples para nossa indagação. Melhor apenas reafirmar a dificuldade em reconhecer a relação de causalidade entre direito e transformação social.

O mais seguro a fazer, nos parece, é reconhecer que entre o direito e a transformação social pode não haver mais que uma simples associação.

Essa conclusão pode parecer decepcionante, mas para nós é motivo de otimismo. Será que essa associação não deve bastar para continuarmos projetando um futuro melhor, com a solução de alguns de nossos problemas?

Será que conseguiríamos não fazê-lo?

O CURSO DEFENSORAS E DEFENSORES DO DIÁLOGO

Andrea Issa Avila Vieiralves Martin

Defensora Pública do Estado do Rio de Janeiro. Subcoordenadora de Mediação e Práticas Extrajudiciais da Defensoria Pública do Estado do Rio de Janeiro. Capacitada em Práticas Colaborativas e Comunicação Não Violenta. Formação teórica em Mediação de Conflitos pelos Institutos ISA-MEDIARE.

Christiane Serra Ferreira

Defensora Pública no Estado do Rio de Janeiro. Coordenadora de Mediação e Práticas Extrajudiciais da Defensoria Pública do Estado do Rio de Janeiro. Mediadora de Conflitos com formação pelo Instituto Mediare, IMAP e Mediação Brasil. Capacitada em Práticas Colaborativas. Pós-graduanda em Transformação de Conflitos e Estudos de Paz, com ênfase no Equilíbrio Emocional, pela Paz & Mente e Innovare, em parceria com a cátedra UNESCO de Estudos de Paz, Universidade de Innsbruck, Áustria, e Instituto Santa Bárbara na Califórnia.

Julia Mendes Luz

Defensora Pública do Estado do Rio de Janeiro. Subcoordenadora de Mediação e Práticas Extrajudiciais da Defensoria do Estado do Rio de Janeiro. Capacitada em Práticas Colaborativas. Formação teórica em Mediação de Conflitos pelo IMAP (Instituto de Mediação e Arbitragem de Portugal) e Mediação Brasil. Certificada em Comunicação Não Violenta. Coautora do livro infantil "É conversando que a gente se entende!"

O que realmente importaNão há poder maior do que uma comunidade descobrindo o que lhe importa. Pergunte aquilo que te importa. Assuma que muitos outros compartilham do seu sonho.Seja corajoso o suficiente para iniciar conversas que tem significado.Fale com pessoas que você conheceFale com pessoas que você não conheceFale com pessoas com quem você nunca fala.Fique intrigado com as diferenças que você ouvir.Espere ser surpreendidoValorize a curiosidade mais do que a certeza. Convide a todos que se importam para trabalhar no que é possívelReconheça que todos são experts em alguma coisa.Saiba que soluções criativas surgem de novas conexões.Lembre-se, você não teme as pessoas cujas histórias você conhece.Escuta verdadeira sempre aproxima as pessoasConfie que conversas significativas mudam o seu mundo.Conte com a bondade humana.Mantenha a proximidade

Mark Nepo

1. A DEFENSORIA PÚBLICA, A SOLUÇÃO EXTRAJUDICIAL DE CONFLITOS E A EDUCAÇÃO EM DIREITOS

A Defensoria Pública é a instituição pública incumbida pela Constituição Federal de prestar assistência jurídica integral e gratuita, em todos os graus, judicial e extrajudicialmente, como garantia de acesso à justiça à população em situação de vulnerabilidade.[1]

Para esclarecer em que sentido a expressão "acesso à justiça" é aqui usada, cabe transcrever as palavras do Prof. Cleber Francisco Alves:[2]

> É de consenso a ideia de que o acesso à justiça não se limita à garantia de acesso formal ao Poder Judiciário; busca-se não apenas a obtenção de provimento jurisdicional justo, mas também a implementação de uma 'ordem jurídica justa', na consagrada expressão de Kazuo Watanabe, indispensável para propiciar a convivência social pacífica, que supõe inclusive mecanismos de realização e justiça social.

Como instrumento para garantia do efetivo acesso à justiça, a Defensoria Pública deve, conforme previsto no art. 4º, incisos II, da Lei Complementar 80/94 com a redação dada pela Lei Complementar 132/09, dentre outras funções institucionais, promover, prioritariamente, a solução extrajudicial dos litígios, com o uso de métodos de composição e administração de conflitos, como a conciliação, a mediação e demais técnicas.

A fim de administrar adequadamente os conflitos é fundamental ter em mente que o conflito é fenômeno inerente às relações humanas, que não pode ser eliminado e que pode ter consequências construtivas ou destrutivas, a depender, entre outros fatores, da forma como é tratado.[3]

A sociedade brasileira ainda caminha, majoritariamente, no sentido da solução judicial de controvérsias.[4] O uso da via judicial para solucionar as divergências muitas vezes, além de desnecessária, vai na contramão dos interesses do Estado e das partes envolvidas no processo judicial, como os usuários dos serviços da Defensoria Pública.

Além de abarrotar o Poder Judiciário, a solução judicial das controvérsias, em muitos casos, não colabora para a harmonização das relações humanas, pois acirra as

---

1. A palavra vulnerabilidade aqui utilizada pode ter como sinônimos os termos "carência" ou "hipossuficiência", cujo significado nesse contexto não se limita ao âmbito econômico. Quanto à ampliação do conceito de carência, cabe citar o ilustre Prof. José Augusto Garcia de Sousa: "Por mais fracos, contudo, não se devem entender simplesmente os mais pobres do ponto de vista econômico, financeiro. Em uma sociedade extremamente complexa, como a atual, é melhor evitar os reducionismos. As carências contemporâneas são as mais díspares, não se podendo eleger um único modelo para fins de proteção, em detrimento das demais espécies. SOUSA, José Augusto Garcia de. O Destino de Gaia e as Funções Constitucionais da Defensoria Pública da Defensoria Pública: ainda faz sentido – sobretudo após a edição da Lei Complementar 132/09 – a visão individualista a respeito da instituição? In: SOUSA, José Augusto Garcia de (Coord.). *Uma nova defensoria pública pede passagem, reflexões sobre a Lei Complementar 132/09*. Rio de Janeiro: Lumen Juris, 2011, p. 28 e 29.
2. ALVES, Cleber Francisco. Defensoria Pública e educação em direitos humanos. In: SOUSA, José Augusto Garcia de (Coord.). *Uma nova defensoria pública pede passagem, reflexões sobre a Lei Complementar 132/09*. Rio de Janeiro: Lumen Juris, 2011, p. 201.
3. Cf. DEUTSCH, Morton. *The resolution of conflict*: constructive and destructive processes. New Haven e Londres: Yale University Press, 1973.
4. Segundo o relatório Justiça em números 2021 elaborado pelo Conselho Nacional de Justiça referente ao ano base 2020, havia 75.353.939 processos pendentes junto aos tribunais no Brasil.

controvérsias, levando ao ajuizamento de mais ações e à escalada do conflito, que podem gerar desgastes e prejuízos, até mesmo irreversíveis, para todos os envolvidos na questão, direta ou indiretamente.

Faz-se necessário que todos que estejam envolvidos no conflito, tenham amplo acesso a medidas que atendam efetivamente às suas necessidades.

Desta forma, com o intuito de dar cumprimento ao direito constitucional de acesso à justiça aos usuários dos serviços da Defensoria, imprescindível investir em meios tempestivos, adequados e efetivos às demandas apresentadas. A concretização do acesso à justiça pressupõe sejam incorporados ao leque de opções oferecidas aos usuários, de maneira sistemática, os chamados MASCs (Métodos Adequados de Solução de Conflitos), a serem utilizados segundo a melhor adequação ao caso concreto, sejam as demandas de natureza individual ou coletiva.

Ademais, os meios extrajudiciais de solução consensual de controvérsias apresentam cunho preventivo e pedagógico, pois oferecem aos envolvidos as ferramentas para lidarem com eventuais futuras situações de discordância.

Contudo, além do fortalecimento da atuação extrajudicial, com o uso dos meios de solução consensual de controvérsias, também é fundamental que a Defensoria Pública dissemine a cultura do diálogo de modo a promover a mudança do paradigma da litigiosidade. Para tanto, a Defensoria deve empenhar esforços para a mudança cultural sobre a forma como percebemos e lidamos com as divergências de interesses.

A rigidez do pensamento no sentido de que existe necessariamente um lado "certo" e outro "errado" precisa abrir espaço para maior flexibilidade, com o olhar voltado para si e para o outro na construção de soluções de benefício mútuo. Tal forma de ver as controvérsias opera verdadeira mudança com relação ao paradigma judicial, pois marca a passagem do contexto adversarial para o contexto colaborativo, promovendo efetiva abertura para a melhoria das relações sociais e resgate da autonomia da vontade e da cidadania.

A educação em direitos, missão emancipatória de cidadania conferida à Defensoria Pública, nos indica o caminho para a disseminação dessa cultura aos usuários dos serviços da instituição e aos usuários em potencial.

Sem educação e conhecimento sobre seus direitos, o cidadão não consegue concretizar a cidadania e consequentemente alcançar justiça. No que diz respeito aos direitos, além de conhecê-los, também é imprescindível que o cidadão tenha acesso aos meios de exigi-los, obtê-los e exercê-los concretamente, a fim de garantir efetividade aos mesmos.

Portanto, não apenas o desconhecimento sobre os direitos, como também sobre os meios para exercê-los de forma autônoma e para solucionar os conflitos, constituem obstáculos para o seu exercício e o acesso à justiça.

Levar o conhecimento de ferramentas para lidar com as controvérsias de forma construtiva, com o escopo de conscientização e empoderamento pessoal e comunitário da população em situação de vulnerabilidade, é cumprir a função institucional de educação em direitos, como determina o art. 4º, incisos III, da Lei Complementar 80/94 com a redação dada pela Lei Complementar 132/09.[5]

No sentido da importância da reivindicação de direitos pelos indivíduos fora do âmbito judicial, cabe transcrever as palavras de Tiago Fensterseifer:[6]

> A educação em direitos promovida pelos diferentes atores do Sistema de Justiça (e do Estado em termos gerais) segue o mesmo paradigma renovatório, estimulando a participação direta dos indivíduos na reivindicação dos seus direitos, tanto frente aos órgãos públicos (o Estado) quanto aos particulares (sociedade em geral). É preciso ampliar a visão (distorcida em termos de cidadania) de que a única arena para a defesa dos direitos esteja situada no campo judicial.

Diante da função institucional prioritária de promover a solução extrajudicial de conflitos e da obrigação de fomentar a conscientização da cidadania, é imprescindível que a Defensoria Pública promova a disseminação da cultura do diálogo e do uso de meios autocompositivos de solução de controvérsias, especialmente junto às comunidades em situação de vulnerabilidade, que convivem em territórios de pouco acesso às políticas públicas de promoção de cidadania e aos direitos e garantias fundamentais.

2. O SURGIMENTO DO CURSO DEFENSORAS E DEFENSORES DO DIÁLOGO

O curso promovido pela Defensoria Pública do Estado do Rio de Janeiro, por meio de sua Coordenação de Mediação e Práticas Extrajudiciais (COMEPE), "Defensoras e Defensores do Diálogo", concretiza todos os propósitos acima descritos, como prestação de serviço à população em situação de vulnerabilidade do estado do Rio de Janeiro, a fim de promover transformação social positiva.

Dessa forma, o curso surgiu com o desejo de aproximar a Defensoria e os usuários de seus serviços, difundir a cultura do diálogo e os meios extrajudiciais de solução de conflitos, assim como capacitar moradores e lideranças comunitárias do estado do Rio de Janeiro, por meio do desenvolvimento de suas habilidades para o diálogo e fomento do olhar colaborativo para a solução pacífica e construtiva de controvérsias, o que gera empoderamento pessoal e comunitário, com vistas à pacificação social.

Como já dito, sendo o conflito inerente às relações humanas, seus resultados e consequências dependerão da forma como é manejado. Tal situação pode se tornar mais evidente quando a divergência surge entre pessoas que vivem em uma mesma comunidade e que muitas vezes compartilham desafios comuns ou até mesmo experimentam conflitos de interesses contrapostos.

Diante desse cenário, com a propagação da cultura do diálogo, o curso se propõe a possibilitar que moradores e lideranças comunitárias lidem de forma mais produtiva

---

5. Lei Complementar 80/94, com a redação dada pela Lei Complementar 132/09, Art. 4º São funções institucionais da Defensoria Pública, dentre outras: (...) III – promover a difusão e a conscientização dos direitos humanos, da cidadania e do ordenamento jurídico.
6. FENSTERSEIFER, Tiago. *Defensoria Pública na Constituição Federal*. Rio de Janeiro: Forense, 2017, p. 76.

e eficaz na prevenção e solução de conflitos locais, assim como fortalece essa mesma comunidade e seus atores para buscarem os poderes constituídos para reivindicarem seus direitos, com ampliação e construção de novos caminhos de acesso à justiça e diminuição da desigualdade social.

Assim, a ênfase ao diálogo e à autonomia da vontade das pessoas e coletividades, por meio da educação em direitos oferecida aos usuários dos serviços da Defensoria Pública e aos usuários em potencial, auxilia na promoção da construção de uma comunidade participativa em que haja efetivo exercício da cidadania.

Com a educação/conhecimento sobre a importância e efeitos do diálogo na administração de controvérsias, os cidadãos podem construir de forma responsável e autônoma uma solução pacífica que atenda aos interesses de todos os envolvidos e assim contribuir para a pacificação social e consequente transformação social.

Importante pontuar que os moradores e lideranças das comunidades que participam do curso também podem assumir o papel de multiplicadores para divulgação da cultura de paz e do diálogo em seus territórios.

Trata-se de adoção de um novo modelo de atuação institucional, em que a Defensoria Pública, de modo ativo, busca os locais e populações mais afetados pelas desigualdades sociais e apresenta outra abordagem do conflito e da forma de administrá-lo, preveni-lo e transformá-lo.

Ademais, ao disseminar o uso do diálogo e da colaboração aos usuários dos seus serviços, a Defensoria Pública não só se insere no âmbito das mais modernas tendências internacionais no que tange à solução de conflitos e promoção de cidadania, como também cresce em importância e credibilidade, com ênfase em seu papel na construção da paz social e como meio de aproximação entre o cidadão e o Estado. Trata-se de uma atuação sustentável, que empodera tanto a população em situação de vulnerabilidade quanto a Defensoria Pública.

Oportuno consignar que a realização do curso só foi possível em razão da parceria e atuação da Ouvidoria Externa da Defensoria Pública do Rio de Janeiro, que fez a imprescindível ponte entre a Coordenação de Mediação e Práticas Extrajudiciais (COMEPE), os moradores e lideranças das comunidades em situação de vulnerabilidade do estado do Rio de Janeiro, assim como foi fundamental o apoio da instituição por meio da Coordenação de Programas Institucionais e do Defensor Público Geral.

3. NORTEADORES, CONTEÚDO, PÚBLICO-ALVO E FACILITADORES DO CURSO DEFENSORAS E DEFENSORES DO DIÁLOGO

Para o cumprimento da função de educação em direitos, o curso Defensoras e Defensores do Diálogo traz alguns desafios e nos conduz a reflexões importantes.

Como propor o exercício do diálogo para pessoas que muitas vezes vivem no limiar da violência ou são efetivamente sujeitos aos efeitos da extrema violência? Como falar em pacificação social para quem é exposto diariamente à violência?

Como tornar possível o encontro da teoria com a prática para a construção da cultura do diálogo, da difusão dos meios consensuais de solução de conflitos e da aplicação dos princípios que os norteiam?

As respostas aos desafios acima descritos vêm a partir da construção do curso, da participação dos facilitadores, dos relatos dos alunos durante as aulas e à medida que uma nova turma é lançada.

A condução do curso e a construção do seu conteúdo são balizadas por princípios e valores tão caros ao diálogo e à paz como autonomia, corresponsabilidade, isonomia, inclusão, empoderamento e reconhecimento de todo ser humano como ser pleno de potencialidades e imperfeições.

Vale acrescentar que tanto o conteúdo quanto a forma do curso buscam a diversidade e a inclusão das pessoas historicamente excluídas, seja pelos aspectos sociais, de raça ou de gênero.

Portanto, o público-alvo do curso abarca pessoas que, de alguma forma, realizam trabalho formal ou voluntário/atividade, seja individualmente ou em grupo, como coletivos, ONGs ou associações de moradores, em benefício de uma coletividade em situação de vulnerabilidade, como os moradores de favelas.

Um dos objetivos do curso é alcançar pessoas que já exercem algum papel em favor de uma favela ou comunidade, em que vivem pessoas em condição de vulnerabilidade. Uma vez alcançado esse público-alvo, acreditamos que chegaremos mais perto daqueles que mais carecem de acesso à justiça e que podem ter no diálogo e na força da coletividade, meios sustentáveis e pacíficos de solucionar conflitos. O esperado é que cada turma tenha suas características próprias, com vivências que se tornam diferentes para cada grupo.

Desse modo, a proposta do curso é estimular e fazer um convite a todos para o diálogo, ao mesmo tempo em que os encontros/aulas promovam espaço seguro para que cada um se sinta confortável para se expressar. Esse espaço precisa representar um lugar de verdadeira escuta, de oportunidade para que falem as vozes que não conseguem ser ouvidas, de escutar e se escutar.

É imprescindível lembrar que nos referimos a pessoas que vivem muitas experiências positivas e negativas no convívio comunitário e que também testemunham atos de grave violação de direitos, sejam praticados por agentes do Poder Público, sejam praticados pelo tráfico ou pela milícia.

Para quem presencia ou vive os efeitos da violência, retratar tais fatos ou circunstâncias pode representar perigo para si mesmo, razão pela qual é fundamental garantir que as aulas sejam realizadas em ambiente (virtual ou presencial) reservado e confidencial.

Os encontros do curso também precisam criar espaço/tempo para que se estabeleçam conexões entre os participantes. O espaço/tempo oportunizados no curso ocorrem na realização das dinâmicas de grupo e nos momentos de perguntas reflexivas dirigidas aos alunos e respostas/relatos dos alunos durante e a partir das aulas.

Nesses momentos e nessas atividades, surgem as trocas de informações e conhecimentos sobre aprendizados, atividades, iniciativas e projetos diferentes entre alunos e entre alunos e facilitadores, de modo a viabilizar outras possibilidades de atuação de cada um dos participantes.

A experiência compartilhada propicia o restabelecimento do ânimo e da coragem dos participantes de seguirem no propósito da atuação em favor da população mais vulnerável à violência. Como integrantes da instituição, também nós nos sentimos cada vez mais fortalecidas para seguir na construção desse projeto que não se pretende acabado.

O curso não tem a pretensão de levar o conhecimento de forma absoluta e inquestionável, como verdade ou com completude. O curso se propõe a ser oportunidade de troca de experiências e de produção mútua de conhecimento, ou seja, ser espaço de coconstrução de saberes múltiplos.

Desse modo, os alunos assumem o papel de sujeitos do seu aprendizado, como esclarece o grande educador Paulo Freire:[7]

> Faz parte das condições em que aprender criticamente é possível a pressuposição por parte dos educandos de que o educador já teve ou continua tendo experiência da produção de certos saberes e que estes não podem a eles, os educandos, ser simplesmente transferidos. Pelo contrário, nas condições de verdadeira aprendizagem os educandos vão se transformando em reais sujeitos da construção e da reconstrução do saber ensinado, ao lado do educador, igualmente sujeito do processo.

Para que essa construção conjunta seja possível, é fundamental partir de alguns critérios como o da horizontalidade de participação, ou seja, que todos os integrantes do curso (alunos, facilitadores e coordenação do curso) tenham a mesma oportunidade de participação, de modo que assim sejam autores do que é compartilhado de conhecimentos e experiências.

Uma premissa fundamental é que o curso não tenha um resultado preestabelecido. Qualquer fruto que dele decorra, surge a partir de demandas da população em situação de vulnerabilidade e das próprias turmas.

Durante o curso, pontos que norteiam a condução das turmas são conceitos como autorresponsabilidade e autonomia no processo de aquisição de conhecimento, que são estimuladas a partir da associação do conhecimento teórico às experiências práticas trazidas pelos participantes durante os encontros. Assim, a proposta do curso é que o aluno seja autor do seu aprendizado.

A forma de participação dos alunos nos encontros/aulas, permite que a turma se integre e que todos aprendam mutuamente a partir dos relatos e conhecimentos que eles mesmos trazem. Dessa fusão de saberes, surge a sabedoria do grupo, de modo que o grupo se torna mais um facilitador do curso.

---

7. FREIRE, Paulo. *Pedagogia da Autonomia*: saberes necessários à prática educativa. 53. ed. Rio de Janeiro: Paz e Terra, 2016, p. 28.

Os facilitadores/professores do curso são escolhidos pela Coordenação de Mediação de Mediação e Práticas Extrajudiciais (COMEPE) com base nas experiências profissionais de cada um deles, sendo profissionais de diferentes instituições (públicas e privadas) e também autônomos, que têm em comum o diálogo como ferramenta de trabalho para a solução de conflitos, acesso à justiça, cultura de paz e transformação social.

O conteúdo das aulas abarca conhecimentos sobre a atuação da Defensoria Pública, noções sobre teoria do conflito, meios de solução de conflitos, ferramentas para facilitação de diálogo, convívio com diferenças, escuta, comunicação não violenta, facilitação de grupos, articulação de redes, comunidade participativa, autonomia da vontade e as possibilidades de uso dessas ferramentas para o diálogo com as instituições, tais como a própria Defensoria Pública, o Ministério Público, a Polícia Militar, o Poder Judiciário, o Poder Legislativo e Poder Executivo.

O curso também aborda conteúdos que tem o objetivo de provocar a reflexão sobre cultura do diálogo, inclusão, interdependência e responsabilidade de cada membro da sociedade para a qualidade da convivência comunitária e prevenção de violência, tendo a escuta como ferramenta potente para o aprendizado e para as experiências vividas dentro e fora do curso.

Como resultado das interações entre os alunos, vale destacar as potencialidades que emergem do grupo, tais como a criação de redes de informação, compartilhamento de experiências e conexão para fortalecer pessoas que trabalham em prol do bem comum em locais com características muito distintas. Parte dessas pessoas que atuam em benefício das favelas e comunidades, muitas vezes, trabalha sozinha ou sem apoio, de maneira que a existência de um grupo que oferece suporte pode fazer a diferença entre desistir ou continuar.

4. AS DUAS PRIMEIRAS TURMAS DO CURSO DEFENSORAS E DEFENSORES DO DIÁLOGO

Com a parceria da Ouvidoria Externa da Defensoria Pública do Estado do Rio de Janeiro, que possui forte e ampla experiência na escuta da sociedade, a cada turma do curso, o perfil se delineou para alcançar grupos específicos que tivessem em comum as características do público-alvo.

Assim, na 1ª turma (cujas aulas ocorreram no período de junho a agosto de 2021), o perfil englobava moradores e lideranças comunitárias, que fossem maiores de 18 anos de idade, residentes na referida comunidade ou que atuassem em projetos ou atividades realizadas em prol daquela comunidade. O foco eram as favelas nas quais a Defensoria já executava o projeto "Defensoria em ação nas favelas",[8] em que a aproximação entre a instituição e os moradores já era uma realidade e que com o curso poderia ser fortalecida e aprofundada.

8. O Defensoria em Ação nas Favelas é um projeto desenvolvido pela Defensoria Pública do Estado do Rio de Janeiro, com a colaboração da Ouvidoria Externa e de parceiros da sociedade civil integrantes de projetos sociais e coletivos, em que a Defensoria realiza atendimentos jurídicos e acompanhamento processual para moradores de favelas em seus respectivos territórios.

Já na 2ª turma (cujas aulas ocorreram no período de outubro a dezembro de 2021), o perfil era composto de pessoas que atuassem em associações de moradores de favelas, pessoas que realizassem trabalho comunitário em benefício de moradores de favelas do estado do Rio de Janeiro e que fossem maiores de 18 anos de idade.

Nessas duas primeiras edições do curso, houve o total de 54 alunas/os concluintes.[9] Os/as concluintes da 1ª turma eram 84% mulheres e 74% se declararam pretos/as ou pardos/as. Já na 2ª turma eram 74% mulheres e 82% se declararam preto/as ou pardo/as. Quanto à formação acadêmica, ambas as turmas tinham alunos com diferentes níveis de escolaridade, entre ensino fundamental, médio, superior e pós-graduação. Entre as pessoas com curso superior completo e pós-graduação, na 1ª turma eram 41,95% e na 2ª turma eram 52,2%.

Os alunos das duas turmas eram residentes e/ou exerciam atividade comunitária em favelas em diferentes bairros da cidade do Rio de Janeiro e em outras cidades, tais como: Complexo do Alemão, Maré, Vila Kenedy, Cidade de Deus, Jacarezinho, Babilônia, Manguinhos, Parque Acari, Santa Cruz, Campo Grande, Cosmos, Guadalupe, Jardim América, Guaratiba, Alto da Boa Vista, Jacarepaguá, Duque de Caxias, São Gonçalo, Belford Roxo, Araruama e Magé.

Portanto, além das diferenças de gênero, raça e formação acadêmica, os alunos das turmas concluídas residiam e atuavam em comunidades distintas de várias localidades do Estado do Rio de Janeiro e, apesar de serem de comunidades e favelas diversas e viverem realidades diferentes entre si, tinham em comum o importante papel desempenhado em favor de comunidades em situação de vulnerabilidade que necessitam melhorar o convívio e ultrapassar os obstáculos sociais existentes.

5. OS FRUTOS DO CURSO DEFENSORAS E DEFENSORES DO DIÁLOGO

Como integrantes da Defensoria Pública do Estado do Rio de Janeiro, podemos testemunhar, a cada turma que conclui o curso, a esperança e motivação dos alunos em dias melhores, amparados pela confiança adquirida como agentes transformadores da realidade social junto às comunidades do nosso estado.

Aliás, sobre essa esperança ativa que tem o poder de transformação, o notável educador Paulo Freire já nos ensinava:[10]

> (....) atribuo à minha esperança o poder de transformar a realidade e, assim convencido, parto para o embate sem levar em consideração os dados concretos, materiais, afirmando que minha esperança basta. Minha esperança é necessária, mas não é suficiente. Ela, só, não ganha a luta, mas sem ela a luta fraqueja e titubeia. Precisamos da herança crítica, como o peixe necessita da água despoluída.

9. O curso conta com a carga horária de 20h e para a obtenção de certificado de conclusão é necessário que os alunos tenham 70% de frequência.
10. FREIRE, Paulo. *Pedagogia da Esperança*: um reencontro com a pedagogia do oprimido. ed. Rio de Janeiro: Paz e Terra, 2013, p. 11 e 12. E-book disponível em 15.04.2021. Último acesso em: 29 mar. 2022.

> Pensar que a esperança sozinha transforma o mundo e atuar movido por tal ingenuidade é um modo excelente de tombar na desesperança, no pessimismo, no fatalismo. Mas, prescindir da esperança na luta para melhorar o mundo, como se a luta se pudesse reduzir os atos calculados apenas, à pura cientificidade, é frívola ilusão. Prescindir esperança que se funda também na verdade como na qualidade ética da luta é negar a ela um dos seus suportes fundamentais. O essencial como digo mais adiante no corpo enquanto necessidade ontológica, precisa de ancorar-se na prática. Enquanto necessidade ontológica a esperança precisa da prática para tornar-se concretude histórica. É por isso que não há esperança na pura espera, nem tampouco se alcança o que se espera na espera pura, que vira, assim, espera vã.

A partir desse entendimento, empoderados com os novos conhecimentos adquiridos e com a enorme bagagem que já possuem com estudos anteriormente realizados e com a prática do dia a dia em comunidade, os alunos passam a replicar seus saberes com os demais moradores, tornando-se agentes de transformação e pacificação social.

E começam a surgir os frutos desse projeto, que ousamos lutar para que seja permanente na Defensoria Pública do Estado do Rio de Janeiro.

Em encontro temático[11] realizado, no dia 09 de fevereiro de 2022, pelo Centro de Estudos Jurídicos da Defensoria (CEJUR) com a participação da Coordenação de Mediação e Práticas Extrajudiciais (COMEPE), divulgamos o projeto "Defensoras e Defensores do Diálogo" e contamos com a participação de 2 ex-alunos atuantes em suas respectivas comunidades.

Naquela oportunidade, a ex-aluna Claudia Avelar, Coordenadora para capacitação de voluntários e integração voluntária, expôs sobre o impacto da obtenção de conhecimento no dia a dia de sua atuação e destacou a importância de aplicar todo o aprendizado obtido no auxílio a um número cada vez maior de pessoas onde quer que ela atue.[12]

O ex-aluno Luiz Soares, assistente social e voluntário da creche comunitária SICAM em Manguinhos, também retratou, em sua fala, o impacto positivo da capacitação dos moradores e dos líderes comunitários, além das redes de apoio que se formaram entre eles, assim como a inspiração e fortalecimento obtidos pela história de vida compartilhada por cada um dos alunos, citando, inclusive, a própria Claudia Avelar.[13]

A partir da realização do curso, com o auxílio da divulgação e articulação de uma das alunas da 1ª turma, foi possível realizar a ação social do projeto "Dia D da Defensoria Pública: Meu Pai tem Nome", em 12 de março de 2022, nas dependências da ONG "Sim! Eu sou do Meio" situada em Belford Roxo.

Nessa data, a Defensoria Pública realizou atendimentos de famílias que objetivavam regularizar o reconhecimento de paternidade/maternidade de seus filhos de forma ex-

---

11. Webinário Encontro Temático. Youtube. 09 fev. 2022. Disponível em https://www.youtube.com/watch?v=CufLj7fypHU. Acesso em: 28 mar. 2022.
12. Webinário Encontro Temático. Youtube. 09 fev. 2022. Disponível em https://www.youtube.com/watch?v=CufLj7fypHU. Acesso em: 28 mar. 2022.
13. Webinário Encontro Temático. Youtube. 09 fev. 2022. Disponível em https://www.youtube.com/watch?v=CufLj7fypHU. Acesso em: 28 mar. 2022.

trajudicial. Também foram concedidas orientações jurídicas, realizados agendamentos de mediação de conflitos, além de realizados exames de DNA no local.

Esse projeto e os frutos que dele surgem constituem a demonstração do compromisso institucional com a população em situação de vulnerabilidade, seguindo nossa missão de melhor atender os usuários dos serviços da Defensoria, através de uma atitude proativa em que vamos ao encontro das pessoas que necessitam dos nossos serviços para capacitar, trocar conhecimentos, aprender e fortalecê-los na busca de uma sociedade mais justa e igualitária, em complementação ao modelo de outros espaços de atendimento que recebem os usuários que nos procuram.

E, como dizia a antropóloga cultural Margaret Mead: "Nunca duvide que um pequeno grupo de pessoas conscientes e engajadas possa mudar o mundo. De fato, sempre foi assim que o mundo mudou.".

Acreditamos no trabalho em favor do bem comum e também que esses trabalhadores comunitários continuarão na luta e perseverarão, com ainda mais apoio, ferramentas e esperança, para a transformação da realidade de suas comunidades e de suas próprias vidas.